Kulturelle Vernetzung in Europa

DAS MAGDEBURGER RECHT UND SEINE STÄDTE

Herausgegeben von

Gabriele Köster · Christina Link

Heiner Lück

SANDSTEIN VERLAG

Kulturelle Vernetzung in Europa

DAS MAGDEBURGER RECHT UND SEINE STÄDTE

WISSENSCHAFTLICHER BEGLEITBAND
ZUR AUSSTELLUNG »FASZINATION STADT«

Die Tagung wurde gefördert durch

Die Beauftragte der Bundesregierung
für Kultur und Medien

Diese Publikation wird ermöglicht
durch die Förderung von

SACHSEN-ANHALT

Ostdeutsche Sparkassenstiftung
gemeinsam mit der
Stadtsparkasse Magdeburg

mit Hilfe des PS-Lotterie-Sparens

KULTUR
STIFTUNG · DER
LÄNDER

Kloster
Bergesche
Stiftung

LOTTO
Sachsen-Anhalt

EvS
ERNST VON SIEMENS
KUNSTSTIFTUNG

Inhalt

Rechtsaneignung und Rechtsbearbeitung

Stadtverfassung

Soziale Gruppen der Stadtgesellschaft

Bildung und Schriftkultur

Stadträume

Anhang

Vorwort

Kulturelle Vernetzung in Europa. Das Magdeburger Recht und seine Städte

In Vorbereitung der großen Sonderausstellung »Faszination Stadt. Die Urbanisierung Europas im Mittelalter und das Magdeburger Recht« 2019 haben wir vom 5. bis zum 7. Oktober 2017 Wissenschaftlerinnen und Wissenschaftler aus den Disziplinen Rechts-, Sozial-, Kultur- und Kunstgeschichte ebenso wie der allgemeinen Geschichte und der Archäologie im Kaiser-Otto-Saal des Kulturhistorischen Museums Magdeburg versammelt. Dort haben 23 Expertinnen und Experten aus sechs Ländern das Magdeburger Recht als europäisches Kulturphänomen und die Vernetzung der Städte Magdeburger Rechts im internationalen und interdisziplinären Austausch diskutiert.

Stadt und Recht sind heute Themen von größter Aktualität. Weltweit lebt bereits mehr als die Hälfte aller Menschen in Städten. Diese Tendenz setzt sich unübersehbar weiter fort. Vor diesem Hintergrund erscheint uns ein moderner Blick auf eine Epoche, die – ebenso wie heute – von der Siedlungsform Stadt dominiert wird, besonders lohnend und fruchtbringend. Die Stadt verkörperte ein hohes Potenzial als Wachstumsmotor und Katalysator für kulturelle Entwicklungen, welche die rechtliche Privilegierung von Kaufleuten sowie städtische Normensetzung einschlossen und den Prozess der Urbanisierung beförderten. Wir freuen uns, die Beiträge dieser Tagung nun im vorliegenden wissenschaftlichen Begleitband zur Ausstellung »Faszination Stadt. Die Urbanisierung Europas im Mittelalter und das Magdeburger Recht« der Fachwelt ebenso wie der interessierten Öffentlichkeit zugänglich machen zu können.

Unter den mittelalterlichen Stadtrechten ist das Magdeburger Recht, das sich aus den gewohnheitsrechtlichen Normen in dem 805 zum ersten Mal erwähnten Handelsort an der Elbe entwickelte, in seiner räumlichen und zeitlichen Geltung bekanntlich einzigartig. Bereits im späten 10. Jahrhundert galten Magdeburger Rechtsgewohnheiten als referenzwürdig. Hunderte Städte und Ortschaften in mindestens elf heutigen Staaten Ostmitteleuropas übernahmen dieses Recht und eigneten es sich durch regional-/lokalspezifische Interpretation und Fortentwicklung an. Noch im 19. Jahrhundert war es in der Ukraine geltendes Recht. Es wird mit der geografischen Lage, der Balance der Gewalten in der Magdeburger Stadtverfassung und den Handelsbeziehungen Magdeburgs zusammenhängen, dass gerade der hiesige Typus von Stadtrecht eine so große Verbreitung erfuhr.

Ausgehend von der Betrachtung dieses verbindenden europäischen Kulturphänomens und des historischen Selbstverständnisses der Stadt Magdeburg als »Mutterstadt« dieses Rechts wird der vielgestaltige und lang anhaltende Transferprozess, der eine Symbiose von Magdeburger Stadtrecht und Sachsenspiegel-Landrecht zum Gegenstand hatte, in den Kapiteln »Rechtsräume und Rechtstransfer« und »Rechtsaneignung und Rechtsbearbeitung« in den Blick genommen. Ein besonderes Augenmerk verdient sodann die Herausbildung spezifischer Stadtverfassungen im Verbreitungsgebiet des sächsisch-magdeburgischen Rechts. Ihnen liegt der in Magdeburg konstituierte und rechtlich festgeschriebene Ausgleich zwischen stadtherrlicher Prärogative und städtischer Selbstverwaltung zugrunde. Diese Konstellation wirkte typenbildend und kann als ein Grund für den Erfolg des aus Magdeburg stammenden Stadtrechtsmodells angesehen werden. Ebenso wichtig ist die Betrachtung sozialer Gruppen innerhalb der Stadtgesellschaften, die meist multiethnisch, multikonfessionell und kulturell heterogen waren und sich vielerorts der integrierenden Kraft des ortsspezifischen Magdeburger Rechts gegenübersahen. In Hinblick auf die intendierten Effekte für das Wirtschaftsleben und die gesellschaftlich-kulturelle Entwicklung darf die Urbanisierung in Ostmitteleuropa als ausgesprochen erfolgreich gelten. Der städtischen Kultur, der Schriftlichkeit und Bildung in Städten sowie der Stadtentwicklung und Stadtgestalt sind daher eigene Kapitel gewidmet, die sich als ebenso vielgestaltig erweisen wie die Transfer- und Aneignungsprozesse des Magdeburger Rechts.

Die Tagung fußte in hohem Maße auf den Fragestellungen und Ergebnissen des Langzeitforschungsprojekts »Das sächsisch-magdeburgische Recht als kulturelles Bindeglied zwischen den Rechtsordnungen Ost- und Mitteleuropas«, das 2004 von dem hallischen Rechtshistoriker Prof. Dr. Heiner Lück sowie dem Leipziger Slawisten Prof. Dr. Dr. h. c. Ernst Eichler († 2012) begründet wurde und seitdem an der Sächsischen Akademie der Wissenschaften zu Leipzig im Rahmen des bundesweiten Akademienprogramms durchgeführt wird. Unter den zahlreichen auf Internationalität ausgerichteten Tagungen und Publikationen des Projekts, an die wir anknüpfen konnten, sei an dieser Stelle nur die 2005 von Prof. Dr. Heiner Lück, Prof. Dr. Matthias Puhle und Prof. Dr. Andreas Ranft im Kulturhistorischen Museum Magdeburg durchgeführte Tagung »Grundlagen für ein neues Europa. Das Magdeburger und Lübecker Recht im Spätmittelalter und Früher Neuzeit« genannt. In der Wissenschaft ist die nationalistische und kulturchauvinistische Instrumentalisierung des Magdeburger Rechts während der Zeit des Nationalsozialismus, die in Magdeburg von 1940 bis 1945 im »Institut zur Erforschung des Magdeburger Rechts« eine Heimstatt hatte, seit Langem überwunden. Es ist eine lohnende Aufgabe, die Transnationalität und Vernetzungsdynamik dieses europäischen Kulturphänomens durch eine Ausstellung in der von uns konzipierten Dimension auch einer breiten Öffentlichkeit bekannt zu machen.

Als vor einigen Jahren im Kulturhistorischen Museum das Magdeburger Recht als Thema einer kulturhistorischen Großausstellung ins Auge gefasst wurde, war es eine Selbstverständlichkeit, die Sächsische Akademie der Wissenschaften zu Leipzig als Kooperationspartnerin für diese Ausstellung zu gewinnen und Prof. Dr. Lück mit dem Vorsitz des wissenschaftlichen Beirats zu betrauen. Die Kooperation schließt auch das Zentrum für Mittelalterausstellungen der »Kulturstiftung Kaiser Otto« mit ein. Letzteres unterstützt das Kulturhistorische Museum Magdeburg bei der Vorbereitung und Durchführung der weit überregional ausstrahlenden Ausstellung und koordiniert diverse kleinere Ausstellungen an einschlägigen Korrespondenzstandorten in der Region. Gemeinschaftlich wurde auch die internationale und interdisziplinäre Tagung von den Kooperationspartnern vorbereitet und durchgeführt.

Die Veranstalter danken vor allem den beteiligten Wissenschaftlerinnen und Wissenschaftlern für die engagierte Mitwirkung an der Tagung, die offene und disziplinübergreifende Diskussion sowie für die Ausarbeitung der Beiträge für die Drucklegung. Wir freuen uns, dass es gelungen ist, auch den bei der Tagung kurzfristig entfallenen Vortrag von Dr. Olga Kozubska-Andrusiv (L'viv) hier abzudrucken. Zusätzlich steuerte Dr. iur. habil. Katalin Gönczi (Magdeburg) einen Beitrag bei, der den Transfer des sächsisch-magdeburgischen Rechts in das Königreich Ungarn zum Gegenstand hat. Beiden gebührt unser besonders herzlicher Dank.

Die Durchführung der Tagung wurde durch die Beauftragte der Bundesregierung für Kultur und Medien großzügig gefördert. Die Öffentlichen Versicherungen Sachsen-Anhalt (ÖSA) haben der Veranstaltung einen gastfreundlichen Rahmen ermöglicht. Die Drucklegung des Tagungsbandes als wissenschaftliche Begleitpublikation zu der Ausstellung »Faszination Stadt. Die Urbanisierung Europas im Mittelalter und das Magdeburger Recht« erfolgt mit großzügiger Förderung des Landes Sachsen-Anhalt, der Ostdeutschen Sparkassenstiftung mit der Stadtsparkasse Magdeburg, der Kulturstiftung der Länder, der Kloster Bergeschen Stiftung, der Ernst von Siemens Kunststiftung und der Lotto-Toto GmbH Sachsen-Anhalt. Allen Förderern gilt unser tief empfundener Dank.

Zum Gelingen der Veranstaltung haben durch ihr außerordentliches Engagement die Mitarbeiterinnen und Mitarbeiter aus dem Kulturhistorischen Museum und dem Zentrum für Mittelalterausstellungen beigetragen, namentlich Grit Köhler, Dr. Doreen Pöschl, Marianne Wenzel, Bernadett Walker, Kerstin Flachs, Jens Kutzner, Jens Zuber und Holger Glossmann. Die Übersetzung der Vorträge ins Polnische und Englische als Simultandolmetscher oblag Barłomiej Bukowski, Katarzyna Klare, Maria Beckova und Beata Bednarovska, die durch ihre fachkundige Arbeit ebenfalls sehr zum Gelingen der Veranstaltung beitrugen.

Redaktion und Betreuung des Tagungsbandes lagen in den Händen von Dr. Sascha Bütow. Ihm und Marianne Wenzel (beide Zentrum für Mittelalterausstellungen) sowie den Mitarbeiterinnen und Mitarbeitern des Sandstein Verlags Christine Jäger-Ulbricht, Michaela Klaus und Sina Volk gilt ebenfalls unser Dank.

Dr. Gabriele Köster
Direktorin der Magdeburger Museen
Leiterin des Zentrums für Mittelalterausstellungen

Dr. Christina Link
Projektleiterin und Kuratorin der Ausstellung
»Faszination Stadt. Die Urbanisierung Europas
im Mittelalter und das Magdeburger Recht«

Prof. Dr. Heiner Lück
Leiter des Akademieprojekts
»Das sächsisch-magdeburgische Recht als kulturelles
Bindeglied zwischen den Rechtsordnungen Ost- und
Mitteleuropas«

Brigen
Gliwice
Grocke
Neijs
Koßel
Crakow
Zarij
Oswietijn
A.
Ratibor
Zkoczow
Kenlij
Bielsko
Troppaw
Tieschin
Neustat
Ziewiez
Ostraw
Sternberg
Lablonkow
Frideck
Olmiez
Tuardoschin
MORA
Zylma
Vische
Prijn
VIA
Hedomin
Smolenski
Budetijn
Niclasburg
Galiez
Transchin
Bela
Znam
Schonkirck
Bosing
Turn
Tibiscus fl.
Calgoez
Prsborg
Schinla
Wien
Nida
Toka
Baden
Bruck
Neusedel
Casouia
Komara
Dotis
HVN
RIA.
Ebenfurt
Rab
Altenburg
Lenew
Neukirch
Newsch
Danubius fl.
Zolnock
Edenburg
Papa
GA
Gran
Pest
Vesprimium
RIA.
Fürstefelt
Steinsanger
Buda
Girmend
Ersebeut
Balaton lacus
Stulweißenburg
Schakon

HEINER LÜCK

Sächsisch-magdeburgisches Recht zwischen Elbe und Dnjepr*

Rechtstransfer als verbindendes europäisches Kulturphänomen

Vorbemerkung

Die hier einer näheren Betrachtung unterzogenen komplexen Vorgänge[1] sind nicht so einfach in eindeutige Begriffe zu fassen. Doch ist ein Minimum von Begriffsbestimmung wenigstens versuchs- und angebotsweise erforderlich, um eine halbwegs sichere Verständigung darüber zu ermöglichen. Man kann gewiss von der »Verbreitung des Magdeburger Rechts« sprechen und schreiben, wenn man stets beachtet, dass es seinen großen Wirkungsradius in Mittel- und Ostmitteleuropa in der Regel in enger Verbindung mit dem Sachsenspiegel entfaltete. Gleiches gilt aus der Sicht des Sachsenspiegels. Seine »Verbreitung« kann nur nachvollzogen werden unter Beachtung der Symbiose, die er mit dem Magdeburger Stadtrecht eingegangen ist. Dieses Ineinandergreifen der beiden Normenkomplexe wird mit dem Begriff »sächsisch-magdeburgisches Recht«, der sich in der Wissenschaft gut eingebürgert hat, aufgefangen. Selbst in der Stadt, die dem berühmten Stadtrecht ihren Namen gab, gingen schon früh das Stadtrecht (Magdeburger Recht) und das Landrecht (Sachsenspiegel) ineinander über. Die Magdeburger Schöffen wandten spätestens seit 1261 beide Normenkomplexe an, obwohl sie ein rein städtisches Kollegium waren und dezidiert ihre Zuständigkeit für das heimische »Stadtrecht« betonten. Unabhängig davon haben die Normen des Sachsenspiegels das städtische »Magdeburger Recht« auch inhaltlich beeinflusst. Schon eine kursorische Durchsicht der grundlegenden Texte, also des Sachsenspiegel-Landrechts und

---

Abb. 1
Ausschnitt aus der »Germania«-Karte des Abraham Ortelius, um 1570.
Brünn, Mährische Landesbibliothek, Sgn. Moll-0003.616.

|*| Wolfgang Huschner, dem engagierten Förderer der Forschungen zum sächsisch-magdeburgischen Recht in Ostmitteleuropa anlässlich seines 65. Geburtstages gewidmet. |1| Die folgenden Darlegungen beruhen im Wesentlichen auf den bisherigen Ergebnissen des vom Verfasser mitbegründeten und geleiteten Akademievorhabens an der Sächsischen Akademie der Wissenschaften zu Leipzig: »Das sächsisch-magdeburgische Recht als kulturelles Bindeglied zwischen den Rechtsordnungen Ost- und Mitteleuropas«. In der Schriftenreihe des Projekts »Ius Saxonico-Maideburgense in Oriente« sind bislang vier Bände erschienen: Eichler/Lück 2008; Bily/Carls/Gönczi 2011; Gönczi/Carls 2013; Balogh 2015. Dieser Beitrag gründet darüber hinaus auf zahlreichen Einzelstudien sowie einigen Überblicksdarstellungen des Verfassers, etwa Lück 2014; Lück 2015 a; Lück 2016 a; Lück 2018.

des Sächsischen Weichbildrechts, offenbart mannigfache Parallelen und Schnittmengen, die freilich nicht in jedem Fall in einem genetischen Zusammenhang bzw. Filiationsverhältnis stehen müssen.

Die Forschung bemüht sich seit vielen Jahrzehnten, das Phänomen der Ausbreitung des sächsisch-magdeburgischen Rechts in Ostmitteleuropa theoretisch zu erfassen. Für die Bezeichnung der komplexen Vorgänge wird in jüngerer Zeit der Begriff »Rechtstransfer« bevorzugt.[2] Ihm gebührt aus Sicht des Verfassers ein gewisser Vorrang, etwa vor dem auch sehr gebräuchlichen Begriff »Rezeption«. Aus sprachlicher Sicht ist er ziemlich eindeutig: »transferre« heißt »hinüberbringen« oder »übertragen«. Der in der modernen deutschen Wissenschaftssprache gern verwendete Begriff, so auch in der Wortverbindung »Kulturtransfer«, scheint für jenen Prozess zu stehen, der in der Rechtsgeschichte traditionell mit »Rezeption« von Recht bezeichnet wird. In diesem Kontext ist der Begriff »Rezeption« von der rechtsgeschichtlichen Forschung erfunden und profiliert worden, um das Eindringen des römisch-kanonischen Rechts in die mittelalterlichen europäischen Rechtsordnungen zu erfassen. Im Kern stellt er daher auch auf die freiwillige Übernahme von Recht ab. Sieht man die Freiwilligkeit als Merkmal von Rezeption an, so würden sich damit kaum die Städtegründungen mit der autoritären Verleihung bestimmter Stadtrechte durch den Deutschen Orden zum Zweck der Herrschaftssicherung erfassen lassen.

Zweifelsohne ist aber auch der Begriff »Rezeption« für die Beschreibung der hier zu untersuchenden Zusammenhänge tauglich. Die Vorgänge einer Rezeption werden, jedenfalls vom Wortsinn her, eher vom Über- bzw. Aufnehmenden aus gesehen. »Transfer« bringt demgegenüber vor allem das »Übertragen«, also das Tun aus der Sicht des Übertragenden, zum Ausdruck. Beide Begriffe sind für die Erfassung des hier interessierenden Phänomens (Übernahme und Übertragung von Recht) zwar brauchbar, aber auch recht unvollkommen. Zu komplex und zu uneinheitlich sind die realen historischen Vorgänge, die sich damit verbinden. Trotz aller Unvollkommenheit sollte aus den dargelegten Gründen jedoch der Begriff »Rechtstransfer« mit einer gewissen Präferenz verwendet werden.[3] Die in der Mediävistik diskutierten Begriffe »Akkulturation«, »transkulturelle Verflechtung« und andere[4] werden hier dankbar und mit Interesse zur Kenntnis genommen. Auch sie würden die hier zu untersuchenden Erscheinungen gut erfassen, doch wird aus naheliegenden Gründen die derzeit von der rechtsgeschichtlichen Forschung bevorzugte Terminologie favorisiert.

Die Übernahme und Übertragung von Kulturerscheinungen hat es zu allen Zeiten gegeben. Die Verbreitung der mittelalterlichen Stadtrechte in Europa bildet daher keine Ausnahme, sondern stellt zunächst einen ganz normalen Vorgang in der Rechts- und Kulturgeschichte dar. Die Frage, die sich stellt, ist die nach den konkreten Inhalten und Mechanismen des Rechtstransfers von mittelalterlichem Stadtrecht. Das Problem im Vergleich zur Neuzeit besteht darin, dass man nicht ohne Weiteres nachlesen kann, was etwa »Ius Maideburgense« inhaltlich bedeutet und auf welchen Wegen diese Rechtsnormen von ihrem Ursprungsort in andere Städte und Dörfer gelangt sind.

Da »Recht« » als Teil von »Kultur« begriffen werden muss und im Zusammenhang mit außerrechtlichen Erscheinungen eine »Rechtskultur«[5] konstituiert, erscheint die Verwendung des Begriffs »Kulturphänomen« als legitim. Die als »verbindendes Kulturphänomen« empfundene Verbreitung und Anwendung des sächsisch-magdeburgischen Rechts in vielen Städten und Landschaften des heutigen Ostmitteleuropas lässt sich aus komparatistischer Sicht tatsächlich mit mehreren Gemeinsamkeiten untersetzen.[6]

Auch die in der Überschrift genannten Flüsse verdienen eine Zusatzbemerkung. Diese bezieht sich darauf, dass die Flüsse nicht als »Linien«, zwischen denen etwas stattfand, verstanden werden können, sondern als Kennzeichnung von breiten Säumen, welche ein geografisches Übergreifen von den hier in Rede stehenden Prozessen implizieren.[7]

Ausgangspositionen, Vorläufer und Anfänge des Magdeburger Stadtrechts

Von Mitteldeutschland gingen im Mittelalter und in der Frühen Neuzeit nachhaltige Impulse für die europäische Kulturgeschichte aus. Zu ihnen gehören auf rechtlichem Gebiet der Sachsenspiegel und das Stadtrecht von Magdeburg. Beide Rechtsquellen prägten nicht nur das Rechtsleben im mittel-, ost- und norddeutschen Raum, sondern beeinflussten darüber hinaus in erheblichem Maße auch die Rechtsordnungen mehrerer ostmitteleuropäischer Länder.[8] Der zwischen 1220 und 1235 im östlichen Harzvorland entstandene Sachsenspiegel, das bedeutendste deutsche Rechtsbuch des Mittelalters, beinhaltet vorwiegend Regeln, die für die ländliche Bevölkerung galten.[9] Davon unabhängig hatten sich in der Handelsmetropole Magdeburg an der mittleren Elbe auf dem Wege der Gewohnheit Normen (»Gewohnheitsrecht«) herausgebildet, die für Handel und Handwerk sowie für die Balance der Machtverhältnisse in der Stadt praktikabel und günstig waren.

Schon seit dem 10. Jahrhundert begannen einzelne dörfliche Siedlungen und etwas später (deutlich seit dem 11. Jahrhundert) die Städte im mitteldeutschen Raum, sich allmählich aus der allgemeinen ländlichen Rechtsordnung herauszuheben. In dem Maße, wie dieser Prozess fortschritt, wurde eine Unterscheidung in das weiterhin allgemein geltende Recht (Landrecht) und das im Zusammenhang mit der rechtlichen Privilegierung von Kaufleuten sowie städtischer Normensetzung entstehende Stadtrecht sinnvoll und notwendig. Im Gegensatz zum Landrecht trat das Stadtrecht als relativ eigenständige Quellengruppe jedoch erst um die Mitte des 13. Jahrhunderts stärker in Erscheinung. In einigen Punkten, vor allem in Bezug auf die individuelle Freiheit, unterschieden sich die Regelungen zum Teil gravierend vom Landrecht.[10]

| **2** | Vgl. etwa Gönczi 2017 a; Schlinker 2017. | **3** | So auch in vielen Publikationen bzw. Forschungsprojekten des Max-Planck-Instituts für europäische Rechtsgeschichte Frankfurt am Main; vgl. z. B. Stolleis 2012. | **4** | Vgl. etwa Borgolte 2014; Härtel 2014. | **5** | Zum Begriff vgl. nur das Editorial der Herausgeber Ignacio Czeguhn, Lukas Gschwend, Dirk Heirbaut, Martin Löhnig und Antonio Sánchez Aranda, in: Rechtskultur 1 (2012), S. 1–3; darüber hinaus: Mankowski 2016; von Münch 2011. | **6** | Vgl. Lück 2015 c; jüngst auch erschienen in ukrainischer Übersetzung von Lück/Abašnik 2017. | **7** | Vgl. dazu Hardt 2000. | **8** | Vgl. etwa Lück 1998 a. | **9** | Aktueller Forschungsstand bei Lück 2017 a. | **10** | Vgl. Dilcher 1999, hier S. 327–403.

Der Unterschied zwischen Stadt und umliegendem Land war ein rechtlicher. Er betrifft gewissermaßen zwei grundlegende Aspekte des Zusammenlebens der Stadtbewohner: Zum einen lagen den städtischen Verhältnissen besondere rechtliche Regelungen zugrunde, die vom Landrecht abwichen. Zum anderen war die Stadt als Bürgerschaft in bestimmter Weise rechtlich verfasst, das heißt die Bürger waren untereinander durch den Bürgereid verbunden und den Entscheidungen des gewählten Rates als Organ der Bürgergemeinde unterworfen, so jedenfalls seit den ersten Jahrzehnten des 13. Jahrhunderts. Die Verfassung der Stadt beruhte in der Regel auf Privilegien der Stadtherren, die der Siedlung (ursprünglich häufig nur der Kaufmannssiedlung um einen Markt) bestimmte Freiheiten gewährten. Ihre knappen schriftlichen Zusammenfassungen dokumentieren die sogenannten »Handfesten« als eine frühe Erscheinungsform des Stadtrechts.[11] Diese Privilegien betrafen oft die Gerichtsbarkeit, das Verfahren und städtebürgerliche Freiheiten, zum Beispiel die freie Verfügung über Grundbesitz.

In Magdeburg, einem wichtigen Handelsplatz an der Grenze zu den slawischen Gebieten östlich der Elbe, konnten sich relativ früh gewohnheitsrechtliche Normen entwickeln, die den städtischen Produktions- und Handelsbedingungen entsprachen. In einigen Urkunden des 10. Jahrhunderts, welche bereits auf Rechtsgewohnheiten in Magdeburg Bezug nehmen, scheinen zunächst nur der Markt (*forum*) und die Bewohner der Marktsiedlung (*cives forenses*) gemeint zu sein.[12] So kann man in einem Diplom König Ottos III. aus dem Jahr 989 für den Bischof von Halberstadt lesen, dass der Bischof Markt, Münze, Zoll und Bann so ausüben soll, wie es in der Stadt Magdeburg üblich sei: »[...] sicut relique civitates Magadaburg [...]«.[13] Im Jahr 994 sind den Kaufleuten von Quedlinburg die Rechte, welche die Kaufleute von Köln, Mainz und Magdeburg bereits besaßen, ausdrücklich verbrieft worden. In der königlichen Urkunde heißt es: »[...] in mercatorio iure [...] Coloniae, Magontie, Magadaburch similibusque nostrae [...] concessum [...].«[14] Jahrzehnte später wurden diese Vorrechte von König Heinrich III. unter Einbeziehung Goslars als weiterem Vorbild bestätigt: »[...] lege ac iusticia vivant, quali mercatores de Goslaria et de Magadeburga [...] usi sunt et utuntur [...].«[15] Aber auch in dörflichen Siedlungen, in denen es gar keine Kaufleute gab, wurden Rechtsgewohnheiten aus Magdeburg als Rechtsgrundlage für das Zusammenleben vorgegeben, so etwa in Poppendorf:[16] »[...] iusticiam et consuetudinem Magadeburgensis fori [...].«[17]

Für Stendal heißt es um 1151/1170: »per omnia iusticiam Maghedeburgensium civium concessimus, cuius si forte aliquando apud eos executio non valuerit, in Magdeburgensi civitate iusticiam suam ipsos exsequi oportebit [...].«[18] Die Gründungssiedlung der später berühmten Handelsstadt Leipzig wurde um 1160/1170 Halle-Magdeburger Recht unterstellt: »[...] sub Hallensi et Magedeburgensi iure [...].«[19] Im Jahr 1174 legte Erzbischof Wichmann von Magdeburg für die Bürger von Jüterbog fest: »[...] omnes habitatores [...] quod civibus de Iutterbogk [...] libertatem illius iuris donavimus, quo civitas Magdeburgensis fruitur et honorata est [...].«[20] Alle Einwohner der Stadt Jüterbog sollten also fortan die Freiheit genießen, welche in der Stadt Magdeburg bereits praktiziert werde. Zum Gerichtsverfahren bemerkt die Urkunde: »[...] ad exemplum et formam iuris sui ius civitatis Magdeburgensis habeant [...].« Damit wurde der Stadt Jüterbog die Möglichkeit eröffnet, ihre Rechtsprechung auf der Grundlage des Magdeburger Modells zu gestalten.

Ob von einem »Stadtrecht« zu dieser Zeit schon gesprochen werden kann, ist überaus zweifelhaft. Die genannten Rechte (*iura*), Gewohnheiten (*consuetudines*), Gerichtsgebräuche (*iusticia)* und Ähnliches sind nicht zwangsläufig »Stadtrechte«, »Stadtgewohnheiten«, »Stadtgerichtsgebräuche« usw. Abstrakt könnte man an die Regel denken: ohne »Stadt« kein »Stadtrecht«. Die Wahrnehmung von »Stadtrecht« ist gewiss von der Existenz einer »Stadt« im Rechtssinne abhängig. Aber nicht nur das: Das in der Stadt geltende Recht müsste sich auch vom Recht des umliegenden Landes unterscheiden, Überschneidungen freilich nicht ausgeschlossen. Die frühen Belege für Rechtsgewohnheiten Magdeburger Provenienz deuten darauf hin, dass in den betreffenden Orten ein anderes Recht als das, welches im umliegenden ländlichen Bereich galt (Landrecht), Beachtung finden sollte.

Eine deutliche Unterscheidbarkeit trat in Magdeburg und in anderen Städten während der 1170er und 1180er Jahre ein, also in der Amtszeit des bedeutenden Erzbischofs Wichmann von Magdeburg. Unter ihm scheint sich eine erhebliche Weiterentwicklung Magdeburgs, nicht nur als geistliche Metropole, vollzogen zu haben. Dabei ging es im Wesentlichen um die Abschaffung der strengen Formalitäten im Prozess mit erheblichen Risiken für die streitenden Parteien vor Gericht, der sogenannten *vare*. Eine solche Regelung enthält das berühmte Privileg, welches Erzbischof Wichmann 1188 der Stadt Magdeburg erteilte.[21] Es wurde gelegentlich als »Geburtsurkunde des Magdeburger Rechts« bezeichnet.[22] Der Umstand, dass rechtliche Besonderheiten zugunsten einer Stadt von einem hohen kirchlichen Würdenträger, der zudem kirchenrechtlich gebildet war, bestätigt wurden, hat dieser Urkunde gewiss ein respektvolles Ansehen verliehen. Sie scheint so etwas wie eine Initialzündung für die Weitergabe dieses für Kaufleute und Bürger sehr praktikablen Stadtrechts gewesen zu sein. Dabei ist bis heute nicht klar, welchen Anteil die Erzbischöfe von Magdeburg generell, das heißt über das bekannte Wichmann-Privileg hinaus, an der Formierung des später so berühmten »Magdeburger Stadtrechts« hatten.

Es ist wohl kein Zufall, dass etwa seit der Wende vom 12. zum 13. Jahrhundert zahlreiche Verleihungen des Magdeburger Rechts an andere Städte zu beobachten sind: So verlangte der polnische Herzog Heinrich I. von Schlesien, der »Bärtige« genannt, eine Abschrift des Wichmann-Privilegs, um es seiner neuen Stadt Goldberg/Złotoryja (1211)[23] zugrunde zu legen. In den folgenden drei Jahrzehnten wurden die Städte Spandau (1232),[24] Prenzlau (1235),[25] Guben/Gubin (1235)[26] und Stettin/Szczecin (1237)[27] mit Magdeburger Recht bewidmet.[28] Seit dem 13. Jahrhundert trat zu diesen Privilegien in den Städten eine jüngere Rechtsschicht,

|**11**| Vgl. Armgart 2012. |**12**| Vgl. Schlesinger 1960. |**13**| MGH DD O III, Nr. 55, S. 460–461, hier S. 461. |**14**| Ebd., Nr. 155, S. 566–567, hier S. 567. |**15**| *De dato* 1042 Juli 25., Tilleda: MGH DD H III, Nr. 93, S. 119–120; Regest in UB Magdeburg 1, Nr. 21, S. 18, wo die Urkunde auf das Jahr 1040 datiert wird. |**16**| Zwischen Magdeburg und Heyrothsberge; heute wüst. |**17**| UB Erzstift Magdeburg 1, Nr. 310, S. 391–393, hier S. 392. |**18**| Cod. dipl. Anhaltinus 1/2, Nr. 370, S. 279. |**19**| UB Leipzig 1, Nr. 2, S. 1–2; vgl. auch Steinführer 2012; Bünz 2015 a, hier S. 127–134. |**20**| UB Erzstift Magdeburg 1, Nr. 343. |**21**| Ebd., Nr. 421, S. 554–556; umfassende Würdigung bei Lieberwirth 1990. |**22**| Markmann 1938, S. 19; kritisch dazu Lieberwirth 1990, S. 3. |**23**| Schubart-Fikentscher 1942, S. 168–171. |**24**| Ebd., S. 79. |**25**| Ebd. |**26**| Ebd., S. 126–127; Becker 1931, S. 31–33. |**27**| Schubart-Fikentscher 1942, S. 488–489. |**28**| Pommersches Urkundenbuch 1/1, Nr. 417.

die sich maßgeblich aus der Normensetzung der städtischen Organe (Rat, Gerichtsversammlung) und der Rechtsauskunftstätigkeit der in der Stadt wirkenden Schöffen oder/und Ratsmitglieder (Schöffenstuhl, Oberhof) konstituierte.

Bei der Neugründung von Städten wurden diese Normen, die sich an den jeweils spezifisch städtischen Verhältnissen orientierten, nicht selten zugrunde gelegt. Das erfolgte mit einer entsprechenden Privilegierung durch die Gründungsurkunde. Auch auf bereits seit Langem bestehende Städte wurde das Recht einer anderen Stadt übertragen. Dieser Vorgang wird in der deutschen Rechtsgeschichte traditionell als »Bewidmung« bezeichnet. Es entstand somit eine Art Rechtsverwandtschaft, welche die sogenannten Tochterstädte mit ihrer sogenannten Mutterstadt verband. Von den Tochterstädten wurde das (häufig abgewandelte) Stadtrecht an weitere Städte transferiert. Im Ergebnis dieser Weitergabe des Rechts entstanden die von der älteren Forschung so benannten Stadtrechtsfamilien, von denen die Magdeburger und Lübecker die bedeutendsten waren. Die moderne Forschung übt inzwischen berechtigte Kritik an diesen weitgehend aus dem 19. Jahrhundert überkommenen Idealvorstellungen über die Stadtrechtsfamilien. Ein neues, den heterogenen Quellen und Erscheinungsformen adäquates und überzeugendes Deutungsmuster ist allerdings noch nicht gefunden worden.[29]

Die Verbindung zur Mutterstadt blieb nicht nur durch die Zuordnung des weitergegebenen Stadtrechts erhalten, sondern vor allem durch die Einholung von Rechtsweisungen und Rechtsmitteilungen beim Rat (z. B. Lübeck)[30] oder bei den Schöffen der Mutterstadt (z. B. Magdeburg). Das geschah regelmäßig dann, wenn das eigene Stadtrecht auszulegen war oder gar eine Regelungslücke enthielt. Der Rat oder die Schöffen der Mutterstadt teilten daraufhin eine Antwort in Form einer Rechtsweisung[31] mit. Doch wurden auch im Zusammenhang mit Stadtgründungen oder bei Verlust des schriftlich fixierten Tochterrechts (etwa durch Brand) um Abschriften des Mutterrechts gebeten. Hierauf versandte das dafür zuständige Kollegium der Mutterstadt Rechtsmitteilungen[32] an den Interessenten, der ein Stadtgründer oder eine bereits bestehende Stadt sein konnte. Schließlich kam das Verlangen hinzu, konkrete Rechtsfälle von den Rechtskundigen der Mutterstadt, das heißt den Schöffen oder Ratsmitgliedern, entscheiden zu lassen. Diese honorigen Personen fertigten in solchen Fällen Urteile aus, welche vom Gericht der Tochterstadt nur noch zu verkünden waren. Die so entstandenen Rechtsweisungen und Urteile wurden bei den Empfängern gesammelt und in gesonderte Bücher geschrieben. In diesen Ratsurteils-, Oberhofurteils- und Schöffenspruchsammlungen ist eine weitere Quellengruppe des Stadtrechts zu sehen.

Die über die Rechtseinholung vermittelte Beziehung der Tochterstädte zur Mutterstadt wird traditionell als »Rechtszug an den Oberhof« bezeichnet.[33] »Oberhof«[34] meint hier das Schöffen- oder Ratskollegium der Mutterstadt, bei dem die bessere Kenntnis des entsprechenden Stadtrechts vorausgesetzt wurde. Bei Neugründungen war der Zielort des Rechtszugs häufig schon im Gründungsprivileg festgelegt: zum Beispiel Breslau/Wrocław für Neumarkt, Brieg/Brzeg und Glogau/Głogów,[35] Kulm/Chełmno für diverse Städte in der Umgebung von Kulm.[36] Mit der Weitervergabe eines bestimmten Stadtrechts von einer Tochterstadt an weitere Städte entstand nicht selten ein neuer Oberhof als rechtliches Zentrum dieser Gruppe mit ähnlichen Stadtrechten. Die Verbreitung der Stadtrechte führte somit nicht nur zu inhaltlichen Verwandtschaften, sondern auch zu einem System von Oberhöfen, denen jeweils eine bestimmte Anzahl von Städten mit ähnlichen Rechten zugeordnet war.[37]

Das berühmte Stadtrecht von Magdeburg existierte primär in Gestalt Tausender Schöffensprüche. Die aus ganz pragmatischen Gründen vorgenommenen Kompilationen in Buchform[38] erfassen immer nur bestimmte Segmente des Magdeburger Rechts. DAS Magdeburger Recht – also einen Prototyp oder eine Urfassung oder ein Modell – gibt es somit nicht. An verschiedenen Orten, zu unterschiedlichen Zeitpunkten und unter den jeweils virulenten politischen und sozialen Bedingungen wurde darunter, im konkreten Detail jedenfalls, immer etwas anderes verstanden. Die Forschung hat im Grunde genommen bis heute nicht hinreichend klären können, was die wesentlichen Merkmale des »Magdeburger Rechts« sind, um es über die Selbst- und Fremdbezeichnung hinaus sicher von anderen Normenkomplexen unterscheiden zu können.[39]

Mehrere einschlägige Untersuchungen lassen erkennen, dass es ganz maßgeblich die Verfassung der Stadt Magdeburg[40] war, welche im europäischen Osten eine erhebliche Anziehungskraft ausübte.[41] Die im Magdeburger Recht ausgeregelte Balance der Gewalten in der und über die Stadt war wohl für die Attraktivität des Magdeburger Rechts entscheidend. Ein zentrales Element dieser Stadtverfassung war der Magdeburger Schöffenstuhl, der ganz wesentlich zur Ausformung des Magdeburger Stadtrechts beigetragen hat.[42]

Verbreitung des sächsisch-magdeburgischen Rechts in Europa

Strukturen

Bei ihrer Recht konstituierenden und gestaltenden Spruchtätigkeit haben die Magdeburger Schöffen[43] schon relativ früh das Sachsenspiegel-Landrecht benutzt. Die ursprünglich getrennten Rechtskreise Stadtrecht und Landrecht gingen hier, wohl aus ganz pragmatischen Gründen, ineinander über. Das bekannteste Zeugnis in diesem Kontext ist die berühmte Rechtsmitteilung an Breslau von 1261,[44] in welcher mehrere Regeln, die dem Sachsenspiegel entnommen worden sind, aufscheinen. In der so hergestellten engen Verbindung

|**29**| Vgl. insbesondere Dusil 2007, S. 22–40. |**30**| Vgl. Hammel-Kiesow 2016; Cordes 2016. |**31**| Vgl. Werkmüller 1990a. |**32**| Vgl. Werkmüller 1990b. |**33**| Vgl. Weitzel 1990. |**34**| Zu dem noch immer nicht hinreichend geklärten Begriff vgl. Krey 2017; vgl. dazu den Abgrenzungsversuch zwischen Oberhof und Schöffenstuhl von Lück 2010a und den Beitrag desselben Autors in diesem Band, S. 79–99. |**35**| Schubart-Fikentscher 1942, S. 177. |**36**| Vgl. Janicka 2016a; Janicka 2008; Ebel 1983b. |**37**| Zum Verhältnis der Schöffenstühle Magdeburg, Leipzig und Halle vgl. etwa Lück 2012b, hier S. 21–31. |**38**| Vgl. Johanek 2004. |**39**| Die Zuordnung einer Stadt zur Magdeburger Stadtrechtsfamilie ist problematisch, solange keine belastbaren Kriterien dafür formuliert worden sind. Es ist eine dringende Aufgabe der Forschung, solche Kriterien zu erarbeiten. Vgl. dazu auch die Ausführungen von Stephan Dusil in diesem Band, S. 57–77, bes. S. 57–62. |**40**| Immer noch grundlegend: Schranil 1915. |**41**| Vgl. auch Lück 2015c. |**42**| Vgl. dazu eingehend Lück 1996; Lück 2009d. |**43**| Grundlegend dazu Ebel 2004b. |**44**| Moderne Edition bei Ebel 1989, Nr. 1.

mit dem Sachsenspiegel gelangte das Magdeburger Recht unter anderem nach Schlesien, Polen, in das Deutschordensland, in das Baltikum, in die Ukraine, nach Böhmen, Mähren und nach Ungarn.[45] Die in diesen Gebieten und auf dem Weg dorthin entstandenen Rechtstexte, die in der Regel ein Gemisch aus Sachsenspiegelrecht und Magdeburger Recht darstellen, nennen das ursprünglich aus dem Elbe-Saale-Raum stammende Recht zum Beispiel *ius Theutonicum*, *ius Maideburgense* oder *ius Saxonum*. Rechtsmaterien mit ursprünglich verschiedenen, voneinander abgrenzbaren Inhalten verschmolzen miteinander ganz oder teilweise. Als weit verbreitete und ganz übliche prägnante Bezeichnung für diese Normenkomplexe setzte sich *ius Maideburgense* (Magdeburger Recht) durch.

Von zentraler Bedeutung für die Verbreitung des sächsisch-magdeburgischen Rechts nach Ostmitteleuropa war das (bis 1335) polnische Herzogtum Schlesien.[46] Noch im 13. Jahrhundert wurden neben dem bereits erwähnten Goldberg die schlesischen Städte Breslau (vor 1241),[47] Glogau (1263)[48] und andere mit Magdeburger Recht bzw. Halle-Magdeburger Recht (Neumarkt/Środa Śląska 1235)[49] bewidmet. In der ersten Hälfte des 13. Jahrhunderts erfolgten etwas mehr als 25 Rechtsstadtgründungen.[50] Bis zum Ende dieses Jahrhunderts kamen 75 weitere Stadtgründungen hinzu.[51] Die überwiegende Anzahl der neuen Städte waren »agrarisch geprägte Kleinstädte«.[52] Aufgrund urkundlicher Nachrichten besaß auch Liegnitz/Legnica seit dem 13. Jahrhundert Magdeburger Recht.[53] Wohl im 14. Jahrhundert trat Schweidnitz/Świdnica zur Gruppe der Städte Magdeburger Rechts in Schlesien hinzu.[54] In Breslau entstand eine örtliche Bearbeitung des Sachsenspiegels in Gestalt des Breslauer Landrechts.[55] Auch das Stadtrecht von Magdeburg erfuhr hier eine besondere Weiterentwicklung, die unter der Bezeichnung »Magdeburg-Breslauer systematisches Schöffenrecht« bekannt wurde.[56] Im Jahr 1261 hatten die Magdeburger Schöffen der Stadt Breslau mit ihrer schon erwähnten Rechtsmitteilung wohl auch ein vollständiges Exemplar des Sachsenspiegels übersandt. Vielleicht war es jene Handschrift, welche Bischof Thomas II. von Breslau (amt. 1270–1292) zwischen 1272 und 1292 von dem deutschen Notar Konrad von Oppeln ins Lateinische übersetzen ließ (*Versio Vratislaviensis*).[57] Etwa 200 Jahre später (zwischen 1484 und 1493) verfasste der Breslauer Handelsherr und Schöffe Kaspar Popplau das Rechtsbuch »Der Rechte Weg«, das er auf das Magdeburg-Breslauer systematische Schöffenrecht, das Breslauer Landrecht sowie unter anderem auf Magdeburger Schöffensprüche stützte.[58] Als Oberhof verbreitete Breslau als eine der wirkungsmächtigsten Tochterstädte Magdeburgs das Magdeburger Recht in Form von Rechtsweisungen und Rechtsmitteilungen weiter.

Von Schlesien aus wurden das Magdeburger Stadtrecht und der Sachsenspiegel nach Polen übernommen. In Großpolen entwickelte sich Posen seit den 1230er Jahren zu einer Stadt Magdeburger Rechts.[59] Das zwischen 1389 und 1419 entstandene Posener Rechtsbuch beruht auf Magdeburger Recht und auf Meißner Recht (Meißner Rechtsbuch).[60] Bis zum Ende des 13. Jahrhunderts folgten weitere etwa 35 Städtegründungen nach Magdeburger Recht in Großpolen.[61] Die alte polnische Königs- und Universitätsstadt Krakau/Kraków war und ist immer noch die Metropole Kleinpolens. Nach den bezeugten Sachsenspiegelhandschriften und der Präsenz des Magdeburger Rechts muss Kleinpolen als ein Zentrum der Verbreitung und Anwendung deutschen Rechts angesehen werden. Dafür bildete wohl die Sachsenspiegelhandschrift, welche 1308 in Breslau für die Stadt Krakau angefertigt worden war, den Ausgangspunkt. Die Stadt Krakau war bei ihrer Neugründung im Jahr 1257 von Bolesław V., genannt der Schamhafte, Herzog von Kleinpolen, mit Magdeburger Recht bewidmet worden (Urkunde vom 5. Juni 1257).[62] Manches spricht dafür, dass das Magdeburger Recht schon seit den 1220er Jahren in Krakau für dort lebende Deutsche präsent war.[63] Hervorzuheben ist, dass das Privileg ausdrücklich vorsah, in Krakau solle das Magdeburger Recht, wie es in seinem namensgebenden Herkunftsort galt, Anwendung finden und nicht die in Breslau fortentwickelte Variante:[64] »[...] eo iure eam locamus, quo Wratizlaviensis civitas est locata, ut non quod ibi fit, sed quod ad Magydburgiensis civitatis ius et formam fieri debeat, advertatur [...].«[65]

Die in innerstädtischen Auseinandersetzungen um die Mitte des 14. Jahrhunderts verloren gegangenen Vorrechte Krakaus stellte Kasimir der Große 1356 wieder her. Bei dieser Gelegenheit verbot er den Rechtszug nach Magdeburg und richtete in Krakau auf der Burg das berühmte Obergericht für die kleinpolnischen Städte Magdeburger Rechts ein, das *Ius supremum Theutonicale in castro Cracoviensi*, welches seit dem 15. Jahrhundert *Ius Supremum Maydeburgense Castri Cracoviensis* genannt wurde.[66] Darüber hinaus gründete er den Gerichtshof der sechs Städte, *judicium sex civitatum*: Krakau, Neu Sandez/Nowy Sącz, Bochnia, Wieliczka/Groß Salze, Kazimierz/Kasimir, Olkusz. Dieses war ein Sachverständigenkollegium in Angelegenheiten des *ius Theutonicum* und Hilfsorgan für das königliche Gericht, woraus später ein Gericht letzter Instanz für Urteile auf der Grundlage des *ius Theutonicum* hervorging. Kasimir der Große sorgte auch für zahlreiche Privilegierungen in den neu gewonnenen Ostgebieten Volhynien, Halič und Podolien.[67]

In Krakau entwickelte sich unter den günstigen Bedingungen einer Residenz- und Universitätsstadt eine besondere Rechtsliteratur zum Sachsenspiegel und zum Magdeburger Recht. Völlig neue Möglichkeiten der Verbreitung von Rechtsquellen hatten sich mit der Erfindung des Buchdrucks eröffnet, die auch Krakau zu einem prosperierenden Druckort werden ließ. Schon 1506 wurde von dem königlich-polnischen Kanzler Jan Łaski[68] eine lateinische Fassung

|**45**| Vgl. Lück 2008 a. |**46**| In Bezug auf Polen so etwa auch Gawlas 2011, S. 89. |**47**| Schubart-Fikentscher 1942, S. 171–183. Ein Magdeburger Schöffenspruch für Herzog Heinrich den Bärtigen (zw. 1211 und 1238) deutet auf eine bereits früher zu datierende Anwesenheit Magdeburger Rechtsnormen in Breslau hin. Vgl. Rozpędowski 2011, hier S. 128–129 u. S. 138. |**48**| Schubart-Fikentscher 1942, S. 179–180. |**49**| Ebd., S. 187–194; Carls 2012; Gawlas 2011, S. 90–93. |**50**| Mühle 2011, S. 6. |**51**| Ebd., S. 7. |**52**| Ebd., S. 9. |**53**| Vgl. dazu Goliński/Żerelik 2011. |**54**| Dazu Schubart-Fikentscher 1942, S. 184–187; Goerlitz/Gantzer 1940. |**55**| Vgl. Oppitz 1990 a, S. 46–63; Wegener 1990; Carls 2011, S. 82–83. |**56**| Oppitz 1990 a, S. 49. |**57**| Vgl. Rymaszewski 1975; vgl. auch Carls 2011, S. 76–77. |**58**| Edition von Ebel 2000; Carls 2011, S. 88–90. |**59**| Vgl. dazu Schubart-Fikentscher 1942, S. 310–311; Jurek 2011; Goerlitz/Gantzer 1944. |**60**| Maisel 1964; Carls 2011, S. 97–98; Oppitz 2016. Die tschechische Übersetzung des Meißner Rechtsbuchs liegt als moderne kritische Edition vor: Spáčil/Spáčilová 2010. |**61**| Mühle 2011, S. 7. |**62**| Urkunde gedruckt bei Kötzschke 1938, Nr. 83; Lück 2009 a, S. 27–28. Vgl. dazu auch die wichtigen Publikationen anlässlich des 750. Jubiläums der Bewidmung Krakaus mit Magdeburger Recht: Ausst.-Kat. Krakau 2007; Biedrzycka 2007. Mit der Urkunde setzt sich ausführlich Wyrozumski 2011, S. 262–274, auseinander. |**63**| Wyrozumski 2011, bes. S. 248–249 u. S. 251–252. |**64**| Ebd., S. 264. |**65**| Kötzschke 1938, Nr. 83, S. 133. |**66**| Łysiak 1990; Łysiak/Nehlsen-von Stryk 1995; Łysiak 1997. |**67**| Mühle 2011, S. 8–9; vgl. vor allem Janeczek 2011 a; Janeczek 2011 b. |**68**| Zu ihm vgl. Gulczyński 2016.

des Sachsenspiegels und des Magdeburger Weichbildrechts neben heimischen Rechtsquellen publiziert.[69] Der Krakauer Stadtschreiber Nikolaus Jaskier[70] gab 1535 lateinische Ausgaben des glossierten Sachsenspiegels und des glossierten Weichbildes heraus.[71] Schließlich folgten 1581 eine polnische Übersetzung des Weichbildrechts durch den Lemberger Syndikus Pawel Szczerbic und die Ausgabe eines Sachsenspiegels in alphabetischer Ordnung.[72] Im Jahr 1558 veröffentlichte der polnische Rechtsgelehrte Bartolomäus Groicki[73] die »Artykuły prawa majdeburskiego, które zowią Speculum Saxonum« [Artikel des Magdeburger Rechts, welche man *Speculum Saxonum* nennt]. Aus der Feder desselben Autors stammt die Rechtssammlung »Porządek sądów i spraw miejskich prawa majdeburskiego w Koronie Polskiej« [Stadtgerichts- und Prozessordnung des Magdeburger Rechts im Kronland Polen], die später in der Slowakei, vor allem aber in der Ukraine eine Rolle spielte.[74]

Weit nördlich von Kleinpolen mit dem Zentrum Krakau, im Deutschordensland, vollzog sich die Rezeption des sächsisch-magdeburgischen Rechts vor allem über die »Kulmer Handfeste«,[75] jenes berühmte Stadtrechtsprivileg, welches 1233 den Städten Thorn/Toruń und Kulm vom Hochmeister des Deutschen Ordens – laut Zeugenreihe in Anwesenheit des Burggrafen Burchard von Magdeburg – verliehen wurde. Darin heißt es: »[...] Statuimus autem in eisdem civitatibus iura Megdeburgensia in omnibus sententiis in perpetuum observari [...].«[76] Die Städte Kulm und Thorn entwickelten sich zu Zentren deutschen Rechts und verhalfen dem sächsisch-magdeburgischen Recht zu einer beachtlichen Wirkung. Kulm hatte dabei im Verhältnis zu Thorn zunächst die eindeutig dominante Rolle gespielt. Denn in Kulm entstand gegen Ende des 14. Jahrhunderts ein weiteres Rechtsbuch, welches Textelemente aus dem Magdeburg-Breslauer systematischen Schöffenrecht, aus Magdeburger Schöffensprüchen, dem Schwabenspiegel (um 1275) und aus verschiedenen sächsischen Rechtsbüchern in sich aufnahm. Als »Alter Kulm« (auch »Der alte Kulm«)[77] fand dieses Rechtsbuch im Deutschordensland, in Polen und in der Ukraine breite Anwendung.

Diese Vermischungsvorgänge sind im Übrigen typisch für die Rezeption des sächsisch-magdeburgischen Rechts im Osten. Das *ius Maydeburgense* war hier stets eine lokal bestimmte, an die jeweiligen Verhältnisse angeglichene Variante des Magdeburger Rechts in mehr oder weniger deutlich erkennbarer Entfernung vom Recht der Mutterstadt Magdeburg. Oder anders gesagt: Ohne die Gestaltung des Normenkomplexes Magdeburger Recht durch die Eliten vor Ort, seien es adelig-herrschaftliche oder städtische Amtsträger, würde man heute wohl kaum noch von der berühmten Verbreitung des Magdeburger Rechts als sogenanntes Deutsches Recht (*ius Theutonicum*) sprechen. Die Herkunft mag zwar historisch und nominell stets mit Magdeburg, Sachsen oder Deutschland verbunden gewesen sein, inhaltlich spiegelt sich die Provenienz aber nur ganz unvollkommen in den Normen der jeweiligen Geltungsbereiche dieses Rechts in ostmitteleuropäischen Städten wider.

Auf dem heutigen Staatsgebiet Litauens waren unter anderem Vilnius/Wilna (1387), Kaunas/Kauen (1408) und Trakai/Traken (Ende des 14. bzw. Anfang des 15. Jahrhunderts) Städte Magdeburger Rechts.[78] Es war auch auf dem Territorium des heutigen Weißrussland präsent, wo es insbesondere die Verfassung der Stadt Minsk (1499) prägte.[79] Das Litauische Statut in seinen drei Redaktionen von 1529, 1566 und 1588, welches im Großfürstentum Litauen galt, das heißt im Wesentlichen in Gebieten, die heute zu Litauen, Polen, Weißrussland, Russland und zur Ukraine gehören, weist ebenfalls Einflüsse sächsisch-magdeburgischen Rechts auf.[80] Von herausragender Bedeutung war die Privilegierung der galizischen Stadt Lemberg/L'viv (1356) mit Magdeburger Recht.[81] Ihr folgten zahlreiche weitere Privilegien, darunter jenes des Großfürsten Alexander von Litauen für die kleinrussische (später ukrainische) Metropole Kiew/Kyjiv (um 1497).[82] Ein Denkmal von 1802 erinnert noch heute daran, dass Kiew eine Stadt des Magdeburger Rechts war, und stellt insofern eine Brücke vom spätmittelalterlich-städtischen Selbstbewusstsein zum urbanen Autonomieverständnis der Neuzeit dar.[83]

Neben den auf Magdeburger Recht fußenden Stadtprivilegien bildeten in der Ukraine die sogenannten Sammlungen des Magdeburger Rechts eine wichtige Quellengruppe. Der Rechtstransfer von Magdeburg über Schlesien, Polen und Litauen bzw. das Großfürstentum Litauen in die Ukraine kulminierte 1743 in einem groß angelegten Kodifikationsentwurf,[84] welcher dem kleinrussischen Volk (d. h. den Ukrainern) eine sichere Rechtsgrundlage für die Zukunft liefern sollte.[85] Der starke russische Einfluss, der sich gegen die rechtlichen Autonomiebestrebungen der Ukraine wandte, verlegte jedoch die Inkraftsetzung. Das sächsisch-magdeburgische Recht galt ungeachtet dessen weiter in der sogenannten linksufrigen Ukraine bis 1840 und der sogenannten rechtsufrigen Ukraine bis 1842.

Im zum Lehnsverband des Heiligen Römischen Reiches gehörenden Königreich Böhmen[86] und in der Markgrafschaft Mähren waren zahlreiche, vor allem im Norden dieser Gebiete gelegene Städte mit Magdeburger Recht bewidmet, allen voran Leitmeritz/Litoměřice.[87] Diese Stadt unweit von Prag erhielt spätestens 1262 Magdeburger Recht (»ius et consuetudines Maydeburgensium observare [...]«).[88] Aber beispielsweise auch Olmütz/Olomouc,[89] Leobschütz/Głubczyce, Königgrätz/Hradec Králové, Troppau/Opava und ein Stadtteil von Prag, die heute sogenannte »Kleinseite«, waren Städte bzw. eine Siedlung des Magdeburger Rechts. Leitmeritz besaß eine gewisse Zentralfunktion, weil sich dort ein Oberhof für die böhmischen Städte und Siedlungen Magdeburger Rechts etablieren und bis zur Mitte des 16. Jahrhunderts behaupten konnte. Das Magdeburger Recht hat allerdings nur einen relativ kleinen Teil der Städte und Dörfer im Norden Böhmens und Mährens beeinflusst. Mehrere Städte der Oberlausitz gehörten bis 1635 zum Königreich Böhmen. Unter ihnen nahm Görlitz eine wichtige Stellung innerhalb der Lausitzer Städte mit Magdeburger Recht ein.[90]

|**69**| Carls 2011, S. 103–104. |**70**| Zu ihm vgl. Lück 2012 a. |**71**| Carls 2011, S. 104–105. |**72**| Ebd., S. 105–106. |**73**| Zu ihm vgl. Janicka 2012. |**74**| Vgl. Carls 2011, S. 108–109. |**75**| Vgl. Janicka 2016 b, Sp. 307–309; Carls 2011, S. 102–103. |**76**| Text bei Kisch 1978, S. 111–125, hier S. 115. Vgl. auch Gawlas 2011, S. 96–97. |**77**| Carls 2011, S. 103. |**78**| Vgl. dazu die umfassenden Arbeiten von Karpavičienė 2008; Karpavičienė 2009 sowie den Überblick Lück 2009 f. |**79**| Vgl. auch Keller 2008. |**80**| Lück 2017 b, S. 29–32; vgl. auch Willoweit 2017, S. 8–18. |**81**| Edition des Privilegs bei Kapral' 1998, Nr. 1; vgl. dazu auch Lück 2009 a, S. 28–30; Kozubska-Andrusiv 2016; Wyrozumski 2011, S. 259; Janeczek 2011 b, S. 365. |**82**| Vgl. auch Bilous 2012, Sp. 1734–1735; zum Magdeburger Recht in der Ukraine vgl. den Überblick von Lück 1990 b. |**83**| Vgl. Lück 1990 a, S. 109–119. |**84**| Edition durch Mironenko 1997. |**85**| Vgl. Kobylec'kyj 2008 b. |**86**| Vgl. Lück 2013 c. |**87**| Vgl. dazu Weizsäcker 1943; Šouša 2015; zum Ende des Magdeburger Rechts in Leitmeritz vgl. Slavičkova 2013. |**88**| Šebánek/Dušková 1974, Nr. 336. |**89**| Vgl. dazu Spáčilová 2017. |**90**| Vgl. Becker 1931, S. 14–24.

Böhmen und Mähren grenzten im Südosten an Oberungarn, das heißt an die heutige Slowakei, was für die weitere Verbreitung des sächsisch-magdeburgischen Rechts in südöstliche Richtung nicht ohne Belang war. Schon von den Bergstädten der Sudetenländer kamen im Verlauf der Kolonisationsbewegung des 12. und 13. Jahrhunderts deutsche Siedler zunächst nach Oberungarn. Hier entstanden ausgedehnte deutsche Siedlungslandschaften. Das ungarische Königtum unterstützte mit entsprechenden wirtschaftlichen und rechtlichen Vergünstigungen diese Siedlungsbewegung. Vor allem das Bergbaugebiet in der mittleren Slowakei um Kremnitz/Kremnica und Schemnitz/Banská Štiavnica[91] wurde von Deutschen geprägt. Das Gebiet der Zips unterhalb der Hohen Tatra gründete seine wirtschaftliche Existenz nur bedingt auf den Bergbau. Daneben spielten der Ackerbau und der Fernhandel eine nicht unbedeutende Rolle. Die wirtschaftliche Blüte der Gegend beeinflusste auch die fast ausschließlich deutsch besiedelten Städte Eperies/Prešov, Bartfeld/Bardejov und Kaschau/Košice. Nach der Verdrängung des deutschen Ritterordens aus dem Gebiet Ungarns zu Beginn des 13. Jahrhunderts und der Abwehr der Mongolen erlebten die deutschen Städte einen erheblichen Aufschwung.[92] Zu ihnen gehörten vor allem Preßburg/Bratislava,[93] Ödenburg/Sopron, Steinamanger/Szombathely, Komorn/Komárno, Gran/Esztergom, Schemnitz/Banská Štiavnica, Neusohl/Banská Bystrica, Sillein/Žilina, Leutschau/Levoča, Käsmark/Kežmarok, Bartfeld, Eperies, Kaschau, Bistritz/Bistrița, Klausenburg/Cluj, Schäßburg/Sighișoara, Hermannstadt/Sibiu, Kronstadt/Brașov[94] – und vor allem Ofen/Buda. Von herausragender Bedeutung für die Rechtsentwicklung in diesem Gebiet war ein Privileg des ungarischen Königs Béla IV. von 1244.[95] Mit dieser »Goldenen Bulle« bestätigte der König ausdrücklich alle Vorrechte und Gewohnheiten der deutschen Siedler, die während des Mongoleneinfalls (1241) aufgehoben worden waren. Dazu gehörten mit Sicherheit auch solche Rechte, welche die Siedler aus ihren Herkunftsgebieten mitgebracht hatten. Da die Siedler aus Thüringen, Sachsen, Bayern und Schlesien kamen, liegt es nahe, dass sich darunter nicht wenige Regeln befanden, die dem Sachsenspiegel und dem Magdeburger Stadtrecht entlehnt waren. In Hermannstadt entstand jedenfalls im späten 15. Jahrhundert eine Sammelhandschrift mit den Texten des Schwabenspiegel-Landrechts, Magdeburger Weichbildrechts und Iglauer Rechts (»Codex Altemberger«).[96]

Zu den bedeutendsten Rechtstexten des mittelalterlichen Ungarn zählen das »Ofener Stadtrechtsbuch«, das »Silleiner Stadtrechtsbuch« und die »Zipser Willkür«. Das Ofener Stadtrechtsbuch[97] aus dem 15. Jahrhundert diente unter anderem als Grundlage für die Rechtsprechung des Tavernikalgerichts für die sieben königlichen ungarischen Freistädte Ofen, Kaschau, Preßburg, Ödenburg, Tyrnau/Trnava, Bartfeld und Eperies. Später kam noch Pest hinzu. Unabhängig davon wurde das Ofener Stadtrecht an verschiedene ungarische Städte weiterverliehen. Das Tavernikalgericht unter dem Vorsitz des Tarnakmeisters übte die Funktion eines Oberhofs aus und trug somit wesentlich zur Verbreitung sowie praktischen Anwendung des sächsisch-magdeburgischen Rechts bei, sofern dieses in das Ofener Stadtrechtsbuch Eingang gefunden hatte. Deutlichen Bezug zum Magdeburger Stadtrecht und zum Sachsenspiegel weist auch das Silleiner Stadtrechtsbuch auf.[98] Es enthält für die Zeit von 1373 bis 1429 ausschließlich deutschsprachige Eintragungen. Danach erscheinen bis 1561 sowohl lateinische als auch slowakische Textstücke. Neben Rechtssprüchen des Silleiner

Stadtgerichts, Gebeten, weiteren Rechtssprüchen, dem Bergrecht von Rodenau und einer Übersetzung des Silleiner Rechts in das Slowakische befindet sich darin auch ein jeweils vollständiger Text des Sachsenspiegels und des sächsischen Weichbildrechts. Beide Quellen sind miteinander verzahnt.

Zu den bedeutenden deutschsprachigen Rechtsdenkmälern im mittelalterlichen Ungarn gehört schließlich die »Zipser Willkür«.[99] Dabei handelt es sich um ein 1370 von Richtern, Geschworenen und Ältesten der Zips (unter der Hohen Tatra/Slowakei) aufgezeichnetes Rechtsbuch. Es geht im Kern auf ein Privileg des ungarischen Königs Stephan V. aus dem Jahr 1271 zurück, in dem die Rechte der *Provincia Saxonum de Cips* festgeschrieben wurden. Im Jahr 1344 schlossen sich 24 Städte der Zips zu einem Bund zusammen. Als Quellen lassen sich der Sachsenspiegel, das Iglauer Stadtrecht,[100] Brünner Satzungen und Flämisches Recht[101] ausmachen. Nicht weniger als 16 Artikel weisen eine verblüffende Ähnlichkeit mit dem Sachsenspiegel auf.

Wege der Verbreitung

In der Forschung sind folgende Wege im Sinne des Rechtstransfers beschrieben und mehr oder weniger hinreichend mit Quellen belegt worden: Bekannt ist die vielfach abgesicherte Beobachtung, dass sich Stadtrecht im engeren Sinne als Kaufmannsrecht durch Kaufleute auf den Handelswegen verbreitet und zu neuen Märkten bzw. Städten mit dem mitgebrachten Recht geführt hat. Typischerweise gilt das für die Verbreitung des Lübecker Rechts. Analoges gilt für Bergleute/Bergunternehmer und das Bergrecht.[102] Auch die Vorstellung, die Stadtrechte seien von Siedlern bzw. Kolonisten (keineswegs nur von Kaufleuten) mitgebracht worden, ist anzutreffen. Sie hatte forschungsgeschichtlich in Deutschland vor allem zwischen dem Ersten Weltkrieg und dem Ende des Zweiten Weltkriegs (eine auch politisch motivierte) Hochkonjunktur.[103] Unter modernen Gesichtspunkten wird insbesondere in der polnischen Städte- und Stadtrechtsforschung der damit verbundene Begriff der »Lokation« (= »Rechtsstadtgründung«) favorisiert.[104]

Ein weiteres Erklärungsmodell rankt sich um einen rechtlichen Vorgang, den man im Deutschen »Bewidmung« nennt. Darin wird ein hoheitlich-herrschaftlicher Rechtsakt gesehen, mit dem das Recht einer älteren Stadt auf eine jüngere oder auch auf eine schon bestehende

|**91**| Zum Stadt- und Bergrecht von Schemnitz vgl. Carls 2013, S. 130–132. |**92**| Vgl. auch Lück 2001. |**93**| Zum Preßburger Stadtrechtsbuch vgl. Carls 2013, S. 128. |**94**| Vgl. dazu Moldt 2009. |**95**| Vgl. auch Moldt 2015, S. 241–243. |**96**| Carls 2013, S. 124–126; Moldt 2009, S. 215–218. |**97**| Edition durch Mollay 1959; neue Edition mit ungarischer Übersetzung durch Blazovich/Schmidt 2001; Carls 2013, S. 126–128; Gönczi 2017 b. |**98**| Edition von Piirainen 1972. |**99**| Edition von Piirainen/Papsonová 1992; Carls 2013, S. 117–121. |**100**| Zum Iglauer Stadt- und Bergrecht vgl. Carls 2013, S. 129–130. |**101**| Vgl. dazu den Überblick von Heirbaut/Lück 2008. |**102**| Vgl. Mühle 2011, S. 6; Wyrozumski 2011, S. 248; Moldt 2009, S. 144–205; zum Bergrecht vgl. auch den allgemeinen Überblick von Lück 2008 b. |**103**| Vgl. Lück 2009 b, S. 177–196. |**104**| Vgl. Mühle 2011, S. 5–6; Gawlas 2011, S. 79; Wyrozumski 2011, S. 245.

Stadt übertragen wird. Es gab offenbar Städte und Dörfer, deren Rechtsordnungen sich weder auf eine Kaufmannssiedlung mit mitgebrachtem Recht noch auf eine gesonderte Verleihung (Bewidmung) zurückführen lassen. Man darf annehmen, dass Städte vor allem aufgrund ihrer wirtschaftlichen Potenz mehr oder weniger selbst ein bestimmtes Recht geschaffen haben und sich dieses nachträglich vom Stadt- bzw. Landesherrn bestätigen ließen oder einfach aus eigener Entscheidungskraft einen bestimmten Rechtszug wählten.

Eine gewisse Alternative zur Bewidmung mit einem bestimmten Recht in einem Über- bzw. Unterordnungsverhältnis stellt die vertragliche Festlegung einer Rechtsordnung dar, wobei auch das Begehren eines bestimmten Rechts durch die Bürgerschaft bei ihrem Stadtherrn der Grund für eine Privilegierung (Bewidmung) sein konnte und so einer vertraglichen Variante der Rechtsübertragung sehr nahe kommen konnte. Stadtrechte aus dem Heiligen Römischen Reich wurden während des Mittelalters auch gewaltsam, das heißt im Zusammenhang mit militärischer Okkupation und christlicher Missionierung, übertragen (Deutscher Orden). Schließlich wird es Übertragungs- bzw. Übernahmemodelle gegeben haben, die sich mangels Quellen nicht mehr erschließen lassen. Man muss in Rechnung stellen, dass sich diese Transferwege nicht exakt voneinander abgrenzen lassen, sondern ineinander übergehen. Die Platzierung eines bestimmten Rechts in einer Stadt, die Bewidmung oder eine andere Art des Rechtstransfers waren keine einmaligen Akte, sondern konnten im Verlaufe von Jahren und Jahrzehnten variieren und sich unterschiedlich entwickeln. Die polnischen Historiker haben überzeugend herausgearbeitet, dass es regelmäßig dreier Phasen bedurfte, um die volle Wirkung der Rechtsstadtgründung zu erreichen: Ansiedlung deutscher Kaufleute oder Bergleute und Gewährung ihres Herkunftsrechts bei Einsetzung eines Schultheißen bzw. Vogtes für die Rechtsanwendung; Zusammenfassung aller unter diesem Recht lebenden Personen in einem planmäßig organisierten Stadtgebiet; Errichtung einer kommunalen Selbstverwaltung mit Schöffenstuhl und Rat.[105]

Dennoch könnten die hier kurz vorgestellten Transferwege als freilich kritikwürdiges, aber vielleicht brauchbares (jedenfalls ergänzungsfähiges) Modell dienen, um die vielfältigen Erscheinungsformen des Rechtstransfers in und aus mittelalterlichen Städten halbwegs zu erfassen und zu ordnen. Es ist auch ganz klar, dass der hier gemachte Vorschlag sehr formal ist und weitgehend von siedlungsgeschichtlichen Bedingungen sowie von wirtschaftlichen wie politischen Interessen der beteiligten Akteure (Kaufleute, Stadtbürger, Stadtherren, Kirchen und Klöster usw.) abstrahiert. Vieles hängt davon ab, was man unter Stadtrecht, Bewidmung, Privilegierung, Übernahme, Lokation usw. versteht.

Dimensionen

Die zeitlichen und räumlichen Dimensionen der hier skizzierten Prozesse sind hinreichend deutlich geworden. Das Magdeburger Stadtrecht hat sich gegen Ende des 12. Jahrhunderts aus einem nicht näher verifizierbaren Markt- und Kaufmannsrecht des 10. Jahrhunderts als ein für die städtische Bevölkerung, das heißt nicht nur für die Kaufleute, günstiges Recht herausgebildet. Zunächst unabhängig davon wurde zwischen 1220 und 1235 der Sachsenspiegel als schriftliche Fixierung des ländlichen sächsischen (elbostfälischen) Gewohnheitsrechts geschaffen. Das Magdeburger Stadtrecht und der Sachsenspiegel verschmolzen zu überaus zahlreichen Varianten des sächsisch-magdeburgischen Rechts, welches an seinen Anwendungsorten durch dort ansässige Herrschaftsträger, Amtspersonen (Schreiber!), Rechtspraktiker und Rechtsgelehrte den örtlichen Bedingungen angepasst wurde. Beide ursprünglich deutschen Rechtsquellen, Magdeburger Stadtrecht und Sachsenspiegel, entstanden im Gebiet an der mittleren Elbe bei bzw. in Magdeburg. Von hier aus wurden sie in ihren vielfältigen Bearbeitungen in Hunderte Orte und Landschaften, die zwischen Elbe und Dnjepr liegen, übernommen oder nach dorthin übertragen.

Legt man die Verdrängung des sächsisch-magdeburgischen Rechts in der Ukraine 1840/1842 zugunsten des großrussischen Rechts zugrunde, so kann man eine Geltungs- bzw. Einflussdauer von etwa 600 Jahren konstatieren. Stellt man auf das lettische Zivilgesetzbuch »Civillikums« von 1937 ab,[106] das deutliche Anlehnungen an den Sachsenspiegel aufweist,[107] so kann man von einer etwa 700 Jahre anhaltenden Relevanz des sächsisch-magdeburgischen Rechts in Europa sprechen. Eine solche Wirkung hat bis heute nie wieder ein deutscher Rechtstext erreicht.

Schlussbemerkungen

Bei aller Euphorie, die angesichts der positiv besetzten Begriffe »Sachsenspiegel« und »Magdeburger Recht« regelmäßig aufflammt, darf man nicht übersehen, dass es sich bei dem Rechtstransfer aus Mitteldeutschland bis hin in die ukrainischen und baltischen Gebiete nicht um ein lineares Weitertragen einer Kulturerscheinung von Westen nach Osten handelt. Ohne die örtlichen Bearbeitungen, welche die Rechtskenner in den vielen Geltungsgebieten und Orten des sächsisch-magdeburgischen Rechts in Kenntnis der jeweils lokalen Rechtsverhältnisse anfertigten, würde es das heute so attraktive Ausstellungsthema »Faszination Stadt. Die Urbanisierung Europas im Mittelalter und das Magdeburger Recht« wahrscheinlich nicht geben.

Es waren die Eliten der Deutschen, Letten, Litauer, Polen, Slowaken, Tschechen, Ukrainer, Ungarn und Weißrussen, welche aus dem Magdeburger Recht das gemacht haben, was wir heute darunter verstehen. Ihnen allen gebührt großer Dank für ihre Verdienste um die Etablierung einer stabilen, nach Freiheit und einem friedvollen Miteinander strebenden europäischen Rechtskultur, deren Gemeinsamkeiten sich nicht im römisch-kanonischen Recht, der weithin bekannten Grundlage für die Rechtsentwicklung in Europa, erschöpfen.

| **105** | Mühle 2011, S. 5–6; Wyrozumski 2011, S. 258; ausführlich Gawlas 2011. | **106** | (Deutsche) Ausgabe des lettischen Justizministeriums: Ehlers/Schilling/Blaese 1937. | **107** | Lück 2009e, S. 35–36.

BERND SCHNEIDMÜLLER

Die Geschichte der Stadt als Wurzel des Rechts

Magdeburgs Strahlkraft im spätmittelalterlichen Europa

Das letzte Jahrhundert der europäischen Geschichte hat es wieder einmal bewiesen: Recht und Gerechtigkeit bringen den Menschen mehr Glück als Exzesse von Größe und Übermacht. Der Historiker könnte diese Einsicht mit vielen Beispielen aus der Geschichte belegen. Dort entdecken wir die friedensstiftende Kraft von Normen und Regeln, aber auch frühere Andersartigkeiten. Denn Recht war und ist Ergebnis menschlicher Aushandlungsprozesse, ein Produkt von Geschichte.

Um der scheinbaren Beliebigkeit des historischen Wandels zu entkommen, verankerten frühere Epochen ihr Recht in der Transzendenz und entzogen es menschlicher Verfügbarkeit. Gott ist, so wusste es der Sachsenspiegel, selbst Recht, und darum ist ihm Recht lieb: »Got is selve recht, dar umme is em recht lef.«[1] Dieser Gottesbezug stand im Mittelalter über allem. Darunter führte man die Rechtsetzung auch auf große Gesetzgeber zurück. Unter ihnen ragten christliche Kaiser wie Konstantin der Große, Justinian, Karl der Große und Otto der Große hervor. Mit göttlicher Kraft und der Autorität großer Männer machte man das Recht ehrwürdig, kräftig, unveränderbar.

Seit der Säkularisierung muss die Moderne ohne göttliche Transzendenz auskommen. Das ist gar nicht so einfach. Der Rechtsstaat baut heute auf Voraussetzungen auf, die er nicht selbst garantieren kann.[2] An die Stelle göttlicher Ordnung traten die Prinzipien der Natur oder die Kraft der Vernunft. In unserer Demokratie entsteht Recht aus dem Willen des Volkes, also aus dem Konsens der Rechtsgemeinschaft. Deshalb fällen unsere Gerichte ihre Urteile im Namen des Volkes.

Abb. 1
Das erste Turnier der abendländischen Ritterschaft in Magdeburg, angeblich unter der Herrschaft des hier dargestellten Königs Heinrich I. im Jahr 938, aus: Frühneuzeitliches Turnierbuch aus der Kraichgauer Ritterschaft. Vatikan, Biblioteca Apostolica Vaticana, Cod. Ross. 711, f. 9v.

| **1** | MGH Fontes iuris N. S. 1/1, Prolog, S. 51–52; Lück 2017 a; Ausst.-Kat. Wolfenbüttel 1992. | **2** | Böckenförde 1976, S. 42–64, bes. S. 60.

Doch die Moderne weiß auch um die Grenzen menschlicher Mehrheiten als dem alleinigen Fundament von Recht. Das letzte Jahrhundert offenbarte die dämonische Kraft von Totalitarismus und Populismus. Leichtfertig wurden die Menschlichkeit und die Menschenfreundlichkeit des Rechts geopfert. Die Demokratien haben unterschiedliche Wege gefunden, die alte göttliche Transzendenz durch menschliche Vernunft zu ersetzen und trotzdem einen Kern des Unverfügbaren zu belassen. Deshalb fixierten die Mütter und Väter des Grundgesetzes aus den Erfahrungen des nationalsozialistischen Unrechts die Unverbrüchlichkeit der Grundrechte. Unter diesem Grundsatz funktioniert unser Rechtsstaat. Die demokratische Willensbildung bleibt dabei der Kontrolle juristischer Gelehrsamkeit unterworfen. Das Miteinander von Regierung, Parlament und Bundesverfassungsgericht beschert unserem Volk eine bemerkenswerte Stabilität. In der Gewaltenteilung verbinden sich Prinzipien von Repräsentation, Mehrheit und Weisheit. Jeder Zeitungsleser kann beständig den Nutzen dieser Verschränkung entdecken.

Die Hinweise auf die Verwurzelung von Recht und Rechtsfindung leiten uns zur untergegangenen Welt des sächsisch-magdeburgischen Rechts. Vom Mittelalter bis in die Neuzeit prägte es die Stadt und ihre Menschen. Der Name Magdeburgs und die Autorität seines Rechts leuchteten weithin, von der Elbe bis zum Dnjepr.[3] Bei der ersten Annäherung erscheinen diese historische Welt und ihre Texte sperrig und unbegreiflich. Das beginnt schon mit den Wörtern. Die Rechtstexte und Rechtssprüche wurden an der Elbe zuerst in lateinischer, bald in mittelniederdeutscher Sprache verfasst, dann von vielen Nutzern ab- und fortgeschrieben, übersetzt, verändert, angepasst, aktualisiert. Die Urkunden und Handschriften entziehen sich als zumeist schmucklose Gebrauchstexte unserer Ästhetik, die von vielen Mittelalterausstellungen an prächtige Miniaturen, an makellose Pergamente, an erlesene Schönschrift gewöhnt wurde.

Das sächsisch-magdeburgische Recht präsentiert sich dagegen in explodierender Schriftlichkeit, der Sache und nicht dem Auge verpflichtet, nirgends ordentlich gesammelt und registriert, vielmehr über unzählige Archive und Bibliotheken verstreut. Die nicht zu zähmenden Textmassen gingen im Kern einmal von Magdeburg und seiner Umgebung aus, verselbstständigten und multiplizierten sich aber bald in der Aneignung durch zahllose Nutzer. Der Vergleich mit dem Internet ist zwar anachronistisch, hilft uns aber beim Verständnis der scheinbar regellos verlaufenden Kommunikation in der Geschichte. Frühere Suchstrategien nach dem einen, dem korrekten, dem verbindlichen Text scheiterten an dieser Überlieferung. Heute entwickeln wir wieder ein Gespür für solche Fluidität, Dezentralität und Variabilität. Das macht es Juristen, Historikern oder Philologen indes nicht einfacher.

Wer sich für die Autorität des Gesetzbuchs, für die Verbindlichkeit des Rechtstextes, für die Macht des Richters oder die Vollstreckung des Urteils interessiert, der dürfte beim sächsisch-magdeburgischen Recht bald verzweifeln. Wer sich dagegen auf gelebtes Leben einlassen will, der findet eine vergangene Welt voller Lösungslust und gesundem Menschenverstand. Auch im Mittelalter stifteten Herrschaftsträger oder bürgerliche Vertretungsorgane verbindliche Ordnungen. Die Regierenden leisteten sich damals die Expertise von Schöffen, die nicht

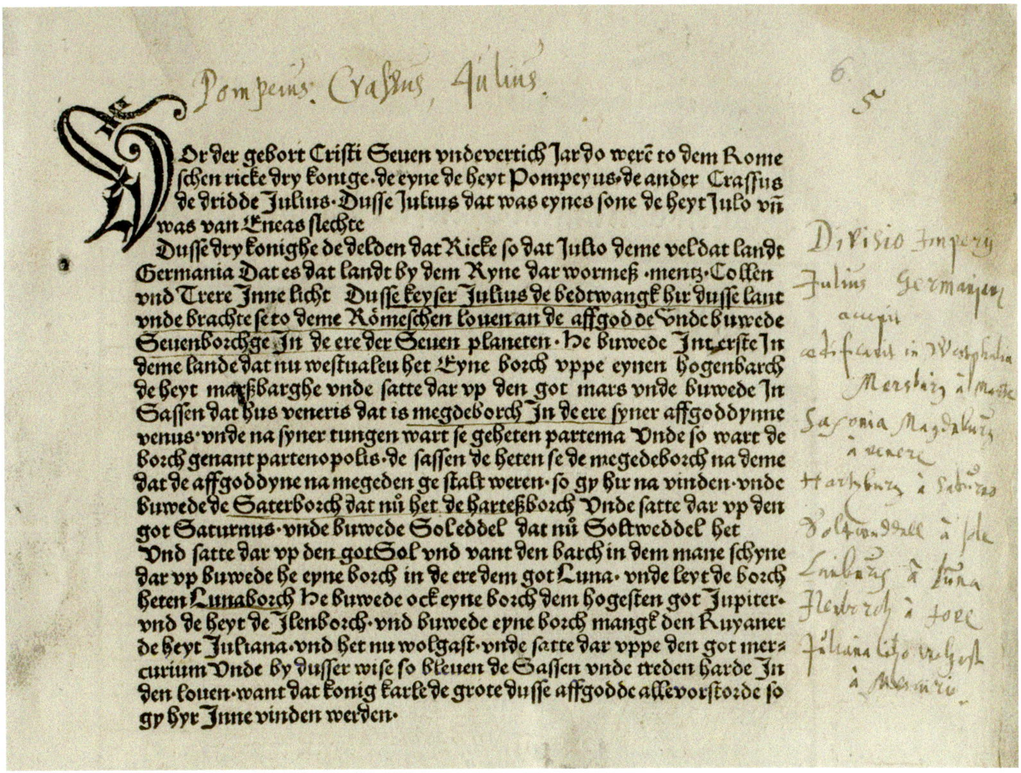

Vor der gebort Cristi Seuen vndevertich Jar do werē to dem Rome
schen ricke dry konige. de eyne de heyt Pompeyus. de ander Crassus
de dridde Julius. Dusse Julius dat was eynes sone de heyt Julo vn̄
was van Eneas slechte
Dusse dry konighe de delden dat Ricke so dat Julio deme vel dat landt
Germania Dat es dat landt by dem Ryne dar wormeß. mentz. Collen
vnd Trere Inne licht Dusse keyser Julius de bedtwangk hir dusse lant
vnde brachte se to deme Romeschen louen an de affgod de vnde buwede
Seuenborchge In de ere der Seuen planeten. He buwede Int erste In
deme lande dat nu westualen het Eyne borch vppe eynen hogenbarch
de heyt marßbarghe vnde satte dar vp den got mars vnde buwede In
Sassen dat hus veneris dat is megdeborch In de ere syner affgoddynne
venus. vnde na syner tungen wart se geheten partema Vnde so wart de
borch genant partenopolis. de sassen de heten se de megedeborch na deme
dat de affgoddyne na megeden ge stalt weren. so gy hir na vinden. vnde
buwede de Saterborch dat nu het de harteßborch Vnde satte dar vp den
got Saturnus. vnde buwede Soleddel dat nu Soltweddel het
Vnd satte dar vp den got Sol vnd vant den barch in dem mane schyne
dar vp buwede he eyne borch in de ere dem got Luna. vnde leyt de borch
heten Lunaborch He buwede ock eyne borch dem hogesten got Jupiter.
vnd de heyt de Ilenborch. vnd buwede eyne borch mangk den Ruyaner
de heyt Juliana. vnd het nu wolgast. vnde satte dar vppe den got mer-
curium Vnde by dusser wise so bleuen de Sassen vnde treden harde In
den louen. want dat konig karle de grote dusse affgodde alle vorstorde so
gy hyr Inne vinden werden.

Abb. 2
Julius Caesar und Magdeburg in der »Cronecken der Sassen«, 1492. Wolfenbüttel, Herzog August Bibliothek, M: Gl 4° 91.

als universitär gebildete Juristen, sondern als rechtskundige Männer ihre Empfehlungen und Ratschläge formulierten. Die Entdeckung dieser Welt lehrt uns, dass frühere Generationen ihre großen Probleme anders lösten, als wir das heute tun.

In zwei Schritten soll diese Kreativität aus der Geschichte hier präsentiert werden. Zuerst geht es um Magdeburgs Strahlkraft im spätmittelalterlichen Europa, dann um die Geschichte Magdeburgs als Wurzel des Rechts. Der erste Zugang orientiert über das sächsisch-magdeburgische Recht. Dankbar profitiere ich von den wissenschaftlichen Leistungen Heiner Lücks und seines Teams im Forschungsprojekt an der Sächsischen Akademie der Wissenschaften.[4] Den zweiten Schritt entwickle ich aus eigenen Forschungen zum Magdeburger Umgang mit der eigenen großen Geschichte.[5] Lassen wir uns von der Kreativität mittelalterlicher Magdeburger verblüffen!

| 3 | Von Elsner 2016, Sp. 1123–1127; Lück 2016 a, Sp. 1127–1136. Zur Breite und Überlieferung Peter Johanek 2004, Sp. 945–953. | 4 | Dazu: www.saw-leipzig.de/de/projekte/das-saechsisch-magdeburgische-recht-als-kulturelles-bindeglied-zwischen-den-rechtsordnungen-ost-und-mitteleuropas (letzter Zugriff am 18.12.2017). Vgl. Carls 2010, S. 139–155; Lück 2015 a, S. 179–200. | 5 | Ausgehend von Schneidmüller 2006, S. 10–43.

Magdeburgs Strahlkraft im spätmittelalterlichen Europa

Die illustre Geschichte Magdeburgs im Früh- und Hochmittelalter formte das Recht in der Stadt. Bald strahlte es als Vorbild auf andere Orte aus und verselbstständigte sich schließlich. Magdeburgs Förderung durch zwei große Kaiser fügte die Stadtentwicklung in die Reichsgeschichte ein. Unter Kaiser Karl dem Großen etablierte sich der Ort, an dem ein Übergang über die Elbe möglich war, schon bei der ersten Nennung 805 als Zentrum des Handels nach Osten.[6] Die entscheidende Förderung ist hingegen Kaiser Otto dem Großen zu verdanken.[7] Er machte Magdeburg zu einem Zentrum seiner Herrschaft und bereitete im Dom für seine Gemahlin Edgith und für sich selbst die Grablege. Das neu gegründete Erzbistum war die sechste Metropole im römisch-deutschen Reich, nach Trier, Mainz, Köln, Salzburg und Hamburg-Bremen. Hier wurden die Mission und die Neuordnung der Kirchenlandschaft an Elbe und Saale konzentriert.[8] Zwar gingen hochfliegende Pläne zur Mission aller Slawen nicht in Erfüllung, sodass sich die Elbmetropole diese Aufgabe mit anderen geistlichen Zentren im östlichen Mitteleuropa teilen musste.[9] Jedoch nahm das sächsisch-magdeburgische Recht später auf ganz andere Weise jene Wege nach Osten, die Otto der Große einst den christlichen Missionaren von Magdeburg aus zugedacht hatte.

Das politisch-geistliche Zentrum bot Platz für eine Gemeinschaft von Kaufleuten und für die spätere Stadtkommune. An Magdeburg richtete sich auch das Kaufleuterecht anderer Orte aus. Als Förderer wirkten die Erzbischöfe. Unter ihnen ragte in der zweiten Hälfte des

Abb. 3 (links)
Putzritzzeichnung mit Kaiser Otto dem Großen zwischen seinen Gemahlinnen Edgith und Adelheid, Magdeburg, Kreuzgang des Domes, historische Aufnahme 1891. Magdeburg, Kulturhistorisches Museum.

Abb. 4
Grabmal Erzbischof Wichmanns. Magdeburg, Dom, Chorumgang.

12. Jahrhunderts Wichmann von Seeburg hervor (Abb. 4).[10] Sein verlorenes Privileg für den Fernhandelsmarkt Magdeburg von 1188 diente bald als Orientierung für andere. Es hat sich in einer Abschrift erhalten, die der piastische Herzog Heinrich I. von Schlesien für die Gründung von Goldberg/Złotoryja in Niederschlesien anfertigen ließ (siehe Abb. 1 bei Carls, S. 126). Die Abschrift ging im Zweiten Weltkrieg unter, doch gibt es immerhin ältere Fotos.

Wichmann wollte nach einer Brandkatastrophe die Wirtschaft in seiner Stadt fördern und gab deshalb den Kaufleuten Rechtssicherheit. Seine Zusicherungen müssen – wie viele spätere Stücke des Magdeburger Rechts – modernen Lesern erst erklärt werden. Klar wird die Absicht, nämlich die Herauslösung der Stadt aus traditionellen Gewohnheiten des Landes und der Wille, den Bedürfnissen einheimischer wie fremder Kaufleute entgegenzukommen. Dafür hob Wichmann restriktive Bestimmungen des traditionellen Gerichtsverfahrens auf und schränkte die Haftung für Familienmitglieder oder die eigene Gruppe ein. Sätze wie dieser leuchten uns noch heute unmittelbar ein: »Ferner wenn der Sohn eines Mannes jemanden verwundet oder getötet hat und der Vater ist nicht zugegen gewesen oder hat, wenn auch anwesend, nicht mit Hand angelegt, so soll er, wenn er das durch das Zeugnis sechs rechtschaffener Männer erweisen kann, von Schuld und von Strafe der Schuld gänzlich frei sein.«

|6| Puhle 2005. |7| Ausst.-Kat. Magdeburg 2001. |8| Claude 1972–1975; Schlesinger 1962. |9| Schneidmüller/Weinfurter 2001; Henning 2002; Fried 2001; Borgolte 2002; Wieczorek/Hinz 2000. |10| Ausst.-Kat. Magdeburg 1992.

Fremde Fernkaufleute profitierten von der Verkürzung eines Gerichtsverfahrens auf einen Tag, denn schon damals war Zeit Geld, und niemand wollte sich über Monate oder Jahre andauernde Prozesse leisten. Wichmanns Gunst liest sich so: »Wenn der Bürger gegen den Fremden oder der Fremde gegen den Bürger eine Klage hat, bei der man die Entscheidung des Burggrafen oder des Schultheißen abwarten müsste, bestimmen wir, damit nicht durch irgendeine Verzögerung beiden Parteien Schaden erwachse, dass an demselben Tage, an dem die Sache anhängig gemacht ist, sie auch erledigt und zu Ende geführt werde.« Zur Bekräftigung der Urkunde stand am Ende eine Liste mit vornehmen geistlichen und weltlichen Zeugen. Elf namentlich genannte Magdeburger Bürger waren in die Ausfertigung des Privilegs eingebunden: »Ovo, Martin, Reinbert, Udo, Heinrich, Reiner, Druchtleve, Giselbert, Johannes, Conrad, der Münzmeister, Walter und viele andere Kleriker wie Laien.«[11] Solche Bestimmungen und Namen lassen die Inhalte des Rechts und die Menschen hervortreten. Ich möchte das unterstreichen, weil die Forschung gern Verbreitungskarten des späteren sächsisch-magdeburgischen Rechts von der Elbe nach Osten zeichnete. Die Inhalte und Entscheidungen in all ihrer vormodernen Andersartigkeit sowie die Menschen, die Recht wiesen und weitergaben, wollen dagegen noch deutlicher ans Licht gezogen werden. Die Magdeburger Stadtgemeinde schärfte ihr Profil im 13. Jahrhundert. Zu den älteren Privilegien der Herrscher trat der Gestaltungswille des städtischen Rats. Langsam höhlte die prosperierende Kommune ältere Gerichtsrechte der Erzbischöfe aus. Konflikte zwischen bürgerlichem Freiheitsstreben und geistlicher Stadtherrschaft prägten das Spätmittelalter, entluden sich in blutigen Zusammenstößen und bescherten Magdeburg am Ende keine Autonomie.[12]

Erfolgreicher entwickelten sich dagegen der Vorbildcharakter der städtischen Ordnung und die Strahlkraft des Rechts. Im 13. Jahrhundert trennte sich die Handlungsmacht des Rats von der rechtlichen Kompetenz des Schöffengerichts: elf Ratmannen und elf Schöffen. 1336 wurde die gleichzeitige Mitgliedschaft in beiden Organen sogar verboten. Diese Differenzierung von Stadtregierung und Schöffenstuhl stand in den offenen Ordnungen zwischen Elbe und Dnjepr für den Verbreitungserfolg Magdeburger Modelle und Rechtsanschauungen.[13] Nach Goldberg übernahmen viele andere Städte Magdeburger Ordnungsstrukturen und entwickelten diese fruchtbar weiter. Nicht wenige adlige Stadtgründer in Ostmitteleuropa gaben ihren Städten Magdeburger Recht mit auf den Weg. Viele Siedler transportierten auf ihren Wegen von West nach Ost solche Fundamente kommunalen Lebens. Neben diesen Weichenstellungen zu Beginn erhielt sich die Verbundenheit in Rechtsauskunft und Rechtsweisung durch den Magdeburger Schöffenstuhl. Seine Mitglieder beantworteten Tausende von Rechtsanfragen. Die Expertise rechtskundiger Männer folgte nicht einem kodifizierten Gesetz. Sie beruhte vielmehr auf der immensen Kenntnis geschriebener und gelebter Rechtstraditionen, auf Kompetenzen des gesunden Menschenverstands, also auf Weisheit und Vernunft.

Die Magdeburger Schöffensprüche waren Ratschläge und keine Urteile. In der Stoßrichtung folgten die Entscheidungsvorschläge eher bewährten Prinzipien des elitären Kaufleuterechts als den Partizipationsforderungen aufstrebender sozialer Gruppen. Vor allem wurde die neue städtische Rechtsordnung nicht gegen die ältere feudale Lebenswelt ausgespielt. Unsere historischen Lehrbücher unterscheiden im Mittelalter gern zwischen feudalen, grundherrschaftlichen oder städtischen Ordnungen.[14] Im historischen Magdeburg wurden diese dagegen amalgamiert. Nicht selten nutzten die Schöffen Passagen aus dem Landrecht des Sachsenspiegels für ihre Rechtsweisungen. Das in Magdeburg gewiesene Recht integrierte verschiedene Traditionen. Es war ein Recht der Sachsen, kein Recht der Städter.

Mit Weisheit, Erfahrung und Flexibilität beeindruckten die Magdeburger Schöffen so sehr, dass sie gar keine moderne Staatlichkeit oder Polizeigewalt zur Durchsetzung benötigten. Der Erfolg ihrer Überzeugungsstrategien und ihre Geltung als unangefochtene Autorität in der Auslegung des magdeburgisch-sächsischen Rechts lassen alle Durchregierenden erblassen. Solche Kennerschaft erwuchs aus der Mitte der städtischen Gesellschaft. Erst Gelehrsamkeit studierter Universitätsjuristen machte seit dem 16. Jahrhundert dieser Welt des gesunden Menschenverstands allmählich den Garaus. Lange wurden die Magdeburger Schöffensprüche gelesen, gesammelt, abgeschrieben, übersetzt, weiterentwickelt. Weil die Magdeburger Archive im Dreißigjährigen Krieg untergingen, bleibt uns nur noch diese Empfängerüberlieferung aus vielen europäischen Archiven und Bibliotheken.

Zur Drehscheibe bei der Weitergabe des sächsisch-magdeburgischen Rechts wurden sogenannte »Tochterstädte«, die im Verbreitungsnetz selbst Autorität für Kommunikation und Aushandlung erlangten. Anfangs liefen die Fäden von der Elbe nach Osten, besonders nach Schlesien, erreichten über Kulm/Chełmno, Thorn/Toruń oder Krakau/Kraków das Deutschordensland, Kleinpolen, Großpolen, Böhmen und Mähren, später Litauen, Weißrussland, die Ukraine und den Südosten Europas. Hier wie da überlappten sich Transfers, Rezeptionen und Amalgamierungen mit dem Interesse an anderen Rechtstraditionen, unter denen das lübische Recht hervorragt.[15] Solange Territorien und Staaten ihre kulturellen und rechtlichen Grenzen nicht verschlossen, funktionierten die Strömungen des Rechts, die »flows«. In zunehmender Konkurrenz zur staatlichen Normierung und Abschottung wirkte das sächsisch-magdeburgische Recht bis in die Frühe Neuzeit, in der Ukraine gar bis ins mittlere 19. Jahrhundert. Heute entdecken wir in Globalisierung und Hybridisierung die Chancen solcher Vielförmigkeiten und Grenzüberschreitungen neu. Den Liebhabern von Kodifizierung und Grenzsetzung entziehen sich dagegen die vibrierenden Schwingungen vormodernen Rechts. Mit den Kulturwissenschaften werden Historiker und Rechtshistoriker Perspektiven entwickeln, jene vorstaatliche Welt aus Sicht moderner Transkulturalität neu zu würdigen.[16]

Entdeckt wurde das sächsisch-magdeburgische Recht freilich schon öfter. Seine älteren Instrumentalisierungen bedeuten eine Bürde, die es mitzudenken gilt.[17] Am Anfang standen die Antiquare, um 1900 dann eine quellenorientierte bürgerliche Rechtswissenschaft im

---

| 11 | UB Erzstift Magdeburg 1, Nr. 421, S. 554–556; UB Magdeburg 1, Nr. 59, S. 30–31. Abbildung der Urkunde von 1211 und deutsche Übersetzung bei Markmann 1936, S. 81–128, hier zitiert nach S. 96. **| 12 |** Gleba 1989; Kannowski 2001. **| 13 |** UB Erzstift Magdeburg 1, Nr. 362, S. 224–226. Zur Verbreitung Lück 2014. **| 14 |** Bader/Dilcher 1999. **| 15 |** Oestmann 2009; zur Kritik des Konzepts »Stadtrechtsfamilie« vgl. Dusil 2007; Lück 2009 a; Mühle 2011. **| 16 |** Borgolte 2008; Borgolte/Schneidmüller 2010; Herren/Rüesch/Sibille 2012; Borgolte/Tischler 2012; Flüchter/Schöttli 2015. **| 17 |** Lück 2009 e, S. 175–206; Keller 2017, deutsche Kurzfassung auf S. 375–389: Das östliche Europa und das deutsche Recht im Mittelalter und in Früher Neuzeit.

Abb. 5
Denkmal für das Magdeburger Recht in Kiew, erbaut zwischen 1802 und 1808.

Europa der abnehmenden Monarchien.[18] Nach dem verlorenen Ersten Weltkrieg verbreiteten sich rassistische Wahnvorstellungen vom Vorrang der Deutschen über die Slawen zunehmend unter deutschen Wissenschaftlern. Aus der sogenannten Ostkolonisation und der Verbreitung des Magdeburger Rechts nach Osten leitete man im nationalsozialistischen Deutschland einen germanischen Zivilisationsvorsprung ab, der die slawischen Nachbarn zu »Untermenschen« degradierte. Dabei gerieten die spätmittelalterlichen Realitäten weitgehend aus dem Auge. Die Rezeption städtischer Rechtsformen aus dem Westen ging nämlich vielfach von slawischen Fürsten aus oder wurde von ihnen gesteuert. Das sächsisch-magdeburgische Recht verbreitete sich auch in Landschaften, in die Siedler aus dem Westen gar nicht gelangten. Differenzierungen zwischen Deutschen und Nicht-Deutschen durchziehen zwar durchaus schon historische Quellen aus Ostmitteleuropa. Aber erst der neuzeitliche Nationalismus kreierte Modelle von rassischen Gegensätzen und kulturellen Hierarchien.

Im Zweiten Weltkrieg wuchs in Magdeburg ein Institut zur Erforschung des Magdeburger Stadtrechts heran. Gefördert wurde es vom nationalsozialistischen Oberbürgermeister Fritz-August Wilhelm Markmann, der 1933 als Nachfolger von Ernst Reuter ins Amt gelangte. Als promovierter Jurist besaß Markmann durchaus Sachkenntnisse und wollte im Standortwettbewerb den Rang seiner Stadt aus der Geschichte heraus fördern.[19] Programmatisch gelang dies 1936 bei der 1000-Jahr-Feier der Königskrönung Ottos des Großen. Markmann steuerte für die Festschrift einen engagierten Aufsatz bei: »Zur Geschichte des Magdeburger Rechtes«.[20] Als Leiter des Instituts gewann er den promovierten Juristen Theodor Goerlitz, zuvor Oberbürgermeister von Oldenburg und 1932 von den Nationalsozialisten aus dem Amt gedrängt. Als Wissenschaftler brachte Goerlitz das Unternehmen im Zweiten Weltkrieg voran und trat durch beachtliche Quelleneditionen hervor.

Die Idee, das Magdeburger Recht durch Zusammentragen von Texten aus anderen Überlieferungszentren zu rekonstruieren, spornt auch heute wieder an. Aufgrund seiner demokratischen Verankerung wurde Goerlitz von der sowjetischen Besatzungsmacht nach 1945 zum Amtsrichter erhoben und erlangte 1947 eine Honorarprofessur an der Universität Halle, starb aber schon 1949 in Magdeburg. Die Stadt Oldenburg stellte 2004 vor ihrem Rathaus seine Büste auf und benannte eine Straße nach ihm. Gleichwohl irritiert heute die Diktion seiner Publikationen, die vom Deutschtum des Magdeburger Rechts durchdrungen waren. Sein Institut ging beim großen Bombenangriff auf Magdeburg im Januar 1945 unter; Bruchstücke der Sammlungen konnten inzwischen wieder ermittelt werden.[21]

Es dauerte fast bis zur politischen Wende in Europa, bis das sächsisch-magdeburgische Recht erneut deutlicher in den Fokus trat. 1986 legte Rolf Lieberwirth in der DDR eine Akademieabhandlung vor,[22] und Friedrich Ebel organisierte in der alten Bundesrepublik ein großes Editionsunternehmen des Magdeburger Rechts, aus dem erste Bände hervorgingen.[23] Mit hohen Erwartungen schauen wir jetzt auf das florierende Akademieprojekt »Das sächsisch-magdeburgische Recht als kulturelles Bindeglied zwischen den Rechtsordnungen Ost- und Mitteleuropas«. In dichter Folge legen Heiner Lück und sein Team an der Sächsischen Akademie der Wissenschaften ihre Ergebnisse vor; die Tagung, deren Ergebnisse in dem vorliegenden Band zusammenfließen, gehört in diesen Forschungsplan. Dezidiert rücken wir heute von früheren nationalistischen Vereinnahmungen des Rechts und von der nationalen Strukturierung seiner Erforschung ab. Das Projekt in Halle, Magdeburg und Leipzig bildet nur einen von vielen Knotenpunkten in einer internationalen Wissensgemeinschaft.[24] In solcher Vernetzung soll das Thema im Kulturhistorischen Museum ausgestellt werden, durchaus mit Stolz auf Magdeburg, aber doch polyzentrisch, den Menschen zugewandt. Ein Denkmal zur Übernahme Magdeburger Rechts wurde 1802 in Kiew errichtet (Abb. 5).[25] Nach furchtbaren Verirrungen sehen wir im 21. Jahrhundert wieder neu, wie sich Menschen über Grenzen und Sprachen nach Recht ausstrecken und wie Recht zum Fundament von Frieden und Freiheit erwächst. Die Spannungen zwischen der vergangenen Instrumentalisierung und der Wiederentdeckung alter Kommunikationsräume von der Elbe bis zum Dnjepr werden uns begleiten.

|**18**| Als Beispiel aus dieser Erschließungstätigkeit nenne ich Friese/Liesegang 1901. |**19**| Wille 2002, im Internet abrufbar unter www.uni-magdeburg.de/mbl/Biografien/0643.htm (letzter Zugriff am 22.1.2018); vgl. ferner Lück 1999/2000. |**20**| Markmann 1936. |**21**| Lück 1999; Lück 2002/2003; Perrin 2009. |**22**| Lieberwirth 1986; ferner Lieberwirth 2008. |**23**| Ebel 1983a; Ebel 1989; Ebel 1995. Auswertende Aufsätze von Ebel 2004a. |**24**| Programmatisch wird das in den multinationalen Editionen deutlich: Eichler/Lück 2008; Bily/Carls/Gönczi 2011; Gönczi/Carls 2013. Vgl. auch Biedrzycka 2007. |**25**| Lück 1990a.

Die spätmittelalterlichen Quellen nannten das weithin streuende Recht »Magdeburger Recht«, »sächsisches Recht« oder »deutsches Recht«. Sie würdigten damit die Herkunft aus dem Land an der Elbe, ohne die späteren Verstrickungen der Wörter oder die Abwege eines deutschen Rechts im Nationalsozialismus zu erahnen. Es ist historisch angemessen und korrekt, wenn sich jetzt die landschaftliche Herkunftsbezeichnung »sächsisch-magdeburgisches Recht« in der wissenschaftlichen Terminologie durchsetzt. Bedenken sollte man freilich die angemessene Begrifflichkeit für die Vorgänge des Verbreitens, des Aufnehmens, des Verschmelzens und des Weiterentwickelns von Recht. Hier steht der Vorwurf eines rechtlichen Kolonialismus im Raum. Der Kenner weiß, wie falsch dieser Gedanke wäre. Das Recht der Magdeburger Schöffen vertraute ja auf Überzeugungskraft und Aneignung. Trotzdem wollen die Wörter richtig gewählt werden, weil sie alle eine Geschichte haben. Mit durchaus plausiblen Gründen hat sich die Rechtswissenschaft für die Vorstellung vom »Rechtstransfer« entschieden. Weil sich die modernen Kulturwissenschaften aber gerade von Vorstellungen wie Kulturtransfer oder Akkulturation verabschieden, mag man das noch einmal überlegen.[26] Über Modelle von Sender und Empfänger hinaus zeigt uns die moderne Welt gerade die Kraft des Unbeabsichtigten, die Richtungslosigkeit kultureller Strömungen und ihre beständigen Verformungen.

Die Geschichte der Stadt als Wurzel des Rechts

Der zweite Teil lenkt die Blicke zurück auf das spätmittelalterliche Magdeburg. Wir begegnen der städtischen Lebenswirklichkeit, in der die Magdeburger Schöffen ihre Rechtsweisungen entwickelten. Die Stadt hatte seit dem 13. Jahrhundert in heftigen Konflikten eine recht weitgehende Autonomie vom Erzbischof erkämpft. Und doch banden die kommunalen Eliten Fürsten und Gewalten beherzt in ihr historisch-politisches Selbstverständnis ein. So wie die städtischen Schöffen das Landrecht des Sachsenspiegels heranzogen, so dienten ihnen tote Kaiser und Könige auch als Urheber bürgerlicher Freiheit und Größe. Die Geschichte der Stadt gründete nicht in der Autonomie des Bürgertums. Vielmehr fügte sich dieses in die Geschichte der Sachsen, des Heiligen Römischen Reiches und der ganzen Welt ein.[27] Das Magdeburger Bürgertum des Spätmittelalters dachte in kaiserlichen Kontinuitäten und löste dabei Gegensätze von städtischen oder ländlichen Rechtsgemeinschaften auf. Um richtig verstanden zu werden: Natürlich existierten im späten Mittelalter fundamentale rechtliche, soziale und kulturelle Unterschiede zwischen Stadt und Land. Aber die Magdeburger ließen ihre Stadt und das Bürgertum nicht aus der Sehnsucht nach Freiheit, sondern aus kaiserlichem Handeln entstehen. Kreativ wurde Geschichte auf den eigenen Ruhm hin ausgerichtet.

|**26**| Netzwerk Transkulturelle Verflechtungen 2016. Dem früheren Modell »Akkulturation« folgen noch: Moraw 2001; Wünsch 2003; Härtel 2014. |**27**| Schneidmüller 1996; Andermann 1999; Funke 2001.

Abb. 6
Sandsteinsarkophag der Königin Edgith, um 1510. Magdeburg, Dom, Chorumgang.

Abb. 7
Grab Ottos des Großen, Magdeburg, Dom.

Heute lässt man Magdeburgs große Geschichte mit Recht bei Otto dem Großen und seiner ersten Gemahlin Edgith beginnen. Beide sorgten für das Aufblühen Magdeburgs. Im neuen erzbischöflichen Dom fanden beide ihr Grab (Abb. 6, 7).[28] Doch diese Herrscherbestattung blieb singulär – Magdeburg zog kaum noch kaiserliche Nachfolger in seinen Bann. Dafür wurden Otto der Große und sein Vater König Heinrich I. im Wettstreit zwischen Erzbischof und Stadt gern als Gründerväter benutzt. Zu ihrer Zeit hätten die Ottonen unabhängige Städte nicht einmal erahnen können. Doch später brauchte man sie eben als Urheber städtischer Freiheit.

Im 12. Jahrhundert fixierte die Chronik der Magdeburger Erzbischöfe eine dreifache Imperialität: »Von Iulius Caesar wurde die Stadt gegründet, von Karl dem Großen zum Glauben bekehrt, und von Otto dem Großen wurde später in dieser Stadt der Sitz eines Erzbistums errichtet.« Dies geschah »zur Ehre und zum Schutz seines geliebten Sachsens«[29] (Abb. 8–11). Ottonischer Förderung verdankten die Erzbischöfe nicht nur ihre Gleichstellung mit den älteren Erzbischofssitzen in Mainz, Köln und Trier, sondern auch den Ehrentitel eines *primas Germaniae*, eines Ersten in Deutschland.[30] Durch fünf große Kaiser verknüpften die Verfasser von Geschichtswerken und Rechtstexten Sachsen, Magdeburg und sein Recht mit der Weltgeschichte. Eike von Repgow nannte die christlichen Kaiser Konstantin den Großen und

Karl den Großen als die Urheber des sächsischen Rechts. Es kam also nicht als selbst geschaffene Ordnung des sächsischen Volkes, sondern eben als »gesatztes« Kaiserrecht daher.[31] Ein gelehrter Kommentar notierte, dass drei Kaiser dieses Recht dann noch gemehrt hätten: Otto der Große, Otto II. und Friedrich Barbarossa. Damit rückte die Buch'sche Glosse (1325–1333) das Sachsenrecht neben das römische Kaiserrecht, das von Kaiser Justinian kodifiziert und an den hohen Rechtsschulen der lateinischen Christenheit gelehrt wurde.[32]

Eine Einpflanzung in die Weltgeschichte: Die »Magdeburger Schöppenchronik« schmückte im 14. Jahrhundert die eigenen Anfänge aus und formte das sächsische Geschichtsbewusstsein. Julius Caesar, der Urheber des Kaisertums, hätte Magdeburg gegründet und im heidnischen Diana-Tempel einen Kult von Jungfrauen eingerichtet. Das habe der Stadt den Namen gegeben: Parthenopolis oder Burg der Mägde. Als zweiter Urheber trat Karl der Große auf, der die Sachsen nach ihrer Unterwerfung wieder frei machte, das Christentum an die Elbe brachte und hier für eine Kirchengründung sorgte. Zweimal gegründet, zweimal untergegangen.[33] Erst der dritte Anlauf unter Otto dem Großen sorgte für Nachhaltigkeit. Jetzt erblühten Erzbistum und Stadt gleichermaßen.[34] Kreativ wurzelten Geistliche wie Bürger im Spätmittelalter die eigene Lebenswirklichkeit in der Ottonenzeit ein. Wiederholt mussten König Heinrich I. und Kaiser Otto der Große die historischen Sehnsüchte der Nachgeborenen bedienen. Die städtische Identität orientierte sich nicht an der Geschichte erkämpfter bürgerlicher Freiheit. Vielmehr fügte man die Stadt in die Geschichte der Könige und Kaiser ein. Das Heilige Römische Reich und das Land der Sachsen bildeten die entscheidenden historischen Orientierungspunkte. Bei der Deutungshoheit über diese Vergangenheiten konkurrierte die Stadt mit dem Erzbischof.

In zwei Bildern soll die Gabelung dieser Benutzungen im 13. Jahrhundert entworfen werden. Das erste Bild ist der Magdeburger Reiter auf dem Marktplatz der Bürgergemeinde. Als freistehende Plastik mit den beiden Mägden als Assistenzfiguren markiert der reitende Herrscher einen Entwicklungsschritt in der nordalpinen Bildhauerkunst. Das zweite Bild ist das Grab Kaiser Ottos des Großen im Magdeburger Dom.[35] Zu kirchlichen Hochfesten wurde es vom Domklerus prächtig geschmückt. Das lässt sich aus Textzeugnissen seit dem 13. Jahrhundert rekonstruieren. Am Kaisergrab stellte der Klerus herausragende Reliquien auf, die vom 10. bis zum 13. Jahrhundert nach Magdeburg gelangt waren. Vielleicht verbanden oder stützten sich beide Bilder im 13. Jahrhundert noch? Später markierten sie dann zwei konkurrierende Erinnerungsstränge von Stadt und Erzbistum.

|**28**| Ehlers 2000; Ehlers 1999/2000; Meller/Schenkluhn/Schmuhl 2012. |**29**| »A Iulio Cesare civitas condita, a Karolo Magno ad fidem conversa, et ab Ottone Magno sedes archiepiscopalis in ipsa civitate postmodum est erecta.« MGH SS 14, hier Prolog, S. 376, cap. 6, 379. Deutsche Übersetzung bei Peters 2006, S. 67, 73. Vgl. Freund 2012. |**30**| Willich 2001. |**31**| MGH Fontes iuris N. S. 1/1, Prolog, S. 52. Vgl. Lück 2006 a. |**32**| MGH Fontes iuris N. S. 7/1, S. 124–125; zur Deutung vgl. Trusen 1985; Kannowski 2007; ferner Kannowski im vorliegenden Band, S. 167–181. |**33**| MGH SS 14, cap. 2–3, S. 377; Peters 2006, S. 67–69. Janicke 1869, S. 7–9. |**34**| MGH SS 14, cap. 4–10, S. 377–383; Peters 2006, S. 70–82; Janicke 1869, S. 46–47. |**35**| Brandl/Forster 2011.

Abb. 8
Julius Caesar als angeblicher Gründer verschiedener Städte, worunter auch Magdeburg fiel, Holzschnitt in der »Cronecken der Sassen«, 1492. Wolfenbüttel, Herzog August Bibliothek, M: Gl 4° 91.

Abb. 9
Im Sinn der »Cronecken der Sassen« habe Karl den Sachsen das Christentum gebracht, 1492. Wolfenbüttel, Herzog August Bibliothek, M: Gl 4° 91.

Bild eins: Der Reiter auf dem Rathausplatz gab der Bürgergemeinde Gewissheit, dass die Stadt Magdeburg auf kaiserlicher Stiftung fußte (Abb. 12).[36] Zusammen mit einer Rolandsstatue, einem Hirsch und der Rathauslaube bildete der Reiter ein herausragendes Ensemble städtischen Selbstbewusstseins.[37] Die »Magdeburger Schöppenchronik« trennte am Ende des zweiten Buchs (bis 1350) zwei Rechtssphären, das geistliche Gericht der Erzbischöfe und das weltliche Gericht der Burggrafen. Die Autonomie des Weltlichen führte sie auf Heinrich I. und Otto den Großen zurück, als Stadt und Grafschaft an das Reich kamen.[38] Das dritte Buch der 1363 geschriebenen »Schöppenchronik« unterstrich, dass der große Otto selbst die Magdeburger Schöffen und das Stadtrecht begründet hätte.[39] Im Spätmittelalter wollte man sich die eigene Geschichte also gar nicht mehr ohne Otto den Großen und seinen Vater denken.Angestoßen wurde das städtische Selbstbewusstsein durch eine Geschichte aus dem 10. Jahrhundert. Zur Ungarnabwehr habe König Heinrich I. Burgen bauen lassen und zwischen Kriegern und Bauern zu unterscheiden begonnen. Die »Magdeburger Schöppenchronik« erzählte diese alte Geschichte im 14. Jahrhundert weiter und machte aus dem Burgenbauer den königlichen Städtebauer. Jetzt galt Heinrich I. als Urheber des städtischen Vorrangs über das Land und als Begründer einer Rechtsordnung, die das neue Bürgertum in das Kriegswesen seiner Zeit integrierte. Ihm hätten die Bürger in Sachsen nämlich Heerweide und Heerschild zu verdanken, also ihre Einfügung in die feudale Ordnung des Reiches.[40]

Abb. 10
Darstellung der Christianisierung Magdeburgs und des damit einhergehenden Kirchenbaus, »Cronecken der Sassen«, 1492. Wolfenbüttel, Herzog August Bibliothek, M: Gl 4° 91.

Abb. 11
Erbauung der Stadt Magdeburg unter Kaiser Otto dem Großen, »Cronecken der Sassen«, 1492. Wolfenbüttel, Herzog August Bibliothek, M: Gl 4° 91.

Kurz vor 1500 ging ein unbekannter Magdeburger Fälscher noch weiter. Auf das Jahr 947 datierte er eine angeblich von Otto dem Großen ausgestellte Urkunde für die Magdeburger Bürger. Otto hätte hier – mit Zustimmung von Papst und Fürsten wie in der Rechtstradition Konstantins des Großen und Karls des Großen – den Magdeburgern Reichsfreiheit und Unabhängigkeit zugestanden. Mit dem Heerschild fiele der Stadt und ihren Bürgern die Lehnsfähigkeit zu; zudem sollten die Beschlüsse von Bürgermeister und Stadtrat die Qualität von Reichsgesetzen besitzen.[41] Diese Fälschung fing jene kommunalen Sehnsüchte nach reichsstädtischer Freiheit ein, die sich im Konflikt mit Erzbischof Ernst bald in nichts auflösen sollten.

Bild zwei: Wenige Schritte vom Marktplatz entfernt zelebrierten die Magdeburger Domherren einen anderen Stifterkaiser Otto. Ein im 13. Jahrhundert – etwa zeitgleich mit dem Reiter – entstandener *Liber ordinarius* regelte den feierlichen liturgischen Ablauf der Feste

|**36**| Köster 2017. |**37**| Darauf geht der Beitrag von Claus-Peter Hasse in diesem Band näher ein, S. 423–450. Vgl. auch Hasse 2001. |**38**| Janicke 1869, S. 210–211. Zur Quelle vgl. Bertelmeier-Kierst 2016. |**39**| Janicke 1869, S. 241. |**40**| Ebd., S. 43. So auch die »Chronecken der Sassen«, fol. 54v. Vgl. Funke, 2001, S. 154–155. Die Geschichte folgt einem Narrativ aus dem 10. Jahrhundert, also aus vorstädtischer Zeit, das Heinrich I. zum »Burgenbauer« gegen die Bedrohung durch die Ungarn stilisierte: MGH SS rer. Germ. 60, I 35, S. 48–49. |**41**| UB Magdeburg 1, Nr. 8, S. 3–5. Regesta Imperii II, 1, Nr. 151, in: Regesta Imperii Online, URL: www.regesta-imperii.de/id/0947-06-07_1_0_2_1_1_312_151 (letzter Zugriff am 18. 12. 2017).

Abb. 12
Magdeburger Rathaus mit dem Magdeburger Reiter, Gemälde von Max Koch, 1903. Magdeburg, Kulturhistorisches Museum, G 158.

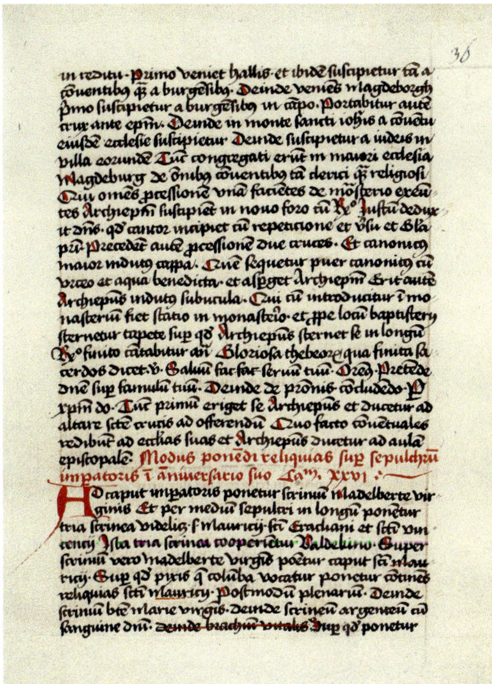

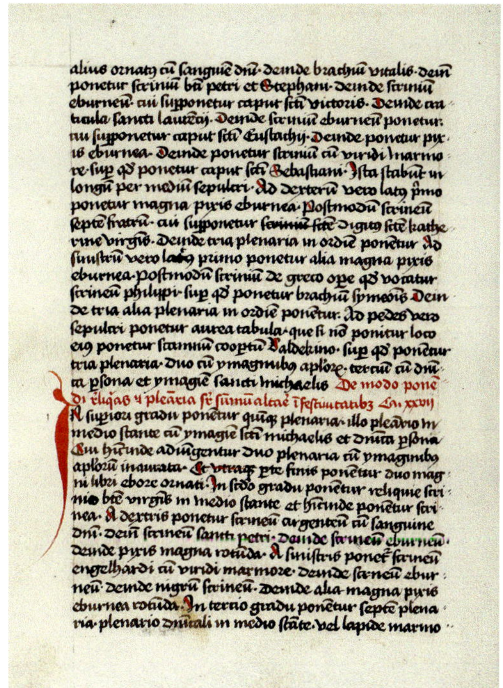

Abb. 13 u. 14
Vorgaben zur Feier des Gedächtnisses an Kaiser Otto den Großen im Liber ordinarius, 13. Jahrhundert. Berlin, Staatsbibliothek Preußischer Kulturbesitz, Cod. Theol. Lat. Quart. 113, f. 36r u. 36v.

und Prozessionen im Magdeburger Dom. An den Jahrtagen des kaiserlichen Todes und der Domweihe wie am Festtag des heiligen Mauritius schmückten großartige Reliquien und Schätze aus Gold, Silber, Edelsteinen und Pergament das kaiserliche Grab und den Dom. Der *Liber ordinarius* wurde in zwei Abschriften des 15. und des 16. Jahrhunderts überliefert, von denen die ältere seit dem Ende des Zweiten Weltkriegs verschollen ist. Sie wurde immerhin 1891 beschrieben und in Auszügen gedruckt. Zu den edierten Teilen gehört auch die »Ordnung, wie die Reliquien auf dem Grab des Kaisers an seinem Jahrtag aufgestellt werden«.[42] Erhalten hat sich bis heute dagegen eine vor 1507 entstandene Abschrift, mit der hier gearbeitet wird.[43] Dort wird eingehend die prächtige Ausstattung des Grabes Ottos des Großen an seinem Todestag festgehalten. Die Nennung der seit der Reformation untergegangenen heiligen Gebeine mit ihren Schreinen und Pyxiden sowie die Hinweise auf prachtvoll illuminierte Handschriften geben uns eine ungefähre Ahnung vom Glanz, den einer der großartigsten Domschätze des Mittelalters einst an der Elbe ausstrahlte (Abb. 13, 14).[44]

|**42**| Magdeburg, Bibliothek des Domgymnasiums, Mscr. 14 [verschollen]. Dazu Sello 1891, zur Handschrift S. 118–123, Abdruck der Ordnung S. 137–138; danach erneut abgedruckt von Kroos 1984, S. 334–335. |**43**| Berlin, Staatsbibliothek Preußischer Kulturbesitz, Cod. Theol. Lat. Quart. 113. Zur Handschrift: Winter 2012, S. 125–127; Kühne 2009 b; Lohse 2018. Eine Edition wird von Herrn Dr. Matthias Hamann vorbereitet. |**44**| Kroos 1989; Ehlers 2000, S. 53–55; Kühne 2009 a.

Der bislang zu wenig beachtete Text zur Feier des Gedächtnisses an Kaiser Otto soll hier im lateinischen Original aus der Berliner Handschrift und in deutscher Übersetzung wiedergegeben werden:

»Modus ponendi reliquias super sepulchrum imperatoris in anniversario suo (Cap. XXVI)

Ad caput imperatoris ponetur scrinium Madelberte virginis. Et per medium sepulcri in longum ponentur tria scrinea videlicet sancti Mauricii, sancti Eracliani et sancti Vincencii. Ista tria scrinea cooperientur Baldekino. Super scrinium vero Madelberte virginis ponetur caput sancti Mauricii. Super quod pixis que columba vocatur ponetur continens reliquias sancti Mauricii. Postmodum plenarium. Deinde scrinium beate Marie virginis. Deinde scrineum argenteum cum sanguine Domini [durchgestrichen: Deinde brachium Vitalis]. Super quod ponetur / alius ornatus cum sanguine Domini. Deinde brachium Vitalis. Deinde ponetur scrinium beati Petri et Stephani. Deinde scrinium eburneum. Cui superponetur caput sancti Victoris. Deinde craticula sancti Laurencii. Deinde scrinium eburneum ponetur. Cui superponetur caput sancti Eustachii. Deinde ponetur pixis eburnea. Deinde ponetur scrinium cum viridi marmore. Super quod ponetur caput sancti Sebastiani. Ista stabunt in longum per medium sepulcri. Ad dexterum vero latus primo ponetur magna pixis eburnea. Postmodum scrineum septem fratrum. Cui superponetur [durchgestrichen: scrinium sancte] digitus sancte Katherine virginis. Deinde tria plenaria in ordine ponentur. Ad sinistrum vero latus primo ponetur alia magna pixis eburnea. Postmodum scrinium de greco opere quod vocatur scrineum Philippi. Super quod ponetur brachium Symeonis. Deinde tria alia plenaria in ordine ponentur. Ad pedes vero sepulcri ponetur aurea tabula; que si non ponitur loco eius ponetur scamnum coopertum Baldekino. Super quod ponentur tria plenaria, duo cum ymaginibus apostolorum, tercium cum dominica persona et ymagine sancti Michaelis.«[45]

Deutsche Übersetzung:

»Ordnung, wie die Reliquien auf dem Grab des Kaisers an seinem Jahrtag aufgestellt werden (Kap. 26)

Zum Haupt des Kaisers wird der Schrein der Jungfrau Madelberta gestellt. In die Mitte des Grabmals werden auf ganzer Länge die drei Schreine des heiligen Mauritius, des heiligen Heraclianus und des heiligen Vincentius gestellt. Diese drei Schreine werden von einem Baldachin bedeckt. Über den Schrein der Jungfrau Madelberta wird das Haupt des heiligen Mauritius gesetzt, darüber die ›Taube‹ (*columba*) genannte Pyxis, welche die Reliquien des heiligen Mauritius enthält. Danach ein Plenarium. Dann der Schrein der heiligen Jungfrau Maria. Dann der silberne Schrein mit dem Blut des Herrn, auf das ein anderes Behältnis mit dem Blut des Herrn gestellt wird. Dann der Arm des Vitalis. Dann wird der Schrein des heiligen Petrus und Stephanus aufgestellt. Dann ein Elfenbeinschrein, auf den das Haupt des heiligen Viktor gestellt wird. Dann der Rost des heiligen Laurentius. Dann wird ein Elfenbeinschrein aufgestellt, auf den das Haupt des heiligen Eustachius gesetzt wird. Dann wird eine Elfenbeinpyxis aufgestellt. Dann wird ein Schrein mit grünem Marmor aufgestellt, auf den das Haupt des heiligen Sebastian gesetzt wird. Diese stehen der Länge nach in der Mitte des Grabmals. Auf der rechten Seite wird zuerst eine große Elfenbeinpyxis aufgestellt. Dann der Schrein der Sieben Brüder, auf den der Finger der heiligen Jungfrau Katharina gestellt wird. Dann werden drei Plenarien der Reihe nach aufgestellt. Auf der linken Seite wird zuerst eine andere große Elfenbeinpyxis aufgestellt. Dann folgt ein Schrein nach griechischer Machart, welcher der Schrein Philipps genannt wird. Darauf wird der Arm Symeons gestellt. Dann werden drei andere Plenarien der Reihe nach aufgestellt. Zu Füßen des Grabes wird eine goldene Tafel gestellt; wenn sie nicht aufgestellt wird, steht an ihrer Stelle eine mit einem Baldachin gedeckte Bank, auf die drei Plenarien gestellt werden, zwei mit Bildern der Apostel, eines mit einer Darstellung des Herrn und einem Bild des heiligen Michael.«

So zelebrierten Erzbischof und Domkapitel in feierlichen Gottesdiensten ihren ganz besonderen Bezug zum Stifterkaiser. Otto der Große hatte sich bei der Gründung des Erzbistums ewige Memoria an seinem Grab erhofft. Mit ihm begann der Transfer heiliger Gebeine und illustrer Preziosen an die Elbe. Im Glanz der Reliquien und der Reliquiare, die über die Jahrhunderte in Magdeburg zusammenkamen, erstrahlte das Kaisergrab am 7. Mai, dem kaiserlichen Todestag. Es diente dem Klerus als Unterpfand des eigenen Vorrangs. Diese Pracht, die mit der Reformation unterging, lässt sich nur noch schwach erahnen, zumal uns die Welt der heiligen Gebeine inzwischen fremd wurde. Wir müssen uns deshalb ihre herausragende Würde für die mittelalterliche Kultpraxis klarmachen. Damals sorgten die wertvollen Reliquien des heiligen Innocenz oder des heiligen Mauritius für den Abglanz des göttlichen Heils im Magdeburger Dom. Im Besitz des Kaisergrabs zelebrierten Erzbischöfe ihren Vorrang in Stadt, Region und Reichskirche. Auch die geistliche Herrschaft fußte auf den Gründertaten Ottos des Großen und bediente sich seines Grabes.[46]

In der liturgischen Kaisermemoria trat die Erinnerung an Königin Edgith anfangs zurück. Erst Erzbischof Ernst entsann sich am Ende des Mittelalters deutlicher der *beiden* herrscherlichen Stifter. Im Kampf gegen die Stadtgemeinde wiederholte der Erzbischof beständig seine Mahnung an Kaiser und Reich, dass Otto der Große den Magdeburger Erzbischöfen die Stadtherrschaft zugewiesen hätte. Im Dom gewann jetzt das kaiserliche Erbe neue Gestalt. Um 1500 trat er als vornehmer Erinnerungsort an vergangene Kaiserherrlichkeit deutlich hervor. Damals vollendete Erzbischof Ernst den Magdeburger Dombau mit seinen Westtürmen und ergänzte Langhaus wie Chor durch Kunstwerke von programmatischem Rang. Im Westwerk errichtete sich Ernst seine eigene Grablege mit einer fulminanten Tumba (Abb. 15).[47] Im Scheitel des Ostchors ließ er ein Hochgrab der Königin Edgith aufstellen (vgl.

|**45**| Berlin, Staatsbibliothek Preußischer Kulturbesitz, Cod. Theol. Lat. Quart. 113, fol. 36r–v (der Seitenwechsel ist mit / gekennzeichnet). |**46**| Brandl/Forster 2011, Bd. 2, S. 674–677; Schubert/Lobbedey 2001. |**47**| Brandl/Forster, Bd. 2, S. 703–714; Hauschke 2005; Rogacki-Thiemann 2007; Mock 2007; Horn 2015.

Abb. 6). Wir wissen jetzt, dass es tatsächlich die sterblichen Überreste der Magdeburger Gründerin in einer Neubestattung barg. Das ambitionierte spätmittelalterliche Wappenprogramm der Tumba präsentierte große Geschichte anachronistisch mit dem Adlerwappen der Kaiser und mit dem Leopardenwappen der englischen Könige im Magdeburger Dom. Edgith trat in einer Reihe heiliger Herrscherinnen auf.[48] Diese Transformation monarchischer Größe erhöhte den erzbischöflichen Rang. Tatsächlich ging der geistliche Fürst dann am Vorabend der Reformation als Sieger im Wettstreit mit der Stadtgemeinde hervor. Magdeburg wurde zu einer Stadt der Erzbischöfe und später der Fürsten.

Über den Auftritt der toten Kaiser im Magdeburger Dom erzählt eine Traumvision. Hans Luppold von Hermansgrün schrieb diese 1495 für den sächsischen Kurfürsten Friedrich III. den Weisen auf. Die beiden erhaltenen Handschriften nennen zwei Orte der Handlung, Magdeburg oder Venedig. Welcher Version der Vorrang gebührt, ist umstritten. Wir vertrauen einer Handschrift der Bayerischen Staatsbibliothek München, die das Geschehen in Magdeburg ansiedelt. Der Träumer sah im Dom eine große Versammlung vornehmer Männer. Ein Vorsitzender fehlte. Da traten drei uralte Männer auf, gekrönte Kaiser: Karl der Große, der durch seine Taten die Welt erleuchtete, Otto der Große, »die Zierde und der Ruhm der Deutschen«, und Friedrich, der die Adlerfahnen des Reiches über den ganzen Weltkreis getragen hatte. Friedrich ergriff das Wort und hielt der heruntergekommenen Gegenwart ihre große Vergangenheit vor Augen. Er sprach von den drei Kaisern als den Bollwerken des Reiches, von ihrer Liebe zum Römischen Reich, das sie mit ihrem Blut den Deutschen verschafft hätten. Jetzt stünden üble Zeiten bevor, voller Krieg und Not. Nur die Tugenden der Vergangenheit könnten helfen, als deutsche Treue, alte Freiheit, Demut, Stiftungen und Kirchenbau noch etwas galten. All das sagte der Kaiser, »dass ihr, bevor ihr untergeht, die Gründe für euren Untergang von uns dargelegt erhaltet und, wenn ihr endlich zur Vernunft kommen könntet, als Lebende sogar von euren toten Kaisern einen Weg zum Heil kennenlernen könnt«.[49]

Um 1500 waren in Magdeburg tote Kaiser populärer als die lebendigen. Maximilian I. trat nur noch im Süden des Reiches auf. Die beständigen Geldforderungen des fernen Herrschers waren gefürchtet. 1509 beantwortete die Stadt eine Bitte Maximilians mit einem der seltsamsten Briefe, die ich bei meinen Magdeburger Quellenstudien fand. Damals wie heute neigten Stadtregierungen zur Sparsamkeit und verschlossen sich gern den teuren Wünschen ihrer Landesherren. Vor 500 Jahren hatte sich Kaiser Maximilian von Magdeburg ein prächtiges Pferd als Geschenk gewünscht. Dieser Bitte entsprach der Stadtrat nicht und behauptete, man habe in der ganzen Umgebung vergeblich nach einem angemessenen Reittier gesucht. Dem kaiserlichen Boten gaben die Magdeburger zum Trost 100 Gulden auf die Hand und rieten, Maximilian solle sich dafür woanders ein gutes, ein langschwänziges Pferd kaufen.[50]

|**48**| Brandl/Forster, Bd. 2, S. 677–682; Meller/Schenkluhn/Schmuhl 2012, zur Gestalt des Grabmals Neugebauer/Brandl 2012. |**49**| Weinrich 2001, Nr. 47, S. 380–411, hier S. 384–387; zur Handschrift (München, Bayerische Staatsbibliothek, Clm 924) vgl. Märtl 1987. |**50**| UB Magdeburg 3, Nr. 1436, S. 802–803.

Abb. 15

Grabtumba Erzbischof Ernsts von Magdeburg, Replik aus dem Magdeburger Dommuseum Ottonianum, Original im Magdeburger Dom.

Der Erst Thurnir

Heinrich auß götlichen gnadē Römischer Keyser der Erst seins namens gnant der Vogler / hat auß mercklichen vrsachen des heiligen römischen Reichs. den Ersten Thurnir in Teütscher Nation / gen Meydburg vff den Werde gelegt / der auch alda gehalten worden.

Karl herr zu Hohē hewen Thurnirvogt des Lands zu Swaben /

Meynolph Herr zu Erbach Thurnirvogt am Reinstram /

Geörg Herr Zu Wolffartshausen Thurnirvogt des lands zu Beyrn /

Ernst von Grunbach Ritter Thurnirvogt des lands zu Francken /

Abb. 16

Ranghohe Teilnehmer des ersten angeblich unter König Heinrich I. durchgeführten Turniers in Magdeburg 938, Darstellung des Kaiserwappens mit Doppeladler und Sachsenross, Turnierbuch des Georg Rüxner, 1530. Wien, Österreichische Nationalbibliothek, 66 E 38.

Die Linien zwischen Stadt und fernem Kaiser waren zerschnitten. Den eigenen Gründerkaiser wusste man im Dom, und der kostete nicht viel. Doch leider kam der große Otto damals seiner Stadt Magdeburg abhanden. Er gehörte jetzt eher dem Erzbischof als den Bürgern. Mit Hinweis auf die Gründung des Erzbistums Magdeburg durch Kaiser Otto den Großen im Jahr 968 betonte Erzbischof Ernst aus dem Geschlecht der Wettiner seine Herrschaftsrechte über die Stadt Magdeburg und das Hochstift. Er erinnerte seinen Kaiser Friedrich III. erfolgreich daran, dass die Stadt von Otto dem Großen erbaut worden und als Morgengabe der Königin Edgith an die Magdeburger Kirche gelangt sei.[51] Damit gehörte Ernst in jene Reihe von Erzbischöfen und Bischöfen, die als jüngere Söhne bedeutender Kur- und Reichsfürsten an der Wende vom 15. zum 16. Jahrhundert den Reichskirchen entscheidende Wege in die Territorialherrschaft wiesen.[52] In solchen Entwicklungen gingen Ideen städtischer Autonomie unter. Nicht einmal die Reformation, der sich Magdeburg wie viele andere nord- und mitteldeutsche Städte bald öffnete, hielt den fürstlichen Siegeszug mehr auf.

Diesen Zwiespalt zwischen Stadt und Erzbistum überwindet mein letztes Beispiel, ein Buch, das im Spätherbst des Mittelalters zum Bestseller avancierte. 1530 publizierte der Herold Georg Rüxner, auch Rixner, genannt Jerusalem,[53] in Simmern im Hunsrück eine reich mit Wappen und Holzschnitten versehene Schrift: »Anfang, Ursprung und Herkommen des Turniers in deutscher Nation«.[54] Die Vorlage dafür war aus Magdeburg in die Kurpfalz gelangt. Rüxner entwarf eine Abfolge von 36 herausragenden Ritterturnieren des Heiligen Römischen Reiches zwischen 938 und 1487. Auf diesen Reichsturnieren präsentierte sich die feudale Welt. Hier erlebte das Reich seinen Zusammenhalt. Die ersten 14 Turniere vor 1284 waren völlig erfunden. Sie sollten den beliebten Großereignissen des Spätmittelalters eine ehrwürdige Vergangenheit bescheren. Wieder einmal standen Magdeburg und die Ottonen am Anfang.

Das angeblich erste Reichsturnier fand 938 in Magdeburg statt. »Kaiser« Heinrich I. versammelte hier eine immense Zahl von Fürsten und Rittern zur Demonstration militärischer Kraft. 2 092 Helme seien damals an der Elbe gesehen worden, eine Zahl, die nur durch Aufspaltung in vier Einzelturniere mit jeweils 523 Teilnehmern hätte bewältigt werden können. In Magdeburg seien auch die Turniergesetze über die adlige Exklusivität entstanden. Eine vatikanische Bilderhandschrift hielt später fest: »Vnd wardt diser Erste grosse Ritterliche Turnier, mitt grossem Geprcng, Ehrn, und Frewden volbracht und geendett.«[55]

Auch wenn Heinrich I. 938 eigentlich schon zwei Jahre tot war und die Wappenwelt mit Reichsadler und Sachsenross gänzlich anachronistisch wirkt (Abb. 16) – das erste Turnier in Magdeburg (Abb. 17) stand 938 am Anfang aller großen Ritterspiele, so wie Athen 1896 am

|**51**| Ebd., Nr. 519, Nr. 551, Nr. 552 u. Nr. 907. Zu Erzbischof Ernst in der Reichsgeschichte vgl. Willich 1994. |**52**| Rogge 2002; Rogge 2005. |**53**| Zur Person und zu neuesten Forschungsdiskussionen vgl. Graf 2009; ferner die Website von Klaus Graf: https://freidok.uni-freiburg.de/data/7140 (letzter Zugriff am 18.12.2017). |**54**| Rüxner 1530. Hier benutztes Exemplar: Wien, Österreichische Nationalbibliothek, Signatur: 66.E.38. Zitierlink: http://data.onb.ac.at/ABO/%2BZ169083702 (letzter Zugriff am 18.12.2017). |**55**| Turnierbuch, fol. 12r; Original überliefert in der Città del Vaticano, Bibliotheca Apostolica Vaticana, Cod. Ross. 711. Vgl. ferner den Kommentarband Kurras 1983.

Abb. 17
Darstellung des ersten Turniers in Magdeburg 938,
Turnierbuch des Georg Rüxner, 1530.
Wien, Österreichische Nationalbibliothek, 66 E 38.

Anfang der neuzeitlichen olympischen Idee stand. Magdeburg galt als der Ursprungsort der Ritterspiele wie des ritterlichen Heidenkampfs. Rüxner zielte mit seinem Turnierbuch auf die Aktualität des 16. Jahrhunderts. Über Dutzende von Seiten dokumentierte er das riesige Heeresaufgebot, das Heinrich I. zum Kampf gegen Ungarn und Wenden zusammenbrachte und das beim ersten Magdeburger Turnier dafür übte. Rüxner listete unzählige Fürsten, Grafen und Herren auf, die damals Kaiser und Reich in höchster Not geholfen hätten. Das liest sich wie ein Appell an die Eliten, in der türkischen Bedrohung des 16. Jahrhunderts wieder Gleiches zu wagen. Rüxner widmete sein Buch dem wittelsbachischen Pfalzgrafen Johann II. von Pfalz-Simmern und druckte es zum Gedächtnis an dessen gleichnamigen Großonkel Johann, der von 1464 bis 1475 Erzbischof von Magdeburg war. Aus dessen Besitz, also aus Magdeburg, stammte die Vorlage. Über seinen zerstörerischen Umgang mit diesem ersten Turnierbuch berichtet Rüxner im Eingang des »Thurnirbuchs« Folgendes: Ein Magdeburger Kaplan hätte das Magdeburger Turnierbuch beim Tod Erzbischof Johanns in seinen Besitz gebracht und es später an Rüxner übergeben. Beide übersetzten diese vor Alter fast verblichene Vorlage mit größten Mühen aus dem »kurtzen Teutsch«, also aus dem Niederdeutschen, ins Hochdeutsche. Doch Rüxner beanspruchte die alleinige Urheberschaft. Deshalb brachte er den Magdeburger Geistlichen dazu, die niederdeutsche Vorlage ins Feuer zu werfen. Kein anderer sollte jemals wieder das Ritterspiel in hochdeutsche Zunge verwandeln und es publizieren – so eitel konnten humanistische Gelehrte im 16. Jahrhundert sein![56]

Fazit

Bei den Transformationen historischer Größe im mittelalterlichen Magdeburg sind uns allerlei Fiktionen begegnet. Nach objektiven Maßstäben war das meiste erfunden. Trotzdem wurde die Erinnerung zur geglaubten Wirklichkeit. Mit ihr erschloss sich jede Generation in Magdeburg ihre Geschichte neu. Die alten Kaiser, vor allem Otto der Große und sein Vater Heinrich, blieben nützlich, den Erzbischöfen wie den Bürgern, nützlich vor allem für Magdeburg und seinen Ruhm in der Welt. Die Einwurzelung städtischer Eliten entsprach im Spätmittelalter so gar nicht den Aufbruchsmodellen, die von Historikern, Juristen oder Soziologen für die Entstehung der mittelalterlichen Stadtgemeinde entwickelt wurden.[57] Autonomie, Satzung oder Freiheit waren keine zentralen Kategorien im Magdeburger Geschichtsbewusstsein. Vielmehr entwickelte man im 14. und 15. Jahrhundert seinen historischen Ort im Gefüge von Kaiser und Reich. Damit unterschied sich das mittelalterliche Erzählen über die Geschichte der Stadt in paradoxer Weise von neuzeitlichen Fortschrittsnarrativen der bürgerlichen Wissenschaften.

Doch Otto allein war in Magdeburg zu wenig! Die Stadtgeschichte wurde noch älter gemacht. Sie wurzelte in wiederholten kaiserlichen Gründertaten, seit Julius Caesar oder Karl dem Großen. Gerade die »Magdeburger Schöppenchronik« wob sich in einen imperialen Teppich historischer Größe ein. Sie scherte sich nicht um ständische Grenzen zwischen Herrschern, Klerus, Adel und Bürgern. Magdeburg war ein vielfältiger Erinnerungsort, für Kaiser, Kleriker, Ritter und Bürger zugleich. Die Stadt und ihr Recht entstanden aus kaiserlichen Taten an den Sachsen wie an den Magdeburgern. Die fünf wichtigsten Stifter hießen Caesar, Konstantin der Große, Karl der Große, Otto der Große, Otto II. und Friedrich Barbarossa. In solchen Fakten und Fiktionen wurde die Geschichte der Stadt zur Wurzel des sächsisch-magdeburgischen Rechts.[58]

|**56**| Rüxner 1530, fol. 1r. |**57**| Vgl. dazu den Beitrag von Gerhard Dilcher in diesem Band, S. 215–233; ferner Cordes/Rückert/Schulze 2003; Dilcher 1996; Dilcher 1973. |**58**| Die Quellenforschungen für diesen Beitrag erfolgten im Rahmen der Mitgliedschaft des Autors im Sonderforschungsbereich 933 »Materiale Textkulturen« der Universität Heidelberg und wurden aus SFB-Mitteln gefördert.

Rechtsräume und Rechtstransfer

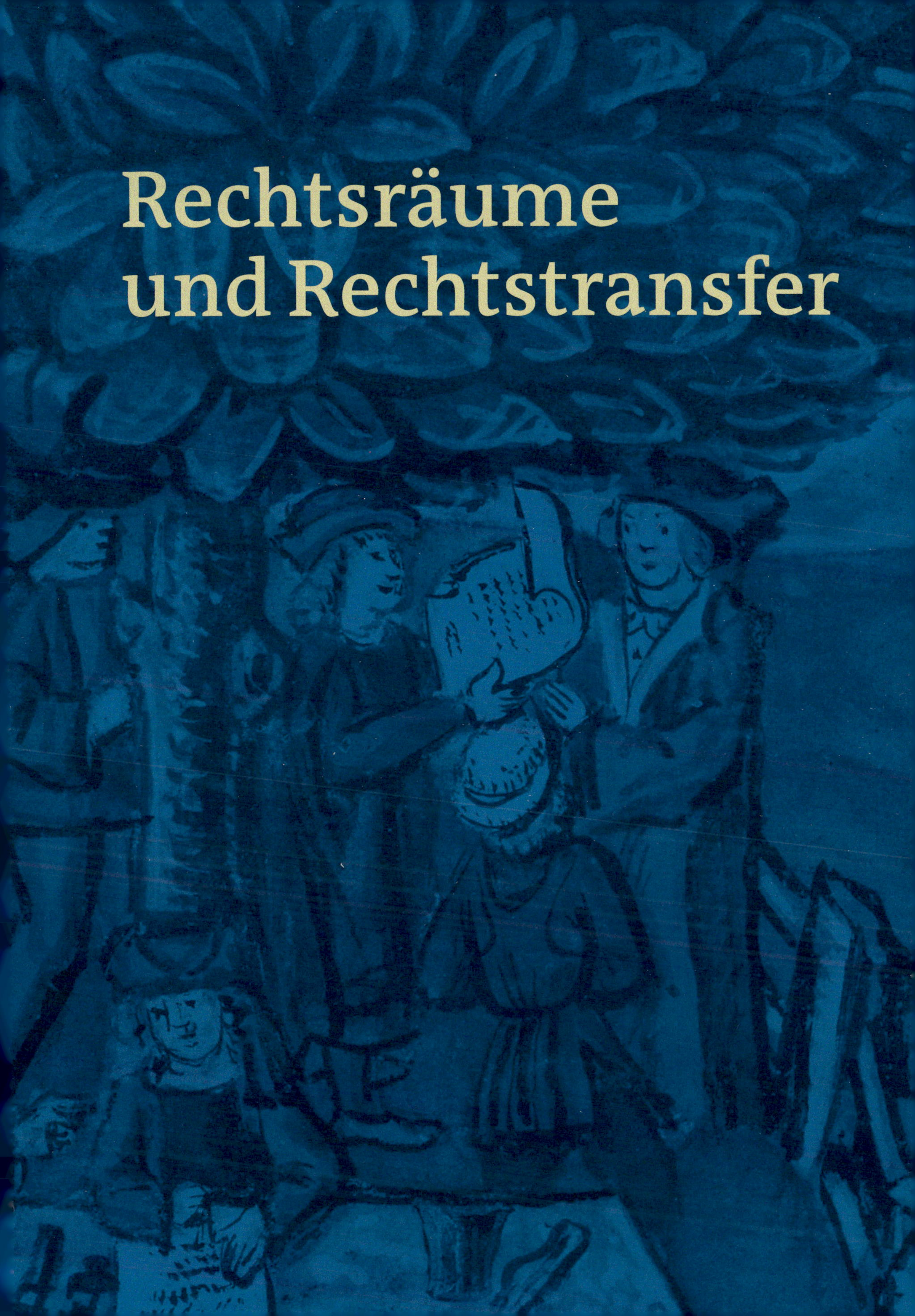

STEPHAN DUSIL

Stadtrechtsfamilien, Rechtsräume und die Verbreitung des Magdeburger Rechts

Überlegungen zu Begriffen und Konzepten

Der vorliegende Beitrag zu Stadtrechtsfamilien, Rechtsräumen und der Verbreitung des Magdeburger Rechts widmet sich der Ausbreitung von Stadtrechten im Spätmittelalter. Er fragt vor allem konzeptionell, wie und unter welchen Aspekten diesem Phänomen nachgegangen wurde, aber auch in zukünftigen Arbeiten nachgegangen werden kann. Der Stadtrechtsausbreitung, den der Erforschung von Stadtrechten zugrunde liegenden Konzepten und den damit verbundenen Schwierigkeiten nähert er sich in drei Schritten: Zunächst stehen die – durchaus unterschiedlichen – Modelle von Stadtrechtsfamilien im Zentrum, sodann wird die spätmittelalterliche Lebenswelt mit Stadtrechtsbewidmungen und dem Oberhofzug untersucht, also das Phänomen selbst. Anschließend ist zu überlegen, mit welchem Begriff das Konzept und das Phänomen am besten zu beschreiben sind.[1] In einem abschließenden Kapitel werden dann einige Gedanken thesenartig zusammengefasst.

Das Konzept Stadtrechtsfamilie

Beginnen wir die Annäherung an den Themenkomplex mit dem zugrunde liegenden Konzept. Mit »Konzept« ist die Vorstellung gemeint, die die vergangene und auch heutige Forschung von der Ausbreitung mittelalterlicher Stadtrechte und dem darauf basierenden Zusammenhang von Städten entwickelt hat. Die Ideen, mit denen wir die Vergangenheit beschreiben, erfassen, verstehen, interpretieren und ihr Sinn geben, sind hier unter »Konzept« zusammengefasst.[2]

Abb. 1
Das linke über das rechte Bein geschlagen, sitzt der in rot gekleidete Richter zu Gericht und empfängt den durch das erhobene Schwert gekennzeichneten Ankläger. Hinter diesem stehen die zwei Angeklagten. Die hier gezeigte Darstellung des sitzenden Richters folgt einem im Mittelalter weit verbreiteten Motiv. Miniatur aus dem Soester Nequambuch, 1315. Soest, Stadtarchiv.

|1| Zu einem solchen Vorgehen beispielsweise Reynolds 2011, S. 17–19; Schmidt-Wiegand 1975, S. 52–54. |2| Vgl. die in Anm. 1 angegebene Literatur.

Das Konzept der Stadtrechtsfamilie findet erst seit der Mitte des 19. Jahrhunderts Verwendung, um Rechtskontakte zwischen zwei oder mehr Städten zu beschreiben. Dabei wird zwischen einer rechtsgebenden oder -weisenden und einer rezipierenden Stadt unterschieden. Erstere wird häufig als Mutterstadt, letztere als Tochterstadt bezeichnet. Ein solcher Rechtskontakt konnte sich beispielsweise aus der Privilegierung mit einem bestimmten Recht ergeben: Verlieh der Stadtherr einer neu gegründeten Stadt das Recht einer anderen Stadt, so wurde diese zur Tochterstadt. Oft wählte der Stadtherr eine ältere, berühmte, wirtschaftlich bedeutsame, politisch einflussreiche oder anderweitig vorbildhafte Stadt als Mutterstadt aus. Für eine solche Bewidmung gibt es viele Beispiele: Guben/Gubin, Prenzlau und Stettin/Szczecin wurde das Magdeburger Recht,[3] Rostock, Wismar und Kolberg/Kołobrzeg das Lübecker Recht verliehen;[4] das Soester Recht erhielten Medebach und Korbach[5] und das Recht von Ulm die süddeutschen Städte Memmingen, Ravensburg und Biberach.[6]

Ein solches (Gründungs-)Privileg konnte die Rechte und Freiheiten in ausformulierter Weise enthalten. Oftmals erfolgte jedoch nur ein pauschaler Verweis auf das Recht einer anderen Stadt, ohne dass deren Rechte im Einzelnen genannt wurden. Diese Privilegierung wird häufig als erstes Kennzeichen einer Stadtrechtsfamilie genannt.[7] Ein zweites Charakteristikum von Stadtrechtsfamilien ist der Oberhofzug als Folge dieser Privilegierung: Konnten die Schöffen oder Ratsherren einer Tochterstadt kein Urteil finden oder war eine Partei mit einem gefällten Urteil nicht einverstanden, so wurde der Streit der Mutterstadt zur Entscheidung vorgelegt. Die vielen Beschlüsse der Magdeburger Schöffen in Streitigkeiten von Bürgern der Tochterstädte sind nur ein bekanntes Beispiel für diese Form der Rechtshilfe. Auch der Lübecker Rat entschied über solche Rechtsfragen genauso wie viele kleinere Oberhöfe, die eher lokale oder regionale Bedeutung hatten.[8] Über den Rechtszug hinaus wird als ein weiteres Merkmal von Stadtrechtsfamilien der Austausch von Statuten, Ordnungen und anderen normativen Quellen genannt. Ein schon klassisch zu nennendes Beispiel für den Austausch von Statuten sind die *codices* des Lübecker Rechts, die an Tochterstädte verschifft worden sind.[9] Schließlich ist als viertes Kennzeichen von Stadtrechtsfamilien die Kommunikation über rechtliche Dinge außerhalb eines Gerichtsverfahrens zu nennen. Dazu zählen Anfragen zu Rechtsproblemen, die sich nicht während, sondern außerhalb eines streitigen Verfahrens gestellt haben und für die die anfragende Tochterstadt keine Lösung finden konnte.

In der Forschung bleibt offen, ob alle Kriterien zugleich vorliegen müssen, um von einer Stadtrechtsfamilie sprechen zu können, oder ob eine Mindestanzahl der genannten Merkmale ausreicht. Das Konzept der Stadtrechtsfamilie ist in der heutigen Forschung also nicht scharf umrissen, sondern offen. Diese Offenheit des Konzepts ermöglicht zwar seine einfache Anwendung auf verschiedenartige Städte und ihre Beziehungen, erschwert aber zugleich die wissenschaftliche Kommunikation, denn was eine Stadtrechtsfamilie sei (und was nicht), unterliegt der Definition des einzelnen Forschers. Das Konzept von Stadtrechtsfamilien ist vergleichsweise jung. Es beruht auf der Erfassung und Vermessung von Stadtrechten des Mittelalters, die erst das 19. Jahrhundert vornahm. Überblickt man die deutschsprachige Historiografie seit dem 19. Jahrhundert, so lassen sich einige Aspekte zusammentragen, die die Geschichtsschreibung während der jeweiligen Epoche kennzeichnen.[10]

Im 18. Jahrhundert und zu Beginn des 19. Jahrhunderts gab es noch kein Konzept, mit dem die Ausbreitung des Stadtrechts beschrieben wurde; auch der Begriff »Stadtrechtsfamilie« war noch nicht entwickelt. Vielmehr wurden die Rechtsübertragungen eher konkret umschrieben: Freiheiten, Rechte und Statuten wurden von einer »Mutter« oder »Rechtsmutter« übernommen, die als »Muster« oder »Richtschnur« diente. In lateinischen Werken finden sich auch keine Übersetzungen von »Mutter« oder »Tochter« wie *mater* oder *filia*, sondern Umschreibungen wie »Gesetze anfragen« (*leges petere*), »Gesetze empfangen« (*leges accipere*) oder »das Recht annehmen« (*ius adoptare*). Die Stadt Soest wird an einer Stelle als *fons legum*, als »Quelle des Rechts«, bezeichnet. Die Vielzahl der Begriffe und deren umschreibender Charakter deuten darauf hin, dass die Autoren dieser Werke weder einen Begriff noch ein Konzept für das mittelalterliche Phänomen entwickelt hatten. Sie konnten das, was sie beobachteten, noch nicht abstrakt beschreiben.[11]

Dies änderte sich in den 1830er Jahren. Ab 1830 wurden verschiedene Familien unterschieden, nämlich eine norddeutsche Familie mit der hallisch-magdeburgischen und der lübischen Familie, und eine süddeutsche, die sich in die rheinische, schwäbische, bayerische und fränkische Familie unterteilte. Diese Familien würden vergleichbar dem Landrecht aus den Völkern in Deutschland »herauswachsen«. Das von Ernst Theodor Gaupp verwendete Verb »herauswachsen«[12] ist symptomatisch für die organologischen Metaphern, die diese Jahre kennzeichnen. Eine assoziativ-emotionale Sprache, ganz im Sinne der Romantik, beschrieb das Stadtrecht als lebendigen Organismus, der sich immer weiter ausbreitet. Anstelle von gleichen Privilegien, anstelle von Vorbildern und Mustern war nun etwas entdeckt worden, das die Vielfalt der spätmittelalterlichen Welt ordnete, nämlich Stadtrechtsfamilien.[13]

Die nächste historiografische Periode, die sich bilden lässt, umfasst die Jahre von 1870 bis zum Ersten Weltkrieg. Obwohl das organologische Denken verschwand, blieben doch der Begriff und das Konzept der Stadtrechtsfamilien bestehen. In dieser Zeit begannen Historiker wie Rechtshistoriker, immer länger werdende Listen mit den Namen der den Stadtrechtsfamilien zugehörigen Städte zu publizieren. Mit dem zeitgleichen Verschwinden der organologischen Sprache richtete sich der Blick nun auf die juristische Technizität der Rechtsbewidmung. Im Vordergrund der Forschung standen dabei Fragen, die Denk- und Vorstellungswelten von Juristen entsprungen waren, die strikt positivrechtlich dachten. So wurde zum Bei-

|**3**| Vgl. Lück 2012 b, S. 14. |**4**| Vgl. Ebel 1971, S. 42–45 u. S. 62. |**5**| Vgl. dazu die Ausführungen im Abschnitt »Zur Ausbreitung des Soester Rechts in Westfalen und zur Konstruktion der Soester Stadtrechtsfamilie« weiter unten, S. 63–70. |**6**| Vgl. Isenmann 2014, S. 195. |**7**| Zu den Charakteristika einer Stadtrechtsfamilie Dusil 2007, S. 261–283; Ebel 2009, S. 38–39. |**8**| Über die – möglichen – Unterschiede zwischen Urteilsschelte (Magdeburg) und Appellation (Lübeck) siehe Weitzel 1981. |**9**| Vgl. Ebel 1971, S. 200–211. |**10**| Vgl. Dusil 2007, S. 21–40; Bily/Carls/Gönczi 2011, S. 39–67; Gönczi 2009, S. 190–193; Gönczi 2010. |**11**| Vgl. Dusil 2007, S. 22–29. |**12**| Gaupp 1851/1852, S. XVI: »Die Stadtrechte wachsen in der Regel aus dem Landrechte heraus, Landrecht heisst aber bis ins 13. Jahrhundert so viel wie Volksrecht [...]. Hieraus folgt also zunächst: es giebt so viele Familien von Stadtrechten, als selbstständige Völker in Deutschland unterschieden werden müssen.« |**13**| Vgl. Dusil 2007, S. 29–33.

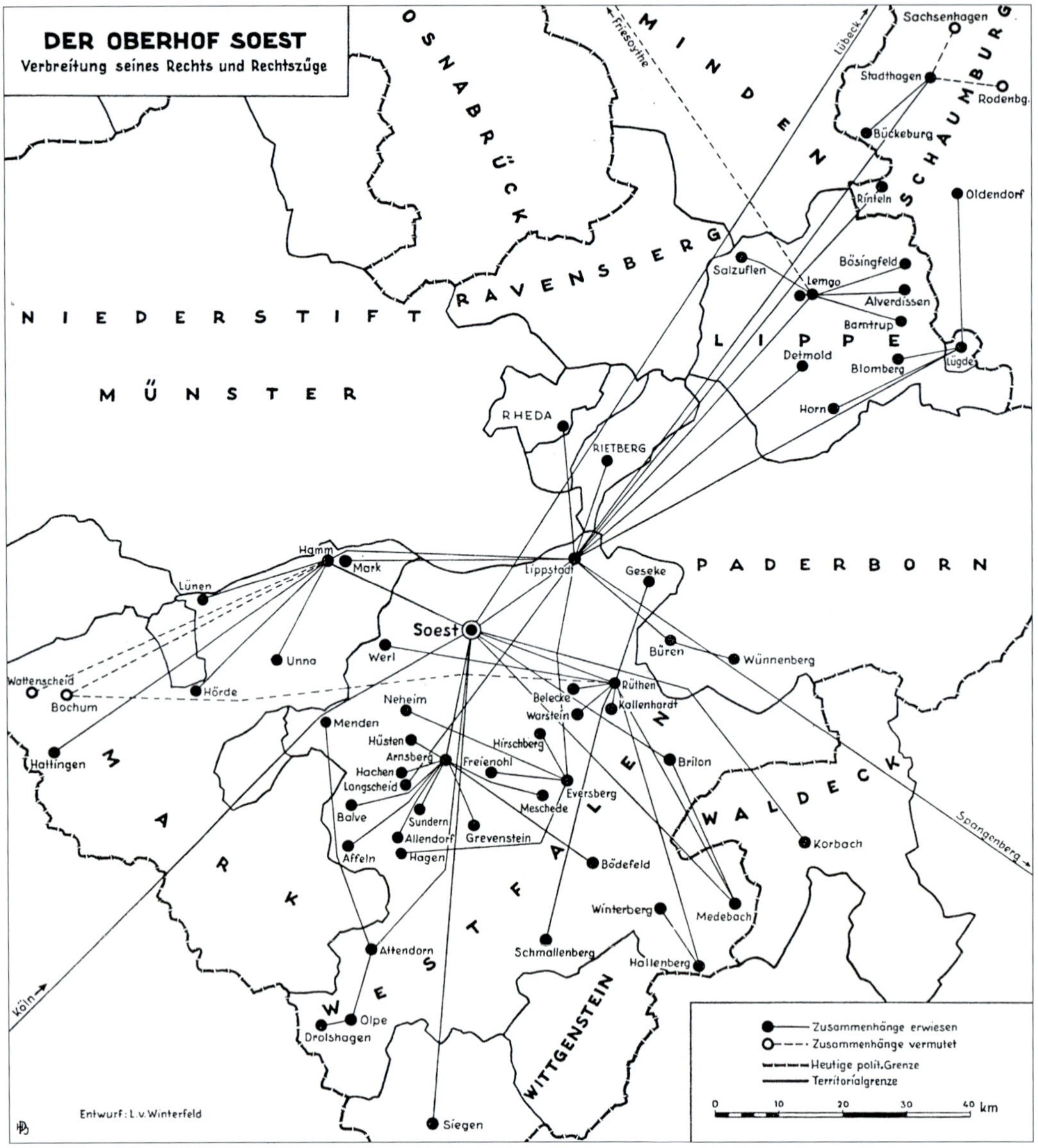

Abb. 2
Der Oberhof Soest: Verbreitung seines Rechts und Rechtszüge, aus: von Winterfeld 1955, S. 214.

spiel diskutiert, welchen Anteil die Obrigkeit an der Schöpfung des Rechts habe, also welche Rolle der – aus damaliger Sicht – »Staat des Mittelalters« einnahm[14] oder auf welche Weise ein Statut der Mutterstadt in der Tochterstadt in Kraft trat. Es lässt sich insofern eine positivistische Grundströmung auch in der stadtgeschichtlichen Forschung um 1900 beobachten.[15]

Die Forschung änderte sich grundlegend nach 1918. In der Zeitspanne nach dem Ersten und vor dem Ende des Zweiten Weltkriegs lässt sich ein Neuansetzen der Forschung beobachten. Die rechtsgeschichtliche Forschung öffnete sich seit den 1920er Jahren anderen Disziplinen und wandte sich beispielsweise der Landesgeschichte, aber auch der Rechtskartografie zu. Die Karten, die Eberhard von Künßberg zur Rechtssprachgeografie 1926/27 veröffentlichte und in denen er die Verbreitung von Rechtsbegriffen abtrug, sind Ausdruck dieser Neuorientierung.[16] Zugleich aber wandte sich die Stadtgeschichtsforschung der Landesgeschichte zu und untersuchte anhand von regionalen Studien die Wirklichkeit der spätmittelalterlichen Stadtrechte. Dies führte zu einem erneuten und – gegenüber den Vorarbeiten in der zweiten Hälfte des 19. Jahrhunderts – systematischen Vermessen verschiedener Stadtrechtsfamilien. Gertrud Schubart-Fikentschers Buch über »Verbreitung der deutschen Stadtrechte in Osteuropa«, in dem sie der Ausbreitung der Stadtrechte nachspürte, kann stellvertretend für eine Vielzahl von Publikationen über Magdeburg stehen.[17]

Auch eine Stadtrechtsfamilie im Westen des heutigen Deutschlands wurde Ende der 1920er Jahre monografisch vermessen, nämlich die Soester Stadtrechtsfamilie, der sich die Dortmunder Stadtarchivarin Luise von Winterfeld in ihrem Beitrag über die stadtrechtlichen Verflechtungen in Westfalen widmete (Abb. 2).[18] Auch wenn in der Zuwendung zur Landesgeschichte ein Neuanfang steckte, so war diese Forschung dennoch der älteren Tradition verhaftet: Ähnlich der positivistischen Forschung der Jahrhundertwende blieb die Stadtrechtsfamilie als hierarchisch-statisches Konzept eine stete Voraussetzung, wobei die Vielfältigkeit der Geschichte nicht mitgedacht wurde.

Die facettenreiche stadtgeschichtliche Forschung (und insbesondere ihre internationale Dimension) lässt sich nach 1945 nur noch schwer mit wenigen Strichen zeichnen.[19] Daher soll im Folgenden nur noch ein einziger Aspekt herausgegriffen werden. Zentral für die Untersuchung von Stadtrechtsfamilien sind die Forschungen von Carl Haase, der in den 1950er Jahren vorgeschlagen hat, den undifferenzierten Begriff »Stadtrecht« aufzuspalten und in die Bereiche »Freiheiten« (also Stellung der Stadt gegenüber dem Stadtherrn), »Verfassung« (oder vielleicht besser: Verfasstheit der Stadt) sowie »materielles Recht« (also Privat-, Straf- und Prozessrecht) zu unterteilen. Mit dieser Differenzierung griff er eine Perspektive wieder auf, die in der Phase organologischer Unschärfe um 1830 verloren gegangen war. Mit diesem Blickwinkel ging die Frage einher, welche Teile des Rechts denn tatsächlich übertragen worden waren.

Im Rahmen eines historiografischen Überblicks über Stadtrechtsfamilien darf nicht verschwiegen werden, dass diese immer wieder als Projektionsfläche der Forschung gebraucht und zu politischen Zwecken missbraucht worden sind. Die Ansätze zu einer Rechtsverein-

| **14** | Aus der Perspektive des öffentlichen Rechts grundlegend: Böckenförde 1995. | **15** | Vgl. Dusil 2007, S. 33–35. | **16** | Vgl. von Künßberg, 1926/1927. | **17** | Vgl. Schubart-Fikentscher 1942. | **18** | Vgl. von Winterfeld 1955. | **19** | Vertiefend dazu Bily/Carls/Gönczi 2011, S. 52–67.

heitlichung durch Rechtstransfer und Oberhöfe erschienen im 19. Jahrhundert als bemerkenswert, war doch damit im Mittelalter schon etwas verwirklicht, was der eigenen Gegenwart des 19. Jahrhunderts noch fehlte, denn das Bürgerliche Gesetzbuch als vereinheitlichende Kodifikation trat erst 1900 in Kraft. Stadtrechtsfamilien waren damit ausgesprochen positiv konnotiert. Weiterhin ist hervorzuheben, dass gerade das Lübecker und das Magdeburger Recht zwischen 1920 und 1945 dazu dienten, die verlorenen deutschen Ostgebiete zunächst als »deutsch« zu reklamieren und später, nach 1939, die militärische Aggression zu rechtfertigen. Wenn es in einem damaligen Werbeprospekt eines Verlags heißt, dass der »Deutsche im Osten in kein Neuland« käme, so wird offenbar, dass die Ausbreitung des Magdeburger Rechts instrumentalisiert wurde, um die rücksichtslose Ostexpansion während des Zweiten Weltkriegs zu rechtfertigen.[20] Diese Anfälligkeit der Stadtgeschichte für Politik, aber auch die manchmal willige Bereitschaft, Forschung in den Dienst der Politik zu stellen, dürfen nicht unterschlagen werden, wenn über die Erforschung von Stadtrechtsfamilien im Allgemeinen und des Lübecker und Magdeburger Rechts im Besonderen reflektiert wird.[21] In dieser Hinsicht ließe sich sicherlich von einer Instrumentalisierung der Rechtsgeschichte sprechen.

Diese älteren Narrative sind jedoch längst einer neuen Sicht auf das Magdeburger Recht gewichen, gilt dieses doch jetzt als Bindeglied zwischen Ost- und Mitteleuropa, dem eine wichtige Mittlerrolle zukommt.[22] Insofern darf aber auch hier konstatiert werden, dass Stadtrechtsfamilien generell und dem Magdeburger Recht im Speziellen häufig eine Funktion im politischen Diskurs zugewiesen worden ist.

Das Phänomen: Rechtsverleihungen, Oberhofzüge und Kommunikation über Recht

Blicken wir in einem zweiten Schritt auf das spätmittelalterliche Phänomen, nämlich auf spätmittelalterliche Rechtsweitergaben, auf Oberhofzüge und auf Kommunikation über rechtliche Fragen im Allgemeinen. Dieser Tagungsband enthält eine Fülle von Informationen zu Magdeburg, zum Magdeburger Recht und zu dessen vielfältiger Rezeption in den unzähligen Tochterstädten.[23] In Ermangelung eigener Forschung zum Magdeburger Recht soll der Blick exemplarisch auf eine andere Stadtrechtsfamilie gerichtet werden, nämlich die Soester Stadtrechtsfamilie. Soest, eine heutige Mittelstadt im östlichen Westfalen, galt als Mutterstadt einer weit ausgreifenden Stadtrechtsfamilie mit mehr als 50 »Tochter«- und »Enkelstädten«.

Schon seit dem 18. Jahrhundert war Soest als Stadt mit einflussreichem Stadtrecht bekannt, da deren Recht – so vermutete jedenfalls die damalige Forschung – Pate für das berühmte Lübecker und Hamburger Recht stand.[24] Insofern wurde Soest in der wissenschaftlichen Literatur gleich hinter Lübeck und Magdeburg als Beispiel für Mutterstädte genannt.[25] In ihren Einzelheiten wurde diese Soester Stadtrechtsfamilie jedoch erst Ende der 1920er Jahre vermessen. Es war die Dortmunder Stadtarchivarin Luise von Winterfeld, die für das mehrbändige Werk »Der Raum Westfalen« einen Beitrag über »Die stadtrechtlichen Verflechtungen in Westfalen« vorlegte, in dem sie den »Oberhof Soest« und die »Verbreitung seines Rechts und Rechtszüge« kartografisch erfasste (Abb. 2).[26]

Die Karte, die von Winterfeld ihrem Beitrag hinzufügte, zeigt Soest als Mittelpunkt einer weitverzweigten Stadtrechtsfamilie, die sich über das gesamte östliche (Nordrhein-)Westfalen bis nach Niedersachsen hin erstreckte. Die Karte von Winterfelds zeigt aber auch deutlich, dass die unmittelbaren Tochterstädte wie Lippstadt, Rüthen oder Arnsberg selbst zu Mutterstädten wurden, die ihrerseits ihr Recht weitergaben und als Oberhof fungierten. Insofern wurde auch von den »Enkelstädten« Soests gesprochen. Diese vermeintlich weitverzweigte Soester Stadtrechtsfamilie kann hier als Beispiel dienen, um exemplarisch die möglichen Rechtskontakte innerhalb einer Stadtrechtsfamilie zu erforschen. Ausgehend von älteren Forschungsergebnissen sollen die stadtrechtlichen Kontakte in Westfalen auf Basis der Überlieferung in knapp 40 Archiven detailliert vorgestellt werden.[27]

Die Ergebnisse werden im Folgenden von zwei Blickwinkeln aus präsentiert. Zunächst ist mit Blick auf die gesamte Stadtrechtsfamilie formal danach zu fragen, ob sich die in der Literatur genannten verschiedenartigen Kriterien bei der Soester Stadtrechtsfamilie wiederfinden; sodann wird mit Blick auf den Inhalt der Stadtrechte untersucht, welche Teile des Soester Rechts auf die Tochterstädte übertragen worden sind.

Zur Ausbreitung des Soester Rechts in Westfalen – Konstruktion der Soester Stadtrechtsfamilie

Die Rechtsverleihungen sind ein erstes Kriterium für Stadtrechtsfamilien. Bei der Untersuchung der Rechtsverleihungen in Westfalen erwies es sich als hilfreich, zwischen der Bewidmung mit einem Stadtrecht und dem Verweis in der Arenga, also jenem Urkundenteil, der in besonderer Weise politisch-herrschaftliche Tugenden vermittelt, auf ein vorbildhaftes Stadtrecht, auf ein Ideal zu unterscheiden, da beide Formen der Rechtsübertragung unterschiedlich ausgeprägte Rechtskontakte zeitigten. Nur wenige Städte haben das Stadtrecht von Soest übernommen, so ist es wörtlich zum Beispiel in Medebach und in Auszügen in Korbach überliefert. Lippstadt orientierte sich hingegen nur inhaltlich am Soester Recht, da die Bürger ausweislich der Arenga der Verleihungsurkunde zwar das Soester Recht als Vorbild auswählten, jedoch

---

|**20**| Vgl. Lück 1999, S. 139; einige diesbezügliche Bemerkungen auch von Dusil 2005, S. 98–105. |**21**| Vgl. Lück 2009e sowie die folgenden Einzelstudien: Lück 1999; Lück 1999/2000; Lück 2005. |**22**| So das Projekt »Das sächsisch-magdeburgische Recht als kulturelles Bindeglied zwischen den Rechtsordnungen Ost- und Mitteleuropas« der Sächsischen Akademie der Wissenschaften zu Leipzig sowie Lück 2015c. |**23**| Vgl. dazu insbesondere die Beiträge von Bernd Schneidmüller, S. 28–53; Matthias Puhle, S. 234–245; Roman Czaja, S. 100–113; Olga Kozubska-Andrusiv, S. 266–281; Claus-Peter Hasse, S. 422–453. |**24**| Vgl. Planitz 1935; Reincke 1950. |**25**| Vgl. Dusil 2007, S. 22–33 u. S. 41–46. |**26**| Von Winterfeld 1955; die abgebildete Karte ebd., S. 214. |**27**| Die Darstellung richtet sich nach Dusil 2007.

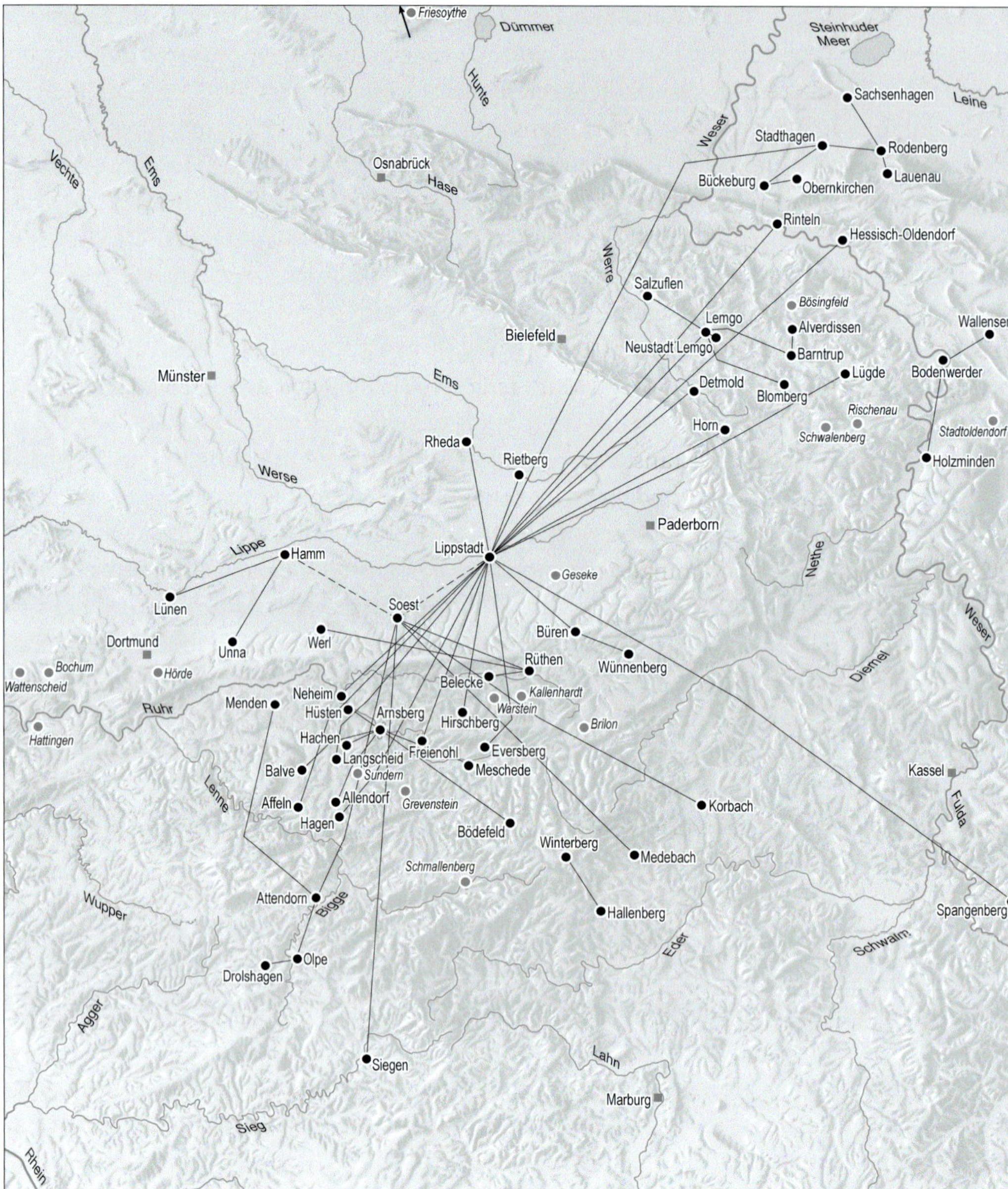

Karte 1: Rechtsverleihungen in der Soester Stadtrechtsfamilie

0 20 km

——— Bewidmung mit Stadtrecht (ausformuliert oder pauschal)

- - - - - - Übernahme eines „vorbildhaften Stadtrechts"

● Stadt der Soester Stadtrechtsfamilie

■ Stadt zur Orientierung

Entwurf: Stephan Dusil
Kartographie: Thomas Kaling
(2007)

Abb. 3

Rechtsverleihungen in der Soester Stadtrechtsfamilie, aus: Dusil 2007, S. 270.

diese Rechte geprüft, gewogen und gegebenenfalls durch bessere ersetzt hätten. In der Urkunde heißt es wörtlich: »Tandem habito inter se consilio iura Sůsaciensium sub ea forma eligere decreverunt, ut si qua ex eis displicerent, illa abicerent et aliis sibi ydoneis gauderent, que etiam in ordine communi consensu conscribi decrevimus.«[28] Durch diesen Prozess entstand ein Rechtstext, der bis auf den Hinweis in der Arenga keine Anklänge an die bekannten Soester Rechtsaufzeichnungen enthält.[29] Ein ähnliches freiheitliches Vorgehen gestattete auch der Stadtherr von Hamm seinen Bürgern.[30] Da insbesondere das Lippstädter Stadtrecht in Ostwestfalen Verbreitung gefunden hatte, zählten also viele Städte zur Soester Stadtrechtsfamilie, deren Recht wenig mit dem Soester Recht gemein hatte. Überhaupt fällt bei dem Studium der Soester Stadtrechtsfamilie auf, wie verzweigt diese Stadtrechtsfamilie war – Tochterstädte selbst wurden wieder zu Mutterstädten, die ihr Recht weitergaben (Abb. 3).[31]

Blickt man auf den Statutentransfer als zweites Kennzeichen einer Stadtrechtsfamilie, so zeigt sich deutlich, dass insbesondere die Statuten von Lippstadt und von Rüthen in anderen Städten nachzuweisen sind. Soester Statuten lassen sich nur in Medebach, Korbach und Siegen nachweisen. Darüber hinaus erhielten aber auch Osnabrück und Dortmund Soester Rechtstexte, ohne dass diese Städte zur Soester Stadtrechtsfamilie gezählt werden. Insofern lässt sich rechtliche Kommunikation in Form der Verbreitung normativer Texte über die Grenzen einer Stadtrechtsfamilie hinaus belegen.[32] Kommunikation über Recht endete nicht an den Grenzen von stadtrechtlichen Übereinstimmungen (Abb. 4).

Drittes Kennzeichen einer Stadtrechtsfamilie sind Oberhofzüge. Soest war seit dem Spätmittelalter für drei Tochterstädte Oberhof, nämlich für Attendorn, Siegen und Medebach, nicht aber für Lippstadt oder Rüthen. Vielmehr wurden die beiden letztgenannten Städte als Oberhof von ihren jeweiligen Tochterstädten angerufen. Urteilsschelten der sogenannten Enkelstädte nach Soest sind nicht nachweisbar (Abb. 5).[33]

Untersucht man abschließend das vierte Merkmal, nämlich die Rechtskonsultationen, so unterstreichen diese das zuvor gezeichnete Bild: Es sind vor allem Lippstadt und Rüthen, die bei Rechtsfragen außerhalb des Oberhofzugs Rechtshilfe leisteten, daneben aber auch Soest (Abb. 6).[34] Resümierend lässt sich festhalten: Es zeigt sich ein engerer stadtrechtlicher Kontakt von Soest mit Medebach, Korbach und Siegen; die Kontakte zu Lippstadt, Rüthen, Hamm und Arnsberg sind – jedenfalls ausweislich der genannten Kennzeichen – als eher lose zu charakterisieren. Dahingegen war der Kontakt zwischen Lippstadt und den Städten mit Lippstädter Recht, aber auch zwischen Rüthen und dessen Tochterstädten durchaus rege.

|**28**| Diestelkamp 1967, Nr. 125, sowie Overmann 1901, Nr. 1: »Cum igitur hec novella plantacio et yncolis et municionibus adhuc esset infirma, ego de consilio amicorum meorum incolis liberum contuli arbitrium, ut iura miciora et meliora de quacunque vellent eligerent. Tandem habito inter se consilio iura Sůsaciensium sub ea forma eligere decreverunt, ut si qua ex eis displicerent, illa abicerent et aliis sibi ydoneis gauderent, que etiam in ordine communi consensu conscribi decrevimus.« |**29**| Zu Lippstadt Dusil 2007, S. 57–58. |**30**| Zu Hamm: ebd., S. 58–59. |**31**| Vgl. ebd., S. 60–62. |**32**| Vgl. ebd., S. 266–275. |**33**| Vgl. ebd., S. 275–278. |**34**| Vgl. ebd., S. 279–283.

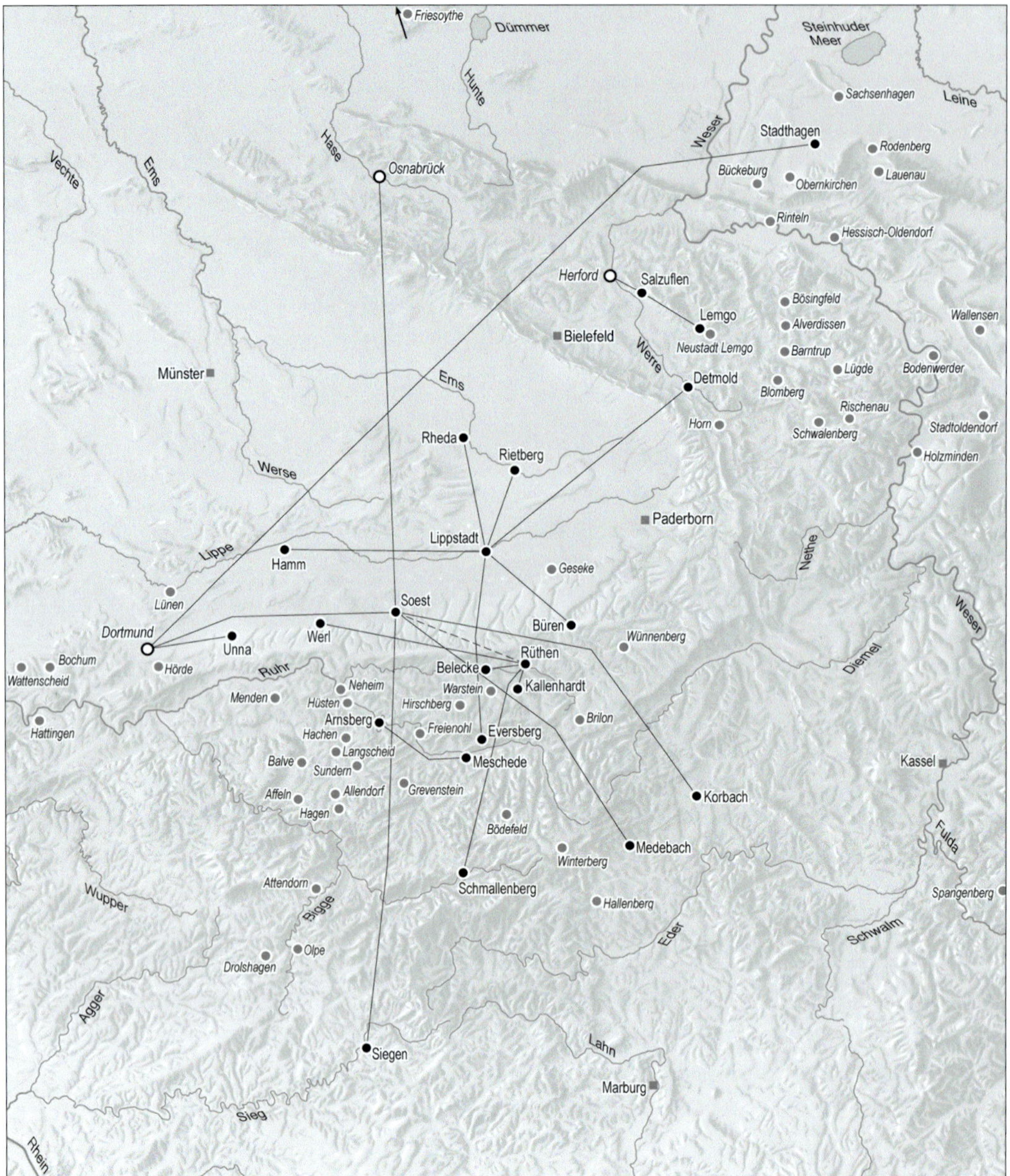

Karte 2: Statutentransfer in der Soester Stadtrechtsfamilie

0 20 km

——— Statutentransfer (durch Quellen nachgewiesen)

- - - - - - Hinweis auf Statutentransfer in der Literatur (Transfer nicht mehr nachzuweisen)

● Stadt der Soester Stadtrechtsfamilie

○ Stadt außerhalb der Soester Stadtrechtsfamilie

■ Stadt zur Orientierung

Entwurf: Stephan Dusil
Kartographie: Thomas Kaling
(2007)

Abb. 4
Statutentransfer in der Soester Stadtrechtsfamilie, aus: Dusil 2007, S. 271.

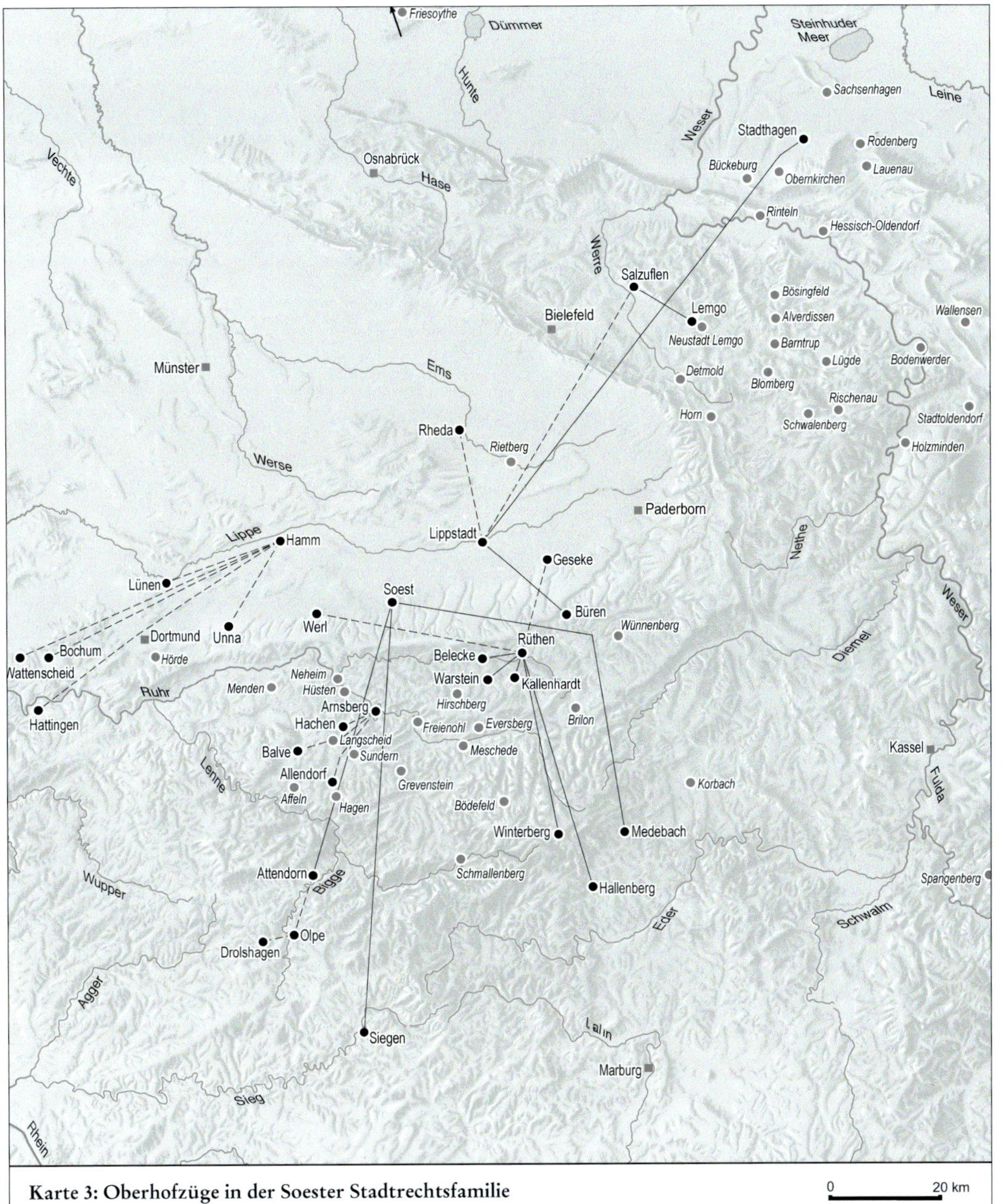

Karte 3: Oberhofzüge in der Soester Stadtrechtsfamilie

0 20 km

——— durch Quellen nachgewiesener Oberhofzug

- - - - - - urkundliche Verleihung des Oberhofzugs

● Stadt der Soester Stadtrechtsfamilie

■ Stadt zur Orientierung

Entwurf: Stephan Dusil
Kartographie: Thomas Kaling
(2007)

Abb. 5
Oberhofzüge in der Soester Stadtrechtsfamilie,
aus: Dusil 2007, S. 272.

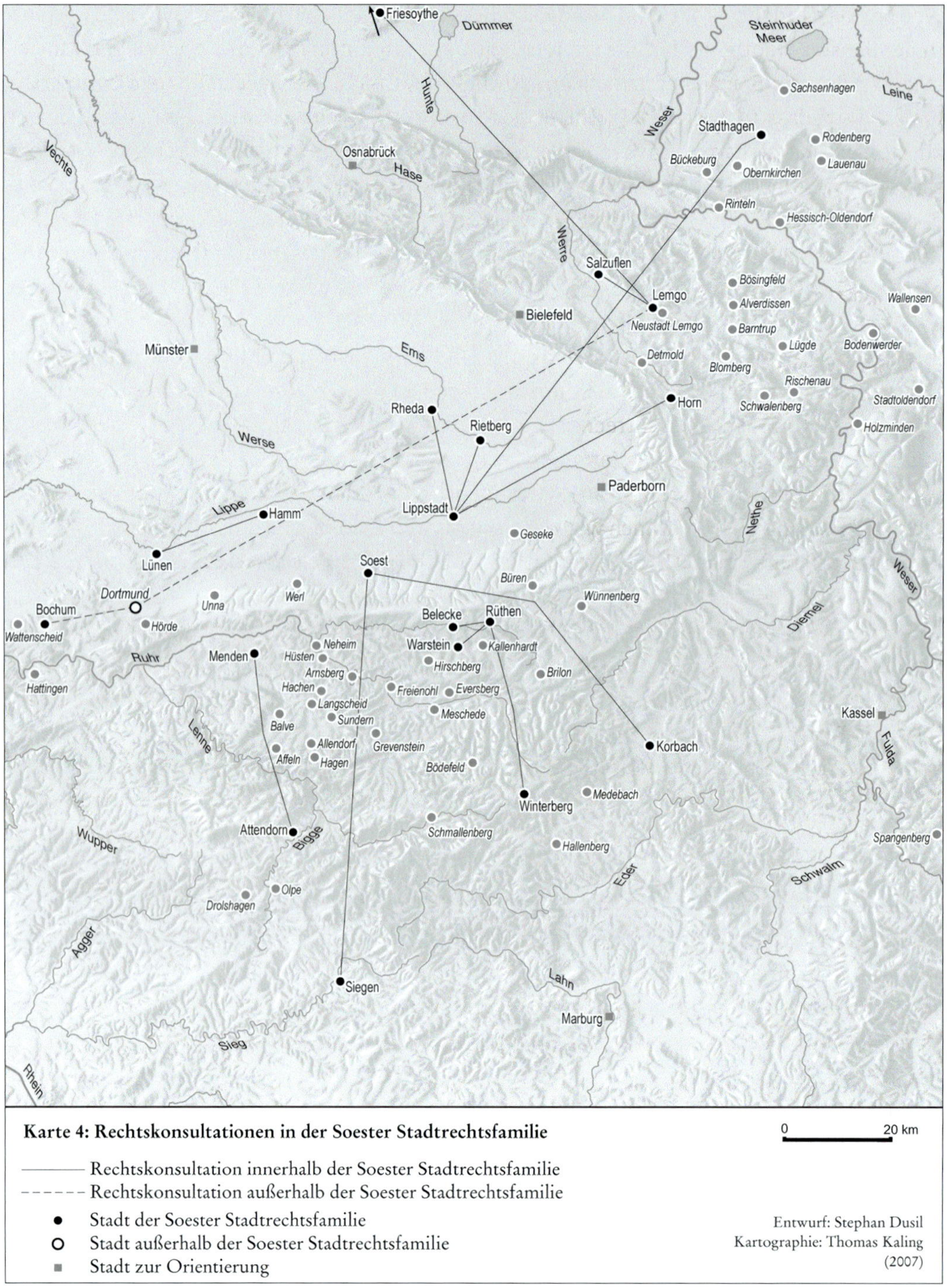

Abb. 6
Rechtskonsultationen in der Soester Stadtrechtsfamilie, aus: Dusil 2007, S. 273.

Welche Folgerungen lassen sich aus diesen Beobachtungen ziehen? Erstens: Die Enkelstädte in der Soester Stadtrechtsfamilie standen vor allem in Kontakt mit ihren jeweiligen Mutterstädten wie zum Beispiel Lippstadt und Rüthen, aber nicht mit Soest. Dies beruht in erster Linie darauf, dass Tochterstädte wie Lippstadt und Rüthen selbst keine engeren Beziehungen zu Soest entwickelt hatten, da deren stadtrechtliche Beziehungen auf einer freiheitlichen Übernahme des Soester Rechts beruhten oder sogar Konstrukt der Forschung waren.[35] Dementsprechend war auch keine Mehrfachschelte von einer Enkelstadt nach Soest nachzuweisen. Die nähere Analyse zeigt also deutlich, dass die Soester Stadtrechtsfamilie viel zergliederter und zerfächerter war, als es von Winterfelds Stadtrechtsverbreitungskarte glauben machen möchte.

Zweitens: Die Verleihung eines bestimmten Stadtrechts ist jedenfalls in Westfalen eng mit einem Prozess verbunden, der als »Territorialisierung« bezeichnet wird. Dieser Begriff beschreibt im Kontext der Stadtrechte die Verleihung eines bestimmten Stadtrechts an alle Städte eines sich langsam formierenden Territoriums. Insofern lässt sich eine frühe Rechtsvereinheitlichung durch Verleihung eines identischen Stadtrechts an alle Städte desselben Stadtherrn beobachten. Deutlich werden diese Ansätze zur Bildung eines Territoriums gerade bei der Grafschaft Lippe (später Fürstentum Lippe).[36] Der lippische Stadtherr verlieh seinen Städten das Stadtrecht seiner wichtigsten Stadt, Lippstadt. Ähnliches lässt sich für die spätere Grafschaft Arnsberg nachweisen, in der das Recht der gleichnamigen Stadt von zentraler Bedeutung war. Soest hingegen gehörte bis zur Soester Fehde 1444 zum Erzbistum Köln und besaß daher einen anderen Stadtherrn. Vor diesem politischen Hintergrund erstaunt es nicht, dass das Recht der kurkölnischen Stadt Soest im östlichen Westfalen nicht die erste Wahl war.[37] Bei den Stadtrechtsverleihungen, so darf vielleicht gefolgert werden, waren die politischen Rahmenbedingungen von Bedeutung; oder, anders formuliert: Die Untersuchung von Stadtrechtsbeziehungen kann nur im jeweiligen politischen Kontext erfolgen.

Drittens: Welche Wirkungen entfaltete eine Bewidmung mit einem bestimmten Stadtrecht in der Frühen Neuzeit? Aufgrund der guten Archivlage für die Grafschaft Lippe ließ sich noch für das 17. Jahrhundert nachweisen, dass sich die lippischen Städte im 16. und 17. Jahrhundert immer wieder auf Rechte, Stellung und politische Position der Mutterstadt beriefen, und dies nicht nur bei privatrechtlichen Streitigkeiten wie Erbteilungen, sondern auch und gerade gegenüber dem Landesherrn. Die Freiheiten der Mutterstadt, so die häufige Argumentation, würden auch in der Tochterstadt gelten. In diesem Sinne argumentierte 1679 der Rat der lippischen Residenzstadt Detmold gegenüber dem Edlen Herrn und bezog sich auf die Privilegien Lippstadts, sei es doch »mitt documentis und extracten beleget, daß diese statt gleich der statt Lippe mitt gebräuchen und gewohnheiten versehen und darüber von hüldigungen zu hüldigungen confirmationes erhalten [hatte]«.[38] In einer erbrechtlichen Auseinandersetzung zwischen zwei Schwestern wiederum bediente sich der Rat der lippi-

|**35**| Wie im Fall Brilons und Arnsbergs, vgl. ebd., S. 59–60. |**36**| Diese Form der Rechtsvereinheitlichung über gleichlautende Privilegien untersucht Diestelkamp 1983, bes. S. 396–401; Janssen 1984, bes. S. 20–25. Einen neueren Überblick über das Fürstentum Lippe gibt Dusil 2016. |**37**| Zum Beispiel Westfalen vgl. Ehbrecht 1989. |**38**| Landesarchiv NRW

schen Stadt Horn des Verweises auf das Recht der umliegenden Städte, um den Streit zu entscheiden. Die Parteien stritten über die Gerade und den Nachlass der dritten Schwester. Den Vorschlag des Rates, dass beide Schwestern »irer in godt vorstorbene schwester gerade und sunsten iren nachlaiß unter sich frundtlich deilen«, lehnte die ältere Schwester ab. Der Horner Rat indes konterte, dass eine solche Form der Teilung sehr üblich sei: »Weilen dann nicht allein bei uns, sondern auch zu Lemgo und andern unseren nachbar stedten gebruchlich, daß, daß fallende gerade, dern unvorheuratten personen unter den frunden getheilet und beyde schwestern in diesem falle geleich dartzu befuigt.«[39] In dieser Hinsicht kann man von einem argumentativen Einsatz der stadtrechtlichen Filiation im Konfliktfall sprechen, sodass man als Schlagwort »Referenz Mutterstadt« formulieren könnte.[40] Manches Mal erstarkte diese Referenz sogar zu einer Identifikation der Bürger einer Tochterstadt mit der Mutterstadt – »Identität durch Recht« könnte also das Stichwort lauten.

Viertens: Gegenüber den vielen Oberhofurteilen der Magdeburger Schöffen und den Rechtsweisungen Lübecks fällt die archivalische Überlieferung in Westfalen deutlich ab. Insgesamt geben nur wenige Quellen Auskunft über diese stadtrechtlichen Beziehungen. Dies ist sicherlich darauf zurückzuführen, dass viele Archive in Westfalen im Dreißigjährigen Krieg verbrannt oder später, beispielsweise im Zweiten Weltkrieg, anderweitig vernichtet worden sind.[41] Vielleicht liegt es aber auch daran, dass in Kleinstädten, worum es sich bei der überwiegenden Zahl der untersuchten Städte handelt, die Schriftlichkeit erst dann einsetzte, als die Zeit der Oberhofzüge und städtischen Konsultationen vorüber war, nämlich im 16. oder 17. Jahrhundert. Es ist daher zu vermuten, dass im kleinräumigen Westfalen Rechtshilfe häufig persönlich stattfand. So lud 1545 der Rüthener Rat Winterberger Streitparteien zu sich in das gut 40 Kilometer entfernte Rüthen ein, das als Oberhof diente.[42] Über den Streit und dessen Ausgang selbst wissen wir nichts – nur die Ladung der Parteien ist überliefert.

Dass der Rechtszug häufig mündlich erfolgte, zeigt auch die Erlaubnis des Kölner Erzbischofs Diedrich II., der 1437 den Einwohnern von Werl zugestand, ihre Fragen schriftlich an den Oberhof Rüthen versenden zu dürfen. Die mündliche Anfrage sei »kostlich ind sweirlich« gewesen, »ouch suymenis ind verges dair van komen mach«. Schließlich würde die Antwort »lycht nyt gelych verstanden«, sodass das schriftliche Verfahren vorzuziehen sei.[43] Die auf viele Gründe zurückzuführende Splitterüberlieferung für Westfalen (das Bild eines »Flickenteppichs« liegt nahe) macht eine Annäherung an rechtliche Aspekte schwierig. Auf den ersten Blick jedenfalls scheint die Quellenlage für das Magdeburger Recht prinzipiell besser zu sein.[44] Sicherlich liegt dies daran, dass rein quantitativ mehr Urteile gefällt wurden und damit die Überlieferungswahrscheinlichkeit für Entscheidungen höher war. Zudem werden die Rechtsfragen an die Magdeburger Schöffen oder den Lübecker Rat aufgrund der Entfernungen eher schriftlich festgehalten worden sein, sodass auch deswegen eine höhere Überlieferungschance besteht.[45] Möglich wäre allerdings auch, dass die Untersuchung der vielen Kleinstädte mit Magdeburger Recht ein ähnliches Ergebnis wie die Analyse der Städte der Soester Stadtrechtsfamilie zeigen würde. Welche Privilegien und welche Statuten des Halle-Neumarkter Rechts und welche Oberhofurteile in den vermuteten 500 Tochterstädten von Neumarkt/Środa Śląska wirklich noch nachzuweisen sind, wäre eben noch zu zeigen.[46]

Zu inhaltlichen Übernahmen des Soester Rechts

Blicken wir nun von einer anderen Perspektive auf die Soester Stadtrechtsfamilie. Während die bisherigen Überlegungen der Frage gewidmet waren, welchen Befund die archivalischen Quellen bieten und ob sich die verschiedenen Kennzeichen einer Stadtrechtsfamilie überhaupt wiederfinden, sollen in diesem Abschnitt die inhaltlichen Übertragungen des Soester Rechts auf Tochterstädte untersucht werden. Dabei wird das Augenmerk vor allem auf die direkten Tochterstädte gerichtet, nicht aber auf die Enkelstädte. Wörtliche Übernahmen des Soester Rechts sind – wie schon erwähnt – lediglich in zwei Städten nachzuweisen, nämlich Medebach und Korbach.[47] Schwieriger gestaltet sich die Antwort auf die Frage nach inhaltlichen Übereinstimmungen jenseits der Textebene, doch kann dabei die Aufgliederung des Stadtrechts in die von dem Historiker Carl Haase vorgeschlagenen Teile Freiheiten, Verfassung und materielles Recht helfen.[48]

Beginnen wir mit den Freiheiten. Keine der untersuchten Städte in Westfalen hat je die Soester Freiheiten (oder Gerechtsame[49]) erhalten. Soest hatte anscheinend schon zu Beginn des 13. Jahrhunderts eine zu freiheitliche Stellung erlangt, als dass es der Kölner Erzbischof als Stadtherr zum Vorbild hätte erklären wollen.[50] Nimmt man hingegen den zweiten Bereich des Stadtrechts, die Verfassung, als Referenz, so lässt sich nachweisen, dass einige Städte einzelne Details der Stadtverfassung und Stadtstruktur übernommen haben. So ist zum Beispiel Lippstadt in Hoven (Stadtviertel) unterteilt und kennt die für Soest typischen Burrichter (Viertelrichter). Im Übrigen weicht die Struktur der Tochterstädte erheblich von derjenigen Soests ab, wenn als Indikatoren die Anzahl der Ratsmitglieder und ihre Wahl sowie der Zeitpunkt der Ratswahl herangezogen werden. Zur Soester Stadtrechtsfamilie zählt sogar eine Stadt mit der aus Magdeburg bekannten Schöffenverfassung, nämlich Siegen, während Soest wie auch seine übrigen Tochterstädte eine Ratsverfassung besaß.[51] Ein Grund für diese strukturelle Verschiedenheit kann darin liegen, dass es sich häufig um gewachsene Städte handelt, also um Siedlungen, die bereits städtischen Charakter hatten, bevor sie zur Stadt erhoben wurden. Insofern konnte die Soester Verfassung bei grundlegenden Strukturentscheidungen nicht mehr Pate stehen. Zusammenfassend und mit Blick auf die Gemeinsamkeiten bei Freiheiten und bei den Stadtverfassungen ist der Befund also als bescheiden zu bezeichnen.

Ostwestfalen-Lippe [früher: Staatsarchiv Detmold], L 18 (Ortsakten Detmold), A VI = StA Detmold, L 18, Nr. 17: 1679 November 5 (Schreiben Detmolds an den Edlen Herrn zur Lippe betreffend die Reichweite der Privilegien). |**39**| Ebd., L 34 (Ortsakten Horn), B VI, 1585 August 28 (Bürgermeister und Rat der Stadt Horn schreiben dem Landesherrn). |**40**| Lück (1990 b) beobachtet eine ähnliche Instrumentalisierung des Magdeburger Rechts, da es mit städtischer Selbstverwaltung gleichgesetzt worden sei. Er spricht vom Magdeburger Recht als »Kampfbegriff« (ebd., S. 117). |**41**| Vgl. Dusil 2007, S. 261. |**42**| Stadtarchiv Rüthen, Urk. 587: 1545 Oktober 16: Bürgermeister und Rat der Stadt Rüthen schreiben dem Rat der Stadt Winterberg, da dieser sie in einer Erbschaftssache angerufen habe. Der Rüthener Rat lädt die Parteien zu sich. |**43**| So die Urkunde vom 19. April 1437, ediert bei Seibertz 1854, Nr. 937, S. 75. |**44**| Dass die Vernichtung des Archivs der Magdeburger Schöffen im Dreißigjährigen Krieg 1631 einen unwiederbringlichen Verlust darstellt, steht außer Frage. Aber in den Tochterstädten scheinen doch viele Dokumente mit rechtlichem Inhalt überliefert zu sein. |**45**| Zu solchen Überlegungen: Esch 1985. |**46**| Zum Halle-Neumarkter Recht: Lück 2012 c; Kannowski 2012; Carls 2012. |**47**| Vgl. Dusil 2007, S. 141–146. |**48**| Vgl. Haase 1943–1952; Haase 1955. |**49**| Also die Berechtigungen und Rechte der Stadt außerhalb ihrer Mauern. |**50**| Vgl. Dusil 2007, S. 149–167. |**51**| Vgl. ebd., S. 176.

Im materiellen Recht sind jedoch einige Tochterstädte dem Recht ihrer Mutterstadt Soest gefolgt. Hier ist vor allem das eheliche Güter- und Erbrecht zu nennen, das für die Bürger spätmittelalterlicher Städte von großer Bedeutung war. Siegen richtete sich beispielsweise trotz seiner grundsätzlich verschiedenen Verfassung am Soester Ehegüter- und Erbrecht aus. Die Stadt wandte sich noch 1606 mit einer Anfrage an Bürgermeister und Rat von Soest und bat um Mitteilung einer Abschrift des Erbrechts, da »vor einiger zeit das buch, darin solch recht verzeichnet, durch feuers brunst beschadiget«.[52] Schon zuvor, wohl zu Anfang des 14. Jahrhunderts, hatte Siegen Rechtsauskünfte erhalten,[53] und angeblich lautete die Formel, mit der Kläger eine Teilung des Erbes verlangen konnten: »Und begern darvon eyner deilonge als zu Sygen und Suste recht ist.«[54] Auch wenn hier zwischen Soest und Siegen eine rege Form des Rechtstransfers zu beobachten ist, so lässt sich jedoch über andere Beispiele auch zeigen, dass Momente der rechtlichen Dynamik von den Tochterstädten nicht immer mitgetragen und Rechtsfortbildungen nicht rezipiert wurden: Das Sondererbrecht für Hergewedde und Gerade blieb zum Beispiel in Korbach noch weiter bestehen, als es der Soester Rat längst abgeschafft hatte.[55]

In großem Maße hat das eheliche Güter- und Erbrecht in spätmittelalterlichen Stadtrechtstexten Niederschlag gefunden. Der Bereich dessen, was heute als »Schuldrecht« firmiert, ist in den Soester Rechtsaufzeichnungen jedoch nicht geregelt.[56] Dahingegen sind die verschiedenen Reaktionen auf Rechtsbrüche in den Soester Rechtstexten durchaus festgehalten worden, doch ließen sich in dem Bereich, den man heute als »Strafrecht« bezeichnet, keine Soester Besonderheiten feststellen, die als Indikator für Soester Recht hätten dienen können. Das »Strafrecht« der Stadtrechte von Dortmund, Münster und Soest unterschied sich kaum. In dem Bereich, der heute als »Prozessrecht« firmiert, folgten einige, aber nicht alle Städte Soest. Dies gilt zum Beispiel für die Verteilung der Brüchte, also der Strafgelder, die für kleinere Vergehen zu bezahlen waren. Die Anzahl der (zwei) Zeugen, die für einen Beweis notwendig waren, findet sich in den Stadtrechten hingegen häufiger, aber es stellt sich hier die Frage, ob nicht römisch-kanonisches Prozessrecht mit der Vorstellung, dass die *probatio plena* mit nur zwei Zeugen erbracht werden könne, Einfluss genommen hatte.[57] Zusammenfassend kann also festgehalten werden, dass die Tochterstädte von Soest – wenn sie denn überhaupt etwas rezipierten – das eheliche Güter- und Erbrecht übernahmen; vielleicht noch einige Grundsätze des Prozessrechts, selten aber die Verfasstheit der Stadt und niemals die Freiheiten.

Mit dem Wissen um die inhaltlichen Übertragungen wie auch die archivalischen Befunde zu Oberhofzügen und Rechtskontakten können wir nun die Konstruktion der Winterfeld'schen Stadtrechtskarte hinterfragen. Diese beruht im Wesentlichen auf Rechtsbewidmungen; Oberhofzüge und Rechtskonsultationen hat von Winterfeld selten benutzt. Hinzu kommt, dass die Filiationen zwischen Soest und den vermeintlichen Tochterstädten Lippstadt, Hamm und Rüthen eher vermutet als nachgewiesen sind; die Beziehungen von Soest zu Brilon und Arnsberg sind jeweils hypothetisch. Insofern bleibt für eine Vielzahl der Städte der Soester Stadtrechtsfamilie ein engerer Kontakt mit Soest spekulativ. Von Winterfeld konnte aber eine ausgebreitete Stadtrechtskarte zeichnen, da sie – ganz im Sinne der rechtshistorischen

Forschung um 1900 – ein statisch-hierarchisches Verständnis dieser Stadtrechtsfamilien besaß und zudem »auf lebendige Rechtsbeziehungen« schließen wollte, »wenn auch die Einzelbelege dafür fehlen«.[58]

Über die Kritik an von Winterfelds Karte hinaus lässt sich aber vielleicht sogar grundsätzlicher formulieren, dass die Stadtrechtsverbreitungskarten, wie sie nicht nur zum Soester, sondern auch zum Magdeburger Recht gezeichnet wurden, viele wichtige Unterschiede nicht abbilden. Es fehlt sowohl die Differenzierung zwischen der normativen Ebene (Statuten) und der Praxis (Oberhofzüge) als auch die Unterscheidung der drei verschiedenen Teile des mittelalterlichen Stadtrechts.[59] In diesem Sinne indizieren diese Stadtrechtsverbreitungskarten eher das Renommee einer Stadt, als dass sie (immer) tatsächliche Rechtskontakte abbilden.[60] Diese prinzipielle Schwäche von Stadtrechtskarten ist bei ihrer Erstellung und ihrer Interpretation grundsätzlich mitzudenken. Hinzu kommt, dass der Begriff »Soester Stadtrechtsfamilie« sowohl stadtrechtliche Kontakte, die wie zwischen Soest und Medebach bzw. Siegen sehr eng waren, umfasst, als auch Beziehungen, die wie zwischen Soest und Lippstadt als selten oder kaum existent zu beschreiben sind. Dies bedeutet aber, dass der hermeneutische Gehalt des Begriffs »Stadtrechtsfamilie« eher gering ist – welchen Inhalt der Begriff hat, kann nur die Einzelfallprüfung zeigen.

Der Begriff »Stadtrechtsfamilie« und mögliche Alternativen

In den letzten Jahren ist der Begriff der Stadtrechtsfamilie in die Kritik geraten. Es wurde vorgeschlagen, anstelle von Familien von »stadtrechtlichen Beziehungen«, von »Stadtrechtskreisen« oder gar von »Rechtsräumen« zu sprechen.[61] Widmen wir uns nun dem Namen, den man dem Konzept verleihen möchte. Die Kritik an dem hergebrachten Begriff »Stadtrechts-

---

|**52**| Stadtarchiv Soest, Bestand A, Hs. 32 (Materialsammlung von L. E. Rademacher, unter Nr. 35 zum Soester Recht in Siegen), S. 254: »Ex copia», am 18. August 1606, schrieben »bürgermeister und rath zu Siegen an bürgermeister und rath zu Soest, daß vor 300 und etlichen jahren der wolgeborne graffe Henrich zu Nassau und Dillenburg als landsherr die stadt Siegen mit dem statuto, so damals in der stadt Soest absonderlich in erb- und sterbfällen brauchlich und in übung gewesen, begnadiget habe, und das solch recht wie zu Soest, auff ewig zu Siegen solle seine krafft haben. Weil nun solches noch biß hirhin in brauch, und vor einiger zeit das buch, darin solch recht verzeichnet, durch feuers brunst beschadiget, als bitten umb eine glaubhaffte abschrifft.« |**53**| Vgl. Dusil 2007, S. 145–146 u. S. 238. |**54**| Zit. nach von Achenbach 1983, S. 54. |**55**| Vgl. Dusil 2007, S. 241–249. |**56**| Grundsätzliche Überlegungen zu den Themen, die aufgezeichnet wurden, bei Kannowski 2007, S. 409–411, 453–454 u. S. 467. |**57**| Vgl. hierzu Dusil 2007, S. 192–245. Speziell zum Einfluss des kanonischen Rechts auf Stadtrechte vgl. Müßig 2012; Seif 2005; Dusil 2008. |**58**| Von Winterfeld 1955, S. 239: »Überall, wo in den westfälischen Stadtrechten die Hauptfahrt zu einem Oberhof erwähnt wird, darf man auf lebendige Rechtsbeziehungen, wenn auch die Einzelbelege dafür fehlen, schließen.« |**59**| Zur Kritik an den Karten schon Wenskus 1954. |**60**| Vgl. Ehbrecht 1989, S. 223: »Das Recht der Mutterstadt – zumal bei pauschalierten Übertragungen – bedeutete also mehr einen Orientierungsrahmen für das Rechtsleben in der Tochterstadt als eine Identität des Stadtrechts in beiden Städten. Entsprechend dokumentieren Stadtrechtskarten, wie sie Luise von Winterfeld vorgelegt hat und wie sie im Programm historischer Atlanten üblich sind, mehr die Bedeutung einer Stadt und ihres Rechtes, als daß sie verläßliche und vor allem dauernde Rechtsbeziehungen belegen.« |**61**| Zu den verschiedenen Vorschlägen und zur Diskussion vgl. Dusil 2007, S. 19 u. S. 319–323. Den Begriff »Rechtsraum« schlägt Pötschke 2014 a vor; ferner Pötschke 2017, S. 34: »Ein Rechtsraum ist in der Regel ein territorial übergreifender, rechtlich enger Zusammenhang von Land-, Stadt-, Lehn- und sonstigen Rechten.« Zur Konzeption von Rechtsräumen Ehlers 2016.

familie« ist sicherlich berechtigt, da es in der Tat irreführend ist, von einer »*Stadt*rechtsfamilie« zu sprechen, da (jedenfalls im Fall Soest) auch unterstädtische Siedlungen (Dörfer) mit einem Rechtstext bewidmet wurden, der sich an den Text einer Stadt anlehnte.[62] Hinzu kommt, dass es zu eng gefasst wäre, nur »Stadt*rechts*familien« zu untersuchen: Topografie und Grundriss einer Tochterstadt können mit dem der Mutterstadt ebenso übereinstimmen wie das Recht; Übereinstimmungen ließen sich vielleicht auch bei der Münzprägung oder bei Patrozinien nachweisen. Eine Stadt wie Köln ist zudem sicherlich ideelles Vorbild jenseits eines konkret greifbaren Rechts. Über das Recht hinaus ist daher auf weitere Gemeinsamkeiten zu achten – und in diesem Sinne ist es richtig, die »kulturelle Vernetzung« zwischen Städten in den Vordergrund zu rücken, also den Blick zu weiten und auch außerrechtliche Aspekte zu berücksichtigen. Schließlich ist der Begriff »Stadtrechts*familie«* zweifelsohne romantischen Vorstellungen des 19. Jahrhunderts entwachsen.

Aufgrund der oben genannten Kritikpunkte ist der Begriff der »Stadtrechtsfamilie« problematisch. Aber können wir ihn durch einen besseren ersetzen? Die »stadtrechtlichen Beziehungen« scheinen doch die Einzelkontakte zu stark zu betonen und das gemeinschaftliche Bewusstsein auszuklammern (das es ja bei den Städten mit Lippstädter Recht durchaus gab); die »Kreise« deuten auf etwas Flächiges hin, was die Städte als Punktherrschaften gerade nicht sind. Weiterhin ist auch der Begriff »Rechtsraum« nicht unproblematisch, indiziert er doch die rechtliche Vereinheitlichung innerhalb eines Gebiets, die allerdings höchstens punktuell erfolgte.

Wie ist mit dieser Unsicherheit umzugehen? Es ist kaum zu verhehlen, dass Begriffe Konzepte mit beeinflussen (können), aber letztlich scheinen Konzepte wichtiger als Begriffe. Daher ist es wesentlicher, über das Konzept der stadtrechtlichen Kontakte nachzudenken als über den Namen, den man dem Konzept gibt. Zu fragen wäre also, wie wir die städtischen Kontakte in rechtlichen (wie in nicht-rechtlichen) Angelegenheiten erfassen und welches Bild wir von ihnen entwickeln. Erst dann lässt sich über geeignete Begriffe nachdenken. Und mir erscheint – diese persönliche Anmerkung sei erlaubt – der Begriff »Stadtrechtsfamilie« noch immer tauglich – nicht zuletzt, weil die »Familie« eine große Spannbreite besitzt: Wie in einer echten Familie umfasst auch eine Stadtrechtsfamilie eineiige Zwillinge ebenso wie außereheliche Kinder.

Zusammenführende Überlegungen

Die zusammenfassenden Gedanken zum Schluss dieses Beitrags sollen, dicht komprimiert und programmatisch, einige Thesen zur Diskussion stellen. Erstens: erst Quellen, dann Begriffe. Aufgrund der Befunde zu Soest lautet das Plädoyer, den das Phänomen beschreibenden Begriff in Abhängigkeit von den Ergebnissen zu wählen, nicht aber einen Begriff vorauszusetzen, der ein Konzept in sich trägt. Unter dieser Prämisse ist auch mit Blick auf die Städte mit Magdeburger Recht zu fragen, ob es eine so enge rechtliche Vernetzung zwischen den Städten Magdeburger Rechts gab, dass der Begriff »Stadtrechtsfamilie« angemessen ist.

Möglicherweise erscheinen andere Begriffe tauglicher, um die manches Mal eher nur lose verbundenen Städte zwischen Elbe und Dnjepr zu erfassen. Dafür aber gilt es, in – durchaus zeitraubenden – Untersuchungen den tatsächlichen Rechtskontakten zwischen den Städten nachzuspüren und erst dann Konzept und Begriff zu entwickeln.

Zweitens: Quellenzuschnitt tauglich für weitere Forschungen. Die Befunde zur Soester Stadtrechtsfamilie regen an, die ältere Forschung zu Stadtrechtsfamilien – und damit auch zur Magdeburger Stadtrechtsfamilie – beiseite zu lassen und einen Neuansatz zu wählen. Zum einen ist die ältere, jedenfalls deutsche Forschung mit Prämissen und politischen Erwartungen so überladen, dass sie nur mit großen Schwierigkeiten als Grundlage für weitere Forschung dienen kann. Zum anderen – und dieser Punkt ist noch wichtiger – wurden Stadtrechtsfamilien in der Vergangenheit regelrecht gesucht und konstruiert, auch wenn im Einzelfall die Belege eher dünn sind oder gänzlich fehlen. Zusammengefasst: Nicht die Städte der Magdeburger Stadtrechtsfamilie sind Ausgangspunkt für zukünftige Forschungen, sondern beispielsweise die Städte in einem vorab definierten Gebiet.

Bei diesem Ansatz müsste man den Einfluss der Politik auf die Verbreitung von Stadtrechten einbeziehen; integrieren könnte man auch ökonomische Aspekte (wie beispielsweise Handelskontakte). Rechtliche Kontakte würden so in einen größeren Zusammenhang eingebettet werden können. Nur mit einem solcherart erweiterten Blick lassen sich Fragen beantworten, die über die ältere Forschung hinausführen. Dies kann das Beispiel der Rechtskommunikation verdeutlichen. Mit wem kommunizieren Städte über Recht? Die Untersuchung des östlichen Westfalens hat gezeigt, dass auch jenseits der Mutterstädte Kommunikationspartner bestanden. Waren es zunächst andere größere und politisch bedeutsame Städte, mit denen man sich über rechtliche Fragen austauschte, so übernahmen ab dem 16. Jahrhundert Universitäten die Funktion als Rechtsautorität.[63] Vielversprechender scheint es also, nach der Kommunikation über Recht im weiteren Sinne zu fragen und die – sich auch überlagernden – Rechtsautoritäten zu untersuchen. Solche Befunde stünden aber in der Gefahr, übersehen zu werden, wenn die Forschungsfrage und damit auch der Quellenzuschnitt zu eng gewählt würden.

Drittens: sorgfältige Abgrenzung von einzelnen Stadtrechten. Komparatistische Forschungen stehen und fallen mit der Wahl des zum Vergleich gewählten Gegenstands. Die Forschung zur Soester Stadtrechtsfamilie musste sich dem grundsätzlichen Problem stellen, wie das Recht von dem Stadtrecht einer anderen Stadt abzugrenzen war, welche Kennzeichen (»tracer«) also ein Stadtrecht besitzt, mit dessen Hilfe man es von einem anderen abgrenzen kann. Die Suche war beim Soester Ehegüter- und Erbrecht erfolgreich, im Bereich des »Strafrechts« hingegen erfolglos, denn es ließen sich keine für das Soester Recht typischen Kennzeichen finden.[64] Dasselbe methodische Problem stellt sich auch bei der Beschäftigung mit den Städten Magde-

|**62**| Es handelt sich in Westfalen zum Beispiel um die Arnsberger Freiheiten Hagen, Langscheid und Affeln, dazu Dusil 2007, S. 319 u. S. 344–346. |**63**| Vgl. Dusil 2007, S. 282–283. |**64**| Vgl. ebd., S. 203 u. S. 210–219.

burger Rechts. Wenn wir von diesen sprechen, so unterstellen wir, dass sie eine abgrenzbare Gruppe bilden, die sich von den Städten beispielsweise des lübischen Rechts unterscheidet. Wie aber grenzt man das »typisch Magdeburgische« von dem »typisch Lübischen« ab? Auf den Gegensatz von Schöffen- und Ratsverfassung zu rekurrieren, wäre dabei zu kurz gegriffen, denn die Schöffenverfassung ist ja auch in Süddeutschland weit verbreitet.

Viertens: die Mutterstadt als diskursive Referenz. Das soeben geschilderte Problem der Abgrenzung des Stadtrechts verschiedener Städte ließe sich jedoch vermeiden, wenn man die Perspektive verändern und allein nach dem diskursiven Selbstverständnis einer Stadt fragen würde. Das Augenmerk richtete sich also nicht mehr auf die heute noch »objektiv« messbaren Momente des Magdeburger Rechts in den Tochterstädten, sondern allein auf das Selbstverständnis der Stadtelite wie der Bürger, nach *ius Maideburgense* oder *ius Teutonicum* zu leben. Magdeburg wäre insofern Chiffre für eine bestimmte Form des Lebens, für bestimmte Freiheiten – Magdeburg wäre diskursive Referenz.

Fünftens: Rezeption – Legal Transfer – Translationen. Lange Zeit wurden die Übertragungen des Magdeburger Rechts auf andere Städte unter dem Stichwort der »Rezeption« diskutiert. Da mit diesem Bild häufig die Vorstellung einer Über- und Unterordnung, eines kulturellen Gefälles verbunden ist, wurde der Begriff ersetzt. Heute ist eher von »Rechtstransfer«, »legal transplant« oder »Translation« die Rede, wobei gerade der Begriff »Translation« Änderungen, Ergänzungen und Auslassungen mitdenkt. Hinzu kommt, dass das Magdeburger Recht auch in das Polnische und andere slawische Sprachen übersetzt worden ist, also eine wirkliche »translation« stattfand.[65] Eine jede Übersetzung beinhaltet natürlich eine Interpretation und Adaption. Dadurch ist in den letzten Jahren die Rezipientenperspektive verstärkt in den Blick geraten. Welcher Begriff letztlich am geeignetsten erscheint, um die Ausbreitung, Verarbeitung und Weiterentwicklung des Magdeburger Rechts zu erfassen, ist von den Befunden und Ergebnissen der Untersuchungen abhängig.

Sechstens: Berücksichtigung des gelehrten Rechts. Die deutschsprachige rechtshistorische Forschung trennt traditionell die Erforschung des autochthonen, einheimischen, germanisch-deutschen, nicht-gelehrten Rechts (oder wie man die Forschung zu Stadtrechten, Sachsenspiegel und anderen Quellen auch immer nennen mag) von der Erforschung des gelehrten Rechts. Dass beide jedoch eng zusammengehören, wird indes kaum noch jemand bestreiten.[66] Dies hat jedoch Folgen für die Untersuchung des sächsisch-magdeburgischen Rechts. Das kirchliche Recht prägte das städtische Leben wesentlich mit: Das Eherecht war gänzlich in kirchlicher Hand, weswegen gleichförmige Elemente im städtischen Rechtsleben zu beobachten sein könnten; zudem wurden kirchliche Gerichte häufig bei Schuldforderungen angerufen. Eine Vernetzung der Städte untereinander könnte sich auch durch kirchliche Rechtszüge und Offizialate ergeben haben. Schließlich wäre zu überlegen, welche Rolle das gelehrte Recht in der juristischen Praxis in der Frühen Neuzeit spielte. Waren Schöffen rechtsgelehrt, und seit wann? Hat sich eine einheitliche akademische Sozialisierung von Stadtschreibern und anderem gelehrten Personal ausgebildet, die ebenfalls als Grundlage für eine einheitliche – oder jedenfalls sich vereinheitlichende – Rechtskultur mitgedacht werden muss?[67]

Der breite Ansatz der Tagung und auch dieses Bandes, über »kulturelle Vernetzung« nachzudenken, scheint geeignet zu sein, um über die engere Fokussierung auf »Recht« hinauszukommen und die städtische Kultur insgesamt zu betrachten. Natürlich stellt sich auf methodischem Gebiet die Frage, wie Vernetzung definiert, beschrieben und gemessen wird. Und selbstverständlich hat ein Netz auch Grenzen: Welche Städte oder welche Teile des städtischen Lebens sind gerade nicht vernetzt, sondern eigenständig? Inklusion und Exklusion wären also die Schlagworte, die verwendet werden könnten. Man könnte sich auch die Frage stellen, wem die Vernetzung im Spätmittelalter nutzte und wem sie schadete: Welche Bevölkerungsgruppen profitierten davon, und welche Akteure hatten es durch die Vernetzung schwerer? Und natürlich stellt sich den zeitgenössischen Forscherinnen und Forschern die Frage, welche Schlüsse sie aus dem Befund der Vernetzung ziehen.

Recht ist – wohl ohne Zweifel – wesentlicher Baustein der Kultur. Mit der Perspektive der kulturellen Vernetzung ist der Blick deutlich weiter gerichtet als mit der bisherigen Frage nach städtischen Rechtskontakten. Das Stichwort »Vernetzung durch Recht« könnte beide Blickwinkel problemlos verbinden, und mit dieser Perspektive würden die rechtssuchenden Parteien, die anfragenden Städte sowie die Magdeburger Schöffen und ihre Urteile in ein neues Licht gerückt werden können.

|**65**| Vgl. dazu die Beiträge von Maciej Mikuła, S. 147–165, Marija Lazar, S. 195–211 und Danuta Janicka, S. 183–193 in diesem Band. Theoretische Überlegungen zum Beispiel bei Stolleis 2012. |**66**| Vgl. dazu beispielsweise den Beitrag von Martin Kintzinger in diesem Band, S. 315–331. |**67**| Vgl. zum Beispiel Wunderlich 2011; Diestelkamp 2014.

Das er tuncke ein wiser man
Er en rüchet spricht er wüs dar an
Und sprichet dick wider sinen sin
Durch fründ oder durch gewin

Er ist unsälig wer daz tüt
Der wider dz recht spricht durch güt
Man sol dem fründ wider got
Nit helffen dz ist sin gebot

HEINER LÜCK

Oberhöfe und Schöffenstühle als Anwendungs- und Verbreitungszentren des Magdeburger Rechts

Vorbemerkung

Eine bekannte und im Druck veröffentlichte Karte von 1936,[1] welche »Die Verbreitung des deutschen Stadtrechts nach dem Osten« verzeichnet, nennt als »Oberhöfe Magdeburger Rechts«: Magdeburg, Halle, Leipzig, Brandenburg, Breslau, Neumarkt, Olmütz, Leitmeritz, Kulm[2] und Krakau. Für die anderen Stadtrechte, das »Lübecker Stadtrecht« und »Süddeutsches Stadtrecht«, werden als »Oberhöfe« genannt: Lübeck bzw. Nürnberg, Wien und Iglau. Unter den Städtenamen ist das jeweilige Stadtwappen zu sehen. Eine kaum überschaubare Vielzahl von blauen, roten und grünen Punkten markieren Orte, in denen eines der genannten Stadtrechte galt bzw. bekannt war. Die Karte ist angesichts ihrer Entstehungszeit beeindruckend. Sie wurde von guten Kennern der dargestellten Materie erarbeitet. Aufgrund der materiell-technischen (analogen) Möglichkeiten konnte auf ihr nur ein Ausschnitt der Realität, einige Übertreibungen und ungesicherte Angaben eingeschlossen, wiedergegeben werden. Zum einen war es bei Weitem nicht möglich, alle in Betracht kommenden Orte mit einem Punkt zu repräsentieren. Zum anderen existierten viel mehr Oberhöfe als auf der Karte angegeben. Der Entstehungszusammenhang der Karte legt nahe, dass es vorrangig darum ging, die Dimension des Magdeburger Stadtrechts bildlich-kartografisch, nicht zuletzt für politisch-ideologische Zwecke, in Szene zu setzen. Wie eng die wohl gestalterisch gebotene Auswahl von zehn »Oberhöfen« aus dem Verbreitungsgebiet des Magdeburger Stadtrechts ist, erhellt die Nennung weiterer Oberhöfe in der Literatur, welche in einem

---

Abb. 1
Ein Herr sitzt zu Gericht. Die Richter tun ihm auf Spruchbändern ihre Meinung dar, Abbildung aus dem »welschen Gast«, um 1460–1470. Heidelberg, Universitätsbibliothek, Cod. Pal. Germ. 320, f. 30r.

|1| Die Verbreitung des deutschen Stadtrechts nach dem Osten. Fünffarbige Karte von Else Marcks. Hrsg. von der Stadt Magdeburg nach den Vorarbeiten von Wilhelm Weizsäcker, Johannes Schultze, Berthold Schulze und Paul Krause. Maßstab 1:300 000, Heidelberg/Berlin, Beilage zu Stadt Magdeburg 1936. Zum politischen und forschungsgeschichtlichen Hintergrund dieser Karte vgl. Lück 1999; Lück 2005 und Lück 1999/2000. |2| Auf der Karte »Culm«.

zeitnahen Verhältnis zu der hier beschriebenen Karte steht: Alten-Stettin, Altenburg, Cottbus, Dresden, Jägerndorf, Königsberg in Preußen, Lemberg, Leobschütz, Neiße, Sandomir, Spandau, Stendal, Strausberg und Zittau.[3] Diese Aufzählung ließe sich gewiss noch erweitern. Es fragt sich, nach welchen Kriterien eine Stadt des Magdeburger Rechts als Oberhof auszumachen ist.

Oberhöfe und Schöffenstühle

Oberhöfe

Zunächst soll hier kurz auf die nicht ganz einfache Begriffsproblematik eingegangen werden. Das »Deutsche Rechtswörterbuch. Wörterbuch der älteren deutschen Rechtssprache«[4] kennt drei Bedeutungen des Rechtswortes »Oberhof«: 1. Herrenhof/Meierhof, 2. Rechtsbelehrungs- und Rechtsauskunftsstelle sowie 3. Rechtsauskunft/Rechtsbelehrung einer solchen Stelle.[5] Bei den reichlichen Quellenbelegen zur zweiten Bedeutung fällt auf, dass die Belege sämtlich aus dem west- und süddeutschen Raum (Rhein-Main-Gebiet, Eifel, Hunsrück u. a.) stammen. Dieses Phänomen ist seit Langem bekannt. Schon Ernst Boehm[6] und nach ihm Gerhard Buchda[7] haben darauf hingewiesen, dass der Terminus »Oberhof« in der sächsischen Rechtssprache unbekannt ist. Hierin ist vielmehr die Bezeichnung »Schöffenstuhl«[8] bestimmend. Ein inhaltlicher Unterschied zwischen den damit bezeichneten Erscheinungen besteht aber offenbar nicht. Zu den bekanntesten und wichtigsten Oberhöfen im west- und süddeutschen Raum gehörten jene zu Ingelheim, Aachen, Frankfurt am Main und Neustadt an der Weinstraße.[9] Hinzu kommt im Norden der Rat zu Lübeck als wirkungsmächtiger Oberhof für die Städte Lübecker Rechts im Ostseeraum.

Aus den zahlreichen Belegen in west- und süddeutschen Rechtsquellen zwischen dem frühen 15. und frühen 16. Jahrhundert wird der Begriff in die reichsweit geltende *Constitutio Criminalis Carolina* von 1532 gekommen sein. Sie nennt in ihrem Schlussartikel 219 unter den dort aufgezählten Rechtsauskunftsstellen die Oberhöfe (*oberhofen*), bei denen sich die Gerichte in Strafprozessen nach altem Brauch Rechtsrat holen (*auß altem verjertem gebrauch bißher vnderricht begert*) mögen.[10] Offenbar hat sich von hier aus der Begriff allgemein über die gelehrte Rechtsliteratur ausgebreitet und somit auch die sächsischen Schöffenstühle erfasst. Der Umstand, dass die Schöffenstühle des großen sächsischen Rechtsgebietes[11] in dieser reichsrechtlichen Norm nicht genannt werden, deutet darauf hin, dass sie funktional zu den Oberhöfen gerechnet wurden. Das ist freilich zunächst nur eine Annahme, welche die Forschung in der Zukunft untersetzen oder widerlegen sollte. Mit dem Aufzeigen der differierenden Begrifflichkeit ist noch nicht die Frage nach den Charakteristika, die eine als Oberhof (resp. »Schöffenstuhl«) bezeichnete Einrichtung ausmachen, beantwortet.[12]

Die gründliche und nach wie vor lesenswerte Monografie von Gertrud Schubart-Fikentscher über die Verbreitung der deutschen Stadtrechte in Deutschland und Osteuropa aus dem Jahr 1942 formuliert neben der Nennung der soeben aufgeführten Oberhöfe auch Kriterien, nach denen ein Schöffenstuhl oder Rat als Oberhof – freilich dem Forschungsstand der Zeit entsprechend – beurteilt werden kann. Daher wird sie den folgenden Ausführungen zugrunde gelegt. Danach handelte es sich bei einem Oberhof um ein städtisches (später auch landesherrliches) Spruchkollegium (Schöffen, Schöffenstuhl oder Rat), das selbst nicht Gericht war.[13] Es stand zu einer anderen Stadt oder, was die Regel war, einer Gruppe von Städten in einer bestimmten rechtlichen Beziehung: »Rechtsverkehr«, »Rechtsverbindung«, »Rechtsgemeinschaft«[14] oder »Kommunikation der Städte im juristischen Sinne«.[15] Diese Beziehung zeichnete sich dadurch aus, dass Städte, die mit einer anderen Stadt ein gemeinsames oder verwandtes Stadtrecht hatten, von der Letzteren Rechtsauskünfte zu konkreten Rechtsauslegungs- und -anwendungsfragen (»Rechtsweisungen«), ggf. auch die Mitteilung von ihrem Stadtrecht zugrunde liegenden Rechtsnormen (»Rechtsmitteilungen«), erbaten.

Diese Praxis musste eine gewisse Regelmäßigkeit aufweisen, damit die Rechtsauskunft und Rechtsmitteilung gebende Stadt bzw. deren rechtlich relevanter und vor allem rechtskundiger Repräsentant als Oberhof angesprochen werden kann.[16] Eine solche Rechtsbeziehung (»Rechtszug an den Oberhof«)[17] konnte auf einem ausdrücklichen Privileg, das oft im Zusammenhang mit einer Stadtgründung oder Stadterneuerung erteilt worden war (»Bewidmung«),[18] oder auf Gewohnheit beruhen. Entscheidend war das faktische Tätigwerden in diesem Kontext, also die Erteilung von Rechtsauskünften auf Anfrage (»Oberhoftätigkeit«). Allein die Rechtsverwandtschaft innerhalb einer »Stadtrechtsfamilie«[19] und etwaige zugewiesene Rechtszüge reichten nicht aus.[20] Nach diesem Kriterium waren Goldberg/Złotoryja, Liegnitz/Legnica, Schweidnitz/Świdnica,[21] Posen/Poznań,[22] Guben/Gubin und einige andere keine Oberhöfe.[23] In manchen Fällen wurde auch die Wahl eines von mehreren möglichen Oberhöfen anheim gestellt.[24] Damit verbunden war die ganz selbstverständliche Akzeptanz der auf der angenommenen und wohl auch real vorhandenen besseren Rechtskenntnis beruhenden Rechtsauskunft. Die Frage nach einer formalen Bindung derjenigen, die die Auskunft begehrten, an den Spruch bzw. nach einem Abweichen davon und dessen Konsequenzen, stellte sich nicht.[25] Ferner konnte zur Übersendung

|**3**| Zu Alten Stettin Schubart-Fikentscher 1942, S. 489; vgl. auch die Fallstudie von Lück/Porada 2010, S. 248–254; zu Altenburg Schubart-Fikentscher 1942, S. 108; zu Cottbus ebd., S. 127; zu Dresden ebd., S. 104; zu Jägerndorf ebd., S. 212; zu Königsberg in Preußen ebd., S. 357; zu Lemberg ebd., S. 68 u. S. 268; zu Leobschütz ebd., S. 211–212; zu Neiße ebd., S. 178; zu Sandomir ebd., S. 292–293; zu Spandau ebd., S. 79 u. S. 84; zu Stendal ebd., S. 68; zu Strausberg ebd., S. 84 und zu Zittau ebd., S. 126. |**4**| Vgl. dazu auch Speer 2008. |**5**| Vgl. den Artikel zum Begriff »Oberhof« im Deutschen Rechtswörterbuch online unter: www.rzuser.uni-heidelberg.de/~cd2/drw/e/ob/erho/oberhof.htm [Zugriff am 12.5.2018]. |**6**| Boehm 1940–1942, 59 (1940), S. 630–631. |**7**| Buchda 1954, S. 489. |**8**| Vgl. dazu die Bedeutungen und Quellenbelege zum Begriff »Schöffenstuhl« wiederum im Deutschen Rechtswörterbuch online unter: www.rzuser.uni-heidelberg.de/~cd2/drw/e/sc/hoff/enst/schoffenstuhl.htm [Zugriff am 12.5.2018]. |**9**| Vgl. dazu mit entsprechenden Literaturangaben Krey 2017, Sp. 44–56. |**10**| Zitiert nach Buschmann 1998, S. 103–177, hier S. 177. |**11**| Vgl. dazu Lück 2010 b, Sp. 493–495. |**12**| Vgl. dazu den instruktiven Überblick von Krey 2017. |**13**| Schubart-Fikentscher 1942, S. 51 u. S. 70. |**14**| Ebd., S. 80. |**15**| Gönczi 2011, S. 27. |**16**| Schubart-Fikentscher 1942, S. 88. |**17**| Vgl. dazu auch Weitzel 1990. |**18**| Schubart-Fikentscher 1942, S. 177. |**19**| Zur Kritik an diesem aus der Forschung des 19. Jahrhunderts tradierten Begriff vgl. Dusil 2007, bes. S. 41–76. |**20**| Schubart-Fikentscher 1942, S. 126–127, S. 183, S. 187 u. 216–217. |**21**| Magdeburger Sprüche für Schweidnitz als Empfängerstadt bei Goerlitz/Gantzer 1940. |**22**| Anderer Ansicht ist Gönczi 2011, S. 27. Magdeburger Sprüche für Posen als Empfängerstadt bei Goerlitz/Gantzer 1944. |**23**| Schubart-Fikentscher 1942, S. 126, S. 170, S. 183, S. 187 u. S. 311. |**24**| Ebd., S. 78, S. 169–170 u. S. 258–259. |**25**| Vgl. ebd., S. 68.

einer Rechtsweisung oder Rechtsmitteilung die Überlassung weiterer (normativer) Rechtstexte treten. Die Magdeburger Schöffen sahen es jedoch nicht als ihre Aufgabe an, fremde Rechtstexte (Rechtsbücher) zu verbessern.[26]

Als Indiz für die Qualität eines Schöffenkollegiums oder Rates (z. B. Lübeck) als Oberhof können aus der Retrospektive auch die Bemühungen der Landesherren gelten, im Interesse einer innerhalb des jeweiligen Territoriums in sich geschlossenen Gerichtsverfassung mit dem Fürsten an der Spitze das Einholen von Rechtsauskünften von Kollegien außerhalb ihres Territoriums zu unterbinden.[27] Hinzu kam, dass Landesherren eigene Oberhöfe einrichteten.[28] Vielleicht könnte als Hilfskriterium für die Beurteilung eines Spruchkollegiums als Oberhof noch erwogen werden, dass bei dem betreffenden Spruchkollegium und bei den von ihm Rechtsauskünfte verlangenden Institutionen das Wissen über die Oberhoffunktion des konkret anzufragenden Kollegiums vorhanden war. Dieser Aspekt wäre von der Forschung einmal einer näheren Betrachtung zu unterziehen. Aufgrund der Einstufigkeit der weltlichen Gerichtsverfassung im Mittelalter ist mit dieser Beziehung kein Subordinationsverhältnis gemeint. Ein solches kannte die Gerichtsverfassung nicht. Es geht hier lediglich um die bessere Rechtsfindung bei einem Kollegium, welches das anzuwendende Recht sehr gut kannte. Vor diesem Hintergrund wurden die eingeholten Sprüche häufig in Sammlungen zusammengefasst[29] und für die eigene Spruchtätigkeit genutzt.[30] Auf der Ebene der Rechtsauskunft einholenden Städte bildete sich auch auf dieser Grundlage durch beständige Übung eine große Rechtskenntnis, die wiederum bei Bedarf und im Rahmen der rechtlichen Möglichkeiten, etwa die ausdrückliche Zuweisung oder Untersagung bestimmter Oberhöfe, auf Verlangen weitergegeben wurde (»Zwischenoberhöfe«,[31] »Mittelhöfe«[32]). Bei dieser Spruchtätigkeit der Oberhöfe ging es immer um eine Bestätigung oder/und Weiterentwicklung des eigenen bzw. verwandten Rechts.[33]

Damit war nicht selten eine weitere geografische Verbreitung des Rechts, auf dem die Sprüche beruhten, verbunden. Die Oberhöfe trugen so zu einer gewissen Vereinheitlichung des in ihrem Aktionsradius geltenden Rechts bei.[34] Gelegentlich verpflichteten die Auskunft erteilenden Kollegien die bei ihnen »zu Haupte gehenden« Städte und Orte, nur das eigene Recht anzuwenden und Rechtsauskünfte ausschließlich bei ihnen einzuholen.[35] Innerhalb des Verbreitungsgebiets des Magdeburger Rechts konnten solche Städte nicht als Oberhöfe fungieren, sofern sie nicht selbst einen Rechtszug nach Magdeburg praktizierten und zu diesem berechtigt waren.[36] Jedenfalls entstand auf diese Weise ein System von Oberhöfen[37] auf unterschiedlichen Ebenen, welches ein gemeinsames oder ähnliches (»verwandtes«) Recht zusammenhielt (»Stadtrechtsgruppen«, »Oberhofkreise«, »Rechtskreise«).[38] Dieses »Oberhofsystem« war nicht auf das Stadtrecht beschränkt. Es existierten innerhalb des Verbreitungsgebiets des Magdeburger Rechts auch Oberhöfe für flämisches Recht (z. B. Ratibor/Racibórz)[39] und für Lehnrecht. Eine besondere Variante des Stadtrechts war jenes der sächsischen Bergstadt Freiberg.[40] Es zeichnete sich durch eine starke bergrechtliche Prägung aus. Der Freiberger Bergschöffenstuhl nahm Funktionen als Oberhof wahr. Eine ähnliche Sonderform stellte auch Goldberg dar, das lediglich in Bergsachen Oberhoffunktion ausübte.[41] Die Wirkung Goldbergs als Oberhof war jedoch nur kurzzeitig vorhanden, da der Bergbau dort nicht lange anhielt.

Betrachtet man das große Verbreitungsgebiet des Magdeburger Rechts, so ist dabei allerdings zu beachten, dass es sich bei dem von den Oberhöfen bestätigten, angewendeten und weiter entwickelten »Magdeburger Recht« in der Regel um regionale bzw. lokale Varianten desselben handelte, wie zum Beispiel die des Magdeburg-Breslauer Rechts, Halle-Magdeburger Rechts, Halle-Neumarkter Rechts, ferner die des Magdeburg-Brandenburger bzw. Magdeburg-Marker Rechts, des Magdeburg-Kulmer Rechts[42] usw. veranschaulichen.[43] Nur im Zentrum des Magdeburger Rechts, das heißt in der Stadt Magdeburg mit ihrem berühmten Schöffenstuhl, wurde das Magdeburger Recht auf der Grundlage seiner historisch gewachsenen lokalen und namengebenden Authentizität angewandt und auf Anfragen weiter vermittelt.

Der Umstand, dass zu Oberhöfen ebenso Kollegien gezählt wurden, die auch als Gerichte agieren konnten, wie etwa der Rat zu Lübeck,[44] deutet darauf hin, dass Gerichte ebenfalls Oberhoffunktionen ausüben konnten. Dieser Zusammenhang lässt sich vielerorts bestätigen.[45] Das liegt unter anderem deshalb nahe, weil sich ein Oberhof nahezu ausschließlich über seine Funktion als ein auf Antrag Rechtsauskünfte erteilendes Gremium definiert. Diese Tätigkeit konnte gleichermaßen ein Gericht, das in diesen Fällen dann eben nicht als streitentscheidendes Organ mit verbindlicher Urteilskraft der Entscheidung aktiv wird, ausüben. Von daher ist es ganz klar und überzeugend, wenn etwa Wilhelm A. Eckhardt im Rahmen seiner Forschungen zu den »Oberhofzügen« in Hessen das »Stadtgericht als Oberhof« qualifiziert.[46] Auch seine Definition für »Oberhof« ist richtig: »Als Oberhof wird ein Stadtgericht bezeichnet, das von anderen Gerichten um Rechtsauskunft oder um ein Urteil gebeten wurde. Es geht dabei nicht um die Appellation an eine übergeordnete Instanz, sondern um Rechtsbelehrung vor der Verkündung eines Urteils durch das anfragende Gericht.«[47]

Am Ende dieser Betrachtungen lässt sich als Zwischenergebnis festhalten, dass unter dem Begriff »Oberhof« sowohl Kollegien, die keine Gerichtsqualität besaßen, als auch solche, die sehr wohl Gerichte[48] waren, aber bei der Erteilung von Rechtsbelehrungen auf Antrag nicht als solche agiert haben, verstanden werden müssen.

|**26**| Ebd., S. 51. |**27**| Ebd., S. 71–72, S. 119–120, S. 178–179, S. 261–262 u. S. 265–266. |**28**| Ebd., S. 267. |**29**| Vgl. dazu auch Ebel 2004 e, S. 152. |**30**| Schubart-Fikentscher 1942, S. 61–62. |**31**| Ebd., S. 50. |**32**| Ebd., S. 354. |**33**| Ebd., S. 50 u. S. 265. |**34**| Ebel 1976, S. 118; Rüther 2010, S. 72. Selbstverständlich darf das nicht überschätzt werden (Krey 2017, Sp. 49). Die unterschiedliche Anwendung des sächsischen Rechts durch die Schöffenstühle Leipzig und Wittenberg ging der legislativen Vereinheitlichung in Gestalt der Kursächsischen Konstitutionen von 1572 voraus (vgl. dazu Buchda/Lück 2016). Es ist jedoch fraglich, ob man diese Beobachtung von Vorgängen der Frühen Neuzeit auf das Spätmittelalter übertragen kann. Aufgrund des Charakters des Magdeburger Rechts als »Spruchrecht« verdient die rechtsvereinheitlichende Funktion der Oberhöfe und Schöffenstühle jedenfalls eine besondere Beachtung. |**35**| Schubart-Fikentscher 1942, S. 50 u. S. 67. |**36**| Ebd., S. 50 u. S. 67–69. |**37**| Friedrich Ebel verwendet ebenfalls den Begriff »Oberhofsysteme«, vgl. Ebel 2004 e, S. 152. |**38**| Schubart-Fikentscher 1942, S. 45. |**39**| Ebd., S. 141. |**40**| Ebd., S. 109–113. |**41**| Ebd., S. 170–171. |**42**| Vgl. dazu auch Ebel 1983 b. |**43**| Für das Gebiet des heutigen Polen vgl. auch Gönczi 2011, bes. S. 29–32. |**44**| Vgl. dazu den Versuch eines Vergleichs mit Magdeburg von Lück 2009 d. |**45**| So wurden z. B. auch vom kurfürstlich-sächsischen Hofgericht zu Wittenberg Rechtsbelehrungen angefordert, vgl. dazu Lück 1997, S. 118–119. |**46**| Eckhardt 2005, S. 21. |**47**| Ebd., S. 26. |**48**| Zum Gerichtsbegriff vgl. Lück 2012 e.

Schöffenstühle

Dem Oberhof entspricht inhaltlich im sächsischen Rechtsbereich und weit darüber hinaus der »Schöffenstuhl«. Als Schöffenstuhl (niederdeutsch: »Scheppenstul«, Schöppenstuhl) wird ein selbstständiges Kollegium von Rechts- und Urteilsfindern bezeichnet.[49] Diese Institution hat sich während des Mittelalters im Zusammenhang mit der Stadtverfassung, den Stadtrechten und deren Verwandtschaften (»Stadtrechtsfamilien«) entwickelt. Die Schöffenstühle erteilten auf Anfrage Recht und Rechtsauskünfte, also Rechtsmitteilungen, Rechtsweisungen, Sprüche, Urteile und Consilia. Sie zeichneten sich dadurch aus, dass ihre Mitglieder, ebenso wie die Mitglieder der Oberhofkollegien, keine gelehrten Juristen waren. Ferner war der Schöffenstuhl, im großen Verbreitungsgebiet des Magdeburger Rechts auch »Schöffenbank« genannt, vom Stadtgericht getrennt. In der Trennung von Richtern und Urteilern (Schöffenstuhl, Schöffen) und in dem dadurch bedingten Einholen/Erfragen des Urteils sieht die Forschung ein Merkmal der mittelalterlichen (weltlichen) Gerichtsverfassung.[50] Dieses Strukturelement gilt neben dem römischen *ius respondendi* als eine Wurzel der Aktenversendung,[51] welche den Gerichtsprozess im Alten Reich während der Frühen Neuzeit wesentlich ergänzte und die Schöffenstühle neben anderen Spruchkollegien (Juristenfakultäten, Oberhöfen) zu Adressaten von Bitten um Gutachten und Urteile machte. Während Rechtsbelehrungen durch sachkundige Personen und Institutionen eine gesamteuropäische Erscheinung waren, gab es die Schöffenstühle als von Gerichten abgekoppelte Kollegien, die lediglich auf Antrag tätig werden konnten, in dieser Form nur in Deutschland bzw. im Einflussgebiet des deutschen Rechts.

Die Rezeption der fremden Rechte erforderte eine Anpassung der ursprünglich mit Laien besetzten Gerichte, Oberhöfe und Schöffenstühle an die Bedingungen des gelehrten und professionalisierten Rechts. Andernfalls verloren sie ihre Existenzgrundlage. Die Schöffenstühle sahen sich zunehmend einer Konkurrenz mit den seit etwa 1400 in erheblicher Anzahl gegründeten Juristenfakultäten als rechtskundigen Spruchkollegien an den Universitäten ausgesetzt. Reichsrechtlich erhielt die Ratseinholung bei Spruchkollegien (*Dicasteria*), zu denen neben den Schöffenstühlen Juristenfakultäten und Oberhöfe gehörten, durch die Peinliche Halsgerichtsordnung Kaiser Karls V. (*Constitutio Criminalis Carolina*) 1532 einen Aufschwung. In deren Schlussartikel 219, von dem oben unter begriffsgeschichtlichen Gesichtspunkten schon einmal die Rede war, werden Rechtsauskunftsstellen aufgeführt, an die sich Gerichte wenden sollten, wenn sie bei der Entscheidung eines konkreten Rechtsfalles unsicher waren: Oberhöfe (wo diese vorhanden sind), Obrigkeiten (wo keine Oberhöfe vorhanden sind), Universitäten, Städte, Kommunen oder andere Rechtsverständige (einzeln oder kollegial gutachtende Juristen).

Spruchkollegien mit der Bezeichnung »Schöffenstuhl« kamen vornehmlich und konzentriert im mitteldeutschen Raum vor (Jena,[52] Halle,[53] Leipzig, Wittenberg,[54] Brandenburg,[55] Dohna,[56] Coburg[57]), wo der Begriff »Oberhof« in den zeitgenössischen Quellen wie erwähnt unbekannt zu sein scheint. Diese Schöffenstühle waren sämtlich keine Gerichte (wobei das als Bergschöffenstuhl fungierende Stadtgericht in Freiberg/Sachsen eine Ausnahme bildete). Währenddessen besaßen die west-, süd- und norddeutschen Oberhöfe wenigstens teilweise zugleich auch Gerichtsfunktion, wie etwa der Rat zu Lübeck. Sowohl Oberhöfe als auch Schöffenstühle wurden von Gerichten, anderen öffentlichen Institutionen und auch von Privatpersonen angerufen, um in deren Auftrag gegen Entgelt Rechtsauskünfte oder ausformulierte Urteile anzufertigen. Verkündung und Vollstreckung verblieben bei dem zuständigen Gericht.

Oberhöfe und Schöffenstühle unter den Bedingungen der Professionalisierung der Rechtsprechung

Bereits im Spätmittelalter gab es Bemühungen der Landesherren, die Rechtsprechung und damit die Rechtsauskunftstätigkeit der Spruchkollegien (Oberhöfe, Schöffenstühle, Juristenfakultäten) in ihrer Landesherrschaft im Sinne einer Herrschaftsverdichtung und eines Abschlusses der Gerichtsverfassung in ihrer Person zu konzentrieren. Dazu gehörten Verbote, auswärtige Spruchkollegien anzurufen. So verboten die sächsischen Herzöge am 14. November 1432 ihren Untertanen, Rechtsbelehrungen aus Magdeburg zu holen.[58] Gleichzeitig wurde auf die Juristenfakultät Leipzig als professionelle Rechtsauskunftsstelle im wettinisch-sächsischen Herrschaftsgebiet verwiesen.

In der Frühen Neuzeit hatten die Schöffenstühle in der Regel den Charakter von landesherrlichen Behörden, welche auf entsprechenden Rechtsgrundlagen beruhten. Geregelt waren Besetzung, Verfassung, Verfahren, Zuständigkeiten usw. Im Verlauf des 16. Jahrhunderts entstanden in den Territorien (Ober-)Appellationsgerichte, welche die territorialstaatliche Gerichtsverfassung auf der Ebene des Fürsten nach oben hin abschlossen und zugleich eine Unterbindung der Appellation an die Reichsgerichte bewirkten. Als Beispiel sei auf die 1548 erfolgte Einrichtung eines Appellationsgerichts für das Königreich Böhmen auf der Prager Burg verwiesen. Diese Neuerung führte weitgehend zur Entbehrlichkeit der Oberhöfe und Schöffenstühle im böhmischen Raum.

Schöffenstühle, die sich in Universitätsstädten befanden, konnten sich durch die Aufnahme von Professoren der jeweiligen Juristenfakultät den zeitgemäßen Bedingungen gelehrter Rechtsprechung erfolgreich stellen. Das trifft beispielsweise für Leipzig zu. Andere Schöffenstühle wurden bereits als landesherrliche Behörden gegründet, die von vornherein mit ausgebildeten Juristen besetzt wurden, wie zum Beispiel Wittenberg und Jena. In Halle wiederum war die gleichzeitige Mitgliedschaft in dem schon im 13. Jahrhundert vorhandenen Schöffenstuhl und der 1694 gegründeten Juristenfakultät untersagt.

|**49**| Battenberg 1990; Lück 2010 a; Ebel 2004 b, S. 459–460. |**50**| Lück 2012 d, Sp. 202. |**51**| Vgl. dazu Oestmann 2008, Sp. 128. |**52**| Kriebisch 2008; Vollert 1929. |**53**| Buchda 1950; Lück 2006 b, S. 253–255. |**54**| Lück 1998 b; zum Wittenberger Schöffenstuhl S. 76–82 u. S. 136–140; ferner Lück 1997, S. 140. |**55**| Stölzel 1901; Stölzel 1910. |**56**| Lilge 1940; Schlauch 1905. |**57**| Kretz 1972. |**58**| Ediert bei Distel 1887 a, S. 110–111; vgl. dazu auch Lück 1997, S. 77–78.

Auch in Städten, die keine Universitäten besaßen, musste der Weg der Professionalisierung der Rechtsprechung in Bezug auf Schöffenstühle und Gerichte beschritten werden. Vor diesem Hintergrund war der Magdeburger Schöffenstuhl in der ersten Hälfte des 16. Jahrhunderts ebenfalls teilweise mit gelehrten Juristen besetzt.[59] Dennoch ging er trotz Modernisierung seinem Ende entgegen, wurde er doch infolge der gegen Magdeburg verhängten Reichsacht in der Mitte des 16. Jahrhunderts aufgehoben. Die übrigen Schöffenstühle fanden im Rahmen der bürgerlichen Gerichtsreformen während des 19. Jahrhunderts, spätestens mit dem Inkrafttreten des Gerichtsverfassungsgesetzes für das Deutsche Reich im Jahr 1879 ihr Ende. Findung und Formulierung von Urteilen waren fortan ausschließlich Sache der ordentlichen Gerichte.

Oberhöfe als Strukturmerkmale im Verbreitungsgebiet des Magdeburger Rechts?

Sofern die erforderlichen Daten dafür vorliegen, lassen Oberhöfe und Rechtszüge zweifelsohne bestimmte Zentren erkennen, auf die ein Recht bezogen war. Man wird aber kaum sagen können, dass etwa der Schöffenstuhl von Magdeburg Oberhof für alle Städte und Orte war, welche zum Verbreitungsgebiet des Magdeburger Rechts gehörten. Insofern können Oberhöfe und Rechtszüge nur ganz unvollkommene Anhaltspunkte liefern. Hinzu treten mannigfache Veränderungen, wie Rechtswechsel, Rechtszugwechsel und Ähnliches. Die Heterogenität von Städte- bzw. Ortsgruppen, die einem Oberhof zugeordnet werden können, soll im Folgenden exemplarisch verdeutlicht werden.

Der Brandenburger Schöffenstuhl[60] war seit 1315 bzw. 1324 Oberhof für die märkischen Städte aufgrund einer Anordnung des Markgrafen Johann V.[61] 1336 kam Jerichow hinzu.[62] Magdeburg-Brandenburger Stadtrecht[63] verliehen die Markgrafen von Brandenburg unter anderem an Berlin, Bernau, Cölln, Drossen/Ośno Lubuskie, Eberswalde, Falkenburg/Złocieniec, Altlandsberg, Mittenwalde, Müncheberg, Nauen, Rathenow, Spandau, Strausberg und Treuenbrietzen. Hinzu kamen die später mecklenburgischen Städte Neubrandenburg und Neustrelitz sowie das Dorf Stargard.[64] Diese Orte waren seit 1313 ausdrücklich an den Brandenburger Schöffenstuhl gewiesen. Das in seinem Wirkungsbereich liegende Spandau fungierte als kleiner Oberhof für alle Orte in den Landschaften Teltow, Glin und Barnim.[65] Das nicht weit entfernte Strausberg lässt sich als Oberhof für Bärwalde/Mieszkowice, Berlinchen/Barlinek, Küstrin/Kostrzyn, Neu-Landsberg/Gorzów Wielkopolski, Neuenburg/Nowogródek Pomorski, Soldin/Myślibórz, Werneuchen, Wriezen und Zellin/Czelin ausmachen.[66]

Der Leipziger Schöffenstuhl war Oberhof für viele Städte des wettinisch-sächsischen Raumes.[67] Altenburg hatte seit 1414 Oberhoffunktion für Schmölln und Crimmitschau.[68] Während der für Görlitz zuständige Oberhof Magdeburg war, stand Görlitz selbst als Oberhof unter anderem für die Städte Bernstadt/Bierutów, Lauban/Lubań, Marklissa/Leśna, Reichenbach/Dzierżoniów, Rothenburg/Czerwieńsk, Seidenberg/Zawidów und Weißenberg zur Verfügung.[69] Indessen fungierte Zittau als Oberhof für Ostritz/Wostrowc, Gabel/ Jablonné v Podještědí, Böhmisch-Leipa/Česká Lípa und mehrere Zittauer Ratsdörfer.[70] Der bedeutendste Oberhof Magdeburger Rechts in Schlesien war Breslau/Wrocław,[71] das spätestens 1241 Magdeburger Stadtrecht erhalten hatte. Beim Schöffenstuhl zu Breslau holten insbesondere Brieg/Brzeg, Frankenstein/Ząbkowice Śląskie, Glogau/Głogów, Goldberg, Groß-Strehlitz/Strzelce Opolskie, Grottkau/Grodków, Haynau/Chojnów, Liegnitz, Namslau/Namysłów, Neiße/Nysa, Neumarkt/Środa Śląska (seit 1352),[72] Olmütz/Olomouc, Oberglogau/Głogówek, Schweidnitz, Teschen/Cieszyn und Troppau/Opava neben vielen anderen Kommunen ihr Recht ein.[73] Insgesamt wandte sich wohl mehr als die Hälfte aller schlesischen Städte an Breslau als Oberhof.[74] Neumarkt war Oberhof für zahlreiche oberschlesische Städte und Dörfer, darunter Brieg, Bischofstal/Ujest, Grottkau, Konstadt/Wołczyn, Kostenblut/Kostomłoty, Löwenberg/Lwówek Śląski, Oels/Oleśnica, Oppeln/Opole, Treustädt/Zduny, Teschen, Trebnitz/Trzebnica und Viehau/Ujów.[75] Das Einzugsgebiet des Neumarkter Oberhofs bildete neben dem Wirkungskreis von Breslau eine zweite, weit ausgreifende Stadtrechtslandschaft in Schlesien.

Diese ganz knappe Auswahl zeigt schon, dass sich bei den Oberhöfen mit größerem Wirkungsradius durchaus Struktureinheiten innerhalb einer Rechtsverwandtschaft erkennen lassen. Auch die nachgeordneten Oberhöfe können bis zu einem gewissen Grad verfolgt und in das Bild von der Verbreitung und Anwendung eines bestimmten Rechts eingeordnet werden. Weniger aussagekräftig sind dagegen Konstellationen, bei denen sich ein Oberhof für einen Ort oder für ganz wenige Orte zuständig zeigte, die zudem vielleicht auch noch Dörfer waren. Aufs Ganze gesehen wird man sagen können, dass sich das große Verbreitungsgebiet des Magdeburger Rechts, vom teilweise unbefriedigenden Erkenntnisstand einmal ganz abgesehen, durch Zuordnungen einzelner Städte nicht vollständig mit einem System von Oberhöfen bzw. »Oberhofkreisen« ausfüllen lässt. Viel näher liegt das Bild von Inseln, welche von einem bestimmten Oberhof, eventuell mit nachgeordneten Oberhöfen, dominiert wurden.

Ausgewählte Oberhöfe des Magdeburger Rechts

Das große Verbreitungsgebiet des sächsisch-magdeburgischen Rechts weist entsprechend viele Oberhöfe und Schöffenstühle auf. Im Folgenden sollen exemplarisch die Oberhöfe (Schöffenstühle) Magdeburg, Leipzig, Dohna, Krakau und Leitmeritz/Litoměřice kurz vorgestellt werden. Die Auswahl zielt auf die Verdeutlichung von Weiträumigkeit einerseits und Vielfalt andererseits ab.

|**59**| Vgl. Ebel 2004b, S. 508–510. |**60**| Vgl. dazu auch Ebel 1993; Ebel 1998. |**61**| Schubart-Fikentscher 1942, S. 79. |**62**| Ebd., S. 79–80. |**63**| Vgl. dazu auch Schulze 1965. |**64**| Schubart-Fikentscher 1942, S. 81. |**65**| Ebd., S. 84. |**66**| Ebd., S. 79 u. S. 84. |**67**| Ebd., S. 103. |**68**| Ebd., S. 108. |**69**| Ebd., S. 122–123. |**70**| Ebd., S. 126. |**71**| Sprüche für Breslau als Empfängerstadt: Ebel 1989; Ebel 1995. |**72**| Schubart-Fikentscher 1942, S. 194. |**73**| Ebd., S. 177. |**74**| Rüther 2010, S. 72. |**75**| Vgl. dazu Carls 2012, mit einer Auflistung von 414 Orten mit Halle-Neumarkter Recht, S. 192–205.

Der Schöffenstuhl zu Magdeburg

Der Erzbischof bildete die Spitze der Gerichtsverfassung im mittelalterlichen Magdeburg.[76] Die weltliche hohe Gerichtsbarkeit ließ er durch seinen Vogt, den Burggrafen, die niedere durch einen Untervogt, den Schultheißen, ausüben.[77] Die Urteilerbänke des Burggrafen- und Schultheißengerichts besetzten die Schöffen.[78] Magdeburger Schöffen begegnen erstmals im Jahr 1129 als *maiores civitatis*.[79] Gemeint sind damit wohl Angehörige der städtischen Oberschicht und erzbischöfliche Ministeriale, die neben ihrer Urteilerfunktion auch für die Belange der Bürgergemeinde zuständig waren. Im 13. Jahrhundert fließen die Nachrichten über die Magdeburger Schöffen reichhaltiger.

Spätestens seit 1244 stand der nunmehr etablierte Rat, welcher zunächst als ein Ausschuss der Schöffen für die Verwaltung der Stadt erscheint, neben den Schöffen (*scabini, consules in Magdeburgk*).[80] In der Rechtsmitteilung für Breslau von 1261 sind acht Schöffen und acht Ratsmitglieder ausgewiesen.[81] Die Schöffen von 1244 waren lebenslänglich bestellt und übten gleichzeitig für ein Jahr das Amt eines Ratsmitgliedes aus (»Ratmannen-Schöffen«).[82] Spannungen zwischen Schöffen und Ratsmitgliedern führten 1294 zu einer Trennung beider Kollegien, die zu einer Konzentration der Schöffen auf ihre Rechtsbelehrungstätigkeit (gelöst von der Gerichtskompetenz des Rates) und damit letztlich zum Ruhm des Schöffenstuhls führte.[83] Neben der Unvereinbarkeit von gleichzeitiger Rats- und Schöffenstuhlmitgliedschaft arbeiteten Rat und Schöffenstuhl fortan in unterschiedlichen Gebäuden.

Im Jahr 1336 wurde die gleichzeitige Mitgliedschaft in Schöffenstuhl und Rat ausdrücklich untersagt.[84] Das Schöffenkollegium hatte wohl schon früh eine feststehende Mitgliederzahl. Im 12. Jahrhundert bestand es häufig aus fünf bis sechs Schöffen. Seit etwa der Mitte des 13. Jahrhunderts zählte der Schöffenstuhl regelmäßig elf Mitglieder. In ihr Amt gelangten die Schöffen durch Wahl. Das Kollegium besaß das Recht, freigewordene Stellen zu besetzen. Der Hinzugewählte musste vor dem Burggrafen den Amtseid ablegen.[85] Das geschah regelmäßig im feierlich gehegten Burggrafengericht. Danach wurde der Schöffe vom Burggrafen an die Hand genommen und zu seinem Platz geführt. Dabei handelte es sich nur noch um einen formalen Akt, entscheidend war das Votum des Schöffenkollegiums. Deren Wahl und Bestätigung erfolgten auf Lebenszeit. Lediglich der Tod oder eine Absetzung wegen Pflichtverletzung konnten die Amtszeit beenden. Als Voraussetzungen für den Einzug in den Schöffenstuhl lassen sich nur ganz allgemeine Anhaltspunkte erkennen, die sich im Kern schon in fränkischer Zeit herausgebildet hatten.[86] Aus den Magdeburger Urkunden des 12. Jahrhunderts geht hervor, dass die Schöffen (*maiores, potissimi*) den vornehmen Bürgergeschlechtern und der erzbischöflichen Ministerialität angehörten. Ferner sollten sie frei und unbescholten sowie redegewandt sein. Im Übrigen dürften alle Qualifikationsmerkmale des spätmittelalterlichen Richters auch für die Schöffen zutreffen.[87] Für die umfangreichen Schreibarbeiten nahmen die Schöffen wohl zunächst den Magdeburger Stadtschreiber in Anspruch. Im Jahr 1350 stellten sie jedoch erstmals einen eigenen Schöffenstuhlschreiber an. Das Verfahren bei der Entscheidungsfindung war in einer Ordnung (Entwurf) von 1336 detailliert geregelt.[88]

Die Sprüche der Schöffen wurden zunächst mit dem Stadtsiegel besiegelt. Erst nach der funktionalen und räumlichen Trennung des Rates vom Schöffenkollegium taucht ein eigenes Schöffenstuhlsiegel auf. Eine genauere Datierung ist bislang nicht gelungen. Ein sicherer Nachweis liegt erst aus dem Jahr 1336 vor, doch wird das Siegel schon vorher vorhanden gewesen sein. Möglicherweise besteht hier auch mit der Neubildung des Rates im Jahr 1330 ein Zusammenhang.[89] Die drei überlieferten Siegelbilder weisen im Wesentlichen die gleiche Darstellung wie der erhalten gebliebene Schöffenhausstein auf.[90] Auch die Umschriften weichen nur geringfügig voneinander ab.[91] Für ihre Arbeit im Schöffenstuhl erhielten die Schöffen gemäß ihrer genossenschaftlichen Verfassung Anteile an den vereinnahmten Gebühren und Bußen.[92]

Das Jahr 1547 markiert einen existenziellen Einschnitt in der Geschichte des Magdeburger Schöffenstuhls. Denn nach der Verhängung der Reichsacht über Magdeburg am 27. Juli 1547 ergingen Verbote an die Städte der Ober- und Niederlausitz sowie Schlesiens und Böhmens: Fortan sollten diese nicht mehr ihr Recht aus Magdeburg einholen. Am 26. Juni 1549 hob Kaiser Karl V. den Magdeburger Schöffenstuhl sogar auf. Die Magdeburger Schöffen sprachen unter der ziemlich einheitlichen Spruchformel »Hyr vff sprechenn wyr scheppen zcw Magdeburg vor recht […]«, auch »vor ein recht« (Rechtsweisung). Die Schlussformel lautete regelmäßig: »Von rechts wegenn. Vorsigelt mit vnnserm ingesigell«. Die Magdeburger Schöffen schrieben ihre Rechtsauskunft gleich auf das Anschreiben, unmittelbar angefügt an dessen Ende. Die Rechtsmitteilungen wurden dagegen auf einem gesonderten Stück Pergament ausgefertigt.[93] Typisch mag gewiss die Rechtsmitteilung (»Weistum«) für Breslau von 1295 sein.[94] Der Text setzt sofort mit der ersten Norm ein, die sich auf die Zuständigkeit des Burggrafendings für Klagen um Geldschuld bezog. Ausführlich ist der Schluss der Rechtsmitteilung artikuliert: »Diz recht haben die schepphen van Meydeburch lazen scriuen mit der ratmanne vnde der stat volge vnde wilkore vnde habenz durch liebe vnde vruntschaft zv rechte gegeben vnde gesant iren lieben vrunden, dem burgern der stat Wrezlaw, vnde willen en des gesten vnde mit en halden. Zv denselben ziten waren schepphen zv Meydeburch […]«. Es folgen daraufhin zwölf Namen, dann die Namen von 14 Ratmannen.

|**76**| Das Folgende weitgehend nach Lück 1996. |**77**| Zum Verhältnis von Erzbischof und Burggraf sowie zu den parallelen Verhältnissen in Halle vgl. Lück 1995. |**78**| Vgl. Schranil 1915, S. 104. |**79**| MGH SS 12, S. 698; zu den Magdeburger Schöffen vgl. auch Ebel 2004b, S. 453–455, sowie die dort angehängte umfassende »Schöppenliste«, S. 503–511. |**80**| UB Magdeburg 1, Nr. 107. |**81**| Ebd., Nr. 128; neuere Edition von Ebel 1989, Nr. 1. |**82**| Ebel 2004b, S. 455. |**83**| Vgl. dazu ebd., S. 455–456. |**84**| UB Magdeburg 1, Nr. 362. |**85**| Die Eidesformel lautete im späten 15. Jahrhundert: »To deme rechte, dar gy gekorn syn, dat gy deme richtere vnd der stadt rechte ordele vinden willen vnde den scheppenstol noch madgeburgschem rechte vorstan, also gy rechtest konnen vnde weten, vnde des volge hebben vnde des durch neyne sacke laten, dat gik Got so helppe vnde dy Hyligen«. Ediert bei: Ebel 1983a, S. VII. |**86**| Battenberg 1990, Sp. 1474–1475. |**87**| Vgl. dazu Lück 2008c. |**88**| Ebel 2004b, S. 457–459. |**89**| UB Magdeburg 1, Nr. 334. |**90**| Vgl. die Beschreibung bei Buchda 1941. |**91**| 1. Siegel: »+ : S':SCABINORVM : DE : MAIDEBOVRCH«; 2. Siegel: »: + : SIGILLVM : . : SCABINORUM :.: MAGDEBVRGENSIVM«; 3. Siegel: »S : SCABINORVM. MAGDEBVRGENS«, zitiert nach ebd., S. 260–261. |**92**| Ebel 2004b, S. 459–460. |**93**| Zur äußeren Beschaffenheit der Sprüche vgl. ebd., S. 441–450. |**94**| Ebel 1989, Nr. 2.

Die Zentralfunktion des Magdeburger Schöffenstuhls für die Städte mit Magdeburger Recht[95] war im »Sächsischen Weichbild«[96] angelegt.[97] Darin (X, 1–2) heißt es, dass die Stadt Magdeburg als erste mit Weichbildrecht (»wichbilderecht«) ausgestattet worden und demnach die älteste Stadt mit Weichbildrecht im Lande (»von dem lande«) sei. Alle, die aus Polen, Böhmen und der Lausitz Rechtsauskünfte begehren, mögen es zunächst in Halle suchen.[98] Für den Fall, dass die in Halle aber die Rechtsauskunft nicht erteilen könnten (»daz orteil nicht vinden«), so sollten sich die Rechtsuchenden an Magdeburg wenden (»zu Meideborg holen«), denn dort sei alles einem Recht unterworfen, das als Weichbildrecht im Land zu Sachsen gewahrt werden sollte (»alles mit eynem rechte begrifen [...] daz sy alle wichbilderecht beschermen zu Sachzen in dem lande«). Das beruhe nicht auf Landrecht, sondern auf Königsbann,[99] denn die Städte unterstünden beim Einholen einer Rechtsauskunft (»orteil«), nicht einer Landesherrschaft (»graveschaft«). Das »Sächsische Weichbild«, von dem eine wissenschaftlich-kritische Edition bis heute fehlt, ist noch unter anderen Gesichtspunkten interessant. Einer davon ist, dass auf dem Markt einer neu gegründeten Stadt ein Kreuz zu errichten und daran der Handschuh des Königs zu befestigen sei.[100] So werde deutlich, dass hier Weichbildrecht mit dem Marktfrieden (»wichfrede«) auf des Königs Geheiß gelten würde (IX, 3). Ein anderer Aspekt in diesem Zusammenhang ist die Tatsache, dass die erste wissenschaftliche Abhandlung über die Rolandstatuen dieselben mit der Verbreitung des sächsischen Weichbildrechts in Verbindung bringt.[101]

Schöffenstuhl zu Leipzig

Zu den sogenannten sächsischen »Hauptschöppenstühlen« gehörte seit dem 15. Jahrhundert der Leipziger Schöffenstuhl. Seine Anfänge liegen im Dunkeln. Das Meißner Rechtsbuch[102] wies ihm einen bestimmten Platz im Verhältnis zu den älteren Schöffenstühlen von Magdeburg und Halle zu. Letzteres wird als herausgehobener Anlaufpunkt für Rechtsauskünfte im sogenannten Magdeburger oder »Sächsischen Weichbild«, auch »Buch von der Gerichtsverfassung«, genannt: [...] unde darumme sollen alle dy von Polen unde die von Behemen, unde uz der marcke zu Lusiz unde von den steten allen, die dorinne begriffen sien, ir recht zu Halle holen«. Von hier aus gelangte die Regelung wohl in das einflussreiche Meißner Rechtsbuch aus der zweiten Hälfte des 14. Jahrhunderts. Darin heißt es zum sächsischen, Magdeburger und hallischen Recht: »Das puch ist eyn puch des rechten zu Meydeburg wychpylde eyn sachsesser art, als ys Meydeburg gebrauchet und dy von Halle yr volwort do nemen unde dy von Lypczyk volwort zu Halle«.[103] Damit wird gesagt, dass das vorliegende Buch ein Buch des Magdeburger Weichbildrechts nach sächsischer Art sei, und zwar nach dem Recht, wie es in Magdeburg gebraucht wird. Die von Halle würden von Magdeburg ihre Bestätigungen bzw. Beantwortungen von Rechtsfragen holen; die von Leipzig würden sich aber nach Halle wenden. Schöffensprüche, welche diese Abstufung bestätigen könnten, existieren nach derzeitigem Forschungsstand aber nicht.[104]

Der Schöffenstuhl von Leipzig figuriert hier im Ordnungsdenken des Meißner Rechtsbuchs jedenfalls als dritthöchste Rechtsbelehrungsstelle des Magdeburger bzw. sächsischen Rechts nach Magdeburg und Halle. Zum vorwiegend aus dem 13. Jahrhundert stammenden sächsischen Weichbildrecht war im Laufe des 14. Jahrhunderts der Leipziger Schöffenstuhl, welcher aus dem Urteilergremium des Leipziger Stadtgerichts hervorgegangen war, hinzugekommen. Dieser wurde nun vom Meißner Rechtsbuch in das bisherige zweigliedrige »System« Magdeburg-Halle eingegliedert.[105] Als gesichert gilt, dass sich der Leipziger Schöffenstuhl zwischen dem frühen 14. und frühen 15. Jahrhundert herausgebildet hat und mit dem Rat der Stadt Leipzig in einer genetischen wie strukturell bedingten Beziehung stand. Ein weiteres wichtiges Merkmal des Schöffenstuhls ist die Einbeziehung gelehrter Juristen seit dem frühen 15. Jahrhundert, die durch die Gründung der *Alma Mater Lipsiensis* ermöglicht wurde.[106]

Der Leipziger Schöffenstuhl bestand aus sechs Personen: fünf Schöffen und einem Oberschöffenschreiber.[107] Seine in der Literatur tradierte Ersterwähnung zum Jahr 1304 ist urkundlich nicht gesichert. Von 1423 bis 1574 wurde er unter dem Vorsitz des Stadtrichters tätig. Dabei handelte es sich zunächst ausschließlich um ein städtisches Kollegium. Die Bürgermeister waren geborene Schöffenstuhlsmitglieder. Während des 16. Jahrhunderts aber nahm er zunehmend studierte Juristen als Mitglieder auf, da sich etliche Bürgermeister von juristisch gebildeten Adjunkten vertreten ließen. Vermutlich wurden Personen, die nicht die Rechte studiert hatten, den Anforderungen unter den Bedingungen der Rezeption der fremden Rechte kaum mehr gerecht. Damit waren erhebliche Auseinandersetzungen verbunden, in die auch der Landesherr eingriff. Dies hatte 1574 die Umwandlung des Leipziger Schöffenstuhls in ein landesherrliches Spruchkollegium zur Folge. Spätestens seitdem gehörte der Leipziger Schöffenstuhl zur landesherrlichen Gerichtsorganisation im Rahmen der kursächsischen (territorialstaatlichen) Gerichtsverfassung.[108]

Die Grundlage dafür bildete das Gründungsprivileg für die Stadt Leipzig von 1160/1170, der sogenannte Stadtbrief. Er ist in Gestalt einer merkwürdigen Urkunde aus dem 13. Jahrhundert überliefert Die inhaltlich nicht anzuzweifelnde ältere *narratio* besagt, dass in Leipzig hallisch-magdeburgisches Recht (*sub Hallensi et Magdeburgensi iure*) gelten solle. Ein Schöf-

---

| **95** | Zum Rechtszug nach Magdeburg vgl. ausführlich Ebel 2004 b, S. 436–441. | **96** | Der Begriff wird auf lat. *vicus*, »Stadtviertel, Kaufmannssiedlung«, und germ. **bil*, »Recht«, zurückgeführt. Seit dem 12. Jahrhundert bezeichnet »Weichbild« das Rechtsgebiet einer Siedlung bzw. Stadt; vgl. etwa die Beschreibung für Leipzig: »Iuris etiam sui quod wicbilede dicitur signum petentibus unum in medio Halestrae, secundum in medio Pardae, tertium ad lapidem qui est prope patibulum, quartum trans fossam qua lapides fodiuntur demonstravit.« Ediert bei Schlesinger 1949, Bd. 2, Nr. 206, S. 11–12, hier S. 12. | **97** | Zitiert wird die Ausgabe von von Daniels/von Gruben 1858, hier Sp. 79. | **98** | Vgl. auch Lück 2012 b. | **99** | Vgl. Lück 2016 b. | **100** | Entspricht Sachsenspiegel-Landrecht II 26 § 4. Vgl. dazu auch Lück 2016 c. | **101** | Gryphiander 1625. | **102** | Vgl. dazu Oppitz 2016 b. | **103** | Spáčil/Spáčilová 2010, S. 561. | **104** | Zum Verhältnis Leipzigs zum Magdeburger Schöffenstuhl vor 1432 vgl. kritisch Eckhardt 2005, S. 29, Anm. 50. | **105** | Die neue Geschichte der Stadt Leipzig, die anlässlich des 1000-jährigen Jubiläums 2015 erschienen ist, bringt dazu keine neuen Forschungsergebnisse. Vgl. Bünz 2015 b. | **106** | Zu beachten sind hier die neuen Erkenntnisse, welche Marek Wejwoda in Bezug auf die Rolle des Rechtsprofessors Dietrich von Bocksdorff beim Leipziger Schöffenstuhl vorgelegt hat: Wejwoda 2012, S. 278–358. | **107** | Weitgehend nach Distel 1887 a. | **108** | Lück 1997, S. 14 u. 91–92; zum Verhältnis von Gerichtsorganisation und Gerichtsverfassung vgl. Lück 2012 d, Sp. 197.

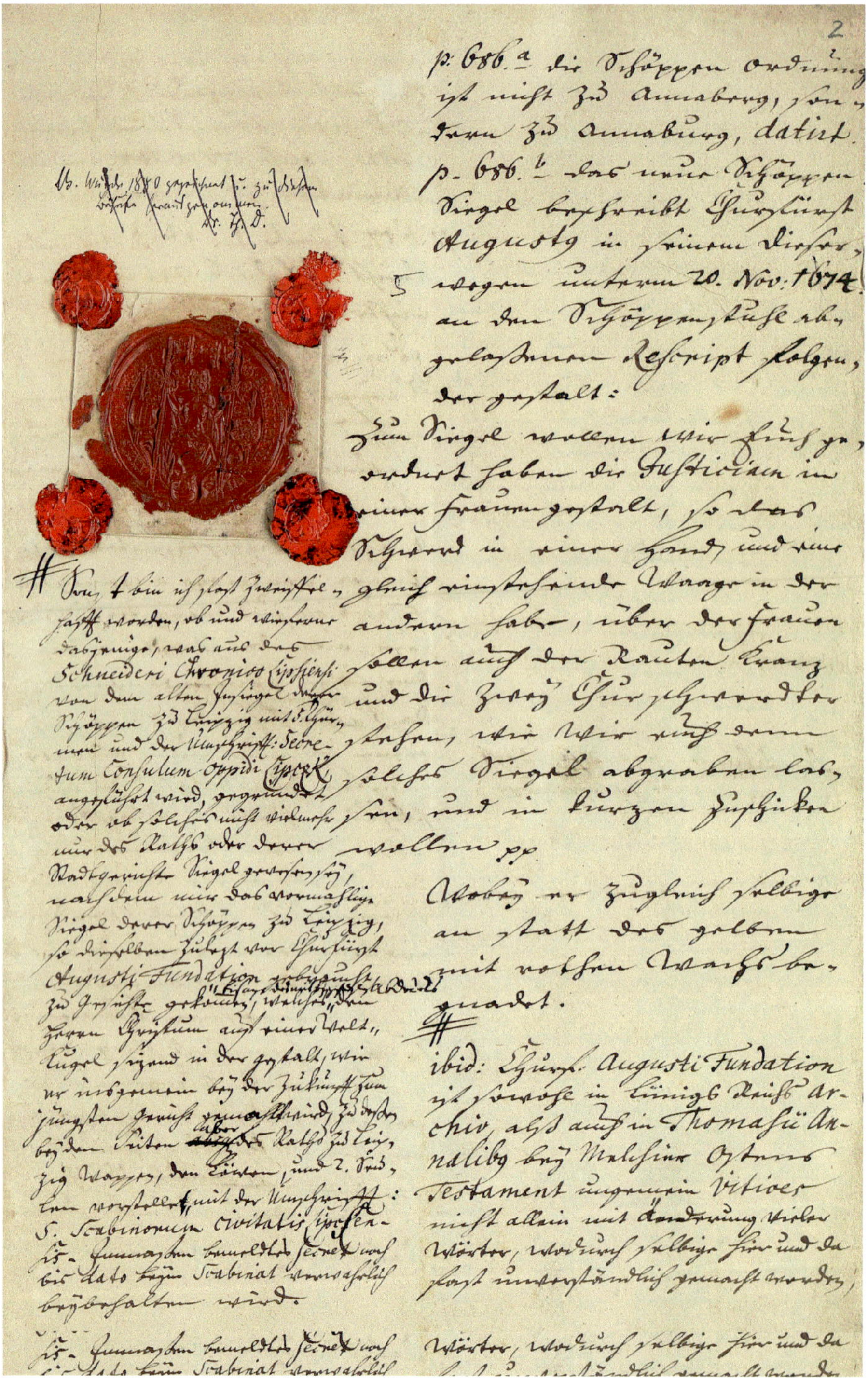

2

p. 686.a die Schöppen Ordnung ist nicht zu Annaberg, sondern zu Annaburg, datirt.
p. 686.b das neue Schöppen Siegel beschreibt Churfürst Augustus in seinem dieserwegen unterm 20. Nov: 1574. an den Schöppenstuhl abgelassenen Rescript folgender gestalt:

Zum Siegel wollen Wir Euch geordnet haben die Justitiam in einer Frauengestalt, so das Schwerd in einer Hand, und eine gleich einstehende Waage in der andern habe, über der Frauen sollen auch der Rauten Kranz und die zwey Churschwerdter stehen, wie Wir euch denn solches Siegel abgraben lassen, und in kurzen zuschicken wollen pp.

Wobey er zugleich selbiges an statt des gelben mit rothem Wachs zu brauchen [illegible].

ibid: Churf. Augusti Fundation ist sowohl in Königl. Raths Archiv, als auch in Thomasii Annalibus bey Melchior Osterns Testament ungemein vitiose nicht allein mit Änderung vieler Wörter, wodurch selbige hier und da fast unverständlich gemacht worden;

Abb. 2
Verfassung des Schöppenstuhls zu Leipzig
von 1722 mit aufgedrucktem rotem Siegel, 36 × 22 cm.
Dresden, Sächsisches Hauptstaatsarchiv,
Sign.: Schöppenstuhl zu Leipzig, Loc. 10369/05.

fenstuhl wird zum Jahr 1325 erstmals erwähnt, als der böhmische König Johann von Luxemburg seine Stadt Pirna zur Rechtsauskunft an die Bürger Leipzigs wies. Ein landesherrlicher Vogt stand wohl in diesen frühen Zeiten dem Gericht vor. Die Verfassung des Leipziger Schöffenstuhls wird erst im 15. Jahrhundert greifbar. Näheren Aufschluss über die Organisation des Schöffenstuhls gibt die sogenannte »Alte Schöppenordnung« (vor 1518),[109] die aber gewiss ältere Zustände widerspiegelt. Wie zuvor saßen im Schöffenstuhl in der Regel sechs Schöffen. Tatsächlich kamen aber auch sieben, fünf oder nur vier vor. Vorsteher war seit 1423 ein Richter der Stadt, wobei darauf zu verweisen ist, dass der Rat 1423 die obere Gerichtsbarkeit, zunächst wiederkäuflich, erworben hatte. Die Schöffen wählten und ergänzten sich selbst auf Lebenszeit aus den Reihen des Rates, der den Entschluss im Anschluss bestätigte. Zu den sechs regulären Mitgliedern gehörten sechs Ratsmitglieder, darunter stets die drei Leipziger Bürgermeister. Es handelte sich dabei wie üblich durchgehend um juristische Laien. Die Aufnahme erfolgte unter Leistung des Eides kniend in der Schöffenbank. Vorgegeben war die Sitzungszeit: im Frühling und Sommer ab 7 Uhr, im Herbst und Winter ab 8 Uhr. Sitzungsraum war die »uf dem rathause« befindliche »schöppenstuben«. Ausdrücklich werden Angelegenheiten der Bürger und fremde Sachen genannt, auf die Recht gesprochen werden sollte.

Der regierende Bürgermeister war wegen seiner anderweitigen Arbeitsbelastung nicht verpflichtet, an den Sitzungen teilzunehmen. Daher hatte die Wahl des Schöffenmeisters aus dem Kreis der nicht regierenden Bürgermeister heraus zu erfolgen. Er war die Anlaufstelle für die eingehenden Rechtsfragen. Er sammelte das Urteilsgeld ein und verteilte die Anfragen am folgenden Sitzungstag an die Schöffen. Die eigentliche Entscheidungsfindung lief nach der »Alten Schöppenordnung« wie folgt ab: »[…] die schöppen sollen dieselbigen sachen alle vleissig lesende anhören und darnach eins ieden schöppen meinung und sinne derwegen uf befragen des schöppenmeisters hören, und also sich eines urteils voreinigen«. Der Schöffenschreiber sollte alles in ein Kopial schreiben und ein Konzept an einem der nächsten Tage den Schöffen vortragen. Sodann sollten diese das Konzept »lesen und den acten nach wohl bewegen, darnach von stund ingrossiren lassen […], wan der spruch ingrossirt, sollen die alzeit in beiwesen der schoppen gelesen und vorsigelt werden.« Auch die Gebührenverteilung und die archivalische Aufbewahrung von Konzepten und Registern waren ausführlich geregelt.

Durch das Verbot von 1432, von auswärts, insbesondere aus Magdeburg, Rechtsbelehrungen einzuholen, erhielt der Leipziger Schöffenstuhl seitens der Landesherrschaft eine Aufwertung. Fortan sollten sich die sächsischen Untertanen für »rechtis underwisunge, bescheidunge addir sentencien« an die gelehrten Doktoren (»an unsern doctoren«) der Leipziger Juristenfakultät und an den Schöffenstuhl zu Leipzig (»erbarn und vorstendigen burgern daselbist«) wenden. Stringent eingehalten wurde diese Restriktion jedoch nicht.

| **109** | Ediert bei Distel 1887 a, S. 111–114.

Neben den Schöffen gab es einen Schöffenschreiber. Ihn nahmen die Schöffen mit Wissen des Rates und bei Leistung eines Eides an. Gleiches galt für die Annahme eines Substituten des Schöffenschreibers. Im Jahr 1472 erfolgte eine Trennung zwischen dem Amt des Schöffenschreibers und dem des Stadtschreibers. Um diese Zeit hatte das Amt der Rechtsgelehrte Johann Scheibe, späterer Ordinarius an der Leipziger Juristenfakultät, inne. Mit ihm begann der über universitär ausgebildete Juristen vermittelte Einfluss des gelehrten Rechts auf das städtische Spruchkollegium. 1514 wurde der studierte Jurist und Bürgermeister Johann Lindemann reguläres Mitglied des Schöffenstuhls. Seit dieser Zeit gelangten immer mehr Rechtsgelehrte in den Schöffenstuhl. Ihre Aufnahme in die Reihen der nicht juristisch ausgebildeten Schöffen ging nicht ohne Reibereien ab.[110]

Vor diesem Hintergrund kam es auch zum Eingreifen des Landesherrn, der – wie vermutlich auch die gelehrten Schöffen – mit der gelegentlich »milden« Behandlung von Strafsachen unzufrieden war. Darin wird ein Konflikt deutlich, der sich durch das Strafrecht und den Strafprozess während des späten 15. Jahrhunderts und gesamten 16. Jahrhunderts zieht.[111] Jedenfalls genoss der Leipziger Schöffenstuhl fortan eine dezidierte Aufmerksamkeit der Landesherrschaft. Die einleitende Spruchformel der Leipziger Schöffen lautete: »Sprechen wir schöpfen [zu Leiptzigk auf solch euer fragen] und erstlichen […], darvon in euren fragen von erst bemelt wird, [vor recht]«,[112] oder nur kurz und bündig: »Sprechen wir schöpfen zu Leipzig vor recht […]«.[113] Die Schlussformel lautete wie ganz üblich »von rechtes wegen«. Seinen Höhepunkt erlangte der Leipziger Schöffenstuhl in der mittleren Frühen Neuzeit. Er hat jedoch weniger das sächsisch-magdeburgische Stadtrecht fortgebildet, als vielmehr das »Gemeine Sachsenrecht«[114] profiliert. Für diese Blütezeit steht die Person des Benedict Carpzov. Dessen Werke, die ganz regelmäßig Leipziger Schöffensprüche als Belege für die Ausführungen des Autors aufweisen, sind auch in Polen und in der Ukraine bekannt gewesen. Das Krakauer Stadtgericht zitierte sie ebenso wie der Kodifikationsentwurf für das »kleinrussische« (ukrainische) Volk von 1743.[115]

Schöffenstuhl zu Dohna

Eine gewisse Kuriosität stellt in unserem Kontext der Schöffenstuhl zu Dohna in der Sächsischen Schweiz bei Pirna dar. Der Dohnaer Schöffenstuhl war freilich nicht das führende Spruchkollegium im Gebiet des sächsisch-magdeburgischen Rechts zwischen Elbe und Dnjepr. Doch verarbeitete immerhin der bekannte Breslauer Ratsherr und Schöffe Kaspar Popplau (um 1435–1499)[116] in seinem »Rechten Weg«[117] auch Dohnaer Schöffensprüche. Ebenso weist die von Guido Kisch 1919 edierte sogenannte »Leipziger Schöffenspruchsammlung«[118] einige Sprüche des Dohnaer Schöffenstuhls auf. Somit kann Dohnas Platz im Mosaik der Schöffenstühle und Oberhöfe sächsisch-magdeburgischen Rechts nicht ernsthaft bestritten werden.[119]

Der Schöffenstuhl zu Dohna wird 1390 erstmals erwähnt.[120] Es handelte sich um eine Versammlung der Vasallen in der Pflege Dohna, also um eine Institution, die viele Gemeinsamkeiten mit einem Lehngericht aufwies. Die Schöffen waren adelige Beisitzer, die im Lehnsdienst der Burggrafen von Dohna standen. Letztere strebten in der umkämpften Grenzregion zwischen Böhmen und Meißen eine eigene Landesherrschaft an, wozu bekanntlich auch die Etablierung eigener Rechtsprechungsinstitutionen gehörte. Diese Versammlung tagte zunächst unter dem Vorsitz des Burggrafen, später unter Vorsitz des Hauptmanns der Burg bzw. Pflege Dohna. Auch der Burggraf selbst war anfangs in dem Gremium zu finden, wie ein um 1400 getroffener Spruch zeigt.

Im Jahr 1402 verdrängten die Markgrafen von Meißen die Burggrafen von Dohna. Der Schöffenstuhl bestand unter ihrer Ägide weiter. Den Vorsitz übernahm der Hauptmann der Mannschaft in der Dohnaer Pflege, also vielleicht der älteste unter den Dohnaer Lehnsleuten. Manche Sprüche und Nachrichten scheinen darauf hinzudeuten, dass seit dem späten 15. Jahrhundert, ähnlich wie in Leipzig, gelehrte Juristen für die Abfassung der Sprüche herangezogen wurden. 1542 verfügte Ferdinand I. als König von Böhmen, dass Appellationen in Erbsachen nicht mehr nach Dohna gehen, die Lehnssachen aber sehr wohl dort verbleiben sollten. Nach der älteren Literatur – neuere gibt es nicht – wurde der Dohnaer Schöffenstuhl 1572 aufgehoben und 1574 mit dem Leipziger Schöffenstuhl vereinigt. Wegen seiner Struktur überrascht es nicht, dass er vor allem in Lehnssachen Rechtssprüche verfasste, die wohl in einem weiteren Umfeld Beachtung fanden. Hierbei erlangte er eine gewisse Wirksamkeit auch über Sachsen hinaus. Seine Sprüche ergingen unter verschiedenen Formeln: »Wir Mannschaft zu Donin«, »Hierauf sprechen wir Mannen der Dohnischen Pflege für Recht und wissen es nicht besser« oder »Sprechen wir Schöppen zu Donnen nach landleuffigen sechsischen Rechten [...]«.

Krakau

Für den Oberhof des deutschen Rechts auf der Burg Krakau, der als *Ius supremum Theutonicale in castro Cracoviensi* und seit dem 15. Jahrhundert mit den Begriffen *Ius supremum Maydeburgense castri Cracoviensis* bezeichnet wurde, gibt es zwei wichtige Rechtsgrundlagen: zum einen die Bewidmung Krakaus 1257 mit Magdeburger Recht und zum anderen das Privileg König Kasimirs III. des Großen bezüglich der Einrichtung des Oberhofs für deutsches Recht vom 5. Oktober 1356. Das Privileg vom 5. Juni 1257 besagt: »eo iure eam locamus, quo Wratizlaviensis civitas est locata, ut non quod ibi fit, sed quod ad Magdeburgensis civitatis ius et formam fieri debeant, advertatur [...]«.[121] Das Magdeburger Recht sollte im wieder gegründeten Krakau also nicht in der in Breslau bearbeiteten, sondern in der in Magdeburg gebrauchten Form beachtet werden. Es war wohl das Bestreben Kasimirs, die Rechtseinholung aus Magdeburg zu

|**110**| Distel 1887 b. |**111**| Dies betraf die Konfliktregelung des Gemeinen Sachsenrechts, das noch sehr stark zur Sühne mit Zahlung von Wergeld tendierte, und die des eindringenden rezipierten Rechts, welches das sogenannte peinliche Strafrecht favorisierte. Vgl. dazu auch Lück 2007 b. |**112**| Kisch 1919, S. 73. |**113**| Ebd., S. 83. |**114**| Vgl. Lück 2012 f. |**115**| Näheres bei Lück 2016 d. |**116**| Zu ihm vgl. Carls 2018. |**117**| Ebel 2000; vgl. auch Carls 2011, S. 88–89. |**118**| Kisch 1919. |**119**| Mittermeier 1842, S. 17 ordnet Dohna, Leipzig, Brandenburg den »Oberhöfen« zu. |**120**| Das Folgende nach Lilge 1940 und Schlauch 1905. |**121**| Ediert bei Kötzschke 1938, Nr. 83.

Abb. 3
Siegelstempel des Oberhofs deutschen Rechts in Krakau, 1356. Krakau, Staatsarchiv, Inv.-Nr. 29/651/91.

unterbinden und dafür eine fachlich kompetente Ersatzinstitution vor Ort zur Verfügung zu stellen. Das ist jedenfalls anzunehmen, auch wenn wie anderswo diese Beschränkung auf die einheimische Rechtsauskunftsbehörde nicht durchgehalten wurde. Das Krakauer Obergericht war eine königliche Institution, in welcher sich gerichtliche und rechtsbelehrende Funktionen vereinigten. Seine Zuständigkeit umfasste die Städte und Dörfer im Gebiet um Krakau (Kleinpolen), die nach deutschem Recht, das heißt sächsisch-magdeburgischem Recht, lebten. Er entspricht damit etwa den deutschen Oberhöfen, deren Charakter eine Spannbreite von ausschließlichen Rechtsauskunftsstellen (Schöffenstühle) bis hin zu wirklichen Gerichten aufweist. Die ersten zwei Wörter der lateinischen urkundlichen Bezeichnung *ius supremum* sind nicht zwangsläufig mit »Oberhof« zu übersetzen.[122]

Die Begründung des Krakauer Obergerichts, das auf der polnischen Königsburg Wawel über Krakau seinen Sitz hatte, lässt sich gut in jene Transferprozesse einordnen, welche seit dem Hochmitteilalter zur Übernahme von sächsisch-magdeburgischem Recht bzw. zur Privilegierung mit diesem in Polen und weiteren ostmitteleuropäischen Orten und Landschaften führten. Im Zusammenhang mit der Errichtung des Krakauer Obergerichts ließ der König eine Handschrift mit 502 Artikeln des Sachsenspiegel-Landrechts und 112 Kapiteln des Magdeburger Weichbildrechts herstellen. Er verhalf damit dem deutschen Recht in seinem Herrschaftsbereich zu enormem Ansehen. Die Stadt Krakau hatte schon 1308 eine Sachsenspiegelhandschrift angeschafft.

Mit der Begründung des Krakauer Obergerichts sollten einerseits der Rechtszug nach Magdeburg unterbunden, andererseits die Orientierung der deutschrechtlichen Städte auf das Königtum und damit die Distanz zu den adeligen Lokalgewalten verstärkt werden. Ungeachtet dessen wurden noch bis in das 16. Jahrhundert hinein Rechtsauskünfte aus Magdeburg eingeholt. Das Krakauer Obergericht war erstinstanzliches Gericht für die Vögte und Schulzen der Städte und Dörfer mit deutschem Recht. Gegenüber den lokalen Gerichten, denen diese Amtsträger vorsaßen, fungierte das Krakauer Obergericht als eine Rechtsauskünfte erteilende

Institution. Aus dieser Doppelfunktion resultieren zwei Kategorien der Überlieferung: 1. *acta iudiciaria*: gerichtliche Entscheidungen in erster Instanz und 2. *acta decretorum*: Rechtsweisungen und Urteile. Das älteste überlieferte Gerichtsbuch, welches *acta iudiciaria* enthält, umfasst den Zeitraum von 1390 bis 1416.[123] Die Überlieferung der *acta decretorum* setzt 1456 ein. Aus dem Zeitraum von 1456 bis 1511 haben sich etwa 3 000 Sprüche erhalten.[124]

Das Krakauer Obergericht sollte sich nach Vorgabe der Gründungsurkunde aus den Schulzen und Vögten der mit deutschem Recht begabten Orte um Krakau zusammensetzen. Bei ihnen vermutete der Urkundenaussteller ein hinreichendes Rechtswissen. In der Realität saßen aber die Bürger aus Krakau, Kleparz, Kazimierz und anderen Orten als Urteiler und Rechtsfinder im Krakauer Obergericht, die sich sehr gut im Magdeburg-Breslauer Recht auskannten. Im 16. Jahrhundert waren ausschließlich rechtskundige Krakauer Bürger im Krakauer Obergericht tätig.[125] Diese Blütezeit des Obergerichts steht offensichtlich mit der Entfaltung der Appellation als Rechtsmittel in einem Zusammenhang.[126] Nach anfänglicher Konzentration des Einzugsgebiets auf Kleinpolen weitete sich dieses im 16. Jahrhundert erheblich aus. Etwa die Hälfte des Königreichs Polen (ohne Litauen) gehörte in dieser Zeit zum Einflussbereich des Krakauer Obergerichts.[127]

Ausweislich der edierten *decreta* haben sich zwischen 1456 und 1481 bei 1 629 erteilten Sprüchen etwa 250 Städte und Dörfer, im Wesentlichen in Kleinpolen gelegen, an das Krakauer Obergericht gewandt.[128] Inhaltlich wurden vor allem privatrechtliche und verfahrensrechtliche Fragen entschieden. Seine Sprüche verfasste das Krakauer Obergericht in der Regel in Latein. Nur aus der Frühzeit seiner Tätigkeit haben sich wenige deutsche Sprüche erhalten.[129] Eine Spruchformel ist kaum festzustellen. Ein Beispiel für den Anfang aus einem lateinischen Spruch (1464) lautet: »Quod presens vestra scabinalis sentencia, quem [...]«.[130] Am Ende steht in der Regel »de forma iuris scripti«,[131] bei deutschen Sprüchen »von recht wegen«. Auch Hinweise auf das angewandte Recht waren üblich: »[...] sed si ipsa domina Anna quid iuris contra Mathiam filium suum agere habet, agat sibi iuridice, secundum quod ius Thewteunicum Maydboriense requirit, de forma iuris«.[132]

Im Jahr 1791 erließ der Sejm ein Gesetz, auf dessen Grundlage das Gerichtswesen in den polnischen Städten grundlegend reformiert werden sollte. In Verwirklichung dieses Gesetzes wurde das Krakauer Obergericht 1794 aufgehoben. An die hervorragende Rolle, welche Krakau als Stadt Magdeburger Rechts spielte, erinnert seit 2007 die quadratische Reliefplatte eines Krakauer Künstlers, welche anlässlich des 750. Privilegierungsjubiläums inmitten der weltberühmten Tuchhallen platziert wurde.

| **122** | So Łysiak 1990; anders im Polnischen, das keine Entsprechung zum deutschen *terminus technicus* »Oberhof« kennt. Vgl. dazu Kłodziński 1936: »sądu najwyższego« – des höchsten Gerichts[hofes]; also »Gericht«; vgl. dazu auch Bily 2011, S. 355 [Obergericht, das; Oberhof, der – sąd wyższy]. | **123** | Kłodziński 1936. | **124** | Łysiak/Nehlsen-von Stryk 1995; Łysiak 1997. | **125** | Łysiak 1990, S. 143. | **126** | Ebd., S. 109. | **127** | Ebd., S. 78. | **128** | Nehlsen-von Stryk 1997, S. 835. | **129** | Łysiak 1990, S. 105. | **130** | Łysiak/Nehlsen-von Stryk 1995, Nr. 589, S. 181. | **131** | Vgl. beispielsweise ebd., Nr. 583, S. 180. | **132** | Ebd., Nr. 1286, S. 413.

Leitmeritz

Die wichtigste Stadt Magdeburger Rechts in Böhmen war Leitmeritz, etwa 70 Kilometer nordwestlich von Prag gelegen. Für Leitmeritz existiert ein Privileg von 1262,[133] in dem sich der böhmische Landesherr verpflichtete, dass er oder seine Vertreter bei der Rechtsprechung Magdeburger Recht anwenden würden. Wörtlich heißt es: »ius et consuetudines Maydburgensium observare«. In einem Folgeprivileg bekräftigte Heinrich von Kärnten 1308[134] die Verbindung mit dem Magdeburger Recht dahin gehend, dass Leitmeritz für immer das Magdeburger Recht benutzen könne: »cum quibus ipsa Lithomierycensis civitas a principio est fundata«. Schließlich wurde das Magdeburger Recht für Leitmeritz von König Johann von Luxemburg 1325 ein weiteres Mal bestätigt: »ut ipsi cives iuribus, libertatibus et consuetudinibus Maydeburgensibus, quibus ab antiquo freti sunt, frui [...] debeant et gaudere«.[135] Hier ist dann auch die wichtige Bestimmung zu finden, dass sich Städte Magdeburger Rechts mit Rechtsfragen nach Leitmeritz wenden sollen.[136]

Das älteste Zeugnis einer Rechtsmitteilung aus Magdeburg für Leitmeritz stammt aus dem Jahr 1282, während der erste Spruch erst aus dem Jahr 1324 überliefert ist.[137] 1421 wurde Leitmeritz mittels Vertrag Prag unterstellt.[138] Der Forschung liegt eine ältere Edition der Schöffensprüche von und nach Leitmeritz in Tschechisch mit deutscher Übersetzung vor.[139] Das Besondere dieser Konstellation besteht darin, dass die aus Magdeburg erhaltenen deutschsprachigen Sprüche nach Ankunft in Leitmeritz ins Tschechische übersetzt wurden. Übertragen wurden dabei auch die Rechtsgrundlagen, etwa das »Sächsische Weichbild« mit Glosse, der sogenannte *Donat*, und das Meißner Rechtsbuch. Somit kann man als Eingangsformel regelmäßig lesen: »Dale sme otazani o prawo takto [weiter sind wir wie folgt so um Recht gefragt worden]«. Die Schlussformel lautet: »Wedle praweho prawa [Von Rechts wegen]«. Das Ende des sächsisch-magdeburgischen Rechtskreises um Leitmeritz ist jüngst von Jiři Šouša und Pavla Slavičkova nachgezeichnet worden.[140] Das deutsche Stadtrecht in Böhmen musste 1579 der einzigartigen zentralen Vereinheitlichung des einheimischen böhmischen und tschechisch geschriebenen Stadtrechts in der berühmten Kodifikation von Pavel Kristian von Koldin weichen. Sie liegt seit 2013 in einer opulenten Neuedition mit Kommentar vor.[141]

Schluss

Am Schluss darf eine Antwort auf die Frage nach den Gemeinsamkeiten bzw. Grundzügen in der Entwicklung der vorgestellten Institutionen, der Oberhöfe und Schöffenstühle, erwartet werden. Tatsächlich kann man bei allen Unterschieden einige allgemeine Merkmale beobachten. Fast immer ist eine Verbindung mit dem Rat gegeben. Die Schöffen standen in einem bestimmten Verhältnis zu den Ratsmitgliedern, manchmal waren sie wie in Leipzig teilidentisch. Bei der Beantwortung von Rechtsfragen haben sich verschiedene Spruchtypen herausgebildet. Das Entscheidende für die Qualifizierung eines Kollegiums mit hervorragendem Rechtswissen war dessen rechtsbelehrende, rechtsweisende und rechtsmitteilende Tätigkeit auf Antrag. Diese Aufgabe konnte von Schöffenkollegien (Schöffenstühlen), die keine Gerichte waren, und Gerichten wahrgenommen werden. Hier wird die Auffassung vertreten, dass der tradierte Begriff »Oberhof« darauf Rücksicht nehmen sollte. Diese Funktion hat mit der geografisch nicht reichsweit vorkommenden Bezeichnung »Oberhof« nichts zu tun. Im sächsischen Rechtsgebiet wurde ein solches Spruchkollegium mit dem ganz vorherrschenden Begriff »Schöffenstuhl« bezeichnet.

Spätestens seit dem 16. Jahrhundert mussten sich die Oberhöfe und Schöffenstühle den Wirkungen der Rezeption der fremden Rechte stellen. Es gab Reaktionen auf das Eindringen des gelehrten Elements in die ursprünglich mit juristischen Laien besetzten Spruchkollegien. Im Zuge des Ausbaus und des Abschlusses der territorialstaatlichen Gerichtsverfassungen wurde die Sprucheinholung von Spruchkollegien außerhalb des jeweiligen Territoriums tendenziell untersagt, wobei eigene landesherrliche Spruchkollegien eingerichtet wurden. Fast überall wurden Vollzugsdefizite dieser Restriktionen konstatiert. Im Laufe des 15. und 16. Jahrhunderts zeigt sich eine stärkere landesherrliche Einflussnahme auf die Spruchkollegien. In Kursachsen erfolgte sogar die vollständige Eingliederung des Leipziger Schöffenstuhls in die territorialstaatliche Gerichtsverfassung.

Zukünftige Untersuchungen zu einzelnen Oberhöfen und Schöffenstühlen scheinen neue Erkenntnisse zu versprechen. Dazu gehören auch Fragen nach den Verklammerungen mit der örtlichen und regionalen Gerichtsverfassung sowie nach der Arbeitsweise, etwa den Verfahren. Zudem ist es immer noch nicht gelungen, festzustellen, ob es einen bestimmten Typ der Erstellung von Rechtsweisungen und Rechtsmitteilungen im sächsisch-magdeburgischen Rechtskreis – möglicherweise nach Magdeburger Vorbild – gibt. Viel zu wenig ist von den kollegial verfassten Spruchkollegien und deren Verhältnissen zu den örtlichen Gerichten ganz weit im Osten bzw. im Nordosten, etwa in der heutigen Ukraine und in Litauen, bekannt. Mit solchen Forschungen könnte der Kenntnisstand über Oberhöfe und Schöffenstühle als Akteure bei der Ausformung und Verbreitung von Stadtrechten, gewiss nicht nur des Magdeburger Stadtrechts, angereichert werden. Alexander Krey hat mit seiner tiefgehenden Untersuchung der Oberhöfe im Rhein-Main-Gebiet aus komparatistischer Perspektive dafür eine modellhafte Grundlage geliefert.[142]

| **133** | Šebánek/Dušková 1974, V/1, Nr. 336. Vgl. auch Lück 2013c, S. 312. | **134** | Tschechischer Text in: Čelakovský 1895, Nr. 85; vgl. auch Lück 2013c, S. 312. | **135** | Čelakovský 1895, Nr. 138; vgl. auch Lück 2013c, S. 312. | **136** | Vgl. dazu auch Kejř 2010, S. 204. | **137** | Abgedruckt bei Weizsäcker 1943, S. 30–35. | **138** | Weizsäcker 1943, S. 1. | **139** | Vgl. ebd. Die Person des Herausgebers ist historisch sehr problematisch. In diesem Zusammenhang sei nachdrücklich auf diverse Arbeiten des Verfassers zur kritischen Auseinandersetzung mit Personen, Methoden und politischen Zielen der Erforschung des Magdeburger Stadtrechts in der Zeit zwischen 1933 und 1945 hingewiesen: Lück 1999; Lück 2005; Lück 1999/2000. | **140** | Šouša 2015; Slavičková 2013. | **141** | Malý 2013. | **142** | Krey 2015.

beuelen ader machen er mich wurde senden, das ich mich nach seyner underwisunge dorheym solde
beuolen hatt zu vorgemeldt mir nicht der kompthur her kompthur hat uwern gnaden wol eyn
underrichtung getan, wie er es mit mir verlassen hab und was er mir von uwer gnaden wegen
nolen hab, So hab ich nach seinem abescheiden von franckenfurd uf der Oder mich ken Berlin
den sachen nach seiner underrichtung und beuehung nachzukomen da hat sich also gefugt das
Marggrafe seines Doctoris uf dieczeit nicht sobalde hat emperen mogen umb mercklicher sachen
er vor hamden von der frawen von Quedlenburg die des hern kompthurs zum Elbing wille
hatte. So das ich wol acht tag und mich nach dem Doctori muste beyten Darnach hab ich
ein ken Magdburg gefugt und uwer gnaden sachen nach lawte disser hiengeschlossen und mit
A gezeichenten Cedil mit etlichen underrichtung den Scheppen furgegeben, do die nu sulche
und nemlich den Artikel Absolucionis etiam etc. haben gelesen und gesehn schickten sie zu
herberge und lissen an uns bringen, wie der here Doctor Nicolaus Salfeld zu von uwer
und desselben Artikels wegen auch mundlich bey en were gewesen, wie er auch in dem Cedel
gewesen, so welden sie gerne weiter als den sachen mit uns reden. So sprachen wir, wir
von Doctor Niclos nichts zusagen ab er alda were gewesen ader nicht, und boten und ba
an, das sie uf sulche schrifte und frage uns entscheidung welden tun Also nomen sie d
zu sich und sprachen wir solden uns nicht verdrissen lassen, da gehorte arbeit zu sie welden
sachen handeln und uberwegen und sehn das sie theten daran sie recht theten, und als
handelung vernomen wir wol das sie nicht cleyn bekommernis in den sachen nach umbe und
hatten Darnach am Sontage vor Thome apostoli schickten sie zu uns und lissen uns sagen, sie
in den sachen keyne entscheidung tun, es were denn, das sie eine abeschrift des privilegii, darinne
abgemeldte artikel begriffen were sehen und besehen, uf wir die hetten, das wir en die w
zeigen. So lissen wir das amstehn bis in den andern als Sant Thomas tag und erkante
als Iren worten und auch als der abeschrift ires ortails das sie furmals von sich den vom Culmen gesc
haben, das sie sulch abeschrift wol furmals von den vom Culmen empfangen hatten Auch lissen sie
sagen wie sie ane solch abeschrift uf den egemeldten artikel nicht tun kondten und darumb als wir
nicht hetten das wir denn darumb bestellen solden wir entscheiden begeren syn So wurden wir zu
uf das wir nicht me ende bedurfften, schreiben und weiseten en die abeschrift und teten en abe
underrichtunge als wir beste mochten, die sie denn auch gutlich uffnomen Darnach schickten sie
zu uns und lissen uns sagen, wir erkenten wol das die sachen wichtig und swer weren und sie
sich im off den Freitage nicht gere bekomern solden auch die czit kurcz were, so das sie fur den h
tagen uns nicht entscheiden mochten sunder nach den heiligen tagen so welden sie gerne tun
darinne sie recht teten welden wir alda im solange beyten ader welden wir welden sie en dem
Marggrafen reiten und kunden uns bestellen das uns solche Ire entscheidunge nach geschickt
was sunde an uns So kunde der Doctor nicht lenger von dem hern Marggrafen sein und i
en auch uns verdrusnis nicht allein reiten lassen und darumb bestellete ich mit mynem w
mir solche entscheidunge ken Berlin schicken wirt, dahen ich mich mit dem Doctor gefuget h
e alda beyte, und hab en czu syme sober die entscheidunge fur uwer gnad als ich hoffe, sen
und ich hoffe uwer gnade darin zu willen tun, mich wider ken Magdburg zufugen und
so ich nach lawte disser andern hiengeschlossen und mit eynem B gezeichenten Cedil und dar
entscheidunge behalden moge und mich denn furder in die Nuwenmarck zu dem vouthe
willen zufugen auch mich nach des hern kompthurs von der Balge underrichtung zu hal
nach dem furder zu uwern gnaden fugen mene Fur zeitung geruche uwer gnad zu wissen,
re Marggraff als im bys Sontag neigstkomende mit den Nederlandischen fursten als
Sulzast Stetyn Bart und Stargard zu Prentzlaw wirt halden, wo van sie alda werden
ten, mag ich nicht irnemen Die hern als Falken Troyer Sachssen und Ketzen haben
unglich mit allen Iren platen gantz fur das Concilium declariret und haben die Neutlit
gestan Sunder die andern mitsampt dem hern B. zu stehn nach in der Neutlitat wie sichs fur
nachdem welle wirt man zu seinen zeiten wol erfarn Die Armracken haben sich geteilet
stete Im Elsas und alumb umb Strasburg und czeen alda uf Iren pfennig und we
ssen winter also hinbrengen und es was mit den Switzern uf einen frede getedingt
ls sie von Rapenswyl abegeczogen als sie nu abgezogen weren, do greifften die hern als
... von Wirtenberg und andern die Stete und al

ROMAN CZAJA

Der Deutsche Orden und die Städte

Landesausbau als Rahmen des Rechtstransfers

Als Ausgangspunkt für eine anregende Diskussion über die Problematik des Rechtstransfers nach Preußen soll an dieser Stelle ein Zitat aus dem Rezess der Versammlung der Stände Königlich-Preußens mit dem polnischen König und dem Hochmeister in Thorn vom 6. März bis zum 19. April 1485 dienen. Der Marienburger Wojewode Nicolaus von Baysen/Bażynski erklärte im Rahmen der Verhandlungen über die verfassungsrechtliche Besonderheit Preußens Folgendes: »Esz pflag eyne gewonheit bey des herrn hoemeisters gezceiten zu seyn, wenner das culmissche privilegium vorbracht wart, daz dy prelaten vorgingen mit burnenden lichten, unde das privilegium wart noch getragen, umbe her geende die ritterschaft und die burger gewopent mit auszgezcogenen, uff gerackten swerten; so pflag men das dem herrn hoemeister beweiszen«. Im Namen des polnischen Königs erwiderte Zbigniew Oleśnicki, Erzbischof von Gnesen/Gniezno, daraufhin: »Vil gewonheiten seyn gewest bey dem hoemeister, dy itczunt gewandelt seyn. Esz ist eyne weisze yn der Crone, mit welcher yr voreyniget seyt, szo men privilegia weiszet, dasz men dy erlich vor brenget; idach mit burnenden lichten und in ander weisze ist keyne gewonheit. Darumme seyne ko. ma. wils sehen noch der gewonheyt in der Crone«.[1]

Dieser Wortwechsel spiegelt in anschaulicher Weise die Ansprüche der preußischen Stände auf eine politische und verfassungsrechtliche Autonomie innerhalb der polnischen Krone wider. Er liefert darüber hinaus einen Beleg dafür, wie sich Deutung und Bewertung der Handfeste inzwischen gewandelt hatten. So wurde aus einem Mittel des Rechtstransfers und Aufbaus der Städtelandschaft ein Stützpfeiler der regionalen Besonderheit Preußens und der preußischen Identität insgesamt. Die Worte des Marienburger Wojewoden lenken die Aufmerksamkeit zudem auf die historischen Phänomene, die den Rechtstransfer begleitet haben.

Abb. 1
Brief von Johannes von Bentin an den Hochmeister Konrad von Erlichshausen aus dem Jahr 1445 mit einer Berichterstattung über die Verhandlungen mit den Magdeburger Schöffen. Berlin, Geheimes Staatsarchiv Preußischer Kulturbesitz, XX. Hauptabteilung, Historisches Staatsarchiv Königsberg, Ordensbriefarchiv, Sign. 8658. Siehe auch Abb. 4.

| 1 | Akta Stanów Prus Królewskich 1, Nr. 200, S. 331.

Das Ziel des vorliegenden Beitrags ist es, die Rolle des sächsisch-magdeburgischen Rechts beim Aufbau der Städtelandschaft im Ordensland und seine Bedeutung für die Ausgestaltung der Beziehungen zwischen dem Landesherrn und den Städten in Preußen vom 13. bis zum Beginn des 16. Jahrhunderts darzustellen. Dabei sollen zunächst die Wege des Rechtstransfers sowie die Art und Weise des Einflusses des sächsisch-magdeburgischen Rechts thematisiert, im Weiteren aber auch seine Bedeutung im Rahmen der Entwicklung des kommunalen Selbstverständnisses im Ordensland angesprochen werden. Zur Bearbeitung dieser Problemstellung ist der Beitrag in drei Teile gegliedert. Zuerst wird die Kulmer Handfeste als ein Mittel des Rechtstransfers besprochen. Im Anschluss daran soll der Frage nach dem Einfluss der Magdeburger Stadtverfassung auf die preußischen Städte nachgegangen werden, im dritten und letzten Abschnitt werden schließlich der Rechtsverkehr im Ordensland und der Rechtszug nach Magdeburg thematisiert.

Die Kulmer Handfeste als Mittel des Rechtstransfers

Am 28. Dezember 1233, oder nach Marc Löwener 1232, stellten der Hochmeister Hermann von Salza und der Landmeister von Preußen Hermann Balk, der tatsächliche Organisator der ersten Städtegründungen im Kulmerland, für die Städte Thorn/Toruń und Kulm/Chełmno ein Gründungsprivileg aus: die sogenannte Kulmer Handfeste.[2] Im vierten Artikel des Privilegs wurde beiden Städten das magdeburgische Recht verliehen: »Statuimus autem in eisdem civitatibus iura Magdeburgensia in omnibus sentenciis«.[3] Im Vergleich zum Magdeburger Recht begegnen hier jedoch zahlreiche Neuerungen und Anpassungen. Demnach wurden beispielsweise die Strafgelder im Vergleich zu Magdeburg um die Hälfte herabgesetzt. Zudem erfolgte in der Stadt Kulm die Errichtung eines Oberhofs als Rechtsauskunftstelle in Bezug auf das magdeburgische Recht. Die Forschung hat bereits mehrmals auf den großen Einfluss der schlesischen Gewohnheiten und der dortigen rechtlichen Regelungen auf die Bestimmungen der Kulmer Handfeste hingewiesen.[4] Auf diese schlesischen Vorbilder gehen zum Beispiel die Bestimmungen über die Fischerei (Nr. 12), die Einführung des flämischen Erbrechts (Nr. 10) und die flämischen Hufe (Nr. 23) als allgemeines Landmaß im Ordensland zurück. Gleiches gilt für die Bestimmungen zum Bergrecht und zum Goldregal (Nr. 11), wahrscheinlich auch für den Artikel über den Zehnten (Nr. 21) und schließlich ebenso für die Festlegung der *mensura Wlatislaviensis* als Scheffelmaß, ursprünglich *mensura Wratislaviensis,* also *Breslauer Maß,* die vermutlich durch einen Kopistenfehler falsch wiedergegeben wurde.[5] Man kann also der Feststellung von Marian Dygo aus seinem Buch über den Aufbau der Landesherrschaft des Deutschen Ordens in Preußen zustimmen, wonach »die Deutschordensritter [...] die sächsisch-magdeburgische [sic!] Vorbilder nicht mechanisch [übernahmen], sondern [...] in kreativer Weise Elemente aus verschiedenen Rechtskreisen [verwendeten]«.[6]

Das Fehlen entsprechender Quellen erschwert die Beantwortung der Frage nach den sozialen und politischen Handlungsträgern, die Einfluss auf den Inhalt der Kulmer Handfeste ausübten. Vermutlich jedoch war der Deutsche Orden für die Gestaltung des Rechtstransfers

Abb. 2
Kulmer Handfeste, 1251. Thorn, Staatsarchiv, Akten der Stadt Thorn, Kat. I., Nr. 1.

keineswegs allein verantwortlich. Entsprechend der von Heiner Lück vorgeschlagenen Typologie der Transferwege dürften darüber hinaus auch Ansiedler bei der Übertragung der Rechtsordnung ausschlaggebend gewesen sein und ihren Einfluss auf die vertragliche Festlegung des zwischen dem Stadtherrn und den Bürgern vereinbarten rechtlichen Rahmens ausgeübt haben, der für die zu gründende Stadt letztlich bestimmend war.[7] Die Gründungsprivilegien bildeten somit eine Art Vertrag, dem sowohl die Interessen des Stadt- oder Landesherrn als auch die Ansprüche der Ansiedler zugrunde lagen. Es ist daher von zentraler

|**2**| Löwener 1998, S. 47–70; Dygo 1992, S. 87. |**3**| Die Edition des Privilegs 1233 (1232) auf der Grundlage der Kopie vom Kulmer Stadtschreiber Konrad Bitschin aus dem Jahr 1431. Die für Kulm und Thorn ausgefertigten Originalexemplare lagen der Edition der erneuerten Kulmer Handfeste aus dem Jahre 1251 zugrunde, vgl. Zielińska-Melkowska 1986, S. 28–64; Kisch 1978, S. 110–124; Janicka 2009, S. 73. |**4**| Jasiński 1993, S. 98–100; Methner 1933, S. 32–45. |**5**| Luciński 1990, S. 97, 107, 123, 134; Janicka 2009, S. 77–78. |**6**| Dygo 1992, S. 108. |**7**| Lück 2015 a, S. 198–199.

Bedeutung, den sozialen Kontext des Rechtstransfers in die hier gestellten Überlegungen einzubeziehen. So weist etwa die Zeugenliste des ersten Privilegs aus dem Jahr 1232 bzw. 1233 darauf hin, dass Ansiedler aus Meißen, die zusammen mit dem Burggrafen von Magdeburg, Burkhardt IV. von Querfurt, ins Kulmerland gekommen waren, eine besondere Stellung im Rahmen der Städtegründungen erlangten. In der Zeit der Erneuerung der Kulmer Handfeste im Jahr 1251 ließen sich außerdem Ministerialen aus der Magdeburg-Haller Region in den beiden Städten nieder (Abb. 2).[8] Die Quellen belegen auch eine bedeutende Rolle der Einwohner der schlesischen Städte bei der Vorbereitung und Durchführung der ersten Stadtgründungen im Kulmerland. Ob es hauptsächlich die Ansiedler aus Löwenberg/Lwówek Śląski und Goldberg waren, lässt sich jedoch nicht eindeutig nachweisen.[9]

Die Rezeption des sächsisch-magdeburgischen Rechts durch den Deutschen Orden reichte allerdings weit über städtische Gründungen hinaus. Vielmehr sehen Forscher die Kulmer Handfeste ebenso als ein Landesstatut an, das eine fundamentale Bedeutung für die Ausbildung der verfassungsrechtlichen Grundlagen der Landesherrschaft des Deutschen Ordens an der unteren Weichsel besaß. Das vom magdeburgischen Recht abgeleitete kulmisches Recht galt in Preußen demnach als Landrecht, das den besonderen Charakter des Landes ausmachte.[10] Betrachtet man wiederum die kommunale Geschichte, so wurden im Kulmerland, in Preußen und Pommerellen bis zum Anfang des 15. Jahrhunderts insgesamt 94 Städte gegründet, davon 70 Städte innerhalb der Landesherrschaft des Deutschen Ordens und 24 innerhalb der Territorien von Bischöfen und Domkapiteln.[11]

In diesem Zusammenhang wurde den meisten Städten das kulmisches Recht verliehen. Das lübische Recht hingegen erhielten lediglich die acht Ostseestädte Alt- und Neustadt Elbing/Elbląg, Memel/Klaipėda, Leba/Łeba, Hela/Hel sowie die von dem Bischof und dem Domkapitel in Ermland gegründeten Städte Braunsberg/Braniewo (Altstadt und Neustadt), und Frauenburg/Frombork.[12] Eine Besonderheit markiert das Gründungsprivileg für Elbing von 1246, da hier ein Bezug zur Kulmer Handfeste gegeben ist. Wie bereits angedeutet, verlieh der Deutsche Orden den dortigen Einwohnern zwar das lübische Recht, dennoch wurden die Beziehungen zwischen der Stadtgemeinde und dem Landesherrn nach dem Vorbild der Privilegien für Thorn und Kulm geregelt.[13]

Der Einfluss der magdeburgischen Stadtverfassung auf die Städte in Preußen

Der hier zu untersuchende Rechtstransfer wirft die Frage auf, inwieweit es damit verbunden zur Übertragung einzelner Elemente der Magdeburger Stadtverfassung kam bzw. welche generellen Einflüsse diese auf die Städte in Preußen ausübte.[14] Bezogen auf den ostmitteleuropäischen Raum stellt die im ersten Artikel der Kulmer Handfeste erwähnte alljährliche Wahl des Richters einen der ältesten Belege für das Recht der Gemeinde dar, über die Besetzung kommunaler Ämter selbst entscheiden zu dürfen.[15] Diese Bestimmung kennzeichnet eine Abweichung von den verfassungsrechtlichen Verhältnissen in Magdeburg, wo in der ersten Hälfte des 13. Jahrhunderts zwei Gerichte nebeneinander bestanden haben. Dementsprechend übte der Burggraf die höhere Gerichtsbarkeit aus, während dem bischöflichen Schultheißen die niedere Gerichtsbarkeit zufiel. Anders als in den Städten des Kulmer Rechts hatten die Magdeburger Bürger keinen direkten Einfluss auf die Besetzung dieser beiden Ämter, weil sie als erbliches Lehen vergeben wurden. Die zur Rechtsfindung herangezogenen Schöffen beider Gerichte stammten aus dem Kreis der bischöflichen Ministerialen und der Magdeburger Bürgerschaft. Erst 1294 erhielt die Gemeinde vom Erzbischof die Befugnis zur freien Wahl des Schultheißen und der Schöffen.[16]

In Kulm und Thorn fehlte dieses aus Magdeburg bekannte erbliche Schultheißenamt, was wohl auf das Interesse des Deutschen Ordens zurückzuführen ist, die Kontrolle über dieses Amt zu behalten.[17] Nicht weniger wahrscheinlich ist, dass die Modalitäten der Richterwahl in Zusammenhang mit dem Prozess der Stadtgründung stehen, der seinerseits nicht von einem einzelnen Lokator, sondern von einer Gruppe von Bürgern und Ministerialen organisiert wurde. Letztere hatten im 13. Jahrhundert innerhalb des baltischen Raums, ähnlich wie auch im römisch-deutschen Reich, einen großen Einfluss auf die Entstehung neuer Formen des städtischen Lebens in Preußen. Sie engagierten sich im Fernhandel, strebten nach Erwerb neuer Ländereien und beteiligten sich am Aufbau der Städte.[18]

Diese Bürger, die in den Quellen als *feodales, cives* oder *milites* bezeichnet wurden, tauchen nicht nur in der Kulmer Handfeste, sondern auch im Gründungsprivileg der Stadt Elbing auf.[19] Seit den 40er und 50er Jahren des 13. Jahrhunderts bauten die Schultheißen der ältesten preußischen Städte besonders enge Beziehungen zu Amtsträgern des Deutschen Ordens auf, sodass ihre Namen in den Zeugenlisten zahlreicher Dokumente des Deutschen Ordens genannt werden.[20] Bemerkenswert ist dabei die Tatsache, dass die oben erwähnten Bestimmungen hinsichtlich der alljährlichen Wahl des Richters schon seit der Mitte des 13. Jahrhunderts nicht länger befolgt wurden. So bekleideten etwa in Thorn seit 1251 Vertreter eines immer wieder gleichen Personenkreises über mehrere Jahre hinweg das Richteramt.[21] Eine feste erbliche Regelung wie in Magdeburg gab es dafür jedoch nicht.

|**8**| Ein Hinweis auf die Herkunft der ersten Kulmer Bürger aus Halle auch bei Petrus de Dusburg: Chronicon terrae Prussiae. Vgl. Töppen 1861, S. 74; ferner Krollmann 1912, S. 10–23; Zielińska-Melkowska 1996, S. 281–310; Lück 2015 a, S. 193. |**9**| Jasiński 1993, S. 100–101. |**10**| Dygo 1992, S. 109; Kisch 1978, S. 47. |**11**| Czaja 2015, S. 88; Gołembiowski 1990, S. 240–296. |**12**| Rozenkranz 1967, S. 227–266; Carstenn 1937, S. 81–82. |**13**| Jasiński 1993, S. 108–109; Carstenn 1937, S. 79–80. |**14**| Zu dieser Problematik vgl. Lück 2009 d, S. 180. |**15**| Die freie Richterwahl taucht in dem Privileg des ungarischen Königs für die Siebenbürger Sachsen 1224 und in dem Privileg vom päpstlichen Legat Wilhelm von Modena für Riga 1225 auf, vgl. Gönczi/Carls 2013, S. 81; Szende 2015, S. 37 u. S. 46; Bunge 1853, Nr. 75, S. 81; Drüppel 1981, S. 170–171. |**16**| Asmus 1975, S. 54; Hasse 2005 a, S. 118; Puhle 2005, S. 125–127; Uitz 1976, S. 295–297. |**17**| Dygo 1992, S. 89–91. |**18**| Bünz 1995, S. 7–25; Jahnke 2008, S. 159–163. |**19**| Preußisches Urkundenbuch 1/1, S. 186. Vgl. dazu Zielińska-Melkowska 1986, S. 39; Dygo 1992, S. 173–175; Kisch 1973, S. 26–30. |**20**| Preußisches Urkundenbuch 1/1, S. 129, 130, 133, 143 u.192; Preußisches Urkundenbuch 1/2, S. 32, 43 u. 131. |**21**| In Kulm übten bis 1253 verschiedene Personen das Amt des Schultheißen aus: Reinko 1243 und 1246, Johannes 1251 und Wasmundus 1253. In Thorn belegen die Quellen zwei Schultheißen in den 40er Jahren (Hildebrandus 1246 u. Thomas 1248) und nur einen in den 50er Jahren des 13. Jahrhunderts (Hermann 1251, 1252, 1257, 1258 u. 1262), vgl. den Bericht des Hermann von Salza über die Eroberung Preußens, dazu Hirsch 1874, S. 163; vgl. auch Preußisches Urkundenbuch 1/1, S. 130, 143, 192, 197 u. 205; Preußisches Urkundenbuch 1/2, S. 32, 42 u. 131.

Die Stadtverfassung Magdeburgs war ebenfalls kein Vorbild für die Befugnisse der Kulmer Ratsherren, was sich daran erkennen lässt, dass diese laut dem vierten Artikel der Kulmer Handfeste Rechtsbelehrungen erteilen durften.[22] Für Magdeburg dagegen ist ein Rat erst 1244 belegt, wobei die dortigen Ratsherren keinen Anteil am Abfassen von Rechtssprüchen besaßen. Für diese waren vielmehr die Magdeburger Schöffen zuständig.[23] Die erneuerte Kulmer Handfeste aus dem Jahr 1251 belegt damit eine Ausdehnung ratsherrlicher Kompetenzen im Hinblick auf die Stadtverwaltung.[24] Unabhängig davon entwickelte sich während der zweiten Hälfte des 13. Jahrhunderts auch im Ordensland die für Magdeburg kennzeichnende Trennung von Rat- und Schöffenkollegium und ermöglichte so eine Balance der Machtverhältnisse und der sozialen Machtansprüche in den Städten. In diesem Zusammenhang ist festzustellen, dass die Bedeutung der Räte bezüglich der kommunalen Verwaltung und der Vertretung der Stadt nach außen zunahm.[25] Dies lässt sich beispielhaft an Thorn verdeutlichen, wo 1258 noch »scultetus, scabini et universitas civium in Thorun« gemeinsam einen Vertrag mit dem Bischof von Kujawien schlossen. Vier Jahre später allerdings, als ein weiterer Vertrag mit dem Vizelandmeister des Deutschen Ordens geschlossen wurde, finden allein »de ratulute und alle die burgere von Thurun« Erwähnung. Acht Ratsherren traten in dieser Urkunde unter dem Vorsitz des Schultheißen auf. »Advocatus, consules et commune civitatis« von Thorn und Kulm waren die Absender von Briefen, die zwischen 1280 und 1300 an den Lübecker Rat geschickt wurden.[26]

Arthur Semrau, ein ausgewiesener Fachmann für die Geschichte der preußischen Städte, stellte 1921 die These auf, dass die verfassungsrechtlichen Auseinandersetzungen zwischen dem Rat und den Schöffen in Magdeburg in den Jahren 1293 bis 1295, die daraus resultierende Vertreibung der ministerialen Schöffen aus dem Rat und die Erweiterung der Kompetenzen des Rates einen Einfluss auf die Ausbildung der Ratsverfassung in den preußischen Großstädten um die Wende zum 14. Jahrhundert besessen hätten.[27] Tatsächlich weisen die Verfassungsveränderungen in Magdeburg und in den Städten des Ordenslandes am Ende des 13. Jahrhunderts einige Gemeinsamkeiten auf, worunter die Machterweiterung der Räte und die Unterordnung des Schultheißenamts unter die Gewalt der Ratsherren fällt.[28] Diesen Ähnlichkeiten lag jedoch kein kausaler Zusammenhang mit den Vorgängen in Magdeburg zugrunde. Stattdessen unterschied sich die soziale und verfassungspolitische Lage in den preußischen Großstädten deutlich von jener in Magdeburg. Im Ordensland gab es nämlich keine Rivalität zwischen den bürgerlichen Räten und Ministerialen des Schöffenstuhls. Auch hatten die Zünfte in den preußischen Großstädten im Gegensatz zu denjenigen in Magdeburg keinen Einfluss auf die kommunale Politik, die vielmehr in der Hand der kaufmännischen Führungsschicht lag. Außerdem wurde die Schöffenbank als Gerichtsorgan dem Rat untergeordnet. Daher fand die Magdeburger Verfassungsänderung von 1330, die Angehörigen von fünf Hauptzünften die Partizipation an der ratsherrlichen Politik zubilligte, in Preußen keine Berücksichtigung.[29] Die Stadtverfassungen in Magdeburg und im Ordensland sind stattdessen durch deutliche Unterschiede gekennzeichnet, die sich beispielhaft in einer an Magdeburg gerichteten Bitte des Thorner Rates um Rechtsbelehrung widerspiegeln. Seine einflussreiche Stellung vor Augen, sandte der Thorner Rat seinen Brief ganz selbstverständlich an den Magdeburger Rat, wo er doch eigentlich an die Schöffen der Stadt hätte gehen sollen.[30]

Zum Rechtsverkehr im Ordensland und dem Rechtszug nach Magdeburg

In der Fachliteratur ist bereits mehrfach festgestellt worden, dass eine Stadtrechtsbewidmung in der Regel zugleich mit einem Rechtszug in die Mutterstadt verbunden war.[31] Demgegenüber strebte der Deutsche Orden im Kulmerland und in Preußen danach, den Rechtsverkehr nach außen, sowohl nach Magdeburg als auch nach Lübeck, zu beschränken.[32] Damit verbunden setzte der Landesherr 1233 in Kulm einen Oberhof des magdeburgischen Rechts für die im Kulmerland gegründeten Städte ein. Aus der weiträumigen Verbreitung des kulmischen Rechts leitete der Kulmer Rat schließlich auch den Anspruch ab, als Kulmer Oberhof für das gesamte Ordensland zuständig zu sein. Zudem sollte der unmittelbare Rechtsverkehr mit Magdeburg allein der Stadt Kulm gestattet sein.[33] Der Kulmer Rat hat in seinen Briefen an den Magdeburger Schöffenstuhl mehrmals diese von ihm selbst beanspruchte besondere Stellung im Ordensland hervorgehoben: »Wisset das wir Ratmannen von gotes gnaden und von unsern hern haben die gewalt das man alle orteil Meydeburger gerichtes in Pruszen lande czu uns schildet und suchet und wir noch unsern besten synnen die entrichten«.[34]

Die in der Kulmer Handfeste erkennbare Absicht, in Kulm die höchste Instanz des Rechtszuges zu etablieren, wurde von den Ordensbehörden freilich nicht konsequent befolgt. So enthalten zwar beispielsweise die Handfesten für die Rechtsstadt und Jungstadt Danzig/Gdańsk (1378 und 1380) die Bestimmung, dass die Danziger Bürger »ir gestrofen orteil czy dem Colmen« holen sollten,[35] aber die Praxis des Rechtsverkehrs sah doch anders aus, indem verschiedene Ordensstädte mit Magdeburg direkt korrespondierten.[36] Im 14. Jahrhundert begann beispielsweise Thorn damit, die Vermittlung Kulms nach Magdeburg zu übergehen. Im 15. Jahrhundert legten auch Danzig und die Altstadt Königsberg/Królewiec/Kaliningrad den Magdeburger Schöffen verschiedene »gescholtene Urteile« zur Entscheidung vor.[37] Der Kompetenz des Oberhofs in Kulm entzogen sich ebenso die Städte der Komturei Christburg/Dzierzgoń, die gemäß den für Osterode/Ostróda und Liebemühl/Miłomłyn bestimmten Privilegien aus dem Jahr 1335 »gescholtene Urteile« der Stadt Christburg vorlegen sollten. Der Rechtszug der in der zweiten Hälfte des 14. Jahrhunderts gegründeten Städte im Sassen-

|**22**| Kisch 1978, S. 52, 114; Janicka 2008, S. 64 u. 67. |**23**| Goerlitz 1947, S. 84; Pötschke 2014 b, S. 204 sowie den Beitrag von Matthias Puhle in diesem Band, S. 235–245. |**24**| Zielińska-Melkowska 1986, S. 39, Art. 5. |**25**| Lück 2015 a, S. 180, 189. |**26**| Preußisches Urkundenbuch 1/2, S. 40, 131, 261 u. 467. |**27**| Semrau 1921, S. 16–22. |**28**| Uitz 1976, S. 309–313; Weitzel 1980, S. 77; Hasse 2005 a, S. 118. |**29**| Uitz 1976, S. 322–323; Puhle 2005, S. 125–127; Gleba 1989, S. 92–108. |**30**| Die Antwort des Magdeburger Schöffenstuhls lautete daraufhin: »Wisset sol eur weisheit, das wir scheppenn zu Magdeburg pflegen recht auszugebenn anndernn stedtenn, die das vonn rechte unnd vonn alder zeit pflegenn unnd mussen zu unns suchenn, unn nicht zu den rathmannenn zu Magdeburg, des habt ir euer brieff geschriebenn ann die rathmanne unnd burgermeister unnser stadt«, Behrend 1865, S. 235; Brünneck 1913, S. 13. |**31**| Ebel 2009, S. 43–46; zu dieser Problematik vgl. auch den Beitrag von Heiner Lück in diesem Band, S. 13–27, hier S. 18–19. |**32**| Brünneck 1915, S. 49–54; Brünneck 1913, S. 3–9; Luciński 1990, S. 98–99. |**33**| Brünneck 1913, S. 18–19. |**34**| Stobbe 1965, S. 98, Nr. 22, darüber auch S. 96, Nr. 15, S. 106, Nr. 22; die Magdeburger Rechtsprüche für Kulm aus seiner Sammlung, die 1431 von dem Kulmer Stadtschreiber Konrad Bitschin zusammengefasst wurden, das Original ist überliefert im Geheimem Staatsarchiv Preußischer Kulturbesitz (im Folgenden GStA PK), XX. HA, Ordensfoliant Nr. 83. |**35**| Simson 1918, S. Nr. 97, 101. |**36**| Die Aktivität des Thorner Rates in diesem Bereich belegt die von ihm um 1400 verfasste Sammlung der Magdeburger Rechtssprüche, vgl. Arichwum Państwowe w Toruniu (Staatsarchiv Thorn), Akta miasta Torunia (Akten der Stadt Thorn), Kat. II, VIII, Nr. 2. |**37**| Conrad 1907, S. 4; Ebel 2008, S. 115–116.

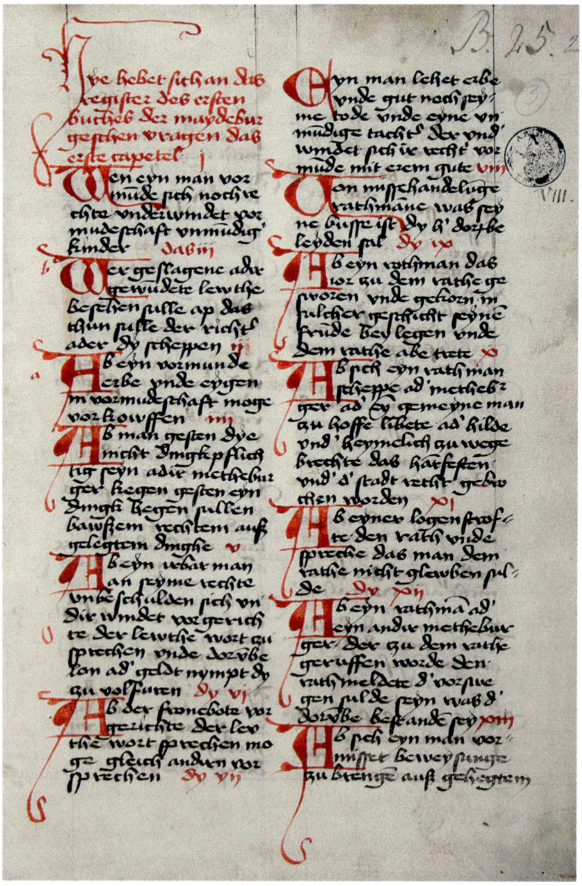

Abb. 3
Die erste Seite der um 1400 erfassten Sammlung von Rechtssprüchen des Magdeburger Schöffenstuhls für die preußischen Städte. Thorn, Staatsarchiv, Akten der Stadt Thorn, Kat. II, VIII, Nr. 2.

land (Oberland), namentlich Hohenstein/Olsztynek, Neidenburg/Nidzica und Passenheim/Pasym, wurde nach ihren Nachbarstädten Osterode, Gilgenburg/Dąbrówno und Liebstadt/Miłakowo hin ausgerichtet.[38] Oberhöfe des kulmischen Rechts wurden auch von den preußischen Bischöfen in ihren Domstädten gegründet: in Marienwerder/Kwidzyn für Pomesenien und in Kulmsee/Chełmża für das Bistum Kulm.[39] Man kann demnach festhalten, dass der Deutsche Orden und die preußischen Bischöfe die Organisation des Rechtszuges auch zur Schaffung von städtischen Zentralorten innerhalb des von ihnen beanspruchten lokalen wie territorialen Herrschaftsbereiches nutzten.[40]

Der Rechtstransfer zwischen Preußen und Magdeburg ging weit über das gerichtliche Verfahren und die Prozessentscheidung hinaus. Die Anfragen an den Magdeburger Schöffenstuhl waren zugleich ein Mittel, um Konflikte zu lösen und verfassungspolitische Ansprüche zu legitimieren. Sowohl die preußischen Großstädte als auch der Hochmeister selbst nutzten die auswärtigen Expertisen als Argumente in politischen Auseinandersetzungen. Bemerkenswert ist die Tatsache, dass von den acht ältesten erhalten gebliebenen Magdeburger Rechtsbelehrungen für die preußischen Städte aus dem Jahr 1338 drei verfassungspolitische Probleme und drei weitere die Unabhängigkeit der städtischen Gerichtsbarkeit vom Stadtherrn betrafen.[41]

Auf Grundlage der Analyse der 77 aus den 1430er Jahren stammenden Schöffensprüche der Kulmer Sammlung von Konrad Bitschin lassen sich vier Sachbereiche hinsichtlich der Beziehungen zwischen den Städten und dem Landesherrn im Ordensland unterscheiden, bei denen die Belehrung der Magdeburger Schöffen als Argument genutzt wurde: die Unabhängigkeit der städtischen Gesetzgebung, die freie Wahl der kommunalen Amtsträger, die Unabhängigkeit der städtischen Gerichtsbarkeit sowie die Auslegung der städtischen Privilegien (Abb. 3).

Im 13. Jahrhundert besaßen die städtischen Gemeinden in Preußen nicht das Recht, selbstständig Willküren zu beschließen. Es lässt sich daher vermuten, dass die Räte der preußischen Großstädte erst nach der Ausbildung der Ratsverfassung am Ende des 13. Jahrhunderts Ansprüche auf eine Unabhängigkeit im Bereich der Gesetzgebung artikulierten.[42] Möglicherweise behielt sich der Deutsche Orden aus diesem Grund das Recht auf Bestätigung der Willküren in den Privilegien für Elbing (1288) und Preußisch Holland/Pasłęk (1297) vor.[43] Von den Bestrebungen der Städte, eigene Willküren zu setzen, zeugt eine diesbezügliche Frage, die der Stadtrat von Kulm 1338 an den Schöffenstuhl von Magdeburg richtete. Die ihnen erteilte positive Antwort dürfte die Kulmer Räte wenig überrascht haben, da die Magdeburger Rechtsweisung für Breslau 1261 die Befugnis des dortigen Rates und die der Bürgerversammlung zur Setzung von Willküren längst bestätigt hatte.[44] Es ging also bei der aus Kulm stammenden Anfrage nicht um das bloße Wissen um das Willkürerecht des Rates, sondern vielmehr um die Aneignung eines gewichtigen Arguments, das im Falle von Auseinandersetzungen um die Stadtverfassung angeführt werden konnte. Sehr bezeichnend ist daher auch die Tatsache, dass sich der Deutsche Orden zur selben Zeit in den Gründungsprivilegien von Mohrungen/Morąg (1331), Schwetz/Świecie und Mühlhausen/Młynary (je 1338) das Recht auf die Bestätigung von Willküren ausdrücklich vorbehalten hatte.[45]

Das Recht auf die freie Wahl der städtischen Beamten gehörte zu den wichtigsten Elementen der kommunalen Selbstverwaltung. In der Frühphase der Entwicklung der städtischen Gemeinde übte der Deutsche Orden wahrscheinlich einen wesentlichen Einfluss auf die Wahl der Ratsherren und Schöffen aus. Seit dem Ende des 13. Jahrhunderts versuchten die Stadträte von Thorn, Kulm und Elbing allerdings, den Einfluss des Landesherrn auf die Wahl neuer Beamter durch die Bürgerversammlung einzuschränken.[46] Demgegenüber verteidigte der Deutsche Orden seine Ansprüche, indem er sich auf die im ersten Artikel der

|**38**| Preußisches Urkundenbuch 3/1, Nr. 7 u. 36; Preußisches Urkundenbuch 5/3, Nr. 775; Cod. Dipl. Pruss. 3, Nr. 150; Steffenhagen 1875, S. 32 betrachtet die Appellationsgerichte in den Städten des Sassenlandes nur als sogenannte Mittelgerichte auf dem Weg zum Kulmer Oberhof. Ein solches Verfahren wäre zwar möglich gewesen, ist aber durch Quellen nicht belegbar. |**39**| Preußisches Urkundenbuch 2, Nr. 140, S. 472; Woelky 1884, Nr. 217; Brünneck 1913, S. 20. |**40**| Czaja 2009, S. 72–76. |**41**| Im Einzelnen bezog sich dies auf die freie Wahl der Ratsherren und der Schöffen, die Setzung der Willküren ohne Genehmigung des Burggrafen, die Gerichtsbarkeit der Stadträte über Maße und Gewichte sowie über die Gäste und die Festsetzung von Steuern (Geschoß). Der Schöffenbrief ist erhalten in der oben erwähnten Zusammenstellung von Konrad Bitschin wie ebenso in dem sogenannten Elbinger Rechtsbuch, in einer Schweidnitzer Handschrift des schlesischen Landrechts und in einer Berliner Handschrift, die wahrscheinlich in Schlesien zusammengestellt wurde. Vgl. Gaupp 1828, S. 272–276; Stobbe 1865, S. 96. |**42**| Czaja 2014, S. 16–17. |**43**| Cod. Dipl. Warm. 1, Nr. 77 b; Preußisches Urkundenbuch 1/2, Nr. 680. |**44**| Goerlitz/Petry 1962, S. 31–33. |**45**| Preußisches Urkundenbuch 2, Nr. 746; Preußisches Urkundenbuch 3/1, Nr. 184 u. 190; Czacharowski 1990, S. 175–176. |**46**| Semrau 1921, S. 22–23; Czaja 2000, S. 67–68.

Kulmer Handfeste festgelegte Form der Schultheißenwahl berief, wie dies beispielsweise die Gründungsurkunde für die Altstadt Königsberg 1286 deutlich zeigt. Im Privileg für Königsberg Löbenicht/Ljobeniht von 1300 wurde die Liste der wählbaren Stadtbeamten auf »iudicibus, consulibus, scabini« erweitert. Erst in der Gründungsurkunde für die dritte Königsberger Stadt, den sogenannten Kneiphof/Knajpchof, von 1327 präzisierte der Deutsche Orden die Bedingungen der Wahl von Richtern, Ratsherren und Schöffen, die nunmehr nur aus einem Personenkreis gewählt werden durften, der zuvor durch die Ordensbrüder bestätigt worden war.[47] Auf einen Konflikt um die Prozedur zur Wahl der städtischen Amtsträger weist auch die oben erwähnte Anfrage des Stadtrats von Kulm an Magdeburg aus dem Jahr 1338 hin, die sich auf das Recht des Stadtherrn zur Einflussnahme auf die Ratsherren- und Schöffenwahl bezog. Der Magdeburger Schöffenspruch seinerseits bestätigte die Befugnisse des Rates und der Schöffenbank zur freien Wahl der neuen Mitglieder. Der Burggraf sollte jedoch das Recht auf die Bestätigung der neuen Schöffen behalten.[48] Ungeachtet dieser Tatsache bleibt festzustellen, dass das in dieser Rechtsweisung ebenfalls erwähnte Verbot zur Teilnahme der Ratsherren an der Schöffenwahl in den preußischen Städten häufig übergangen wurde. So billigte beispielsweise die Danziger Verordnung über das Stadtregiment aus dem Jahr 1421 dem dortigen Rat das Recht zu, die Schöffen ein- bzw. abzusetzen.[49]

Die Autorität der Rechtssprüche des Magdeburger Schöffenstuhls versuchten auch die Hochmeister im Rahmen ihrer mit den Städten geführten Streitigkeiten für sich zu nutzen. Als der Danziger Rat 1406 eines seiner Mitglieder wegen des Vorwurfs, mit verbotenem englischem Tuch Handel zu treiben, nicht zum Bürgermeister wählen wollte, wandte sich der Hochmeister vermutlich mit einer Rechtsanfrage nach Magdeburg. Grundsätzlich wollte der Landesherr die Befugnis des Rates nach einer unabhängigen Wahl seiner Mitglieder nicht infrage stellen, wie er selbst zum Ausdruck brachte: »wir welden sie alle wege by rechte lassen und beholden sunder im dunket uns, das dis wo list wychbilde recht, das eyn rat mag kysen ratmanen eyner stat alle jerlich und mogen den Rat vor nuwen und der gekorne Ratmann keynen mag der obirte Burggraf entseczen«. Er beanspruchte jedoch das Recht, über eine unberechtigte Amtsenthebung mitzuentscheiden: »Abir eynem frommen bedirman, der sich ny vorrucket hat, wol XVII jor umbeschuldigt, den mag der Rat nicht entsetzen one schult und one der hirschafft wissen«.[50] Anhand anderer Quellen ist zu erfahren, dass der Deutsche Orden im ersten Jahrzehnt des 15. Jahrhunderts danach strebte, seine Parteigänger in die politische Führungsgruppe Danzigs hineinzubringen.[51] Ein Rechtsspruch der Magdeburger war ein glaubwürdiges Mittel, der zur Umsetzung dieses Vorhabens dienen sollte.

Im Gegenzug verteidigten auch die preußischen Städte mithilfe von Magdeburger Rechtssprüchen ihre gerichtlichen Befugnisse. Die überlieferten Schöffensprüche bezüglich der Gerichtsbarkeit des Rates hinsichtlich Maßen und Gewichten sowie Lebensmittelhandel aus den Jahren 1338 und 1339 stehen aber wohl nicht in einem ursächlichen Zusammenhang mit der geschilderten zeitgenössischen Situation im Ordensland. Vermutlich handelt es sich dabei vielmehr um Abschriften der Rechtsweisung für Breslau/Wrocław von 1261.[52] Mit der Regelung der Beziehungen zwischen den preußischen Städten und dem Deutschen Orden sind eher die Rechtssprüche hinsichtlich der uneingeschränkten Gerichtshoheit im Bereich der städtischen Gemarkung, also der sogenannten Stadtfreiheit auch außerhalb der Mauern, verbunden, die auch Personen und Straßen umfassen sollte.[53] Auch die Rechtssprüche, welche die durch den Komtur verantwortete Vertretung von Ordensuntertanen vor dem Stadtgericht betrafen, sowie die Rechtssprüche über die Ablösung der Gefängnisstrafe durch eine Geldzahlung ohne Zustimmung des Stadtherrn gehen dezidiert auf das städtisch-landesherrliche Verhältnis ein. Der Kulmer Rat verteidigte darüber hinaus seinen freien Rechtsverkehr nach Magdeburg vor den Ansprüchen der Amtsträger des Deutschen Ordens, die die nach Magdeburg unterhaltenen Beziehungen zu unterbinden gedachten.[54]

Die letzte Rechtsbelehrung in der Kulmer Sammlung betrifft die Auslegung der Handfeste und der Privilegien, die der Landesherr für seine Untertanen ausgestellt hatte. Die Magdeburger Schöffen entschieden, dass »juristen noch legisten sullen der herren briefe, die sie eren undirsossen geben nicht duden noch uslegen«. In Zweifelsfällen sollten die Streitparteien einen Schiedsrichter einsetzen.[55] Diese Rechtsweisung steht im Kontext des Konflikts um die Befreiung der Städte Kulm und Thorn vom Pfundzoll, die sie auf Grundlage der Kulmer Handfeste für sich beanspruchten.[56] Der Kulmer Rat hatte zusammen mit seiner diesbezüglichen Anfrage in Magdeburg wahrscheinlich auch eine Abschrift der Kulmer Handfeste an die dortigen Schöffen geschickt. Der daraus resultierende Streit mit dem Deutschen Orden ist deshalb so interessant, weil der Hochmeister Konrad von Erlichshausen ebenfalls bei den Magdeburger Schöffen um Unterstützung warb. Dementsprechend schickte er im Dezember 1444 seinen Schreiber Johannes Bentin zusammen mit dem Doktor der Rechte Nicolaus von Saalfeld, »des Marggraffen doctor«, nach Magdeburg,[57] der dort den Schöffen persönlich die Sache vorstellen sollte. Dieses Vorgehen führte jedoch nicht zum Erfolg. Nach dem Bericht Bentins haben die Schöffen die Anfrage des Ordens als derart »wichtig und sweer« bezeichnet, dass sie für deren Beantwortung deutlich mehr Zeit benötigten. Sie versprachen daher, Bentin den Rechtsspruch nach Berlin nachzusenden. In einem aus Berlin an den Hochmeister gerichteten Brief äußerte dessen Notar folglich den Verdacht, dass sich die Schöffen zunächst an die Ordinarien in Leipzig und Erfurt wenden würden. Schließlich vermochte es Johannes von Bentin nicht, einen Rechtsspruch aus Magdeburg zu erhalten (Abb. 4).[58] Zum allerletzten Mal versuchten die Ordensbehörden Anfang des 16. Jahr-

|**47**| UB Königsberg 1, Nr. 12, 16 u. 23. |**48**| Czacharowski 1990, S. 176. |**49**| Hirsch 1870, S. 334: »Item die czwelff rathmanne, die do sitczen, mogen by iren eyden in der stat beste uf die scheppenbanck setczen und ouch abesetczen in irer kore«. |**50**| GStA PK, XX. HA, Ordensfolianten, Nr. 3, S. 248; Voigt 1834, S. 384–385. |**51**| Ein Beleg dafür ist u. a. der Brief des Danziger Komturs an den Hochmeister, der kurz vor der Ratswahl 1410 geschrieben wurde: »Liber her meister, nu geet yo ken synte Peters tag, das sy rotluthe und scheppen kyssen, und vorneme ich, da sy das wunderlich halden und bestellens underenander [...] und wullen der unsern keynen darynne haben und haldens under sich, da unser herlichkeit keyn sagen darynne sol haben«, Hirsch 1870, S. 304 u. 396, Anm. 4; Czaja 2000, S. 67–68. |**52**| Goerlitz/Petry 1962, S. 3. |**53**| Der Deutsche Orden versuchte, sich in manchen Stadtprivilegien das Straßengericht und die Gerichtsbarkeit über Preußen und über seine Untertanen vorzubehalten, vgl. Cod. Dipl. Warm. 1, Nr. 300; Cod. Dipl. Warm. 2, Nr. 166; Preußisches Urkundenbuch 1/2, Nr. 348, 525, 550 u. 680, betrifft die Privilegien für Elbing, Mewe, Tolkemit, Marienburg, Preußisch Holland und Christburg. |**54**| Stobbe 1865, S. 96. |**55**| GStA PK, XX. HA, Ordensfolianten Nr. 83, S. 249. |**56**| Sarnowsky 1995, S. 69–70. |**57**| Der aus dem Ordensland stammende Nicolaus von Saalfeld stand zwar Ende 1444 im Dienst des Markgrafen, doch ab 1430 gehörte er zu den Geistlichen und Notaren, die mit dem Deutschen Orden verbunden waren, vgl. Boockmann 1972, S. 349–350. |**58**| GStA PK, XX. HA, Ordensbriefarchiv, Nr. 8665, 8658; Voigt 1838, S. 77–78.

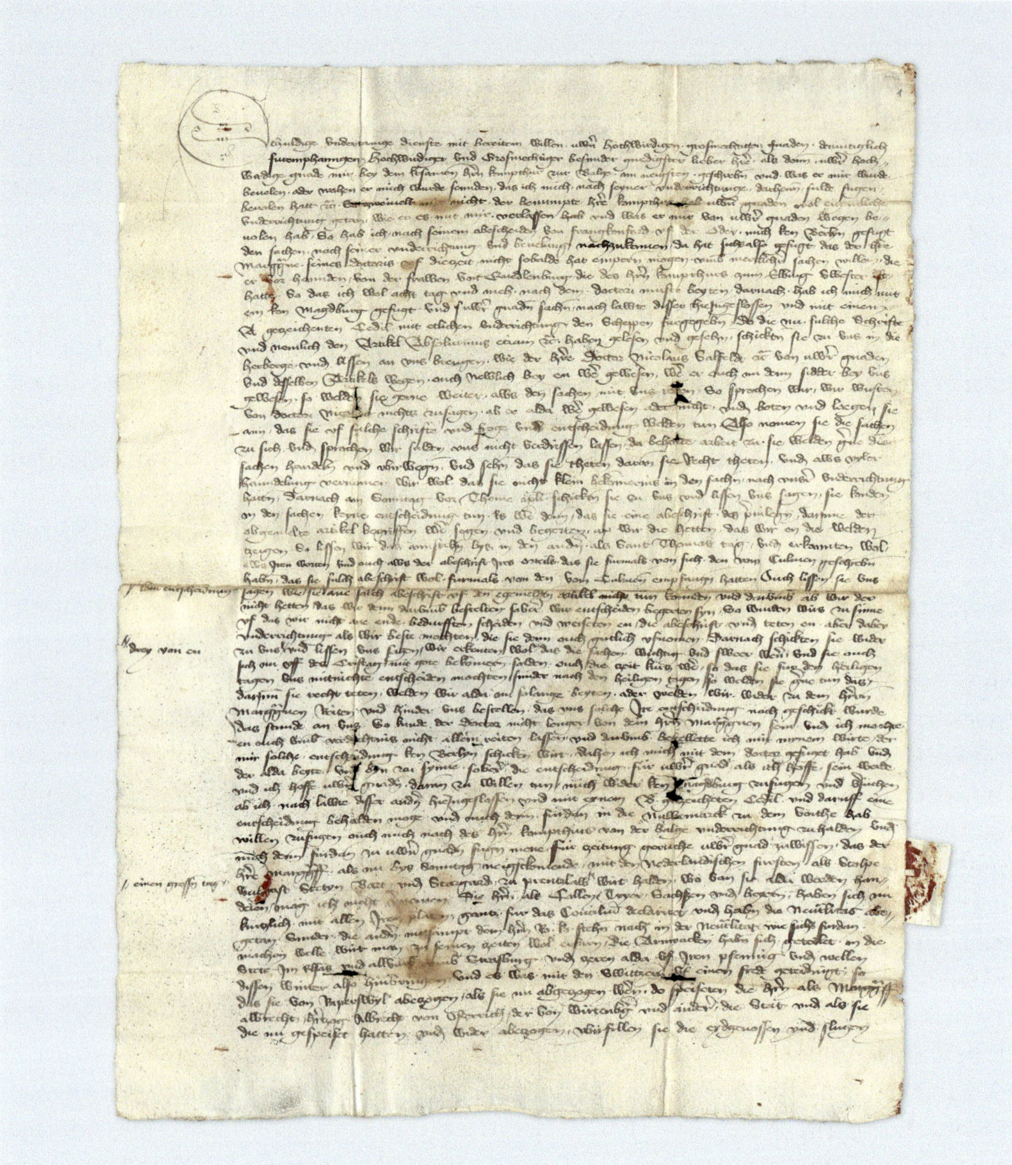

Abb. 4
Brief von Johannes von Bentin, dem Schreiber der Marienburger Kanzlei, an den Hochmeister Konrad von Erlichshausen mit der Beschreibung seiner Verhandlungen mit den Magdeburger Schöffen, 1. Januar 1445. Berlin, Geheimes Staatsarchiv Preußischer Kulturbesitz, XX. Hauptabteilung, Historisches Staatsarchiv Königsberg, Ordensbriefarchiv, Sign. 8658.

hunderts, einen Konflikt mithilfe einer Rechtsweisung des Magdeburger Schöffenstuhls zu lösen. So entschieden die Schöffen um 1502 auf Antrag des Hochmeisters Friedrich von Sachsen den Streit der Altstadt Königsberg mit dem Kneiphof auf der Grundlage von Hochmeisterprivilegien aus den Jahren 1434 und 1455.[59]

Nach dem Ausbruch des Dreizehnjährigen Krieges und nach der Inkorporation des westlichen Teils des Ordenslandes in die polnische Krone errichtete der Hochmeister den Oberhof des kulmischen Rechts nunmehr in der Altstadt Königsberg.[60] Seitdem sendete der Königsberger Rat vermehrt »gescholtene Urteile« nach Magdeburg. Nach der Gründung eines landesherrlichen Gerichts, des sogenannten »Quatembergerichts« auf dem Schloss, veränderte auch der Hochmeister seine Einstellung gegenüber dem Rechtsverkehr mit Magdeburg.[61] Die hochmeisterlichen Regenten schlugen somit auf der Tagfahrt der Stände im August 1508 vor, die Appellation nach Magdeburg gänzlich aufzuheben, »welche dem Hochmeister und dem wirdigen orden zu schympf und nachteyl irer oberkeyt, privilegien und regalien reichet«.[62] Darüber hinaus verursache der Rechtszug nach Magdeburg große Unkosten für die Untertanen, wie die Regenten weiter argumentierten. Die Städte konnten sich einem solchen Bestreben des Landesherrn auf die Dauer nicht widersetzen, sodass der »Oberkolm« 1517 schließlich vom altstädtischen Gericht in Königsberg auf das Hofgericht übertragen wurde.[63]

Zusammenfassung

Die obigen Ausführungen lassen eine Reihe wichtiger Schlussfolgerungen zu. Erstens war der Rechtstransfer kein einmaliger Akt, der mit einer Verleihung des Stadtrechts in Form von Gründungsprivilegien gleichzusetzen wäre. Vielmehr bewirkte die Verleihung des magdeburgischen Rechts eine kontinuierliche Kommunikation mit Magdeburg, die weit über die Rechtsbelehrung im Falle gerichtlicher Verfahren und Prozessentscheidungen hinausging. Zweitens sollte man im Rahmen des Rechtsverkehrs zwischen dem Ordensland und Magdeburg nicht nur die unmittelbar daran beteiligten Handlungsträger berücksichtigen, sondern auch verschiedene Vermittlungsräume, unter denen Schlesien von größter Bedeutung war. Drittens gehörten das kulmische Recht und die Kommunikation mit Magdeburg zu den wichtigsten Faktoren, die die in Quellen des 14. und 15. Jahrhunderts gut sichtbare Selbst- und Fremdwahrnehmung Kulms als »Hauptstadt des Landes« nachhaltig bestimmt haben.[64] Schließlich ging es viertens beim Rechtszug nach Magdeburg nicht allein um das Wissen darüber, wie man in Zweifelsfällen bezüglich gerichtlicher Verfahren und Gerichtsurteile aus dem Bereich des Zivil- und Strafrechts entscheiden sollte. Die Magdeburger Schöffensprüche hatten weit darüber hinaus ebenso einen politischen Wert als Instrumente der Friedensstiftung, aber auch als gewichtige Argumente innerhalb der zwischen dem Deutschen Orden und seinen Städten geführten Auseinandersetzungen um Selbstbestimmung und Abhängigkeit. Seit Anfang des 16. Jahrhunderts waren solche Rechtsweisungen auswärtiger Experten jedoch nicht länger mit dem Gedanken einer fürstlichen Landeshoheit vereinbar.

|**59**| Perlbach 1878, S. 84, Nr. 104; Steffenhagen 1875, S. 72–73. |**60**| Brünneck 1913, S. 38–43, stellt die Vermutung auf, dass die Verlegung des Oberhofs auf das Rathaus in der Altstadt Königsberg nicht 1455, sondern erst nach 1478 vollzogen wurde. |**61**| Gause 1965, S. 193; Conrad 1907, S. 4. |**62**| Toeppen 1886, S. 536. |**63**| Freiwald 1961, S. 59. |**64**| Czaja 2009, S. 81.

MORAVIAE PARS.
Arua
Domatyn
Palocza
Kasmert.
S. Martin
Czeben
Vedhaz
Warifsa
Orowa
Likawa
Vywar
Neuheufl
Leutsch
Slauk
Saroz
Eperi
Kapy
Therma
Kalnoz
Nyra
Oroslankw
Richo
Budetyn
Waag fluuius
2. Niclos
Hewath fluuius
Bodomyr
Seplak
Bistricia
Transcha
Bocz
Lipcze
Rosenaw
Muran
Kiscboru
Gran flu
Bela
Golna
Ilawa
Letawa
Platnitza
Thiergaret
Olsowa
Olczy
Gilnycz
Calgocz
Freistat
Moskowicz
Repacz
Neusol
Pilsowicz
Torna
Toma
Filleck
Sepsi
Misla
Chichua
Varano
Roczgen
Lipolcz
Bonycza
Pruncza
Kereft
Laserha
Hehewise
Teplitz
Debring
Wigles
Dywyn
Somoske
Rymasa
Dedoz
Edelyn
Forro
Tarczal
Pesing
Wardo
S. Maria
Ratzeldorf
Wolfsgruh
Schemnitz
Caprin
Bosok
Sipek
Rudobania
Weynar
Nitria
Keßelekw
Kees
Komiathy
Kostolan
Gymez
Sornowiez
Vibama
Hodritz
Hochstet
Bukatz
Mitterthur
Palast
S. Hidwig
Losoncz
Rimarchez
Maklar
Erla
Borzamo
Schutzendahe
Komara
Warebel
Otzlan
Waraz
Benedit
Chabrah
Batha
Lewa
Kaha
Schag
Dregel
Noningrad
Gyarmath
Syrok
Agria
Kal
Babona
Bodas
Marzelhaz
Kebelhut
Goharn
Pilsen
Nemethi
Kamecze
Maroz
Kerestur
Zonda
Tadhar
Adhar
Ibon
Brigecio
Wardemik
Wozzen
Vacia
Kerepes
Werfsek
Warto
Somboh
Dan
Kaina
Abda
Rab
Gewr
Dotis
Bompid
Nesmil
Carta
Labatlan
Strigonium
Gran
Plindenburg
Vissegrad
Insula
2. Iacob
Z. Margreta
Pesth
Selle
Ozlar
Pand
Ilber
Porda
Kapu
VERTHES mons hungarice BATON germanice dem Schiltberg quod Henricum III imp. istic castrametatum referunt, contra Belam Hungariæ Regẽ, fameq; pressum relictis scutis castra deseruisse
Vilhan
Salmar
2. Andre
Alt Ofen
Ofen Buda
Galacz
Harazon
Niderzakosd
Scapring
Mesling
Papoz
Arrabo Rab fluuius
Pelysia
Bizck
2. Paul
Potenciana
Theten
2. Dyony
Woration
CVMANORV PVS, Bachmege ta, pascendis coribus apta
2. Niclos
Taxon
Badon
Dynzeg
Dala
Ketzn
Gesthes
Zanto
Marton Vasar
Erd
Adom
Kakakw
Vall
Sombok
Cenium colles
Rachzkewy
CASTRI FERREI
Saruar
Rothenthurn
Palota
Vrhyda
Monstor butibulos
Kertwilrew
Pentole
Apostag
Almaz
Patay
2. Giak
Papa
Leweld
Sag
Ugad
Vasanha
Brinhyda
Venecz
Zucreutz
2. Martin
2. Agatha
Zygethseen
Kemend
Kermod
S. Gothart
Sacar
bantia
Egervar
Somlio
Vesprimium
Tapolcha
Kenecze
StulWeißenburg
Alba Regalis
Alap
Hard
Pax
Ad statum colossa
Colocza
Baya
PANONIA INFERIOR, ud SECVDA PROCONS
Kadarhut
Karad
Varzon
Dombo
Ozora
Symothorna
Felegrez
Henthza
Altinium
Tolna
VasWar
Eisnaburg
Dewechers
Eßeguan
Zeligeth
Tihan
Olimacum
Oberlymbach
Resi
Raponak
Simek
Hegest
Kewerewsek
Chorgo
Bikard
Debregest
Kapoz
Vinar
Bathoseh
NIA SVPE VEL PRIMA
Simek
Peleske
Sentgrod
Egersek
Salawar
Balaton lacus
Fonod
Zelnie
Trad
Hetez
Koppa
Enderew
Besenche
Kapoz flu
Zezzard
Nadasz
Korpad
2. Iacob
Thamasy
Mohacz
Buzadzigeth
Kanysia
Alsolndua
Niderlimbach
2. Hedwig
Kethel
Maroth
Hidwig
Somoguar
Symigium
Lak
Segeß
Karothna
Pathei
Gyomarbi
Boholcha
Pechuarad
S. Edesia
Sohljos
Almar
2. Georg
Mardzeby
Nagkumar
Meßtegnen
Chak
Bayon
Zyzeth
Kalmanchze
Kemißzalo
PANONIA SIRMIEN, uel MANTIN
Sahhon
S.
Elisabeth
Zerdahel
Gota
silua
Berzenche
Welewar
Barez
Bolcha
2. Martin
2. Georg
Sulpe
Craßo
Zegiak
Palina
Drauus fluuius
Prodakh
2. Erseberth
2. Georuara
REGNI SLAVONIÆ PARS, HVGARIÆ VECTIGALIS, olim SAVIA PANONIA
Zoppia
Rahocza
2. Niclos
Nekche
Herman
RIA, uel INTERAMN PANONIA
Gabronitza
Strezze
Dobrakutic
mons
Sopploncha
Saladnak
Bakotcha
Darnocz
Zobathel
Nisna
RASCIA
Kyßabacz
Clau
di
Sopronitza
Petrowyna
Monozlo
Solnyakh
Athyne
Gotho
DobroWyna
Gordwn
Garra
2. Kereft
Gordoma
Ratza
Isdenitz
Canzocz
Blacza
Czakocz
Galacz
Owar
Gradiskit
Gerenda
PANONIA BVBALIA
Arky translatum
Otoczecz
Sauus
Garuth
Dinitzo
Fewrhw
Dianatz
Wyzechky
Peheritz
Straßenlic
2. Peter
Pofeg
Nouigrad
Brod
VyWar
Michaloucz
Metubaris insula
Drina
Drino
2. Martin
Medwik
Chasma
Pason
Zopatie
Gradishia
Bolestina
Pochbucze
Gernik
Bela
Robokchy
Pleternicze
Kobas
Sagowina
Dabachachitra
Granſacz
SERVIA, SVPE
Segestica insula
Zagrabia
Velica regali
2. Deneter
2. Wyinar
Hrastia
Klethina
Swynar
Mediere
Wanyaluka
Rathor
Dobor
Doboez
Moglay
S. Zaba
DARDANIA
Sißia
Dubitza
Gradiskia Turcicum
Dobitza
Kobas turcicu
Warwitz
Medizere
Oryvas
Lewacz
olim
Wama
Dorizan
Zewernika
Tußy
Aßanetz
Widmisto
Chrostowitz
Gradiska
Blaina
Swynarbayn
Wakhyn
Kostanitza
Wamluka
BOSNIA
Nobyn
Koczura
Beczze
Zokolo
Wezan
Greben
Zwezan
Boczacz
WerWrlacz
Drawnik
Tießyn
Zarwenik
Petina
Nonigradetz
Comagon
CROATIA, olim LI
Lemacz

KATALIN GÖNCZI

Zum kulturellen Erbe Ostmitteleuropas

Der Transfer des sächsisch-magdeburgischen Rechts in das Königreich Ungarn

Das sächsisch-magdeburgische Recht gehört zum kulturellen Erbe Ostmitteleuropas und steht daher im Mittelpunkt der gegenwärtigen Stadtrechtsforschung. Geleitet von komparatistischen Fragestellungen zu den historischen Landschaften untersucht man heute vor allem die regionalen Unterschiede bei der Verbreitung des sächsisch-magdeburgischen Rechts. Außerdem werden die wirtschaftlichen und sozialen Komponenten bei der Wirkungsgeschichte des sächsisch-magdeburgischen Rechts im Königreich Ungarn berücksichtigt. Sowohl in der kulturgeschichtlichen als auch in der rechtshistorischen Forschung wurde für die Analyse grenzüberschreitender Phänomene das Paradigma »Transfer« gewinnbringend angewandt. Daher wählte man 2004 den Rechtstransfer als methodische Grundlage für Forschungen zum sächsisch-magdeburgischen Recht in Ostmitteleuropa,[1] wobei aufgrund der vergleichenden Länderanalysen die Formen, Wege und Akteure des Rechtstransfers benannt werden können.

Die Erforschung des sächsisch-magdeburgischen Rechts im Königreich Ungarn kann an die ungarische Historiografie anknüpfen, welche die Herkunft des Stadtrechts und des Stadtbürgertums im Untersuchungsgebiet schon seit Längerem untersucht, einordnet und bewertet.[2] Die Frage nach dem Einfluss des »deutschen« Rechts in Ungarn wurde in dieser ungarischen Forschung zwar – ausgehend von der Siedlungs- und Sozialgeschichte Ungarns – weitgehend bejaht, die Bedeutung dieses Einflusses wurde aber für gering erachtet, da man entweder auf die durch »Volksautonomie«[3] erfolgte Aneignung oder auf die Inseltheorie[4] verwies. Eine der jüngsten Stellungnahmen zu parallelen Strukturen im Stadtrecht beinhaltet zudem die These, dass sich die Ähnlichkeiten zwischen den Rechtskreisen aus dem gemeinsamen Kontext und dem gemeinsamen Rechtsdenken im städtischen Leben in Europa

Abb. 1
Ausschnitt aus der Karte »Germania« des Abraham Ortelius, um 1570.
Brünn, Mährische Landesbibliothek, Sign. Moll-0003.616.

|1| Vgl. Lück 2008 a. |2| Siehe dazu Gönczi 2015, S. 169–178. |3| Wenzel 1877, S. 44. |4| Vgl. Eötvös 1847, S. 39–40.

ergeben hätten.[5] Durch vergleichende Textanalysen ließen sich seitdem aber neuere Quellen finden, die die Verknüpfungen zwischen Rechtsquellen aus den ungarischen Städten und dem sächsisch-magdeburgischen Recht belegen. Daran knüpft die hiesige Untersuchung an. Im Folgenden wird es um einen problemorientierten und chronologisch strukturierten Überblick über die Verbreitung des Magdeburger Rechts in Ungarn gehen, der sich sowohl an der bisherigen Forschung orientiert als auch eigene Schwerpunktsetzungen anhand überlieferter Quellen vornimmt.

Die Stadtentwicklung im europäischen Kontext: Siedlerfreiheiten und das Magdeburger Recht

Die ersten Siedlungen im Donaugebiet sind im Umfeld von keltischen und slawischen Burgen entstanden; viele Ortsnamen deuten auf ältere slawische Burgen hin. Auch bei den Märkten, die sich in verkehrsgünstiger Lage bildeten, kam eine Konzentration von Einwohnern zustande. In Zusammenhang mit der Etablierung der königlichen Herrschaft und dem Ausbau der königlichen Verwaltung im Laufe des 11. Jahrhunderts entstanden die Gespanschaften[6] und die Bischofssitze, die ebenfalls über zentralörtliche Funktionen verfügten. Aufgrund der wirtschaftlichen Orientierung des Landes nach Osten waren dort in den ersten Jahrhunderten vorwiegend muslimische, armenische und jüdische Kaufleute tätig, die im Karpatenbecken bis zum 13. Jahrhundert eine wichtige Wirtschaftskraft darstellten. Ungarn lässt sich in seinen ersten Jahrhunderten daher als Teil des osteuropäischen Wirtschaftsraums betrachten.[7]

Die Öffnung des Landes in Richtung okzidentales Europa geschah nach dem Ende der Thronwirren im 12. Jahrhundert, als die königliche und kirchliche Verwaltung weiter ausgebaut werden konnte. Dies war auch die Zeit der Kreuzzüge, sodass Ritter, Pilger, Studenten und Kaufleute in großer Zahl nach Ungarn kamen.[8] Demzufolge siedelten sich immer mehr Zuwanderer (*hospites*) in Ungarn an;[9] unter den ersten Siedlern finden sich Franzosen, Flamen, Italiener und Wallonen. Die *hospites* ließen sich seit der zweiten Hälfte des 12. Jahrhunderts in Ungarn vor allem auf den königlichen Gütern nieder, also rund um die Verwaltungsinstitutionen in deren Suburbien. Auch die in der Mitte des Landes entstandenen Herrschaftszentren sowie sakrale Stätten der Árpáden-Dynastie waren solche Ziele:[10] In ihren Suburbien bei Gran, Etzelburg und Stuhlweißenburg befanden sich größere Siedlergemeinden von Wallonen bzw. Armeniern.

Auf diese Weise waren der Landesausbau und die Stadtentwicklung in Ungarn miteinander eng verknüpft, denn aus den Siedlerniederlassungen entwickelten sich – so András Kubinyi – die Städte im juristischen Sinne um die Wende vom 12. zum 13. Jahrhundert.[11] Als Folge der Siedlungsbewegung entstanden zudem zwei große Siedlungsgebiete mit vorwiegend deutschen Bewohnern: in Siebenbürgen und in der Zips.[12] Diese Landschaften hatten eine besondere Rechtsstellung; so bildete zum Beispiel das Siedlungsgebiet der Siebenbürger Sachsen, abgeleitet von ihrem Privilegium aus dem Jahr 1224, eine »autonome politische Einheit«.[13]

Das Stadtrecht entwickelte sich im Laufe des 13. Jahrhunderts aus den Freiheiten der Hospesgemeinden.[14] Die Rechtsinstitute dieses Siedlerrechts wurden in den Urkunden als *more Theutonico* oder *more Saxonum* gekennzeichnet. Formulierungen wie *libertates iure Theutonico* und *scultetus more Theutonico* deuten auf die gesonderte Rechtsstellung der Siedler hin, im Zuge derer sie beispielsweise ihre Grundstücke frei besitzen konnten. Der Zipser Stadt Pudlein/Podolínec gelang durch ein Privileg aus dem Jahre 1289 sogar die Anerkennung, dass ihr Vogt die Häuser und die dazugehörigen Güter gemäß dem deutschen bzw. dem Magdeburger Recht besitzen konnte (*mansiones iure thevtunicali videlicet Magdeburgensi uiuere decreuimus)*.[15]

Der Begriff *ius Theutonicum* ist im Zusammenhang mit den ländlichen Siedlungen in der nordöstlichen Region des Königreichs Ungarn bekannt und verdichtet schlagwortartig die Herkunft der Siedlerfreiheiten. Dazu gehörte, dass die Siedler der Dörfer ihre Abgaben in Geld entrichten durften; es stand ihnen Freizügigkeit zu und sie verfügten über persönliche Freiheit. Die Rechtsgewohnheiten der *hospites* sind für eine lange Zeit insbesondere im Familien- und Erbrecht erhalten geblieben. Als Muster für die Verleihung von Stadtprivilegien[16] dienten wiederum die Stuhlweißenburger Freiheiten, die in erster Linie die Befreiung vom Zoll im ganzen Land beinhalteten. Mehrere Stadtprivilegien im 13. Jahrhundert[17] enthielten Verweise auf diese Stuhlweißenburger Freiheiten (*libertates civium Albensium*), die zur Zeit der Urkundenausstellungen Synonyme für die städtische Freiheit waren. Allerdings wurde an der These, dass die Stuhlweißenburger Freiheiten ursprünglich auf eine Übernahme deutscher Stadtrechte zurückzuführen waren, wie Wilhelm Weizsäcker behauptete,[18] in der gegenwärtigen Stadtrechtsforschung zu Recht gezweifelt. András Kubinyi bezeichnete darüber hinausgehend und ebenfalls zutreffend die These als unbelegbar, wonach ein eigenständiger Rechtszug in den Städten des »Stuhlweißenburger Rechts« (sic!) unterstellt wurde.[19]

Für die königliche Bestätigung der städtischen Freiheit diente ab dem letzten Drittel des 13. Jahrhunderts das Ofner Recht[20] als Vorbild, das als Teil der Befugnis zur Selbstverwaltung die freie Wahl der Gemeindevorsteher einschloss. Nach den Freiheiten der Ofner wurde zum Beispiel der *Villicus* mit der Kompetenz ausgestattet, in Angelegenheiten der Gemeinde Recht zu sprechen.[21] Zur Zeit der Stadtprivilegien, also im Laufe des 13. Jahrhunderts, lassen

---

|**5**| Vgl. Szende 2014, S. 212. |**6**| Der Gespan (ungar. *ispán*; lat. *comes*) war ein königlicher Beamter zur Verwaltung eines Komitats. Die Institution war aus der königlichen Burgenverfassung hervorgegangen und wurde während des Mittelalters für die administrative Gliederung Ungarns strukturbestimmend. Vgl. dazu Bak 1989. |**7**| Vgl. Fügedi 1969, S. 105–106. |**8**| Vgl. Gündisch 1999, S. 29–30. |**9**| Vgl. Rady 2012, S. 177–213; Kristó 2008, S. 129–181. |**10**| Vgl. Végh 2009; Kubinyi 1994 a, S. 273; Kubinyi 1994 b, S. 273. |**11**| Vgl. Kubinyi 1994 c, S. 716. |**12**| Vgl. Seewann 2012, S. 21. |**13**| Vgl. Zimmermann/Werner 1892, Nr. 43, S. 32–35; Gündisch 2005, S. 38–43. |**14**| Vgl. Zsoldos/Neumann 2010, 36–37. |**15**| Cod. dipl. Hungariae, Bd. 6 (1830), S. 230–232. |**16**| Vgl. Fügedi 1961. |**17**| Die Privilegien von Tyrnau/Trnava, Neutra/Nitra, Raab/Győr, Sathmar/Satu Mare, Ödenburg/Sopron und Eisenburg/Vasvár enthielten Verweise auf die Stuhlweißenburger Freiheiten. Vgl. ebd., S. 26; Gönczi/Carls 2013, S. 85. |**18**| Vgl. Weizsäcker 1942/1943, S. 18; Weizsäcker 1942, S. 408. |**19**| Vgl. Kubinyi 1994 d, S. 629. |**20**| Vgl. Gárdonyi, 1936, S. 41–43. |**21**| Siehe zum Beispiel das Privileg der Hospites von Füzitő (1263): Sörös 1903, Nr. 59, S. 325–326.

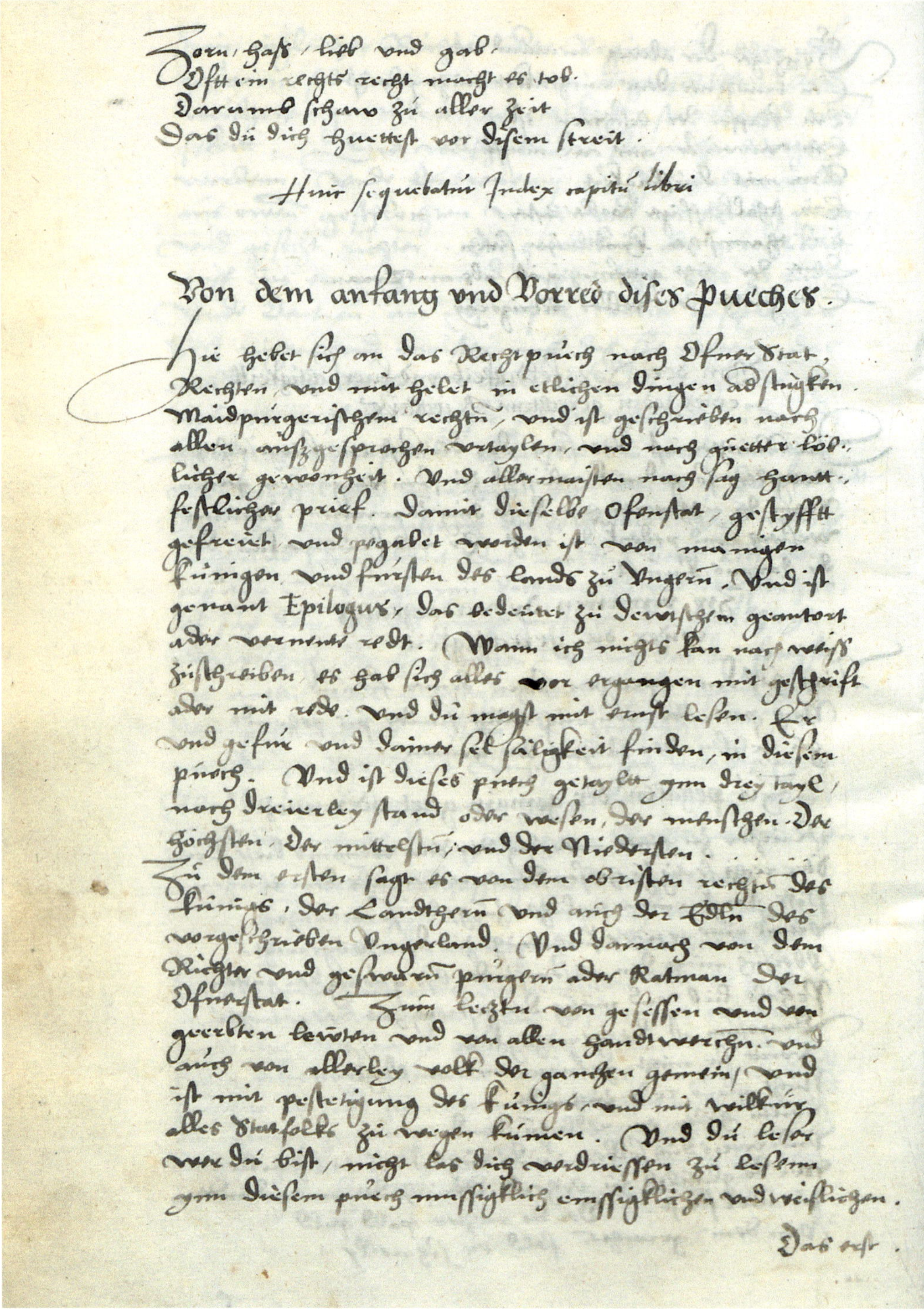
Zorn, haß, lieb vnd gab.
Offt ein rechts recht macht es tod.
Darumb schaw zu aller zeit
Das du dich huettest vor disem streit.

Von dem anfang vnd Vorred diser puecher.

Hie hebet sich an das Rechtpuech nach Ofnerstat Rechten, vnd mit helet in etlichen dingen ader stugken Maidpurgerischem rechten, vnd ist geschriben nach allen auszgesprochen vrtaylen, vnd nach guetter löblicher gewonheit.

Das erst.

Abb. 2
Eingangsformel des Ofner Stadtrechtsbuchs: »Hye hebet sich an das Rechtpuech nach Ofnerrstat Rechten, Vnd mit helet in etlichen dingen oder stugken Maidpurgerischem rechten, […]«, Anfang 15. Jahrhundert. Budapest, ELTE Universitätsbibliothek, B 31, S. 6.

sich daher die Rechtsverleihungen nur noch innerhalb der Landesgrenzen und zwar ausgehend von den Freiheiten aus den ungarischen Residenzstädten feststellen. Anders als in den schlesischen Städten griffen die Verleihungen nicht unmittelbar auf das Magdeburger Recht zurück. Dies änderte sich in der Folgezeit.

Der Transfer des sächsisch-magdeburgischen Rechts im Zeitalter der Rechtsaufzeichnungen und seine Wege

Im Laufe des 14. Jahrhunderts erfolgte neben der wirtschaftlichen auch eine rechtliche Ausdifferenzierung der Städte, wobei die Handelszentren den autonomen Status einer königlichen Freistadt erreichten. Die meisten dieser Städte lagen an den Verkehrswegen und entlang der Landesgrenzen und profitierten vom Fern- bzw. Transithandel. So entstand zusammen mit dem Warenverkehr ein wirtschaftliches Netzwerk, das auch den kulturellen Austausch innerhalb Ostmitteleuropas ermöglichte. In der Blütezeit der Stadtentwicklung am Ende des 14. Jahrhunderts entfaltete sich ebenfalls die Schriftlichkeit in den Städten. Den Stadtschreibern wuchs eine zentrale Rolle auch bei der Aufzeichnung des Stadtrechts zu.[22] In den von ihnen geschaffenen Stadtrechtsbüchern ist der Transfer von Normen und Rechtsvorstellungen gut nachvollziehbar.[23]

Das Rechtsbuch der königlichen Freistadt Ofen,[24] dessen Verschriftlichung auf den Anfang des 15. Jahrhunderts datiert werden kann, ist für die Forschung von besonderer Bedeutung, wie Mollay zutreffend charakterisierte: »die wichtigste und umfangreichste Quelle für das mittelalterliche [...] Rechtsleben nicht nur Ofens (ung. Buda) und der sog. königlichen Freistädte, sondern der Städte in Ungarn schlechthin«.[25] In dieser Quelle befindet sich ein unmittelbarer Verweis auf das Magdeburger Recht. So heißt es in der Eingangsformel des Ofner Stadtrechtsbuchs: »Hye hebet sich an das Rechtpuech nach Ofnerrstat Rechten, Vnd mit helet in etlichen dingen oder stugken Maidpurgerischem rechten, [...]«[26] (Abb. 2).

Diese Stelle wurde in der Literatur vielfach mit der Fragestellung diskutiert, ob es sich hierbei um eine Authentizitätsbestrebung oder um einen Quellenverweis handelt.[27] Nach der Auswertung etlicher wörtlicher, inhaltlicher und struktureller Übereinstimmungen des Ofner Rechtsbuchs mit den Quellen des sächsisch-magdeburgischen Rechts[28] lässt sich feststellen, dass die Magdeburger Rechtsquellen während der Kompilation des Rechtsbuchs zur Verfügung standen.[29] Der Zusammenhang beim Aufbau lässt sich zum Beispiel anhand der Bestimmungen zur Dingpflicht und zum betrügerischen Handel[30] nachweisen. Diese Normen stimmen sogar in der Wortwahl mit der Breslauer Rechtsmitteilung der Magdeburger

|22| Švecová 2016. |23| Vgl. hierzu den Beitrag von Christian Speer in diesem Band, S. 333–363. |24| Vgl. Mollay 1959; Blazovich/Schmidt 2001; Gönczi 2017 b. |25| Mollay 1959, S. 7. |26| Ebd. |27| Vgl. Kubinyi 1975, S. 563; Johanek 1989, Sp. 20; Munzel 1984; Bak 1993. |28| Für Textvergleiche siehe Blazovich 2005 a; Gönczi 2017 c. |29| Vgl. Rady 1985, S. 46–47. |30| Vgl. Mollay 1959, Ofner Stadtrechtsbuch, Art. 159.

Schöffen überein, sodass eine unmittelbare Übernahme von Passagen aus den Magdeburger Rechtsquellen konstatiert werden kann. Außerdem kommen im Stadtrechtsbuch Themen wie die Zweischwerterlehre[31] oder Rechtsinstitute wie der Reinigungseid (*selbdritt* bzw. *selbsiebent*)[32] oder die Heimsuchung als Straftat[33] vor, die seitens des Verfassers die Kenntnis des sächsisch-magdeburgischen Rechts voraussetzten. Der Weg des sächsisch-magdeburgischen Rechts in den Donau- und Karpatenraum führte in erster Linie über Schlesien, das in vielerlei Hinsicht als Drehscheibe im Transferprozess in Richtung Osteuropa fungierte. Die wirtschaftlichen Verbindungen zwischen Breslau und den Städten im Königreich Ungarn waren intensiv[34] und sie reichten, wie aus dem Ofner Stadtrechtsbuch ersichtlich ist,[35] bis nach Ofen und Pest.

Ein weiterer Weg des Rechtstransfers führte über Kleinpolen, wo Krakau als Residenzstadt sowie Handels- und Universitätsstadt ein wichtiges Zentrum der Rechtsvermittlung war.[36] Auch für Impulse in das Siedlungsgebiet der Zipser Sachsen ist dieser Transferweg einschlägig. An erster Stelle steht unter den Zipser Rechtsquellen die Zipser Willkür. László Blazovich hat bereits die Stellen nachgewiesen, die Ähnlichkeiten der Artikel des Rechtsbuchs der Zipser Sachsen mit dem Sachsenspiegel erkennen lassen.[37] Hinzuweisen ist auf das Familien- und Erbrecht der Zipser Willkür, das Regelungen enthält, die dem sächsisch-magdeburgischen Recht strukturell ähnlich sind. Zum Beispiel stellen die Erbfolge der Abkömmlinge, der Begriff des Nachlasses und die Regeln der Vormundschaft Textstellen dar, in denen parallele Strukturen aus beiden Rechtsbüchern nachgewiesen werden können. Diese Übereinstimmungen sind Ergebnis einer langjährigen Symbiose mehrerer Rechtskulturen im Karpatenbecken.

Auf den Weg des Rechtstransfers über Kleinpolen deutet ebenfalls hin, dass Bürger aus Städten wie Eperies/Prešov, Bartfeld/Bardejov sowie den Zipser Städten mit den Krakauern in Verbindung standen. Studenten aus diesen Städten besuchten die Universität Krakau, aber auch rege Handelsbeziehungen sind nachweisbar.[38] Die Stadt Krakau/Kraków, in der mehrere Kompendien des sächsisch-magdeburgischen Rechts verfasst worden waren, wurde daher auch ein Zentrum des Rechtstransfers in Richtung Ungarn.[39] An der im Jahr 1364 gegründeten Universität studierten im Laufe des 15. und 16. Jahrhunderts viele Ungarn,[40] die nach ihrer Rückkehr führende Funktionen in der Regierung der Städte innehatten. Sie wurden damit zentrale Multiplikatoren im Wissenstransfer. Solch eine zentrale Rolle übernahm etwa Cristan Czibner, der spätere Stadtschreiber, Geschworene und Stadtrichter von Eperies. Sein zwischen 1483 und 1485 absolviertes Studium in Krakau fällt zeitlich mit der wissenschaftlichen Bearbeitung des sächsisch-magdeburgischen Rechts im Umfeld des Krakauer Obergerichts für die Städte deutschen Rechts und der Universität zusammen. Er wurde in den ungarischen Quellen explizit als »almae universitatis Cracoviensis arcium liberalium baccalarius« bezeichnet, also als Absolvent der Krakauer Universität.[41] Nach der Rückkehr aus seinem Studienort Krakau befasste sich Czibner mit der Zusammenstellung des Amtsbuchs von Eperies, in das er das Magdeburger Recht zusammen mit den Artikeln des Tavernikalgerichts, des gemeinsamen Obergerichts für die königlichen Freistädte, aufnahm.[42]

Außerdem gab es nun weitere wirtschaftliche, soziale und kulturelle Anknüpfungspunkte an Deutschland. Ofen war ein Zentrum des Fernhandels und ein Umschlagplatz von Tuch, Seide, Gewürzen, Fisch und Pelz. Alle diese Handelswaren wurden im Rechtsbuch namentlich erwähnt.[43] Die führende Schicht der Ofner Bürgerschaft war deutschsprachig, wie auch die meisten Angehörigen des Stadtregiments.[44] Durch die Verbindungen zu den oberdeutschen Handelsstädten lässt sich außerdem der Einfluss des Schwabenspiegels und der süddeutschen Stadtrechte erkennen, denn die österreichisch-süddeutsche Region war ebenfalls eine Brücke zwischen Ungarn und Westeuropa. Diese Kontakte prägten auch das Rechtsleben der Donaumetropolen Ofen und Pressburg. Seit der zweiten Hälfte des 14. Jahrhunderts kam es zu zahlreichen Einwanderungen bzw. Niederlassungen aus den oberdeutschen Handelsstädten, wie András Kubinyi anhand der familiären Verbindungen der Ofner Bürgerschaft nachgewiesen hat.[45] Diese Kontakte reichten bis nach Siebenbürgen.

In Siebenbürgen, das sich im Laufe des 13. Jahrhunderts zu einem der größten Zielgebiete deutscher Siedler in Ostmitteleuropa entwickelt hatte, ist das sächsisch-magdeburgische Recht ebenfalls nachweisbar. Dies lässt sich auf das autonome Rechtsleben der Siebenbürger Sachsen zurückführen, denn Autonomie und freie Richterwahl wurden bereits 1224 im sogenannten »Privilegium Andreanum«[46] festgelegt. Der König sicherte der Gemeinschaft der Siebenbürger Sachsen durch diesen Freibrief zu, Rechtsstreite nach deren eigenen Rechtsgewohnheiten entscheiden zu dürfen. Daher galten unter den Siebenbürger Sachsen die mitgebrachten Rechtstraditionen weiter. Das sächsisch-magdeburgische Recht ist im Königreich Ungarn also – nach dem heutigen Forschungsstand – vor allem in den Rechtsaufzeichnungen nachweisbar. Ein Beispiel dafür ist der »Codex Altemberger« aus Siebenbürgen, der eine Abschrift des Magdeburger Weichbildrechts beinhaltet.[47] Diese Handschrift wurde am Ende des 15. Jahrhunderts von einem ehemaligen Wiener Studenten und Schreiber in der königlichen Kanzlei nach Hermannstadt gebracht. In diesem Codex, der in der Praxis Verwendung fand, wurden mehrere deutsche Rechtstexte verzeichnet: das Landrecht aus dem Schwabenspiegel, das Magdeburger Weichbildrecht sowie das Stadt- und Bergrecht von Iglau.[48]

Die Bücherlisten von Bürgern aus Siebenbürgen weisen ebenfalls auf Quellen des sächsisch-magdeburgischen Rechts hin. Bücherbestände ab der zweiten Hälfte des 16. Jahrhunderts enthielten Quellen des römischen und des sächsisch-magdeburgischen Rechts; daher spricht Béla Szabó in Zusammenhang mit dem Kulturtransfer zutreffend von der *peregrinatio librorum*.[49] Auf jenen Bücherlisten stand auch der Sachsenspiegel, der als Quelle des lokalen

|**31**| Vgl. ebd., Ofner Stadtrechtsbuch, Art. 2. |**32**| Ebd., Ofner Stadtrechtsbuch, Art. 264 u. 265. |**33**| Vgl. ebd., Ofner Stadtrechtsbuch, Art. 159., Abs. 2. |**34**| Vgl. Nikolicza 2012, S. 155–163. |**35**| Vgl. Mollay 1959, Ofner Stadtrechtsbuch, Art. 444. |**36**| Vgl. Bily/Carls/Gönczi 2011, S. 14 u. 28. |**37**| Vgl. Blazovich 2005 b. |**38**| Halaga 1989. |**39**| Vgl. zu Krakau auch die Beiträge von Jerzy Piekalski, S. 387–401, und Jürgen Heyde, S. 285–297 in diesem Band. |**40**| Vgl. Capros 2010. |**41**| Haraszti Szabó/Kelényi/Szögi 2017, Nr. 2205, S. 235–236. |**42**| Vgl. Iványi 1931, S. 67. |**43**| Vgl. Skorka 2016; Benda 2016, S. 261, 265 u. 268; Draskóczy 2016, S. 288–289. |**44**| Mollay 1959, Ofner Stadtrechtsbuch, Art. 59–61. |**45**| Kubinyi 1994 c, S. 715; Kubinyi 1971. |**46**| Zimmermann/Werner 1892, Nr. 43, S. 32–35. |**47**| Vgl. Lindner 1885. |**48**| Vgl. ebd., S. 113; Moldt 2009, S. 215–218. |**49**| Vgl. Szabó 2009, S. 105–121.

Rechts bezeichnet wurde.[50] Auf die Präsenz und Wahrnehmung des sächsisch-magdeburgischen Rechts im Königreich Ungarn deuten zudem die Handschriften und Frühdrucke hin. Als Béla Iványi in den 1930er Jahren den Bestand des Stadtarchivs von Eperies untersuchte, entdeckte er eine Handschrift aus dem 14. Jahrhundert mit einem ausführlichen Teil zum Magdeburger Recht.[51] Am Anfang des Manuskripts findet sich der Hinweis: »Liber legum civitatis Epperies«, eingetragen von der Hand des Stadtschreibers Cristan Czibner am Anfang des 16. Jahrhunderts. Darauf folgt eine Rechtssammlung zum Magdeburger Recht auf 580 Seiten, versehen mit Randnotizen und Zeichnungen des Stadtschreibers Czibner. Gleich nach dem Magdeburger Rechtsbuch wurden die Eidesformeln des Stadtnotars, des neu gewählten Richters und der Schöffen aufgenommen (*Juramentum Notarii*; *Juramentum Novi judiciis*; *Juramentum iuratorum*). Die zeitliche Spanne vom 14. Jahrhundert bis zum Beginn des 16. Jahrhunderts zwischen den Einträgen, die Eidesformeln sowie die Notizen zum Magdeburger Recht durch Christan Czibner deuten darauf hin, dass das Magdeburger Recht dank des studierten Stadtschreibers in der Stadt bekannt war. Der Weg des sächsisch-magdeburgischen Rechts nach Eperies führte über Krakau, wo Czibner zwischen 1483 und 1485 studiert hatte.

Ebenfalls in der königlichen Freistadt Eperies fand Iványi bei seinen Forschungen mehrere aus Leipzig stammende, gedruckte Exemplare des Sachsenspiegels aus dem 16. Jahrhundert. In einer Ausgabe von 1539 verweist ein Eintrag darauf, dass dieses Rechtsbuch in der städtischen Gerichtsbarkeit tatsächlich Anwendung fand *(In usum civitatis Epperies)*.[52] Am Ende des Buchs ist zu erfahren, dass die Stadt Eperies den Sachsenspiegel im Jahr 1550 selbst gekauft hatte. Außerdem war auch in der Pfarrbibliothek von Eperies laut Bücherliste von 1553 ein Sachsenspiegel-Exemplar vorhanden.[53] In diesem Zusammenhang lohnt sich ein Blick auf die im Norden des Königreichs Ungarn gelegene Stadt Sillein/Žilina: Deren Stadtrechtsbuch aus dem Jahr 1378 stellt einen der frühesten und zugleich umfangreichsten Belege für den Transfer des sächsisch-magdeburgischen Rechts in die Städte des Königreichs Ungarn dar.[54] Als das Rechtsbuch aufgezeichnet wurde,[55] fand gerade ein Umbruch in der Geschichte der Stadt Sillein statt: Der Rechtszug, der früher an eine polnische Stadt geführt hatte, wurde nun nach Karpfen/Krupina, eine Stadt in Ungarn, verlegt.

Die rechtshistorische Textanalyse der Silleiner Rechtsquelle zeigt, dass es zu dieser Zeit eine intensive Auseinandersetzung mit dem sächsisch-magdeburgischen Recht gab. Die Handschrift des Silleiner Stadtrechtsbuchs[56] enthält neben Gebeten, einem Register und Teilen aus der Sächsischen Weltchronik das positive Recht auf der Grundlage des Sachsenspiegels und des Sächsischen Weichbildrechts sowie eine Aufzeichnung des Bergrechts der siebenbürgischen Stadt Rodenau.[57] Mária Papsonová bezeichnete jüngst auch die Magdeburger Rechtsmitteilungen an Breslau (1261, 1295) und an Görlitz (1304) als weitere Quellen des Silleiner Stadtrechtsbuchs.[58] Eine Auseinandersetzung mit dem Text zeigt, dass Themen des Sachsenspiegels ebenso in der Silleiner Rechtsquelle vorkommen, und zwar in derselben Reihenfolge wie im Sachsenspiegel. Die *invocatio Dei*, in der sich der Verfasser Eike von Repgow im Prolog des Sachsenspiegels an den Heiligen Geist wendet, findet man im Silleiner

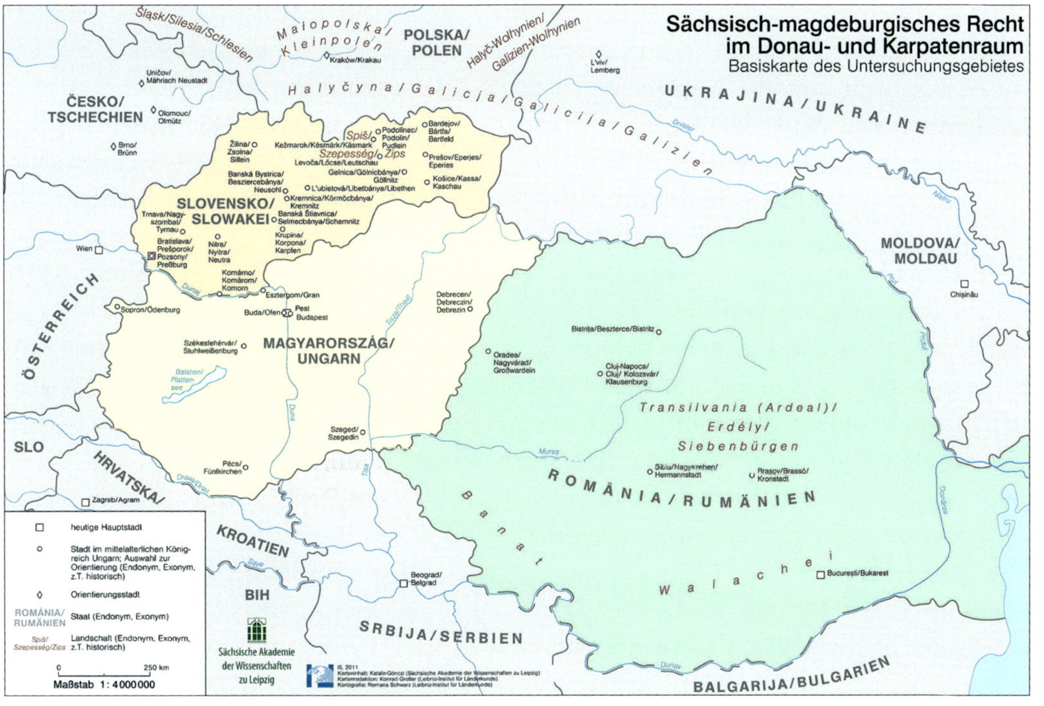

Abb. 3
Sächsisch-magdeburgisches Recht in Ungarn, Rumänien und der Slowakei.

Rechtsbuch gleichfalls dem Normentext vorangestellt. Die Wortwahl des Stadtrechtsbuchs zeigt auch ansonsten, dass sich der Silleiner Schreiber am Text des Sachsenspiegels orientierte: Bei der Erwähnung der Zweischwerterlehre erfolgte ebenfalls eine textnahe Übertragung des Sachsenspiegel-Textes in die deutsche Sprachvariante des Silleiner Rechtsbuchs. Zudem stehen die Weltalter, die Heerschildordnung und die Verwandtschaftsgrade, die im Anfangsartikel des ersten Buchs des Sachsenspiegel-Landrechts erwähnt werden,[59] im Silleiner Stadtrechtsbuch ebenso am Anfang.

Der Duktus des Sachsenspiegels, also Eikes Gedankenführung, wurde aber beim Thema »Rechtsquellen« unterbrochen, als der Schreiber das Stadtrecht als zusätzliche Quelle neben dem Landrecht und dem Lehnrecht erörterte. Danach wandte sich der Verfasser anderen Quellen zu und griff zu den Anfangsthemen des Sächsischen Weichbildrechts. Diese Abweichung vom Sachsenspiegel erfolgte zu Beginn des Silleiner Rechtsbuchs bei der Beschrei-

|**50**| Vgl. Moldt 2009, S. 213. |**51**| Vgl. Iványi 1931, S. 67–70, Nr. 169. |**52**| Vgl. Iványi 1911, S. 226. |**53**| Vgl. ebd., S. 305–306. |**54**| Vgl. Švecová 2016, S. 336. |**55**| Vgl. Papsonová 2014, S. 31–46. |**56**| Vgl. Piirainen 1972, S. 12–13. |**57**| Vgl. Oppitz 1990 b, S. 791–792. |**58**| Vgl. Papsonová 2014, S. 33–35. |**59**| Vgl. Lück 2017 a, S. 41 u. S. 86–88.

bung des Stadtrechts, genauer: bei den städtischen Rechtsverhältnissen. Die Übersetzung des Rechtsbuchs in die lokale Varietät des Slowakischen, insbesondere der amtliche Auftrag für die Anfertigung einer Übersetzung im Jahr 1473, belegt, dass dieser Normenkomplex ein Jahrhundert nach der Erstellung des deutschen Textes immer noch eine zentrale Bedeutung besaß. Die Einträge von Rechtssprüchen zwischen 1386 und 1460 deuten zudem auf die amtliche Benutzung der Handschrift in der Rechtsprechung der Stadt Sillein hin.

Neben Landesausbau, Handel, Studium und Büchertransfer war auch das Bergrecht ein zentraler Faktor bei der Vermittlung des sächsisch-magdeburgischen Rechts. Das Stadt- und Bergrecht der oberungarischen Stadt Schemnitz/Banská Štiavnica, dessen Aufzeichnung im Laufe des 15. Jahrhunderts erfolgt war, diente als Grundlage für das Recht der Bergstädte im Königreich Ungarn.[60] Das Stadtrechtsbuch von Schemnitz zeigt die Wechselwirkung von Stadtrechten innerhalb des Königreichs Ungarn sowie die Ausdifferenzierung der Rechtsterminologie. Vergleichende Quellenstudien belegen, dass Rechtsinstitute in den Rechtsaufzeichnungen von Sillein, Ofen und Schemnitz mit den gleichen deutschen Rechtsbegriffen bezeichnet wurden.[61] Dies gilt etwa im Hinblick auf die Begriffe, mit denen die Friedenswahrungsfunktion der Städte beschrieben wurde, also zum Beispiel Schutz des Stadtfriedens, Schutz des Marktfriedens, Reinigungseid selbdritt oder selbsiebent sowie Heimsuchung. Auf eine intensive Auseinandersetzung mit den Quellen des sächsisch-magdeburgischen Rechts kann auch aufgrund des »Abecedariums« des Kirchdraufer Notars Balthasar Apel aus dem Jahr 1628 geschlossen werden.[62] Apel verwies dabei auf Stellen aus dem Sachsenspiegel, dem Sächsischen Weichbildrecht und auf Urteile des Leipziger Schöffengerichts sowie auf Thesen von Benedict Carpzov. Diese Quelle belegt aber zudem die Rezeption des römischen Rechts in der Zips und damit den Auftakt zur beginnenden Verwissenschaftlichung des dort geltenden Rechts.

WIELAND CARLS

Rechtsanfragen und Rechtssprüche

Zur Praxis des Rechtsverkehrs mit dem Magdeburger Schöffenstuhl

Einführung

Im Jahr 1261 kamen die Magdeburger Schöffen und Ratmannen der Bitte Herzog Heinrichs und der Bürger von Breslau/Wrocław nach und gaben ihnen das Recht aus Magdeburg.[1] Die Schöffen und Ratmannen, die zu jener Zeit im Amt waren, werden in der Rechtsweisung genannt: als Schöffen die Herren Brûn, Goteche, Bertolt, Alexander, Nicolaus, Heine, Reyneche und Betheman – also acht, und als Ratmannen die Herren Bůrchard, Jerdach, Thidman, Hoger, Heyno, Bertram, Thydeman, Vlrich – ebenfalls acht. Leider ist nicht bekannt, wie die Rechtsweisung von Magdeburg nach Breslau gelangte, ob sie gebracht oder abgeholt wurde, so wie es für Schweidnitz/Świdnica überliefert ist. Im Jahr 1295 wurde diese Rechtsweisung noch einmal erneuert bzw. ergänzt, allerdings diesmal nur den »burgern der stat Wrezlaw«[2] und nicht auch dem Herzog gewidmet.

Die Magdeburger konnten zu jener Zeit schon auf eine längere Tradition der Anwendung ihres Rechts zurückblicken, wie aus einem älteren unmittelbaren Zeugnis des Magdeburger Rechts zu ersehen ist, dem Privileg Erzbischof Wichmanns von 1188 (Abb. 1), das Regelungen und wohl vor allem Änderungen bestehenden Rechts umfasst. Im Folgenden sollen aber die Quellen betrachtet werden, die für das Wesen und den Inhalt des Rechts aus Magdeburg von herausragender Bedeutung waren: die Rechtsweisungen und Rechtssprüche der Magdeburger Schöffen. Dass es Schöffen in Magdeburg schon im 12. Jahrhundert gegeben hat, belegen verschiedene Urkunden, in denen sie als Zeugen genannt werden. Seit Mitte des

Abb. 1
Privileg Erzbischof Wichmanns von Magdeburg für die Altstadt Magdeburg von 1188 in einer Abschrift für die Stadt Goldberg/Złotoryja von 1211. Marburg, Lichtbildarchiv älterer Originale, Nr. 5644.

|1| Zum Magdeburger Recht vgl. Lück 2016a; ferner Carls 2010, S. 139–155. |2| Ebel 1989, Nr. 2, § 24, S. 20.

13. Jahrhunderts ist wohl von lebenslänglich bestellten Schöffen auszugehen, die gleichzeitig jeweils für ein Jahr in den Rat gewählt werden konnten. Seit 1294 wurde die Amtszugehörigkeit getrennt: Elf Schöffen standen nun dem Bürgermeister und elf Ratmannen gegenüber.[3]

Es gab also eine Entwicklung, die von Schöffen, die allein die Stadt repräsentierten, über Schöffen, die auch als Ratmannen fungierten, bis hin zur Trennung von Schöffen- und Ratmannenamt führte, was auch eine Neuverteilung der Kompetenzen und Rechtsbereiche bedeutete, für die die beiden verschiedenen Gremien zuständig waren. So oblag dem Rat »die Rechtsetzung für die Stadt (Willkür) und die Wahrnahme der städtischen Verwaltung«, die Schöffen wurden auf die »Funktion als Urteilsfinder im Burggrafengericht und Schultheißengericht sowie auf ihre Spruchtätigkeit im Schöffenstuhl« beschränkt.[4] Ab dem Jahr 1336 durften Bürger nicht mehr gleichzeitig in beiden Gremien Mitglieder sein. Diese Trennung von Rats- und Schöffenkollegium wird als eines der markantesten Merkmale der Stadtverfassung nach Magdeburger Recht angesehen und findet sich häufig in den Städten, denen dieses Recht verliehen wurde.[5]

Insgesamt waren in Magdeburg seit etwa Mitte des 13. Jahrhunderts stets maximal elf Schöffen zugleich im Amt, wobei dies laut einer Rechtsmitteilung der Magdeburger Schöffen an Schweidnitz von 1363 als Obergrenze zu verstehen ist – mindestens aber waren sieben Schöffen nötig.[6]

Etablierung von Magdeburger Stadtrecht: das Beispiel Schweidnitz

Am Beispiel von Schweidnitz lässt sich gut zeigen, wie die Bewidmung einer Stadt mit Magdeburger Recht vonstatten ging. Schweidnitz ist keine Neugründung, sondern war auch schon vor der Bewidmung mit Magdeburger Recht eine Stadt. Ein genaues Datum für die Stadtgründung ist nicht überliefert, aber im Jahr 1249 wird Schweidnitz in einer Urkunde von Papst Innocenz IV. erwähnt. Man geht davon aus, dass zunächst das Halle-Neumarkter Recht[7] von 1235 in Schweidnitz zur Anwendung kam. Am 30. September 1363 wurde die Stadt von Herzog Bolko II. von Schweidnitz-Jauer mit Magdeburger Recht und mit der Befugnis, »Rechtsbelehrungen in Magdeburg einzuholen«, bewidmet.[8] Mehrere überlieferte Urkunden belegen diesen Rechtsakt und geben Einblick in das Prozedere. Eine am 6. Dezember 1363 auf Latein ausgestellte Urkunde der Magdeburger Schöffen belegt den Besuch der Schweidnitzer Bürger Jekil Tyle und Nykolaus Kystener bei ihnen und enthält die Verpflichtung, den Schweidnitzern auf Wunsch – und gegen Bezahlung – rechtlich Auskunft zu erteilen, sowie die Berechtigung für die Stadt, Magdeburger Recht auch den unmittelbar umliegenden Dörfern und Städten weiterzugeben. Am selben Tag wurde ebenfalls eine deutschsprachige Urkunde ausgestellt: eine Rechtsweisung, die den beiden genannten Schweidnitzer Abgesandten mitgegeben wurde. Die Schweidnitzer hatten bei den Magdeburger Schöffen nachgefragt, wie das Gericht und der Schöffenstuhl zu besetzen und zu unterhalten seien.[9] Von den Magdeburgern erfuhren sie, dass der Herzog zusammen mit den klügsten Bürgern der Stadt Schweidnitz höchstens elf, mindestens aber sieben Schöffen wählen solle.

Diese hätten rechtschaffene bzw. ehrenwerte (»byterue«) Männer zu sein, die schon von ihren Eltern her, aber auch selbst einen guten Leumund haben (»vmbesprochin« und »sal ouch selber eyn gut wort habin«) und frei (»vry«, im Sinne von nicht leibeigen) sein müssten.[10] Es folgen der Text des Schwurs[11] für die nominierten Schöffen und eine Anleitung, wie der Burggraf die Schöffen an der Hand zur Schöffenbank führen sollte.[12] Weiter heißt es, dass die Schöffen auf Lebenszeit gewählt würden und dass sie selbst die Nachfolge für einen verstorbenen Mitschöffen (Kooptation) bestimmen dürften.[13]

Damit war der Auftrag der Schweidnitzer Boten aber noch nicht beendet. Sie sind wohl noch länger in Magdeburg geblieben, um auf Weisung der Schweidnitzer Schöffen noch ein weiteres Problem zu klären. Das lässt sich jedenfalls aus einer ebenfalls deutschsprachigen Urkunde schließen, die auf Ende Dezember 1363 datiert wird (nach »senti Thome«, 29. Dezember), und in der die Magdeburger Schöffen ihren Schweidnitzer Kollegen mehrere Fragen beantworteten. Auf ihre Reise nach Magdeburg hatten die Gesandten aus Schweidnitz nämlich auch ein »buech wichbildis rechtis« (Weichbildrecht)[14] mitgebracht, das als Grundlage der Rechtsprechung in Schweidnitz dienen sollte und das ihnen die Magdeburger Schöffen berichtigen und verbessern sollten.[15] Darüber hinaus hatten die Schweidnitzer Schöffen zu einzelnen Sachverhalten Fragen, die ihnen ihre Magdeburger Kollegen erklären sollten. Diese antworteten ihnen, dass sie niemandes Bücher korrigierten, ihnen aber gern in Zweifelsfällen Auskunft erteilten, wie sie es in einem anderen Schreiben zugesagt hätten und auch für andere Städte machten, die Auskunft bei ihnen einholten. Für die erteilte Rechtsauskunft berechneten die Magdeburger Schöffen »eyn schok drier grossen mynner«, also drei Groschen weniger als ein Schock, und gaben den Boten deshalb von der offensichtlich im Voraus geleisteten Bezahlung in Höhe von einem Schock[16] und 25 Groschen die zu viel gezahlten 28 Groschen wieder mit.[17]

|**3**| Vgl. Goerlitz 1947, S. 70–85, bes. S. 79 und Ebel 2004 b, S. 455–456. |**4**| Lück 1996, S. 143. |**5**| Vgl. ebd. |**6**| Vgl. Goerlitz/Gantzer 1939, II 1 Nr. 3, S. 81. |**7**| Vgl. Lück 2012 c, Sp. 671–673. |**8**| Goerlitz/Gantzer 1939, S. 8. |**9**| »[...] so bytte wir vnd vragen vch vmme eyn recht, wo wir daz gerichte vnd den sceffinstul besetzen sullen vnd den halden nach Magdeburgisch rechte.« (ebd., II 1 Nr. 3, S. 80). |**10**| Unter anderem heißt es zur Besetzung des Schöffenstuhls: »Ore here, de erwerdige herczoge, sal keysen mit rade der wittigesten bůrgere vcz der stad tzo Svideniz elf sceffin tzo meysten edir sebene tzo mynsten, vnd wene men tzo sceffin kusit vnd irwelit, der sal syn eyn byterue, vmbesprochin man von synen elderen vnd sal ou selber eyn gut wort habin vnd sal vry syn.« (ebd., S. 81). |**11**| »Tzů dem gerichte, dar ir tzu koren syn, daz ir den richteren vnd der stad vnd den gemeyne luiten der stat tzo Svydeniz rechte orteyl vinden willen vnd den sceffinstul nach Magdeburgisch rechte halden vnd vorstan, si ir best kunnet vnd wiczet vnd des volge habit, daz vch god so helfe vnd syne heyligen.« (ebd.). |**12**| »Nach dem eyde sal de borchgraue den sceffin by der hant nehmen vnd vf de bang seczen vnd eme de orlouen vf sinen eyt.« (ebd.). |**13**| »Vnd de sceffin, de sus gestetiget werdin, sullen sceffin blyuen tzo langer tzit. Darnach sal man den sceffinstul so haldin: Stirft ir jenich, so sullen de anderen sceffin, de den noch leuen, eynen anderen sceffin in des doten stede keysen, alse sie dene bequemest wiczen.« (ebd.). Auch die nachgewählten Schöffen mussten schwören und vom Burggrafen bestätigt sowie zur Schöffenbank geführt werden, denn Letzterer konnte nur mit voll besetzter Schöffenbank Gericht halten: »Den sal der borchgraue stetighen in syme hegeten dynghe vnd sueren latzen tzo der bang, alse vore screuen is, wan de borchgreue mach nicht dynghen wen mit vuller bang. Von rechtis wegene.« (ebd.). |**14**| Zum Magdeburger bzw. Sächsischen Weichbildrecht vgl. Johanek 2004, Sp. 945–953. |**15**| »[...] vnd des mit en furtin eyn buech wichbildis rechtis, das wir vns dornach haldin wellen, vnd dieselben [Kestiner und Tyle] euch botin, daz ir en dasselbe buech corrigiren vnd rechtfertegen wellit, [...]«, vgl. Goerlitz/Gantzer 1939, nach dem 29. 12. 1363 (?),Schweidnitz u. Magdeburg. II 1 Nr. 6, S. 111. |**16**| Ein Schock umfasste vermutlich 60 Groschen. |**17**| Goerlitz/Gantzer 1939, II 1 Nr. 6, S. 113.

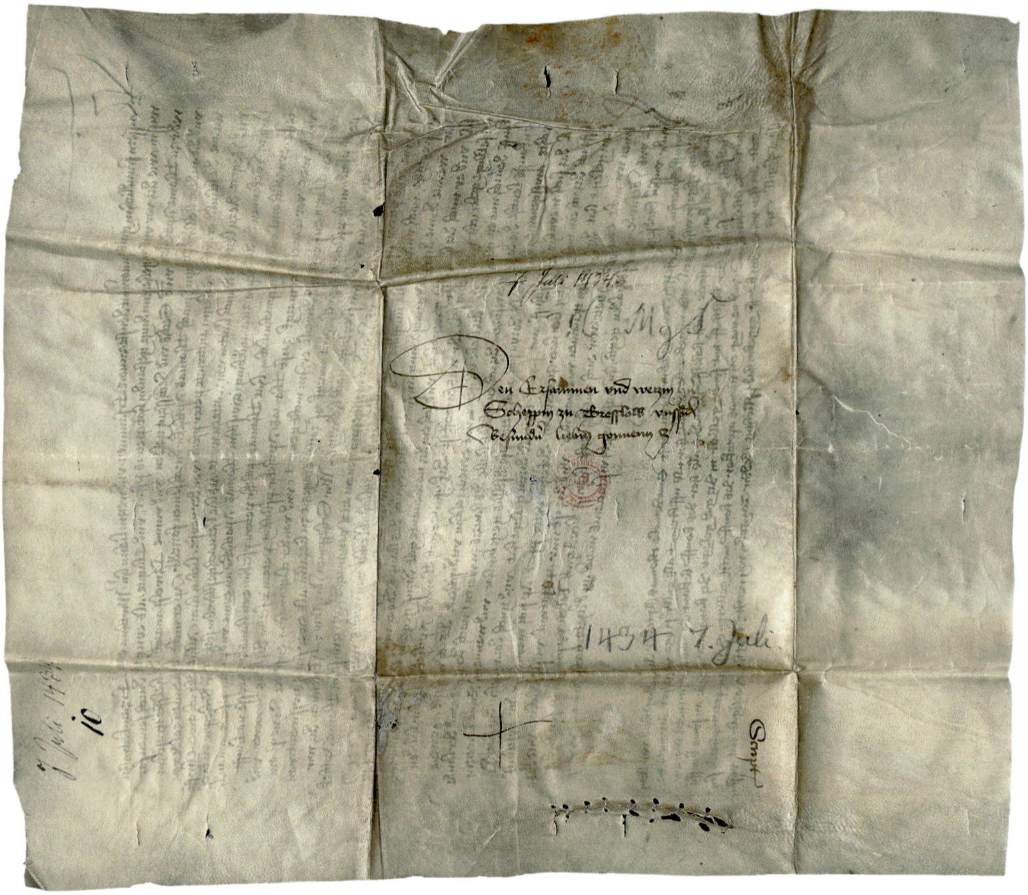

Abb. 2
Magdeburger Schöffenspruch für Breslau vom 7. Juli 1434, Anschrift mit Anrede des Adressaten. Breslau, Staatsarchiv, Breslau Rep. 2 »Magdeburger Schöppensprüche«, Nr. 16.

An dieser hier nur kurz skizzierten Etablierung der Rechtsbeziehung zwischen Magdeburg und Schweidnitz lässt sich exemplarisch zeigen, welche Komponenten für die Bewidmung notwendig waren und wie der Rechtsverkehr zwischen bewidmender »Mutter«- und bewidmeter »Tochterstadt« funktionierte. Der zuständige Landes- oder Stadtherr musste zunächst einer Bewidmung mit Magdeburger Recht zustimmen bzw. diese anordnen.[18] Die Magdeburger Schöffen nahmen diesen Wunsch entgegen und verpflichteten sich ihrerseits, entsprechende Rechtsbestimmungen zu erteilen und auch in der Zukunft bei Problemen und Zweifelsfällen im Zusammenhang mit dem Magdeburger Recht gegen Bezahlung behilflich zu sein. In der neu bewidmeten Stadt wurden nun als erstes nach dem Beispiel und Rat der Magdeburger Schöffen ein entsprechender Schöffenstuhl eingerichtet und schriftlich die wesentlichen Bestimmungen des Magdeburger Rechts übergeben sowie gegebenenfalls bereits bestehende Rechtsfragen beantwortet. Es lässt sich erkennen, dass sich in den gut 100 Jahren zwischen der Bewidmung Breslaus (1261) und der von Schweidnitz (1363) nichts

Wesentliches geändert hat. Das jüngere sogenannte »Magdeburger Schöffenrecht für Schweidnitz« bietet vor allem den Inhalt der Rechtsweisungen für Breslau von 1261 und 1295 – allerdings in teilweise veränderter Reihenfolge – sowie verschiedene Ergänzungen aus dem Görlitzer Recht von 1304. Diese Rechtsregelungen, die in dieser bzw. leicht abgewandelter Form allen Städten mit Magdeburger Verfassung und Rechtsprechung zur Verfügung gestanden haben werden, wurden im Laufe der Rechtsbeziehung teilweise um sehr zahlreiche Schöffensprüche ergänzt, die dann auch bei zukünftigen Streitfällen wieder zu Rate gezogen werden konnten.

Dass die Magdeburger Schöffen selbst die von ihnen erteilten Rechtsbelehrungen und sprüche für ihr eigenes Archiv aufgezeichnet haben, lässt sich einer Urkunde zur Magdeburger Stadtordnung aus dem Jahr 1336 entnehmen: »Echt alle recht, de uthgericht werden von den schepen edder von den rathmannen, schall man beschriven an einen quaternen«.[19] Leider sind diese, wie fast alle Aufzeichnungen aus Magdeburg, nicht nur die der Schöffen, bei der Eroberung der Stadt im Dreißigjährigen Krieg durch die Truppen der Grafen von Tilly und zu Pappenheim im Mai 1631 verloren gegangen.[20] Aber auch die Urteilssprüche der Magdeburger Schöffen weisen darauf hin, dass ihnen eine Sammlung der eigenen Sprüche zur Verfügung gestanden haben muss. Das schließt jedenfalls Theodor Goerlitz aus zwei zeitlich sehr weit auseinanderliegenden Rechtsanfragen der Schweidnitzer Schöffen, auf die ihnen die Magdeburger jeweils fast wortgleich antworteten.[21]

Magdeburger Schöffensprüche

Auch wenn sich, wie schon gesagt, in Magdeburg selbst kaum Zeugnisse für die jahrhundertelange Ausfertigung von Schöffenurteilen erhalten haben, findet sich doch eine durchaus beeindruckende Zahl von Originalsprüchen dieses berühmten Schöffenstuhls in vielen Städten Magdeburger Rechts. So waren in Schweidnitz wohl ursprünglich 82 Originalurkunden zu einzelnen Rechtsfällen verblieben sowie drei Rechtsbelehrungen. Außerdem sind 37 Abschriften nicht mehr erhaltener Sprüche bekannt.[22]

Für Breslau, Görlitz/Zgorzelec, Liegnitz/Legnica und viele andere Städte sind Hunderte von Sprüchen der Magdeburger Schöffen überliefert – teils im Original als Urkunde auf Pergament, teils in Sammlungen, die die Inhalte der Anfragen mehr oder minder vollständig, die Urteils-

|**18**| Vgl. Urkunde II 1, Nr. 1, (30.9.1463, Zedlitz), ebd., S. 77–78. |**19**| UB Magdeburg 1, Neudr. 1975, Nr. 362 (19.9.1336), S. 225 [»Es sollen alle Rechtssprüche, die die Schöppen oder die Ratmannen ausgeben, in ein Buch (quarternio) geschrieben werden.«]. Hinweis aus Ebel 2004 b, S. 443. |**20**| Zu Johann t'Serclaes Graf von Tilly vgl. Wittich 1894, S. 314–350; zu Gottfried Heinrich Graf zu Pappenheim vgl. Neuhaus 2001, S. 51–52. Der julianische Kalender datiert die Eroberung Magdeburgs auf den 10., der gregorianische dagegen auf den 20. 5. 1631. |**21**| »Daß der Magdeburger Schöffenstuhl schon im 14. Jahrhundert Abschriften seiner Sprüche in der Kanzlei zurückbehielt, läßt sich aus Entscheidungen für Schweidnitz mehrfach entnehmen.« (Goerlitz/Gantzer 1939, S. 24). Als Beispiel hierfür werden die Sprüche II 2 Nr. 18 und 57 angeführt, die 1380 und 1470, also mit einem Abstand von 90 Jahren, an die Schweidnitzer ergangen sind und sich fast bis aufs Wort gleichen. Vgl. ebd., die genannten Sprüche finden sich auf S. 145–146. u. 229. |**22**| Ebd., S. 19.

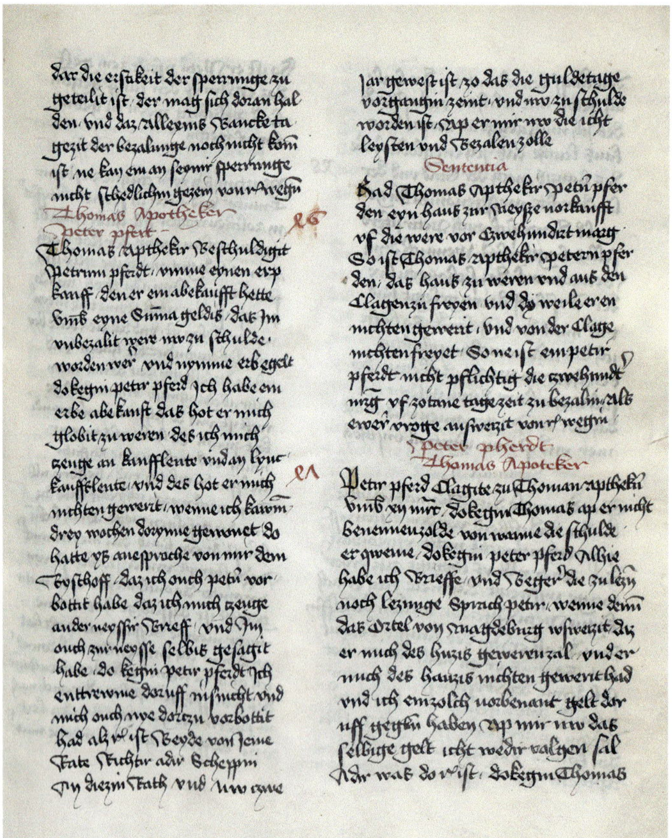

Abb. 3
Breslauer Sammlung von Magdeburger Schöffensprüchen, Anfang: Thomas Apotheker gegen Peter Pfert, aus dem »Buch der Magdeburgischen Urteile«, 15. Jahrhundert. Breslau, Staatsarchiv, Nr. 46 und 47, f. 27r.

sprüche der Magdeburger aber meist ungekürzt wiedergeben. Allein für Breslau sind es über 700 aus einem Zeitraum zwischen 1261 und der Mitte des 16. Jahrhunderts (Abb. 2).[23] Für Görlitz haben sich 490 Sprüche zu einem großen Teil im Original erhalten, die von 1414 bis zur Mitte des 16. Jahrhunderts verfasst wurden. Für Liegnitz sind es über 100 Originale aus dem 15. und 16. Jahrhundert.[24] Nimmt man die in Stadtbüchern und Rechtssammlungen enthaltenen Sprüche hinzu, bekommt man eine Vorstellung davon, wie rege das Rechtsleben zwischen Magdeburg und den mit Magdeburger Recht bewidmeten Städten vor allem im 14. und 15. Jahrhundert gewesen sein muss. Der Grund für die Sammlung und Kompilation von Magdeburger Urteilen wird zu Beginn einer Breslauer Rechtssammlung, dem sogenannten »Buch der magdeburgischen Urteile« genannt, auf das später noch eingegangen wird. Ähnlich wie die Magdeburger begründen die Ratmannen und Schöffen von Breslau hier die von ihnen begonnene Sammlung von Magdeburger Urteilssprüchen: »Anno dom*in*i Milleſimo Quadringenteſimo viceſimonono Am || freytage vor Michaelis ſent cʒu Rate wurden die Ratmanne die cʒu || derſelben cʒeit geſeſſen haben mitſamth den Scheppin vnd ſie alle || fiervndcʒwencʒik yn newe buch cʒumachen doryn man setcʒen || vnd beſchreiben ſal alle Orteil die von hynnen cʒu Magdeburg ge=||kowfft vnd geholet werden ʒu eyme ewigen gedechtniſſe vnd auch || ʒu nutcʒe vnd ſtewre der hernochkomenden h*er*ren vnd Schepphin || daſſie ire houpte nicht dorffen mwhen vnd denn*e* der gleich ſnelle || mogen hirynne finden beſchrieben«.[25]

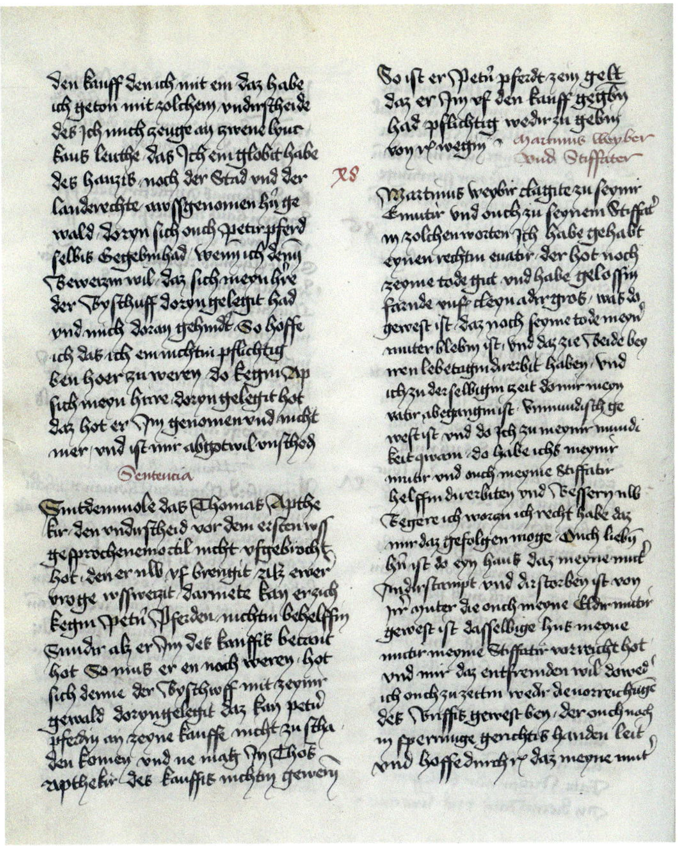

Abb. 4
Breslauer Sammlung von Magdeburger Schöffensprüchen, Ende: Thomas Apotheker gegen Peter Pfert sowie Anfang: Martinus Weybir gegen seine Mutter und seinen Stiefvater, aus dem »Buch der Magdeburgischen Urteile«, 15. Jahrhundert. Breslau, Staatsarchiv, Nr. 47 und Nr. 48, f. 27v.

Die mit der Rechtsprechung befassten Nachkommen sollten ihren Kopf nicht bemühen müssen, sondern alle bereits geholten und bezahlten Urteile der Magdeburger in dem Buch schnell finden können. Um einen Einblick darin zu erhalten, wie Schöffensprüche mit Magdeburger Urteilen aufgebaut sind und welche Inhalte verhandelt wurden, werden im Folgenden einige Merkmale dieser Urkunden und der damit verbundenen Rechtspraxis vorgestellt.

Zur Praxis des Rechtsverkehrs – Boten mit versiegelten Urkunden

Die Anfragen an die Magdeburger Schöffen wurden in der Regel auf Pergament geschrieben und versiegelt mit einem Boten versandt, der wohl auch für den Rücktransport zuständig war. So heißt es in Breslauer Schöffenanfragen beispielsweise: »Beten wir euch vns hieruff

|**23**| Vgl. Ebel 1989; Ebel 1995. Urkunde vom 7. Juli 1434 ediert in Ebel 1989, Nr. 326, S. 246–248. |**24**| Edierte Sprüche gibt es außerdem für Groß-Salze, Zerbst, Anhalt und Naumburg (Friese/Liesegang 1901), für »Posen und andere Städte des Warthelandes« (Goerlitz/Gantzer 1944) sowie für Leitmeritz (Weizsäcker 1943), um hier nur die wichtigsten zu nennen. |**25**| Oppitz 1990 b, Nr. 294, Bl. 1 (Wrocław/Breslau, Staatsarchiv, Akta miasta Wrocl. J 5). |**26**| Ebel 1989, Nr. 319, S. 228, datiert auf den 17. 5. 1432.

daz recht bey diezin vnsserin boten uorschrebin zu senden, […].«,[26] »Hirumbe so bitten wir ewir ersame weisheit, vns doruff, was do recht ist, zu sprechen vnd vns das mit diesem boten beschreben zu senden«[27] oder »[…] bitten ewir ersamkeit, vns doruff was do recht sey zu sprechen vnd vns das mit diesem boten zu senden, […]«.[28]

Diese oder ähnliche Formulierungen finden sich in einer Vielzahl der Sprüche, allerdings wird der Bote nur in den Breslauer Sprüchen erwähnt – zum ersten Mal 1432 –, da die älteren Sprüche nur in Abschriften überliefert sind, die diese Passage offensichtlich oft wegließen oder kürzten. Die von den Boten beförderte Urkunde wurde in Form eines Faltbriefs mit einem in der Regel papiergedeckten Siegel versehen, das unversehrt bei den anfragenden Schöffen ankommen musste. Die Adressierung erfolgte direkt auf der Rückseite (*in dorso*) des Pergaments[29] und lautete im Falle der Breslauer zum Beispiel: »Den ersamen weizen herren scheppen czu Breßlaw, vnsern guten frunden vnd gonnern«,[30] oder auch: »Den ersamen wolweisen scheppen zw Breslaw, vnsern besundern gutten frunden vnd ghönnern«.[31] Ähnlich bei den Görlitzern: »Den Ersamen vnd weisen Schepphen der Stat zcu Gorlicz vnsern gunstigen frunden«[32] (Vgl. Abb. 2). Es ist häufig zu erkennen, dass für die Rückantwort von den Magdeburgern lediglich der Name der Stadt des Absenders anstelle des mittels Rasur entfernten »Magdeburg« eingefügt wurde.

Möglicherweise, um die jeweiligen Sprüche den Parteien leicht wieder zuordnen zu können, finden sich fast immer die Namen der am Prozess beteiligten Personen auf der Dorsoseite[33] und oft auch eine Jahreszahl. Wohl eher für eine systematische Archivierung wurde teilweise auch der Gegenstand des Rechtsstreits notiert. Aus Breslau ist wenigstens eine solche Notiz überliefert: »Diss ist eyn vorsuch ortel vmbe das tenetur«.[34] Mit gewisser Regelmäßigkeit finden sich entsprechende Anmerkungen in den Görlitzer Quellen: »von testiren aus vngesunderten gütern«,[35] »ob der beclagte sich zum Eyde erbeut«[36] oder »Vfgabe« – »volmacht« – »Eingelegt pfand«.[37] Aus den Beschreibungen der Urkunden in der Edition der Schöffensprüche für Schweidnitz lässt sich erkennen, dass es auch hier vergleichbare Vermerke gegeben hat, wobei die Datierung dieser Zusätze nicht leicht ist.[38]

Kosten des Verfahrens

Die genauen Beträge, die die jeweiligen Prozessparteien für Boten, Schöffenspruch und Gewette[39] (Bezahlung des Richters) ausgeben mussten, werden in den Sprüchen nicht genannt.[40] Dass die Rechtseinholung kostenpflichtig war, ist aber recht häufig in den Quellen nachweisbar. Für den Spruch aus Magdeburg mussten die Breslauer Prozessparteien bezahlen, wie dieses Zitat belegt: »Domit [senden] wir ir beider gelt. Das haben sie gelegit. Bitten wir euch liebin frunde, uns zcu schreibin czwischen yr beyder [rede], was recht sey.«[41] Die um Rechtsbelehrung nachsuchenden Schweidnitzer Schöffen wurden schon erwähnt:[42] »Uwe bote antwordete vns XXV grossen vnd eyn schok. Darab habe wir behalten vor tzvey recht eyn schok drier grossen mynner vnd senden vch XXVIII grossen weder.«[43]

Dass Parteien aus den anfragenden Gerichten nicht nur den Urteilsspruch der Magdeburger Schöffen, sondern auch den Boten bezahlen mussten, der den Rechtsverkehr praktisch ermöglicht hatte, belegen folgende Stellen der Görlitzer Überlieferung: »[...] doruff habe ich gefroget eynns rechten / ap mir icht Jorge Emrich sulde richten meyne gerichtt kast alßo ortelgeldt vnnd boten lohnn obir feldt Leßenn vnnd schreiben geldt Jnn dy verzceichung des gerichts buch [...]«[44] und: »[...] das ich mich zcu dreymolenn Jnn gehegkte banng vnnd an gerichte bestymmet habe gerichte vermanet Ab er em welde gebin sine gerichtes kost vrtel gelt boten lonn vbirfeld. dozcu alle uffluffte was das gekost hette [...]«[45]. Auch in einem Rechtsspruch für Liegnitz sind diese Kosten Gegenstand des Schöffenurteils: »Die gerichtskost, ortelgelt vnd bothnlonn vber diesenn spruch mus auch von beiden teilenn zw gleiche tragenn vnnd vffgehaben werden.«[46]

Die Kosten für den Boten sind sicher nicht zu vernachlässigen, beträgt die Entfernung zwischen Görlitz und Magdeburg doch rund 285 Kilometer, nach Liegnitz sind es etwa 360, nach Schweidnitz rund 400 und nach Breslau etwa 430 Kilometer – jeweils Luftlinie in nur einer Richtung![47] Wie lange Jekil Tyle und Nykolaus Kystener auf ihrer Reise von Schweidnitz nach Magdeburg und wieder zurück im Jahr 1363/64 tatsächlich unterwegs waren, konnte nicht ermittelt werden. Auch über die Art der Fortbewegung ist in den vorliegenden Schweidnitzer Quellen nichts bekannt. Wenn man aber davon ausgeht, dass es sich um reitende Boten gehandelt hat, so wären sie nach Schweidnitz in einer Richtung wenigstens acht bis zehn Tage unterwegs gewesen, wenn man von einer Tagesstrecke von etwa 50 Kilometern ausgeht – zu Fuß hätten sie fast die doppelte Zeit benötigt.[48]

|**27**| Ebel 1995, Nr. 551, S. 49, datiert auf den 29. 3. 1457. |**28**| Ebd., Nr. 553, S. 55, datiert auf den 6. 8. 1457. |**29**| Vgl. Abb. 2. |**30**| Ebd., Nr. 541, S. 14, datiert auf den 17. 7. 1453. |**31**| Ebd., Nr. 688, S. 673, datiert auf den 21. 10. 1524. |**32**| 19. 2. 1440, Görlitz, Ratsarchiv, Nr. 9, Or. Perg., Siegelspuren [unedierte Urkunde]. |**33**| Beispielsweise »Aislinger« und »C. Egerer« in einer Breslauer Urkunde, datiert auf den 9. 12. 1511 (Ebel 1995, Nr. 670, S. 608). |**34**| Ebd. Die Bedeutung von »vorsuch« ist nicht eindeutig; hier vielleicht im Sinne von »kennenzulernen«, im übertragenen Sinne ein Urteil zum besseren Verständnis des *tenetur*, das in der Bedeutung von »schuldig« zu verstehen ist. |**35**| 10. 7. 1414, Görlitz, Ratsarchiv, Nr. 1, Or. Perg. Siegelspuren [unedierte Urkunde]. |**36**| 13. 11. 1424, Görlitz, Ratsarchiv, Nr. 16, Or. Perg. Siegelspuren [unedierte Urkunde]. |**37**| Görlitz, Ratsarchiv, Nrn. 486, 487, 488 [unedierte Urkunden]. |**38**| Vgl. z. B. Goerlitz/Gantzer 1939, 24. 6. 1336, I Nr. 10, S. 61 u. 24. 8. 1465, II 2 Nr. 56, S. 228. |**39**| Vgl. Schumann 2012, Sp. 360–362. |**40**| Zu den Kosten des Rechtszugs vgl. Ebel 2004 b, S. 440–441. |**41**| Ebel 1989, Nr. 303, S. 201, datiert auf den Anfang des 15. Jahrhunderts. |**42**| Aus diesem Schöffenspruch, in dem wegen einer nicht geleisteten Korrektur eines Rechtsbuchs das im Voraus zu viel gezahlte Geld teilweise zurückerstattet wird, lässt sich immerhin schließen, dass »tzvey recht« mit 57 Groschen, eben »eyn schok drier grossen mynner«, berechnet wird. |**43**| Goerlitz/Gantzer 1939, 1363 (?) nach dem 29. 12., Schweidnitz u. Magdeburg, II 1 Nr. 6, S. 113. |**44**| 6. 11. 1477, Görlitz, Ratsarchiv, Nr. 156, Or. Perg. Reste eines papiergedeckten Siegels [unedierte Urkunde]. Wie man dieser Stelle entnehmen kann, musste offensichtlich auch das Lesen und das Schreiben von Einträgen im Gerichtsbuch bezahlt werden. |**45**| 12. 11. 1478, Görlitz, Ratsarchiv, Nr. 164, Or. Perg. Siegelspuren [unedierte Urkunde]. |**46**| Stadtarchiv Liegnitz A 947, Nr. 25, (Opp.-Nachtr., Nr. 940 a). |**47**| Nach Krakau/Kraków, das nachweislich auch Rechtsanfragen nach Magdeburg gerichtet hat, sind es sogar 680 km! |**48**| Die Reisegeschwindigkeit von Pferden wird in der Regel mit 6–10 km/h angesetzt, die eines Fußgängers um 5–6 km/h. Für ausführliche Informationen zu mittelalterlichen Reisegeschwindigkeiten vgl. Ohler 2004, S. 108–112.

Aufbau der Sprüche

Der typische Aufbau eines Magdeburger Schöffenspruchs, der einen Parteienstreit behandelt, beginnt mit der Begrüßungs- bzw. Einleitungsformel der anfragenden Schöffen, an die sich in der Regel die Wiedergabe der Parteivorträge durch die Vorredner anschließt. Auf die vorgetragene Klage folgen die Erwiderung und meist wenigstens Replik und Duplik, woraufhin die anfragenden Schöffen um Hilfe bei der Urteilsfindung bitten. Am Ende steht das Urteil der Magdeburger, das ebenfalls mit einer Begrüßungsformel beginnt und mit einer Schlussformel endet. Die Breslauer Schöffen leiteten ihre Anfragen in der Regel mit diesen Worten ein: »Unsern dinst mit fruntlichin grusse zcuvore! Ersamen liebin frunden!«,[49] »Unsern fruntlichin gruß zcuvor! Ersamen weisen bisundirn liebin frunde!«[50] – auch noch über 100 Jahre später: »Vnsernn fruntlichenn gruess zuuor! Ersamen wolweisen bsunder ghunstigenn frundt vnnd ghonner!«[51]

Die Formeln, mit denen die Anfrage abgeschlossen und der Wunsch nach rechtlicher Unterweisung durch die Magdeburger Schöffen eingefordert wurde, sind etwas abwechslungsreicher und thematisieren zuweilen, welche Sorgen die anfragenden Schöffen veranlasst haben, sich an ihre Magdeburger Kollegen zu wenden. Nach den Vorträgen der Parteien heißt es beispielsweise: »Nu bete wir uch, uns czu undirweysen, wie wir das behalden sullen von rechtis wegen«[52] oder »Liebin frunde! Wir bietin euch, uns czu schreibin, ap her em antwortin solle yn unßerm gerichte, adir wie wyr das halden sollin von rechtis wegen.«[53] Am Anfang des 16. Jahrhunderts sind die Formeln etwas ausführlicher. So schrieben die Breslauer Schöffen: »Vnnd beyde teyle haben ynen lewtherungen, eynsagen, declaracion vnd was jne furbas zcu irem rechten not ist bedinget. Auff sollche clage vnd anndwort, muntlich von ehn angehort vnd vorczeichent, haben wir jr gelt genommen, freuntliches vleiss bitten ewren rechtspruch darauff erkhennen vnnd denselbigen bey diesem vnserem bothen vnns zcuschigkenn wollet, vordynen wir widdervmbe willig vnd gerne. Gebenn vnder vnserem stadt jngesigell am achten tage des monats julij noch Christi vnsers herren gepurt fumffzcen hundert darnach jm zcwey vnd dreyssigstenn jare.«[54] Vergleichbar der Text der Görlitzer: »Bitten wir euch mit fleisse wellit vns dorobir eynen recht spruch vnder Ewrem Segel beschreben senden wellen wir vmmbe euch vordynen Geben am mittewochen vor sante Georgen tage vnder dem stat secret anno lvj^{to}«.[55] Und auch die Schweidnitzer formulierten ähnlich: »Doruff beten wir ewere ersame weisheit, vns hirynne eyn recht zu sprechen vnd eigentlichen zu schreiben. Das wullen wir euch dinstlichen dancken. Geschen und geben ym nehisten dinge noch sandt Bartholomeitage des heilgen czwelffboten anno domini MCCCCLX° quinto.«[56]

Manchmal beinhalten diese Formeln der anfragenden Schöffen – zumindest die der Breslauer – aber auch Hinweise auf den Grund ihres Ersuchens um Rechtsbelehrung. So finden sich häufig Hinweise darauf, dass sich die Schöffen bei der Rechtsfindung nicht einig werden konnten: »Vnd des kwnnen wir nicht eyne werdin«,[57] »Vnd des konnen wir nicht eyne werdin«,[58] »Vnd des konnen wir vndir vns nicht eyne werdin«,[59] »Des konnen wir vndir vns nicht eyne werdin«[60] und »Sulcher sachen haben wir nicht mogen eyns werden.«[61]

Nicht Unkenntnis in der Sache, sondern mangelnder Konsens führte hier zur Einholung einer Rechtsauskunft. Etwas anders sieht es aus, wenn die Schöffen zum Ausdruck brachten, dass sie den Vorwurf der Parteinahme fürchteten. So lassen sich folgende Passagen, wiederum der Breslauer Schöffen, verstehen, mit denen die Rechtsauskunft eingeholt wurde: »Vnd in dezer sache haben wir wolt vnuordacht sein, [...]«,[62] »Vnd dorynne wolden wir ken beyden teylen vnuordoch[t] sein«[63] oder »[...] wenne wir czwischen beiden teilen vnuordocht sein wellen.«[64] Das Urteil der Magdeburger steht stets direkt unter der Anfrage und wird in den Originalsprüchen mit der Formel »Hjr vff sprechen wir scheppen zcu Magdeburgk vor recht:«[65] eingeleitet sowie mit den Worten »Von rechtes weghen. Vorsigilt mit vnsrem jngesigle«[66] beschlossen. Die genannten Beispiele stammen aus der Breslauer Überlieferung, doch ähnliche Formulierungen finden sich auch in Görlitzer, Liegnitzer und Schweidnitzer Sprüchen.

Intensität der Rechtsbeziehung zu Magdeburg

Auch wenn wissenschaftlich belastbare Zahlen nicht genannt werden können, weil bei den folgenden Überlegungen viele Unsicherheitsfaktoren eine Rolle spielen – so haben sich beispielsweise zahlreiche Anfragen nicht erhalten und sind auch nicht mehr aus Abschriften und Sammlungen zu rekonstruieren –, lässt sich aus den bekannten Originalsprüchen und datierten Abschriften immerhin ein Eindruck davon gewinnen, wie häufig die einzelnen Tochterstädte bei den Magdeburgern um Rechtsbelehrung gebeten haben. Die erste erhaltene Anfrage der Görlitzer Schöffen, unter die die Magdeburger ihr Urteil geschrieben haben, datiert auf den 10. Juli 1414, die letzte auf den 13. Juli 1547. Zwischen diesen Daten liegen 133 Jahre mit knapp 500 Sprüchen, sodass im Schnitt pro Jahr von etwa vier erhaltenen Anfragen auszugehen wäre. Die nachweisbaren Sprüche sind allerdings nicht gleichmäßig auf alle Jahre verteilt. Für einige Jahre gibt es gar keine bekannten Sprüche, für andere nur einen bis drei oder vier. Es gibt aber auch Jahre, für die bis zu 18 Sprüche überliefert sind.[67] Als Erklärung hierfür wäre vorstellbar, dass die Menge der Anfragen mit politischen und/oder gesellschaftlichen und sozialen Faktoren in Verbindung zu bringen ist. Möglicherweise ließe sich aber daraus nur schließen, dass es bei den Görlitzer Schöffen Zeiten mit viel und andere mit wenig Bedarf an Rechtsauskünften aus Magdeburg gab oder dass sich viele Urkunden einfach nicht erhalten haben. Die Anfragehäufigkeit der Breslauer ist vergleichbar unregelmäßig über die Jahre verteilt, für Liegnitz und Schweidnitz sind ohnehin wesentlich weniger Sprüche bekannt und die der Liegnitzer zudem meist undatiert.

|**49**| Ebel 1989, Nr. 285, S. 178, datiert um 1400. |**50**| Ebd., Nr. 289, S. 183, datiert nach 1408. |**51**| Ebel 1995, Nr. 675, S. 593, datiert auf den 15. 5. 1507. |**52**| Ebel 1989, Nr. 289, S. 184, datiert nach 1408. |**53**| Ebd., Nr. 292, S. 187, datiert auf den Anfang des 15. Jahrhunderts. |**54**| Ebel 1995, Nr. 694, S. 708, datiert auf den 8. 7. 1532. |**55**| Original Görlitz Ratsarchiv fehlt; vgl. Staatsbibliothek zu Berlin Preußischer Kulturbesitz, Ms. germ. fol. 809, Fol. S. 194v – 196r, datiert auf den 21. April 1456. |**56**| Goerlitz/Gantzer 1939, II 2 Nr. 56, S. 228, datiert auf den 24. 8. 1465 und später. |**57**| Ebel 1989, Nr. 322, S. 237, datiert auf den 12. 12. 1432. |**58**| Ebd., Nr. 323, S. 239, datiert auf den 23. 1. 1433. |**59**| Ebd., Nr. 325, S. 245, datiert auf den 23. 9. 1433. |**60**| Ebel 1995, Nr. 539, S. 8, datiert auf den 23. 3. 1453. |**61**| Ebd., Nr. 622, S. 352, datiert auf den 26. 4. 1466. |**62**| Ebd., Nr. 560, S. 79, datiert auf den 23. 6. 1458. |**63**| Ebd., Nr. 570, S. 123, datiert auf den 15. 2. 1460. |**64**| Ebd., Nr. 574, S. 138, datiert auf den 11. 10. 1460. |**65**| Ebd. |**66**| Ebd., S. 139. |**67**| Die Verteilung der Sprüche auf die Jahre (mehr als vier Sprüche pro Jahr): 1462: 5, 1465: 8, 1468: 11, 1469: 11, 1470: 16, 1472: 9, 1473: 11, 1474: 15, 1487: 11, 1491: 13, 1492: 12, 1493: 18.

Da – wenn überhaupt – nur die Anfragen und nicht die Sprüche datiert sind, lässt sich den Urkunden lediglich entnehmen, wie sich die Gerichtsverhandlungen der anfragenden Schöffenstühle über das Jahr verteilen. So sind zum Beispiel von den 18 Anfragen der Görlitzer eine vom Januar (21.), zwei vom Februar (4., 11.), drei vom März (11., 12., 21.), sechs vom Mai (2 × 2., 7., 11., 13., 2 × 18.), jeweils eine vom Juni (18.), August (5.) und September (26.) und zwei vom November (2 × 20.). Die Anfragen aus den anderen Jahren verteilen sich gleichermaßen über das ganze Jahr. Ähnlich verhält es sich bei den Sprüchen für Breslau.[68] Für Schweidnitz und Liegnitz sind nicht genügend datierte Schöffensprüche für eine entsprechende Aufstellung erhalten. Für Görlitz und Breslau kann hieraus jedoch geschlossen werden, dass die Schöffen relativ häufig zu Gericht saßen – bis zu fünfmal in einem Monat – und es auch keine »Saison« für Anfragen nach Magdeburg gab. Möglicherweise hing dies häufig mit den besonderen zeitlichen Anforderungen zusammen, die Verfahren im Gastrecht mit sich brachten. Es hat auf jeden Fall den Anschein, dass eher nach Bedarf als nach festgesetzten Terminen Gericht gehalten wurde.

Zu den Inhalten

Die Rechtsbereiche des Magdeburger Rechts waren ursprünglich vor allem Bestimmungen zur Stadtverfassung. Als Anfrageinstanz befassten sich die Magdeburger Schöffen dann aber zu einem großen Teil mit Problemen und Streitigkeiten der Kaufleute, wobei es sich hier um den »zu Lande reisenden Kaufmann und dessen Rechtsprobleme«[69] handelte im Gegensatz zu den Belangen des Seehandels, die eher im lübischen Recht[70] Gegenstand waren. Es wurden Fragen des Gesellschaftsrechts verhandelt: die Haftung von Treuhändern, »Vererblichkeit der Gesellschaftsanteile, die Pflicht zur Rechnungslegung und Buchführung […]«.[71] In diesem Zusammenhang nahmen auch »Inhaberschuldverschreibung[en], namentlich bei Rentenbriefen«[72] einen großen Raum ein. Als weiterer zentraler Bereich Magdeburger Rechts ist das Ehegüter- und Erbrecht zu nennen, wobei es sowohl um Bestimmungen zum ehelichen Güterrecht als auch um Fragen der Zuständigkeit ging, wenn zum Beispiel »Vergabungen unter Eheleuten nur vor den städtischen Gerichten«[73] zugelassen wurden.

Strafrechtliche Fragen wurden eher selten verhandelt, was sicher auch mit Hoheitsbefugnissen der Stadtherren in Sachen von Blut- bzw. Hochgerichtsbarkeit zu erklären ist. Kamen entsprechende »peinliche«[74] Klagen vor den Magdeburger Schöffenstuhl, wurde nicht in der Sache selbst, sondern eher über prozessrechtliche Fragen entschieden, wie zum Beispiel die Frist zur Beweiserbringung,[75] die Haftung des Gestellungsbürgen[76] oder die Anzahl der für den Entlastungseid notwendigen Zeugen.[77]

Befanden sich die Magdeburger Schöffen in einer Streitsache nicht für zuständig, verweigerten sie den Urteilsspruch. Das gilt etwa für Anfragen aus Görlitz, für die das geistliche Gericht zuständig war:[78] »Hir vff Spreche wy Scheppin zcu Magdeborch vor recht had der man den gy Jn Juwer vengnisse habin Ebroches bekant das bort dem geistlichen richter to richten vnde straffin«.[79] Aber auch für landrechtliche Streitfälle, zu denen sie beispielsweise von den Schweidnitzern um Rechtsbelehrung gebeten wurden, galt: »Darvm betin wir euwir libe, daz ir vns eyn recht nach des landis recht vnd nicht nach wichbildrecht furschriben wellit, wenn is vff deme lande der fredebroch gescheen ist, weme das pferd fon rechte fulgen sulle adir waz recht ist. Gegeben an senti Pauli tage des helgen czwelffbotin. Ratmann czur Swydnicz, ewir frunde«.[80] Darauf antworteten die Magdeburger: »Vns borit nach deme lantrechte zců uwir vrage nicht zů antwordin noch lantrecht fon vns zců scribin. Darvmme sende wir uch uwir grossen widir.«[81] Auch über Wucher – wohl im Sinne von überhöhter Zinsforderung auf geliehenes Geld – wurde von den Magdeburgern kein Urteil gesprochen, was möglicherweise damit zu erklären ist, dass die Höhe des Zinses zu den gewillkürten Regelungen einer Stadt und nicht zu den allgemeinen Bestimmungen nach Magdeburger Recht gehörte: »[...] zundir obir wuchir sprechin wir keyn recht.«[82]

Das Spektrum der Klagegegenstände, mit denen sich die Magdeburger Schöffen in den an sie gestellten Anfragen beschäftigen mussten, reicht von alltäglichen Streitereien bis hin zu spektakulären Auseinandersetzungen um beträchtliche Vermögenswerte wie beispielsweise beim Prozess um einen enorm wertvollen Saphir, in dessen Verlauf die Breslauer Schöffen fünf Anfragen im Zeitraum von drei Jahren bei ihren Magdeburger Kollegen gestellt hatten.[83] Neben den Rechtsinhalten, an denen sich heute noch gut ablesen lässt, welche rechtlichen Probleme zu jener Zeit virulent und wie diese nach den Bestimmungen des Magdeburger Stadtrechts zu entscheiden waren, bieten die Schöffensprüche auch das Bild einer Gesellschaft aus Kaufleuten, Handwerkern und ihren Gilden bzw. Zechen, aus Geistlichen sowie Frauen, Kindern und Verwandten. Obwohl dies nur einen, wenn auch recht großen, Ausschnitt der städtischen Gesellschaft abbildet, da Personen wie Tagelöhner, Bettler, Spielleute und anderer niederer sozialer Schichten in diesen Prozessen nicht auftreten, lassen sich hier nicht nur verwandtschaftliche Zusammenhänge nachzeichnen, sondern auch konkrete und realitätsnahe Einblicke in die weitreichenden Handelsnetze zum Beispiel der Tuchmacher oder Pelzhändler und die Fährnisse ihrer Gewerbe gewinnen.

Verbreitung der Magdeburger Urteile durch Rechtssammlungen

Eingangs ist bereits gezeigt worden, dass die zentralen Inhalte des Magdeburger Stadtrechts immer wieder in Bewidmungen und damit verbundenen Rechtsmitteilungen weitergegeben wurden. Ebenso war bereits die Praxis der Schöffen Gegenstand der Darstellung, sowohl die der Magdeburger, die die Rechtsauskünfte erteilten, als auch die der anfragenden Schöffen-

|**68**| Für das Jahr 1462 sind beispielsweise elf Sprüche nachweisbar: 1× Februar (20.), 1× Mai (21.), 1× Juni (4.), 2× Juli (5., 16.), 3× September (3., 2× 4.), 1× November (12.), 2× Dezember (10., 11.). |**69**| Ebel 2004c, S. 227. |**70**| Zum lübischen Recht vgl. Cordes 2016, Sp. 1072–1079; eine Gegenüberstellung von Magdeburger und lübischem Recht bei Ebel 2009, S. 37–47. |**71**| Ebel 2004c, S. 228. |**72**| Ebd. |**73**| Ebd., S. 229. |**74**| Also Klagen mit der Androhung von Körperstrafen im Falle einer Verurteilung. |**75**| Ebel 1989, Nr. 494, S. 632. |**76**| Ebd., Nr. 506, S. 659. |**77**| Ebel 1995, Nr. 575, S. 143. |**78**| Zum Verhältnis von Magdeburger Schöffen und Kirchenrecht vgl. Ebel 2004d, S. 183–197. |**79**| 1440–1450, Görlitz, Ratsarchiv, Nr. 12, Or. Perg. Siegelspuren [unedierte Urkunde]. |**80**| Goerlitz/Gantzer 1939, II 2 Nr. 13, S. 130, datiert auf den 25.1., wohl aus der Zeit um 1380 stammend. |**81**| Ebd. |**82**| Ebel 1989, Nr. 353, S. 292, datiert in die Zeit zwischen 1432 und 1436. |**83**| Ebel 1995, Nrn. 600, 604, 612, 617 u. 625, vom 25.8.1463 bis zum 12.9.1466; zum Prozess um diesen Saphir vgl. auch Ebel 2008, S. 116–117.

stühle, diese Sprüche zu sammeln, um sie bei einem ähnlich gelagerten Fall zu Rate ziehen zu können. Darüber hinaus wurden die Sprüche aber ebenso in Sammlungen kompiliert und dabei mehr oder weniger ihres ursprünglich unmittelbaren Charakters aus Anfrage und Schöffenspruch beraubt, zuweilen sogar ganz auf ein anonymisiertes Schöffenurteil reduziert. Rechtstexte, die entsprechende Kompilationen von Magdeburger Schöffensprüchen beinhalten, sind unter anderem die »Magdeburger Fragen«,[84] die »Magdeburger Urteile«,[85] das »Buch der Magdeburgischen Urteile«[86] und der »Rechte Weg«.[87]

Das Verfahren der Zusammenstellung von Schöffenurteilen als Hilfe für den Rechtsfindungsalltag im Gericht beschrieb der Autor des »Rechten Wegs«, Kaspar Popplau,[88] in dem ebenfalls aus seiner Feder stammenden »Remissorium«, das der inhaltlichen Erschließung sowohl des »Rechten Wegs« als auch anderer für die Rechtsfindung seiner Zeit unerlässlicher Quellen dienen sollte. Popplau gab an, er habe »mehir denne Sechczenhundirt gesprochene Ortil Von den hochweyzen Scheppen zu Magdeborch Vnnd van den Erbarn mannen czu Donyn Vnnd etliche Bresselische Ortil etc. [...]«[89] zusammengestellt.

Um dieses Verfahren der Übernahme eines Magdeburger Schöffenspruchs in eine Rechtssammlung zu illustrieren, wird ein Spruch der Magdeburger Schöffen für Breslau ausgewählt, der sowohl im »Buch der Magdeburgischen Urteile« als auch im »Rechten Weg« Aufnahme gefunden hat.[90] Die ausführliche Anfrage, mit Rede und Gegenrede sowie Wiedergabe zweier Beweisbriefe, die im Originalspruch mitgeteilt wird, fand in das »Buch der Magdeburgischen Urteile« nur in einer um mehr als die Hälfte gekürzten Form Aufnahme. Der »Rechte Weg« beginnt mit einer der inhaltlichen Orientierung dienenden Überschrift, die den Rechtsinhalt kurz zusammenfasst. Der Anfrageteil wird komplett durch zwei sehr knappe Paraphrasierungen der Parteienpositionen ersetzt. Nur die Urteile werden nahezu vollständig und wortgetreu in die beiden genannten Rechtssammlungen übernommen.[91] Auf diesem Wege konnten die Rechtsweisungen und Urteile der Magdeburger Schöffen auch zur Grundlage der Rechtsprechung in jenen Städten werden, die nicht im direkten Austausch mit Magdeburg standen.

|**84**| Vgl. Johanek 1985, Sp. 1128–1130. |**85**| Vgl. Kałužniacki 1886, S. 113–330; Bily/Carls/Gönczi 2011, S. 91–95. |**86**| Vgl. Klein-Bruckschwaiger 1948, S. 261–293. |**87**| Ebel 2000. |**88**| Zu Popplau vgl. Schelling-Schiewer 1989, Sp. 785–789; Carls 2018. |**89**| Kaspar Popplau im »Remissorium« über den »Rechten Weg«: »mehir denne Sechczenhundirt gesprochene Ortil Von den hochweyzen Scheppen zu Magdeborch Vnnd van den Erbarn mannen czu Donyn Vnnd etliche Bresselische Ortil etc. Dorundir denne etliche Priuilegia Vnnd Willekor mete eyn geschrebin seyn Owch do bey dreyhundirt Regil des keyzirrechtis · nemlich uff den dreyen buchstaben: s · : t · : v · geczeichent Vnnd geschrebin« (Wrocław/Breslau, Staatsarchiv, a. m. Wrocławia. J 8, S. 3, Oppitz 1990 b, Nr. 296, HSC 20156). |**90**| Vgl. Anhang. Originalspruch (Ebel 1989, Nr. 326, S. 246–248); »Buch der Magdeburgischen Urteile« (Wrocław/Breslau, Staatsarchiv, a. m. Wrocławia J 5, cap. 47, fol. 27r u. 27v, Oppitz 1990 b, Nr. 294); »Rechter Weg« (Ebel, 2000, Buch H 6, S. 572–573). |**91**| Eine ausführliche Analyse dieses Verfahrens hat Schelling 1995, S. 87–94 geleistet. |**92**| Oppitz 1990 b, Nr. 271; Handschrift auch online »Weichbild und Blume des Magdeburger Rechts«: http://www.bibliotekacyfrowa.pl/dlibra/docmetadata?id=42384 [letzter Zugriff am: 25. 9. 2018]). Anfang des »Weichbildrechts« fol. 3rb (rechte Seite, rechte Spalte). |**93**| Die Überlieferung der »Magdeburger Schöppensprüche« für Görlitz, Liegnitz und Krakau wurde im Editionsprojekt von Friedrich Ebel am Institut für Deutsche Rechtsgeschichte an der Freien Universität Berlin zwar vollständig erfasst, nach seinem Tod im Jahr 2005 aber nicht mehr abschließend bearbeitet und publiziert. Alle hierzu vorhandenen Materialien befinden sich inzwischen in der Obhut der Sächsischen Akademie der Wissenschaften zu Leipzig. |**94**| Johanek 2004, Sp. 945–983.

Abb. 5
Ursprünglich aus Görlitz stammende Handschrift des Weichbildrechts mit Glosse und Chronik. Breslau, Universitätsbibliothek, Cod. Mil. II 4 membr., f. 2v, 3r.[92]

Schluss

Anhand der überlieferten Quellen zum Magdeburger Stadtrecht lassen sich die frühe Konstituierung dieses Rechts, seine wesentlichen inhaltlichen Bestimmungen, die Art und Weise seiner Weitergabe an andere Städte, die Praxis der Rechtsanwendung und verschiedene Rezeptionsformen gut nachzeichnen. Da ein erheblicher Teil der dieses Recht betreffenden Quellen mit großer Wahrscheinlichkeit verloren gegangen ist, kann der tatsächliche Umfang des Rechtsverkehrs zwischen den einzelnen Städten Magdeburger Rechts untereinander nur annäherungsweise geschätzt werden. Auch sind leider bis heute weder alle erhaltenen direkten Zeugnisse des Magdeburger Schöffenstuhls ediert,[93] noch wurde die wohl wichtigste und einzige von den Magdeburgern selbst autorisierte Rechtssammlung, das »Magdeburger Weichbildrecht« (Abb. 5),[94] angemessen editorisch und wissenschaftlich gewürdigt. Darüber hinaus trüge die Auswertung überlieferter Stadt- und Schöffenbücher sicher noch einige interessante Facetten zum hier gezeichneten Bild der Praxis des Rechtsverkehrs mit dem Magdeburger Schöffenstuhl bei und könnte helfen, das Wesen und die Bedeutung dieses Rechts in seinen europäischen Dimensionen noch besser beurteilen zu können.

Anlage

Peter Pherdt
Thomas Apoteker

Das man das entpfangen gelt wider gebin sal, so man ein erbe nicht geweren kan, und von ungutlichen ortiln

Vnssern frundlichin grus zuuore mit dienste zuuore! Ersammen vnd weizin liebin hern! Wir thun ewern erzamkeitin zu wissin, wie daz vor vns in gehegtim dinge gestandin hot Petrus Pferdt vnd clagite als eyn gast durch seinen forredir zu Thome Apthekern vmbe sechs vnd sechssczig golden vnd vmme czwelff margk, die helffte groschin vnd die andere ‹helffte› hellir.

Do kegin sprach Thomas Apthekir durch seinen forredir, ap er nicht benennen zolde, von wanne die schulde er qweme?

Do kegin anttwurte Peter Pferdt von der Neyße: »Liebin hern! Alhie habe ich czwene briffe vnd begere, die zu lezin«, die do auch lautin von worte zu worte, als hie hernach geschrebin stet:

»Wir scheppin zu Breslaw etc. bekennen, daz die scheppin zu Magdeburg czwischin Thomas Apothekir an eyme vnd Petern Pferdt am andir teyle eyn zolch ortel vnd recht gesprachin habin: ›Hat Thomas Apthekir Petern Pferdin eyn haus zur Neysse uorkaufft vf die were vor czwehundirt margk, zo ist Thomas Apthekir pflichtig, Petern Pferdin daz haus zu weren vnd awss den clagin zu freyen, vnd doweile er im nicht geweret vnd von der clage nichtin en freyet, so ne ist em Peter Pferd nicht pflichtig, die czwehundirt margk vf zottene tagezit zu bezalin, als ewere froge awssweizlt. Von rechtis wegin. Anno XXXIIJ am freytage noch Hedwigis.‹« (1433 Okt 16)

»Wir scheppin zu Breslaw etc. bekennen, daz wir eyntrechticlich dirhabin, daz bey dem awsgesprochenem ortel van Magdeburg czwischin Thome Apthekir an eyme vnd Petern Pferd von der Neysse am andirn teile moglichin bleibit. von rechtis wegin. Anno etc. XXXIIJ am freytage noch Vndecim Milia Uirginum.« (1433 Okt 23)

Peter Pferdt claget: »So mir Thomas Apotecker das haus nicht geweret, so sal er mir czwelf margk wider gebin, die ich ym uf das haus gebin habe.«

Do die brieffe gelezin woren, sprach Peter Pferd durch seinen forredir: Wenne denne daz ortel von Magdeburg awsweizit, daz er mich des hauzis, daz er mir uorkaufft hot, gewerin sal, vnd er mich daz haus nicht gewerit hat vnd ich em daz uorbenante gelt doruf gegebin habe, ap er mir nw daz selbige gelt icht wedir gebin sal, adir was do recht ist?«

Thomas Apotecker antwort: »Ich habe ym globt, das hauß zu geweren, außgenomen hern gewalt. Dorumbe darf ich ehn vor deme hern bischofe nicht

Do kegin sprach Thomas Apthekir: »Liebin hern! Den kauff, den ich mit em getan habe, daz habe ich getan mit eynem zalchin vndirscheide, des ich mich czie an czwene lynkouffsleuthe, die do bey gewest zein, daz ich em globit habe, des hauzis zu weren nach der stad vnd der lande rechte, awssgenomen hirngewald, doryn sich ouch Peter Pferd selbis gegebin hat, vnd wenne ich denne beweizin wil, daz Sich meyn hirre, der byschuff, mit seynir gewald doryn gelegit hat vnd mich doran gehindirt hot, so hoffe ich, daz ich em nicht pflichtig ben, hoer zu gewerin.«

Dokegin Peter Pferd: »Ap Sich meyn hirre, der byschuff, ‹do›ryn gelegit hat, das hot er jm genomen vnd nicht mer, vnd daz ist mir, ap Got wil, vnschedlichin.«

Vnd des ‹kon›nen wir nicht eyne werdin. Bete wir euch, vns daz recht hieruff bey diezim boten vorschrebin zu sendin. Daz ‹st›et vns besundern zuuorschulden. Gegeben zu Breslaw post Visitacionis Marie an der metewoche anno etc. XXXIIIJ vndir vnsserm stadsegil. (1434 Jul 7)

**Hir uff sprechin wir scheppen zcu Magdeburg eyn recht: Sintdemole Thomas Apteker daz vndirscheid vor dem ersten vßgesprochin orteil nicht uffgebracht had, daz her nw uffbrenget, alse euwre frage vßwyset, dar mete ne kan her sich kein Peter Pherde nicht behelfen, sundir alse her des kouffis bekant, so mus her ym noch weren. Had Sich denne sin hirre, der bisschuff, mit syner gewalt in daz gud gelegit, daz kan Peter Pherde an syme kouffe nicht zu schaden komen, vnd ne mag on Thomas Apoteker des kouffis nicht geweren, so ist her Peter Pherde sin gelt, daz her ym uff den kouff gegebin had, pflichtig weddir zcu gebin. Von rechtis weghen. Vorsegilt mit vnserm ingesegill etc.

In dorso:
*Den ersammen vnd weizin hern scheppin zu Bresslow
*vnssern besundern liebin gonnerin
Scriptum

geweren noch die czwelf margk widergebin.«

Der Haupttext – »Urkunde« – in der linken Spalte folgt der Edition Ebel 1989, Nr. 326, S. 246–248 (AP Wrocław [z. Zt. unverzeichnet] Olim StaatsA Breslau Rep. 2 »Magdeburger Schöppensprüche«, Nr. 16), der Text aus dem »Buch der Magdeburgischen Urteile« (linke Spalte) der Handschrift Wrocław/Breslau, Staatsarchiv, a. m. Wrocławia J 5, cap. 47 (Opp. 294, HSC 20154 – Abb. 3, 4), die Wiedergabe aus dem »Rechten Weg« (rechte und linke Spalte) der Edition Ebel 2000, Buch H 6, S. 572–573. Die im Haupttext unterstrichen Passagen folgen inhaltlich und orthografisch der Edition Ebel 1989, Nr. 326. Die Vorlage für diese modifizierte Darstellung findet sich in Schelling 1995, S. 89.

Hinweise zu den Unterstreichungen
linke Spalte: »Urkunde«, Nr. 326
»Urkunde«, Nr. 326 und »Buch der Magdeburgischen Urteile«, Nr. 47
»Urkunde«, Nr. 326 und »Der Rechte Weg«, Buch H6 und »Buch der Magdeburgischen Urteile«, Nr. 47.
rechte Spalte: »Der Rechte Weg«, Buch H 6

Rechtsaneignung und Rechtsbearbeitung

den einen richtere unde
me eine hanthafte t
tat. Der schultheize
sal ouch den ban habē
von dem herren des l
andes *von gerufte*
an wunden vnd an 7
campfwrtigen wūde

Ist daz ein man gewū
dit wirt geshriet he
daz gerufte. vnd vet
he den man vnd bren
git hem vor gerichte
vnd hat he des sine s
shreiman selbe siben
de he ist neher in zu
vbirzugene den iener
im entgen muze. G
vmme eine wunde
di hant. vmme einē
totslac den hals. Ob
di wunde ist nagils
tif vnd nagils lanc. Ge
winnit ein man einē
campf vm eine wunde
vnd vichtit he sige iz
get ieneme an di hāt
vmme totslac an den
hals *von strite der tags* 8
odir nachtes gesht.

Geshit ein strit od
ein not nachtes
odir tagis welche man
einen biderben man
da zu besagen he ist ne
her zu entgene selbe
sibende den iz iener vf
in gezugen muge wē
in in der stat niman en
sach *von vrteil vinden*
vnd von des gastes rech 9
te vmme schult.

Dem burgreuen
noch dem schulthei
zen en ist kein scheppe
noch burgere urteil pf
lichtic zu vindene bu
zen rechten dinc tagin

MACIEJ MIKUŁA

Das Magdeburger Weichbildrecht in seiner schlesisch-kleinpolnischen Fassung

Anmerkungen zur Autorschaft und Textevolution[1]

Einleitung

Zu den zentralen Quellen des Magdeburger Rechts gehört das Sächsische Weichbildrecht, das im polnischen Königreich bzw. in Polen-Litauen als »Magdeburger Weichbild« oder *ius municipale Magdeburgense* bezeichnet wurde. Dabei handelte es sich um eine unsystematisierte Sammlung von Bestimmungen, die sich aus mehreren Quellen speiste: den Magdeburger Rechtsweisungen für Breslau/Wrocław von 1261 und 1295, dem »Rechtsbuch von der Gerichtsverfassung«, dem »Magdeburger Schöppenrecht«, einzelnen ergänzenden Passagen aus dem Sachsenspiegel und einigen weiteren detaillierten Bestimmungen.[2] Zu den Fassungen des Weichbildrechts zählen die im Osten des römisch-deutschen Reiches kursierende deutschsprachige Ausgabe, die man als »Vulgata« bezeichnet, sowie die sogenannte »Fassung des Konrad von Oppeln«. Letztere wurde bis 1535 im Königreich Polen vor allem in lateinischer Übersetzung verwendet. In diesem Jahr erfolgte durch Mikołaj Jaskier eine weitere lateinische Edition, die auf der erwähnten Vulgata beruhte.[3] Außer den deutschen und lateinischen Texten gab es Übersetzungen in polnischer und tschechischer Sprache.[4]

Abb. 1
Handschrift des Magdeburger Weichbildrechts für den Krakauer Stadtrat.
Krakau, Jagiellonenbibliothek, Sig. 169. f. 275r.

|**1**| Der Text wurde an der Fakultät für Jura und Verwaltung der Jagiellonen-Universität zu Krakau bearbeitet, Projekt-Nr.: K/DSC/004189. Ich danke Herrn Dietmar Gass für die Hilfe bei der Übersetzung des Textes. Im Rahmen dieser Untersuchung werden folgende Abkürzungen verwendet: BJ 169 (Biblioteka Jagiellońska – Jagiellonische Bibliothek) Krakauer Handschrift (Stadtrat Krakau); BJ 168 – Breslauer Handschrift (Sąd Wyższy Prawa Niemieckiego na Zamku Królewskim na Wawelu, Krakau), Jagiellonische Bibliothek; MSR – Magdeburger Schöffenrecht; Weisungen – Magdeburger Rechtsweisungen für Breslau aus 1261 oder 1295; BJ 170 a – Handschrift der Jagiellonischen Bibliothek, die eine Kompilation des Weichbildrechts darstellt; II F 8 – die Heinrichauer Handschrift, genannt Breslauer, wurde vormals im Zisterzienserkloster Heinrichau aufbewahrt; Universitätsbibliothek Breslau; II Q 4 – Saganer Handschrift, vormals im Augustinerkloster Sagan/Żagań aufbewahrt, Universitätsbibliothek Breslau; BN 12607 – Handschrift aus der Nationalbibliothek zu Warschau, Sign. BN 12607 III; SSp – Sachsenspiegel. |**2**| Vgl. Gaupp 1826, S. 123–124; Laband 1869, S. 96; Oppitz 1990 a, S. 47–48; Carls 2011, S. 86–88; Mikuła 2018, S. 31–38. |**3**| Vgl. Jaskier 1535; Estreicher 1901, S. 502–503; Kutrzeba 1926, S. 208–211; Lück 2009 f, S. 28–29. |**4**| Vgl. Homeyer 1856, S. 33; Oppitz 1990 a, S. 48; Szczerbic 2011; Lück 2012 a, Sp. 1355–1356.

Ziel des vorliegenden Artikels ist es, zu prüfen, ob die in Polen angefertigten Weichbildtexte untereinander einen derart hohen Grad an Ähnlichkeit aufweisen, dass man sie zu einer eigenen Fassung zählen könnte; und wenn ja, wie diese zu bezeichnen wäre bzw. inwieweit die gängige Bezeichnung »Fassung des Konrad von Oppeln« überhaupt berechtigt erscheint. Ferner soll geklärt werden, ob es Hinweise dafür gibt, dass diese Fassung sowohl deutschsprachige als auch lateinische Texte umfasste. Diese Vereinbarungen werden die Daten zur Entwicklung des Weichbildtextes im mittelalterlichen polnischen Königreich ergänzen.

Alle sechs deutschsprachigen Handschriften, die bis zur Gegenwart überdauert haben, wurden im Rahmen dieser Untersuchung ausgewertet. Insgesamt liegen deutschsprachige Texte zur hier untersuchten Fassung nur in geringer Zahl vor. Dies ist nicht verwunderlich, da im Königreich Polen vorrangig lateinische Texte kursierten, während in Schlesien weitaus systematischere Sammlungen des Magdeburger Rechts im Umlauf waren, die sich zudem durch einen höheren Grad an Vollständigkeit und ein höheres Niveau hinsichtlich des rechtsbezogenen Wissens auszeichneten. Daher gab es dort keinen besonderen Bedarf für die deutschsprachigen Texte der hier behandelten Fassung. Außer auf die Krakauer Handschrift von 1308 (BJ 169)[5] wurde für diese Untersuchung auf die vom Ende des 14. bzw. Anfang des 15. Jahrhunderts stammende Heinrichauer Handschrift zurückgegriffen (II F 8). Letztere wird auch als Breslauer Handschrift bezeichnet.[6] Sie ist fast identisch mit BJ 169, wobei kleinere Unterschiede Hinweise auf die jeweilige Entstehungsgeschichte der Texte geben. Bereits Paul Laband sah außerdem die zweisprachige Saganer Handschrift aus dem 15. Jahrhundert (UB Breslau, Sig. II Q 4) als außerordentlich bedeutsam an.[7] Die ebenfalls herangezogene Handschrift aus der Nationalbibliothek zu Warschau ist ihrerseits zweisprachig und wird im Folgenden als BN 12607 zitiert.

Die beiden übrigen zu untersuchenden Texte sind durch individuellere Merkmale bestimmt. Beim ersten handelt es sich um eine Handschrift des Höheren Gerichts deutschen Rechts in Krakau/Kraków (BJ 168). Sie entstand höchstwahrscheinlich nach 1356.[8] Im Vergleich mit BJ 169 fehlen einige Bestimmungen aus dem Sachsenspiegel. Um dennoch einen vergleichbaren Umfang zu erreichen, fügte der Schreiber gegen Ende zahlreiche ergänzende Bestimmungen ein, darunter zwei aus dem Sachsenspiegel; zwei weitere wiederholen nur bereits an anderer Stelle im Buch angeführte Rechtsvorschriften. Damit weicht sie vom Aufbau der erstgenannten vier Handschriften (BJ 169, II F 8, BN 12607 und II Q 4) ab, in denen sich das Weichbildrecht hinter dem jüdischen Eid bzw. den Bestimmungen aus dem »Rechtsbuch von der Gerichtsverfassung« wiederfindet.

Gesondert behandelt werden muss die Handschrift BJ 170 a.[9] Hierzu betonte bereits Emil Kałużniacki, dass das Textgefüge des Weichbildrechts hier in zahlreiche Teile zergliedert wurde und BJ 170 a somit eine Art »Patchwork« aus Fragmenten diverser Redaktionen darstellen könnte.[10] In der Tat enthält der Band zwei aufeinanderfolgende Kompilationen mit Bestimmungen, die in anderer Reihenfolge auch in den übrigen im Rahmen dieser Studie untersuchten Textzeugen dieser spezifischen Fassung des Weichbildrechts auftreten.

Eine grundlegende Aufgabe der angestrebten Analyse besteht im Vergleich der sechs oben genannten Texte mit den Quellen des Weichbildrechts. Die Magdeburger Weisungen für Breslau von 1261 und 1295 sind hier aus zweierlei Gründen die maßgeblichen Bezugspunkte: Einerseits fanden sie in Gänze Aufnahme in alle Textzeugen der untersuchten Fassung und zum anderen stehen sie im Originalwortlaut für einen Vergleich zur Verfügung.[11] Zwar führt die Konzentration auf die beiden Weisungen dazu, dass nicht alle Artikel des Weichbildrechts untersucht werden können,[12] jedoch ermöglicht sie ein eindeutiges Ergebnis. Natürlich gelangte ein Teil der Weisungen von 1261 nicht auf direktem Weg ins Weichbildrecht, sondern wurde über das »Magdeburger Schöppenrecht« rezipiert, eine unsystematische Sammlung, deren Herausgabe Paul Laband bewerkstelligt hat.[13] Solche textkritischen Umstände gilt es ebenfalls zu berücksichtigen.

Im Rahmen der folgenden Interpretation soll die Annahme dargestellt werden, dass der behandelten Fassung des Weichbildrechts (bislang in der Forschung »Fassung Konrads von Oppeln«) ein gemeinsamer Urtypus zugrunde liegt, der den Magdeburger Weisungen für Breslau näher steht als die späteren Texte. Natürlich wäre auch denkbar, dass ein späterer Text als (weiterer) Urtypus erneut mit den Weisungen abgeglichen hätte werden können. Für solch eine Vermutung sind jedoch keinerlei Beweise zu finden.

Fast identische Texte: BJ 169 und II F 8

Bezüglich der Krakauer (BJ 169) und der Heinrichauer Handschrift (II F 8) stellt sich die grundsätzliche Frage, ob sie in einem Zusammenhang stehen (II F 8 als Kopie der BJ 169) oder sie nur auf einer gemeinsamen Quelle basieren. Ferdinand Bischoff stellte bereits Ähnlichkeiten hinsichtlich des Schöffenrechts in beiden Handschriften fest und wertete das als Bestätigung dafür, dass »beide selbstständig von einander entstanden sein müssen, aber aus einer gemeinsamen Vorlage.«[14]

Betrachten wir also die typischen Merkmale dieser Texte. Dazu dienen sechs besondere Unterscheidungskriterien (Abb. 2). In vier Fällen stimmt II F 8 mit den Weisungen überein, während die Krakauer Handschrift abweicht. In den beiden anderen Fällen entspricht der Text in BJ 169 dem Wortlaut der Weisungen von 1265 bzw. 1291, derjenige in II F 8 aber nicht. In der Heinrichauer Handschrift fehlt die für BJ 169 typische, mehrmals gegebene Information

---

| **5** | Die Primärliteratur zum Weichbildrecht in dieser Handschrift bei Włodek 1980, S. 155–159 sowie Oppitz 1990 b, Nr. 845; Mikuła 2018, S. 31–32 u. S. 39–41. | **6** | Breslauer Universitätsbibliothek, Sig. II F 8. Vgl. dazu Oppitz 1990 b, Nr. 261; Mikuła 2018, S. 31–32 und S. 39–41. | **7** | Universitätsbibliothek Breslau, Sig. II Q 4. Zur Bewertung Laband 1869, S. 97–98; Oppitz 1990 b, Nr. 268; Mikuła 2018, S. 44–51. | **8** | Jagiellonische Bibliothek, Sig. 168; Oppitz 1990 b, Nr. 844; Mikuła 2018, S. 41–43. | **9** | Vgl. Oppitz 1990 b, Nr. 846; Mikuła 2018, S. 43–44. | **10** | Vgl. Kałużniacki 1886, S. 270–271, mit Anm. 1. | **11** | Zur Besprechung der Quellen des Weichbildrechts Mikuła 2018, S. 31–38, mit weiteren Literaturverweisen. | **12** | So stammen im Falle der in BJ 169 enthaltenen 112 Artikel 68 aus den Weisungen, was einen Anteil von 61 Prozent bedeutet. | **13** | Vgl. Laband 1869, S. 113–132. | **14** | Bischoff 1865, S. 334; Laband 1869, S. 93.

No.	Weisungen aus 1261 oder aus 1295	BJ 169	II F 8
1	[1261] § 1. –	[1] Di ratman legen ir burdinc uz swenne so si wellen mit der wizzegisten rate.	[1] –
2	[1261] § 39. – – iener ist naher, einen kamph vf in zů brengene, danne is iene liute mit irme rechte vntgen mvgen.	[63] – – he is neher, einen den ist eine liute untgen mugen mit irme rechte.	[63] wie Weisung
3	[1295] § 1. In des borchgreven dinge zv Meydeburch – –	[80] In des burgreven dinge – –	[80] wie Weisung
4	[1295] § 13. Ob ein schepphe in gehegeteme dinge uf der bank mit vnbillichen worten van einem manne missehandelet worde – –	[88] Ob ein scheppfe in gehegetem dinge uf der banc missehandilt wurde – –	[88] wie Weisung
5	[1261] § 40. – – bewiesen mit wunden vnde mit gewundeteme geczimmere – –	[100] wie Weisung	[100] – – bewisen mit wundten geczymere – –
6	[1295] § 2. – – daz volbrenget he baz mit erhaften liuten – –	[80] wie Weisung	[80] – – das volbrenget lewten – –

Abb. 2
Unterscheidung hinsichtlich der Weisungen, die in BJ 169 oder II F 8 auftreten: Die aus den Weisungen stammenden Zitate sind Ebel 1989 entnommen. Die Richtlinien für die Zitate aus den Handschriften folgen dem Prinzip: v = u (phonetisch beispielsweise vmme = umme) und w = u/iu (lwte = liute).

über die Einberufung der Ältestenrattagung, die sich ebensowenig in den Weisungen von 1261 findet (Nr. 1). Ferner beinhaltet die Heinrichauer Handschrift eine detailliertere Ausführung darüber, dass der Beweis im Prozess um die Körperverletzung ein sogenannter Gerichtskampf (*iudicium pugnae*) war (Nr. 2). Sie nimmt auch ausdrücklich Bezug auf das Magdeburger burggräfliche Gericht (in BJ 169 fehlt der Begriff »Meydeburch«; Nr. 3) und führt des Weiteren einen besonderen Passus über die Beleidigung von Schöffen im Gericht an (Nr. 4). Die Krakauer Handschrift enthält im Gegensatz zu II F 8 in den Weisungen mehrere Fragmente, laut denen in einem Prozess, bei dem ein Überfall verhandelt wird, sowohl Verletzungen als auch Schäden vorzuzeigen seien (Nr. 5). In II F 8 fehlt ferner die Bedingung, dass die Zeugen glaubwürdig sein mussten (Nr. 6).

Die Handschrift II F 8 steht den Quellen des Weichbildrechts unwesentlich näher als das Krakauer Manuskript. Sie wird zudem auf 1306 und damit um zwei Jahre früher datiert als die Krakauer Handschrift. In BJ 169 (Abb. 1) hingegen fehlen zwei für II F 8 typische Eigenschaften, womit eine direkte Abhängigkeit auszuschließen ist. Daher bestand für II F 8 und BJ 169 offenbar eine gemeinsame Quellenbasis. Die vergleichenden Untersuchungen von Zygfryd Rymaszewski verweisen zugleich darauf, dass zwischen den Textstellen aus dem Sachsenspiegel in II F 8 bzw. BJ 169 Abweichungen bestehen, die einen direkten Zusammenhang der Handschriften ausschließen: Sowohl der in II F 8 enthaltene Sachsenspiegeltext als auch derjenige in BJ 169 enthalten Zusätze, die jeweils nur dort auftreten.[15]

Die Saganer Handschrift (II Q 4) und BN 12607: die Erweiterung des Weichbildrechts um eine Auswahl von Magdeburger Urteilen

Laband sah im Rahmen seiner Forschungen zur Genese des Weichbildrechts die Saganer Handschrift als grundlegend an, da sie synoptisch einen deutschen und lateinischen Text enthält. Darüber hinaus beinhalte sie ebenso Artikel mit Zusätzen aus den Magdeburger Schöffensprüchen und könnte somit Hinweise zur Textgenese liefern. Es muss allerdings festgestellt werden, dass die zweisprachige Version in II Q 4 beinahe den vollständigen lateinischen Text enthält. Dadurch ist der Erkenntniswert wohl geringer, als es sich Laband ursprünglich wünschte. Der Synopsenvergleich in II Q 4 ergibt Folgendes: In nur einem Fall (Art. 9 mit einem Zusatz aus den Magdeburger Schöffensprüchen) ist der Text – möglicherweise durch eine Unaufmerksamkeit des Kopisten – nur auf Deutsch wiedergegeben worden. Ferner überging der Kopist im Falle der Artikel 72, 73, 78 und 79 die deutsche Variante. Dagegen erfolgen in den Artikeln 1, 66, 70 und 107 nur Kurzfassungen der lateinischen Vorschriften in deutscher Sprache. Oft werden aber im deutschen Text umfangreichere Fragmente außer Acht gelassen, wie etwa in den Artikeln 2, 4, 6, 14, 31, 69, 75, 76, 83, 86, 87, 88, 90, 91, 92, 93, 97, 103 und 105.[16] Gelegentlich kommt es auch zu Abweichungen bei wesentlichen Details (Art. 14, 26, 28, 106), wobei Fehlstellen häufiger im deutschen, aber durchaus auch im lateinischen Teil auftreten (Abb. 3). Die tiefgreifenden Veränderungen des deutschen Textes in II Q 4 erschweren eine genaue Bestimmung seines Verhältnisses zu den anderen deutschsprachigen Handschriften. Die zahlreichen Unterschiede bestehen sowohl hinsichtlich der Ergänzung und Abänderung des Weisungstextes als auch seiner Kürzungen und verleihen der Handschrift einen individuellen Charakter.

Text Deutsch II Q 4	Text Latein II Q 4	Andere deutsche Texte
[26] *fehlt*	– – pro homicidio XVIII talenta – –	*fehlt*
[28] Daz selbe hat der man seyn teil dem der ym ebyn burtig ist.	*fehlt*	*vorhanden* BJ 168, BJ 170 a *fehlt* BJ 169, II F 8

Abb. 3
Beispiele für Textunterschiede im lateinischen und deutschen Text in II Q 4.

Vor dem Jahr 1437 ist die Handschrift aus der Nationalbibliothek zu Warschau entstanden (Sign. BN 12607 III, im Folgenden mit BJ 12607 bezeichnet).[17] Dabei handelt es sich um die zweite synoptische Handschrift mit lateinischen und deutschsprachigen Weichbildtexten. Im Vergleich zu II Q 4 wurde der deutsche Text nicht verkürzt und so tiefgreifend verändert. Allgemein ist der deutsche Weichbildtext BN 12607 dem in BJ 169 sehr ähnlich.

| **15** | Vgl. Rymaszewski 1975, S. 77. | **16** | So fehlt zum Beispiel in Art. 88 die deutsche Entsprechung für den Abschnitt: quod facere potest incontinenti si vult aut per sex ebdomadas in iudicio sculteti. Sin autem vir iuramentum unica manu prestare debet hoc in eodem oportet facere iudicio. | **17** | Vgl. Mikuła 2018, S. 44–52.

Weisungen	BJ 169	II Q 4	II F 8	BJ 170 a	BJ 168	BN 12607
[1261] § 32. Swer so einen schephenen beschildet uf der banc, her gewinnet sine bûze, drizich schil-linge, vnde die richtere sin gewette.	[22] Swer so einen scheppfen shildit uf der banc, der muz dem selbin sheppfen buze geben drizich shillinge und der richter gewinnet sin gewette.	XXIIII. *in initio.* Wer einen schildet off der banck, der muß dem selbigen scheppfen busse gaben XXX schilli[n]g[e] und der richter gewynet seyn gewette.	[22] Wer so eynen scheppen schildet uff der bank, der scheppe gewynnet seyne busse dreisig Schil-linge und der Richter sein gewette.	Swer so einen scheppen beschildet uf der bank, der gewinnet sine buze drizic schillinge, und der richter sin gewette.	[24] *in initio.* Swer so einin scheppin beschildit uf der banc, h[er] gewinnit sine buse drisic schillinge und der richter sin gewette.	[28] Wer so einen scheppen schildet off der banc, der muß dem salbin scheppin busse geben dreizig schillinge und der richter gewinnet sein gewette.
[1295] § 13. Ob ein schepphe in gehegeteme dinge uf der bank mit vnbil-lichen worten van einem manne misse-handelet worde – –	[88] Ob ein scheppfe in gehegetem dinge uf der banc misse-handilt wurde – –	wie BJ 169	wie Weisung	wie Weisung	wie Weisung	wie BJ 169

Abb. 4
Beispiele für Übereinstimmungen zwischen BN 12607 und II Q 4 mit BJ 169.

An mehreren Stellen sind II Q 4 (unbearbeitete Vorschriften) und BN 12607, unabhängig von einer eventuellen Übereinstimmung mit den Weisungen, identisch mit der Krakauer und der Heinrichauer Handschrift. Besonders hervorzuheben ist jedoch die Übereinstimmung nur mit BJ 169 in einigen Fällen (Abb. 4). Sie beweisen, dass BN 12607 und II Q 4 von BJ 169 abhängig voneinander sind. Die in Abbildung 3 aufgeführten Beispiele belegen eine Entwicklungslinie des Weichbildrechts von BJ 169 zu II Q 4. Dazwischen gab es sicher noch einen Text ohne die für die Saganer Handschrift typischen langen Exzerpte, der sowohl für II Q 4 als auch für BN 12607 ursächlich war.

Darüber hinaus wurden BN 12607 und II Q 4 mit Ergänzungen versehen, die der Sammlung der Magdeburger Urteile entstammen. Wie Jakob Friedrich Behrend und Paul Laband nachgewiesen haben, befanden sich unter diesen auch Urteile, die an Krakau adressiert waren.[18] Es ist zudem belegt, dass in Krakau unsystematische Sammlungen von Urteilssprüchen entstanden sind.[19] Es liegt aber ebenso eine Handschrift mit einer vollständigen Auflistung Magdeburger Schöffensprüche vor, in die das in II Q 4 und in BN 12607 enthaltene Weichbildrecht eingefügt wurde. Dabei handelt es sich um eine Handschrift aus der Jagiellonien-Bibliothek mit der Nr. 4405, die eine lateinische Übersetzung der Magdeburger Schöffensprüchen enthält.[20] Diese Handschrift wurde zweifellos während des 15. Jahrhunderts in Krakau verfasst. Unbestritten ist, dass eine deutschsprachige Sammlung der

Magdeburger Schöffensprüche den Grund für die auch in BJ 4405 enthaltene Übersetzung gebildet haben muss. Leider hat sich eine solche deutschsprachige Handschrift bis heute nicht erhalten.[21]

Diese aus den Magdeburger Schöffensprüchen entnommenen Ergänzungen im Weichbildrecht von II Q 4 und BN 12607 wurden ebenfalls in lateinischer und in deutscher Sprache zusammengestellt. In den lateinischen Ergänzungen finden sich keine Bestimmungen, die direkt aus den lateinischen Übersetzungen zu den Sammlungen Magdeburger Urteilssprüche entnommen wurden, weder aus BJ 4405 und noch viel weniger aus der kürzeren Version in einer weiteren Handschrift aus der Jagiellonien-Bibliothek (Sign. 170 b), was daran liegt, dass deren Wortlaut unterschiedlich ist. Deswegen wird an dieser Stelle die Auffassung vertreten, dass zuerst der deutsche Weichbildtext um die Magdeburger Schöffensprüche (auf Deutsch) ergänzt und danach aufgrund der Übersetzung in den lateinischen Weichbildtext eingegliedert worden war. Sowohl die Abhängigkeit von der Krakauer Handschrift (BJ 169) als auch die Ergänzung um die Magdeburger Schöffensprüche würden demnach auf Krakau als Entstehungsort für den erweiterten deutschen Weichbildtext hinweisen.

Das Weichbildrecht in BJ 168: keine Überarbeitung von BJ 169

Für das sogenannte Wawel-Manuskript (BJ 168) beruft man sich am besten auf die Erkenntnisse von Ferdinand Bischoff. Demnach wurden aus dem Korpus des Weichbildrechts in BJ 168 (Abb. 5) die aus dem Traktat zur Gerichtsverfassung stammenden Artikel, entsprechend der eingangs erwähnten Vulgatafassung des Weichbildrechts Art. 6 bis 15 bzw. in BJ 169 Art. 107 bis 112, ausgespart und an anderer Stelle, nämlich hinter dem Sachsenspiegel und den dazugehörigen Extravaganten, aufgeführt. Ferner wurden die Art. 56 bis 61 aus BJ 169, wie sie auch im Sachsenspiegel vorkommen, übergangen, was der Schreiber selbst anmerkte. Laband seinerseits verwies darauf, dass Art. 68 (Gerichtsstrafen) und 79 (Beweismittel) bewusst oder aber doch unabsichtlich ausgelassen worden sein könnten. Indes wurden verschiedene Schlussartikel hinzugefügt (Art. 104–111), die später von Bischoff herausgegeben und von Laband als Weichbild-Extravaganten nach Vorbild der Extravaganten (Beilagen) im Sachsenspiegel definiert wurden.[22] Beide Bearbeiter ergänzten zahlreiche Artikel, die aufgrund der oben genannten Auslassungen verkürzt worden waren. Laut Laband hingen diese Ergänzungen mit Urteilssprüchen des Magdeburger Schöffenstuhls zusammen, die vom Kopisten kompiliert wurden.[23] Zumindest partiell handelt es sich hierbei um Wiederholungen von Vorschriften, die sich bereits im Weichbildrecht fanden[24] oder dem Sachsenspiegel

| **18** | Vgl. Behrend 1865, S. X–XI; Laband 1869, S. 98. | **19** | Vgl. Estreicher 1928, S. 121–123. | **20** | Vgl. Mikuła 2018, S. 66. | **21** | Vgl. Die Sammlungen der Magdeburger Schöffensprüche in den beiden Handschriften aus Krakau (BJ 399) und aus Pilzno (Kleinstadt östlich von Krakau; vgl. Wisłocki 1874, S. 125–205) sind sehr ähnlich zu der lateinischen Handschrift BJ 4405. Sowohl die Handschrift aus Krakau wie auch diejenige aus Pilzno enthalten zusammen alle Magdeburger Schöffensprüche, die sich im Weichbildrecht von II Q 4 und BN 12607 III befinden. | **22** | Vgl. Bischoff 1865, S. 354–355. | **23** | Vgl. Laband 1869, S. 99–100. | **24** | Vgl. Art. CIII wiederholt Art. 49 [Nummer in BJ 169]; Art. CVII enthält Art. Magdeburger Weisungen für Breslau von 1295.

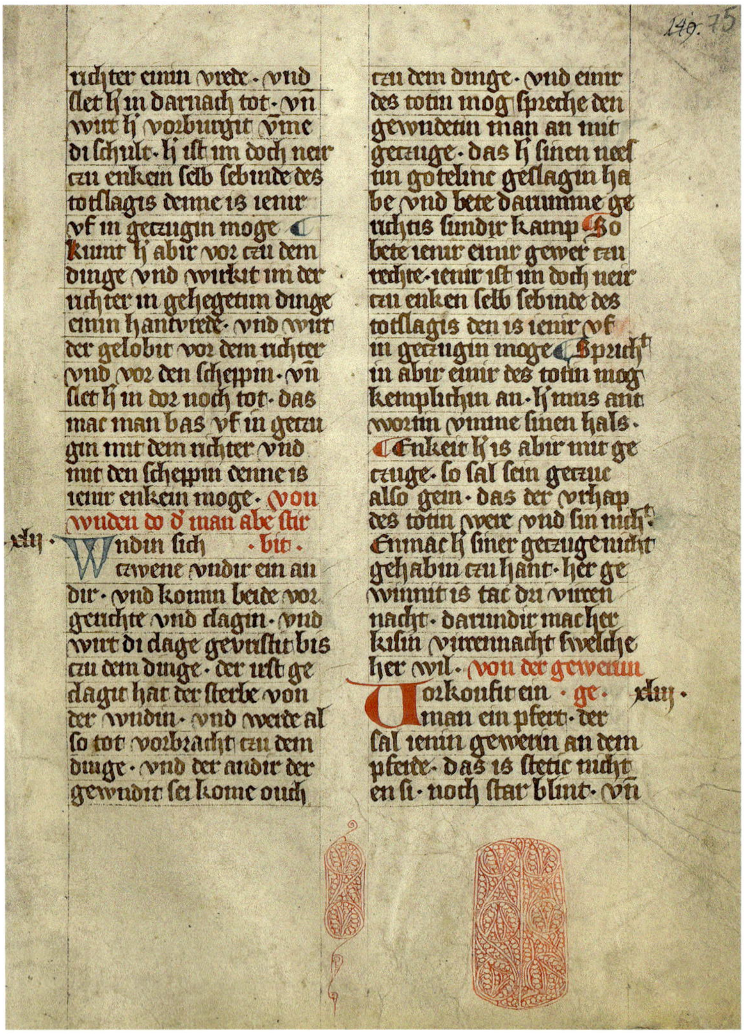

Abb. 5
Seite aus dem Manuskript des Höheren Gerichts des Deutschen Rechts auf der Burg zu Krakau. Krakau, Jagiellonen-Bibliothek, Sig. 168, f. 75r.

entnommen worden waren.[25] Laut Bischoff wurde das Wawel-Weichbildrecht auf der Textbasis der Handschrift des Krakauer Stadtrats BJ 169 erstellt. Es stellt sich jedoch heraus, dass BJ 168 und II F 8 mit den Weisungen übereinstimmen, während dies für das Krakauer und Heinrichauer Manuskript nicht gilt (Abb. 6).

Bischoffs These von der Verwendung der Handschrift des Krakauer Stadtrats ist somit nur teilweise zuzustimmen. Der Schreiber der Wawel-Handschrift konsultierte BJ 169. Als Beispiel mag die Hybridform von Art. XXXII (Abb. 7) dienen, die aus einer Vorschrift der Weisungen sowie aus der in BJ 169 zusammengesetzt ist. Die Grundlage für BJ 168 war jedoch ein gänzlich andere Fassung des Weichbildrechts, die Bestimmungen enthielt, die den Weisungen näher stehen als BJ 169. Zudem muss erwähnt werden, dass der Sachsenspiegel in BJ 168 zu einer völlig anderen Fassung gehört als der in BJ 169.

Weisungen	BJ 169	II F 8	BJ 168
[1261] § 1. –	[1] Di ratman legen ir burdinc uz swenne so si wellen mit der wizzegisten rate.	[1] wie Weisung	I. wie Weisung
[1261] § 8. Swaz so vngerichtes geschet vierzen nacht vor sime gedinge	[4] Swaz ungerichtis geshit vircen tage vor sinem dinge – –	[4] wie BJ 169	IV. wie Weisung
[1261] § 10. Des schultheize gewette sint achte schillinge.	[6] –	[6] wie BJ 169	VI. wie Weisung
[1261] § 26. – – des hebet her tach drie vierzen nacht. Dar vnder mach her kiesen vierzen nacht, swelche so her wil, zů deme nehesten dinge.	[21] – – des hat he tac dri vircen nacht. Swelch so he wil, odir zcu dem nesten dinge.	[21] wie BJ 169	XXIII. wie Weisung
[1261] § 36. Swar ein sůne gemachet wirt vnder liuten bůzen gedinge: Wil man die brechen, daz geziuget ein man selbesibede mit ses mannen, die iz gesehen vnde gehort haben.	[23] Swo abir ein sune geshit buzen dinge, daz geziugit man mit sechs mannen selbesibende, di iz gesen und gehort haben.	[23] wie BJ 169	XXV. wie Weisung
[1261] § 38. Vichtet ein man einen kamph vmbe eine wunden vnde vichtet iener sieche, iz gât diseme an die hant vmbe die wunden vnde vmbe totslach an den hals.	[23] – – get im umme di wunde an di hanc, umme totslac den hals.	[23] wie BJ 169	XXVI. wie Weisung
[1261] § 39. Wůrde ein man mit steben geslagen – –	[63] Wurde ein man mit stebin odir mit knutteln geslagen – –	[63] Wurde ein man mit knutteln gesla-gen – –	LXII. wie Weisung
[1261] § 39. – – so antwortet einer mit kamphe, die anderen vntgant ime mit ir vnschult.	[63] – – so entwurtit einer mit campfe, die anderen entwurfen nicht mit campfe, wan si entgen im mit irre unshult.	[63] wie BJ 169	LXII. wie Weisung
[1261] § 50. – – iz sin vrouwen oder man.	[73] – – iz sin man oder vrowen.	[73] wie BJ 169	LXXI. wie Weisung
[1261] § 76. Claget ein man vor gerichte mit geziuge vmbe sin gelt – –	[77] Beclagit ein man den anderen umme gelt vor gerichte mit geziuge – –	[77] wie BJ 169	LXXV. wie Weisung
[1261] § 13. Ob ein schepphe in gehege-teme dinge uf der bank mit vnbillichen worten van einem manne misse-handelet worde – –	[88] Ob ein scheppfe in gehegetem dinge uf der banc missehandilt wurde – –	[88] wie Weisung	LXXXV. wie Weisung
[1261] § 22. – – der iz in der gewere hat, ob he wil, mit gezuge behalden.	[95] – – der iz in der gewere hat, mit geziuge behalden, ob he wil.	[95] wie BJ 169	XCIII. wie Weisung

Abb. 6
Beispiele für Übereinstimmungen zwischen den Magdeburger Weisungen für Breslau und BJ 168, die sich gleichzeitig von BJ 169 und II F 8 unterscheiden.

|25| Vgl. Art. CV: SSp. I 66 § 3; I 69; CX: SSp. III 39 § 1.

Weisungen	BJ 169	BJ 168
[1261] § 53. – – vnde recht vnde vnvorklaget, vnde diesilbe man, die gewundet is, komet zů were vnde wundet ienen wider vnde schriet daz ruochte vmbe den vriede, den her an ime gebrochen hat, vnde ne mach her doch vůr gerichte nicht komen vnde klagen van vnkraft sines libes oder von angeste sines libes, vnde komet iene man, die ine erst wundete, mit einer vrevele vore vnde klage: Die ander, an deme die vriede erst gebrochen wart, kome na vnde klage desselben tages in der hanthaften tât – –	[27] – – sines libis daz in iener slet odir wundit und shriet he daz gerufte, und kumit iener vor mit der vrevele, und clagit dem richtere, und diesser enmac noch en tar *[?]* vor uncreften sines libis denne nicht vorkumen, und kume dar nach des selbin tages vor, und clage dem richtere und den sheppfen – –	XXXII. – – und derselbe man der gew[u]ndit ist kome czu were und w[u]nde ienin wedir, und schrie das gerufte, umme den vrede den her an im gebrochin hat, und kumt ienir man der in irst hat gew[u]n[di]t mit einim vrevele, und clagit dem richt[er], und desir enmac vor unkrestin sinis libis noch en tar *[?]*, dennoch nicht vorkomin und kumt dar noch des selbin tagis dar, und clage dem richter und den scheppin – –

Abb. 7
Die Quellen des Art. XXXII in BJ 168.

Kompilationen in BJ 170 a

Die Handschrift BJ 170 a enthält zwei Auszüge mit Artikeln aus dem Weichbildrecht. Vor der Analyse dieser Auszüge (Kompilationen) ist darauf hinzuweisen, dass das Fragment BJ 170 a, das im Katalog der Jagiellonien-Bibliothek sowie im Oppitz-Katalog als Weichbild-Vulgata geführt wird, nichts anderes ist als eine Zusammenstellung von Teilen des Rechtsbuchs über die Gerichtsverfassung, die von anderen Bestandteilen des Weichbildrechts getrennt wurden, ähnlich wie in der Wawel-Handschrift BJ 168. Die im Anhang befindliche Auflistung zeigt die Strukturen der beiden Kompilationen in BJ 170 a auf. Würde man sich nur auf die erste beschränken, könnte man den Eindruck gewinnen, man habe es mit einer Überarbeitung des Magdeburger Schöffenrechts zu tun. Im Wesentlichen ist fast der gesamte Inhalt des Magdeburger Schöffenrechts enthalten. Sogar Art. 50, der in BJ 169 fehlt, ist hier vorhanden.

Die zweite Kompilation entspricht der folgenden Gliederung: Zuerst führt der Autor fünf Artikel mit Prozessformeln an, wobei vier davon ebenso in BJ 169 vorkommen. Danach folgt der gesamte Text der Weisungen für Breslau von 1295 in einer Zusammenstellung, die aus den oben analysierten Texten bekannt ist: 23 Artikel auf 16 verdichtet. Danach gibt der Schreiber die drei in der ersten Kompilation übergangenen Bestimmungen aus dem Magdeburger Schöffenrecht wieder.[26] Es schließen sich drei originale Bestimmungen an (Art. 47, 48, 49), die in BJ 169 ebenfalls enthalten sind,[27] sowie eine weitere Vorschrift aus dem Magdeburger Schöffenrecht, die bereits in der ersten Kompilation Verwendung fand. Abgeschlossen wird das Ganze von 15 Artikeln aus dem Weichbildrecht in fast identischer Reihenfolge wie in den oben angeführten Texten (BJ 169, II F 8, BN 12607, II Q 4, BJ 168). Es handelt sich dabei um Bestimmungen aus den Weisungen von 1261/1283. Bemerkenswert ist, dass der Autor die in BJ 169 enthaltenen Bestimmungen aus dem Sachsenspiegel auslässt.

Weisung	BJ 169	BJ 170 a	BJ 168
[1261] § 3. *Die râtman legen ir burding vz, swenne so sie wollen, mit der wisesten lute rate.*	[1] Swenne di ratman ir burdine uz legen – –	I. wie Weisung	[1] wie BJ 169
[1261] § 4. *Wirdet aber im daz burding gekvndegit, ne kůmet her dar nicht, her wettet vumf schillinge.*	[1] Wirt abir im daz burdinc gekundet, he wettet vumf shillinge.	I. wie Weisung	[1] wie BJ 169
[1261] § 5. –	[2] Wenne der hoke der ratmanne und der stat gelubede brichit an meinkoufe, so daz he hut und har mit pfenningen loset odir vorbaret, die ist rechtelos, und enmac di keinen kouf me verkoufin an der ratmanne und der stat gelob.	II. wie Weisung	[2] wie BJ 169
[1261] § 8. *Swaz <u>so</u> ungerichtes geschet vierzen <u>nacht</u> vor sime gedinge – –*	[4] Swaz ungerichtis geshit virccn <u>tage</u> vor sinem dinge – –	XI. wie Weisung	[4] wie Weisung
[1261] § *Die schultheize sal haben die gewalt van des landes herren; her sal ouch damite belênt wesen vnde sal sin rechte lên wesen vnde echt geboren vnde van deme lande.*	[6] Der shultheize sal ouch den ban haben von dem herren des landes.	XIII. Der schultzeize sal belenet wesen, und diz sal sin recht len sin, he sal ouch vri wesen und geborn von dem lande, do daz gerichte binnen lit. Cf. Weisung	[6] Der schultheise sal ouch habin den ban, das ist die gewalt von des *[s]*. Cf. BJ 169

Abb. 8
Beispiele für Übereinstimmungen zwischen den Weisungen und BJ 170 a mit Unterschieden im Vergleich zu BJ 168 und BJ 169.

Die Tätigkeit des Verfassers von BJ 170 a war im Wesentlichen eine ordnende. In der ersten Kompilation bietet er mit nur einer Ausnahme fast das gesamte Magdeburger Schöffenrecht auf, dessen Bestimmungen er in eine neue Reihenfolge brachte.[28] Im zweiten Abschnitt teilte er die im Weichbildrecht auftretenden Schwurformeln, die Weisungen von 1295 und auch den Vorschriftenblock aus den Weisungen von 1261 in getrennte Gruppen ein, um zu betonen, dass die Vorschriften aus verschiedenen Quellen stammen.

Grundsätzlich ist eine Übereinstimmung von BJ 170 a mit der Krakauer Handschrift festzustellen. Unterschiede zwischen beiden bestehen zum einen hinsichtlich des Wortlauts der Weisungen, bei dem BJ 170 a in einigen Fällen eher mit BJ 168 übereinstimmt (Abb. 8). Zum anderen ergeben sich Abweichungen durch individuelle Änderungen in BJ 170 a. Da die erste Kompilation den Artikel 50 des Magdeburger Schöffenrechts enthält, der in den übrigen

| **26** | Vgl. Art. 7 T. II, Art. 15 T. I des Manuskripts fanden sich in der zweiten Kompilation. | **27** | Eine Bestimmung tritt auch in der ersten Kompilation auf und ist hier das einzige nicht dem MRS entnommene Textelement. | **28** | Die Reihenfolge der Vorschriften stimmt mit keiner der Editionen des MRS überein, die Laband verantwortete, ebensowenig mit den Magdeburger Weisungen für Görlitz aus dem Jahr 1304.

Weisung	BJ 169	BJ 170 a
[1261] § 1	[1] Di ratman legen ir burdinc uz swenne so si wellen mit der wizzegisten rate.	Die ratman kisen eynen burgermeister und in und legen ir burdinc uz wen si wollen mit der wizigisten rate – –
[1261] § 4	[2] Brechin ouch andir liute di innunge haben an spisekoufes ratmanne und der stat gelubde und kur di muzen bezze[se]n nach der stat rechte odir kur und enmugen sam keinen spisekouf me verkoufen noch innunge gewinnen noch me haben ane der ratmanne gelob und ane der stat willen.	Ab di hoken adir ander valsche lute, wer si sin sich an ichte vorburen an valschem spise coufe, daz si der stat und der ratmanne gelubde, brechen an die kure, so daz si hut und hor mit pfenningen losen, adir vorburen, di sin rechtelos, und enmugen keynen spisecouf me verkoufen ane der burgen und der rotmanne gelop und enmugen sam keyne innunge me haben noch gewinen an der rotmanne gelob und ane iren willen ab si innunge haben. (siehe auch Abbildung 6)

Abb. 9
Charakteristische Ergänzungen in BJ 169 und ihre Erweiterungen in BJ 170 a.

Weichbildrechtstexten fehlt, muss der Kopist das Magdeburger Schöffenrecht zu Rate gezogen haben, was die Übereinstimmungen hinsichtlich des Wortlauts der Weisungen erklären würde. Darüber hinaus enthält die vorliegende Handschrift in zwei Fällen die Überarbeitung von Zusätzen, die für BJ 169 charakteristisch sind. Der Text dieser Bestimmungen ist jeweils umfangreicher als in der Krakauer Handschrift (Abb. 9). Das in Abb. 9 aufgeführte erste Beispiel benennt eine Ergänzung, die ausschließlich in BJ 169 und in einer erweiterten Variante in BJ 170 a auftritt. Zusammen mit den weiteren oben genannten Fakten zeugt dieser Umstand von der gegenseitigen Abhängigkeit der Texte in BJ 170 a sowie der Krakauer Handschrift und dies nicht nur im Bereich der Kompilation II, wo es eine überwältigende Übereinstimmung der Vorschriften aus den Magdeburger Weisungen für Breslau von 1295 gibt, sondern auch in der Kompilation I, in der erweiterte Zusätze zu finden sind, die so nur in BJ 169 auftreten.

Neben dem Weichbildrecht befindet sich in BJ 170 a (wie in BJ 169, II F 8, BN 12607, II Q 4 und BJ 168) unter anderem auch der Sachsenspiegel. Die Herausgeber des Sachsenspiegels aus BJ 170 a, Ilpo Tapani Piirainen und Winfried Waßer, stellten fest, dass das *Speculum Saxonum* in Handschrift BJ 170 a in einer Sprache verfasst ist, die Merkmale des in Schlesien, speziell in der Region um Oppeln/Opole gebrauchten Deutschs aufweist. Dies führte ihn dazu, von einer Oppelner Textprovenienz zu sprechen und eine Zuordnung zu einem konkreten Schreiber vorzunehmen, nämlich Konrad Stolz von Oppeln.[29] Auf Grundlage einer Untersuchung der enthaltenen Miniaturen schloss Zofia Ameisenowa ebenfalls auf eine schlesische Herkunft der Handschrift.[30] Unzweifelhafte Ähnlichkeiten zwischen BJ 170 a und BJ 169 lassen vermuten, dass es einen unveränderten Weichbildtext gab, der unabhänig von BJ 169 existierte. Dieser könnte aus Krakau nach Schlesien gekommen und dort zur Grundlage für BJ 170 a geworden sein.

Konrad von Oppeln: Probleme seiner Autorschaft als Meister Konrad

Anmerkungen in II F 8 und BJ 169 lassen auf die Autorschaft dieser Texte schließen. Diese Textstellen wurden von Ernst Theodor Gaupp, Stanisław Kutrzeba und Zygfryd Rymaszewski eingehend analysiert.[31] Daraus geht hervor, dass ein Meister Konrad die Übersetzung des Sachsenspiegel-Landrechts im Auftrag eines Bischofs namens Thomas anfertigte, wobei es sich vermutlich um den Breslauer Bischof Thomas II. handelte. Die Arbeit an der Handschrift BJ 169 beendete Meister Konrad 1308, was aus einem Hinweis im deutschen Text des Sachsenspiegel-Landrechts hervorgeht. Rymaszewski hält die Identität des Schreibers Meister Konrad mit dem Landrechts-Übersetzer Konrad von Oppeln für höchst wahrscheinlich. Daher ist anzunehmen, dass Konrad von Oppeln zwischen 1280 und 1290 in Breslau die Übersetzung des Landrechts ins Lateinische abschloss und im Anschluss nach Krakau zog, wo er im Jahr 1308 als Bürger dieser Stadt für den dortigen Stadtrat die Handschrift BJ 169 anfertigte, die zudem noch das Weichbildrecht enthielt. Dies erfolgte demnach etwa 20 Jahre nach der Übersetzung des Landrechts. Entscheidend hierbei ist, dass sich bei dem in der Krakauer Handschrift enthaltenen Text des Weichbildrechts kein Hinweis auf einen möglichen Autor befindet.

Der Text II F 8 enthält analog zu BJ 169 verschiedene seine Provenienz betreffende Informationen, allerdings ohne Oppeln als Herkunftsort des Konrad zu erwähnen und ohne die Anmerkung, dass der Text aus dem Jahr 1306 für Heinrich Gusveld[32] und nicht für den Bestimmungsort Krakau verfasst wurde. Wie Gaupp feststellte, sollten in II F 8 auch die Initialen »K« und »H«, die in der Einleitung zu einer Prozessformel enthalten sind, bei der Bestimmung der Autorschaft beider Manuskripte helfen. Es handelt sich dabei um eine Festlegung aus der Sammlung der Magdeburger Schöffensprüche im sogenannten *Codex Bregensis*, die schon 1775 von Johann Ehrenfried Böhme veröffentlicht wurde, wobei die genannten Initialen hier nicht auftreten. Dies öffnete Spekulationen Tür und Tor, weshalb eine Auflösung der Intitialen wie folgt angenommen wurde: »Konrad [von Oppeln]«, »Heinrich [Gusvelt]«. Darüber hinaus findet sich auch im Weichbild keine Autorenangabe. Wenn es daher Hinweise gibt, wonach die Niederschrift des Weichbilds für den Stadtrat von Krakau und Heinrich Gusveld mit Konrad von Oppeln im Zusammenhang stehe, so fehlen doch entsprechende Beweise dafür, dass er nicht nur Kopist, sondern auch Autor der Textfassung des Weichbildrechts gewesen sei.

|**29**| Vgl. Piirainen Waßer 1996, S. 14. |**30**| Vgl. Ameisenowa 1958, S. 109–110; Tabor 2008, S. 265; Włodek 1980, S. 159–162; Oppitz 1990 b, Nr. 846. |**31**| Vgl. Gaupp 1826, S. 185–206; Estreicher 1911, S. 22–23; Kutrzeba 1926, S. 210; Rymaszewski 1975, S. 10; Mikuła 2018, S. 39–41. |**32**| So schrieb Ernst Theodor Gaupp: »Cusvelt aber war der Name einer Breslauer Bürgerfamilie, denn unter den Rathmännern, welche die 1327 von Breslau nach Brieg geschickten Abschriften der Magdeburgischen Schöffenrechte unterschrieben haben, kommt ein Arnold Cusvelt vor, und vielleicht war jener Heinrich Cusvelt der Vater dieses Arnold und zu seiner Zeit ebenfalls Rathmann in Breslau.« Gaupp 1826, S. 194.

Aus der bisherigen Analyse ergibt sich, dass Handschrift BJ 168 zwar Einflüsse von BJ 169 aufweist, als Grundlage dafür jedoch ein gänzlich anderer Text diente, der in seinem Wortlaut näher an den Magdeburger Weisungen für Breslau war. Auf dieser Basis ist die Existenz einer ursprünglichen Weichbild-Version vor 1306 anzunehmen, die sich von jener Vulgata unterscheidet, von der sich BJ 169, II F 8 und BJ 168 ableiten lassen (der Archetyp). Bei der verblüffenden Ähnlichkeit zwischen BJ 169 und II F 8 darf man vermuten, dass es zwischen dem Archetypen und diesen beiden noch eine Handschrift »A« gegeben hat. Wenn daher Konrad von Oppeln mit der Niederschrift von BJ 169 sowie dem in II F 8 erhaltenen Text in Zusammenhang gebracht werden kann, so fehlen doch Beweise, die ihn mit der gemeinsamen Urfassung von BJ 169, II F 8 und BJ 168 in Beziehung setzen.

Die schlesisch-kleinpolnische Fassung und ihre Versionen

Der Begriff »Fassung« wird hier textkritisch als ein Variantenpool mit grundsätzlich gleichen Eigenschaften verstanden. Die determinierende gemeinsame Eigenschaft der untersuchten deutschen Handschriften besteht in der von ihnen beibehaltenen Artikelreihenfolge mit bestimmten Abständen: Zuerst kommen die Bestimmungen des Magdeburger Schöffenrechts, danach die Anhänge (darunter der Sachsenspiegel), anschließend die Bestimmungen aus den Magdeburger Weisungen für Breslau, die nicht im Magdeburger Schöffenrecht enthalten waren, ferner die Magdeburger Weisungen für Breslau von 1295 und zuletzt eine Gruppe abschließender Bestimmungen, unter anderem der jüdische Eid. Nach dem jüdischen Eid folgen die Art. 6 bis 15 aus dem Rechtsbuch von der Gerichtsverfassung, die in BJ 168 fehlen. Im Gegensatz dazu zeichnet sich die Weichbild-Vulgata durch eine komplett andere Reihenfolge aus, setzt mit dem Rechtsbuch von der Gerichtsverfassung ein und unterscheidet sich auch inhaltlich.[33] Analog zu den untersuchten deutschen Texten und der Zusammenstellung ihrer jeweiligen Artikel findet sich diese auch in den lateinischen Texten, die in Polen zur Anwendung kamen. Daher ist es berechtigt, dieser Fassung deutsche und lateinische Texte zuzurechnen.

Auf Basis der zuletzt durchgeführten Untersuchungen konnte festgestellt werden, dass im mittelalterlichen Kleinpolen zwei lateinische Übersetzungen des Weichbildrechts angefertigt wurden. Die erste erfolgte durch Konrad von Sandomir. Die zweite wird, wegen des Heranziehens deutscher Texte, die BJ 169 und BJ 168 sehr ähneln, sowie wegen der Ergänzung um Magdeburger Schöffensprüche aus einer Sammlung, die in Krakau entstanden ist, als Krakauer Version bezeichnet. Des Weiteren wurde eine Synthese der lateinischen Texte durch eine Kompilation der Sandomirer und Krakauer Version hergestellt. Nachgewiesen

| **33** | Vgl. Mikuła 2018, S. 32–39. | **34** | Konrad von Sandomir verwendete ähnlich wie der spätere Übersetzer der Krakauer Version nicht nur den BJ 169 nahstehenden Text. | **35** | Vgl. Mikuła 2018, Kapitel II und III. | **36** | Die schlesische Provenienz der Archetyp-Fassung wird vor allem durch die vollständige Verwendung der Magdeburger Weisungen für Breslau von 1295 bestätigt.

werden konnte auch die Verbindung der lateinischen Texte mit der Handschrift des Krakauer Stadtrats BJ 169[34] sowie die Verwendung von Bestimmungen nach dem Wortlaut in BJ 168.[35] Schließlich verfügen die lateinischen Übersetzungen sowohl über Eigenschaften der deutschen Textgruppe, die in Zusammenhang mit Konrad von Oppeln (BJ 169, II F 8) steht, als auch über solche von BJ 168 als einem vom Archetyp abgeleiteten Text.

Die Abstammung aller untersuchten deutschen Texte von einem gemeinsamen Archetypen sowie die Abhängigkeit der lateinischen Texte von ihnen haben zur Folge, dass sie alle innerhalb einer Weichbild-Fassung zusammengefasst werden können. Zudem bleibt ausdrücklich festzuhalten, dass die Bezeichnung »Fassung des Konrads von Oppeln« aus zweierlei Gründen nicht gerechtfertigt erscheint: Obgleich sich eine Verbindung Konrads von Oppeln zu den Textproduktionen für Krakau und für Heinrich Gusveld herstellen lässt, so gibt es dennoch keinerlei Hinweise auf einen Zusammenhang des Archetypen mit Konrad. Zum zweiten lassen die lateinischen Übersetzungen, die BJ 169, aber auch BJ 168 nahe stehen, den Schluss zu, dass deren Genese nicht allein auf jene deutschen Texte zurückzuführen ist, für die Verbindungen zu Konrad von Oppeln bestehen.

Auf Grundlage dieser Befunde wird daher vorgeschlagen, die Gesamtheit der Weichbildtexte, die auf polnischem Boden zum Einsatz kamen, als »schlesisch-kleinpolnische Fassung« zu bezeichnen. Auf diese Weise wird auf den Entstehungsort der deutschen Fassung, nämlich Schlesien,[36] und seine Fortentwicklung in Kleinpolen, vor allem in Form der lateinischen Übersetzungen, angemessen hingewiesen.

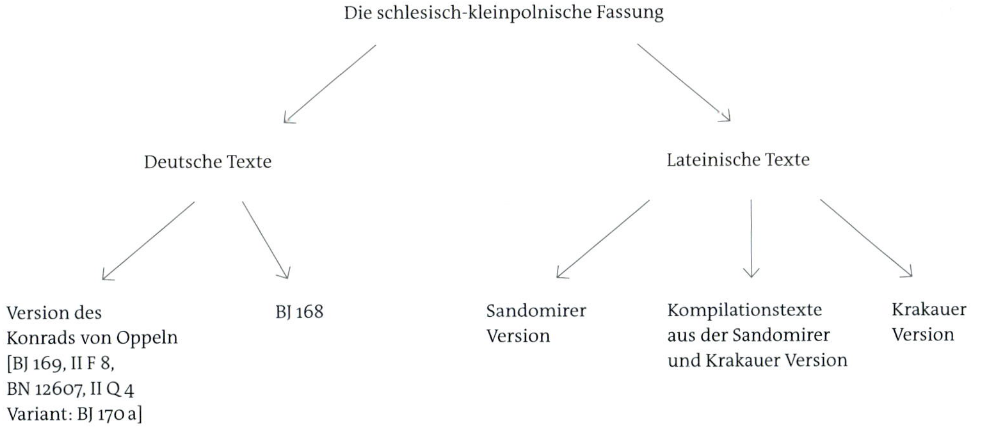

Abb. 10
Die schlesisch-kleinpolnische Weichbild-Fassung und ihre Versionen.

Bei der Klassifizierung des Weichbilds haben sich zwei Termini eingebürgert: Fassung sowie Version. Während »Fassung« auf eine umfangreiche Textfamilie verweist, ist »Version« laut Rymaszewski für die Bezeichnung von Handschriften mit spezifischen Eigenschaften, vor allem der Sprache, reserviert.[37] So finden wir im Umfeld der schlesisch-kleinpolnischen Fassung unzweifelhaft die lateinische Sandomirer Version des Konrad von Sandomir und – wie die letzten Untersuchungen ergaben – die Krakauer Version sowie Handschriften, die eine Synthese aus beiden darstellen. Die Verbindung des Konrad von Oppeln mit der Niederschrift für Heinrich Gusveld, den Krakauer Stadtrat bzw. deren Ähnlichkeit mit II Q 4 und BN 12607 mag zur Bezeichnung »Version des Konrad von Oppeln« verleiten. In dieser Version wurden im Vergleich zum Archetypen allerdings Textänderungen vorgenommen, die etwa mit BJ 168 übereinstimmen und auch die Art. 6 bis 15 des Rechtsbuchs von der Gerichtsverfassung betrafen, die gleich hinter dem jüdischen Eid verortet wurden, was im Archetyp vermutlich so nicht der Fall war. Auf Basis der durchgeführten Analyse sowie den aus der erwähnten Monografie[38] entnommenen Feststellungen umfasst die schlesisch-kleinpolnische Magdeburger Weichbild-Fassung die in Abb. 10 zusammengetragenen Handschriften.

Zusammenfassung: die Entwicklung der deutschen Texte in der schlesisch-kleinpolnischen Fassung

Die Untersuchung des deutschen Weichbildrechtstextes, der bis dato als »Fassung des Konrad von Oppeln« bezeichnet wurde, führte zu folgenden Ergebnissen: Schon Gaupp stellte fest,[39] dass der Archetyp dieser Fassung zwischen 1295 und 1306 in Schlesien entstand, allerdings hauptsächlich in Kleinpolen rezipiert wurde. Daher ist, unter Berücksichtigung der nicht einwandfrei nachzuweisenden Autorschaft, die Bezeichnung »schlesisch-kleinpolnische Fassung« zu bevorzugen. Abschnittsweise kommt sie der ursprünglichen Fassung in BJ 168 sehr nahe. Also stehen die Handschriften des Krakauer Stadtrats und der Heinrichauer Kodex der Urfassung nicht am nächsten. Angesichts der Ergebnisse lässt sich in Texten, die in BN 12607, II Q 4 sowie BJ 170 a vorkommen, eine Abhängigkeit von BJ 169 festmachen. Darüber hinaus entstand basierend auf BJ 169 auch die Grundlage für II Q 4, in die Magdeburger Schöffensprüche einflossen, die sich in für Krakau bestimmten Sammlungen befinden. Die gewonnenen Daten ermöglichen schließlich, die Entwicklungslinien der behandelten Texte genauer als bisher nachzuzeichnen (Abb. 11).

|**37**| Vgl. Rymaszewski 1985, S. 33. |**38**| Vgl. Mikuła 2018. |**39**| Vgl. Gaupp 1826, S. 195 u. S. 201–202.

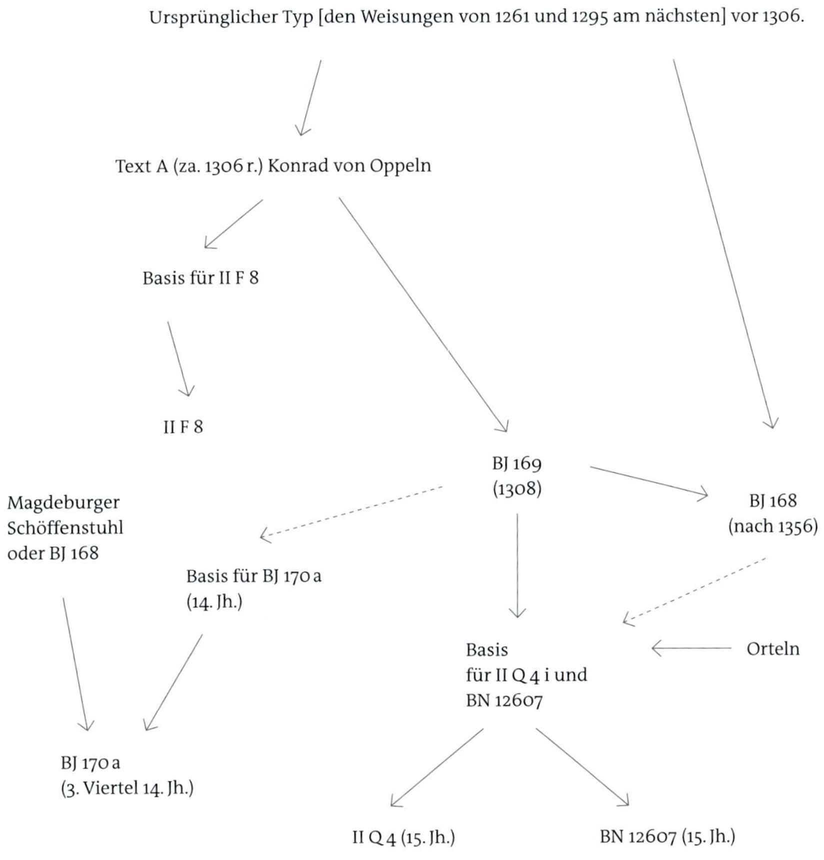

Abb. 11
Zusammenhänge und Abhängigkeiten
der deutschen Weichbildrechtstexte
in der schlesisch-kleinpolnischen Fassung.

Anhang
Kompilationsquellen in den Weichbildrechtsvorschriften in BJ 170 a

Kompilation I

BJ 170 a	BJ 169	Quelle
I	[1]	MSS 1
II	[3]	MSS 3
III	[2 Teil 1]	MSS 2
IIII	[2 Teil II]	MSS 29
V	[17]	MSS 18
VI	[18 Teil I]	MSS 19
VII	[18 Teil II]	MSS 20
VIII	[21]	MSS 23
IX	[38]	MSS 31
X	[39]	MSS 32
XI	[4]	MSS 4 Teil I
XII	[5]	MSS 4 Teil II
XIII	[6]	MSS 5 Teil I
XIIII	[7]	MSS 6 Teil I
XV	[8]	MSS 6 Teil II
XVI	[9]	MSS 5 Teil II
XVII	[10]	MSS 7 Teil 1
XVIII	[11]	MSS 33
XIX	[15, 16 Teil I]	MSS 17 Teil II
XX	[22]	MSS 24
XXI	[16 Teil II]	MSS 17 Teil II
XXII	[23 Teil I]	MSS 25
XXIII	[23 Teil II]	MSS 26
XXIIII	[31]	MSS 8
XXV	[30]	MSS 9
XXVI	[33]	MSS 10
XXVII	[34]	MSS 11
XXVIII	[35]	MSS 12
XXIX	[36]	MSS 13
XXX	[37]	MSS 14
XXXI	[75]	MSS34
XXXII	–	BJ 168 CXI
XXXIII	[20]	MSS 22
XXXIIII	[13]	MSS 35
XXXV	[24 Teil I]	MSS 28
XXXVI	[24 Teil II]	MSS 27

Kompilation II

BJ 170 a	BJ 169	Quelle
I'	[52]	Böhme,* S. 123 (3)
II'	[51 Teil II]	Böhme, S. 123 (2)
III'	[54]	Böhme, S. 124 (1)
IIII'	[106]	Judeneid
V'	–	Judeneid
VI'	[80]	Weisung (1295)
VII'	[81]	Weisung (1295)
VIII'	[82]	Weisung (1295)
IX'	[83]	Weisung (1295)
X'	[84]	Weisung (1295)
XI'	[85]	Weisung (1295)
XII'	[86]	Weisung (1295)
XIII'	[87]	Weisung (1295)
XIIII'	[88]	Weisung (1295)
XV'	[89]	Weisung (1295)
XVI'	[90]	Weisung (1295)
XVI' [!]	[91]	Weisung (1295)
ohne Nummer	[92]	Weisung (1295)
XVII'	[93]	Weisung (1295)
XVIII'	[94]	Weisung (1295)
XIX'	[95]	Weisung (1295)
XX'	[96]	Weisung (1295)
XXI'	[12]	MSS 7 Teil II
XXII'	[19]	MSS 21
XXIII'	[27]	MSS 15 Teil I
XXIIII'	[47]	–
XXV'	[48]	–
XXVI'	[49]	–
XXVII'	[79 Teil I]	MSS 52 Teil I
XXVIII'	[57]	Weisung (1261) 71
XXVI'	[62]	Weisung (1261) 52
XXX'	[63]	Weisung (1261) 39
XXXI'	[64]	Weisung (1261) 41
XXXII'	[65]	Weisung (1261) 42
XXXIII'	[66]	Weisung (1261) 43
XXXIIII'	[68]	Weisung (1261) 44 Teil II, 55

Kompilation I

BJ 170 a	BJ 169	Quelle
XXXVII	[45]	MSS 36
XXXVIII	[46 Teil I]	MSS 37
XXXIX, XL	[46 Teil II]	MSS 38
XLI	[44]	MSS 39
XLII	[103]	MSS 40
XLIII	[41]	MSS 41
XLIIII	[42]	MSS 42
XLV	[43]	MSS 43
XLVI	[29]	MSS 44
XLVII	[28]	MSS 15 Teil II
XLVIII	[25]	MSS 45
XLIX	[26]	MSS 46
L	–	MSS 47 Teil I
LI	[55]	MSS 47 Teil II
LII	[50]	MSS 48
LIII	[40]	MSS 49
LIIII	[14]	MSS 16
LV	–	MSS 50
LVI	[47]	–
LVII	[32]	MSS 51
LVIII	[79, 105]	MSS 52
LIX	–	–

Kompilation II

BJ 170 a	BJ 169	Quelle
XXXV'	[69]	Weisung (1261) 46
XXXVI'	[72]	Weisung (1261) 49
XXXVII'	[70]	Weisung (1261) 47
XXXVIII'	[71]	Weisung (1261) 48
XXXIX'	[74]	Weisung (1261) 51
XL'	[76, 78]	Weisung (1261) 77, 79
XLI'	[100]	Weisung (1261) 40

JOHANN
VON
BUCH

BERND KANNOWSKI

Die Buch'sche Glosse und die Zobel'schen Additionen

Fragestellung

Der Sachsenspiegel ist die deutschsprachige Quelle mittelalterlichen Rechts schlechthin.[1] Dass er in überwältigendem Umfang vor allem – wenn auch nicht ausschließlich – in Richtung Osten Verbreitung erfuhr, ist hinlänglich erwiesen. Ebenso kann als allgemein bekannt gelten, dass der Sachsenspiegel bis weit in das 20. Jahrhundert hinein Grundlage höchstrichterlicher Entscheidungen war.[2]

Sehr viel weniger ist hingegen über die Verbreitung und Rezeption der Buch'schen Glosse bekannt. Dabei handelt es sich um eine Kommentierung zum Sachsenspiegel, die Johann von Buch um das Jahr 1325 erstellte. Zuvor hatte er in Bologna die Rechte studiert und trat später in den Dienst des Markgrafen Ludwig von Brandenburg.[3] Die Buch'sche Glosse ist nach Sachsenspiegel und Schwabenspiegel der am weitesten überlieferte deutschsprachige Rechtstext des Mittelalters. Von den 31 Druckausgaben, die der Sachsenspiegel seit Erfindung des Buchdrucks als Text des geltenden Rechts erfuhr, kommt nicht ein einziger ohne die Glosse aus.[4] Dementsprechend urteilte der berühmte Sachsenspiegel-Forscher Carl Gustav Homeyer im 19. Jahrhundert: »Die Glosse fand ähnlichen Beifall, wie Eikes Werk selber.«[5] Dieser im späten Mittelalter und der Frühen Neuzeit wirkungsmächtige Rechtstext steht im Mittelpunkt des folgenden Beitrags. Dabei sollen die Fragen beantwortet werden, wer überhaupt Exemplare

Abb. 1
Büste Johanns von Buch im Figurenensemble der ehemaligen Berliner Siegesallee, Foto von 1950. Berlin, Landesdenkmalamt.

|**1**| Neueste, vielbeachtete Veröffentlichung zum Thema: Lück 2017a. |**2**| Urteil des Reichsgerichts vom 9.7.1932 (VI 205/32), veröffentlicht in: Entscheidungen des Reichsgerichts in Zivilsachen 1932; weitere Nachweise bei Kannowski 2007, S. 11–12. |**3**| Dazu Kannowski 2007, S. 74–88. |**4**| Auflistung bei Homeyer 1861, S. 68–73. Die früheste Druckausgabe ohne die Glosse ist die durch Jacob Friedrich Ludovici verantwortete, vgl. Ludovici 1720; Ludovici 1721a; Ludovici 1721b. Auch er druckt die Glosse trotz scharfer Polemik gegen den Glossator in Auszügen mit ab: »Der Autor der Gloß war [...] nach der elenden Arth derer damaliger Zeiten ein guter Stümper, das ist, er verstund weder die alte Historie, noch auch die alten Teutschen Rechte«, Ludovici 1720, S. 23, XXIX. |**5**| Homeyer 1859, S. 115.

der Glosse besaß und für welchen Zweck diese Verwendung fanden. Darüber hinaus gilt es zu untersuchen, ob der Glossentext Modifikationen erfuhr und sich hier so etwas wie spätmittelalterliche oder frühneuzeitliche Rechtsfortbildung beobachten lässt. An dieser Stelle sind die Zobel'schen Additionen relevant, über die bislang kaum etwas bekannt ist. Hierauf wird später zurückzukommen sein. Zunächst soll jedoch versucht werden, eine Vorstellung davon zu vermitteln, was die Buch'sche Glosse eigentlich ist, zu welchem Zweck sie erstellt wurde und worin das Hauptanliegen ihres Verfassers bestand.

Zur Buch'schen Glosse und ihrer Verbreitung

Bei der Buch'schen Glosse handelt es sich, wie für einen Kommentar kaum anders zu erwarten, um einen vielfach längeren Text als den Sachsenspiegel. Das Hauptanliegen ihres Verfassers Johann von Buch lag darin, den Sachsenspiegel mit dem in seinem italienischen Studium erlernten römischen und kanonischen Recht in Einklang zu bringen. Das erweist sich, mit einiger Zurückhaltung ausgedrückt, zuweilen als eine einigermaßen akrobatische Gratwanderung. Auch wer sich nie damit beschäftigt hat, vermag dennoch wohl im Ansatz zu ermessen, dass akademisch geprägtes und auf antiken Grundlagen basierendes Recht nicht selten auf Rechtsfragen andere Antworten geben wird als allein auf Gewohnheit gestütztes und vermutlich seit Jahrhunderten mündlich tradiertes Recht aus dem ländlichen Raum um das mittelalterliche Magdeburg. Johann von Buch allerdings sah dies völlig anders, denn für ihn war der Sachsenspiegel das »Privileg der Sachsen«. Das bedeutet, er ging davon aus, es handele sich bei dem Rechtsbuch gar nicht um eine Aufzeichnung von Rechtsgewohnheit durch Eike von Repgow, sondern um eine königliche Gesetzgebung Karls des Großen. Dieser habe den Sachsen in Abweichung vom »Kaiserrecht«, wie Johann es nannte,[6] in gewissen Punkten Sonderrechte eingeräumt. Diese aber ließen sich ohne Weiteres mit dem Gesamtgefüge des Gelehrten Rechts in Einklang bringen.[7]

Nach eigenen Angaben unternahm Johann sein Glossenwerk, um dem Sachsenspiegel vor Gericht, insbesondere vor den kirchlichen Gerichtshöfen seiner Zeit, Geltung zu verschaffen.[8] Dafür sei es, so Johann, vor allen Dingen notwendig, die Aussagen des Sachsenspiegels mit Allegationen, das heißt mit zahlreichen Verweisen auf das römische und kanonische Recht, zu versehen.[9] Diese Verweise haben in Johanns Text zum Teil die Funktion, die heutzutage Belege oder Fußnoten in juristischen Texten einnehmen, gehen teilweise aber auch darüber hinaus.[10] Welchen Stellenwert Johann bei alledem dem Gelehrten Recht einräumt, ist bis heute

|**6**| Dazu Kannowski 2007, bes. S. 197–200. |**7**| Zu alledem Kannowski 2007, S. 569. |**8**| Glossenprolog, V. 197–199: »Saltu in der papen recht / lichte mit eme kiven / Se hedden di vor dorecht, / of du woldest bekliven / Mit Sassenrecht din wort, / wen se dit recht versmeen« (»Foro ecclesiastico / si debes litigare / Haberis pro fantastico / si velis allegare / Iura huius speculi / quae ab his contemnuntur«). Zu dieser Stelle Kannowski 2007, S. 529. |**9**| Glossenprolog, V. 200–202. |**10**| Dazu Kannowski 2007, bes. S. 561–568. |**11**| Dazu ausführlich demnächst Gesine Güldemund: Das Erbrecht des Sachsenspiegels und seine Bearbeitung in der Buch'schen Glosse, juristische Dissertation, Bayreuth 2018. |**12**| Dazu Kannowski 2006, S. 139–154, insb. S. 152; ders. 2007, insb. S. 593–595.

Abb. 2
Kopenhagener Fragmente des Sachsenspiegels, die als Lesezeichen genutzt worden sind, um 1400.
Kopenhagen, Königliche Bibliothek, Ms. NKS 1479.

in der Wissenschaft streitig. Manche gehen davon aus, es sei Johann daran gelegen gewesen, die authentischen sächsischen Gewohnheiten zu erhalten und ihnen in erster Linie eine respektable Grundlage zur Verteidigung gegen das immer weiter vordringende Gelehrte Recht zu verschaffen. Andere dagegen sagen, Johanns Rechtsdenken sei in all seinen Grundstrukturen tiefgreifend vom Gelehrten Recht bestimmt und er räume dem Sachsenspiegel keine eigenständige Position als autoritative Rechtsquelle, sondern nur eine das Gelehrte Recht interpretierende Rolle ein.[11] Das aber sind schwierige Spezialfragen, die hier nicht weiter verfolgt werden sollen. Es genügt vielmehr, darauf hinzuweisen, dass dem Glossator Johann von Buch – aus welchen Gründen auch immer – an der Herstellung einer einheitlichen Linie für die Beantwortung aller Rechtsfragen zwischen Sachsenspiegel und Gelehrtem Recht gelegen war.[12]

Dies führt nunmehr zu den oben gestellten ersten Fragen, wer die Besitzer bzw. Benutzer der Buch'schen Glosse waren und zu welchem Zweck sie diese verwendeten. Zuvor allerdings sei noch geklärt, was man sich darunter vorzustellen hat, dass ein Rechtstext in der Häufigkeit der Überlieferung auf Platz drei der deutschen Rechtsquellen rangiert und welche Schlüsse sich möglicherweise in Bezug auf die zeitgenössische Verbreitung daraus ziehen lassen. Von der Buch'schen Glosse haben wir als gesicherte Zahl heute noch 78 vollständige Handschriften.[13] Hinzu kommt eine dreistellige Zahl an Fragmenten, die sich durch Neufunde in den letzten Jahren immer wieder erhöht hat.[14] Das also legt Zeugnis von einigen Hundert Handschriften ab. Allerdings lässt dies keinen Schluss auf die Zahl der Abschriften im späten Mittelalter zu, denn viele davon sind im Laufe der Jahrhunderte vernichtet worden, zum Teil sogar nachweisbar zweifellos mutwillig. So war es keine Seltenheit, dass im 16. oder 17. Jahrhundert alte Handschriften in ihre Bögen zerlegt oder gar in Streifen geschnitten wurden, um sie einer neuen Benutzung zuzuführen. Diese konnte darin liegen, dass das gegenüber dem Papier festere Pergament, auf dem die Buch'sche Glosse verfasst war, als eine Art Aktendeckel Verwendung fand, ähnlich den heutigen Aktendeckeln aus Pappe. So wurden im dänischen Reichsarchiv in Kopenhagen zahlreiche Fragmente von Glossenhandschriften entdeckt, als man dort Steuerunterlagen aus dem 17. Jahrhundert sichtete. In Streifen geschnittene Pergamentblätter dienten dabei als Lesezeichen (Abb. 2).[15] Während dieser Zeit traten Buchdrucke augenscheinlich an die Stelle der Handschriften, die sich kaum mehr größerer Popularität erfreuten. Ähnlich erging es offensichtlich dem Sachsenspiegel mit seiner Glosse. Damals interessierte sich für den Inhalt der alten Texte allem Anschein nach niemand mehr, sodass sie zur Makulatur herabsanken. Erst rund 200 Jahre später erwachte dann ein neues, nunmehr historisches Interesse daran.

Im 14. und beginnenden 15. Jahrhundert hingegen lagen die Dinge völlig anders. In einer anonymen Abhandlung über Sachsenspiegel und Glosse aus dem westfälischen Raum ist zu lesen, es habe im Land zu Sachsen und zu Westfalen über 5 000 Handschriften von Sachsenspiegel und Glosse gegeben. Wir wissen nicht, woher der Autor diese Zahl hat, und gewiss hat er keine Handschriftenzählung durchgeführt. Nahe liegt, diese Zahl keineswegs als exakte Angabe zu verstehen und stattdessen den Blick auf ihre symbolische Bedeutung zu lenken. Die Zahl Tausend ist das Zeichen der *plenitudo rerum*, der Vielzahl der Dinge,[16] die sich durch

|**13**| Vgl. Kannowski 2007, S. 35–38. |**14**| Aufgelistet in den Beiträgen von Oppitz 1996, S. 345–361; Oppitz 1997, S. 444–453; Oppitz 2000, S. 640–651; Oppitz 2003, S. 371–375; Oppitz 2011, S. 440–454; Oppitz 2014, S. 400–417; Oppitz 2015, S. 463–478; Oppitz 2016 a, S. 484–487. |**15**| Vgl. Kannowski/Kaufmann 2007, S. 82–86; Kannowski/Kaufmann 2008, S. 50–51. |**16**| Vgl. Meyer/Suntrup 1987, Sp. 847–856, Sp. 869. |**17**| Vgl. ebd., Sp. 405, Sp. 868–369. |**18**| 1. Makk 4,1; 4,28; Meyer/Suntrup 1987, Sp. 869–370. |**19**| Mt 14,21; Mk 6,44; Lk 9,14; Joh 6,10. |**20**| Vgl. Meyer/Suntrup 1987, Sp. 868–870. |**21**| Zu alledem Kannowski 2007, S. 13–14. |**22**| »1415 feria sexta ante Viti et Modesti martirum [Juni 14] scriptum est, quod relicta Nicolai Blangkenfelden presentavit Frickoni Blangkenfelden speculum saxonie in speciali libro, et glosam eiusdem speculi in speciali libro sub tali condicione, quod post obitum eiusdem Frickonis Blangkenfelde istud speculum et glosa debet e contra divolvi ad Henningum filium prefate relicte vel ad seniorem filium illorum prefatorum, Frickonis vel Henningi, qui tunc temporis fuerit, et hoc debet eterniter durare sub seniori filio eiusdem parentele successive etc.«, wiedergegeben im Anhang bei Sello 1884, Nr. 168, S. 102–103; zur Urkunde vgl. Thüring 1941, S. 74; Kannowski 2007, S. 15. |**23**| Ein ausführlicher Artikel über Zobel findet sich bei Zedler 1750, Sp. 35–37, mit Nachweisen der umfangreichen älteren Literatur. Weiterhin: Eisenhart 1900, Sp. 382–383; Kleinheyer/Schröder 1996, S. 521; Lück 2017 a, S. 140–143.

die Multiplikation mit Fünf noch verstärkte. Der Multiplikator Fünf kann im Hinblick auf die fünf Bücher Mose für Umfang und Altehrwürdigkeit insbesondere eines Gesetzeswerks stehen.[17] Ferner erscheint die 5 000 im Alten Testament in kriegerischen Zusammenhängen etwa für die Stärke eines Heeres,[18] im Neuen hingegen für die Gespeisten bei der wundersamen Vermehrung der fünf Brote und zwei Fische. Ihrer waren – das findet sich in allen vier Evangelien[19] – 5 000.[20] Zum Ausdruck kommt also mit der Fünftausendzahl, dass der Autor der besagten Abhandlung die Verbreitung als enorm hoch einschätzte. Dabei erstrahlt die Zahl auch deshalb in besonderem Glanz, weil es im Mittelalter viel weniger Bücher gab.

Auftraggeber der Handschriften waren häufig Stadträte und Ratsherren. Ein prominentes Beispiel ist die großformatige Handschrift, die ein unbekannter Schreiber zwischen 1365 und 1367 für den Braunschweiger Rat erstellte. Sie trägt den Vermerk: *Liber consulum in Brunswig*. Ferner lässt sich eine Verwendung durch die Leipziger Schöffen nachweisen, worauf im Folgenden noch einmal zurückzukommen sein wird. Außerdem gab der Rat der westfälischen Stadt Werne eine Handschrift von Sachsenspiegel und Glosse in Auftrag. Ein weiteres solches Manuskript wurde für den Bürgermeister von Bremen erstellt. Auch in Grimma lässt sich eine Verwendung der beiden Texte nachweisen. Zudem erhielt der Rat der Stadt Quakenbrück in der Nähe von Hamburg zu Beginn des 16. Jahrhunderts eine Handschrift zum Geschenk.[21] In der Brandenburger Neustadt verfügte die Witwe eines verstorbenen Ratsherrn, dass zwei Handschriften, die jeweils Sachsenspiegel und Glosse enthielten, an einen nahen Verwandten fallen sollten, vielleicht an den Bruder der Verstorbenen; das allerdings nur unter der Bedingung, dass die Handschriften nach dem Tod des Begünstigten an den Sohn der Witwe und des Verstorbenen fallen sollte. Nach ihrer testamentarischen Verfügung legte die Frau mithin Wert darauf, dass die Handschriften *eterniter*, also auf ewig, im Familienbesitz bleiben sollten.[22] In den Augen der Frau waren die Handschriften untrennbar mit dem Gerichtsamt verbunden, das als grundsätzlich erbliches bei der Familie blieb. Sie hatte den Wert der Rechtstexte für diese Aufgabe klar erkannt.

Die Zobel'schen Additionen als Weiterentwicklung der Buch'schen Glosse

Im Folgenden soll es – noch einen Schritt über Johann von Buch hinaus – darum gehen, welche Weiterentwicklungen sein Text erfuhr, nachdem er ihn abgeschlossen hatte. Dazu sollen drei Regelungen aus der Glosse vorgeführt werden. Nur auf diese Weise kann ein einigermaßen lebendiges Bild davon entstehen, wie man sich ihren Inhalt im Einzelnen vorzustellen hat. Als Grundlage dazu dient diejenige frühneuzeitliche Druckausgabe, in welcher die Glosse am häufigsten erschienen ist. Das ist die Ausgabe, die auf den Leipziger Rechtsgelehrten Christoph Zobel[23] zurückgeht, im Jahr 1535 zum ersten Mal erschien und dann weitere fünf Auflagen erlebte (Abb. 3). Wie hoch die gedruckten Auflagen waren, wissen wir nicht. Klar ist nur, dass die Zobel'sche Ausgabe unter den heute noch in Bibliotheken vorhandenen Drucken die bei Weitem häufigste ist. Auch war sie in der Frühen Neuzeit ein Standardwerk, nach welchem die Glosse gemeinhin zitiert wurde. Es handelte sich mithin

Sachsenspiegel

Auffs newe vbersehen / mit
Summarijs vnd newen Additionen / so aus den
gemeinen Keyserrechten vnd vieler vornemer dieser Lande Doctorn/
bericht vnd Radtschlegen / Auch der Hoffgericht vnd Schöppenstuel
vblichen Rechtsprüchen zusammen bracht / vnd an den Glossen
vnnd Allegaten vielfeltig gebessert / wie solches
stückweis vnd ordentlichen hernach
wirdt angezeiget.

Durch den Hochgelarten Herrn Christoff
Zobel / der Rechten Doctorn seligen in der löblichen
hohen Schul zu Leipzigk / mit besonderm fleis zugericht/
sampt einem richtigen vnd volstendigen
Repertorio.

Mit Römischer Keyserlicher Maiestadt vnd des Churfürsten
zu Sachssen / etc. sonderlicher Freyheit / vnd Priuilegio
in zehen Jharen nicht nach zudrucken.

Leipzigk.

Anno M. D. LXIII.

Abb. 3
Titelblatt der von Christoph Zobel verantworteten Neuausgabe des Sachsenspiegels samt Additionen, erschienen in Leipzig 1563. Halle (Saale), Universitäts- und Landesbibliothek Sachsen-Anhalt.

um ein Buch, das auch oder vielleicht sogar vor allem jeder praktisch auf dem Gebiet des sächsischen Rechts tätige Jurist im Regal stehen hatte, sobald er sich Bücher leisten konnte. Dazu gab es einen zweiten Zobel-Band, der die anderen beiden zentralen Quellen des sächsisch-magdeburgischen Rechts enthielt: Das Lehnrecht und das Weichbild, natürlich ebenfalls nebst Kommentierung von Zobel. Auf diese Weise hatte der frühneuzeitliche Praktiker in zwei für damalige Verhältnisse nicht zu voluminösen Bänden nebeneinander im Regal alles an zentralen Quellen jeweils mit Glossen beisammen, was er für das *ius saxonico-maideburgense* benötigte (man könnte fast sagen: kompakt).[24]

Zobel gab die Buch'sche Glosse, die im Original in mittelniederdeutscher Sprache geschrieben ist, im Hochdeutsch seiner Zeit wieder. Das macht die Lektüre für den heutigen Leser erheblich einfacher, wobei jedoch in Zobels Übersetzung auch der eine oder andere Fehler zu finden ist. Zobel begnügte sich jedoch nicht allein mit seinen Übersetzungen, sondern fügte Johanns Glosse auch noch einige Ergänzungen hinzu. Eine solche Ergänzung nannte er »Additio«, was auf Lateinisch ja nichts anderes als eben »Ergänzung« heißt. Dabei teilte Zobel das Wort »Additio« jeweils in zwei Teile (ADDI-TIO) und schrieb seine Ergänzungen stets dazwischen (Abb. 4–6). In der zweiten Zobel'schen Ausgabe von 1563[25] finden sich insgesamt 187 Additionen sowohl in lateinischer als auch in deutscher Sprache, wobei der überwiegende Anteil auf Latein ist.[26] Von wem die Additionen stammen, sagt Zobel nicht. Vermutlich stammen sie von ihm selbst,[27] vielleicht hat er sie auch aus älterem handschriftlichem Material zusammengetragen.[28]

Zugegebenermaßen kann die hier zugrunde gelegte Auswahl der behandelten Additionen dem Vorwurf der Willkür nichts entgegensetzen. So wird gar nicht erst der Versuch unternommen, sie näher zu begründen. Stattdessen soll der hier zur Verfügung stehende Umfang im Wege eines ersten Spatenstichs dazu genutzt werden, einen kurzen Einblick in das vielschichtige Thema zu geben. Die Zobel'schen Additionen sind – soweit ersichtlich – gänzlich unerforscht. Es bleibt zu hoffen, dass die vorliegenden bescheidenen Ausführungen einen Anstoß für weitere wissenschaftliche Bearbeitungen geben werden. Dafür nämlich besteht in der Tat viel Raum. Damit sei ein Blick auf das erste Regelungsbeispiel der Zobel'schen Additionen geworfen. Hierbei geht es um die Glosse zum 16. Artikel im zweiten Buch.[29] Der Einfachheit halber werden die folgenden Sachsenspiegel-Artikel in heutiger hochdeutscher Übersetzung wiedergegeben.[30] In Absatz sieben des besagten Artikels steht: »Solange jemand nicht stirbt, wie oft man ihn auch bei einer Tat verletzt, büßt man ihm dafür mit dem halben Wergeld. So oft man aber einen verletzten Mann wiederum an einem anderen Glied verletzt, so oft soll man ihm mit einem halben Wergeld büßen« (Abb. 6).

Nach Zobels Text[31] könnte sich nun ein Widerspruch ergeben, weil die Vorschrift einerseits sagt, wer bei einer Verletzung nicht sterbe, könne nie mehr als die Hälfte einer standesabhängigen Geldsumme, des sogenannten Wergeldes verlangen. Andererseits besagt der zweite Satz des Artikels, wenn der verletzte Mann an einem anderen Glied verletzt werde – möglicherweise ist gemeint, bei einer weiteren Tat –, so erhalte er wiederum für diese Verletzung ein halbes Wergeld. Das wirft für Zobel die Frage auf, wie es sich in dem Fall exakt verhielt: Gibt es nur ein einziges Mal Ersatz durch einen Pauschalbetrag, oder muss man, wie Zobel sagt, »dem lahmen Manne alle Lähmungen verbüßen«?[32] Der Sachsenspiegel kennt so etwas wie einen Ersatz des tatsächlich entstandenen Schadens in einem umfassenden Sinne, wie wir es im heutigen Recht haben – jedenfalls bei Personenschäden – grundsätzlich nicht.[33]

|24| Dazu Huneke 2014, S. 121. |25| Vgl. Zobel 1561, statt der auf dem Titel wiedergegebenen Jahreszahl 1563 nennt der Kolophon 1561 als Erscheinungsjahr. Zweite Zobel'sche Ausgabe, posthum erschienen und besorgt von Georg Menius, vgl. dazu Homeyer 1861, S. 71, dort Nr. 25. |26| 166 lateinischen (9 davon mit deutschen Ergänzungen) stehen 21 deutsche Additionen gegenüber. |27| So Huneke 2014, S. 128, für die Additionen der Zobel'schen Glosse zum Lehnrecht. |28| Das konnte Huneke 2014, S. 128, für die Additionen der Zobel'schen Glosse zum Lehnrecht zeigen. |29| Vgl. fol. 217v, Abbildung im Anhang. |30| Originaltext (Ssp Ldr II 16 § 7), zitiert hier wie im Folgenden nach der Ausgabe Homeyer 1861: »Die wile die man nicht ne stirft, svo dicke man ine lemet in ener dat, man beteret eme mit eneme halven weregelde. Svo dicke man aver enen lamen man anderwerve lemet in enem anderen lede, also dicke sal man eme beteren mit eme halven weregelde.« |31| In der Buch'schen Glosse fehlt die gesamte Passage, das heißt auch der Teil der Glosse zu »Wundet man auch einen Man etc.«, der vor dem als »Additio« bezeichneten Abschnitt steht (MGH Fontes iuris N.S. 7/1, S. 629, Z. 12). Inwieweit Zobels Additionen des Öfteren umfangreicher sind als von ihm angegeben, ist unbekannt und lässt sich ohne weitere Forschungen nicht sagen. |32| »dem lamen Manne alle lemnus vorbüssen«, Zobel, Sachsenspiegel, fol. 217v. |33| Vgl. Kannowski 2007, S. 357–358 u. 416. Eine Ausnahme ist Ssp Ldr II 38 für Beschädigungen aus Unachtsamkeit: »Die man sal gelden den scaden, die von siner warlose gesciet anderen luden, it si von brande oder von bornen, den he nicht bewerct enes knies ho boven der erde; oder of he schüt oder wirpt enen man oder en ve, als he ramet enes vogeles. Hir umme ne verdelt man ime nicht sin lif noch sin gesunt, of die man joch wol stirft; wende he mut ine gelden alse sin weregelt stat.«

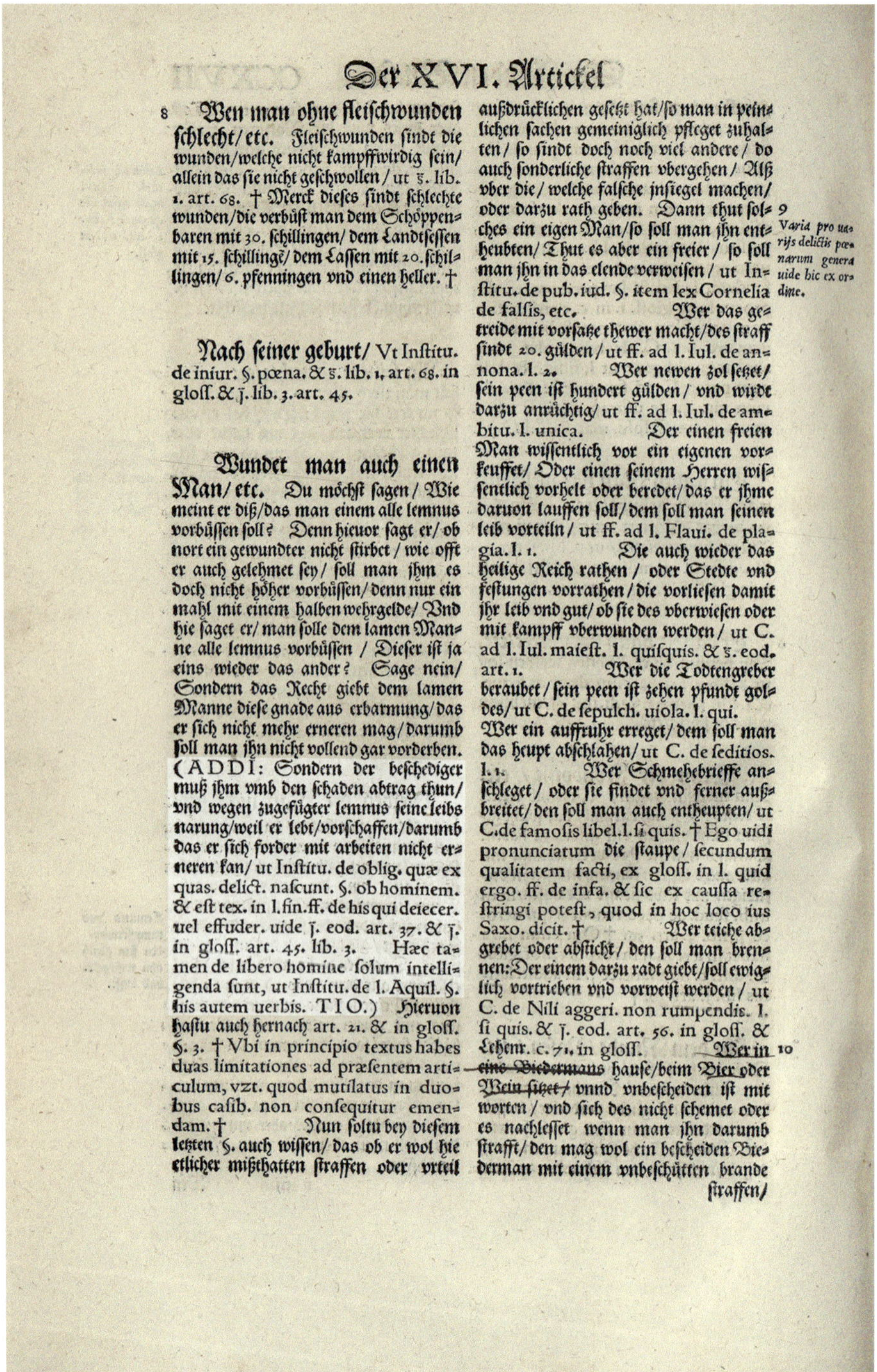

Der XVI. Articel

8 Wen man ohne fleiſchwunden ſchlecht/ etc. Fleiſchwunden ſindt die wunden/ welche nicht kampffwirdig ſein/ allein das ſie nicht geſchwollen / ut s̄. lib. 1. art. 68. † Merck dieſes ſindt ſchlechte wunden/ die verbůſt man dem Schöppenbaren mit 30. ſchillingen/ dem Landtſeſſen mit 15. ſchillingē/ dem Laſſen mit 20. ſchillingen/ 6. pfenningen vnd einen heller. †

Nach ſeiner geburt/ Vt Inſtitu. de iniur. §. pœna. & s̄. lib. 1. art. 68. in gloſſ. & ī. lib. 3. art. 45.

Wundet man auch einen Man/ etc. Du möchſt ſagen / Wie meint er diß/ das man einem alle lemnus vorbůſſen ſoll? Denn hieuor ſagt er/ ob nort ein gewundter nicht ſtirbet / wie offt er auch gelehmet ſey/ ſoll man jhm es doch nicht höher vorbůſſen/ denn nur ein mahl mit einem halben wehrgelde/ Vnd hie ſaget er/ man ſolle dem lamen Manne alle lemnus vorbůſſen / Dieſer iſt ja eins wieder das ander? Sage nein/ Sondern das Recht giebt dem lamen Manne dieſe gnade aus erbarmung/ das er ſich nicht mehr erneren mag/ darumb ſoll man jhn nicht vollend gar vorderben. (ADDI: Sondern der beſchediger muß jhm vmb den ſchaden abtrag thun/ vnd wegen zugefügter lemnus ſeine leibs narung/ weil er lebt/ vorſchaffen/ darumb das er ſich forder mit arbeiten nicht erneren kan/ ut Inſtitu. de oblig. quæ ex quas. delict. naſcunt. §. ob hominem. & eſt tex. in l. fin. ff. de his qui deiecer. uel effuder. uide ī. eod. art. 37. & ī. in gloſſ. art. 45. lib. 3. Hæc tamen de libero homine ſolum intelligenda ſunt, ut Inſtitu. de l. Aquil. §. his autem uerbis. TIO.) Hieruon haſtu auch hernach art. 21. & in gloſſ. §. 3. † Vbi in principio textus habes duas limitationes ad præſentem articulum, vzt. quod mutilatus in duobus caſib. non conſequitur emendam. † Nun ſoltu bey dieſem letzten §. auch wiſſen/ das ob er wol hie etlicher mißthatten ſtraffen oder vrteil außdrücklichen geſetzt hat/ ſo man in peinlichen ſachen gemeiniglich pfleget zuhalten/ ſo ſindt doch noch viel andere/ do auch ſonderliche ſtraffen vbergehen/ Alß vber die/ welche falſche jnſiegel machen/ oder darzu rath geben. Dann thut ſol- 9
ches ein eigen Man/ ſo ſoll man jhn entheubten/ Thut es aber ein freier / ſo ſoll man jhn in das elende verweiſen / ut Inſtitu. de pub. iud. §. item lex Cornelia de falſis, etc. Wer das getreide mit vorſatze thewer macht/ des ſtraff ſindt 20. gülden / ut ff. ad l. Iul. de annona. l. 2. Wer newen zol ſetzet/ ſein peen iſt hundert gülden / vnd wirdt darzu anrüchtig/ ut ff. ad l. Iul. de ambitu. l. unica. Der einen freien Man wiſſentlich vor ein eigenen vorkeuffet/ Oder einen ſeinem Herren wiſſentlich vorhelt oder beredet/ das er jhme daruon lauffen ſoll/ dem ſoll man ſeinen leib vorteiln / ut ff. ad l. Flaui. de plagia. l. 1. Die auch wieder das heilige Reich rathen / oder Stedte vnd feſtungen vorrathen / die vorlieſen damit jhr leib vnd gut/ ob ſie des vberwieſen oder mit kampff vberwunden werden / ut C. ad l. Iul. maieſt. l. quiſquis. & s̄. eod. art. 1. Wer die Todtengreber beraubet / ſein peen iſt zehen pfundt goldes/ ut C. de ſepulch. uiola. l. qui. Wer ein auffruhr erreget/ dem ſoll man das heupt abſchlahen/ ut C. de ſeditios. l. 1. Wer Schmehebrieffe anſchleget / oder ſie findet vnd ferner außbreitet/ den ſoll man auch entheupten/ ut C. de famoſis libel. l. ſi quis. † Ego uidi pronunciatum die ſtaupe / ſecundum qualitatem facti, ex gloſſ. in l. quid ergo. ff. de infa. & ſic ex cauſſa reſtringi poteſt, quod in hoc loco ius Saxo. dicit. † Wer teiche abgrebet oder abſticht/ den ſoll man brennen: Der einem darzu radt giebt/ ſoll ewiglich vortrieben vnd vorweiſt werden / ut C. de Nili aggeri. non rumpendis. l. ſi quis. & ī. eod. art. 56. in gloſſ. & Lehenr. c. 71. in gloſſ. Wer in 10
eins Biedermans hauſe/ beim Bier oder Wein ſitzet/ vnnd vnbeſcheiden iſt mit worten / vnd ſich des nicht ſchemet oder es nachleſſet wenn man jhn darumb ſtrafft/ den mag wol ein beſcheiden Biederman mit einem vnbeſchütten brande ſtraffen/

Varia pro uarijs delictis pœnarum genera uide hic ex ordine.

Abb. 4
Zobel'sche Addition zum 16. Artikel des Sachsenspiegels, Zobel 1563, Hervorhebungen durch Bernd Kannowski. Halle (Saale), Universitäts- und Landesbibliothek Sachsen-Anhalt.

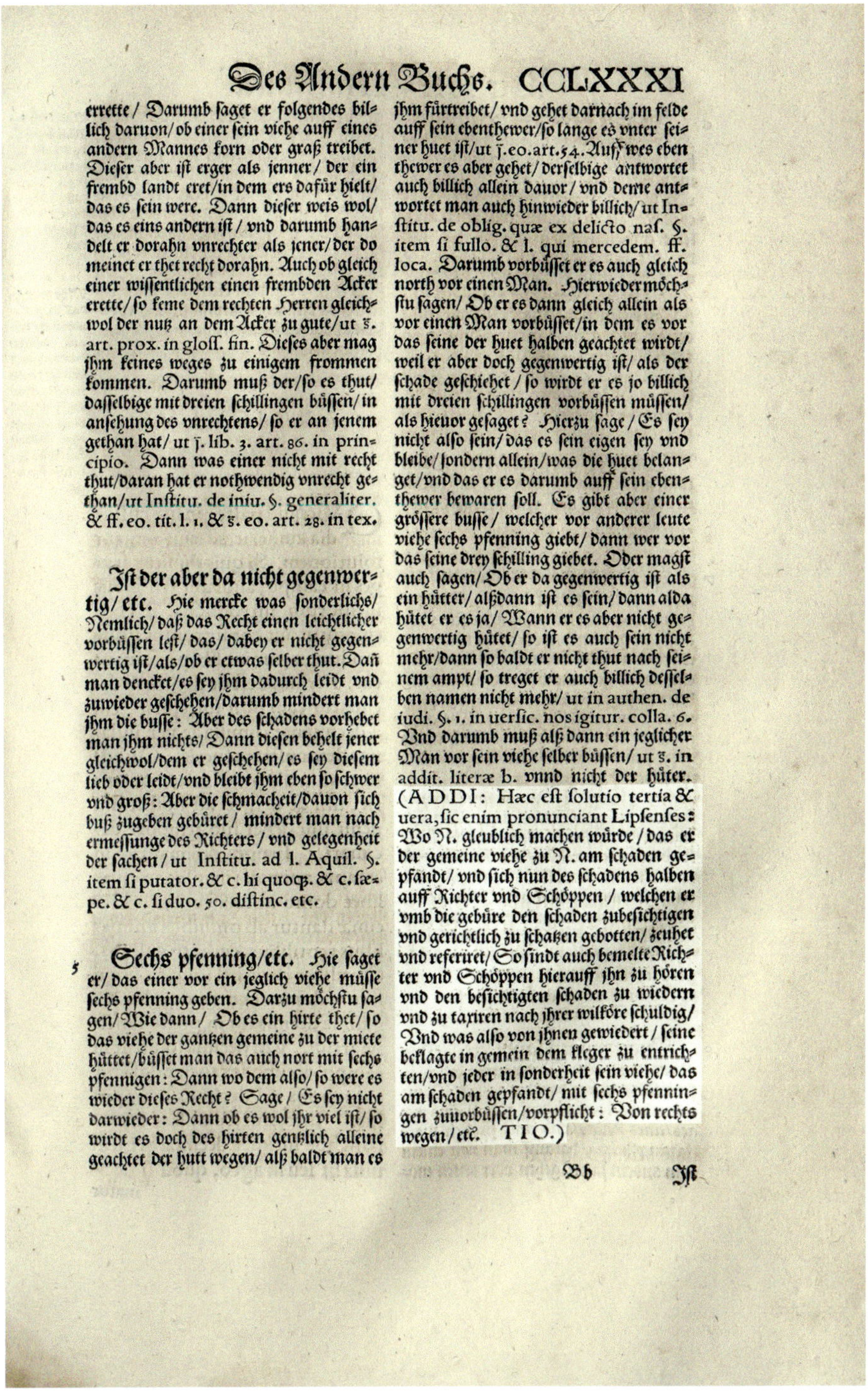

Des Andern Buchs. CCLXXXI

errette / Darumb saget er folgendes bil=
lich daruon / ob einer sein viehe auff eines
andern Mannes korn oder graß treibet.
Dieser aber ist erger als jenner / der ein
frembd landt eret / in dem ers dafür hielt /
das es sein were. Dann dieser weis wol /
das es eins andern ist / vnd darumb han=
delt er dorahn vnrechter als jener / der do
meinet er thet recht dorahn. Auch ob gleich
einer wissentlichen einen frembden Acker
erette / so keme dem rechten Herren gleich=
wol der nutz an dem Acker zu gute / ut s.
art. prox. in gloss. fin. Dieses aber mag
jhm keines weges zu einigem frommen
kommen. Darumb muß der / so es thut /
dasselbige mit dreien schillingen büssen / in
ansehung des vnrechtens / so er an jenem
gethan hat / ut j. lib. 3. art. 86. in prin=
cipio. Dann was einer nicht mit recht
thut / daran hat er nothwendig vnrecht ge=
than / ut Institu. de iniu. §. generaliter.
& ff. eo. tit. l. 1. & s. eo. art. 28. in tex.

**Ist der aber da nicht gegenwer=
tig / etc.** Hie mercke was sonderlichs /
Nemlich / daß das Recht einen leichtlicher
vorbüssen lest / das / dabey er nicht gegen=
wertig ist / als / ob er etwas selber thut. Dañ
man dencket / es sey jhm dadurch leidt vnd
zuwieder geschehen / darumb mindert man
jhm die busse: Aber des schadens vorhebet
man jhm nichts / Dann diesen behelt jener
gleichwol / dem er geschehen / es sey diesem
lieb oder leidt / vnd bleibt jhm eben so schwer
vnd groß: Aber die schmacheit / dauon sich
buß zugeben gebüret / mindert man nach
ermessunge des Richters / vnd gelegenheit
der sachen / ut Institu. ad l. Aquil. §.
item si putator. & c. hi quoq;. & c. sæ=
pe. & c. si duo. 50. distinc. etc.

5 **Sechs pfenning / etc.** Hie saget
er / das einer vor ein jeglich viehe müsse
sechs pfenning geben. Darzu möchstu sa=
gen / Wie dann / Ob es ein hirte thet / so
das viehe der gantzen gemeine zu der miete
hüttet / büsset man das auch nort mit sechs
pfennigen: Dann wo dem also / so were es
wieder dieses Recht? Sage / Es sey nicht
darwieder: Dann ob es wol jhr viel ist / so
wirdt es doch des hirten gentzlich alleine
geachtet der hutt wegen / alß baldt man es
jhm fürtreibet / vnd gehet darnach im felde
auff sein ebenthewer / so lange es vnter sei=
ner huet ist / ut j. eo. art. 54. Auff wes eben
thewer es aber gehet / derselbige antwortet
auch billich allein dauor / vnd deme ant=
wortet man auch hinwieder billich / ut In=
stitu. de oblig. quæ ex delicto nas. §.
item si fullo. & l. qui mercedem. ff.
loca. Darumb vorbüsset er es auch gleich
north vor einen Man. Hierwieder möch=
stu sagen / Ob er es dann gleich allein als
vor einen Man vorbüsset / in dem es vor
das seine der huet halben geachtet wirdt /
weil er aber doch gegenwertig ist / als der
schade geschiehet / so wirdt er es jo billich
mit dreien schillingen vorbüssen müssen /
als hieuor gesaget? Hierzu sage / Es sey
nicht also sein / das es sein eigen sey vnd
bleibe / sondern allein / was die huet belan=
get / vnd das er es darumb auff sein eben=
thewer bewaren soll. Es gibt aber einer
grössere busse / welcher vor anderer leute
viehe sechs pfenning giebt / dann wer vor
das seine drey schilling giebet. Oder magst
auch sagen / Ob er da gegenwertig ist als
ein hütter / alßdann ist es sein / dann alda
hütet er es ja / Wann er es aber nicht ge=
genwertig hütet / so ist es auch sein nicht
mehr / dann so baldt er nicht thut nach sei=
nem ampt / so treget er auch billich dessel=
ben namen nicht mehr / ut in authen. de
iudi. §. 1. in uersic. nos igitur. colla. 6.
Vnd darumb muß alß dann ein jeglicher
Man vor sein viehe selber büssen / ut s. in
addit. literæ b. vnnd nicht der hüter.
(ADDI: Hæc est solutio tertia &
uera, sic enim pronunciant Lipsenses:
Wo N. gleublich machen würde / das er
der gemeine viehe zu N. am schaden ge=
pfandt / vnd sich nun des schadens halben
auff Richter vnd Schöppen / welchen er
vmb die gebüre den schaden zubesichtigen
vnd gerichtlich zu schatzen gebotten / zeuhet
vnd referiret / So findt auch bemelte Rich=
ter vnd Schöppen hierauff jhn zu hören
vnd den besichtigten schaden zu wiedern
vnd zu taxiren nach jhrer wilköre schuldig /
Vnd was also von jhnen gewiedert / seine
beklagte in gemein dem kleger zu entrich=
ten / vnd jeder in sonderheit sein viehe / das
am schaden gepfandt / mit sechs pfennin=
gen zuuorbüssen / vorpflicht: Von rechts
wegen / etc. TIO.)

Vb Ist

Abb. 5
Zobel'sche Addition zum 47. Artikel des Sachsen-
spiegels, Zobel 1563, Hervorhebungen durch Bernd
Kannowski. Halle (Saale), Universitäts- und Landes-
bibliothek Sachsen-Anhalt.

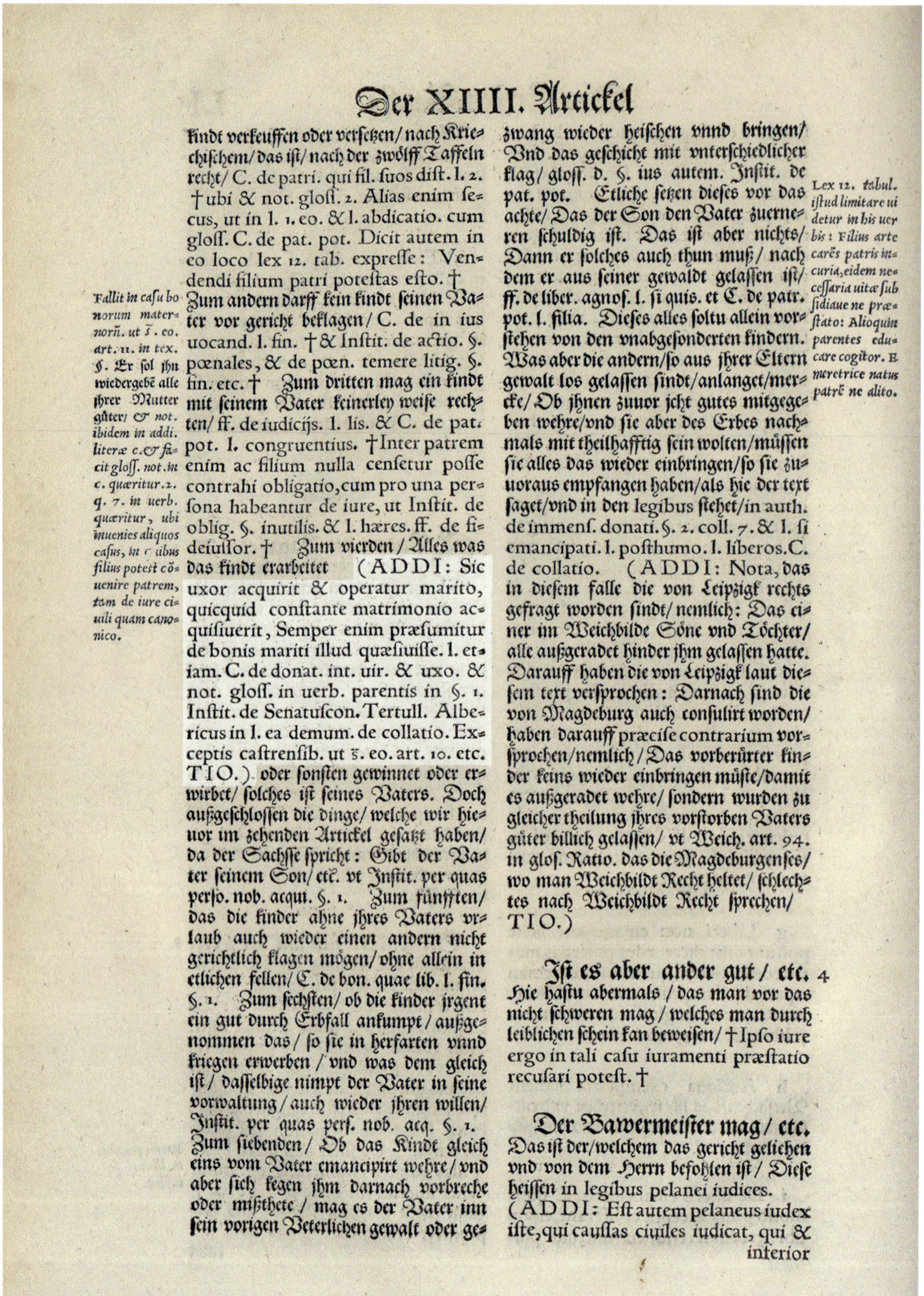

Der XIIII. Artickel

kindt verkeuffen oder versetzen/ nach Kriechischem/ das ist/ nach der zwölff Taffeln recht/ C. de patri. qui fil. suos dist. l. 2. † ubi & not. gloss. 2. Alias enim secus, ut in l. 1. eo. & l. abdicatio. cum gloss. C. de pat. pot. Dicit autem in eo loco lex 12. tab. expresse: Vendendi filium patri potestas esto. † Zum andern darff kein kindt seinen Vater vor gericht beklagen/ C. de in ius uocand. l. fin. † & Instit. de actio. §. pœnales, & de pœn. temere litig. §. fin. etc. † Zum dritten mag ein kindt mit seinem Vater keinerley weise rechten/ ff. de iudicijs. l. lis. & C. de pat. pot. l. congruentius. † Inter patrem enim ac filium nulla censetur posse contrahi obligatio, cum pro una persona habeantur de iure, ut Instit. de oblig. §. inutilis. & l. hæres. ff. de fideiussor. † Zum vierden / Alles was das kindt erarbeitet (ADDI: Sic uxor acquirit & operatur marito, quicquid constante matrimonio acquisiuerit, Semper enim præsumitur de bonis mariti illud quæsiuisse. l. etiam. C. de donat. int. uir. & uxo. & not. gloss. in uerb. parentis in §. 1. Instit. de Senatuscon. Tertull. Albericus in l. ea demum. de collatio. Exceptis castrensib. ut s. eo. art. 10. etc. TIO.) oder sonsten gewinnet oder erwirbet/ solches ist seines Vaters. Doch außgeschlossen die dinge/ welche wir hieuor im zehenden Artickel gesatzt haben/ da der Sachsse spricht: Gibt der Vater seinem Son/ etc. vt Instit. per quas perso. nob. acqui. §. 1. Zum funfften/ das die kinder ahne jhres Vaters vrlaub auch wieder einen andern nicht gerichtlich klagen mögen/ ohne allein in etlichen fellen/ C. de bon. quae lib. l. fin. §. 1. Zum sechsten/ ob die kinder jrgent ein gut durch Erbfall ankumpt / außgenommen das/ so sie in herfarten vnnd kriegen erwerben / vnd was dem gleich ist/ dasselbige nimpt der Vater in seine vorwaltung/ auch wieder jhren willen/ Instit. per quas pers. nob. acq. §. 1. Zum siebenden/ Ob das Kindt gleich eins vom Vater emancipirt wehre/ vnd aber sich kegen jhm darnach vorbreche oder mißthete / mag es der Vater inn sein vorigen Veterlichen gewalt oder gezwang wieder heischen vnnd bringen/ Vnd das geschicht mit vnterschiedlicher klag/ gloss. d. §. ius autem. Instit. de pat. pot. Etliche setzen dieses vor das achte/ Das der Son den Vater zuerneren schuldig ist. Das ist aber nichts/ Dann er solches auch thun muß/ nachdem er aus seiner gewaldt gelassen ist/ ff. de liber. agnos. l. si quis. et C. de patr. pot. l. filia. Dieses alles soltu allein vorstehen von den vnabgesonderten kindern. Was aber die andern/ so aus jhrer Eltern gewalt los gelassen sindt/ anlanget/ mercke/ Ob jhnen zuuor jcht gutes mitgegeben wehre/ vnd sie aber des Erbes nachmals mit theilhafftig sein wolten/ müssen sie alles das wieder einbringen/ so sie zuuoraus empfangen haben/ als hie der text saget/ vnd in den legibus stehet/ in auth. de immens. donati. §. 2. coll. 7. & l. si emancipati. l. posthumo. l. liberos. C. de collatio. (ADDI: Nota, das in diesem falle die von Leipzigk rechts gefragt worden sindt/ nemlich: Das einer im Weichbilde Söne vnd Töchter/ alle außgeradet hinder jhm gelassen hatte. Darauff haben die von Leipzigk laut diesem text versprochen: Darnach sind die von Magdeburg auch consulirt worden/ haben darauff præcise contrarium vorsprochen/ nemlich / Das vorberürter kinder keins wieder einbringen müste/ damit es außgeradet wehre/ sondern wurden zu gleicher theilung jhres vorstorben Vaters güter billich gelassen/ vt Weich. art. 94. in glos. Ratio. das die Magdeburgenses/ wo man Weichbildt Recht heltet/ schlechtes nach Weichbildt Recht sprechen/ TIO.)

Fallit in casu bonorum maternorũ. ut s. eo. art. 11. in tex. §. Er sol jhn wiedergebẽ alle jhrer Mutter güter/ & not. ibidem in addi. literæ c. & facit gloss. not. in c. quæritur. 2. q. 7. in uerb. quæritur, ubi inuenies aliquos casus, in quibus filius potest cõuenire patrem, tam de iure ciuili quam canonico.

Lex 12. tabul. istud limitare uidetur in his uerbis: Filius arte carẽs patris incuria, eidem necessaria uitæ subsidia ue ne præstato: Alioquin parentes educare cogitor. E meretrice natus patrẽ ne alito.

Ist es aber ander gut / etc. 4

Hie hastu abermals / das man vor das nicht schweren mag / welches man durch leiblichen schein kan beweisen/ † Ipso iure ergo in tali casu iuramenti præstatio recusari potest. †

Der Bawermeister mag / etc.

Das ist der/ welchem das gericht geliehen vnd von dem Herrn befohlen ist / Diese heissen in legibus pelanei iudices. (ADDI: Est autem pelaneus iudex iste, qui caussas ciuiles iudicat, qui & inferior

Abb. 6
Zobel'sche Addition zum 14. Artikel des Sachsenspiegels, Zobel 1563, Hervorhebungen durch Bernd Kannowski. Halle (Saale), Universitäts- und Landesbibliothek Sachsen-Anhalt in Halle (Saale).

Vielmehr wird eine pauschale Geldsumme zuerkannt, die abhängig von der gesellschaftlichen Stellung des Verletzten ist (Wergeld).[34] Hier führt Zobel in seiner Addition den Schadensersatzgedanken des römischen Rechts ein und sagt Folgendes: »Sondern der Schädiger muss ihm für den Schaden Ersatz leisten und wegen der zugefügten Lähmung für die Zeit seines Lebens Unterhalt gewähren, weil er sich in Zukunft nicht mehr durch Arbeit selbst ernähren kann.«[35] Dafür benennt Zobel eine Allegation aus dem römischen Recht. Sein Kürzel deutet auf eine Stelle der *Institutiones Iustiniani*[36] hin, die das von Zobel Gesagte stützt und hier eine Art Fußnotenfunktion hat. In deutscher Übersetzung steht dies in der von Zobel in Bezug genommenen Stelle: »Bleibt er dagegen am Leben und wird vorgetragen, er sei verletzt worden, so wird eine Klage auf so viel erteilt, wie dem Richter in dieser Sache angemessen erscheint. Der Richter muss nämlich die den Ärzten gezahlten Honorare sowie die übrigen für die Heilung erbrachten Aufwendungen berücksichtigen, außerdem den Arbeitslohn, der dem Verletzten entgangen ist oder entgehen wird, weil er arbeitsunfähig geworden ist.«[37] Hier ergänzt oder verändert das römische Recht also den Sachsenspiegel. Allegationen wie die eben gerade näher erläuterte sind ein typisches Merkmal für die Buch'sche Glosse sowie jede andere mittelalterliche Glosse zu einem Rechtstext und begegnen uns ständig.

Im zweiten Glossenbeispiel kommt eine Entscheidung des Leipziger Schöffenstuhls zum Tragen, die ebenfalls in eine Zobel'sche Addition integriert wurde. Wie schon zuvor gesagt, lässt sich eine Verwendung der Buch'schen Glossen durch die Leipziger Schöffen auch durch Handschriftenbefunde nachweisen. Offenbar spielte auch *vice versa* ihre Rechtsprechung für den frühneuzeitlichen Glossenherausgeber Zobel eine prominente Rolle. Zu beobachten ist hier also ein wechselseitiger Einfluss von Rechtswissenschaft und Rechtsprechung, wie es noch heute der Fall ist. Anders als in der angloamerikanischen Rechtskultur hat dieser Charakterzug des kontinentaleuropäischen Rechts, wie ein Blick in die Zobel'schen Additionen zeigt, im Raum des *ius saxonico-maideburgense* eine jahrhundertealte Tradition.

Die kommentierte Stelle ist hier der 47. Artikel im zweiten Buch des Sachsenspiegels.[38] Darin geht es um Viehschäden, genauer gesagt um Schäden, die Tiere in einem fremden Feld anrichten. Die an dieser Stelle für wichtig erachteten Passagen des Artikels lauten wie folgt: »Wer sein Vieh in das Kornfeld oder auf die Wiese eines anderen treibt, der muss ihm seinen Schaden ersetzen, wie es das Recht vorsieht, und es mit drei Schillingen büßen. Ist er aber dort, wo das Vieh Schaden anrichtet, nicht anwesend und es wird gepfändet, dann sollen die, denen das Vieh gehört, für den Schaden aufkommen, wenn man ihn sogleich nach der Schätzung der Bauern beweist. Für sein Vieh gibt jeder sechs Pfennige als Buße«.[39]

|**34**| Ssp Ldr III 45 § 1: »Nu vernemet aller lüde weregelt unde bute [...]«; vgl. Schild 1998, Sp. 1268–1271. |**35**| »Sondern der beschediger muß ihm umb den schaden abtrag thun und wegen zugefügter lemnus seine leibs narunge weil er lebt vorschaffen, darumb das er sich forder mit arbeiten nicht erneren kann [...]« (fol. 217va). |**36**| Inst. 4,5,1 (»[...] si vero vivet nocitumque ei esse dicetur, quantum ob eam rem aequum iudici videtur, actio datur: iudex enim computare debet mercedes medicis praestitas ceteraque impendia, quae in curatione facta sunt, praeterea operarum, quibus caruit aut cariturus est ob id quod inutilis factus est«). |**37**| Übersetzung nach: Knütel 2013, S. 229. |**38**| Vgl. fol. 281r. |**39**| Ssp Ldr II 47

Abb. 7
Epitaph für Christoph Zobel im Altarraum des Paulinums zu Leipzig, gefertigt durch Christoph Groß (Guss), um 1580. Leipzig, Kustodie der Universität, Inv.-Nr. 1913:305.

Die Bestimmung unterscheidet also zwischen absichtlicher und unabsichtlicher Schädigung. Gemeinsam ist beiden Fällen, dass der Schädiger den Schaden an der Pflanzung auf dem Feld ersetzen muss. Ein erheblicher Unterschied besteht allerdings im Hinblick auf einen weiteren Betrag, der an den Geschädigten zu entrichten ist. Das ist die Buße, die für das erlittene Unrecht zu leisten ist und mit dem materiellen Schaden nichts zu tun hat. Diese fällt bei absichtlicher Schädigung sechsmal so hoch aus wie bei versehentlicher.[40]

Die Glosse wirft nun folgende Rechtsfrage auf: Wie verhält es sich, wenn die Tiere gegen Entgelt einem Hirten zur Beaufsichtigung übergeben waren, als es zu der Schädigung kam? Müssen dann trotzdem die Eigentümer zahlen oder liegt in diesem Fall die Zahlungspflicht beim Hirten, der das Hüten der Tiere auf seine Gefahr, wörtlich bei Zobel »auf sein Abenteuer«,[41] übernommen hat? Und falls der Hirte verantwortlich sein sollte, wie viel muss er dann zahlen: sechs Pfennige oder drei Schillinge? Hierzu stellt die Glosse zwei Meinungen dar.

Nach der ersten büßt der Hirte für jedes Tier mit drei Schillingen, nach der zweiten nur mit sechs Pfennigen. Dabei schwächt die zweite Meinung die Hirtenhaftung für den Schadfraß noch dahingehend ab, dass sie sagt, wenn er seine Aufgabe nicht mehr wahrnimmt – was auch immer das heißt –, müsse er gar nichts zahlen.

Als Antwort auf die gestellte Rechtsfrage wird nun eine dritte Lösung, die *solutio tertia et vera, sic enim pronunciant Lipsenses*, präsentiert. Hier finde sich also die dritte und wahre Lösung, so nämlich sähen es die Leipziger Schöffen: Richtet Vieh auf jemandes Feld Schaden an, so solle er die Tiere einfangen und als Pfand behalten. Dann möge er sich an Richter und Schöffen wenden. Diese sollten daraufhin den Schaden besichtigen und schätzen. Diesen Schaden hätten die Besitzer der Tiere dann »in gemein dem kleger zu entrichten«, in unserem heutigen Sinn ließe sich vielleicht von einer gesamtschuldnerischen Haftung sprechen. Darüber hinaus müsse jeder, dessen Tier gepfändet wurde, dieses mit einer Buße von sechs Pfennigen auslösen. Nach der Lösung der Leipziger Schöffen ist der Hirte also aus der Haftung nach Artikel II 47 Sachsenspiegel-Landrecht komplett herausgenommen. Nachdem das Ganze also mit Verschulden nicht das Geringste zu tun hat, ist es als ein Fall von Gefährdungshaftung im heutigen Sinne zu betrachten, wie die Tierhalterhaftung ja zum Teil auch heute noch in unserem Bürgerlichen Gesetzbuch ausgestaltet ist.[42]

Warum die Leipziger das so sahen, erfahren wir nicht. So wie typischerweise in Schöffensprüchen, finden wir auch hier keine Begründung. Zobel ist der Meinung, diese Rechtsauffassung sei allein deshalb zutreffend, weil die Leipziger Schöffen es so entschieden hätten. Hieran erkennen wir die deutliche Ausrichtung des Zobel'schen Werkes. Es handelt sich in allererster Linie um einen Kommentar für Praktiker, welche vornehmlich interessiert, wie das Gericht die Sache entscheiden wird. Möglicherweise hat die Entscheidung einen wirtschaftlichen Hintergrund, weil der vermutlich nicht gerade einkommensstarke Hirte im Zweifel nicht über ausreichende Mittel verfügte, um den Schaden zu bezahlen und darüber hinaus noch den Bußbetrag für jedes einzelne Tier zu entrichten. Ob die Eigentümer den Hirten in irgendeiner Form in Regress nehmen konnten, erfahren wir nicht.

Das führt zum dritten eingangs erwähnten und nunmehr letzten Regelungsbeispiel aus dem bunten Strauß der Zobel'schen Additionen. Dabei geht es um die Kommentierung zum 13. Artikel aus dem ersten Buch des Sachsenspiegels.[43] Die besagte Bestimmung behandelt die Art der Erbteilung zwischen »abgesonderten« und »nicht abgesonderten« Kindern. Abgesondert bedeutet, dass ein Kind den gemeinsamen Hausstand bereits verlassen und eine Geldleistung erhalten hatte.[44] Nun erheben sie nach dem Tod von Vater oder Mutter

§§ 1, 2: »Sve sin ve drift up enes anderen korn oder gras, he sal ime gelden sinen scaden uppe recht, unde büten mit dren scillingen. N'is aver he dar to jegenwerde nicht dar dat ve scadet, unde wert it gepandet, den scaden solen se gelden dere dat ve is, of man ine tohant bewiset, na der bure kore, unde ses penninge gift ioiewelk to bute vor sin ve.« |**40**| In einem Schilling sind zwölf Pfennige, in drei Schillingen demnach 36, was die sechsfache Menge gegenüber den sechs durch den Nachlässigen zu leistenden ausmacht. Dazu Berghaus 1995, Sp. 1465. |**41**| »auff sein ebenthewer«, Zobel, Sachsenspiegel, fol. 281rb. |**42**| § 833 Satz 1 BGB. |**43**| Fol. 51vb. |**44**| Vgl. MGH Fontes iuris N. S. 7/1, S. 629, Z. 12, S. 203, Z. 14–18; Zobel,

Anspruch auf ihren Erbteil. Dabei sind noch andere Kinder vorhanden, die vor dem Erbfall dem elterlichen Hausstand noch angehörten und mithin nicht als abgesondert galten, insbesondere vermutlich deshalb, weil sie noch unverheiratet waren. Der Sachsenspiegel besagt dazu, die Teilung habe zwingend in der Weise stattzufinden, dass die abgesonderten Kinder alles, was sie bereits erhalten haben, wieder einbringen.[45] Es müsse also die gesamte zu verteilende Masse zunächst wieder beisammen sein, bevor alles geteilt werde.

Die Leipziger Schöffen waren in einem solchen Fall um Rechtsrat angerufen worden und hatten genauso entschieden.[46] Vor der Teilung war alles bereits Erhaltene zurückzuführen. Auf Grundlage des Sachsenspiegels war auch gar keine andere Entscheidung möglich. Wichtig für unseren Fall ist allerdings, dass er sich, wie es in der Glosse heißt, »im Weichbilde«, also im Geltungsbereich des Stadtrechts ereignet hatte.

Die Magdeburger Schöffen, die in der gleichen Angelegenheit (möglicherweise aufgrund einer Urteilsschelte, wir erfahren es nicht) ebenfalls konsultiert wurden, hätten dann *praecise contrarium* entschieden:[47] Die ausgesonderten Kinder müssten nicht alles wieder einbringen, vielmehr seien allein die restlichen Güter zu teilen. Das lässt sich, wie gesagt, auf Grundlage des Sachsenspiegels nicht begründen, wohl aber auf Grundlage des Magdeburger Weichbilds, auf dessen Glosse zu Artikel 94 Zobel hier Bezug nimmt. Zwar ist dort von einem etwas anders gelagerten Fall die Rede, nämlich dem, dass ein Mann »zweierlei Kinder« hat, was wohl bedeutet: Kinder aus zwei Ehen. Mit der hohen Sterblichkeit von Frauen gerade bei Geburten in der damaligen Zeit waren solche Familienkonstellationen alles andere als selten. Der Witwer heiratete erneut und gab den schon etwas älteren Kindern aus der ersten Ehe, wenn sie ihr eigenes Leben begannen, etwas Startkapital. Die Weichbildglosse sagt nun, dass im Falle einer solchen Konstellation beim Tod des Vaters die Kinder aus der ersten und die aus der zweiten Ehe das übrige Vermögen des Vaters gleich unter sich teilen sollten, als ob sie »gleichbürtig« seien. Inwiefern dabei der Betrag, den die Kinder aus der ersten Ehe erhalten haben, zur Anrechnung kam, wird nicht klar. Klar wird aber, dass nichts zurückgeführt werden musste und allein der Rest – wie genau auch immer – zu teilen war.

Diesen Rechtsgedanken übertrugen die Magdeburger Schöffen nun auf den Fall mit der Erbteilung zwischen »ausgesonderten« und »nicht ausgesonderten« Kindern nach Artikel I 13 Sachsenspiegel-Landrecht. Im Geltungsbereich des Stadtrechts sei nichts wieder einzubringen, sondern vielmehr allein der Rest zu teilen. Es ließe sich argumentieren, dass

---

Sachsenspiegel: »Was aber die andern, so aus ihrer Eltern gewalt los gelassen sindt [das heißt die abgesonderten Kinder, B. K.], angelanget, merke, ob ihnen zuvor icht gutes mitgegeben wehre, und sie aber des Erbes nachmals mit theilhafftig sein wollten [...]« (fol. 51vb). |**45**| »Sundert vader unde muder enen iren sone oder ene ire dochter van in mit irme gude, se tvein sik mit der kost oder ne dun, willet se na des vader dode oder na der muder dode an ir erve deil spreken, die bruder an der brüdere, oder de gemannede dochter an der umbestadeden süster; se muten in de dele bringen mit irme ede al dat gut, dar se mede afgesundert waren, of it is varende gut, sunder rade. Is it aver andere gut, dat man bewisen mach, dar ne mogen se nicht vore sveren.« |**46**| »Darauff haben die von Leipzigk laut diesem text versprochen [...]« (fol. 51vb). |**47**| »Darnach sind die von Magdeburg auch consultirt worden, haben praecise contrarium vorsprochen [...]« (fol. 51vb). |**48**| Vgl. Dilcher, S. 621–623. |**49**| Dazu demnächst Kannowski 2019.

dies eine einfachere und pragmatischere, mithin wirtschaftlich sinnvollere Lösung sei. Auch werden möglicherweise auf diese Art Schwierigkeiten des Beweises umgangen, schließlich konnte es sein, dass seit der Aussonderung schon einige Zeit vergangen war, ohne dass eine genaue Dokumentation darüber vorlag, was die Kinder damals bekommen hatten. Das mag einer effizienteren und moderneren Wirtschaftsordnung in die Hände spielen, wie sie der spätmittelalterlichen Stadt gemeinhin zugeschrieben wird.[48] Aber all das ist Spekulation. Eine Begründung für diese Sichtweise gibt Zobel genauso wenig, wie die Magdeburger Schöffen sie höchstwahrscheinlich gegeben haben. Schöffensprüche werden bekanntlich üblicherweise nicht begründet. Für einen Praktiker, wie er den typischen Glossennutzer und Buchkäufer ausmacht, ist es auch weniger interessant, warum genau er den Rechtsstreit gewinnen oder verlieren wird. Wichtig dagegen war: Wie wird das Gericht entscheiden?

Daneben ist allerdings doch noch etwas anderes für Zobel so wichtig, dass er drei Zeilen darauf verwendet, es mitzuteilen. Die *ratio* – wie er selbst es nennt – aus alledem ist in seinen Augen keine andere als die Folgende: dass die Magdeburger Schöffen dort, wo das Weichbildrecht gilt, einfach nur auf dieser Grundlage Recht sprechen. Im Weichbildrechtsraum gilt eben allein das Weichbild und sonst nichts. Das Interessante an dieser Aussage im Hinblick auf den Zusammenhang, in dem Zobel sie tätigt, ist nun dieses: Das heißt, dass auch der Sachsenspiegel nicht galt, und zwar offenbar nicht einmal subsidiär oder hilfsweise, sondern überhaupt nicht. Obwohl die von den Leipzigern herangezogene Sachsenspiegel-Bestimmung auf den Fall offensichtlich besser passt als die in einer Art Analogie bemühte Passage aus der Weichbild-Glosse, zogen die Magdeburger Schöffen eine Anwendung des besagten Landrechtsartikels nicht in Erwägung. Das hatte nichts mit dem Satz »Lex specialis derogat legi generali« oder irgendeiner Rechtsanwendungslehre aus dem Gelehrten Recht zu tun. Es ging hier einfach um territoriale Geltung von Recht. Im Stadtgebiet galt das Weichbildrecht, auf dem Land außerhalb der Stadt das Landrecht. Ein deutscher Richter würde heutzutage ja auch nicht auf die Idee kommen, auf seinen Fall beispielsweise eine französische Bestimmung anzuwenden, weil diese besser passt und die Rechtsfrage klar beantwortet. Er würde eine auf Basis deutschen Rechts begründete Lösung suchen, wie kompliziert auch immer sie sein mag.

Der von Zobel mitgeteilte Schöffenspruch unterstreicht die große Bedeutung des Magdeburger Weichbildrechts mit seiner Glosse, die leider anders als die Glossen zum Sachsenspiegel-Land- und -Lehnrecht bis heute nicht in einer modernen wissenschaftlichen Edition vorliegt.[49] Es handelt sich beim Magdeburger Weichbildrecht um ein in seiner Bedeutung nicht zu unterschätzendes Desiderat der Forschung. Gleiches gilt – wie ein wenn auch sporadischer Blick auf sie gezeigt haben dürfte – für die Zobel'schen Additionen. Eben dieser Blick zeigte dreierlei: Erstens sind die Zobel'schen Additionen ein lebendiges Zeugnis für praktische Fragen in Bezug auf die Rezeption des Gelehrten Rechts. Zweitens kommt anhand ihrer das Verhältnis von Jurisprudenz und Jurisdiktion im 16. Jahrhundert zum Tragen. Und drittens schließlich geben sie Aufschluss über die territoriale Geltung von Sachsenspiegel-Landrecht und Weichbildrecht in der Frühen Neuzeit.

DANUTA JANICKA

Die Preußische Korrektur von 1598

Unterbrechung der historischen Entwicklung des deutschen Rechts auf polnischem Territorium

Vorbemerkungen

Die vorliegende Untersuchung stellt sich die Aufgabe, die Genese und Bedeutung des rechtlichen und gesellschaftlichen Stellenwerts eines bedeutenden Rechtsdenkmals aus dem 16. Jahrhundert, der sogenannten Preußischen Korrektur von 1598, zu untersuchen. Dieses Dokument war zwar lediglich eine regionale und partielle Kodifizierung, die nur wenige Rechtsbereiche umfasste, doch sie spielte eine bedeutende Rolle innerhalb der Geschichte des Königlichen Preußens und Altpolens. Die Korrektur war für den preußischen Adel bestimmt, der darin eine Reihe von rechtlichen Bestimmungen insbesondere aus dem polnischen, litauischen, römischen und kulmischen Recht und darüber hinaus auch aus anderen Rechtssystemen einbezogen hat. Die aufgenommenen Regulierungen betrafen insbesondere das Erb- und Vormundschaftsrecht sowie Regelungen zur Gerichtsbarkeit und zum Zivilprozess. In den Rechtsbereichen, die die Korrektur nicht umfasste, galt für den preußischen Adel weiterhin das bisherige kulmische Recht, das bekanntermaßen eine lokale Variante des Magdeburger Rechts bildete.

Die Preußische Korrektur scheint aus mehreren Gründen beachtenswert. Sie entstand im Königlichen Preußen – einem autonomen, nach Einhaltung seines Sonderstatus strebenden Territorium mit eigener Rechtstradition und individuellen Privilegien, etwa hinsichtlich der Selbstverwaltung und des Finanzwesens. Vom polnischen Reichstag beschlossen und vom König gebilligt, wurde diese Korrektur später, in der Zeitspanne vom Ende des 16. Jahrhunderts bis zur zweiten Hälfte des 18. Jahrhunderts, wiederholt verkündet und genoss eine

Abb. 1
Der polnische König im Senat. Ein Bild aus dem Rechtsbuch »Commune incliti Poloniae regni privilegium constitutionum et indultuum publicitus decretorum approbatorumque« – einer vom Großkanzler Jan Łaski erarbeiteten und im Jahre 1506 veröffentlichten Sammlung der Gesetze des Königtums Polen, bekannt als »Łaskis Statut«. Warschau, Nationalbibliothek, G.7456/III.

außergewöhnliche und langanhaltende Beliebtheit aus Gründen, die zweifellos erwähnenswert sind. Sie wurde mehrmals parallel in drei Sprachen veröffentlicht: auf Lateinisch, Deutsch und Polnisch. Sie ist somit eine ausgezeichnete Quelle für Sprachwissenschaftler, die an diesem Beispiel die Entwicklung der Rechtssprache erforschen möchten – und zwar nicht nur im Polnischen. Als Rechtsdenkmal ist die Preußische Korrektur also sowohl in inhaltlicher als auch in sprachlicher Hinsicht von großem Interesse. Sie spiegelt die Rechtstechnik des 16. Jahrhunderts wider und lässt zudem privatrechtliche Verhältnisse, insbesondere die Vermögensbeziehungen des Adels und indirekt dessen Gewohnheitsrecht erkennen. So erfahren wir aus dieser Quelle einiges über den damaligen Grundstücksverkehr und über die rechtliche Stellung von Frauen und Kindern. In der polnischen Forschung ist diese Quelle zwar bekannt, doch immer noch nicht hinreichend genutzt. So scheint es hier angebracht, an den wissenschaftlichen Wert der Preußischen Korrektur zu erinnern, um weitere Forschungen anzubahnen. Diese könnten sich insbesondere neuen rechtsgeschichtlichen bzw. linguistischen Aspekten zuwenden.

Der polnische Forschungsstand zu der uns interessierenden preußischen Kodifikation erweist sich als vergleichsweise gut. Dieses Rechtsdenkmal hat zwar bis heute keine eigene monografische Betrachtung erfahren, bis auf eine unveröffentlichte und daher schwer zugängliche und ein wenig veraltete Doktorarbeit von Marian Borzestowski aus dem Jahr 1964. Gleichwohl war die Preußische Korrektur Gegenstand einiger Beiträge renommierter Autoren.[1] Allgemeine, meistens flüchtige Erwähnungen bezüglich der Korrektur findet man darüber hinaus in Dutzenden Veröffentlichungen, die dem Königlichen Preußen als einem autonomen Territorium gewidmet sind. Dieses bewahrte seine Eigenständigkeit bis zum Ende des 18. Jahrhunderts. Zu erwähnen wären hier sowohl ältere Veröffentlichungen von Autoren wie Władysław Konopczyński, Marian Biskup, Karol Górski oder Gerard Labuda[2] als auch jüngere Publikationen von Sachkennern wie Stanisław Salmonowicz, Janusz Małłek und Zbigniew Naworski.[3]

Kurze und bündige Informationen über die Korrektur findet man auch in den neuesten Abhandlungen über das Königliche Preußen von Zbigniew Naworski, Stanisław Salmonowicz, Edmund Kizik und Jacek Wijaczka.[4] Was die deutsche Forschung betrifft, ist die Korrektur beinahe in Vergessenheit geraten. Zwar haben deutsche Wissenschaftler einen guten Ausgangspunkt in Gestalt der monumentalen, aus dem 18. Jahrhundert stammenden Darstellung unter dem Titel »Geschichte der preußischen Lande königlich polnischen Anteils« von Gotfried Lengnich, die die Entwicklung der Korrektur berücksichtigt.[5] Diese Schrift wurde rezipiert von einer neuen, in englischer Sprache verfassten Monografie von Karin Friedrich zur preußischen Geschichte.[6] Jedoch wird die Korrektur in den Abhandlungen, die das Königliche Preußen betreffen, zumeist marginalisiert oder gar nicht erst berücksichtigt. Dies betrifft sowohl Arbeiten aus dem 19. Jahrhundert[7] als auch solche, die in der ersten[8] oder sogar zweiten Hälfte des 20. Jahrhunderts[9] entstanden sind.

Zur Entstehungsgeschichte der Preußischen Korrektur

Die Korrektur entstand im Königlichen Preußen, das mehr oder weniger über drei Jahrhunderte lang mit Polen verbunden war – vom Inkorporationsakt des Königs Kasimir IV. Jagiello aus dem Jahr 1454 bis zur ersten Teilung Polens 1772. Im sogenannten Inkorporationsprivileg bekam das Königliche Preußen nicht nur eine Bestätigung seines Gewohnheitsrechts, sondern auch eine Reihe neuer Befugnisse.[10] Anfangs wurden diese von den polnischen Königen geachtet, doch mit der Zeit begannen jene, sie zu beschränken.[11] Die Vertiefung der Beziehungen zu Polen erlitt im Jahr 1569 einen herben Rückschlag, als die Vertreter Preußens *nolens volens* in das polnische Parlament und den Generalsejm aufgenommen wurden und sowohl im Senat als auch in der Abgeordnetenkammer saßen.[12] Denn trotz dieser versuchten politisch-herrschaftlichen Integration waren sich die Preußen bewusst, dass sie ein eigenes Land mit separatem, öffentlichem und zivilem Recht besäßen und ihre »Vaterlandsliebe« pflegen sollten. Im öffentlichen Bereich bestanden sie somit weiter auf ihre regionale Selbstverwaltung, einschließlich eigener Währung, Wappen und dem Fiskus. Der Generallandtag, das wichtigste Organ der Selbstverwaltung, erfüllte mehrere Aufgaben, darunter auch die eines preußischen Berufungsgerichts.[13] Im privatrechtlichen Bereich bediente man sich des kulmischen Rechts, das Kraft des Privilegs von König Kasimir IV. Jagiello aus dem Jahr 1476 für alle Stände galt.[14]

Da das kulmische Recht über viele Rechtssammlungen zerstreut war, begann man in den 1520er Jahren offiziell mit der zeitaufwendigen Arbeit, es zu kodifizieren.[15] Dies wurde auf dem preußischen Landtag realisiert, an dem Vertreter der Städte, des Adels und sogar Delegierte aus dem Herzogtum Preußen teilnahmen.[16] Die damit verbundenen Bemühungen führten zur Bearbeitung von drei Hauptfassungen des kulmischen Rechts, den sogenannten Revisionen, die in den Jahren 1566, 1580 und 1594 erfolgten.[17] Zwar wurde keine von diesen

|**1**| Dabei handelt es sich um Lisowski 1954; Zdrójkowski 1961; Bie/Małłek 1969; Sondel 1986 sowie Borzestowski 1988. |**2**| Vgl. Konopczyński 1927; Biskup 1961; Górski 1963 sowie Labuda 1976. |**3**| Vgl. Salmonowicz 1982; Salmonowicz 1987; Salmonowicz 1988; Salmonowicz 1992; Małłek 1979; Małłek 1983; Małłek 1988; Małłek 2014; Naworski 1988 und Naworski 1992. |**4**| Vgl. Naworski 2004; Salmonowicz 2007; Kizik 2012; Wijaczka; 2012. |**5**| Die Entstehungsgeschichte der Korrektur befindet sich im Bd. 4 dieses Werkes, S. 251, 255–256 u. 260. |**6**| Vgl. Friedrich 2000. |**7**| Vgl. beispielsweise: Fischer 1897; Simson 1897; Hirsch 1860; Prowe 1868. |**8**| Vgl. beispielsweise: Turowski 1937; Schieder 1940; Schierling 1966. Die zuletzt genannte Arbeit entstand als Dissertation während des Zweiten Weltkriegs und wurde daraufhin im polnischen Schrifttum kritisch betrachtet. Vgl. dazu die Rezension von Mincer 1963. |**9**| Vgl. Rhode 1982. Hier befindet sich u. a. ein Verzeichnis der deutschen Literatur über Königlich Preußen. |**10**| Vgl. Górski 1963, S. 160–161. |**11**| Vor allem nach der Ausgabe der Konstitution von König Sigismund dem Alten von 1526. |**12**| Vgl. Wijaczka 2012, S. 39–42. |**13**| Dazu näher Salmonowicz 1987, S. 49–50. Der Verfasser betont (S. 71), dass Preußen eine »gesonderte ›politische Nation‹ […], neben Polen und Litauern ein Bestandteil der adligen Res Publica« bildete. Es sei daran erinnert, dass neben der ständischen Selbstverwaltung auch eine königliche Verwaltung bestand. |**14**| Das Privileg vom 24. Juli 1476 umfasste die preußischen Territorien mit Ausnahme des Ermlandes und der Städte Braunsberg, Elbing und Frauenburg, die sich des lübischen Rechts bedienten. Vgl. Zdrójkowski 1982, S. 29; Bär 1904, S. 69. Der zuletzt genannte Aufsatz ist in der Elbinger Digitalen Bibliothek online zugänglich. |**15**| Eine der wichtigsten Sammlungen war »Der alte Kulm«, zusammengefasst am Ende des 14. Jahrhunderts, 400-seitig und geteilt in fünf Bücher. Vgl. Maisel/Zdrójkowski 1985. |**16**| Vgl. Rhode 1982, S. 56–58. |**17**| Dabei handelte es sich um das *Jus culmense correctum* aus dem Jahr 1566, das *Jus culmense emendatum* aus dem Jahr 1580 und das *Jus culmense revisum* aus dem Jahr 1594. Vgl. dazu Zdrójkowski 1982, S. 31–49; Janicka 1992, S. 6–14.

auf dem preußischen Landtag angenommen, in der gerichtlichen Praxis fanden später jedoch alle Fassungen Anwendung.[18] Dessen ungeachtet kam es in der ersten Kodifizierungsphase zu Konflikten zwischen den Interessen der Bürger und denen des Adels. Außerdem hatten die Teilnehmer des Landtags daran festgehalten, dass das kulmische Recht sowohl im Königlichen Preußen als auch im Herzogtum Preußen gelten solle.[19] In der zweiten Hälfte des 16. Jahrhunderts berief sich der preußische Adel allerdings immer öfter auf die Privilegien der polnischen Nobilität, auf das kodifizierte Recht und sogar auf das polnische Gewohnheitsrecht, indem er das kulmische Recht als ungeeignet kritisierte.[20] Die Hauptgründe für seine Unzufriedenheit waren das Erbrecht, das die gleiche Erbberechtigung der Kinder unabhängig vom Geschlecht vorsah und ebenso die Bestimmungen zu den ehelichen Vermögensbeziehungen, die jedem Ehegatten (auch der Witwe) die Vererbung der Hälfte der gemeinsamen Güter nach dem Tod des Partners zusicherten.[21]

Die Abneigung des preußischen Adels gegenüber der landesweiten Kodifizierung des kulmischen Rechts vertiefte sich in den 1570er und 1580er Jahren. Folgerichtig schlugen Vertreter des Königlichen Preußen in der polnischen Abgeordnetenkammer und im Senat die Gründung eines selbstständigen preußischen Tribunals als eigenem Berufungsgericht vor. Dieses jedoch erlangte keine Zustimmung seitens des herrschenden Königs Stephan Báthory. Im Jahr 1585 fasste der preußische Adel daher den Entschluss, sich der Zuständigkeit des Tribunals des Kronlandes zu unterwerfen, das einige Jahre früher, genau genommen 1578, als höchstes Berufungsgericht für den polnischen Adel entstanden war. Dieser Umstand und auch das Engagement des kulmischen Bischofs Piotr Tylicki, der 1595 nach Preußen gekommen war, führten zum Entschluss, die Arbeit an der Adelskodifizierung separat durchzuführen. 1597 kam es auf dem Thorner Landtag zu einer Diskussion über zwei von Reinhold Heidenstein bzw. Mikołaj Niewieściński vorbereitete Entwürfe.[22] Die vorgelegten Vorschläge unterschieden sich jedoch derart voneinander, dass man beschloss, auf den Vorschlag von Bischof Tylicki einzugehen, nur die Bearbeitung eines dieser Entwürfe anzustreben und über diesen in Warschau/Warszawa während der Generalversammlung des Sejms mit Vertretern des Königlichen Preußen zu diskutieren, was schließlich auch geschah. Am 24. März 1598 stimmten die im Quartier des Bischofs Tylicki versammelten preußischen Abgeordneten dem Entwurf von Heidenstein zu, den danach auch König Sigismund III. Vasa anerkannte.[23] Im Konfirmationsprivileg des Königs fand man Worte, die darauf hinwiesen, dass die Korrektur auch im Nachhinein verbessert und berichtigt werden dürfe. Ihre Anwendung sollte sowohl in preußischen Gerichten als auch außerhalb von ihnen erfolgen: »tam intra, quam extra Prussiam«.[24]

Die finale Debatte fand auf dem Thorner Generallandtag im Jahr 1599 statt. Nach Abschluss der Diskussion wurde die neue Rechtssammlung von allen Senatoren und adligen Abgeordneten unterschrieben.[25] In der Zeitspanne von etwa drei Monaten nach diesem Beschluss erfolgte im September 1599 der Druck der Korrektur unter dem Titel »Jus terrestre nobilitatis Prussiae correctum«.[26] Diese Bezeichnung schien darauf hinzuweisen, dass es sich hier nur um eine weitere Korrektur des kulmisches Rechts handelte. In Wirklichkeit stellte sie jedoch eine völlig neue Kodifizierung dar, die eine Reihe von rechtlichen Lösungen aus fremden Rechtssystemen aufnahm. Die Korrektur besteht aus sieben mit Titeln bezeichneten

Kapiteln: I. »Über Erbschaft« (»De successionibus«), II. »Über Schenkungen und Testamente« (»De donationibus et testamentis«), III. »Über Vormundschaft« (»De tutelis«), IV. »Über Vorbehalte der Verjährung« (»De praescriptionibus«), V. »Über Ämter und Gerichte« (»De magistratibus et iudiciis«), VI. »Über das Verfahren in Zivilsachen« (»De procesu in causis civilibus«),[27] VII. »Über Grenzkennzeichnungen« (»De finibus regundis«). Insgesamt zählt die Korrektur 176 Artikel unterschiedlichen Umfangs, die manchmal unklar voneinander getrennt sind.[28] Die Hauptbestimmungen werden durch das Konfirmationsprivileg des Königs eingeleitet und mit einem letzten, nicht nummerierten Artikel geschlossen, der das Inkrafttreten des Gesetzbuches nach Ablauf von sechs Wochen seit seinem Verkündungsdatum festsetzte.

Die Korrektur erfuhr im Verlauf der fast zwei Jahrhunderte, in denen sie Geltung beanspruchte, zehn Wiederveröffentlichungen, zweimal in Thorn/Toruń,[29] fünfmal in Danzig/Gdańsk[30] und dreimal in Lublin.[31] Im 18. Jahrhundert wurde der Text der Korrektur in die neu zusammengestellte altpolnische Rechtssammlung »Volumina Legum« aufgenommen.[32] Dies geschah jedoch eher beiläufig. Der Herausgeber wurde nämlich gezwungen, aus einem der Bände der »Volumina« einen adligen Beschluss zu entfernen, der dort irrtümlicherweise eingefügt wurde. An seine Stelle setzte der Herausgeber neue Blätter ein, worunter ebenso der Text der Korrektur fiel. Mit dieser neuen Zusammenstellung des Textes wurde allerdings die ursprüngliche chronologische Ordnung der Rechtssammlung zerstört.[33] Die mit der eingegliederten Korrektur verbundene Ausgabe der »Volumina Legum« erschien im 19. Jahrhundert noch einmal als Neuausgabe.[34] Unabhängig von den zehn bereits erwähnten gedruckten Ausgaben ist die Korrektur auch in Form von Handschriften erhalten. Diese Manuskripte bewahren heute die beiden Staatsarchive in Thorn[35] und Danzig[36] und ebenso

---

|**18**| Vgl. Zdrójkowski 1982, S. 31–49. |**19**| Vgl. Lengnich 1722–1755, hier Bd. 2, S. 35–36; Lengnich 1722–1755, hier Bd. 3, S. 365 u. 466–469. |**20**| Vgl. Labuda 1976, S.361–362 u. 375–376. |**21**| Vgl. Kizik 2012, S. 97; Borzestowski, 1964, S. 237–238. |**22**| Reinhold Heidenstein war ein vielseitig ausgebildeter Jurist und ab 1582 Sekretär des polnischen Königs Stephan Báthory und sein Hofhistoriker; Mikołaj Niewieściński war ebenso ein gut ausgebildeter Adliger, Teilnehmer an Kodifizierungsarbeiten über das kulmische Recht und ab etwa 1588 Sekretär des nächsten polnischen Königs Sigismund III. Vasa – vgl. Zdrójkowski 1982, S. 52–54. |**23**| Vgl. Konstytucja Sejmu Walnego Warszawskiego Roku Pańskiego 1598, Prawa Pruskiego Korektura, Volumina Legum, Bd. 2, Nr. 45, S. 374, in: Ohryzko 1859/1860, Bd. 2. Diese Ausgabe ist in der Großpolnischen Digitalen Bibliothek online zugänglich. Vgl. dazu Borzestowski 1988, S. 263–264. |**24**| Vgl. diesen Satz in der Danziger Auflage der Korrektur von 1685: »sowohl in als ausser Preussen« (pol. »tak wewnątrz jako okrom Pruskiej ziemie«). |**25**| Der einzige Vertreter der Städte, der die neue Kodifikation unterschrieb, war der Thorner Bürgermeister Heinrich Stroband; seiner Unterschrift fügte er folgende Randbemerkung ein: »citra tamen praeiudicium civitatis Toruniensis«, d. h. »doch ohne Nachteil für die Stadt Thorn«. Vgl. Borzestowski 1988, S. 266. |**26**| Auf den Namen »Jus terrarum Prussiae« wurde hierbei jedoch verzichtet – vgl. Borzestowski 1988, S. 267. Die lateinische Erstausgabe, Ius Terrestre Nobilitatis Prussiae: Correctum Anno Domini M.D.XCVIII. De 1. Successionibus. 2. Donationibus & Testamentis [...], Thorn 1599, ist in der Elbinger Digitalen Bibliothek online zugänglich. |**27**| Am Ende dieses Titels wurden Passagen *De spoliato ante omnia restituendo* wie auch *De litis impensis* abgetrennt. |**28**| Vgl. Zdrójkowski 1982, S. 66. |**29**| In den Jahren 1599 und 1622. Vgl. Borzestowski 1964, S. 364. |**30**| In den Jahren 1625, 1647 und 1685 (dreisprachig: lateinisch-deutsch-polnische Ausgaben) und später in den Jahren 1728 und 1736. |**31**| In den Jahren 1739, 1749 und 1754; diese lateinisch-polnischen Ausgaben beweisen, dass die Korrektur in der Tätigkeit der polnischen Gerichte Anwendung fand. Am Rande sei erwähnt, dass das Verzeichnis der Korrekturausgaben in Bär 1904, S. 69 mangelhaft ist. |**32**| Volumina Legum, Bd. 6, S. 549–573, in: Ohryzko 1859/1860, Bd. 6, S. 270–282. |**33**| Vgl. Zdrójkowski 1961, S. 119–120; Borzestowski 1964, S. 364–366. |**34**| Vgl. Ohryzko 1859/1860, Bd. 6, S. 270–282. |**35**| Handschrift Kat. II-VIII-69. |**36**| Handschrift 300, R/T,1. Diese Handschrift wurde auch auf Mikrofilm aufgenommen und kann ausgeliehen werden.

die akademische Bibliothek PAU und PAN in Krakau/Kraków[37] auf. In diesem Zusammenhang muss ebenfalls an den deutschen Nachdruck aus dem Anfang des 19. Jahrhunderts erinnert werden, der allerdings nur den ersten Titel der Korrektur umfasst.[38]

Die Quellen der in der Korrektur enthaltenen rechtlichen Bestimmungen

Der Ursprung der Rechtsbestimmungen in der Korrektur ist nicht hinreichend geklärt. Den größten Einfluss besaßen zweifellos das polnische und das kulmische Recht.[39] Erkennbare Einflüsse übten auch das litauische Statut und andere Rechtssysteme aus. Beides verdient künftig ausgiebigere Forschungen. Eine deutliche Einflussnahme auf die Korrektur erfolgte ebenso durch das römische Recht, was die polnische Historiografie bereits herausgestellt hat.[40] Die Kodifizierung des preußischen Adels enthielt demzufolge eine Reihe von lateinischen Fachausdrücken und Bemerkungen hinsichtlich mehrerer Institutionen, die aus dem römischen Recht bekannt sind. Die Aufnahme der Nomenklatur und der römischen Grundsätze erfolgte nicht selten mittels der etwas älteren, romanisierten Revision des kulmischen Rechts von 1594, die ein hohes technisches, redaktionelles und sachliches Niveau kennzeichnet. Die treffendsten Nachweise für römische Einflüsse auf die Korrektur sind die dort enthaltenen Regelungen hinsichtlich Testamenten, der Vormundschaft über Minderjährige sowie der Ersitzung.[41]

Die Bewertung der gesellschaftlichen Bedeutung der Korrektur unter Berücksichtigung einiger Rechtsgrundsätze

Die Korrektur dokumentiert eine Reihe von Änderungen, die im Königlichen Preußen während der zweiten Hälfte des 15. und im Laufe des 16. Jahrhunderts im Bereich der Organisation und Funktion der Gerichtsbarkeit für den Adel galten. Sie ordnete zwar viele rechtliche Fragen, doch sie war nicht imstande, alle Unzulänglichkeiten der Rechtsprechung zu beseitigen.[42] Entsprechende Vorschriften fanden sich vor allem unter dem fünften Titel, wobei sich die wichtigsten Bestimmungen auf die Land- und Woiwodengerichte bezogen.

Was die Besetzung und Kompetenzen der Landgerichte betrifft, übernahmen die Verfasser der Korrektur viele rechtliche Lösungen aus der Konstitution des preußischen Landes von 1511.[43] So sollten beispielsweise Richter auf Sonderlandtagen gewählt und vom König gebilligt werden.[44] In den Landgerichten saßen neben dem Landrichter (*iudex*) auch Assessoren, die gemäß der lokalen preußischen Nomenklatur, die an die städtische Tradition des kulmischen Rechts anknüpfte, Schöffen (*scabini*) genannt wurden.[45] Der Spruchkörper bestand gemäß Artikel 22 aus einem Richter, drei Schöffen und einem Landschreiber. Die Landgerichte sollten sich mit Entscheidungen in allen Zivilangelegenheiten des Adels befassen.[46] Zu ihren Kompetenzen gehörten auch unstrittige Sachen, unter anderem die Eintragung von Testamenten oder Anordnungen zu Vormundschaften.[47] Eine ungewöhnliche und besondere preußische Lösung war die Übertragung von Grenzstreitigkeiten an die Landgerichte.[48] Zusätzlich sollten diese Gerichte Landbücher führen, die

die ausgeübten Rechtstätigkeiten zu dokumentieren hatten.[49] Eine eigene Bestimmung der Korrektur regelte sogar ausführlich den Schutz der Gerichtsbücher, die in Sonderkisten zu archivieren waren.[50] Leider wurden diese Beschlüsse anfänglich nicht angewendet, weil es nur wenige Gerichtsschreiber gab. Dementsprechend fanden die Sitzungen des Gerichts lediglich zweimal im Jahr in aufeinander folgenden Landkreisen und ausgewählten Städten statt.[51]

Neben den Landgerichten wandten sich die Verfasser der Korrektur ausführlich Fragen der Woiwodengerichte zu, die auch Grodgerichte (*judicia palatinalia*) hießen. Sie erschienen im Königlichen Preußen nach 1454, wobei ihre Bezeichnung den Woiwoden (*palatini*) entstammte, die an der Spitze dieser Gerichte stehen sollten. Die Woiwoden betraute man nunmehr vor allem mit den Strafangelegenheiten, die zuvor in der Kompetenz der Deutschordenskomture des Ritterordens gelegen hatten.[52] Die Normen der preußischen Kodifizierung sahen zudem eine neue, breitere und dreiköpfige Besetzung der angesprochenen Gerichte vor, wonach neben dem Woiwoden auch der Unterwoiwode sowie der Landschreiber ihren Platz hatten. Außerdem bestimmte die Korrektur feststehende Sitzungsorte und Sitzungstermine dieser Gerichte,[53] was ein Novum darstellte.

In der Praxis stieß ihre Tätigkeit allerdings auf große Schwierigkeiten. Dies ist auf mehrere Gründe zurückzuführen: So hatten die Woiwoden einerseits bis zu Beginn des 17. Jahrhunderts weder feste Amtssitze noch entsprechende Einkünfte, die den Erhalt der Kanzleien absicherten, wie es unter den polnischen Verhältnissen der Fall war. Andererseits waren die Woiwoden sehr stark mit anderen Aufgaben belastet und dienten beispielsweise als Mitglieder des polnischen Senats.[54]

|**37**| Bibliothek der Polnischen Akademien der Gelehrsamkeit (Polska Akademia Umiejętności) und der Wissenschaften (Polska Akademia Nauk), Handschrift Nr. 1037, Fol. 192–195. Diese Handschrift ist auffällig, da sie lediglich drei erste Titel der Korrektur enthält; am Ende des Textes wird erklärt, es würde auf eine Transkription der übrigen Titel verzichtet, weil sie im Tribunal nicht nötig seien (lat. »uti ad Forum Tribunalitum non necessari«). Vgl. Borzestowski 1904, S. 363. |**38**| Über das *Jus terrestre nobilitatis Prussiae correctum*, nebst einem Abdruck desselben aus Anton Trembicki: Prawo Polityczne i Cywilne, Teil 1 Warschau 1789, Teil 2 Warschau 1797, in: Klein 1803, S. 297–310, der Text der Korrektur befindet sich ebd., S. 306–310. Das Werk ist in der Digitalen Bibliothek der Universität Bielefeld online zugänglich. |**39**| Die These von Zdrójkowski 1961, S. 109, dass die Korrektur »eine Kodifikation des altpolnischen Rechts war«, sollte man im weiteren Sinne des Wortes verstehen als Recht, das innerhalb der Königlichen Republik der polnischen Krone und des Großfürstentums Litauen galt. |**40**| Vgl. Lisowski 1954, S. 194–220; Sondel 1984; Sondel 1986, S. 27–47; Taubenschlag 1962. |**41**| Vgl. Sondel 1984, S. 59–60. |**42**| Vgl. Bielecka 1977, S. 158–163; Naworski 2004, S. 62–175; Bär 1904, S. 78–79. |**43**| Vgl. Bielecka 1975, S. 151–153; Balzer 1906, S. 171. |**44**| Vgl. Art. 15 der Korrektur. Alle zitierten Nummern der Artikel und alle Fachausdrücke wurden nach der dreisprachigen Ausgabe der Korrektur u. d. T. *Jus Terrestre Nobilitatis et Jura Municipalia Terrarum Prussiae. Editio nova,* Danzig 1685 angeführt. Diese Ausgabe ist online in der Großpolnischen Digitalen Bibliothek zugänglich. |**45**| Vgl. Art. 17, 19, 22, 37 der Korrektur. Vgl. Bielecka 1975, S. 151–153. |**46**| In Art. 27 lautet es: »Causas civiles Judicium Terrestre omnes judicabit«, »Die bürgerliche Sachen sollen sämtlichst von dem Land-Gericht gerichtet werden«. |**47**| Entsprechende Vorschriften befanden sich an mehreren Stellen der Korrektur. Vgl. Titel I, Art. 1 und 20; Titel II, Art. 3; Titel III, Art. 3, 4, 11 u. 13. |**48**| Vgl. Art. 29 der Korrektur. Im altpolnischen Recht gehörten diese Angelegenheiten vor die Kämmerergerichte. Vgl. Uruszczak 2015, S. 257. |**49**| Vgl. Art. 24 der Korrektur. |**50**| Vgl. Art. 25 der Korrektur. |**51**| Vgl. Art. 23 der Korrektur. |**52**| Vgl. Art. 8 der Korrektur. |**53**| Vgl. Art. 2 u. 7 der Korrektur. |**54**| Erst die Konstitution des Sejms von 1611 gewährte den Woiwoden Starosteien und bestimmte ihre ständigen Amtssitze: Christburg in der Marienburger Woiwodschaft, Schönsee in der Kulmer Woiwodschaft und Schöneck in der Woiwodschaft Pommern. Vgl. Bielecka 1977, S. 158–160.

Regelungen hinsichtlich des Berufungsgerichts ließ die Korrektur offen, sowohl innerhalb als auch außerhalb des Königlichen Preußen. In der Praxis waren die Berufungen anfänglich umstritten. Erst 1526 wurde beschlossen, dass der Generallandtag die Rolle der Berufungsinstanz übernehmen sollte und dass gegen dessen Entscheidung wiederum vor dem König Berufung eingelegt werden durfte.[55] Auf einem Landtag im Jahr 1588 erkannte der preußische Adel das Tribunal des Kronlandes in Petrikau/Piotrków als Berufungsinstanz endgültig an.[56] Trotz dieser Änderungen oder vielleicht doch in Bezug auf diese entschieden sich die Verfasser der Korrektur, in ihrem Text weder einen entsprechenden Beschluss noch eine rechtliche Gewährleistung bezüglich der Wege des Berufungsverfahrens gegen Urteile der Land- und Woiwodengerichte zu platzieren.

Im Bereich des ehelichen Güterrechts fand die Korrektur richtungsweisende Regulierungen, die im ersten Titel niedergeschrieben wurden. Folglich lehnten die Verfasser der Kodifikation die bisher geltende sogenannte Kulmer Gütergemeinschaft zugunsten eines neuen Systems ab, der sogenannten Mitgiftreihe. Die Witwe durfte nunmehr nicht länger ihre *kulmische Hälfte*, also die Hälfte des gemeinsamen Vermögens, erben. Man garantierte ihr lediglich das Recht auf die Rückgabe der Mitgift (Morgengabe, *dos*) und Aussteuer (Brautschatz, *contrados*), was also die dem Ehegatten gehörenden Güter betraf, die ihr mit der Heirat vermacht worden waren.[57] Die Höhe der Mitgift und Aussteuer waren nicht durch Vorschriften bestimmt, ähnlich wie im polnischen Recht, demgemäß die Aussteuer doppelt so viel wie die Mitgift betrug.[58] Der Ehegatte durfte, was bereits das polnische und litauische Recht vorgesehen hatten, seiner Gattin die Mitgift und Aussteuer auf seinem eigenen Gut vermachen. Dabei durfte er das Gut nicht höher als zur Hälfte mit Kosten belasten.[59] Wenn der Gatte seiner Ehefrau keine Aussteuer vererbte, behielt sie nach seinem Tod das Recht auf die Nutzung eines Viertels seines Vermögens, bis sie erneut heiratete.[60] Für den Fall, dass die Gattin aber vor ihrem Mann starb, gab der Witwer die Mitgift der Verstorbenen an etwaige Erben zurück, womit die Aussteuer erlosch.[61] Überdies ließen die Verfasser der Korrektur die Vorschriften über das sogenannte dauerhafte langlebige Nutzungsrecht aller Güter im Falle des Todes (Recht der »Niessung aller Güter«, *advitalitium*) gemäß dem bisherigen kulmischen Recht fortbestehen.[62] Die Regulierung der Vermögensbeziehungen in der Ehe wurden sowohl von bisherigen Normen des kulmischen Rechts als auch von Normen beeinflusst, die vom Gewohnheitsrecht und dem später geltenden Recht der Republik beider Nationen direkt übernommen wurden.[63] Weitere Forschungen hierzu versprechen zweifellos spannende Ergebnisse.

Wenn man die Rechtslage von Frauen und Kindern in der Korrektur analysiert und bewertet, sollte man nicht das Vormundschaftsrecht vergessen, das im dritten Kapitel der preußischen Kodifikation erfasst wurde. Demnach berücksichtigte die Korrektur sowohl den Schutz von unmündigen Personen als auch von Frauen. Zudem widmete man der Vormundschaft über verwaiste Kinder eine lange Reihe von Artikeln, wobei die Vorgehensweise bei der Wahl des Vormundes, seine Pflichten und seine Haftung rechtlich bestimmt wurden.[64] Viele dieser Regulierungen stammten ursprünglich aus dem römischen Recht. So erlosch die Vormundschaft nach Beendigung des 18. Lebensjahres, was indes eine Anknüpfung an die Grundsätze des kulmischen Rechts war. Frauen befanden sich dagegen immer unter Obhut, die entweder durch die Eltern, Brüder oder weitere Verwandte ausgeübt wurde. Nach der Heirat gerieten die Frauen schließlich unter die Obhut des Ehegatten.[65]

Im Vergleich zum kulmischen Recht führten die Verfasser der Korrektur in das Erbrecht bedeutende Änderungen ein. Diese betrafen sowohl den Bereich der gesetzlichen als auch der testamentarischen Erbfolge, was unter dem ersten und zweiten Titel entsprechend abgehandelt wurde. Die gesetzlichen Erben unterschied man demnach in vier Stufen, wobei jede nachfolgende Stufe erst dann relevant wurde, wenn die vorige nicht zutraf. Bezogen auf die Erbfolge besaßen die Deszendenten in direkter familiärer Linie Vorrang, was jedoch nur die Söhne betraf.[66] Den Töchtern ließ man ausschließlich das Recht auf die Mitgift, die deren Eltern bestimmten. Für den Fall, dass die Eltern die Mitgift nicht bestimmt hatten, sollten die Brüder darüber zu einem festgelegten Termin entscheiden.[67] Die Korrektur unterschied sich hierin von dem Grundsatz des kulmischen Rechts, wonach die gleiche Teilung der Erbschaft unter den Kindern unabhängig vom Geschlecht umgesetzt werden sollte. Zur zweiten Stufe der Erben zählte man mögliche Geschwister,[68] was wiederum eine Abweichung von der Regulierung des kulmischen Rechts bedeutete, das im Falle des Mangels an Deszendenten die Eltern des Verstorbenen als Erben bestimmte und nicht die Geschwister. Der dritten Stufe gehörten der Korrektur gemäß alle Aszendenten der Hauptlinie an.[69] Die vierte berücksichtigte schließlich auch die Verwandten der Nebenlinie.[70] Diese Bestimmungen der Korrektur entnahm man dem polnischen und litauischen Recht, wobei dies keineswegs wortwörtlich geschah.[71] Die vorliegende Bearbeitung hat an dieser Stelle keineswegs das Ziel verfolgt und kann dies auch nicht realisieren, eine tiefere Analyse der von der Korrektur übernommenen Regulierungen aus den polnischen und litauschen Rechtssystemen durchzuführen. Es muss jedoch betont werden, dass solche Forschungen neue interessante Ergebnisse versprechen und möglicherweise auch einen Beleg von Einflüssen des ungarischen Rechts auf die Korrektur erbringen könnten.[72]

Ähnlich wie bei der gesetzlichen Erbfolge brachte die Korrektur auch im Bereich der testamentarischen Erbfolge wesentliche Veränderungen. Eine besondere Aufmerksamkeit hierbei verdient die Bestimmung, die eine testamentarische Verfügung ausschließlich für bewegliche Sachen zuließ.[73] Erdacht wurde sie zu wirtschaftlichen Gunsten des Adels und bedeutete

|**55**| Vgl. Naworski 2004, S. 46–52. |**56**| Vgl. Volumina Legum, Bd. 2, S. 1269; Ohryzko 1859/1860, Bd. 2, S. 281. |**57**| Vgl. Art. 8 der Korrektur. |**58**| Vgl. ebd.; ferner Borzestowski 1964, S. 905–908. |**59**| Vgl. Art. 7 u. 8 der Korrektur. |**60**| Vgl. Art. 9 der Korrektur. |**61**| Vgl. Borzestowski 1964, S. 910–912. |**62**| Vgl. ebd., S. 911–912. |**63**| Zu den Regeln des polnischen Gewohnheitsrechts vgl. Winiarz 1899, S. 159–291. |**64**| Zur Wahl des Vormundes vgl. Art. 1–6 der Korrektur; zu dessen Pflichten vgl. Art. 6–10; bezüglich seiner Haftung vgl. Art. 11–19. |**65**| Vgl. Art. 20 der Korrektur. |**66**| Vgl. Tit. 1, Art. 11–12 der Korrektur. |**67**| Vgl. Art. 2–3 der Korrektur. |**68**| Vgl. Art. 14 der Korrektur. |**69**| Vgl. ebd. |**70**| Vgl. Art. 15 der Korrektur. |**71**| Die Korrektur übernahm u. a. die Vorschriften der Konstitution des Sejms von 1588, Kapitel 12 »Von Bezahlung der Schwester« – vgl. Volumina Legum, Bd. 2, S. 1212–1213, in: Ohryzko 1859/1860, S. 254. Vgl. auch Borzestowski 1964, S. 850–868. Zum polnischen Erbrecht vgl. Winiarz 1897; Kolańczyk 1939; Przeszkodziński 1851, S. 211–253. Der an letzter Stelle aufgeführte Artikel ist in der Schlesischen Digitalen Bibliothek online zugänglich. |**72**| Auf die Nachahmung der ungarischen Sitten wies Bandtkie 1814, S. 48 hin. Das Werk ist in der Digitalen Bibliothek der Universität Warschau online zugänglich. |**73**| Vgl. Tit. 2, Art. 2 der Korrektur. Hier wird unter anderem ausgeführt: »Testamenta autem de bonis mobilibus quibuscunque, non autem de immobilibus, qui factionem testamenti habuerint, condere eis liberum erit.«

zugleich einen Verzicht auf die Rezeption kulmischen Rechts, das im Falle eines Todes die Verfügung über die beweglichen und unbeweglichen Sachen gleichermaßen erlaubte. Die Korrektur ihrerseits kannte drei verschiedene Arten von Testamenten: das eigenhändige, ausschließlich in der Anwesenheit der Zeugen aufgesetzte Testament, das eigenhändige im gerichtlichen Depot hinterlegte sowie das gerichtliche Testament.[74] Unbekannt waren ihr dagegen außergewöhnliche Testamente, die im polnischen und litauischen Recht angewendet wurden, und ebenso Militärtestamente.[75] Die Regulierungen der Korrektur, darauf ist ausdrücklich hinzuweisen, wurden vom römischen Recht beeinflusst, doch wahrscheinlich allenfalls indirekt durch die oben erwähnte romanisierte Thorner Revision des kulmischen Rechts.[76]

Auf das Ganze gesehen, spielte die Preußische Korrektur nicht nur im Königlichen Preußen, sondern auch im Kronland eine wichtige Rolle. Denn dort verwendete man sie vor allem im 18. Jahrhundert im Tribunal des Kronlandes als Hilfsrecht. Der Grund hierfür war, dass das polnische Landgutsrecht nicht kodifiziert wurde und im Grunde keine gesetzliche Regulierung des Erbrechts bestand, was im Besonderen für die gesetzliche Vererbung galt. Aus diesem Grund bedienten sich die im Tribunal auftretenden Anwälte der Preußischen Korrektur und ihrer sonderrechtlichen Auslegung, die an die in ihrem königlichen Diplom enthaltende Präambel erinnerte. Dort war zu lesen, dass das Diplom wie gesagt »sowohl in als ausser Preussen« gelte. Kaum einen geringeren Einfluss auf die Anwendung der Korrektur besaß deren Druck in dem allgemeinen polnischen Gesetzbuch des erlassenen Rechts »Volumina Legum« im Jahr 1739, das bereits oben erwähnt wurde. Von einem intensiven Gebrauch der Korrektur zeugt die Tatsache, dass sie dreimal in Lublin herausgegeben wurde, in der Stadt also, wo sich das Tribunal des Kronlandes für die südlichen und östlichen Woiwodschaften versammelte. Unabhängig von der Verwendung der preußischen Kodifikation in der Rechtsprechung wurde sie bei zahlreichen Gelegenheiten von altpolnischen Autoren berücksichtigt. In ihren Schriften stellten sie sie nicht selten gleichberechtigt neben andere Bestimmungen des Kronlandes.

Die Korrektur unter den Kodifizierungsversuchen des 16. Jahrhunderts

Die Entstehungsgeschichte und inhaltliche Bedeutung der Korrektur bilden ohne Zweifel eine Komponente der generellen Kodifizierungsbewegung im 16. Jahrhundert, die sowohl im Polen der Jagiellonen als auch in ganz Europa stattfand. Während dieser Periode entstanden in Polen amtliche Sammlungen in verschiedenen Rechtsbereichen mit der bekannten Rechtskorrektur von 1523 an der Spitze.[77] Doch zu einer komplexen einheitlichen Kodifizierung kam es letztlich nicht.[78] In der Republik beider Nationen verfasste man neben der allgemeinpolnischen auch viele amtliche Provinzsammlungen. Die bekanntesten von ihnen waren die Litauischen Statuten aus den Jahren 1529, 1566 und 1588, die als Hilfsrecht auf polnischem Boden – in der Krone – angewendet wurden. Einige der polnischen Juristen, die das geltende Rechtssystem beschrieben, platzierten das preußische Recht neben das litauische und römische.[79] Dabei ist zu erwähnen, dass partikulare Rechte auch in anderen Regionen außerhalb des Königlichen Preußens, vor allem in Masowien und im Herzogtum Preußen, verfasst wurden. Die masowischen Statuten entstanden in den Jahren 1532 und 1540[80] und das preußische Landrecht, das eine gesamte Kodifizierung des geltenden Rechts im Herzogtum Preußen bildete, im Jahr 1620.[81] Ähnlich war es auch in anderen europäischen Ländern im 16. und 17. Jahrhundert. An vielen Stellen führte man Kodifizierungsarbeiten durch, was eine Vereinheitlichung manchen Rechtsgebiets brachte. Diese Bemühungen fanden meist eine Unterstützung seitens der Herrscher und der Gesellschaft, weil die Etablierung und Einhaltung eines zuverlässigen Rechts (*ius certum*) mehreren gesellschaftlichen Gruppen gleichermaßen diente.[82]

Zusammenfassung

Die Preußische Korrektur war weder eine Sammlung des polnischen Rechts noch ein offenkundiges Rechtsdenkmal des kulmischen Rechts. Sie war vielmehr eine offizielle, vom polnischen Sejm verabschiedete und vom König gebilligte Kodifizierung, die einige Rechtsbereiche ordnete, deren Änderung der Adel im Königlichen Preußen forderte. Die Korrektur ermöglichte dem Adel vor allem ein neues rechtliches System der Vererbung, eine neue Regelung der Vermögensbeziehungen in der Ehe und eine effektivere und zuverlässigere Gerichtsbarkeit. Die Verfasser der Korrektur übernahmen ihre konkreten rechtlichen Lösungen aus mehreren Quellen, unter anderem aus dem kulmischen, polnischen und litauischen Recht sowie aus dem römischen Recht. All diese Rechtsregelungen wurden den lokalen preußischen Bedingungen angepasst. Die Bestimmungen der Korrektur begünstigten unter anderem den Gesamterhalt der adligen Güter und die Festigung der patriarchalen Verhältnisse in der Familie. Sie öffneten im Weiteren den Weg zu einer Verbesserung der Wirksamkeit von juristischen Handlungen der Land- und Woiwodengerichte. Auf diese Weise kam es zur Angleichung der rechtlichen Lage zwischen preußischem und polnischem Adel im Kronland. Andererseits aber festigte die Korrektur die partikularen Sonderrechte der Stände, das heißt die rechtliche Differenzierung zwischen Adel und Bürgertum im Königlichen Preußen. Seit der Abfassung dieser Rechtssammlung bediente sich der preußische Adel ihrer Bestimmungen, während das preußische Bürgertum andere Rechtsregelungen nutzte, vor allem die Revisionen aus dem 16. Jahrhundert. Unabsichtlich und unerwartet wurde die Korrektur somit zu einer Rechtssammlung, die im Tribunal des Kronlandes als Hilfsrecht für die gesetzliche Vererbung verwendet wurde. In diesem Zusammenhang lässt sich die Korrektur in eine Reihe mit polnischen und nicht-polnischen Gesetzbüchern stellen, die im Rahmen der Kodifizierungsbewegung des 16. Jahrhunderts entstanden sind.

|**74**| Vgl. Art. 3 der Korrektur. |**75**| Vgl. Borzestowski 1964, S. 871. |**76**| Vgl. Sondel 1986, S. 30–32. |**77**| Die umfangreiche *Correctura iurium* von 1532, Taszycki-Korrektur benannt, trat nicht in Kraft. Vgl. hierzu die detaillierte Monografie von Uruszczak 1990/1991. |**78**| Von den übrigen Kodifikationen seien noch das Łaski-Statut von 1506 und die *Formula Processus* von 1523 erwähnt. Vgl. Uruszczak 2015, S. 165–171. |**79**| Vgl. Zalaszowski 1702, Bd. 3, Art. 2 (*de successione ascendentium*), S. 371. Hier ist eine Analyse der Vorschriften der Korrektur gleich nach der Analyse des litauischen Statuts zu finden. |**80**| Vgl. Sawicki 1972–1974, hier Bd. 3: 1526–1540. |**81**| Vgl. Uruszczak 2015, S. 171–173; Litewski 1982–1987; Salmonowicz 1983, S. 39–64. |**82**| Vgl. Wieacker 1967; Coing 1977; Dölemeyer/Klippel 1998; Salmonowicz 1977; Salmonowicz 1997.

O tem ktoz swuoy Erb osadil z smet

Gestli ze geden czlo(wiek) ma cerkowe zbozi a gest to zged-
nano za smet, nebo za ranu. kazy to(mu) natz prawo
gest a gest to(mu) miestu nezhrdati prawa, a nebo ortel
pro nnahlost geho zemie magi geho zapowiedieti, a ge-
stli popkowe kazami nedba poslussen byti. a p(ro)mu a swe(mu)
nepriyteli na ge(ho) miestie tuze sesti. geho Erb. p(ro) ustawi-
cznost, gest p(ro)wo ze by geho w zadnie bozenstwo newsta-
wili neb ne priitiskali. a to p(ro) pokogem, rychtarz ma
gim gisty den dati, on ge(mu) aby od mluwil. a to(mu) aby
zalowat.

Kto se gme komie nebo dobytka

(40/2)

Gestli kto komie se gme a nebo giniisseho dobytka
gez w bludie chodie, a gestli ze przygde do gin-
sseho domu. ten czlowiek ma rychtarzowi zwiestowat
ten prwy den, rychtarz ma dale zwiestowat farazo-
wi, a ffarar ma to w kostele trzykrat ohlasiti, a gestli
se toho dobytka nikto negyme. a chowa ten dobytek
na miestske polepsseni, a k kostelu to magi zawrzeti
a gestli ze ten czlowiek k komuz ten dobytek prziissel
zadati bude ten dobytek chowati sam, a toho nezgewil
pred prawem, na miestie zlodiege bude popaden a to
gest prawo nasse.

Finis adest operis mercedem posco laboris.
Sub anno d(omi)ni M° CCCC° lxxiii° Tunc te-
poris existente advocato Magnifico d(omi)no
d(omi)no Wenceslao Pangratz In urbe Zylina
ad cui(us) instanciam et rei publice utilitatem
p(rese)ns opus est translatum per manus
Wenceslai de Kromierzyz

(1473.)

MARIJA LAZAR

Übersetzen, übertragen, deuten

Übersetzungspraktiken als Einflussfaktor für den Transfer des sächsisch-magdeburgischen Rechts in Ostmitteleuropa[1]

Inhaltliche Rezeption des Rechts durch Übersetzung und Entstehung slawischer Rechtssprachen

Das sächsisch-magdeburgische Recht – eines der bedeutendsten mitteleuropäischen Stadtrechte – wurde durch die Besiedlung Ostmitteleuropas und Städtegründungen von deutschen Siedlern im 13. Jahrhundert nach Ostmitteleuropa gebracht. Es verbreitete sich hauptsächlich in den Bergbauregionen der böhmischen Länder (besonders in Nordböhmen und in Oberschlesien), in Oberungarn, in Kleinpolen und in Siebenbürgen und regelte das Leben der neu gegründeten oder mit Magdeburger Recht bewidmeten Städte. Ursprünglich wurde das Recht ausschließlich von den deutschen Siedlern auf Mittel- und Frühneuhochdeutsch sowie auf Latein praktiziert. Nach und nach zogen jedoch lokale slawische Bevölkerungsgruppen in die Städte, wodurch die Rechtsprechung und -aufzeichnung auch in der jeweiligen Vernakularsprache sowie Übersetzungen der Quellen des sächsisch-magdeburgischen Rechts in die Slawinen notwendig wurden.

Richtet man den Blick auf die Entwicklung zweier Instrumente der spätmittelalterlichen städtischen Autonomie, die Stadtrechte und die Stadtbücher, kann man den Zeitpunkt des Sprachwechsels in den frühen Stadtbüchern annähernd auf die Jahre 1440 bis 1460 und in den Stadtrechten auf die Jahre 1460 bis 1480 festlegen (Abb. 2).

Abb. 1
Silleiner Stadtrechtsbuch, Ende der Sachsenspiegelübersetzung im slowakisierten Tschechischen mit einem lateinischen Kolophon, in dem der Name des Silleiner Vogts Wenzel Pangrac (»domino wenceſlao pangracz in vrbe zylina«), des vermutlichen Auftraggebers, und des Übersetzers Wenzel von Kroměříž (»per manus wenceſlai de kromierzyz«) vorkommt. Sillein, Staatsarchiv, o. Sig., fol. 149r.

|1| Für die sprachlichen Korrekturen des Aufsatzes bin ich Wieland Carls und Pina Bock dankbar, die Erstellung der Grafiken hat Michael Hoffert übernommen. Für alle Fehler und Unzulänglichkeiten liegt die Verantwortung bei mir.

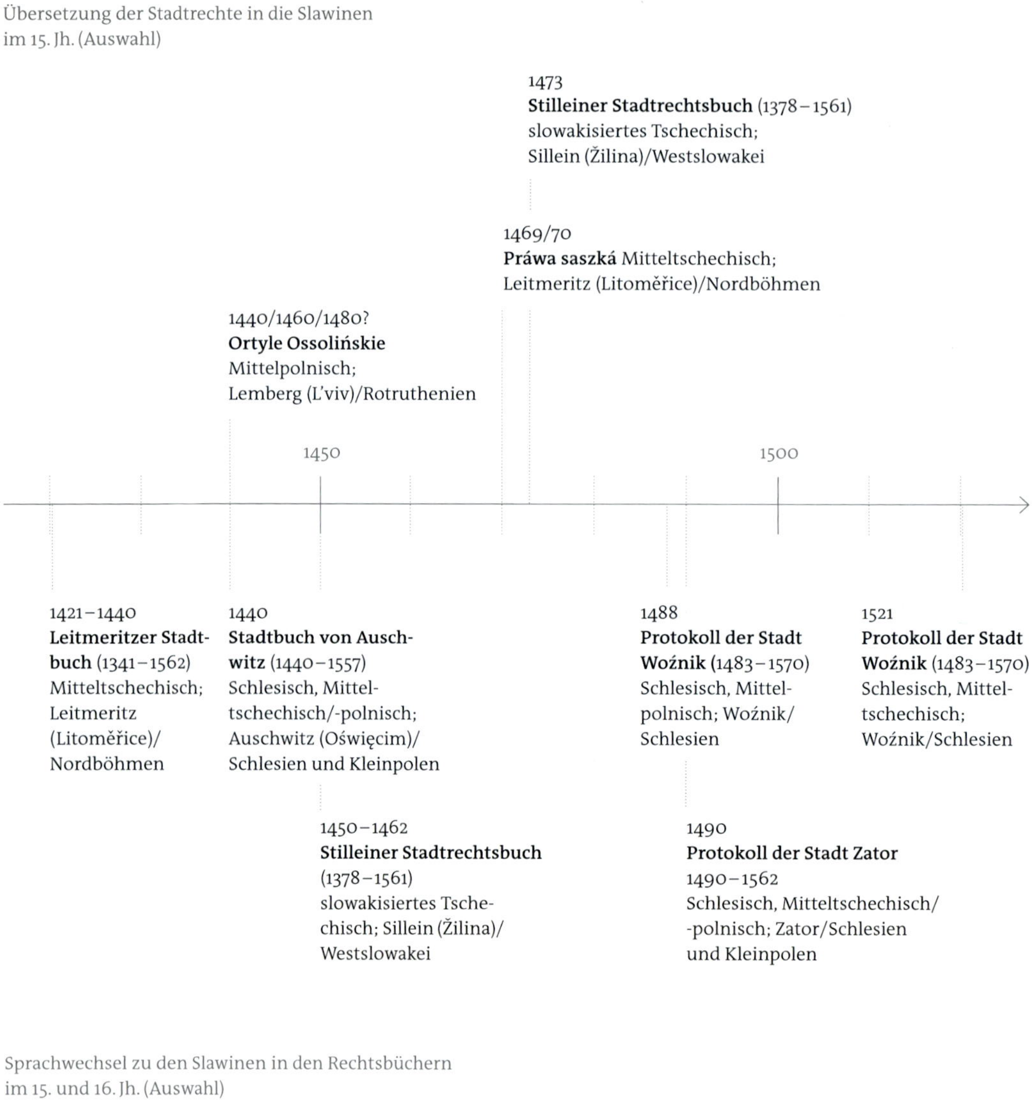

Abb. 2
Sprachwechsel zu den Slawinen in Stadtrechten und Stadtbüchern des 15. und 16. Jahrhunderts.

Die Voraussetzungen für den Sprachwechsel schufen der frühe Humanismus und die hussitische Bewegung. Unter diesen geänderten geistig-politischen Bedingungen wurde für die Vernakularsprachen, die im Mittelalter als ungelehrte und tagtäglich verwendete Regionalsprachen angesehen wurden, die Verwendung und Aufzeichnung zumindest in einigen Fachgebieten für möglich gehalten und propagiert.[2] Zu diesen gehörte in vielen Sprachgemeinschaften der Bereich »Recht« als Bestandteil der städtischen rationalen, kaufmännisch-bürgerlichen Schriftkultur, die im Spätmittelalter entstand und die Verwendung der Vernakularsprachen gefördert hat.[3]

Parallel entwickelte sich die Idee von der Notwendigkeit der Rechtsaufzeichnung neben dem mündlich praktizierten Recht. Jene gewährleistete eine Sicherung von Rechtsnormen über Generationen hinweg und ermöglichte die Praktikabilität des Rechts in einem territorial erweiterten Geltungsbereich. Diese Tendenz zeichnete sich im deutschsprachigen Raum bereits an der Wende vom 12. zum 13. Jahrhundert ab[4] und dehnte sich ab der Mitte des 14. Jahrhunderts auf den ostmitteleuropäischen slawischen Raum aus.

Trotz der günstigen Voraussetzungen und der objektiven Notwendigkeit, die die Entstehung der Übersetzungen des sächsisch-magdeburgischen Rechts unterstützt haben, lassen sich Unterschiede im Entwicklungsstand der Fachsprachen zwischen dem Frühneuhochdeutschen und den Slawinen und selbst innerhalb der Slawinen (im Mitteltschechischen, slowakisierten Tschechischen, Mittelpolnischen und in den Übergangsvarietäten zwischen dem Polnischen und Tschechischen) feststellen. Zumindest die Verschriftlichung des rechtssprachlichen Registers[5] ins Mittel- und Frühneuhochdeutsche kann man als »historischen ›Vorsprung‹« gegenüber den Slawinen bezeichnen.[6]

Dieser Vorsprung betrug immerhin zwei Jahrhunderte und ließ sich nicht einfach aufholen. Die slawischen Vernakularsprachen wiesen im Vergleich dazu für die anspruchsvolle Übersetzung der mittel- und frühneuhochdeutschen Rechtssprache gewisse Defizite auf, die von der Entwicklung des Rechtswortschatzes über grammatische Kategorien bis hin zu Merkmalen eines zusammenhängenden Textes reichten. Der innovative Inhalt des sächsisch-magdeburgischen Rechts hat diese Diskrepanz noch vergrößert. Damit sein Transfer gelingen konnte, bedurfte es in den Slawinen erst eines zeitgemäßen Subsystems der Rechtssprache, wofür Ausdrucksmittel geschaffen und in der regelmäßigen Verwendung als Fachausdrücke etabliert werden mussten.

Die Übersetzung des sächsisch-magdeburgischen Rechts sollte also diverse Aufgaben erfüllen: Sie sollte den Sprachwechsel in die Slawinen ermöglichen, zu ihrer Emanzipation beitragen, zugleich dem Wunsch nach einer Rechtsaufzeichnung gerecht werden und den Rechtstransfer begünstigen. Aus der heutigen Perspektive lässt sich feststellen, dass diese Ziele alle erreicht wurden. Der vorliegende Beitrag widmet sich den dabei angewandten Übersetzungsprinzipien und den Folgen ihrer Anwendung für die Sprachentwicklung sowie für die Transferprozesse.

|**2**| Vgl. Lazar 2016, S. 177–179. |**3**| Vgl. Adamska 2013, S. 92–93. |**4**| Vgl. Kannowski 2008, Sp. 352–354. |**5**| Eine regelmäßige Sprachverwendung, die durch die eingeschränkte, situationsgebundene Auswahl sprachlicher Mittel zustande kommt. |**6**| Vgl. Černá-Willi 2012, S. 38.

Übersetzungsprinzipien in der Frühen Neuzeit: Wort-für-Wort-Übersetzung

Die Übersetzungen in die Vernakularsprachen sind aus linguistischer Perspektive erstaunlich wenig erforscht, obwohl ihre Bedeutung als wichtiger Schritt für die sprachliche Emanzipation offensichtlich ist.[7] Vor allem sind empirische Studien selten: Diese konzentrieren sich in erster Linie auf die Übersetzungen schöngeistiger Literatur, obwohl Übersetzungen von Fachtexten in der Frühen Neuzeit zahlreicher waren und auf die Sprachentwicklung größeren Einfluss hatten.[8] Der Sprache der Rechtsübersetzungen wurden bisher keine translatologischen Untersuchungen gewidmet.

Dabei unterscheiden sich die Ziele und Ergebnisse der gegenwärtigen Übersetzungen von denen des Mittelalters und der Frühen Neuzeit. Während heutzutage das Äquivalenzprinzip weithin anerkannt wird und ein funktional ähnliches Ergebnis in der Zielsprache liefern soll, wurden im Mittelalter und in der Frühen Neuzeit entweder wortwörtliche oder freie Übersetzungen erstellt. Das heißt, der Text der Ausgangssprache wurde entweder buchstäblich nachgebildet oder frei nacherzählt.[9] Die Entscheidung für eine dieser Techniken wurde nicht willkürlich getroffen, sondern richtete sich nach dem Genre, das übersetzt wurde: Sakrale Texte wurden in der Regel wortwörtlich, schöngeistige Texte frei übersetzt.[10] Die empirischen Studien von Scott Lyons Montgomery und Markéta Zemenová zeigen allerdings, dass beide Techniken auch gleichzeitig angewandt werden konnten und somit deren Einsatzsituationen nicht eindeutig abgrenzbar waren.[11]

Die Prinzipien der Fachübersetzung können zunächst nur vorläufig bestimmt werden und bedürfen im Weiteren einer empirischen Prüfung. Wie bereits oben hervorgehoben wurde, befanden sich die slawischen Rechtssprachen erst in der Entstehung, sodass eine funktional gleichwertige Übersetzung, also eine Äquivalenzübersetzung, nicht möglich war. Zudem sei nicht vergessen, dass die Idee der Äquivalenzübersetzung erst von den Humanisten vertreten wurde, in der Frühen Neuzeit noch sehr innovativ war und sich anscheinend erst allmählich durchsetzte.[12]

| **7** | Vgl. Keipert 1982, S. 74. | **8** | Vgl. Keipert 1982, S. 71–72. Die Übersetzungen schöngeistiger Texte werden beispielsweise von Zemenová 2011 behandelt, Chronikübersetzungen werden bei Brom 2010 untersucht, medizinische Fachtexte in Montgomery 2000, klerikale propagandistische Texte in Rychterová 2013 sowie in Zemenová 2011 und liturgische Texte in Verkholantsev 2008. | **9** | Vgl. Montgomery 2000, S. 147–150; Robinson 1998, S. 125–126; Zemenová 2011, S. 72–73. | **10** | Vgl. Levý 1957, S. 14–16; Montgomery 2000, S. 149–150; Veselý 2002, S. 14–18. | **11** | Vgl. Montgomery 2000; Zemenová 2011. | **12** | Vgl. Copeland 1991; Levý 1957, S. 22–23; Robinson 1998, S. 125–126; Snell-Hornby/Schopp 2012. Mit dem Humanismus verbindet Jiří Levý die Zuwendung der Frage nach dem Verhältnis von Wort und Sinn, die aus der Beschäftigung mit der römischen Theorie der Übersetzung hervorgegangen ist. Dass die Akzeptanz dieser Umstellung längere Zeit in Anspruch genommen hat, zeigen die Verbrennungen des Übersetzers der englischen Bibel William Tyndale 1536 und des Buchdruckers und Übersetzers eines Platon-Dialogs ins Französische Etienne Dolet 1546 (Snell-Hornby/Schopp 2012). Zur Frage des Übergangs zur Äquivalenzübersetzung kehren wir weiter unten zurück.

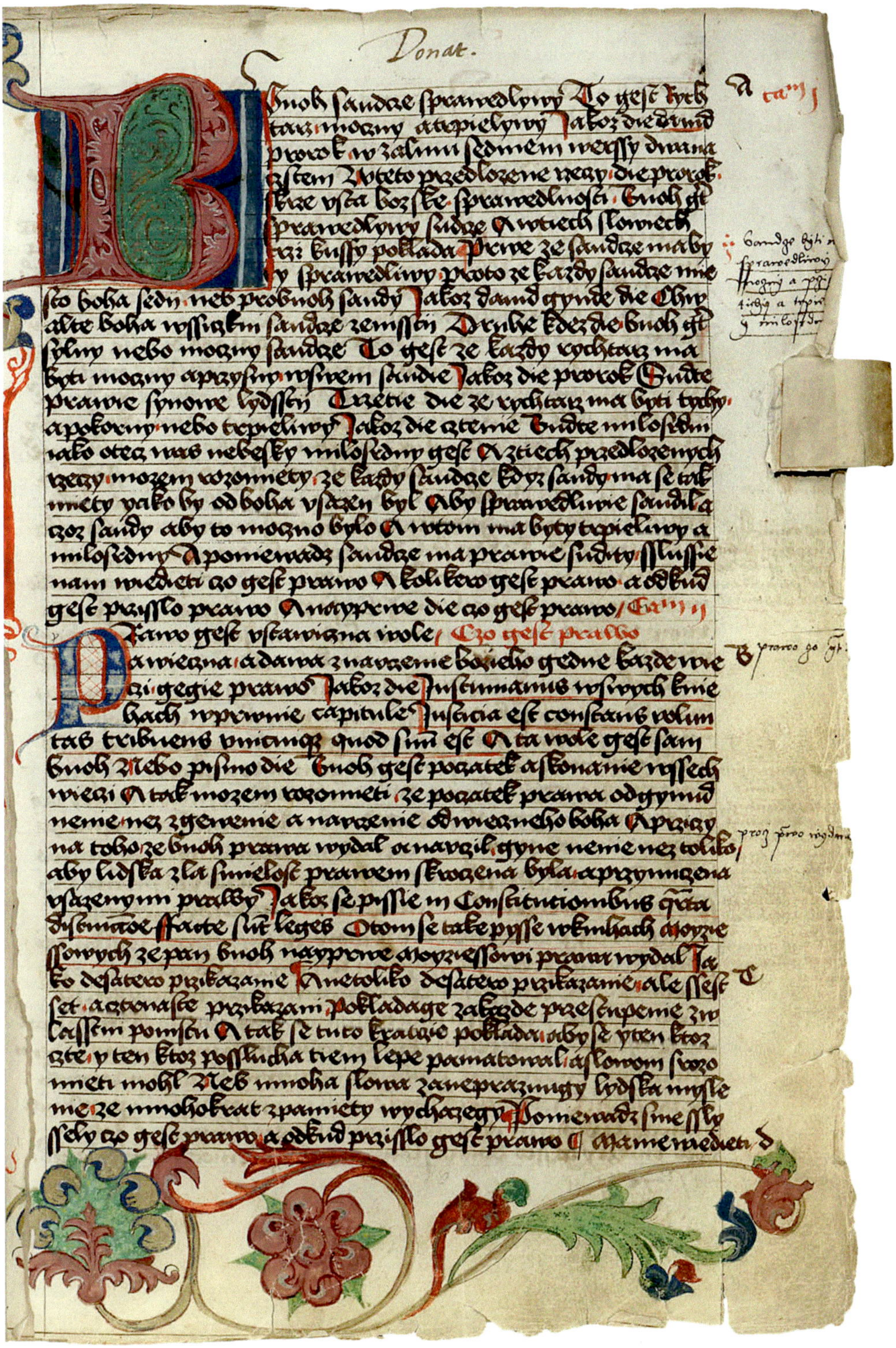

Abb. 3
Erste Seite der tschechischen Weichbildübersetzung.
Prag, Parlamentsbibliothek, Práwa saszká, fol. 87r.

Die Anwendung der freien Übersetzungsmethode wäre für einen Fachtext auch schwer vorstellbar, da dieser größtmögliche Genauigkeit fordert.[13] Die Übersetzer der Rechtstexte haben sich offenbar an den Bibelübersetzungen und den Übersetzungen der klerikalen Literatur in die europäischen Vernakularsprachen sowie an der Übersetzungspraxis aus den *linguae sacrae* (Hebräisch, Altgriechisch und Latein, zugleich Altkirchenslawisch und Arabisch) orientiert. Diese Korrelation ist nicht erstaunlich, denn in prähistorischen Kulturen gehörten Rechtstexte zusammen mit Epen und Mythen zum sakralen Bereich; diese Bindung lässt sich bis heute in deren Sprache nachvollziehen.[14] Der Umgang mit einem sakralen Text setzte voraus, dass kein Wort umgestellt oder geändert werden konnte, ohne dass sich damit auch der Sinn des gesamten Textes veränderte.[15] Deshalb wurde die Wort-für-Wort-Übersetzung angewendet, wobei die Wörter isoliert nacheinander übersetzt wurden.[16] Dieses Prinzip soll das Beispiel 1a–b illustrieren: Das Zitat in Beispiel 1a wurde dem frühneuhochdeutschen »Sächsischen Weichbildrecht« entnommen, das ins 15. Jahrhundert datiert wird und aus dem ostmitteldeutschen Raum stammt.[17] Die mitteltschechische Übersetzung dieser Textstelle in Beispiel 1b stammt aus »Práwa saszká« (»Sächsische Gesetze«), einer Weichbildübersetzung, die 1469/70 im nordböhmischen Leitmeritz/Litoměřice entstanden ist (Abb. 3):

1a STirbet eyn man[,] der kindere hot[,] die zcu
iren iaren nicht komen ſien[,] ir nehiſ-
te ebenbortige ſwert mage / ſal ir vormun[-]
de ſien bis das ſy zcu iren iaren komen[.][18]

1b UMrze li geden muz, · ktery dieti ma, geſſtoz k ſwym letom ne<->
przifſli ſu, Gich nayblizſſi po meczy przietel · ma byti gich
porucznik · neb zprawcze, · az oni k letom y przidu.[19]

Stirbt einer, der Kinder hat, die zu ihren Jahren nicht gekommen sind
[unmündig sind], ihr nächster ebenbürtiger Schwertmage [Blutsverwandter
väterlicherseits vom gleichen Stand] soll ihr Vormund sein, bis sie
zu ihren Jahren kommen [mündig sind].[20]

Auch wenn die Übersetzung auf den ersten Blick sehr genau erscheint und offensichtlich das wortwörtliche Übersetzungsprinzip repräsentiert, wird dieses an manchen Stellen nicht eingehalten. Diese – wenn man so will – »Stilbrüche« stellen sich als besonders interessant heraus, weil sie aufgrund einer Inkohärenz sprachlicher Systeme entstanden sind und so für die Untersuchung der Übersetzungstechnik informativ sein können. Auf diese Auffälligkeiten im Slawischen, die im Zuge der Übersetzung entstanden, und auf die Unterschiede zwischen den beiden Beispielsätzen konzentriert sich die weitere Analyse. Der Übersichtlichkeit halber wurden die Sätze in einer Tabelle zusammengeführt, in der die obere, grau hinterlegte Zeile den frühneuhochdeutschen Text zeigt und die weiße Zeile darunter die Übersetzung ins Mitteltschechische. Kursiv wurden die Stellen hervorgehoben, in denen der Übersetzer von der wortwörtlichen Übersetzung abwich. Im frühneuhochdeutschen Text sind weiterhin die Stellen fett hervorgehoben, für die keine slawische Entsprechung zu finden war (Abb. 4).

STirbet	eyn	man	der	kindere	hot	die	zcu
UMrze li	geden	muz	ktery	dieti	ma	*gefftoz*	k
iren	iaren	nicht	komen	fien	ir	nehifte	
fwym	letom	ne	przifli	fu	Gich	nayblizffi	
ebenbortige	fwert	mage	fal		ir	vormunde	
	po meczy	przietel	ma	byti	gich	*porucznik neb zprawcze*	
fien	bis	das	fy	zcu	**iren**	iaren	komen
	az		oni	k		letom	y przidu

Abb. 4
Übereinstimmungen und Unterschiede zwischen dem frühneuhochdeutschen und mitteltschechischen Text.

Im Weiteren werden alle zu kommentierenden Erscheinungen in folgende drei Gruppen unterteilt und einzeln betrachtet:

- Übersetzung der Rechtsbegriffe
- Nachbildung der grammatischen Kategorien
- Nachbildung der Wortfolge

Auf diese Weise kann die Technik der frühneuzeitlichen Übersetzung von Rechtstexten nachvollzogen werden, um ihre Folgen für die Entstehung einer Fachsprache und somit den Umfang des Transfers richtig einzuschätzen. Zu Vergleichszwecken werden an entsprechenden Stellen Beispiele aus weiteren Quellen des sächsisch-magdeburgischen Rechts zitiert.

| **13** | Vgl. Brom 2010, S. 10. | **14** | Vgl. Ivanov/Toporov 1978, S. 222–224; Robinson 1998, S. 126; Živov 2008, S. 314. | **15** | Vgl. Snell-Hornby/Schopp 2012. | **16** | Vgl. Levý 1957, S. 14; Matchauzerova 1976, S. 38–44; Montgomery 2000, S. 147–150; Veselý 2002, S. 14. | **17** | Oppitz 1990 b, Nr. 118, S. 368. | **18** | Das Saechsische Weichbildrecht, fol. 152r, Kap. XLVIII / §1; Daniels/Gruben 1858, S. 91, Sp. 125–126. | **19** | Práwa saszká C60 <162r/153r><133>. Vgl. Oppitz 1990 b, Nr. 922. | **20** | Vgl. hier und weiterhin Übersetzung der Verfasserin.

Übersetzung der Rechtsbegriffe

Rechtsbegriffe, die in der Regel aus mehreren Wörtern bestehen und als Sinneinheiten funktionieren, wurden nach dem gleichen Prinzip wie alle anderen Wörter im Text behandelt, also wortwörtlich übersetzt:

2 zcu iren iaren komen / nicht komen fien – k [fwym] letom przidu / ne<->prziffli fu
zu ihren Jahren kommen / nicht gekommen sind [un/mündig sein][21]

Ähnlich wurden die Komposita – Begriffe, in denen zwei Wörter in einem verschmolzen sind,– behandelt:

3 fwert mage – po meczy przietel
Schwertmage [männlicher Blutsverwandter im Mannesstamm][22]

Die Abfolge der Teile des Kompositums und ihre wortwörtlichen Entsprechungen wurden in der Übersetzung genau berücksichtigt. Doch für eine Übersetzung ins Mitteltschechische war dies nicht ausreichend, weil dort kein etabliertes Adjektiv vom Substantiv »Schwert« existiert *(*mečový?)*, das ansonsten für eine wortwörtliche Übersetzung derartiger Komposita eingesetzt worden wäre. Hier musste der Übersetzer also teilweise auf die Äquivalenzübersetzung zugreifen, das heißt die Umwandlung des Kompositums nach einem slawischen Muster vornehmen: »Verwandter [dem Schwerte, dem Spinnrad usw.] nach« (Abb. 5).

	Wortfolge	
	1	2
Frühneuhochdeutsch	fwert	mage
Glossierung Frühneuhochdeutsch	Schwert	Verwandter
Mitteltschechisch	po meczy	przietel
Glossierung Mitteltschechisch	nach + Schwert-LOC.SG	Verwandter

Abb. 5
Der Begriff »Schwertmage« im Frühneuhochdeutschen und im Mitteltschechischen.

|21| Bily/Carls/Gönczi 2011, S. 198–199. |22| Deutsches Rechtswörterbuch 1914–2017, Bd. 13, H. 1/2, Sp. 69–70.

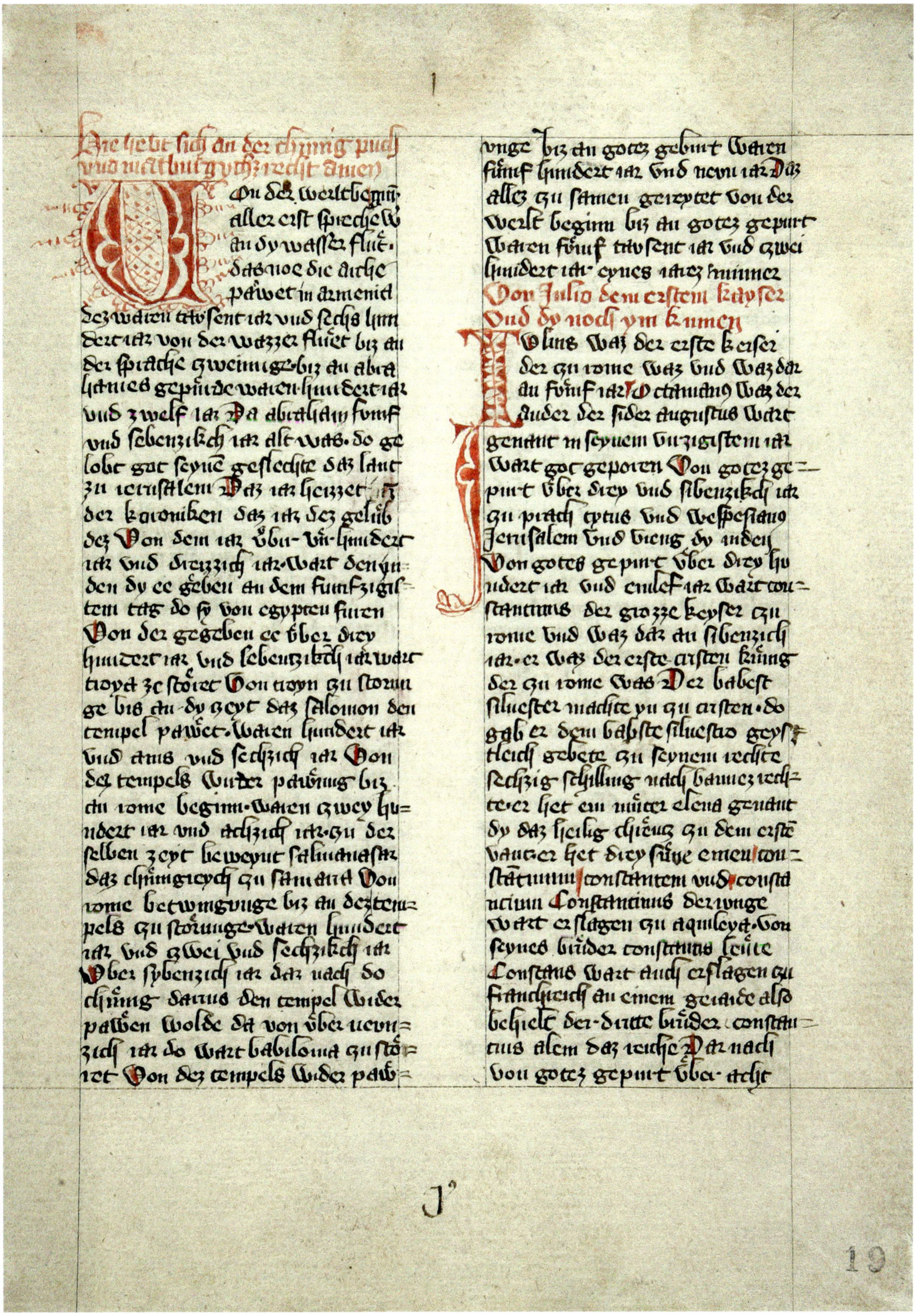

Abb. 6
Silleiner Stadtrechtsbuch, Anfang der frühneuhochdeutschen Weichbildchronik. Sillein, Staatsarchiv, o. Sig., fol. 19r.

Die wortwörtliche Übersetzungsstrategie führte zu buchstäblichen Entlehnungen von festen Wortverbindungen aus dem Frühneuhochdeutschen, die in den frühen Übersetzungen des sächsisch-magdeburgischen Rechts sowie in Texten anderer Genres nachgewiesen sind.[23] Aus diesem Grund sind solche Stellen nicht als Inkompetenz des Übersetzers zu interpretieren, wie dies oft in der Fachliteratur behauptet wurde,[24] sondern als eine zeitgemäße Übersetzungsstrategie, die der Übersetzer erlernt und angewandt hat. Das schließt nicht aus, dass er unter Umständen kaum mit den Begriffen vertraut war, doch in den Übersetzungen zeigte sich dies eher an falsch interpretierten Stellen oder schwankender Terminologie, was die folgenden Beispiele veranschaulichen werden.

Die wortwörtliche Übersetzungspraxis führte manchmal zu recht kuriosen Ergebnissen: Im »Stadtrechtsbuch von Sillein«, der Übersetzung des Land- und Lehnrechts des Sachsenspiegels ins sogenannte slowakisierte Tschechische, die 1473 im westslowakischen Sillein/Žilina entstand, wurden einige Stellen missinterpretiert und inhaltlich falsch übersetzt. Dabei wurde stets das Wort-für-Wort-Prinzip verfolgt, was die Missinterpretationen leicht nachvollziehbar macht (Abb. 6):

4a Von rechte loſen leůten
ALle dy vnrechte geporn ſint odir ſich recht loz ge[-]machet haben dy en můgen chei[-]nen **vormůnde** gehaben an ire clage noch irem champhe[25]

Von den rechtlosen Leuten. All diejenigen, die unrecht [außerhalb der Ehe] geboren wurden oder sich rechtlos gemacht haben, können keinen **Vormund** haben, weder im Gerichts- noch im Waffenstreit.

4b O tych lidech, ktery gsu neprawie narozeni a nebo se sami wedle skutkuow nesprawelywi czyni, swu czest stratiwssy.
Tj nemohu **swuy yazyk przed vsty mieti** na gich zalobie[26]

Über die Leute, die unrecht [unehelich] geboren wurden oder sich selbst aufgrund ihrer Taten rechtlos gemacht haben, die ihre Ehre verloren haben. Diese dürfen **ihre Zunge vor dem Mund** [vermutl.: schweigen; alternativ: aussagen] im Gerichtsstreit nicht haben.

Bei der Übersetzung ins slowakisierte Tschechisch wurde der Begriff *Vormund* im Sinne von »vor dem Mund« interpretiert. Das Wort wurde demnach in seine Bestandteile *Vor* und *mund* zerlegt, woraufhin diese isoliert übersetzt wurden. Den Teil *mund* verstand man dabei nicht als »mündig«, sondern als Substantiv »Mund«. Als Ergebnis entstand eine erweiterte Interpretation: *swuy yazyk przed vsty mieti* »seine Zunge vor dem Mund haben«. Womöglich war hier das Sprichwort »seine Zunge hinter den Zähnen haben/halten« [schweigen, den Mund halten] gemeint:

5a Frntschech.
Nechtí yazyk za zuby mieti[27]
Sie wollen die Zunge hinter den Zähnen nicht haben.

5b Frnswk.
drž gazyk za zubami[28]
Halt die Zunge hinter den Zähnen!

Die Stelle kann somit als Versuch einer Äquivalenzübersetzung interpretiert werden. Die folgende Tabelle zeigt das Verhältnis zwischen dem Begriff im Quelltext, der Übersetzung und dem tschechischen bzw. slowakischen Sprichwort (Abb. 7).

	Wortfolge				
	1	2	3	4	5
Frnhd.			vor-	-munde	
Übersetzung			Vormund		
slowak. Tschech.	swuy	yazyk	przed	vsty	mieti
Übersetzung	seine	Zunge	vor	dem Mund	haben
Glossierung	seine-ACC.SG.M	Zunge-ACC.SG	vor	Mund-INSTR.PLT	haben-INF
Sprichwort		jazyk	za	zuby / zubami	mieti / držieti
Übersetzung		die Zunge	hinter	den Zähnen	haben / halten
Glossierung		Zunge-ACC.SG	hinter	Zahn-INSTR.PL	haben / halten-INF

Abb. 7
Der Begriff »Vormund« und seine Übersetzung ins slowakisierte Tschechische, mit einem Sprichwort kontrastiv.

Trotz der Rekonstruktion bleibt unklar, wie genau die Übersetzung zu verstehen ist. Was bedeutet eigentlich, die Zunge *vor* dem Mund zu haben? Je nach Interpretation durfte der Unmündige entweder nicht schweigen oder keine Aussage tätigen, ganz abgesehen davon, dass der Sinn des Originals in der Übersetzung nicht korrekt wiedergegeben wurde.

| **23** | Vgl. Brom 2010, S. 17; Zemenová 2011, S. 58–60. | **24** | Vgl. Brom 2010, S. 10; Chaloupecký 1934, S. XXXIX-XL; Papsonová 2014, S. 41–46; Ryšánek 1954, S. 17–24; Zemenová 2011, ibid. | **25** | Žilinská právna kniha, fol. 43r, § 203; Piirainen 1972, S. 98. | **26** | Žilinská právna kniha, fol. 126r, § 145; Kuchar 2009, S. 45. | **27** | Tomáš Rešl: »Gezus Syrach [...]« (1561), fol. 142r, zit. nach Staročeský slovník 1970. | **28** | Daniel Sinapius-Horčička: »Neoforum Latino-Slavonicum [...]« (1678), zit. nach Historický slovník slovenského jazyka 1991, Bd. 1, S. 522.

In manchen Fällen kam es allerdings zur Verwendung eigener slawischer Termini, was wiederum zu Äquivalenzübersetzungen führte. Im vorliegenden Fall wurde der Begriff »Vormund« sogar mit einer Zwillingsformel übersetzt, die zwei im Umlauf befindliche tschechische Termini mit der Bedeutung »Vormund« enthielt, welche durch die Konjunktion *neb* (»oder«) verbunden wurden:

6 vormunde – porucznik neb zprawcze [Vormund]

Solche Stellen in der Übersetzung können neben den Glossen bereits als Anfänge der wissenschaftlichen Aufarbeitung eines Textes bezeichnet werden, weil sie einen Deutungscharakter aufweisen und durch einen Wechsel der Übersetzungsstrategie gekennzeichnet sind. Im Weiteren wird auf diese Passage wiederholt zurückgegriffen und kommentiert, weil sie auch syntaktisch hervorgehoben wurde.

Die Rechtsterminologie stellt folglich einen Bereich dar, in dem das wortwörtliche Übersetzungsprinzip zwar angestrebt, in den meisten Fällen aber teilweise oder vollständig durch das Äquivalenzprinzip ersetzt wurde. Das liegt daran, dass fachsprachliche Begriffe mehr als eine lexikalische Bedeutung besitzen: Sie funktionieren als Konzepte, die in ein System eingebunden sind und einer Auslegung bedürfen. Deswegen ist es nicht erstaunlich, dass einige der hier herangezogenen Übersetzungen (vgl. Beispiel 6) den Glossen ähneln und für die Begriffe, bei denen es den Übersetzern an prozeduralen Kenntnissen fehlte, nur mühsam oder gar keine Übersetzungen gefunden wurden.

Nachbildung der grammatischen Kategorien

Nach dem Prinzip der wortwörtlichen Übersetzung wurden auch grammatische Kategorien nachgebildet, die in der Zielsprache gar nicht existierten bzw. dort mit einem anderen funktionalen Wert außerhalb der übersetzten Texte verwendet wurden. Dies gilt zum Beispiel für die Verwendung des bestimmten oder unbestimmten Artikels oder der Possessivpronomina, die im Frühneuhochdeutschen bereits als ein Mittel des inhaltlichen Zusammenhangs und der Eindeutigkeit eines Rechtstextes verwendet wurden, also eine fachsprachenbezogene Funktionalität innehatten. Besonders ersichtlich ist diese Diskrepanz bei der Übersetzung des unbestimmten Artikels:

7 **eyn** man – **geden** muz [ein Mann, einer]

Im Deutschen steht der unbestimmte Artikel vor Personen und Gegenständen, die (noch) nicht näher verallgemeinert spezifiziert wurden, und zugleich besitzt das Lexem die Bedeutung eines Zahlwortes.[29] In den Slawinen bezeichnet jedoch sein Quasiäquivalent, das Wort *geden/jeden*, ausschließlich die Mengenangabe.[30] Durch die Wahl der wortwörtlichen Übersetzungstechnik wird in der Zielsprache, die die Indefinitheit anders zum Ausdruck bringt, die Funktionalität des deutschen Lexems – je nach Sichtweise – entweder nicht wiedergegeben oder entlehnt.

Was die Possessivpronomina angeht, werden diese in der Regel wortwörtlich nachgebildet:

8a kindere → **ir** nehifte ebenbortige fwert mage / **ir** vormun[-]de
Kinder → ihr nächster Verwandter väterlicherseits vom gleichen Stand / ihr Vormund

8b dieti → **Gich** nayblizffi po meczy przietel / **gich** porucznik neb zprawcze
Kinder → ihr nächster Verwandter väterlicherseits / ihr Vormund

Artikel und Possessivpronomina gehören zu den sprachlichen Einheiten, die in den slawischen Übersetzungen am häufigsten weggelassen wurden, weil sie in diesen Sprachsystemen zum einen noch nicht den Stellenwert einer fachsprachlichen Konstituente erlangt hatten. Zum anderen zeigte sich besonders in »Práwa saská« – einem Text, der aufgrund seiner sprachlichen Qualität keine Erstübersetzung des Weichbildrechts gewesen sein kann, – ein Einhalten rhetorischer Prinzipien, aufgrund derer der Übersetzer vom wortwörtlichen Prinzip abgesehen hat. Dabei behandelt die Rhetorik – im Vergleich zur wortwörtlichen Übersetzung – den Text als Ganzes, wodurch die Textzusammenhänge im Vordergrund stehen:[31]

9 bis das **sy** zcu **iren** iaren komen – az **oni** k __ letom przidu
bis sie zu **ihren** Jahren kommen – bis sie zu **[den]** Jahren kommen

Im Frühneuhochdeutschen wird eine Wiederholung des Pronomens als Merkmal des Textzusammenhangs verwendet: *sy* – *iren*. Im Mitteltschechischen wird diese Wiederholung dagegen nicht nachgebildet, weil der Übersetzer eine Tautologie der Pronomina offenbar zu vermeiden beabsichtigte. Anders sieht es im Falle einer Variation der Pronomina aus:

10 kindere [...] [,] **die** zcu **iren** iaren nicht komen fien
dieti [...], **gefftoz** k **fwym** letom ne ‹-› przifſli fu
Kinder [...], **die** zu **ihren** Jahren nicht gekommen sind

Im Vergleich zum Beispiel 9 fand an dieser Stelle im Mitteltschechischen eine Nachbildung des Possessivpronomens statt, weil das Relativpronomen *gefftoz* numerus-, genus- und kasusneutral verwendet wurde und das Possessivpronomen *fwym* diese Informationen somit nicht verdoppelte.

|**29**| Vgl. Dryer 2013. |**30**| Ähnlich äußert sich zum Mittelpolnischen Bily, in: Bily/Carls/Gönczi 2011, S. 304. |**31**| Zum grammatischen Übersetzungsprinzip vgl. Levý 1957, S. 14–15; Matchauzerova 1976, S. 45–50. Als Faustregel gilt, dass das Maß der wortgetreuen Wiedergabe als Kriterium zur Bestimmung des relativen Alters des Textes verwendet werden kann.

Dass bei der Nachbildung grammatischer Kategorien das funktionale Kriterium im Vordergrund stand, lässt sich in denjenigen Fällen nachvollziehen, in denen sowohl die entsprechende Form als auch die gleiche Wortfolge berücksichtigt wurde. Einige solcher Fälle werden im folgenden Abschnitt betrachtet.

Nachbildung der Wortfolge

Im Wort-für-Wort-Übersetzungsverfahren wurden also nicht nur grammatische Kategorien, sondern auch die Wortfolge des Frühneuhochdeutschen nachgeahmt, da die Wörter linear nacheinander übersetzt wurden. Diese Nachahmung bezog sich in den tschechischen Sätzen auf die Stellung des Verbs, das somit seinen Platz am Satzende des Nebensatzes (»die Klammer«) fand:[32]

11 a STirbet eyn man[,] der kindere **hot**[,] die zcu iren iaren nicht komen **fien** [...]

11 b UMrze li geden muz, · ktery dieti **ma**, gefftoz k fwym letom ne ‹-› prziffli **fu** [...]
Stirbt einer, der Kinder hat, die zu ihren Jahren nicht gekommen sind
[unmündig sind] [...]

Das Frühneuhochdeutsche hat zudem den Ausdruck der Rechtsnorm in den Slawinen beeinflusst: So wurde in den slawischen Übersetzungen der *wenn-dann*-Satz mit der Initialstellung des Verbs nachgebildet (vgl. ebenfalls Beispiel 11 a–b). Die Slawinen entwickelten dabei unterschiedliche Mittel, um die konditionale Bedeutung zu markieren, die im Frühneuhochdeutschen die Initialstellung des Verbs im Satz ausdrückt. Andererseits konnte die Bedeutung eines Satzes wie etwa *umře jeden muž* sowohl als »ein Mann ist gestorben« als auch als »stirbt ein Mann [...]« interpretiert werden. Im Mitteltschechischen und slowakisierten Tschechischen, aber auch im Polnischen und in tschechisch-polnischen Übergangsvarietäten wird für die Markierung der Konditionalbedeutung die Partikel *li* verwendet, die dem initialen Verb folgte (Abb. 8).

	Wortfolge			
	1a	1b	2	3
Frnhd.	Stirbet		eyn	man
Mtschech.	Umrze	**li**	geden	muz
Übersetzung	Stirbt		einer	
Glossierung	sterben-OPT/PRS.3.SG	**[Konditionalmarker]**	ein	Mann

Abb. 8
Ausdruck der Norm im Frühneuhochdeutschen und im Mitteltschechischen mit einem *wenn-dann*-Satz kontrastiv.

Falls eine Wort-für-Wort-Übersetzung aufgrund der Unterschiede in der Struktur der Ausgangs- und Zielsprache nicht möglich war, ging man nach dem Prinzip der grammatischen Ähnlichkeit vor, wie Beispiel 3 zeigte. Analog wurde in Beispiel 11 nicht nur die Initialstellung des frühneuhochdeutschen Verbs in die Slawine übernommen, sondern auch die Funktionalität der slawischen Form derjenigen der frühneuhochdeutschen Form angepasst.

Unter bestimmten Bedingungen konnte es in der Übersetzung zu Veränderungen der Wortfolge gegenüber dem Quelltext kommen:

12 a ir nehiſte ebenbortige ſwert mage / **ſal** ir vormun[-]de **ſien**
Ihr nächster ebenbürtiger Schwertmage [Verwandter väterlicherseits vom gleichen Stand] soll ihr Vormund sein.

12 b Gich naybliʒſſi po meczy przietel · **ma byti** gich porucznik · neb ʒprawcze
Ihr nächster Verwandter dem Schwerte nach [väterlicherseits] soll ihr Vormund sein.

In Beispiel 12 a beobachten wir die Klammer im Frühneuhochdeutschen, die in der mitteltschechischen Übersetzung (Beispiel 12 b) aufgehoben ist, sodass die Zwillingsformel *gich porucznik · neb zprawcze* – das Äquivalent des Begriffs »Vormund« – ausgeklammert wurde (Abb. 9).

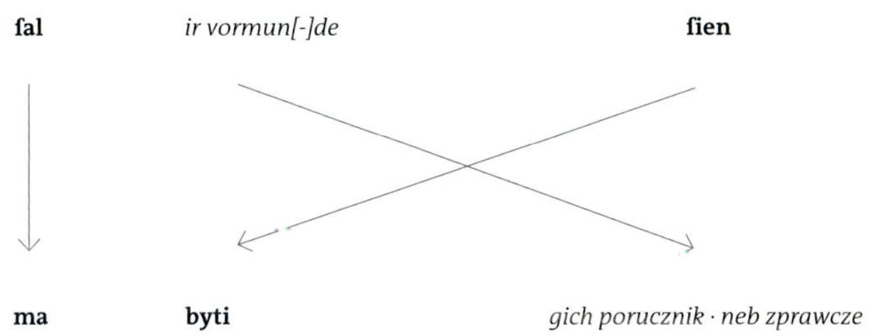

Abb. 9
Veränderung der Wortfolge in mitteltschechischer Übersetzung durch die Aufhebung der Klammer.

|32| Diese These fußt auf denjenigen Fällen, in denen Abweichungen von der deutschen Wortfolge festgestellt wurden. Dies zumindest suggeriert die Tatsache, dass sich die Wortfolge im Mitteltschechischen und im Frühneuhochdeutschen voneinander unterschieden. Eine eingehende kontrastive Untersuchung der Wortfolge in den übersetzten und originären slawischen Texten steht noch aus.

Sofern die Interpretation der Zwillingsformel *gich porucznik · neb zprawcze* als ein Merkmal der wissenschaftlichen Auseinandersetzung mit dem frühneuhochdeutschen Text verstanden wird (vgl. Beispiel 6), erscheinen die Verschiebung des Infinitivs vom Ende des Satzes an die zweite Position und die Ausklammerung der Zwillingsformel gut nachvollziehbar. Sicher muss man im Blick behalten, dass über die Wortfolge in den analytischen Modalformen in der tschechischen Sprachgeschichte noch keine Spezialforschung betrieben wurde. Allerdings zeigen die von Björn Hansen genannten Beispiele, dass sowohl die Kontakt- als auch die Finalposition des Infinitivs mit dem Modalverb *musiti* »müssen« – dem Äquivalent von *mieti* »haben zu« – nachweislich verwendet wurde.[33] Man könnte die Aufhebung der Klammer als eine intendierte Kontaktposition des Modalverbs und des Infinitivs interpretieren. Doch erscheint aufgrund der Beispiele (11a–b) und der meisten Fälle, die eine Tendenz zur Nachbildung der frühneuhochdeutschen Wortfolge illustrieren, der Schluss naheliegender zu sein, dass es sich um eine bewusste Entscheidung zur Veränderung der Wortstellung handelt.

Drei Innovationen als Grundlage für den Wissenstransfer

In der Übersetzung der Rechtstexte aus der Frühen Neuzeit zeigen sich vorrangig zwei Prinzipien, die ein anderes Bild der damaligen translatologischen Praxis vermitteln, als bisherige Studien zu klerikalen und schöngeistigen Texten nahelegten. Hauptsächlich fand darin das wortwörtliche Prinzip Anwendung, das sowohl für die Übersetzung der Begriffe als auch für die Wiedergabe morphosyntaktischer Kategorien einschließlich der Wortfolge galt. Diese Wahl wurde aufgrund objektiver Notwendigkeit getroffen, die die Emanzipation der slawischen Rechtssprachen mit einschloss, damit diese in der innovativen Praxis des sächsisch-magdeburgischen Rechts effektiv eingesetzt werden konnten.

Nichtsdestotrotz konnte im Rahmen der obigen Analyse noch ein anderes Übersetzungsprinzip beobachtet werden, nämlich das der Äquivalenz. Wenig erstaunlich ist, dass sich diese Technik offenbar besonders bei der Übersetzung der Rechtsbegriffe bewährte, zumal das terminologische Inventar in einer Sprache wie etwa im Mitteltschechischen – zumindest teilweise – bereits existierte. Die Äquivalenzübersetzung war in zweierlei Hinsicht von Bedeutung: Einerseits ermöglichte sie die wissenschaftliche Auseinandersetzung mit dem sächsisch-magdeburgischen Recht, die die Deutung der Rechtssysteme (Hermeneutik) umfasste.[34] Andererseits trug die Äquivalenzübersetzung zur besseren Zugänglichkeit der Rechtstexte bei, weil sich der Kreis ihrer Rezipienten in einer Stadt erweiterte, in dem auch weniger gebildete soziale Schichten eingebunden wurden.[35] Je mehr sich die funktionale Äquivalenz zwischen den Sprachsystemen entwickelte, desto umfassender konnte das Äquivalenzprinzip in der Übersetzung angewandt werden.

|**33**| Hansen 2000, S. 84. |**34**| In der modernen Rechtsübersetzungspraxis gilt die Auslegung des fremden Rechts als eine etablierte Übersetzungsmethode, vgl. Kjær 1991, S. 117; Kjær 1995, S. 42–43; Kjær 2007, S. 507–508. |**35**| Vgl. Adamska 2013, S. 92–94; ähnlich Rychterová 2011, S. 232 u. 248. |**36**| Vgl. Zemenová 2011, S. 71–73.

Neben den beiden genannten Techniken floss in die Übersetzungen der Rechtstexte in die Slawinen das rhetorische Prinzip ein. Es fand offenbar bei der Redaktion der Übersetzungen Anwendung und hat – genauso wie das Äquivalenzprinzip – die Geltungsbereiche der wortwörtlichen Übersetzung eingeschränkt.

Insgesamt scheint die Kombination der Übersetzungsverfahren sowohl für Fach- als auch für schöngeistige und klerikale Texte angewendet worden zu sein.[36] Die Gewichtung der einzelnen Verfahren variierte jedoch je nach kommunikativen Aufgaben der jeweiligen Textsorte. Es fand offenbar ein fließender Übergang von der wortwörtlichen zur Äquivalenzübersetzung statt, wobei Letztere mit der Entwicklung der Vernakularsprachen immer mehr an Akzeptanz gewann. Die rein formale Nachbildung der Vorlage wurde durch deren funktionale und ästhetische Analyse ersetzt, womit eine Grundlage für die Entstehung funktionaler Stile geschaffen wurde, über die die modernen Standardsprachen in vollem Umfang verfügen.

Die Frühe Neuzeit war eine Periode der qualitativen Umstellung in den Vernakularsprachen, in den Übersetzungsverfahren und in den Rechtssystemen. Das Ergebnis dieser Entwicklung – die Emanzipation der Vernakularsprachen in unterschiedlichen Fachbereichen – hat den Weg für einen Wissenstransfer geebnet, die darauffolgende Akkulturation des angeeigneten Wissens gefördert und die Einbindung in den intellektuellen Austausch aufgrund des bestehenden gemeinsamen Wissens ermöglicht. Die wortwörtlichen Übersetzungen, mit denen dieser Prozess in Gang kam, haben daher eine entscheidende Rolle in der europäischen Vernakularisierung gespielt und müssen entsprechend gewürdigt werden.

Abkürzungen

Frnhd.	Frühneuhochdeutsch
Frntschech.	Frühneutschechisch
Frnswk.	Frühneuslowakisch
Mtschech.	Mitteltschechisch
slowak. Tschech.	slowakisiertes Tschechisch

Glossierung

ACC	Akkusativ
INF	Infinitiv
INSTR	Instrumental
LOC	Lokativ
M	Maskulinum
OPT	Optativ
PL	Plural
PLT	pluralia tantum
PRS	Präsens
SG	Singular

Ego

Stadtverfassung

GERHARD DILCHER

Die kommunale Stadtverfassung des Mittelalters als europäisches Modell

Einleitung

Die folgenden Ausführungen sollen den Einzelforschungen zur Ausbreitung des Magdeburger Rechts den Hintergrund eines allgemeineren Bildes von Stadtverfassung und Stadtrecht geben. Der auch im Titel dieses Sammelbandes ausgedrückte europäische Bezug soll dabei besondere Aufmerksamkeit finden. Aufgrund der Verbindung zu einer historischen Selbstvergewisserung des jeweiligen Bürgertums blieb die Stadtgeschichtsforschung lange in nationalen Ausrichtungen gefangen. Dies engte gerade den Blick nach Osten und von Osten ein. Der Versuch der Überwindung ist deshalb auch wissenschaftsgeschichtlich sehr zu begrüßen.

Die Erforschung des europäischen Städtewesens vollzog sich in einem Wechselspiel von individualisierender Einzelforschung, gerichtet auf eine Stadt als historisches Individuum, einen Städtetyp oder eine Städteregion auf der einen Seite, und zusammenfassenden Gesamtdarstellungen auf der anderen Seite. Diese haben dann meist eine bestimmte Perspektive oder ein Deutungsmuster hervorgehoben und versuchten, von daher das Phänomen Stadt in den gesamten historischen Prozess einzuordnen. Mit dem Ende des vergangenen Jahrhunderts hat die stürmische Entwicklung der Stadtforschung zumindest für Deutschland zu einem weitgehend konsentierten Gesamtbild gefunden. So haben die umfangreiche Überblicksdarstellung des Allgemeinhistorikers Eberhard Isenmann[1] und meine eigene stärker rechts- und verfassungshistorisch ausgerichtete[2] eine ähnliche Grundkonzeption; auch ein europäisches Projekt versuchte ein aus den Einzelteilen erarbeitetes Gesamtbild der Bedeutung ländlicher und städtischer Kommunen für die Staatsbildung in Europa.[3] Ein solcher Konsens war wohl

Abb. 1
Iustitia, Ambrogio Lorenzetti (1337–1340), vgl. auch Abb. 2. Siena, Rathaus.

|1| Vgl. Isenmann 2012. |2| Vgl. Dilcher 1999. Es sei mir erlaubt, im Folgenden öfter auf diese zusammenfassende Darstellung wie auch auf die Vorarbeiten zu verweisen. Vgl. die dort angeführte und umfangreichere sowie auch ältere Literatur. |3| Vgl. Blickle 1997; Blickle 2000.

Abb. 2
Symbolische Darstellung der guten Regierung: die thronende Figur der Kommune Siena zwischen den personalisierten Regierungstugenden. Unter ihnen hervorgehoben Pax im hellen Kleid im Zentrum des Bildes, während Iustitia in zweifacher Ausführung die Figuren einrahmt. Von der Waagschale der Iustitia auf der linken Seite läuft ein einigendes Band durch die Hände der kommunalen Amtsträger zum Zepter in der rechten Hand der Kommune, während die Iustitia auf der rechten Bildseite mit Schwert und Bewaffneten die Strafgewalt betont, Ambrogio Lorenzetti (1337–1340). Siena, Rathaus.

möglich, weil sich die Stadtgeschichtsforschung in den letzten Jahrzehnten des 20. Jahrhunderts aus der Einzelforschung heraus auf den typisierenden Ansatz von Max Weber sowie auf die Grunderkenntnisse seines Aufsatzes »Die Stadt«[4] eingelassen hat, der schon damals den eidgenossenschaftlich-bruderschaftlichen Charakter der Einung der Bürger hervorhob.[5] Webers Konzept der »okzidentalen Stadt« ermöglichte eine Herausarbeitung der Grundstrukturen wie auch eine Einordnung von Variationen und Sonderentwicklungen.

So ist der vorliegende Versuch, die Verfassung der kommunalen Stadt als europäisches Modell zu entwerfen, auf dieser Basis möglich. Ebenso ist es von daher möglich, die Voraussetzungen für das Phänomen des »Transfers«, der Übertragung und Bewidmung von entfernteren Städten mit ausgebildeten Stadtrechten, zu beleuchten. Dieses mittelalterliche Phänomen, in einer Zeit enger Verknüpfung des Rechts mit dem jeweiligen sozialen und mentalen Umfeld seiner Entstehung durchaus erstaunlich, gewinnt im ostmitteleuropäischen Raum eine einmalige Breite und Bedeutung. Die Gründe für einen solchen Transfer im Einzelnen werden überwiegend in den Sachbeiträgen des vorliegenden Bandes zur Sprache kommen; die Voraussetzungen, die ihn ermöglichten, sollen jedoch hier geklärt werden.

Diese generelle Perspektive, aber auch die heutige veränderte kulturelle und politische Situation führen dazu, auf die europäische Bedeutung des Phänomens einzugehen. Das geschah schon sehr nachdrücklich auf einer früheren Magdeburger Tagung unter dem Titel »Grundlagen für ein neues Europa«[6] und ist der Ansatz des zugrunde liegenden Akademieprojekts.

Hier wird versucht, die Defizite der Geschichtsschreibung aufzuarbeiten, die durch die nationalen Gegensätze und die Trennungen Europas im 20. Jahrhundert entstanden sind, durch welche unser Thema entweder politisch instrumentalisiert oder tabuisiert wurde. Im Gegensatz zu vielen anderen Bereichen der Stadtgeschichtsforschung ist darum hier vieles noch weitgehend klärungsbedürftig, gerade unter dem Aspekt der Ausbildung europäischer Kultur und Rechtskultur. Die Forschungs- und Wahrnehmungslücke in Bezug auf die europäische Bedeutung der Ausbreitung der Stadtrechte im hier zu betrachtenden Raum zeigt sich gerade bei den neueren Versuchen, Geschichte und Rechtsgeschichte in europäischer Perspektive zu schreiben[7]– wohl verständlich angesichts der Prägung durch nationale Traditionen und Erkenntnisinteressen wie auch der Mauern, die Europa über Jahrzehnte teilten.

Kommune, Konsulat, Ratsverfassung

Versuchen wir also, die tragenden Strukturen und eigenartigen Formen der mittelalterlichen Stadtverfassung zu erkennen. In methodischer Anknüpfung an Max Weber, aber in stärkerer Ausrichtung auf Recht und Verfassung habe ich schon in einem Aufsatz von 1973 eine eigene Typologie entwickelt.[8] Sie wurde bereits auf der früheren Magdeburger Tagung von Friedrich Ebel herangezogen[9] und soll auch hier als Leitlinie dienen. In meiner Typologie gründet die kommunale Stadt des Mittelalters auf einer spezifischen Verfassung, einem spezifischen Recht, der Gewährung und Wahrung von Freiheit sowie auf der Wahrung von Frieden innerhalb von Stadt und Bürgerschaft, also: Verfassung, Recht, Freiheit, Friede (Abb. 2).

Beginnen wir mit der Verfassung. Die erwähnten Forschungen des letzten Jahrhunderts haben deren Grundlegung in der eidgenossenschaftlichen Einung, dem Zusammenschwören, der bürgerlichen *coniuratio* erwiesen.[10] Sie entstand aus einer sozialen und politischen, oft auch religiös begründeten Bewegung, die sich fast gleichzeitig entlang des Städtegürtels, des »urban belt«[11] von der Nordsee entlang der Rheinlinie über Burgund und die Provence bis Oberitalien zog. Diese Bewegung führte dann schon mit dem Beginn des 12. Jahrhunderts vielerorts zu festeren, institutionalisierten Formen. Vor allem im Süden, insbesondere in Oberitalien gelangte sie zu einer Verfassungs- und Regierungsform, indem aus der vereinten Bürgerschaft *consules*, Konsuln als Organ der Bürgerschaft gewählt wurden.[12] Ihnen gelang es in Italien nach den Wirren der religiös-sozialen Bewegung der Pataria weitgehend friedlich, die weltliche Stadtherrschaft der Bischöfe abzulösen[13] und auch die Rechtsprechung zu übernehmen. Zwischen dem Reichstag von Roncaglia 1158 und dem nach den Kämpfen zwischen dem Kaiser und der lombardischen Liga geschlossenen Konstanzer Frieden von 1183 glückte es auch, dieser Verfassungsform die Legitimation des Reiches zu verschaffen.[14]

|**4**| Weber 1972, S. 727–814, kritische Edition von Nippel 1999. Vgl. auch Bruhns/Nippel 2000. |**5**| Vgl. Weber 1972, S. 748–753. |**6**| Lück/Puhle/Ranft 2009. |**7**| Vgl. Grossi 2010; Hattenhauer 1992. Grossi vernachlässigt die Stadt im Norden der Alpen, Hattenhauer die Bedeutung der Rechtswissenschaft. |**8**| Vgl. Dilcher 1996a, S. 67–94. |**9**| Vgl. Ebel 2009. |**10**| Vgl. Planitz 1954; Ennen 1953; Ebel 1958; Dilcher 1967; zusammenfassend Dilcher 1999, S 366–389. |**11**| Blickle 1997. |**12**| Vgl. Dilcher 1967. |**13**| Vgl. Dilcher 1964; Dilcher 2002. |**14**| Vgl. Dilcher/Quaglioni 2007.

Die mittelalterliche kommunale Verfassungsform in der Doppelpoligkeit von Bürgerkommune und Führungsorgan, also dem italienischen Konsulat oder später dem deutschen Stadtrat, war damit geschaffen und anerkannt. Der Text des Konstanzer Friedens von 1183, der über die *Libri feudorum* in den Text des *Corpus iuris Iustiniani* und damit das *ius commune* der gelehrten Juristen Eingang fand, konnte darum bis in die Neuzeit in Italien wie in Deutschland als Verfassungsdokument städtischer Freiheit und Autonomie zitiert werden.

Während geschworene Bürgergemeinden spontan entstanden und schon um 1100 europäische Verbreitung von der Nordsee bis zum Mittelmeer besaßen, ist sich die Forschung darin einig, dass die Regierungsform durch das Konsulat im Norden erst mittels Transfer, nämlich nach dem oberitalienischen Vorbild, Fuß fasste.[15] Darum ist es wichtig, hier den Zeugen aufzurufen, der uns um 1150 aus der Sicht der kaiserlich-kirchlichen Aristokratie den außergewöhnlichen, ja unerhörten Charakter dieser Verfassungsform von ihren Grundlagen her äußerst scharfsichtig umreißt. Der Hofhistoriograf Kaiser Friedrich Barbarossas, Bischof Otto von Freising, beschreibt mit Erstaunen die neue Verfassungsform der italienischen Städte und verweist als ihr Vorbild auf die Staatskunst der alten Römer.[16] So wählten sie Konsuln, um eine willkürliche Machtausübung durch befehlende Herren zu vermeiden. Darin liegt also ein Hinweis, dass es sich um eine republikanische Regierungsform handelt. Sicher spielte dabei die neue Kenntnis des römischen Rechts durch die Schule von Bologna und deren Begegnung mit dem Kaiser eine Rolle. Bischof Otto leitet seine Ausführungen ein mit dem berühmten Satz: »Denn sie lieben die Freiheit so sehr«. Dieser Satz wurde von Knut Schulz zum Titel seines Werkes über die Entstehung des europäischen Bürgertums aus den konjurativen Aufständen des 11. und 12. Jahrhunderts gewählt.[17] Freiheit der Bürger als Gegenprinzip zur aristokratischen Herrschaftswelt wird von dem Freisinger Bischof mit Klarheit, aber auch mit einigem Horror betrachtet, wenn er bemerkt, wie durch die Wahl der Konsuln aus allen drei Ständen in der Stadt auch Jünglinge und Männer niederen Standes, gar Handwerker zu Ehre und politischen Ämtern kommen. Die von unserem Zeugen erkannten machtbegrenzenden Prinzipien des Konsulats, also auch der späteren deutschen Ratsverfassung, sind erstens die Wahl, zweitens die zeitliche Begrenzung des Amtes (meist auf ein Jahr, also Annuität) sowie drittens die Kollegialität der Amtsträger.[18] Ebenso lenkt unser Berichterstatter den Blick auf die Wirkungen dieser Verfassungsform – nämlich Reichtum und Macht, worin die italienischen alle anderen Städte übertreffen würden. Wir wollen auch diesen Aspekt festhalten.

Unser Historiograf sieht also in der gerade erst entstandenen oberitalienischen Kommunenverfassung ein nach römischem Vorbild gebildetes republikanisches und freiheitssicherndes Verfassungsmodell. So verwundert es nicht, wenn die Bürgerschaften des Städtegürtels von den Alpen bis zur Nordsee, vor allem entlang des Rheines, sehr bald diese Verfassungsform erstrebten, hatten sie doch häufig schon durch eine eidgenossenschaftlich geeinte Bürgerschaft die Grundlage dafür geschaffen. Ihnen fehlte nur noch eine Regierungsform, das Konsulat, um nach innen und außen handlungsfähig zu sein. Auch in Deutschland wurden nun die gewählten Vorsteher der Bürgerschaft zuerst *consules*, auch *consilium*, dann auf Deutsch Rat genannt.[19]

Diese Regierungsform musste gegen zwei Gegenprinzipien und die entsprechenden Machtpositionen durchgesetzt werden: zunächst intern gegen ältere städtische Führungsgruppen. Das waren in Handelsstädten oft die Kaufleute, deren Gilde eine Führungsposition unter den Gruppen der Stadtbewohner eingenommen hatte und weiter beanspruchte.[20] Sie stellte häufig die als *iurati*, also Geschworene bezeichneten frühesten Amtspersonen. In stark stadtherrlich bestimmten Städten, vor allem den Bischofsstädten, besetzte die entstehende Schicht der Ministerialen Führungspositionen in der Verwaltung;[21] weil sie dann über das Rittertum zum Adel aufstiegen, sah die ältere Stadtforschung die Ministerialität als ein Gegenprinzip zum Bürgertum. Doch wurden beide Gruppen, Gildekaufleute wie auch Ministeriale und ebenso die aus der stadtherrlichen Gerichtsbarkeit stammenden Rechtshonoratioren der Schöffenbank, im Laufe des 12. und 13. Jahrhunderts in den meisten Städten in die Bürgergemeinde integriert. Ein Zeichen dafür: Das alte Gildehaus wurde in Norddeutschland oft zum Rathaus, in dem nun der Stadtrat waltete. Hans-Friedrich Schütt hat in einem Aufsatz[22] von 1985 an dänischen Beispielen, vor allem Schleswig und Flensburg gezeigt, wie sich hier seit der Mitte des 13. Jahrhunderts die Ratsverfassung nach deutschem Vorbild gegen ein älteres nordisches Gildewesen durchsetzte, es aber nicht zerstörte, sondern integrierte. Hier wird besonders der prinzipielle Gegensatz von traditional legitimierten Führungsgruppen zur Ratsverfassung deutlich. Letztere bedeutete den Sieg des von Otto von Freising charakterisierten machtbegrenzenden republikanischen Amtsprinzips gegen personal vernetzte Führungscliquen. Darum taucht für *consules* wie Stadträte schon im 12. Jahrhundert zu Recht in den Quellen der römische Begriff des *magistratus* auf.

Bei dem Führungsanspruch von Gilden, Ministerialen und Schöffen handelte es sich um Gegenprinzipien und Gegenkräfte gegenüber der Amtsverfassung des Rates, welche von der gesamten Bürgerschaft getragen wurde. Vor allem aber nach der anderen Seite hin, nach oben, war die republikanische Form des Konsulats, des städtischen Rates als Organ der Gemeinde gegen den Stadtherrn, und hier vor allem gegen die bischöflichen Stadtherren der alten rheinischen Städte von Basel bis Köln, durchzusetzen. Die überlieferte, seit der Spätantike gewachsene Verbindung von Bischof und Stadt, der *sedes episcopalis*, nach Kirchenrecht eine eheähnliche Bindung, stand dem entgegen. In Oberitalien waren die Bischöfe unter dem Einfluss der Gedanken der gregorianischen Kirchenreform, der Trennung von geistlichem und weltlichem Amt und unter dem Druck der revolutionären sozial-religiösen Bewegungen der Bürgerschaften weitgehend aus der Stellung des weltlichen Stadtherrn gewichen und hatten dem Regiment der Konsuln Raum gegeben. In Deutschland gehörten die Bischöfe zu der das Reich tragenden Hocharistokratie. Als die Ratsverfassung um 1200

|**15**| Vgl. Schroeder 1990 mit weiterführenden Literaturangaben. |**16**| Vgl. Dilcher 1993, bes. S. 314–315, Text S. 345. |**17**| Vgl. Schulz 1995. |**18**| Deutlich herausgestellt von Schlotterose 1953. Vgl. dazu auch Dilcher 1999, S. 545–551. |**19**| Diestelkamp 1967, Wortregister s. v. *consules*, *consilium*, Rat; *consilium* häufig in den Auseinandersetzungen der Jahre 1198–1238, Keutgen Nr. 108–113. |**20**| Vgl. Dilcher 1999, Sachregister s. v. Gilde. |**21**| Vgl. ebd., Sachregister s. v. Ministeriale, Miniterialität. |**22**| Vgl. Schütt 1985.

in Deutschland Fuß fasste, wehrten sie sich erbittert gegen deren Machtergreifung und fanden, nach einigem Zögern, dafür die Unterstützung von Kaiser Friedrich II. wie auch diejenige seines Sohnes König Heinrich.[23] Das berühmte Edikt von Ravenna von 1232 verbot im Interesse der Fürsten des Reiches Kommunen, Räte, Bürgermeister und gewählte Amtsträger, dazu auch noch alle Handwerkergenossenschaften – es sei denn, sie seien mit Zustimmung der bischöflichen Stadtherren errichtet. Auch hier wird wieder, wie in der Schilderung Ottos von Freising, deutlich, wie die kirchliche und aristokratische Herrenschicht die kommunale Stadtverfassung mit ihren Führungsorganen einschließlich ihrer inneren genossenschaftlichen Bindungen als einheitliches, ihre Herrschaft bedrohendes Phänomen sahen.

Das vorausgehende Reichsurteil König Heinrichs fokussierte noch stärker auf Bünde und Eidgenossenschaften, *confederationes vel conjurationes*, und zielte damit auf die konstitutive Bedeutung der Eidesbindung. Der italienische Historiker Paolo Prodi hat in diesem Sinne den Eid das »Sakrament der Herrschaft« genannt[24] und dabei nicht nur die hierarchischen Eide, sondern gerade auch die kollektiven, bündischen Eide gemeint. Gerade sie haben in der Stadt einen neuen, von unten, von den Bürgern her legitimierten Herrschaftskörper geschaffen. Diese Bedeutung des Bürgereides ist bekanntlich von Wilhelm Ebel maßgeblich erarbeitet worden.[25] Da dieser auf der Willensentscheidung der Träger, eben der einzelnen Bürger beruht und zwei genau definierte Verpflichtungen zum Inhalt hat, nämlich Gehorsam gegenüber den erwählten Konsuln und Einhaltung der Gebote des Stadtrechts sowie Unterwerfung unter das darüber waltende Gericht, hat Max Weber diese Verfassung der Form der rationalen Herrschaftslegitimation zugeordnet.[26] Der die Königs- und Adelsherrschaft festigende hierarchische Lehnseid lautet dagegen auf Treue, wie ein Vasall sie schuldet, greift also auf ungeschriebene Gewohnheit und Tradition zurück und gehört damit der anderen Weber'schen Kategorie der traditionalen Legitimation an.

In der Tat war es dann, wie in Oberitalien die lombardische Liga, in Deutschland der Eidesbund der rheinischen Bürgerschaften und ihrer Konsuln und Richter, der 1254 die reichsrechtliche Anerkennung der kommunal verfassten Städte als Wahrer des Friedens im Reich gewann und nicht mehr aufgab.[27] Die bischöflichen Stadtherren mussten damit die bürgerliche Stadtgemeinde und ihre Organe als Partner akzeptieren. Der Erzbischof von Köln musste gar nach dem Sieg der Bürgerschaft in der Schlacht von Worringen 1266 aus seiner Bischofsstadt weichen[28] und seine landesherrliche Residenz nach Brühl verlegen, während er natürlich der geistliche Hirte der Stadt blieb. Die Kölner Karnevalssitzung kann aber noch heute im Bürgersaal des Gürzenich stattfinden, nicht wie in Mainz in einem kurfürstlichen Schloss – dies sind also unterschiedliche Folgen der mittelalterlichen Auseinandersetzungen.

Auch wenn Bischof und Bürgerstadt weiterhin in Symbiosen verschiedener Ausgestaltung lebten, war damit das Modell der kommunalen Stadtverfassung mit einer geeinten Bürgerschaft und der Regierung des gewählten Rates im Westen des Reiches auch für die Bischofsstadt etabliert. Die Bischofsstadt im westlichen Europa entsprach nunmehr dem Weber'schen Typus der »okzidentalen Stadt«, während sie im Frühmittelalter mit geistlich-weltlicher

Herrschaftsburg, zugehörigem Tempel bzw. Dom und rings umher siedelnden Bevölkerungsgruppen mit unterschiedlichen Rechtsbeziehungen zum Stadtherrn eher dem klassischen Typ der »asiatischen Stadt« im Sinne Webers zuzuordnen war.[29] Diese Struktur besaß wohl auch die ursprüngliche Gründung der erzbischöflichen Metropole Magdeburg an der Stelle des karolingischen Handelsplatzes durch Kaiser Otto im Jahr 968. Damit war Magdeburg in den Rang einer *civitas*, im Sinne des Reiches wie des Kirchenrechts und gleichen Ranges wie die alten Römerstädte Mainz, Köln, Trier, erhoben, doch dazu mit der Dynamik des Auftrags der Mission in den Osten. Den Weg der Emanzipation der Stadtgemeinde und des Rates von der erzbischöflichen Dominanz, einschließlich der Ermordung eines Bischofs, führt uns der Beitrag von Matthias Puhle in diesem Band eindrücklich vor Augen.[30] Die exponierte Stellung der Schöffen in der Gerichtsverfassung Magdeburgs, nicht einer Ratsgerichtsbarkeit, ist eine Hinterlassenschaft der starken Stadtherrschaft und unterscheidet Magdeburg deutlich von Lübeck.[31]

Die Betrachtung der Auseinandersetzungen auf dem Weg zur kommunalen Bischofsstadt hat verdeutlicht, wie sehr hier Rechtsprinzipien und ein Gesellschaftsmodell wirksam waren, die konträr standen zur monarchisch-aristokratischen Verfassung des Reiches. Anders aber als die italienischen Städte, alles alte *civitates* der Römerzeit, die sich als Kommunen und dann als Stadt-Staaten ihr altes Territorium aneigneten, blieben die deutschen Städte, gerade die autonomen Freien und Reichsstädte, Inseln in einer andersartig, überwiegend grundherrlich-feudal organisierten territorialen Umwelt.

Die Ausbreitung des Städtewesens nach Osten

Schon seit karolingischer, verstärkt dann ottonischer Zeit wurde östlich der alten Römerstädte im christlichen Missionsgebiet, beginnend mit Sachsen, die Neugründung von Bischofssitzen auch als ein Programm der Landesentwicklung angelegt. Walter Schlesinger hat für diese Erkenntnis wichtige Grundlagen geschaffen.[32] Das gilt für Bremen-Hamburg, schon in karolingischer Zeit als Missionsbistum für den Norden und Osten gegründet, dann aber in dieser Funktion durch die Entwicklung überholt. Jene übernahm dann die ottonische Gründung Magdeburg. In beiden Städten erinnert später der Roland vor dem Rathaus an die Herleitung der Stadtfreiheit von einer kaiserlichen Gründung.[33]

|**23**| Vgl. MGH Const. II, Nr. 156; Diestelkamp 1967, Nr. 147; MGH Const. II, Nr. 299; Diestelkamp 1967, Nr. 141. |**24**| Prodi 1997. |**25**| Vgl. Ebel 1953; Ebel 1958 a. |**26**| Zwar stellt die umstrittene Überschrift in Weber 1972, S. 727 die Stadt als »nicht legitime Herrschaft« dar. Die innere Rationalität der bürgerlichen Ordnung, auch durch den »Anstaltscharakter« bedingt, zeigt sich aber für Weber immer wieder, vgl. etwa Weber 1972, S. 752 u. 782–783. |**27**| Vgl. MGH Const. II, S. 580; Diestelkamp 1967, Nr. 177. Vgl. dazu auch Dilcher 2011. |**28**| Dazu Ennen 1977. |**29**| Zu dieser überraschenden Einordnung vgl. Dilcher 2002. Zum Begriff der asiatischen Stadt vgl. Weber 1972, S. 736–740. |**30**| Vgl. dazu den Beitrag von Matthias Puhle in diesem Band, S. 235–245. |**31**| Zu Lübeck vgl. Cordes 2016 u. Hammel-Kiesow 2016; zu Magdeburg vgl. Elsner 2016 u. Lück 2016 a. |**32**| Vgl. Dilcher 1999, S. 303, Nachweise in Anm. 138. |**33**| Zur Verbreitung und Deutung der Rolande zusammenfassend Munzel-Everling 2005.

Magdeburg erfüllte seine Missionsaufgabe auch durch Errichtung von Suffraganbistümern, so Brandenburg, Havelberg, Zeitz, Meißen und Merseburg.[34] Neben der Bischofsburg und kirchlichen Verwaltungsstadt wurden dabei Kaufmannsgemeinden gefördert und privilegiert; damit gehörte zur Gründung der Markt und jene Bewohner, die *cives forenses* genannt wurden. So konnte auch in der Zeit wachsender kommunaler Selbstständigkeit und einer bürgerlichen Ratsverfassung die produktive Symbiose zwischen Bischof, Kirche und Bürgerstadt zum Faktor weiterführender Entwicklung, aber auch immer wieder auftretender Spannungen und Konflikte werden.

Auf anderen Wegen als in den alten Bischofsstädten am Rhein fand der Transfer des Modells der kommunalen, von gewählten Konsuln oder Räten regierten Stadt in landesherrlichen Territorien und im erst zu erschließenden Osten Europas jenseits der Grundlagen der römischen Stadtkultur statt. Hier wirkte das Modell der Bürgerstadt für die Herrenschicht nicht bedrohlich, waren die Bürgerschaften doch zunächst kleiner, abhängiger und weniger selbstbewusst. Vielmehr versprach die Entwicklung einer Stadt, wie schon bei Otto von Freising, wirtschaftlichen Aufschwung und Wohlstand, entwickelte sich in ihr doch Handel und Gewerbefleiß. Einen eigenen Machtfaktor, eine politische Bedrohung des Stadtherrn stellte sie jedoch, wenigstens zunächst, nicht dar.

Die Chance der Position seiner Stadt und der Aufbruchsphase des Städtewesens hat dann in der zweiten Hälfte des 12. Jahrhunderts Erzbischof Wichmann in Magdeburg erkannt und genutzt, indem er der Entwicklung und Ausbreitung des Magdeburger Rechts wesentliche Impulse auch jenseits des Kreises von Bischofsstädten gab. So konnte in diesem Raum das städtische Rechtsmodell unmittelbar für Neugründungen, sei es städtischen Charakters wie Leipzig oder Jüterbog, sei es für befreite dörfliche Marktsiedlungen wie etwa die von Flamen neu besiedelte *villa* Großwusterwitz (Wusterwitz) in Havelnähe, verwandt werden.[35] Ganz ähnlich verfuhr Albrecht der Bär, seit 1157 Markgraf von Brandenburg, bei der Gründung eines Marktes im Dorf Stendal 1151.[36] Hier zeigt sich, wie weniger der Unterschied von Stadt und dörflicher Siedlung als vielmehr die Freisetzung der Bewohner und der Anschluss an ein System von Märkten im Vordergrund stand. Dabei wurden der genossenschaftliche und gemeindliche Zusammenschluss der Bewohner sowie eine daraus folgende gewisse genossenschaftliche Autonomie von Seiten der Herrschaftsträger als Grundlage dieses entwicklungspolitischen Modells akzeptiert.

Ähnliches zeigt sich aber auch beim Ausbau des Landes durch die Landesherren im Westen des Reiches. Das berühmteste Beispiel ist die Zähringergründung Freiburg im Breisgau 1120. Hier wird im Gründungsprivileg schon ein ganzes Programm eigenen Rechts zugrunde gelegt, dabei jedoch zugleich auf Kölner Kaufmannsrecht verwiesen.[37] Das Transfermodell, aber auch die genaue Verschriftlichung der neuen Regeln stand also hier ebenfalls am Anfang der Entwicklung. Das setzte sich fort in den weiteren Zähringergründungen wie dem heute schweizerischen Bern. Außerdem folgten ebenso die staufischen Gründungsstädte etwa im Elsass diesem Muster. Hier reiht sich dann auch die Gründung der Handelsstadt Lübeck ein, in einem oft etwas verwirrenden Zusammen- und Gegeneinanderspielen der holsteinischen Landesherren, des Sachsenherzogs und der Stauferkaiser. Nach dem schnellen Aufstieg der Kaufmannsstadt musste dann die Gerichtsbarkeit der *consules* erst von der Bürgerschaft in das Gründungsprivileg hineingefälscht werden,[38] konnte dann aber Grundlage der vom Rat getragenen Lübecker und lübischen Rechtsentwicklung werden.

Die Rolle des Stadtrechts

Damit sind wir schon mitten im Problembereich Stadtrecht. Dieser hat uns neben der Stadtverfassung besonders zu beschäftigen, denn er stellt ein festes Gerüst für die Fragen des Transfers, der Übertragbarkeit dar. Dabei gewinnt der Begriff »Stadtrecht« seinen Sinn aus dem Gegensatz zum ländlichen Recht, dem Landrecht. Das zeigt sich auch in den lateinischen Bezeichnungen als *ius civile, ius civitatis, ius municipale*. Allerdings werden hier ebenfalls Parallelen deutlich, so bekanntermaßen zwischen Magdeburger Stadtrecht und ländlichem Sachsenspiegelrecht – keine scharfe Trennung, sondern eher komplexe Verbindungen.[39] Es ist klar, dass Stadtrecht nicht alle Rechtsbeziehungen neu ordnen musste, sondern Rechtsgewohnheiten der ländlichen Bevölkerung in die Stadt hinein reichten, praktiziert wurden und Gültigkeit behielten. Insofern konnte der Sachsenspiegel, immerhin ein verschriftlichtes und damit klarer durchgeformtes Landrecht, zusammen mit dem Magdeburger Stadtrecht angewandt und übertragen werden.

Schon seit Beginn der stadtbürgerlichen Entwicklung war es so, dass in vielen Bereichen auch des bürgerlichen Rechtslebens die Rechtsgewohnheiten des umgebenden Landes herangezogen wurden. Umso deutlicher und klarer wurden allerdings gerade in frühen herrscherlichen Privilegien des 12. und 13. Jahrhunderts die Vorrechte, Freiheiten und Besonderheiten des Rechts der Stadtbewohner hervorgehoben. Dabei gab es keine klaren Unterscheidungen zwischen dem, was wir heute gern als Stadtverfassung bezeichnen, und jenen Regeln, die wir heute dem Privatrecht, dem Strafrecht, dem Prozess- und Beweisrecht zurechnen würden – Gerichtsverfassung und gerichtliche Zuständigkeit sowie Statusrechte stehen sowieso dazwischen. Doch ähneln sich jene Rechte, die die Bewohner von Bischofsstädten für sich erkämpft hatten, und jene, mit denen die Stadtherren von Neugründungen im Westen wie im Osten für das Aufblühen ihrer Orte warben.

Eine älteste Schicht eigenständigen, vom Landrecht abgehobenen Rechts stellten das schon seit spätkarolingischer und ottonischer Zeit vom Herrscher zugesicherte Recht der Märkte und das der Kaufleute dar, funktional miteinander verwoben und einen Freiraum für Austausch- und Ware-Geld-Geschäfte innerhalb der Welt agrarischer Produktion schaffend.[40]

|**34**| Vgl. Kintzinger 1993. |**35**| Vgl. Diestelkamp 1967, Nr. 66 (Leipzig, vor 1170), Nr. 83 (Jüterbog 1174), Nr. 72 (Großwusterwitz 1159). |**36**| Vgl. ebd., Nr. 73, nach 1160. |**37**| Vgl. ebd., Nr. 55: Kölner Kaufmannsrecht S. 87: Tennenbacher Lagerbuch c. 5. |**38**| Vgl. ebd., Nr. 95, c. 6. |**39**| Vgl. dazu Beitrag I. von Heiner Lück in diesem Band, S. 13–27; ferner Lück 2016a. |**40**| Vgl. Dilcher 1996a, Nr. 1, S 1–64, zuerst veröffentlicht als Dilcher 1985.

Dazu gehörte auch die Befreiung vom Formalismus des älteren Rechts, oft als *vare* (Gefahr) gekennzeichnet. Diese Regeln wurden häufig Freiheiten (*libertates*) genannt. Hinzu kamen elementare Freiheiten der Person und des Eigentums: persönliche Befreiungen vom Status und den Abgaben eines Hörigen, bekannt unter dem späteren zusammenfassenden Rechtssatz »Stadtluft macht frei«. Damit eng verbunden waren freier Grundbesitz, Recht auf freie Vererbung sowie freies Beweisrecht durch Zeugen.[41] Die erwähnte Befreiung vom archaischen Formalismus wurde nun erweitert zu einem rationaleren, nicht nur auf Fehdebeendigung, sondern auf berechenbare Konfliktlösung ausgerichteten Gerichtsverfahren. Beweis durch Geschäftszeugen oder Urkunden waren für den Kaufmann sinnvoller als ein Aufgebot von Eidhelfern oder Zwang zum gerichtlichen Zweikampf. Die Eigenständigkeit städtischen Rechts wurde dann abgesichert durch die Herauslösung des städtischen Gerichts aus der Gebundenheit an den Stadtherrn, damit auch an das archaische Gerichts- und Verfahrensmodell. Dies geschah teilweise durch den Erwerb des Schultheißenamtes seitens der Bürger oder auch Wahl des Schultheißen oder Wahl der Schöffen. Das Recht wurde weiterentwickelt über die eigene Ratsgerichtsbarkeit.

Die Gerichtsbarkeit in der Stadt

Gerade im Bereich des Gerichts, dem klassischen mittelalterlichen Hoheitsrecht, zeigt sich das Ringen zwischen Stadtherrschaft, den ihr verbundenen Ämtern und ständischen Gruppen auf der einen und von Bürgergemeinde und Rat auf der anderen Seite; ein Ringen, aber auch flexible Formen des Kompromisses. Aus dem Bereich der durch Bannleihe von oben legitimierten traditionalen Gerichtsbarkeit stammen die Ämter von Burggraf, Vogt und Schultheiß als Gerichtsvorsitzende (Richter, *iudices*), wie auch die durch die karolingische Reform im fränkischen und sächsischen Recht eingeführte Schöffenbank, welche die alte Gerichtsgemeinde (Dinggenossenschaft, *burding*) bei der Rechtsfindung repräsentierte.[42] Die Zuständigkeit dieser Gerichtsbarkeit in landrechtlichen Fällen (Leib und Leben, Eigen und Erbe) ist unbestreitbar, doch war durch Immunität und Privilegstellung die Stadt schon früh als ein ausgeschiedener Rechtsbereich geschaffen. Die Stadtgemeinde verstand es nun, auf verschiedenen Wegen die genannten Ämter zu erwerben oder doch ihre Besetzung zu bestimmen, sowie auch die Schöffenbank von der Bürgerschaft her zu besetzen und sie oft in den Rat zu integrieren. So gelang es ohne offenen Bruch der Legitimation vom König und Stadtherrn her, das alte landrechtliche Gericht in der Stadt in ein städtisches, bürgerschaftliches Gericht zu verwandeln.

Anders steht es mit der Ratsgerichtsbarkeit, die sich aus der Wahl des Rates durch die Bürgerschaft und als Amt der Bürgerschaft legitimierte. So ist die Feststellung Karl Kroeschells zutreffend: »Rat und Schöffenkollegium stehen also im Grunde auf ganz verschiedenen Ebenen.«[43] Der Rat war zuständig für alle Fragen und Streitigkeiten, die sich aus den auf dem Bürgereid gegründeten Regeln und Normen, also dem, was Wilhelm Ebel mit dem norddeutschen Ausdruck »Willkür« benennt,[44] herleiteten. Dieses unter Führung des Rates und Zustimmung der Bürgerschaft entwickelte Recht der Willkür, Einung sowie auch das der

»Policeyordnungen« stellte im Gegensatz zum traditionsgebundenen Landrecht eine eigene Form der Gesetzgebung dar[45] und konnte so als Statut das gesamte Recht weitgehend aufnehmen und der Ratsgerichtsbarkeit zuführen. Insofern blieb der Rat »Vollzugsorgan eidvertraglicher Satzung«.[46] Möglicherweise ist dies auch der Grund, warum das Recht der Magdeburger Schöffensprüche nur in Rechtsmitteilungen und nicht in ein bürgerschaftliches Statut gefasst worden ist: Dann wäre es der Zuständigkeit des Rates und nicht mehr des unabhängigen Schöffenstuhls unterfallen.

In der Rechtsprechung des Rates entfiel auch die traditionale Trennung zwischen verfahrensleitendem Richter und rechtsfindender Dinggenossenschaft oder Schöffenbank.[47] Es handelte sich bei den Ratmannen um »selbsturteilende Richter«, lange bevor gelehrte Richter in die Gerichte einzogen. Als Konkurrent städtischer Gerichte verblieb noch die geistliche Gerichtsbarkeit der Kirche, ein Einfallstor gelehrter Rechtsprechung. Das Modell einer weiterentwickelten Gerichtsbarkeit der Schöffen wurde also in Magdeburg praktiziert, das einer ausschließlichen Ratsgerichtsbarkeit dagegen in Lübeck.[48] Im Westen finden sich die unterschiedlichsten Formen, auch abhängig davon, ob die fränkische Schöffenbank oder die alte Gerichtsgemeinde (*burding*) die traditionelle Kompetenz für die Urteilsfindung besaß.

Die privilegial zugesicherte und durch den Bürgereid gefestigte ausschließliche Zuständigkeit der städtischen Gerichte für alle Streitigkeiten unter Bürgern sicherte die Eigenständigkeit des städtischen Rechtsraumes wirksam ab. Schließlich nahm die zur Autonomie gelangte Bürgerschaft unter Führung des Rates die Fortentwicklung und stete Erweiterung des städtisch-bürgerlichen Rechts in die Hand: Als Willkür im Sinne Wilhelm Ebels, als Einung und Bürgersprache konnte das Stadtrecht auf der Verpflichtungsgrundlage des Bürgereides über Kerngebiete eines neuen Privatrechts hinaus bis in Details eines »policeylichen« Ordnungsrechts ausgedehnt werden.[49]

Friede und Ausschluss von Gewalt

Den städtischen Frieden wollen wir hier nur kurz ansprechen, stellte er doch als Abgrenzung zur Welt der als legitim angesehenen Fehde im Landrecht ein wesentliches Merkmal städtisch-bürgerlicher Verfassung dar. Der Bürgereid und das bruderschaftliche Verhältnis der Bürgerschaft schlossen Gewalthandlungen aus und schützten den Bereich engen Zusammenwohnens und berechenbaren wirtschaftlichen Handelns vor existenzbedrohenden Störungen.[50] Das Verbot von »sulfwolt«, von Selbstgewalt, als eigenmächtiger Durchsetzung von subjektiven Rechtsansprüchen konnte nur gelingen durch eine effiziente eigene

|**41**| Vgl. Dilcher 1999, bes. S. 619–622. |**42**| Vgl. Weitzel 1985, S. 1146–1151. |**43**| Zit. nach ebd., S. 13–14. |**44**| Ebel 1953. |**45**| Ebel 1958 b. |**46**| So Ernst Rudolf Hagemann, zit. nach Weitzel 1985, S. 13, 17. |**47**| Vgl. Weitzel 1985, § 19, S. 1314–1326. Zum Verhältnis Richter/Rat vgl. auch Drüppel 1981. |**48**| Vgl. Ebel 1971. |**49**| Gut zu sehen in der Edition der Gesetze der mittelalterlichen Stadt Frankfurt von Wolf 1969. |**50**| Vgl. Dilcher 1999, S. 640–649.

Abb. 3
Die Auswirkung der guten Regierung zeigt sich in allgemeiner Harmonie, etwa die Tanzenden in der Mitte, in Werktätigkeit, Handel und Geldverkehr, Lehre und Studium (in den Gewölben), Ambrogio Lorenzetti (1337–1340). Siena, Rathaus.

Gerichtsbarkeit sowie eine eigene »öffentliche« Durchsetzungsgewalt. Neben schuldrechtlichen Ansprüchen musste so der Schutz von Person und Eigentum garantiert sein. In der Tat finden wir in den Stadtrechten bald ausformulierte Straftatbestände, die nicht nur wie das alte Landrecht Bußen, sondern peinliche Strafen bis hin zur Todesstrafe vorsehen. Das galt auch dort, wo die Hochgerichtsbarkeit noch beim Stadtherrn verblieben war. Welche Bedeutung Friede und Gewaltausschluss für die Bürgerschaften besaßen, zeigt wiederum der Rheinische Städtebund von 1254, der die Aufgabe der Landfriedenswahrung anstelle von König und Reich in die Hände nahm. Ihm folgten dann weitere regionale Städtebünde, so auch in Sachsen.[51]

Darin zeigt sich, wie die allgemeine Entwicklung einer Gewaltminderung und Verrechtlichung in den mittelalterlichen Gesellschaften nicht ohne ein Voranschreiten der Städte stattfinden konnte. Die kommunal verfassten Bürgerschaften waren dieser Entwicklung voraus und trieben sie voran, bis territoriale Gesetzgebung und schließlich der Ewige Landfriede von 1495 als Reichsgesetz den Anspruch auf ein öffentliches Gewaltmonopol allgemein durchzusetzen begannen.

|51| Vgl. Distler 2006.

Interessengleichheit und Homogenität des Rechts

Die Bürgerschaften waren sich offenbar der Gleichrichtung ihrer Interessen und der Homogenität ihrer Rechts- und Verfassungsprinzipien sehr wohl bewusst, wie es sich in den Städtebünden von der Lombardei bis in die deutschen Landschaften zeigt. Vor allem aber spiegelt sich dieses Bewusstsein homogener städtisch-kommunaler Rechts- und Verfassungsprinzipien in der Übertragung von Stadtrechten wider, meist von führenden Handelsstädten auf kleinere oder Gründungsstädte, ja sogar auf Dorfgemeinden, denen dann oft ein Markt wirtschaftlichen Aufschwung geben sollte. Dieses Phänomen ist, wie wir wissen, besonders charakteristisch für die Siedlungserschließung der mittel- und ostmitteleuropäischen Räume, findet sich aber ebenso bei den Gründungen der Zähringer und anderer im Westen. Deutlich wird dabei, wie selbst Könige und Fürsten den besonderen Charakter, den Bedarf an Autonomie der bürgerlich-kommunalen Rechts- und Verfassungsformen sowie deren Unterschied zu der grundherrschaftlich-feudalen Verfassung der Länder und Territorien erkannt haben, ja auch dörflichen Siedlungen und Neugründungen durch stadtrechtliche Freiheiten größere Attraktivität verleihen wollten. Verstanden haben diese herrschaftsausübenden Dynastien vor allem, welche wirtschaftlichen Kräfte die in den Städten konzentrierten und von Bürgern betriebenen Aktivitäten von Handel und Gewerbe enthielten, ein Wohlstand also jenseits agrarischer Produktion, von dem Herren und Fürsten durch Zölle, Abgaben und Steuern einen Anteil abschöpfen konnten. So wurde die Gründung von Städten und Märkten ein Mittel gezielter Entwicklungspolitik von deutschen und slawischen Fürsten nördlich der Alpen.

Die andere Beobachtung Bischof Ottos von Freising galt dagegen nicht für den Bereich nördlich der Alpen: dass nämlich das Netz der Städte sich das umliegende Territorium unterwarf und innerhalb dieser Entwicklung sich auch die adlige Herrenschicht in die Städte transferierte, stadtsässig wurde. Im Norden dagegen blieben die Bürgerstädte rechtlich und politisch Inseln in ihrer ländlichen Umgebung, allerdings, wie wir sahen, unter sich kommunizierende Inseln. Der Einzug von Fürsten und Adel in die Städte vollzog sich hier erst mit der Begründung von Residenzstädten, die nun vom Fürsten und seinem Hof bestimmt waren. Solches gab es bis dahin nur für Bischöfe und Klerus in den Bischofsstädten

Die kommunale Erfahrung: Gleichheit, Abbau von Fremdheit und Bewahrung von genossenschaftlicher Eigenheit

Was können wir an Erkenntnissen aus unseren Überlegungen gewinnen in Bezug auf die Ausgangsfragen vom Modellcharakter der kommunalen Stadtverfassung und der Übertragbarkeit dieses Modells? Als betrachtende Historiker haben wir aus der Vielfalt der Quellen einen Idealtypus im Sinne Max Webers gebildet. Das heißt: Die Wirklichkeit wird diesem in vielem nicht entsprechen, aber gerade dadurch können wir sie auch in ihren Abweichungen genauer beschreiben. Doch muss das Wesentliche des Phänomens bewahrt sein. Dass dem in Bezug auf die Stadtverfassung so ist, zeigt die Beobachtung, wie schon die Zeitgenossen das auch für uns Maßgebende erkannt haben. Das beginnt mit der klarsichtigen Charakterisierung durch den staufischen Historiografen Otto von Freising, setzt sich fort in dem Kampf rheinischer Bürgerschaften um die Übernahme des italienischen Konsulats – ein für Deutsche damals wohl zunächst sehr fernliegender Amtstitel – und mündet in deren Verwandlung in die deutsche Ratsverfassung.

Diese aber bildete nur den einen Pol der Stadtverfassung. Ihre Grundlage, ich wiederhole es, war der Zusammenschluss der Bürgergemeinde als Eidgenossenschaft, als bruderschaftliche, geschworene Gesellschaft im Sinne von Paolo Prodi. Max Weber sah darin in einem großen Zeitsprung den Vollzug der Beseitigung der religiös-rituellen, ethnischen und sozialen Schranken, die einst in der frühen christlichen Gemeinde als rituelle Gleichstellung von Juden und Griechen (Heiden) durch den Apostel Paulus umgesetzt worden war. Dies setzte sich für Weber dann in der Begründung der mittelalterlichen städtischen Kommune als bruderschaftlichem Eidesverband fort.[52] Befreiungen von rechtlichen, ständischen und sozialen Schranken finden sich dann auch überall in der Geschichte der mittelalterlichen Stadtkommune und waren Voraussetzung dafür, dass die Bürger »gleichheitlich bei einem Eide stehen«.[53] Im Bereich des Transfers des Stadtmodells in den Osten und Norden bleibt es zu beobachten, wie weit diese Freiheit von Schranken zwischen ethnisch und sprachlich verschiedenen Gruppen, also etwa von Einheimischen im Verhältnis zu den privilegierten angesiedelten deutschen Kaufleute- und Bürgergruppen galt oder doch in der Stadt unterschiedene Gruppen zusammenwohnten.

Die kommunale Erfahrung der mittelalterlichen Stadtbürgerschaften umfasste aber nicht nur bürgerliche Rechtsgleichheit, sondern auch die Einbindung von Verschiedenheit. Darauf ist hier der Blick zu werfen, gerade in Hinsicht auf den Transfer des Stadtmodells nach Osten. Während Bürger, Einwohner und Zuziehende im westlichen Raum Deutschlands ethnisch, sprachlich und religiös relativ homogen waren (von Juden und Fernkaufleuten abgesehen), kamen, je weiter östlich, desto mehr, nun Menschen und Gruppen sehr heterogener ethnischer, sprachlicher und auch religiöser Herkunft im Raum der Stadt ins Spiel. Die Beiträge dieses Tagungsbandes führen das, vor allem für den Südosten und den Nordosten, sehr deutlich aus.[54] Gerade die die Neugründungen tragenden Kerngruppen, deutsche Kaufleute, Bürger, flämische Siedler, wurden ja als privilegierte »Fremde« in die Siedlungslandschaft implantiert. Vor allem aus dem Gegensatz, etwa zum Recht von slawischen Bewohnern, konnte Magdeburger Stadtrecht dann verallgemeinernd als *ius Theutonicum*, deutsches Recht, bezeichnet werden.

Auch die westliche deutsche Stadt hatte schon eine breite soziale und rechtliche Erfahrung des Abbaus von »Fremdheit« (was archaisch ursprünglich Rechtlosigkeit bedeutete) zugunsten einer »Eingemeindung« entwickelt. Es ist anzunehmen, und im Einzelnen durch die Forschung weiter zu verfolgen, dass die Stadtgründungen und Transfers von Stadtrecht im vielgestaltigen Osten diese Erfahrungen in die Gestaltung ihrer Gemeinschaften einbezogen und verwerteten. Auf dem Grundmodell einer bürgerlichen Gemeinde mit gewähltem Leitungsorgan konnte man in jedem Fall aufbauen. So war ja von alters an auch die rechtlich-rituell getrennte, aber der Stadt verbundene Judengemeinde verfasst.[55] Dasselbe galt für die schon vor der Kommunenbildung wie auch danach in der Form der Gilde organisierte Kaufmannschaft. Der Status als »Gast« (*hospes*) sicherte dem auswärtigen Kaufmann seine Rechtsstellung. Innerhalb der Stadtgemeinde kam es dann zur immer stärkeren Verfestigung der Verbände der einzelnen Handwerke als Innungen und Zünfte, auch eine Form der Sicherung von Status und Autonomie innerhalb der Stadt. Sie wurden, wie erwähnt, schon von den staufischen Verbotsgesetzen als Teil der kommunalen Bewegung angesehen. Später stiegen sie sogar zu einem Teil der Ratsverfassung (»Zunftverfassung«) auf und sicherten den Handwerkern Zugang zum Rat.[56] Schließlich war auch für Personen und Gruppen außerhalb (und damit unterhalb) des Bürgerrechts ein Rechtsstatus in der Stadt gesichert: etwa als Einwohner, Pfahlbürger, als Gäste.[57] Auch für sie alle bildete die Stadt einen Freiheitsraum, Stadtrecht und Stadtgericht eine Abschirmung gegen den Zugriff von außen (»Stadtluft macht frei«).

Die Bürgerstadt war also schon seit Langem ein rechtlich-soziales Experimentierfeld, in welchem sowohl der Abbau von Fremdheit als auch differenzierte, meist genossenschaftliche Bewahrung und Entwicklung von Eigenheit erprobt werden konnten und erprobt worden waren. Die Zuordnung der Menschen, die sich dauernd oder vorübergehend in der Stadt aufhielten, folgte also nicht einfach einer binären Klassifikation Bürger/Fremder, sondern kannte differenzierende rechtliche Kategorien der Nähe und Zugehörigkeit. Diese Erfahrung der westlichen Stadtkultur wurde, je weiter im Osten, desto mehr, vor neue und weitergehende Herausforderungen gestellt durch größere Verschiedenheit und Vielfalt der Menschen in der Stadt und um die Stadt. Auf die Beiträge innerhalb des Tagungsbandes, die dies detailliert verfolgen, ist schon verwiesen worden. Die weite Ausbreitung und lange Bewahrung von Stadtrechten in diesem Raum bezeugt, dass jene Herausforderungen fruchtbar verarbeitet worden sind. Grundlage der Attraktivität des Stadtmodells bleibt dabei die Gewährung von Entfaltungsfreiheit im Rahmen einer Gemeinde ohne Einengungen durch herrschaftliche Bindung von Person und Eigentum.

Freiheit, normative Ordnung und Schriftlichkeit als Grundprinzipien

Das Stichwort Freiheit als Grundlage der Stadtverfassung macht auch deutlich, dass wir keine strenge Grenze zwischen der Stadtverfassung im engeren Sinne und dem Stadtrecht ziehen dürfen. Die normative Ausformulierung der Bürgerfreiheit, ihre Durchführung und Absicherung basierten auf dem Stadtrecht. Erst dadurch wurden die Freisetzung der Person zu wirtschaftlicher Aktivität, die Freisetzung des Eigentums aus grundherrschaftlichen und feudalen Bindungen, die des Erbrechts zur Kapitalakkumulation über Generationen hinweg

---

|52| Vgl. Weber 1972, S. 745. **|53|** Diese eindrückliche Formulierung in einer Frankfurter Eidesleistung von 1440, Dilcher 1996 a, S 148. **|54|** Vgl. vor allem folgende Beiträge in diesem Band: Jolanta Karpavičienė zu Litauen, S. 247–265, Jürgen Heyde zu Armeniern in Lemberg und Krakau, S. 285–297, Jerzy Piekalski zu Prag, Breslau und Krakau, S. 387–401. **|55|** Dazu schon Weber 1972, bes. S. 745; Dilcher 1999, S. 464–472. **|56|** Vgl. Dilcher 1999, S. 555–567. **|57|** Vgl. ebd., S. 456–463.

normativ gesichert. Das war für den von allen, Stadtherren wie Stadtbewohnern, erstrebten wirtschaftlichen Erfolg der Bewidmung, also des Transfers von Stadtrecht, grundlegend – der volle Erfolg gelang aber nur dann, wenn die Weiterentwicklung des »Modells« durch die Autonomie der Bürgergemeinde sowie durch deren Selbstherrschaft (Max Weber nennt dies »Autokephalie«),[58] also durch die beschriebene Form der Stadtverfassung gesichert war. Dass hierzu auch und vor allem eine mit der Bürgerschaft und der Stadt verbundene und von ihr bestimmte Gerichtsbarkeit gehörte, wird überall deutlich. Der Vergleich von Lübeck und Magdeburg zeigt, wie dies in durchaus verschiedenen Formen und in Kompromissen zwischen der herrschaftlichen Struktur der Gerichtsverfassung, von Bannleihe, Hoch- und Niedergericht, landrechtlicher Tradition auf der einen und bürgerlichem Willkürrecht und Ratsgerichtsbarkeit auf der anderen Seite geschehen konnte. Der Bürgereid zwang die Bürger vor Gericht und verbot gewaltsame Selbsthilfe. Das dadurch errichtete Gewaltmonopol erlaubte es, von der Stadt als »erster Verwirklichung eines freien staatlichen Gemeinwesens auf deutschem Boden« (Otto von Gierke)[59] zu sprechen – auch wenn die deutsche Stadt nicht die Souveränität, den vollen Status der italienischen *civitas sibi princeps* (so der Jurist Bartolus)[60] erreichte. Hier zeigt sich einerseits die gewisse Abhängigkeit, andererseits aber auch die weitgehende Unabhängigkeit der Stadt vom umgebenden Herrschaftsgefüge, das wir heute Staat nennen.

Sowohl die freiheitssichernde Stadtverfassung als auch das durch Rechtsbeziehungen friedesichernde Stadtrecht stellten für die mittelalterlichen Gesellschaften eine neue Stufe der Verrechtlichung und Rationalisierung dar. Die Stellung von Rat und Bürgermeister war durch ihren Amtscharakter, durch die mehrfach erwähnten Merkmale von Wahl, Zeitlichkeit und Kollegialität normativ umschrieben. Diese Prinzipien blieben auch dort grundlegend und bewusst, wo sie von patrizischem Klüngelwesen und oligarchischen Tendenzen bedrängt, aber nicht verdrängt wurden. Natürlich machten sich das Schwergewicht und der Machtwille alter und neuer Eliten, von Kaufmannschaft und Patriziat, in der Ausgestaltung der Ratsverfassung bemerkbar, vor allem war sie keine Demokratie im modernen Sinne. Gewisse Personen und Geschlechter konnten durchaus einen Dauereinfluss, auch eine Dauerstellung einnehmen. Ein Beispiel hierfür ist der Wechsel eines jeweils amtierenden mit einem »sitzenden« Rat. Auch hier blieb jedoch der Ratswechsel ein wichtiges, festlich und rituell begangenes Ereignis des bürgerlichen Jahreslaufes. Damit wurde die Zeitlichkeit des Amtes, das Prinzip der Annuität markant betont, wenn auch in der Realität überspielt.

Auch das Wissen vom Vorrang der Bürgergemeinde, der Organstellung des Rates wurde durch die oligarchischen Tendenzen seit dem Spätmittelalter nicht verdrängt. Noch in Bürgerkonflikten der Neuzeit wurde als Grundlage der Stadtverfassung die Kommune, die Bürgergemeinde als Träger der Rechte und Privilegien der Stadt hervorgekehrt, von der die Ämter erst ihre Legitimation erfuhren und sich deshalb gegebenenfalls vor der Bürgergemeinde rechtfertigen mussten. Dieses Verhältnis wurde zum Teil durch Bürgerunruhen, Gewalt und rituelle »Aufläufe«, oft vom Marktplatz zum Rathaus, eingefordert und wiederhergestellt.

Objektivierung, Normativität und Schriftlichkeit sind Ausdrucksformen einer Rationalisierung. Auch und gerade wo nach Bürgerkämpfen eine neue Verfassung geschaffen werden musste, wurde sie in Schwörbriefen, Friedebriefen, Rachtungen und Rezessen normativ schriftlich festgehalten.[61] Die Stadtrechte zeichnen sich ebenfalls durch ihre normative Ausgestaltung und ihre schriftliche Festlegung, sei es in Privilegien wie in Willküren, Einungen oder Statuten oder auch späteren »Policeyordnungen« aus. Weil die Gestalt des Bürgers, Bürgerversammlung und Bürgereid seine Träger sind, heißt das Stadtrecht schon früh *ius civile*, und es bahnte damit auch den Weg für und formte eine stärker individualisierte Gesellschaft,[62] in der das klassische, das römische *ius civile* eindringen und rezipiert werden konnte. Die Urbanisierung bildete deshalb eine unentbehrliche Voraussetzung für die nächste große Veränderung der europäischen Rechtskultur, hier in besonderer Form nördlich der Alpen: die Rezeption des römischen Rechts.[63] Durch Rationalität, Objektivierung und schriftlich fixierte Normativität gewannen Stadtverfassung und Stadtrecht Modellcharakter. Verfassung wie Recht unterschieden sich auf diese Weise von der Struktur, von dem Charakter von Recht in der aristokratisch-bäuerlichen Gesellschaft der Grundherrschaften, der Dorfgenossenschaften und der Lehnshierarchie. Hier herrschten die Prinzipien der Rechtsgewohnheiten,[64] deren Inhalt immer eng mit der Faktizität, mit sozialem Kontext und Überzeugungen verbunden war und darum in der Dinggenossenschaft oder der Lehnskurie jeweils durch Befragung »gefunden« werden musste. Stadtrecht ist dagegen vom sozialen Untergrund einer jeweiligen Stadt ablösbar und damit übertragbar. Andererseits formen die Gesellschaften, auf die es übertragen wird, besonders im Falle einer Neugründung, das übertragene Recht weiter. Diese Formung geschieht in dem erwähnten Sinne einer stark individualisierten Bürgergesellschaft.

Der Modellcharakter von Stadtverfassung und Stadtrecht erlaubt aber auch Abwandlungen und Anpassungen an unterschiedliche konkrete Verhältnisse, sei es einer Stadtherrschaft, sei es einer Bürgergesellschaft. So konnte das gegen die Stadtherrschaft in Italien konjurativ erkämpfte Modell der Konsulatsverfassung auf Bürgerschaften deutscher Bischofsstädte übertragen werden, sie konnte aber auch fürstlichen Gründungen im Westen wie im Osten gewährt werden. Die Ratsverfassung und die Ratsgerichtsbarkeit können flexibel in verschiedene Rahmen eingepasst werden; doch auf die wesentlichen Elemente der Grundlage einer Bürgergemeinde und eines selbstbestimmten, nichtmonarchischen Leitungsorgans kann für die volle Stadtform nicht verzichtet werden. Doch wäre es bei der Vielfalt der Ausgestaltung von Transfer und Rechtsverleihungen wohl interessant zu unterscheiden, wo und wann der gesamte Komplex von bürgerlicher Gemeinde, Ratsverfassung und Stadtrecht erworben wird, wo dagegen nur ein Stadtrecht mit den erwähnten individuellen Freiheiten gewährt wird. Die angesprochenen Differenzierungen machen es möglich, eine Fragestellung nach dem Ausmaß und der politischen Bedeutung der Rechtsübertragung zu entwickeln: Wird

|**58**| Weber 1972, S. 790. |**59**| Gierke 1954a, S. 573. |**60**| Dilcher 1999, S. 4037; Gierke 1954b, S. 395. |**61**| Grundlegend dazu Kannowski 2001. |**62**| Vgl. Dilcher 1996b. |**63**| Umfassend dazu Wieacker 1967. |**64**| Vgl. Dilcher 1992c.

Abb. 4
Die Wirkung der guten Regierung für das umliegende Land wird symbolisiert durch die über allem schwebende Securitas (mit Galgen!), die sowohl den zur Jagd ausreitenden städtischen Adligen wie den anreisenden Kaufleuten und den arbeitenden und ihre Produkte in die Stadt bringenden Bauern Schutz und Sicherheit garantiert, Ambrogio Lorenzetti (1337–1340). Siena, Rathaus.

vor allem die Freiheit von Person und Eigentum innerhalb herrschaftlicher Bindungen verliehen; wird die Rechtsgemeinschaft der Bürger (*universi cives, universitas, communitas*) ausdrücklich anerkannt; erhält sie Satzungsmacht zur Weiterentwicklung ihres Rechts oder die Absicherung durch Rechtsauskunft von der »Mutterstadt«; wird schließlich die eigenständige Wahl der Führungsorgane (*consules*, Rat) zugesichert? Hier wären auch Abstufung und Ziel der Verleihungen an dörfliche Siedlungen interessant.

Die feststehenden Grundstrukturen der mittelalterlichen Stadt ermöglichen es, dass die juristische und politische Theorie des Spätmittelalters und der Frühen Neuzeit die Form der mittelalterlichen Stadt in ihre Lehre aufnimmt und in ihr Mischformen von aristokratischer und demokratischer Verfassung im Sinne des Aristoteles erkennt.[65] Damit stellt sie, neben der Monarchie, eine weitere »gute« und legitime Verfassungsform dar. Rathausmalereien wie etwa im italienischen Siena, aber auch in Deutschland setzen das in Bildform um.[66] An all dies anknüpfend, kann die moderne Forschung von einem auch die dörfliche Gemeinde umfassenden Kommunalismus und einem europäischen städtischen Republikanismus sprechen (Abb. 4).[67]

Unter den Stichworten »Modell« und »Transfer« ist schließlich ins Auge zu fassen, wie und in welchem Maße die protestantische Reformation, sei es lutherischer oder calvinistischer oder zwinglianischer Prägung, für ihren Kirchenbegriff wie für ihre Durchsetzung auf der in der politischen Realität schon vorgeformten Gemeinde aufbaute.[68] Unter diesem Gesichtspunkt kann schließlich sogar die Kolonisierung Nordamerikas mit dem puritanischen Ideal der »city upon a hill« als Transferleistung des okzidentalen Stadtmodells gesehen werden: Weniger der einsame Farmer des Westernfilms als vielmehr religiös homogene

Auswanderergemeinden, versehen mit dem Privileg einer königlichen Charter, haben vor allem die Besiedlung der Ostküste der USA strukturiert. Und die Verfassungsdiskussionen zur und nach der Unabhängigkeitserklärung fanden in städtischen Gemeinden statt, sodass Tocqueville im 19. Jahrhundert diesen Gemeindecharakter als politisch-soziale Grundstruktur der Vereinigten Staaten erkennen konnte.[69] Wie Wolfgang Reinhard in seiner »Geschichte der Staatsgewalt« gezeigt hat, findet auch im spanischen Südamerika die verwaltungsmäßige Durchdringung des Landes aufgrund der Schaffung einer städtischen Struktur weniger nach eigentlich näher liegenden feudalen Vorbildern statt.[70] Wir können also mit Max Weber wirklich von einem okzidentalen Modell der Stadt sprechen, das sich von anderen kulturellen Stadttypen der Welt unterscheidet. Eine seiner Eigenschaften ist seine rationale, die Person und ihre Aktivität freisetzende Struktur, im Rahmen eines auf die Gemeinde gegründeten Bürgerbegriffs. Das ermöglicht eine hohe Übertragbarkeit über geografische und kulturelle Grenzen hinweg.

Ein wichtiges und die kulturelle Homogenität des lateinischen Europa mitbegründendes Beispiel dieser Übertragbarkeit ist der Transfer der im südeuropäischen Raum begründeten Form der mittelalterlichen kommunalen Stadtverfassung in den Raum nördlich der Alpen, weiter in das zentrale und östliche Mitteleuropa und den skandinavischen und baltischen Norden. Die Ausbreitung endet weitgehend an der Grenze zum orthodoxen Christentum – darum okzidentale Stadt. Durch seine Geschichte, durch seine geografische Lage und seine politische und kulturelle Position innerhalb der mittelalterlichen Herrschaftsräume konnte Deutschland eine zentrale Stellung, die Funktion als eine Art Drehscheibe in diesem Prozess einnehmen.

|**65**| Vgl. Gierke 1954 b; Meier 1994 b. |**66**| Zu der in letzter Zeit viel diskutierten Thematik vgl. beispielsweise Meier 1996. |**67**| Vgl. Koenigsberger 1988; Meier 1996. |**68**| Vgl. dazu Dilcher, 1999 S. 698–711, im Anschl. vor allem an Moeller 1987. |**69**| Vgl. Tocqueville 1956. |**70**| Vgl. Reinhard 2002, S. 484.

It Register holdet vmme
van allen materien der
vorschreuē Croneken mit
korten worden van anbe
ghynne dusser houetstad
in alle sassen lande Mag
deborch de ok partenopo
lis genant is Also efft
eyn weten wolde van
vnsen ouer elderen den
sassen Wo de ersten ī dusse
land komen synd Wo vn
van wem dusse stad erstē
gebuwet is Van keyseren
konigen heren vn̄ forstē
van bisschoppen dusses stich
tes Van geschichten dusser
stad Van stryden van or
loge Van duer tyd Van
sterven van hagel van
vngewidder van wūder
teyken edder wat dat wer
dat in dussen buke beschre
uen is Wil he dat kort
liken vinden he see dar
na in dussen register Vn
wen he wes vindet van
der materien de he gerne
wiste na verlop der iar
Wo vn wenne dat gescheē
were De schal merken
de tale vn̄ de bokstaue
de dar bi stan Wente d
tal wiset in dat blat v
de bokstaue wiset in d
calumpne dar hande b
vor vn na mach he les
Dar vindet he de mat
gantz beschreuen wo
vn wenn dat sik dat ver
lopen heft De tal steyt
an allen bladen in der
boke bouen an geschre
van eynē an to reken d
bokstaue stan butē vm
de schrifft heer in den
spacio

keyser Julius i a

DAt Romesche rike
hadde to eyner ty
drey heren ii a i
keyser Julio vell to ger
mamen to synē deyl ii
keyser Julius buwede b
ge vn vesten in dussen
lande vn hir eyn borch
vn eyn tempel a ii
Julius gaff dusser stad
den namen partenopo
Julius buwede hir eerst
eyn stad vn welk wend
dar vmme b ii
De sassen wūnen de sta
vn buweden se noch vas
dar sulues c iii
keyser karl betwangk d
sassen vn brak der affg
de tempel c iiii
keyser karl leyt buwen
eynē tempel in sunte ste
fens eere c
keyser karl leyde dusse st
in dat sticht to halberst
Dar sulues na

MATTHIAS PUHLE

Rat und »Schöppenstuhl«

Das Ringen um die Macht im mittelalterlichen Magdeburg[1]

Die 40 Jahre der Herrschaft Erzbischof Wichmanns – von 1152 bis 1192 – gelten zu Recht als eine Blütezeit für das Erzbistum und sein wirtschaftliches und geistliches Zentrum Magdeburg.[2] Höchstwahrscheinlich fällt in diese Zeit die Erhebung Magdeburgs zur Stadt im Rechtssinne. Das Städterechtsprivileg Wichmanns für Magdeburg aus dem Jahr 1188 bildete einen Meilenstein auf dem Weg des Magdeburger Rechts zu einer der großen europäischen Stadtrechtsfamilien.[3] Das Privileg gibt uns einen Einblick in Prozessregeln dieses Rechts, wie sie sich seit den ottonischen Privilegien, also in einem Zeitraum von etwa 200 Jahren, herausgebildet haben (Abb. 1).

Es muss aber deutlich bemerkt werden, dass das zur Verfügung stehende Quellenmaterial für die Zeit vom 10. bis zur Mitte des 12. Jahrhunderts es nicht ermöglicht, über die Formierung der Magdeburger Bürgergemeinde auf der Grundlage eines sich ausbildenden Stadtrechts in diesem Zeitraum wirklich erschöpfend Auskunft zu geben. Analogieschlüsse zur Entwicklung in anderen Bischofsstädten bzw. Nachbarstädten sowie Rückschlüsse aus späteren Rechtszuständen müssen die großen Lücken füllen, die durch das unglückliche Schicksal der schriftlichen mittelalterlichen Überlieferungen in Magdeburg gerissen worden sind. Lediglich punktuell sind Ereignisse überliefert, die uns wenigstens Umrisse der politischen, sozialen und wirtschaftlichen Entwicklung in Magdeburg erkennen lassen.[4] »Nur einige wenige Urkunden stehen gleichsam wie Marksteine inmitten der übrigen Ueberlieferung da als Zeugnisse, daß sich tiefschneidende Veränderungen in der Stadt vollzogen haben.«[5] Eine

Abb. 1
Erste Seite der »Magdeburger Schöppenchronik«, Magdeburg, nach 1468. Berlin, Staatsbibliothek zu Berlin, Preußischer Kulturbesitz, Ms. Boruss. fol. 173.

|1| Der Beitrag stellt eine geringfügig überarbeitete Fassung von Textelementen des 2005 vom Autor veröffentlichten Bandes »Magdeburg im Mittelalter« dar. Die Herausgeber des vorliegenden Bandes danken dem Mitteldeutschen Verlag und seinem Geschäftsführer Roman Pliske sehr herzlich für die freundliche Genehmigung des Wiederabdrucks. |2| Vgl. allgemein Ausst.-Kat. Magdeburg 1992; ferner die jüngere Studie von Lück 2017 a, S. 130–139. |3| Vgl. Lieberwirth 1996, S. 116; Lieberwirth 1990; Ebel 1992, S. 44–45. |4| Schranil 1915, S. 189. |5| Ebd., S. 1.

Abb. 2
Erzbischof Wichmann von Magdeburg, Detail einer in Magdeburg in der Amtszeit des Erzbischofs gegossenen Bronzetür der Sophienkirche in Nowgorod, Abguss, 12. Jahrhundert. Magdeburg, Kulturhistorisches Museum.

wie in anderen Städten des 12. und 13. Jahrhunderts förmlich vorgenommene Erhebung zur Stadt hat in Magdeburg entweder nicht existiert, oder die Quelle befand sich unter den 1631 verbrannten Urkunden des Magdeburger Stadtarchivs. Wahrscheinlich hat es diese Stadtrechtsurkunde aber nicht gegeben. Durch die Herausbildung des Kaufmanns- und des Marktrechts im Laufe des 10., 11. und 12. Jahrhunderts war Magdeburg vermutlich sukzessive zur Stadt geworden.

Es bleibt die Frage zu klären, ab wann Magdeburg spätestens den Status einer Stadt hatte. Da für Magdeburg eine entsprechende Urkunde wie erwähnt nicht überliefert ist, muss wieder auf parallele Überlieferungen aus anderen Städten zurückgegriffen werden. Erzbischof Wichmann brachte nicht nur Kolonisatoren in sein Erzbistum und gründete Ortschaften, sondern er verlieh auch bestehenden Ortschaften Stadtrecht. Nachzuweisen ist dies für die Orte Wusterwitz, zwischen Genthin und Brandenburg gelegen, 1159 und Jüterbog 1175.[6] Markgraf Otto von Meißen verlieh Leipzig Stadtrecht nach magdeburgischem und hallischem

Recht. Diese Urkunde ist nicht datiert und wird im Magdeburger Urkundenbuch auf die Zeit zwischen 1156 und 1170 datiert. Um 1165 gründete Albrecht der Bär in Stendal einen Markt und verlieh dem Ort ebenfalls das Magdeburger Stadtrecht.[7]

Von diesen Stadtrechtsverleihungen her ist fest davon auszugehen, dass Magdeburg spätestens 1159, als Wichmann Wusterwitz das Stadtrecht verlieh, als Stadt anzusehen ist. Der Erzbischof von Magdeburg wird wohl kaum einer weitaus kleineren Ortschaft den Status einer Stadt zuerkannt haben, wenn nicht dem Sitz des Metropoliten dieser Status zuvor verliehen worden war. Um es aber nochmals zu betonen: Es ist durchaus möglich, dass Magdeburgs Stadtrechtsurkunde nicht verloren gegangen ist, da sie vielleicht niemals existiert hat, sondern dass Magdeburg gewohnheitsrechtlich schon in den frühesten Jahren Wichmanns oder sogar vor seiner Erhebung zum Erzbischof, also vor 1152 bzw. 1154, als Stadt, versehen mit Stadtrecht, angesehen wurde. Neben der rechtlichen Konstituierung von Innungen ist die Herausbildung des »Schöppenkollegs« und des Rates in der Zeit Wichmanns als wichtigster Schritt hin zu einer autonomen Stadtgemeinde anzusehen, die Vergabe des Stadtrechts als politisch-rechtliches Fundament vorausgesetzt. Rudolf Schranil geht von der Existenz eines Rates seit etwa 1240 aus.[8] Die erstmalige namentliche Erwähnung von Ratsherren im Jahr 1238[9] in der Bürgermeisterliste und 1244 in einer Urkunde, in der der Rat der Stadt Magdeburg die Innung der Schwertfeger (Waffenschmiede) bestätigt,[10] scheint diese Ansicht zu stützen. Ein Blick auf die allgemeine Entwicklung in den deutschen Städten des Mittelalters verdeutlicht, dass die Ausformung von Ratsgremien, die unabhängig von den jeweiligen Stadtherren die Geschicke ihrer Städte in ihre Hand nahmen, sich im Wesentlichen im 13. Jahrhundert vollzog.[11] Selbst das in vielen Beziehungen frühentwickelte Köln kann erst im Jahr 1216 auf die Erstnennung eines Rates verweisen, aber nicht einmal diese Erwähnung ist völlig gesichert, weshalb sie in der Forschung unterschiedlich interpretiert wird.[12] Die Ratsgremien traten natürlich nicht völlig unvermittelt ihre Arbeit an, sondern sind aus einer Reihe von Vorformen über viele Jahrzehnte gewachsen.

Die Bildung der städtischen Ratsgremien ist also als ein längerer, sich über mehrere Etappen vollziehender Prozess zu sehen. Bei der Frage, ab wann ein Rat existierte, kommt es auf die Kriterien an, die einer solchen Beurteilung zugrunde liegen. Das nicht nur von Schranil angewandte Kriterium, einem Rat erst dann die Existenz zuzugestehen, wenn er als »Urkundsbehörde« in Erscheinung tritt, ist die klarste Entscheidungsgrundlage, ignoriert aber jegliche Form frühbürgerlicher Institutionen bzw. ratsähnlicher Vorformen des Rates. Unterstützt wird diese Einschätzung von wesentlichen Teilen der Forschung, die die Existenz eines Rates an das Vorhandensein von Schriftlichkeit und damit nachvollziehbare Verwaltungstätigkeit knüpft. Man könnte auch sagen, dass ein Rat in dem Moment zum Rat wird, wenn er sich vom Objekt zum Subjekt entwickelt, das heißt nicht mehr nur in Form von Zeugenwirken in stadtherrlichen Rechtsakten vorkommt, sondern selbst initiativ als Urheber von Entschei-

---

|**6**| Vgl. Uitz 1976, S. 298. |**7**| Vgl. Puhle 2016, S. 177–178. |**8**| Schranil 1915, S. 209. |**9**| Goerlitz 1947, S. 84. |**10**| UB Magdeburg 1, Nr. 107, S. 56–57. |**11**| Engel, S. 59. |**12**| Vgl. ebd.

Abb. 3
Wappenstein der Magdeburger Schöffen, Sandstein, 1590. Magdeburg, Kulturhistorisches Museum.

dungen in Erscheinung tritt. Goerlitz machte den durchaus weiterführenden Vorschlag, die Ausformung des Magdeburger Rates von der zweiten Hälfte des 12. bis in die Mitte des 13. Jahrhunderts als die Entwicklung »vom erzbischöflichen bis zum selbstständigen Rate«[13] zu bezeichnen, was das Prozesshafte dieses Vorgangs zu Recht hervorhebt.

Die Magdeburger Schöffen haben, auch wenn dies nicht eindeutig belegbar ist, ganz sicher ihre Ursprünge sozialgeschichtlich in der Gruppe, die schon unter Otto dem Großen als *maiores civitatis* eine herausgehobene Stellung innehatte und im Jahr 1100 bzw. 1108 als Geschäftszeugen, als *iudices scabini* urkundlich belegbar sind. Zwischen den in diesen beiden Jahren erwähnten Zeugen gibt es allerdings keine Namensgleichheit, weshalb Theodor Goerlitz davon ausgeht, dass wir in den hier erwähnten Personen noch keine hauptamtlichen Schöffen mit lebenslänglicher Bekleidung ihres Amtes vor uns haben, sondern Personen, die »als gelegentliche Mitglieder des erzbischöflichen Rates aus der Bürgerschaft, deren Meinung und Hilfe dem Stadtherrn wertvoll ist, anzusehen«[14] sind. In der Zeit Erzbischof Wichmanns erlebten die Schöffen einen großen Aufstieg. Sie nannten sich seit der Zeit um 1147 bis 1154 nicht mehr *iudices scabini*, sondern *scabini iudices*.[15] In der Umkehrung beider Begriffe kann man eine Tendenz zur Professionalisierung der Schöffen erkennen (Abb. 3). Es ist nicht zu bezweifeln, dass die politische Funktion der Schöffen in der Zeit Wichmanns noch ganz und gar vom Willen des Erzbischofs abhing. Goerlitz wies darauf hin, dass die Ersterwähnung von Schöffen in Magdeburg in der Mitte des 12. Jahrhunderts im Vergleich mit der verfassungsmäßigen Entwicklung in anderen deutschen Städten als eher früh zu bezeichnen ist.[16] Die Schöffen in Köln sind erstmalig bereits 1103 nachweisbar, in Halle erst

Abb. 4
Ältestes, bis in die Mitte des 13. Jahrhunderts zurückreichendes Siegelmotiv der Stadt Magdeburg als Zeichen der Rechtsfähigkeit des Rates, an Pergamentstreifen befestigtes Siegel von 1436. Magdeburg, Kulturhistorisches Museum.

1235, als von dort eine Rechtsweisung an Neumarkt in Schlesien erging. Für das 10. Jahrhundert, das bleibt festzuhalten, sind Schöffen nicht nachzuweisen, was aus der Verfassungsentwicklung der deutschen Städte im Ganzen heraus erklärbar ist.

Das Erstarken der Magdeburger Führungsschicht in der zweiten Hälfte des 12. Jahrhunderts infolge der erzbischöflichen Politik auch in wirtschaftlicher Hinsicht sowie die Einrichtung einer allgemeinen Bürgerversammlung, deren Existenz in der Wichmann'schen Stadtrechtsbesserung von 1188 erstmals nachgewiesen werden kann, lassen aber den Weg Magdeburgs in die Richtung einer sich selbst verwaltenden, vom Stadtherrn weitgehend unabhängigen Gemeinde erkennen. Für die allgemeine Bürgerversammlung sind unterschiedliche Begriffe verwandt worden. Am häufigsten kommen die Termini »burding« und »conventus civium« vor.[17] Diese Bürgerversammlung war ursprünglich vom Erzbischof als Forum für die Verkündung stadtherrlicher Verfügungen geschaffen worden und nicht als beschlussfassende Versammlung. Allerdings ist im Wichmann'schen Recht von 1188 auch von der »voluntas meliorium« als durchaus maßgeblicher Meinung die Rede, was als Widerspruchsrecht der Gemeinde gedeutet werden kann. Dieses Widerspruchsrecht scheint im Laufe des 13. Jahrhunderts mit zunehmender Kompetenzerweiterung des entstehenden Rates schwächer geworden zu sein, da später immer die »wisesten« als maßgebend erklärt wurden.[18] Auch änderte sich der Charakter des Burding im Laufe des 13. Jahrhunderts in anderer Hinsicht

| **13** | Goerlitz 1947, S. 82. | **14** | Vgl. ebd. | **15** | Vgl. ebd. | **16** | Vgl. ebd. | **17** | Vgl. Schranil 1915, S. 205. | **18** | Vgl. ebd.

wesentlich: Der Erzbischof und seine Beamten verloren sukzessive Kompetenzen in der Stadt, was am Ende des 13. Jahrhunderts dazu führte, dass der Rat, der längst die »neue Obrigkeit« in der Stadt bildete, auch das Burding einberufen und durchführen konnte.[19] Zusammenfassend kann festgehalten werden, dass sich in der Zeit Wichmanns eine deutliche Entwicklung in Richtung einer sich korporierenden Magdeburger Bürgerschaft durch die Politik des Erzbischofs und das Erstarken der bürgerlichen Führungsschicht vollzog, die bis etwa 1240 zur Ausformung und Verdichtung der Ratsherrschaft führte.[20]

1244 war die Bildung des nun nicht mehr erzbischöflichen, sondern stadtbürgerlichen Rates vollzogen. Dass der Rat sich schon vor 1244 konstituiert haben könnte, ist von der Urkunde her nicht auszuschließen, da sie uns nicht die Bildung des Rates an sich mitteilt, sondern die Bestätigung der Innung der Schwertfeger (Waffenschmiede).[21] »Scabini, consules in Magdeburgk necnon universitas civium civitatis« erteilten der Innung der Schwertfeger das Privileg. Noch 30 Jahre zuvor, im Jahr 1214, hatte Erzbischof Albrecht II. wie seine Vorgänger Wichmann und Ludolf die Privilegierung einer Innung selbst vorgenommen. In diesem Fall ging es um die Bestätigung der Privilegien Wichmanns für die Gewandschneider-Innung und um die Bestimmung, nach der die Einnahmen, die durch die Aufnahme von Mitgliedern in die Innung flossen, für das kurz zuvor gegründete Heilig-Geist-Hospital zur Verfügung gestellt werden sollten.[22] Zwischen diesem Rechtsakt im Jahr 1214 und der Privilegienbewidmung durch den Rat 1244 muss sich die Konstituierung des städtischen Rates vollzogen haben, wobei es kaum denkbar ist, dass während der Herrschaft Albrechts II. große Fortschritte auf diesem Weg erzielt worden sind, da Albrecht, der 1232 starb, ein ähnlich dominanter Erzbischof wie Wichmann gewesen ist. Die entscheidende Phase der Herausbildung des Rates muss daher in der Zeit zwischen 1232 und 1244 liegen, also unter den Erzbischöfen Burchard und Wilbrand. Als neue Obrigkeit hat sich in dieser Zeit der Rat etabliert. Magdeburg befindet sich mit dieser Entwicklung im Einklang mit den Städten der Region. Der Rat von Halberstadt wird erstmals 1241 erwähnt, der Rat von Haldensleben ist seit etwa 1250 belegt, in Burg und in Quedlinburg ist ein Rat seit 1265 nachweisbar.[23]

Mit der Beurkundung des Schwertfegerprivilegs von 1244 hat der Magdeburger Rat auch amtlich gemacht, dass das Zunftbestätigungsrecht nicht mehr beim Erzbischof, sondern bei ihm lag.[24] Erika Uitz sieht in dieser Zeit auch das Recht zur Stadtbefestigung, das später so viel Konfliktpotenzial in der Auseinandersetzung zwischen Stadtherrn und Gemeinde in sich barg, an den Rat der Stadt übergehen.[25] Sie folgert dies aus einer für Magdeburg bestimmten Schenkung Erzbischof Wilbrands über zwei Morgen Land dicht an der Stadtmauer zu dem Zweck, dass die Stadt die Steine aus dem Boden dieses Landes herausnehmen und dieses Baumaterial zur städtischen Befestigung einsetzen sowie die erzbischöfliche Residenz wieder aufbauen sollte.[26]

|**19**| Vgl. ebd. |**20**| Weiterführend dazu Puhle 2009, S. 464. |**21**| UB Magdeburg 1, Nr. 334, S. 200–203. |**22**| Ebd., Nr. 77, S. 38–39. |**23**| Vgl. Uitz 1976, S. 301. |**24**| Vgl. ebd., S. 302. |**25**| Vgl. ebd. |**26**| UB Magdeburg 1, Nr. 97, S. 50.

Abb. 5
Magdeburger Reiter auf dem Alten Markt, Fotografie, um 1920.
Marburg, Bildarchiv Foto Marburg, Signatur fm625308.

Völlig konfliktfrei gestaltete sich das Verhältnis zwischen Erzbischof Wilbrand und der Stadt Magdeburg nicht. Aus dem Jahr 1238 ist eine Erhebung der Bürger gegen den Erzbischof überliefert, über die wir allerdings nur wenig in Erfahrung bringen können. Aus der Magdeburger »Schöppenchronik« und den in den Erfurter Annalen zum Jahr 1238 erscheinenden Textstellen ist zu folgern, dass die Magdeburger Bürger das erzbischöfliche Schloss zu Biederitz zerstörten und auch das Dorf sowie die Kapelle nicht verschonten.[27] »Die Sache scheint in Verbindung gestanden zu haben mit einer im Jahre 1238 stattgehabten zwiespältigen Domprobstwahl, in welcher der Graf Albert von Gleichen über seinen mit ihm in heftiger persönlicher Feindschaft lebenden Gegner Bruno den Sieg davontrug, aber kurz darauf durch den Pfeilschuß eines der Diener Brunos, jedoch ohne des Letzteren Wissen, getötet wurde. Die zwischen dem Erzbischof und der Stadt entstandenen Zerwürfnisse wurden durch die Vermittlung des Bischofs von Halberstadt geschlichtet.«[28]

Mehr ist über den Konflikt von 1238 nicht überliefert. Dennoch können wir ihn sicher als einen weiteren Schritt hin zur Gemeindebildung im Inneren und zur Emanzipation vom Erzbischof als Stadtherrn Magdeburgs betrachten. Für diese Interpretation spricht auch die am 10. Januar 1240 vorgenommene Bestätigung der Rechte der Stadt Magdeburg durch Erzbischof Wilbrand.[29] Es ist durchaus denkbar, dass die Aufstellung des Magdeburger Reiters auf dem Alten Markt mit Blick auf das Rathaus um 1240 als Zeichen der erzbischöflichen Macht über die sich bildende Kommune mit diesen Ereignissen im Zusammenhang steht (Abb. 5).[30] Das heißt, man könnte in der Aufstellung des Magdeburger Reiters, der Otto den Großen, den Stifter des Erzbistums Magdeburg darstellt, als Versuch des Erzbischofs interpretieren, mit diesem Monument der Macht seine landes- und stadtherrliche Autorität symbolhaft und dauerhaft deutlich zu machen in einem Moment, in dem seine Herrschaft über die Stadt von Seiten der Bürgerschaft infrage gestellt wurde.

Der erste innerstädtische Konflikt in Magdeburg, der in seiner Ursache und seinem Verlauf nachvollziehbar ist, hängt unmittelbar mit dem Emanzipationsprozess der Stadt Magdeburg vom erzbischöflichen Stadtherrn zusammen und offenbart erstmalig in der Geschichte Magdeburgs Spannungen innerhalb der führenden Gruppen der Bürgerschaft. Das Jahr 1293 brachte »twidracht und krich in dusser stad«,[31] die am 2. Februar ausbrachen. Die Krisenphänomene verstärkten sich in diesem Jahr noch dadurch, dass die Johanniskirche und das Rathaus am 29. Juni einem großen Stadtbrand zum Opfer fielen.[32] Beide Gebäude wurden schnell wieder aufgebaut, und schon am 25. November desselben Jahres konnten die Ratsherren wieder in ihr Rathaus einziehen.[33] Über den Verlauf der »twidracht« setzt uns der umfassende Bericht in der »Magdeburger Schöppenchronik« in Kenntnis. Einen unmittelbaren Anlass dieser Unruhen teilt die »Schöppenchronik« nicht mit. Zu Blutvergießen wie in Tumulten anderer Städte kam es in dieser »twidracht« nicht. Der Konflikt entwickelte sich auf folgende Weise (Abb. 1):

»Im Jahr 1293 vor Lichtmeß [...] erhob sich eine große Zwietracht und Streit in der Stadt und fanden große Umwandlungen statt. Es setzten nämlich der Gewandscheidemeister Hans von Honstein, der Kürschnermeister Tilo Weske, der Krämermeister Bete König und einer

Namens Westphal einen Brief auf, machten neue Gesetze, und bestimmte unter anderem darin, daß man jeden aus dem Rat verweisen und vertreiben sollte, der in der Fürsten Rate sich befinde oder ihre Kleidung trüge [...] Vor Himmelfahrt sandten die Ratsleute zu den Schöppen und baten sie, dem Rat die den Schöppen zugehörige Kammer zu überlassen; als aber die Schöppen sie ihnen nur leihweise überlassen wollten, lehnten die Ratmannen das ab. Am Sonnabend vor St. Peter und Paul [...] sandten die letzteren und die Innungsmeister abermals zu allen Schöppen und sprachen zu ihnen: Ihr Schöppen sollt uns die Kammer einräumen, die wir haben wollen; die Kammer gehört uns, wir geben der Stadt Zins dafür und haben sie für unser Geld gebaut [...] Mit lautem Geschrei sagten die Ratmannen und Innungsmeister zu den Schöppen sehr unbescheidene Worte, und verlangten die Bücher, in denen die Auflassungen eingetragen standen, und drohten sie zu zerreißen.«[34]

Bei den erwähnten Büchern handelt es sich um Hypothekenbücher, die sich von nun an im Besitz des Rates befanden, der damit die Kontrolle über die Grundstücksgeschäfte in der Stadt erhielt.[35]

In dem Konflikt von 1293, der 1295 noch einmal aufloderte und auch danach nicht beigelegt war, wird deutlich, dass am Ende des 13. Jahrhunderts Teile der Magdeburger Bürgerschaft ökonomisch so erstarkt und politisch so selbstbewusst geworden waren, dass der Kampf um die politische Macht in der Stadt voll entbrennen konnte. Es handelte sich hierbei nicht um einen Konflikt zwischen den führenden Gruppen in der Stadt und den nachdrängenden mittleren Schichten, die auf Teilhabe am Ratsregiment drangen wie in anderen Städten, sondern um die Reduzierung des Einflusses von Seiten des Erzbischofs auf die Stadtpolitik. Als sein verlängerter Arm fungierten die von ihm eingesetzten Schöffen, die noch zu 50 Prozent den Rat bildeten. Als dritte Gruppe, seit 1281 nachweisbar, nahmen die Innungsmeister der Händler, Krämer, Kürschner, Gerber und Leinwandschneider an den Ratsgeschäften aktiv Anteil, ohne dass dies verfassungsrechtlich bereits seinen Niederschlag gefunden hätte. Es waren Innungsmeister aus diesem Personenkreis, die mit ihren Forderungen auf das Zurückdrängen des Schöffeneinflusses innerhalb des Rates die innerstädtischen Unruhen auslösten. Dabei traten Gruppenbildungsprozesse zutage, die Gudrun Gleba so beschreibt:

»[...] die städtischen Verwaltungsorgane sind dreigeteilt, wobei den Schöppen als Parteigängern des Bischofs die Opposition von Ratsherren und Innungsmeistern gegenübersteht. Die Innungsmeister werden in der Chronik als treibendes Element dargestellt, die Ratsherren votieren im Konfliktfall aber ebenfalls gegen die Schöppen und für eine Ausweitung der städtischen Kompetenzen. Zu diesem Zeitpunkt sind nur die großen, kaufmännisch orientierten Innungen ratsfähig, ohne daß ihre Meister jedoch als Ratsherren bezeichnet würden. Ratsherren und Meister stellen zwar gemeinsam den Rat, bleiben aber deutlich begrifflich

|**27**| Janicke 1869, S. 149–150. |**28**| Wolter 1901, S. 31–32. |**29**| UB Magdeburg 1, Nr. 108, S. 54. |**30**| Puhle 2009, S. 466. |**31**| Janicke 1869, S. 171. |**32**| Ebd., S. 173. |**33**| Ebd., S. 176. |**34**| Übersetzung aus der Schöffenchronik durch Erika Uitz enthalten in Asmus 1977, S. 53–54. |**35**| Vgl. Uitz 1976, S. 310.

voneinander getrennt als Vertreter verschiedener Gruppen erkennbar. Die kleinen Innungen werden vorläufig noch von den großen vertreten. Ansätze einer gemeindlichen Organisationsform lassen sich weder sprachlich noch faktisch ausmachen.«[36]

Offenbar überkreuzten sich politische und ökonomische Interessen, Gruppeninteressen und am Gemeinwohl orientiertes Interesse. Den Schöffen wurde vorgeworfen, willkürlich und zum eigenen Vorteil mit der Steuer zu verfahren und Spekulationsgeschäfte zum Schaden der Stadt zu betreiben. Die Forderung, die die Innungsmeister gleich zu Beginn der Auseinandersetzungen erhoben hatten, wonach derjenige, der »in der Fürsten Rat sich befinde oder ihre Kleidung trüge«, aus dem Rat verwiesen werden solle, wurde nicht begründet. Welchen schädlichen Einfluss der Erzbischof über seine Schöffen auf den Rat ausübte, wird also nicht deutlich. Neben dem Vorwurf der persönlichen Vorteilsnahme durch die Schöffen, dessen Stichhaltigkeit nicht überprüft werden kann, wurden die Forderungen nach Übergabe der Kammer und der Grundbücher, 1295 schließlich nach der Übernahme der niederen Gerichtsbarkeit durch den Rat erhoben. Hier ging es eindeutig um das Zurückdrängen des erzbischöflichen Einflusses auf die eminent wichtigen Felder städtischer Politik, die vor allem für die Weiterentwicklung der städtischen Territorialpolitik von höchster Bedeutung waren. Als Grund für das Vorgehen der Innungsmeister, dem sich letztlich auch die Ratsherren anschlossen, die nicht zugleich Schöffen waren, würde der schon seit Längerem schwelende und nun offen ausbrechende Kampf um die Macht in der Stadt zwischen den Bürgern und dem Erzbischof sicherlich bereits ausreichen. Aber nicht übersehen werden sollte der Hinweis von Uitz auf den in der Argumentation der Innungsmeister durchscheinenden ökonomischen Konflikt zwischen den Handel treibenden Ratsherren und Innungsmeistern auf der einen Seite und den Schöffen auf der anderen Seite. Offenbar betätigten sich die Schöffen nicht nur als erzbischöfliche Ministeriale, sondern auch als Fernkaufleute und wurden so zu ernsthaften Konkurrenten des anderen Teils des Rates.

Im Ergebnis der Unruhen von 1293/1295 hatten die Ratsherren und Meister einen Teilerfolg errungen. 1293 waren sie in den Besitz von Kammer und Grundbüchern gekommen.[37] 1295 flackerte der Konflikt erneut auf.[38] Die zentrale Forderung betraf nunmehr die Erlangung der niederen Gerichtsbarkeit durch den Rat. Nach einer Beratung mit »unsen wittigesten borgeren« wurde diese Forderung an die Schöffen gerichtet.[39] Dem Hinweis der Schöffen darauf, dass mit einer Übertragung der Gerichtsbarkeit auf den Rat gegen das Recht des Kaisers und gegen das Recht, mit dem die Stadt bewidmet worden war, verstoßen würde, begegneten Meister und Rat mit der Absetzung der alten und der Einsetzung neuer Meister. Im weiteren Verlauf der Unruhen konnte der Erzbischof sein Investiturrecht bzw. das Kooptationsrecht der Schöffen wieder durchsetzen. Aber *de facto* bestand wohl von nun an ein gewisser Einfluss des Rates auf die Neubesetzung der Schöffenämter, denn künftig wurde ein Teil der vom Rat eingesetzten Schöffen im Rahmen der Neubesetzung des Schöffengremiums bestätigt.

Ein für die Stadt Magdeburg wichtiger Erfolg bestand in der von nun an vollzogenen Trennung zwischen Rat und Schöffen. Letztere schieden als Mitglieder des Rates aus.[40] Die Einigung von 1295 hatte jedoch noch ein blutiges Nachspiel. Die fünf Innungsmeister der Händler, Krämer, Kürschner, Gerber und Leinwandschneider, von denen der Konflikt wohl in erster Linie ausgegangen war, wurden 1301 oder 1302 zur öffentlichen Abschreckung auf dem Alten Markt bei lebendigem Leibe verbrannt. Da allerdings nur die erzbischöfliche Chronik davon berichtet, während andere Schriftquellen schweigen, kann diese Hinrichtung auch eine Erfindung der Chronisten sein, die Nachahmer abschrecken sollte.

Dieser Stadtkonflikt sollte nicht der letzte in der mittelalterlichen Geschichte Magdeburgs sein. Auch der sich jetzt abzeichnende Machtkampf zwischen der Bürgergemeinde und ihrem Stadtherrn, dem Magdeburger Erzbischof, wurde von nun an bis zum Ende des Mittelalters zu einer Grundkonstanten der Stadtgeschichte und ragte auch noch in das 16. Jahrhundert hinein. Schon 1306 entzündete sich der nächste Konflikt zwischen der Stadt und dem Erzbischof: Dieses Mal ging es um die Schlüsselgewalt für die Herrenpforte, über die man von Süden Zugang zur Altstadt erhielt. In diesem Schlüsselstreit, der bereits vor 1306 ausgebrochen war und der sich wie ein roter Faden durch die spätmittelalterliche Geschichte der Stadt zog, kam fast symbolhaft der Kampf um die Macht in der Stadt zum Ausdruck.

Mit der Wahl Burchards III. als neuer Erzbischof von Magdeburg 1307 begann eine äußerst konfliktreiche Zeit, die durch dessen gewaltsamen Tod 1325 endete. In diesem Jahr eskalierte die Auseinandersetzung zwischen der Stadt Magdeburg und ihrem Erzbischof. Ende August 1325 wurde der Erzbischof von Magdeburger Bürgern in seinem eigenen Palast gefangen genommen.[41] Am 21. September führte man Burchard in den Magdeburger Ratskeller, der während dieser Zeit als Gefängnis genutzt wurde und wo der Erzbischof von einer Gruppe aus Magdeburg, Calbe und Halle stammender Ratsherren im bewusst herbeigeführten Zustand der Trunkenheit mit einem Knüppel oder einer Keule erschlagen wurde. Diese »schändliche Tat« wurde monatelang vertuscht. Erst ein Jahr danach tauchte der Leichnam Burchards aus dem Sand des Ratskellers wieder auf. Papst Johannes XXII. verhängte über die Stadt das Interdikt (Kirchenbann), währenddessen König Ludwig IV. gegenüber der Stadt die Acht und den Bann aussprach. Dadurch geriet Magdeburg in eine sehr schwierige Lage, weshalb sich die für diese Zeit typischen sozialen und politischen Konflikte innerhalb der Bürgerschaft verschärften. 1330 entluden sich diese Spannungen in einer Auseinandersetzung zwischen den Bürgern und dem Rat.[42] Erst 1349, nach Erfüllung aller Sühnevorschriften, gelang Magdeburg die völlige Freisprechung vom päpstlichen Bann. Die Änderung der Stadtverfassung infolge der Stadtunruhen von 1330 brachte eine für die nächsten 300 Jahre tragfähige Stadtverfassung hervor, die erst unter dem Druck der Ereignisse im Vorfeld der Zerstörung Magdeburgs 1631 im Rahmen des Dreißigjährigen Krieges gravierend verändert wurde.

|**36**| Gleba 1989, S. 101. |**37**| Vgl. ebd., S. 102. |**38**| Janicke 1869, S. 177–179. |**39**| Eine Zusammenfassung der Ergebnisse bei Gleba 1989, S. 102–103. |**40**| Vgl. Goerlitz 1947, S. 79. |**41**| Vgl. Hertel 1887. |**42**| Vgl. Uitz 1976, S. 322–323.

…OMINE

…piritus Sancti Amen. Quoniam M^tas Regia quicquid vel denuò concedit, vel iam ante…
…t. Proinde etiam ad perpetuam rei memoriam. Nos STEPHANVS Dei gratia REX …
…s. Significamus præsentibus literis quorum interest vniuersis et singulis præsentibus…
…nobis dilecti subditi nostri ciues Vilnenses per suos Nuncios nomine totius sui Magistr…
…lia Maideburgensia, priuilegia, libertates, prærogatiuasq;, et à theloneorum solutionibu…
…res nostros Ser^mos Reges Poloniæ et magnos Duces Lithuaniæ data, concessa, larg…
…nus ac ratificaremus: Præsertim verò per Serenissimos Principes ac Reges et Duces…
…um secundum Augustum eidem ciuitati nostræ præmemoratæ, et omnibus ipsius incolis…
…as et largitas authoritate nostra Regia nouo diplomate confirmaremus, ratificare…
…a antecessores nros exhibuerunt, et prout nobis per Consiliarios commendata est, …
…tioni consonæ annuentes, omnia eorum huiusmodi iura, leges, priuilegia, indulta, exem…
…as, et tam latinis verbis quàm etiam Polonica et Ruthenica dyalecto et caracteribus …
…quarum vsu et possessione vsq; hactenus extiterunt) in omnibus eorum capitulis, artic…
…nfirmanda, roboranda, ratificanda et approbanda, seu confirmandas, roborandas, rat…
…mia iustè, licitè et legitimè emanata vim et robur perpetuæ ac indubitatæ firmitatis…
…ra subscripsimus, et sigillo nostro magni Ducatus Lithuaniæ muniri et obsignari iussi…
…ibus Illustribus, Magnificis Generosis et Nobilibus Nicolao Radziuil in Dubingi…
…o et Biess Comite Castellano Vilnensi, Samogitiæ generali Capitaneo, magni Ducatu…
…uien q; Tenutario, Stephano Duce Zbarasien, Palatino Trocensi, Somilienq; Tenutar…
…nowicz Dorhostaiski Polocen, et Capitaneo Wolkouien, Vielunen Tenutario, et Boissog…
…lscislauien et Capitaneo Braczlauien, Andrea Duce Wisniewieczki Braczlauien, Nic…
…en et Dineborgen Capitaneo, Paulo Sapiha Kijouien et Luberen Tenutario, Dominic…
Podlassien Castellanis, et Mielnicen Capitaneo, ac in magno Ducatu Lithuaniæ Not…

JOLANTA KARPAVIČIENĖ

»Nach unserem Magdeburger Recht«

Zur Frage der stadtbürgerlichen Identität im Großfürstentum Litauen

Um das Phänomen des Magdeburger Rechts, seine Bedeutung, seinen territorialen Umfang, die Dauer seiner Gültigkeit sowie seine thematische Vielschichtigkeit zu erschließen, ist es notwendig, die Problematik der Ausdehnung dieses Rechts nach Osten[1] sowie seine Verbreitung im Großfürstentum Litauen zu betrachten. Der deutsche Rechtshistoriker Wilhelm Ebel, der in seinem Werk das Phänomen des »Deutschen Rechts im Osten« ausgiebig untersucht hat, unterscheidet drei »Gürtel« der Ausbreitung des Magdeburger Rechts in Europa. Den im Zusammenhang mit der vorliegenden Studie relevanten dritten »Gürtel« definiert er als ein Territorium »ohne klar erkennbare Grenzen«, dem er auch das Großfürstentum Litauen zurechnet.[2] Das Magdeburger Recht hat das Großfürstentum zwar zuletzt, dafür aber unter besonderen historischen Umständen erreicht. Nach der dynastischen Verbindung mit Polen und nach Durchsetzung der katholischen Taufe am Ende des 14. Jahrhunderts bildete dieser Staat eine eigentümliche Brücke, die der Ausbreitung der okzidentalen Kultur nach Osten verhalf. Soziopolitische Umstände beförderten die Rezeption des Magdeburger Rechts im historischen Litauen und halfen dabei, seine alltäglichen Funktionen auszugestalten. Das Magdeburger Recht, synonym auch »deutsches Recht« genannt, wurde in Litauen ausnahmslos zu einer städtischen Erscheinung, aber teilweise auch zum Synonym für Stadtrecht schlechthin.

Abb. 1
Detail des Konfirmationsprivilegs der Verleihung des Magdeburger Rechts von Stephan Batory an Vilnius von 1576, siehe Abb. 3. Vilnius, Wroblewski Bibliothek der Akademie der Wissenschaften von Litauen, Sig. LMAVB RS F1–182.

|**1**| Es wäre unmöglich, die langjährigen und zahlreichen Forschungen zu dieser Problematik, die in vielen Ländern entwickelt werden, detailliert vorzustellen. Hier werden aber die wichtigsten Arbeiten und die neuere Historiografie erwähnt. Vgl. u. a. Schubart-Fikentscher 1942; Jakowliw 1942; Jakowliw 1944; Willoweit/Schich 1980; Lieberwirth 1986; Lück 1998 a; Ebel 2004 a; Puhle 2007; Lück 2007 a; Eichler/Lück 2008; Lück/Puhle/Ranft 2009; Bily/Carls/Gönczi 2011; Keller 2012; Gönczi/Carls 2013; Lück 2013 a; Balogh 2015; Lück 2015 b; Lück 2015 d. |**2**| Ebel 1952, S. 18 u. 22.

Innerhalb dieser Untersuchung sollen die Ausbreitung und Wirkungsweisen des Magdeburger Rechts im Großfürstentum Litauen in allgemeinen Zügen betrachtet werden. Ferner wird anhand konkreter Beispiele das Modell der Stadt- und Gerichtsverfassung behandelt. Außerdem sind die sozialen Funktionen dieses Phänomens hervorzuheben, die unter anderem den Nostrifizierungsprozess des Magdeburger Rechts in Litauen verursacht haben. Schließlich soll generell und detaillierter auf die historische Entwicklung der Städte eingegangen werden, die sich auf dem heutigen Territorium Litauens befinden.

Der litauische Staat, der sich Mitte des 13. Jahrhunderts herausbildete, sollte seine materiellen und demografischen Ressourcen, deren Umfang infolge der Ausdehnung des Großfürstentums Litauen in den ostslawischen Raum stieg, vor allem für militärische Zwecke verwenden. Dieser Umstand wirkte der wirtschaftlichen Entwicklung des Landes entgegen und verlangsamte zudem den Prozess der Urbanisierung in den westlichen Gebieten des Landes. Die Intensivierung dieses Vorgangs lässt sich im westlichen Teil Litauens, in dem die ethnisch-litauische Bevölkerung wohnte, erst in der zweiten Hälfte des 13. und Anfang des 14. Jahrhunderts beobachten.[3] Der Krieg mit dem Deutschen Orden, die lange Dauer der verspäteten Durchsetzung des Christentums und andere Umstände verhinderten im Großfürstentum Litauen einen ausgedehnten Landesausbau, wie er für die mittelalterliche Ostsiedlung im übrigen Ostmitteleuropa kennzeichnend war. Aus diesem Grund spielten Gruppen deutscher Siedler bei der Ausbreitung des Magdeburger Rechts in Litauen eine bei Weitem geringere Rolle als in anderen ostmitteleuropäischen Ländern.

Das Auftreten dieses Rechts sowie seine Ausdehnung im Großfürstentum Litauen wurden durch andere Faktoren bedingt, die im Wesentlichen mit Entwicklungen in Polen zusammenhingen. Um zum polnischen König gekrönt zu werden, verpflichtete sich der Großfürst Litauens Jogaila, das katholische Christentum anzunehmen und das bisher heidnische Litauen taufen zu lassen.[4] Während der ersten Taufaktion im Jahr 1387 hatte dieser Herrscher Privilegien an den künftigen Bischof von Vilnius/Wilna, an die katholischen Adligen und an die Stadt Vilnius verliehen. Die litauischen Geschichtswissenschaftler beurteilten diese Verleihungen für gewöhnlich aus Sicht späterer Entwicklungen im Großfürstentum Litauen. Man nimmt somit an, dass sich mit dem herrschaftlichen Akt zugleich der Anspruch verband, rechtliche Grundlagen für eine sich entfaltende Ständegesellschaft im Großfürstentum Litauen zu schaffen.[5] Die Verleihung des Magdeburger bzw. des deutschen Rechts gegenüber »den Städtern, Einwohnern sowie der ganzen Gemeinde der Stadt Vilnius«[6] 1387 markiert demnach eine neue Etappe nicht nur in Bezug auf die Entwicklung dieser Stadt. Dank gezielter territorialer Politik des Staates wurden dem Magdeburger Recht in Litauen der Status eines Stadtrechts schlechthin zuerkannt und die weitere Entwicklung der Städte des Großfürstentums auf die Entwicklung der magdeburgischen Selbstverwaltung ausgerichtet.[7] Im Laufe der Zeit begann man, die Siedlungen des Großfürstentums Litauen, die das Recht auf Selbstverwaltung besaßen, als magdeburgische Städte bzw. als »Städte des Magdeburger Rechts« zu bezeichnen.[8] Die mit der Selbstverwaltung betrauten Institutionen wurden »magdeburgische Behörden«[9] oder einfach »Magdeburien« bzw. »Majdeburien« genannt.[10] In den Quellen sind auch andere Elemente der vormodernen kommunalen

Selbstverwaltung im Großfürstentum Litauen unter Verwendung bestimmter Terminologien ausfindig zu machen. Städtische Gerichte, die Schriftführungsbücher sowie Siegel der Städte wurden ebenfalls als magdeburgisch bezeichnet.[11]

In der Geschichtsschreibung werden verschiedene Etappen der Ausbreitung des Magdeburger Rechts im Großfürstentum Litauen unterschieden.[12] Demnach war für den ersten Abschnitt nur eine geringe Zahl von Verleihungen kennzeichnend. Die ersten Privilegien wurden zunächst den Kommunen erteilt, die sich in den litauischen Kernländern befanden. Noch in der Zeit des Übergangs vom 14. zum 15. Jahrhundert hatten außer Vilnius nur Kaunas/Kowno, Brest (heute Weißrussland) und Trakai/Traken dieses Recht erhalten. In der ersten Hälfte des 15. Jahrhunderts verliehen die litauischen Herrscher bzw. von ihnen abhängige Grundherren vereinzelt Privilegien des deutschen Rechts an verschiedene Orte sowie Vogteien in Podlachien (heute Polen), das seit dem 14. Jahrhundert zum Großfürstentum Litauen gehörte.[13] Damit ging die Binnenbesiedlung vom westlichen Teil des Großfürstentums Litauen aus. Dieser lokale Prozess erreichte damals kein großes Ausmaß. Die ersten Lokationen nach deutschem, häufig nach dem Kulmer Recht, besaßen zumeist keine Kontinuität.[14]

Das Wachstum der Städte in den ethnisch-litauischen Gebieten des Großfürstentums Litauen konnte allerdings aufgrund begrenzter demografischer Entwicklungen nicht gewährleistet werden. Deswegen übten in Mitteleuropa aufkommende deutsche Siedlungsbewegungen auf die Entwicklung dieser Städte einen nachhaltigen Einfluss aus.[15] Zum Beispiel gab es im vorchristlichen Vilnius außer einer »heidnischen« Stadt auch eine christlich geprägte deutsche Siedlung und eine orthodoxe ostslawische »civitas ruthenica«.[16] Die Verleihung des Magdeburger Rechts hätte diese gesonderten ethnokonfessionellen Gruppen von Vilnius zu einem in sozialer Hinsicht einheitlichen Organismus zusammenschließen müssen. Die Adressaten dieses Rechts werden im ersten Privileg von Jogaila durch die folgende Formel definiert: »Städter, Stadteinwohner und die ganze Stadtgemeinschaft«. Die polnische Historiografie macht daneben schon seit langer Zeit darauf aufmerksam, dass im Dokument Jogailas weitere für Lokationsurkunden kennzeichnende Elemente fehlten.[17] Jogailas Privileg könnte also als ein in die Zukunft gerichteter Auftrag betrachtet werden. Der Herrscher verwies in diesem Dokument darauf, dass er ein ausführlicheres Privileg an

|**3**| Gudavičius 1991, S. 64–65; Gudavičius 1999, S. 90–91; Kiaupa 1996, S. 167–168; Baronas/Dubonis/Petrauskas 2011, S. 260–273. |**4**| Hellmann 1996, S. 36; Niendorf 2006, S. 22–26. |**5**| Kiaupa/Kiaupienė/Kuncevičius 2000, S. 130–131; Bumblauskas 2005, S. 136 u. 186. |**6**| »[...] civibus et incolis totaeque communitati praedictae civitatis nostrae Vilnensis jus theutonicum quod Magdeburiense dicitur damus [...]«. Dubiński 1788, S. 1–2. |**7**| Gudavičius 1999, S. 359. Kiaupiene/Petrauskas 2009, S. 183–184 u. 300–304. |**8**| Lietuvos magdeburginių miestų privilegijos 1, S. 111: »civitates juri dicto Theutonico Maideburgensis ordinare«; Tyla 2006, S. 207: »miasto nasze majdeburskie«; Ebd., S. 145: »miasto [...] prawa majdeburskiego«. |**9**| Ebd., S. 282: »urzed majdeburski miasta«. |**10**| Ebd., S. 185, 284, 366, 373 u. 388 u. a.; Lietuvos magdeburginių miestų privilegijos 5, S. 397, 398, 425 u. 430 u. a.; Lietuvos magdeburginių miestų privilegijos 8, S. 18, 33, 73–75 u. 79 u. a. |**11**| Lietuvos magdeburginių miestų privilegijos 4, S. 368: »sądy nasze magdeburskie«, S. 183: »do ksiąg radzieckich majdeburskich«, S. 348: »do ksiąg urzędowych majdeburskich« u. S. 282: »pod pieczęcią majdeburską miasta«. |**12**| Bardach 1988; Kiaupa 1998. |**13**| Jarmolik 1982, S. 27–28 u. 33. |**14**| Rimša 1999, S. 167, 201–202, 215, 363–364, 514 u. 539–540. |**15**| Kiaupa 1996, S. 171–172; Kiaupienė 2006. |**16**| Ochmański 1990, S. 61; Katalynas 2006, S. 53–55 u. 193–194. |**17**| Bardach 1988, S. 80–81.

Abb. 2 a
Gotisches kleines Siegel des Stadtrats von Vilnius von 1446 (Fassung von 1581), das den heiligen Christophorus mit dem doppelten Kreuz der Jagiellonen zeigt. Vilnius, Universitätsbibliothek, Sig. VUB F4–18405 (A 323).

Abb. 2 b
Renaissancezeitliches großes Siegel der Stadt Vilnius von 1504 (Fassung von 1652), das den heiligen Christophorus mit dem doppelten Kreuz der Jagiellonen zeigt. Vilnius, Wroblewski Bibliothek der Akademie der Wissenschaften von Litauen, Sig. LMAVB RS F251–42, l. 2r.

die Gemeinde von Vilnius zu späterer Zeit verleihen würde. Obwohl es keine Information über eine dementsprechende Urkunde vom Stadtherrn gibt, zeugen spätere Quellen davon, dass im historischen Gedächtnis der Bürger von Vilnius die Anfänge der magdeburgischen Stadtverwaltung schon seit Mitte des 15. Jahrhunderts sehr konsequent mit der Person Jogailas verbunden werden. Davon zeugen auch heraldische Symboliken. So wurden im ratsherrlichen Siegel seit dem 15. Jahrhundert und im großen Stadtsiegel von Vilnius seit dem 16. Jahrhundert der Heilige Christophorus mit einem Stock dargestellt, an dem das doppelte Kreuz der Jagiellonen dargestellt war (Abb. 2).[18]

In späteren Konfirmationsprivilegien anderer litauischer Großfürsten (u. a. 1432, 1441 und 1492) wurde sogar der Rezipient des deutschen Magdeburger Rechts konkretisiert: »Jus Theutonicum quod Magdeburiense dicitur« habe die ganze Stadt Vilnius demnach einst erhalten, was sowohl die Bürger und Stadteinwohner katholischen Glaubens als auch die orthodoxischen Ruthenen (»civibus et incolis [...] tam fidei catholicae cultoribus quam etiam ruthenis«) betraf.[19] Die erste Definition umfasste Deutsche, Polen und katholisch getaufte Litauer, die zweite hingegen enthielt den Hinweis auf orthodoxe Ostslawen (Abb. 3).

Seit dem Beginn der Ausbreitung des Magdeburger Rechts im historischen Litauen wurde die Bezeichnungen für »das deutsche« und »Magdeburger Recht« allgemein synonym verwendet. Dieser Terminus hat sich während der deutschrechtlichen Besiedlung in Ostmitteleuropa herauskristallisiert. Die Ausbreitung des deutschen Rechts war anfangs mit der aus-

Abb. 3
Konfirmationsprivileg der Verleihung des Magdeburger Rechts an Vilnius durch den polnischen König und Großfürsten von Litauen Stephan Báthory 1576. Vilnius, Wroblewski Bibliothek der Akademie der Wissenschaften von Litauen, Sig. LMAVB RS F1–182.

ländischen und vor allem der deutschen Migration verbunden. Mit der Zeit hat dieser Vorgang den ethnischen Aspekt verloren.[20] Die Gleichsetzung des deutschen und Magdeburger Rechts erfuhr seinen Anfang schon in der Mitte des 13. Jahrhunderts vor allem in den Städten Schlesiens sowie Groß- und Kleinpolens.[21] Seit dem 14. Jahrhundert wurde das »ius Theutonicum« in Polen weitgehend mit dem Magdeburger Recht gleichgesetzt.[22] Über Polen kam die synonyme Begriffsverwendung von deutschem und Magdeburger Recht auch nach Litauen und bürgerte sich hier als Fachausdruck ein. Die erste Komponente dieser Bezeichnung war aber im Großfürstentum Litauen nicht rein ethnisch konnotiert.

| **18** | Rimša 1999, S. 579–583. | **19** | Dubiński 1788, S. 2, 7, 11. | **20** | Kamińska 1990, S. 162–165, 189 u. 197; Lieberwirth 2008, S. 172–174. | **21** | Bardach/Leśnodorski/Pietrzak 1998, S. 49. | **22** | Lieberwirth 1986, S. 5; Lück 2007a, S. 142.

Eine kurzfristige Ausnahme hätte Kaunas bilden können. An dem auf den Handel mit dem Westen orientierten Ort wurde bereits nach der Durchsetzung der Taufe in Litauen eine deutsche Gemeinde angesiedelt, die 1408 das Magdeburger Privileg erhielt. Das diesbezügliche Originaldokument ist nicht erhalten geblieben, und auch der Inhalt wurde nur hypothetischerweise rekonstruiert. Deswegen kann man nur annehmen, dass die Anwendung des Magdeburger Rechts in Kaunas anfangs auf die deutschen Bürger beschränkt blieb. Spätere Quellen zeugen jedoch davon, dass das Magdeburger Recht bereits nach wenigen Jahrzehnten auch in dieser Stadt zu einer rechtlichen Gewährleistung des sozialen Status sämtlicher christlichen Bürger geführt hat.[23]

Als ein herausstechendes Beispiel der Anpassung des Magdeburger Rechts an die ethnokonfessionelle Heterogenität der litauischen Städte kann Trakai gelten. Die magdeburgische Handfeste wurde hier nicht nur den christlichen Bürgern verliehen. Das entsprechende Privileg erhielt 1441 darüber hinaus auch die karäische Gemeinde,[24] die vom Großfürsten Vytautas in Trakai noch Ende des 14. Jahrhunderts angesiedelt worden war. Obwohl das Formular, die Struktur und der Inhalt des an die Karäer gerichteten magdeburgischen Privilegs den Handfesten anderer Städte ähnlich waren, wurden tatsächlich nur diejenigen Elemente des Magdeburger Rechts übernommen, die eine Verwaltungsform der karäischen Gemeinde bestimmten und konkrete fiskalische Verhältnisse zwischen dieser ethnokonfessionellen Minderheit und der großfürstlichen Macht festsetzten. Formal existierten in Trakai zwei Empfänger des Magdeburger Rechts: Einerseits die christliche Gemeinde, die Katholiken und Orthodoxen umfasste, und andererseits die karäische Gemeinschaft. Der Status der Karäer in Trakai ist allerdings lediglich als quasi-magdeburgisch zu bezeichnen. Denn bis auf die Institution der Vogtei besaßen die Karäer keine weiteren strukturellen Bestandteile der magdeburgischen Selbstverwaltung und orientierten sich zudem auch hinsichtlich ihres Zusammenlebens nicht an den Vorschriften des Magdeburger Rechts.[25]

Die weitere Ausbreitung des Magdeburger Rechts nach Osten wurde durch den wirtschaftlichen und soziopolitischen Wandel in Litauen bedingt. Seit der Mitte des 15. Jahrhunderts kamen folglich in der historischen Region von Podlachien, die bis 1569 territorial zum Großfürstentum gehörte, sowohl Binnenbesiedlung als auch Urbanisierung in Gang. Das Magdeburger bzw. – mit wenigen sowie kurzfristigen Ausnahmen – Kulmer Recht wurde bis zur Mitte des 16. Jahrhunderts an etwa 20 Siedlungen verliehen, die sich heute auf dem Territorium Polens befinden.[26] Da die historischen Daten lückenhaft sind, werden die Anfangsetappe dieser Entwicklung und deren Dynamik in der Historiografie ziemlich ambivalent beurteilt. Die Wissenschaftler sind sich jedoch darüber einig, dass sich die genannten Prozesse seit Ende des 15. Jahrhunderts intensiviert hätten. Dies ist ausreichend dokumentiert und wird mit einer gezielten Stadtpolitik in Verbindung gebracht, die von dem litauischen Großfürsten und später auch polnischen König Alexander Jagiello betrieben wurde.[27]

Diese Politik, an die späteren Herrscher anknüpften, erhielt aber auch eine neue räumliche Ausrichtung, und zwar auf die ostslawischen Städte des Großfürstentums Litauen. Außer dem pragmatischen Interesse des Herrschers, die Binnenbesiedlung zu intensivieren, günstige Voraussetzungen für die wirtschaftliche Entwicklung der Städte zu schaffen sowie die Einnahmen des Staates zu vergrößern, sind auch soziopolitische Aspekte zu unterstreichen. Mit der Einführung einer westlichen Stadt- und Gerichtsverfassung strebten die litauischen Großfürsten an, die soziale Stütze ihrer Macht im Osten zu stärken. Das bedingte seit dem Ende des 15. Jahrhunderts eine zunehmende territoriale Ausbreitung des Magdeburger Rechts. Mehr als 40 größere und mittlere Städte des Großfürstentums Litauen, die sich auf dem Territorium des heutigen Weißrusslands bzw. der Ukraine befinden, erhielten bis zur Mitte des 16. Jahrhunderts die magdeburgischen Privilegien.[28] In der wissenschaftlichen Literatur wird dieser Vorgang als »Okzidentalisierung« bezeichnet. Diese Welle der Verleihungen des deutschen Rechts hat das ethnische Litauen damals jedoch nur minimal betroffen.

Gleiches gilt für die territoriale Verkleinerung des Großfürstentums Litauen vor der Lubliner Union (1569), einen nur sehr geringen Einfluss auf die Dynamik der Ausbreitung des Magdeburger Rechts besaß. Die Entwicklung des quantitativen Umfangs von Magdeburger Städten in Litauen spiegelt sich in einer Zunahme der magdeburgischen Handfesten wider, die kleinere Siedlungen und Marktflecken erhalten hatten. So erfolgte zum Beispiel eine Übertragung der magdeburgischen Privilegien an zehn im heutigen Litauen liegende Orte durch die polnisch-litauischen Herrscher während des Zeitraums von der Mitte des 16. bis zur Mitte des 17. Jahrhunderts.[29]

Der Ausbreitungsprozess des Magdeburger Rechts in Litauen wurden auch von den Magnaten beschleunigt und vertieft. Vertreter der größten Adelsgeschlechter, die nach Erhöhung wirtschaftlicher Leistungsfähigkeit ihrer Güter sowie nach Rationalisierung ihrer Verwaltung strebten, begannen ihrerseits mit der Anwendung des magdeburgischen Modells auf eigene Städte. Solch eine Politik zur Stärkung der Kommunen durch die Grundherren wird in der Historiografie oftmals als Mittel zur Erhöhung des Sozialprestiges betrachtet. Seit Ende des 16. Jahrhunderts hatten solche Vorhaben ein größeres Ausmaß angenommen. Die Struktur des adeligen Grundbesitzes ermöglichte damit auch eine räumliche Verbreitung der sogenannten privaten magdeburgischen Städte, deren Zahl allmählich zunahm. Fünf solcher Kommunen, denen Adlige das Magdeburger bzw. – mit wenigen Ausnahmen – Kulmer Recht verliehen hatten, befinden sich auf dem Territorium des heutigen Litauens.[30]

Außer den landherrlichen sowie adeligen magdeburgischen Städten gab es auf dem Territorium des heutigen Litauens nur eine, die der Kirche angehörte. Nach der Gründung des Bistums von Žemaitija/Schemaiten im Jahre 1417 hat man versucht, auch an die Ortschaft Varniai/Medeniken, die zum Zentrum des Bistums ernannt wurde, das Stadtrechtsprivileg

---

|**23**| Kiaupa, 2007, S. 134–135; Kiaupa 2010, S. 34–48. |**24**| Lietuvos magdeburginių miestų privilegijos 6, S. 75–76. |**25**| Kiaupa 2004; Kiaupa 2007, S. 133–134. |**26**| Jarmolik 1982, S. 32 u. 44. |**27**| Lietuvos Metrika 9, S. 176–187; Błaszczyk 2002, S. 177. |**28**| Zu detaillierten Angaben über die Zahl der magdeburgischen Privilegien, ihre Datierung und Verwirklichung vgl. Kopysskij 1972, S. 30–33; Sas 1989, S. 174–175; Goschko 2002, S. 118–128; Keller 2008; Kobylec'kyj 2015. |**29**| Ausführlicher darüber sowie zu einer Übersicht konkreter Ortschaften vgl. Karpavičienė 2009, S. 92–93. |**30**| Ebd., S. 93–97.

zu verleihen.[31] Aber eine reale, wenn auch begrenzte Selbstverwaltung existierte in dieser Siedlung nicht vor dem 17. Jahrhundert, als der Bischof Jurgis Tiškevičius 1635 für Varniai die Handfeste des Magdeburger Rechts erwirkte.[32]

Die zunehmende Zahl der magdeburgischen Verleihungen bedeutete für sich genommen noch nicht, dass sich auch die tatsächliche Anwendung des Magdeburger Rechts vergrößerte. In der Historiografie wird die urkundlich dokumentierte Handfeste des Magdeburger Rechts für ein ausreichendes Kriterium gehalten, um das Bestehen der magdeburgischen Stadt zu beweisen. Allerdings wird anerkannt, dass manche Privilegien gar nicht verwirklicht worden sind. In einigen Siedlungen bestanden allenfalls einzelne Elemente der magdeburgischen Stadtverfassung, und dies oft nur sehr kurz. In den Gebieten allerdings, wo in einem bestimmten Zeitraum günstige Voraussetzungen für die Entwicklung der Städte vorhanden waren, wurde das Magdeburger Recht zur städtischen Grundlage. Es übte somit bestimmte soziale Funktionen aus, was sich in der Typologie der Städte sowie in dem vielfältigen gesellschaftlichen Sozialgefüge des Großfürstentums Litauen äußerte. Im Zweiten (1566)[33] und Dritten (1588)[34] Litauischen Statut werden die großfürstlichen oder privaten Städte mit dem Magdeburger Recht als privilegiert bezeichnet im Unterschied zu denen, die dieses Recht nicht besaßen.[35] Die sogenannten magdeburgischen Städte standen dementsprechend auf der höchsten Stufe der Hierarchie städtischer Siedlungen, in fiskalischer Hinsicht, nach der Verwaltungsart und dem Umfang der rechtlichen Autonomie. Allerdings betrug ihre Anzahl nur etwa acht Prozent aller Städte des Großfürstentums Litauen.[36]

Die gewachsene Verbreitung des Magdeburger Rechts ließ auch inhaltliche Auswirkungen dieser Rechtsübertragung im Großfürstentums Litauen hervortreten. Die Privilegien, die von litauisch-polnischen Herrschern ständig erneuert, ergänzt und von den Zeitgenossen einfach als eigene »unsere magdeburgischen Rechte« bezeichnet wurden,[37] definierten somit das fiskalische Verhältnis zwischen einer konkreten Stadt und den staatlichen Amtsträgern vor Ort. Die Privilegien beurkundeten zudem die rechtliche Autonomie dieser Stadt. Diese von den Bürgerschaften verfolgte Nostrifikationstendenz spiegelt sich auch in weiteren Quellen wider. So wurde von Seiten verschiedener Bürger, deren Verfahren in Gerichten des Landesherrn bzw. denen der administrativen Beamten verhandelt wurden, entschieden betonten, eigentlich städtischen Institutionen und »unserem deutschen Stadtrecht untergeordnet [zu] seien«.[38] Demnach verhandelte beispielsweise Großfürst von Litauen und König von Polen Sigismund II. August am 31. Oktober 1557 in Vilnius ein Verfahren wegen Überfall und Verletzung der Gattin eines Adligen, wobei sich dieser Vorfall in der Stadt Kaunas zugetragen hatte. Die Beklagten, der Vogt, die Bürgermeister und die Städter aus Kaunas, hatten in diesem Zusammenhang den aus ihrer Sicht wichtigen Umstand hervorgehoben, »sie benützten die durch die Gunst des Herrschers erhaltene besondere Freiheiten und säßen unter dem Magdeburger Recht«.[39] Als Sigismund I. der Alte, Herrscher von Polen und Litauen, am 30. Oktober 1533 einen Vermögensrechtsstreit verhandelte, in dem eine der Parteien eine Städterin aus Kaunas war, erinnerte der Vertreter dieser Frau daran, dass dasselbe Verfahren schon früher »im Magdeburger Gericht im Rathaus von Kaunas verhandelt worden sei«.[40] Konkrete Vorschriften des sächsisch-magdeburgischen Rechts, die den Stadtbürgern als Grundlage für die Fällung von Urteilen dienten, die auf früher erwähnten Gerichtsentscheidungen zurückgingen, wurden oft wie folgt bezeichnet: »nach ihrem Magdeburger Recht«, »nach ihrem deutschen Recht«, »nach dem Brauch des Magdeburger Rechts« u. ä.[41]

Ohne an dieser Stelle die Quellen, den rechtlichen Inhalt sowie andere Züge des sächsisch-magdeburgischen Rechts in Litauen ausführlicher erläutern zu können,[42] soll im Weiteren auf die Stadtverfassung als ein wichtiges Merkmal des Magdeburger Rechts in den litauischen Städten eingegangen werden. In den Handfesten, die während der ersten Periode der Ausbreitung des Magdeburger Rechts im Großfürstentum Litauen an die größeren Städte verliehen wurden, findet sich keine detailliertere Erläuterung der Stadtverfassung. Nachdem die gerichtliche, administrative und wirtschaftliche Immunität der Stadtgemeinde festgelegt worden war, gingen diese Urkunden lediglich auf die Institution des Vogts näher ein. Andere Strukturelemente der magdeburgischen Stadtverfassung entstanden von selbst. Angaben darüber sind in den späteren Privilegien sowie in anderen historischen Quellen zu finden. Die Verwaltungsstruktur derjenigen Städte, die das Magdeburger Recht später erhielten, wurde bereits in den magdeburgischen Handfesten konkret angegeben.[43] Die Gestalt der Stadtverfassung variierte in einzelnen Städten und änderte sich im Laufe der Zeit. Allerdings blieben die wesentlichen Züge der Verfassung einer magdeburgischen Stadt im Großfürstentum Litauen unverändert. Dies betrifft die Doppelstruktur der Stadtorgane ebenso wie die relative Abgrenzung ihrer Tätigkeit.

Der Stadtherr wurde in der Kommune durch einen Vogt vertreten, der die Stadt nach Außen vor allem in ihren Beziehungen zur landesherrlichen Verwaltung repräsentierte. Rechtliche Immunität des Vogts, der Umfang seiner Macht den Stadteinwohnern gegenüber sowie seine Einkünfte wurden entweder in den magdeburgischen Privilegien bestimmt oder vereinzelt in weiteren Urkunden angegeben. In Anlehnung an das sächsische Weichbild sollte das Schöffengericht unter dem Vorsitz des Vogts die wichtigste Gerichtsinstanz der Stadt bilden. In den Sitzungen, die zu bestimmten Terminen stattfanden, sollte dieses Gericht über die Strafsachen verhandeln, größere Vermögensgeschäfte der Bürger genehmigen sowie notarielle Funktionen ausüben.

|**31**| Rimša 1999, S. 523–524. |**32**| Lietuvos magdeburginių miestų privilegijos 2, S. 162. |**33**| Statut Velikogo Kniaz'stva Litovskogo 1566 goda 1855; Dounar 2003. |**34**| Shamiakin 1989. |**35**| Einerseits: »[...] privilegierte und dem Magdeburger Recht folgende Städte [...]« ([...] uprivilj'evanyje mesta, gde i prava majdeburskogo uzyvajut [...]«), » [...] in denen man anhand des Magdeburger Rechts richtet [...]« (»[...] v kotorych sia sudiat pravom majdeborskim«) sowie: »[...] cives nostri iure Maidemburgensi utentes«, andererseits: »[...] kleinere Städtchen, die nicht mit dem Magdeburger Recht ausgestattet sind.« (»[...] mestetschki menschyje, gde prava maijdeborskogo net [...]«); Zweites Litauisches Statut, IV. 27 u. 28 u. a.; Drittes Litauisches Statut, III. 35–38, IV. 28, 68 u. 69, XII. 6 u. a. |**36**| Tyla 1991 b, S. 5–6. Über die Struktur des Netzes der städtischen Siedlungen im Großfürstentum Litauen vgl. ausführlicher Alexandrowicz 2001; Alexandrowicz 2011. |**37**| Lietuvos Metrika 4, S. 231–232. |**38**| Lietuvos Metrika 27, S. 120–121. |**39**| Lietuvos Metrika 37, S. 93. |**40**| Lietuvos Metrika 8, S. 64–65. |**41**| Lietuvos Metrika 9, S. 194; Lietuvos Metrika 11, S. 131; Lietuvos Metrika 4, S. 62–63, 202–203, 263–264 u. 287–288 u. a.; Lietuvos Metrika 8, S. 193. |**42**| Ausführlicher darüber Karpavičienė 2009, S. 101–105; Karpavičienė 2015, S. 91–95. |**43**| Lietuvos magdeburginių miestų privilegijos 1, S. 16–18, 111–113; Lietuvos magdeburginių miestų privilegijos 2, S. 10–24, 66–76, 162–164, 185–189, 288–291; Lietuvos magdeburginių miestų privilegijos 4, S. 94–99; Lietuvos magdeburginių miestų privilegijos 5, S. 71–76; Lietuvos magdeburginių miestų privilegijos 8, S. 41–48 u. 155–160.

Es ist wichtig, hervorzuheben, dass sich die Kompetenzen des Vogts im Laufe der Zeit mit dem Erstarken der munizipalen Selbstverwaltung in den größeren Städten verringerten. Zum Beispiel erhielten Vilnius und Kaunas das Recht, vier Kandidaten für das Amt des Vogts vorzuschlagen. Einer von ihnen wurde vom polnisch-litauischen Herrscher auf Lebenszeit bestätigt. Kaunas begann dieses Recht Ende des 16. Jahrhunderts anzuwenden. Es hatte sich daraufhin die Tradition eingebürgert, dass die Vogtei in dieser Stadt von Personen bürgerlicher Abstammung bekleidet wurde. Vilnius griff auf dieses Recht erst Anfang des 17. Jahrhunderts zurück.[44] In den kleineren Städten wurden die Vogteirechte in der Regel vom Adel wahrgenommen. Diese Bedingung war bereits in den magdeburgischen Verleihungen obligatorisch vorgesehen und schränkte die Autonomie der Stadt ein. Es gab aber auch seltene Ausnahmen. Seit der Mitte des 17. Jahrhunderts hatte zum Beispiel die Gemeinde von Kėdainiai/Kedahnen das urkundlich fixierte Vorrecht, auf ihren Entschluss hin vier Adlige für die Stelle des Vogtes vorzuschlagen. Einer von ihnen wurde vom Stadtherrn ernannt. Im Laufe der Zeit hat sich daraus die Tradition entwickelt, dass ein Stadteinwohner für drei Jahre zum Vogt gewählt wurde.[45] Die gerichtlichen Kompetenzen der Vögte übten in den kleineren Städten Litauens zumeist Landvögte aus. Diese Amtsträger wurden auch durch einzelne Privilegien bestimmt und vereidet. In manchen Siedlungen wählten die dortigen Einwohner die Landvögte selbst. Die wichtigste rechtliche Tätigkeit, besonders im Bereich der zivilrechtlichen Vermögenssachen, sowie die notariellen Funktionen des Schöffenstuhls wurden in den größeren Städten Litauens häufig von Stadträten übernommen. Die Bürgermeister und Ratsmänner verkörperten die Selbstverwaltung der Stadtgemeinde und gewährleisteten die Stadtverwaltung. Zwischen den genannten Institutionen entstand in jeder Stadt eine eigentümliche Machthierarchie sowie Subordination. Manchmal fielen ihre Zuständigkeitsbereiche zusammen. In Einzelfällen wurden sie sogar speziell abgegrenzt und entsprechend beurkundet. Innerhalb einer solchen Verteilung der administrativen Macht und rechtlichen Zuständigkeit spielte der Stadtrat in der Regel eine dominierende Rolle. In den größten Städten Litauens bedingte die Doppelstruktur der Selbstverwaltungsorgane auch eine entsprechende Differenz in der Schriftführung.[46]

Die ethnokonfessionelle Vielfalt der Stadteinwohner beeinflusste die Entstehung eines weiteren Merkmals im Verfassungsmodell einer magdeburgischen Stadt. Es handelt sich hierbei um die Parität der Repräsentation der größten ethnokonfessionellen Bürgergruppen – der Katholiken und Orthodoxen – in den magdeburgischen Machtstrukturen der Stadt.[47] In manchen Städten erhielt dieses Prinzip gesetzlichen Charakter. Zum Beispiel hatte der Großfürst von Litauen und König von Polen Sigismund I. der Alte am 9. September 1536 ein Schreiben für die Stadtbeamten sowie Stadtgemeinde in Vilnius verkündet. Die Struktur der Stadtverfassung, die sich zu der Zeit bereits *de facto* herauskristallisiert hatte, wurde in diesem Dokument *de iure* fixiert.[48] Der Stadtrat von Vilnius bestand demnach aus 24 Ratsleuten und zwölf Bürgermeistern, die ihr Amt auf Lebenszeit bekleideten. Die Hälfte dieser Beamten musste katholisch sein, die andere Hälfte orthodox. Die erwähnte Einteilung kommt auch in der Quellenterminologie zum Ausdruck: Der eine Teil des Rates wurde die »katholische«, manchmal sogar »litauische Seite«, der andere Teil die »ruthenische Seite« genannt. Die Funktionen dieses Organs in der Stadt übte der sogenannte sitzenden Rat aus,

Abb. 4
Großes Siegel des Schöffenstuhls von Vilnius von 1536 (Fassung von 1589), auf dem Christus als Richter zu sehen ist. Vilnius, Universitätsbibliothek, Sig. VUB F4–30498 (A 124).

der jährlich nach dem Rotationsprinzip gebildet wurde und aus sechs Personen bestand. Seine Zusammensetzung unterlag ebenfalls dem Prinzip der konfessionellen Parität, nach deren Vorgaben zwei von vier Ratsleuten und einer von zwei Bürgermeistern katholisch, zwei andere Ratsleute und der übrige Bürgermeister orthodox sein sollten.

Der Schöffenstuhl gliederte sich nach ähnlichen Prämissen auf (Abb. 4). In Vilnius gab es in der Regel vier bis zwölf Schöffen, je zur Hälfte katholisch und orthodox. Das ethnokonfessionelle Prinzip wurde auch in der Verwaltung und Kontrolle des Stadtfiskus sowie in der differenzierten Schriftführung angewandt. Der Stadtrat und das Schöffengericht besaßen dementsprechend katholische und ruthenische Stadtschreiber. Konfessionelle Konversionen des 16. Jahrhunderts haben lediglich die konkrete Erscheinungsform des oben erwähnten Prinzips modifiziert. Protestanten wechselten zur katholischen Seite des Rats bzw. des Schöffenstuhls, Unierte zur orthodoxen. Zahlenmäßige Dominanz der Unierten gegenüber den Orthodoxen in Vilnius bedingte einen entsprechenden Wandel des Machtverhältnisses in der Stadt. Seit Ende des 16. Jahrhunderts begann man, die orthodoxe Seite des Stadtrats und des Schöffenstuhls als »unierte« zu bezeichnen. Die Gestalt der magdeburgischen Selbstverwaltung in Vilnius blieb hingegen unverändert, sogar bis zum Ende des 18. Jahrhunderts.

Anders als in Vilnius war die Zusammensetzung des Stadtrates in Kaunas nicht streng urkundlich fixiert. Aber prosopografische Untersuchungen der Stadtelite zeigen, dass die charakteristische Struktur der Stadtverfassung in Kaunas seit Mitte des 16. Jahrhunderts be-

|**44**| Kiaupa 2010, S. 287–289; Ragauskas 2002, S. 73–75. |**45**| Tyla 2002 a, S. 23–24. |**46**| Ragauskas 2002, S. 43–53 u. 62–66; Varsackytė 2004, S. 17–24. |**47**| Zum ersten Mal im Großfürstentum Litauen wurde dieses Prinzip in der magdeburgischen Handfeste für die Stadt Drohiczyn (heute Polen) 1498 zur Anwendung gebracht. Dazu Bardach 1988, S. 82. |**48**| Dubiński 1788, S. 53–60.

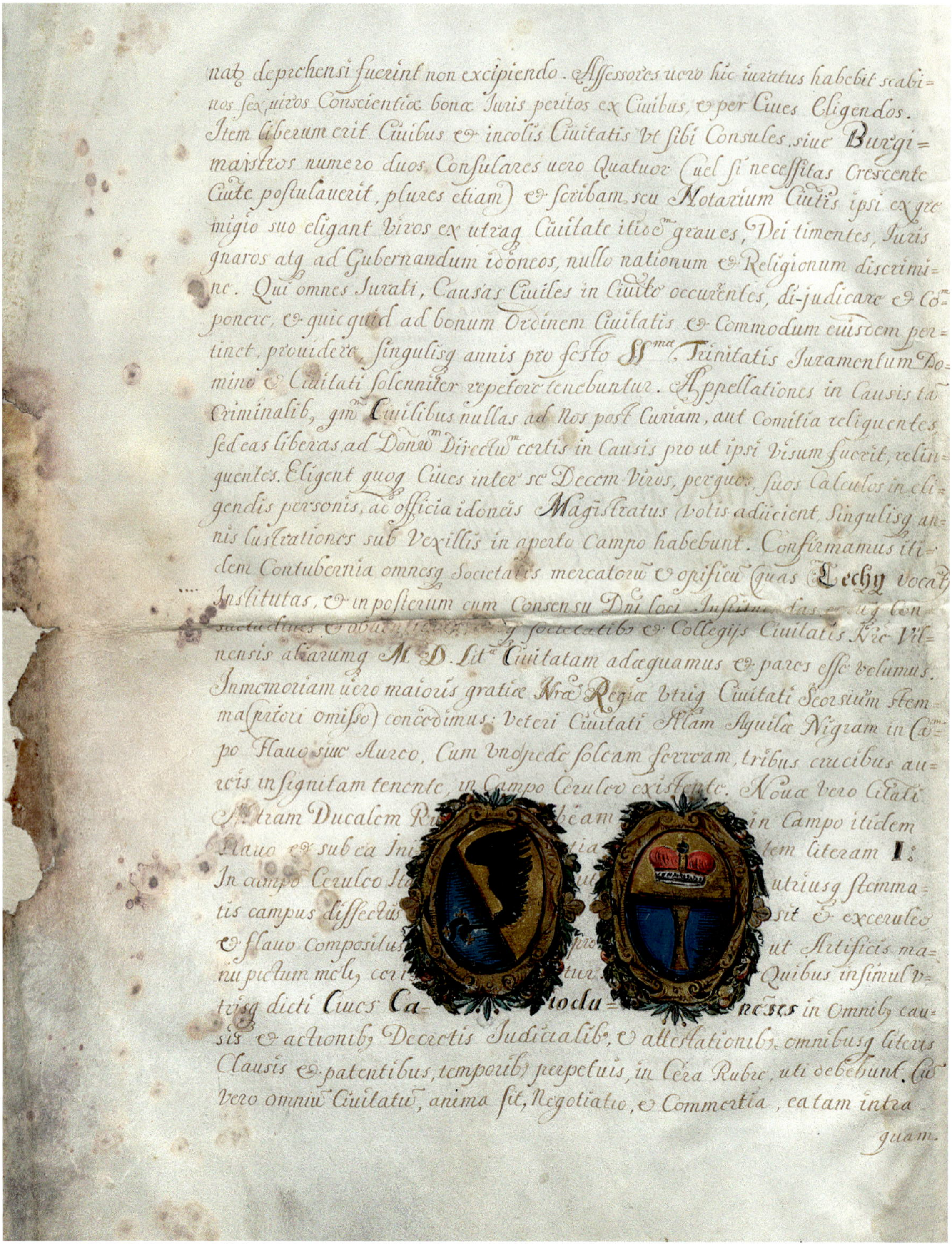
nat deprehensi fuerint non excipiendo. Assessores vero hic iuratus habebit scabi=
nos sex, viros Conscientiae bonae Iuris peritos ex Ciuibus, et per Ciues Eligendos.
Item liberum erit Ciuibus et incolis Ciuitatis Vt sibi Consules, siue Burgi=
magistros numero duos, Consulares vero Quatuor (vel si necessitas Crescente
Ciuitate postulauerit, plures etiam) et scribam seu Notarium Ciuitatis ipsi ex gre-
migio suo eligant viros ex utraq Ciuitate itidem graues, Dei timentes, Iuris
gnaros atq ad Gubernandum idoneos, nullo nationum et Religionum discrimi=
ne. Qui omnes Iurati, Causas Ciuiles in Ciuitate occurrentes, di-iudicare et Com-
ponere, et quicquid ad bonum Ordinem Ciuitatis et Commodum eiusdem per=
tinet, prouidere, singulisq annis pro festo SS.mae Trinitatis Iuramentum Do=
mino et Ciuitati solenniter repetere tenebuntur. Appellationes in Causis tam
Criminalib. quam Ciuilibus nullas ad Nos post Curiam, aut Comitia reliquentes,
sed eas liberas ad Dominum Directum certis in Causis prout ipsi visum fuerit, relin=
quentes. Eligent quoq Ciues inter se Decem Viros, per quos suos Calculos in eli=
gendis personis, ad officia idoneis Magistratus votis adducent. Singulisq an=
nis Lustrationes sub Vexillis in aperto Campo habebunt. Confirmamus iti=
dem Contubernia omnesq Societates mercatorum et opificum (quas Cechy vocant)
Institutas, et in posterum cum Consensu Dni loci Instituendas ... Con
suetudines ... Societatib. et Collegijs Ciuitatis Nrae Vil=
nensis aliarumq M. D. Litu. Ciuitatum adaequamus et pares esse volumus.
In memoriam uero maioris gratiae Nrae Regiae utriq Ciuitati seorsium stem-
ma (priori omisso) concedimus: Veteri Ciuitati Alam Aquilae Nigram in Cam-
po Flauo siue Aureo, Cum vno pede soleam ferream, tribus crucibus au-
reis insignitam tenente, in Campo Ceruleo existente. Noua vero Ciuitati
...tram Ducalem R... ...beam in Campo itidem
Flauo et sub ea In... ...tia ... ...tem literam I.
In campo Ceruleo Ita... ... utriusq stemma-
tis campus dissectus ... sit et ex ceruleo
et flauo compositus ... ut Artificis ma-
nu pictum modo, ... Quibus insimul v-
triq dicti Ciues Ca... ...iodu... ...nenses in Omnib. cau-
sis et actionib. Decretis Iudicialib., et attestationib. omnibusq literis
Clausis et patentibus, temporib. perpetuis, in Cera Rubra, uti debebunt. Cum
vero omnium Ciuitatum anima sit, Negotiatio et Commertia, ea tam intra
quam.

Abb. 5
Konfirmationsprivileg von Władysław IV. Vasa an die Stadt Kedainiai von 1648. Vilnius, Wroblewski Bibliothek der Akademie der Wissenschaften von Litauen, Sig. LMAVB RS F1–259.

stand. Der Stadtrat setzte sich demnach aus vier Bürgermeistern und acht bzw. neun Ratsmännern zusammen.[49] Jeder Bürgermeister leitete jährlich den Rat nach dem Rotationprinzip. Aufgrund der Analyse von Büchern des Stadtrates und des Vogts aus der zweiten Hälfte des 16. Jahrhunderts, die heute als Editionen vorliegen, wird in der wissenschaftlichen Literatur die Auffassung vertreten, dass seit dieser Zeit jedes Jahr in Kaunas ein stellvertretender Bürgermeister gewählt worden ist. Unter Berücksichtigung der Personennamen sind die Historiker der Meinung, dass man sich auch in dieser Hinsicht darum bemühte, ethnokonfessionelle Parität zu gewährleisten. Folglich sei einer des erwähnten Beamtenduetts gewöhnlich ein Deutscher, der andere ein Litauer gewesen. Die Zahl der Schöffen ist in den Quellen der Stadt Kaunas nicht genau fixiert, es wird trotzdem angenommen, dass es zwölf Schöffen gewesen sein könnten. Ein Schöffe wurde gewöhnlich zum Landvogt ernannt.[50] Besondere ethnokonfessionelle Zusammensetzungen der Kaunasser Gemeinschaft bedingten dementsprechend auch die charakteristischen Züge des Rates in dieser Stadt. Nach den religiösen Unruhen in Kaunas sollte auf Geheiß des polnisch-litauischen Herrschers Johann II. Kasimir Wasa im Jahre 1655 ein Viertel der innerhalb der Machtstrukturen dieser Stadt verfügbaren Plätze Lutheranern vorbehalten sein. Diese übernahmen somit die Posten von drei Ratsmännern sowie drei Schöffen. Später bekamen sie auch einen Bürgermeisterplatz zugewiesen.[51]

In den Handfesten für die Kleinstädte magdeburgischer Prägung wurden meistens schon die Stadtverfassungsstruktur, die Zusammensetzung sowie die Kompetenz der Stadtinstitutionen, die Wahl-, Ernennungs- bzw. Kooptationsordnung der Stadtbeamten detaillierter vorgegeben. Zum Beispiel enthält das Privileg für Jurbarkas/Georgenburg 1611 den Hinweis, dass die Bürger »nach Sitte und Brauch« sechs Personen als Ratsmänner zu wählen haben, die sich durch hohe Moral und Rechtskenntnis auszeichnen sollten. Mit Zustimmung der Gemeinde wurde einer von ihnen für ein Jahr zum Bürgermeister ernannt. Diese Ernennung musste von einem staatlichen Lokalbeamten, dem Hauptmann des Bezirks, in dem sich Jurbarkas befand, bestätigt werden. Dieser Beamte sollte mit Zustimmung der Stadteinwohner auch sechs Personen für vereidigte Schöffen erklären.[52] Anhand der magdeburgischen Urkunde für Varniai 1635 sollten in dieser Stadt zwei Bürgermeister, zwei Ratsmänner und sechs Schöffen vorhanden sein.[53] Das Konfirmationsprivileg für die private Stadt Kėdainiai 1648 weist darauf hin, dass »ex civibus et per cives« sechs Schöffen, zwei Bürgermeister und vier Ratsmänner sowie ein Stadtschreiber gewählt werden mussten (Abb. 5).[54]

Im Unterschied zu den Vogteien und Landvogteien bekleideten die einheimischen Stadteinwohner die anderen magdeburgischen Ämter in den Kleinstädten Litauens. Allerdings konnten diese Ämter nur von Personen ausgeübt werden, die bestimmten Kriterien entsprachen. Letztere wurden durch Vorgaben des Magdeburger Rechts bestimmt. Die magdeburgischen

| 49 | Kiaupa 2010, S. 278–283; Varsackytėe 2004, S. 21–24. | 50 | Kiaupa 2010, S. 281–282. | 51 | Varsackytė 2004, S. 57–58. | 52 | Lietuvos magdeburginių miestų privilegijos 1, S. 112. | 53 | Lietuvos magdeburginių miestų privilegijos 2, S. 162. | 54 | Lietuvos magdeburginių miestų privilegijos 3, S. 200.

Beamten sollten demnach christlich sein, Immobilien in der Stadt besitzen, sich gut im Recht auskennen und sich moralisch einwandfrei verhalten.[55] Der Vogt von Alytus/Alitten hatte zum Beispiel 1712 einen Ratsherrn mit Verweis auf dessen ungebührliches Benehmen entlassen, nicht ohne darauf hinzudeuten, dass er eigentlich nicht nur das Magdeburger Recht vertreten, sondern auch den anderen Bürgern ein gutes Vorbild sein musste.[56]

Wie schon erwähnt, galt die Doppelstruktur der Stadtorgane als eines der Hauptmerkmale der Verfassung einer magdeburgischen Stadt. Das Vogt- und Schöffengericht war formal für die Behandlung der Strafsachen zuständig, Bürgermeister und Rat ihrerseits verhandelten Zivilsachen. Zum Beispiel wurde in der für die Stadt Merkinė/Merecz 1569 ausgestellten Handfeste darauf hingewiesen, dass »nach dem Magdeburger Recht« das Gericht des Vogts und der vereidigten Schöffen für alle Fälle im Zusammenhang mit Mord, Körperverletzung, Verstümmelung, Brand und anderen Sachen zuständig sei, die auf Latein »criminales« genannt werden. Die Bürgermeister und Ratsherren dagegen mussten die Angelegenheiten und Sachen des Zivilrechts verhandeln.[57] In den Vorschriften der Stadtordnung für Kėdainiai von 1653 indes wurde ausdrücklich darauf hingewiesen, dass die Kompetenz der Stadtinstitutionen gemäß der magdeburgischen Handfeste »ausdrücklich getrennt« werden solle. Demzufolge mussten alle »actiones civiles«, beispielsweise verschiedene Kontrakte, Verschuldungen, Vermögensgeschäfte, testamentarische Verfügungen und andere Angelegenheiten ohne Kriminalelemente, von Bürgermeistern und Ratsmännern geregelt werden.[58]

In jeder kleineren Stadt Litauens bildete sich eine Selbstverwaltungsstruktur heraus, die ihrer wirtschaftlichen und sozialen Leistungsfähigkeit sowie der ethnokonfessionellen Zusammensetzungen der Einwohner entsprach. Das Vogt- und Schöffenkollegium sowie der Rat besaßen formal eine selbstständige Schriftführung. Aber praktisch hielten diese Beamten ihre Sitzungen zusammen ab, ihre Funktionen waren miteinander verflochten, und ihre Tätigkeiten überschnitten sich oft. Deswegen wurde in den Quellen des 17. und 18. Jahrhunderts für die Bezeichnung der genannten magdeburgischen Behörden der Terminus »Magistrat« mit Sammelbedeutung gebraucht, obwohl noch im 16. Jahrhundert unter diesem Begriff vor allem die Institutionen Ratsmänner und Bürgermeister bzw. Stadtrat verstanden wurde. Dem Magistrat gehörte auch der vereidigte Stadtschreiber an, der meistens die Bücher beider Kollegien führte und die gemeinsame Stadtkanzlei bediente. Der Quellenterminologie zufolge wurden die Sitzungen der städtischen Behörden »nach Ordnung des sächsischen Rechts« bzw. »nach Magdeburger Recht« reglementiert.[59]

In den Städten Litauens fanden sich auch konkrete Formen, durch die die Gemeinden an der Stadtverwaltung partizipierten und die Tätigkeit der magdeburgischen Beamten kontrollierten. Demnach ist bekannt, dass seit dem 16. Jahrhundert in Vilnius eine Kaufmannsgilde, die sogenannte *communitas mercatoriae sexaginta virorum*, existierte. In der Mitte des 17. Jahrhunderts erlangte diese Gemeinschaft das Recht, sich unmittelbar an der Verwaltung der Stadt und an der Kontrolle über Finanzen zu beteiligen.[60] In den Quellen der Stadt Kaunas wird die sogenannte »Gemeinschaft der zwölf Vereidigten« erwähnt. Ihre Vertreter beobachteten die Arbeit des Stadtrates und anderer Institutionen, indem sie die Interessen der Städter vertraten. Von ihnen wurden die Schöffen, Ratsmänner und Bürgermeister, wenn auch nicht immer, konsequent gewählt.[61] In der privaten Stadt Kėdainiai wurden zum Beispiel seit Ende des 16. Jahrhunderts die sogenannten *Decemviri* bekannt. Diese auch als *tertius ordo communitatis* bezeichnete Institution wurde auf Initiative des Stadtbesitzers Mitte des 17. Jahrhunderts ebenfalls urkundlich legitimiert. Als Vertretung der Gemeinde wurde ihr unter anderem das Vorrecht zuerkannt, »die Privilegien, Rechte, Ordnung sowie Freiheiten der Stadt zu schützen«.[62] Diese ebenfalls vereideten *Decemviri* beobachteten die Magistratssitzungen und kontrollierten die Benutzung des Stadtfiskus.

Es ist wichtig, zu betonen, dass im Unterschied zum Landrecht, das den rechtlichen Status des Adelstandes gewährleistete, das Magdeburger Recht keinen allgemeinen territorialen Charakter besaß. Jede Stadt lebte nach ihren eigenen Privilegien. Sogar die Wirkung des Magdeburger Rechts war in einer lokalen, durch Privilegien geschützten Umgebung der Städte nicht konsequent. In der Gerichtspraxis der magdeburgischen Städte wurde auch das Litauische Statut subsidiär gebraucht. Noch Mitte des 16. Jahrhunderts hat der Adel die Legitimation der Anwendung dieses Gesetzwerks bezüglich der Städte des Großfürstentums Litauen erworben. Im Zweiten Litauischen Statut (III. 27) wurde obligatorisch verordnet, dass die städtischen Richter die Klagen, die von den Adligen gegen die magdeburgischen Bürger erhoben wurden, und vor allem die Strafsachen anhand der Normen dieses Gesetzwerks verhandeln müssten. Im Dritten Litauischen Statut (III. 35) wurde der entsprechende Artikel mit manchen Ausnahmen für die Vilniuser Bürger konkretisiert und erweitert. Die wirtschaftliche und soziale Entwicklung des Großfürstentums Litauen hatte inhaltliche Veränderungen des Litauischen Statuts verursacht. Im Vergleich mit dem Ersten Litauischen Statut von 1529 beinhalteten somit das Zweite und Dritte Litauische Statut konkretere Artikel, die die Kreditverhältnisse in den Städten sowie die Situation ihrer Einwohner regelten.[63] Die Stadtgerichte verhandelten zuweilen die Fälle derjenigen Einwohner, die nicht der Jurisdiktion der magdeburgischen Behörden unterstanden. Deshalb waren den Richtern in den Städten Litauens die Normen des Litauischen Statuts unter Umständen gut bekannt.

Die soziale Entwicklung Litauens ging in die Richtung einer eigenständigen Gesellschaft. Das Zweite Litauische Statut erkannte dem Adel alle ständischen Rechte an.[64] Die Grenze zwischen dem adligen Stand und den Personen, die laut der Quellenterminologie zum »einfachen Stand« (»prostoj stan«) gehörten, wurde im Dritten Litauischen Statut um ein Vielfaches vertieft. Der sogenannte »einfache Stand« umfasste mehrere soziale Schichten, darunter auch Einwohner der Städte, deren rechtliche Lage unterschiedlich war. Wie oben erwähnt, bildeten die magdeburgischen Städte die höchste Gruppe der städtischen Siedlungen. In der heterogänen gesellschaftlichen Struktur des Großfürstentums Litauen wurden

|**55**| Lietuvos magdeburginių miestų privilegijos 1, S. 87–88. |**56**| Baliulis/Meilus 2001, S. 493. |**57**| Lietuvos magdeburginių miestų privilegijos 5, S. 72. |**58**| Lietuvos magdeburginių miestų privilegijos 3, S. 251–252. |**59**| Baliulis/Meilus 2001, S. 498 u. 500. |**60**| Ragauskas 2002, S. 86–92. |**61**| Varsackytė 2004, S. 24–25; Kiaupa 2010, S. 292–296. |**62**| Lietuvos magdeburginių miestų privilegijos 3, S. 253–254; Tyla 2000. |**63**| Kopysskij 1982, S. 22–27. |**64**| Kiaupienė/Petrauskas 2009, S. 222–226.

die Bürger und Stadteinwohner geschätzt, die der Jurisdiktion der magdeburgischen Selbstverwaltungsinstitutionen unterstanden. Diese soziale Schicht wurde höher eingestuft als die Einwohner der Städte und Marktflecken ohne Magdeburger Recht, wie sich beispielhaft in einem speziellen Artikel des Dritten Litauischen Statuts erkennen lässt, das die Geldbußen im Falle der Ermordung oder Körperverletzung der Einwohner der städtischen Siedlungen bestimmte (XII. 6). Mit Ausnahme der Vilniusser Elite, deren Status seit dem Jahr 1568 ein sogenanntes Nobilitationsprivileg gewährleistete, wurden die Summen für die Vögte, die Bürgermeister, die Schöffen und die Schreiber der Städte, »in denen man anhand des Magdeburger Rechts richtet«, niedriger festgesetzt als für den Adel. Trotzdem überstiegen diese Geldbußen die Kompensationsleistungen für die Vögte und die Schöffen »solcher kleineren Städtchen, die das Magdeburger Recht nicht hatten«. Dementsprechend wurden auch die Städter der magdeburgischen Siedlungen höher eingeschätzt als die Einwohner der Ortschaften »ohne Magdeburger Recht«. Selbstverständlich besaßen die Bauern in diesem sozialen Gefüge des Großfürstentums Litauen den niedrigsten Sozialstatus.

Die Zugehörigkeit zum Geltungsbereich des Magdeburger Rechts bedeutete aber auch für die magdeburgischen Bürger die persönliche Freiheit, die beurkundeten Begünstigungen hinsichtlich einer wirtschaftlichen Tätigkeit sowie die Möglichkeit, in rechtlichen und Vermögensverhältnissen selbstständig aufzutreten. Das Magdeburger Recht verkörperte für die Städter die entscheidenden Komponenten ihrer sozialen Existenz, die sie mit den »libertatibus, immunitatibus, praerogativis« dieses Rechts gleichsetzten.[65] Im lokalen Rahmen der Städte waren die Bürger Subjekte der Rechts- und Vermögensverhältnisse. Im Unterschied zu Einwohnern der anderen städtischen Siedlungen konnten die magdeburgischen Bürger ihre Grundstücke, Häuser sowie anderes Vermögen, das sich innerhalb der Stadtgrenzen befand, erben und mit Genehmigung der Stadtbeamten verwalten sowie darüber verfügen. Ihre Rechtsfähigkeit realisierten sie in den magdeburgischen Gerichten und anderen Institutionen, wobei sie in den Quellen ab und an einfach »personae iuris Magdeburgensis« genannt werden. Das Litauische Statut gewährleistete den »Bürgern des Magdeburger Rechts« eine bestimmte Rechtssubjektivität auch außerhalb der Stadt. Im Zweiten (IV. 47) und Dritten Litauischen Statut (IV. 69) wurde den magdeburgischen Bürgern das Recht anerkannt, Adlige vor ihren ständischen Gerichten persönlich anzuklagen. Die Einwohner der Städte, in denen es »kein Magdeburger Recht gebe«, konnten formal in den Gerichtssachen nur durch die staatlichen Lokalbeamten vertreten werden. Das spiegelte sich auf anschauliche Weise im Selbstbewusstsein der Stadtbürger wider. Zum Beispiel argumentierte die Stadtelite von Vilnius in ihren mit der staatlichen Administration geführten Gerichtsverhandlungen die eigene rechtliche Immunität damit, dass sie nach dem »Saxon privilegiert« sei.[66]

Leider waren die historischen Bedingungen für die weitere Wirkung des Magdeburger Rechts nicht günstig. Die Etablierung der Leibeigenschaft verengte unter anderem den Binnenmarkt des Landes und verursachte die Agrarisierung sowie den Niedergang der Städte. Die andauernden Kriege des polnisch-litauischen Herrschers gegen Schweden und Russland haben die Städte ebenfalls verheert. In der Mitte des 17. und am Anfang des 18. Jahrhunderts litt das Land unter demografischen Krisen. Die Zahl der Stadtbevölkerung begann zu schrumpfen und die ethnokonfessionelle Zusammensetzung sich von Grund auf zu verändert.[67] Es folgte daraufhin die Judaisierung der städtischen Siedlungen.[68] Der zunehmende weltliche und kirchliche Landbesitz in den Städten zerstörte ihre territoriale, administrative und rechtliche Einheit. Aus diesem Grund nahm der Anwendungsumfang des Magdeburger Rechts auch in den größeren Städten Litauens ab. Dementsprechend wurden im ausgehenden 17. und im ersten Drittel des 18. Jahrhunderts nur noch einige kleine Ortschaften Litauens mit dem Magdeburger Recht bewidmet. Aber die damit einhergehenden formellen Verleihungen wurden faktisch nicht in die Tat umgesetzt.

Diese negativen Entwicklungstendenzen der Städte übten einen ambivalenten Einfluss auf die weitere Anwendung des Magdeburger Rechts im historischen Litauen aus. Einerseits schränkte sich dadurch sein Verwendungsbereich zusehends ein, andererseits wurden aber seine sozialen Funktionen deutlicher zum Ausdruck gebracht und aktualisiert. Der polnisch-litauischen Sejm hatte in der zweiten Hälfte des 18. Jahrhunderts versucht, die Finanzstruktur des Staates zu rationalisieren sowie die hiesigen Städte zentralisiert zu verwalten. Deswegen wurde in vielen Siedlungen des historischen Litauens nach der Reorganisation ihrer administrativen Behörden die Geltung des Magdeburger Rechts suspendiert. Seit 1776 galt das Magdeburger Recht auf Beschluss des Sejms formal nur noch für elf staatliche Städte Litauens, darunter Vilnius, Kaunas und Trakai.[69] Die Einwohner der früheren magdeburgischen Städte betrachteten solche Maßnahmen als Verletzung ihrer magdeburgischen Rechte. Dort wuchsen nunmehr soziale Unzufriedenheit und Unruhen, die die Zeitgenossen mit dem Verlust der Gerechtigkeit, des Eigentumsrechts sowie der magdeburgischen Stadtverfassung in Verbindung brachten.[70]

Ein Teil des radikal eingestellten und von den Ideen der Aufklärung beeinflussten Adels, der den Zusammenbruch der polnisch-litauischen Herrschaft verhindern wollte, initiierte während des Vierjährigen Sejms wichtige Reformen der Staatsverwaltung und Gesellschaftsumgestaltung. Im Rahmen des Programms, das unter anderem auch an der Schaffung einer bürgerlichen Gesellschaft orientiert war, wurde das sogenannte Gesetz der Städte beschlossen (»Unsere freien königlichen Städte in den Staaten der Republik«). Es wurde in die Verfassung vom 3. Mai 1791 einbezogen. Den Einwohnern der Städte billigte man somit bürgerliche Rechte im Ausmaß des ganzen Landes zu. Es wurde ein unifiziertes Verfassungs- sowie Gerichtsmodell der freien Stadt deklariert, das manche Elemente der magdeburgischen Selbstverwaltung, die schon modifiziert waren, beinhaltete. Die Einwohner der Städte wurden ermahnt, sich durch die die sogenannten »Privilegien der freien Städte« verleihen zu lassen. Für die Bürger dieser Städte war unter anderem das Recht vorgesehen, die magdeburgische Selbstverwaltung zu begründen und von den Vorteilen, die ihnen sowohl durch die Verfassungen des Sejm als auch durch das Magdeburger Stadtrecht zuteilwurden, zu profitieren.[71]

|**65**| Ausführlicher darüber Karpavičienė 2009, S. 110–113. |**66**| Akty 1893, S. 392 u. 447. |**67**| Kiaupa/Kiaupienė/Kuncevičius 2000, S. 253–254. |**68**| Sliesoriunas, 2015, S. 391–394. |**69**| Kiaupa 1998, S. 180–181; Kiaupa 2012, S. 133–134. |**70**| Glemža 2010, S. 21–29 u. 61–66. |**71**| Ebd., S. 75–82.

Abb. 6
Aus Anlass des 400-jährigen Jubiläums der Verleihung des Magdeburger Rechts an Jurbarkas wurde auf Initiative der Stadtgemeinde im Jahr 2011 ein Denkmal errichtet. Es zeigt einen Engel, der die Freiheit verkörpert und das Magdeburger Recht symbolisiert.

Dies bildete einen wichtigen Anstoß für die städtische Bewegung, an der auch die Einwohner der Kleinstädte bzw. der Marktflecken massenweise teilnahmen. Im Laufe von sieben Monaten (1791–1792) haben sich 55 Städte des heutigen Litauens die Privilegien freier Städte ausgehandelt. Zehn davon hatten bereits früher die magdeburgische Selbstverwaltung inne, weswegen dieses Ende des 18. Jahrhunderts lediglich erneuert werden mussten. Für 45 litauische Siedlungen war dies dagegen die erstmalige rechtliche Zuerkennung des Status einer sich selbst verwaltenden Stadt.[72] Es ist bekannt, dass die Einwohner weiterer Ortschaften, rund 40 an der Zahl, entweder die Erneuerung ihrer »magdeburgischen Freiheiten« anstrebten oder sich um die Ausstattung mit den Privilegien bemühten. Leider waren diese Bestrebungen erfolglos, und die neu verliehenen Privilegien ließen sich tatsächlich nicht realisieren. Nach der zweiten Teilung des polnisch-litauischen Staates hat der Sejm im Jahre 1793 sämtliche Privilegien, die während des Vierjährigen Sejms verliehen wurden, zurückgerufen. Die Auflösung des Staates nach der dritten Teilung (1795) hat auch der Umgestaltung des Städtewesens in Litauen ein Ende gesetzt.[73]

Nach der Auflösung des polnisch-litauischen Territorialverbandes im ausgehenden 18. Jahrhundert ist die Selbstständigkeit der Städte eingeengt worden, indem sie in das zentralisierte System des Russischen Imperiums integriert wurden. Die Reorganisation des Gerichtswesens sowie die der Gerichtsbarkeit gingen stufenweise voran. 1808 wurde zum Beispiel in Vilnius die sogenannte Stadtduma gegründet und 1813 das Vogts- und Schöffengericht abgeschafft. Nur der Magistrat, der sich aus Bürgermeistern und Räten zusammensetzte, wandte einige Zeit das Magdeburger Recht an. Seine Funktionen wurden aber auf die des Gerichts erster Instanz beschränkt. Seine Kompetenz umfasste nur die Verhandlung von Zivil- und Strafsachen der Stadtbürger.[74] Der endgültige Abschluss steht in Verbindung mit der Aufhebung der Geltung des Litauischen Statuts und des Magdeburger Rechts im Jahre 1840.[75] Das ganze System der Städteverwaltung und der soziale Aufbau mussten sich den autokratischen Ordnungsprinzipien Russlands fügen.

Aber das historische Gedächtnis des Magdeburger Rechts, das den Ausdruck der okzidentalen Kultur in Litauen verkörperte und stets von den Einwohnern mit der europäischen Identität gleichgesetzt wurde, blieb auch in den späteren Zeiten lebendig. In den achtziger Jahren des 20. Jahrhunderts, als in Litauen die Befreiungsbewegung (»Sajūdis«) entstanden war, erlangten die historischen Zeichen der Zugehörigkeit Litauens zur westlichen Kultur, darunter auch das Phänomen des Magdeburger Rechts, politische Bedeutung. Die Aktualität dieser historischen Zeichen verstärkte sich, als die Unabhängigkeit Litauens im Jahre 1990 wiederhergestellt und der neue selbstständige Staat später in die politischen, wirtschaftlichen und kulturellen Strukturen Europas allmählich integriert wurde. Die heutige geopolitische Situation hebt die Bedeutung dieses Phänomens besonders hervor und misst ihm sogar politischen Relevanz bei. Der Bedarf an historischer europäischer Identität ist somit auch heute zu spüren. Für ein besonders interessantes Beispiel des lebendigen historischen Gedächtnisses sei Jurbarkas erwähnt. Im Jahre 2011 feierte diese kleine Stadt in der Mitte Litauens das 400-jährige Jubiläum der Verleihung des Magdeburger Rechts. Auf Initiative der Stadtgemeinschaft wurde ein Denkmal in Jurbarkas errichtet. Es zeigt einen Engel, der Freiheit verkörpert und das Magdeburger Recht symbolisiert (Abb. 6).

| **72** | Rimša 1988, S. 105 u. 138–139; Lietuvos Metrika 35. | **73** | Kiaupa 1998, S. 183; Glemza 2010, S. 195. | **74** | Pugačiauskas 2001, S. 150–152. | **75** | Ebd., S. 162; Andriulis 2002, S. 273.

Кодима

OLGA KOZUBSKA-ANDRUSIV

Das Magdeburger Recht in den historischen Ländern der heutigen Ukraine

Historiografie – Rezeption – Nachleben

Die Ausbreitung des Magdeburger Rechts, *ius Magdeburgense*, auch »deutsches Recht« oder *ius Theutonicum* genannt, hatte eine tiefgreifende Wirkung auf das soziale Leben innerhalb der historischen Länder der heutigen Ukraine. Es hat die Stadtlandschaft der Region verändert und die soziale Struktur der mittelalterlichen Gesellschaft grundlegend transformiert: Das Recht, das die Urkunden typischerweise als Freiheit bezeichnen, wurde zur Grundlage der Gemeindebildung und Entwicklung der städtischen Institutionen. Hier, wie in anderen europäischen Ländern, bildeten die persönliche Freiheit der Bürger, ihr Recht auf Grundbesitz und Erbrecht sowie bürgerliche Autonomie den Mittelpunkt des Stadtrechts. Darüber hinaus widmeten Politiker und Publizisten des 20. Jahrhunderts der Rezeption des Magdeburger Rechts in Mittelalter und Früher Neuzeit große Aufmerksamkeit, indem sie sie als lange Tradition der Freiheit und Demokratie in der Ukraine und »wegweisende historische Erfahrung im zeitgenössichen Prozess der Entwicklung lokaler Selbstverwaltung« ansahen.

Der Stand der Forschung: die ukrainische Perspektive

Eine inzwischen jahrhundertelange Forschung brachte zahlreiche Publikationen hervor, die sich mit der Geschichte des Magdeburger Rechts in der Ukraine befassen und sowohl in deutscher, polnischer, ukrainischer als auch russischer Sprache vorliegen. Wegen des großen Umfangs der Literatur werden im Rahmen der vorliegenden Untersuchung vor allem ukrainische Beiträge herangezogen, wobei die postsowjetische ukrainische Geschichtsschreibung und Untersuchungen des letzten Jahrzehnts besondere Berücksichtigung erfahren sollen.[1]

Abb. 1
Denkmal für das Magdeburger Recht in Tetijiw, Oblast Kiew.

| 1 | Zur Historiografie des Magdeburger Rechts vgl. Hoschko 2011.

Ukrainische Historiker des 19. und frühen 20. Jahrhunderts, die innerhalb des nationalhistorischen Paradigmas arbeiteten, betrachteten die Rolle des Magdeburger Rechts im Leben der Ukrainer eher skeptisch. Möchte man die generellen Tendenzen der Arbeiten dieser Periode zusammenfassen, so bleibt festzustellen, dass das deutsche Recht als ein fremdes Konzept wahrgenommen worden ist, da es mechanisch in die Ukraine hinein übertragen und daher vom »ukrainischen Stadtvolk« nicht vollständig akzeptiert worden sei.[2] In seiner Studie über den Kodifikationsentwurf »Prava, za yakymy sudytsia malorosiyskyi narod« aus dem 18. Jahrhundert widmete Olexandr Kistiakiwsky eines der Kapitel der Geschichte des deutschen Rechts und seinen Kodifikationen.[3] Der Autor stellte hier die Frage, ob das deutsche Recht tatsächlich in der Rechtspraxis ukrainischer Städte angewandt wurde oder ob es dort nur nominell existierte. Er selbst vertrat ersteren Standpunkt. Indes betonte der Historiker Dmytro Bahaliy, der 1892 eine Studie über das Magdeburger Recht in der Ukraine links des Dnjepr veröffentlichte, dass das grundlegende Merkmal des Rechts in der Trennung der Stadtbewohner in jeweils für sich geschlossene Gruppen bestünde. Seiner Meinung nach sei dies für die soziale Ordnung Polens geeignet gewesen, das ukrainische Volk jedoch habe diese Stadtverfassung nicht akzeptieren können, weil es den ukrainischen historischen Traditionen widersprochen habe und daher fremd gewesen sei.[4]

Die Idee, dass das deutsche Recht in den ukrainischen Ländern fremd und künstlich gewesen sei, herrschte auch zu Beginn des 20. Jahrhunderts in der Geschichtswissenschaft vor. Vertreten wurde jene Ansicht unter anderem von Mychajlo Hruschevs'kyj, der im fünften Band seiner »Geschichte der Ukraine-Rus« (1905) ausgiebig auf die soziale und politische Geschichte der Rus-Territorien vom 14. bis zum 17. Jahrhundert einging.[5] Hier äußerte er, dass sich innerhalb der städtischen Gemeinschaften, die sich unter Magdeburger Recht bildeten, die einzelnen ethnischen, religiösen und sozialen Gruppen sehr stark voneinander isolierten – und infolgedessen nicht in der Lage wären, miteinander zu kooperieren. Die Städte hätten sich dadurch hilflos gemacht. Zudem schätze Hruschevs'kyj das städtische Leben und die Beziehungen zwischen Land und Stadt in der Kiewer Rus vor der Übernahme des Magdeburger Rechts sehr hoch ein. So sei die Stadt ein Zentrum des politischen, wirtschaftlichen und kulturellen Lebens des Landes gewesen, allerdings ohne sich vom Land trennen zu können. Vielmehr habe die Stadt das Land »repräsentiert« und schloss »alle Schichten und Bestandteile der damaligen Gesellschaft« ein.[6] Aus Sicht Hruschevs'kyjs ist die Geschichte einer nach deutschem Recht organisierten Stadtgesellschaft daher bis auf wenige Ausnahmen eine Geschichte des Niedergangs und Verfalls gewesen. Durch die Immunität vom »Staatsorganismus« ausgeschlossen, hätten die damaligen Städte keine hervorzuhebende Rolle im politischen Leben gespielt.[7]

Eine negative Bewertung der »fremde[n] Ordnung« in der Rus wurde auch 1907 von Iwan Krypiakewych vorgenommen. Er betonte seinerseits, dass der Niedergang der Rus-Elemente in der Zeit begonnen habe, als die galizischen Herzöge die ersten ausländischen Kolonisten herbeiriefen.[8] Sobald die Neuankömmlinge eine privilegierte Stellung erhalten hatten, habe die alte Stadt, in der sich früher das Leben des ganzen Landes konzentrierte, ihren ruthenischen Charakter verloren; die Neustadt trennte sich mit »kalten gotischen Mauern« von ihrer Nachbarschaft.[9] Später, im Jahr 1942, änderte Andrij Jakowliw seine Haltung gegenüber dem Magdeburger Recht und betrachtete es viel positiver, nämlich als eine direkte Übernahme deutscher Rechtstraditionen in der Ukraine.[10] Im Allgemeinen konzentrierten sich diese älteren Studien hauptsächlich auf die Bewertung des Magdeburger Rechts »aus ukrainischer Sicht« bezüglich seines Einflusses auf die ruthenische Bevölkerung und die Institutionen der ruthenischen Gesellschaft.

In der Sowjetzeit gehörte das Magdeburger bzw. deutsche Recht keineswegs zu den wichtigsten Gegenständen der historischen Forschung. Sowjetische Geisteswissenschaftler, die sich der Stadtgeschichte widmeten, nahmen Anstoß am Konzept der »Ostkolonisation« und sahen daher das deutsche Recht in typischer Weise als Konstrukt an, das die Deutschen zur Rechtfertigung von Besatzung und Aggression gebraucht hatten.[11] Die sowjetische Forschung reagierte zudem auf die populäre und weit verbreitete Definition der »abendländischen Stadt« und der damit einhergehenden Betonung der Selbstverwaltung sowie der städtischen Freiheiten als den wichtigsten kommunalen Merkmalen: Ihr hauptsächliches Anliegen war es, jeglichen Einfluss des Westens zu leugnen und stattdessen einen selbstständigen, durch einheimische Entwicklung geprägten Charakter der Städte in der mittelalterlichen Rus zu vermitteln. In seiner einflussreichen Studie über die »altrussische Stadt« äußerte Tikhomirov die Ansicht, dass sich die Städte der Rus eigenständig und auf unabhängige Weise herausgebildet hätten, ihre soziale Ordnung und Verfassung jedoch in jeder Hinsicht mit der in den Städten Westeuropas vergleichbar gewesen sei.[12] Diese Ansicht wurde von Boris Rybakow zugespitzt, der betonte, dass sich die russische mittelalterliche Stadt auf die gleiche Weise und nach den gleichen Regeln wie die mittelalterliche Stadt des Westens entwickelt habe.[13]

Ukrainische Historiker, die die Stadtgeschichte des Mittelalters und der Frühen Neuzeit erforschten, mussten sich dieser »offiziellen Linie« der sowjetischen Geschichtsschreibung anpassen. Gleichzeitig jedoch konnten sie die städtische Selbstverwaltung und das Magdeburger Recht nicht außer Acht lassen, weil die Rezeption »westlicher Stadtmodelle« in den ukrainischen Quellen deutlich heraussticht. Unter den Wissenschaftlern, die sich der spätmittelalterlichen und frühneuzeitlichen Stadtentwicklung widmeten, müssen Otamanowskyj, Kompan und Sas eigens hervorgehoben werden.[14] Unter Berücksichtigung des sowjetischen Konzepts der von westlichen Einflüssen unberührten Entwicklung und der Leugnung der Tatsache, dass ukrainische Städte im rechtlichen Sinne erst nach der Annahme des Magdeburger Rechts existierten, erforschte Otamanowskyj genetische Verbindungen zwischen ukrainischen »Feudalstädten« des 14. bis 18. Jahrhunderts und den feudalen Städten der Alten Rus. Seiner Meinung nach dienten die Rechtscodices der Alten Rus als rechtliche

|**2**| Vgl. Antonowytsch 1885. |**3**| Vgl. Kistiakiwsky 1879, S. 83–110. |**4**| Vgl. Bahaliy 1904. |**5**| Vgl. Hruševs'kyj 1905, S. 98. |**6**| Ebd., S. 223. |**7**| Vgl. ebd., S. 222–223. |**8**| Krypiakewych 1994, S. 1. |**9**| Ebd., S. 2. |**10**| Vgl. Jakowliw 1942. |**11**| Vgl. dazu die Ausführungen von Bernd Schneidmüller im vorliegenden Band, S. 29–53, bes. S. 35–37. |**12**| Vgl. Tihomirow 1956, S. 252–254. |**13**| Vgl. Rybakow 1948, S. 782. |**14**| Vgl. Otamanowskyj 1958; Kompan 1963; Sas 1984, S. 18–19.

Grundlage der sozialen Ordnung in den Städten der Rus im 11. bis 13. Jahrhundert, während die polnischen Könige die ukrainische Stadtordnung durch das Magdeburger Recht hätten ersetzen lassen. Trotz ideologischer Einschränkungen erfreuten sich Themen der Stadtgeschichte und städtischen Gesellschaftsordnung nach dem Magdeburger Recht unter Forschern der Ukraine weiterhin einer gewissen Beliebtheit, wobei in den 1980er Jahren auch einige Quelleneditionen und -studien veröffentlicht wurden.[15]

Mit der Unabhängigkeit nach 1991 änderte sich die Situation im Hinblick auf die Geschichte des Magdeburger Rechts in der Ukraine nachhaltig. Die Geschichte des *ius Theutonicum* bzw. *Magdeburgense* wurde nunmehr zu einem »trendigen« Thema, wobei durchaus politische Anliegen eine gewisse Rolle gespielt haben. In einigen Fällen versuchten Historiker, vor allem jene, die noch während der Sowjetzeit ihre berufliche Laufbahn eingeschlagen hatten, Ideen der sowjetischen Geschichtsschreibung mit neuen Tendenzen innerhalb der Forschung zu verbinden. So wurde beispielsweise die städtische Verfassung unter Magdeburger Recht in Kiew/Kyjiv als eine Fortsetzung der Selbstverwaltungstraditionen der Kiewer Rus interpretiert.[16] Auf der anderen Seite hat das nach 1991 angewachsene Interesse zu neuen Untersuchungen, Quellenpublikationen und wissenschaftlichen Foren geführt, um dort Fragen der städtischen Selbstverwaltung zu diskutieren. Von diesen verdienen mindestens zwei Tagungen Erwähnung, die sich Facetten städtischer Selbstverwaltung widmeten: »Aktuelle Fragen der Stadtentwicklung und der städtischen Selbstverwaltung« (1993 in Riwne) und »Selbstverwaltung in Kiew: Geschichte und Gegenwart. Internationale Konferenz zum 500-jährigen Jubiläum des Magdeburger Rechts in Kiew« (1999 in Kiew). Eine Publikation aus dem Jahr 2000 mit dem Titel »Korpus der Magdeburger Privilegien für ukrainische Städte: Zwei Editions-Projekte in den 20er und 40er Jahren des 20. Jahrhunderts« enthüllte hingegen eine besondere Geschichte der Jahre 1942 und 1943, als deutsche Nationalsozialisten im Kiewer Zentralarchiv nach Magdeburger Rechtsprivilegien suchten, um sie in ihr Heimatland zu transportieren. Tatsächlich wurden diejenigen Dokumente, die damals nach Deutschland umgelagert worden waren, gerettet, im Gegensatz zu jenen, die in Kiew verblieben waren.[17]

Auch Geschichtswissenschaftler der jüngeren Generationen haben sich Themen der städtischen Selbstverwaltung und dem Magdeburger Recht zugewandt. In dieser Hinsicht hat sich Myron Kapral' als besonders produktiv hervorgetan, wobei er sich hauptsächlich auf Lemberg/L'viv konzentrierte. Neben zahlreichen Artikeln veröffentlichte er auch eine Monografie über die ethnischen, religiösen und in den Quellen als *nationes* bezeichneten Gemeinschaften von Lemberg in der Zeit vom 16. bis zum 18. Jahrhundert, einschließlich der ukrai-

|**15**| Vgl. Kowalskyj 1983, S. 3–13; Schwydko 1986. |**16**| Einige Historiker sahen die Einführung des Magdeburger Rechts in Kiew im 15. Jahrhundert als eine Wiederbelebung der Tradition der Selbstverwaltung der Alten Rus an und als Folge des Wunsches der Menschen, ihre Freiheiten zu bewahren, vgl. dazu Mykola Kotliar, S. 87. Eine ähnliche Auffassung vertrat Andrij Hurbyk, der schrieb, dass in den ukrainischen Städten unter den neuen Bedingungen vom 14. bis zum 16. Jahrhundert die Traditionen der Veche weiterbestanden und sich als Elemente der Selbstverwaltung in der jährlichen Wahl eines Bürgermeisters widerspiegelten, vgl. Hurbyk 2000, S. 14. |**17**| Vgl. Andrejtsev/Ulianovskyi/Korotkyi 2000. |**18**| Vgl. Kapral' 2003. |**19**| Vgl. Kapral' 1998; Kapral' 2000; Kapral' 2007. |**20**| Vgl. Hoschko 2002. |**21**| Vgl. Zayaz 1999; Zayaz 2003. |**22**| Vgl. Bilous 2008. |**23**| Vgl. Kobylec'kyj 2008 a. |**24**| Vgl. Kiselytschnyk 2011.

Abb. 2
Bedeutende Orte Magdeburger Rechts (Auswahl) in historischen Ländern der heutigen Ukraine.

nischen, armenischen und jüdischen.[18] Außerdem publizierte und veröffentlichte Kapral' Rechtsquellen aus dem Staatlichen Historischen Archiv in Lemberg, worunter die Privilegien der Stadt Lemberg, die Privilegien der einzelnen »nationalen Gemeinschaften« und Wirtschaftsprivilegien sowie Statuten städtischer Zünfte fielen.[19] Tetiana Hoschko indes war eine der ersten, die eine neue Analyse der Historiografie des Magdeburger Rechts vorlegten und eine Reihe von Aufsätzen über die Geschichte des Magdeburger Rechts in der Ukraine vom 14. bis zum 16. Jahrhundert veröffentlichten.[20] Andriy Zayaz seinerseits hat den Prozess der Stadtgründungen nach Magdeburger Recht in Volhynien untersucht.[21] Natalia Bilous erforschte die Organisation und Funktionen des Magistrats in Kiew während der Zeit vom 15. bis zum 17. Jahrhundert.[22] Auch Rechtshistoriker trugen zur Erforschung der Geschichte des Magdeburger Rechts in der Ukraine bei, was etwa für Mykola Kobylec'kyj[23] und Wasyl Kiselychnyk gilt.[24]

Der Beginn der Rezeption des Magdeburger Rechts in der Ukraine

Die städtischen Zentren, in den Chroniken der Rus *grad* bzw. *hrad* genannt, waren grundlegende Instrumente politischer und territorialer Organisation in der Kiewer Rus und stellten selbst wiederum den Mittelpunkt eines ihnen unterworfenen Territoriums dar, des sogenannten *volost*. Die Quellen zeigen eine starke Verbindung zwischen einem *grad* und seinem Bezirk (*volost*) auf. Die Kontrolle über einen *grad* bedeutete, auch seinen Bezirk zu kontrollieren, und umgekehrt. Es war insbesondere diese starke Verbindung zwischen dem »Land« und der »Stadt«, mit der sich Historiker wie Downar-Zapolskyi oder Krypiakewych bei ihren Untersuchungen der territorialen Organisation der Rus befassten. Die Topografie wichtiger städtischer Zentren stellte sich als eine Agglomeration von Siedlungen, religiösen Institutionen und Märkten dar, die, obwohl die einzelnen Elemente verschiedene Rollen erfüllten, eine auf die Festung/Burg zentrierte Einheit bildeten. Es gibt keine zuverlässigen Informationen über den Status der Stadtbewohner in der Kiewer Rus. Vorhandene Quellen enthalten keine Nachweise, die als Bezugnahme auf eine verwaltungsmäßig unabhängige städtische Gemeinschaft oder Bürger mit besonderem Status verstanden werden könnten. Dies ist wahrscheinlich einer der Gründe dafür, warum Fragen bezüglich der sozialen Gruppen, die in einem *grad* lebten, und deren rechtliche Stellung nur ungenügend beantwortet und auch bis heute nicht hinreichend studiert worden sind.

Die Vorstellung, dass Kaufleute und Handwerker der Kiewer Rus eine bürgerliche Schicht bildeten, die mit den autonomen städtischen Gemeinschaften Westeuropas vergleichbar ist, bleibt ein geistwissenschaftliches Konstrukt, das in mittelalterlichen Quellen keinen Nachweis findet. Annahmen über die grundsätzliche Ähnlichkeit der Prozesse in der Kiewer Rus und Europa sind selbst ein deutliches Ergebnis des Mangels an vergleichenden Studien. Vorhandene schriftliche und archäologische Quellen zeigen indes, dass ein *grad* eine notwendige Konzentration städtischer Funktionen besaß und als städtisches Zentrum fungieren konnte, das eine militärische, administrative, wirtschaftliche, religiöse und kulturelle Bedeutung besaß.

Die mongolisch-tatarischen Einfälle während der Mitte des 13. Jahrhunderts brachten den endgültigen Zerfall der Kiewer Rus mit sich. Nach dem Vorbild ihrer westlichen Nachbarn begannen die Fürsten von Galizien-Volhynien nun damit, ihr Reich zu verändern, um von den neuen wirtschaftlichen Bedingungen und dem Aufkommen einer neuen Fernhandelsroute zwischen der Ostsee und dem Schwarzen Meer zu profitieren. Um am Fernhandel teilnehmen zu können, musste sich diese Region, die – wie auch die Archäologie gezeigt hat – immer noch von Naturalwirtschaft geprägt war, einer monetären Ökonomie zuwenden. In Bargeld von ausländischen Kaufleuten gesammelter Pachtzins wurde nun als ein geeignetes Mittel angesehen, um das Einkommen der Fürsten zu erhöhen. Für den Herrscher war es wichtig, Gemeinden dieser wohlhabenden Menschen in seinem Herrschaftsgebiet anzusiedeln und zwar mit der Maßgabe, dass sie zwar von ihm abhängig, jedoch zugleich vom bestehenden rechtlichen und sozialen System der Rus befreit waren. Als ein Vorbild für die Gründung solcher Gemeinschaften wurde innerhalb der vorhandenen Quellen vielfach auf das deutsche Recht oder *ius Theutonicum* hingewiesen. Ab der zweiten Hälfte des 14. Jahrhunderts bezeichnete man es zunehmend als *ius Theutonicum Magdeburgense* oder Magdeburger Recht. So waren es die Herrscher selbst, die das *ius Theutonicum* für ihre fiskalischen und politischen Ziele gewinnbringend nutzten. Demnach übertrugen Fürsten die Aufgabe, Siedler anzuziehen und Gemeinschaften zu organisieren, an besondere Personen, die die Quellen *locatores* nennen. Ein Lokator fungierte als Verwalter der Gemeinde und als Richter, der sein Einkommen aus den in Prozessen auferlegten Geldstrafen erhielt. Dieser Beamte war als *advocatus* (deutsch: Vogt, polnisch: wójt, ukrainisch: війт) bekannt und fungierte als Vermittler zwischen dem Stadtherrn und den dort lebenden Siedlern.

Wolodymyr-Wolynskyj/Wladimir-Wolinsk in Volhynien war wahrscheinlich die erste Stadt im galizisch-wolhynischen Fürstentum, in der sich ein Stadtrat entwickelte, obwohl nicht klar ist, ob die ganze Stadt oder nur ein Teil davon der neuen Rechtsordnung unterfiel. Die Existenz des Stadtrats geht aus einem Brief von 1324 an den Rat von Stralsund hervor, den die *Consules ac universitas civitatis Ladimiriensis* abgefasst hatten.[25] Dieses Dokument gewährt darüber hinaus einen Einblick in die geschäftlichen Tätigkeiten einiger Bürger von Wolodymyr und das Ausmaß ihrer Handelsbeziehungen, die bis nach Flandern reichten.

Die Entstehung einer rechtlich und administrativ eigenständigen Stadtgemeinde galt seit langer Zeit als Kennzeichen einer vollwertigen mittelalterlichen Stadt. Die städtische Autonomie, zu der auch ein funktionierendes Stadtgericht gehörte, stand im Mittelpunkt des mittelalterlichen Begriffs »Freiheit« im kommunalen Kontext. In der frühen Phase der Rezeption des kommunalen Rechts ist es möglich, von den Rechten und Freiheiten einzelner Gemeinden innerhalb der Stadt zu sprechen, die oft nach alten Regeln koexistierten – aber nicht immer von den Rechten und Freiheiten ganzer Städte. Die Prozesse in Galizien und Volhynien in der zweiten Hälfte des 13. und zu Beginn des 14. Jahrhunderts ähneln denen in Ostmitteleuropa, wozu auch autonome Städte und »freie« Bürger gehören. In verschiedenen Teilen Ostmitteleuropas war das *ius hospitum* die rechtliche Grundlage für die Ansiedlung fremder Gemeinschaften von Kaufleuten, die auf Grund ihrer Ethnizität, Sprache oder Spezialisierung unter direkter Kontrolle des Herrschers vereint waren. Der wesentliche Unterscheid zwischen den früheren Immunitäten und dem *ius Theutonicum* war jedoch die Kombination dieser älteren Rechten der Gäste (*hospites*) mit anderen Elementen, nämlich dem Recht, Land frei zu erwerben, zu verkaufen, zu erben, zu teilen oder zu verpfänden.

Magdeburger Recht in den Privilegien

Die Eingliederung des Fürstentums Galizien in das polnische Königreich in der zweiten Hälfte des 14. Jahrhunderts führte zu weiteren Übertragungen des Magdeburger Rechts an dortige Städte. Die Texte der Privilegien, die das *ius Theutonicum Magdeburgense* bewilligten, vermitteln einen Eindruck davon, was das deutsche Recht für die Zeitgenossen im Hinblick auf die erlangten Rechte und den Grad der bürgerlichen Freiheiten bedeutete. Magdeburgisches Recht wurde demnach vor allem als Alternative zu bestehenden Organisationsformen gesehen: Der Erwerb des *ius Theutonicum* bedeutete gleichzeitig eine Befreiung von den lokalen Rechten.[26] Wie aus den Urkunden hervorgeht, wurden oft die abgeschafften

|**25**| »Viris honorabilibus et discretis dominis consulibus ac universitati in Stralsundis consules ac universitas civitatis Ladimiriensis cum fidelitate ad omnia se benivolos et paratos.« Hansisches Urkundenbuch 2, Nr. 420, S. 178–179. |**26**| Als Beispiel dafür sei eine Urkunde für Rymanów aus dem Jahr 1376 angeführt: [...]*iure Theutunico Magdeburgense damus et concedimus* [...] *removentes ab eadem nostra civitate et ab omnibus incolis et inhabitatoribus ipsius omnia iura Ruthenicalia seu Polonicalia, angarias, perangarias et consuetudine universas, que ipsum ius theutonicum perturbare consueverunt* (Kuraś 1962, Nr. 149). Als weiterer Beleg kann eine Urkunde für Jarosław von 1375 erwähnt werden: Removentes ab eadem nostra civitate et ab omnibus incolis eiusdem omnia iura Polonicalia, angarias, preangarias et consuetudines universas, quae ipsum ius Theutonicum perturbare consueverunt (Akta grodzkie i ziemskie 7, Nr. 12).

lokale Rechte durch *gravaminibus, angarias et perangarias* definiert. Dies war jedoch allenfalls eine relative Freiheit, weil dem Akt der Befreiung von den lokalen Lasten in der Regel die Liste der *iura et servicia* folgte, die *ex dicto iure Teutonico* resultierte. Allgemein betrachtet regelten die Privilegien zwei Gruppen von Rechten: die gerichtlich-administrative Immunität einer Siedlung und die erbliche Landnutzung. Das Formular der Urkunde spiegelte allgemeinen Erwartungen, politische Programme und damit verbundene Ziele wider. Die Anwendung des ius theutonicum wurde als eine angemessene Möglichkeit anerkannt, die Einnahmen für das Königreich und seine Bewohner zu erhöhen, das Land zu kultivieren und zu bevölkern (»weil kein Gewinn aus einer Wüste kommt«),[27] und um das Wohlbehagen wiederherzustellen und gute Bedingungen zu schaffen. Daher könnte man das ius theutonicum Magdeburgense zu Recht als etwas Lohnendes und Wünschenswertes betrachten. So schrieb König Kasimir III. in seinem Privileg für Lemberg 1356: [...] [pia consideracione zeloque regie maiestatis] provide advertentes disturbia et incommoda quam plurima, quibus civitas nostra Lwow perplexa nescitur ab hostibus quibuslibet importunis et ut eadem civitas in utilitatibus, profectibus, commodis et prosperitatibus peramplius valeat adaugeri, in consolacionem itaque dicte civitatis et ipsius fidelium incolarum augmentum.[28]

Die neu erlangten Immunitäten bildeten nunmehr die Grundlage für ein autonomes Gericht, das für nicht-strafrechtliche Angelegenheiten zuständig war. Der König bzw. Landesherr beabsichtigte, das Gericht *iuxta omnem observanciam atque ritum, que prescriptum ius Meydburgense* zu organisieren, was bedeutete, dass der *advocatus* nicht allein urteilen sollte, sondern *cum suis scabinis*, also zusammen mit den ernannten oder gewählten Mitgliedern der Gemeinschaft, womit auf ein bestehendes »Schöffengericht« verwiesen wurde. Im Hinblick auf die Zuständigkeit und die Organisation eines autonomen Gerichts legten die Privilegien eher allgemeine Grundsätze als Einzelheiten fest.[29] Sie regelten also gewöhnlich die Abschaffung der Institutionen und Beamten des *ius Ruthenicale* bzw. *Polonicale*, die Einrichtung eines Gerichts nach dem *ius Magdeburgense* und dessen direkte Verbindung mit dem König selbst.[30]

Die anderen Rechte, die sich aus den Bewilligungen des *ius Magdeburgense* ergaben, hingen mit den individuellen Freiheiten der Siedler zusammen. Diese Rechte in Bezug auf die Erblichkeit von Land und die damit verbundenen Pflichten, zu denen in der Hauptsache die jährliche Zinszahlung gehörte, wurden zumeist detailliert behandelt. In der Regel berechnete man den Zins in Münzen, während die besteuerte Parzelle in *mansi Franconici* gemessen wurde. Die Bezahlung variierte je nach Stadt und deren wirtschaftlicher Potenz. Der Termin der Zahlungen wurde normalerweise genauestens festgelegt, wobei der Martinstag (11. November) die am weitesten verbreitete Zahlungsfrist war, was den Gewohnheiten in deutschen Gebieten, in Schlesien oder Kleinpolen entsprach. Oft und vor allem in einer neuen Siedlung waren die Bürger für eine bestimmte Zeit von Zinszahlungen befreit. Die Privilegien führten zudem ein einheitliches Landnutzungsrecht für jedes Mitglied der Gemeinschaft und ein einheitliches System der Grundsteuer ein, sodass die besteuerte Landeinheit stets dieselbe war. Ferner kam es vor, dass die gesamte Siedlergemeinde Ländereien zur gemeinsamen Nutzung erhielt, zum Beispiel Weideland und Wälder sowie Wasserressourcen wie Flussabschnitte, Flussufer oder Teiche.

Auch Dorfgemeinden in der Ukraine bekamen unter Umständen das Magdeburger Recht. Ähnlichkeiten in den Regularien städtischer und ruraler Privilegien zeigen, dass das *ius Theutonicum Magdeburgense* kein ausschließliches Attribut der Stadt oder eine Form des Stadtrechts war, auch wenn seine Auswirkungen im kommunalen Umfeld auf den ersten Blick besonders prominent und wahrnehmbar erscheinen. In diesem Kontext war das Magdeburger Recht, das administrative und gerichtliche Autonomie ermöglichte, vor allem ein Modell für die Gründung einer Kommune und funktionierte in einer städtischen wie ländlichen Umgebung gleichermaßen.

Das Magdeburger Recht evozierte somit die Entstehung einer Gemeinde, die einen rechtlich und physisch abgegrenzten und abgemessenen Raum repräsentierte. Dies ist mithin innerhalb der Stadttopografie zu sehen. So stellt der Grundriss Lembergs das Bild eines Schachbretts mit einem geräumigen Platz in der Mitte und der Hauptpfarrkirche an der südwestlichen Ecke dar.[31] Mit dem Bau einer Stadtmauer in der zweiten Hälfte des 14. Jahrhunderts vervollständigte sich die mittelalterliche Stadt in topografischer Hinsicht. Auf diese Weise spiegelten sich soziale und rechtliche Veränderungen im Rahmen der Rezeption des *ius Theutonicum Magdeburgense* auch im Siedlungsbild einer Stadt wider. Ein direkt mit den Grenzen verbundenes Sonderrecht war die sogenannte »Bannmeile«, ein Verbot des Baus von Tavernen bzw. weiterer gewerblicher Bauten im Umkreis von einer Meile um die Stadt, um deren Monopol und Gerichtsbarkeit in diesem Gebiet zu sichern.

Die städtische Selbstverwaltung entstand in dem Moment, als die Bürger selbst durch repräsentative Organe über wichtige Angelegenheiten in ihrer Stadt zu entscheiden begannen. Es handelte sich dabei um Stadträte, die parallel zu dem *advocatus* und den *scabini* existierten. Im Gegensatz zu den *advocati* können Stadträte als repräsentative Körperschaft der *communitas civium* angesehen werden, da die Ratsherren aus den Reihen der Bürger gewählt wurden. Wie überlieferte Stadtbücher und Dokumente, wie zum Beispiel Statuten, zeigen, war ein Stadtrat für die Repräsentation der Kommune in der äußeren Politik der Stadt ebenso verantwortlich wie für die Organisation und Verwaltung des internen städtischen Lebens, einschließlich der Regulierung des kommunalen Handels und der handwerklichen Produktion. In der Regel bestand eine Stadtverfassung aus zwei Organen: einer Versammlung von Ratsherren unter der Leitung des Bürgermeisters (*collegio consulum et proconsulum*) und der Gemeinschaft des *advocatus* oder *iudex* mit den Schöffen (*collegio scabinalis*).[32] Wie bereits bemerkt, lässt sich die erste bekannte Erwähnung von *consules* 1324 in Wolodymyr beobachten.

|**27**| Kuraś 1962, Nr. 149. |**28**| Kapral' 1998, Nr. 27. |**29**| Eine typische Immunitätsklausel, die man mit geringfügigen Abweichungen in verschiedenen Privilegien findet, lautet: *Eximimus insuper, absolvimus et perpetui liberamus omnes et singulos, cives et incolas ipsius civitatis nostrae ab omni iurisdictione et potestate omnium regni nostri palatinorum, castellanorum, capitaneorum, iudicum et subiudicum et quorumvis officialium et ministerialium eorundem …* (Kuraś 1975, Nr. 1925). |**30**| Willoweit 1987, S. 24. |**31**| Für vertiefende Informationen zur historischen Topographie Lembergs vgl. Kapral' 2014. |**32**| Zu allgemeinen Entwicklungen der städtischen Verwaltung im hier betrachteten Untersuchungsgebiet vgl. Bogucka/Samsonowicz 1986.

Ein Dokument des Stadtrats von Lemberg aus dem Jahr 1352, das also zeitlich vor dem von Kasimir III. 1356 erteilten Magdeburger Privileg entstand, verdeutlicht, dass zu dieser Zeit sechs Mitglieder im Rat saßen.[33] Später, im Jahr 1519, wuchs der Rat von Lemberg auf zwölf Mitglieder an und wurde in zwei Gruppen geteilt, die Verwaltungsaufgaben übernahmen. Die sechs aktuell mit der Regierung betrauten Personen wurden *consules residentes* genannt, während man die anderen sechs als *consules antiqui* bezeichnete. Die Stadtverfassung von Lemberg im 16. Jahrhundert sah zwölf *consules* und zwölf *scabini* vor, wobei Letztere wie in Magdeburg das Amt auf Lebenszeit innehatten. Neue Mitglieder wurden durch Kooptation (Ergänzungswahl) gewählt, sodass die Bürger keinen Einfluss mehr auf die Regierung hatten. Das 16. Jahrhundert brachte die Konsolidierung der oligarchischen Kontrolle des Magistrats, ein Prozess, der zu Konflikten zwischen den Bürgern und der Stadtregierung führte, die erst 1577, als der König ein neues repräsentatives Organ namens *Quadraginavirat* gründete, beigelegt werden konnten. Das Quadraginavirat bestand aus 20 Vertretern der städtischen Kaufleute und 20 weiteren aus den Reihen der städtischen Handwerker, deren Aufgabe es war, den Magistrat und insbesondere seine Finanz- und Wirtschaftspolitik zu kontrollieren.

Während seiner Geschichte besaß Lemberg im Unterschied zu anderen Städten der heutigen Ukraine eine beispiellose Autonomie. Die Quellenüberlieferung zu verschiedenen Städten zeigt deutlich, dass der Grad der kommunalen Autonomie und Freiheiten im Laufe der Zeit stark variierte. Diese Schwankungen hingen oft von der jeweiligen Qualität der Beziehungen zwischen Städten und königlichen Beamten ab.

Das Magdeburger Recht vom 14. bis zum 18. Jahrhundert

Im Laufe des 14. Jahrhunderts fand eine Aufteilung der Länder der heutigen Ukraine zwischen dem polnischen Königreich und dem Herzogtum Litauen statt. Im Fürstentum Galizien, das unter die Kontrolle polnischer Herrschaft fiel, und in der Rus Palatinate/Rotreußen verstärkte sich nun die Ausbreitung des Magdeburger Rechts. Bis zum Ende des 14. Jahrhunderts wurden die größten Städte Galiziens »neu privilegiert«. So bekamen zum Beispiel Lemberg 1356, Sanok 1366 oder Przemysl 1389 neue Magdeburger Rechtsprivilegien. Berücksichtigt man die Zentralität der Stadt Halyč, einer ehemaligen Hauptstadt des Fürstentums, und ihre Rolle als Sitz orthodoxer und lateinischer Bischöfe, so ist anzunehmen, dass die Stadt das Magdeburger Recht weit vor dem Jahr 1429 bekam, auf das das früheste erhaltene Privileg datiert wird. Darüber hinaus verlief der Prozess der Stadtgründung parallel zur Etablierung eines Netzes katholischer Pfarreien im überwiegend orthodoxen Land. Beispielsweise listet ein Dokument von 1396 lateinische Pfarrkirchen der Diözesen Halyč und Peremyshl auf: »ecclesiarum parochialium in Halicz, Treblow, Zudaczow, Lamburga, in Stryg [sic!], in Drohobicz, in Wischna, Iaroslawia, Lanczhuth, Rzeschow, Haliciensis et Premisliensis dyocesiu«.[34] Die Existenz lateinischer Pfarreien ist ein deutlicher Hinweis darauf, dass den Städten ebenfalls das Magdeburger Recht gewährt wurde.

Abb. 3
In Silber geprägte Gedenkmünze anlässlich des 500. Jubiläums der Übertragung des Magdeburger Rechts an Kiew aus dem Jahr 1999. Privatbesitz.

Im Allgemeinen wurde das Magdeburger Recht in mehr als 300 städtischen Siedlungen Rotreußens von der Mitte des 14. bis zum Ende des 16. Jahrhunderts rezipiert. Moderne Historiker haben zu Recht betont, dass die Ausbreitung des *ius Theutonicum* in den Ländern der Rus eine Initiative zur Förderung von Modernisierung und sozialer Mobilität gewesen sei, um die Wirtschaft und die soziale Organisation grundlegend zu erneuern.[35]

Die ukrainischen Städte unter litauischer Herrschaft waren Nachzügler in Bezug auf die Rezeption des neuen Rechtsmodells. Eines der frühesten Beispiele hier ist die Burgstadt Kamianets in Podolien, die 1374 magdeburgische Privilegien erhielt. In Volhynien bekamen die älteren und größten städtischen Zentren als erste das Magdeburger Recht: Luzk (1432), Kremenez (1438) oder Wolodymyr[36] in Volhynien (um 1490 neu gegründet). Hier wie ebenso in Rotreußen dienten größere Städte als Vorbilder für kleinere Kommunen, wie in den Privilegien angedeutet: Luzk und Kremenez wurden beispielsweise zum Muster für Krupiec/Krupets (1576, Volhynien Palatinate). Luzk und Kiew waren Muster für Foroshnia (1593, Kyjiv Palatinate). Stohod (1618, Volhynien Palatinate) musste dem Beispiel von Luzk folgen. Andere hatten Krakau/Kraków als Vorbild.[37]

Vor diesem Hintergrund definierte Natalia Bilous charakteristische Merkmale der Entwicklung städtischer Netze im Großherzogtum Litauen. Demnach bekamen erstens hauptsächlich bereits bestehenden Städte und Siedlungen, die erneuert werden mussten, das Magdeburger

|**33**| Seit der Mitte des 19. Jahrhunderts wird die historische Entwicklung der städtischen Institutionen Lembergs nachhaltig untersucht. Vgl. dazu Zubrzycki 1844, Czołowski 1896b u. Kapral’ 2006. |**34**| Akta grodzkie i ziemskie 3, Nr. LXII, S. 114–119, hier S. 115. |**35**| Vgl. Janeczek 1995. |**36**| Die Stadt Wolodymyr-Wolynskyj, Wladimir auf Russisch, wird innerhalb der Ukraine und der ukrainischen Historiografie Wolodymyr genannt. Die Stadt ist nicht zu verwechseln mit der russischen Stadt Wladimir, die auf dem Kliazma liegt. |**37**| Zu Krakau vgl. auch den Beitrag von Zdzisław Noga in diesem Band, S. 299–311.

Abb. 4
Im Jahr 2018 gedruckte Briefmarken, die an die Übertragung des Magdeburger Rechts an Horodenka vor 350 Jahren erinnern. Privatbesitz.

Recht. Zweitens gab es eine deutliche Ungleichheit zwischen dem westlichen und dem östlichen Teil des Herzogtums, die darin bestand, dass sich im westlichen Teil die weitaus größere Anzahl der mit dem *ius Theutonicum* ausgestatteten Städte befand. Zugleich wurden sogar bedeutendere königliche Städte wie Kiew, Luzk, Kremenez oder Winnyzja von lokalen königlichen Beamten in ihrer Autonomie eingeschränkt. So versuchten die Wojewoden in Kiew, das 1498 und 1514 das Magdeburger Recht erhielt und sich dieses 1516 erneut bestätigen ließ, die Autonomie der städtischen Gemeinde zu begrenzen und sich einen Teil ihres Einkommens anzueignen. Streitigkeiten zwischen dem Magistrat und den Wojewoden über angeblich unbestimmte Steuerbeträge der Bürger waren seit dem späten 15. Jahrhundert bekannt. Die nächste Welle von Magdeburger Rechtsverleihungen an ukrainische Städte setzte nach der Union von Lublin im Jahr 1569 und der Eingliederung von Gebieten der heutigen Ukraine in die polnische Krone ein, woraufhin mehrere Dutzend Stadtgründungen vorgenommen wurden. Dieser Prozess setzte sich bis ins 17. Jahrhundert fort. Die meisten Städte in der Ukraine rechts vom Dnjepr bekamen das Magdeburger Recht demnach vor 1640.

Die Entwicklung der städtischen Selbstverwaltung in der linksufrigen Ukraine dagegen ist durch eine sehr späte Rezeption des Magdeburger Rechts gekennzeichnet. Die frühesten Gründungen fanden dementsprechend erst in den 1620er Jahren statt.[38] Das Magdeburger Recht wurde nunmehr Städten wie Starodub (1620), Tschernihiw (1623), Nischyn (1625), Mglin (1626), Myrhorod (1631) und anderen übertragen. Die Anzahl von Bürgern in diesen städtischen Siedlungen war eher gering. Die größten von ihnen verfügten im 18. Jahrhundert nur über 5 000 bis 8 000 Einwohner.

Nach dem Vertrag von Perejaslaw aus dem Jahr 1654 bestätigte der russische Zar die Magdeburger Rechtsprivilegien für Kiew, Perejaslaw, Tschernihiw und Nizhyn auf Ansuchen dieser städtischen Gemeinden. In ihren Arbeiten über die Städte im Gebiet des Kosakenhetmanats stellten verschiedene Historiker fest, dass die Grenzlage der Region zu Urbanisierungsprozessen geführt habe, die sich deutlich von denen in Ostmitteleuropa unterschieden.[39] Ein wesentlicher Teil des Territoriums gehörte zum sogenannten »Wilden Feld« (*Campus Desertus*), wo es an Städten jeglicher Art fehlte. Die Kolonisation dieser Räume und Siedlungsgebiete begann in der Mitte des 16. Jahrhunderts und wurde als eine Art »Reconquista« an-

gesehen. So verlieh der polnische König Sigismund III. 1630 der »leeren Sloboda Pultava« das Magdeburger Privileg. Jedoch wurde die Stadt Poltawa bereits 1648 zum Zentrum der administrativen und militärischen Einheit des Hetmanats des Poltawa-Kosakenregiments (Полтавський полк).[40] Das Hetmanat war in mehrere territoriale Einheiten gegliedert, die jeweils militärische und administrative Funktionen hatten und einem Oberst unterstanden: die sogenannten Regimenter. Poltawa bildete also den Sitz eines solchen Oberst und wurde zu einem regionalen Zentrum militärischer und administrativer Macht. Hierbei erfolgte eine enge Verschränkung zwischen der Militärverwaltung und den Institutionen der städtischen Selbstverwaltung sowie des Justizsystems.

Magistrate existierten nur in jenen Städten, wo sie durch Magdeburger Rechtsprivilegien abgesichert wurden: Kiew, Tschernihiw Perejaslaw, Nizhyn, Koselez, Oster, Starodub, Hadjatsch, Mglyn (von 1752, auch Nowgorod-Siwersky und Poltawa). Alle diese Städte wurden in Quellen oft als »privilegierte Städte« bezeichnet, wobei sich die dortigen Bürger ihre Privilegien regelmäßig bestätigen ließen. Demnach bekräftigte der russische Zar nach dem Abschluss der Moskauer Artikel 1665 die Privilegien für Kiew, Kaniw, Perejaslaw, Nischyn, Koselez, Oster, Starodub, Hadiatsch und Mglyn. Später wurde das Magdeburger Recht nur den wichtigsten ukrainischen Städten des Hetmanats, wie Kiew, Tschernihiw oder Perejaslaw, bestätigt, was jedoch den allmählichen Niedergang ihrer städtischen Autonomie nicht zu verhindern vermochte.

| **38** | Vgl. Serdiuk 2014, S. 231. | **39** | Das Kosaken-Hetmanat war eine ukrainische Kosaken-Staatsformation, die während des Aufstands von 1648 bis 1657 entstand und bis 1764 währte, einigen Quellen zufolge sogar bis 1782. Die Unterzeichnung eines militärischen Bündnisses mit dem russischen Zarentum im Vertrag von Perejaslaw von 1654 gilt als ein wichtiger Bezugspunkt des Kosaken-Hetmanats in der sowjetischen, ukrainischen und russischen Geschichtsschreibung. | **40** | Der offizielle Beginn dieser Regimentsverfassung kann auf 1621 datiert werden, als der polnische hochrangige königliche Beamte und Militärkommandant, Stanislaw Koniecpolski, ein Abkommen mit der Delegation der Saporoger Kosaken unter Führung von Mychajlo Doroschenko unterzeichnete. Die registrierte Kosakenarmee wurde in sechs Regimenter geteilt, jedes mit einem Hauptquartier in den Städten Bila Zerkwa, Kaniw, Korsun, Perejaslaw, Tscherkasy und Tschyhyryn. Die Zahl der Gemeinschaften wuchs während des Chmelnyzkyj-Aufstands, sodass im Jahr 1648 auch ein Regiment mit dem Zentrum in Poltawa entstand.

Die endgültige Abschaffung des Magdeburger Rechts in der heutigen Westukraine fand 1786 statt. In Lemberg indes behielt das Magdeburger Recht bis zu seiner offiziellen Außerkraftsetzung infolge eines Dekrets des habsburgischen Kaisers Joseph II. seine Gültigkeit. In der zentralen und linksufrigen Ukraine geschah dies im Jahr 1831. In Kiew wurde das Magdeburger Recht erst Ende Dezember 1834 abgeschafft, womit dies die letzte ukrainische Stadt magdeburgischen Rechts war. Das dem Magdeburger Recht gewidmete Denkmal aus dem Jahr 1802 dient als Beweis dafür, wie leidenschaftlich die Bürger Kiews die Erinnerung an ihre städtische Autonomie und die damit verbundenen Freiheiten wachzuhalten gedachten.[41]

Seit der ukrainischen Unabhängigkeit (1991) ist das Magdeburger Recht ein wichtiger Teil der öffentlichen Gedenkkultur, insbesondere dort, wo die Erinnerung an die städtischen Freiheiten durch den Staat und die lokalen Kommunalbehörden befördert wurde. So feierte beispielsweise die Stadt Riwne, die 1492 das Magdeburger Recht erhalten hatte, im Jahr 1993 mit der bereits erwähnten Konferenz zur kommunalen Selbstverwaltung das 500-jährige Jubiläum ihres städtischen Rechts. Dabei nahm die Kommune auch die Umbenennung eines Platzes vor, der ursprünglich einer Sowjetpersönlichkeit gewidmet war und nunmehr den Namen »Platz des Magdeburger Rechts« (майдан Магдебурзького права) erhielt. Kiew seinerseits feierte das 500. Jubiläum des Magdeburger Rechts im Jahr 1999. In Lemberg wurde das 650. Jubiläum 2006 begangen. Auch kleinere Städte folgten diesem Beispiel: Bibrka und Horodok feierten ihre Übernahme des Magdeburger Rechts (540. bzw. 625. Jubiläum) 2010, Rohatyn (600. Jubiläum) 2015, Halyč (650. Jubiläum) und Iwano-Frankiwsk (355. Jubiläum) 2017. Das Jahr 2018 scheint besonders reich an öffentlichen Gedenkveranstaltungen gewesen zu sein, denn gleich vier Städte würdigten die Verleihung des Magdeburger Rechts: Horodenka (350. Jubiläum), Kowel (500. Jubiläum), Zhydatschiw (625. Jubiläum) und Sudowa Wyschnja (650. Jubiläum).

Die Mehrheit dieser Städte befindet sich in der Westukraine, aber auch Städte in anderen Regionen des Landes sind willens, an ihre Rechtstradition festlich zu erinnern. So wurde das 390-jährige Jubiläum des Magdeburger Rechts in Tschernihiw mit einer Konferenz zur Stadtgeschichte begangen, die den Erhalt der Privilegien als anerkannten »Triumph der städtischen Selbstverwaltung und Blüte der ukrainischen Städte« bezeichnete. Weitere Städte, die an das Magdeburger Recht erinnerten, indem sie dessen Jubiläum feierten, sind unter anderem Korosten und Olewsk in der Zhytomyr Region (hier wurden Gedenksteine eingerichtet); Uman in der Tscherkasy Region sowie Medwin, Hostomel und Tetijiw im Umland von Kiew. Im Jahr 2016 bekam Tetijiw nicht nur ein Denkmal, das an die 410 Jahre zurückreichende Bewidmung mit Magdeburger Recht erinnert, sondern ebenfalls einen Gedenkstein auf dem Platz, auf dem im 17. Jahrhundert das Rathaus der Stadt erbaut worden war. Heute ein Dorf, das etwa 150 Kilometer von Kiew entfernt liegt, erinnert die Gemeinde Medwin mittels einer Granitsäule an die im 17. Jahrhundert erworbenen städtischen Rechte. Auf dieser Säule ist in ukrainischer und englischer Sprache zu lesen: »Medwin bekam das Magdeburger Recht 1620«.

Schlussbemerkungen

Der Prozess der Rezeption des *ius Theutonicum* fand in der Ukraine innerhalb einer Region mit einer bereits etablierten Siedlungsstruktur und mit Zentren statt, die als Städte fungierten, wenngleich sie keine städtische Autonomie besaßen. Das Magdeburger Recht bildete die Grundlage für wichtige wirtschaftliche Veränderungen, die die Ablösung der Naturalwirtschaft durch Monetarisierung mit sich brachten. Dies bedeutete auch, dass Zinsen und Arbeitsleistungen, die die abhängigen Personen ihrem Herrn schuldeten, durch Bezahlung in Münzen ersetzt werden konnten. Das neue Rechtssystem wurde zunächst auf die wichtigsten Städte übertragen. Auf diese Weise entstand eine neue Schicht von Bürgern mit rechtlicher Immunität und einem eigenen urbanen Gericht sowie einem Stadtrat. Die Übernahme des Magdeburger Rechts bot Unterstützung für privatwirtschaftliche Unternehmungen im Güteraustausch und der Produktion. Grundlegende Veränderungen fanden ebenfalls im Bereich des Handels und des Handwerks statt, wobei sich beide von einer starken Abhängigkeit zum Herrscher loslösen konnten. Mit seinen Bestimmungen zu Fragen der Landnutzung und der Gerichtsbarkeit umfasste das *ius Teutonicum Magdeburgense* alle wesentlichen Regelungen zur Gründung einer neuen Siedlungsform. Sie berührten auch den Ablauf, nach dem die Lokation eines Ortes vorgenommen und dieser mit Siedlern ausgestattet werden sollte (*iure Theutonico locare/collocare/populare*). Zeitgenossen sahen das Magdeburger Recht vor allem als Gewähr von Freiheiten, allerdings variierte der Grad der Autonomie von Stadt zu Stadt und hing stark von der Beziehung zum Stadtherrn ab. Es lässt sich feststellen, dass der Prozess der *locatio* in der Ukraine große Veränderungen hinsichtlich des Charakters und Ausmaßes von städtischer Abhängigkeit gegenüber ihren Eigentümern evozierte, aber nicht deren vollständiges Verschwinden nach sich zog.

Das Magdeburger Recht etablierte sich in der Folge auch in der populären und historischen Erinnerung der heutigen Ukraine und wird vielfach assoziiert mit den Rechten und Freiheiten der Bürger, mit kommunaler Selbstverwaltung und »demokratischen Traditionen«. Fast jede ukrainische historische Stadt genoss das Magdeburger Recht und entwickelte Institutionen der Selbstverwaltung, die noch oft als ein Beweis dafür angesehen werden, dass die Ukraine zum gemeinsamen europäischen Kulturraum gehört. So ist es kein Wunder, dass die städtischen Gemeinden gern das Jubiläum ihrer »Magdeburgija« feiern und dieses Ereignis zu einem Höhepunkt in der Stadtgeschichte machen.

|**41**| Mehr dazu bei Lück 1990a.

Soziale Gruppen der Stadtgesellschaft

Մատ-թէոս
Մար-կոս
Ղու-կաս
Յով-հան-նէս

JÜRGEN HEYDE

Armenier in Lemberg und Krakau

Städtische Migrationsgesellschaften und Magdeburger Recht

Im späten Mittelalter gehörten Krakau/Kraków und Lemberg/L'viv zu den wichtigsten Handelszentren im Königreich Polen. Beide besaßen eine Stadtverfassung nach dem Magdeburger Recht und lagen an der Handelsstraße, welche das Heilige Römische Reich über Nürnberg, Prag/Praha und Breslau/Wrocław mit den Handelswegen in den Orient, insbesondere zum Schwarzen Meer, verband. In Krakau wie in Lemberg gab es eine armenische Bevölkerung, die in beiden Städten zur ökonomischen Elite zählte. Allerdings waren die Unterschiede zwischen den Zentren in Bezug auf die Armenier bedeutend. In Lemberg existierte eine organisierte Gemeinde; zudem wurden die Armenier bereits im Lokationsprivileg von 1356 erwähnt. In Krakau hingegen lassen sich in den städtischen Quellen lediglich einzelne Personen mit ihren Familien ausfindig machen, aber keine politischen oder gesellschaftlichen Organisationsstrukturen. Im Folgenden wird zunächst am Beispiel Lembergs und dann auch Krakaus nach der Rolle von Fremden und insbesondere der Armenier in der Stadtverfassung beider Zentren gefragt. Dazu soll kurz auf die entsprechenden Passagen in den jeweiligen Lokationsurkunden eingegangen und die Aufmerksamkeit im Anschluss daran auf die Interaktion zwischen Armeniern und Bürgern in den beiden Städten bis zur Mitte des 15. Jahrhunderts gerichtet werden.

Zum Stand der Forschung

In der historischen Forschung wird die armenische Geschichte bis heute als Nationalgeschichte einer klar umrissenen ethnisch-kulturellen Gruppe erzählt, die allerdings zwischen dem armenischen Mutterland und der europäisch-asiatischen, sowie in der jüngeren Geschichte auch amerikanischen, Diaspora geteilt ist. So wird in Synthesen der armenischen Geschichte nachdrücklich auf das hohe Alter der armenischen Nation und die ungebrochene religiös-kulturelle Identität verwiesen, daneben aber auch das große Gewicht und die außer-

Abb. 1
Seite aus dem Evangeliar von Lemberg, eine um 1198 im Kloster Skevra angefertigte armenische Bilderhandschrift, heute aufbewahrt in der Nationalbibliothek Warschau.

gewöhnliche Bedeutung der Diaspora-Gemeinschaften unterstrichen.[1] Dies gilt insgesamt ebenfalls für die Überblicke über die Geschichte der armenischen Bevölkerung (Diaspora) im alten Polen. Arbeiten aus der Feder von polnischen, armenischen und auch amerikanischen Historikern folgen sämtlich den Konventionen der Nationalhistoriografie und beschreiben eine geschlossene Gruppe in ihrer Interaktion mit der Umwelt. Mirosława Zakrzewska-Dubasowa und Krikor Maksoudian schreiben zudem gewissermaßen eine Geschichte von »Auslandsarmeniern«, in der eine kulturelle Einheit mit dem »Mutterland« schlicht vorausgesetzt und anachronistische Verbindungen in die Vergangenheit projiziert werden.[2]

Auf der anderen Seite stehen lokalgeschichtliche Arbeiten, die sich vor allem auf die Zentren Lemberg und Kamjanec konzentrieren. Am intensivsten und von den meisten Autoren behandelt wird die armenische Gemeinde in Lemberg, zu der gerade in den letzten Jahren mehrere Untersuchungen erschienen sind. Neben den älteren Studien von Jaroslav Daškevič[3] ist hier besonders auf die Untersuchungen von Myron Kapral' zu verweisen, der die Armenier als Teil des ethnischen Mosaiks der Stadt begreift und ihnen einen wesentlichen Teil seines Buchs über die »nationalen Gruppen Lembergs im 16. und 17. Jahrhundert« widmet.[4] Zu Krakau sind in den letzten Jahren überblicksartige Aufsätze von Andrzej Zięba und Piruza Mnacakanian erschienen.[5] Von großem Wert ist zudem die kleine Quellenpublikation zu Armeniern in Krakauer Gerichtsquellen des Mittelalters von Bożena Wyrozumska.[6]

Die Lokalstudien haben einen anderen Fokus als die Überblickswerke, indem sie die Geschichte der Armenier im Kontext von Migrationsgesellschaften zeigen. Hier fallen die Unterschiede zu einer »Nationalgeschichte in der Diaspora« deutlich auf. Dies betrifft zum einen die Sozialstruktur, welche in solchen Migrationsgesellschaften nicht vollständig ist. Im Fall der Armenier leitet sich daraus die Frage ab, was der Elitencharakter der dortigen armenischen Bevölkerung für die transkulturelle Kommunikation und die Einbindung in die Umgebungsgesellschaft bedeutet. Ein zweiter Aspekt, der in nationalgeschichtlichen Ansätzen verkürzt wird, ist die Rolle der Religion. Hier macht die lokalgeschichtliche Untersuchung die Komplexität religiöser Zuordnungen zwischen Abgrenzung und Integration deutlich. Auch andere ethnische Marker, die häufig als Abgrenzungskategorien einfach vorausgesetzt werden, wie Herkunft und Sprache, erweisen sich als wenig eindeutig.[7]

Lemberg

Die Geschichte Lembergs lässt sich in schriftlichen Quellen bis in das 13. Jahrhundert zurückverfolgen. Archäologische Befunde im Umfeld der Hohen Burg reichen dagegen sogar in das 11. bis 12. Jahrhundert zurück.[8] Aus den ältesten Zeiten liegen allerdings nur wenige schriftliche Quellen vor, sodass die Anfänge der städtischen Niederlassung an einem wichtigen Transitweg in Richtung Konstantinopel und Schwarzes Meer noch nicht hinreichend geklärt sind. Einen wichtigen Einschnitt in der Geschichte Lembergs stellt das Jahr 1356 dar, in dem König Kasimir von Polen der Gemeinde das Magdeburger Stadtrecht verlieh. Die Ausstellung der Urkunde stand im Kontext seiner Inkorporationspolitik gegenüber dem Land Halič, das als

Provinz Rotreußen in das Königreich Polen eingegliedert wurde. Die Übertragung des Magdeburger Rechts war ein früher Schritt zur organisatorischen Angleichung an die polnischen Strukturen. Damit wurde die Bürgergemeinde (*civitas*) aus dem Geltungsbereich des altrussischen Landrechts herausgenommen und zugleich ein Zusammenhang mit anderen polnischen Städten hergestellt.[9] Das Stadtrecht enthielt ein Angebot zur Selbstorganisation der Bürger und verortete sie im ständischen System des Königreichs. Zu diesem Ziel wurde die Gemeinde aus der Gerichtshoheit aller königlichen Amtsträger mit Ausnahme des vom König eingesetzten Vogtes ausgenommen. Diese Regelung entsprach dem üblichen Formular von Stadtrechtsprivilegien, ebenso wie die Beschreibung der Aufgaben und Rechte des Vogts und die Verleihung eines Gebiets um die Stadt herum. In einem Punkt aber wich das Lemberger Lokationsprivileg von anderen Stadtrechtsverleihungen ab, insofern es auch nichtbürgerliche Gruppen als Akteure ansprach: »Neben der ganzen *civitas* und allen, die in ihr wohnen oder sich in ihr aufhalten, wird das Magdeburger Recht auch den anderen *gentes*, die in ihr wohnen, verliehen, und zwar den Armeniern, Juden, Sarazenen, Ruthenen und anderen *gentes*, welcher Art und welchen Standes sie auch seien [...].«[10]

Indem die Urkunde explizit alle Bewohner Lembergs anspricht, wird die Stadt insgesamt als Migrationsgesellschaft greifbar. Es gibt folglich keinen Gegensatz von (privilegierter) ansässiger Bevölkerung und (nichtprivilegierten) Migranten. Als Adressaten fungieren vielmehr die in Gruppen organisierten Zuwanderer. Da ist zunächst die *civitas*, die Bürgergemeinde, die nicht näher definiert werden muss. Die *Poloni* und *Theutonici*, aus denen sie sich zusammensetzte, werden erst später und in anderen Zusammenhängen in den Quellen fassbar. Ebenfalls nicht erwähnt wird, dass es sich bei der Bürgergemeinde um katholische Christen handelte, was sich gleichsam automatisch aus dem Status als *civitas* ergibt. Die anderen Gruppen werden nach ethnisch-religiösen Kriterien benannt. Ihre Erwähnung markiert die besondere Stellung Lembergs im Rahmen der Stadtrechtsvergabe. Neben dem Magdeburger Recht konnten die dort genannten *gentes* auch ihr eigenes Recht nutzen, wie in einem weiteren Absatz betont wird. Dabei sollte jedoch der königliche Vogt dem jeweiligen Gericht vorsitzen. Daraus ergab sich aber noch kein gemeindebildender Automatismus. So waren es unter den genannten nichtbürgerlichen Gruppen schließlich allein die Armenier, welche eine Gerichtsverfassung nach dem Muster des Lokationsprivilegs entwickelten (Abb. 2).

Unter den Armeniern in Lemberg besaß die große Mehrzahl der Kaufleute und Handwerker Beziehungen zur Schwarzmeerregion. Im ältesten Schöffenbuch aus der Mitte des 15. Jahrhunderts treten Kaufleute aus dem auf der Krim liegenden Kaffa und aus Suceava im Fürstentum Moldau als jeweils gemeinsam handelnde Gruppen auf, bei anderen lassen sich über

|**1**| Zur Problematisierung dieser historiografischen Tradition: Herzig/Kurkchiyan 2005. |**2**| Vgl. Stopka 2009; Stopka 2000; Grigorjan 2005; Maksoudian 1997; Zakrzewska-Dubasowa 1982. |**3**| Die wichtigsten Arbeiten sind jetzt gesammelt in Dashkevich 2012; Dashkevich 2001. |**4**| Vgl. Kapral' 2003; Kapral' 2000. |**5**| Vgl. Zięba 2017; Mnacakanian 2011. |**6**| Vgl. Wyrozumska 2003. |**7**| Vgl. Heyde 2017 a; Janeczek 2014; Janeczek 2004; Janeczek 2003. |**8**| Vgl. Janeczek 1993/94. |**9**| Näheres zum Lokationsprivileg von 1356 bei Heyde 2017 b; zur Forschungsgeschichte und besonders zur fast völlig fehlenden Rezeption der Urkunde in der ukrainischen Historiografie vgl. Janeczek 2006, S. 421–445. |**10**| Kapral' 1998, Nr. 1, S. 27–29.

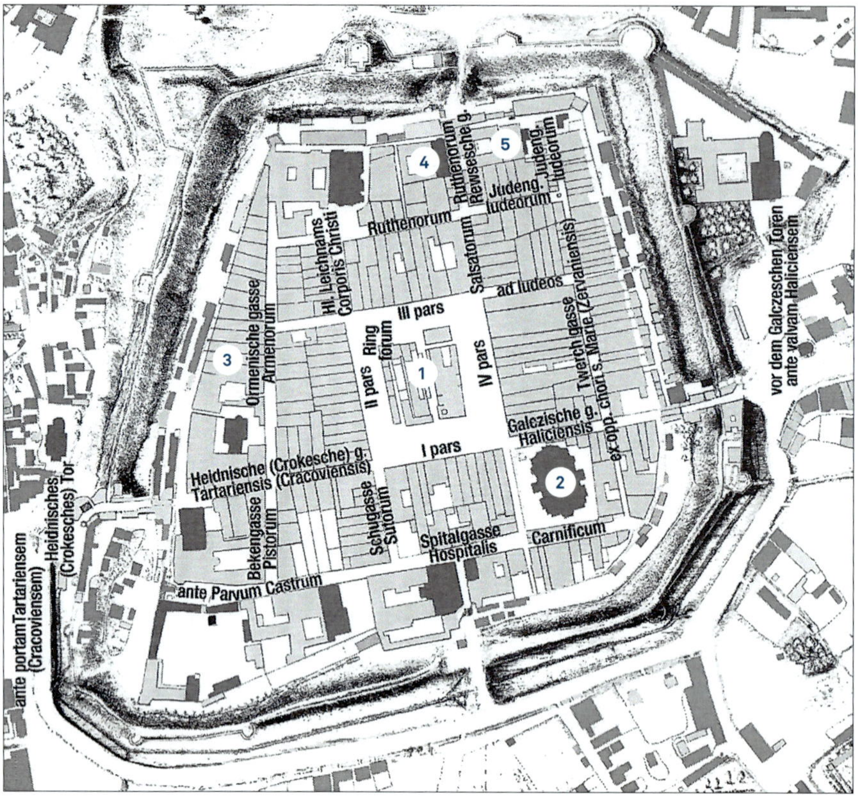

Abb. 2
Sozialtopografischer Stadtgrundriss von Lemberg.

Legende:
1 Rathaus und Marktplatz
2 katholische Kathedrale
3 armenische Kirche und Viertel
4 orthodoxe Kirche und Viertel
5 jüdische Synagoge und Viertel

erwähnte Handelsgüter Verbindungen zum Orienthandel festmachen.[11] Aus dem Schwarzmeergebiet brachten die Händler die Umgangssprache der Armenier mit, das Kiptschak, welches in den Akten des armenischen Gerichts noch im späten 16. und frühen 17. Jahrhundert nur wenig mit armenischen Elementen vermischt war. Das Kiptschak bildete auch die Umgangssprache der Tataren und Karaim in Polen und Litauen.[12]

In Lemberg selbst waren die Armenier bereits an der Wende zum 15. Jahrhundert eine bedeutende Gruppierung; im ältesten Rechnungsbuch der Stadt ist ein Verzeichnis der armenischen Steuer aus dem Jahr 1407 enthalten, in dem 62 Personen aufgelistet sind.[13] Zur gleichen Zeit lässt auch die Topografie in der Stadt auf einen gewissen Zusammenhalt schließen. So zeichnet sich im Stadtbild ein klar umrissenes armenisches Viertel im Norden der ummauerten Stadt ab. Im ältesten Stadtbuch, welches die Jahre 1382 bis 1389 umfasst, sind zahlreiche

Immobiliengeschäfte zwischen Armeniern und Bürgern notiert, aber meist ohne dass die genaue Lage der Gebäude verzeichnet würde.[14] Das ändert sich zu Beginn des 15. Jahrhunderts. Andrzej Janeczek hat am Beispiel der ältesten Steuerlisten gezeigt, dass die ethnischen Quartiere, wie sie auf Stadtplänen seit dem 17. Jahrhundert immer wieder ausgewiesen wurden, bereits in der ersten Hälfte des 15. Jahrhunderts weitgehend ausgebildet waren, auch wenn es zu jener Zeit keinen Zwang gab, in einem bestimmten Teil der Stadt zu wohnen.[15] Das älteste Schöffenbuch bestätigt diesen Befund. Dort werden häufig Immobilien als Sicherheit eingesetzt, und fast immer handelt es sich dabei um solche in der armenischen Gasse.[16]

In religiöser Hinsicht erscheinen die Armenier in den Quellen nicht als eine geschlossene Gruppe. Im ältesten Stadtbuch von Lemberg werden einige, aber nicht alle Armenier zusätzlich als »catholicus« bezeichnet.[17] Diese Unterscheidung schwindet in den folgenden Jahrzehnten und erscheint im ältesten Schöffenbuch (1441–1448) und in den Ratsakten ab 1460 nicht mehr. Die »Armeni catholici«, argumentiert Krzysztof Stopka, gehen auf die ehemaligen Kreuzfahrerstaaten in der Levante zurück, wo der armenische Klerus Kontakte zur katholischen Kirche knüpfte.[18] Von Rom aus wiederum wurde der Dominikanerorden beauftragt, sich um armenische Mönche aus den vormaligen Kreuzfahrerstaaten zu kümmern, die nun unter islamischer Herrschaft standen. In Lemberg ist ein Mandat von Papst Urban VI. an die dortigen Dominikaner überliefert, sich der armenischen Mönche aus dem Unitarierorden anzunehmen.[19] Der armenische Bischof seinerseits scheint am Ende des 14. Jahrhunderts eine Anlehnung an die katholische Kirche gesucht zu haben. Dies blieb nicht ohne Einfluss auf die Gemeinde. Demnach klagte der armenische Katolikos Todoros II. im Jahr 1388, der Lemberger Bischof Bernhard habe seinen ersten Legaten hinausgeworfen, den Tod des zweiten verursacht und ihm die Schreiben des Patriarchen abgenommen sowie dem dritten Gelder entwendet, die für das kylikische Patriarchat in Sis bestimmt gewesen seien.[20] Das Fehlen einer Differenzierung innerhalb der armenischen Bevölkerung in den Quellen des 15. Jahrhunderts mag darauf hindeuten, dass der Konflikt zwischen Bischof und Katolikos überwunden wurde. Eine persönliche Zusammenkunft zwischen den beiden geistlichen Würdenträgern lässt sich in den Quellen erst für das Jahr 1485 belegen.[21] In Einzelfällen kam es auch zu Konversionen vom armenischen zum katholischen Bekenntnis. In einem solchen Fall büßte die betreffende Person zugleich ihren Status als »Armenier« ein, wie ein Eintrag im Lemberger Stadtbuch aus dem Jahr 1384 zeigt, in dem von Johannes »quondam Armenus nunc vero katholicus« die Rede ist.[22]

Bereits im 14. Jahrhundert finden sich in den Quellen Hinweise auf die Existenz einer politischen Organisation in Form einer armenischen Gemeinde. So werden schon im Jahr 1363 im Stiftungsprivileg für die armenische Kirche in Lemberg erstmals armenische Älteste

---

| **11** | Vgl. Czołowski 1892, S. 165 u. 182; Popovič 2011, S. 54 mit Anm. 157. | **12** | Vgl. Janeczek 2003. | **13** | *Registrum de exaccione Armenorum* 1407: Czołowski 1896 a, S. 40–41. | **14** | Vgl. Czołowski 1892. | **15** | Vgl. Janeczek 2015. | **16** | Vgl. Czołowski/Jaworski 1921. | **17** | Stopka 2008, S. 249–250. | **18** | Vgl. Stopka 2002, S. 144–151 u. 255–256. | **19** | Vgl. Akta grodzkie i ziemskie 2, Nr. X, S. 16–18 (1381). | **20** | Petrowicz 1971, S. 30. | **21** | Ebd., S. 76. | **22** | Czołowski 1892, Nr. 169, S. 26; Stopka 2008, S. 247–249.

erwähnt, deren Stellung später mit der des Rates in der Bürgergemeinde verglichen werden kann.[23] Allerdings lässt sich diese Analogie nur auf die Funktion als Repräsentationsorgan gegenüber dem König und seinen Amtsträgern beziehen. Innerhalb der Gemeinde, so deutet die Stiftungsurkunde an, waren die Ältesten weit mehr als nur gewählte Vertreter ihrer Gemeindeangehörigen. Im Unterschied zur Bürgergemeinde als Schwurgemeinschaft, die aus ihrer Mitte den Rat als Vertretung wählte, zeigt sich bei den Armeniern ein religiös basiertes hierarchisches Selbstverständnis. Somit gelobten die Stifter der armenischen Kirche in ihrer Urkunde nicht nur gegenüber dem Patriarchen und dem armenischen Bischof Gehorsam, sondern auch gegenüber den Ältesten, die damit gleichberechtigt mit den geistlichen Würdenträgern zu Garanten für die Unverletzlichkeit der Kirche wurden.[24]

In den folgenden Jahrzehnten trat in den Quellen zunächst die Funktion der Ältesten und der Gemeindeführung als Interessenvertretung der armenischen Bevölkerung in der Stadt in den Vordergrund. Gegenüber der Bürgergemeinde entwickelte sich ein gewisses Konkurrenzverhältnis, bei dem sich die armenische Gemeindeführung bemühte, mit der wachsenden Bedeutung des Rates Schritt zu halten. Dies zeigte sich bereits im Jahr 1378, als der Rat der Bürgergemeinde vom König das Vogtsamt übernahm und fortan einen eigenen Vogt einsetzte. Noch im selben Jahr wurde erstmals auch ein eigener armenischer Vogt als Vorsitzender des armenischen Gerichts erwähnt.[25] Anders als in der Bürgergemeinde, wo der vom Rat eingesetzte Vogt weitgehend auf die Gerichtsfunktion beschränkt blieb, trat der armenische Vogt schnell an die Spitze seiner Gemeinde und wurde zu ihrem wichtigsten Repräsentanten bei Kontakten nach außen. So verfügte er auch über direkte Beziehungen zum König und erhielt von ihm zum Beispiel im Jahr 1402 ein Privileg, das den Lemberger Armeniern den ungehinderten Handel im gesamten Königreich garantierte.[26]

Innerhalb der Stadt festigte sich auf diese Weise das organisatorische Nebeneinander zwischen Armeniern und Bürgern, wobei es jedoch zu keiner formellen Aufteilung der Stadtherrschaft oder der Herausbildung getrennter Weichbilder kam. Die Bürgergemeinde erhob den Anspruch, die Stadt »nach außen« zu vertreten und erhielt vom König Privilegien, welche die Rechte auswärtiger Kaufleute regelten – und das hieß vor allem: gegenüber den Bürgern einschränkten –, wie beispielsweise das Stapelrecht oder das Gasthandelsverbot. Dabei argumentierte der Rat weder rechtlich noch handelspolitisch, sondern er stellte die besondere Rolle Lembergs als Vormauer der Christenheit gegen die Heiden in den Vordergrund: »nostra Leopoliensis civitas, que inter alias civitates regni nostri Polonie clipeus et muros a paganismo extat et habetur«.[27] Der Rat strebte somit nach einer religiös motivier-

---

|**23**| Vgl. Abraham 1904, Dodatek XI, S. 378–379, hier S. 378; Chrząszczewski 2001, S. 3–4. |**24**| Vgl. Abraham 1904, Dodatek XI, S. 378. |**25**| Vgl. Balzer 1909, Dodatek 1, S. 176–177 (18. Mai 1378). |**26**| Vgl. Kapral' 2000, Nr. 37, S. 125–126. |**27**| Kapral' 1998, Nr. 31, S. 90–94, hier S. 91. Diese Formulierung ist in einem Privileg aus dem Jahr 1444 enthalten, als sich König Władysław III. auf dem Weg zu einem Kreuzzug gegen das Osmanische Reich befand. Vgl. Akta grodzkie i ziemskie 5, Nr. 104, S. 133–135. |**28**| Vgl. Srodecki 2015. |**29**| Vgl. Heyde 2014, S. 126–134; Heyde 2015 b, S. 284–292. |**30**| Zur Krise der armenischen Selbstverwaltung in der zweiten Hälfte des 15. Jahrhunderts vgl. Heyde 2011. |**31**| Vgl. Czołowski 1905, S. 118; Janeczek 2005, Nr. 502. |**32**| Akta grodzkie i ziemskie 5, Nr. 52, S. 57–58, hier S. 57. |**33**| Vgl. Janeczek 2005, Nr. 545.

ten Überordnung über die nichtkatholischen Bevölkerungsgruppen, die in der Logik dieser Rhetorik *per se* als Fremde und potenzielle Bedrohung dargestellt wurden.[28] Konkrete politische Auswirkungen waren mit diesem Anspruch nicht unmittelbar verbunden. Handelskonflikte mit der jüdischen Gemeinde, in denen sich der Rat auf die hier umrissene Vormachtstellung berief, begannen in Lemberg erst Jahrzehnte später, genau genommen zwischen 1484 und 1488.[29]

Die armenische Selbstverwaltung geriet in der zweiten Hälfte des 15. Jahrhunderts unter die Dominanz des Rates,[30] doch lässt sich dies eher mit der Attraktivität der Bürgergemeinde als mit Restriktionen des Magistrats begründen. Mehrfach strebten in der ersten Hälfte des 15. Jahrhunderts Armenier die Aufnahme ins Bürgerrecht und damit die Unterstellung unter die Gerichtsbarkeit des Rates an. Dabei werden in jedem Einzelfall unterschiedliche Legitimationsstrategien der Antragsteller und Anforderungen bei der Bürgerrechtsverleihung deutlich. Der erste Fall, dokumentiert im *Registrum Iuris Civilis* zum Jahr 1425, ist durch seine Alltäglichkeit bemerkenswert. Der Eintrag besagt lediglich, dass Chodor, der Sohn des Mynco Armenus, das Bürgerrecht angenommen habe. Chodor legitimierte sich also über seinen Vater, der, nimmt man die umgangssprachlich vertraute Namensform »Mynco« mit dem ruthenisierenden Suffix »-co« als Hinweis, in der Lemberger Bürgerschaft bereits gut bekannt gewesen sein musste.[31] Zwei Jahre später erfolgte eine weitere Verleihung, nun an den Armenier Tischko. Er wurde als Sohn des verstorbenen Missier Mercator eingeführt und erhielt das Bürgerrecht zusammen mit seiner Familie und seinen Nachkommen. Die Verleihung ging jedoch nicht vom Rat aus, sondern von König Władysław II. Jagiełło. Sie macht damit deutlich, dass es sich hierbei nicht um einen Routinevorgang handelte. Die Urkunde belegt vielmehr das hohe Sozialprestige Tischkos, der nicht als Bittsteller gegenüber dem Rat auftreten musste, sondern das Bürgerrecht durch ein königliches Mandat erlangte. Sie betont nachdrücklich, dass Tischko mit diesem Akt von der Hoheit des armenischen wie auch jedes anderen Gerichts befreit sei und ausschließlich dem Magdeburger Recht zugehöre, welches »alle Christen, die dort weilen und der Obödienz des Heiligen Römischen Glaubens unterstehen«, genossen.[32] Mit dieser Klausel wird der Ausnahmecharakter der vorliegenden Regelung unterstrichen und zugleich eine religiöse Abgrenzung der Rechtssphären eingeführt.

Als im Jahr 1436 drei armenische Brüder, Kaufleute aus Łuck im Großfürstentum Litauen, ebenfalls durch ein königliches Mandat die Verleihung des Lemberger Bürgerrechts erlangten, wies die Argumentation einen anderen Schwerpunkt auf. Die drei Brüder Senko, Kaczik und Meleschko unterstrichen ihr Sozialprestige, indem sie den höchsten königlichen Beamten in der Provinz, den Generalstarosten von Rotreußen, als Fürsprecher gewannen. Zugleich hoben sie hervor, dass sie eifrig (*ferventer*) bemüht sein würden, alle städtischen Lasten zu tragen. König Władysław III. forderte den Rat auf, die genannten Armenier ins *ius Theutonicum* aufzunehmen, wobei er aber die Gerichtshoheit des Rates in keiner Weise schmälern wolle. Trotz der Aufnahme ins Lemberger Bürgerrecht sollten die Brüder ihren Status als Fremde nicht völlig verlieren, denn der König betonte, dass sie damit nicht von der Zollzahlung befreit seien, wie sie für die Lemberger Kaufleute galt.[33]

Im Jahr 1440 wandten sich erneut einige Armenier an den König und erbaten seine Bestätigung, da sie sich dem Magdeburger Recht unterstellt hatten. Der König genehmigte den Wechsel, aber die Urkunde, aus der wir von dieser Initiative erfahren, lässt eine gewisse Irritation erkennen. König Władysław III. stellte diesmal keine rechtlichen Überlegungen zum Verhältnis zwischen Armeniern und Bürgern an, sondern versuchte, die ethnische Gliederung der Lemberger Rechtsordnung zu begründen. Er führte aus, dass bereits viele Armenier vom armenischen ins deutsche Recht gewechselt seien, und formulierte daher grundlegende Bedenken. Die Armenier seien eines Glaubens und sollten in einem Recht gegründet sein, auf dass sie einander umso besser helfen und unterstützen könnten. Er erteilte die Erlaubnis, sich dem Magdeburger Recht zu unterstellen, allerdings unter der Maßgabe, dass die betreffenden Kaufleute weiterhin den Tribut zahlten, den die königliche Kammer von den Armeniern erhalte.[34]

Die Aufnahmen ins Bürgerrecht dokumentieren zum einen, dass die sozialen Grenzen zwischen den Gruppen durchlässig waren, und zum anderen, dass ihnen bestimmte Vorstellungen von gesellschaftlicher und religiöser Gemeinschaftlichkeit wie auch lokaler Zugehörigkeit und Fremdheit zugrunde lagen, die erst dann formuliert werden mussten, wenn sie durch solche Akte der Grenzüberschreitung infrage gestellt wurden. Nicht verhandelbar scheinen hingegen die fiskalischen Aspekte der Gruppenzugehörigkeit gewesen zu sein. Die armenischen Neubürger verpflichteten sich zwar, die städtischen Lasten zu tragen, sollten aber ebenso weiterhin den armenischen Tribut entrichten und konnten folglich nicht auf die Steuerprivilegien der Bürger zurückgreifen.

Krakau

Seit den letzten Jahren des 10. Jahrhunderts gehörte Krakau zum Herrschaftsgebiet der polnischen Fürsten. Seine Zugehörigkeit zur piastischen Monarchie unterstrich die Errichtung eines Bistums im Jahr 1000. Seit der Mitte des 11. Jahrhunderts wurde die Krakauer Burg zudem zum bedeutendsten Herrschersitz der polnischen Länder. Aus archäologischen und namenkundlichen Quellen ergibt sich für das frühe Mittelalter das Bild einer ausgedehnten Siedlungsagglomeration mit Händler- und Handwerkssiedlungen.[35]

Im 13. Jahrhundert lassen sich Elemente einer Umstrukturierung hin zu einer deutschrechtlichen Stadt erkennen. Beschleunigt wurde diese Entwicklung infolge der Zerstörung Krakaus durch die Mongolen im Winter 1240/41. Herzog Bolesław der Schamhafte von Krakau erließ 1257 daraufhin eine Urkunde, mit der Krakau als Stadt nach deutschem Recht neu gegründet werden sollte.[36] In der Folge wurde das Gebiet neu vermessen und mit einem zentralen Marktplatz und Straßen in Schachbrettordnung angelegt. Als Vorbild verweist die Urkunde auf das schlesische Breslau, welches 1241 ebenfalls zerstört worden war und bereits im folgenden Jahr ein neues Lokationsprivileg nach Magdeburger Recht erhalten hatte: »In der Absicht also, in Krakau eine Stadt zu gründen und dort Leute aus den verschiedenen Gegenden zu versammeln, prägen Wir den Ohren aller Gegenwärtigen und Zukünftigen ein, daß Wir, Boleslaw, von Gottes Gnaden Herzog von Krakau und Sandomir [...] sie zu dem Recht gründen, zu dem die Stadt Breslau gegründet ist, so jedoch, daß nicht das, was dort geschieht, beachtet wird, sondern das, was nach Recht und Art der Stadt Magdeburg geschehen soll, so daß dann, wenn darüber ein Zweifel entsteht, von den Zweiflern zu dem geschriebenen Recht Zuflucht genommen werden kann.«[37]

Die schlesische Metropole diente demnach als strukturelles Beispiel, aber keinesfalls sollte der Eindruck entstehen, dass sie der Krakauer Lokationsstadt rechtlich übergeordnet wäre. Der Herzog hatte drei Lokatoren aus Schlesien verpflichtet, wo sie bereits früher als Ansiedlungsunternehmer tätig gewesen waren. Von dort sollten auch die neuen Siedler kommen, denn Zuwanderung war ein zentrales Element jeder Stadtlokation. Das Privileg Herzog Bolesławs enthielt keine konkreten Bestimmungen zur Herkunft der künftigen Bürger. Es untersagte den Lokatoren allerdings, Menschen aus dem unmittelbaren Umland, dem Herrschaftsbereich Herzog Bolesławs anzuwerben:[38] »Die Vögte haben Uns auch versprochen, daß sie keinen Hörigen von Uns, der Kirche oder von sonst wem, auch keinen freien Polen, der bislang auf dem Lande gewohnt hat, zum Mitbürger machen, damit nicht durch solche Maßnahme Unsere oder die bischöflichen Landgüter bzw. die der Domherren oder anderer Herren veröden.«[39] Dabei stellt der Urkundentext die zugewanderten Bürger den ansässigen »Polen« gegenüber: »Und weil es rechtens ist, daß der Kläger dem Gericht des [Beklagten] folgen muß, verordnen und wollen Wir, daß, wenn ein Bürger dieser Stadt über einen Polen der Diözese Krakau Klage führt, er sein Recht vor dem Richter des Polen nachsucht; umgekehrt, wenn ein Pole einen Bürger in einen Rechtsstreit verwickelt, so sollen die Vögte das Urteil fällen und den Streit schlichten.«[40] Im Sinne des Privilegs sind Polen nur die Bewohner des Herzogtums Krakau, während bei den Zuwanderern keine Aussagen über sprachliche, kulturelle oder religiöse Zugehörigkeiten gemacht werden.

Aussagen über die ethnische Zusammensetzung der Krakauer Einwohnerschaft lassen sich erst über die seit dem Ende des 14. Jahrhunderts erhaltenen Bürgerbücher treffen, doch sind Angaben zu Herkunftsorten nur in wenigen Fällen dokumentiert und eine Erschließung über die Lautung der Namen ebenfalls häufig nicht zielführend. So hat Jerzy Wyrozumski unter den 110 Personen, die im Jahr 1395 als Neubürger verzeichnet waren, 20 als Polen und 46 als Deutsche identifiziert, aber bei weiteren 44 Namen war eine Herkunftszuordnung nicht möglich.[41] Nichtbürgerliche Einwohner der Stadt, wie zum Beispiel die Juden, erschienen in diesen Quellen nicht. Ihre Präsenz in der Stadt lässt sich erst über andere städtische Quellen, insbesondere die Gerichtsbücher, erschließen.

In den städtischen Quellen des 14. und 15. Jahrhunderts finden sich vereinzelte Hinweise auf die Anwesenheit von Armeniern in der Stadt. Angaben zu Berufen deuten auf den Handel mit orientalischen Gütern. Bereits im Jahr 1372 wird ein Goldschmied sowie im 15. Jahrhun-

|**34**| Vgl. Kapral' 2000, Nr. 40, S. 130; Heyde 2015 a. |**35**| Vgl. Czopek 1995. |**36**| Vgl. Wyrozumski 1992, S. 160–174. |**37**| Helbig/Weinrich 1970, Nr. 77, S. 290–297, hier S. 291. |**38**| Wyrozumski 1992, S. 172–173. |**39**| Helbig/Weinrich 1970, Nr. 77, S. 295. |**40**| Vgl. ebd. |**41**| Vgl. Wyrozumski 1992, S. 320; Belzyt 2003.

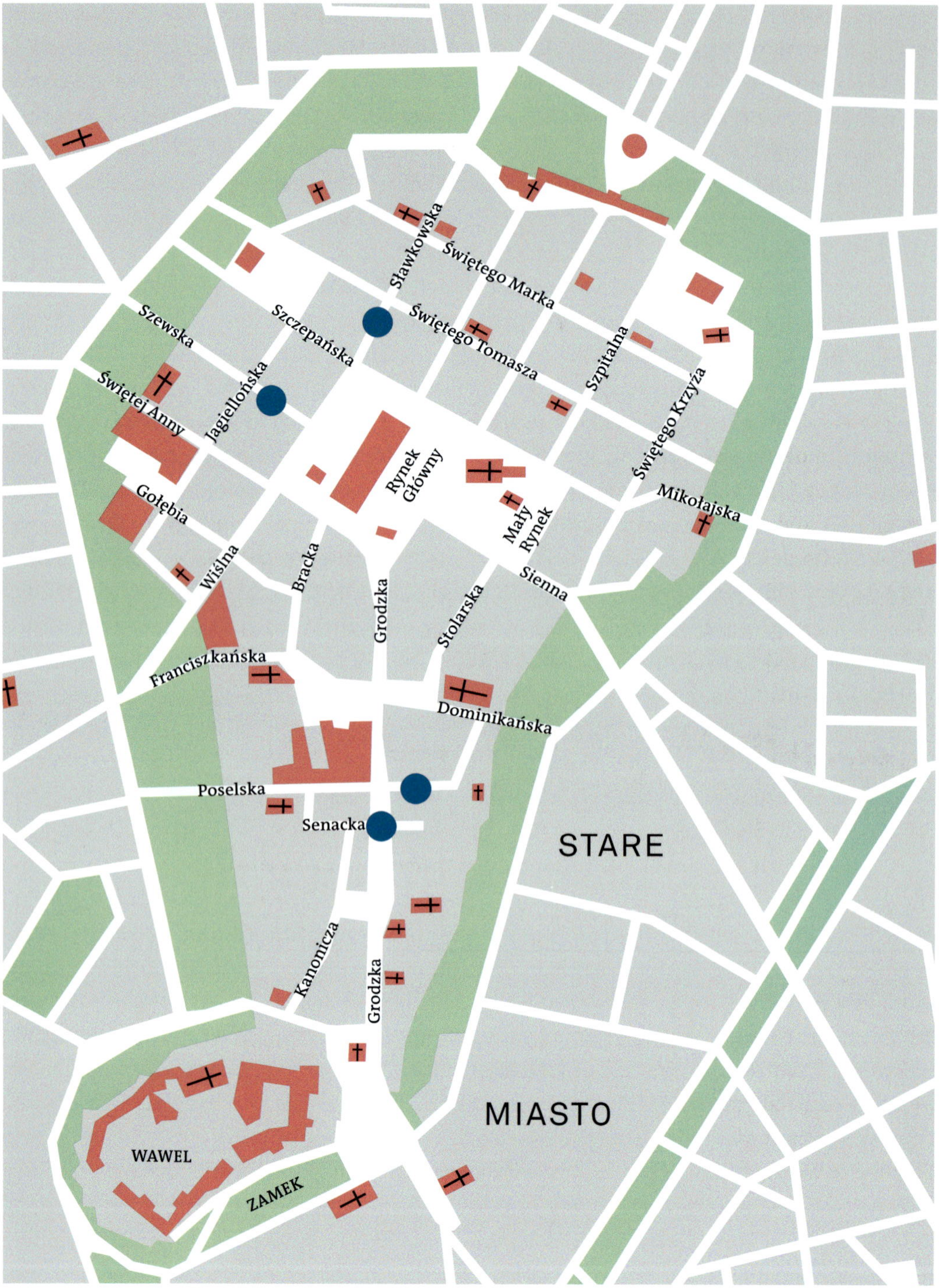

Abb. 3
Stadtplan von Krakau.

● Häuser armenischer Einwohner

dert ein Kupferschmied erwähnt, der sein Handwerk an den Schwiegersohn weitergab.[42] Dieser Schwiegersohn, Franciscus Armenus, wurde auch in die Bürgerlisten eingetragen, während andere *Armeni* sporadisch in den Quellen als *cives* bezeichnet werden. Die förmliche Aufnahme von Franciscus war vermutlich notwendig geworden, weil er möglicherweise aus Lemberg nach Krakau gekommen war – zumindest besaß er dort auch Immobilien.[43] Die große Mehrzahl der Einträge in der ersten Hälfte des 15. Jahrhunderts bezieht sich auf eine einzige, wenn auch größere, armenische Familie, zu der der erwähnte Franciscus ebenfalls gehörte. Sie besaß Häuser in verschiedenen Teilen der Stadt, in zwei Straßen in der Nähe des Marktes, der ulica Szewska und der Sławkowska, sowie im Straßenzug hin zum Schloss, in der ulica Grodzka und der nahegelegenen Poselska (Abb. 3).[44]

Obwohl Krakau im 15. Jahrhundert Lemberg an Einwohnern wohl um das Doppelte übertraf,[45] so kannte es doch keine vergleichbare ethnische Differenzierung. Jenseits der Bürgergemeinde verfügte nur die jüdische über ausgeprägte gesellschaftliche Organisationsstrukturen, die sich in den Quellen nachweisen lassen.[46] Um die Interaktion zwischen Armeniern und Bürgern zu beleuchten, soll daher in groben Zügen die Geschichte dieser mehrgliedrigen Familie in der ersten Hälfte des 15. Jahrhunderts vorgestellt werden. Die frühesten Belege gehen auf den Beginn des 15. Jahrhunderts zurück. Dementsprechend wird im Jahr 1409 erstmals der Kupferschmied Jan oder Janussius erwähnt, der für den Rat Töpfe und Schüsseln anfertigte. Er besaß zwei Häuser, in der ulica Grodzka und der Sławkowska (Abb. 3).[47] Seine Tochter Heduigis wird ab 1434 als Gattin von Franciscus Armenus erwähnt, dem Häuser in der ulica Poselska und Szewska gehörten. Janussius hatte einen Bruder namens Leonard, der mit einer Bürgerlichen, der Tochter des *viceadvocatus* verheiratet war.[48] Aus dieser Ehe sind die Namen von zwei der sechs Kinder bezeugt: ein Nicolaus *clericus* und eine Tochter Katherina, die wiederum einen Bürgerlichen aus Schlesien ehelichte, nämlich Thomas aus Wohlau (de Wolawia).[49] Als Leonard im Jahr 1437 starb, übernahm sein Bruder Jan die Vormundschaft für dessen Kinder.[50] Drei Jahre später verstarb auch Jan, und es kam zu Problemen hinsichtlich der Erbteilung, welche das Krakauer Schöffengericht in den folgenden Monaten intensiv beschäftigten.

Leonards Witwe war nunmehr mit dem Kürschner Nicolaus Cleynhoze verheiratet und erhob ebenso Ansprüche auf das Erbe Jans, der bekanntlich der Vormund ihrer Kinder gewesen war.[51] Dabei wurden Vorwürfe gegen Jans Schwiegersohn Franciscus laut, wonach er Gelder veruntreut habe. Franciscus wurde daraufhin vom Kastellan inhaftiert, aber aufgrund einer Bürgschaft seiner eigenen Gattin Heduigis und Katharinas neuem Gatten Nicolaus Cleynhoze wieder freigelassen. In dieser Zeit wiederum begab sich Franciscus in den Dienst

|**42**| Die folgenden Informationen beziehen sich auf die von Bożena Wyrozumska herausgegebene Quellensammlung: Wyrozumska 2003, Nr. 1, S. 11, Nr. 8–10, S. 12–13. |**43**| Vgl. ebd., Nr. 28, S. 19–20. |**44**| Vgl. Zięba 2017. |**45**| Vgl. Belzyt 2003, S. 41. |**46**| Vgl. Zaremska 2013. |**47**| Vgl. Wyrozumska 2003, Nr. 8, S. 12 u. Nr. 25, S. 19; einen Überblick über die Forschungslage und einen kurzen Abriss der Geschichte der armenischen Einwohner Krakaus bis zum Ende des 15. Jahrhunderts bietet Mnacakanian 2011. |**48**| Vgl. Wyrozumska 2003, Nr. 10, S. 13. |**49**| Vgl. ebd., Nr. 30, S. 21; Nr. 32, S. 22. |**50**| Vgl. ebd., Nr. 19, S. 16. |**51**| Vgl. ebd., Nr. 26, S. 18–19.

des Königs und sagte zu, den Hof mit Kupferkesseln und Schüsseln zu beliefern.[52] Damit schied er aus dem Bürgerstatus aus. Erst im folgenden Jahr wurde ihm das Bürgerrecht erneut verliehen.[53] Das Problem – und das macht die Angelegenheit in Zusammenhang mit unserem Thema so interessant – war folgendes: Jan und Leonard *Armeni* als Brüder hatten gemeinsam gewirtschaftet und keine Gütertrennung vereinbart. So standen nach Leonards Tod die Ansprüche von seinen sechs Kindern an, von denen aber vier gestorben waren. Die Schöffen fertigten auf der Grundlage dieser Informationen eine Rechtsweisung an.[54] Demnach hatten die beiden lebenden Kinder Anspruch auf je ein Sechstel von Leonards Anteil, die Witwe ihrerseits auf die vier Teile der verstorbenen Kinder. Nach Jans Tod wiederum fiel sein Erbe – oder vielleicht auch das gesamte Erbe der beiden Brüder – an die beiden lebenden Kinder seines Bruders, nichts aber an deren Mutter. In der Praxis trat Franciscus das Haus seines Schwiegervaters Jan Armenus an Thomas aus Wohlau und seine Frau Katherina ab.[55]

War die Erbangelegenheit nun aufgrund des Schöffenspruchs gelöst worden? Hier bleiben Fragen offen. Zum einen ist auffällig, dass Jans Tochter Heduigis bzw. ihr Gatte Franciscus leer ausgingen. Zum anderen waren die genauen Verwandtschaftsverhältnisse den Schöffen möglicherweise doch nicht ganz klar, denn sie bezeichneten Leonards Schwiegersohn Thomas im Jahr 1441 als »gener Janonis Armeni cuprifabri«,[56] während dessen Frau Katherina immer als Tochter Leonards angesprochen wurde.

Die Verwirrungen um die Erbteilung sind deshalb so bedeutsam, weil sie wichtige Informationen über die Interaktion der *Armeni* mit den Bürgern enthalten: Auf der einen Seite zeigen sich sehr enge Verbindungen, in denen eine kulturelle Trennlinie zwischen Armeniern und Katholiken kaum zu erkennen ist. Demzufolge werden sowohl Armenier als Schwiegersöhne in bürgerlichen Familien akzeptiert als auch umgekehrt Bürgerliche als Schwiegersöhne in armenischen. Durch die Heirat mit einem Armenier entfremdete sich ebenso die bürgerliche Frau nicht von ihrer ursprünglichen Gemeinschaft. Darum konnte Katherina nach Leonards Tod ohne Probleme einen Bürgerlichen zum Gatten nehmen. Auf der anderen Seite erweist sich, wie sehr die Familie als Ganzes gewirtschaftet hat, sodass es für Außenstehende schwer war, einen Überblick zu gewinnen. Auch der Eintritt bürgerlicher Schwiegersöhne schaffte für den Stadtschreiber keine wirkliche Klarheit. Folglich wurde die endgültige Einigung von den Schöffen doch nur protokolliert, während ihr eigener Spruch lediglich eine Zwischenstation zur Klärung darstellte. Das Schöffengericht hatte eine Öffentlichkeit hergestellt, die für die Austragung des Konflikts notwendig erschien. Die Lösung scheint aber schließlich doch in einer innerfamiliären Aushandlung gefunden worden zu sein.

Zusammenfassung

In Krakau wie in Lemberg ist der Terminus *Armenus* in den Quellen durchgängig präsent. Diese Zuordnung war für die Schreiber so wichtig, dass nur in wenigen Fällen bei der Namensnennung darauf verzichtet wurde. Wenn wir aber fragen, was diese Zuordnung in der Praxis bedeutete, so fällt die Antwort umso schwerer, je genauer wir uns mit den Quellen auseinandersetzen. *Armenus* war weder in Krakau noch in Lemberg eine eindeutige Rechtskategorie. In Lemberg existierte die armenische Gemeinde als Selbstverwaltungseinheit mit eigener Gerichtsbarkeit neben der bürgerlichen *civitas*, und doch strebten immer wieder Armenier danach, in rechtlicher Hinsicht in die Bürgergemeinde aufgenommen zu werden. Ihnen erschien diese Zuordnung als so vorteilhaft, dass sie bereit waren, neben den bürgerlichen Lasten, die aus der Annahme des Bürgerrechts resultierten, weiterhin die Pflichten und Abgaben der armenischen Gemeinde zu leisten, wie es die Urkunde von 1440 nachdrücklich forderte. In Krakau scheint die Integration in die Bürgergemeinschaft wiederum Standard gewesen zu sein. Als religiöse Gemeinschaft traten die Armenier mit eigener Kirche und eigenem Bischof in Lemberg zutage, doch lässt sich daraus noch nicht auf religiöse Einheit schließen. In Krakau spielten religiöse Trennlinien keine Rolle für die gesellschaftliche Integration der Armenier. Bezüge zu einer armenischen Heimat schließlich lassen sich bei den Kaufleuten nicht feststellen. Dort spielten vielmehr das Krimchanat und allgemein die Schwarzmeerregion die entscheidende Rolle. Allerdings gibt es Hinweise, dass der Klerus solche Beziehungen aufrechterhielt.

Zusammenfassend kann konstatiert werden, dass die Geschichte der Armenier in Lemberg und Krakau wichtige Einblicke in die Entwicklung einer spätmittelalterlichen Migrationsgesellschaft bietet. Familiäre Bindungen und auch eine topografische Nähe lassen sich feststellen, doch darüber hinausgehende »nationale« Zuordnungen und die Vermutung einer stabilen gemeinsamen Identität als armenische Diaspora sollten mit äußerster Vorsicht behandelt werden.

| **52** | Zu dieser kurzen, aber dramatisch erscheinenden Episode vgl. ausführlicher Zięba 2017, S. 117–118. | **53** | Vgl. Wyrozumska 2003, Nr. 27–28 u. S. 19–20. | **54** | Vgl. ebd., Nr. 29, S. 20–21. | **55** | Vgl. ebd., Nr. 35, S. 23–24. | **56** | Vgl. ebd.

ZDZISŁAW NOGA

Ethnische Gruppen in den Städten Kleinpolens in vorindustrieller Zeit

Deutsche und Juden

Der Begriff »Kleinpolen« bezeichnet eine historische Provinz des Königreichs Polen, die im Süden lag und vom Mittelalter bis zu den polnischen Teilungen im 18. Jahrhundert aus den drei Woiwodschaften Krakau/Kraków, Sandomir/Sandomierz und Lublin bestand. Die Region umfasst eine Fläche von rund 56 000 Quadratkilometern, auf der bis zum Ende des Mittelalters (um 1500) 170 Städte entstanden waren. Im daran anschließenden Jahrhundert wuchs die Zahl der Städte auf bis zu 226 (1600) und schließlich auf 243 (1700).[1] Diese Kommunen unterschieden sich deutlich mit Blick auf ihre Funktionen, die Zahl der Einwohner und ihre wirtschaftliche Rolle. Nach der in der polnischen Historiografie üblichen Kategorisierung, die auf finanziellen Erhebungen fußt, genauer auf der Zahl der in den Handel involvierten Einwohner, sind an der Wende vom 15. auf das 16. Jahrhundert vier Kategorien von Städten zu unterscheiden. Zur ersten Kategorie gehören die größten Städte, die die wichtigste Rolle innerhalb des über Polen hinausgehenden Fernhandels spielten und sich auch hinsichtlich der ins Land gerichteten Politik hervortaten. In Kleinpolen traf dies nur auf Krakau zu. Zur zweiten Kategorie werden 21 Städte gerechnet. Sie stehen für städtische Zentren, deren Märkte vorrangig regionale Funktionen besaßen, wo sich ferner ein größerer Bestand an steinernen Gebäuden befand und wo typisch städtische soziale Gruppen lebten, wie Notare, Lehrer oder verschiedene Geistliche (Bettelmönche). Bezogen auf Kleinpolen betraf dies zwölf Kommunen in der Woiwodschaft Krakau, acht in der Woiwodschaft Sandomir und Lublin in der gleichnamigen Woiwodschaft.[2] Die beiden übrigen Kategorien umfassen Klein- und Kleinststädte und sind zahlenmäßig sehr viel umfangreicher.

Abb. 1
Innenansicht der Alten Synagoge in Krakau.

|1| Vgl. Szczygieł 2016. |2| In der Woiwodschaft Krakau betrifft dies folgende Städte: Biecz, Bochnia, Ciężkowice, Jasło, Kazimierz, Krościenko, Nowy Sącz, Olkusz, Piwniczna, Proszowice, Skalbmierz, Wieliczka; in der Woiwodschaft Sandomierz: Sandomierz, Iłża, Nowe Miasto Korczyn, Opatów, Radom, Szydłów, Wiślica. Vgl. hierzu Bogucka/Samsonowicz 1986, S. 106–118.

Die grundsätzliche Unterscheidung von Kategorien einzelner Städte ist in diesem Zusammenhang von Bedeutung, weil die Position der jeweiligen Stadt, ihre Einwohnerzahl und ihre hauptsächlich auf den Handel bezogene Funktion Einfluss auf den ethnischen Charakter der Kommune hatten. Je größer die Stadt war, desto multiethnischer gestaltete sie sich. Die größte Stadt Kleinpolens, Krakau, war somit gleichzeitig das größte multiethnische Zentrum in dieser Region.[3]

Die Gruppe der Deutschen

Die Stadt Krakau wurde 1257 nach Magdeburger Recht durch drei Lokatoren, die aus Schlesien stammenden Gedko Stilvoyt, Dethmar Wolk und Jakob von Neisse, planmäßig angelegt.[4] Als Vergütung ihrer Arbeit und des damit verbundenen Kapitalaufwands diente den Städtegründern das erblich an sie übertragene Amt des Vogts. Im Rahmen der ihnen anvertrauten Aufgaben zur Besiedlung Krakaus führten die Lokatoren unter anderem Vermessungsarbeiten aus, etablierten Fleischbänke sowie andere Verkaufsplätze und regten den Ansiedlungsprozess weiterer Bürger an. Allerdings enthielt das angesprochene Lokationsprivileg die Bedingung, dass die Lokatoren die für die neu zu gründende Stadt vorgesehenen Bürger nicht in Polen anwerben durften. Darum suchten sie außerhalb Polens nach siedlungswilligen Personen, genauer nur jenseits der Grenzen des Fürstentums von Boleslaus Pudicus (Wstydliwy bzw. der Schamhafte) aus der Dynastie der Piasten, der selbst Lokationsprivilegien an Siedlungsunternehmer vergab. In den ersten Jahren nach der Lokation Krakaus kamen somit eine Vielzahl Neusiedler aus Schlesien, woher auch die Lokatoren selbst stammten.[5] Die Entwicklung der Krakauer Vogtei geriet in den Folgejahren in den Sog der politisch-herrschaftlichen Veränderungen in der Stadt. Negative Folgen für die Bedeutung dieser Institution hatte insbesondere die Revolte des Vogts Albert in den Jahren 1311/12, in deren Folge der polnische Fürst Władysław I. Łokietek, der Ellenlange, die Krakauer Vogtei gänzlich beschlagnahmte, den damit ursprünglich verbundenen erblichen Besitz abschaffte und sie künftig ausschließlich in Pacht zu verleihen bereit war. Nachdem hierdurch also die Vogtei deutlich geschwächt worden war, übernahm der Stadtrat stufenweise die Herrschaft in Krakau. Der Rat wurde das gesamte Mittelalter hindurch von deutschen Bürgern dominiert.[6]

Zwar liegen aus der Zeit der Lokation keine statistischen Daten vor, es ist aber dennoch möglich, auf Grundlage des zugegebenermaßen nicht immer zuverlässigen Nachnamenkriteriums die proportionalen Verhältnisse zwischen den einzelnen ethnischen Gruppen schon im 14. Jahrhundert abzuschätzen. Demnach lebten in Krakau zu diesem Zeitpunkt etwa 5 000 Polen, 3 500 Deutsche und 800 Juden.[7] Bis zum Ende des Mittelalters bildeten die deutschsprachigen Einwohner die einflussreichste Gruppe sowohl in den städtischen Organen als auch in den Zünften. So war die Stadt Krakau zwischen 1387 und dem Ende des 15. Jahrhunderts auch Mitglied der Hanse, die letztlich als Zusammenschluss deutschsprachiger Kaufleute gelten kann.[8] Schätzungen zufolge, die sich hauptsächlich auf das schon erwähnte Kriterium des Nachnamens stützten, umfasste die deutsche Gemeinde am Ende des 15. Jahrhunderts ungefähr 25 Prozent aller Einwohner.[9] Doch die ethnischen Proportionen veränderten sich in der Folgezeit, wie Ende des 16. Jahrhunderts erkennbar wird, als innerhalb der Stadtmauern Krakaus rund 13 000 (85 %) Polen, 1 500 (10 %) Deutsche und 450 (3 %) Italiener wohnten. Die übrigen ethnischen Gruppen zählten etwa 300 Personen, darunter 100 Schotten, 50 Ungarn und ebenso viele Franzosen.[10]

Die Veränderung der zahlenmäßigen Verhältnisse zwischen den einzelnen ethnischen Gruppen vollzog sich infolge des weiteren Bevölkerungszustroms nach Krakau.[11] Wie sich aus dem ältesten erhalten gebliebenen Buch der Bürgerrechtsverleihungen ergibt, erwarben in den Jahren von 1392 bis 1506 jährlich durchschnittlich 84 Personen das Bürgerrecht. Von den beinahe 6 800 Personen (jährlich etwa 65), denen in den Jahren von 1507 bis 1611 in Krakau das Bürgerrecht verliehen wurde, kam die übergroße Mehrheit aus dem Königreich Polen; nur 23 Prozent der Neuankömmlinge waren Deutsche, 2,5 Prozent Italiener und knapp über 3 Prozent anderer Herkunft.[12]

Die Akkulturation[13] der Immigranten, die permanent aus Schlesien und aus dem Heiligen Römischen Reich in die Stadt kamen, gestaltete sich ohne nennenswerte Schwierigkeiten, denn die städtischen Eliten in Krakau waren im Mittelalter deutschsprachig. Darüber hinaus sind im 15. Jahrhundert Beispiele von Polen bekannt, die sich sprachlich und kulturell an die deutsche Oberschicht anpassten. Sogar im darauffolgenden Jahrhundert begegnen wir diesem Phänomen innerhalb der politischen Elite der Stadt, als beispielsweise Katarzyna Reguła, die Tochter des Ratsherrn Jan von Reguły, zweifellos ein Pole, 1541 ihr Testament in deutscher Sprache verfasste.[14] Erst im 16. Jahrhundert erfolgte allmählich ein grundlegender sozialer und ethnischer Wandel in der Stadt, der nicht nur auf einer Verringerung der deutschen Bevölkerung beruhte, sondern auch dadurch zustande kam, dass das deutschsprachige Patriziat seine dominierende Stellung einbüßte, die insbesondere darauf beruhte, dass es den Stadtrat beherrschte – das Gremium, das über alle wichtigen Angelegenheiten der Bürgerschaft entschied.[15]

Im Verlauf des 16. Jahrhunderts setzte sich ein Prozess in Gang, der als allmähliche Polonisierung des Stadtrats bezeichnet werden kann. Als ein entscheidender Wendepunkt ist dabei der Konflikt des Rats mit dem Krakauer Woiwoden Andrzej Tęczyński anzusehen, der 1532 gegen den Willen des alten oligarchischen Rats, in dem fast alle Mitglieder miteinander verwandt waren, nunmehr drei polnische Stadtbürger in den Rat einführte. Diese neuen Ratsherren, die sich im Konflikt mit den deutschsprachigen Mitgliedern des Rats befanden,

|**3**| Die Stadt Krakau kann man mit Lemberg vergleichen, wo die ethnische Struktur ähnlich war. Dazu Weczerka 1955; Kapral' 2003; Petersen 2003 und den Beitrag von Jürgen Heyde in diesem Band, S. 285–297. |**4**| Vgl. Wyrozumski 1992, S. 317–323. |**5**| Vgl. Rajman 2004, S. 212–216. |**6**| Vgl. Starzyński 2014. |**7**| Vgl. Mitkowski 1978, S. 42. |**8**| Vgl. Dollinger 1997, S. 120. |**9**| Vgl. Belzyt 1997, S. 57. |**10**| Vgl. Belzyt 1999, S. 202 u. 231. |**11**| Vgl. Noga 2011. |**12**| Vgl. Kaczmarczyk 1913; Kiełbicka/Wojas 1993; Kiełbicka/Wojas 1994; Kiryk 2011, S. 181. |**13**| Krakau ist im Mittelalter als eine Stadt deutscher Kultur zu bezeichnen. Aus diesem Grund soll hier dem Begriff »Akkulturation« Vorrang gegeben werden, weil dieser für die Deutschen, die aus Schlesien oder aus dem Heiligen Römischen Reich in die Stadt kamen, am treffendsten erscheint. Das Konzept der Transkulturalität dagegen greift erst in späteren Zeiten. |**14**| Nationalarchiv Krakau, Akta miasta Krakowa, Sig. 772, S. 279. |**15**| Vgl. Noga 2007 b, S. 172–173.

Abb. 2
Kleinpolen vom 15. bis zum 18. Jahrhundert.

verschwägerten sich nicht mit ihren Opponenten. Stattdessen wählten sie systematisch für sich und ihre Kinder Ehegatten außerhalb der ratsherrlichen Familien. Ein weiterer richtungsweisender Moment im Prozess der Polonisierung Krakaus und von dessen Oberschicht war der Streit um die Sprache der Predigten in der als Pfarrkirche dienenden Marienkirche. Noch im 14. Jahrhundert wurden dortige Predigten sowohl in polnischer als auch in deutscher Sprache gehalten. Zu Beginn des 15. Jahrhunderts kam es zu einer Verlegung der polnischen Predigten in die benachbarte Barbarakirche. Die drei 1532 in den Stadtrat aufgenommenen Polen, Wacław Chodorowski, Hieronim Spiczyński und Jan Konopnicki, erwiesen sich ihrerseits als eifrige Förderer der polnischen Sprache und setzten sich seit ihrer Ratsnominierung dafür ein, dass die polnischen Predigten in die Hauptkirche der Stadt zurückverlegt würden. Schließlich ordnete König Sigismund I., der auch unter dem Druck des polnischen Adels stand, in einem aus dem Jahr 1537 stammenden Dokument an, die polnischen Predigten in die Marienkirche und die deutschen in die Barbarakirche zu verlegen.[16]

Zusammen mit dieser Bedeutungszunahme der polnischen Sprache, der Entwicklung von humanistischen Ideen in der Stadt und schließlich vor dem Hintergrund der Zunahme der politischen Bedeutung des Adels in Polen erfuhren die deutschsprachigen Familien, die seit Generationen in Krakau ansässig waren, im 16. Jahrhundert eine allmähliche sprachliche

Polonisierung. Bedeutsam war in diesem Zusammenhang auch die Tatsache, dass die reichsten Patrizierfamilien in die polnische Nobilität aufstiegen, womit von gewichtigen Integrationsvorgängen gesprochen werden kann.[17] Ohne Zweifel wurden diejenigen deutschsprachigen Bürger, die bei ihrer beruflichen Tätigkeit mit Polen in Berührung kamen, schneller polonisiert als andere. Die Übernahme der polnischen Sprache ging dagegen unter den Patriziern, die Transithandel betrieben, langsamer vor sich, da sie hauptsächlich im deutschsprachigen Raum verkehrten.

Der Polonisierungsprozess trat im 16. Jahrhundert auch unter den Handwerkern auf, was sich hauptsächlich aufgrund der in Zunftdokumenten verwendeten Sprache schlussfolgern lässt. Noch zu Beginn des 16. Jahrhunderts wurden die Zunftordnungen mehrheitlich auf Deutsch verfasst. In Abhängigkeit von der Herkunft ihrer neu aufgenommenen Zunftmitglieder, die aus verschiedenen Regionen nach Krakau kamen, übernahmen die Zünfte in unterschiedlichem Tempo in ihren schriftlichen Dokumenten die deutsche Sprache. So ist unstrittig, dass sich die deutsche Sprache dort, wo mehr Neuankömmlinge aus Ländern außerhalb Polens ankamen, länger hielt, wofür die Glockengießer ein treffliches Beispiel bieten, die aus ganz Europa – zum Beispiel Nürnberg, Brünn/Brno, Prag/Praha, Padua/Padova, Ulm, München und Weißenburg/Wissembourg – Meister, Gesellen und Lehrlinge aufnahmen.

Ab den 1530er Jahren wurden die Zunftordnungen nicht länger in deutscher Sprache verfasst. Die offizielle und neutrale Sprache war vielmehr Latein. Dieses wurde jedoch auf Wunsch verschiedener Zunftversammlungen ab Mitte des Jahrhunderts allmählich von der polnischen Sprache verdrängt.[18] Im Zusammenhang damit ließ man die Dokumente der übrigen Zünfte bis Ende des 16. Jahrhunderts ins Polnische übersetzen, was auf eine erstarkende Stellung der polnischen Bevölkerung unter den Krakauer Handwerkern verweist.[19] Dessen ungeachtet beherrschten deutschsprachige Bürger noch am Ende des Mittelalters einige Zünfte fast gänzlich, was beispielsweise auf Goldschmiede, Böttcher, Täschner, Gürtler und Weißgerber zutraf.[20]

Ähnliche Prozesse wie in Krakau fanden auch in den anderen kleinpolnischen Städten statt, obwohl wegen des Mangels an belastbaren Quellen keine genauen Details bekannt sind. Immerhin konnte festgestellt werden, dass deutsche Stadtbürger im Mittelalter in fast allen Städten wohnten, die unter die oben genannte zweite Kategorie fielen. Im 15. Jahrhundert etwa waren in Sandomir die Predigten auf Deutsch abgehalten worden. Ein Jahrhundert später war dies bereits nicht mehr der Fall, obwohl dort noch immer einzelne deutsche Bürger wohnten.[21] Auch in der dritten »Hauptstadt« einer Woiwodschaft, in Lublin, lebte ein beachtlicher Teil deutscher Stadtbürger, die repräsentative Ämter wahrnahmen. Dem-

| **16** | Vgl. ebd., S. 172–173. | **17** | Die Nobilitationsurkunden sind abgedruckt bei Trelińska 2001. | **18** | Vgl. Piekosiński 1885, Nr. 370 und Anmerkungen des Herausgebers S. 595. | **19** | Vgl. ebd., Nr. 420, 422 u. 457; Kiryk 1971, S. 279–280. Einen vergleichbaren Prozess des Wechsels der vorrangigen Sprache vom Deutschen über das Lateinische zur jeweiligen Landessprache als Reaktion auf Migrationsprozesse beschreibt Marija Lazar in ihrem Artikel in diesem Band für Rechtstexte, S. 195–211. | **20** | Vgl. Bieniarzówna/Małecki 1984, S. 72; Dybaś/Tandecki 2000, S. 207. | **21** | Vgl. Kiryk 1993, S. 243.

Abb. 3

Karte der Stadt Kasimir/Kazimierz
mit Vororten um die Mitte des 17. Jahrhunderts:
Bebauung und Besitzverhältnisse,
Maßstab 1:2 500.

0 50 200 m

Bearbeitet von Bogusław Krasnowolski
Grundlage: Katasterplan der Stadt Krakau von 1848
KRAKÓW, Atlas historyczny miast polskich
[Historischer Atlas der polnischen Städte]
(V, 1, 2007), leicht überarbeitete Fassung
durch Sandstein Verlag

- Kirchlicher Besitz, gemauerte Bauwerke
- Kirchlicher Besitz, Holzbauten
- Adliger Besitz, gemauerte Bauwerke
- Städtischer Besitz, gemauerte Bauwerke
- Besitz der Universität, Holzbauten
- Bürgerlicher Besitz, gemauerte Bauwerke
- Bürgerlicher Besitz, Holzbauten
- Jüdischer Besitz, gemauerte Bauwerke
- Jüdischer Besitz, Holzbauten
- Straßen, Platzanlagen
- Gärten, Friedhöfe
- × Areal mit unregelmäßiger Bebauung
- Wehrmauer mit Türmen und Toren
- Mauer der Judenstadt mit Toren und Pforten

1 Judenstadt (vicus antiquus)
2 Friedhof Remuh
3 Judenstadt (area nova)
4 »Rahmen« der Tuchweber
5 Schmiede der Krakauer Goldschmiedezunft (huta)
6 Przedmieście Szewskie (Między Szewcy, Schuhmachervorort)
7 Podbrzezie
8 Stradom
9 Raj (»Paradies« im Bereich von Stradom)
10 Piekło (»Hölle« im Bereich von Stradom)
11 Za Bramą Wielicką (Hinter dem Wieliczka-Tor)
12 Pfarrkirche Fronleichnam mit Kloster der Augustiner-Chorherren vom Lateran
13 Filialkirche Hl. Laurentius
14 Pfarrkirche Hl. Jakob
15 Pfarrkirche Hl. Erzengel Michael mit Kloster der Pauliner auf dem Skałka-Hügel
16 Kirche Hl. Sofia (ungefähre Lage)
17 Kirche Hll. Katarina und Margarita mit Augustinerkloster
18 Kirche Hl. Hedwig mit Kloster und Spital des Ritterordens vom Heiligen Grab zu Jerusalem
19 Kirche Hl. Bernhardin von Siena mit Bernhardinerkloster
20 Kirche Hl. Agnes mit Kloster der Bernhardinerinnen
21 Kloster der Colettinen
22 Alte Synagoge
23 Synagoge Remuh
24 Hohe Synagoge
25 Synagoge auf dem Hügel
26 Wolf Bocian-Synagoge (Popper-Synagoge)
27 Isaak-Synagoge
28 Synagoge Kupa (Spital-Synagoge)
29 Krakauer Tor (Lehmtor)
30 Bochniaer Tor (Viehtor)
31 Wieliczkaer Tpr (Salztor)
32 Skawinaer Tor
33 Rathaus von Kazimierz
34 Tuchhallen
35 Andere Kaufmannsbuden und Waagen innerhalb des Marktes
36 Kaufmannsbuden innerhalb von Psi Rynek (Hundemarkt)
37 Bykowiec
38 Pod Gwiazdą (Haus zum Stern)
39 Ehemaliger Hof der Familie Jordan
40 Sitz des Kahals (jüdisches Rathaus)
41 Häuser des jüdischen Spitals
42 Jüdisches Badehaus
43 Städtisches Badehaus
44 Jan-Wielopolski-Palais

nach verkaufte der polnische König Kasimir der Große 1342 die Vogtei in der Stadt Lublin beispielsweise an den Krakauer Bürger Frank von Mainz. Zudem lebten in Lublin einige deutsche Kaufleute, wobei jedoch Händler aus dem Osten, zum Beispiel Armenier, die weitaus größere Gruppe bildeten.[22]

Es besteht darüber hinaus kein Zweifel daran, dass Deutsche auch in den neben Krakau liegenden Salzbergstädten lebten. So wurde die Lokation der Stadt Bochnia nach Magdeburger Recht 1253 durch Nicolaus, Sohn Volkmars von Liegnitz/Legnica, Nicolaus de Kijow/Kaindorf/Kijów und Idzi de Slup/Schlaupp/Słup, drei Ankömmlingen aus Schlesien, organisiert. In der Stadt aber dominierten polnische Bürger. Anfang des 15. Jahrhunderts ist innerhalb der Stadt ein Priester nachgewiesen, der auf Deutsch predigte, was auf eine nicht unbedeutende deutsche Gemeinde schließen lässt. Allerdings waren Ratsherren mit deutschen Namen in Bochnia während des Mittelalters in der Minderheit und kamen seit dem 16. Jahrhundert gar nicht mehr vor.[23] In der Gruppe der 1686 Neubürger, die in Bochnia während der Jahre 1531 bis 1656 das Bürgerrecht erhielten, stammte gerade einmal ein einziger aus einem Gebiet außerhalb Kleinpolens.[24]

| **22** | Vgl. Szczygieł 2017, S. 51–56; vgl. auch den Beitrag von Jürgen Heyde in diesem Band, S. 285–297. | **23** | Vgl. Leszczyńska 1980; Kiryk 1980, S. 78–80. | **24** | Die Mehrheit stammte aus schlesischen Städten: Beuthen (5 Bürger), Gleiwitz, Glogau, Oberglogau, Kreuzburg, einige aus weiter entfernt liegenden Orten: Arnstadt (Thüringen), Nürnberg, zwei weitere stammten aus Mähren und ein Neubürger aus Edinburgh (Scotland). Vgl. Kiryk 1979, Nr. 244, 616, 746, 796, 802, 865, 872, 958, 1034, 1210, 1245, 1160, 1178, 1194, 1442, 1504 u. 1556.

Wieliczka/Groß Salze, eine weitere Salzbergstadt, wurde 1290 durch Jescho, den Lokator der Stadt Schweidnitz/Świdnica in Schlesien und dessen Bruder Hysinbold gegründet. Die Stadtbürger von Wieliczka unterhielten enge Kontakte zu Krakau und nahmen ebenso mit dem Vogt von Sandomierz an der schon erwähnten Revolte des Krakauer Vogts Albert (1311/12) teil. Nach diesem Ereignis wurde die Wieliczker Vogtei durch Nicolaus Manente, einen Krakauer Bürger italienischer Abstammung, übernommen, obwohl eigentlich das Krakauer Patriziat deutscher Herkunft bis Ende des 14. Jahrhunderts die bedeutendere Rolle spielte. Im darauffolgenden Jahrhundert fand eine Immigration von Deutschen in die Stadt nur noch sporadisch statt. Ähnlich wie in Bochnia waren auch in Wieliczka die Deutschen in den Stadtorganen kaum mehr vertreten. In der Frühen Neuzeit wurden die städtischen Institutionen dann im Grunde ausschließlich von polnischen Bürgern dominiert.[25]

Größer war die Gruppe der Deutschen im mittelalterlichen Olkusz, wo das Krakauer Patriziat einen großen Teil seines Kapitals in die Bleierzbergwerke investierte.[26] Innerhalb der Stadtorgane trifft man daher während des 14. und 15. Jahrhunderts auf zahlreiche deutsche Namen, wobei es sich oft um Verwandte von Krakauer Bürgern handelte. Seit Anfang des 16. Jahrhunderts war die Entwicklung allerdings auch dort rückläufig.[27] Über einen noch größeren Anteil deutscher Stadtbürger verfügte die direkt an Krakau angrenzende Stadt Kasimir/Kazimierz, wo jene in der zweiten Hälfte des 14. Jahrhunderts schätzungsweise ein Drittel der Bürgerschaft ausmachten. Auch die Mehrheit der bekannten Amtsträger in der Stadt besaß deutsche Nachnamen. In der Frühen Neuzeit dagegen überwog bereits die polnische Bevölkerung, weshalb man in den Stadtorganen nur noch auf einzelne deutsche Namen trifft.[28]

Eine ähnliche Situation bestimmte Neu Sandez/Nowy Sącz. Diese Stadt wurde am Ende des 13. Jahrhunderts von deutschen Siedlern aus der unweit entfernten Stadt Alt Sandez/Stary Sącz nach Magdeburger Recht gegründet. Die ältesten bekannten Stadtbürger trugen demnach ausschließlich deutsche Namen.[29] Obwohl die Revolte des Krakauer Vogts Albert gegen den polnischen Fürsten Władyslaw Ellenlang 1311/12 schon von den damaligen Zeitgenossen als ein Aufbegehren des deutschen Bürgertums angesehen wurde, hatte Neu Sandez den polnischen Fürsten unterstützt, nicht die deutschen Bürger in Krakau. Dies zeigt, dass ökonomische Interessen damals wichtiger waren als etwaige Zusammengehörigkeitsgefühle deutscher Siedler, denn Neu Sandez wandte sich gegen jene Handelsprivilegien der Krakauer Stadtbürger, die ihnen die Zollfreiheit in Neu Sandez garantierten und Monopolrechte hinsichtlich des Ungarnhandels zubilligten. Die Bürgerschaft von Neu Sandez ihrerseits wurde zwar bereits 1311 durch Władysław I. Ellenlang von Zollgebühren im Königreich Polen befreit, jedoch verletzte Krakau dieses Privileg häufig, weshalb Władysław als nunmehriger polnischer König seine Rechtsverleihung 1320 mit der Maßgabe erneuerte, dass sie auch in Krakau Geltung besäße. Sieben Jahre später kam er Neu Sandez mit einer Bestätigung des dortigen Jahrmarkts und dessen Verlängerung um sieben Tage einen weiteren bedeutenden Schritt entgegen. Zugleich befreite er alle Kaufleute aus Krakau und Ungarn von jeglichen Zollgebühren.[30] Die von den Bürgern der Stadt Neu Sandez in den Jahren 1311/12 gezeigte Haltung ist demnach ein Ausdruck wirtschaftlicher Konkurrenz.

Seit der zweiten Hälfte des 14. Jahrhunderts bis zum Ende des Mittelalters kann man verschiedene Migrationswellen der jeweils reichsten deutschen Stadtbürger von Neu Sandez nach Krakau beobachten. Im 16. Jahrhundert schließlich wohnten in Neu Sandez fast keine Deutschen mehr. In diesem Zusammenhang lohnt es sich ebenfalls, noch darauf hinzuweisen, dass es selten zu Konflikten zwischen dem polnischen und deutschen Bürgertum kam, da weder konfessionelle noch ethnische Unterschiede zu gravierenden Streitigkeiten führten. Wie das hier angeführte Beispiel aus Neu Sandez zeigt, resultierten Auseinandersetzungen viel eher aus Amts-, Vermögens- sowie Berufsunterschieden, was freilich nicht bedeutet, dass eine als die eigene Gruppe bestimmende Selbstidentifikation der Deutschen und Polen völlig fehlte.

Die erwähnte Stadt Alt Sandez war ebenfalls durch deutsche Lokatoren nach Magdeburger Recht gegründet worden, zu Beginn des 16. Jahrhunderts jedoch bestenfalls eine Kleinstadt der dritten Kategorie, in der keine deutschen Bürger mehr anzutreffen waren. In der ähnlich zu kategorisierenden Stadt Pilzno (Woiwodschaft Sandomir) saßen noch in der ersten Hälfte des 15. Jahrhunderts verhältnismäßig viele Deutsche im Rat, obwohl ein Zustrom neuer Bürger von außerhalb des polnischen Königreichs fast nicht mehr stattfand. Im Buch der Neubürger aus dem 15. Jahrhundert findet man demzufolge unter den eingetragenen 239 Personen nur einen Ankömmling aus Schlesien.[31] Zu betonen ist weiterhin, dass auch in der Frühen Neuzeit die Immigration aus deutschen Ländern und diejenige von Deutschen aus Oberungarn (Slowakei) in die Städte Kleinpolens weiter anhielt. Diese Migrationswelle fiel jedoch um ein Vielfaches schwächer aus als noch im Mittelalter. Während der Frühneuzeit existierte in Kleinpolen keine Stadt mehr mit so zahl- und einflussreichen deutschen Stadtbürgern wie noch während des Mittelalters in Krakau.

Die jüdischen Gemeinden

Größere Unterschiede bestanden in Kleinpolen zwischen Christen und Juden, welche im Mittelalter die einzige nicht-christliche religiöse Minderheit bildeten. Die Juden lebten in Polen zunächst als Kammerknechte, das heißt, als unmittelbar dem Fürsten unterstehende Gruppe.[32] Die ältesten Erwähnungen stammen zwar schon aus dem 10. Jahrhundert, aber erst für das späte Mittelalter lassen sich genauere Aussagen über die Größe der jüdischen Bevölkerung treffen. So lebten um 1500 in Polen schätzungsweise 4 500 bis 30 000 Juden, was etwa 0,06 bis 0,4 Prozent der Gesamtbevölkerung ausmachte, wobei eine derart große

|**25**| Vgl. Piotrowicz 1990a. |**26**| Vgl. Pieradzka 1958. |**27**| Vgl. Molenda 1978, S. 200–206. |**28**| Vgl. Wyrozumski 1992, S. 316–319; Bieniarzówna/Małecki 1984, S. 219; Starzyński 2016. |**29**| Vgl. Noga 1992. |**30**| Dazu Kiryk 1992. |**31**| Im Jahr 1439 sind bespielsweise für die Stadt Pilzno folgende Ratherren mit deutschen Namen nachweisbar: Morancz Johannes, Longus Petrus, Hanczil sutor, Casper carnifex, Cleinpetir, Cloze Kunusch. Vgl. dazu Bibliothek Ossolineum in Breslau, Sig. 2083II, S. 130; Nationalarchiv in Krakau, Sig. dep. 108. Die genannten Personen entstammten Familien, die wahrscheinlich schon im 14. Jahrhundert in Pilzno lebten. Während des 15. Jahrhunderts kamen keine neuen Ratsherren mit deutschem Namen hinzu. |**32**| Vgl. Wyrozumski 1991, S. 134–135.

Spanne mit dem Fehlen adäquater Quellen zu erklären ist. Die Juden wohnten damals in mindestens 14 Städten Kleinpolens.[33] In der Frühen Neuzeit wuchs ihre Zahl beständig. Eine der Ursachen dafür war die Immigration aus Westeuropa, wo Juden im 15. und 16. Jahrhundert vielfachen Repressalien und Verfolgungen ausgesetzt waren. Manche von ihnen sind darüber hinaus während des Chmielnicki-Aufstands in der Ukraine (1648) aus den Ostgebieten Polens in die kleinpolnischen Woiwodschaften geflohen. In der zweiten Hälfte des 17. Jahrhunderts wohnten Juden bereits in 94 kleinpolnischen Städten. Ende des 18. Jahrhunderts schließlich bildeten sie 20 Prozent der in polnischen Städten lebenden Bevölkerung. In Kleinpolen kam es diesbezüglich zu beachtlichen Unterschieden. In der Woiwodschaft Krakau betrug der Anteil jüdischer Personen weniger als 15 Prozent, in der Woiwodschaft Sandomir dagegen 20 Prozent und in der Woiwodschaft Lublin sogar 33 Prozent.[34] In den Woiwodschaften Sandomir und Lublin lebten in 90 Prozent der Städte zu dieser Zeit jüdische Einwohner. Sie bildeten demnach eine verhältnismäßig große Gruppe unter denjenigen Einwohnern in den polnischen Städten, die kein Bürgerrecht besaßen.

Die meisten Juden lebten im Mittelalter in den größten, königlichen Städten: Krakau, Lublin und Sandomir. Dort entstanden selbstständige jüdisch geprägte Stadtviertel mit eigener Verwaltung, die sich unabhängig von der kommunalen Stadt organisierte. Eine Besonderheit für Krakau war, dass sich die dortige jüdische Gemeinde außerhalb der Stadtmauer ansiedelte. Im 14. Jahrhundert lebten etwa 800 Juden in Krakau und bewohnten dort zunächst hauptsächlich das Gebiet um die heutige St.-Annen-Straße. In den Quellen wird diese demnach als »Judengasse«, *platea Judeorum* (1304), bezeichnet.[35] Nach dem großen Stadtbrand von 1494 wurde den Juden die Schuld daran angelastet, weshalb sie zum Verlassen der Stadt gezwungen waren. Sie blieb ihnen daraufhin bis ins 19. Jahrhundert verschlossen. Die Juden siedelten sich nunmehr auf einem Terrain der benachbarten Stadt Kasimir an. Dieser Siedlungsplatz erhielt mit der Zeit die Bezeichnung »Judenstadt« (*civitas Judeorum*).[36]

Eine ähnliche Entwicklung setzte mit dem »Transfer« der jüdischen Gemeinden in den Bergstädten Wieliczka und Bochnia ein. Weil Wieliczka und andere Bergstädte seit 1566 über das königliche Privileg *De non tollerandis Judeis* verfügten, entwickelte sich im 16. Jahrhundert die jüdische (Vor-)Stadt Klasno auf einem angrenzenden Gebiet inmitten privater Adelsgüter.[37] In Bochnia lebten die Juden hingegen im nordöstlichen Teil der Stadt sowie in der Vorstadt, die sie allerdings 1605 verlassen mussten. Daraufhin siedelten sie sich in der der Familie Lubomirski gehörenden Stadt Nowy Wiśnicz an, die rund sechs Kilometer südlich von Bochnia entfernt liegt.[38]

Die größte Ansiedlung von Juden in Kleinpolen existierte in Krakau und seit der Vertreibung der dortigen Juden 1494 schließlich in der danebenliegenden Stadt Kasimir. Um das Jahr 1600 lebten im Großraum Krakau 3 600 Juden, was einen Bevölkerungsanteil von zehn Prozent ausmacht. In Kasimir dagegen stellten sie mehr als 50 Prozent der dortigen Bevölkerung. Mitte des 18. Jahrhunderts wuchs die Zahl der jüdischen Einwohner auf bis zu annähernd 4 000.[39] Eine noch größere jüdische Gemeinde entwickelte sich indes in Lublin, wo um 1600 über 2 000 Juden lebten. Tragischerweise wurde die Hälfte der dortigen jüdischen Bevölkerung während des Nordischen Krieges Mitte des 17. Jahrhunderts durch Russen ermordet. Danach wuchs die Zahl der Juden allmählich wieder an. Im Jahr 1787 wohnten in der Stadt bereits wieder über 4 200 Juden.[40] Im Unterschied dazu war die Gemeinde in der Stadt Sandomir zahlenmäßig weitaus geringer. Dort lebten in der frühen Neuzeit etwa 300 Juden, was rund zehn Prozent der Gesamtbevölkerung ausmachte. Mitte des 17. Jahrhunderts gehörten ihnen 24 Häuser in der »Judenstraße«, die an der Stadtmauer im nordöstlichen Teil der Stadt lag.[41]

Schrittweise entwickelten sich jüdische Siedlungen auch in den privaten, das heißt dem Adel gehörenden Städten. Die Situation der dort lebenden Juden verbesserte sich seit Mitte des 17. Jahrhunderts dank Schutzprivilegien der Magnaten und des Adels, die die jüdische Bevölkerung vor allem deshalb anwarben, um ihren Städten nach zurückliegenden Kriegen und Wirtschaftskrisen neue Prosperität zu verleihen.[42] Relativ große Zentren bildeten sich somit in Tarnow/Tarnów und in Opatów.[43] Es muss jedoch noch erwähnt werden, dass in denjenigen Städten, die der Kirche gehörten, keine Juden wohnten, weil diese Kommunen über Privilegien *De non tollerandis Judeis* verfügten.

Während des 18. Jahrhunderts lebten die Juden in geschlossenen Stadtvierteln, die im Prinzip an den Stadtmauern und möglichst weit weg von der Pfarrkirche gegründet wurden.[44] Dies erschien aus verschiedenen Gründen naheliegend, sowohl für die christlichen Stadtbürger als auch für die Kirche und ebenso für die Juden, die hierdurch bessere Bedingungen für den Erhalt ihrer Religion, Sitten, Kultur, Sprache, Gemeindeautonomie und Sicherheit erlangten. Es kam aber trotz dieser separaten Siedlungsteile zu Kontakten zwischen Juden und Christen. Dies galt sowohl für größere Städte als auch für kleine Orte, in denen nur wenige Juden wohnten, wo es beispielsweise kein eigenständiges jüdisches Stadtviertel gab und die adligen Besitzer der Städte, die sich hauptsächlich um die Entwicklung ihrer Kommunen kümmerten, es den Juden erlaubten, auch am Markt befindliche Häuser zu erwerben, was wiederum häufig zu wirtschaftlichen Konflikten und Konkurrenz mit den christlichen Stadtbürgern führte.[45]

In mindestens 14 der insgesamt 170 kleinpolnischen Städte, in denen sich auch größere jüdische Gruppen ansiedelten,[46] bestanden diese bereits um 1500 und organisierten sich unabhängig von der christlichen Stadtverwaltung, mit einigen Ausnahmen wie Sicherheits- und Brandvorschriften. Jede Gemeinde verfügte über eine Selbstverwaltung, an deren Spitze der Rabbiner und die Ältesten (*seniores*) standen. In den königlichen Städten wurden die

|**33**| Vgl. Samsonowicz 1989, S. 36; Zaremska 2013, S. 236–237. |**34**| Vgl. Guldon 1991; Guldon/Wijaczka 2008, S. 151. |**35**| Vgl. Zaremska 2013, S. 327–348. |**36**| Vgl. Wyrozumska 1992. |**37**| Vgl. Piotrowicz 1990 b, S. 162; Beiersdorf/Krasnowolski 2015, S. 15 u. Karte Nr. 3.4. |**38**| Vgl. Krasnowolski 2016, S. 22 u. Karte Nr. 3.5. |**39**| Vgl. Bieniarzówna/Małecki 1984, S. 567. |**40**| Vgl. Oprawko/Schuster 1962, S. 116; Guldon 1991, S. 88; Muszyńska 1998. |**41**| Vgl. Guldon 1993; Noga 2014, Karte Nr. 3.7. |**42**| Vgl. Weinryb 1982, S. 120; Kaźmierczyk 2016, S. 364–370. |**43**| Vgl. Kiryk/Leśniak 1991, S. 27 u. 31; Hundert 1991, S. 69–70. |**44**| Vgl. Piechotka 2008, S. 29–34. |**45**| Vgl. Kaźmierczyk 2016, S. 364–365. |**46**| In der zweiten Hälfte des 17. Jahrhunderts lebten in 94 von inzwischen 226 städtischen Siedlungen jüdische Gemeinden. Vgl. dazu Guldon/Wijaczka 2008, S. 15.

Ältesten durch landesherrliche Amtsträger, in den privaten Kommunen durch deren Besitzer bestätigt.[47] Die Gemeinden hatten in der Regel eine eigene Synagoge, ein Ritualbad, eine Schule, ein Hospital und einen Friedhof.

Die Juden spielten im Wirtschaftsleben eine große Rolle. Die jüdischen Kaufleute aus Kasimir beispielsweise verfügten über ein weites Netz von Handelsbeziehungen. So hatten sie es etwa vermocht, sich im 16. Jahrhundert das Monopol nahezu des gesamten Warenverkehrs nach Prag anzueignen und sich als Zulieferer des königlichen Hofes in Krakau zu etablieren.[48] Die Dienste der jüdischen Bankiers, die auch Gelder der kirchlichen Institutionen verwalteten, wurden gleichfalls von Königen, Magnaten und Adelsfamilien in Anspruch genommen. Juden kreditierten ferner die Handelsgeschäfte der Krakauer Kaufmannschaft und liehen darüber hinaus weiteren Bürgern Geld gegen Pfand. Besondere Missgunst erweckten jüdische Lieferanten, die Gold und Silber an die staatliche Münze verkauften. Zudem hatten Krakauer Juden im 17. und 18. Jahrhundert den Silberhandel fest in der Hand. Eine noch größere Rolle spielten Juden in den privaten Städten. Dort war die Situation der jüdischen Kaufleute zwar stark differenziert, aber seit der Mitte des 17. Jahrhunderts wuchs ihre Rolle im Handel zunehmend, sodass sie im 18. Jahrhundert in manchen Städten die alles beherrschende Position einnahmen und adlige Stadtbesitzer, die sich hauptsichtlich um die Entwicklung ihrer Kommunen bemühten, ihnen erlaubten, auch am Markt befindliche Häuser zu erwerben. In Tarnow beispielsweise monopolisierten Juden den gesamten städtischen Handel und konzentrierten die Geschäfte daraufhin nicht um den Markt, sondern um die Hauptstraße im jüdischen Stadtviertel. Auch mit dem Handel in Opatów beschäftigten sich Mitte des 18. Jahrhunderts ausschließlich dort ansässige Juden.[49]

Einen gesonderten Konflikt entfachten die jüdischen Schankwirte. Einer der ihnen angelasteten Hauptvorwürfe bestand darin, dass sie am Sonntag und an katholischen Feiertagen ihre Schänken öffnen würden, während die der christlichen Konkurrenz geschlossen bleiben mussten. Auch waren jüdische Handwerker Konkurrenten für christliche Bürger. Juden war nämlich der Eintritt in die christlichen Zünfte verboten, schon allein deswegen, weil die Teilnahme an christlichen Zeremonien als unabdingbarer Bestandteil des Zunftlebens galt. Zudem sollten die gemeinsamen Wirtschaftsinteressen der christlichen Handwerker durch die Zünfte gegen eine vielfach betonte Konkurrenz von »Pfuschern« und »jüdischen Handwerkern« verteidigt werden. Auch die Verwaltung der Stadt, die sich um die ökonomischen Interessen ihrer Bürger, Kaufleute und Handwerker kümmerte, versuchte die jüdische Konkurrenz einzuschränken, was unweigerlich zu Konflikten führte.

Aufgrund ökonomischer Konkurrenz und religiöser Unterschiede entwickelten sich vielerorts antisemitische Tendenzen. Nach den Verwüstungen, die der Nordische Krieg (1655–1660) in der Republik Polen hinterlassen hatte, verschlechterte sich die wirtschaftliche Situation der Bürger zusehends. Man meinte vielfach, die Ursachen der wirtschaftlichen und sozialen Schwierigkeiten in erster Linie in der jüdischen Konkurrenz erkennen zu können. Verdeutlicht wurde dies durch Propagandabriefe und -drucke, die von unzufriedenen Bürgern und der katholischen Kirche inspiriert worden waren. Sie stellten die Juden zumeist in schwärzesten Farben dar.[50] Man muss in diesem Zusammenhang allerdings betonen, dass die adligen Stadtbesitzer die Juden in ihren Konflikten mit christlichen Stadtbürgern häufig unterstützt haben, weil sie sich mehr um die Entwicklung ihrer Güter als um Religion oder ethnische Zugehörigkeit kümmerten.

Zusammenfassend kann festgehalten werden, dass sich die Juden trotz der für die damaligen Zeiten kennzeichnenden Schikanen, Repressionen oder gar Verfolgungen ihrer Lage durchaus bewusst waren, denn sie lebten in der damaligen multiethnischen Republik Polen sicherer als in anderen Territorien. Die jüdische Bevölkerung bildete auf diese Weise einen dauerhaften und wichtigen Teil der Gesellschaft in den kleinpolnischen Städten während der Frühen Neuzeit. Wie sich zeigt, gab es neben Konkurrenz ebenso zahlreiche Beispiele gemeinsamer Unternehmungen von christlichen und jüdischen Kaufleuten, die sich auf Handel und Kreditmarkt bezogen. Im Gegensatz zu den Juden, deren Bedeutung somit merklich wuchs, spielten die Deutschen im Laufe der Jahrhunderte eine immer kleiner werdende Rolle.

|**47**| Vgl. Hundert 1991, S. 66–69. |**48**| Vgl. Schiper 1937, S. 52–53; Buňatová 2013, S. 180–184. Der für das Mittelalter in Bezug auf Juden gebrauchte Terminus »Kammerknecht«, der u. a. deren Status als Hoflieferanten betraf, muss für die Frühe Neuzeit stark eingeschränkt werden. Während dieser Zeit nämlich bildeten christliche Kaufleute bereits die Mehrheit der königlichen Hoflieferanten, wodurch sie in starke Konkurrenz gegenüber den Krakauer Juden traten. |**49**| Kaźmierczyk 2016, S. 368. |**50**| Vgl. Tollet 1977, S. 3–35; Guldon/Wijaczka 1995, S. 13–42.

Bildung und Schriftkultur

~~Hennecin de deruhes~~
~~berghe emit a vidua de~~
~~lanmezpe ij mensuras se~~
~~minatas ad annos [illegible]~~
~~ghaven que pertinet~~
~~manifeste illis. Item~~
~~emit illas ij mensuras~~
~~pro [illegible] et glia~~
~~ten [illegible] pro qua~~
~~emptione fideiussit io~~
~~hes de Lanmezpe et ui~~
~~de ek et filii eius. cum~~
~~[illegible]~~

Item vidua henrici de deruhe
delberghe concessit heitenri
co de varteleue fratri suo
quintam partem pecunie
debite quam dicta debuisset
recepisse a puero qui mori
ebatur.

Item eadem dicta vidua hen
rici concessit eodem heiten
rico de varteleue omnia
propria sua tali conditione
quod si ipsa daret vel ven
deret aliquam hoc fieret
absque contradictione fratris
et post mortem suam ce
deret pueris quos habet et
habebit et si pueri predicti
morerentur antequam per
venirent ad annos discre
cederet predicto heitenri
co. Sed si pueri pervenirent
ad annos suos tunc pueri
retinerent absque sua per
misione.

1301: D.

Zwiling

Das erst angesicht ist Jupiter der wirdt ein schreiber rechner ein nemer vnd ausgeber

Das ander Mars der wirdt getzwungen vnd ein arbaiter vnd ein tettig mensch

Das dritt der Sonnen wirdt v̓gessen veracht ein spilman vnd hört gern vnnütze wörtt

Geen auff zwen man vnd halten an einannder bey den henden

Der wirdt ein frölich mensch

Ein man fuerett zwen nackat menner

Der wirdt ein Scherg der die dieb facht

MARTIN KINTZINGER

Schrift und Recht in der Stadt

Wissenspolitik im Spätmittelalter

»Was alle Völker nutzen«: die Grenzenlosigkeit des Rechts

»Der Rechtsrationalismus bedeutet [...] eine Verarmung an Formenreichtum«. Mit dieser Feststellung summierte Max Weber, der 1889 mit einer Arbeit über die Geschichte der Handelsgesellschaften im Mittelalter promoviert worden war,[1] in der bis heute viel zitierten Abhandlung »Wirtschaft und Gesellschaft« von 1922 eine für seine Rechtssystematik folgenreiche Unterscheidung.[2] Demnach habe es ein »noch nicht logisch rationalisierte[s] Recht« gegeben, das noch nicht einer obligaten »spezifisch ›wissenschaftlichen‹ Behandlung« unterworfen gewesen sei. Es habe zu »Sonderbildungen« geführt, die dem entstehenden Kapitalismus in geradezu idealer Weise den Weg gebahnt hätten.

So sei es vor allem in Gesellschaften geschehen, die aus politischen Gründen auf die Interessen von Akteuren bezogene »Sonderrechte« erzeugt hätten. Derartige Sonderrechte hätten für soziale und ökonomische Sonderbeziehungen gegolten und seien traditionell gewillkürtes Recht »ständischer Einverständnisgemeinschaften« oder »vergesellschafteter Einungen« in »autonom gesatzten Ordnungen gewesen«. Sonderrechte hätten der Normierung und Rationalisierung des Rechts durch die politischen Verbände entgegengestanden. Allerdings hätten die politischen Akteure durchzusetzen vermocht, dass die Sonderrechte nur durch ihre Zulassung Geltungskraft hätten erlangen und bewahren können.[3]

Als eine Form solcher Sonderrechte sah Weber insbesondere die »mittelalterlichen Handelsrechtsinstitute« an.[4] Analog zu Hofrecht und Dienstrecht habe das Handelsrecht »Kaufmannsgut und Kaufmannsgeschäfte« geregelt, das Recht der Handwerker die »Geschäfte

---

Abb. 1
Einer verbreiteten Auffassung nach waren Zwillingsgeborene, in deren Sternbild der Jupiter stand, prädestinierte Schreiber und Rechner, Darstellung eines Schreibers von Thomas Schilt im Heidelberger Schicksalsbuch (um 1491). Heidelberg, Universitätsbibliothek, Cod. Pal. Germ. 832, f. 44r.

|**1**| Vgl. Dilcher/Lepsius 2008. |**2**| Vgl. Weber 1921/22, Kap. 7, § 3, S. 475. |**3**| Vgl. ebd., S. 479 u. 482. |**4**| Ebd., S. 475. Das moderne Handelsrecht ist nach Weber weitgehend auf mittelalterliche Vorläufer zurückzuführen, S. 263.

und den Betrieb des Handwerks«. Außerhalb ihrer Kaufmanns- bzw. Handwerkertätigkeit hätten die Angehörigen dieser Berufsgruppen allerdings dem Landrecht unterstanden, wie im Gegenzug andere Personen, die diesen Gruppen nicht zugehörten, dann dem Handels- oder Handwerkerrecht unterworfen gewesen seien, wenn sie in kaufmännischen oder handwerklichen Bezügen tätig geworden seien, beispielsweise als Kreditgeber.[5]

Angesichts der Spezifik der Sonderrechte mag es erstaunen, dass Weber eine Nähe zwischen dem Sonderrecht der Kaufleute oder Handwerker und dem Völkerrecht erkannte. Sie besteht in beider Ausführung als freiwilliger Kontrakt der Akteure.[6] Unter einem Kontrakt versteht Weber die freie Vereinbarung zwischen Gruppen, die weiterhin intern selbstständig sind.[7] In der modernen Forschung findet sich dieser überraschende Befund bestätigt: Das mittelalterliche Handelsrecht, die *lex mercatoria*, rezipierte demnach die römischrechtlichen Prinzipien des »ius [est] ars boni et aequi« und der »bona fides [est] primum mobile ac spiritus vivificans commercii«.[8] Das Handelsrecht war mithin als internationales Recht wirksam, unabhängig von nationaler Rechtsordnung auf international anerkannte Rechtsgrundsätze und die Verbindung mit dem internationalen Handel bezogen.[9] So ermöglichte die Berufung auf die *lex mercatoria* Kaufleuten und Schöffenkollegien, in Häfen und an Handelsplätzen Schiedsgerichte einzusetzen, die sukzessive rechtsgewohnheitliche Regeln des internationalen Handels etablierten.[10] Nach Gerhard Dilcher suchten die Kaufleute kalkulierbare Rechtsregeln für die Durchführung und Sicherung ihrer Geschäfte und Geschäftsbeziehungen, die sie in überkommenen Rechtsordnungen nicht finden konnten, denen aber die »durchnormierten städtischen Rechte des 12. Jahrhunderts« und die von ihnen ausgehende Entwicklung entsprachen. Das so begründete Handelsrecht war fortan von erheblichem Einfluss auf die Genese städtischen Rechts.[11] Dass dessen Vorgaben in Rechtsvorschriften, Ordnungen und Statuten wiederum zur Norm für neu einzurichtendes Handelsrecht auf lokaler Ebene wurden, belegen Quellenaussagen wie die folgende aus dem 15. Jahrhundert: »ut iuxta mercatorum ritus et mores honestos in eorum exercitiis et trafegis possint et debeant idoneis legibus, ordinibus et statutis vivere«.[12]

Durch die funktionale, institutionelle wie personelle Verschränkung von Rat und Gerichtsbarkeit kam der Tradition der Rechtsanwendung durch Schöffen auch im Prozess der Verrechtlichung der Stadtverfassung eine nicht zu unterschätzende Bedeutung zu. Schöffen bestanden teilweise in den Städten bereits vor Einführung der Ratsverfassung, andernorts wurden sie durch die Räte installiert.[13] Für Magdeburg hat Heiner Lück 2004 dargestellt, wie es dem Rat im Konflikt mit den zunächst dominierenden Schöffen ab der Mitte des 13. Jahrhunderts gelang, diese auf die Rolle der Urteilsfinder im Burggrafen- und Schultheißengericht wie auf die Spruchtätigkeit im Schöffenstuhl festzulegen. Bald wurde eine gleichzeitige Mitgliedschaft in beiden Gremien untersagt. Der Rat war fortan für die Rechtsetzung (»Willkür«) in der Stadt zuständig. Das Gericht für die Bürger oblag dem Rat und folgte zunehmend römischrechtlichen Normen, während das Handels- und Handwerkerrecht weiterhin einer Normierung aus rechtsgewohnheitlichen Praktiken folgten und einen Einfluss römischrechtlicher Vorgaben bis zu Beginn des 16. Jahrhunderts vermieden. Bei der Verbreitung und Übernahme des Magdeburger Rechts durch andere Städte war vielfach auch die Trennung der beiden Rechtssphären institutionell abgebildet.[14]

Im Ganzen ging das als *consuetudo* verstandene Handelsrecht dem Stadtrecht als Teil des *ius commune* voraus, das von Beginn an weitgehend und zunehmend römischrechtlich geprägt und in jedem Fall schriftlich kodifiziert war.[15] Vielfach, wenn nicht regelhaft, nutzten städtische Räte die Beiziehung von Schöffen als Zeugen, um nicht nur Handelsgeschäfte zu beglaubigen,[16] sondern auch ihre Gerichtshoheit zu stärken – damit folgten sie gerade nicht der von den territorialen Stadtherren favorisierten Trennung in positiv- und rechtsgewohnheitlich zuständige Gerichtsinstanzen.[17] Die neueste Forschung zu städtischen Schöffen, am Beispiel Bambergs 2016 von Claudia Esch veröffentlicht, rechnet diese zur Funktionselite einer »Führungsschicht« in den städtischen Institutionen.[18]

Entsprechend konnte es bei der Übernahme und Verleihung von Rechtsordnungen, so auch des Magdeburger Rechts, dazu kommen, dass diese sich nicht nur auf das materielle Recht (auch das Handelsrecht) bezogen, sondern ebenso auf die am Ursprungsort bestehende institutionelle Struktur. Nach Magdeburger Vorbild entstand demnach in Städten, die das Magdeburger Recht übernahmen, neben der Stadtverfassung auch das Schöffenkollegium.[19] Am Ort der Rechtsübernahme wurde dann nach programmatischen Erwägungen oder Fallentscheidungen ausgewählt, welche Rechtssätze und Urteilssprüche man in die eigenen Stadtrechts- und Urteilsbücher übernehmen wollte. Der zu erwartende praktische Nutzen für die eigenen Belange war das Kriterium der Wahl und manche Rechtsbelehrung wurde mitunter wie ein modernes Grundsatzurteil rezipiert.[20] In der Verrechtlichung gesellschaftlicher Lebensbereiche kann zweifellos eine wissensbasierte Professionalisierung erkannt werden. Anders als zumeist wahrgenommen, ist sie aber nicht nur für das positive Recht und seine universitär gelehrten Repräsentanten festzustellen, sondern ebenso für die Schöffen – jedenfalls in Magdeburg ab der Mitte des 12. Jahrhunderts.[21]

|**5**| Ebd., S. 482. |**6**| Vgl. ebd., S. 443, 448 u. 463. |**7**| Vgl. ebd., S. 463. |**8**| Meyer 1994, S. 51: Nach den Kriterien des Einheitsprivatrechts wie des Bezugs auf allgemein anerkannte Rechtsgrundsätze kann, trotz aller grundsätzlichen Unterschiede, eine Parallele zwischen *ius gentium* und *lex mercatoria* gesehen werden. Vgl. auch Pennington 2015, S. 9–35, hier S. 19–20, online http://scholarship.law.edu/cgi/viewcontent.cgi?article=1959&context=scholar [letzter Zugriff am 30. 9. 2017], S. 1–25, hier S. 12–13; ferner Metzger 2009, S. 519–521; Herda 2007, S. 9; Emmerich-Fritsche 2011, S. 303–322, hier S. 303–304. Gegen die These von der Analogie zwischen *ius gentium* und Handelsrecht argumentiert Tönnies 2011, S. 61, das römische *ius gentium* sei vergessen und durch das lübische oder magdeburgische Recht ersetzt worden. |**9**| Meyer 1994, S. 15. Im Vergleich zum nationalstaatlich geprägten modernen Handelsrecht wird dem mittelalterlichen heute ein universeller Charakter zuerkannt. Vgl. Maurer 2012, S. 11. |**10**| Metzger 2009, S. 519. Die hier zitierten Ausführungen werden unter dem Oberkapitel »Völkerrecht, Einheitsrecht, Lex mercatoria« abgehandelt. Meyer 1994, S. 59–60. |**11**| Vgl. Dilcher 1996 c, S. 31. |**12**| Zit. nach Meyer 1994, S. 58. |**13**| Vgl. Bader/Dilcher 1999, S. 591. |**14**| Vgl. Lück 2009 c, bes. S. 274–275. |**15**| Vgl. ebd., S. 794; Meyer 1994, S. 58. Zum Verhältnis von Schriftlichkeit, Stadtrecht und positivem Recht Dilcher 1992 a, bes. S. 50–51. Zu Bedeutung von Geleit- und Gastrecht für das Handelsrecht vgl. Houtte 1989, Sp. 1897. |**16**| Vgl. Bader/Dilcher 1999, S. 651–652, mit Anm. 637. |**17**| Vgl. Isenmann 2003, S. 407. |**18**| Vgl. Esch 2016, zu den städtischen Institutionen S. 244–258, zur Domimmunität S. 286–291. |**19**| Vgl. Schulze 2006, S. 177–200, hier S. 180. |**20**| Vgl. ebd., S. 181. |**21**| Vgl. den Beitrag von Mathias Puhle im vorliegenden Band, S. 235–245.

Die Ausformung eines spezifischen Handelsrechts war erforderlich geworden, weil das alte römische Recht keine Handhabung für die Belange des mittelalterlichen Handels anbot.[22] Lediglich vertragsrechtliche Bestandteile des römischen *ius gentium* waren im Mittelalter für die Gestaltung des Handelsrechts nutzbar, das bedarfsorientiert von den Kaufleuten gefordert wurde.[23] Hierzu gehörte substanziell die Figur der *bona fides*, der Treuezusage als wechselseitige Grundlage eines Vertragsverhältnisses.[24] Von Beginn an fand das Handelsrecht eigene Wege der Entwicklung, neben und unabhängig von dem ebenfalls entstehenden Stadtrecht, das sich in einer zunehmenden Unterscheidung von verliehenen Privilegien und interner Rechtsordnung frühzeitig an den Normen des positiven Rechts orientierte.[25] Insofern das Handelsrecht sich nicht aus herrschaftlichem und nicht aus positivem Recht speiste, sondern aus Fallentscheidungen und Rechtsgewohnheiten oder allgemeinen Rechtsgrundsätzen, bewahrte es eine spezifische Eigenständigkeit.[26] Zugleich dokumentiert es darin eine besondere Form der funktionalen Professionalisierung unabhängig von der gleichzeitig an den Höfen etablierten Beratungsfunktion der römischrechtlich studierten und meist sogar graduierten Legisten.

Dass der ab 1347 an oberitalienischen Universitäten lehrende Legist Baldus de Ubaldis nicht nur über das von ihm als universal gültiges Prinzip wiederentdeckte *ius gentium* schrieb, sondern auch über die *ars mercatoria*, ist demnach schlüssig.[27] Seine bekannte Definition »quod [...] omnes gentes quasi pereque utuntur, quod semper et bonum et equum, et sine quo homines non possent vivere« kann als *bona-fides*-Prinzip der Verständigung über gemeinsame Normen auch für das Handelsrecht gelten, weil es in seiner normativen Geltung grundsätzlich nicht an politisch-administrative Grenzen gebunden war. In der rechtshistorischen Forschung ist die Bedeutung des Baldus wie diejenige seines Lehrers, Bartolus des Sassoferrato, für die Genese des mittelalterlichen Handelsrechts eingehend dargestellt worden.[28]

»Was nicht in den Akten steht [...]«: die Notwendigkeit der Schrift

Jüngst hat eine grundlegende Studie zu den Anfängen des Völkerrechts im Mittelalter konstatiert, dass sich dieses als Praxis rechtsförmigen Handelns mit nur gelegentlicher terminologischer Zuschreibung im Ganzen um eine Chimäre gehandelt habe.[29] Analog zum *ius gentium* kannte auch die *lex mercatoria* im Mittelalter keine (über Verschriftlichung ergangener Urteile hinausreichende) Kodifizierung. Die in der Forschung vorgeschlagene Einbeziehung des Vertragsrechts in die Geschichte des Handelsrechts berücksichtigt nicht nur die Bilateralität von Handelsbeziehungen und deren schiedsgerichtliche Behandlung, sondern auch die sekundäre Verschriftlichung durch Niederlegung von Aktennotizen.[30] Gegenüber Tendenzen der formalisierenden Kodifizierung erwies sich das Handelsrecht als widerständig, weil es seiner praktischen Anwendbarkeit wegen flexibel und ein »law in action« bleiben musste.[31]

Insofern gilt der im späteren Mittelalter verbreitete Spruch *Quod non est in actis, non est in mundo*, der auf kodifizierende Verschriftlichung von Gerichtsurteilen und Rechtspraktiken abzielt, zwar grundsätzlich auch für das Handelsrecht. Dort muss aber der im Einzelnen schwer zu klärende Prozess eines Normenwandels durch praktische Anwendung in Rechnung gestellt werden. Friedrich Carl von Savignys aus dem Jahr 1834 stammende Feststellung dürfte noch immer gelten, wonach Schöffen in der streitigen, also schiedsrichterlichen, wie in der willkürenden, also erlassenden, Rechtspraxis das im aktuellen Fall anzuwendende Recht kennen mussten und es durch dessen korrekte Anwendung zugleich bezeugen und garantieren sollten. In dieser Funktion und Tätigkeit lag »die eigentliche Rechtsfindung der Schoeffen«, die nach Savigny »nicht abgelaeugnet werden kann«.[32] Im rechtshistorischen Diskurs ist der hier angerissene Problemkreis mit dem von Gerhard Dilcher geprägten Terminus einer Änderung der »Normstruktur« im Rahmen einer »Welle der Verschriftlichung« seit dem 12. Jahrhundert markiert.[33]

»Von Rechts wegen«: die Widerständigkeit der Rechtspraxis

Grundsätzlich stellte das Handelsrecht eine rechtsgewohnheitliche Praxis dar, weshalb in der rechtshistorischen Literatur eher von einem *ius mercatorum* als von einer *lex mercatoria* gesprochen worden ist. Erste Verschriftlichungen aus der richterlichen Anwendung, zugleich aussagekräftige Begriffsverwendungen, sind seit dem späten 13. Jahrhundert in England überliefert, als Terminus *ius mercatorum* in der Romania bereits seit dem frühen 12. Jahrhundert.[34] Man geht heute davon aus, dass die Vorstellung eines universalen Handelsrechts erst deutlich nach der Etablierung des gelehrten Rechts um 1100 entstanden sein kann.[35] Mit dem rechtshistorischen Handbuch von Karl S. Bader und Gerhard Dilcher ist die Entwicklung eines europäischen Handelsrechts ab dem 13. Jahrhundert anzusetzen.[36]

Der wechselseitige Nutzen der am Handel beteiligten und der finanzielle Gewinn der an den Häfen und Handelsplätzen die politische Herrschaft ausübenden Gewalt, also eine Variation des bekannten Gefangenendilemmas, führten alle diese Akteure dazu, die selbstgenerierende Qualität solcher Rechtspraxis und ihre Tendenz zur normativen Verfestigung und Verschriftlichung zu tolerieren.[37] Diese Feststellung gilt insbesondere für königliche Auto-

---

|**22**| Vgl. Bader/Dilcher 1999, S. 667–668. |**23**| Vgl. ebd., S. 668. Vgl. Supiot 2005, S. 135. |**24**| Meyer 1994, S. 51–52. |**25**| Vgl. Bader/Dilcher 1999, S. 601 u. 764. |**26**| Vgl. Weick/Basse 2013, S. 12. |**27**| Vgl. Härtel 1999, S. 67. |**28**| Vgl. Bader/Dilcher 1999, S. 797–798. |**29**| Vgl. Moeglin/Péquignot 2017, S. 749: »Le droit international comme ensemble de règles et normes reconnues par tous et régissant les relations entre peuples et États est très largement resté au Moyen Age une chimère que les références occasionnelles au jus gentium ne faisaient que conjurer". Zum Hintergrund vgl. Kintzinger 2012, mit dem Tenor eines Vorhandenseins »völkerrechtlicher« Praxis als internationaler diplomatischer Kommunikation vor der Rezeption des römischrechtlichen *ius-gentium*-Begriffs und dessen Neuprägung in der Legistik seit dem 14. Jahrhundert. Dazu auch Kintzinger 2007, S. 363–378, vgl. zudem Anm. 28. In der Diskussion während der diesem Sammelband vorangegangen Magdeburger Tagung wies Gerhard Dilcher auf die Bedeutung von Nachweisen für Begriffe und Vorstellungen des *ius gentium* vor der Wiederentdeckung des römischen Rechts im 12. Jahrhundert hin. |**30**| Vgl. Metzger 2009, S. 522. |**31**| Berger 1996, S. 134. Zu dem damit in der Moderne aufgeworfenen Problem der Rechtsfortbildung zur *lex mercatoria* als transnationalem Recht durch schiedsrichterliche Tätigkeit König 2013, S. 117–119. |**32**| von Savigny 1834, II, § 76–78, S. 259–261, das Zitat S. 261. |**33**| Mit Verweis auf die maßgeblichen Veröffentlichungen Dilchers aus den 1990er Jahren ausführlich gewürdigt von Pilch 2009, S. 291–312, bes. S. 292–293. |**34**| Herda 2007, S. 8; Cordes 2017, S. 71. |**35**| Vgl. Cordes 2003, S. 126. |**36**| Vgl. Bader/Dilcher 1999, S. 797. |**37**| Vgl. ebd., S. 9–11. Vgl. Rost 2007, S. 82–83, mit der analogen Beschreibung der modernen *lex mercatoria* als »ständig lernende[s] prozeduralisiertes Recht«, S. 83.

ritäten, die in ihrem Herrschaftsbereich Handelsplätze privilegierten und schützten. So war etwa das Londoner Kontor für den Handel der Hansekaufleute ebenso von erheblicher Bedeutung wie die daraus zu gewinnenden Abgaben für die königliche Kasse in England.[38]

Hingegen bot die entwicklungsbedingte strukturelle Verschränkung von Kaufmannschaft und städtischer Bürgerschaft sowie deren kollektive Vertretungen auch am königlichen Hof in London Anlass zu Irritationen, weil die erwünschte eindeutige Zuordnung zu einem Herrn nicht möglich schien.[39] Nicht nur das Verhältnis des in Städten und Territorien zunehmend rezipierten universalen, schriftlichen und positiven römischen Rechts zu den vernakularen, oralen und regionalen Rechtsgewohnheiten, sondern allein schon das Gegenüber der fürstlich-monarchischen und der stadtbürgerlichen Ordnung führte zu Spannungen. Max Weber leitete die Stellung der Schöffen aus einer zumeist exponierten Stellung ab. Durch Wahl, den Geltungsanspruch sozial exklusiver Herkunft oder herrschaftliche Ernennung legitimiert, waren sie demnach »höchst wirksame Vertreter der Gerichtsgemeinden gegen die Macht der Obrigkeit«.[40]

Lange schon wird eine besondere Zuständigkeit schiedsrichterlicher Tätigkeit von Schöffen insbesondere für handelsbedingte Streitfälle gesehen und ist neuerdings wiederholt betont worden.[41] Das Handelsrecht und seine Anwendung standen im Schnittpunkt der skizzierten Entwicklungen. Weil das schiedsgerichtliche Verfahren der *lex mercatoria* oder des *ius mercatorum* wesentlich rechtsanwendend und nicht rechtsschaffend abgelaufen zu sein schien, wurde es in der älteren Forschung als Verfahrensrecht und nicht als Quelle materiellen Rechts behandelt.[42] Heute wird die Nähe von Normanwendung und Normgestaltung stärker entdifferenziert beurteilt.[43] Nach Maßgabe der von Martin Pilch 2009 vorgeschlagenen Unterscheidungen der Arten von Regelanwendung in der Rechtspraxis wird hier eher von einer *ex-post*-Anwendung auszugehen sein, die verändernd auf das Regelwerk einwirken kann, als auf eine *ex-ante*-Anwendung, die vorgegebene Regeln situativ exekutiert. Wie von Pilch angedacht, mussten die so geformten Regeln allerdings dazu tendieren, künftig in einer *ex-ante*-Anwendung zur Geltung zu kommen.[44]

Eine derartige Komplexität des Rechtsdenkens und seiner praktischen Anwendung vorausgesetzt, können Urteiler schiedsrichterlicher Verfahren nicht ausschließlich repetitiv gehandelt und entschieden haben. Die Überlegungen Pilchs weiterführend, wonach eine bloße *longa consuetudo*, die lange Tradition des Normenbestands, und eine strikte *opinio necessitatis*, die alternativlose Zwangsläufigkeit der Anwendung bestimmter Regeln auf bestimmte Fälle, nicht genügt haben können,[45] lässt sich eine wissensgeschichtliche Hypothese formulien: Über die scholastische Unterscheidung von *necessitas* und *contingentia* und die bedingte Freisetzung von Entscheidungshandeln und freiem Willen wurde im gelehrten Diskurs seit dem 13. Jahrhundert gestritten. Wenn gleichzeitig die Rechtsanwendung nicht (oder nicht ausschließlich) einem Gebot der *necessitas* folgte, dann muss sie ebenfalls nicht nur faktisch, sondern in kategorialer Definition mit der Möglichkeit der *contingentia* gerechnet haben, einer richterlichen Entscheidungsfreiheit in der Anwendung und Formung von Rechtsnormen.[46] Gerhard Dilcher folgend, ist die Rechtsgewohnheit vom *usus* des aus langer Dauer bewährten Gewohnheitsrechts durch das Fehlen der *opinio necessitatis* gekennzeichnet. Nicht auf die Abgrenzung zum positiven Recht käme es dabei an, sondern auf die »Urteilskraft zur Unterscheidung von rechtmäßig und unrechtmäßig«.[47]

Der durch Auftrag und Bezahlung erhaltene Rechtsrat, der zur Grundlage einer Fallentscheidung werden sollte, war selbst eine formale Regelanwendung, zumeist die Entscheidung zwischen den Positionen zweier Parteien und damit zwischen zwei divergierenden Rechtspositionen. Zumindest der konzeptionelle Ansatz eines logischen Syllogismus – der Unterscheidung von *sic et non* oder *pro* und *contra* – ist darin zweifellos zu erkennen.[48] Genau dagegen aber hat Pilch seine Kritik am Ansatz von Dilcher gerichtet: »die Anwendung von Normsätzen auf Sachverhalte mittels normenlogischem Syllogismus [...] steht als Denkform einer oralen Kultur nicht zur Verfügung«.[49] Aus wissenschaftshistorischer Sicht muss diese Aussage relativiert werden, mit Verweis auf die rechtsgewohnheitliche »spezifische[...] Rationalität« – traditional legitimiert und im Grundsatz nicht schriftlich –, die sich von der Rationalität der auf die Zukunft orientierten, grundsätzlich schriftlichen Normsetzungen von Stadträten und Kaufleuten kategorisch unterscheidet.[50] Als »Ordnung des Herkommens« (Dilcher) tendiert sie dazu, als Recht zu gelten, musste dies aber nicht notwendig, während es für die positivrechtlichen Ordnungen des Stadtrechts außer Frage steht.[51]

Die gemeinsame Entstehungszeit beider in der Zeit des Aufkommens scholastischer Wissenschaft und deren neuartigem Anspruch, sämtliche Lebensbereiche mit ihrer Methode der disputativen Logik zu erfassen, lässt beide Rechtskulturen – die rechtsgewohnheitliche und die positive – als komplementäre Teile eines übergreifenden kulturellen Kontextes erkennen, der heute rechtssoziologisch wie wissenschaftsgeschichtlich erforscht wird.[52]

Für die Wirkung von schiedsrichterlicher und urteilender Tätigkeit ist diese Erwägung noch weitergehend erheblich, denn sie unterstreicht nicht nur eine rechtschaffende neben der rechtsanwendenden Qualität solcher Tätigkeit: Sie lässt auch unabweisbar werden, dass ein spezifischer Wissensstand nicht nur über Inhalte der Rechtsordnungen und vorgängige Urteile, sondern auch über die prinzipiellen Möglichkeitsbedingungen kontingenten Han-

|**38**| Vgl. Jörn 2000. |**39**| Vgl. Ehm-Schnocks 2003. |**40**| Weber 1922, S. 456. |**41**| Vgl. Rogers 1896, S. 579; Scherner 2013, S. 137. |**42**| Vgl. Cordes 2017, S. 70–71, vgl. auch und Anm. 10, S. 83, mit Verweis auf die Forschungen von Wilhelm Ebel von 1958. |**43**| Vgl. Pilch 2009, S. 282–286. |**44**| Vgl. ebd., S. 420–421. |**45**| Vgl. ebd., S. 289. |**46**| Vgl. Ansatz und Ergebnisse des Forschungsprojekts »Contingentia und Disputatio. Entscheiden in der wissenschaftlichen Theorie des westeuropäischen Spätmittelalters« (Projekt A 2 des SFB 1150 an der Universität Münster). Zuletzt: Disputation. Wissenschaft im Kontext. Externe Bezüge wissenschaftlichen Entscheidens an der mittelalterlichen Universität, hrsg. v. Georg Jostkleigrewe, [Themenschwerpunkt] in: Jahrbuch für Universitätsgeschichte 19 (2016) [2018], S. 99–183. |**47**| Pilch 2009, S. 299. Vgl. Dilcher 1992 b, S. 30. |**48**| Vgl. die Feststellung zu den Aufzeichnungen des Sachsenspiegels, sie zeugten von einer »Lösungslust«, im Beitrag von Bernd Schneidmüller im vorliegenden Band, S. 29–53, bes. S. 30. |**49**| Pilch 2009, S. 309. |**50**| Zit. nach dem Kommentar bei ebd., S. 299–301. |**51**| Vgl. ebd., S. 302. Zur Zuschreibung von Normativität an schriftliche wie nichtschriftliche Rechtsordnungen S. 311. Auf die Kritik Pilchs an dem Ansatz Dilchers kann hier nicht eingegangen werden, vgl. Pilch 2009, S. 307–312. |**52**| Vgl. Willoweit 2000, S. 343–344. Von einer »kulturellen Vernetzung« spricht Stephan Dusil in seinem Beitrag im vorliegenden Band, S. 57–77, bes. S. 74–77.

delns bei den Akteuren bestanden hat. Schiedsrichterliche Urteile und Schöffensprüche werden dann als Rechtspraxis aus Wissen erkennbar – einem Wissen, das methodisch über reines Erfahrungswissen hinausreicht und, obwohl es unterhalb oder jenseits von gelehrtem Rechtswissen bleibt, dessen logische Operationen im jeweiligen Sachbezug gleichermaßen mitvollzieht. Mitunter, wenn auch selten, bestand eine personale Identität von Schöffen und Ratsherren oder sogar Bürgermeistern, weshalb Klagen vor römischrechtlichen Gerichten darüber geführt wurden, ob die Schöffen bei Belangen der städtischen Ordnung nicht Richter in eigener Sache und daher befangen seien. Ein Argument für die Zulässigkeit des Schöffenverfahrens war darin zu sehen und wurde von den Gerichten anerkannt, dass die Ämterdoppelung in der Annahme der Zustimmung von Stadtherrschaft und Bürgerschaft zustande gekommen sei und eine natürliche Person zwei Amtseigenschaften (*qualitates*) wahrnehmen könne.[53] Eberhard Isenmann hat diese Zusammenhänge 2003 ausführlich dargestellt. Es wird nicht zu klären sein, ob eine derartige Interpretation des römischrechtlichen Gerichts auch die Selbstwahrnehmung der Betroffenen ausdrückt und ihnen eine derart syllogistische Begründung ihres Tuns unterstellt werden kann.

»Im Recht liegt das Heil der Stadt«: die Verschriftlichung der Rechtspraxis

Isenmann entnahm die von ihm zitierten Quellenzeugnisse der so bezeichneten »Ratsliteratur«, insbesondere Ratsordnungen. Dass sich die Genese, Akzeptanz und Wirkung der schiedsrichterlichen Praxis in der Anwendung des Handelsrechts wie der Schöffentätigkeit generell nur als Teil eines übergreifenden Prozesses der Verschriftlichung seit dem 12. Jahrhundert verstehen lässt, ist eindeutig. In den städtischen Ordnungen des ausgehenden Mittelalters findet sich wiederholt das lateinische, ausdrücklich als Übernahme aus der aristotelischen Rhetorik gekennzeichnete Diktum »Ex quo in legibus est salus civitatis [...] Ideo erubescimus cum sine lege loquimur/Sint dat dat heyl der stadt in den rechten is gelegen, [...] so schamen wy ons, dat wy sonder recht sprecken«.[54] Offenbar war die Notwendigkeit, das eigene Interesse in eindeutiger Rechtsform ausdrücken zu können, längst erkannt und das in politischer Eigenständigkeit wie ökonomischer Prosperität begründete stadtbürgerliche Selbstbewusstsein erlaubte es, unter vielfachen lateinischen Zitaten aus dem römischen Recht eine volkssprachliche Rechtsordnung zu veröffentlichen, die die in der Stadt geltenden Rechtstraditionen verschriftlichte.

Dazu gehörten auch Kriterienkataloge für die Eignung von Schöffen, die jenseits persönlicher Unbescholtenheit und in programmatischer Nähe zu den Anforderungen an Ratsherren definierten, worin das Rechtswissen der Schöffen bestehen solle. Der Eisenacher Stadtschreiber Johannes Rothe, als Kleriker zugleich Schulmeister am Domstift, hielt fest, es sei »altes und göttliches Rechts, dass nur ein gottesfürchtiger Mann Ratsmann oder Schöffe werden« könne.[55] Junge, »gelarth« Leute sollten es sein und man möge darauf achten, nicht mehrere Ratsmitglieder zugleich auszutauschen, damit nicht zu viele ungebildete Personen nachrückten.[56] Mit solcher »Gelehrsamkeit« war kaum mehr als entwickelte Schreib- und Lesefähigkeit gemeint. Diese aber wurde unzweideutig erwartet und daraus der Anspruch abgeleitet, dass die Bürgerkinder in städtischen Schulen das Nötige lernen sollten. Fehle die erforderliche Bildung dennoch einmal bei einem städtischen Amtsträger, so sei eine notwendige Maßnahme »die gütliche Unterweisung durch alte, erfahrene und versierte Ratsherren« und der jederzeit mögliche Rückgriff auf »der bücher lare«, die Rechtskodizes aus der Ratsbibliothek.[57] Sie sollten den zu Belehrenden vorgelesen und ausgelegt werden.[58]

Johannes Purgoldt, ebenfalls Stadtschreiber in Eisenach um 1500, bearbeitete die Abhandlungen Rothes. Die so modifizierten Texte werden in der philologischen Forschung heute als Beleg für die Wirkungsdichte des Magdeburger Rechts genommen.[59] Bei Rothe/Purgoldt liest sich die Notwendigkeit zur Lektüre der Rechtsbücher folgendermaßen: »Das ist keine Kunst oder Meisterschaft, dass jemand das Recht aus einem Buch lesen kann, sondern das ist Kunst und Meisterschaft, dass jemandem das Recht geläufig und er darin erfahren ist und die Bücher gründlich gelesen hat. Er kann dann alle Kapitel, Stücke und Sachen, die ihm vorliegen, aus den Büchern zusammensuchen und beweisen und vollständig sein Recht wahren und wird sich behaupten vor den erfahrenen und gelehrten Leuten weltlichen wie geistlichen Standes«.[60] Geradezu mit Selbstverständlichkeit verweist der Stadtschreiber auf antike Texte von Aristoteles, Cicero und Seneca neben denjenigen spätantiker Kirchenväter, um die ethischen Anforderungen an Ratsherren zu begründen.

Nach dem vierten Laterankonzil 1215 war die bis dahin häufige Präsenz von Texten antiker Autoren in Bibliotheken kirchlicher Institutionen unter Verdikt gestellt worden und 1277 hatte sich an der Universität Paris gezeigt, dass die Papstkirche die aristotelische Lehre zumindest in der Artistenfakultät zu unterbinden suchte, ihr Verbot aber nicht durchzusetzen vermochte. Im Spätmittelalter hatte man offenbar, jedenfalls in Stadtkanzleien, dahin zurückgefunden, aus der Überlieferung vorbehaltlos zu schöpfen und daraus Rat und Normvorgaben für die politische Praxis abzuleiten. Hinsichtlich der Rechtskodizes bestätigen exemplarische Befunde die hier entworfene Programmatik. Conrad Heyden, nach dem Studium an der Universität Erfurt Stadtschreiber, Ratskonsulent, Redakteur etlicher rechtsnormierender Texte und Verfasser des 1436 entstandenen »Klagspiegels«, des ältesten deutschsprachigen Kompendiums zum römischen Recht, verfügte ausweislich eines eigenhändigen Briefes über Rechtskodizes, aus denen er für sein Werk schöpfte. Teilweise hat er sie von anderen, beispielsweise dem Nördlinger Stadtschreiber, entliehen.[61]

Schon die mit der Etablierung eigener wie übernommener Rechtsordnungen keineswegs erledigte Spannung zum Durchsetzungsanspruch territorialfürstlicher, römischrechtlicher und sogar, auch im Handelsrecht, kirchlicher Gerichte macht das Wissen aus Lektüre von, dem Umgang mit und der Anwendung von Textkorpora des positiven Rechts unerlässlich.

|**53**| Vgl. Isenmann 2003, S. 350–352. |**54**| Zit. nach ebd., S. 445. |**55**| Ebd., S. 262. |**56**| Ebd., S. 265. |**57**| Ebd, S. 262–266, die Zitate S. 262 u. 266. |**58**| Vgl. Ebd., S. 265. |**59**| Vgl. Roth 2009, S. 451, spricht im Zusammenhang der Werke von Rothe/Purgoldt vom lübischen und magdeburgischen Recht als »Exportschlager«. |**60**| Übertragung nach Zitat aus Isenmann 2014, S. 266, Anm. 141. |**61**| Vgl. Deutsch 2014, S. 137.

Am Beispiel ist gezeigt worden, dass ein von andernorts eingeholter Magdeburger Schöffenspruch in einem privatrechtlichen, den beklagten Bruch eines mündlichen Vertrags betreffenden Fall 1400 die Zurückweisung eines bereits ergangenen Urteils eines geistlichen Gerichts einschließt und die Behauptung der Zuständigkeit des weltlichen Gerichts »nach magdeburgischem Recht von Rechts wegen« verteidigt.[62]

Bereits seit dem 12. Jahrhundert entstanden in den Städten formalisierte Rechtsstandsfeststellungen, so bei privatrechtlichen und auch handelsrechtlichen Sicherungsverfahren. Der von Irmgrad Fees 2002 für Venedig im 10. bis 12. Jahrhundert unter dem einprägsamen Titel »Eine Stadt lernt schreiben« dargestellte Sachverhalt ist, wenn auch mit Unterschieden im Detail und deutlicher Zeitverzögerung, für nordalpine Handelsstädte ebenso festzustellen.[63]

In Fortführung der ersten schriftlichen Sicherungszeugnisse etablierten sich frühzeitig Formen der Registerführung als Bestätigung von Rechtsgeschäften vor Gericht und deren Festigung durch urkundliche Niederschrift. Die Einsicht in die Formbedürftigkeit von Rechtsgeschäften bedingte die Entwicklung von Kanzleiformen und Formelbüchern für die Beurkundungs- und Registerpraxis. Solche Verfahren waren nicht aus antiken Rechtstraditionen überkommen, sie waren ein Proprium der rechtsgewohnheitlichen, vernakularen Rechtspraxis und führten zur Entstehung der zunehmend ausdifferenzierten Gattung der Stadtbücher.[64] Dietmar Willoweit hat 1992 auf den diesbezüglich relevanten Unterschied zwischen dem positiven Recht (als Stadtrecht) und den auf aktuellem, interessenbezogenem Konsens der Bürger beruhenden Satzungen (Statutenordnung) hingewiesen. Diese waren demnach als Sonderrechtsordnungen, wie die eingangs zitierten Handelsrechte nach Max Weber, zu verstehen, die sich als Normsetzungen auf die jeweils aktuelle Situation der Stadt bedarfsgerecht bezogen. Sie verlangten Beachtung durch den Eid der Bürger, konnten aber situativ verändert werden.[65] Unabhängig von und teilweise noch vor der Einrichtung öffentlicher Notariate konnte sich eine derartige Praxis der Sicherung von Rechtsgeschäften und Normordnungen etablieren. Die späteren Schöffenbücher gehören in diesen Kontext und sind von dem Prozess der Verschriftlichung und Professionalisierung der Rechtspraxis nicht zu trennen.[66]

Wie die Schöffenkollegien, so hatten auch die Notariate mit Fällen des Privatrechts und der freiwilligen Gerichtsbarkeit zu tun. Anders als jene waren die Notariate durch eine dem universitären Studium angenäherte spezifische Ausbildung und eine mögliche funktionale Verschränkung mit dem Aufgabenfeld der städtischen Rechtsräte, der durchweg legistisch qualifizierten Syndici, zumindest auch im Geltungsbereich des positiven Rechts tätig.[67] Hierin scheint aber keine grundsätzliche Konfliktlinie erkannt worden zu sein, jedenfalls nicht in der Regel. Vielmehr ist nachweisbar, dass die mit dem städtischen Rat institutionell wie personell verschränkten Schöffen die Entscheidung mittrugen, Notariate in ihren Städten einzurichten und auszustatten.[68] Es gab durchaus Konflikte zwischen Räten und Schöffen, so wenn Bürger beabsichtigten, den Einfluss der Schöffen innerhalb der Stadtpolitik zu verringern. Daraus folgende Konflikte galten aber den politischen Kräfteverhältnissen, nicht der Praxis der Rechtsordnung.[69]

Im Spätmittelalter wurde eine so weitgehende Professionalisierung der Notariate erkennbar, dass sie als Experten für den Vollzug der freiwilligen Gerichtsbarkeit und als Garanten der Akte öffentlichen Glaubens geworden waren. Es mag auch an der zunehmenden Rezeption des römischen Rechts gelegen haben, dass sich beide Funktionsfelder nun klarer voneinander unterschieden.[70] Notare wurden deutlich häufiger den etablierten Stadtschreiberkollegien, die für das Führen der Registereinträge und der Stadtbücher zuständig waren, als deren amtshierarchische Spitze zugerechnet und den legistischen Syndici an die Seite gestellt, denen sie sich nicht zuletzt dadurch annäherten, dass sie teilweise selbst universitäre Studien absolviert hatten.[71] In der sozialen Elite der Stadtbürger wurden Rechtsstudien besonders geschätzt und konnten auch in den politischen Führungsgremien präsent sein.[72]

Notariate sind im Mittelalter in verschiedenen europäischen Regionen über Transferprozesse und Sonderformen entstanden, wobei verschiedene Deutungen bestehen.[73] Die Anfänge lagen in oberitalienischen Kommunen des 12. Jahrhunderts, sodann in französischen und südwestdeutschen Diözesen und sind erst mit erheblicher Verzögerung im nordalpinen Mitteleuropa breit rezipiert worden. Dort entwickelte sich das Notariat vielfach aus kirchlichen Vorgängereinrichtungen und zunächst in der Nähe zu Schreiberämtern, wobei die Notare noch Kleriker blieben, dann weiter bis hin zu universitär qualifizierten Juristen. In kleineren Städten waren offenbar noch im 14. Jahrhundert Stadtschreiber und Schulmeister, in Bischofsstädten Stadtschreiber und öffentlicher Notar in einer Person verbunden.[74] Mit der Einrichtung des öffentlichen Notariats, im Reichsgebiet nicht vor dem 14. Jahrhundert, war die Trennung von der kirchlichen Sphäre endgültig vollzogen.[75] Jetzt waren die Notare, zusammen mit dem Rat der Stadt, die maßgeblichen, streng genommen die einzigen Instanzen für die Gewährleistung des »Öffentlichen Glaubens« (*fides publica*) bezüglich Schriftzeugnissen über erfolgte privatrechtliche Akte.[76] Wie das Notariat selbst, repräsentierte die freiwillige Gerichtsbarkeit eine zunehmend wichtiger werdende Rolle des positiven Rechts innerhalb der städtischen Rechtspraxis.[77]

»Öffentlicher Glauben«: das Vertrauen und die Schreiber

Seine ordnungsstabilisierende und rechtssichernde Wirkung konnte das offizielle städtische Verwaltungsschriftgut entfalten, indem seinen Eintragungen Zeugniskraft zugestanden wurde und der sie ausfertigende Notar das Ansehen öffentlichen Glaubens genoss: »Scrip-

---

|**62**| Ebel/Thielmann 2003, S. 166–167. |**63**| Fees 2002. |**64**| Vgl. Isenmann 2014, S. 438; Hübner 2012, S. 45–52. |**65**| Vgl. Willoweit 1992, S. 42. |**66**| Vgl. Bärmann 1968, § I, 1, S. 3–4. |**67**| Vgl. zur Qualifikation der Notare nahe an, aber unterhalb von universitären Studien vgl. Becker 2008, S. 482; Hartmann 2013. |**68**| Vgl. Kejr 2010, S. 334. |**69**| Vgl. ebd., S. 321; Peters 1983, S. 90. |**70**| Vgl. Hawicks 2007, S. 262. |**71**| Vgl. Peters 1983, S. 231 u. S. 234–242. Zur Entstehung und Entwicklung der Stadtschreiber mit weiter Verbreitung seit dem 13. Jahrhundert vgl. Wienker-Piepho 2000, S. 34–41. Während der Magdeburger Tagung hat Heiner Lück programmatisch angeregt, in Bezug auf die Genese des sächsisch-magdeburgischen Rechts nicht von Rezeption, sondern von einem meist freiwillig vollzogenen Rechtstransfer zu sprechen. |**72**| Vgl. Chittolini 1992, S. 32. |**73**| Vgl. Elsener 1962, S. 31 mit Anm. 10. |**74**| Vgl. Peters 1983, S. 232–233. |**75**| Vgl. Roeder 2015, S. 52–54. |**76**| Vgl. Ebd., S. 124. |**77**| Vgl. Pettinger 2007, S. 101–103.

turae publicae creditur«, wie Petra Schulte 2003 ihre Darstellung zu den Notariatsurkunden im italienischen 12. und 13. Jahrhundert überschrieben hat.[78] Die Kategorie der *fides publica* stand nicht nur am Anfang der Entwicklung des Notariats, sondern auch der freiwilligen Gerichtsbarkeit (*iurisdictio voluntaria*), die seit dem 12. Jahrhundert zu einem zentralen Bestand der internen Rechtspraxis der Städte im Mittelalter werden sollte.[79]

In der neuerdings profilierten kulturwissenschaftlichen, auch politischen Ideengeschichte wird die Bedeutung der *fides publica* als Ausdruck der Kategorie des Vertrauens gewertet. Der öffentliche Glaube, der dem einen Rechtsakt beglaubigenden Schriftstück entgegen gebracht wird, manifestiert demnach dessen Glaubwürdigkeit oder Authentizität: »Nota quod instrumentum dicitur auctenticum [...] Nam illud dicitur auctenticum, cui multum creditur, et cui fides maxima adhibetur«, wie Petra Schulte aus italienischen Notariatstraktaten des 14. Jahrhunderts zitiert.[80] Nicht nur die erkennbar nicht korrumpierte Überlieferung des Schriftstücks, sondern vor allem der öffentliche Status des ausfertigenden Notars, des Aktes seiner Ausfertigung selbst sowie des damit dokumentierten Rechtsaktes verleihen der jeweiligen Urkunde den Wert des Authentischen und die Würdigung durch öffentlichen Glauben.[81] Zu einem erheblichen Anteil bezog sich die notarielle Beglaubigung von privatrechtlichen Akten, vor allem solchen der freiwilligen Gerichtsbarkeit, auf ökonomische Bezüge, beispielsweise Pachtverträge, Geldgeschäfte oder testamentarische Verfügungen.[82]

Im ausgehenden Mittelalter tendierten Stadtschreiber und auch Notare jenseits ihres städtischen Tätigkeitsfeldes, mitunter aber auch in offiziösem oder sogar offiziellem Auftrag dazu, sich als Autoren von Chroniken oder poetischen Werken einen Namen zu machen. Seine »Stellung als Ratsbediensteter und lateinkundiger Schreiber macht den ›notarius civitatis‹ zu einer bedeutenden Figur [für die] spezifisch städtischen Organisations- und Kommunikationsformen von Literatur [...,] den Typus des gebildeten Stadtbewohners«, wie Ursula Peters 1983 feststellte.[83] Einerseits durch die notwendige Ratsnähe Träger von Herrschaftswissen, andererseits mitunter der publizistischen Aufgaben wegen von der Kanzlei- oder Notariatstätigkeit wohl teilweise freigestellt,[84] repräsentiert der Typus des literarisch tätigen Schreibers und Notars eine seltene personelle und funktionelle Verbindung von Literaturproduktion, Recht und Politik in der Stadt. Auch die literarische Kultur, analog zu den Rechtskulturen, blieb im Spannungsverhältnis zwischen mündlicher Tradierung und verschriftlichter oder schriftlicher Formgebung verhaftet. Vor kurzem hat Jan-Dirk Müller nochmals auf die graduell gattungsabhängige und unter dem Eindruck wirkmächtiger mündlicher Überlieferung stehende »schriftsprachliche Durchformung« von Texten hingewiesen.[85]

Durch ihre schriftstellerischen Ambitionen bezeugen die von Ursula Peters identifizierten Notare als Literaten die manifeste Geltung eines Wertekanons, der zur Selbstidentifikation der Stadtgemeinde zunehmend beitrug und deshalb ausgeformt wurde. Vorrangig, aber keineswegs ausschließlich, ist hier die Figur der *utilitas publica* (des gemeinen Nutzens) zu erkennen, die zu einer politischen Leitvorstellung in der europäischen Stadtgeschichte des späten Mittelalters und der Frühen Neuzeit und vielfach zum Gegenstand politischer Theorie wurde.[86] Auch die Figur der *fides publica* (des öffentlichen Glaubens) als Wert des Vertrauens stellt eine solche fundamentale Orientierung dar. Sie ist semantisch der *bona fides* nahe, der aus dem *ius gentium* in das Handels- und Vertragsrecht übernommenen Vorstellung der Treue als wechselseitige Selbst- und Fremdbindung.[87] Die *fides publica* ist in einem Tagungsband von 2008 unter dem Schlagwort »Trust in writing« zum Gegenstand ideengeschichtlicher Erforschung geworden.[88] Petra Schulte dekonstruiert darin die Zuschreibung der *fides publica* zu einer Qualität mittelalterlicher Urkunden in der modernen Forschung, während sie im Mittelalter lediglich auf den Notar und seine Tätigkeit, also nicht deren materielles Ergebnis, bezogen und der wertende Leitbegriff die *fides*, das Vertrauen, gewesen sei.[89] Im selben Band zeigt Franz-Josef Arlinghaus, dass in spätmittelalterlichen Städten nicht nur der Inhalt von rechtsnormierenden Texten, so auch Statuten, sondern deren Referenzialisierbarkeit und Inszenierung im öffentlichen Raum die Zuschreibung von »Vertrauen« aufrufen konnten und ihre Verwendung in der politischen Kommunikation erklären kann.[90]

Schriftlichkeit als Manifestation von Konsens und Schrift als Sicherungsinstanz konsensualer Rechtsnormen, schließlich die kulturelle Kodierung einer politischen Idee wie derjenigen des Vertrauens als Legitimation des Geltungsanspruchs rechtlicher Normen: ein kulturwissenschaftlicher Neuansatz, dessen Diskussion im Kontext der Rechtsgeschichte noch aussteht. Er konvergiert aber mit rechtshistorischen Arbeiten nicht nur in der ideengeschichtlichen Relevanz von Vorstellungen wie derjenigen einer *fides (publica)* oder der *bona fides*, sondern auch in der grundlegenden Feststellung, dass Schrift und Recht im europäischen Spätmittelalter in einer engen Interferenz zueinander standen.

Die neuerdings in der politischen Wissenschaft wieder betonte erhebliche Bedeutung von Schriftlichkeit für die Entstehung von Staatlichkeit werden die rechtshistorische wie die kulturwissenschaftliche Forschung weiterhin differenziert beurteilen.[91] Wie Daniel Hildebrand 2016 ausführte, versteht auch die politische Wissenschaft Staat und Gesellschaft als »lebende Systeme« und reflektiert ordnungstheoretisch auf die Eigendynamik in »gesetzten« gegenüber »natürlichen« Ordnungen.[92] Hildebrand trifft dabei die kategorische Aussage: »Schrift ermöglicht Kodi(zifi)erung und mithin erhöhte Verbindlichkeit« und versteht die so zu beschreibende Rationalisierung durch Staatlichkeit als »sehr allmähliche und fließende Entwicklung«.[93]

|**78**| Schulte 2003. |**79**| Vgl. von Schuckmann 2006, S. 3. |**80**| Zit. nach Schulte 2003, S. 5. |**81**| Vgl. ebd., S. 6. |**82**| Vgl. ebd., S. 127–136. |**83**| Peters 1983, S. 227. Zur Favorisierung höfischer literarischer Gattungen und Erzählstoffe in den Städten des Spätmittelalters und zur Problematisierung der Zuschreibung »bürgerlich« vgl. Peters 2004. |**84**| Vgl. Peters 1983, S. 232 u. 240. |**85**| Vgl. Müller 2017, S. 31–36. |**86**| Vgl. Peters 1983, S. 227. Auf den Nachweis der zahlreichen Darstellungen zum Themenfeld der *utilitas publica* wird hier verzichtet. |**87**| Vgl. Meyer 1994, S. 50–55. Zur Diskussion über den politischen Vertrag als fluide Form der sozialen Verfasstheit auf dem Weg zu staatlicher Ordnung vgl. Foronda 2011. |**88**| Schulte/Mostert 2008. |**89**| Vgl. Schulte 2008. Zur methodologischen Konzeption vgl. Weltecke 2008. |**90**| Arlinghaus 2008. |**91**| Vgl. Hildebrand 2011, S. 63. |**92**| Ebd., S. 37 u. Anm. 92. |**93**| Ebd., S. 63.

»Der Bücher Lehre«: die Schrift und das Recht

Anders als Stadtschreiber und Notare sind Schöffen nicht als Literaten bekannt. Peters zufolge gehörten Schöffenschreiber, die als Autoren von Dichtung oder Chronistik identifiziert werden können und die selbst keine Schöffen waren, offenbar auch nicht zu den offiziellen, materiell abgesicherten städtischen Schreibern.[94] Mitunter verfassten sie Stadtchroniken, deren Widmung an einen Schöffen oder das Schöffenkollegium allerdings weder als Hinweis auf einen offiziellen Auftrag noch als Beleg für eine städtische Öffentlichkeit als Adressat oder gar eine öffentliche Verlesung der Chronik genommen werden darf. Offenbar sind diese Zusammenhänge sogar für die »Magdeburger Schöppenchronik« noch unklar.[95]

Auch die früher mitunter geäußerte Vermutung, Eike von Repgow als Verfasser des Sachsenspiegels, des bedeutendsten, wenn auch das Stadtrecht unberücksichtigt lassenden Rechtsbuchs des Mittelalters, könnte Schöffe gewesen sein, wird von der aktuellen Forschung nicht mehr geteilt. Verschiedentlich ist er als Zeuge und in einem Bildzeugnis als Schreiber (*literatus*) erkennbar, aber ein Rückschluss auf eine Position als Schöffe ergibt sich daraus nicht.[96] Anscheinend ging es ihm weder darum, das Recht als Normensystem vorzustellen, noch es zu verändern.[97] Nach Heiner Lück wollte Eike vielmehr »den Zustand des geltenden Gewohnheitsrechts wiedergeben, das von den Vorfahren überliefert war« und hat durch Abfassung des Sachsenspiegels maßgeblich zu dessen Systematisierung beigetragen.[98] Er könnte damit auf die Unterweisung von Schöffen gezielt haben, denn er hat sein Werk zu den »Spiegeln« gerechnet, die »den unstudierten Laienrichtern Kenntnisse des lateinisch überlieferten, gelehrten Rechts« vermitteln und wie ein Wissenskompendium in der Art einer lateinischen *summa* wirken sollten.

Im Hintergrund ist das Verhältnis von gelehrter zu ungelehrter Wissenswelt nur schwer aufzuhellen, gerade weil beide keineswegs so strikt getrennt waren, wie es in der Moderne lange gesehen worden ist. Beide waren in der Rechtspraxis vielfältig miteinander verwoben und blieben in wechselseitiger Spannung aufeinander bezogen. So spielten für die Entstehung und Entwicklungen von Universitäten im Mittelalter – den ersten, aus Selbstorganisation entstandenen in Paris und Bologna und den folgenden, durch Gründungsprivileg eingerichteten – Vorstellungen alten, rechtlichen Herkommens eine nicht zu unterschätzende Rolle bei der Begründung der Rechtskorporation der »[magistri et] scolares«.[99] Im Gegenzug gibt es Hinweise darauf, dass Rechtsgelehrte an den Universitäten des Spätmittelalters die überlieferten Verschriftlichungen alter *consuetudines*, etwa die Weistümer, ihrer oft unklaren sprachlichen Form und vor allem ihrer mangelnden Logik wegen, gering schätzten und abwerteten.[100]

Wenn mit Lück festzuhalten ist, dass Eike einen lateinischen Rechtstext unter Berücksichtigung positivrechtlicher Kenntnisse in der Art einer lateinischen *summa* verfasst hat, dann wird unabweisbar, dass er über eine Grundlage gelehrter Bildung verfügt haben und damit in der Lage gewesen sein muss, zwischen beiden Rechtsordnungen, der mündlichen Tradition des Gewohnheitsrechts und der schriftlichen des positiven Rechts, zu vermitteln. Die Feststellung »Wo und wie er seine für einen Laien beachtliche Bildung erwarb, ist nicht bekannt«, 1999 von Christine Magin formuliert, bezeichnet allerdings noch immer den Kenntnisstand zu Eike von Repgows Rechtswissen.[101] In der älteren Forschung hat man wegen der Kenntnis des positiven Rechts auf die Nutzung einer Klosterbibliothek in der Nähe des Entstehungsorts geschlossen – eine Überlegung, die weder bewiesen noch widerlegt werden kann.

Für städtische Verhältnisse ist der Ort, an dem Schöffen, Notare und Syndici, auch Stadtschreiber als Autoren literarischer Werke durch Lektüre Anregung und vor allem durch das Lesen von Rechtskodizes Kenntnis im dem für sie geltenden Recht finden konnten, näherliegend. Den Empfehlungen des oben erwähnten Eisenacher Stadtschreibers Rothe aus dem 14. Jahrhundert war zu entnehmen, dass der Rat die angemessene Bildung in der Stadt durch Schulunterricht sicherstellen möge und sich selbst das benötige Wissen durch die Lektüre der Bücher in der Ratsbibliothek erwerben solle.

Nur fragile Spuren bietet hierzu die Überlieferung der städtischen und Ratsbibliotheken. Schon vor Längerem wurde festgestellt, dass die Buchbestände an den Ratsschulen und in der Ratsbibliothek im spätmittelalterlichen Braunschweig Werke neben medizinischen Trakten, Werken zur Ethik, Sentenzenkommentaren und aristotelischen Schriften auch solche zu den *artes dictandi* und zum positiven Recht enthielten.[102] In seiner soeben abgeschlossenen Dissertation zum Schulwesen in Thüringen konnte Andreas Dietmann zeigen, dass sich in Schulbibliotheken um 1500 etliche Texte des römischen wie kanonischen Rechts sowie *compendia* und *vocabularia iuris* fanden.[103]

Schriftkultur war ein selbstverständliches Medium des städtischen Wissenshaushalts im Spätmittelalter, insbesondere in Bezug auf die zu beachtenden Rechtsordnungen. Dass die Ausformung eines spezifischen Rechts wie des Magdeburgers, dessen Funktionalität zu seinem vorbildlichen Ansehen und zu starker und wachsender Nachfrage nach Übernahme führte, nur auf der Basis von Schriftlichkeit möglich war, ist evident. Wenn Räte und Schöffen durch Lektüre von Rechtstexten fachlich »belesen« waren, dann stellt sich auch die Beratung im Schöffenkollegium und die Genese des Schöffenspruchs nicht mehr als einfaches orales Verfahren, sondern als Ergebnis wechselseitigen Impulses von rechtsgewohnheitlichen und positivrechtlichen Praktiken des Stadtrechts dar.

|**94**| Vgl. Peters 1983, S. 258–259. |**95**| Vgl. Ebd., S. 237. |**96**| Vgl. Lück 2017 a, S. 22. |**97**| Vgl. Schild 2007, S. 318. |**98**| Lück 2017 a, S. 24. Die folgenden Nachweise ebd. |**99**| Zitiert nach Wallentin 2009, S. 28–29. |**100**| Vgl. Feigl 1977, S. 443. |**101**| Magin 1999, S. 50. |**102**| Vgl. Kintzinger 1990, S. 377–380. Vgl. Haucap-Nass 1995. |**103**| Vgl. Dietmann 2017, Diss. Typoskript, S. 495–496 u. 501.

Die Stärke des Magdeburger Rechts lag offenkundig in seiner flexiblen, bedarfsorientierten Anwendung vor Ort. Daher wurde es in seinen inhaltlichen Facetten nachgefragt, übernommen und modifiziert – mit den auf das Jahr 2005 zurückgehenden Worten Friedrich Ebels: »Das Magdeburger Recht ist zeitangemessen modern«.[104] Die über Regionen in ganz Mitteleuropa erfolgte Verbreitung ist der beste Beweis für seine rechtspraktische Qualität. Dass die Schöffensprüche als geschriebener Rechtsrat mitgeteilt und als Dokumente in Textsammlungen zusammengetragen wurden, belegt die enge, substanzielle und zwingend notwendige Verbindung von Schrift und Recht für die Entwicklung eines europäischen Verbunds an Orten »nach Magdeburger Recht«. Dass sie nicht einem Zufall der Überlieferung geschuldet sind, sondern die Schriftlichkeit des Magdeburger Rechts programmatisch war, belegt ein von Friedrich Ebel zitierter Quellenbeleg aus dem frühen 14. Jahrhundert, wonach alles, was von Ratsherren und Schöffen ausgesagt worden sei und für spätere Verwendung memoriert werden solle, in einer Quartakte (»quaternio«) niederzulegen (»beschriven«) sei.[105] Man könne dann bei Bedarf dort nachlesen und müsse sich weder selbst erinnern noch die erforderliche Lösung erneut finden.

So geschah es bekanntlich, weshalb sich heute eine Fülle an Überlieferungen zur Übernahme der angeforderten Magdeburger Schöffensprüche in den Archiven der Empfängerstädte finden. Der Diktion einer Rechtsberatung folgend, sind sie im Stil mündlicher Kommunikation gehalten: »Schepen to Magdeborch/Unsen fruntliken grus vor Ersame [getilgt] besunden gude frund gij hebben unß umme recht gefraget«. Dem Verfahren der schiedsgerichtlichen Praxis entsprechend, arbeiten sie mit autoritativen, fallbezogenen Rechtsauskünften, nicht mit Normzitaten: »hyr up spreke wy schepen to Meydeborch recht umme unredelik unde vormynret schot«. Sie beschließen ihren Rechtsrat kategorial: »van rechteß wegen oder wat hyr umme recht sy«.[106]

Implizit dokumentieren die erhaltenen Textkorpora nicht zuletzt ein offenbar eingespieltes Verfahren der Zustellung von schriftlichen Urteilsbegründungen. Wenn in der rechtshistorischen Forschung heute die Aktenversendung als Merkmal der frühneuzeitlichen Innovation im Verfahrensrecht herausgestellt wird, so waren die Magdeburger Schöffen offenbar ihrer Zeit voraus.[107] Dennoch konnten sie ihre Stellung als Rechtsanwender und Rechtsschöpfer in Mitteleuropa insgesamt kaum über das 16. Jahrhundert hinaus bewahren. In den Juristenfakultäten der territorialen, jetzt zudem konfessionalisierten Universitäten erwuchsen ihnen übermächtige Konkurrenten einer rechtsberatenden Praxis.[108] Sie folgten römischem Recht, das durch den Kontakt der Rechtssphären und Textsorten sukzessive auch in die Schöffensprüche Eingang fand.

Nur die Schriftlichkeit der Kommunikations- und Transfermedien erlaubte die Verbreitung des Magdeburger Rechts in einem weiten Raum West- und Ostmitteleuropas und den Aufstieg Magdeburgs zu einer, wie es Heiner Lück 2004 nannte, »europäischen Rechtsmetropole«.[109] Dabei war die Entscheidung zugunsten der Übermittlung einer schriftlichen Auskunft funktional begründet; bei nahräumlichen Anforderungen konnte es genügen, wenn ein erfahrener Ratsherr oder Schöffe vor Ort den Fall in Augenschein nahm und seinem

Rechtsrat dann mündlich mitteilte. Ausgangspunkt dafür war allerdings die Position Magdeburgs als Handelsmetropole. Wesentlich für die Attraktivität und damit die Übernahme des Magdeburger Rechts waren die darin entwickelten Verfahrensformen der Rechtspraxis für Handel und Handwerk. Nach einer langen, interdisziplinären Forschungsgeschichte wird man Max Webers Vorstellungen des »mittelalterlichen Handelsrechtsinstitutes« heute nicht mehr ohne Weiteres fortschreiben. Weiterhin gültig bleibt aber seine grundlegende Feststellung, dass entstandene Rechtsordnungen, die »Kaufmannsgut und Kaufmannsgeschäfte« sowie »Geschäfte und Betrieb des Handwerks« rechtlich regelten, dem positiven Recht und seiner politischen Instrumentalisierung gegenüber vorgängig waren.

| **104** | Ebel 2004 b, S. 487. | **105** | Vgl. ebd., S. 141; zu den Gattungsformen der Schriftlichkeit der Schöffensprüche S. 142. Ein Verweis darauf auch im Beitrag von Wieland Carls im vorliegenden Band, S. 127–143. | **106** | Sächsisches Landrecht mit Stendaler Glosse – Schöffensprüche (15. Jahrhundert). Staatsbibliothek Berlin – Preußischer Kulturbesitz, Ms. germ. fol. 284, die oben wiedergegebenen Zitate in der Reihenfolge: fol. 238r, 237r u. 237v. Vgl. auch Ebel 2004 a. | **107** | Vgl. Oestmann 2015 a, S. 189–190; Oestmann 2015 b. Zu einer Oestmann folgenden Unterscheidung zwischen verschiedenen Arten von rechtshistorisch relevanter Überlieferung, »wobei man bei den schriftlichen Quellen üblicherweise zwischen normativen Quellen und jenen Quellen unterscheidet, die aus der Praxis des Rechtslebens erwachsen sind«, Auer 2017, das Zitat S. 21. Vgl. dazu auch den Beitrag von Heiner Lück im vorliegenden Band, S. 79–98, bes. S. 84–85. | **108** | Vgl. Lück 2009 c, S. 277. Auf die Diskussion über die Zuschreibung von »Stadtrechtsfamilien« ist hier nicht einzugehen. Aus historischer Perspektive ist gegen den rechtshistorisch geprägten Begriff der Vorzug für »stadtrechtliche Verbindungen« vorgeschlagen worden. Dazu Bulst 2015, bes. S. 12. Vgl. auch den Beitrag von Stephan Dusil im vorliegenden Band, S. 57–77, bes. S. 57–62. | **109** | Lück 2009 c, S. 271. Vgl. ferner Meyer 2009, S. 38. Auf den eigenständigen Beitrag des hansischen Rechts innerhalb des mittelalterlichen Handelsrechts bezieht sich Kellenbenz 1971, Sp. 1942. Zur regionalen Verbreitung des Sachsenspiegels vgl. Bauer 2006, S. 267–268; Schmidt-Wiegand 1992, S. 12–13; Weinert 2007, S. 25 mit Anm. 51. Vgl. auch Eicher/Lück 2008; Tullner 2001, S. 40; Dusil 2007, S. 35–36.

CHRISTIAN SPEER

Stadtbücher im Magdeburger Rechtskreis

Die Anfänge neuer Formen pragmatischer Schriftlichkeit im 13. und 14. Jahrhundert

Das Ziel des folgenden Beitrags ist es, sich der Beantwortung der Frage zu nähern, warum und zu welchem Zweck seit etwa der Mitte des 13. Jahrhunderts im Einflussbereich des Magdeburger Rechts, aber auch darüber hinaus, Stadtbücher angelegt wurden. Damit einher geht die Frage nach den gesellschaftlichen bzw. kulturellen Prozessen, die das Verhältnis von Mündlichkeit und Schriftlichkeit in der städtischen Administration veränderten und wie sich dies auf die materielle Überlieferungsbildung auswirkte. Gegenstand der Untersuchung sind jene Stadtbücher, die den tatsächlichen Beginn der Stadtbuchführung einer Stadt darstellen, nicht aber den heute noch vorhandenen Überlieferungsbeginn, denn das älteste heute in einem Archiv vorhandene Stadtbuch ist ja nicht zwangsläufig auch das erste jemals angelegte. Weiterhin soll der Untersuchungsgegenstand auf die sogenannten »Stadtbücher mit vermischtem Inhalt« (nach Ebel sogenannte Einheitsstadtbücher[1]) und Schöffenbücher beschränkt werden. Diese Bücher stehen idealtypisch am Anfang der Stadtbuchüberlieferung und ermöglichen durch die Vielfalt ihres Inhalts auch einen größtmöglichen Einblick in den Beginn verschriftlichter städtischer Selbstverwaltung.

Da ein Stadtbuch im engen definitorischen Sinne von einem fest gebundenen, aus Lagen gebildeten Buchblock zwischen zwei Deckeln gebildet wird und somit das Ergebnis der hier zu betrachtenden Entwicklungen darstellt, soll – soweit dies im Einzelfall möglich ist – versucht werden, die Vor- und Parallelformen der buchförmigen Überlieferungsträger zu ermitteln und zum Gegenstand der Analyse zu machen (Abb. 2, 3). Das Untersuchungsgebiet wird

Abb. 1
»Alte Kanzlei« im Lüneburger Rathaus,
Interieur vermutlich 18. Jahrhundert.

|1| Vgl. Ebel 1971, S. 418 passim. Siehe auch ebd., S. 427: »Nur bei Stadtbüchern mit echtem Beweisnutzen für den Bürger kann man von einer unmittelbaren städtischen Rechtsverwaltung sprechen, nur sie sind als Stadtbücher i. e. S. anzusehen. Ihre Wirkung ist im Wesentlichen eine privatrechtliche, als Rechtshilfe, die sich bis zum Formerfordernis steigern kann.« Vgl. zur Terminologie auch Reetz 1958, S. 96–100.

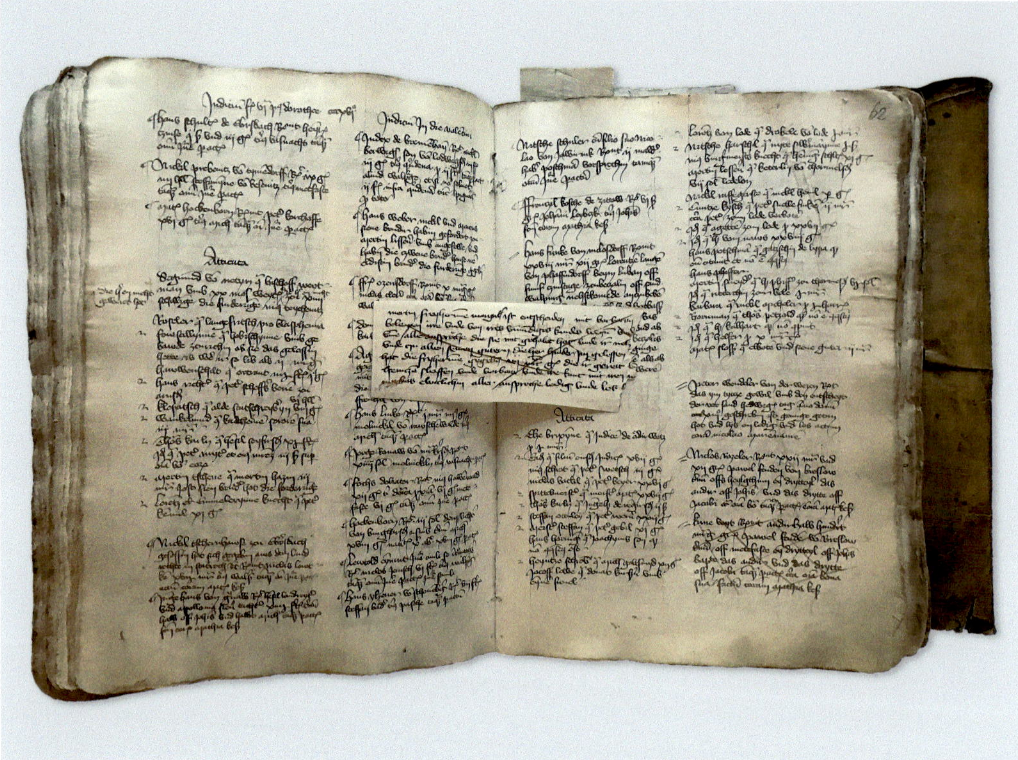

Abb. 2
Stadtbücher sind in der Regel Reinschriften. Nur selten haben sich die Konzepte auf Wachstafeln, Zetteln oder in Heften erhalten. Nach dem Abschreiben wurden die Konzepte »recycelt« und zum Beispiel wie hier als Lesezeichen verwendet. Liber actorum 1389–1413, Papier, ca. 31,5 × 22,5 cm, mit eingelegtem Zettel zwischen f. 61 und f. 62. Görlitz, Ratsarchiv, ohne Signatur.

auf Mitteldeutschland, Schlesien, Böhmen und Mähren begrenzt, denn in den Städten, die hier im Zuge des mittelalterlichen Landesausbaus entstanden bzw. aus älteren Siedlungen erwuchsen, lässt sich bisweilen wie in einer Laborsituation beobachten, wie Dörfer zu Städten heranwuchsen, Stadtrecht erhielten, Organe der Selbstverwaltung aufbauten und begannen, Stadtbücher zu führen.[2] Als Vergleichsbeispiele werden norddeutsche Städte betrachtet.

Als Prämisse sei vorangestellt, dass schriftgestützte städtische Selbstverwaltung nicht in erster Linie eine Frage des Könnens (Schreib-/Lesefähigkeit), sondern eine des Dürfens (Privilegien), Müssens (Anordnung des Stadtherrn, sozialer Zwang) oder Wollens war. Die städtischen Eliten des Untersuchungsgebiets waren zumeist Händler, deren wirtschaftliche Tätigkeit ein Mindestmaß an Schriftlichkeit verlangte, wenigstens in ihrer Muttersprache, manchmal auch in Latein.[3] Von daher ist die These im Grunde richtig, dass Stadtbuchführung in einem Zusammenhang mit der kaufmännischen Buchführung stehe. Allerdings würde ich hier den Zusammenhang auf das zugrunde liegende »Know-how« beschränken

Abb. 3
Zwickauer Gerichtsbuch 1503–1507 mit einem zeittypischen Koperteinband mit Schnallenverschluss. Zwickau, Stadtarchiv, Sign.: R 1 Rat der Stadt Altbestand III X 1, Nr. 9.

und keine lineare Entwicklung vom Kaufmanns- bzw. Rechnungsbuch zum Stadtbuch sehen wollen. Die Impulse zur Stadtbuchführung gingen, wie noch zu zeigen sein wird, von einer anderen Richtung aus.[4]

Wer des Schreibens fähig war, konnte, sofern ihm die Ressourcen zur Verfügung standen, auch aus einem entsprechenden Reservoir an Materialien und Methoden wählen: Alltägliche Schriftlichkeit, die nicht für längere Zeit bewahrt werden sollte, wurde auf Wachstafeln erledigt. Dies übersieht man leicht, da die Zahl von überlieferten Wachstafeln oder Wachstafel-

|**2**| Selbstverwaltung soll heißen, dass eine Stadt aufgrund ihrer Privilegien bzw. Verfassung Bürgermeister, Rat und Schöffen hatte, die ihre Stadt (je nach Privilegierung) verwalteten bzw. regierten und zu Gericht saßen. Vgl. auch den Überblick in Isenmann 2012, S. 220–229. |**3**| Vgl. Wendehorst 1986, S. 28–33. |**4**| Vgl. Pitz 1959, S. 278–279. Differenzierter Kluge 1988, S. 91: »Es war die neue Handelspraxis, die den Kaufmann dazu brachte, die Schriftlichkeit zu nutzen. Sie bewährte sich im Geschäft ebenso wie im Stadtrat.«

Abb. 4
Diese einzelne Wachstafel aus Hildesheim wurde für vorübergehende Aufzeichnungen genutzt, die vermutlich für spätere Reinschriften auf Papier bestimmt waren und Belange der Stadtkämmerei betrafen, um 1400, ca. 25×49 cm. Hildesheim, Stadtarchiv, Sign.: Best. 1, Nr. 5115.

büchern aus städtischen Kontexten so gering ist, dass man sie kaum zu Gesicht bekommt (Abb. 4). Die wenigen heute noch erhaltenen sind zudem so fragil oder in einem konservatorisch so schlechten Zustand, dass sie zu ihrem eigenen Schutz unbewegt und unbenutzbar hinter verschlossenen Stahltüren lagern. Als weitere Schriftträger standen Pergament und Papier in verschiedensten Größen und Formen zur Verfügung.[5] Beides wurde in Form von kleinsten bis großen Zetteln, Bögen, Rollen, Einzellagen, Heften oder eben Büchern beschrieben (Abb. 5–7). Letztere wurden aus beschriebenen Lagen nachträglich zusammengebunden (alle Lagen auf einmal bzw. durch stetes Hinzufügen weiterer Lagen) oder als unbeschriebenes »Leerbuch« hergestellt. Auch hier bildet die heutige archivalische Überlieferungssituation wohl nur die kleine Spitze eines gigantischen Eisbergs mittelalterlicher administrativer Schriftlichkeit ab.[6] Davon abgesehen, dass Wachstafeln wieder geglättet und Pergament radiert und somit mehrfach verwendet werden konnte, wurden kleine bis kleinste Zettel von Pergament und Papier auch für Verwaltungszwecke beschrieben. Davon ist heute freilich so gut wie nichts mehr erhalten. Entweder haben schon die Zeitgenossen nicht mehr benötigte

|5| Zur Verfügbarkeit von Papier und Pergament vgl. Schmidt 2017 und Oltrogge 2017. |6| Vgl. allgemein den Klassiker Esch 1985 und als Fallbeispiel die Überlieferung zu einer Totschlagsühne im Stadtarchiv Kamenz in Speer 2015, S. 196–200. Auch Pitz 1959, S. 475–476 kommt zu der Einschätzung, dass Stadtbücher nur die Spitze des Eisbergs der Schriftlichkeit, der verloren ist, seien.

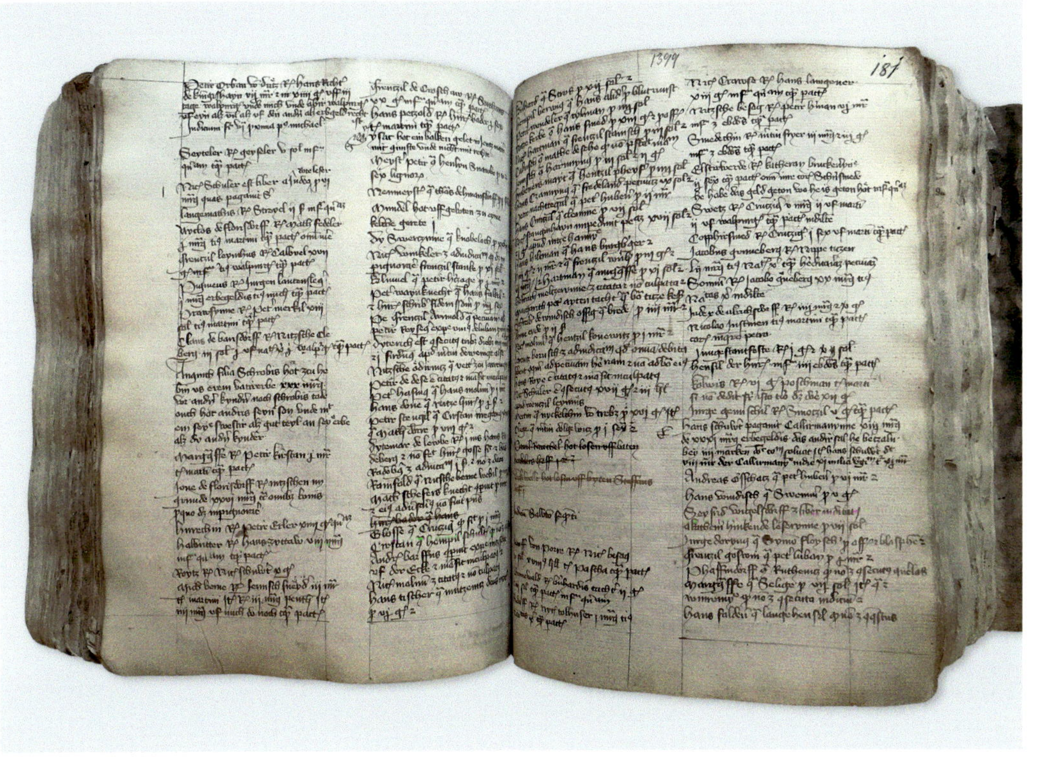

Abb. 5 (oben)
Ein typisches Gerichtsbuch des 14./15. Jahrhunderts: Liber actorum 1389–1413, f. 180v–181r., Papier, ca. 29 × 22 cm. Görlitz, Ratsarchiv, ohne Signatur.

Abb. 6
Aufzeichnung von Einnahmen der Lübecker Kämmerei in Form einer Rolle von 1403, Pergament, ca. 26 × 103,5 cm. Lübeck, Archiv der Hansestadt, Sign.: 3.4-1 Kämmerei, Nr. 5000, vgl. Abb. 12.

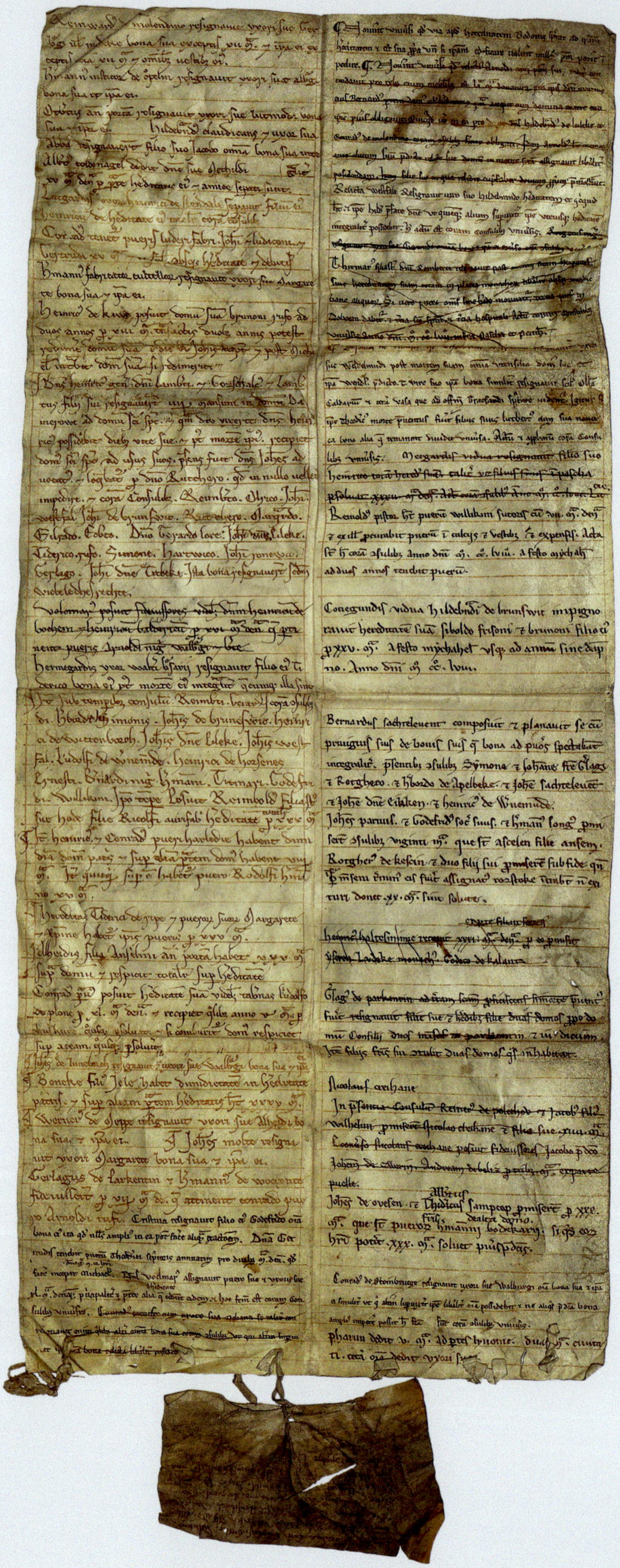

Abb. 7
Diese »Karte« ist kein Fragment, sondern ein beidseitig beschriebenes Einzelblatt, dessen Einträge die inhaltlichen Merkmale von Stadtbucheinträgen aufweisen, weshalb sie als eine Art Vorform eines Stadtbuchs gelten kann, vergleichbar den Kölner Schreinskarten. Sogenanntes Stadtbuchfragment 1257–1258, Pergament, ca. 62 × 27 cm. Rostock, Stadtarchiv, Sign.: 1.1.3.1.2 Stadtb.-Frag. I.2.

Zettel (oder buchförmige Konzepte/Kladden) entsorgt bzw. recycelt oder in der Neuzeit wurden dann die Archive »bereinigt«. Manchmal wurden dabei ganze Bücherreihen makuliert, ein andermal zum Glück nur der lose und nicht mehr zuzuordnende »Zettelkram«. Jedem, der schon einmal in einem Archiv einen Karton mit Zetteln erhalten hat oder noch Stadtbücher mit zahlreichen eingelegten Zetteln findet, dem kommen die Bestände anderer Archive, die sorgsam nach buchförmigen Archivalien und Akten sortiert sind und die neben Urkunden kein loses mittelalterliches Schriftgut zu bieten haben, seltsam aufgeräumt, um nicht zu sagen suspekt vor.[7]

Nach diesen Vorbemerkungen verbietet es sich, eine chronologische Abfolge der Verwendung von Schriftträgertypen konstruieren zu wollen oder eine vermeintlich lineare Entwicklung aus den Quellenbefunden abzuleiten. Vielmehr ist zu fragen, warum sich Stadtschreiber, Ratsherren oder Schöffen überhaupt entschieden, Inhalte oder Ergebnisse ihrer Tätigkeit zu verschriftlichen und warum sie dafür die Form des Buches wählten.

Entstehungsbedingungen schriftgestützter Gerichts- und Verwaltungspraxis

Die »Entwicklung« von Stadtbüchern wurde sowohl im sächsisch-magdeburgischen als auch im lübischen Rechtskreis vor allem von zwei Bedingungen gefördert. Zum einen mussten – modern ausgedrückt – Immobilien- und Erbschaftsangelegenheiten vielfältiger Art (Kredite/Hypotheken, Käufe, Schenkungen, letztwillige Verfügungen, Vergabungen usw.) vor einem Gericht getätigt werden (Sachsenspiegel I/8, § 1).[8] Zum anderen bedingte die im Vergleich zu einer Dorfgemeinschaft höhere bzw. wachsende Einwohnerzahl einer Stadt und die städtische Wirtschaftsweise, dass die Anzahl von Immobilien- bzw. Kreditgeschäften stieg, was wiederum nach adäquaten Formen der Rechtssicherheit verlangte. Ursprünglich waren vor Gericht vorgenommene Auflassungen von Immobilien oder Kreditaufnahmen allein von Mündlichkeit getragene öffentliche Verfahren, deren Rechtssicherung nur durch das mündlich gegebene bzw. wiederholbare Zeugnis der Beteiligten gewährleistet wurde. Die handelnden Personen (Richter, Schöffen, Ratsherren, Bürger) kannten sich persönlich und mussten sich im Bedarfsfall wieder an das vor Gericht Geschehene erinnern können und dies bezeugen. Das mündliche Verfahren und die menschliche Erinnerungsfähigkeit waren in aufblühenden Städten der steigenden Anzahl von Geschäften, die vor einem

|7| Siehe zur Problematik der Zettel und zum zeitgenössischen Verständnis, dass Zettel auch größere Einheiten wie Hefte bzw. Faszikel sein konnten, Deutsch 2007, S. 284; Sander-Berke 1995; Engelke 1995, S. 60, Anm. 206. |8| Vgl. Schott 1996, S. 42, I/8, §1: Gerichtszeugnis über Eigen, Recht, Leib und Leben. Siehe zum Gerichtszeugnis von Planck 1879, S. 159–211 und Ebel 1971, S. 435–436. Buchholz 1978, S. 22 fasst treffend zusammen: »Die ursprünglichen Formen der Liegenschaftsübereignung, ihre Symbolik, die durch die Beteiligung von Zeugen oder Schöffen vermittelte Publizität waren nicht primär auf eine dem Verkehrsschutz dienende Erwerbssicherung gerichtet. Ritus und Mitwirkung der Gemeinschaft, der obrigkeitlichen Organe wurden zum Ausdruck dafür, daß jedes Individualrecht an Liegenschaften vornehmlich in seinem Bezug zu der sozialen Gesamtordnung gesehen werden muß und erst durch die Koinzidenz von Einzelerwerb und allgemeinem Friedezustand seine eigentliche Rechtfertigung findet.«

Gericht stattzufinden hatten, nicht mehr gewachsen. Ebenso war die Anzahl von lediglich drei regulären Sitzungen des Gerichts (»echtes Ding«[9]) ein Hemmnis für die dynamische Stadtwirtschaft, die vor allem Geld aus immobilienabgesicherten Krediten (sogenannten Bodenkrediten/Hypotheken) benötigte.[10]

Diesen Herausforderungen sollte auf mehreren Ebenen begegnet werden: Zum ersten musste das Gericht mehr als dreimal jährlich tagen, am besten 14-tägig. Daher strebte der Rat als Organ der städtischen Selbstverwaltung danach, die entsprechenden Gerichtskompetenzen an sich zu ziehen, um sie in den in kurzen Abständen tagenden Ratsversammlungen auszuüben. Zum zweiten musste mit den Kompetenzen gleichfalls die Autorität des unanfechtbaren Gerichtszeugnisses auf das Ratsgericht übertragen werden.[11] Für das traditionelle mündliche Zeugnis war dies weniger problematisch, für das schriftliche Zeugnis ist hingegen eine längere bzw. örtlich unterschiedliche Entwicklung zu beobachten, die aber letztlich überall zur unanfechtbaren Beweiskraft der Ratsurkunde und des Stadtbucheintrags im Laufe des 14. Jahrhunderts führte.[12] Die Wege zur (teilweisen) Gerichtshoheit des Rates waren so vielfältig wie es unterschiedliche Konstellationen der Macht und Kompetenzen von Stadtherren, Schöffen und Ratsherren gab. Am wenigsten problematisch waren sie in Städten, in denen die Ratsherren in Personalunion auch die Schöffen stellten.

|**9**| Vgl. Ebel 1971, S. 318–328 und allgemein zur Gerichtsverfassung Lück 2009 d. |**10**| Vgl. für den Bereich des lübischen Rechts Ebel 1971, S. 436. |**11**| Vgl. Schott 1996, S. 42–43, I/7 u. 8. Siehe dazu auch Ebel 1971, S. 435, Anm. 19, wo diese Übertragung in den Willküren von Goslar 1320 und Wismar 1290 festgehalten wurde. |**12**| Vgl. exemplarisch die rechtshistorischen Erörterungen von Smital 1911, S. 280–283 u. 302. In Sachen Beweiskraft von Schöffenbriefen und Schöffenbüchern heißt es später: »Item czihen sich czwene, eynir an eynen scheppenbrief, der ander an das register, und ist das register vorslussin yn der scheppen beheltnis: Des register ist creftiger von rechtis wegin […].« Vgl. Ebel 2000, Bd. 1, S. 1075, Nr. T 39. |**13**| Siehe auch Ebel/Thielmann 1998, S. 163: »Daß das lübische Stadtbuch, vom Ursprung her ein Memorialbuch, für die von oder vor dem Rat verhandelten Sachen fortdauernder Wirkung von Anfang an eine solche Beweiskraft in sich trug, war keine Erfindung aus dem Nichts, sondern kann rechtshistorisch erklärt werden. Diese Erklärung bietet die Unscheltbarkeit des lebendigen Ratszeugnisses, das seinerseits eine Nachbildung des germanischen Gerichtszeugnisses war.« |**14**| Neben den hier skizzierten idealtypischen Verfahrensweisen gab es immer auch Abweichungen in der Praxis. So wurden zum Beispiel in Köln im Schreinsbezirk Niederich Bücher geführt, in die Grundstücksverkäufe unter Vorbehalt eingetragen (»angeschreint«) wurden, wenn die Zustimmung eines Berechtigten an einem Grundstück fehlte. Diesen Eintragungen fehlte die Beweiskraft, vgl. Keussen 1904, S. 93–94. |**15**| Vgl. Speer/Fokt/Mikuła 2017, Nr. 186, 592, 594, 863, 885, 1460 u. 1499. |**16**| Rehme 1910, S. 127–128. Die Boten waren nicht nur dann besonders wichtig, wenn es Erinnerungslücken gab, sondern auch für den Fall, dass eine Partei den Inhalt eines Schöffenbriefes bezweifelte, denn dann war das förmliche Ablegen eines Gerichtszeugnisses notwendig, im besten Falle durch diejenigen Schöffen, die im Brief oder Schöffenbuch als Boten genannt wurden. Eine den Schöffenboten vergleichbare Funktion hatten in Lübeck die zu Rechtsgeschäften hinzugezogenen zwei Ratsherren oder zeugnisfähigen Bürger, die, um sich an den Inhalt genau erinnern zu können, darüber eine »litera memorialis«, »litera testimonialis« bzw. einen »Denkzettel« erhielten, vgl. Pauli 1841, S. 205–209 und Pauli 1865, S. 30–32, Anm. 72. Im Freiberger Stadtrecht heißt es zum Gerichtszeugnis: »[…] unde sal lazen einen dincwarten oder zwene dazo schriben, di iz gehort haben […].« Vgl. Ermisch 1889 a, S. 105, § 3. |**17**| Vgl. Schaefer 1999, S. 364–365 und zu den Anfängen des »Urkundenbeweises« von Planck 1879, S. 193–211. Das Primat der Mündlichkeit galt auch für die Rechnungsführung des 14. Jahrhunderts. Zu Duisburg für die zweite Hälfte des 14. Jahrhunderts schreiben Mihm/Mihm 2007, S. 23–24: »Die auf Pergamentrollen festgehaltene schriftliche Aufstellung über die Einnahmen und Ausgaben diente also noch nicht dem Zweck, das Gleichgewicht der beiden Seiten nachzuweisen, vielmehr blieb das nach wie vor der mündlich vollzogenen Rechnungslegungszeremonie vorbehalten. Die Rechnungsverschriftlichung hatte also nur eine vorbereitende und unterstützende Funktion für den im Medium der Oralität vollzogenen Rechtsakt. Da der Text aber nach Abschluss des Prüfungsverfahrens in den Besitz der Stadtregierung überging, konnte er zusätzlich als Entscheidungshilfe bei Meinungsverschiedenheiten über Art und Umfang geleisteter Zahlungen dienen.«

Vom mündlichen Zeugnis zur Beweiskraft der Schrift

Stadtbücher und Stadtbucheinträge des 13. und frühen 14. Jahrhunderts sind nicht vergleichbar mit denen des späten 14. und frühen 15. Jahrhunderts. Es sind deutliche Unterschiede in der äußeren Form und im Inhalt der Einträge sowie im Äußeren der Bücher festzustellen. Die heute noch erhaltenen Stadtbücher des 13. und frühen 14. Jahrhunderts zeigen mit ihren Einträgen ganz deutlich, dass letztere keine Urkunden oder annähernd vollständige Schilderungen des jeweiligen Rechtsgeschäfts darstellen. Die notizartigen Texte waren vielmehr Erinnerungshilfen, die nur in Verbindung mit dem beeideten Zeugnis der Schöffen bzw. Ratsherren Beweiskraft hatten. Der Eintrag selbst schuf oder veränderte kein Recht, er thematisierte nur das Ergebnis der Verhandlung. Er war also nicht konstitutiv, sondern deklarativ.[13] Der Text allein war ohne die Schöffen oder Ratsherren, die sich an den Vorgang im besten Fall tatsächlich erinnern und ihn bezeugen konnten, nutzlos. Dies merkt man als heutiger Leser besonders dann, wenn man einige Einträge schlichtweg nicht mehr versteht, weil viele Details einfach nicht aufgeschrieben wurden. Im Gegensatz dazu sind Stadtbucheinträge spätestens ab der zweiten Hälfte des 15. Jahrhunderts nicht selten seitenfüllende urkundenartige Einträge, die keine Fragen offenlassen und auch ohne mündliche Bezeugung Beweiskraft besaßen.[14]

Für die Menschen des 13. und noch frühen 14. Jahrhunderts war das Führen von Stadtbüchern etwas Neues. Man war es bislang nicht gewohnt, seine Rechte allein durch protokollartige Notizen gesichert zu sehen, selbst wenn der Inhalt von Schöffen oder Ratsherren bezeugt werden konnte. Daher finden sich zum Beispiel im Görlitzer Stadtbuch von 1305 des Öfteren Hinweise auf sogenannte Schöffenboten.[15] Schöffenboten waren mindestens zwei Schöffen oder Ratsherren, die sich, wahrscheinlich gegen eine extra Gebühr, ein Rechtsgeschäft vor Gericht besonders einprägen sollten. Ihre Namen wurden im Schöffen- bzw. Stadtbuch zum jeweiligen Eintrag vermerkt. Trat dann der Fall ein, dass ein Gerichtszeugnis erneut notwendig wurde, sich aber nicht alle Schöffen erinnern konnten oder nicht mehr im Amt waren, so war es an den Schöffenboten, Zeugnis abzulegen.[16] Bis die unanfechtbare Beweiskraft von Stadtbucheinträgen ganz ohne mündliches Zeugnis allgemein akzeptiert wurde, dauerte es geraume Zeit, und die Entwicklung ging von Landschaft zu Landschaft unterschiedlich schnell voran. Es brauchte eben seine Zeit, bis Denkweisen und -strukturen der Mündlichkeit bei der Einführung von Schrift und Schriftlichkeit durch deren spezifische Formen verdrängt wurden.[17]

Notariatsimbreviaturen als Vorbilder für Gerichtsprotokolle und Stadtbücher?

Stadtbücher in Städten lübischen oder magdeburgischen Rechts zu führen, war keine Erfindung, die an einem Ort gemacht wurde und sich von dort ausbreitete, sondern vielmehr das Ergebnis einer längeren Entwicklung, die vielerorts ältere Formen von Schriftlichkeit aufgriff und den jeweiligen Erfordernissen städtischer Gerichts- und Verwaltungsnotwendigkeiten anpasste. Eine der ganz augenscheinlichen »Inspirationen« für die administrative Schriftlichkeit einer Stadt waren die Denk- und Arbeitsweisen der Notare und ihre sogenannten Imbreviaturen. In Notariatsimbreviaturen wurde in knapper Form der Inhalt eines Rechtsgeschäfts festgehalten und diese Register galten als glaubwürdige bzw. authentische Vorlagen für Notariatsinstrumente, welche Beweiskraft vor Gericht besaßen. Diese Register waren im Idealfall auf Quaternionen, vier ineinandergelegten gefalteten Pergamentblättern, verzeichnet, die zu Büchern gebunden wurden.[18] Diese Bücher wurden in der Regel vom Notar selbst, nicht von einer Institution verwahrt.

Im Reich fasste das im 11. und 12. Jahrhundert in Norditalien herausgebildete Notariat ganz langsam Fuß.[19] Nördlich der Alpen lassen sich im 13. Jahrhundert in Mittel- und Norddeutschland juristisch gebildete Schreiber in Lübeck, Hamburg oder Erfurt nachweisen, ohne dass diese tatsächlich öffentliche Notare gewesen wären.[20] Selten sind auch Belege für Stadtschreiber, die zugleich öffentliche Notare waren (z. B. Goslar 1386[21]). Öffentliche Notare waren ab dem Ende des 13. Jahrhunderts fast ausschließlich im Bereich der kirchlichen Verwaltung und Gerichtsbarkeit anzutreffen.[22] Im Vergleich zum deutschen Sprachraum haben sich in Böhmen keine Notariatsprotokolle, die dort Register genannt wurden, erhalten, und öffentlich tätige Notare lassen sich erst ab 1320 nachweisen.[23] Nichtsdestotrotz hat schon im 13. Jahrhundert ein Wissenstransfer in Sachen Notariat von Süd nach Nord stattgefunden. Das wohl bekannteste Beispiel für die Zusammenhänge von Notarspraxis und Stadtbuchführung ist das älteste Stadtbuch der Altstadt Prag.[24] Das Buch hat sich nicht erhalten, aber sein Prolog aus dem Jahr 1279 oder 1280 fand Eingang in das Formelbuch des Prager Bischofs Tobias von Bechin (1278–1296). Dort ist zu lesen, dass das Recht oft verletzt und geschädigt worden sei, weil man es versäumt oder absichtlich unterlassen habe, Schuldsachen und Verträge schriftlich aufzuzeichnen.[25] Dadurch sei den Bürgern Schaden entstanden, da Zeugen der Rechtsgeschäfte gestorben seien oder sich weigerten, Zeugnis abzulegen, weil sie sich nicht erinnern könnten. »So muss denn oft die gerechte Sache unterliegen, der Bosheit und Verleumdung wird Tür und Tor geöffnet, da ihr kein glaubwürdiges Zeugnis (*autenticum testimonium*) gegenübersteht.« Um diesem Übel Abhilfe zu schaffen, wurde mit Wissen, Willen und voller Zustimmung von Richter, Ratsherren und Gemeinde dieses Buch (*quaternos, congessi volumen*) angelegt, damit dort hinein die verschiedensten Verträge und Verschreibungen niedergelegt werden, als Erinnerungshilfe und Zeugnis: »[…] istos quaternos contractuum vel obligacionum regalium registrorum ad instar […], in hoc congessi volumine, […] conscribantur et recte in futurorum memoriam et testimonium veritatis.« »Und damit über Willen und Absicht von Rat und Bürgerschaft in Zukunft kein Zweifel aufkomme, baten sie den Notar weiland König Ottokars II. Přemysl Henricus Italicus[26], dass er dies alles auf diesen Blättern (*quaternos*) niederschreibe und sodann die Verträge und Schuldsachen getrennt eintrage. Heinrich selbst fügt hinzu, dass er all dies mit eigener Hand geschrieben und zu wahrem, öffentlichem Zeugnis mit seinem Handzeichen versehen habe (*meo signo signavi*).« Hier kann man so deutlich und detailliert wie sonst nirgends tatsächlich den Beginn der Stadtbuchführung einer städtischen Kanzlei beobachten. Interessant ist in diesem Prolog auch der Hinweis, dass das Stadtbuch »regalium registrorum ad instar«, also nach Vorbild der Register der königlichen Kanzlei, angelegt worden sei, womit nach Oskar Redlich die Böhmische Landtafel gemeint sei, in die – wie in die Stadtbücher – Rechtsgeschäfte über freies Eigen eingetragen wurden.[27]

Ein flüchtiger Blick auf die Verhältnisse südlich der Alpen lässt erahnen, auf welchen Wissens- und Erfahrungshorizont der Notar Henricus Italicus zurückgegriffen haben könnte: Die Trienter Stadtstatuten aus dem Ende des 13. bzw. Anfang des 14. Jahrhunderts geboten den Notaren, ihre Imbreviaturen in Bücher, nicht auf Zettel zu schreiben.[28] Die Statuten von Rovereto vom Anfang des 15. Jahrhunderts sind noch präziser: Sie verboten unter Androhung von Strafe, dass Notare ihre Register auf lose Blätter (*cartulis*) schreiben, sie wurden vielmehr angehalten, diese in thematisch unterteilte Bücher (*libri*) einzutragen, die in Quaternionen (*quaternis*) anzulegen waren.[29] Warum hier die Termini *liber* und *quaternio* hervorgehoben wurden, soll im übernächsten Abschnitt erläutert werden. Zunächst folgt ein Blick auf die zeitgleich in Magdeburg herrschenden Verhältnisse.

|**18**| Vgl. Voltelini/Durigs 1973, bes. S. XXVII–XXVIII zur Verwendung des Begriffs »Quaternio«. Vgl. zur Begriffsgeschichte von »Quaternio« Wattenbach 1896, S. 176–178. |**19**| Vgl. den Überblick bei di Renzo Villata 2009, S. 15–45 und Schubert 2009, S. 203–209. Vgl. zur Bedeutung der Notare bzw. ihrer Imbreviaturbücher für die Entwicklung der Stadtbücher italienischer Städte Keller 1999, S. 36. |**20**| Vgl. Petter 2006, S. 38–39. |**21**| Vgl. Vogtherr 1989, S. 1267. |**22**| Nach Trusen 1997, S. 583 sei man sich darüber einig, dass für die »partikulären Ausprägungen des Notariats in Deutschland« bzw. für dessen Anfänge »hier weniger das Vorbild der Situation in den oberitalienischen Stadtstaaten eine Rolle gespielt hat, sondern ganz eindeutig die geistliche Gerichtsbarkeit und das kirchliche Urkundenwesen maßgebend waren. In diesem Zusammenhang wird immer wieder durchaus zutreffend die Bestimmung des 4. Laterankonzils von 1215 zitiert, nach der öffentliche Notare oder wenigstens zwei geeignete Personen die gerichtlichen Verhandlungsprotokolle aufzeichnen sollten.« Zur zurückhaltenden Akzeptanz des Notariats in Deutschland bis zum Ende des 14. Jahrhunderts vgl. Schuler 1989, S. 1229–1234. |**23**| »Als erster wirklich Notariatsinstrumente konzipierender öffentlicher Notar« ist 1320 Thomas de Fractis bezeugt, vgl. Hlaváček 1989, S. 1184 und zum Verlust der Protokolle ebd., S. 1191. Zum Notariat in Schlesien vgl. Kersken 2007, besonders die kritischen Anmerkungen S. 163, Anm. 2 zu Luschek 1940. |**24**| Vgl. zum Folgenden Redlich 1911 und Petter 2006, S. 37–38. Edition des Formelbuchs: Novák 1903, der Prolog ebd., S. 189–191, Nr. 250. Das Stadtbuch ist wahrscheinlich beim Brand der Ratsstube 1399 zerstört worden, vgl. Redlich 1911, S. 169. Die Prager Altstadt hatte Nürnberger Recht, die Kleinseite Magdeburger. |**25**| Hier und im Folgenden zitiert und paraphrasiert nach Redlich 1911, S. 165–166. Inhaltlich vergleichbar und nun schon zeittypisch, da allerorten zu finden, ist der Prolog des Stadtbuchs von Olmütz/Olomouc, dessen Anlage 1343 beschlossen, aber erst 1350 umgesetzt wurde, vgl. Bischoff 1877, S. 283–284. |**26**| In etwa zeitgleich erscheinen in Prag ein Magister Henricus Italicus und ein Henricus Italicus aus Isernia. Ob es sich um ein und dieselbe Person handelt, konnte bisher nicht eindeutig bejaht oder verneint werden, vgl. zu dieser Diskussion die ausführlichen Literaturangaben in Bláhová 2012, o. S., Anm. 31–35. Der Meinung, dass Magister Henricus nicht als öffentlicher Notar tätig war, schließt sich Hlaváček 1989, S. 1183, Anm. 20 und 21 an. Nach Libor 2017, S. 212 seien eindeutig zwei verschiedene Personen zu unterscheiden. Der älteste erhaltene Beleg eines Notariatsinstruments ist für 1320 überliefert, vgl. ebd., S. 1183–1184. Das oben genannte Formelbuch des Prager Bischofs Tobias von Bechin enthält nur einige Stücke des Formelbuchs des Henricus Italicus, vgl. zur Überlieferungslage und den verschiedenen Redaktionen Bláhová 2012. |**27**| Vgl. Redlich 1911, S. 169. |**28**| Vgl. Tomaschek 1861, S. 134: »Item daz ein yeglicher offen schreiber sol vnd pflichtig ist ze schreiben seine jnstrument oder ander sach, die ym enpfohlen werden, jn breuiatur pücher vnd nit in die czedeln […].« Siehe auch Voltelini/Durigs 1973, S. XXXIV–XXXV. |**29**| Vgl. Gar/Cresseri 1859, S. 22–23: »Cap. 58: De tabellionibus debentibus scribere imbreviaturas suas in libro. Item statuimus, quod quilibet tabellio debet et teneatur in libris et non in cartulis suas ponere imbreviaturas; […] scribere debeat in libris imbreviatuarum, actorum et contractuum, antequam det partibus instrumentum; et ponantur imbreviaturae instrumentorum in quaternis sub dicta poena.« Vgl. weitere Beispiele aus Vorschriften für Notare in Koch 1996, S. 96–97.

Magdeburg: Stadtbücher seit 1215?

Die frühesten Belege für eine buchförmige administrative Schriftlichkeit im Einflussbereich des Magdeburger Rechts lassen sich scheinbar in Magdeburg finden. Zwar wurden durch die Zerstörung Magdeburgs im Dreißigjährigen Krieg (20. Mai 1631) die mittelalterlichen städtischen »Archive« vernichtet, jedoch lässt sich noch einiges über die Anfänge der Schöffen- bzw. Stadtbücher aus Urkunden und der sogenannten »Schöppenchronik« erfahren.[30] Bereits im Jahr 1215 sollen die Schöffen (erstmals erwähnt 1129[31]) begonnen haben, Bücher über Auflassungen von Immobilien und Vergabungen (»gifte«) zu führen: »In dusser tid worden de schepen to rade dat men de gifte scholde in ein bok schriven, de me under koningbanne geven.«[32] Die innenpolitischen Entwicklungen in Magdeburg führten dazu, dass die Schöffen in den folgenden Jahrzehnten zunehmend ihre Kompetenzen für innerstädtische Belange verloren und 1293 die Schöffenbücher an den Rat übergeben sollten. Laut »Schöppenchronik« wehrten sich die Schöffen vor allem mit der Begründung dagegen, dass sie geschworene Zeugen der in den Büchern verzeichneten Aufgaben (»gifte«) seien: »[…] de mestere und ratman spreken den schepen to, se wolden de boke hebben, dar de gift inne stunden schreven. des antwerden de schepen, dat were wedder recht dat se de boke vorleiten, dar se to sworen hadden.«[33] Dass dies ein gewichtiges Argument und keine Floskel war, wurde oben unter dem Aspekt des mündlichen Zeugnisses bereits angesprochen. Daher müssen die Ratsherren (erstmals erwähnt 1244[34]) gewusst haben, dass sie die Bücher nicht ohne Weiteres für sich beanspruchen konnten, wenn das mündliche Zeugnis der Schöffen untrennbar mit diesen Büchern verbunden war. Schließlich mussten die Schöffen dem Drängen der Ratsherren und Innungsmeister doch nachgeben und sie zu den Büchern lassen. In der »Schöppenchronik« heißt es dazu: »se sloten up und leten se to den boken, unde de schepen behelden den slottele«.[35] Karl Janicke als Bearbeiter der Edition vermutete mit Bezug auf Gustav Homeyer, dass die Bücher selbst durch Schlösser im Deckel verschlossen gewesen sein, jedoch scheint mir »to den boken« eher davon zu sprechen, dass die Bücher,

|**30**| Zum Verlust der Überlieferung schreibt der Augenzeuge Otto von Guericke: »Wo aber der Stadt Archive, Briefe und Siegel, Privilegien, Register, Protokolle und andere Urkunden hingekommen, weiß man nicht […]. Ob nun solche Documente, Briefe und Handfesten von Jemand aufgehoben, weil alles in Gewölben gelegen und schwerlich verbrannt ist, stehet dahin, gleichwohl ist der Stadt hierin auch ein unwiederbringlicher Schaden geschehen. Was in den Kellern noch gewesen, haben sich die Tillyschen Soldaten, die auf den wüsten Brandstellen Hütten gebauet, zu Nutze gemacht.« Vgl. Hoffmann 1860, S. 90. Ein Buch (»Privilegia der Altenstadt Magdeburg«) hat aber die Katastrophe überstanden, weil Ottos Vater Hans dieses 1631 nach Jena »ausgeliehen« hatte, vgl. Krause 1939, S. 143. |**31**| Vgl. Lück 2009d, S. 167. |**32**| Vgl. Janicke 1869, S. 142. Bis zur Anstellung eines eigenen Schöffenstuhlschreibers 1350 hat wohl der Stadtschreiber die Aufzeichnungen für die Schöffen übernommen, vgl. Ebel 2004b, S. 439. |**33**| Vgl. Janicke 1869, S. 175. |**34**| Vgl. UB Magdeburg 1, S. 56–57, Nr. 107 (1244 Mai 22.); Goerlitz 1947. |**35**| Vgl. Janicke 1869, S. 175. In Bd. 1 der Neuausgabe von »Friedrich Wilhelm Hoffmann's Geschichte der Stadt Magdeburg« werden sie »Hypothekenbücher« genannt, vgl. Hertel/Hülße 1885, S. 118. Siehe dieselbe Bezeichnung schon bei Rathmann 1801, S. 160. |**36**| Vgl. Janicke 1869, S. 175 und Homeyer 1860, S. 26–27. Wären die Bücher selbst durch Vorhängeschlösser oder Schlösser in den Deckeln verschließbar gewesen, wären das sehr frühe Belege, vgl. die »Liste abschließbarer Handschriften des Mittelalters und der Frühen Neuzeit« von Marco Heiles: https://mittelalter.hypotheses.org/8758 [letzter Zugriff am 25.9.2018]. Bereits Rathmann 1801, S. 162 deutet die entsprechenden Passagen in der Schöffenchronik folgendermaßen: »Man [die Ratsherren] machte auch gleich Anstalt, das Schloß des Schrankes aufzubrechen, worin sie [die Bücher] verwahrt wurden. Darauf schlossen die Schoeppen endlich auf, und liessen die Buecher nehmen, behielten aber die Schlüssel.« |**37**| Vgl. Janicke 1869, S. 173. |**38**| Vgl. ebd., S. 175.

Abb. 8
Rotes Buch bzw. Stadtbuch der Stadt Straubing, Straubing um 1472–1481, zwei Kastenschlösser auf dem Vorderdeckel, Lederriemen, 181 Bl., 38 × 30 cm. Straubing, Stadtarchiv.

wie in jener Zeit üblich, in Laden bzw. Kisten in feuerfesten Gewölben verschlossen waren und die Ratsherren nun zu ihnen gelassen wurden (Abb. 8).[36] Vielleicht sind auch die Schlüssel zu der Kammer im Rathaus gemeint, die den Schöffen gehörte und auf die die Ratsherren im Mai 1293 zunächst einen Besitzanspruch erhoben, diesen aber wenig später zurückzogen, um ihn schließlich im Juni desselben Jahres erneut vorzubringen. Als die Schöffen darauf verwiesen, dass sie für diese Kammer der Stadt Miete zahlten und nicht willens seien, sie zu räumen, wurden sie von den Ratsherren und Innungsmeistern derart angefahren, dass letztere nun auch die »Schöffenbücher« haben wollten, die man ihrer Auffassung nach zerreißen und zerschlagen solle: »Des reipen de ratmanne und mester up und spreken den schepen sere unbescheidene wort to und spreken, se wolden de boke ok hebben, dar de gifte inne stunden: men scholde de toschoren und tobreken.«[37] Schließlich gelobten die Ratsherren und Innungsmeister doch, sich an den Büchern nicht vergreifen zu wollen oder darin etwas zu ändern: »[...] dat se nene walt wolden began an den boken; se enwolden ok nicht don, se endeden dat mit gunst edder mit rechte.«[38] Wenig später sandten die Ratsherren erneut nach »den slotelen to den boken«. Da die Schöffen diese aber nicht herausgeben wollten, nahmen erstere sie sich mit Gewalt: »do den schepen on de nicht sanden, se nehmen se mit gewalt.« Ob mit dem Pronomen »se« die Schlüssel selbst oder die Bücher gemeint sind, lässt sich aus dem Text heraus schwer entscheiden, vermutlich jedoch handelte es sich dabei um die Schlüssel.[39]

Im selben Jahr (1294) entschied Erzbischof Erich von Magdeburg als Stadtherr zum Nachteil der Schöffen, dass fernerhin alle Aufgaben (»gifte«) nur noch vor dem Rat(sgericht) (»burding«) geschehen sollen, ohne Beteiligung der Schöffen. Von Aufschreiben oder Büchern ist hier allerdings nicht die Rede.[40] Dessen ungeachtet schienen die Schöffen ihre Autorität als »buchführende Behörde« nicht gänzlich verloren zu haben, denn Auflassungen sind auch nach 1336, als die Praxis von 1294 erneut bestätigt wurde, sowohl vor den Schöffen als auch dem Rat nachweisbar. In der Urkunde von 1336 heißt es: »Ock will wy rathmann und innungsmeister alle und unse borgergemeine arme und rike, dat der stadt boker und breffe bi der stadt plieben. Vortmehr schall men halden alle breffe, die die stadt hefft uf der loven, und alle lude richten, alse sie spreken.«[41] Hervorzuheben ist, dass das deutsche Wort »Buch« im Zusammenhang mit der städtischen Verwaltungspraxis hier erstmals als zeitgenössischer Begriff explizit genannt wird, während die oben zitierte Stelle aus der »Schöppenchronik«, die behauptet, dass seit 1215 Stadtbücher geführt worden seien, eine Rückprojektion aus der Entstehungszeit dieses Teils der Chronik um 1360 sein dürfte.

Interessant ist an der Urkunde aus dem Jahr 1336 mit der sogenannten »Geschäfts- und Gebührenordnung« des Weiteren die Verpflichtung zur Schriftlichkeit, denn alle Rechtsangelegenheiten, die vor den Schöffen oder den Ratsherren verhandelt wurden, sollten auf einen Quaternio – also eine Lage von vier Pergamentbögen – geschrieben werden: »Echt alle recht, de uthgerichtet werden von den schepen edder von den rathmannen, schall man beschriven an einen quaternen.«[42] Es kann angenommen werden, dass es Sinn und Zweck dieser Lagen bzw. Hefte (»quaternen«) war, später zu Büchern gebunden zu werden. Weiter ist zu lesen, dass ab einem geliehenen Geldbetrag von einem Schilling diese Schuld unter Beteiligung beider Parteien gegen eine Gebühr von 14 Pfennigen aufzuschreiben (!) sei und gegen eine Taxe in gleicher Höhe wieder zu streichen wäre: »Worde ok eine schelinge geliekes unter unsen borgern, de schall men beschriven na ohrer beiden bekentnis, offt man das bedarff, um vertheyn pennige, und alle dinge, de beschrieben werden, schall man unsen borgern lösen umme vertein pennige.«[43] Es dürfte mit dem »beschriven« das Eintragen in die oben genannten Bücher bzw. Quaternionen gemeint sein. Die gerade zitierte Urkunde ist für die Stadtbuchforschung auch deshalb so wichtig, weil sie vor Augen führt, dass Hinweise auf Verfahrensweisen der Verwaltung und Verschriftlichung im 13. und 14. Jahrhundert eben nicht in normativen Texten wie dem »Magdeburger Recht« oder Statuten, die sich dazu ausschweigen, zu finden sind, sondern in Urkunden, die ein ganz konkretes Problem lösen sollten. Selbst der in seiner Ausführlichkeit für seine Zeit einzigartige Braunschweiger »Ordinarius« von 1408 thematisiert die Form bzw. Materialität, in der etwas in der Verwaltung verschriftlicht werden soll, kaum.[44]

Als Zwischenergebnis ist festzuhalten, dass in Magdeburg um das Jahr 1215 wohl noch keine Stadtbücher im klassischen Sinne geführt wurden. Die lateinische Bezeichnung *liber civitatis*[45], also »Stadtbuch«, ist im Falle Magdeburgs erst für das Jahr 1328 überliefert, es folgen 1336 »stadt bok«[46], 1390 »scheidebuch«[47] (Entscheidebuch), 1391 »stad boke«[48] und 1400 »der scheppen und des ratez buch«[49] als Bezeichnungen für verschiedene Stadtbücher. Dies soll aber nicht heißen, dass in Magdeburg zu Beginn des 13. Jahrhunderts keine schriftlichen Aufzeichnungen geführt wurden. In welcher Form bzw. auf welchem Material diese getätigt worden sein können, soll im nächsten Abschnitt thematisiert werden. Die Ausführungen zu Magdeburg sollten zudem gezeigt haben, dass die Trennlinien zwischen Schöffen- und Ratsrespektive Stadtbüchern in den Anfangsjahrzehnten der Herausbildung einer intensiv schriftgestützten städtischen Administration schwer zu ziehen sind. Denn wie wir gesehen haben, wurden aus den Schöffenbüchern gleichsam durch Usurpation Stadt(gerichts)bücher.

|**39**| Vgl. Janicke 1869, S. 176. Bei Rathmann 1801, S. 163 heißt es: »Einige Tage nachher verlangte der Magistrat die Schlüssel zum Behaeltniß der Hypothekenbuecher und da die Schoeppen sie nicht schicken wollten; so nahm man die Buecher mit Gewalt an sich.« Siehe auch MGH SS 14, S. 426: »Usque ad ista tempora [1292] scabini fuerunt in consilio civitatis, a quo extunc fuerunt exclusi. Et orte sunt multe dissenciones inter consules et magistros unionum et scabinos super variis causis, que postmodum sunt sopite, ita quod donaciones et translaciones hereditatum et proprietatum fieri deberent extunc coram consulibus in iudicio quod dicitur varding, et libri qui super talibus scripti et scribendi essent deberent apud consules, non apud scabinos, conservari; que omnia prius apud scabinos expediebantur«. |**40**| Vgl. UB Magdeburg 1, S. 100–101, Nr. 187 (1294 Mai 30.), hier S. 100: »[...] Wy bekennen ok des, dat alle de gift, de man geben schol und de man fordern schol und wedderreden schol, und alle de stucke, de tom eigene kommen mogen und gehoren, dat man de geben undt fordern schol in dem buerdinge und anders nergendt.« Ein Stendaler Schöffenspruch von 1334 urteilt den Magdeburger Verhältnissen entgegengesetzt: »Wat gyft men deyt in ghehechden dinghe, de seal men screven in der scepen buk unde anders nerghen [...].« Die Ratsherren führten ein eigenes Buch, vgl. Behrend 1868, S. 2–3. |**41**| Vgl. UB Magdeburg 1, S. 224–226, Nr. 362 (1336 September 19.), »Die Ordnung der Stadt Magdeburg über die Schöffen und ihre Thätigkeit, sowie über das Verhältnis zwischen den Ratsherren und Schöffen«), hier S. 224. Siehe auch Hertel/Hülße 1885, S. 118 und Krause 1939, S. 138–145, wo eine weitere diesbezügliche Buchführung der Schöffen nachgewiesen wird. Vgl. dazu Ebel 2004 b, S. 458: »Insgesamt ist es zweifelhaft, ob diese Ordnung die tatsächlichen Verhältnisse Anfang des 14. Jahrhunderts darstellt. Sie steht inhaltlich in der Tradition der Veränderungen von 1294, doch sind einzelne Punkte sicher nie in Kraft getreten. Es ist wohl mehr ein Anspruchsdenken von dem Rat nahestehenden Kreisen sichtbar.« |**42**| Vgl. UB Magdeburg 1, S. 225. |**43**| Ebd. |**44**| Der »Ordinarius« enthält einiges zum Schreiber und seinen Aufgaben, aber zur Materialität nicht viel mehr, als dass die jeweils Verantwortlichen ihre Abrechnungen etc. in ihre Bücher schreiben sollten, vgl. Hänselmann 1872, z. B. S. 150, Artikel VIII; der Kämmerer der Altstadt solle drei »boke« zu seiner Rechenschaft schreiben; des Weiteren hat der Kämmerer einen Schlüssel zur Kiste mit dem »tynsbok«; S. 167–168, Nr. LXXVII (»Von den Schreibern«), »rades boke«; S. 170, unter Artikel LXXXIX »Von des Ziegelhauses Führung« wird erwähnt, dass der Verantwortliche über die Abrechnung Zettel schreiben solle (»zedelen scryuen«); S. 181 verlangt der Artikel CXXXVIII vom Schoßschreiber den Geschoß ins »schotbok« zu schreiben und einen »quaternen« über die Zinseinnahmen der Weichbildgüter zu führen. |**45**| Vgl. UB Magdeburg 1, S. 194–195, Nr. 328 (1328 Januar 23.), hier S. 196: »[...] habet specialem litteram consulum super sua porcione et ad hoc totalis elemosina a . . consulibus et communitate Magdeburgensi per ipsum comparata in libro civitatis modis omnibus quibus tenebitur est connscripta sub annis et terminis supratactis«. Zu weiteren Quellenstellen, die verlorene Magdeburger Stadtbücher erwähnen, vgl. Krause 1939, S. 140–144. Ein früherer Beleg für die Bezeichnung »liber« im Jahr 1294 könnten vielleicht die »Gesta archiepiscoporum Magdeburgensium« sein, jedoch dürfte es sich hier auch nicht um eine zeitgenössische Titulierung handeln. Vgl. das Zitat in Anm. 39 aus MGH SS 14, S. 426. |**46**| Siehe Anm. 41. |**47**| UB Magdeburg 1, S. 419, Nr. 666 (1390 November 1.): »Wir Albrecht etc. bekennen offinbar, daz wir unse liben getruwen ratmanne unser nuen stad zu Meideburg haben geheissen scbriben lazen in or scheidebuch dis czu worte zu worten, als er nach geschreven sted: [...].« |**48**| Vgl. UB Magdeburg 1, S. 424, Nr. 674 (1391 März 28.): »[...] de ik Hans Becker vorbenomet unde syner husvrouwen gheven hebbe in der stad boke.« |**49**| Vgl. UB Magdeburg 1, S. 468, Nr. 791 (ca. 1400).

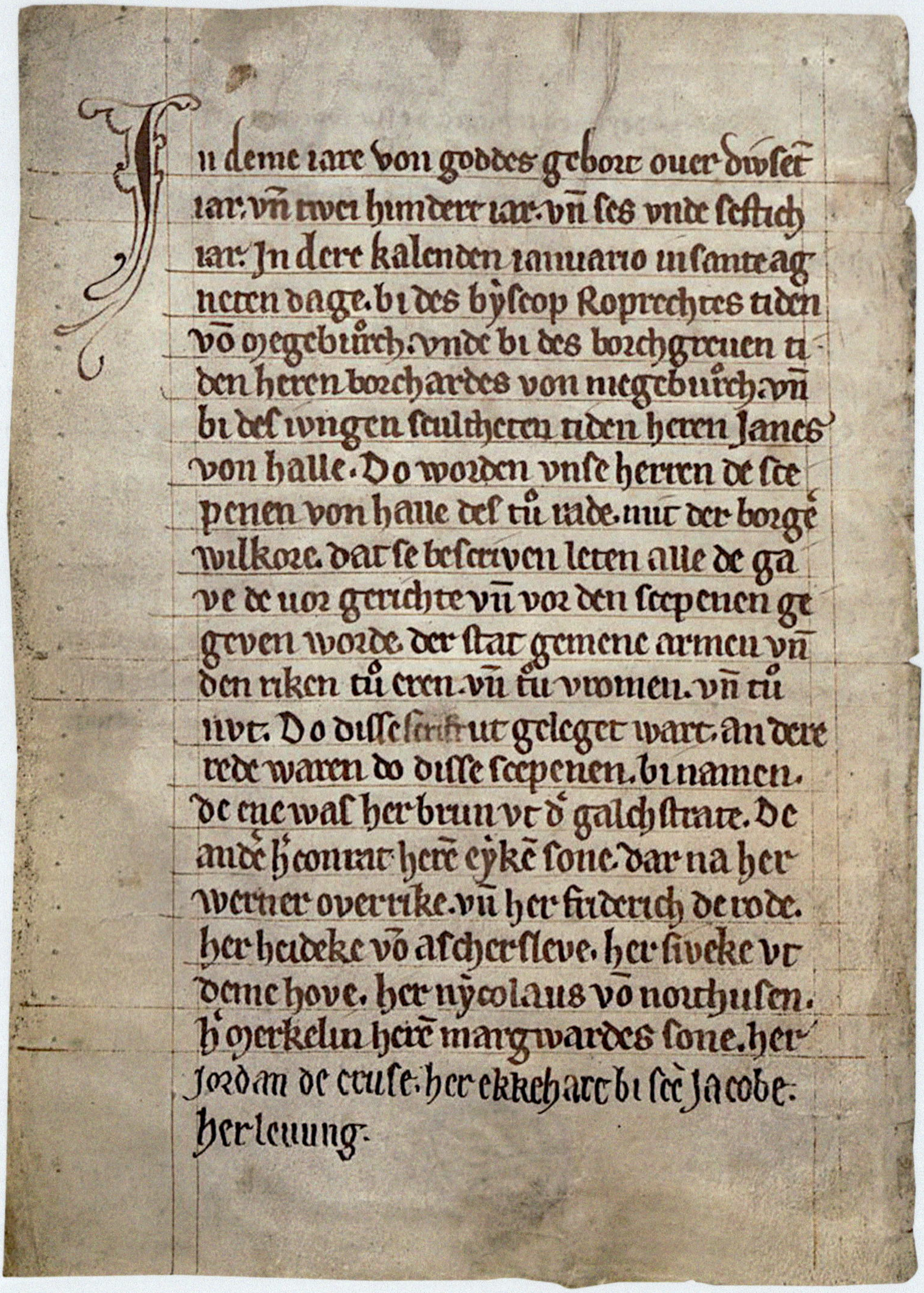
In deme iare von goddes gebort ouer duset
iar. vn̄ twei hundert iar. vn̄ ses unde sestich
iar. In dere kalenden ianuario in sante ag
neten dage. bi des byscop Roprechtes tiden
vō megeburch. vnde bi des borchgreuen ti
den heren borchardes von megeburch. vn̄
bi des iungen scultheten tiden heren Janes
von halle. Do worden unse herren de sce
penen von halle des tu rade. mit der borgere
wilkore. dat se bescriven leten alle de ga
ve de vor gerichte vn̄ vor den scepenen ge
geven worde. der stat gemene armen vn̄
den riken tu eren. vn̄ tu vromen. vn̄ tu
nut. Do disse scrift ut geleget wart. an dere
rede waren do disse scepenen. bi namen.
De ene was her brun vt der galchstrate. De
andere her conrat heren eyken sone. dar na her
werner overrike. vn̄ her frederich de rode.
her heideke vō ascherslere. her siveke vt
deme hove. her nycolaus vō northusen.
her merkelin heren margwardes sone. her
Jordan de cruse. her ekkehart bi sce Jacobe.
her leuung.

Abb. 9
Prolog des Hallischen Schöffenbuches 1266–1325, f. 2v, in dem Zeit und Anlass der Einrichtung des Buches geschildert werden, Pergament, 25×19 cm. Halle (Saale), Universitäts- und Landesbibliothek Sachsen-Anhalt, Sign.: Yd2°31.

Andernorts waren Konflikte wie in Magdeburg von vornherein ausgeschlossen, wenn zum Beispiel Schöffen und Ratsherren personengleich waren. Letzteres würde aus heutiger Perspektive eine unzulässige Vermischung von exekutiver, legislativer und judikativer Gewalt bedeuten, damit hatten aber die städtischen Eliten im Mittelalter kein Problem. Darüber hinaus schlug sich in der Anlage und dem Inhalt von Schöffen- bzw. Stadtbüchern auch die Tatsache nieder, wie die richterlichen bzw. administrativen Kompetenzen in einer Stadt verteilt oder in bestimmten Personengruppen vereint waren. Es kann sogar angenommen werden, dass zwei formal getrennte Kollegien, wie die der Schöffen und Ratsherren, ein und dasselbe Buch benutzten, egal ob sie personengleich besetzt waren oder nicht. In Magdeburg kann es vielleicht auch so gewesen sein, denn in einer Urkunde von 1400 heißt es: »[...] und alle breve und schrifft, dy dar ober gebin ader in der scheppen und des ratez buch zcu Meideburg geschriben sint.«[50] Wären getrennte Bücher gemeint gewesen, hätte man nach »scheppen« ein »oder« erwarten können. Ein anderes Beispiel wäre das Rote Buch der Stadt Görlitz 1305–1416, das als Schöffen- und Ratsbuch gemeinsam geführt wurde.[51]

Die Schöffen und Ratsherren von Halle entschieden im Jahr 1266 einträchtig, dass zukünftig alle »Gaben«, die vor Gericht und vor den Schöffen erfolgen würden, aufzuschreiben seien. Ob damit auch die gemeinsame Führung eines einzigen Buchs gemeint war, wird in der Quelle nicht deutlich: »Do worden vnse herren de scepenen von Halle des tu rade mit der borgere wilkore, dat se bescriven leten alle de gave, de uor gerichte vnd vor den scepenen gegeven worde, der stat gemene armen vnd den riken tu eren vnd tu vromen vnd tu nvt. Do disse scrift utgeleget wart, an dere rede waren do disse scepenen bi namen [...]«[52] (Abb. 9). Eine nachvollziehbare Begründung der Verschriftlichung fehlt hier und es ist auch nicht davon die Rede, ein Buch anzulegen, es wird nur vom Aufschreiben gesprochen. Das Neue wird gewesen sein, dass man von nun an für die ganze Gemeinde, für »arm und reich« aufschrieb und nicht mehr nur für den internen Gebrauch des Schöffenkollegiums, das sicher zuvor nicht ganz ohne Schriftlichkeit ausgekommen sein wird. Das ist schon deshalb wahrscheinlich, weil allein das Aufgebotsverfahren, also das dreimalige Erfragen von Widerspruch im gehegten Ding innerhalb von »Jahr und Tag« sicher nicht ohne Erinnerungshilfen zuverlässig zu leisten gewesen sein wird. Vielleicht kann man auch so weit gehen, anzunehmen, dass der ja bereits vor 1266 existierende hallische Schöffenstuhl seine Schriftlichkeitspraxis

| **50** | Vgl. ebd. | **51** | Vgl. Speer 2017, S. 22–23. Weitere Beispiele wären Altendresden, Crimmitschau (»wo allerdings gegen Ende des 15. Jahrhunderts das Gericht noch ein ›Gegenbuch‹ führte«), Dahlen, Lommatzsch, Lößnitz, Pirna, Roßwein und »in älterer Zeit auch« Oschatz, vgl. Ermisch 1889 b, S. 103. | **52** | Vgl. Hertel 1882, S. 3. In Halle bildeten Schöffen und Ratsherren getrennte Kollegien. Einige Formulierungen im ersten Schöffenbuch ließen Gustav Hertel vermuten, dass »die Schöffen unter dem Rat standen«, vgl. Hertel 1882, S. X. Die Sprache ist bis auf sehr wenige lateinische Formulierungen Niederdeutsch, vgl. Hertel 1882, S. XIV–XV. Siehe auch die kritische Auseinandersetzung mit dieser Edition von Bierbach: UB Halle 3/1, S. XX–XXX. Hertel ist der Überzeugung, dass die ursprünglichen Protokolle auf Latein verfasst waren. Als Argumente führt er neben vereinzelten lateinischen Worten und Eintragungen vor allem die verwendeten lateinischen statt der deutschen Namensformen an. Auf Deutsch sind auch die Stadt- bzw. Schöffenbücher von Aken (1265) (Neubauer 1895) oder Görlitz (1305), letztere allerdings mit zahlreichen lateinischen Einschüben, vgl. Speer 2017, S. 16–19. Siehe auch den Überblick »Die deutsche Sprache in den Stadtbüchern des Mittelalters« in Merkel 1973, S. 64–72.

gar nicht groß veränderte, er also wie bisher in Wachstafelbücher oder die oben genannten Quaternionen schrieb, nur mit dem Unterschied, dass mit dem Beschluss von 1266 die Notizen aus den Gerichtsverhandlungen nun nach einer bestimmten Frist auf Pergamentlagen ins Reine geschrieben und diese zu Büchern, wie sie uns heute noch vorliegen, gebunden wurden, die dann für die Zukunft an einem sicheren Ort verwahrt wurden.[53]

In Sachen äußerer Form des Schriftträgers ist der Prolog des Görlitzer Schöffen- bzw. Stadtbuchs von 1305 präziser, indem er ausdrücklich von einem »Buch« spricht: »Nach gotes geburt Tusent jar und dri hundert iar und indeme vunften jare, mit der heren Rate, die do shepphen und gesworn waren zu Gorlitz, iz diz Buch geschriben zu deme Rechte, daz ir eldern gehabt habben und dise selben iren Nachcumelingen lazen wolden zu eime gedechtnisse allen, die diz buch gesehn, daz niemant andern shol.«[54]

»Stadtbuch« ist nicht gleich »Buch«: Quaternio, Liber, Codex, Tabula

In den bisher zitierten Quellenstellen sind in Bezug auf den Schriftträger die Begriffe Quaternio und Buch gefallen. Die von »Büchern« sprechenden Zitate aus der »Magdeburger Schöppenchronik« dürften, wie bereits oben dargelegt, insbesondere für das Berichtsjahr 1215[55] Rückprojektionen aus der Entstehungszeit der Chronik nach ca. 1360 sein.[56] Der erste authentische Nachweis der Begriffe Buch bzw. Stadtbuch (»liber civitatis«, »stadt bok«) sowie Quaternio in Bezug auf die Magdeburger Verhältnisse findet sich erst in den schon erwähnten Urkunden von 1328 und 1336.[57] Dies bedeutet nun aber nicht, dass man in Magdeburg erst im 14. Jahrhundert begann, Bücher zu führen, während man dies in Halle nachweislich schon seit 1266 tat. Das damit verbundene Problem ist, dass die Fixierung auf den Begriff »Buch«, hinterlegt mit einem modernen Buchbegriff, den Blick auf die historischen Gegebenheiten verstellt. Die Zeitgenossen des 13. und 14. Jahrhunderts schienen bisweilen eine andere Auffassung als wir von dem gehabt zu haben, was ein Buch sei.[58] Schaut man sich die Begrifflichkeiten für Schöffen- bzw. Stadtbücher andernorts an, so treten dort Buch (*liber, codex*) und Quaternio als Begriffspaar bzw. Synonyme auf. Im bereits oben zitierten Prolog des Prager Stadtbuchs von 1279/80 wird in einem Atemzug von Quaternionen, aber auch von Volumen gesprochen. Als 1321 Bernhard II., Herzog von Schweidnitz-Jauer, der Stadt Schweidnitz/Świdnica erlaubte, ein Schöffen- bzw. Stadtbuch anzulegen, wurde dieses als »liber seu quaterno« bezeichnet.[59] Ebenso wird im Prolog des Löwenberger (Schlesien) Stadtbuchs von 1341 vom »codex seu quaternio« gesprochen.[60]

Wie ist dieser Befund zu deuten? Warum wurde nicht nur der Begriff »Buch« verwendet wie in Lübeck (1262), Wismar (ca. 1263), Kiel (1264), Stralsund (1270), Hamburg (1271), Neuhaldensleben (ca. 1275), Kolberg/Kołobrzeg (1281), Stade (1286), Lüneburg (1290), Leipzig (1292), Riga (1295), Rostock (1304), Görlitz (1305), Koblenz (1317) oder Treuenbrietzen (1324)?[61] Ich denke, die zusätzliche Titulierung mit »quaternio« ist nicht nur ein Verweis auf die Struktur eines Buches, das eben aus mehreren Lagen von jeweils vier ineinandergelegten Blättern (Quaternionen) gebildet werden kann, sondern auch auf die ursprüngliche (noch) nicht buchförmige Erscheinungsform der administrativ genutzten Schriftträger.[62] Das Neue an der Führung oder besser Zusammenstellung von Lagen zu Stadtbüchern, war, so die hier vertretene These, nicht die Tatsache, dass man anfing, vor Schöffen oder Rat Notizen und Protokolle

|**53**| Zum Nachweis, dass auch die hallischen Schöffenbücher Reinschriften sind, vgl. Hertel 1882, S. XXV. Ebd. ist zum Beispiel ein zusammenfassender Eintrag belegt, der fünf Gerichtstage zu einem Fall vereint und erst etwa zehn Wochen nach dem ersten Gerichtstermin aufgeschrieben wurde. Auf S. 237 findet sich die Bezeichnung »schepen bok«, fol. 24 b, zw. 1266 und 1286. Wachstafelbücher oder deren Fragmente aus städtischen Kanzleien haben sich z. B. erhalten aus Goslar (1341–1361, Kämmerei, Notizen, Urfehden, Proskriptionen): von Heinemann 1874 a; Nordhausen (1358, Kämmerei): von Heinemann 1874 b; Lüneburg (1363, Kämmerei): Gerlach 1965; Jauer (ca. 1370): Lindner 1868, S. 95–100; Delitzsch (1403–1436, 1476, 1501, Kämmerei, Notizen, Chronikalisches; geführt vom Pfarrer): Ermisch 1898; Dresden (Kämmerei, Neubürgerleisten): Richter 1855, S. 155; Leipzig (1426, Kämmerei): Schäfer 1854, siehe auch Freytag 1899, mit weiteren Hinweisen auf Wachstafelbücher S. 209–214; Leipzig (1. Drittel 15. Jahrhundert, Kämmerei): Corssen 1864; Freytag 1899, S. 210–211, korrigiert die Datierung von Corssen; Duderstadt (1443/44, Kämmerei): Lerch 1967; Arnstadt (1456–1458, »Geschoßtafeln«): Bühring/Schmidt 1901; Bühring 1901; Wismar (15. Jahrhundert, Kämmerei): Burmeister 1838, zahlreiche Korrekturen durch Techen 1919. |**54**| Vgl. Speer/Fokt/Mikuła 2017, S. 69, Nr. 1. |**55**| Vgl. Janicke 1869, S. 142. |**56**| Vgl. zur Entstehungszeit der »Schöppenchronik« Bertelsmeier-Kierst 2016. |**57**| Vgl. UB Magdeburg 1, S. 224–226, Nr. 362 (1336 September 19., »Die Ordnung der Stadt Magdeburg über die Schöffen und ihre Thätigkeit, sowie über das Verhältnis zwischen den Ratsherren und Schöffen«). |**58**| Vgl. zu den Gliederungsprinzipien mittelalterlicher Bücher und der Bezeichnung ihrer Teile, allerdings nicht auf Verwaltungsschriftgut bezogen, Palmer 1989, bes. S. 53. |**59**| Vgl. Tzschoppe/Stenzel 1832, S. XII und 502–504, Nr. 124 (1321 Februar 24.), hier S. 503: »Attribuimus insuper et damus seu concedimus huic libro seu quaterno super omni causa vel causis ac negotiis cives ibidem, quantum ad jura civilia tangentibus, in eodem libro seu quaterno conscripta vel conscriptis, conscribenda vel conscribendis [...].« |**60**| Vgl. Irgang 1996, S. 331: »Ymmo multum expedit, ut, que agentur coram nobis, qui nunc sumus aut in posterum pro tempore fuerimus in eodem officio consulatus presidentes, in scriptis huius presentis codicis seu quaterni redegantur diligencius et annotentur«. |**61**| Lübeck: »in libro civitatis«, »istum librum«, vgl. Brehmer 1884, S. 235, Nr. 176 (anno 1262), S. 240, Nr. 244 (anno 1270). Ebd., S. 222 schreibt Brehmer, dass der Rat 1226 nach Erlangung der Reichsfreiheit verfügt haben soll, dass von seinem Schreiber über alle Geschäfte, die vor dem Rat verhandelt und abgeschlossen würden, namentlich aber über diejenigen, welche sich auf Änderungen im Grundbesitz bezögen, in ein hierzu bestimmtes Buch genaue Aufzeichnungen gemacht würden (ohne Quellenangabe). Wismar: »in libro civitatis« (ca. 1263), vgl. Techen 1912, S. 27, § 447 (ca. 1263 [siehe ebd., S. VIII]). In diesem Stadtbuch finden sich auch 16 eingelegte oder eingeheftete Zettel (vgl. ebd., S. VII), von denen Redlich 1967, S. 192 sagt, dass diese von den Parteien geschrieben und vor den Rat gebracht worden seien. Kiel: »iste liber«, vgl. Hasse 1875, S. 1, Nr. 1 a (anno 1264). Hamburg: »in hoc volumine«, vgl. Reimarus 1841, S. 329 (anno 1248), siehe auch ebd., S. 369: »registro civitatis« (anno 1265), S. 416: »in librum civitatis« (anno 1271); »de hoc libro«, vgl. Lehe 1956, S. 7, Nr. 46 (anno 1288). Siehe auch zur Benennung der Hamburger Stadtbücher Reetz 1958, S. 100 und 138. Stralsund: »Iste dicitur liber ciuitatis [...]« (anno 1270), vgl. Fabricius 1872, S. 4. Neuhaldensleben: »liber civitatis« (ca. 1275), vgl. Sorgenfrey/Pahncke 1923, S. VIII–IX und S. 1. Da der Beginn dieses Stadtbuchs eine nachträgliche Reinschrift darstellt, ist die Wahl der einleitenden Worte »incipit liber civitatis« wohl eher auf den Schreiber von 1275 und nicht schon auf das Konzept aus der Zeit um 1255 zurückzuführen. Kolberg: »Ex libro civitatis Colbergensis in membra conscripto fol. 4. Anno 1281«. »Ne vero super his cuiquam dubium oriatur, processum actoram huius praesentis et futurae recordationis in libro civitatis nostrae conscribi fecimus et notari [...]« (anno 1287). Vgl. Sandow 1940, S. 94, Nr. 4, Anm. a und S. 96, Nr. 6. Stade: »Iste liber conscriptus est Anno in Carnationis Domini M° CC° L XXX° sexto. In vigilia beati Pancratii Martyris ad utilitatem nostrorum civium qui hereditatem emunt aut vendunt vel quocumque modo titulo pignoris accipiunt sibi juste.« Vgl. Krause 1856, S. 6. Lüneburg: »[...] communi utilitati ejusdem civitatis prout potuimus providentes: librum, qui vulgariter nominandus est Liber civitatis, per manum Nicolay notularii nostri in hunc modum decrevimus componendum: [...].« (anno 1290). Vgl. Reinecke 1903, S. 21. Leipzig: »in libro civium registratur et firmatur.« (anno 1292). Vgl. UB Leipzig 2, S. 28, Nr. 36 (anno 1292). Riga: »Anno domini m° cc° xcv° consules constituerunt, quod nulla fidejussio debet scribi in hunc librum sed propria debita«. Vgl. Hildebrand 1872, S. 1. Rostock: »In isto volumine sunt redditus civitatis consignati sub hac forma.« Vgl. Thierfelder 1967, S. 184. »Anno domini 1304 [...] inceptus est liber iste.« Vgl. Stadtarchiv Rostock 1.1.3.1.33 (Stadtbuch Bd. 5: 1304–1314), fol. 1r. Görlitz: »diz Buch« (anno 1305), vgl. Speer/Fokt/Mikuła 2017, S. 69, Nr. 1. Koblenz: »liber« (anno 1317), vgl. Buyken/Conrad 1939, S. 165–166, die auf den folgenden Seiten auch die inhaltlichen Angaben von Rehme 1927, S. 292 korrigieren. Der Prolog ist abgedruckt in Buyken/Conrad 1939, S. 168–169. Treuenbrietzen: »scabinorum liber«, »isti codici« (anno 1324), vgl. Riedel 1833, S. 260. |**62**| Das soll aber nicht heißen, dass die Begriffe Quaternio und Buch immer synonym gebraucht wurden. Im Braunschweiger »Ordinarius« von 1408 wird dezidiert zwischen »schotbok« (Geschoßbuch) und »quaternen« zum Aufzeichnen von Abgaben unterschieden. Vgl. Hänselmann 1872, S. 179, Nr. CXXXII u. CXXXVIII. Im Leipziger Stadtbuch (»liber«) von 1359 wurde versucht, die verschiedenen Inhalte entsprechenden Quaternionen zuzuordnen, die mit einer kurzen Inhaltsangabe nach dem Muster »primus quaternus tenet [...]« und »Nota in isto quaterno [...]« eingeleitet wurden. Vgl. Gersdorf 1856, S. 111 u. 115–116.

über die verhandelten Angelegenheiten zu führen, sondern, dass man dazu überging, reinschriftliche Texte auf Quaternionen anzulegen. Diese wurden zudem nicht mehr einzeln bei den Schöffen, Ratsherren oder Schreibern verwahrt; stattdessen begann man, sie zu Büchern zusammenzubinden und diese Kodizes sicher zu verwahren, den Zugang zu ihnen zu regeln und ihnen Beweiskraft zuzusprechen. Dass diese Entwicklung kein Zufall war oder allein um der besseren Rechtssicherheit willen stattfand, sondern von den Ratsherren forciert und dem Ausbau und der Institutionalisierung der Ratsverfassung dienen sollte, lässt sich zum Beispiel an den oben geschilderten Konflikten zwischen Schöffen und Ratsherren in Magdeburg ablesen.

Einigen wenigen aus dem 13. Jahrhundert erhaltenen Exemplaren von Schöffen- bzw. Stadtbüchern sieht man die Anfangszeit der Buchentwicklung in der städtischen Verwaltungspraxis an, in der man begann, Lagen zu Büchern zu binden, ohne dabei auf Stringenz in Inhalt und äußerer Form zu achten. In Stralsund wurden zum Beispiel seit 1270 einzelne Hefte geführt, in denen die Inhalte zum Teil sortiert bzw. gruppiert verzeichnet wurden. Die dann nach Bedarf erweiterten, aber nicht chronologisch sortierten Hefte (Quaternionen) wurden um 1310 zu einem Buch vereinigt.[63] Interessant ist dabei, dass schon die einzelnen Hefte (prospektiv?) als »liber« tituliert wurden.[64] Die Bezeichnung »liber« ließe die Interpretation zu, dass nicht das Heft selbst mit Buch gemeint war, sondern das Buch, das dereinst aus diesen Heften und weiteren inhaltlich dazu gehörenden Quaternionen gebildet werden sollte. Dass man in Stralsund diese Idee anfangs noch nicht konsequent umsetzte, zeigt die Tatsache, dass inhaltlich verschiedene bzw. sich überschneidende Hefte, zwischen die man auch Kladden (Vorstufen der Reinschrift, Konzepte) einfügte, zu einem Buch gebunden wurden.[65]

Mit den Begriffen Quaternio, Liber und Codex sind aber die Benennungen für die frühen Stadtbücher bzw. deren Vor- und Übergangsformen noch nicht erschöpft. Wie die Wachstafeln oder *tabulae*, die wichtigsten Schriftträger neben Pergament und Papier, in den Verschriftlichungsprozess städtischer Kanzleien einzuordnen sind, soll im nächsten Abschnitt thematisiert werden.

|**63**| Vgl. Fabricius 1872, S. IV–X. |**64**| Vgl. ebd., S. 4: »Iste dicitur liber ciuitatis in quo conscribi solent omnia que aguntur coram consulibus.«; S. 139: »Iste liber ciuitatis Stralessundensis ad creditorum et debitorum negocia tantummodo deputatus est inceptus anno domini m°cc°lxxx° octauo in Purificacione.« Auch das lediglich ein Heft darstellende Hamburger Zollbuch von 1399 wurde vom zeitgenössischen Schreiber als »liber« tituliert, vgl. Reetz 1958, S. 138. |**65**| Vgl. die Zusammenstellung in Rehme 1927, S. 354–355. |**66**| Vgl. Wattenbach 1896, S. 51–89, bes. S. 84–89 zum Gebrauch von Wachstafeln, vor allem für Rechnungen, in städtischen Kanzleien und ergänzend zu den erhaltenen Wachstafeln Beyerle 1910, S. 186–187; Szczuczko 2001, S. 124–130 und Petter 2002, S. 231–232. |**67**| Deutsche Übertragung: »Über das Recht des Schreibers: Ebenso hat jeder beliebige vereidigte Schreiber der Stadt alles Mögliche in seinen ›Tafeln‹ gesammelt, sei es ein Eid, irgendeine Vorschrift, dass irgendeiner wegen Körperverletzung oder aus anderen Gründen angeklagt wird; befragt über diese Dinge kann er als Zeuge aussagen sowie in einem anderen Fall als vereidigter Zeuge, außer wenn sich durch einen anderen der Vereidigten sein Zeugnis als leer und falsch erweist.« Vgl. Tomaschek 1859, S. 236, Artikel 40, Zusatz der Urkunde B. |**68**| Vgl. Tomaschek 1868, S. 362. Die Stelle wird ausführlich diskutiert in Rehme 1927, S. 274–275. Ebd., S. 276, die Anmerkung, dass die Ratsherren zugleich Schöffen waren. |**69**| Auch im Fall offensichtlich unautorisierter Bucheinträge und Schöffenbriefe galt das mündliche Zeugnis der Schöffen mehr als das vermeintlich schriftliche. Vgl. Behrend 1865, S. 68–69 (I, 3, 18) sowie das unten in Anm. 101 zitierte Urteil.

Das idealtypische Verfahren der Verschriftlichung: Von der Notiz zum Buch

Die bereits genannten Begriffe Quaternio, Liber und Codex müssen noch um den Begriff »Tabula« erweitert werden, um das Verfahren der Verschriftlichung von Gerichtsverhandlungen und die Bandbreite der Bezeichnungen für mittelalterliche Stadtbücher zu verstehen. Die Wachstafel (*tabula*) war der kostengünstigste, am weitesten verbreitete, aber heute der am seltensten überlieferte Schriftträger des Mittelalters.[66] Wachstafeln konnten als einzelne Bretter oder zusammengebunden als sogenannte Wachstafelbücher (*caudices*) verwendet werden (Abb. 10). Sie waren kostengünstig aus einheimischen Rohstoffen herstellbar und konnten jederzeit neu geglättet und wieder beschrieben werden. Letzteres machte sie jedoch ungeeignet für das dauerhafte Verwahren rechtsrelevanter Inhalte. Vor der kostengünstigen Verfügbarkeit von Papier am Anfang des 14. Jahrhunderts waren Wachstafeln aber das Mittel der Wahl, um Verhandlungen vor Schöffen und Rat zu protokollieren. Diese Mitschriften darf man sich im 13. und zu Beginn des 14. Jahrhunderts nicht als ausführliche Dokumentationen vorstellen, sondern als die schon oben erwähnten Erinnerungshilfen für das im Bedarfsfall abzulegende mündliche Zeugnis. Im Verhältnis von Volumen und Gewicht boten Wachstafeln zudem nicht annähernd so viel Beschreibfläche wie später ein Buch mit vergleichbaren Außenmaßen, was den Schreiber zur Kürze gemahnte. Die beschriebenen Wachstafeln konnten dann für Geschäfte, die in absehbarer Zeit ein erneutes Zurückgreifen auf den Text nötig machten, aufgehoben werden.

Recht ausführlich schildert dieses Verfahren das Iglauer Stadtrecht von 1249: »De iure notarii: ltem quilibet iuratus notarius ciuitatis, quicquid in tabulis suis collegerit, siue sit iuramentum uel proscriptio alicuis uel aliquis incusatur pro wlneribus uel pro aliis causis, interrogatus hiis testimonium perhibere poterit sicut alter iuratus, nisi tunc ab aliquo iuratorum suum testimonium cassum et vanum comprobetur.«[67] Interessant ist hier, dass von den Tafeln des Schreibers (»suae«), nicht denen des Gerichts gesprochen wird, und dass er befragt (»interrogatus«) wird. Seien es nun tatsächlich Wachstafeln oder Aufzeichnungen auf Pergament, so scheinen sie doch keine offiziellen Gerichtsdokumente gewesen zu sein. Auf die Tafeln wurde hier mehr als Erinnerungshilfe denn als Beweismittel zurückgegriffen. Eine Aufzeichnung in Buchform bzw. das Binden von Lagen zu einem Buch schien noch keine Gewohnheit gewesen zu sein.

Einige Zeit später wird die genannte Verfahrensweise in einer Rezension des Iglauer Stadtrechts aus der zweiten Hälfte des 16. Jahrhunderts im Abschnitt »Von dem gesworнen schreiber« wiederholt: »Distinctio sexta. Was der schreiber an seine toffel schreibet, es sei vmb eide, vmb wunden, vmb verczelunge oder vmb geld von gelubdes wegen, wird er dorumb gevraget, er mag es wol beczewgen, beweren vnd besagen, als der scheppen einer, vnd was er besaget, das hat crafft, es sei denne das ein scheppe gestee einem, es sey anders denn er es aus der toffel saget.«[68] Die Betonung liegt auch hier noch auf dem mündlichen beeideten Zeugnis. Die Tafel ist nur Erinnerungshilfe, denn sonst könnte der Schöffe im letzten Teilsatz nicht etwas anderes, als das, was auf der Tafel steht, bezeugen.[69]

Abb. 10
Geschoss- und Neubürgerverzeichnis auf Wachstafeln, 1437–1456, 18,8 cm × 36,3 cm. Dresden, Stadtarchiv, Sign.: 2.1.1-A.XVb.71.

Bei längerfristigen Angelegenheiten wie Ratenzahlungen, Krediten, Testamenten oder Stiftungen wurden die Texte als Reinschriften auf Pergamentblätter übertragen – die schon mehrfach genannten Quaternionen. In den Hallischen Schöffenbüchern (ab 1266) ist zum Beispiel ersichtlich, dass bis zu fünf Gerichtsverhandlungen zu einem Sachverhalt nach zehn Wochen abschließend in der Reinschrift zu nur einem Eintrag zusammengefasst wurden.[70] Einzelne Angelegenheiten ließ man auch erst Jahre später in die Reinschrift übertragen.[71] Im Prag des 14. Jahrhunderts wurden »Gerichtsbriefe« über »Auflassungen« erst nach »Jahr und Tag« endgültig ins Stadtbuch eingetragen, um etwaigen Widersprüchen nicht zuvorzukommen, und erst damit erlangte man dann die »rechte Gewere«.[72]

Die nach den Abschriften von den Tafeln entstandenen Quaternionen, vergleichbar den Notariatsimbreviaturen, wurden dann wahrscheinlich beim Schreiber, den Schöffen oder dem Rat verwahrt. Als schließlich im Laufe des 13. und 14. Jahrhunderts das Ausmaß an Verschriftlichung und die Notwendigkeit der auf lange Zeit zu gewährenden Rechtssicherheit wuchsen, mussten die Ratsherren auch ihre Methoden und Formen der Verwaltungspraxis weiterentwickeln. Dies bedeutete, dass die bei Gericht erstellten Notizen und die davon gefertigten Reinschriften nicht dem Gutdünken der Schreiber, einzelner Schöffen oder Ratsherren überlassen werden konnten. Die anfangs nur in Form von Quaternionen existierenden Reinschriften mussten in eine Form gebracht werden, die sie vor inhaltlicher Manipulation, aber auch vor physischen Einwirkungen schützte und zudem ein sortiertes Ganzes darstellte, in dem man nachschlagen konnte, weshalb die Wahl auf die Form des Buches fiel. Dieses verwahrte man in einer Lade, die selbst wiederum in einem feuerfesten Gewölbe lagerte. Zu diesem Raum bzw. zur Lade selbst gab es dann mehrere Schlüssel, die auf verschiedene Personen verteilt wurden.[73]

Dass die Form des Buches bzw. das perspektivische Daraufhinarbeiten, die Komposition aus mehreren Lagen, erst erprobt und geübt werden musste, zeigen die zum Teil wenig homogen wirkenden Stadtbücher des 13. und 14. Jahrhunderts. Dies bedenkend kann man auch die zeitgenössische Wortwahl besser verstehen, in der »Quaternio« und »Liber« manchmal synonym gebraucht wurden, ein andermal aber, um unterschiedliche »Aggregatzustände« eines Buches zu benennen. Ebenso ist das Wort »Tafel« (*tabula*), wenn es eigentlich »Buch« meint, ein Beleg dafür, dass die ursprüngliche Bedeutung und Benennung des Schriftträgers auf eine neue Erscheinungsform übertragen wurde. So führt ein Iglauer Schöffenspruch zwischen 1360 und 1368 aus, dass eine Bürgschaft in die »stat tauel« aufgenommen wurde.[74] In Salze, heute Groß Salze bzw. als Bad Salzelmen ein Stadtteil von Schönebeck (Elbe), ist für ca. 1370 eine »scepentafelen«[75] überliefert. Im Brünn/Brno des 15. Jahrhunderts indes wurden die Konzepte »tabulae judicariae« genannt, deren Inhalt man später in die »libri« übertrug.[76] Ob die »stat tavele« des Zwickauer Rechtsbuchs von 1348 tatsächlich eine Wachstafel oder ein Buch meint, in das die Neubürger eingetragen wurden, muss dahingestellt bleiben.[77]

| **70** | Vgl. Hertel 1882, S. XXV; die zehn Wochen ergeben sich, wenn man eine Gerichtssitzung alle zwei Wochen zugrunde legt. | **71** | Vgl. Hertel 1882, S. XXVI. | **72** | Vgl. Rössler 1845, S. LXI. Vgl. zum Verschweigungsprinzip und »rechter Gewere« Buchholz 1978, S. 24–28. | **73** | Ein seltenes Beispiel für ein »Schlüsselverzeichnis« ist für Breslau/Wrocław aus dem Jahr 1348 überliefert: »Claves habentes civitatis 1, ad sigilla, 2, ad cistam apud Tilonem scriptorem, 3, ad privilegia domini regis, 4, ad cistam in turri et ad cistas civitatis in turri et ad ladulas apud Jacobum de Opul et Peczconem Nigri.« Vgl. Tzschoppe/Stenzel 1832, S. 73 sowie die Korrekturen in Goerlitz 1962, S. 42. In Schweidnitz sollte das Stadtbuch unter dem Siegel der Stadt und des Vogtes verschlossen gehalten werden (anno 1321): »Volumus etiam et firmiter statuimus, ut liber seu quaternus idem sub sera et diligenti custodia consulum ibidem clausus et signatus ejusdem civitatis nostre et advocati hereditarii, qui pro tempore fuerint, sigillis diligentius reservetur, et quod ad inscribendum aut exscribendum causas quascunque, ut prehabitum est, non alias aperiatur nec legatur, nisi in judicio bannito, advocatis et scabinis civitatis presentibus, et quod per consules civitatis ibidem idem liber opportunis temporibus presentetur similiter et servetur.« Vgl. ebd., S. 502–503. | **74** | Vgl. Tomaschek 1859, S. 121. | **75** | Vgl. UB Magdeburg 1, S. 325, Nr. 508 (ca. 1370) und Friese/Liesegang 1901, S. 7, Nr. 2. | **76** | Vgl. Rössler 1852, S. 197, Nr. 427: »Antiqua consuetudo civitatum habet: Quod quidcumque coram judiciio obtinetur, et in tabulis judiciariis signatur, hoc ante proximum futurum peremtorium judicium, vel per impignorationem vel modum alium, si expeditum non fuerit, de cetero caret robore firmitatis, nisi per scriptorem civitatis in librum, ubi census el alia notantur acta, per obtentorem de scitu juratorum scribi fuerit procuratum. Sie sententiatum est consilio juratorum.« | **77** | Vgl. Ullrich/Planitz 1941, S. 34 (Rechtsbuch I.I, 36–37): »Den tag als ein man burger wirt, sol der schriber schriben in der stat taveln, durch daz man der jarzal icht vergezze. Wenne daz jar uz kumt, so ge ein man oder sin burge vur den rat und bewise di besitzunge sines burgerrechtis jarzal; vindet danne der rat di bewisunge gerade an der stat tavele, so laze in der rat ab tilgen.« Ebd., S. 170 (Rechtsbuch III/I, 4) wird im Kontext der Urteilsschelte von »stat buch« gesprochen.

Eine seltene Momentaufnahme der ordnenden Leistung eines Stadtschreibers finden wir in der Person des Johannes von Gelnhausen und seinen kurzen Notizen über die Maßnahmen in der Iglauer Stadtkanzlei. Am 23. Dezember 1360 war er als Schulmeister vom Rat zum Stadtschreiber berufen worden.[78] Zeitgleich mit seinem Amtsantritt begann er, die auf vereinzelten Blättern (»cartae laceratae«) gemachten Aufzeichnungen zusammenzutragen und in ein Buch zu schreiben: »Hec prescripta in cartis laceratis negligenter conscripta ego Johannes, prout ibi reperi, ingrossaui et huic libro diligencius annotaui, ne ex illarum cartarum destruccione cuipiam prejudicium et graue dispendium oriretur.«[79] Einen ebenso interessanten Blick auf die Kanzleipraxis und die verwendeten Schriftträger und -formen eröffnet das Stadtrecht von Ofen/Buda aus dem Jahr 1413, welches erwähnt, dass der Stadtschreiber alles, was er auf »zedeln, registeren vnd quateren« notiert habe, ordentlich in das »statpuech« schreiben müsse.[80] Ob etwas in die Reinschrift übertragen wurde, hing davon ab, ob der notierte Rechtsakt noch Gültigkeit besaß und für die Zukunft langfristig sowie sicher verwahrt werden sollte.[81]

Etwas anders ist das Verhältnis von Konzept und Reinschrift bei administrativen Aufgaben, deren schriftlicher Niederschlag in erster Linie der ratsinternen Geschäftsführung, aber nicht der Rechtssicherung diente. Für die während der Geschoßeinnahmen geführten Listen wurden zum Beispiel in Liegnitz/Legnica bis 1352 Wachstafeln verwendet, ohne dass danach Reinschriften angefertigt worden wären.[82] Der Liegnitzer Stadtschreiber Ambrosius Bitschen († 1454) berichtete in seinem Prolog zum Geschoßbuch von 1451 ausführlich darüber: »Forbas czuwissen das noch deme brande [1338[83]], der vorberurt ist, sind abir die geschossere in tafeln geschrebin gewest noch der alden weisse, also das man umb XIIII jar donoch keyn recht register gehabin mag. Abir donoch anno domini M°CCC°LII° das ist das irste und eldeste buch, das dy stad iczunt hat obir geschossere, und das ist in dy lenge gebrochin[84] adir geformiret und heldet in sich VI jar geschossere.«[85]

In etwa zeitgleich sowie ebenfalls in Schlesien, und zwar in Jauer, ist wahrscheinlich der Medienwechsel von Wachstafeln auf Pergament zu beobachten. In den 1370er Jahren wurde ein Wachstafelbuch geführt, das man der Kategorie »Stadtbuch mit vermischtem Inhalt« zuordnen könnte. Das Spektrum der Einträge reicht von kurzen Notizen zu Zinsleistungen bis hin zu ausführlichen Ächtungen, die Sprache wechselt mehrfach zwischen Latein und Deutsch. Einige Texte enden mit der expliziten Bemerkung, dass der Text »in die Tafel« geschrieben worden sei.[86] Ab 1381 wird dann ein inhaltlich vergleichbarer Pergamentkodex geführt, in dem – noch eher untypisch für diese Zeit – versucht wurde, die inhaltlich oder thematisch zusammengehörenden Einträge zu gruppieren, statt sie in chronologischer Folge aufzunehmen.[87]

Der Vollständigkeit halber sei erwähnt, dass neben Wachstafeln, Zetteln, Heften (Quaternionen) und Büchern auch Rollen (*rotuli*) als Schriftträger verwendet wurden (Abb. 12). Diese sind allerdings ähnlich selten wie Wachstafeln überliefert. Wie letztere wurden sie ebenfalls zu Namensgebern für Bücher (z. B. Bürgerrolle, Musterrolle, Zunftrolle). Aus Andernach ist zum Beispiel eine Rolle des Schöffengerichts, angelegt 1190, bekannt, in der Rechtsgeschäfte über Liegenschaften für die Jahre von 1173 bis 1256 verzeichnet wurden.[88] Ein Sonderfall sind sicher die Metzer Bannrollen, die 1220 unter der bischöflichen Verwaltung begonnen und später vom Rat bis 1546 fortgeführt wurden. Die längste der 61 erhaltenen Rollen besteht aus 64 Blättern und ist 36 m lang.[89] Die »Tabula proscriptorum« aus Neiße vom Ende des 13. Jahrhunderts besteht aus vier langen, an ihren Schmalseiten zusammengehefteten Pergamentblättern (Abb. 11).[90] In Dortmund hat sich eine Steuerrolle für die Jahre 1316 bis 1317 erhalten, die aus zwei »zusammengehefteten Pergamentstreifen« gebildet wurde.[91] Vom Anfang des 14. Jahrhunderts sind die »viele Ellen langen« Rollen aus Pergament und Papier der Aachener Stadtrechnungen.[92] Duisburg besitzt 44 bis zu 6 m lange Rechnungsrollen aus der Zeit zwischen 1348 und 1448.[93]

|**78**| Seine Wahl schildert Johannes zu Beginn des ersten von ihm angelegten Stadtbuchs. Die Stelle ist abgedruckt in Tomaschek 1868, S. 23, Anm. 4. |**79**| Deutsche Übertragung: »Diese Vorschriften, die auf den sorglos zerrissenen Blättern aufgeschrieben waren, habe ich, Johannes, so wie ich sie dort gefunden habe, ins Reine geschrieben und habe sie in diesem Buch sehr sorgfältig angemerkt, damit nicht aus der Zerstörung jener Blätter jemandem ein Nachteil und ein schwerwiegender Verlust entsteht.« Abgedruckt in Tomaschek 1868, S. 24, Anm. 1. Rehme 1927, S. 279 deutete die »cartae laceratae« nicht als lose verstreute Blätter, sondern als »die letzten Blätter eines (möglicherweise lange in Gebrauch gewesenen, infolgedessen stark abgenutzten und gerade am Ende beschädigten) Buches (Heftes)«. Ebd. führt Rehme noch Argumente auf, warum er das Stadtbuch von Johannes nicht für das erste hält. Im Grunde ist es auch nicht von Bedeutung, ob Johannes »Stadtbücher« in Iglau eingeführt hat, wichtig ist nur, zu sehen, dass er offensichtlich eine dauerhaftere Form der Archivierung initiiert hat, vielleicht von den Wachstafeln und losen Quaternionen zu den Libri. Vgl. ausführlich zur Iglauer Kanzlei und den dortigen Stadtbüchern Smital 1911, S. 257–283. |**80**| Vgl. Michnay/Lichner 1845, S. 56. |**81**| Siehe zum Beispiel die Kladde zum Görlitzer Stadtbuch von 1305, vgl. Speer 2017, S. 23–26. Sehr viel später ist für Dresden belegt, dass eine Erbsonderung, die vorerst nur auf einem losen Blatt notiert worden war, erst nach einem Jahr ins Stadtbuch geschrieben wurde, als die Gebühren bezahlt worden waren. Vgl. Klingner/Mund 2008, S. 73–74, Nr. 97 (1480. Mai 28.), nach dem Stadtbucheintrag: »Nota, diße zcedel salde man vor eyn jar yngeschriben, das ist bißher mit golde nicht gefertiget gewest.« Diese Vorgehensweise des Schreibers dürfte wohl eher eine Ausnahme gewesen sein, da Gebühren in der Regel sofort zu entrichten waren. |**82**| Für dieselben Zwecke wurden in Hildesheim auch Wachstafeln genutzt, die in einer eigenen Kammer gelagert wurden und deren Kosten sich ausführlich in den dortigen Kämmereirechnungen verzeichnet finden, vgl. Arnecke 1913, S. 132. |**83**| Vgl. zum Winkel 1918/1919, S. 197 und 204. |**84**| Damit ist wohl das Format »Schmalfolio« gemeint. |**85**| Vgl. zum Winkel 1918/1919, S. 206. Kurz zuvor schreibt Bitschen im ersten lateinisch gehaltenen Abschnitt von den »[...] quaterne et tabule civitatis, signanter in quibus exacciones huiusmodi continebantur, fuerant combuste [...].« Auch in Chemnitz werden die Geschoßeinnahmen in »der stad tavel unde register« verzeichnet, vgl. UB Chemnitz, S. 27, Nr. 31 (1367 April 23.). |**86**| Vgl. Lindner 1868, S. 95–100. |**87**| Vgl. ebd., S. 100–101. |**88**| Vgl. Hoeniger 1884; Rehme 1927, S. 189. |**89**| Vgl. Wichmann 1908, S. VII: »Die älteste von allen erhaltenen Rollen stammt aus dem Jahre 1220, die jüngste aus dem Jahre 1546. Bis 1552, dem letzten Jahre der freien Reichsstadt, sind also mindestens 333 angelegt worden. Ein im Metzer Stadtarchiv aufbewahrtes Verzeichnis vom Jahr 1664 gibt ihre Zahl noch auf 286 an, aber von ihnen liegen heute nur 56 in diesem Archiv, im ganzen sind 61 Rollen, zum Teil nicht einmal vollständig, bis auf unsere Zeit gekommen. Die stärksten von ihnen, die aus dem Jahre 1367, besteht aus 64 Pergamentblättern und hat die stattliche Länge von 36 m.« |**90**| Vgl. Pfitzner 1926, S. 36. Der Prolog des Liegnitzer Verfestungsbuches scheint darauf hinzudeuten, dass dort ebenfalls eine Proskriptionsliste in Form eines Rotulus (»cedula colligata«) geführt worden ist: »Iste liber inceptus est in anno domini M°CCC° tricesimo nono, in quo perscripti sunt hii qui in iure ciuitatis proscribuntur et primo hii qui pro wlneribus et circa medium libri hii qui pro homicidiis, in cedula autem colligata hii, qui proscribuntur in iudicio curie et in districtu.« Der Herausgeber merkt dazu an: »Die Worte: ›in cedula autem colligata‹ ausgestrichen und von Hand III verbessert in: ›in libro papireo habentur‹. Eine am Anfang der Seite stehende Notiz derselben Hand bemerkt: ›nota quod in libro papireo habentur eciam hii, qui proscripti sunt pro furtis et spoliis‹. – Weder cedula noch der liber papireus sind uns erhalten.« Ebd., S. 171 auch der Hinweis auf Quaternionen die neben dem Buch geführt worden sind: »Anno domini 1348 [...] in alio quaterno acta sunt que sequntur.« |**91**| Vgl. UB Dortmund 1, S. 247–249, Nr. 355. |**92**| Vgl. Laurent 1866, S. 1: 1334, 1338, 1344, 1346, 1349 und 1353 Pergamentrollen, 1373, 1376, 1383, 1385, 1387, 1391 und 1394 »Papierrollen und Heftchen in Folio«, leider ohne genauere Handschriftenbeschreibung. |**93**| Vgl. Mihm/Mihm 2007, S. 159–757: 44 Pergamentrollen, sogenannte »Rechenschaftsberichte« (davon sechs unvollständig bzw. fragmentiert) und dazugehörig sieben Papierkladden, sogenannte »Haushaltsjournale«. Die Rollen sind zwischen 10,5 und 19,5 cm breit, zwischen 101 und 628 cm lang und bestehen aus zwei bis zwölf Blättern. Die Rollen sind gekürzte Reinschriften der Papierkladden.

Abb. 11 (rechts)
Ein seltenes, in der Form einer Rolle erhaltenes »Achtbuch«: Tabula proscriptorum Nizensium, vier aneinandergeheftete, einseitig beschriebene Pergamentblätter, Neiße (Schlesien), Ende 13. Jahrhundert. Breslau, Staatsarchiv, Sign.: Rep. 135 syg. 681 (E99abc).

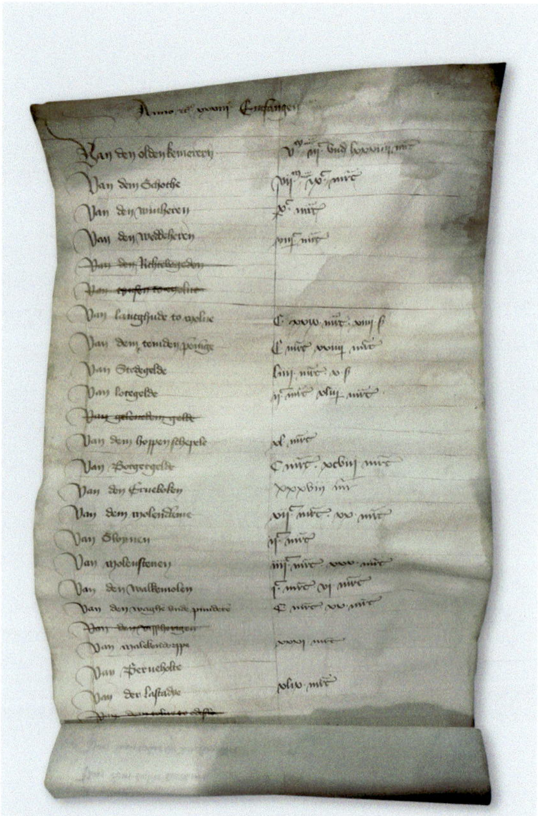

Abb. 12
Aufzeichnung von Einnahmen der Lübecker Kämmerei in Form einer Rolle von 1433, Pergament, ca. 26 × 103,5 cm. Lübeck, Archiv der Hansestadt, Sign.: 3.4-1 Kämmerei, Nr. 5000, vgl. Abb. 6.

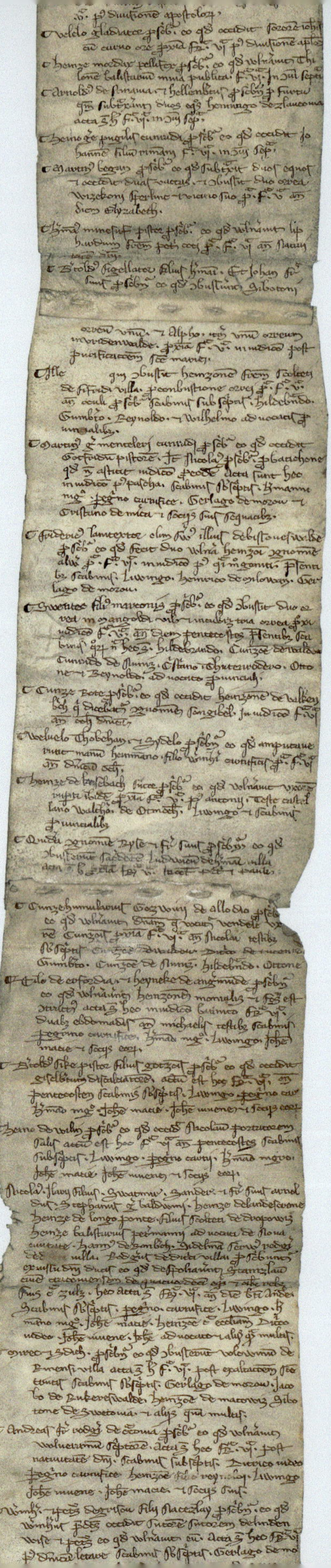

Der hier idealtypisch skizzierte Verschriftlichungsprozess lässt sich nicht nur im Einflussbereich des Magdeburger oder lübischen Rechts beobachten. In Köln kann man ihn schon etwas früher feststellen: Am Beginn der Aufzeichnungen stehen Rotuli und lose Blätter, sogenannte Karten.[94] Am deutlichsten ist dann der Übergang von der Schreinskarte über zusammengelegte, später zusammengeheftete Blätter zu Schreinsbüchern in der Sondergemeinde St. Kolumba zu beobachten (ca. 1170–1200).[95] Ab etwa 1230 sollen dann alle Schreinsschreiber von der Karten- zur Buchform übergegangen sein. Dabei wurden an die noch nicht fest gebundenen Schreinsbücher immer wieder Lagen, meist von unterschiedlicher Größe, angeheftet, bis man sich entschloss, ein neues Buch zu beginnen.[96] Da die Schreine nur an bestimmten Tagen im Jahr geöffnet wurden, führten die Amtleute zunächst Kladden, die man im 15. Jahrhundert »Zeichenbücher« nannte, die dann später als Reinschriften in die Schreinsbücher übertragen wurden.[97]

Den Schreinskarten vergleichbare Einzelblätter oder Rotuli scheint es auch in Rostock gegeben zu haben, allerdings werden jene einzelnen Pergamentblätter in der Literatur und den Bestandsverzeichnissen irreführend als »Stadtbuchfragmente« oder »Stadtbuchblätter« bezeichnet und zu den anderen »echten« Stadtbuchfragmenten gezählt, die aber jene oben genannten Quaternionen darstellen (Abb. 13).[98] Auch die in Hamburg überlieferten »Pergamentstreifen« stellen eine vergleichbare Überlieferungsform dar, wenn sie nicht als Rotuli verwahrt wurden.[99] Eine eingehende Untersuchung der auch andernorts verzeichneten »Stadtbuchfragmente« könnte vielleicht noch mehr »Karten« außerhalb Kölns ans Licht bringen und vor allem die Formen- und Variantenvielfalt administrativer städtischer Schriftlichkeit im 13. und 14. Jahrhundert belegen.[100]

|**94**| Vgl. Keussen 1904, S. 14: »In der ältesten Zeit, etwa 100 Jahre lang, wurden die Aufzeichnungen auf lange und breite Pergamentblätter gemacht. Z. Tl. waren diese Karten an Stäben befestigt, um welche die Blätter behufs bequemerer Aufbewahrung gerollt wurden. Oft ist eine Kolumnenteilung in langschaftigen Säulenreihen eingezeichnet.«. |**95**| Vgl. Hoeniger 1884–1894, Bd. 1, S. 329, 331 u. 358; Militzer 1989, S. 1203–1204. |**96**| Vgl. Keussen 1904, S. 14 sowie ab S. 24 jeweils die kurzen Einleitungen zu den einzelnen Schreinsbüchern. |**97**| Vgl. Militzer 1989, S. 1203. Siehe auch die zahlreichen »Konzept- und Rechnungsbücher« (Nr. 92, 194–198, 346, 397) in Keussen 1904 sowie dessen Bemerkungen ebd., S. 12. |**98**| Stadtarchiv Rostock, »echte« Stadtbuchfragmente: Signaturen 1.1.3.1. Nr. 1, Nr. 3, Nr. 4 u. Nr. 6–28. Einzelblätter bzw. »Karten«: Signatur 1.1.3.1. Nr. 2 (Pergamentblatt, 27 × 62 cm; beidseitig in je zwei Spalten beschrieben, anhängend Pergamentzettel; Datierung: 1257/58; Ed.: Dragendorff 1900, erneut in Thierfelder 1967, S. 62–71). Dragendorff, S. 1 spricht von »Stadtbuchblatt« und »Stadtbuchstück«, obwohl er selbst die Einzigartigkeit und Parallele dieser »Karte« zu Köln betont. Da sich an den Schmalseiten Einstiche und an den unteren sogar noch Reste kurzer schmaler Pergamentstreifen in diesen Schlitzen erhalten haben, vermutete er, dass einst vielleicht weitere Karten angeheftet waren, sodass es sich um Reste eines Rotulus handeln könnte. An der unteren Seite hängt allerdings statt eines gleichgroßen Pergamentblattes nur ein kleiner Pergamentzettel (ca. 12–13 × 7–8 cm) mit einem Bürgerverzeichnis. Die Eintragungen scheinen wie bei den Kölner Schreinskarten eine Reinschrift nach einer Vorlage darzustellen. Es waren verschiedene Schreiber tätig, der Inhalt ist vielfältig wie bei einem Stadtbuch vermischten Inhalts. Signatur 1.1.3.1. Nr. 5 (Pergamentblatt, sehr unregelmäßige Form, 21–26,5 × 73 cm, Datierung: 1262, Ed.: Dragendorff 1904, erneut Thierfelder 1967, S. 94–100). Auch hier spricht Dragendorff wieder von »Stadtbuchblatt«. Zu Inhalt und Schreibern gilt das oben Gesagte. Thierfelder 1967, S. 15, übernimmt die Terminologie von Dragendorff und schreibt: »Das Vorhandensein von Karten verwundert nicht, wenn man bedenkt, daß in der Rostocker Kämmerei noch bis in das 16. Jahrhundert hinein für Rechnungen derartige Pergamentblätter, die der Länge nach aneinandergesteckt oder -geheftet waren, benutzt wurden, wenn auch im Wechsel mit gleichzeitigen Papier- und Pergamentheften oder -büchern.« Schröder 2010, S. 122: »Stadtbuchfragmente«. |**99**| Vgl. Reetz 1958, S. 135–136; Pitz 1959, S. 340, Anm. 36. |**100**| Siehe z. B. die sogenannten Stadtbuchbruchstücke von Neuhaldensleben, vgl. Sorgenfrey/Pahncke 1923, S. VII. Nach Bresslau 1889, S. 552, Anm. 1 und Redlich 1967, S. 189 soll es auch

Abb. 13
Schöffenbuch 1297–1370, Pergament, ca. 18,5×14 cm.
Brandenburg (Havel), Stadtarchiv, ohne Signatur.

Im Unterschied zu den nicht offiziell autorisiert geführten Notizen der Schreiber durften in die »behördlich« geführten Bücher nur auf Geheiß der Schöffen oder Ratsherren Eintragungen vorgenommen werden, andernfalls drohten empfindliche Bußgelder. Um 1370 hatten zum Beispiel zwei Salzaer Bürger und ihr Vorsprecher (»Anwalt«) an den Schöffen vorbei den Schreiber gebeten (oder gar bestochen?), ein Urteil in die »Schöffentafel« eintragen zu lassen. Als sie später davon eine urkundenförmige Abschrift erbaten, kam zutage, dass der Schreiber unautorisiert gehandelt hatte. Die genannten Herren bestanden allerdings darauf, dass der Spruch von den Schöffen ergangen sei und fragten den Richter, wie sie die sieben Schöffen überstimmen könnten. Der Richter wandte sich wiederum an Magdeburg. Von den dortigen

Schöffen kam die Antwort, dass das Ansinnen der Salzaer Bürger eine Beleidigung des Gerichts darstelle, denn was ohne Wissen und ohne Anordnung der Schöffen niedergeschrieben worden sei, könne nicht gegen sie verwendet werden. Die Salzaer sollten jedem Schöffen und dem Richter die empfindliche Buße von 30 Schillingen zahlen.[101]

Zusammenfassung

Seit dem Beginn des 13. Jahrhunderts wurden in den wachsenden Städten nicht nur des magdeburgischen Rechtskreises die Formen und Verfahren der Selbstverwaltung und Gerichtspraxis weiterentwickelt und Innovationen erprobt. Die Verschriftlichungstendenzen, die im Bereich der Stadtrechte, Privilegien und Willküren zu beobachten sind, schlagen durch auf das Verfahrens- und Beweisrecht, das in der Stadt zunehmend auf den Stadtbucheintrag als »Beweisurkunde« rekurriert.[102] Dabei waren die neuen Formen bzw. Materialien, in denen Sachverhalte und Entscheidungen dokumentiert wurden, und der Umgang mit ihnen von entscheidender Bedeutung: Die Schöffen und Ratsherren ließen die Ergebnisse der Verhandlungen vor ihnen nicht mehr nur während der Sitzungen auf Wachstafeln notieren, sondern diese nach einer gewissen Zeit, sofern sie noch Gültigkeit hatten und auch in der Zukunft rechtsrelevant waren, ins Reine schreiben. Dies geschah in der Regel zunächst auf einzelne, meist vier, ineinandergelegte Pergamentblätter. Diese Hefte bzw. Lagen, die man nach der Zahl ihrer Blätter Quaternionen nannte, wurden dann später zu Büchern gebunden. Die Verwahrung dieser Bücher erfolgte nicht mehr wie noch im Fall der Konzepte bei den jeweiligen Schreibern, sondern in einer Truhe in einem möglichst feuerfesten Gewölbe. Das Behältnis bzw. der Aufbewahrungsraum wurden verschlossen. Um den Zugriff oder gar die Manipulation Einzelner zu verhindern, ließ man die Truhen und Räume meist mit zwei bis drei Schlössern sichern und die Schlüssel auf entsprechend viele Verantwortliche verteilen.

Der hier skizzierte idealtypische Weg der Verschriftlichung musste zum größten Teil aus den materiellen Befunden als Hypothese abgeleitet werden, denn nur ein kleiner Teil ließ sich aus schriftlichen Äußerungen und dabei nur punktuell aus normativen Texten herleiten. In den hier untersuchten Rechtskreisen gibt es bis in die Frühe Neuzeit hinein offensichtlich nicht das Verlangen, Verfahren und Materialien der administrativen Schriftlichkeit detailliert in Statuten festzuhalten, wie dies in Italien seit dem 13. Jahrhundert geschah.[103] Die Behauptung der »Magdeburger Schöppenchronik«, die in der Literatur bisher unhinterfragt

in Stralsund »Karten« wie in Rostock gegeben haben. Die zwei letztgenannten beziehen sich wahrscheinlich auf Homeyer 1860, S. 34. Der schreibt aber: »Das älteste von c. 1260 bis 1310 gehende Stadtbuch scheint aus früher getrennten Stücken zusammengeheftet zu sein.« Damit sind aber keine »Karten«, sondern jene oben beschriebenen Hefte bzw. Lagen gemeint. Einzelne Blätter vermutet Hubert Ermisch hinter der Bezeichnung »der burger brief« für das verlorene Freiberger »Verzählbuch«, vgl. Ermisch 1889 b, S. 107. | **101** | Vgl. den Magdeburger Schöffenspruch in Friese/Liesegang 1901, S. 6–7, Nr. 2. Siehe auch zu unautorisierten Bucheintragungen und Schöffenbriefen Schranil 1915, S. 100. | **102** | Vgl. Dilcher 1992 c, bes. S. 18; zur zunehmenden Bedeutung der Schriftlichkeit im Verfahrens- und Beweisrecht und grundlegend zur Dynamik der europäischen Schriftkultur seit dem 11. Jahrhundert Keller 1992, S. 22–31. | **103** | Vgl. den Überblick von Dartmann 2011 und die dort genannte Literatur, bes. S. 9–12.

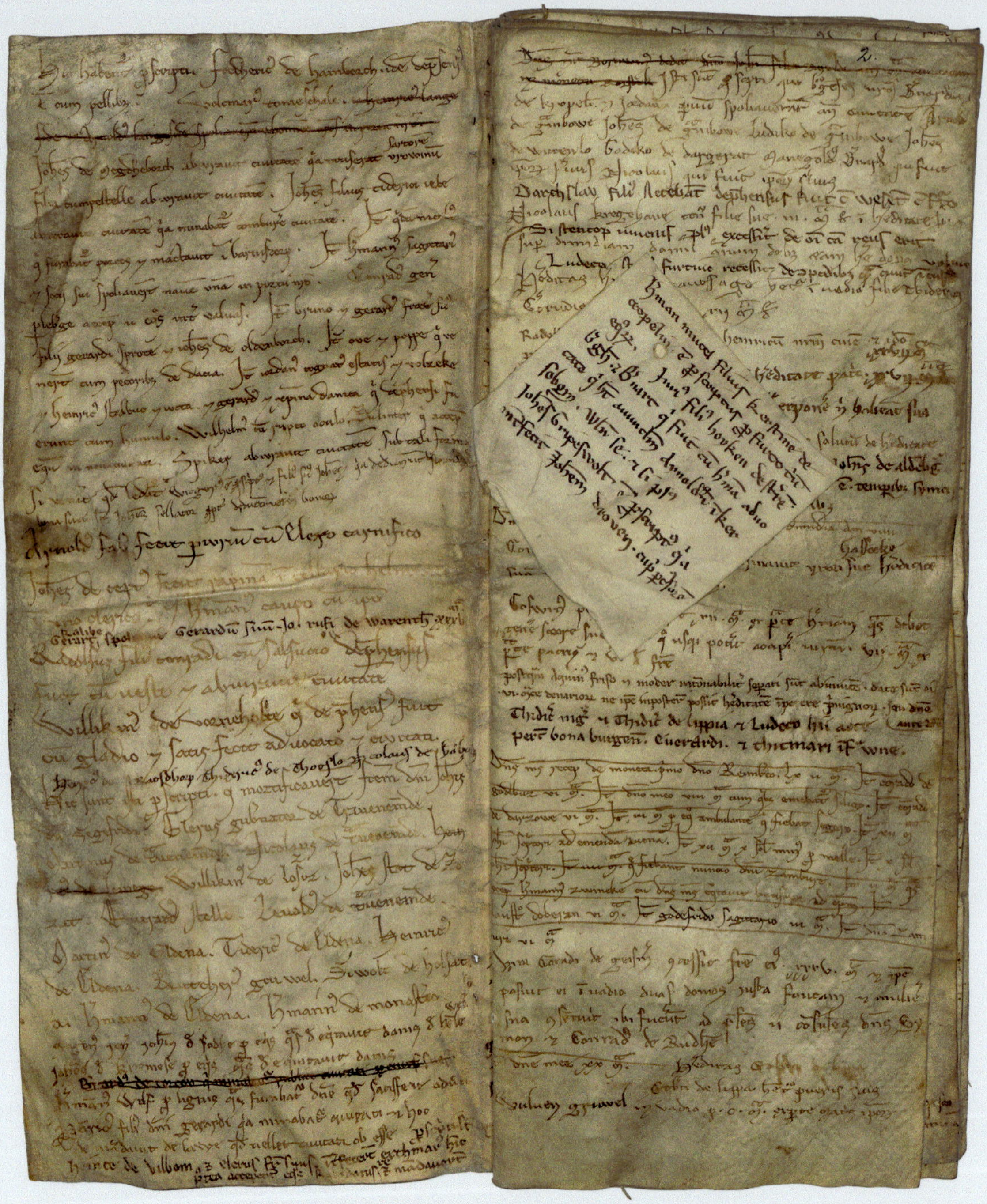

Abb. 14
Hefte wie diese in Form eines Quaternios konnten später zu Stadtbüchern gebunden werden. Sogenanntes Stadtbuchfragment 1254–1256, Pergament, ca. 31×13 cm, Rostock, Stadtarchiv, Sign.: 1.1.3.1.1 Stadtb.-Frag. I 1.

wiederholt wird, dass nämlich in Magdeburg seit 1215 Stadtbücher geführt worden seien, lässt sich, zumindest in dieser undifferenzierten Weise, nicht halten, da es sich dabei wohl eher um eine Rückprojektion aus der Entstehungszeit der Chronik um 1360 handelt. Wahrscheinlicher ist, dass auch in Magdeburg zu dieser Zeit wohl noch mit den oben genannten Wachstafeln und Quaternionen gearbeitet wurde und eine planmäßige Nutzung von Büchern erst später begann (Abb. 14).

Die Entwicklung hin zu mehr und in Büchern gesicherter schriftlicher Dokumentation wurde maßgeblich von den regierenden städtischen Eliten, den Schöffen und Ratsherren, forciert. Denn zum einen war es nun möglich, neue Gebühren für das Schreiben, Lesen und Streichen in Stadt- und Gerichtsbüchern zu generieren. Zum anderen konnte Aufsicht sowie Kontrolle und damit letztlich Herrschaft ausgeübt werden.[104] Beide Faktoren gaben Anlass zu Konflikten, die zum Beispiel in Magdeburg zugunsten der Ratsherren entschieden wurden. Schließlich ist es wichtig zu bemerken, dass es zu Beginn des 13. Jahrhunderts noch nicht Norm oder Gesetz war, privatrechtliche Angelegenheiten zu verschriftlichen, selbst wenn der Sachverhalt an sich, wie etwa eine Auflassung von Immobilien, unbedingt vor Gericht stattzufinden hatte. Wohl erst im Laufe des 14. Jahrhunderts wurde aus dieser Gewohnheit eine Norm. In den wahrscheinlich zwischen 1386 und 1400 entstandenen »Magdeburger Fragen« heißt es dann, dass die Schöffen nur dessen gedenken müssten, was aufgeschrieben sei.[105]

| **104** | Vgl. zum Aspekt, dass Verwaltung praktizierte Herrschaft ist, Weber 1980, S. 545: »Jede Herrschaft äußert sich und funktioniert als Verwaltung.« Vgl. auch am konkreten Beispiel der »Auflassung« Buchholz 1978, S. 32: »Die Auflassung wurde insbesondere dort, wo sie zwingend vor dem Gericht oder dem Rat zu erfolgen hatte, Gegenstand und Ausdrucksform einer originären, aus der eigenen Machtfülle folgenden Zuweisungsbefugnis der Lokalobrigkeit: Der Veräußerer überantwortet das Gut der Verfügungsmacht des Richters oder des Rats; dieser weist aus eigener Machtvollkommenheit in einer solennen Handlung den Erwerber in den Besitz der erworbenen Liegenschaft. Eine derartige Verstärkung der obrigkeitlichen Elemente diente zur Sicherung der Einflußnahme politischer Gewalten in einer Epoche, in der auf dem Grundbesitz noch ein großer Teil der staatlichen Ordnung ruhte und diese Besitzgrundlage die Bürgerrechte und die Teilhabe an den politischen Institutionen bestimmte. [...] Das Stadtbuchwesen hatte keine nur zweckgebundene, nach den Privatinteressen der Bürger ausgerichtete Funktion, sondern war eine feste Institution der gesamten Sozialordnung der Städte.« | **105** | Vgl. die Edition Behrend 1865, S. 65–66 (I, 3, 14); Laband 1863, S. 18, II, 1, 16 und zur Datierung ebd., S. 418 und 426–428. Siehe auch zur Überlieferung und Datierung von Martitz 1873; Päsler 2003, S. 252–258; Lortz 2013, S. 96.

Scheppen zu
Magdeburgk

unsern grus zuvor Erbar Wolwe

s abermals eyner gefangenen frauwen ha

en misshandelungen etzliche dan zu

ehen zugeschickt unnd gebeten hat ...

nach ... sprechen wir Scheppen zu Ma

nach gelegenheit dieser sachen, unnd was

gen, Im rechten zuch fugk unnd macht

so sie dermassen in iren schrifften

nnen, unnd erkundunge der warheit ...

Im falle do sie solchs bekennen wurde

zustraffen. Wo sie aber in peinlich

dlichen Marter unnd ... Alsdann

ner misshandelungen unnd vorhalten

Von Rechts wegen. Vorsiegelt ...

MARKUS SPÄTH

Stadtrecht und Siegelbild im mittelalterlichen Europa[1]

Die Verbindung zwischen der Bildlichkeit von Stadtsiegeln und der Verbreitung von Stadtrecht war im hoch- und spätmittelalterlichen Europa eine sehr enge. Dies zeigt sich deutlich in der Tradition, Weisungen respektive Bewidmungen des Magdeburger Stadtrechts mit solchen Rechtszeichen zu beglaubigen.[2] Als die Magdeburger Ratsleute auf Bitten des schlesischen Herzogs Heinrich III. 1261 der Bürgerschaft von Breslau/Wrocław in 77 Paragrafen das Recht ihrer Stadt übermittelten, fügten sowohl der Herzog als auch der Magdeburger Rat ihre Siegel an den Umbug des Pergaments an (Abb. 2).[3] In einer weiteren Weisung des Rats und der Schöffen von Magdeburg vom 8. November 1295 nahmen nun die Ratsleute die dauerhafte Gültigkeit dieser Bestimmungen explizit unter den Schutz ihres Siegels: »Die selben ratman haben der stadt jngesegel van Meydeburch dar an t°vn hangen vffe rechte steticheit vnde recht orkunde«.[4]

Damit war ein zentrales visuelles Medium zur Repräsentation kommunaler Identität[5] im europäischen Mittelalter zum Authentifizierungsinstrument für städtisches Recht geworden. Letzteres war wiederum Voraussetzung für die Verstetigung der Strukturen kommunaler Autonomie und damit der Ausbildung einer gruppenspezifischen Identität. Doch was verband Recht und Bild, urkundliche Stadtrechtsweisung und Stadtsiegel, miteinander? Diese Frage steht im Zentrum des folgenden Beitrags, wobei sie anhand dreier Aspekte genauer diskutiert werden soll. Zunächst wird untersucht, inwieweit die Ikonografie eines Stadtsiegels, hier desjenigen Magdeburgs, bei der Verbreitung des hiesigen Stadtrechts Aspekte rechtlicher

Abb. 1
Schreiben der Magdeburger Schöffen an Bürgermeister und Rat zu Lüneburg zwecks eines Verhörs gegenüber einer Kindsmörderin, Stadtarchiv Lüneburg Sig. Br. 97/43, vermutlich um 1550.

|**1**| Dem Andenken an Silke Tammen, die sich intensiv mit dem auch im Folgenden wichtigen Phänomen der Verschränkung von Bild und menschlichem Körper in den spätmittelalterlichen Bildkulturen auseinandergesetzt hat, ist dieser Beitrag gewidmet, dessen Publikation sie nicht mehr erleben durfte. |**2**| Im Überblick: Lück 1996, bes. S. 139–140. |**3**| AP Wrocław, a. m. Wrocławia: 1261; Edition bei Ebel 1989, Bd. 2.1, Nr. 1. |**4**| AP Wrocław, a. m. Wrocławia: 1295 XI 8; Edition bei Ebel 1989, Nr. 2. |**5**| Vgl. dazu die Beiträge in Späth 2009 a.

Abb. 2
Weistum der Magdeburger Schöffen für Breslau, 1261.
Breslau, Staatsarchiv, a.m, Wrocławia B.7.

Abb. 3
Siegel der Bürger der Magdeburger Altstadt, Abdruck 26. Juni 1463. Magdeburg, Landesarchiv, U 1 XXII, Nr. 90.

Abb. 4
Fragment des Siegels der Bürger der Magdeburger Altstadt, undatierter Abdruck, um 1250–1260. Magdeburg, Landesarchiv, U 3 L (Kloster St. Laurentii, Nr. 34).

Verfasstheit der gebenden Bürgerschaft vermitteln konnte. In einem zweiten Schritt wird der Blick auf die Magdeburger Schöffen und deren Gebrauch eigener Rechtszeichen zur Beglaubigung ihrer Rechtssprüche gerichtet. Dabei steht deren Rückgriff auf das Motiv des Weltenrichters im Mittelpunkt. Schließlich wird die Perspektive auf die europäische Dimension des Phänomens der Vermittlung kommunalen Rechts mittels besiegelter Dokumente geöffnet. Am Beispiel des im mittelalterlichen Frankreich prominenten Stadtrechts von Soissons können zum einen Parallelen, zum anderen aber auch deutliche Differenzen zur Entwicklung im Verbreitungsraum des Magdeburger Stadtrechts aufgezeigt werden.

Stadtsiegel und Stadtrecht in Magdeburg

Das der Breslauer Stadtrechtsbewidmung anhängende Siegel war das Rechtszeichen der Altstädter Bürgerschaft (Abb. 3), das erstmals 1244 urkundlich erwähnt wurde, aber erst in der Zeit der Bewidmung Breslaus von 1261 *materialiter* fassbar ist (Abb. 4).[6] Dieses meist in ungefärbtem Wachs abgedrückte Siegel mit einem Durchmesser von 83 Millimetern zeigt eine feingliedrige Bildkomposition, die von der Umschrift *SIGILLVM BVRGENSIVM IN MAGDHEBVRCH* eingefasst ist. Über dem zentralen Torbogen eines von Arkaturen gegliederten Mauerkranzes steht frontal eine junge Frau, deren Gesicht eine markante Nase auszeichnet. Ihr langes, in leichten Falten fallendes Gewand wird kontrastiert von den schwer wirkenden

|6| Aktuelle Referenzen zu diesem Siegel: Ausst.-Kat. Magdeburg 2009, Nr. VI.18; Ausst.-Kat. Magdeburg 2005, Nr. 4.1.

Hängeärmeln, die von ihren angewinkelten Armbeugen herabhängen. Die erhobenen Hände mit den dem Betrachter entgegengehaltenen Innenflächen deuten einen Gestus der Anbetung an, sicher ist er aber als Ausdruck von Kommunikation zu deuten.

Das Siegelbild der Bürger Magdeburgs entsprach zur Entstehungszeit seines Typars, das kaum vor dem Erstnachweis von 1244 bzw. 1261 geschnitten worden sein dürfte, einerseits den zeitgenössischen Siegelkonventionen im niedersächsisch-mitteldeutschen Raum, hob sich andererseits jedoch zugleich von diesen deutlich ab. So erscheint die achsensymmetrische architektonische Rahmung der Komposition zunächst charakteristisch, was besonders für den Mauerkranz samt zentralem Tor sowie den beiden flankierenden, spiegelbildlich angeordneten Kirchenbauten im Vordergrund gilt. Vergleichbare Gestaltungsmerkmale finden sich auch in den etwa zeitgleich nachweisbaren Siegeln der Bürgerschaft der Halberstädter Altstadt sowie derjenigen von Mühlhausen in Thüringen.[7] Was das Magdeburger Siegel jedoch von diesen beiden typischen regionalen Vertretern unterscheidet, ist die zentrale Figur. Während im Bildfeld des Halberstädter Siegels mit Stephanus der Patron von Stadt und Bistum ins Zentrum gerückt wird, ist es in der thüringischen Reichsstadt der Kaiser als Stadtherr. In Magdeburg tritt aber weder Mauritius als prominenter Patronatsheiliger noch der erzbischöfliche Stadtherr oder der kaiserliche Gründer, sondern eine junge Frau, eine »Maid« oder »Magd« in den Vordergrund. Gerade im Nordosten des deutschen Sprachraums entstanden im 13. Jahrhundert solche »redenden« Bildmotive von Siegeln und Wappen aufgrund pseudo-etymologischer Leseweisen von Toponymen.[8]

Mit dem Motiv der Jungfrau überlagerte sich im Spätmittelalter die Vorstellung einer antiken Stadtgründung durch Julius Caesar.[9] Die Repräsentation bürgerschaftlicher Identität, die in einem Medium wie dem Siegel zwischen der Einordnung in überörtlich erkennbare Kom-

---

|**7**| Zum Mühlhäuser Stadtsiegel zuletzt Späth 2015. |**8**| Vgl. Schich 2009, zu Magdeburg S. 115. |**9**| Vgl. Schilling 2005, S. 296. |**10**| Zu diesem Spannungsverhältnis in der Bildlichkeit korporativer Siegel vgl. Späth 2009 b, S. 27. |**11**| Grundlegend zur Rezeption sind die Beiträge im Tagungsband Eichler/Lück 2008. |**12**| In der Bewidmung Breslaus von 1295 übernahmen beide Gruppen jeweils dezidiert unterschiedliche Funktionen. Die Niederschrift erfolgte durch die Schöffen unter Zustimmung der Ratsmänner, vgl. Ebel 1983, Nr. 2, S. 20: »Diz recht haben die scheppen van Maydeburch lazen scriuen mit der ratmanne vnde der stat volge.« Nach der Auflistung von jeweils acht namentlich genannten Zeugen aus beiden Gremien sind es dann jedoch ausschließlich die Ratleute, die siegeln, vgl. ebd.: »Die selben ratman haben der stat jngesegel van Maydeburch dar an tvn hangen uffe recht steticheit vnde recht orkunde.« |**13**| Im Überblick: Lück 1996, S. 141–143. |**14**| Seit dem 19. Jahrhundert gab es immer wieder umfassende Editionsprojekte zur reichen Quellenüberlieferung. Friedrich Ebel initiierte 1983 die Reihe »Magdeburger Recht«, die jedoch aufgrund seines viel zu frühen Todes nicht über zwei Bände in drei Teilen zu den Rechtsmitteilungen an die niedersächsischen Städte und an Breslau hinauskam, vgl. Ebel 1983 a, Ebel 1989 u. Ebel 1995. |**15**| Angesichts der intensiven Forschung zum Magdeburger Stadtrecht während des Nationalsozialismus entstanden damals auch die beiden umfassendsten Untersuchungen zu den Magdeburger Schöffensiegeln, nämlich zunächst Buchda 1941, hier S. 259–261, sowie im Anschluss daran Goerlitz 1943. Er publizierte dort bis dahin unbekannte, spätere Versionen des aufgedrückten Oblatensiegels, die im Wesentlichen das ursprüngliche Motiv und Umschrift übernahmen. Insgesamt sind die Gerichtssiegel im spätmittelalterlichen Recht schlecht erfasst und untersucht. Den vermutlich umfassendsten Katalog stellt der von Wilhelm Ewald zu denen im Rheinland dar, vgl. Ewald 1931. |**16**| Die Argumentation von Goerlitz 1943, S. 327–328, bezüglich eines Erstnachweises für Leitmeritz beruht lediglich auf einer urkundlichen Siegelankündigung, während er für Görlitz eine glaubhafte Reproduktion des dort verwendeten, heute aber nicht mehr erhaltenen Siegels nachweisen kann. Daher lässt Lück 1996, S. 146, mit seinem Hinweis auf den frühesten gesicherten Abdruck des Siegels im Jahr 1336 möglicherweise zu viel Vorsicht walten.

Abb. 5
Siegel des Magdeburger Schöffenstuhls, Abdruck 24. Dezember 1428. Magdeburg, Landesarchiv, U 3 (Paulinerkloster) G 30.

positionsmuster und individuellen Bilddetails oszillierte,[10] wurde hier für die Magdeburger Bürgerschaft durch die Figur der Jungfrau evoziert, aus der sich immer komplexere Deutungen ableiteten. Diese Wandlungsfähigkeit könnte ein Grund dafür sein, warum das Typar bis zur Zerstörung Magdeburgs im Jahr 1631 Verwendung fand. Keine dieser Deutungen nahm jedoch Bezug auf das Stadtrecht, das von Magdeburg eben seit der Mitte des 13. Jahrhunderts so erfolgreich Verbreitung im gesamten mittel- und osteuropäischen Raum fand.[11] Dies mag auch damit zusammenhängen, dass die Magdeburger Ratsmitglieder (*consules*) nach der zweiten Bewidmung Breslaus von 1295 nicht mehr in der Beglaubigung solcher Urkunden aktiv waren, sondern diese fortan ausschließlich durch die sich als eigenständige Körperschaft emanzipierenden Schöffen (*scabini*) erfolgte.[12]

Bilder des Weltgerichts: die Schöffensiegel und das Magdeburger Recht

Weil seither die Konflikte zwischen den beiden Organen der Magdeburger Bürgerschaft zunahmen und schließlich 1336 in deren funktionaler und personaler Trennung mündeten,[13] ging die Bewidmung und Weisung des Stadtrechts allmählich ausschließlich auf die Schöffen über. Da diese bei der Weitergabe des Magdeburger Rechts ebenfalls auf besiegelte Urkunden oder Codizes setzten,[14] legten sie sich um 1300 ein erstes eigenes Korporationssiegel zu (Abb. 5).[15] Dieses wurde vermutlich bereits mit der Stadtrechtsweisung für Leitmeritz 1282 verwendet, sicher aber spätestens bei derjenigen an den Rat von Görlitz vom 1. November 1304.[16]

Dieses neue Rechtszeichen der Schöffen, das durch seine von zwei Perlschnüren gerahmte Umschrift (*+ S'SCABINORVM : DE : MAGDEBOVRCH*) explizit als solches ausgewiesen ist, stellt anders als das Stadtsiegel ikonografisch einen klaren Bezug zum Recht und zur Identität der Schöffen als dessen Hüter her. Denn das annähernd 60 Millimeter im Durchmesser fassende Hängesiegel, dessen Typar zwar verloren, das aber teils in exzellenten Prägungen überliefert ist, zeigt Christus als Weltenrichter und damit das prominenteste Richtermotiv des christlichen Mittelalters. Im nur schwach aus dem planen Bildgrund hervortretenden Relief thront Christus frontal auf einem passbesetzen, halbkreisförmigen (Regen-)Bogen. Sein Haupt wird von einem Kreuznimbus umfangen. Obwohl sein Oberkörper kaum verhüllt ist, wird keine Seitenwunde sichtbar.[17] Auf den Handflächen dagegen, die Christus ostentativ dem Betrachter entgegenhält, sind deutlich Wundmale erkennbar. Der Zusammenhang mit der Passion wird zudem durch die Dornenkrone zu Füßen Christi, die Lanze zu seiner Rechten sowie die drei Nägel zu seiner Linken unterstrichen.

Wenngleich das Siegel nicht durch eine besondere Finesse seines Siegelschnitts herausragt, sondern selbst in guten Wachsprägungen eher krude wirkt, erweist es sich bezüglich der von den Schöffen gewählten Ikonografie als außergewöhnlich. Dies betrifft zum einen die Seltenheit des Weltenrichtermotivs in der Bildlichkeit mittelalterlicher Siegel, wo es allenfalls für Rechtszeichen religiöser Institutionen genutzt wurde.[18] Im Milieu städtischer Korporationen dürfte es bis dahin im spätmittelalterlichen Europa sogar einmalig gewesen sein und auch im Magdeburger Stadtrechtsraum war seine Rezeption äußerst selten.[19] Dies erstaunt, zum anderen, angesichts des Umstands, dass das Motiv des Weltenrichters häufig in anderen Gattungen, insbesondere der Bauplastik, der Glas- und Wandmalerei gerade an den Orten präsent war, an denen Recht gesprochen wurde.[20] Dies gilt vor allem für den niederdeutschen Raum, wo für die Gerichtsstuben von Rathäusern wie Lüneburg und Goslar monumentale Darstellungen des Weltgerichts geschaffen wurden.[21] Beides waren Orte, die sich bei ihrer Stadtrechtsetzung immer wieder an dem Magdeburger Vorbild orientierten.

| **17** | Diese ist durchaus bei siegelbildlichen Darstellungen des auferstandenen Christus trotz der geringen Größe des Mediums sichtbar, so im Fall des zweiten Rechtszeichens des Kathedralpriorats von Holy Trinity im ostenglischen Norwich, dessen Typare inschriftlich auf 1258 datiert werden können. Referenz: Birch 1887, Nr. 2093. | **18** | Dies ist besonders häufig im anglo-normannischen Raum im 12. und frühen 13. Jahrhundert zu beobachten, so z. B. beim Konventssiegel des Benediktinerklosters Lessay, Referenz: Douët d'Arcq 1868, Nr. 8260, ebenso wie im Gegensiegel der Kathedralmönche von Canterbury, Referenz: Birch 1887, Nr. 1369. | **19** | Der einzig mir bekannte Fall ist das frühneuzeitliche Schöffensiegel von Vilnius/Wilna, vgl. dazu den Beitrag von Jolanta Karpavičienė, der ich für diesen Hinweis danke, in diesem Band, S. 247–265, hier S. 250. | **20** | Troescher 1939, bes. S. 142–147, bietet nach wie vor die grundlegende Studie zum Thema. Der Katalog zu den mittelalterlichen Rathausbauten im deutschsprachigen Raum von Obert 2014 ist im hiesigen Kontext deshalb sehr hilfreich, weil er die jeweilige Weltgerichtsdarstellung an der Gerichtsstätte vermerkt. | **21** | In vorbildlicher Weise wurde jüngst das Lüneburger Rathaus in den Beiträgen bei Ganzert 2014 aufgearbeitet, darunter auch zum um 1450 gemalten Tafelbild des Weltgerichts an der Stirnwand der Lüneburger Ratsdörnse durch Uppenkamp 2014, S. 254–256. Für den Hinweis auf eine entsprechende Darstellung im Goslarer Rathaus danke ich Kirsten Lee Bierbaum (Köln), die aktuell eine Publikation hierzu vorbereitet. Im Überblick zu Goslar: Obert 2014, S. 363. | **22** | Es handelt sich dabei ursprünglich um das Mittelstädter Rathaus, das durch die Fusion der Siedlungskerne im 14. Jahrhundert zum Verwaltungszentrum der gesamten Bürgerschaft wurde. Im Überblick für die Baugeschichte: Albrecht 2004, S. 49–52. | **23** | Dieses Fresko ist bislang wenig publiziert, für Nachweise vgl. Obert 2014, S. 378. | **24** | Uppenkamp 2014, S. 255. | **25** | Vgl. Albrecht 2004, S. 51. | **26** | Vgl. ebd., S. 34. | **27** | Zitiert nach Troeser 1939, S. 148; vgl. dazu auch Uppenkamp 2014, S. 255 f.

Abb. 6
Fresko mit einer Darstellung des Weltgerichts in der Gerichtslaube des Rostocker Rathauses.

Am Rathaus der Hansestadt Rostock, die allerdings nicht zur Magdeburger, sondern der lübischen Stadtrechtsfamilie zählte, entstand um 1300 die früheste bekannte Weltgerichtsdarstellung im Kontext eines städtischen Gerichtsraums in Norddeutschland (Abb. 6).[22] Dort wurde es in einer spitzbogigen Blendarkade der Laube genau an der Nahtstelle zwischen den beiden ältesten, im späten 13. Jahrhundert errichteten Kernbauten des vormaligen mittelstädtischen Rathauses gemalt. Es erweist sich dabei als einziges zum Schöffensiegel analoges zeitgenössisches Beispiel monumentaler Repräsentation im norddeutschen Raum.[23] Der auf dem Regenbogen thronende Christus erscheint hier in einer Mandorla, wobei zu seinen Füßen Maria und Johannes der Evangelist als Fürsprecher für zwei weitere Adoranten auftreten, wodurch die Darstellung dem Bildtypus der Deesis als einer reduzierten Form der Weltgerichtsikonografie entspricht.[24] In Rostock markierte das Deesisfresko den Ort, an dem nachweislich das städtische Gericht tagte.[25] Dieser wurde zudem durch die ihn überfangende Laube weithin sichtbar als »Zeichen für die städtische Obrigkeit schlechthin« wahrgenommen.[26] Das Motiv des Weltenrichters war zur Zeit des Schnitts des Magdeburger Schöffensiegels im bürgerschaftlichen Milieu klar mit der Durchsetzung von Recht assoziiert. Dies zeigt sich in einer um die Mitte des 14. Jahrhunderts verfassten Glosse zum Sächsischen Weichbildrecht, welches vorschrieb, dass »eyn izlichir richter in dem rathuse lazin molen daz gestrenge gerichte unsers herrn«.[27]

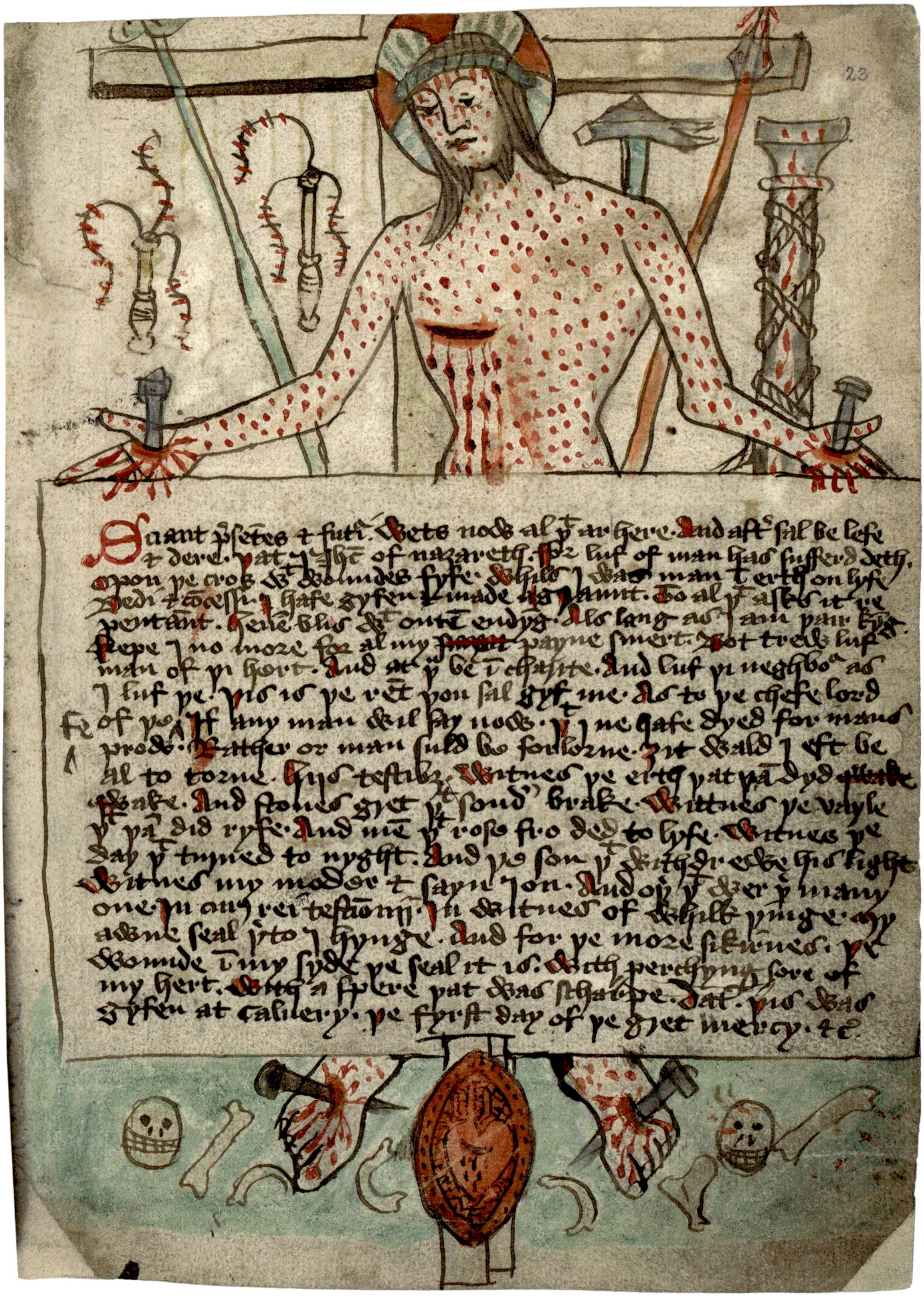

Abb. 7
Kolorierte Federzeichnung der Charta Christi in einer kartäusischen Sammelhandschrift, nach 1460. London, British Library, MS Add 37049, f. 23r.

Das Rostocker Fresko (Abb. 6) ist auch deshalb im hiesigen Kontext wichtig, weil es wie das Magdeburger Schöffensiegel (Abb. 5) die Darstellung von Christus als Weltenrichter mit der der Passionswerkzeuge, den sogenannten *Arma Christi*, kombiniert.[28] Beide sind damit sehr frühe Beispiele eines sich im 14. Jahrhundert weit verbreitenden Bildtypus, bei dem meist zeichenhaft und in teils wenig harmonischer Anordnung die in der Passion Christi maßgeblichen Gegenstände gezeigt werden (Abb. 7).[29] Durch die Betrachtung der isoliert dargestellten *Arma Christi* konnte eine Kontemplation über die Passion des Gottessohnes evoziert werden, ohne selbst eine Bilderzählung in konventionellem Verständnis zu sein.[30] Daher hat die kunsthistorische Forschung diesen wie andere zeichenhafte Bildtypen des 14. Jahrhunderts mit dem nicht unproblematischen Begriff der »Andachtsbilder« charakterisiert.[31] Er erweist sich im vorliegenden Magdeburger Beispiel insofern als irreführend, weil er entsprechende Darstellungen als ein Medium individueller Frömmigkeit suggeriert, während ihre Funktionen und ihre Medialität ganz vielfältig sein konnten.[32] Im Fall des Magdeburger Schöffensiegels war es ein reproduzierbares Abdruckbild in kleinem Format, das seitens des Schöffenstuhls zur Beglaubigung seiner kollektiv gefällten und im Medium der Siegelurkunde verkündeten Rechtsentscheidungen diente.

Beim Magdeburger Schöffensiegel fällt auf, dass die in vielen *Arma-Christi*-Darstellungen meist zahlreichen Gegenstände auf die drei entscheidenden Werkzeuge des Todes des Gottessohns selbst beschränkt sind, nämlich die Dornenkrone, die (Heilige) Lanze und die drei Nägel. Sie fügten Christus jene tödlichen Verletzungen zu, durch die seine Haut perforiert wurde, sodass das gerade im Spätmittelalter so stark verehrte Heilige Blut aus seinem Körper austrat. Daraus entwickelte sich besonders in England, das dem niederdeutschen Raum kulturell noch im Spätmittelalter eng verbunden war, seit dem 14. Jahrhundert die Vorstellung eines neuen, urkundlich beglaubigten und durch den Opfertod Christi geschlossenen Bundes zwischen Gott und den Menschen. Dieser fand seinen visuellen Ausdruck im neuen Bildtypus der *Carta Christi*, als imaginärer Niederschrift mit dem beim Kreuzestod Christi vergossenen Blut auf seiner dabei geschundenen Haut als Schreibgrund.[33] Eine solche »Charter of Christ« findet sich in einer Sammelhandschrift aus kartäusischem Kontext in Nordengland, die nach 1460 entstand (Abb. 7).[34] Hier hält der auferstandende, von Wunden übersäte Christus eine Urkunde vor seinem Körper, die eben jenen neuen Bund mit Gott festhält. Aus den vier Wundmalen an Händen und Füßen, in denen jeweils noch die Nägel stecken, quillt derart viel Blut, dass es sich bis über das gezeichnete Dokument ergießt. Jenes wird dabei mit einem blutroten Siegel beglaubigt, das eben die tödlichste Verletzung Christi zeigt, nämlich das vom Lanzenstich getroffene Herz. Das Rechtszeichen besitzt dabei die nicht untypische spitzovale Form, wodurch es zur Seitenwunde selbst wird, die dergestalt in *Arma-Christi*-Darstellungen erscheint.[35]

|**28**| Nach wie vor grundlegend: Suckale 1977. |**29**| Vgl. Suckale 1977, S. 180–181. Diese reichten von den unmittelbaren Marterwerkzeugen bis hin zum Gewand Christi oder den Würfeln, mit welchen die römischen Soldaten um jenes spielten. |**30**| Vgl. Tammen 2012, S. 315–316. |**31**| Vgl. Suckale 1977, S. 177. |**32**| Vgl. ebd., S. 177–178. |**33**| Vgl. Tammen 2012, S. 315–316. |**34**| London, British Library: MS Add 37049, fol. 23r. Referenz: www.bl.uk/manuscripts/FullDisplay.aspx?ref=Add_MS_37049 (letzter Zugriff am 18.5.2018). Vgl. dazu auch Suckale 1977, S. 180. |**35**| Tammen 2012, S. 319,

Dieses Beispiel zeigt für das europäische Spätmittelalter eindrücklich zwei sich verschränkende Entwicklungen: zum einen die Verrechtlichung des göttlichen Erlösungsversprechens, andererseits eine eucharistische Aufladung der Rechtspraxis, wie sie sich täglich auch den Magdeburger Schöffen stellte. Die auf ihrem Siegel dargestellten *Arma Christi* sind die zentralen Blutzeugen eines ungerechten, jedoch im Einklang mit der göttlichen Vorhersehung und der gültigen römischen Rechtsnorm getroffenen Urteils. Dessen Opfer erscheint nun, nach der Wiederauferstehung, in der Rolle des Weltenrichters, welcher wiederum die Schöffen an ihre Rolle als gerechte Urteilsfinder gemahnt haben dürfte. Diese (Selbst-)Verpflichtung eines rechtssetzenden Kollektivs fand fast drei Jahrhunderte später sein Echo in dem auf 1590 zu datierenden Wappenstein für das Portal des Magdeburger Schöffenhauses.[36] Dort ist in Form eines Medaillons das Motiv des von denselben *Arma Christi* gerahmten Weltenrichters in einem aus Sandstein geschlagenen Hochrelief wiedergegeben, das gleichsam einem Siegel von einem Umschriftenband eingefasst wird. Diese Umschrift verbalisiert geradezu obsessiv die Rolle der gerechten Urteilsfindung, in dem gleich sieben ihrer 14 Worte auf der lateinischen Wortwurzel *ius* beruhen.[37]

Auch wenn aus dem Wappenstein des späten 16. Jahrhunderts nur bedingt auf die Motivation der Schöffen bei der Gestaltung ihres Siegelbilds um 1300 geschlossen werden kann, erstaunt doch die Wirkmächtigkeit des dabei gefundenen und bis weit in die Frühe Neuzeit – selbst über die Zerstörung Magdeburgs 1631 hinaus – in unterschiedlichen Medien rezipierten christologischen Motivs. So ergänzten die Schöffen ihr Hängesiegel kurz nach der Mitte des 14. Jahrhunderts um ein erstes motivgleiches Oblatensiegel.[38] Bei dessen innovativer Prägungstechnik wurde ein separates Stück Papier über eine dünne Wachsoblate gelegt, die dann mittels des Typars auf der Urkunde repliziert wurde.[39] Durch den unmittelbaren Abdruck auf dem Dokumententräger bot sich die Möglichkeit, diesen zu verschließen, worauf im Fall geöffneter Magdeburger Schöffenurkunden die zerrissenen feinen Presseln hindeuten (Abb. 8).[40] Diese neue, im Verbrauch des teuren Wachses effiziente Technik machten sich die Schöffen zunutze, um damit vorrangig die große Zahl ihrer in urkundlicher Form niedergelegten Sprüche, also die bei ihnen von anderen Bürgerschaften respektive Ober-

verweist auf Vorstellungen, dass durch das Blut dieser Wunde der Mensch von seinen Sünden reingewaschen würde. |**36**| Vgl. Buchda 1941, S. 262–264; Lück 1996, S. 144–146. Vgl. zudem die Abbildung des Wappensteins im Beitrag von Matthias Puhle in diesem Band, S. 235–245, hier S. 238. |**37**| Transkription und Übersetzung nach Lück 1996, S. 146: *FAC IVSTE, VT IVSTIS IVSTVS SIS. PRAEMIA IVSTIS: IVSTA DIE IVSTI DEXTERA IVSTA DABIT* [»Tue recht, dass Du seiest gerecht den Gerechten, gerechten Lohn den Gerechten wird geben die gerechte Rechte des gerechten Gottes«]; vgl. Ausst.-Kat. Magdeburg 2005, Nr. 4.80, S. 143. |**38**| Zur Chronologie der drei sukzessiven Stempel für Papierabdrucksiegel vgl. Goerlitz 1943, S. 330. |**39**| Vgl. Ewald 1914, S. 168. |**40**| Aufgrund dieses Umstands sind die meisten seiner Prägungen bereits durch das Öffnen der Rechtsweisung zerstört worden. Dies zeigt sich an den von Ebel 1989 edierten 94 Originalen aus Breslau für die Zeit zwischen 1425 und 1452, von denen lediglich acht das Oblatensiegel aufweisen, vgl. ebd., Nr. 396 (entgegen der dortigen Angabe), 398, 402, 408, 411, 413 u. 428. Die übliche Besiegelungsformel lautet: *Vorsigelt mit vnseme jngesigel*. Da in der Edition konkrete Angaben zum Siegeltypus fehlen, danke ich Dr. Wieland Carls für die Einschätzung, dass es sich um Oblatensiegel handelt. Wieland Carls gilt mein Dank für seinen Hinweis auf eine gute Überlieferung solcher Rechtszeichen an den Schöffensprüchen für Görlitz im dortigen Ratsarchiv. Hier wurden die beim Öffnen gelösten Papieroblaten häufig mit dem Dokument aufbewahrt.

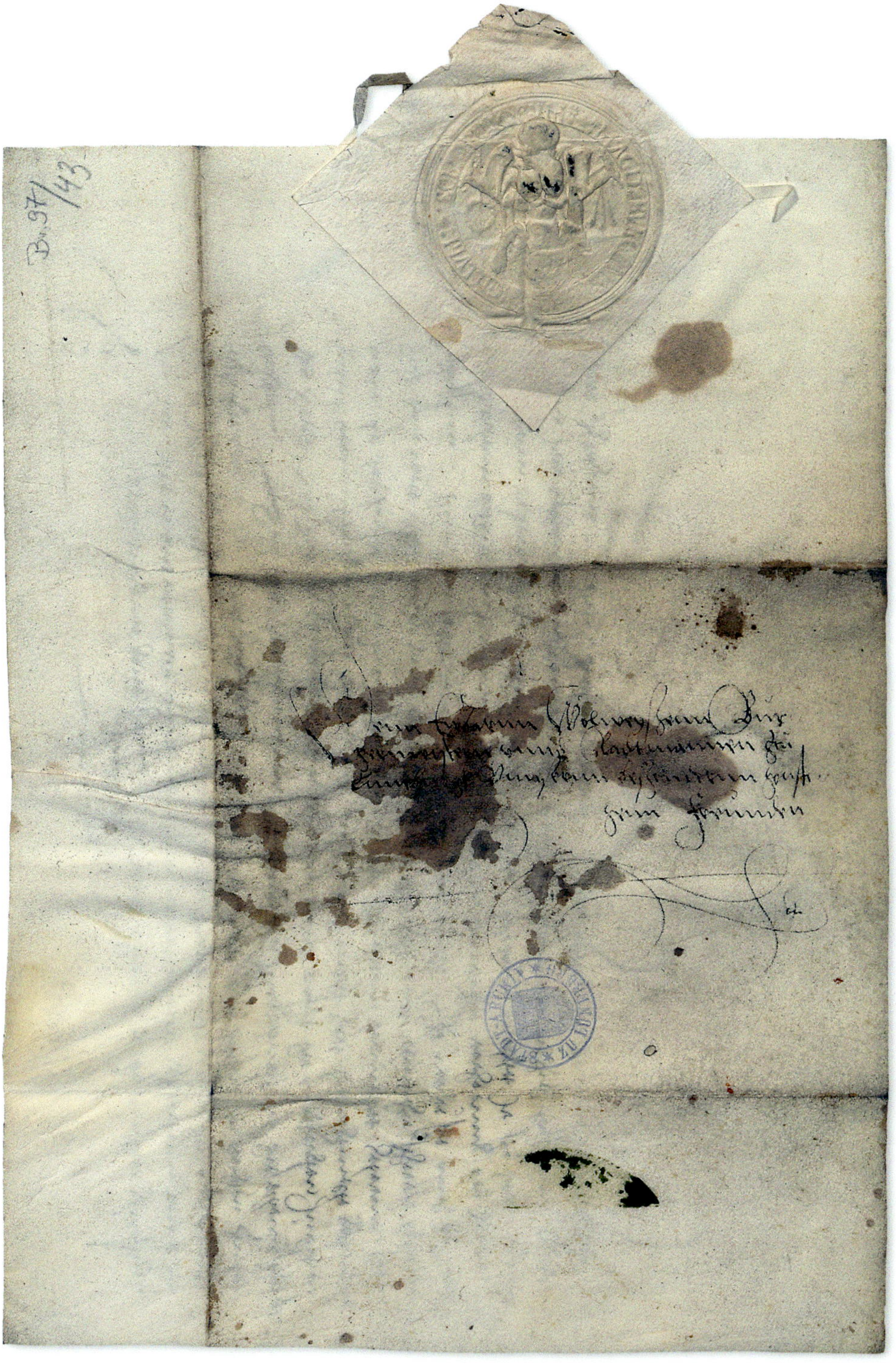

Abb. 8
Drittes Oblatensiegel des Magdeburger Schöffenstuhls, undatierter Abdruck (vermutlich um 1500), an den Lüneburger Rat gerichtetes Schreiben, vgl. Abb. 1. Lüneburg, Stadtarchiv, Br 97/43.

höfen angefragten Rechtsdeutungen, zu beglaubigen.[41] Dadurch fand dieses Motiv über weite Bereiche Mittel- und Osteuropas Verbreitung. Das ältere Hängesiegel hingegen wurde vorrangig für die Weisungen des Stadtrechts und damit deutlich seltener verwendet.[42]

Der Erfolg dieses Motivs als dem Siegelbild der Magdeburger Schöffen zeigt sich auch im Umstand, dass es für ihre beiden folgenden Siegel in jeweils nur leichter, zeittypisch bedingter Modifikation eine Übernahme erfuhr. So wurde es noch in seiner dritten, seit 1517 nachweisbaren Version[43] in vielen Hundert Fällen an anfragende Institutionen verschickt (Abb. 8), wie beispielsweise ein undatierter, aus dem Kontext aber auf die Mitte des 16. Jahrhunderts zu verortender Spruch zugunsten der »erbarrn, wolweyszenn burgermeistern und radtmannen zcu Luneburgk, unnsern beszunndern gonstigen freunden« veranschaulicht.[44] Die christologisch kodierte Bildlichkeit der Magdeburger Schöffensiegel vermochte die Identität ihres kollektiven Siegelführers somit nicht nur über die Reformation, sondern sogar über den Untergang des Schöffenstuhls bei der Zerstörung Magdeburgs 1631 hinaus zu transportieren. Denn auch das Stadtgericht als seine Nachfolgeinstitution legte sich nach dem kompletten Verlust der Kanzlei und des Archivs der Schöffen ein noch heute erhaltenes Typar aus Eisen zu, das in deutlich kleinerem Format wiederum das Motiv des von seinen Marterwerkzeugen umgebenen Weltenrichters zeigt.[45]

Ad formam Suessionis: Stadtrecht und Siegelbildlichkeit in Frankreich

Nicht nur im mittel- und osteuropäischen Verbreitungsraum des Magdeburger Stadtrechts waren Siegelurkunden ein wichtiges Medium zur Distribution kommunaler Normtexte. In Westeuropa waren seit dem späten 12. Jahrhundert vergleichbare Rezeptionsphänomene zu finden, nicht zuletzt beim Stadtrecht von Soissons als dem wichtigsten des französischen Mittelalters.[46] Die *consuetudines communia Suessionis* waren der Kommune der nordostfranzösischen Bischofsstadt, die bereits 1114/1116 die Autonomie von ihrem Stadtherrn erlangt hatte, als kommunales Recht im Jahr 1144 vom französischen König Ludwig VII. verliehen worden.[47] In der Folge erfuhr es dann eine große Resonanz und breitete sich von der Picardie vor allem in Richtung Südosten über die Champagne bis nach Burgund aus.[48]

|**41**| Im Überblick: Lück 1996, S. 140–141. |**42**| Zur Systematik der Siegelverwendung Goerlitz 1943, S. 332–333. |**43**| Zur Reihenfolge der drei sukzessiven Oblatensiegel ebd., S. 330. |**44**| Lüneburg, Stadtarchiv: Br 97/43; Edition bei: Ebel 1983 a, Nr. 17. |**45**| Vgl. Buchda 1941, S. 264–265; Goerlitz 1943, S. 330–331; zuletzt Ausst.-Kat. Magdeburg 2005, S. 145, mit aktuellen Nachweisen zur Provenienz des Typars. |**46**| Da bereits im Hochmittelalter im zentralistisch organisierten Frankreich Kommunen nicht dieselbe Rolle spielten wie im Reich, ist auch die einschlägige Forschung weniger umfangreich. Das Feld der Stadtrechte ist letztmals vor annähernd 40 Jahren (1982) im Tagungsband »Les chartes« intensiver diskutiert worden. Daher stellt nach wie vor Bourgin 1908 die einzige monografische Auseinandersetzung mit dem Stadtrecht von Soissons dar. Zur Verbreitung dieses Rechts mittels Siegelurkunde vgl. Späth 2009 c, bes. S. 86–90. |**47**| Vgl. Bourgin 1908, Kap. II.2. |**48**| Vgl. ebd., Kap. III.

Abb. 9
Undatierte Weisung des Stadtrechts durch die Kommune von Soissons an Dijon, vermutlich um 1183. Dijon, Stadtarchiv, Trésor des chartes 2, n° 4.

Abb. 10
Siegel der Bürgergemeinde von Soissons, undatierter Abdruck, vermutlich um 1183. Dijon, Stadtarchiv, Trésor des chartes 2, n° 4.

Die Grundidee des Stadtrechts von Soissons war es, die Ausübung der Selbstverwaltung als ein wechselseitiges Handeln von Bürgerschaft (*communia*), Bürgermeister (*maior*) und Schöffen (*iurati*) prospektiv zu definieren.[49] Drei Aspekte kommunaler Selbstverwaltung erfuhren darin besondere Aufmerksamkeit: die Ausübung von Gerichtsbarkeit und die Organisation eigener Verteidigungsfähigkeit,[50] aber auch – und dies ist in der Forschung erst jüngst gewürdigt worden – die Beteiligung als Kollektiv an der Rechtskommunikation.[51]

Dieser Rechtscharakter dürfte auch Herzog Hugo III. bewogen haben, den Bürgern seiner Kapitale Dijon im Jahr 1183 ein Kommunalprivileg zu erteilen und anzuordnen, ihre »communia […] *ad formam communie Suessionis*« zu organisieren.[52] Die Wirksamkeit der Bewidmung seitens des Stadtherrn zeigt sich anhand einer undatierten Pergamenturkunde in den Archives municipales von Dijon, welche eine Niederschrift von 32 Paragrafen des Stadtrechts von Soissons darstellt (Abb. 9). Im Anschluss daran wird das Siegel seiner Bürgerschaft explizit angekündigt,[53] das am Umbug des Dokuments mittels acht, teils rot, teils grün gefärbten Kordeln angehängt ist (Abb. 10). Es stellt die einzige in einem besiegelten Original erhaltene Weisung dieses Stadtrechts dar, während sie für andere Städte nur noch kopial überliefert ist.[54] Folglich bietet die Urkunde aus Dijon die Möglichkeit eines Vergleichs mit den urkundlichen Weisungen respektive Bewidmungen des Magdeburger Stadtrechts (Abb. 2).

In der Tradition der Siegelgestaltung in Nordfrankreich während des 12. Jahrhunderts erscheint die Vorderseite dieses 90 Millimeter im Durchmesser großen Rechtszeichens als tellerförmig mit einem abgeschrägten Rand für die Legende (*SIG[illu]M SVESSIONENSIS COMMVNIE*) und einem flachen Bildfeld (Abb. 10).[55] Dieses wird von der mächtigen Gestalt eines frontal stehenden Ritters dominiert, dessen Fußspitzen den unteren Rand berühren, während seine Helmspitze den oberen durchbohrt. Dadurch wird das Siegelfeld in zwei Hälften geteilt, in denen jeweils sieben Personen dicht beieinander gedrängt stehen und ihre Blicke auf den zentralen Ritter richten. Dieser ist mit einem eng anliegenden Kettenhemd, einem spitzen Helm, einem gezückten Schwert und einem normannischen Langschild gerüstet, der mit einem Riemen über seine rechte Schulter gehängt ist. In starkem Kontrast zu seiner übermächtigen Präsenz sind die 14 dezidiert durch ihre Bekleidung als zivil kodierten Assistenzfiguren deutlich zurückgenommen. Analog zur Rezeption des Stadtrechts von Soissons im Nordosten Frankreichs verbreitete sich ebenso dessen Siegelbildmotiv, nicht zuletzt in Kommunen wie Meaux und Compiègne. Aber auch strukturell verwandte Kompositionen fanden wie in Dijon oder Beaune Verwendung.[56] Dieser Umstand einer synchronen Übernahme von Recht und Siegelbildlichkeit markiert einen signifikanten Unterschied zu Magdeburg und seiner Stadtrechtsfamilie, wo allenfalls in Ausnahmen eine solche zu beobachten ist.[57]

Was jedoch beide Stadtrechtsfamilien verbindet, ist die selbstreflexive Thematisierung des Rechts in der Bildlichkeit ihrer einschlägigen Siegel. Jacques LeGoff hat in der Darstellung auf dem Stadtsiegel von Soissons den idealtypischen Fall einer siegelbildlichen Repräsentation des kommunalen Regiments erkannt: »Le sceau de la commune de Soissons offre la vision du maire, armé, entouré des échevins. Nes pas des seigneurs, mais à la place des seigneurs«.[58] In der Figur des Ritters sei *ad personam* der Bürgermeister und in Gestalt seiner 14 Begleiter die Schöffen der Kommune zu entdecken. Diese Deutung ist von der Forschung ausnahmslos geteilt und mit teils mutigen, nicht durch Quellenbelege gedeckten Zahlenanalogien untermauert worden.[59] Tatsächlich verhielten sich die Dinge wesentlich komplizierter. Denn bereits im frühen 15. Jahrhundert wussten die Mönche in der Benediktinerabtei Saint-Créspin-le-Grand bei Soissons nichts von einer solchen Deutung der 14 Assistenzfiguren, als sie in ihrem Chartular eine Urkunde der Kommune von 1301 kopierten und das daran hängende Siegel beschrieben, wobei sie jene als *persones en posture de supplicant* charakterisierten.[60]

|49| Dies drückt sich in der konsequenten Nutzung des Futur I als Tempus der Urkunde aus. Dutour 1998, S. 73–77. **|50|** Im Überblick: Saint-Denis 2000, S. 74–81; zur Bedeutung des Militärdienstes; Dutour 1998, S. 111–113. **|51|** Vgl. Späth 2009c, S. 81–86 mit weiterer Literatur. **|52|** Dijon, Archives municipales: TdC B.2.4 (Edition bei Garnier/Champeaux 1867, Bd. 1, Nr. 1, S. 1): »Philippus Dei gratia Francorum rex, noverint universi presentes pariter et futuri, quam fidelis et consanguinus noster Hugo, dux Burgundie, suis hominibus de Divione communiam dedit ad formam communie Suessionensis.« Vgl. dazu: Bourgin 1908, S. 362–364, zuletzt: Späth 2009c, S. 87. **|53|** Dijon, Archives municipales: TdC B.2.4 (Edition bei Garnier/Champeaux 1867, Bd. 1, Nr. V, S. 15–17): »Noverint universi presentes et futuri quoid hec instituta et has habet consuetudines communia Suessionis [es folgen die 32 Art. des Stadtrechts] Ut autem hoc ratum et constans habeatur omnia suessionis hanc cartam appositione sui sigilli certificavit.« **|54|** Dieser bedeutende Umstand scheint der Forschung bislang nicht aufgefallen zu sein. Eine Umfrage des Verfassers bei einschlägigen Archives municipales (Compiègne, Senlis, Sens, Meaux, Beaune, Montbard, Semur en Auxois; zur Verbreitung des Stadtrechts) erbrachte kein weiteres Beispiel einer solchen Überlieferung per Siegelurkunde. **|55|** Referenz: Bedos 1980, Nr. 667. Grundlegend zu diesem Siegel: Späth 2009c, bes. S. 77–78, mit weiterer Literatur. **|56|** Vgl. Späth 2009c, S. 78 und 88–89. Referenzen: Bedos 1980, Nr. 404 (Meaux), 218 (Compiègne), 244 (Dijon, 1. Stadtsiegel) und 92 (Beaune). **|57|** Soweit bekannt gilt dies für nur Vilnius/Wilna, vgl. oben Anm. 19. **|58|** Vgl. Le Goff 1980, S. 269–272, bringt diese Sichtweise auf den Punkt. **|59|** Vgl. Bourgin 1908, S. 144: »[…] et entouré de 14 personnage – une preuve indirecte, peut-être, que les jurés etaient en nombre de 14, divisée en deux groupes«. Für Soissons ist ein eklatanter Mangel stadtgeschichtlicher und kunsthistorischer Quellen zu beklagen, deren letzte Reste im Ersten Weltkrieg verloren gingen. Daher ist die Forschung u.a. auf Bourgin 1908 angewiesen, dem wenigstens Teile davon noch zur Verfügung standen. **|60|** Zitiert nach Bourgin 1908, S. 144–145, Anm. 8: »Le sceau de cire verte sur laqs en parchement répresente un homme armé de pied en cap qui tient en sa main droite une épée nue et en la gauche un bouclier. Devant lequel il y a cinq autres personnes en posture de supplicant l'escriture est gattée. Sur le contre-sceau, il y a une espèce et facon de piramide avec quelques motz qu'il difficile de dechiffrer.«

Abb. 11
Siegel des Stiftes St. Viktor in Xanten, moderner Abdruck um 1900.
Köln, Historisches Archiv des Erzbistums, Sgl. Beissel, S.K. 219.

So ist vorerst zu konstatieren, dass das Stadtsiegel von Soissons ohne direktes Vorbild in der Siegelbildkultur seiner Zeit war und dennoch vielfache Anknüpfungspunkte zu jener besitzt. Sowohl die Körperhaltung als auch die Art und Weise der Rüstung der zentralen Figur besitzen deutliche Bezüge zu den Amtssiegeln des Hochadels, interessanterweise jedoch nicht im unmittelbaren nordfranzösischen Umfeld, sondern eher im römisch-deutschen Reich.[61] Ein vergleichbarer Darstellungstypus findet sich jedoch auch bei Gemeinschaftssiegeln vieler Korporationen, die einem Ritterheiligen geweiht waren. Das im späten 12. Jahrhundert und damit sowohl zeitlich als auch geografisch nah zu dem Rechtszeichen der Bürgerschaft von Soissons gestochene Siegel des Stifts St. Viktor in Xanten zeigt den zeittypisch gerüsteten Patron in frontal ausgerichteter Standposition, der durch einen Nimbus als heilig ausgezeichnet ist (Abb. 11).[62] Obwohl Viktor anstatt eines langen Schwertes einen Märtyrerzweig in seiner rechten Hand hält, eröffnet der Vergleich dennoch eine Deutungsperspektive für den Ritter auf dem Stadtsiegel von Soissons. Der Gewappnete könnte eine Anspielung auf das Rollenmodell eines Ritterheiligen als Stadtpatron sein,[63] ohne dieses jedoch konkret auszufüllen. Doch ein solcher *defensor civitatis* stand in Soissons nicht zur Verfügung, weil sowohl die Kathedrale als auch die Kommune dem Doppelpatronat der spätantiken Missionars- und Märtyrerheiligen Crispinus und Crispinianus unterstanden, welches keinerlei militärische Konnotationen besaß.[64]

Eine solche Evokation einer schützenden Funktion des Ritters wird verstärkt durch motivische Parallelen zu zwei wichtigen Korporationssiegeln aus dem zeitgenössischen London. Dort standen sowohl die Kommune als auch das Kathedralkapitel unter dem Patronat des Apostels Paulus, der in der Bildlichkeit beider Körperschaften in der Rolle des *defensors* auftritt.[65] Im ersten, bereits vor 1150 nachweislich genutzten Siegel des Kathedralkapitels von St. Paul's[66] steht der Apostel frontal ausgerichtet auf einem Kirchenmodell, wobei sich ihm von beiden Seiten jeweils drei ins Profil gedrehte Supplikanten mit nach oben gereckten

Abb. 12
Münzsiegel der Räte (Barons) von London, Paulusseite, moderner Abguss.
London, Society of Antiquaries of London, Cast Collection.

Händen zuwenden. Als solche hatten auch die Benediktiner von Saint-Créspin im Spätmittelalter die Assistenzfiguren des Stadtsiegels von Soissons wahrgenommen (Abb. 10).[67] Ebenso weist die Ikonografie des Gemeinschaftssiegels der *barones*, der Ratsmänner, von London aus dem frühen 13. Jahrhundert verblüffende Ähnlichkeiten mit dem Stadtsiegel von Soissons auf, welche auf die Schutzfunktion des *defensors* rekurrieren.[68] Da die Londoner Bürgerschaft nach 1200 neben dem Apostelfürsten auch den dort geborenen Märtyrer- und Bischofsheiligen Thomas Becket als Patron verehrte, machte sie sich die in England seit 1200 beliebten Münzsiegel zunutze.[69] Da bei dieser Technik die Flächen beider Ansichtsseiten jeweils vollständig mittels eines Typars geprägt wurden, konnte so die Repräsentation jedes Schutzheiligen auf einer jeweils eigenen Seite medial in eine Balance gebracht werden (Abb. 12).

Auf der Paulus gewidmeten Seite ragt dieser als frontal ausgerichtete Standfigur aus der topografisch klar erkennbaren Stadtsilhouette heraus (Abb. 12). Dabei präsentiert er dem Betrachter zwei bemerkenswerte Attribute in seinen Händen: In der linken hält er das Leoparden-Banner, welches eine Referenz auf das englische Königtum darstellt, in der rechten ein gezogenes Schwert. Obgleich es sich dabei um das konventionelle Attribut des Apostelfürsten handelt, weist sein gezogener, zum Kampf bereiter Zustand eine ebenfalls auf Wehrhaftigkeit rekurrierende Konnotation wie im Falle des Siegelbilds von Soissons auf (Abb. 10). Das Revers des Münzsiegels ist der Repräsentation Thomas Beckets als zweitem Patronatsheiligen Londons sowohl in Bild als auch Umschrift gewidmet. Im Siegelbild thront er über

|**61**| Vgl. Späth 2009c, S. 79–80; französische Grafen oder Herzöge wählten meist den »Reitersiegeltypus«, welcher den Amtsträger im Profil hoch zu Ross in kämpferischer Pose zeigt. |**62**| Referenz: Ewald 1933, Taf. 18,4. Das Messingtypar (H. 85 mm, B. 66 mm) wird heute im Stiftsarchiv Xanten verwahrt. |**63**| Vgl. Ehbrecht 1995, S. 236–242 und das dort diskutierte Beispiel des Patrokulus als Soester Stadtpatron. |**64**| Referenz: Douët d'Arcq 1868, Nr. 7326. |**65**| Zur Schutzfunktion des Apostels vgl. New 2008, S. 37. |**66**| Referenz: McEwan 2016, Nr. 57. |**67**| Für das Quellenzitat vgl. oben Anm. 60. |**68**| Referenz: McEwan 2016, Nr. 168. Grundlegend zu diesem Siegel: New 2008. |**69**| Vgl. Späth 2017, S. 286–287.

Abb. 13
Münzsiegel der Räte (Barons) von London, Becketseite, moderner Abguss.
London, Society of Antiquaries of London, Cast Collection.

einem Segmentbogen, welcher über eine deutlich kleinere Stadtsilhouette gespannt ist (Abb. 13). Ihm wendet sich auf jeder Seite eine mehrköpfige, in mehrere Reihen gestaffelte Personengruppe zu, wobei die zu Beckets Rechter aus Laien, die zu seiner Linken aus Geistlichen konstituiert ist. Deren jeweilige Vertreter in der vordersten Reihe sind in ihrer Haltung deutlich als Supplikanten charakterisiert, die sich, wie im städtischen Siegelbild aus Soissons (Abb. 10), dicht gedrängt in Untersicht an den thronenden Patron wenden. Dies wird wiederum durch die metrische, in wörtlicher Rede gehaltene Umschrift des Siegels gespiegelt, die den Heiligen auffordert, nicht im Schutz für seine Heimatstadt nachzulassen.[70]

Der Schutz, den der Ritter im Stadtsiegel von Soissons seinen Begleitern bieten kann, ist zwar vordergründig ein militärischer, erweist sich bei genauerer Betrachtung jedoch als ein rechtlicher. Denn die Pose des mit der rechten Hand gezogenen und senkrecht in die Höhe gehaltenen Schwertes war im Hoch- und Spätmittelalter keine kämpferisch motivierte, sondern vielmehr eine rechtlich konnotierte. Sie taucht gerade in der Bildkultur italienischer Kommunen seit dem 13. Jahrhundert im Motiv der *Justitia* mit gezogenem Schwert ebenso auf[71] wie in den sowohl medial als auch funktional mannigfaltigen monumentalen Ritterstandbildern in zahlreichen niederdeutschen Städten.[72] Der im Stadtsiegel von Soissons seltsam isoliert inmitten einer belebten Menge stehende Ritter erhält somit neben der Konnotation als Bürgermeister auch eine als Rechtspersonifikation.

|**70**| *+ ME QVE TE PEPERINE CESSES THOMA TVERI*. Zur Rolle Beckets als eingeborenem Patron in der Londoner Bürgerschaft des Spätmittelalters vgl. New 2008, S. 36. |**71**| Lermer 2009, S. 134–135, kann für solche Gerechtigkeitsallegorien im Kontext kommunaler Bauten aufzeigen, dass für deren Ikonografie dabei häufig auf Siegelbildformulare zurückgegriffen wurde. |**72**| Die historische Studie Ehbrechts 1995 hat erstmals die mediale und funktionale Vielfalt dieser Standbilder aufgezeigt, die von Skulpturen des Patronatsheiligen in der Stadtpfarrkirche wie der Reinoldi-Statue in der gleichnamigen Dortmunder Hauptpfarrkirche, ebd., S. 248–254, bis zu den zahlreichen Rolandsstandbildern vor Rathäusern, ebd., S. 245, reicht.

Fazit

Stadtrecht und Siegelbild standen nicht nur in Magdeburg und seiner Stadtrechtsfamilie, sondern auch in Westeuropa in einem engen Verhältnis zueinander. Die hier diskutierten Beispiele aus Magdeburg, Soissons und London haben auf rechtsgeschichtlicher Ebene sicherlich keine unmittelbaren Zusammenhänge. Doch in der Bildlichkeit der dort genutzten Siegel zeigt sich, dass fast immer die Vorstellung vom Recht als Grundlage kommunaler Existenz in Ikonografien manifest gemacht wurde. Dem widerspricht zunächst das vom Altstädter Rat in Magdeburg genutzte Siegel mit der Darstellung der Magd auf dem Mauerkranz (Abb. 3), dessen Bildlichkeit sicher nicht das Stadtrecht als identitätsstiftendes Element aufgriff, obgleich gerade mit ihm bis ins 14. Jahrhundert das Magdeburger Recht an andere Städte gewiesen wurde. Erst mit der Emanzipation des Schöffenstuhls als einer eigenständigen Körperschaft und dessen Aneignung eines eigenen Siegels wurde das Recht zum zentralen Gegenstand der Bildlichkeit (Abb. 5). Die dabei gefundene Komposition des thronenden Weltenrichters, der von den zentralen Passionswerkzeugen umgeben ist, verband das zentrale mittelalterliche Gerichtsmotiv mit dem des göttlichen Erlösungsversprechens. Seine dauerhafte Wirkmächtigkeit zeigte sich in der wiederholten Übernahme für sukzessive Rechtszeichen (Abb. 8) des Schöffenstuhls selbst über dessen Zerstörung 1631 hinaus.

Das Beispiel des Stadtsiegels von Soissons veranschaulicht (Abb. 10), dass bereits um 1200 solche Rechtszeichen genutzt wurden, um die urkundliche Bewidmung von kommunalem Recht zu beglaubigen. Sein Siegelbild, das bisher stets als Repräsentation des städtischen Regiments *ad personam* gedeutet wurde, vergegenwärtigt vielmehr den abstrakten Gedanken des Rechtsschutzes in visueller Form. Anders als in der Magdeburger Stadtrechtsfamilie wirkte in derjenigen von Soissons das Siegelbild paradigmatisch auf den gesamten Verbreitungsraum im Nordosten Frankreichs. Die phänotypischen Parallelen zu den Siegelbildern der Londoner *barones* (Abb. 12, 13) zeigen wiederum, dass ein solches Motiv des schutzgewährenden Patrons keineswegs auf einen bestimmten Rechtsraum beschränkt war, sondern offensichtlich über das dichte Netz der Verkehrswege zwischen den europäischen Städten zirkulierte. Denn was in London und Soissons in der Bildlichkeit der Stadtsiegel zu finden war, manifestierte sich in niederdeutschen Städten und damit im Einzugsbereich des Magdeburger Stadtrechts in Form monumentaler Bildmedien. Aus der hier allenfalls kursorischen Zusammenschau von Recht und Bild in mittelalterlichen Städten eröffnen sich Perspektiven für eine weitere interdisziplinäre Auseinandersetzung, die für alle Beteiligten fruchtbringend erscheint.

MARE TIRENVM
ITA
LIA
VITERBIO
SVENA
AQVILA
RACANATI
ANCONA
BONONIA
FERRARIA
MAREADRIATICVM
SARA
WINDEN
VERONA
PADVA
VENECIA
HISTRI A
AGARAN
KREIN
ETSCH LAND
KRABATEN
KERN
VILLACH
STEIRMARK
GRECZ
HVNGERN
RAEB
SALCZBVRG
OSTERRICH
VI EN
LINCZ
MVNCHEN
PASSAV
TO N
MERHE RN

MARE LIGVSTICVM
DELPHINAT
LVMBARDA
SOPHOI
SVEICZR
LVCERN
PERN
GENEVORA
LOZAN
BVRGVNDA
BIZANCZ
ELSAS
FASEL
MACON
LEON
SCHALON
NARBONA
CARCASO
NIMANS
LVTRIG
SAONA

Stadträume

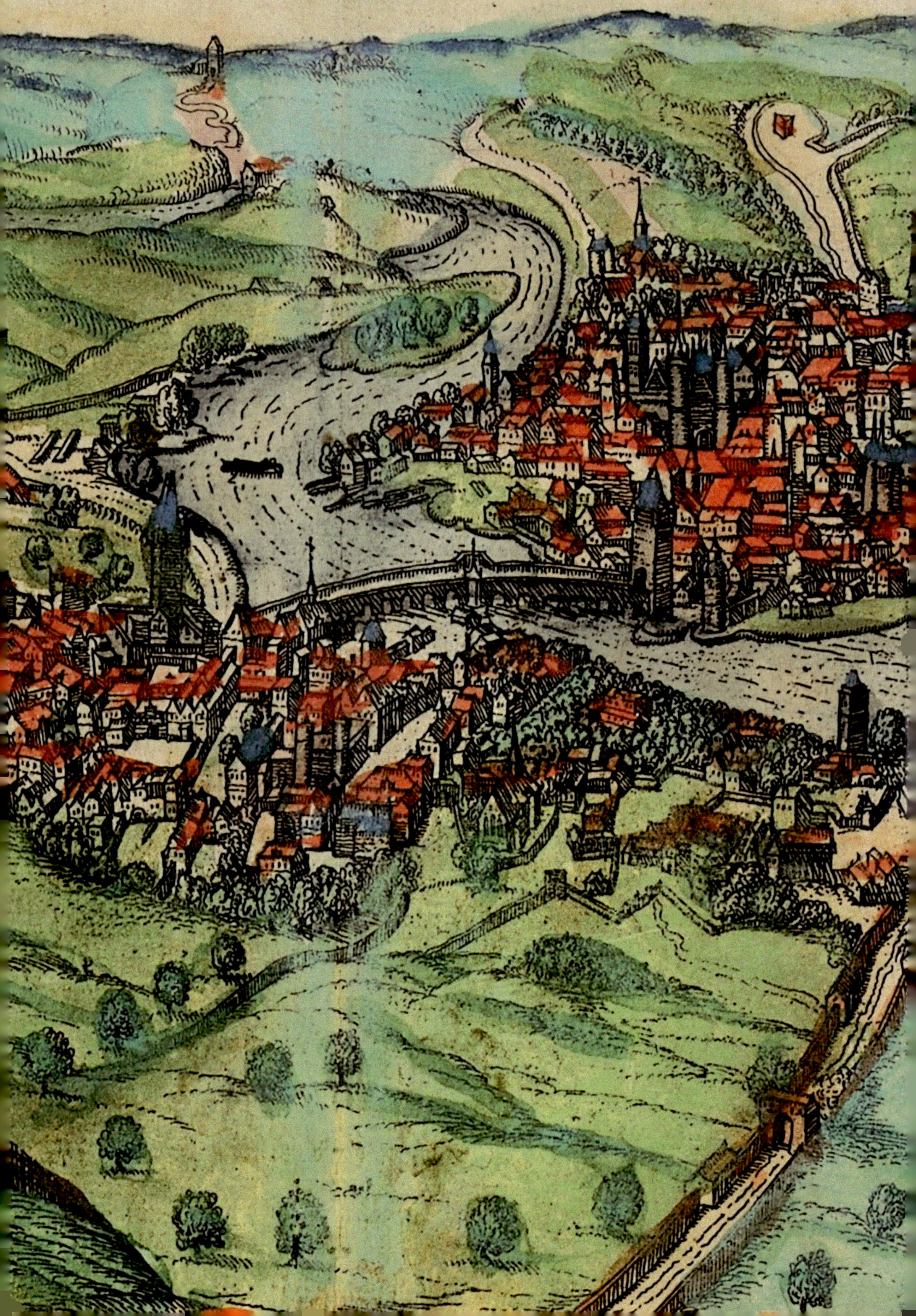

JERZY PIEKALSKI

Prag, Breslau und Krakau

Drei Varianten städtischer Frühformen in Ostmitteleuropa

Der Wandel der wichtigsten ostmitteleuropäischen Zentralorte in hochmittelalterliche Bürgerstädte war ein Prozess der Anpassung an neue wirtschaftliche, demografische und soziale Herausforderungen. Als Haupttriebkräfte dieser Veränderungen sind der Siedlerzustrom aus dem Westen und die damit einhergehenden neuen rechtlichen Lösungen anzusehen. Die Veränderungen des Rechtssystems und der Gesellschaft sowie die Kommerzialisierung der Wirtschaftssysteme in Prag/Praha, Breslau/Wrocław und Krakau/Kraków fanden im Lichte neuer archäologischer Quellen anscheinend früher und ausgeprägter statt als bisher gedacht.

Die Anfänge der drei Städte Prag, Breslau und Krakau sind jeweils durch die Entwicklung eines polyzentrischen Siedlungskomplexes mit zentralen politischen, religiösen und wirtschaftlichen Funktionen charakterisiert. Zur Unterscheidung von Städten im rechtlichen Sinne bezeichnen wir diese Zentralorte als Protostädte.[1] Jede von ihnen ist einzigartig und hat ihren eigenen Charakter. Zugleich besitzen sie jedoch auch Gemeinsamkeiten, die sich aus den spezifischen Eigenarten desjenigen Kulturraums ergeben, in dem sie entstanden sind. Die Protostädte haben sich in einer Zone ohne zivilisatorisches Erbe der Antike entwickelt und ohne Zugang zu Seehandelswegen. Sie blieben im Schatten der früher und intensiver entwickelten Städte im westlichen Mitteleuropa (Abb. 2).

Die Burg und das *suburbium* mit Handwerkersiedlung sowie Markt bildeten die wichtigsten Elemente einer Protostadt. Hinzu kamen Klöster, Höfe und Gebäude weltlicher Herren sowie Gebäudekomplexe mit landwirtschaftlicher Funktion. Die Entstehung einer Protostadt mit ihrer entwickelten Struktur erweist sich in jedem Fall als ein langwieriger und komplexer

Abb. 1
Ausschnitt aus der Prager Stadtansicht Franz Hogenbergs, aus: Braun 1618.
Heidelberg, Universitätsbibliothek, A 330 A gross Res: 6.

| 1 | Vgl. Steuer 2004, S. 43–46, dort weitere Literatur. Auch Piekalski 2014, S. 13–18.

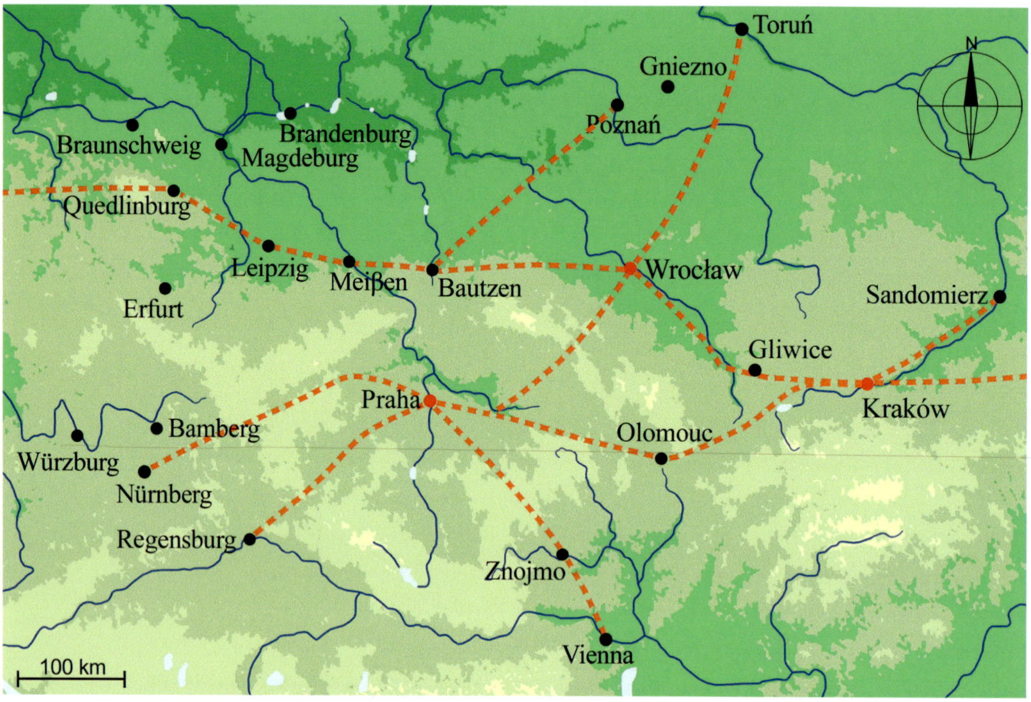

Abb. 2
Prag, Breslau und Krakau eingeflochten in die wichtigsten Handelsstraßen des binnenländischen Ostmitteleuropa.

Prozess. Die einzelnen Elemente der Siedlungsstruktur entstanden in verschiedenen Zeitabschnitten, abhängig von den politischen, militärischen und religiösen Möglichkeiten bzw. Bedürfnissen vor Ort sowie der wirtschaftlichen Konjunktur. Protostädte hatten keine linearen oder festgelegten Grenzen. Welche Siedlungsbereiche der Protostadt zuzurechnen sind, weil sie stabil mit ihr verbunden waren, lässt sich daher nur schwer beurteilen.[2]

Zwar besitzt die Archäologie keine ausreichenden Instrumente, um die ethnische Zusammensetzung der hier zu untersuchenden frühstädtischen Gemeinschaften genauer zu identifizieren, jedoch können Sach- und Schriftquellen miteinander in Verbindung gebracht werden, um so einige verlässliche Schlussfolgerungen zu ermöglichen. Die Anwesenheit von frühen Einwanderern, vielfach als *hospites* bezeichnete Personengruppen mit eigenen und ortsunüblichen Rechten, wurde in jeder der drei Protostädte nachgewiesen, jedoch in verschiedenen Etappen ihrer jeweiligen Entwicklung. So ist anzunehmen, dass jüdische Kauf- und Geschäftsleute schon im 11. Jahrhundert in Prag zugegen waren. Zudem sind die steinernen und hölzernen Baukonstruktionen westlicher Prägung dort zumindest teilweise mit einer deutschen und romanischen Bevölkerung in Zusammenhang zu bringen, was durch Schriftquellen aus der zweiten Hälfte des 12. und des frühen 13. Jahrhunderts bestätigt wird.

In Breslau dagegen ist der ständige Aufenthalt von *hospites* erst für eine etwas spätere Zeit nachgewiesen. Neue Baukonstruktionen sowie innovative Entwicklungen in den vor Ort angewandten Töpfereitechniken sind dort erst um 1200 zu beobachten. Ihr zeitliches Aufkommen deckt sich ungefähr mit dem Alter von Grabsteinen auf dem zerstörten jüdischen Friedhof und ebenso mit Schriftquellen, die ihrerseits eine dauerhafte Anwesenheit von Juden, Deutschen und romanischer Bevölkerung in Breslau bestätigen.[3] Für Krakau kann die Existenz von Gemeinschaften jüdischer Kaufleute hingegen schon für das 11. Jahrhundert angenommen werden.[4] Spuren der deutschen Gemeinde sind dort allerdings erst in den 1220er Jahren auszumachen.

Die Bedeutung der *hospites* für die Wirtschaftsentwicklung der Protostädte darf keineswegs unterschätzt werden.[5] So waren es doch die Fremden, die den Fernhandel ausübten und der Wirtschaftsorganisation, dem Handwerk und Bauwesen sowie dem allgemeinen Lebensstil neue Impulse verliehen. Nach heutigem Wissensstand kann man durchaus die These wagen, dass die Anwesenheit neuer Siedler eine derjenigen Bedingungen darstellt, die für das Entstehen und Funktionieren einer Protostadt unabdingbar sind. Solche Protostädte lassen sich als ein Siedlungs- und Sozialphänomen beschreiben, das die für seine Zeit geltenden Bedürfnisse sowie demografischen, politisch-rechtlichen und ökonomischen Umstände widerspiegelte. Eine Veränderung jener Bedingungen trat im 13. Jahrhundert ein und bewirkte das Ende der Protostädte in ihrer bis dahin bekannten Form. Es folgte somit eine Umwandlung in die den neuen Bedürfnissen angepasste bürgerliche Rechtsstadt.

Dieser hochmittelalterliche Prozess, der die Protostädte Prag, Breslau und Krakau gleichermaßen erfasste, resultierte aus vorherrschenden Tendenzen in ganz Europa, hauptsächlich also aus der wirtschaftlichen, demografischen und kulturellen Ausbreitung des lateinisch geprägten Westens.[6] Dazu hatten viele Faktoren beigetragen, wie etwa ein neues ökonomisches Denken, ein Bevölkerungszuwachs im römisch-deutschen Reich sowie moderne Rechtslösungen, die sich im 12. Jahrhundert in den Städten westlich von Elbe und Saale entwickelten. Der Verlauf der daraus erwachsenden Transformation war in jedem der hier zu untersuchenden Zentren von örtlichen Faktoren abhängig.[7]

|**2**| Vgl. Jankuhn 1973–1975; Schofield/Steuer 2007. |**3**| Vgl. Młynarska-Kaletynowa 1986, S. 44–80. |**4**| Vgl. Zaremska 2011. |**5**| Vgl. Lübke 1995. |**6**| Vgl. Benevolo 2000, S. 337–542; Génicot 2008. |**7**| Vgl. Klápště 2016, S. 98–99.

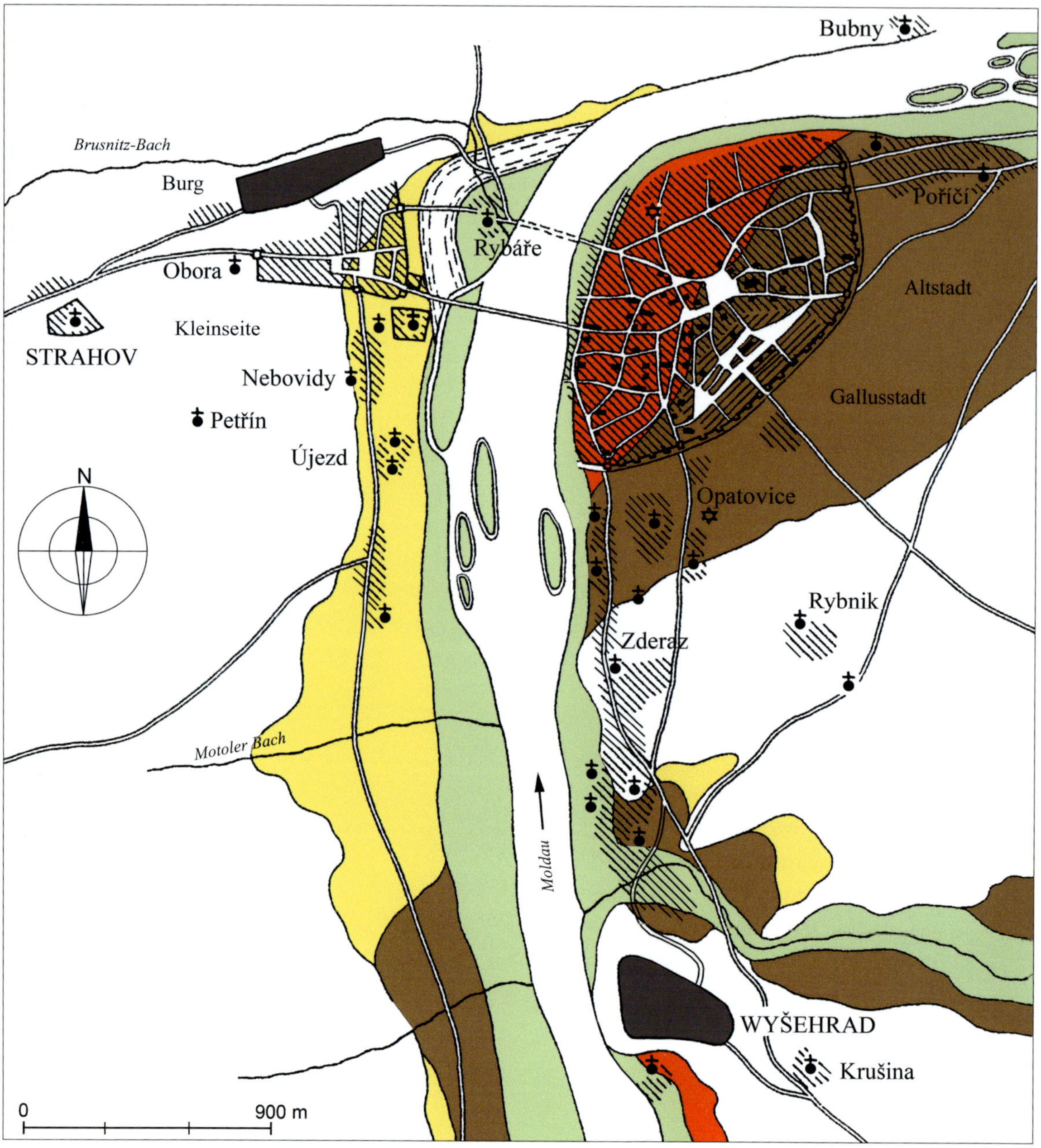

Abb. 3
Prag in der Mitte des 13. Jahrhunderts.

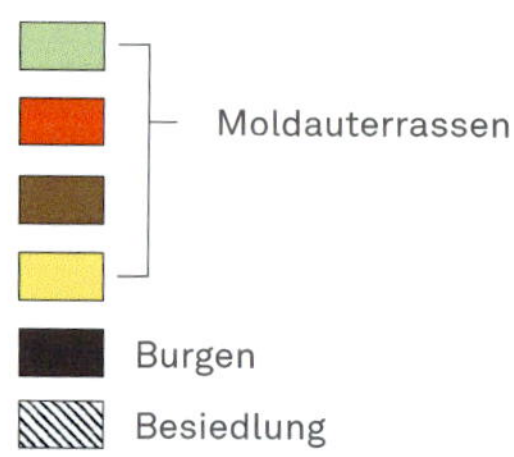

Prag

Wie im Falle vieler anderer in einem langen Entwicklungsprozess entstandener Städte ist eine genaue Abgrenzung zwischen Protostadt und Gründungsstadt Prag schwer festzulegen. Diese Umwandlung resultierte aus vielen Bedingungen und Ereignissen, welche von den 30er bis zu den 60er Jahren des 13. Jahrhunderts Einfluss auf die Entwicklung der Stadt ausgeübt hatten (Abb. 3). Dazu gehören die Umgestaltungen der Struktur der alten Handwerks- und Marktsiedlung auf der rechten Uferseite der Moldau, die Gründung der Gallus-Stadt, der Bau der Stadtmauer, die Zerstörung des *suburbium* bei der Burg und schließlich die planmäßige Anlage der Stadt Mala Strana (Kleinseite).

Das Gründungsprivileg für die Stadt auf dem rechten Moldauufer,das heißt für die spätere Prager Altstadt, wurde 1234 von König Vaclav/Wenzel I. erteilt.[8] Dieses Privileg bezog sich auf ein Gelände mit einer schon existierenden Siedlungsstruktur und einem unregelmäßigen Straßennetz. Die zentrale Lage des Marktes hatte die Entwicklung eines strahlenförmig darauf zulaufenden Straßensystems beeinflusst. Demzufolge führte die wichtigste Straße zur Judith-Brücke und weiter zur Burg. In diesem Falle bedeutete die Gründung keine Neuplanung der Hauptstraßen. Weitere, im Spätmittelalter entstandene Straßen intensivierten die Unregelmäßigkeit des Verkehrswegenetzes.[9] Der annähernd rechteckige Marktplatz avancierte zum kommunalen Zentrum der Altstadt (Abb. 4). Die in der Stadt herrschenden Rechtsverhältnisse spiegeln sich in der Lage der beiden in seinem Umkreis liegenden Machtzentren wider: dem vom König kontrollierten Hof Ungelt am östlichen Rand des Marktplatzes und dem Sitz der bürgerlichen Gemeinde, also des Rathauses im Westen, das einige Jahrzehnte später entstand.

Die Entwicklung der Bürgergemeinde bedeutete keinesfalls die Aufgabe der alten Siedlungsstruktur, sondern vielmehr eine Intensivierung ihrer Entwicklung. Dies betraf jedoch nicht alle Teile der Siedlungsfläche, die zuvor schon auf der rechten Terrasse existierte. Das Gelände der Gründungsstadt nämlich grenzte im Westen und im Norden an eine Flussschleife der Moldau und hatte die Form eines unregelmäßigen Ovals. Kurz nach Anlage der Altstadt wurde das von ihr erfasste Gebiet mit einer Stadtmauer umgeben. Die anderen bebauten Zonen außerhalb dieser Grenze schloss man somit von der Gründungsstadt ab, wie etwa die Siedlungen beim Vyšehrad mit den zehn dort schon existierenden romanischen Kirchen. Diese Teilung erklärt sich möglicherweise aus den dadurch erzielten besseren Verteidigungsmöglichkeiten für die neue Stadt. Die Siedlungen beim Vyšehrad lagen dagegen linear entlang des Flussufers, was ihre Befestigung erschwerte. Zu fragen bleibt, warum das reiche kaufmännische Stadtviertel im Nordosten außerhalb der Stadtmauer verblieb. Seine frühe intensive Entwicklung wird durch die Entdeckung großer, vermutlich zweigeschossiger hölzerner wie auch steinerner Häuser belegt, worunter auch ein repräsentativer Palast

| **8** | Vgl. Nový 1984, S. 30. | **9** | Vgl. Huml/Dragoun/Nový 1990/1991, S. 57; Kašička 1992.

Abb. 4
Der altstädtische Markt in Prag
mit romanischen Häusern.

fiel. Nach der Stadtgründung wurde dieses Gelände allerdings verlassen. Die außerhalb der Befestigung verbliebene Bebauung wurde daraufhin zerstört. Erhalten blieben lediglich die Kirchen St. Clemens und St. Peter. Bei Letzterer hatte sich eine gesonderte vorstädtische Siedlung mit dem Namen Petřin entwickelt, die jedoch nicht wieder an die Bedeutung der früheren Siedlung anknüpfen konnte.

Im südöstlichen Teil der Gründungsstadt entstand eine neue Siedlungseinheit, die als Havelske Město/Gallus-Stadt bezeichnet wird (Abb. 5). Dieses Siedlungsgebiet, früher mit Grubenhäusern bebaut, wurde in den 30er Jahren des 13. Jahrhunderts von Kaufleuten und »Unternehmern« gekauft, die laut Urkunde von 1265 durch den Münzer Eberhard vertreten wurden. Diese warben neue Siedler aus Bayern an, denen der böhmische König Ottokar II. Přemysl besondere Privilegien verlieh.[10] Ein großer Marktplatz in Form eines lang gestreckten Rechtecks, ein Platz für die St.-Gallus-Kirche sowie bürgerliche Parzellen wurden daraufhin planmäßig festgelegt. Den neuen Marktplatz stattete man mit Steinpflaster aus, das die

| 10 | Vgl. Kejř 1975; Hoffmann 1980. | 11 | Vgl. Musílek 2012.

Abb. 5
Gallus-Stadt in Prag.

Relikte der älteren Bebauung überdeckte. Die neue Siedlung hat jedoch ihre ursprüngliche Selbstständigkeit nicht lange behalten können und wurde schließlich, sowohl im räumlichen als auch im rechtlichen Sinne, in die Altstadt integriert. Die Bedeutung der Gallus-Stadt für die Entwicklung Prags wird in der Fachliteratur weiterhin kontrovers diskutiert.[11]

Die Struktur des gesamten Prager Siedlungsbildes hat sich durch diese Aktivitäten wesentlich verändert. Das Siedlungsgebiet und vor allem seine Einwohner waren in rechtlicher Hinsicht voneinander getrennt. Die ursprüngliche Absicht des Königs schien darin bestanden zu haben, mittels Siedlungstätigkeiten Kontrolle über Handel und Handwerk zu gewinnen, die nach seinen Vorgaben nur in bestimmten Bereichen des Prager Siedlungskomplexes stattfinden durften. Die Fläche, die als städtisch bezeichnet werden kann, weil in ihr »typisch städtischen« wirtschaftlichen Tätigkeiten nachgegangen wurde, hat sich damit also wesentlich verkleinert.

Breslau

Die Gründungsstadt Breslau entstand am linken Ufer der Oder auf dem Gebiet der protostädtischen Agglomeration. Ihre Entstehung war ein langwieriger Prozess, der im 13. Jahrhundert mit verschiedenen Rechtsakten geregelt wurde. Die schriftliche Überlieferung gibt uns jedoch nur bruchstückhafte Informationen über den Inhalt dieser Regulierungen. Die meisten Forscher, die sich mit Breslau befassen, nehmen anhand indirekter Quellen an, dass die erste Gründung mit der Verleihung des deutschen Stadtrechts unter Herzog Heinrich I. dem Bärtigen oder Herzog Heinrich II. dem Frommen einsetzte. Der Gründungsvertrag existierte jedoch vermutlich nicht in Schriftform, sondern nur als mündliches Dekret.[12] Der zweite Rechtsakt wurde im Zeitraum nach dem mongolischen Überfall im April 1241 und vor dem 10. März 1242 von Herzog Boleslaus II., dem Kahlköpfigen (Rogatka) vollzogen. Auch hierfür ist keine Urkunde erhalten. Wir erfahren davon lediglich aus Notizen in anderen Dokumenten. Im Jahr 1261 folgte dann eine Regulierung, die durch Herzog Heinrich III. den Weißen und seinen Bruder Wladislaw, Bischof von Salzburg, ausgestellt wurde. Dieser nach Magdeburger Muster gestaltete Rechtsakt ist zugleich der erste für Breslau schriftlich überlieferte. Der Kern des Rechtsgeschäfts betrifft in erster Linie die gegenseitigen Verhältnisse zwischen der Bürgergemeinde und dem Herzog. Das Dokument beinhaltet jedoch nur unklare Angaben über etwaige räumliche Veränderungen im Breslauer Stadtgefüge.

Eine eindeutige Bestimmung der Grenzen der frühen Bürgerstadt ist in Breslau keineswegs einfach. Sie deckten sich nämlich nicht mit dem Verlauf der nach der Stadtgründung errichteten Befestigung. Die Stadtmauer ihrerseits umfasste eine Fläche von etwa 40 Hektar, die durch ein unregelmäßiges Oval am linken Ufer der Oder gebildet wurde. Innerhalb dieses befestigten Gebiets befand sich einerseits die Gründungsstadt, anderseits das Kernstück der protostädtischen Siedlung, über die fürstliches Recht bestimmte, und schließlich auch eine Uferzone an der Oder, die ebenfalls unter direkter Kontrolle des Fürsten stand (Abb. 6). Ein Teil des in der protostädtischen Entwicklungsphase besiedelten Geländes befand sich außerhalb der Stadtbefestigung, also nicht im Geltungsbereich des Stadtrechts (Weichbild).

Das Zentrum der kommunalen Stadt bildete der Marktplatz, der in Breslau als »Ring« bezeichnet wird. Archäologischen Untersuchungen zufolge liegen seine Anfänge in den 20er bis 30er Jahren des 13. Jahrhunderts. Zu dieser Zeit wurden der Platz selbst sowie die mit ihm verbundenen Straßen und Bebauungsblöcke festgelegt. Gegenwärtig können wir die Frage, ob der regelmäßige Stadtplan, auch in chronologischer Hinsicht, mit irgendeinem der genannten Gründungsverträge in direkter Verbindung steht, nicht mit Sicherheit beantworten. Der regelmäßige Plan Breslaus innerhalb der Stadtmauern resultierte aus mehreren Parzellierungsvorgängen, die innerhalb einiger Jahrzehnte, spätestens bis in die 1260er/1270er Jahre, durchgeführt wurden.[13] Zeitgleich mit der Entwicklung der Gründungsstadt bestand noch die alte Siedlung *ad sancti Adalberti*, die erst nach 1261 aufgegeben wurde. Zur selben Zeit ist ein weiträumiges Gelände von Süden und von Westen an die Stadt angeschlossen worden, was die räumliche Entwicklung der mit dem Stadtrecht ausgestatteten Siedlungsgebiete abrundete (Abb. 6).

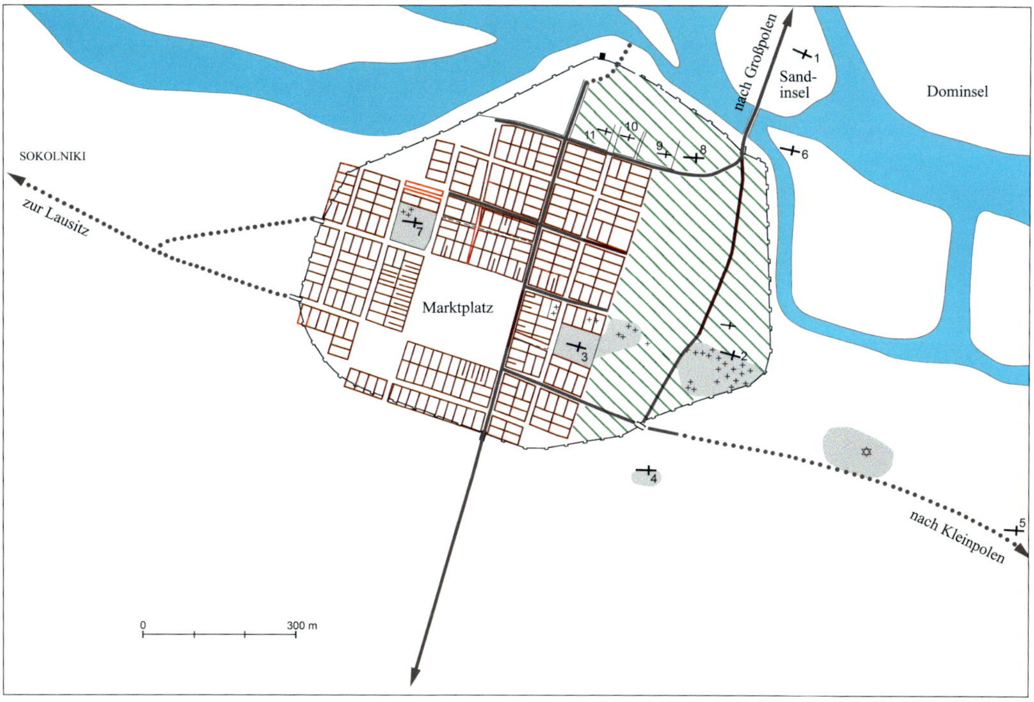

Abb. 6
Breslau um 1250: Gebiet links der Oder.

- Hauptstraßen und Zugangswege
- Straßen mit nachgewiesener Holzdeckung
- städtischer Friedhof
- jüdischer Friedhof
- Gebiet der alten Siedlung
- Kirchen
- Stadtmauer
- Turm in der Fürstenburg
- parzelliertes Gebiet

1 Augustinerabtei
2 Dominikanerkloster mit Adalbertkirche
3 St.-Maria-Magdalena-Kirche
4 St.-Maria-Ägypterin-Kirche
5 Moritzkirche
6 Heilige-Dreifaltigkeit-Kirche
7 Elisabethkirche
8 Franziskanerkloster mit Jakobikirche
9 Klarissinnenkloster
10 Matthiaskirche
11 St.-Georg-und-St.-Agnes-Kirche

Die durchgeführten räumlichen Veränderungen ergaben letztlich den noch heute bekannten regelmäßigen schachbrettartigen Stadtplan Breslaus. Innerhalb der Stadt befanden sich nun drei rechteckige Marktplätze: der zentral gelegene Markt (»Ring«) mit einer Grundfläche von etwa 180 mal 200 Metern, der am »Ring« von Südwesten angrenzende Salzmarkt mit einem Ausmaß von 80 mal 120 Metern und der neue Markt, der 85 mal 120 Meter umfasste und als jüngster der drei Märkte an der Stelle einer protostädtischen Siedlung abgesteckt worden war. Die archäologischen Untersuchungen der Straßen indes bestätigen die Stabilität ihrer Verläufe zwischen Spätmittelalter und Neuzeit.[14]

| **12** | Vgl. Młynarska-Kaletynowa 1986, S. 100–101. | **13** | Vgl. Chorowska 2010, S. 67. | **14** | Vgl. Buśko 1997, S. 126; Konczewski/Piekalski 2011.

Abb. 7
Perspektivischer Plan Breslaus,
Barthel Weiner, um 1562.

Mit Blick auf die Entstehung der Gründungsstadt Breslau fällt zusammenfassend auf, dass zwischen dem protostädtischen Zentrum und der späteren Gründungsstadt keine eindeutige zeitliche Zäsur auszumachen ist. Die Transformation zur Stadt eines neuen Typus war stattdessen ein beschleunigter Prozess. Die rechtlichen Regelungen dienten hierbei der Ordnung und Kontrolle der dynamischen Vorgänge im Rahmen der machtpolitischen Dominanz des Stadtherrn aus der Dynastie der schlesischen Piasten.

Krakau

Bezüglich Krakau herrscht in der älteren Fachliteratur die Meinung vor, dass der Bau der St.-Marien-Kirche in den 1220er Jahren sowie Hinweise auf einen Schultheißen (*scultetus, villicus*) den Zeitpunkt der Gründung der Stadt nach deutschem Recht hinlänglich belegen.[15] Gegenwärtig sind jedoch nicht alle Forscher davon überzeugt. Eine wiederholte Auswertung der vorliegenden Quellen erlaubt nämlich auch abweichende Interpretationsmöglichkeiten. Im Vergleich zu anderen Zentren wird auch für Krakau angenommen, dass sich der Transformationsprozess über mehrere Jahre hinzog und aufgrund der einzig schriftlich bestätigten rechtlichen Regelung im Jahr 1257 einen entscheidenden Wendepunkt erfuhr.[16] Die erhaltenen Schriftquellen informieren darüber, dass die Bestimmung der für die bürgerliche Gemeinde vorgesehenen Siedlungsfläche, die Beseitigung der alten Bebauung und das Vermessen des neuen Stadtplans auf entsprechende Entscheidungen des Krakauer Herzogs Boleslaus der Schamhafte zurückzuführen sind.

Die Organisation der Gründungsstadt, vorgesehen für Siedler aus verschiedenen Gegenden (*homines inibi de diversis climatibus congregare)*, tatsächlich aber mit Personen aus deutschsprachigen Gebieten realisiert, fand innerhalb einer Zone statt, die nördlich vom alten *suburbium* Okół und von den schon existierenden Klöstern der Dominikaner und Franziskaner lag. Dieses Gebiet war bereits in der protostädtischen Phase bewirtschaftet und es befanden sich dort auch einige Kirchen. Eine hier bestehende Handwerkersiedlung wurde 1241 von Mongolen zerstört und lediglich teilweise wieder aufgebaut, woraufhin die neue Stadtsiedlung räumlich an diese ältere Niederlassung anknüpfte. Die ursprünglich anwesende polnische Bevölkerung verblieb außerhalb der Stadt. Dies stimmt mit der in der Fachliteratur vertretenen Meinung überein, wonach Städte neben und nicht etwa auf alten Besiedlungen gegründet worden seien, um die vom Fürsten oder von kirchlichen Institutionen abhängige Bevölkerung dort zu belassen.

Die räumliche Struktur der Gründungsstadt Krakau hat bereits der Kunsthistoriker Bogusław Krasnowolski analysiert (Abb. 8).[17] Bei diesen Untersuchungen wurden hauptsächlich eine messtechnische Auswertung des neuzeitlichen bzw. des modernen Stadtplans und weniger Relikte der mittelalterlichen Bebauung herangezogen. Die beachtliche historische Stabilität der Baustruktur Krakaus und die Tatsache, dass diese Stadt während des Zweiten Weltkriegs nicht zerstört wurde, begründen die Wahl von Krasnowolskis Forschungsmethode.

Außerhalb der Gründungsstadt blieb die Vorstadt Okół der wichtigste Teil der alten Protostadt, vom Wawelhügel einmal abgesehen. In welcher Beziehung die städtischen Befestigungsanlagen und die Grenzen der Gründungsstadt zueinander standen, ist für Krakau nicht

|**15**| Vgl. Wyrozumski 1992, S. 159–160. |**16**| Vgl. Wyrozumski 2007. |**17**| Vgl. Bogusław Krasnowolski 2004, S. 34–37 u. S. 91–136.

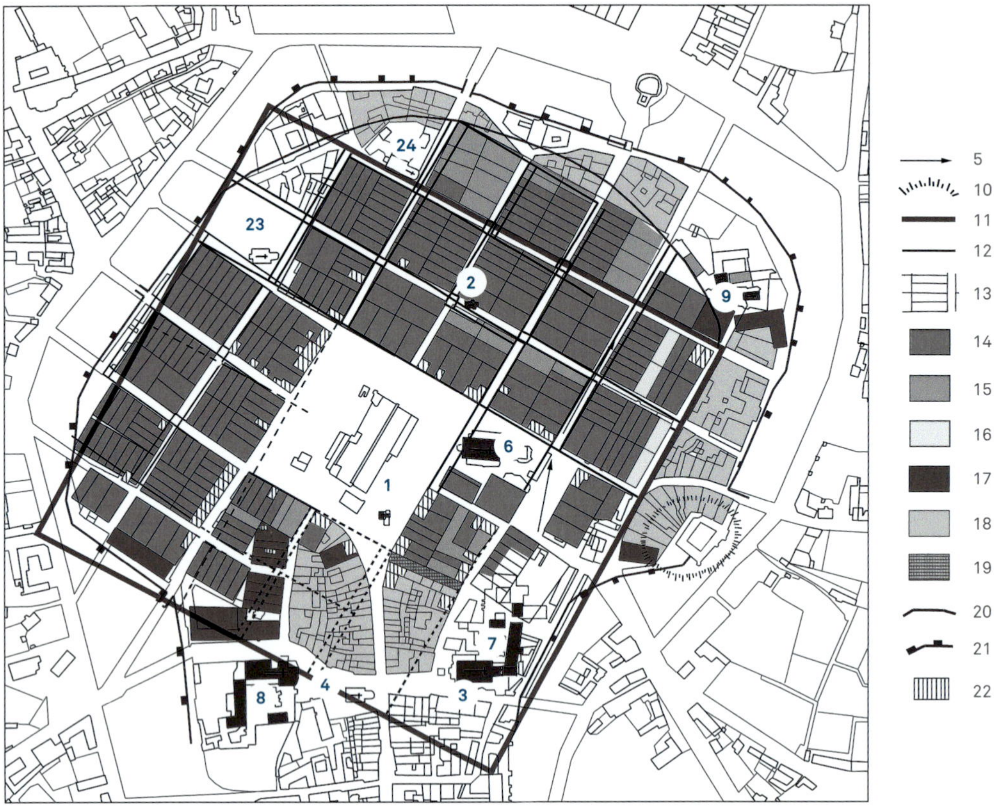

Abb. 8
Krakau nach der Gründung im Jahr 1257.

1 Adalbertskirche **2** Johanneskirche **3** Heilige-Dreifaltigkeit-Kirche **4** Allerheiligenkirche **5** hypothetischer Straßenverlauf um 1220 **6** Marienkirche **7** Dominikanerkloster **8** Franziskanerkloster **9** Hospital mit den Kirchen zum Heiligen Geist und zum Heiligen Kreuz **10** Vogt-Burgwall **11** hypothetische Grenze des parzellierten Geländes im Jahr 1257 **12** Bebauungsviertel mit Straßenverläufen **13** Parzellen **14** Gelände mit modularen ganzen Parzellen (36 × 72 Ellen) und halben Parzellen (17 × 72 Ellen) **15–18** Gelände mit nicht modularen Parzellen **19** nicht erhaltene Straße **20** Stadtwall und Graben um 1285 **21** Stadtmauer nach 1298 **22** älteste Bürgerhäuser **23** Stephanskirche **24** Markuskirche

hinlänglich geklärt. Wir wissen nur, dass die Fortifikationsarbeiten nach 1285 durchgeführt wurden. Höchstwahrscheinlich wurde dabei lediglich die Gründungsstadt mit einem Graben und Erdwällen umgeben. Zudem ist bekannt, dass die Stadtbürger zu diesem Zeitpunkt gegen eine Verbindung der Stadtbefestigung mit der Burg Wawel eintraten. Der Bau einer steinernen Stadtmauer begann schließlich erst an der Wende vom 13. zum 14. Jahrhundert (Abb. 9). Die Einbeziehung von Stadt und Burg in ein gemeinsames Verteidigungssystem fand vermutlich nicht vor Mitte des 14. Jahrhunderts statt.

| **18** | Vgl. Körmondy 1995.

Abb. 9
Krakau um 1300.

A Burg Wawel
B altes *suburbium* Okół
C Stadt

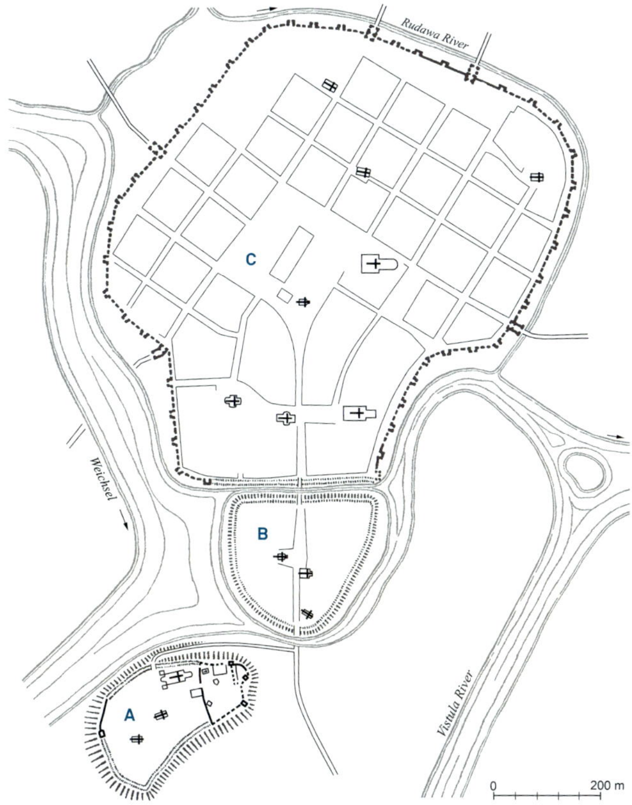

Schlussfolgerungen

Die Beschleunigung der Urbanisierung und der Beginn der Entwicklung von Bürgerstädten in Ostmitteleuropa wurden maßgeblich durch verschiedene Prozesse in den Gebieten westlich von Elbe und Saale beeinflusst. Ein demografisches Wachstum im »alten Europa« während des Hochmittelalters beförderte Migrationsprozesse, die als Teil eines größeren europäischen Phänomens zu verstehen sind. Andere vergleichbare Migrations- bzw. Expansionsbewegungen bildeten beispielsweise die Kreuzzüge, die Reconquista auf der iberischen Halbinsel oder die Kolonisation der britischen Inseln. Dieser mit der mittelalterlichen Ostsiedlung zusammenhängende und alles andere als einfach zu interpretierende Prozess wird in der Fachliteratur ähnlich intensiv diskutiert wie das Problem der Stadtgenese. Ohne sich tiefer in diese Diskussionen zu begeben, lässt sich zusammenfassen, dass der friedliche Zustrom fremder Siedler eine grundlegende Bedeutung für den Urbanisierungsprozess in Ostmitteleuropa und dessen kulturelle Ausprägung in den daran anschließenden Jahrhunderten besaß. Der zweite städtebildende Faktor, der gleichzeitig mit dem in nachkarolingischer Zeit einsetzenden Bevölkerungsanstieg auftrat, war der Bedarf an Siedlern und neuen Wirtschaftsformen in den westslawischen Gebieten sowie in Ungarn, was innerhalb von verschiedensten Gründungsurkunden zum Ausdruck kam.[18]

Der in Krakau und vermutlich auch in Breslau angewandte Grundsatz der rechtlichen Trennung von einheimischer und zugewanderter Bevölkerung kann dadurch erklärt werden, dass man die alten Siedlungen im Bestand erhalten wollte, da deren Einwohner mit traditionellen Pflichten gegenüber den Herrschern belastet waren und diese Dienstleistungen keinen Abbruch erfahren sollten. Um jenen Status quo zu bewahren, wurde ein rechtliches Verbot verhängt, die fürstlichen Dienstleute in die bürgerlichen Gemeinden aufzunehmen. Schon innerhalb kurzer Zeit führte dies zur Verarmung der alten Siedlungen und später zu ihrem Niedergang bzw. zu deren Aufnahme in die Gründungsstädte. Ungeklärt bleibt das Schicksal der Einwohner der protostädtischen Siedlungen. Wurden sie zu rechtlosen Stadtbewohnern oder vielmehr in die Fürstendörfer umgesiedelt? Die erhaltenen Schriftquellen geben darüber keine Auskunft.[19] Die demografische Basis der sich wandelnden Städte bildeten also *hospites* (Gäste), hauptsächlich deutschsprachige Siedler, die bereits vor, aber vor allem wegen der Stadtgründungen in den Osten gekommen waren. Für sie, bzw. um ihre rechtliche, soziale und wirtschaftliche Position zu definieren, aber auch, um die Interessen des Fürsten zu sichern, wurde vielfach das neue Stadtrecht eingeführt.

In jeder der oben vorgestellten Städte besaß der durch die städtische Gründung hervorgerufene Veränderungsprozess einen etwas anderen Charakter. Hatte die ursprüngliche Protostadt bereits eine intensive und erfolgreiche Siedlungsentwicklung hinter sich, schränkte dies den räumlichen Ausgriff der Gründungsstadt eher ein. Instabilität innerhalb der protostädtischen Phase hingegen ermöglichte größere Eingriffe in die vorhandene Siedlungsstruktur, an die die Gründungsstadt dann anknüpfte.[20] Das rechtsufrige protostädtische Prag etwa hatte im Jahr 1234 eine derart geformte und kaum veränderliche räumliche Struktur, dass der damals abgeschlossene Gründungsvertrag keine drastischen Veränderungen in der Anordnung der Siedlung verursachte.[21] Die schon existierende steinerne Bebauung entlang der Straßen beugte etwaigen Neugestaltungen durch Ausbreitung der Gründungsstadt vor. Somit wurde das Gebiet der Protostadt keinen baulichen Veränderungen unterworfen, sondern lediglich von mit der Prager Rechtsstadt verbundenen steuerlichen Maßnahmen erfasst. Das Kernstück der alten Siedlung wurde daraufhin in das neu gebildete städtische Gebiet aufgenommen, das in kurzer Zeit mit Befestigungsanlagen umgeben wurde. Ein anderes Schicksal ereilte dagegen das auf dem linken Flussufer liegende *suburbium*, das nach Auffassung Ottokars II. keinen ausreichenden Wert besaß, um es zu erhalten und weiter zu entwickeln.

In Breslau hingegen muss der Siedlungsteil, der der bereits existierenden Agglomeration hinzugefügt wurde, als die erste Gründungsstadt angesehen werden. Sein regelmäßig geplantes Straßennetz mit zentral gelegenem Marktplatz (»Ring«) war eine von drei Strukturen, die in kurzer Zeit mit einer gemeinsamen Befestigung umgeben wurden. Bei den beiden anderen Niederlassungen handelte es sich um protostädtische Siedlungen, die zugleich das fürstliche Areal an der Oder umfassten. Die neu gebildete Siedlungseinheit war gekennzeichnet durch eine dynamische Entwicklung, die nicht nur die Aufnahme der alten Siedlungen in die Gründungsstadt nach sich zog, sondern auch zu weiteren territorialen Ausgriffen Breslaus führte.

In Krakau wiederum wurde das alte *suburbium* Okół nicht in die Gründungsstadt aufgenommen. Die Anlage der neuen Stadt wurde somit für die nördlich vom *suburbium* gelegene Fläche anstelle der von Mongolen zerstörten und nur rudimentär wieder aufgebauten Handwerkersiedlung geplant. Auch dort entwickelte sich ein regelmäßiger Grundriss, der wirtschaftlichen Zwecken diente und von der Herrschaft unter steuerrechtlichen Gesichtspunkten erfasst wurde. Zugleich war dieses Siedlungsgebiet ein Ausdruck für die versierten Fähigkeiten mittelalterlicher Stadtplaner und Vermesser. Aus heutiger Sicht kann der auf das 13. und 14. Jahrhundert zurückgehende Stadtgrundriss Krakaus als Ergebnis städtebaulicher Kunst betrachtet werden.

Prag, Breslau und Krakau war die erhebliche räumliche Einschränkung der alten Siedlungsstruktur gemeinsam. Anstelle von lockeren, mehrteiligen Siedlungsballungen entstand jeweils eine konzentrierte Bürgerstadt, die über ein auffälliges multifunktionelles Zentrum verfügte: den Markt. In jeder der hier vorgestellten Städte handelte es sich dabei um einen räumlich ausgestalteten Platz, den bereits vorhandenen in Prag und einen jeweils neu abgesteckten in Breslau sowie Krakau.

| **19** | Vgl. Goliński 2012, S. 24–27. | **20** | Vgl. Piekalski 2014, S. 155–159. | **21** | Vgl. Klápště 2016, S. 100–117.

FELIX BIERMANN, CHRISTOFER HERRMANN, ARKADIUSZ KOPERKIEWICZ

Alt-Wartenburg im Kontext der spätmittelalterlichen Stadtgründungen im Ermland

Einleitung

Die Stadtwüstung Alt-Wartenburg/Barczewko[1] ist für die Erforschung spätmittelalterlicher Urbanisierungsprozesse im östlichen Mitteleuropa von großem Interesse. Zum einen kann hier die Gründung und frühe Entwicklung einer Stadt, die das Kulmer Recht als regional übliche Variante des Magdeburger Rechts erhalten hatte, anhand einer relativ dichten Schriftüberlieferung nachvollzogen werden; zum anderen ermöglichen die spezifischen Bedingungen einer frühzeitig jäh unterbrochenen Stadtgeschichte, den baulichen, wirtschaftlichen und sozialen Charakter der Ansiedlung mit archäologischen Methoden zu erhellen.

Alt-Wartenburg wurde bald nach 1325 durch das Bistum Ermland gegründet und bereits 1354, nach der kriegerischen Zerstörung durch Einfälle von Litauern, wieder aufgegeben. Ein neuerlicher Aufbau erfolgte an anderer Stelle. Seitdem liegen die Überreste der Initialgründung, als »Altstadt« von Alt-Wartenburg bezeichnet, im Zustand der ersten Generation unberührt in der Erde. Ein seit 2014 laufendes Forschungsprojekt der Universitäten Danzig/Gdańsk, Göttingen und Greifswald, gefördert maßgeblich durch die Beauftragte der Bundesregierung für Kultur und Medien, ferner durch die Universität Danzig, eröffnet facettenreiche Perspektiven auf eine Gründungsstadt im Preußenland und außergewöhnliche Einsichten zu der Frage, was eine Lokationsstadt des Mittelalters in Ostmitteleuropa über das Stadtprivileg hinaus ausmachte.

Abb. 1
Die Wallanlagen der »Altstadt« (rechts neben dem Mühlenhof) im Luftbild von Nordosten, dahinter der Wadangsee.

|1| Die Wüstung Alt-Wartenburg (Barczewko) liegt nordöstlich von Allenstein/Olsztyn in der Woiwodschaft Ermland und Masuren im Nordosten der Republik Polen. Bei seiner Gründung hieß der Ort Wartenburg. Zur Unterscheidung von der Neugründung Wartenburg (Barczewo) wird die Erstgründung hier stets als Alt-Wartenburg bezeichnet.

Die mittelalterliche Stadtsiedlung im Ermland

Mit der mittelalterlichen Siedlungsgeschichte des Ermlandes hat sich am gründlichsten Victor Röhrich beschäftigt, der die bekannten Schriftquellen systematisch auswertete und die Ergebnisse zwischen 1899 und 1926 publizierte.[2] Sein Werk blieb allerdings unvollendet, da er die Gebiete des Domkapitels nicht bearbeitet hat und bei den bischöflichen Territorien nur die Gründungen bis zur Zeit Bischof Johanns von Meißen untersuchte. Röhrich verfasste 1925 noch einen Abriss zur mittelalterlichen Geschichte des Ermlandes, der auch die bislang nicht berücksichtigten Zeitabschnitte und Regionen enthielt.[3] Viele Arbeiten zur Geschichte Ermlands thematisieren den mittelalterlichen Siedlungsvorgang,[4] ohne jedoch Röhrichs ausführliche Darstellung zu ersetzen. Eine Studie zur Geschichte und Struktur der ermländischen Städte für den Zeitraum zwischen 1466 und 1772 wurde 2007 von Jerzy Kiełbik vorgelegt.[5]

Das Hochstift Ermland stand als geistliches Fürstentum bis zur Mitte des 15. Jahrhunderts im Verband mit dem Deutschordensland Preußen. Es wurde formell 1243 bei der Gründung der vier preußischen Bistümer geschaffen und verfügte als einzige Herrschaft der Bischöfe und Domkapitel in Preußen über ein geschlossenes Territorium. Dieses reichte von Braunsberg/Braniewo am Frischen Haff bis weit in die waldreichen Gebiete der sogenannten »Großen Wildnis« im Südosten des Preußenlandes.

Die Aufsiedlung des Stiftsgebiets erfolgte seit dem späten 13. Jahrhundert, nach der Niederschlagung der letzten Prußenaufstände, systematisch von Nord nach Süd und war bis zum Ende des 14. Jahrhunderts weitgehend abgeschlossen. Die frühesten Siedlungsaktivitäten mit Stadtgründungen lassen sich um 1280 an der Küste nachweisen (Braunsberg/Braniewo, Frauenburg/Frombork) und schoben sich im 14. Jahrhundert immer weiter in die Wälder des Landesinneren vor, zuletzt mit der Gründung der Städte Bischofstein/Bisztynek 1385 und Bischofsburg/Biskupiec 1395 (Abb. 2). In Hinsicht auf den rechtlichen und technischen Ablauf der Siedlungsorganisation orientierten sich die ermländischen Bischöfe und Domherren an den Verfahren, die auch in den zum Deutschen Orden gehörenden angrenzenden Territorien schon zur Anwendung gekommen waren. Das grundlegende Instrument bildete dabei das Kulmer Recht, eine vom Deutschen Orden eingeführte Modifikation des Magdeburger Rechts.[6] Dieses wurde sowohl bei der Gründung von Städten als auch von Dörfern und Einzelgütern angewandt. Als übergeordnete Verwaltungseinheit dienten die Kammerämter, von denen es im Hochstift Ermland insgesamt neun gab. Sechs davon waren dem Bischof und drei dem Domkapitel unterstellt. In jedem Kammeramt gründete der Landesherr eine Stadt als Mittelpunkt des lokalen wirtschaftlichen Austauschs sowie eine Amtsburg als administrativ-militärisches Zentrum. Nach dem Aufbau einer Stadt wurden im Gebiet der Kammerämter jeweils etwa zehn Dörfer und zusätzlich noch Gutshöfe gegründet. Diese

|2| Röhrich 1899–1926. |3| Röhrich 1925. |4| Buchholz 1903, S. 23–49; Szorc 1990, S. 256–300; Achremczyk 2000. |5| Kiełbik 2007. |6| Zum Kulmer Recht vgl. Kisch 1978, Małłek 1988 sowie die Beiträge von Danuta Janicka und Roman Czaja in diesem Band, S. 183–193 bzw. S. 101–113.

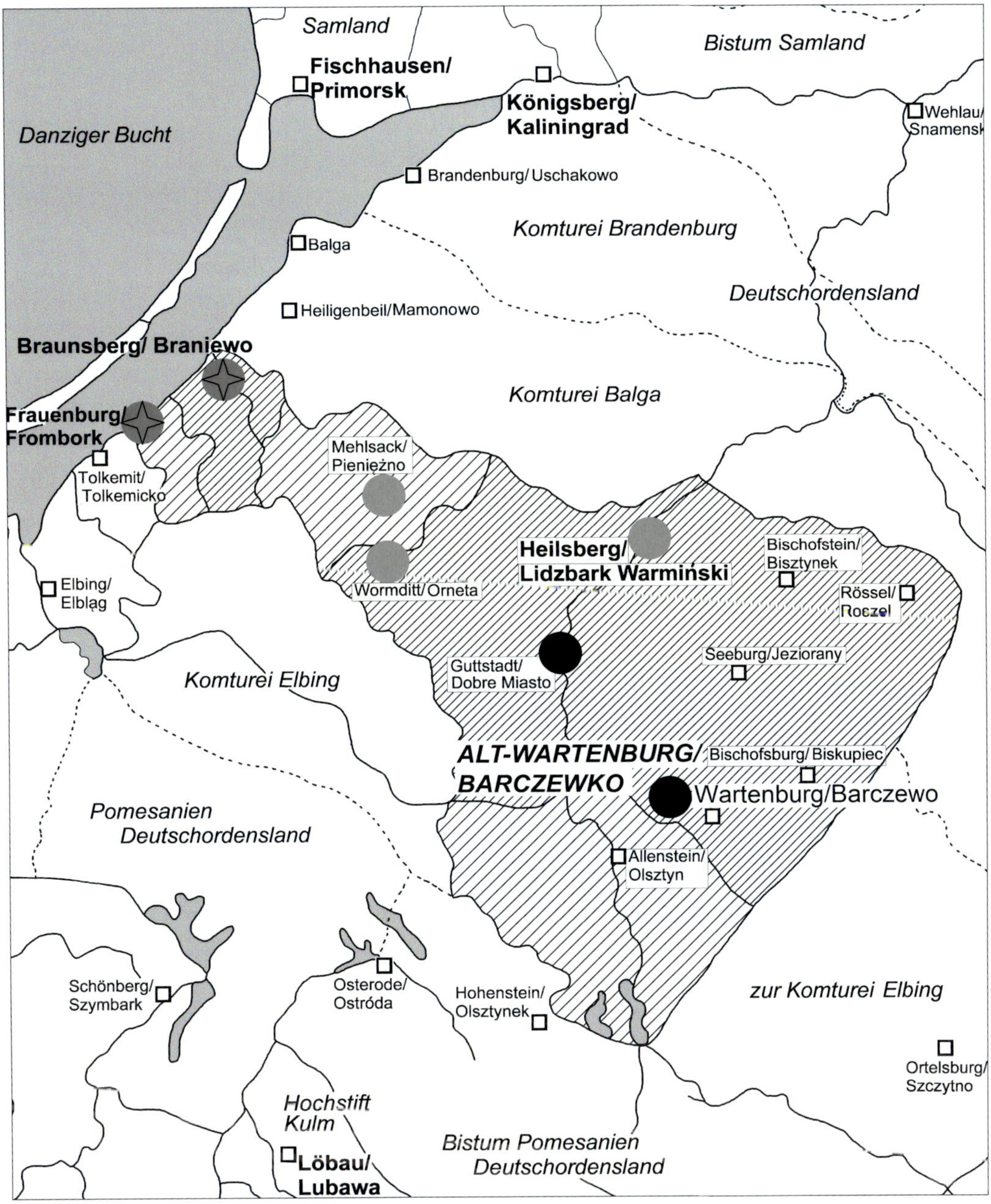

Abb. 2
Städtegründungen und -privilegierungen im Ermland bis etwa 1330.

Schrägraster: Gebiet des Hochstifts Ermland (um 1500); **enges Schrägraster:** Kammerämter (Allenstein, Frauenburg, Mehlsack) des ermländischen Domkapitels; **großer grauer Kreis mit Stern:** Städte 1250 bis 1300 (Braunsberg erste Gründung [G] um 1250, erste Handfeste [H] 1254, zweite G um 1278, zweite H 1304; Frauenburg G um 1278, H 1310); **großer hellgrauer Kreis:** Städte 1300–1312 (Heilsberg G um 1300, H 1308; Mehlsack G um 1300, H 1312; Wormditt G nach 1300, H 1312); **großer schwarzer Kreis:** Städte 1325–1337 (Guttstadt G um 1325, H 1329; Alt-Wartenburg G nach 1325, H vor 1337); **offene Rechtecke:** sonstige wichtige Burgen und Städte

Entwurf Ch. Herrmann, Grafik Th. Kinkeldey auf Grundlage von Erwin Gatz (Hg.), Atlas zur Kirche in Geschichte und Gegenwart. Heiliges Römisches Reich, deutschsprachige Länder, Regensburg 2009

konnten ihre Überschussproduktion auf dem Markt der jeweiligen Stadt absetzen und sich im Gegenzug mit Waren aus der städtischen Handwerksproduktion und dem urbanen Handelsnetzwerk versorgen.

Zur Anlage von Städten wurden ganz überwiegend deutsche Siedler herangezogen. Im ländlichen Milieu gab es sowohl deutsche als auch prußische Siedlungen. Die ländlichen Pfarrkirchen standen gewöhnlich nur in den deutschen Dörfern. Die umliegenden prußischen Ansiedlungen wurden dorthin eingepfarrt. Die Vergabe von Gutshöfen erfolgte in der Regel an prußische Freie, die dafür im Kriegsfall leichten Reiterdienst im Ordensheer zu leisten hatten. Bemerkenswert bei der Siedlungspolitik der ermländischen Bischöfe und Domherren war der Umstand, dass sie das Kulmer Recht nicht nur an deutsche Städte und Dörfer, sondern auch – und sogar überwiegend – an die prußischen Dörfer und Güter verliehen. In den Territorien des Deutschen Ordens sah man bei den Siedlungen der Einheimischen dagegen meist das weniger vorteilhafte prußische bzw. polnische Recht vor. Im Ermland könnte man daher von einer weitgehenden rechtlichen Gleichstellung von deutscher und prußischer Bevölkerung sprechen. Dennoch lebten Deutsche und Prußen vorwiegend in getrennten Siedlungen.

Die Kolonisation des Ermlandes erfolgte in einer Epoche, in der die mittelalterliche deutsche Ostsiedlung schon eine über 150 Jahre währende Tradition besaß und sowohl in rechtlicher als auch in technischer Hinsicht ausgereift war. Allerdings lassen sich im Detail Modifikationen in der Organisation der Siedlungsprozesse feststellen, womit die Landesherren auf bestimmte Probleme bei der praktischen Umsetzung der Dorf- und Stadtgründungen reagierten.[7] Diese Veränderungen sind für das Ermland besonders gut nachvollziehbar, da aufgrund der späten Zeitstellung fast alle Siedlungsgründungen durch Lokationsurkunden dokumentiert sind. Hinzu kommen noch Ergänzungen oder Umgestaltungen der ersten Handfesten durch spätere, ebenfalls schriftlich fixierte Zusatzbestimmungen.

Ein wesentlicher Aspekt der Organisation und des Ablaufs des Siedlungsvorgangs im Hochstift während des 14. Jahrhunderts war, dass die Gründung der Städte und Dörfer in die Hände von Siedlungsunternehmern, sogenannten Lokatoren bzw. Schulzen, gelegt wurde,[8] die die volle wirtschaftliche Verantwortung übernahmen. Es gab regelrechte Lokatorendynastien, deren Vertreter über Generationen hinweg das Siedlungsgeschäft betrieben, oft mit großem finanziellem Erfolg. Die Lokatoren waren häufig Verwandte des Bischofs. In der ersten Phase der Aufsiedlung des Ermlandes, die bis in die 1330er Jahre reichte, kamen die Siedler und Lokatoren überwiegend aus weit entfernten Regionen. Dabei bestand ein deutlicher Zusammenhang zwischen der Abkunft des jeweils amtierenden Bischofs und jener der Zuwanderer. In der Zeit um 1300, als der aus Lübeck stammende Bischof Heinrich Fleming regierte, waren die Kolonisten hauptsächlich norddeutscher Abstammung. Während der Regierungszeit seines Nachfolgers Eberhard von Neiße dominierten dagegen Lokatoren und Siedler aus Schlesien. Seit der Mitte des 14. Jahrhunderts überwog dann die Binnenkolonisation: Die Siedler rekrutierten sich aus schon bestehenden ermländischen oder preußischen Städten und Dörfern.

Die Lokationsurkunden wurden üblicherweise erst einige Jahre nach dem tatsächlichen Beginn des Siedlungsvorgangs ausgestellt. Anfangs gab es offenbar nur mündliche Abmachungen zwischen dem Lokator und dem Landesherrn. Erst wenn sichtbar wurde, dass eine Stadt- oder Dorfgründung energisch und erfolgsversprechend begonnen worden war, kam es zu einem schriftlichen Vertrag. Die voraussichtliche Dauer der Gründungs- und Konsolidierungsphase einer Siedlung lässt sich an der Anzahl der gewährten Freijahre ablesen, in denen Abgaben noch nicht erhoben wurden. Sie schwankte zwischen fünf und 15 Jahren. Diese Festlegung erfolgte offenbar aufgrund der geschätzten Zeitspanne, die die Siedler benötigten, um die Bau- und Rodungsarbeiten auf dem Gründungsterrain vorzunehmen und ihre wirtschaftlichen Grundlagen zu festigen. Zur Versorgung einer Stadt waren Acker-, Weide- und Waldflächen notwendig, die in den Lokationsurkunden der neu gegründeten Siedlungen ausgewiesen wurden. Bei den ermländischen Handfesten sowie späteren Ergänzungen kann man erkennen, dass der Landesherr oft zunächst etwas sparsam mit der Waldverleihung an die Städte war. So mussten häufig nach kurzer Zeit weitere Zuteilungen erfolgen, da die Siedler den Holzvorrat für Baumaßnahmen und Brennmaterial bereits rasch verbraucht hatten. Bei späteren Verleihungen gestanden die Bischöfe und Domherren ihren Städten von Anfang an wesentlich größere Wald- und Weidegebiete zu.

Die zentrale Rolle von Handwerk und Handel in den Kleinstädten lässt sich in den Handfesten deutlich ablesen. Fast überall wird ein Kaufhaus als zentraler öffentlicher Bau genannt, ergänzt durch die Stände bzw. Bänke einzelner Handwerkergruppen, insbesondere Fleischer, Bäcker, Schuster und Tuchmacher. Die Einnahmen aus den Zinsen von Kaufhaus und Bänken wurden zwischen dem Landesherrn, dem Schultheiß und der Stadt aufgeteilt. Schon nach relativ kurzer Zeit haben fast alle Städte diese öffentlichen Wirtschaftseinrichtungen durch Kauf der übrigen Anteile ganz unter ihre Kontrolle gebracht.

Die Gründungsstadt Alt-Wartenburg in der historischen Überlieferung

Am Beispiel von Alt-Wartenburg lassen sich viele Aspekte der spätmittelalterlichen Stadtsiedlung im Ermland beleuchten. Der Ort diente der Erschließung der südlichen Gebiete des Hochstifts, die in den 1320er Jahren einsetzte und in deren Rahmen Städte und Dörfer mit westlichen Zuwanderern gegründet wurden. Als wirtschaftliche Mittelpunkte der Landesausbauregionen entstanden Städte, die als Marktzentren für die Dörfer der Umgebung dienten, administrative Aufgaben übernahmen und zwischen Nah- und Fernhandel vermittelten. Alt-Wartenburg war als kleinurbanes Zentrum der Rodungsgebiete in der nordwestgalindischen Landschaft *(terra)* Gunelauken[9] vorgesehen.

|**7**| Vertiefend dazu Kuhn 1971, Kuhn 1982, Gawlas 2011, Schich 2016 u. Hardt 2017. |**8**| Vgl. Barański 1998. |**9**| Zu Gunelauken vgl. Klimek 2008; Klimek 2013, S. 216.

Der Ort wurde von seiner Entstehung bis zu seiner Zerstörung und Neugründung insgesamt elfmal in Urkunden oder Chroniken erwähnt. Für eine kleine Stadt, die nur ein Vierteljahrhundert existierte, ist dies erstaunlich viel. 1325 berichtete der Chronist Peter von Dusburg über den Bau des *castrum Wartenbergk*: »Gleichzeitig ließ in diesem Jahr Bischof Eberhard von Ermland durch Bruder Friedrich von Liebenzell, seinen Vogt, im Lande Galinden am Ufer des Flusses Pissa die Burg Wartenburg erbauen«.[10] In der etwas späteren deutschen Reimübertragung der Chronik durch Nicolaus von Jeroschin (»Kronike von Pruzinlant«) heißt es wie folgt: »In des selbin jâris vart / von Warmen bischof Ebberhart / stifte eine vestin werc / und hiz die nennen Wartinberc / gelegn in der wiltnisse / ûf dem vlîze Pisse / in Galindenlande / Daz selbe werc volande / sîn vogit mit bûunge [Erbauung] snel / brûdir Fridderich von Libenzel; / und dô dî burc volkumen was«.[11] Zunächst handelte es sich also lediglich um eine Burg. Ihr genauer Standort ist noch nicht ermittelt, sicher aber im nahen Umkreis der Stadt zu suchen.

Diese wurde wenige Jahre nach der Errichtung der Burg, also etwa um 1330, gegründet. Das geschah auf jeden Fall vor 1337, als urkundlich erstmals ein Pfarrer und die beiden Schultheißen erwähnt wurden.[12] Letztere, die Brüder Johannes und Peter, waren sicherlich zugleich die Lokatoren der Neugründung. In einer Verschreibungsurkunde von 1337[13] erteilte ihnen der ermländische Bischof eine Reihe neuer Privilegien zur Steigerung ihrer Einkünfte. Offenbar war die wirtschaftliche Situation in den Anfangsjahren schwierig, sodass Besserung zu schaffen war. In der Verschreibung von 1337 wird auch die Errichtung einer Schneidemühle geregelt, die die Schultheißen betreiben durften – ein Hinweis auf eine rege Bautätigkeit mit hohem Bedarf an Bauholz. Die Nennung des Pfarrers Heinrich in derselben Urkunde[14] belegt zugleich die Existenz einer städtischen Pfarrkirche.

Die Stadtgründung erfolgte wahrscheinlich noch während der Herrschaft des oben erwähnten, aus Schlesien stammenden Bischofs Eberhard von Neiße. Die 1337 genannten Schultheißen Peter und Johannes waren vermutlich ebenso wie die Siedler Landsleute des Kirchenfürsten. Darauf weisen schriftliche Überlieferungen der Modalitäten aus anderen Gründungen dieses Bischofs sowie der bis 1945 gesprochene regionale Dialekt hin, der schlesische Bezüge aufwies. Diese Mundartinsel, als »breslausch« bezeichnet, kann durch schlesische Siedler erklärt werden, die im 14. Jahrhundert in diese Region kamen und ihren Dialekt beibehielten.[15] Die um das Jahr 1330 ausgestellte Lokationsurkunde Alt-Wartenburgs würde dann bereits in die Regierungszeit von Bischof Heinrich Wogenap fallen.

Die eher abgelegene Stadtgründung hatte sicherlich mit Startschwierigkeiten zu kämpfen, entwickelte sich zunächst aber gut. 1354 jedoch kam es zur Katastrophe. Der Chronist Wigand von Marburg teilt zu diesem Jahre mit, dass litauische Truppen unter ihren Fürsten, den Brüdern Kynstut (Kęstutis) und Olgerdt (Algirdas), die Stadt zerstört und alle Einwohner umgebracht hätten.[16] Die Kolonisten waren somit Opfer der kriegerischen Zeitläufte geworden: Der Deutsche Orden führte während des 14. Jahrhunderts andauernd Kriege mit dem »heidnischen« Großfürstentum Litauen. Auf die Feldzüge der Ordensritter reagierten die Litauer mit entsprechenden Einfällen ins christliche Territorium.[17] Der durch die archäologischen Forschungen bestätigten kompletten Zerstörung der Stadt folgte zwar ein Wiederaufbau, jedoch an anderer Stelle. Das neue Wartenburg, die bis heute bestehende Stadt Barczewo, entstand etwa sieben Kilometer südöstlich des ursprünglichen Siedlungsplatzes. Die Handfeste für die Wiederbegründung wurde 1364 ausgestellt.[18] Spätestens 1365, vielleicht aber auch schon früher, wurde 700 Meter nordwestlich der alten Stadt das Dorf Alt-Wartenburg angelegt, das 1376 eine zweite Handfeste erhielt.[19] Die neben der alten Stadt gelegene Mühle am Orzechowobach wurde zwischen 1376 und 1385 wiederhergestellt.[20] Die Stadtstätte aber blieb fortan wüst (Abb. 1).

Die Lokationsurkunde von Alt-Wartenburg ist nicht überliefert. Eine vergleichende Analyse der erhaltenen Handfesten für die ermländischen Städte gibt jedoch Hinweise darauf, welche Bestimmungen sich darin befunden haben. Am wichtigsten sind dabei die Privilegien der benachbarten Städte, deren Gründungszeitpunkte der Lokation Alt-Wartenburgs sehr nahe kamen, insbesondere Guttstadt/Dobre Miasto (1329), Rößel/Reszel (1337) und Seeburg/Jeziorany (1338).[21]

Die wesentlichen Bestimmungen in den Lokationsurkunden der drei genannten Städte waren sich sehr ähnlich. So betrug die Grundausstattung mit Land jeweils 110 Hufen. Bei der Ausstattung des Lokators mit Freihufen gab es ebenfalls nur geringe Unterschiede. Die drei Unternehmer erhielten jeweils zwei oder drei Extrahufen über der Standardausstattung von zehn Prozent des Ackerlands, sodass die Zahl der Freihufen in Guttstadt insgesamt neun, in Rößel zehn und in Seeburg elf betrug. Die sonstigen Privilegien der Lokatoren entsprachen den üblichen Gepflogenheiten: Die Stadtgründer erhielten das erbliche Schultheißennamt, die niedere Gerichtsbarkeit sowie ein Drittel der Einnahmen aus dem höheren Gericht und den städtischen Institutionen. Die Ausstattung des Pfarrguts lag zwischen vier und sechs Freihufen. Rößel und Seeburg erhielten zehn Freijahre zugesprochen; in Guttstadt sind merkwürdigerweise keine Freijahre vermerkt.

Da die Gründung der Stadt Alt-Wartenburg zeitgleich mit dem benachbarten Guttstadt erfolgte, wird man bei den Handfesten der beiden Städte die größten Ähnlichkeiten vermuten dürfen. Allerdings war Alt-Wartenburg kleiner als die anderen Städte, weshalb der Ort sicherlich auch eine geringere Zahl von Hofstätten und Einwohnern besaß. Das wird eine geringere Landausstattung in der Lokationsurkunde zur Folge gehabt haben. Die Landausstattung Alt-Wartenburgs können wir auf etwa 100 Hufen schätzen (60 bis 70 Ackerhufen

|**10**| SS rer. Pruss. 1, S. 192–193: »Eodem anno [1325] et tempore Eberardus episcopus Warminiensis per Fratrem Fridericum de Libencele advocatum suum in terra Galindie in litore fluminis Pisse edificavit castrum Wartenbergk, quod castrum dum esset perfectum, et de sancto spiritu missa solempniter cantaretur, apparuit infra evangelium una columba albissima domestica.« Deutsche Übersetzung nach Scholz 1984, S. 465. |**11**| SS rer. Pruss. 1, S. 607–608. |**12**| Cod. Dipl. Warm. 1, Nr. 282. |**13**| Ebd., Nr. 286. |**14**| Ebd., Nr. 282. |**15**| Riemann 1965. |**16**| SS rer. Pruss. 2, S. 520: »Anno 1354 Kynstute, Algard cum bayoribus etc. festinant in Wartenberg in terram Gunelauken, quam hostili more, igne etc. devastant, et nemo evasit manus eorum.« |**17**| Zu diesen Kriegshandlungen vgl. u. a. Boockmann 1981, S. 151–169; Paravicini 1989–1995. |**18**| Lokationsurkunde von 1364 (Cod. Dipl. Warm. 2, Nr. 368). |**19**| Cod. Dipl. Warm. 3, Nr. 14. |**20**| Ebd., Nr. 187. |**21**| Cod. Dipl. Warm. 1, Nr. 245, Regest Nr. 376; Nr. 285, Regest Nr. 446; Nr. 291, Regest Nr. 452.

und 30 bis 40 Hufen als städtischer und abgabenfreier Besitz – Stadtfreiheit). Die Zahl der Freihufen für die Schultheißen lag entsprechend bei sechs bis sieben, wahrscheinlich zuzüglich zweier Hufen aus besonderer Gunst des Landesherrn. Der Pfarrer verfügte vermutlich über vier Freihufen. An sonstigen Vergünstigungen erhielten die Lokatoren das Erbschulzenamt, das Niedergericht, den dritten Teil der Einkünfte aus dem höheren Gericht sowie aus den öffentlichen Einrichtungen – der Badestube, dem Kaufhaus, den Verkaufsständen der Bäcker, Fleischer und Schuster. Möglicherweise wurden in der Handfeste auch die Einrichtung einer Mühle und einer Schenke geregelt, die von den Schultheißen betrieben werden durften. Der heute neben der untergegangenen Stadt gelegene Mühlenhof, den man zwischen 1376 und 1385 wieder aufbaute, befindet sich vermutlich an der Stelle der ersten Mühle.

Archäologische Forschungen in Alt-Wartenburg

Die Prospektionen und Ausgrabungen in der Stadtwüstung Alt-Wartenburg, die seit 2014 durchgeführt werden und weiter andauern, liefern anschauliche Einblicke in das schriftlich dokumentierte, durchaus dramatische Geschehen von hoffnungsvollem Aufbau und gewaltsamem Untergang. Vieles davon dürfte exemplarisch sein für die Gründung und frühe Entwicklung einer Rechtsstadt im Ermland während des 14. Jahrhunderts.[22]

Der Fundplatz, der den Flurnamen »Alte Stadt« trägt, liegt auf einem Geländesporn zwischen dem heutigen Dorf und dem ausgedehnten Wadangsee. Eine bis heute gut erhaltene, zur Angriffsseite im Westen und Norden besonders ausgeprägte Wall-Graben-Anlage umgrenzt ein ovales Siedlungsareal von etwa 220 mal 160 Metern Fläche. Die Ansiedlung wurde auf vorher ungenutztem Gelände angelegt. Es gibt zwar einzelne ältere Siedlungsspuren, die jedoch lediglich eine lockere Siedlungsnutzung des Terrains lange vor der spätmittelalterlichen Stadt andeuten. Diese war offensichtlich eine Gründung aus »wilder Wurzel«. Münzen, Keramik, feinchronologisch relevante Kleinfunde sowie bislang etwa 60 Jahrringdaten aus verkohlten Hölzern der Keller untermauern die durch die schriftlichen Quellen angezeigten Zeitverhältnisse.[23]

Die Gesamtanlage der Stadt war dem Geländerelief angepasst und erscheint daher eher unregelmäßig. Umso regulärer sind aber die Bebauungsstrukturen im Inneren des Stadtwalls, die durch Luftbilder, geophysikalische Prospektionen und Ausgrabungen herausgestellt werden konnten (Abb. 3, 4): Im Zentrum befand sich ein rechteckiger Marktplatz von etwa 40 mal 60 Metern Fläche, der an drei Seiten von Hauskellern gesäumt, im Süden aber von einem großen, rechteckigen Gebäudekomplex abgeschlossen wurde – das Kaufhaus. Nach Westen hin verliefen parallel zueinander zwei Straßenzüge, deren nördlicher zum Stadttor führte. Insgesamt sind gut 25 Kellergruben geomagnetisch zu identifizieren. Da vermutlich zu jedem Hauptgebäude ein Keller gehörte, verfügen wir damit zugleich über einen Anhaltspunkt für die offensichtlich recht bescheidene Gesamtzahl der städtischen Anwesen. Nordöstlich des Marktplatzes erhob sich die Kirche in einer für die Städte des Preußenlandes typischen Randlage.

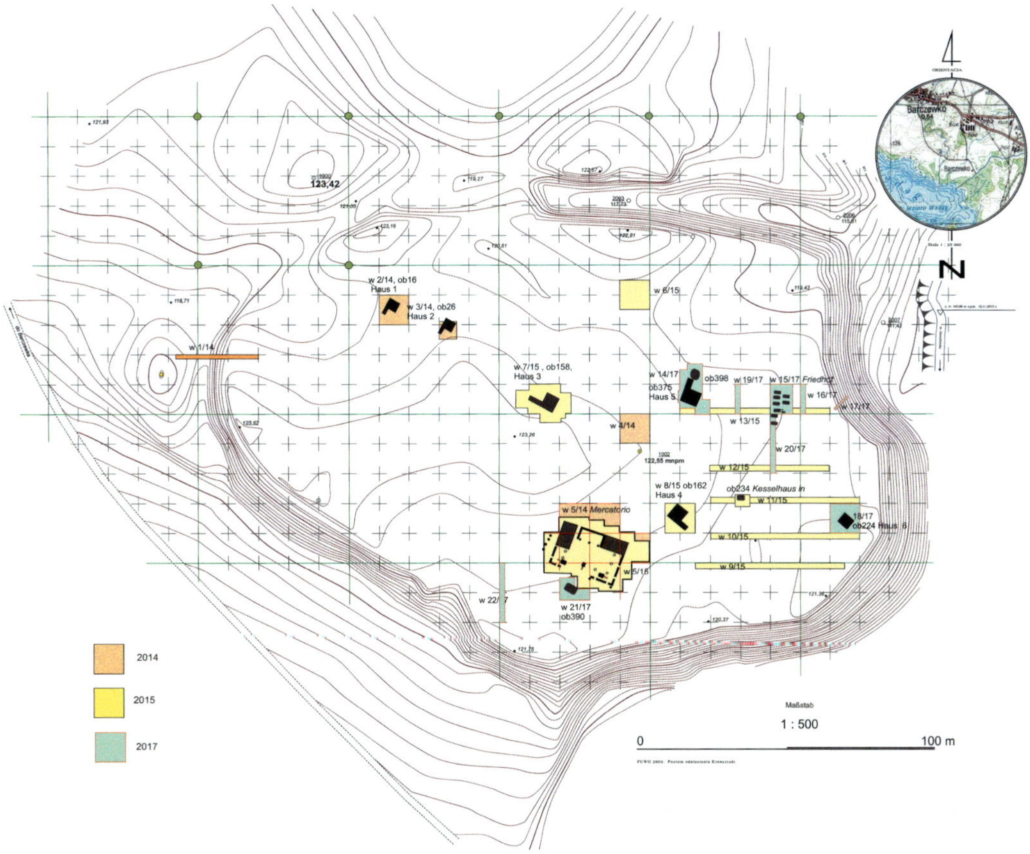

Abb. 3
Höhenschichtenplan der »Altstadt« mit den bisherigen Grabungsschnitten, deren Nummern und den wichtigsten Befunden (schematisiert).

Insgesamt lässt sich ein regelmäßiger, nach rechtem Winkel vermessener Stadtplan erschließen, der bei geringer Ausdehnung durchaus intensiv bebaute bzw. besiedelte Bereiche aufwies. Allerdings waren bis zum Schluss noch nicht alle Parzellen besetzt worden. Den Eindruck laufenden Siedlungsausbaus unterstreicht ein 2017 aufgedeckter Keller im Norden des Marktplatzes: Das Haus war anscheinend gerade im Bau, als es dem großen Feuer von 1354 zum Opfer fiel. Der mit Holz ausgesteifte, mit rückwärtigem Zugang erschlossene Keller erbrachte nämlich fast keine Funde, im Gegensatz zu allen anderen freigelegten Objekten. Überdies deuten einige halbfertige Holzverbindungen einen unvollendeten Arbeitsstand an. Es mangelte an diesem abgelegenen Ort offensichtlich an Siedlern.

| **22** | Eine ausführliche Darstellung der bisher gewonnenen Erkenntnisse nebst Kontextualisierung und weiterführender Literatur findet sich bei Biermann/Herrmann/Koperkiewicz 2016. | **23** | Die Dendrodaten sind zwar stets nicht jahrgenau, bilden aber einen deutlichen Schwerpunkt im ersten Drittel des 14. Jahrhunderts und liefern späteste Daten um oder nach 1336/37; Gutachten Dr. Tomasz Ważny, Thorn/Toruń, und Dr. Karl-Uwe Heußner, Berlin.

Abb. 4
Senkrechtaufnahme der »Altstadt« mit Geomagnetikplan.

Grundstücksgrenzen waren im geophysikalischen Bild nicht erkennbar, und bei den Ausgrabungen freigelegte kleinere Abschnitte entsprechender Parzellengräbchen ergeben noch kein Gesamtbild. Die Kellerreihen und die immer wieder ähnliche gegenseitige Distanz der entsprechenden Anomalien belegen aber auch unabhängig davon die Planungs- und Vermessungsaktivitäten als Basis des Stadtgrundrisses. Alt-Wartenburg glich in Anlage und innerer Struktur den anderen Städten des 14. Jahrhunderts im Ermland, zum Beispiel Rößel oder Seeburg. Die Fläche der Ansiedlung war zwar deutlich kleiner, doch wäre es bei glücklicherem Verlauf der Stadtgeschichte zweifellos zu einer Expansion auf den Geländesporn nördlich und westlich des Hauptwalls gekommen. Dortige geomagnetische Signale deuten an, dass das betreffende Areal bereits mit einem Graben umfriedet und in diese oder jene vorstädtische Nutzung einbezogen worden war (Abb. 4).

Abb. 5
Blick in einen 1354 verbrannten Keller am Markt mit Zugangsrampe und verkohlten Holzkonstruktionen.

Abb. 6
Der Keller (vgl. Abb. 5) zeigt in den Profilstegen große Mengen verbrannten Lehms, die von der Ausfachung der aufgehenden Fachwerkwände stammen.

Abb. 7
Ein anderer Keller am Markt mit verstürzten Konstruktionsbalken und Brandschutt.

Von den Häusern blieben nur die Keller erhalten. Diese wiesen durchweg bei der Feuerzerstörung komplett verbrannte Holzauskleidungen auf – Eckpfosten mit Spannbalken, die Wandbretter senkrecht an den Baugrubenseiten fixierten. Große Mengen gebrannten Lehmschutts belegen, bei gleichzeitigem Fehlen massiver Mauern oder Fundamente, dass die Häuser komplett aus Holz und Lehm errichtet worden waren, in Varianten des Rahmen- und Fachwerkbaus (Abb. 5–7). Backstein hingegen spielte keine Rolle. In lediglich einem Gebäudekeller wurden einige verstürzte Ziegel gefunden, die zu einer Herdplatte im Erdgeschoss gehört haben dürften. Die rechteckigen Keller von vier bis sechs Metern Seitenlänge konnten durch Zugänge mit Treppen oder schrägen Rampen betreten werden. Sie dienten, wie nicht anders zu erwarten, als Lagerräume. Das belegen die Funde: Tongefäße, Daubenfässer, im Feuersturm verteiltes Getreide, teils noch an den Wänden lehnende landwirtschaftliche Gerätschaften, wie beispielsweise ein Pflug mit Schar und Sech, Forken, Beile sowie Radehacken, und anderes mehr.

Die Rekonstruktion der zugehörigen Gebäude ist nicht ganz einfach. So wurde in anderen spätmittelalterlichen Städten sowohl die Einbindung solcher Keller in weit größere Ständerbauten belegt als auch direkt auf den Kellerseiten aufsitzende aufgehende Wände.[24] In die Gruben gestürzte Wandpartien mit Balken und Lehm sprechen dafür, dass die zweite Variante in Alt-Wartenburg die Regel war: wohl teilweise mehrgeschossige, vermutlich mit ihren Giebeln zur Straße ausgerichtete Häuser, wie wir sie als urbanen Bautyp des 12. bis 14. Jahrhunderts in großen Teilen Ostmitteleuropas kennen.[25]

Im Hinterhof an der Ostseite des Marktplatzes konnte ein Nebengebäude erforscht werden, das einen großen Buntmetallkessel, mehrere umgestürzte Tongefäße sowie eisernes Gerät enthielt (Abb. 8). Wahrscheinlich handelte es sich hier um ein Brau- oder Küchengebäude hinter dem Haupthaus, das auch aufgrund der Brandgefahr separat errichtet worden war. Ansonsten befanden sich im rückwärtigen Teil der Parzellen mehrere Grubenöfen und ebenfalls eine Werkstatt in Form einer kleineren Hausgrube, die handwerklichen, unter anderem metallurgischen Zwecken gedient haben. Die für mittelalterliche Städte charakteristischen Latrinengruben fehlen bislang in Alt-Wartenburg. Entweder sind sie einstweilen noch nicht entdeckt worden, oder sie waren beim rustikalen Charakter der eher gering bevölkerten Stadt verzichtbar. Unentbehrlich war hingegen wenigstens ein Brunnen für die Trinkwasserversorgung, doch harrt dieser ebenfalls noch seiner Auffindung.

Der rechteckige Keller eines ganz am östlichen Rand der Siedlung errichteten Bauwerks wies eine in die Westseite integrierte Treppe sowie die übliche Holzkonstruktion aus Eckpfosten, senkrechten Wandbrettern und Spannbalken auf (Abb. 9). Das aufgehende Gebäude war, ausweislich zahlreicher beim Brand in den Keller gestürzter Lehmbrocken, in Fachwerk aufgeführt worden. Die Baulichkeit ist nicht nur wegen ihrer Lage und der am Ort ungewöhnlichen Treppenvariante auffällig, sondern auch wegen der bereits erwähnten Backsteine

|**24**| Vgl. z. B. Stephan 2004, S. 66–67; Biermann/Schenk 2014. |**25**| Vgl. Brachmann/Klápště 1996; Gläser 2001.

Abb. 8
Nebengebäude mit Buntmetallkessel, Tongefäßen und Brandschutt.

Abb. 9
Isoliert am Ostrand der Stadt gelegener Keller mit Treppe, Holzkonstruktion und 1354 verstürzten Tongefäßen.

Abb. 10
Keller (vgl. Abb. 9) mit großen Mengen Brandschutts und der auf einen Ofen zurückgehenden Feldsteinpackung.

Abb. 11
Verstürzte Tongefäße und verkohlter halber Fassboden im Zerstörungshorizont des Kellers (vgl. Abb. 9, 10).

Abb. 12
Keramikauswahl aus dem Keller (vgl. Abb. 9–11) in fundfrischem Zustand, darunter traditionelle, wellen- und gurtfurchenverzierte Ware und aus dem Westen importierte Faststeinzeug- und Steinzeugkrüge.

Abb. 13
Der Kaufhauskomplex mit Kellerreihen, Relikten ebenerdiger Bauten, Pfostenlöchern und Öfen, Übersichtsbild.

einer verstürzten Herdstelle. Woher diese Backsteine stammten, ist ungewiss – waren sie aus dem nördlichen Ermland, wo die »Versteinerung« von Burgen und Städten im mittleren 14. Jahrhundert schon in vollem Gange war, herangebracht worden, oder hatte man im Umkreis Alt-Wartenburgs den ersten Ziegelofen in Gang gesetzt, als die Katastrophe von 1354 alles Weitere zunichtemachte? Überdies enthielt der Keller eine mächtige Feldsteinpackung (Abb. 10), vermutlich als Rest eines abgerutschten Ofens, sowie gut zwei Dutzend tönerne Töpfe, Schalen, Krüge und Kannen (Abb. 11, 12). Auch Silbermünzen und diverse Trachtbestandteile gehören zum Fundstoff. Vor die Wandbretter hatte man um 1350 einen halben Fassboden geschoben, um nachrieselnden Boden abzuhalten. Dieses Provisorium existierte länger, als seine Schöpfer auch nur ahnen konnten. Möglicherweise hat es sich bei diesem Bauwerk um eine einfache Badestube gehandelt, deren Herdstelle und Steinofen die Erhitzung des Gebäudes und des Badewassers gewährleisten sollte. Das aufgefundene Trink-, Tafel- und Schenkgeschirr dürfte dann der Bewirtung der Gäste gedient haben. Mehr als eine Hypothese lässt sich dazu aber noch nicht formulieren.

Das Kaufhaus im Süden des Marktplatzes, ein dreiseitig geschlossenes Geviert (etwa 17 mal 24 Meter Seitenlänge) von aneinander anschließenden, meist eingetieften Baulichkeiten um einen rechteckigen Hof (Abb. 13), umfasste unter anderem Werk- und Verkaufsstätten sowie weitere Öfen zu handwerklichen, zum Beispiel metallurgischen Zwecken. Auf Letztere weisen Schlacken, Brocken von Raseneisenstein und Schmelzreste hin. Zwar sind darüber hinaus Reitzubehör und Trachtsachen aus administrativ-bürgerlichem Milieu nachgewiesen worden, doch städtische Repräsentation trat bei diesem Zentrum des neu gegründeten urbanen Komplexes zweifellos gegenüber ökonomischen Funktionen zurück. Dementsprechend wird das Kaufhaus in den meisten Handfesten der ermländischen Städte als eine der wichtigsten öffentlichen Einrichtungen für die Gewerbetätigkeit und den Handel genannt. Somit war auch in der erhaltenen Handfeste der Neugründung Wartenburgs von 1364 der Bau eines Kaufhauses (*mercatorio*) vorgesehen, ergänzt durch Fleisch- und Brotbänke, Krämer- und Schusterbuden sowie Schergaden für die Tuchmacher.[26]

Im Nordosten des Marktplatzes wurden mehrere Körperbestattungen freigelegt – in gestreckter Rückenlage, West-Ost-orientiert mit dem Kopf im Westen, in Holzsärgen oder Leichentüchern (Abb. 14). Einige enthielten Trachtsachen und auch darüber hinausgehende Beigaben wie Münzen des Deutschen Ordens, Messer oder einen Feuerstahl. Da solche Grabausstattung zu jener Zeit im christlichen Mitteleuropa unüblich war und gegenüber der prußisch-baltischen Funeralkultur mit ihren zahlreichen Beigaben noch im 14./15. Jahrhundert[27] wiederum recht bescheiden wirkt, deuten sich hier möglicherweise Ausgleichsprozesse zwischen Einheimischen und Zuwanderern an. Die zweifellos vorhandene Kirche, bei den Grabungen noch nicht erfasst, war vermutlich aus Holz und Lehm aufgeführt. Auch geophysikalisch zeichnet sie sich bislang nicht eindeutig ab.[28]

|**26**| Vgl. Röhrich 1903, S. 691. |**27**| Dazu beispielsweise Koperkiewicz 2013. |**28**| Zu Holzkirchen im Ordensland vgl. Herrmann 2007, S. 106–107.

Abb. 14
Gräber auf dem Friedhof.

Abb. 15
Auswahl der im Jahr 1354 verschossenen Armbrustbolzen.

Der Siedlungskomplex war dort, wo natürliche Böschungen keinen Schutz gewährten, mit Erdwall und Spitzgraben befestigt. Dazu trat sicher eine Brustwehr in Form einer Palisade oder eines Plankenzauns. 1354 erwiesen sich diese Fortifikationen jedoch als unzureichend. Die schlagartige Zerstörung verursachte, dass man bei den Ausgrabungen auf zahlreiche Dinge stieß, die seit jenem Unglückstag an Ort und Stelle verblieben oder zusammen mit brennenden Decken und Wänden aus den Erdgeschossen in die Keller gestürzt waren – die erwähnten Ton- und Holzbehältnisse sowie Gerätschaften aus Metall, verkohltes Getreide, ganze Ladungen von Hühnereiern, der große Buntmetallkessel und Ähnliches. Beutel mit Silbermünzen waren hastig hinter den Wandbrettern der Keller verborgen worden. Zahlreiche Armbrustbolzen (Abb. 15) und Pfeilspitzen stammen ebenso von den Kampfhandlungen wie von Brandtrümmern in den Kellern begrabene Skelette menschlicher Opfer.

Das vielfältige Fundmaterial vermittelt uns eine Vorstellung vom Alltag in der Stadt. Die Wirtschaftsbasis der Siedlung war zweifellos landwirtschaftlich, wie die bereits erwähnten Agrargeräte verdeutlichen. Diverse Öfen, Tiegelreste und Eisensachen belegen aber auch Handwerk, vor allem die wichtige Metallbearbeitung. Die Münzen unterstreichen die Rolle des Handels auf dem städtischen Markt. Modische Trachtsachen, glasierte Importkeramik, Steinzeug aus dem Rheinland, eine Tuchplombe aus dem wallonischen Tournai und Ähnliches künden von einem gewissen Wohlstand der Einwohner, von ihren Kontakten innerhalb des preußischen urbanen Netzwerks und darüber hinaus von ihrem Bedürfnis, in der »Großen Wildnis« die ihnen vertraute Lebenskultur fortzuführen (Abb. 16); zugleich belegen solche Funde die Mittler- und Marktfunktion, die einer Kleinstadt wie Alt-Wartenburg in einer Landesausbauregion zukam. Dort wurden Produkte der Umgebung, vor allem Getreide,

Abb. 16
Tuchplombe aus Blei (1), verziertes Kästchen-Schlüsselblech aus Buntmetall (2) und Fingerring aus Silber (3), 14. Jahrhundert.

gesammelt, von hier aus an die Küste verbracht und auf diese Weise in den Hansehandel des Ordenslandes eingespeist. Keramik einheimischer Tradition weist zugleich auf die Verbindungen der Stadtbewohner im ländlichen, noch prußisch geprägten Umfeld hin. Kulturelle Interaktionen zwischen Einheimischen und Zuwanderern mögen sich auch auf dem Gräberfeld zeigen.

Schluss

Viele spätmittelalterliche Städte in Ostmitteleuropa knüpften an ältere Orte mit zentralen Funktionen an, etwa an Herrschaftszentren, Marktorte oder die sogenannten »Burgstädte«. Auch bei den Prußen existierten solche vor- oder frühstädtischen Burg-Siedlungs-Agglomerationen, die herrschaftliche, religiöse und wirtschaftliche Zentralfunktionen vereinigten.[29] Wenn sich ein solches Zentrum im späten Mittelalter zur Rechtsstadt transformierte, verlieh die rechtliche Privilegierung, oft nach Magdeburger Vorbild oder einer entsprechenden Variante, einer schon vorhandenen frühurbanen Entwicklung neue Qualität. Inwieweit die zugleich erkennbaren Wandlungen im Charakter der Ortschaften – oft entstanden neben den alten Burgwallzentren neue, vermessene und parzellierte Stadtanlagen – mit der Rechtsverleihung zusammenhängen oder mit eher allgemeinen zeittypischen Entwicklungen des urbanen Siedlungsmodells, ist durchaus umstritten.[30] In Alt-Wartenburg ist dieser Sachver-

|**29**| Zum Überblick Žulkus 1995. |**30**| Aus dem vielfältigen Schrifttum zur Thematik vgl. den Überblick bei Engel 1995. |**31**| Vgl. Biermann 2010, S. 348–356.

halt dagegen klar zu überblicken: Die historischen und archäologischen Forschungen veranschaulichen, dass hier nicht nur das Stadtrecht eine Neuheit für die Region bedeutete, sondern im selben Zuge auch eine Siedlung neuen Typs entstanden war, die in Bezug auf Siedlungsstruktur, Hausbau, Wirtschafts- und allgemeine Kulturverhältnisse gegenüber den örtlichen prußischen Traditionen gänzlich abweichende Merkmale aufwies. Der Ort besaß nicht nur *de jure*, durch das Kulmer Recht, sondern auch in Bezug auf den Siedlungstyp in seinem Umfeld innovative Züge. Mehr noch dürfte es sich bei den Gründern und Bewohnern nach allen schriftlichen und archäologischen Indizien um Zuwanderer gehandelt haben. Alt-Wartenburg vertritt in seinen archäologisch nachvollziehbaren Kennzeichen im Wesentlichen westliche Muster, während die Einflüsse aus der prußischen Umgebung eher marginal anmuten.

Die Stadt wurde »auf der grünen Wiese« geplant, vermessen und dann mit enormer logistischer Anstrengung verwirklicht. Die hier beobachtete Vorgehensweise dürfte für viele Siedlungsgründungen zwischen Ordensland und Siebenbürgen im hohen und späten Mittelalter exemplarisch sein, und zwar gleichermaßen für Städte und Dörfer. Für solche Großprojekte wurde ein erhebliches Maß an Planung und Ressourcen eingesetzt.[31] Hinsichtlich der Lebensbedingungen in der frühen Stadt lassen schlichte, aus Holz und Lehm errichtete Gebäude, die Bedeutung der Agrarwirtschaft und die geringe Größe der Ortschaft auf rustikal-bescheidene Verhältnisse schließen. Das kann in dieser abgelegenen Pioniersiedlung nicht überraschen. Zugleich wurde aber eine städtische Struktur mit Marktplatz, Befestigung, Rat-/Kaufhaus und Kirche realisiert, und das Fundmaterial kündet von Handel, Kommunikation und städtischer Mode. So wird die Urbanisierung des Preußenlandes im späten Mittelalter, die weit mehr bedeutete als die Vergabe städtischer Privilegien, in der Stadtwüstung am Wadangsee nuancenreich beleuchtet. Die laufenden Feldforschungen und Auswertungen werden das bislang gewonnene Bild ergänzen und erweitern.

MAGDEBVRGVM.
S. Niclaus
Der Dom

CLAUS-PETER HASSE

Rathaus, Reiter, Roland und Hirsch als Rechtsdenkmäler

Zum Selbstverständnis der Stadt Magdeburg im Mittelalter

Jede historisch gewachsene Stadt ist einzigartig und unterscheidet sich von anderen Städten hinsichtlich Lage, Baugestalt, Bevölkerung, Wirtschaft, Mentalität und Selbstverständnis. Hierzu gehort auch die Rechtsstellung einer Stadt im Mittelalter. Diese beruhte auf unterschiedlichen Privilegien, selbst gesetzten Statuten und Verfassungen sowie Rechtsgewohnheiten. In den mittelalterlichen Städten ist »die städtische Topografie und Baugestalt ein Spiegel und eine Selbstdarstellung der städtischen Geschichte, von Recht und Verfassung.«[1] Dies gilt es nach Gerhard Dilcher zu berücksichtigen, will man die Bedeutung der zentralen Räume und Bauwerke einer mittelalterlichen Stadt erfassen.

Innerhalb der Charakteristik der alteuropäischen Städte lässt sich Magdeburg einordnen als Bischofsstadt sowie als Markt-, Handels- und Kaufmannsstadt. Es verfügte über eine ausgebildete Bürgerschaft mit Autonomie und Selbstregulierung, wie es Max Weber, der Nestor der modernen Sozialwissenschaften, in seinem berühmten Aufsatz über die okzidentale Stadt 1921 herausgearbeitet hat.[2] Als eine solche entwickelte Magdeburg eine sehr spezifische Position zwischen erzbischöflichem Stadtherrn und Kaiser und Reich.[3]

In der Stadt Magdeburg bildete sich eine organisch gewachsene, als kommunal und republikanisch zu bezeichnende Stadtverfassung aus. Die Stellung des Erzbischofs war auf eine eher formelle Oberhoheit beschränkt, die allerdings durch einen wechselseitigen Rechtsakt, nämlich Huldigung der Bürger und Bestätigung der Privilegien der Stadt durch den Erzbischof anerkannt werden musste. In diesen Privilegien war auch die Beziehung der Stadt zu Kaiser und Reich festgelegt.[4] Jene leitete sich aus dem »Gründungsakt« durch Kaiser Otto den Großen und eine weitere Reihe königlicher Privilegien ab.[5] Von einigen, zum Teil gewalt-

Abb. 1 (Detail Abb. 3)
Franz Hogenberg: Magdeburgum a venere, Kupferstich 1572.

|1| Dilcher 2005, S. 21. |2| Vgl. Weber 1999. Vertiefend dazu: Bruns/Nippel 2000. |3| Vgl. dazu Schulze 1985; Ausst.-Kat. Magdeburg 2005; Hasse 2008. |4| Vgl. Pätzold 2004. |5| Vgl. Schneidmüller 1996, S. 49–54.

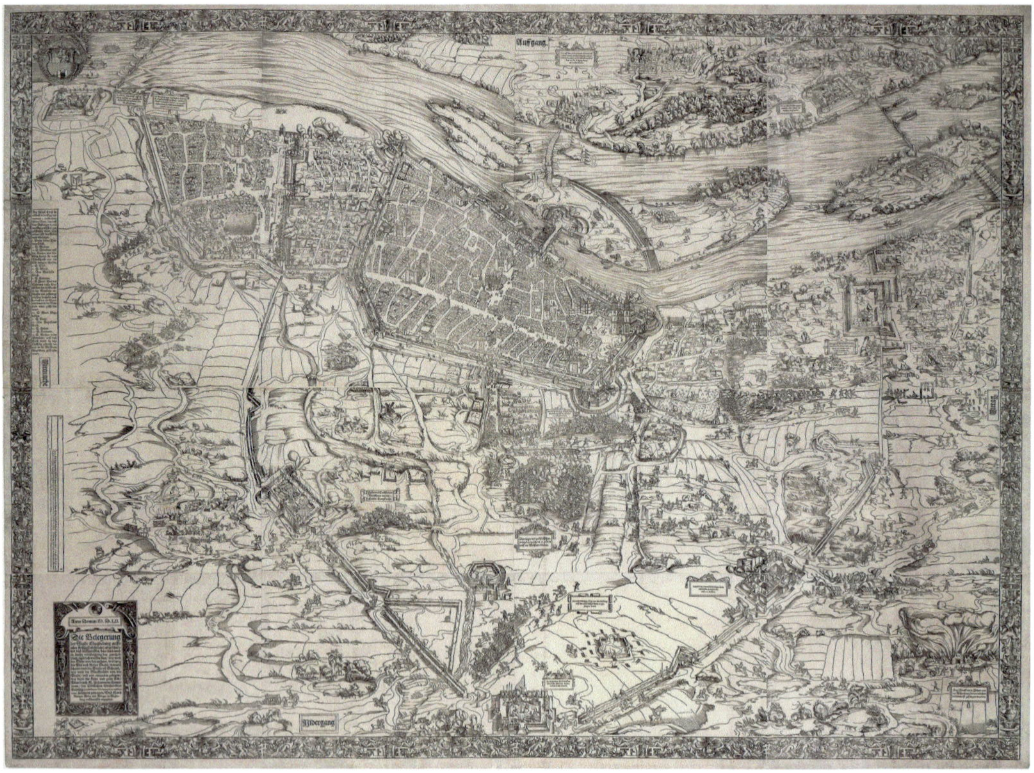

Abb. 2
Hans Rentz: Die Belegerung der Stadt Magdeburg, Holzschnitt 1552. Berlin, Kupferstichkabinett, Staatliche Museen zu Berlin, Inv.-Nr. 20-1960.

samen Auseinandersetzungen abgesehen, vollzog sich der Rückzug des Erzbischofs auf die Rolle des geistlichen Hirten, einer lockeren formalen Oberhoheit über die Stadt, und die Stellung als Territorialherr der Umgebung als friedlicher Prozess – ein Vorgang, in welchem sich gerade die Stärke der bürgerlichen Gemeinschaft zeigte.[6]

Das Stadtrecht von Magdeburg war durch die alten königlichen wie erzbischöflichen Privilegien, durch Willküren und Statuten sowie durch Rechtsgewohnheiten der Bürgerschaft, aber ebenso durch Einflüsse des Sachsenspiegels bestimmt.[7] In seinen auf andere Orte übertragbaren Strukturen und Normen war es offenbar so ausgeglichen und konsensuell, dass es als »Magdeburger Recht« Vorbild und Muster für an die 1000 Orte in Ostmitteleuropa wurde.[8] Der Magdeburger Rat stützte seine Herrschaft auf die dauernde Kooperation mit den sogenannten Fünf Großen Innungen und den Handwerkerzünften, die in der Ratsverfassung von 1330 zu einem guten Teil auch eine Beteiligung am Rat erreichen konnten.[9] Die Verfassung Magdeburgs kann »wie in den meisten großen Handelsstädten Deutschlands und des kommunalen Europas [...] im Sinne der Politiklehre des Aristoteles als ›gute‹, aristokratisch-demokratische Mischverfassung« angesprochen werden.[10]

Hauptquellen für die Verfassungs- und Rechtsgeschichte der Stadt Magdeburg im Mittelalter sind in erster Linie die schriftlichen Belege, wie sie in Urkunden, Chroniken und Rechtstexten überliefert sind oder aus jenen rekonstruiert werden können.[11] Weiterhin können aber Bau- und Kunstdenkmäler und weitere gegenständliche Hinterlassenschaften sowie Symbole, Handlungen, Sagen und Bräuche nicht nur als wichtige Ergänzung der schriftlichen Quellen herangezogen werden, sondern machen als Rechtsdenkmäler deren wirkliche Gewichtung und Bedeutung oftmals erst richtig erfassbar.[12]

Im Folgenden soll eine Auswahl bedeutender Rechtsdenkmäler des mittelalterlichen Magdeburg vorgestellt werden, die sich rund um das Zentrum der Stadt, den Alten Markt, befanden.[13] Neben den schriftlichen Quellen, insbesondere die »Magdeburger Schöppenchronik«, wurden dabei hauptsächlich zwei auch künstlerisch bedeutende Stadtansichten Magdeburgs herangezogen:[14] zum einen der großformatige Holzschnitt von Hans Rentz, »Die Belegerung [sic!] der Stadt Magdeburg« 1552, und zum anderen der Kupferstich von Franz Hogenberg »Magdeburgum a venere« 1572. Der Rentz-Plan zeigt die Belagerung Magdeburgs im Jahr 1552, also während des sogenannten Interim (Abb. 2).[15] Dabei handelt es sich um ein viel zu wenig untersuchtes Meisterwerk des Cranach-Schülers Hans Rentz, bestehend aus 16 Holzschnitten, die jeweils mit 33,5 mal 43,5 Zentimetern für sich schon recht großformatig sind. Zusammengesetzt ergeben sie eine Gesamtgröße von 133 mal 173 Zentimetern. Der Rentz-Plan besitzt zwei Besonderheiten, denn er stellt einmal die Topografie Magdeburgs ziemlich realistisch dar, und zwar auf der Basis von genauen Vermessungen des Mathematikers und Astronomen Johannes Hommel aus Leipzig. Zum zweiten erzählt er die Geschichten der Belagerung in zahlreichen Einzelszenen. Auf welches historiografische Werk er dabei Bezug

---

|**6**| Vgl. Hasse 2008, S. 8–10. Weiterführend dazu Dilcher 2005, S. 24. Zu den allgemeinen Entwicklungen nach Magdeburger Prägung vgl. Schranil 1915; zu der sich europaweit zeigenden städtischen Vergesellschaftung Dilcher 1999, bes. S. 481–485. |**7**| Vgl. Eichler/Lück 2008; Hasse 2008; Lück 2017. |**8**| Vgl. Ebel 2004 a; Lück/Puhle/Ranft 2009; Lück 2009 a; Hasse 2014; Lück 2015. |**9**| Die Fünf Großen Innungen waren diejenigen der Gewandschneider, der Seidenkrämer, der Kürschner, der Gerber und der Leinwandschneider. Zu den weiteren ratsfähigen Zünften sowie zu den Inhalten der Ratsverfassung: Hasse 2005 a, bes. S. 126; Hasse 2008, bes. S. 10–11. Deutlich werden die Herrschaftsverhältnisse beispielsweise in der Liste von Urkundenausstellern zu 1313: »schepene, ratmanne unde meystere der vif inninghe unde dhe burgere ghemene der stat tû Meydeburch« = die Schöffen, die Ratsherren und die Meister der fünf Innungen sowie die Gemeinschaft der Bürger der Stadt Magdeburg (UB Magdeburg 1, S. 145). |**10**| Nach Dilcher 2005, S. 25. |**11**| Die »Magdeburger Schöppenchronik«: Janicke 1869 – zur »Schöppenchronik« jetzt Graf 2018. Die berühmte Stadtrechtsbesserung von 1188 gedruckt in UB Erzstift Magdeburg 1, S. 554–556; UB Magdeburg 1, S. 59 – in beiden Bänden weitere schriftliche Quellen. UB Magdeburg 3; UB Magdeburg 2. Eine Zusammenstellung der wichtigsten Rechtstexte bietet Johanek 2004. Editionen u. a.: Ebel 1999; Ebel 1998; Ebel 1995; Eichler/Lück 2008; Bily/Carls/Gönczi 2011; Gönczi/Carls 2013. Zu weiteren Editionen siehe die Beiträge von Heiner Lück in diesem Band, S. 13–27 und S. 79–98. |**12**| Vgl. Kocher/Lück/Schott 2008. Zum Begriff Rechtsdenkmäler Werkmüller 2003. Mit ihrer Erforschung befasst sich die Rechtsarchäologie – zusammenfassend mit einer Fülle weiterführender Literatur Lück 2012 g. Für Sachsen-Anhalt siehe auch Lück 2010 c. |**13**| Als ein weiteres wichtiges in unmittelbarer Nähe des Alten Marktes gelegenes Rechtsdenkmal wäre außerdem unter anderem der als »Kak« bezeichnete Pranger zu nennen. Er ist auf dem Holzschnitt von Hans Rentz recht gut an der Westseite des Zeughauses erkennbar. Zu ihm: Neubauer 1916, S. 444–446; Neubauer 1931, S. 284. Zu weiteren Gerichtsorten in Magdeburg Asmus/Wille 2000, S. 218–227. |**14**| Vgl. Janicke 1869. |**15**| Staatliche Museen zu Berlin, Kupferstichkabinett, Inv.-Nr. 20-26 (N), 1-16. Kompletter Abdruck: Ausst.-Kat. Magdeburg 1997, Beilage. Bis nach dem Zweiten Weltkrieg war der Rentz-Plan unbekannt. Er wurde erst in den 1950er Jahren von einem New Yorker Kunsthändler dem Kulturhistorischen Museum Magdeburg zum Kauf angeboten, bevor ihn dann die Staatlichen Museen zu Berlin – Preußischer Kulturbesitz in Westberlin kauften.

Abb. 3
Franz Hogenberg: Magdeburg a venere, Kupferstich 1572.
Magdeburg, Kulturhistorisches Museum, Inv.-Nr. Gr 27.21.

nimmt und wofür er eigentlich bestimmt war, müsste noch weiter untersucht werden.[16] Vermutlich wollte der Magdeburger Rat mit dem Rentz-Plan seinen Triumph von 1552 unter Verwendung der damals immer noch neuen Kunst des Holzschnitts in einem imposanten gedruckten Prospekt der Öffentlichkeit präsentieren – gleichsam ein stadtbürgerliches Pendant zur berühmten monumentalen Ehrenpforte Kaiser Maximilians I. 34 Jahre zuvor.[17]

Während es vom Rentz-Plan nur ein Original gibt, wurde der immerhin noch 38 × 50,9 Zentimeter große Plan von Franz Hogenberg abgedruckt in der berühmten und weit verbreiteten Kölner »Cosmographie« von Georg Braun und Franz Hogenberg von 1572 (Abb. 3).[18] Bekanntermaßen beherrschte dieses Werk mit seinen vielen Nachdrucken über 100 Jahre lang den Markt, bevor es allmählich durch die »Topographie« Merians abgelöst wurde. Sowohl die Stadtansicht von Hans Rentz als auch diejenige von Franz Hogenberg wurden mittels der Vogelschauperspektive angefertigt. Der Blick schräg von oben erlaubte es, das gesamte Magdeburg mit Stadtmauer und Elbe abzubilden. Nur so war es möglich, die Topografie der Stadt zu erfassen und den Hauptmarkt und das Zentrum der Altstadt, den Alten Markt, mit seinen Bildwerken darzustellen.

Neben diesen Stadtansichten enthält die »Chronik der Sachsen und Nidersachsen« von Johannes Pomarius Holzschnitte, welche drei auf dem Alten Markt befindliche großformatige Denkmäler wiedergeben: das »Bildnis Keyser Otten«, den Roland und den Hirsch.[19] Es sind Werke eines bislang unbekannten Künstlers.[20] Beim »Bildnis Keyser Otten« handelt es sich um dasjenige Denkmal, welches heute allgemein als »Magdeburger Reiter« bezeichnet wird. Der Autor der Chronik war Johannes Pomarius d. J., seit 1573 Pfarrer an der St.-Petri-Kirche von Magdeburg.[21]

Der Alte Markt

Deutlich ist auf den Darstellungen des Alten Marktes sowohl bei Hans Rentz als auch bei Franz Hogenberg zu sehen, dass auf diesem Hauptmarkt und Zentrum des mittelalterlichen und frühneuzeitlichen Magdeburg das Rathaus zusammen mit dem Magdeburger Reiter, dem Roland und dem Hirsch ein gemeinsames Ensemble bildete (Abb. 4, 5). Bereits Friedrich Wiggert hatte erkannt, dass nicht nur der Magdeburger Reiter und der Roland, sondern auch der Hirsch irgendwie zusammengehören und dass alle drei als Rechtsdenkmäler anzusprechen sind.[22] In allen Fällen handelte es sich nachweislich um Bauten, die der Magdeburger Rat beauftragt und unterhalten hat. Dass ein mittelalterliches Rathaus und ein Roland miteinander korrespondieren, ist für Bremen (1406) ebenso nachgewiesen wie in Braunschweig für das dort zwischen Altstadtrathaus und Marienbrunnen liegende kommunale Areal (1408).[23] In Goslar seinerseits sieht man das nächste Beispiel für ein Ensemble von Rathaus, Marktbrunnen und Gildehaus.[24] In Magdeburg drückten der Magdeburger Reiter, der Roland und der Hirsch mit ihrer Position auf dem Alten Markt, direkt vor dem Rathaus, deutlich ihren hohen Rang als städtische Symbole aus.

Zusammen mit Rathaus, Reiter, Roland und Hirsch entstand zusätzlich mit den Gebäuden des Schöffenstuhls und den Innungshäusern ein größeres Ensemble, welches man sogar noch um die Marktkirche St. Johannis erweitern könnte (Abb. 6).[25] Denn die in den Urkunden

---

| **16** | Neben der »Magdeburger Schöppenchronik« (Janicke 1869) kommen auch infrage: Ware Beschreibung 1551; Besselmeyer 1552. | **17** | Zur Ehrenpforte von 1517/18 mit weiterer Literatur: Schauerte 2006. | **18** | Braun/Hogenberg 1572; ein koloriertes Exemplar im Kulturhistorischen Museum Magdeburg, Inv.-Nr. Gr 27.21; Druck: Ausst.-Kat. Magdeburg 1997, S. 53. | **19** | Pomarius 1589, »Keyser Otten« vor oder nach S. 157, Roland S. 457 und Hirsch hinter dem Register. | **20** | Vgl. Hasse 2017, S. 300 und S. 319, Anm. 36. | **21** | Zu den Abhängigkeiten zwischen der »Cronecken der Sassen«, der Pomarius-Chronik und Albert Krantz siehe Funke 2001. Johannes Pomarius d. J. darf nicht mit seinem gleichnamigen Vater, Johannes Pomarius d. Ä. (1514–1578) verwechselt werden, der ein bekannter Theologe und in der Krisenzeit des Interim Pfarrer von Heilig-Geist in Magdeburg war. Der Onkel von Johannes d. J. war der Stadtkämmerer von Magdeburg Hans Westphal. | **22** | Zitat Wiggert abgedruckt bei Neubauer 1916, S. 440. Neubauer hat die Deutung aller drei Kunstwerke als Rechtsdenkmäler zunächst verworfen (ebd., S. 441), später aber wieder betont (Neubauer 1931, S. 284). Auch Goerlitz 1934, S. 130, hatte zunächst alle drei Bildwerke als Rechtsdenkmäler angesprochen, dann aber deutlich relativiert (ebd., S. 149). | **23** | Zu Bremen: Dilcher 2005, S. 33; Johanek 1999 a, S. 103; zu Braunschweig: Johanek 1996, S. 560; Johanek 1999 b, S. 36. Der Marienbrunnen auf dem Altstadtmarkt in Braunschweig weist ein umfangreiches Bildprogramm auf, das Propheten und Könige, das Wappen der Stadt und ihrer Herzöge sowie der Kurfürsten des Reiches und der neun guten Helden zeigt. | **24** | Vgl. Albrecht 2004, S. 92–94; zu dem den Marktbrunnen bekrönenden Adler, der die Reichsunmittelbarkeit Goslars symbolisierte: Ausst.-Kat. Braunschweig 1995, Bd. 1, S. 458–459. | **25** | Vgl. Nickel 1964; Hasse 2005 b.

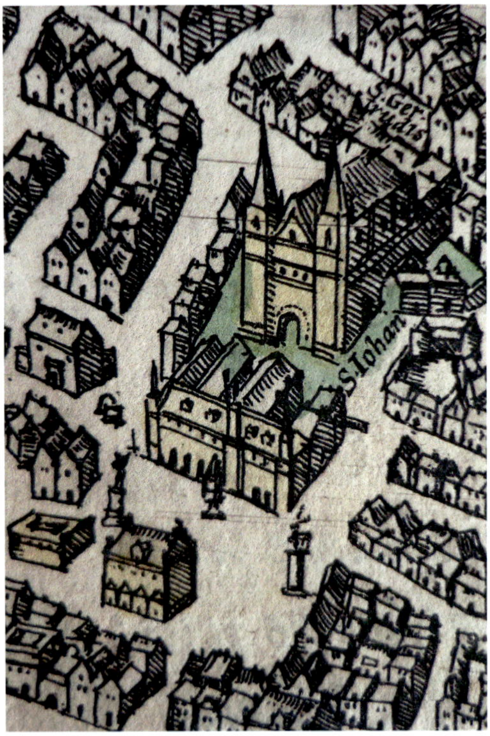

ausgedrückte Gemeinschaft von Schöffen, Ratsherren und Innungen hatte ihren symbolischen Platz auch in den Bauten von Rathaus, Schöffenkammer und den Innungshäusern. Am Alten Markt lagen die »Höfe«, also die Innungshäuser der Seidenkrämer, der Gewandschneider, der Knochenhauer und der Gerber und repräsentierten durch ihre Lage und wohl auch durch ihre Fassaden die Stellung dieser Kaufmannschaften in der Handelsstadt.[26] So gesehen stellte der Alte Markt mit seinen prächtigen Bauwerken und Denkmälern ein Spiegelbild der Verfassung des mittelalterlichen Magdeburg dar.

Nördlich des Rathauses befand sich seit 1425 der Sitz des berühmten Magdeburger Schöffenstuhls.[27] An seinem Gebäude wurde 1590 ein Wappenstein angebracht (Abb. 7).[28] Er zeigt Jesus Christus als Weltenrichter auf einem Regenbogen thronend, die Füße auf der Weltkugel ruhend. Als Attribute seines Kreuzestodes umgeben ihn drei Nägel, eine Lanze und die Dornenkrone. Die Umschrift lautet: »FAC IVSTE, VT IVSTIS IVSTVS SIS. PRAEMIA IVSTIS: IVSTA DEI IVSTI DEXTERA IVSTA DABIT (Tue recht, dass du seiest gerecht den Gerechten. Gerechten Lohn den Gerechten wird geben die gerechte Rechte des gerechten Gottes.)«.[29] Sieben Mal kommt im Lateinischen das Wort »Recht« vor, was mit den sieben Zeichen des Martyriums Christi – Kreuz, Dornenkrone, Passionssäule, Lanze, Nägel, Geißel und Wundmale – korrespondiert. Diese Weltgerichtsdarstellung ist ein Symbol der christlichen Heilslehre des Mittelalters und war als unmittelbarer Appell an die Verantwortung der Richter gedacht.[30]

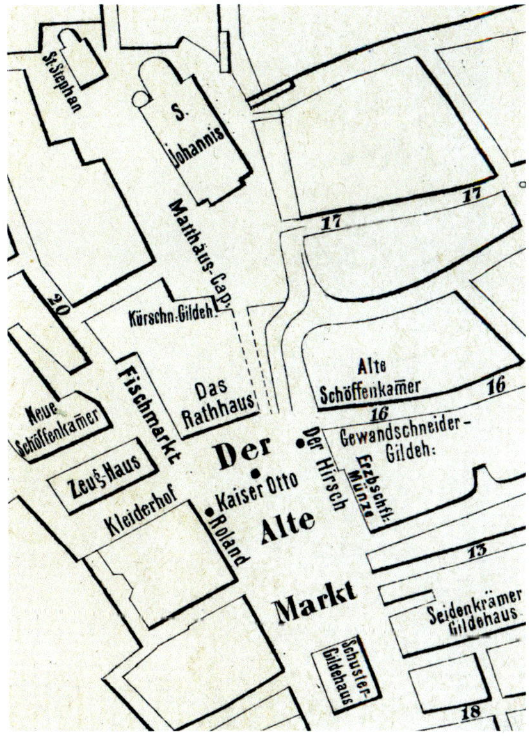

Abb. 4 (links)
Der Alte Markt in Magdeburg, Detail aus Franz Hogenberg: Magdeburg a venere 1572. Magdeburg, Kulturhistorisches Museum.

Abb. 5 (links)
Der Alte Markt in Magdeburg, Detail aus Hans Rentz: Die Belegerung der Stadt Magdeburg 1552. Berlin, Kupferstichkabinett, Staatliche Museen zu Berlin, Inv.-Nr. 20-1960.

Abb. 6
Ausschnitt aus dem Stadtplan »Magdeburg im Mittelalter«, aus: Janicke 1869.

Im 16. Jahrhundert traten zu den vorhandenen Gebäuden und Denkmälern weitere Repräsentationsbauten hinzu: An der Stelle des alten Kleiderhofs errichtete man um 1510 ein massives, mit spätgotischen Treppengiebeln geschmücktes Gebäude, welches zunächst den Tuchhändlern als Kaufhaus diente und dann als ein die militärische Stärke der Stadt eindrucksvoll dokumentierendes Zeughaus eingerichtet wurde.[31] Zwischen dem Zeughaus und dem Rathaus stand seit 1525 der neue überdachte Marktbrunnen, zu dem über ein Wasserhebewerk und ein hölzernes Rohrsystem gepumptes Elbwasser geleitet wurde – eine viel bewunderte technische Meisterleistung und ebenfalls Ausdruck der Herrschaftsrepräsentation des Magdeburger Stadtrats.[32]

Den besonderen Ausdruck politischer Stärke dokumentierte die Stadt Magdeburg durch den ständigen Ausbau der Rats- und Marktkirche St. Johannis, die in der zweiten Hälfte des 13. Jahrhunderts bedeutend erweitert wurde.[33] Wie um 1235 am Ostflügel des Kreuzgang-Innenhofs des Magdeburger Doms wurden zu dieser Zeit auch die Außenfassaden des südlichen Seitenschiffs sowie des Chors der Johanniskirche mit einem ursprünglich offenbar

|**26**| Vgl. den Plan Magdeburgs im Mittelalter bei Janicke 1869, angebunden hinter S. 508. |**27**| Vgl. Lück 1996. |**28**| Original: Kulturhistorisches Museum Magdeburg, Inv.-Nr. 92:16. Vgl. dazu auch die Abbildung im Beitrag von Matthias Puhle in diesem Band, S. 235–245. |**29**| Buchda 1941, S. 263; vgl. Lück/Hasse 2005. |**30**| Vgl. zu Weltgerichtsdarstellungen in mittelalterlichen Rathäusern mit weiterführender Literatur: Meier 2003, S. 43–44. u. 48, Anm. 27. |**31**| Vgl. Priegnitz 1962, Nr. 78; Nickel 1964, S. 1–2. |**32**| Vgl. dazu Asmus/Wille 2000; Priegnitz 1962. |**33**| Vgl. Peters 1902, S. 83–88.

Abb. 7 (links)
Wappenstein des Magdeburger Schöffenstuhls (Umzeichnung aus: Clericus 1884). Magdeburg, Kulturhistorisches Museum.

Abb. 8 (rechts)
Putzritzung von der Johanniskirche in Magdeburg, 13. Jahrhundert. Magdeburg, Kulturhistorisches Museum, Inv.-Nr. 04:1.

reichhaltigen Figurenprogramm von Putzritzungen ausgestattet.[34] Von den 1892 zerstörten Resten künden heute lediglich Fotos und Zeichnungen bis auf ein letztes Fragment (Abb. 8).[35] Es zeigt den Oberkörper einer männlichen, gekrönten Figur, welche die rechte Hand zum Schwurgestus erhebt. Dieser König gehörte zu einer Gruppe von Herrscherdarstellungen, die stilistisch eng mit den Putzritzungen im Dom verwandt sind. Vielleicht wollte man damit der Reihe von Erzbischöfen am Dom eine Reihe von römisch-deutschen Königen und Kaisern gegenüberstellen.[36] In Anbetracht der Deutung des nahen Magdeburger Reiters und der späteren Ausschmückung des benachbarten Rathauses mit Kaiserfiguren ließe das auf ein überlegtes Bildprogramm des Rates schließen, das der erzbischöflichen Stadtherrschaft die reichsgeschichtlichen Traditionen der Stadt entgegenhalten sollte.[37] Vielleicht waren es aber auch alttestamentliche Könige wie Josaphat, Ezechias, David, Salomon, Josias und Manasse, die hier dargestellt waren.

|**34**| Vgl. Hasse 2005c; Handle 2006, S. 316. |**35**| Original: Kulturhistorisches Museum Magdeburg, Inv.-Nr. 04:1. |**36**| Vgl. Hasse 2005c. |**37**| Siehe dazu unten.

Das Rathaus

Die Ratsherren von Magdeburg nannten sich, wie in den oberitalienischen und oberrheinischen Städten, nach dem Vorbild des republikanischen Rom *consules*. Das Rathaus wurde in Magdeburg *pretorium, love, lobe, lobium, palatium comune, domus consulum* oder *radhus* genannt.[38] *Pretorium* leitete sich von dem Sitz der altrömischen Stadtrichter, der Prätoren, ab. *Love, Laube* meinte eine halboffene Architektur.[39] *Palatium commune* ist mit Bürgerpalast zu übersetzen und *domus consulum* das Haus des Rates. Das erstmals zum Jahr 1293 in der »Magdeburger Schöppenchronik« erwähnte Rathaus diente in erster Linie als Versammlungs- und Beratungshaus des Rats, unter seiner Hauptfront wurde aber auch das städtische Gericht abgehalten und vor ihm »unter der Laube« fand das *Burding*, die Bürgerversammlung, statt.[40] Die politischen Verhandlungen führte der Rat vom Rathaus aus. Hier empfing man die Bürger und andere Antragsteller und hier wurde über wichtige städtische Angelegenheiten gemeinsam mit den Innungsmeistern beraten. So wurde beispielsweise der Neubau der Brücken über die Elbe im Jahr 1422 eingehend diskutiert und entschieden.[41] Im Rathaus befand sich auch das Ratsarchiv, in dem neben Urkunden und Kopiaren auch die Stadt- und Rechnungsbücher der Stadt aufbewahrt wurden.[42]

Die Abbildung auf dem Stich von Hans Rentz vermittelt eine gute Vorstellung von der Gestalt des Gebäudes am Ende des Mittelalters (Abb. 5). Schon damals war das Rathaus ein vielfach zusammengesetztes, um einen Kern nach außen gewachsenes Gebilde. Der Komplex setzte sich aus drei verschiedenen Flügeln zusammen, die zu unterschiedlichen Zeiten entstanden waren: Den Kern stellt der wohl in der zweiten Hälfte des 12. Jahrhunderts errichtete Nordtrakt dar. Vermutlich handelt es sich – wie in Dortmund und Braunschweig – ursprünglich um das Haus der Gewandschneidergilde, in der die frühen Fernkaufleute organisiert waren, vielleicht war es aber auch dasjenige der Kürschner.

Winfried Korf und Stephan Albrecht folgend, sollen hier nur kurz die mittelalterlichen Baumaßnahmen am Rathaus skizziert werden, um dann weitere mit dem Rathaus verbundene Rechtsdenkmäler und Rechtshandlungen zu diskutieren.[43] Von dem mittelalterlichen Bau hat sich bis heute die prächtige lang gestreckte, zweischiffig gewölbte Kellerhalle erhalten, der heutige Ratskeller (Abb. 9). Sie hat einen rechteckigen Grundriss von 40,75 × 10,75 Metern und lag längs zum Markt. Durch zehn mittig gestellte Pfeiler wird die Halle in zwei gleich breite Schiffe zu je elf Jochen von 5,20 × 4 Metern geteilt. Ursprünglich lag sie etwa zwei Meter höher und ist eher als Souterrain denn als Keller zu bezeichnen. Wahrscheinlich besaß die Halle eine Balkendecke und war rund 6,5 Meter hoch. Es ist zu vermuten, dass der Bau im Erdgeschoss eine genauso lange, geräumige Kaufhalle und darüber einen großen Festsaal gehabt hat. Nach dem Stadtbrand von 1188 fügte man im Norden einen Anbau – entweder eine Laube oder eine Freitreppe – an. Aufgrund seiner kostenträchtigen Steinbauweise, seinen gewaltigen Ausmaßen und seiner Öffentlichkeit voraussetzenden Architektur einer Laube oder Freitreppe stellt sich schon dieser Bau als repräsentatives Gebäude dar. Nach dem großen Stadtbrand von 1207, dem ebenso der Magdeburger Dom und die Johanniskirche zum Opfer fielen, wurde dieses Gebäude verändert wieder aufgebaut. Dies lässt sich auch

Abb. 9
Magdeburg, Rathaus, Ratskeller.

am Ratskeller absehen, denn seine Wölbung erfolgte – wie bei der Halle an der Buttergasse – um 1240/1250. Seitdem besitzt der Ratskeller eine Höhe von 4,10 Metern bis zum Scheitel der Gewölbe. Ursprünglich diente der großräumige, stets ein gleichbleibendes Klima aufweisende Gewölbekeller zur Lagerung und zum Verkauf von Stoffen. Seine heutige Funktion als Gaststätte bekam er erst 1693.

Das 13. Jahrhundert war für Magdeburg eine Zeit vieler Großbaustellen mit einer hohen Anzahl von vorhandenen Bauhütten: der Magdeburger Dom seit 1209, die Franziskaner- und Dominikanerklöster am Breiten Weg seit 1225, das Maria-Magdalenen-Kloster seit 1230 sowie die Johanniskirche in der ersten Hälfte des 13. Jahrhunderts und schließlich nach dem Brand

|**38**| Schranil 1915, S. 226. |**39**| Zu den einzelnen Begriffen vgl. Albrecht 2004; Lück 2009 b. |**40**| Janicke 1869, S. 173: »Dar na Petri und Pauli [1293] was de grote brant, do sunte Johans kerke unde torn und de love vorbranden.« |**41**| Vgl. Janicke 1869, S. 307. |**42**| Allgemein zum Magdeburger Rathaus Ballerstedt 2006. |**43**| Vgl. Korf 1966; Albrecht 2004, S. 132–135.

von 1293. Auch im Falle des Vorgängerbaus des Rathauses entschloss man sich im 13. Jahrhundert für eine bauliche Veränderung: Nach Winfried Korf kurz vor der Mitte des 13. Jahrhunderts, nach Werner Priegnitz nach dem Stadtbrand von 1293, gab es für den Bau einen völligen Wechsel in der Konzeption.[44] Vor das bestehende Gebäude setzte man im Westen einen neuen Trakt, der nun den Markt zweiteilte, sodass man von einem bewussten Akt topografischer Umorientierung im Stadtzentrum sprechen kann. Diese architektonische und städtebauliche Veränderung würde nach der ersten Datierung zeitlich mit der Ersterwähnung eines Rats in Magdeburg 1244 zusammenfallen, sodass nunmehr eine Verwendung des Bauwerks als Rathaus sicher vermutet werden kann. Ebenso könnte die Errichtung des Magdeburger Reiters in unmittelbarem Zusammenhang damit zu sehen sein.[45]

Das Rathaus bekam nun in etwa jene Gestalt, die im Rentz-Plan dargestellt ist. Der Westtrakt des mittelalterlichen Magdeburger Rathauses gehörte zum Typus des sogenannten Saalgeschossbaus: ein querrechteckiger Baukörper mit zwei Geschossen unter einem durchlaufenden Satteldach. Der langgestreckte, traufständige Westflügel öffnete sich in voller Breite zu einer Laube. Dahinter befanden sich im Erdgeschoss Verkaufsräume. Ein Abschnitt der Arkaden diente als Gerichtslaube. Im Obergeschoss gab es als eigentlichen Hauptzweck des ganzen Baus einen riesigen Fest- und Versammlungssaal, an den sich im Norden und Süden kleinere Gemächer – die Versammlungssäle der Schöffen und später der Innungsmeister – anschlossen. Der Typus des Saalgeschossbaus erscheint seit dem 11. Jahrhundert zuerst als Bauform des Palas von königlichen, herzoglichen oder bischöflichen Pfalzen, bald auch als Wohnbau von Burgen.[46] In dem großen oberen Saal hielt der König oder Fürst Versammlungen mit seinen Lehnsleuten ab oder sprach Recht – genauso wie später der Rat in den Rathäusern. Das untere Geschoss dieser Palasbauten wurde meist für praktische Zwecke genutzt. Erhaltene, wenn auch im 19. Jahrhundert stark veränderte Beispiele in unserem Raum sind das Kaiserhaus in Goslar oder die Burg Dankwarderode in Braunschweig. In Oberitalien, wo sich die politische Form der selbst verwaltenden Stadt am frühesten herausgebildet hatte, wurde dann seit dem späten 12. Jahrhundert der Typus des Saalgeschossbaus für die neue Funktionsform des Rathauses übernommen und weiterentwickelt.

In Magdeburg war der Palast des Erzbischofs am Neuen Markt, dem heutigen Domplatz, ebenfalls ein Saalgeschossbau. Er wird wie in Braunschweig der »Palas« der Burg Dankwarderode in der »Magdeburger Schöppenchronik« stets als »môshûs« (= Speisesaal) bezeichnet.[47] 1236 schenkte Erzbischof Wilbrand von Käfernburg den Magdeburger Bürgern einen vor dem Krökentor gelegenen Steinbruch für den Ausbau der Stadtmauer mit der Maßgabe, dass die Bürger damit auch seinen Palast wiederherstellen sollten.[48] Und schon um das Jahr 1270 erweiterte Erzbischof Konrad von Sternberg den Palast um eine große »Dornitz«, also einen beheizbaren Speisesaal – eine technische Neuerung, die damals großes Aufsehen erregte.[49] Dieser Neubau lag dort, wo sich heute die Alte Möllenvogtei befindet, und war wie der neue Westflügel des Rathauses in Nord-Süd-Richtung ausgeführt worden. Architektonische Vorbilder für die aufwendige Rathauserweiterung im 13. Jahrhundert hat es also durchaus auch in Magdeburg gegeben; gleichfalls wurde der Rathausneubau in Magdeburg vorbildhaft für weitere Städte.[50]

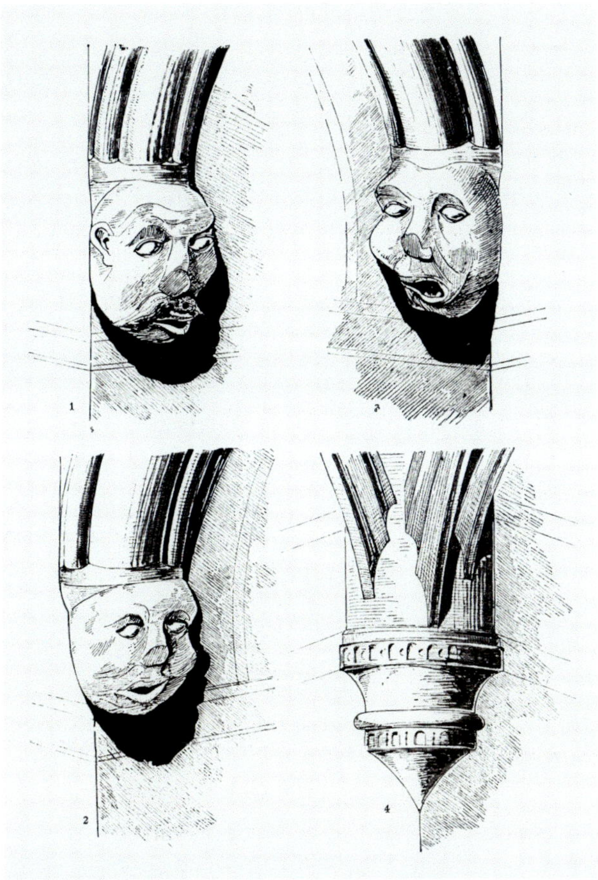

Abb. 10
Magdeburg, Rathaus, Konsolen der Gewölberippen (1945 zerstört, Umzeichnung nach Peters 1902).

Die eigentlichen Amtszimmer des Magdeburger Rathauses befanden sich sämtlich im Obergeschoss des Nordflügels, beiderseits des Mittelsaals, und so wurden sie auch nach der Zerstörung im Dreißigjährigen Krieg nach Gottfried Gengenbachs Beschreibung von 1678 dort wieder eingerichtet: Kämmerei, Schreiberei, Marktmeisterei und Schoßstube.[51] »Schoß« ist das mittelalterliche Wort für Steuer, was sich in den Wörtern »Vorschuss« oder »Mittel zuschießen« erhalten hat. Die Schoßstube war wohl im frühen 14. Jahrhundert neu gewölbt worden, wobei die Konsolen der Gewölberippen als Fratzen oder Grotesken ausgebildet wurden (Abb. 10).[52] Diese bis zur Zerstörung im Zweiten Weltkrieg noch vorhandenen Verzierungen waren sicher keine Steinmetzscherze, sondern spielten wohl als Ausdruck eines drastischen Humors direkt auf die Funktion des Raumes an.

|**44**| Vgl. Korf 1966. Die Auffassung von Priegnitz ist wiedergegeben bei: Asmus/Wille 2000, Bd. 1, S. 268–271. Dort auch ein umgezeichneter Grundriss und eine Rekonstruktionszeichnung des Magdeburger Rathauses um 1600 von Werner Priegnitz. |**45**| Vgl. dazu Nickel 1964, S. 30–33. |**46**| Vgl. Paul 1985, S. 92. |**47**| So beispielsweise bei Janicke 1869, S. 154. Vgl. ebd., S. 459. |**48**| Vgl. UB Magdeburg 1, S. 50–51. |**49**| Vgl. Janicke 1869, S. 154. |**50**| Vgl. Albrecht 2004, S. 117 u. 134. |**51**| Vgl. Gengenbach 1678, S. 33. |**52**| Vgl. Peters 1902, S. 137.

Abb. 11
Magdeburg, Rathaus, Bischofsaal.

In der ersten Hälfte des 14. Jahrhunderts veränderte man die Marktfassade, indem man dem mittleren Treppenturm zwei Ecktürme hinzufügte. Zur selben Zeit baute man hinter dem Westtrakt das Innungshaus der Kürschner, den sogenannten Kürschnerschrank, an. Und um 1310/1320 erhielt die Südseite des Nordflügels noch einen Anbau mit einer offenen Laube im Erdgeschoss sowie eine über einen weiteren Treppenturm zugängliche Ratsstube im Obergeschoss, auf deren Decke vermutlich im 17. Jahrhundert »alle Römischen Keyser umher abgebildet« wurden.[53] Ratsstuben dienten seit dem 14. Jahrhundert in den Rathäusern als besonderer Rückzugsort des Rates in schwierigen, nicht öffentlichen Sitzungen.[54] Im »neuen« Keller dieses Bauteils – ein rundtonnengewölbter Raum – wurde am 21. September 1325, dem Tag des Hl. Matthäus, Erzbischof Burchard III. von Schraplau ermordet, weswegen späterhin dieser Anbau zur Sühne daran in eine dem Hl. Matthäus geweihte Kapelle umgebaut wurde.[55] Der Keller hat sich bis heute erhalten und wird nach diesem Ereignis »Bischofssaal« genannt (Abb. 11).

Eine Uhr am Magdeburger Rathaus wird schon relativ früh, nämlich für das Jahr 1425 erwähnt.[56] Damit besaß Magdeburg eine der am frühesten erwähnten Rathausuhren im Reich nördlich der Alpen.[57] Die Anbringung einer Uhr zu Beginn des 15. Jahrhunderts ist einmal als vielfach bestaunte technische Innovation, aber auch als ein Ausdruck von Herrschaftsrepräsentation zu sehen. Die Erfindung der mechanischen Uhr bedeutete eine Veränderung im Leben der Menschen, deren Tagesablauf bis dahin besonders durch die Glocken der Kirchen und das Licht strukturiert gewesen war. Die Anbringung einer Uhr in der Öffentlichkeit durch den Rat bedeutete insofern ebenfalls eine politische Botschaft: Wer eine Uhr – die Zeit selbst – kontrollierte, stellte damit seine besondere Regierungsfähigkeit unter Beweis. Die Magdeburger Rathausuhr besaß einige Besonderheiten, denn sie zeigte auch die Mondphasen an und gehörte somit in die Familie der sogenannten astronomischen Uhren.[58] Im späten 16. Jahrhundert wird von der Magdeburger Rathausuhr berichtet, sie habe außerdem ein Glockenspiel sowie eine bewegliche Figurengruppe besessen: zwei Ziegenböcke, die jeweils zur vollen Stunde mit ihrem Hörnern gegeneinander rannten.[59] Dieses Bild spielt auf die Legende an, dass keine der zwei Ziegen, die sich auf einem Steg begegneten, weichen wollte und beide ins Wasser fielen. Vermutlich war es eine Warnung an die Ratsherren, sich in ihren Entscheidungen von Vernunft leiten zu lassen.

Eine Verbindung zwischen der Bürgerschaft und dem Rat wurde über die Lauben und Erker, die am mittelalterlichen Rathaus eine Öffnung nach außen darstellten, erzielt: zum einen auf der Nordseite der Fassade zum Fischmarkt hin, von wo aus der Rat mit dem Volk auf dem Marktplatz durch Ansprachen, Gesetzesverkündigungen und Eidesleistungen kommunizierte; zum anderen existierten Lauben zum Alten Markt hin auf der Westseite. Damit erfüllte die Architektur den Wunsch nach Öffentlichkeit von mittelalterlicher Gerichtsbarkeit und Herrschaft, der als »Prinzip Öffentlichkeit« als ein konstitutives Element von Information, Kommunikation und Selbstdarstellung erkannt wurde.[60] Auch deswegen war es kein Zufall, dass diese Bauteile beim barocken Wiederaufbau nicht wieder ausgeführt wurden.

Zunächst auf der Nordseite, deren sicher aufwendige Gestaltung und Ausschmückung man auf den Bildern des 16. Jahrhunderts leider nicht sehen kann, dann auf der zum Alten Markt hin gerichteten Westseite des Rathauses wurden die Huldigungen vorgenommen.[61] Diese

---

|**53**| Gengenbach 1678, S. 33. |**54**| Vgl. Albrecht 2004. |**55**| Zu diesen Ereignissen siehe Wittek 1997. |**56**| Vgl. Janicke 1869, S. 378: »In dem [...] jare leit de rad to Magdeborch der stad to eren und den borgeren to nutte und bequemlicheit buwen einen seiger an dat radhus, dat ein jowelk mochte seen, wo ed an der tid was, so dat de wiser alle stunde und halve stunde wiserde und ok den nien man, und wenn he wassende und afnemende was: to vorn hadde dat nicht gewest.« |**57**| Hildesheim 1404, Olmütz 1419, Worms 1. Hälfte 14. Jahrhundert, Jena 1475, Prag 1490. |**58**| Der Mond spielte im Mittelalter und in der Frühen Neuzeit eine größere Rolle bei der Zeitmessung des Jahreslaufs, wurden doch auf dem Land Nächte und Monde dabei zu Hilfe genommen. Man denke nur an den September-Vollmond in seiner Bedeutung als Erntemond und den Oktober-Vollmond als Jägermond. Und noch bis heute hat sich die Tradition erhalten, dass man alles, was glücken soll, bei zunehmendem Mond geschehen lassen soll. |**59**| Vgl. Ballerstedt 2006, S. 17. Das gleiche Motiv befand sich an den Rathausuhren von Aschersleben, Bietigheim und Posen. |**60**| Haverkamp 1998; Lück 2009. |**61**| Vgl. Schranil 1915, S. 227; Gleba 1998, S. 127.

konstitutive und im Binnenverhältnis zwischen Bürgerschaft und Stadtherrn wichtigste Rechtshandlung stellte auch einen Akt von Kommunikation und Repräsentation im öffentlichen Raum dar.[62] Über den Ablauf dieser Zeremonien sind wir durch die »Schöppenchronik« für die Huldigung von Erzbischof Günther von Schwarzburg im Jahr 1405 gut unterrichtet: Der Erzbischof wurde von den Boten des Rats von seiner Residenz am Domplatz abgeholt und ritt dann zum Fischmarkt. Das Rathaus war mit Teppichen und Tüchern feierlich geschmückt. Die Burding-Glocke hatte gerufen und nun erfolgten die Eidesleistung und das gegenseitige Treueversprechen. Auf die Frage des Erzbischofs »Wollt Ihr uns huldigen und Treue geloben und halten?« antwortete der Rat mit »Ja« und ließ auch die versammelte Bürgergemeinde dies beschwören. Dann fragte einer der beiden Bürgermeister den Erzbischof: »Herr, also gelobt Ihr uns Treue zu halten?« Dies bestätigte der Erzbischof mit Handschlag gegenüber den beiden Bürgermeistern zu Händen der ganzen Stadt. Dann ging man auf die Laube, wo man unter der Skulptur oder einem Bild des Hl. Mauritius im Ratssaal eine goldene Medaille präsentierte und besondere Leckerbissen, aus der Apotheke herbeigeschafftes Konfekt sowie Wein kredenzte.[63]

Alljährlich zu Pfingsten wurden die Domherren vom Magdeburger Rat in das Rathaus zu einer Art Gipfeltreffen, »Burg« genannt, eingeladen.[64] Auch diese Tradition kann einem Rechtsakt verglichen werden und hatte handfeste politische Hintergründe. Das Domkapitel spielte nicht nur bei der Wahl des Magdeburger Erzbischofs, sondern spätestens seit dem 13. Jahrhundert mit seinen Rechten und der Verfügungsgewalt über den Grundbesitz eine dem Oberhirten ebenbürtige Rolle. Hier ergaben sich häufig politische und wirtschaftliche Gemeinsamkeiten mit den Interessen von Rat und Domkapitel. Der an die Huldigung des Erzbischofs sich anschließende Festschmaus und das Pfingstmahl mit den Domherren gehörten zu den jeweiligen Rechtshandlungen. Gemeinsame Festmahle dokumentierten nach außen und innen die erfolgreiche Zusammenarbeit der daran Beteiligten und verstärkten die Erinnerung an Ergebnisse und Vereinbarungen.[65] Dass an solcherlei Feiern die ganze Stadt beteiligt war, zeigt einmal mehr das konstitutive Element gemeinsamer Feiern und Prozessionen im Mittelalter.[66]

Das Rathaus selbst war mit einer großen Figurenreihe an seiner Marktfassade geschmückt.[67] Sie zeigte wohl Königs- und Kaiserfiguren, wie sie beispielsweise an den Rathausfassaden von Aachen, Bremen und Braunschweig angebracht wurden, vielleicht waren aber auch die drei geistlichen Kurfürsten als Erzkanzler des Reiches hier berücksichtigt. In jedem Fall war solch ein Skulpturenschmuck eine ausgesprochen kostspielige Angelegenheit, was anhand der vorhandenen Rechnungen für die Figuren am Bremer Rathaus gezeigt werden konnte.[68] Aus welcher Zeit die Königs- und Kaiserbildnisse am Magdeburger Rathaus stammten, kann nicht genau bestimmt werden. Vermutlich wurden sie im Zuge der Veränderung des Magdeburger Reiterdenkmals und der Anbringung der vier weltlichen Kurfürsten im späten 14. Jahrhundert hinzugefügt, vielleicht sind sie aber auch viel später entstanden, wie diejenigen am Altstadtrathaus in Braunschweig (1455) oder an der Kaiserworth in Goslar (spätes 16. Jahrhundert).[69]

Das Magdeburger Rathaus stellte sich im Spätmittelalter in seiner architektonischen Gestalt jedenfalls als ein Profanbauwerk mit hohem Anspruch dar. Der Baukörper bestand ganz aus Haustein. Seine repräsentativen Formen – Türme und Erker sowie Arkaden und Skulpturen – erinnerten an Wehr- und Sakralbauten gleichermaßen. Auf diese Weise vermittelte die Architektur den Ausdruck von hoheitlicher Repräsentation.[70] Nicht zuletzt sind die Ausmaße der mit der neuen Westfassade errichteten Schaufront des Magdeburger Rathauses von rund 52 Metern Länge beeindruckend. Das belegen Vergleiche mit anderen mittelalterlichen Rathäusern: So beträgt die Länge des Rathauses von Bremen etwa 42 Meter und diejenige des Altstadtrathauses in Braunschweig rund 38 Meter.

Zum Jahr 1403 erwähnt die »Magdeburger Schöppenchronik«, dass am Rathaus Denkverse, die später sogenannten Magdeburger Prophetenreime, angebracht waren.[71] Sie sind trotz der Zerstörung Magdeburgs im Dreißigjährigen Krieg aufgrund einer Abschrift überliefert und waren wohl mit Darstellungen alttestamentlicher Propheten verbunden: Moses, Jesaias, Jeremias, Ezechiel und Daniel. Die Denkverse gaben wichtige und inhaltsreiche Mahnungen zu guter Regierung und Rechtsprechung und richteten sich an die Ratsherren und an die Rat- und Rechtssuchenden. An dieser Stelle sollen einige besonders ausdrucksstarke Strophen in hochdeutscher Übertragung wiedergegeben werden.[72]

| **62** | Vgl. Holenstein 1991, ferner Brademann 2005 mit weiterer Literatur. | **63** | Vgl. Janicke 1869, S. 318–319; Übertragung/Exzerpt durch den Verf. | **64** | Vulpius 1702, S. 288: »Anno 1546 hat man in Pfingsten allhier das letzte Mal die Burg geholet. Solches kam Anno 1441 also auf. Der Rat bat das Capitel zu Gaste, die erehrten dem Rathe eine Burg von Mehl gebacken. Daraus ward eine Gewohnheit, so über hundert Jahre gewähret. Da musten alle Musikanten aus den drey Städten [gemeint sind die Altstadt, die Neustadt und Sudenburg] für der Burg, welche von schönem Weitzen-Meel und gesafrantem Brod zusammengesetzt war, vorhergehen und aufspielen. Forne gingen die Stadt-Pfeiffer und folgeten alle 3 Räthe, viel Bürgers-Söhne, Jung-Gesellen und Knaben mit weißen Burgstecken, und vor der Burg allerlei Spiel-Leute mit mancherlei Instrumenten unter einander, welches eine wunderbare Musik war. Der Breite Weg bis zum Rathauss war mit grünen Mayen bestecket und geschmücket.« | **65** | Vgl. Kramer 1998. | **66** | Vgl. Zotz 1991. Siehe auch Althoff 2003. | **67** | Vulpius 1702, S. 103–104: »Dass die Stadt Magdeburg vor der letzten jämmerlichen Einäscherung unter anderem auch mit einem sehr herrlich und kostbar erbauetem Rath-Hause gepranget, solches weiß man nicht nur aus dem Berichte alter Leute, die selbige im Flor gesehen, sondern es habens auch einiger maßen die alten rudera bezeuget. An dem Mauer-Werck gegen Abend und Mittag präsentierten sich noch einige Statuen derer Römisch-Teutschen Kaiser, welche alle außen um das Rat-Haus herum in Lebensgröße gestanden und schön angemalet gewesen.« Vgl. dazu die Abbildung des Rathauses mit den Figuren im Plan von Hans Rentz. | **68** | Vgl. Waldmann 1908. | **69** | Zum Altstadtrathaus in Braunschweig vgl. Ohm 2002. Zu der Reihe der Herrscherfiguren daran: Schneidmüller 1992; Schneidmüller 1996, S. 57–58; zum Goslarer Gildehaus Kaiserworth, das offenbar auch als Rathaus genutzt wurde, vgl. Lehmberg 2017, S. 143. | **70** | Vgl. Hasse 2005 b. | **71** | Janicke 1869, S. 313: »[…] dar umme is dwank nutte, wor men gude pollicien und gut regiment holden schal in einer stadt. dat leren ju der propheten rimen uppe der loven [Rathaus], de sint dar to einer dechtnisse schreven«. Edition der Prophetenreime mit weiterführender Literatur: Seelbach 2018. In der Altstadt von Magdeburg fanden sich in einem verschütteten Kellergewölbe des Hauses Breiter Weg 56 Wandmalereien mit weiteren gereimten Merkversen, die Propheten und Heiligen in den Mund gelegt waren: Hertel 1881; Asmus/Wille 2000, S. 396–397. | **72** | Nach Schaube 1933, S. 3–4.

An die Adresse der Ratsherren waren gerichtet:

»Die da sitzen in Gottes Acht,
Fürchtet Gott in eurer Macht!
Von Gotte habt ihr die Gewalt –
Vorüber ist ein Jahr gar bald.

So haltet nun in eurer Stadt
Einträchtigkeit, das ist mein Rat;
Seht den gemeinen Nutzen an:
So kann eine Stadt in Ehren bestahn.

Ungleiches Maß, zwiespält'ger Sinn,
zum Unheil führen oft sie hin.
Folgt meinem Rate: Sonder Wank [= Vermeidet Wankelmut, Anm. d. Verf.]
Haltet auf Recht! Scheut nicht den Zwang!

Habt Eines Rede ihr gehört,
hört auch, was des andern Wert euch lehrt,
Und wäget die Sachen gleiche,
Ob Arme es trifft, ob Reiche.

Ein weiser Mann, der spricht nicht viel,
Ein törichter kläfft ohne Ziel.
Durch Habgier, Unkeuschheit und Zorn
Ging schon manch gute Stadt verlorn.«

Und an die Adresse aller waren zum Beispiel gerichtet:

»Wer will Recht begehren,
Der soll nicht unrecht schwören;
Wer sein Tun mit Listen paart,
Gar oft der schon meineidig ward.

Der soll es büßen, wer selbst sich rächt,
Er sei nun Herre oder Knecht;
Der Stadt Gesetze und Gebot
Soll jeder halten und fürchten Gott.«

Auch an den wenigen Beispielen wird deutlich, dass die am Rathaus für jedermann lesbaren Magdeburger Prophetenreime ein klares Bekenntnis zu republikanischen, bürgerlichen Tugenden und Gerechtigkeit darstellten.[73] Sie sind von großer Aussagekraft für das Verhältnis von Bürgerschaft und Rat und führten gleichzeitig »Ratsherren und Bürgerschaft eine ganze republikanische politische Tugend- und Regierungslehre vor.«[74] So lassen sich auch in Magdeburg ohne Weiteres versinnbildlichte Formen des im späten Mittelalter weit verbreiteten bürgerlichen Republikanismus (*civic republicanism*) finden.[75]

Der Magdeburger Reiter

Auf der Ostseite des Alten Marktes stand der berühmte Magdeburger Reiter, das Reiterdenkmal oder, wie er früher stets genannt wurde, der Kaiser Otto auf dem Markt (Abb. 12).[76] Der Magdeburger Reiter ist das »sicherlich bedeutendste[.] Denkmal des Nachlebens (Kaiser) Ottos des Großen in Magdeburg«.[77] Es handelt sich um eine Skulptur, die um 1240 auf dem Alten Markt in Magdeburg errichtet wurde und in Lebensgröße einen hochmittelalterlichen Herrscher zu Pferd darstellt. Der Reiter bildet mit zwei Begleitfiguren, einer Schild- und einer Lanzenträgerin, eine Figurengruppe, und diese wiederum stellen verbunden mit einem Sockel und einem Gehäuse unter einem Baldachin das eigentliche Reiterdenkmal dar.[78] Bis 1942 waren am Sockel ferner vier Ritterfiguren angebracht. Das Original der Figurengruppe befindet sich heute im Kulturhistorischen Museum Magdeburg.[79] Im Gehäuse auf dem Alten Markt steht eine vergoldete Nachbildung aus Bronze.[80]

Über den Magdeburger Reiter stellte Heiner Lück 2006 fest, dass er in den »Kontext der Konstruktion eines auf kaiserliche Gesetzgebung zurückgehenden Land- und Lehnrechts (Sachsenspiegel) und Magdeburger Stadtrechts (Sächsisches Weichbild) gehört« und »als Rechtssymbol [...] die rechtliche Anbindung an das Reich auf künstlerisch vollkommene Weise demonstriert.«[81] Bezeichnenderweise wird zudem der Magdeburger Reiter zuerst in einer Rechtshandschrift erwähnt, nämlich der vor 1387 entstandenen Glosse zum Weichbild.[82] Der Reiter war bereits Gegenstand einer eigenen Tagung mit Tagungsband, sodass hier nur auf wenige Beobachtungen zur spätmittelalterlich-frühneuzeitlichen Rezeption des Reiterdenkmals in Magdeburg eingegangen werden soll.[83]

|**73**| Eine repräsentative Zurschaustellung von Tugenden und vorbildhaften Taten war geradezu typisch in und an Rathäusern frühmoderner kommunaler Gemeinwesen: Fröschl 1988, bes. S. 239–271. |**74**| Dilcher 2005, S. 29. |**75**| Zur Einbettung dieses Sachverhalts in europäische Gesamtzusammenhänge vgl. Meier 1996. |**76**| Vgl. Hasse 2017. |**77**| Hasse 2001, S. 229–230. |**78**| Vgl. Köster 2017. |**79**| Kulturhistorisches Museum Magdeburg, Inv.-Nr. 14:2. |**80**| Vgl. Hasse 2017, S. 315. |**81**| Lück 2006 a, S. 266. |**82**| Vgl. von Daniels/von Gruben 1858, Sp. 229–230: »so haben sy sein lipzeichen stene uff dem marchte, daz sy mit den fursten phlichtig sein zu halden yn ihrer zierheit.« Vgl. Hasse 2017, S. 300. |**83**| Vgl. Köster 2017.

Abb. 12
»Das Bildnis Keyser Otten«, aus der Chronik des Johannes Pomarius, 1588. Magdeburg, Kulturhistorisches Museum, Bibliothek, Bi 35.

In der Chronik des Johannes Pomarius ist ein Holzschnitt mit dem Titel »Das Bildnis Keyser Otten, wie es auff dem Marckt stehet« eingebunden (Abb. 12).[84] Auf der Abbildung ist deutlich zu sehen, dass auf dem Reiterdenkmal eine der Sprache nach frühneuzeitliche Inschrift angebracht war, und zwar demonstrativ dem Betrachter zugewandt: »Diu[in]o Ottoni I. Imperat[or]: Inuictiss[imi]: Vindici Liberatis Patri Patriae Senatus populusq[ue] Magdeburgensis posuit Anno 973«. Ins Hochdeutsche übertragen: »Dem gottgegebenen Kaiser Otto I., Unbesiegtester, Unübertroffener, die Freiheit schenkender Vater des Vaterlandes, von Senat und Volk Magdeburgs gesetzt im Jahre 973.«[85] Vermutlich handelte es sich dabei um eine bronzene Tafel, wie sie ähnlich auch an dem benachbarten Roland angebracht gewesen war.[86] Die auf dem Reiterdenkmal befindlichen, bislang zu wenig beachteten Zeilen drücken sehr deutlich das im Spätmittelalter herrschende Geschichts- und Stadtrechtsbild aus, das man ungefähr wie folgt nachzeichnen könnte: »Schon vor der Gründung des Erzbistums Magdeburg – in den Jahren 936, 940 und 947 – habe Otto der Große seiner Lieblingsstadt Magdeburg bedeutende Privilegien geschenkt, insbesondere das Stapelrecht und die freie Schifffahrt auf der Elbe sowie die Erlangung der Reichsfreiheit und das Recht, niemand anderem huldigen zu müssen als dem Kaiser selbst. Magdeburg sei schon damals eine Stadtrepublik gewesen, nach dem römischen Vorbild *senatus populusque*, also Senat und Volk. Nach dem Tode Ottos des Großen hätten dann der Rat und die Bürger ihm als Privilegiengeber das Reiterstandbild als Dank- und Denkmal gesetzt.«[87] Die in diesem Bild gebrauchte altrömische Formel SPQR wurde im Spätmittelalter in einigen republikanisch gesinnten Städten rezipiert. Der Reiter seinerseits galt damit zweifellos nicht nur als altehrwürdigstes Denkmal der ottonischen Privilegien, sondern er war »Leibzeichen«, das heißt ein gerichtsrelevantes Beweismittel, dafür.[88] Um die Beweiskraft des Reiters zu flankieren, hat man in Magdeburg auch vor dem beliebten mittelalterlichen Mittel der Offenlegung von »Wahrheit« durch Fälschungen verschiedenster königlicher Urkunden nicht zurückgeschreckt.[89]

Nur ergänzend hierzu sei noch erwähnt, dass die zu einem Schwurgestus erhobene rechte Hand des Reiters möglicherweise auf die auch als Gerichtsstätte fungierende Rathauslaube zeigen würde, was auf die Einsetzung der Schöffen als Angehörige des kaiserlichen Pfalzgerichts im Weichbildrecht durch Kaiser Otto II. verweisen solle.[90] Diese Annahme bedarf weiterer Prüfungen, denn sie setzt – wie oben dargestellt – die Planung oder das Vorhandensein des Westflügels des Rathauses in der Mitte des 13. Jahrhunderts voraus und ferner, dass der südliche Abschnitt der Arkadenreihe als Gerichtslaube gedient habe, was bisher keineswegs eindeutig geklärt ist.[91]

|**84**| Pomarius 1589, vor oder nach S. 157. Der dazugehörige Text lautet: »Nach seinem [Ottos I.] Todt hat die Stadt Magdeburg ihm ein steinern Bild zur ewigen gedechtnus auffm Marckt gleich gegen dem Rathause uber / auffrichten lassen/ welches noch heut zu tage stehet / vnnd Kayser Otto geheissen wird / auff einem steinern Pfeiler / in einem artifen durchsichtigen steinern gehewse/ reitet Keyser Otto auff einem weissen Pferde / neben jm zur rechten vnd lincken / stehen seine beide Ehegemahl / Editta vnd Adelheit / vnd umbher etliche gerüste vnnd wolgezierte Menner / welche die Wappen seiner fürnemsten Erblender in henden halten.« Vgl. Hasse 2017, S. 300. |**85**| Hasse 2008, S. 4. |**86**| Vgl. Neubauer 1916, S. 420. |**87**| Nach Hasse 2008, S. 4. |**88**| Vgl. Schubert 2003, S. 153. |**89**| Vgl. ebd., S. 154–155. |**90**| Vgl. Neubauer 1931, S. 284; Goerlitz 1934, S. 134–135; vgl. auch Schubert 1974, S. 291. |**91**| Aus den ansonsten wichtigen Schriftquellen zum Burggrafengericht (UB Magdeburg 2, S. 785–784 u. UB Magdeburg 3, S. 682–683) nicht zwingend zu schlussfolgern.

Eine im späten 14. Jahrhundert aktuelle Symbolik der direkten Beziehung der Stadt zu Kaiser und Reich stellte die Ergänzung des vor dem Rathaus befindlichen Magdeburger Reiterdenkmals mit den vier weltlichen Kurfürsten dar.[92] Die neue Ausschmückung macht die vier Erzhofamtsträger als vornehme Bedienung des Königs oder Kaisers gleichsam zu Trägerfiguren: Gemäß der in der Mitte des 14. Jahrhunderts ergänzten Version des Sachsenspiegels waren der Kurfürst von der Pfalz der Erztruchsess zuständig für die Tafel und die Königsgüter, der Herzog von Sachsen der Erzmarschall, zuständig für die Pferde und die Reisen, der Markgraf von Brandenburg der Erzkämmerer, zuständig für die Schlafkammer und die Einkünfte und schließlich der König von Böhmen der Erzmundschenk, seinerseits zuständig für die Getränke und die Weingüter des Reiches.[93] Dahingegen galten die drei geistlichen Kurfürsten als Erzkanzler des Reiches: der Erzbischof von Mainz für Deutschland, der Erzbischof von Köln für Italien und der Erzbischof von Trier für Burgund.[94] Insofern war die alleinige Darstellung der vier weltlichen Kurfürsten keineswegs als eine politische Demonstration gegen den Erzbischof zu verstehen. Die drei geistlichen Kurfürsten waren mit an Sicherheit grenzender Wahrscheinlichkeit noch andernorts dargestellt, vermutlich am oder im Rathaus selbst gegenüber dem Reiterdenkmal. Mit der Anbringung der Kurfürsten wurde die inzwischen gefestigte Verfassungslage des Heiligen Römischen Reiches durch das älteste »Reichsgrundgesetz«, die Goldene Bulle von 1356, zitiert: Kaiser und Kurfürsten repräsentieren zusammen das Reich, sie »sind« das Reich.

Der Roland

Der Magdeburger Roland wird erstmals in der »Schöppenchronik« in einem Eintrag zum Jahr 1419 erwähnt.[95] Demnach habe man ihn zu Pfingsten bereits zum wiederholten Mal erbaut: »In dissem jare to pingsten wart ein nie rolant gebuwet, alse Werner Burhake und Ludeke van Kelre borgermeistere weren.«[96] Vier Jahrzehnte später wurde die Statue nochmals erneuert, wobei sie aus Stein aufgebaut und bemalt wurde. Die »Schöppenchronik« berichtet diesbezüglich: »Dar na in dem 1400 und 59 jar wart hir to Magdeborch ein nie roland van steinen gebauwen gesat unde gemalet. [...] to dem male weren borgermester Heiße Roleves und Hans Mauritze.«[97] Die 1495 am Roland durchgeführten Arbeiten hatte der Meister Kunze vom Erfforde verantwortet. Da in der »Schöppenchronik« die Erwähnungen der Bauarbeiten am Roland immer zusammen mit den Namen der zu dieser Zeit regierenden Bürgermeister erfolgen und da sich ferner eine dahingehende Inschrift überliefert hat, ist auf den Rat als Auftraggeber für diese Bauten zu schließen.[98] In der Chronik des Johannes Pomarius von 1589 ist der im Dreißigjährigen Krieg zerstörte Roland abgebildet, wobei nach Vorlage dieses Holzschnitts im Jahr 2005 die Wiedererrichtung der Figur vorgenommen wurde (Abb. 13).[99]

|**92**| Vgl. Hasse 2001, S. 434. Die Absicht, über Symboliken einen Bezug zu Kaiser und Reich und damit quasi eine Reichsunmittelbarkeit herzustellen, lässt sich in ähnlicher Weise anhand der Ausgestaltung des Großen Saals im Erfurter Rathaus beobachten: Heckert 1996. |**93**| Dazu vertiefend Wolf 1990; Erkens 2008. |**94**| Vgl. Csendes 1989. |**95**| Allgemein zum Magdeburger Roland: Neubauer 1916; Goerlitz 1934, S. 129–149. |**96**| Janicke 1869, S. 347. |**97**| Ebd., S. 404. Vgl. ferner Pomarius 1589, S. 458. |**98**| Vgl. Neubauer 1916, S. 420. |**99**| Vgl. Pomarius 1589, S. 457.

Abb. 13
Darstellung des Magdeburger Rolands mit der Narrenfigur auf der Rückseite aus der Chronik des Johannes Pomarius, 1588. Magdeburg, Kulturhistorisches Museum, Bibliothek, Bi 35.

Wie Till die Magdeburger Ratsherren narrte, indem er sie glauben machte, er könne fliegen.

Abb. 14
Till Eulenspiegel in Magdeburg, kolorierter Holzschnitt 1515.

Die Rolandforschung stellt gewiss ein weites Feld dar, weshalb diese hier nicht weiter vertieft, sondern nur die Interpretation des Rolands aus der Perspektive der Magdeburger Historiografie wiedergegeben werden soll.[100] Es spricht einerseits für den Bedeutungsverlust der Rolande in der Frühen Neuzeit, wenn einer der hochdeutschen Überarbeiter der »Schöppenchronik« im frühen 16. Jahrhundert den Roland nachträglich erklären musste, andererseits wird dessen hoher Rang für das mittelalterliche Magdeburg und Sachsen ziemlich klar: »[...] der Rolandt ist gewesen ein Schwestersohn des kaisers Caroli magni und ein graf von Blauio aus Franckreich, ein gewaltiger kriegsfurst [...] dieser Roland, nachdem der keiser Karolus Magnus, seiner mutter bruder, die Sachsen zum Christen glauben gebracht vnd ihne irhe gewonheiten rechte vnd Freiheiten lies, hatt aus Beuhel [Pflanzung] desselben kaisern die Stedte dieser lande mit den gerichten vnd freiheiten, wie sie die vorher gehabt, beliehen vnd sie eingewiesen. deshalb sein ihme solch bildnissen vnd Statuae an vielen orten auf die merckte und an die Rats- und gerichtsheuser nach gesetzt worden, als ein zeichen keiserlicher freiheit, wie dan sie noch heutigs tages vor ein zeichen der libertet vnd freiheit gehalten werden.«[101]

Der Roland wie auch die vier Kurfürsten wurden als schwer bewaffnete Ritter dargestellt. Das entsprach durchaus der Lebenswirklichkeit der meisten Bürger, denn die männliche Bürgerschaft der mittelalterlichen Stadt war ebenso eine Verteidigungsgemeinschaft.[102] Stadtverfassung war zu einem beträchtlichen Teil zugleich Wehrverfassung. Nicht nur Tore, Türme und Mauern, sondern auch die Waffen gehörten zu dem sichtbaren Verteidigungspotenzial der Stadt. Jeder Bürger war verpflichtet, Spieße, Helme oder Brustpanzer zur Verfügung zu halten und mit ihnen zu trainieren, oder sie wurden im Waffengewölbe im Rathaus sowie später im städtischen Zeughaus bereit gehalten. Die Angehörigen des städtischen Patriziats und die ratsfähigen Familien aber ahmten die höfischen Sitten und Moden des Adels nach, veranstalteten Turniere und leisteten sich kostspielige Turnierrüstungen.[103]

Nach der Abbildung in der Pomarius-Chronik war an der Sockelrückseite des Rolands als späte Ergänzung eine kleine Narrenfigur platziert.[104] Vermutlich korrespondierte sie mit den im frühen 16. Jahrhundert rasch weite Verbreitung findenden Eulenspiegel-Geschichten, die sich damals nicht an Kinder richteten, sondern Kritik am herrschenden Zeitgeist übten.[105] So sind das Magdeburger Rathaus (»Laube«) und der Roland auch in der 1515 veranlassten Druckfassung des 1510/11 erstmals erschienenen Eulenspiegel-Buchs abgebildet (Abb. 14).[106] Die kleine Narrenfigur am Pomarius-Roland war zur Rathausfassade und zu den Lauben ausgerichtet und steht für die um 1500 weit verbreiteten und sich in den Narrengeschichten wie Till Eulenspiegel niederschlagenden Gedanken von der Narretei der Welt. Dass der Rat von Magdeburg diese Figur hatte anbringen lassen, stellt weniger dessen Sinn für Humor

| **100** | Zur Rolandforschung Gathen 1960; Trusen 1986; Klein/Kramarz-Bein/Lück 2003; Munzel-Everling 2005. | **101** | Janicke 1869, S. 347. Vgl auch Gengenbach 1678, S. 25 mit dem lateinischen Text der Bronzetafel auf dem Roland. | **102** | Siehe etwa Haase 1978. | **103** | Vgl. Hasse 2005 d. | **104** | Vgl. Pomarius 1589, S. 457. | **105** | Vgl. Hucker 1996, bes. S. 67–69. | **106** | Vgl. Ulenspiegel, 14. Historie, S. 14, Abb. S. 102.

unter Beweis, sondern zeigt einmal mehr die gesteigerte Bereitschaft zur kritischen Selbstreflexion der Gesellschaft am Ende des Mittelalters. Tenor und Schluss des dazugehörenden Eulenspiegel-Streiches in Magdeburg passen jedenfalls genau dazu.[107]

Der Hirsch

Auf dem Alten Markt wurde vermutlich ebenfalls im frühen 15. Jahrhundert die Statue eines Hirsches mit einer goldenen Kette aufgestellt. Offenbar bestens bekannt war der Hirsch jedenfalls schon 1425, als die »Hertzstraten« nach ihm benannt war, und 1429, als das davor liegende Gewandschneider-Innungshaus als »up dem marckte jegen dem herte« beschrieben wurde.[108] Eine besonders anmutige Abbildung dieser Skulptur ist ebenfalls in der Pomarius-Chronik enthalten (Abb. 15).[109] Auch die Hirschstatue wurde im Dreißigjährigen Krieg zerstört und erst jüngst, im Jahr 2012, wieder aufgestellt. Die mit der Errichtung der Statue verbundene Deutung ist ihrerseits umstritten, doch in einer von Martin Zeiller 1632 und dann 1816 auch von den Gebrüdern Grimm veröffentlichten Magdeburger Sage heißt es: »Zu Magdeburg, gegenüber dem Roland, stand vor diesem auf einer steinernen Säule ein Hirsch mit guldenem Halsband, den Kaiser Carl gefangen haben soll. Andre sagen: er habe ihn wieder laufen lassen und ihm ein gulden Halsband umgehängt, worauf ein Kreuz mit den Worten: ›Lieber Jäger laß mich leben, ich will dir mein Halsband geben.‹ Und dieser Hirsch ist hernach zu Zeiten Friedrich Rotbarts allererst wieder gefangen worden.«[110]

Solcherart Sagen und Legenden sind keineswegs bloße Fabulierung, sondern ein Produkt des mittelalterlichen Geschichtsverständnisses. So gesehen ist es kein Zufall, dass der Hirsch mit dem Wandel des Welt- und Geschichtsbilds zur Neuzeit seine Bedeutung verlor. Man denke zum Beispiel an die von Martin Luther geprägte Bezeichnung »Lügenden« für

| **107** | »Eulenspiegel kam gen Magdeburg und trieb viele Possen, und sein Name ward davon erst recht bekannt, so daß man von Eulenspiegel zu sagen wußte. Da ward er gebeten von den besten Bürgern der Stadt, daß er etwas Abenteuerliches treiben sollte. Da sagte er, das wollte er tun und wollte auf das Rathaus gehen und von der Dachlaube fliegen. Da ward ein Geschrei in der ganzen Stadt, daß sich jung und alt auf dem Markte sammelte und sehen wollte, wie er flöge. Also stand Eulenspiegel auf der Laube vor dem Rathaus und bewegte die Arme und gebarte sich geradezu, als ob er fliegen wollte. Die Leute standen und sperrten Augen und Mäuler auf und meinten nichts anders, als daß er fliegen würde. Da fing Eulenspiegel an zu lachen und sprach: ›Ich meinte es wäre kein Tor oder Narr weiter in der Welt als ich, doch seh‹ ich wohl, daß hier schier die ganze Stadt voll Toren ist. Und wenn ihr mir allzusammen gesagt hättet, daß ihr fliegen wolltet, ich hätt‹ es nicht geglaubt und ihr glaubtet mir als einem Toren. Wie sollt‹ ich fliegen können? Ich bin doch weder Gans noch Vogel, habe auch keinen Fittich, und ohne Fittich und Federn kann niemand fliegen. Nun sehet ihr offenbar, daß es erlogen war.‹ Und er lief von der Laube und ließ das Volk stehe, einen Teil fluchend, einen Teil lachend. Und sie sagten: ›Das ist ein Schalksnarr, und doch hat er die Wahrheit gesagt.‹« | **108** | Janicke 1869, S. 377; UB Magdeburg 2, S. 129. | **109** | Vgl. Pomarius 1589, hinter dem Register eingefügt. | **110** | Neubauer 1916, S. 438 mit Wiedergabe des Textes von Zeiller in hochdeutscher Übertragung. Grimm/Grimm 1818, Nr. 440, S. 110. Die Diskussion um die Deutung des Hirsches soll hier nicht in voller Breite wiedergegeben werden, jedoch ist dabei weitgehend unbeachtet geblieben, dass das Wappentier der Grafen von Stolberg-Wernigerode der Hirsch ist und sogar bisweilen als ein Hirsch auf einer Säule dargestellt wird. Alle diese Darstellungen sind aber neuzeitlich. Vgl. Pröhle 1856, S. 194–198. Außerdem spielt ein Hirsch als Symbol göttlichen Beistands eine Rolle bei der erfolgreichen Abwehr der Belagerung Magdeburgs während des Interims 1552: Kaufmann 2003, S. 444–445.

Abb. 15
Der Magdeburger Hirsch aus der Chronik des Johannes Pomarius, 1588. Magdeburg, Kulturhistorisches Museum, Bibliothek, Bi 35.

die Heiligenlegenden des Mittelalters.[111] Geschichte wurde im Mittelalter dagegen als von Gott geleitete Heilsgeschichte begriffen.[112] Die Begegnung Karls des Großen mit dem Hirsch und dessen Wiedererscheinen 300 Jahre später sollte das göttliche Einwirken symbolisieren. Ein Treffen mit Hinde oder Hirsch steht für eine transzendentale Vermittlung.[113] Auf diese Weise ist im Übrigen auch die Entstehung der schon in den Pöhlder Annalen wiedergegebenen Hirschkuh-Erzählung von Königin Edgith zu interpretieren, die im Magdeburger Sagenschatz stark rezipiert wurde.[114] Der in Magdeburg aufgestellte Hirsch war somit ein wichtiger Bedeutungs- und Funktionsträger, der in diesem Fall das Wirken Karls des Großen sozusagen sakralisierte. Der Verweis auf Kaiser Friedrich I. Barbarossa lässt sich auf die von diesem betriebene Heiligsprechung Karls beziehen. Da die Erneuerung des Hirsches 1513 in der »Schöppenchronik« ebenfalls mit der Nennung der damals regierenden Bürgermeister verbunden wird, ist gesichert, dass er wie der Roland vom Rat errichtet und unterhalten wurde.[115]

Das Selbstverständnis Magdeburgs als Hüter des Rechts

Wie dargelegt, wurden sowohl der Verweis auf Kaiser Otto den Großen als auch die Bedeutung des Reiterdenkmals als Symbol von Freiheit (*liberatus*) mittels Inschrift klar dargestellt. Aufgrund ihrer topografischen Stellung auf dem Alten Markt wären Reiter und Roland zunächst auf die Marktfreiheit zu beziehen, die zentral für das bürgerliche Erwerbsleben sowie das Selbstbewusstsein einer mittelalterlichen Kaufmannsstadt war. Darüber hinaus dürfte unbestritten sein, dass Reiter und Roland zusammen mit den Königs- und Kaiserfiguren am Magdeburger Rathaus ebenso »Zeichen der Freiheit« wie »Zeichen des freien Rechts der Bürgergemeinde« waren.[116] Sie standen demnach keineswegs für ein »Einzelrecht«, sondern für die »Gesamtheit aller Privilegien der Kaiser«, der Zugeständnisse des erzbischöflichen Stadtherrn sowie des sächsischen Rechts, »die zusammen das Stadtrecht ausmachten«.[117] Die Bezüge zu den großen Kaisern Karl und Otto gaben der Stadt, ihrem Recht und ihrer Freiheit die stärkste im Mittelalter denkbare Legitimation als »Kaiserrecht«.[118] Reiter, Roland und Hirsch legitimierten damit auf ihre Weise die Freiheit des Marktes und das Stadtrecht in Magdeburg. Die hiermit zugleich vorgenommene Umdeutung der konstitutiven Rolle Kaiser Ottos des Großen richtete sich außerdem direkt gegen die Herrschaftsansprüche des erzbischöflichen Stadtherrn.[119]

Die Bezugnahme auf den Gründungsakt durch Otto den Großen im Reiterstandbild, auf die Rechtsverleihung durch Karl den Großen im Roland und im Hirsch, auf die Gestalten von Königen und Kaisern sowie auf die kurfürstlichen Hofamtsträger drückten die vom Magdeburger Rat beanspruchte Freiheit, Autonomie und reichsunmittelbare Stellung in der »noch offenen Verfassung des Spätmittelalters« eindrucksvoll aus.[120] Wir wissen heute selbstverständlich darum, dass Karl der Große niemals den Sachsenspiegel oder das Weichbildrecht bestätigt hat. Dennoch war diese Herleitung ähnlich wie der Rückbezug der städtischen Privilegien auf Otto den Großen und das damit verbundene Bedürfnis einer »Einbettung der Stadt- in die Welt- und Reichsgeschichte«[121] viel wesentlicher im spätmittelalterlichen historischen Bewusstsein verankert, als wir es uns heute vorstellen können. So wurden die beiden großen Kaiser Karl und Otto in Magdeburg zu Stiftern »der neuen, zur Kommunalverfassung führenden städtischen Freiheitsrechte gemacht«, wie dies Gerhard Dilcher für Karl den Großen in ähnlicher Weise am Beispiel Bremens feststellen konnte.[122] Diese Berufung auf die kaiserliche Autorität stellte sich zugleich gegen die geistliche Gewalt und bildete in dieser Hinsicht ein Gegengewicht zum Herrschaftsanspruch des Erzbischofs.

Folglich leitete der Magdeburger Rat seine eigene weltliche Gewalt von derjenigen höchster Potentaten, also Karl und Otto als Begründern des westlichen Kaisertums, ab. Als materiell fassbare Figuren bezogen sich Roland und Hirsch somit auf Karl den Großen und das von ihm gestiftete Sachsenrecht, worunter man den Sachsenspiegel und das Sächsische Weichbildrecht verstand. Geschichtsschreibung tritt hier gänzlich auch als ein Mittel der Politik auf. Der Magdeburger Rat gerierte sich dementsprechend im Spätmittelalter selbst als Hüter des Sächsischen Rechts und wurde nachdrücklich tätig, wenn es um dessen Sicherung und Bewahrung ging.

In der zweiten Hälfte des 14. Jahrhunderts reagierte der Rat der Stadt Magdeburg entschlossen und hart, als der Augustiner Johannes Klenkok 1369 in der Stadt seine Schrift »Decadicon contra errores Speculi Saxonum« (übertragen etwa »Zehn Sätze gegen Irrtümer des Sachsenspiegels«) verfasst hatte.[123] Dass sich Klenkoks Vorstoß auch gegen den Gedanken vom Sachsenrecht als Kaiserrecht richtete, wird in dessen späterer Verteidigungsschrift deutlich.[124] Als Reaktion gegen das durch eine gezielte Indiskretion bekannt gewordene Buch wurde nicht nur der sogenannte dreifache Rat, zwölf amtierende sowie 24 gewesene Ratsherren, 36 höchst angesehene Bürger also, einberufen, sondern nach den Erinnerungen von Klenkok selbst gleich auch die Versammlung der 100 Kormänner sowie der Ältesten aus dem Augustinerkloster in Magdeburg. Das erst wenige Jahre zuvor eingerichtete Gremium der Kor- oder Hundertmänner wurde stets nur in besonders heiklen Fragen wie Krieg und Frieden oder Steuer- und Abgabenerhöhung bestellt.[125] Der Rat habe auf dieser Versammlung schwere Vorwürfe gegen den Verfasser des »Decadicons« erhoben, dessen Buch auf den

---

|**111**| Vgl. Dörfler-Dierken 1992, S. 41, Anm. 74. |**112**| Zur mittelalterlichen Historiografie mit weiterführender Literatur vgl. allgemein Völkel 2006, S. 115–137. |**113**| Vgl. Franz 2011, S. 71–105. Vgl. dazu auch Peters 2006, S. 68. Allgemein zur allegorischen und funktionalen Bedeutung des Hirsches: Franz 2009. |**114**| Vgl. MGH SS 16, S. 62 (ad 936); Hülße 1886, S. 39. |**115**| Vgl. Janicke 1869, S. 420: »Im jar 1513 ist ein newer hirs aufm marckte gesatzt worden, und waren damaln burgermeister Heinrich Westvhal und Hennig Storm.« |**116**| Gathen 1960, S. 87. |**117**| Ebd. |**118**| Vgl. Pötschke 1999, S. 15. |**119**| Vgl. Hasse 2001, S. 433. |**120**| Zum Terminus »offene Verfassung« in seiner reichsgeschichtlichen Bedeutung vgl. Moraw 1989, bes. S. 21–27. |**121**| Schneidmüller 1996, S. 58. |**122**| Dilcher 2005, S. 30. |**123**| Zur Klenkok-Affäre Homeyer 1855; Bütow 1935; Rentmeister 2016. Die Geschichte fand keinen Niederschlag in der Magdeburger Historiografie, vermutlich weil gerade die Jahre nach 1369 mit erheblich schwerer wiegenden Problemen behaftet waren: der Lüneburger Erbfolgekrieg im benachbarten Herzogtum Braunschweig-Lüneburg, die Sorgen um die Stadtfreiheit und die allgemeine Wahrung der Rechte der Stadt innerhalb des Spannungsgefüges zwischen dem starken Kaiser Karl IV. in Prag und in der Mark Brandenburg, den eigenen Erzbischöfen, die zu dieser Zeit erheblich vom Kaiser beeinflusst waren und dem mächtigsten Territorialnachbarn, dem Herzog und Kurfürsten von Sachsen. |**124**| Homeyer 1855, S. 416–423, z. B. S. 418: »[...] dat is weder gotlich ind weder keiserrecht«. |**125**| Zu den genannten Gremien siehe Hasse 2008, S. 11.

Schaden und die Zerstörung der Städte, Fürsten und Grafen des Sachsenlands hinarbeite und ihnen Schmach und Schande antue.[126] Nachdem Johannes Klenkok fliehen konnte, schrieb der Magdeburger Rat seine Anklage in 400 Briefen an die Städte sächsischen Rechts.[127] Darin findet sich als unmittelbares Quellenzeugnis ein bemerkenswerter Satz von hoher Aussagekraft für das Selbstverständnis der Stadt Magdeburg im Mittelalter, nämlich von »der Sachsen Recht, das wir bewahrt haben und unsere Eltern gehabt haben, das König Karl der Große dem Land der Sachsen gab mit Wissen des Papstes, der Fürsten und der Herren, auf dass die Sachsen Christen würden und blieben, und ist seither von vielen Königen, Fürsten und Herren gehalten und bestätigt worden.«

Da Kaiser Karl IV. und seine Berater, der Kurfürst von Sachsen und schließlich die Magdeburger Erzbischöfe in der zweiten Hälfte des 14. Jahrhunderts mehr und mehr begannen, das Thema des sächsisch-magdeburgischen Rechts kritisch zu beleuchten, wollte man einen Konflikt um dieses Recht mit dem Papsttum und den ihm unterstellten und in Magdeburg Provinzhauptorte stellenden Orden der Dominikaner, Franziskaner und Augustiner unbedingt vermeiden. Eine direkt in die Verfassungsgeschichte Magdeburgs eingehende Reaktion auf die Klenkok-Affäre war sicherlich, dass sich die Stadt 1372 von dem vom Kaiser frisch ernannten Erzbischof Peter von Brünn neben der üblich gewordenen Bestätigung ihrer Privilegien eine besondere Urkunde ausstellen ließ: Der neue Erzbischof versprach, alle vor ihm anhängig gemachten Streitigkeiten zwischen weltlichen Personen nach dem Sachsenrecht entscheiden zu wollen.[128]

Die Beharrlichkeit und Entschlossenheit Magdeburgs bei der Bewahrung seiner althergebrachten Rechte, wie sie sich auch Ausdruck in dem einmaligen Denkmalprogramm auf und am Alten Markt verschafft hat, führte durchaus zum Erfolg. Im Jahr 1377 besuchte nach über 150 Jahren mit Karl IV. wieder ein römisch-deutscher Kaiser die Stadt. Er vermied es zwar in gekonnter diplomatischer Art und Weise, direkt das Rathaus und die Ratsherren zu besuchen, aber er kam immerhin in seiner Kutsche auf den Alten Markt gefahren.[129] Allein der Besuch des Kaisers auf dem Alten Markt vor Rathaus, Reiter, Roland und Hirsch dürfte für den Magdeburger Rat als großer Erfolg gegolten haben, denn der öffentliche Herrscherauftritt dort zusammen mit den Ratsherren konnte im Verständnis der damaligen Zeit symbolisch quasi als Anerkennung der Rechte und Freiheiten der Stadt interpretiert werden. Und gewissermaßen resümierend stellte die Schedel'sche Weltchronik von 1493 über Magdeburg fest: »Die burger daselbst haben vnnd halten ein rechtbuoch der Sachsen spiegel genant inen von dem großen kaiser Karln bestettigt. Daselbst hin auch die nahend gelegnen voelcker zu entschidung irer sachen ir zuflucht haben.«[130]

Da Magdeburg nicht zu den europäischen Städten römischer Gründung wie etwa die rheinischen Bischofsstädte Köln, Mainz oder Worms gehörte, waren der karolingische Ursprung des Sachsenrechts und die ottonischen Privilegierungen von besonderer Bedeutung für die reale Geschichte der Bürgerschaft im Mittelalter wie ebenso für deren Selbstverständnis und kollektives Gedächtnis. Daran erinnerten die Skulpturen am Rathaus, der Magdeburger

Reiter und seine kurfürstlichen Hofamtsträger, im Weiteren der Roland und der Hirsch, die allesamt einen hohen Rang als städtische Symbole und Rechtsdenkmäler besaßen. Die Tatsache, dass in Magdeburg drei freistehende Bildwerke mit konkreter rechtlicher Bedeutung auf einem öffentlichen Platz versammelt standen, ist bislang von der kunsthistorischen Forschung weitgehend unbeachtet geblieben, dürfte aber für das mittelalterliche Mitteleuropa einmalig sein. Dieses außergewöhnliche Ensemble auf dem Alten Markt ist Ausdruck einer erheblichen Gestaltungskraft, die Magdeburg zu dieser Zeit innewohnte und auch von hier ausging.[131] Es entsprach nicht zuletzt dem Anspruch, auch diejenigen Völker und Orte, die erst nach und nach in den Genuss des Sachsenspiegels und Magdeburger Rechts gekommen waren, in die sächsisch-magdeburgische Erzählung von Geschichte und Recht aufzunehmen und somit Teil eines umfassenden mittelalterlichen Weltbilds werden zu lassen.[132] Dieses Weltbild konnte sich fragmentarisch bis tief in die Neuzeit hinein halten, denn noch im Jahr 1653, also über 20 Jahre nach der Zerstörung Magdeburgs im Dreißigjährigen Krieg, schrieb Martin Zeiller in der Topografie Niedersachsens des Matthäus Merian über Magdeburg: »Es hat aber Kayser Carl der Grosse / dem gantzen Sachsenland / vor andern Völckern / zugelassen / daß solches / nach seinen alten Gesätzen / leben durffte. Vnd diese Sächsische Gesätze / seyn jederzeit allhier hoch gehalten / vnd dahero / von den vmbligenden Orten / in schweren Fällen vielmahls guter Rath / vnd Beschaid / von dem Magdeburgischen Schöppenstuel / nicht allein von den Sachsen / sondern auch von den Böhmen / Polen / Laußnitzern / Schlesiern etc. abgeholet worden.«[133]

| **126** | Vgl. Homeyer 1855, S. 421. | **127** | Stadtarchiv Göttingen (ungedruckt); zitiert nach der Übertragung ins Hochdeutsche bei Nehlsen 2004: »Unseren willigen Dienst zuvor. Wissen soll Eure Vorsichtigkeit, dass ein Mönch, geheißen Klenkok und ist Provincial und der höchste in Sachsen und im Thüringerland der Mönche, die man nennt Eremiten oder Augustiner, die sitzen zu der Himmelpforten, gemacht und gedichtet hat gegen der Sachsen Recht, das wir bewahrt haben und unsere Eltern gehabt haben, das König Karl der Große dem Land der Sachsen gab mit Wissen des Papstes, der Fürsten und der Herren, auf dass die Sachsen Christen würden und blieben, und ist seither von vielen Königen, Fürsten und Herren gehalten und bestätigt worden. Gegen dieses Recht hat der Mönch viel Bücher gemacht, wie uns wieder gesagt worden ist. Von den Büchern haben wir eines, das er Decadicon nennt. Das hat er einem Meister der Heiligen Schrift in einem anderen Orden gesandt, damit er es vor Unseren Heiligen Vater, den Papst, führen sollte. In dem Buch schreibt er und spricht, [dass] Grafen, Herren und alle die, die das Land, Städte und Dörfer regieren und vorstehen in Sachsen und Thüringeland in Irrtum leben und in Unrecht verdüstert sind mit dem Buch, das man Sachsenspiegel nennt, worin unser Sachsen Recht geschrieben ist. Forthin solle man alle, die von dem Buch, darin der Sachsen Recht geschrieben steht, nicht ablassen, als ungläubige unchristliche Leute verdammen. Solcher Reden schreibt er viele, sie sind zu lang, um in diesem Brief geschrieben zu werden. Diese Rede schreiben wir Euch darum, damit Ihr sorgfältig damit seid, und bei allen guten Leuten verkündigt, die Sachsen Recht gebrauchen, dass, wenn der Mönch der Sachsen Recht ferner bekämpfen und unterschlagen wollte, ihm das nicht gestattet würde. Ob dieser Mönch das tut aus eigener Überlegung oder nach Anhörung anderer Leute, das wissen wir nicht. Er meint jedoch, er wolle schreiben, predigen und dichten gegen der Sachsen Recht, das er für Irrtum hält, so lange er lebt. Und uns dünkt, dass ihm am allermeisten bewegt, dass die Mönche nach dem Sachsenspiegel kein Erbe nehmen dürfen und dass Leute in Krankheit und auf dem Sterbebett den Mönchen ihr Gut nicht schenken dürfen.« Bei Rentmeister 2016 nicht erwähnt. | **128** | Vgl. UB Magdeburg 1, S. 328. | **129** | Vgl. Janicke 1869, S. 272–274; dazu Schneidmüller 1996, S. 51. | **130** | Schedel 1493, Bl. 180 r. | **131** | Vgl. dazu Puhle 2005 a, S. 122. | **132** | Vgl. Schneidmüller 2006 sowie den Beitrag von Bernd Schneidmüller in diesem Band, S. 29–53. | **133** | Zeiller 1653, S. 170.

Anhang

Quellen

EDIERTE QUELLEN

Akta grodzkie i ziemskie 2 Akta grodzkie i ziemskie z czasów Rzeczypospolitej polskiej z archiwum tak zwanego bernardyńskiego we Lwowie [Stadt- und Landgerichtsakten aus der Zeit der Alten Republik aus dem sog. Bernhardiner-Archiv in Lemberg], Bd. 2, hg. v. Ksawery Liske, L'viv 1870.

Akta grodzkie i ziemskie 3 Akta grodzkie i ziemskie z czasów Rzeczypospolitej polskiej z archiwum tak zwanego bernardyńskiego we Lwowie [Stadt- und Landgerichtsakten aus der Zeit der Alten Republik aus dem sog. Bernhardiner-Archiv in Lemberg], Bd. 3, hg. v. Ksawery Liske, L'viv 1872.

Akta grodzkie i ziemskie 5 Akta grodzkie i ziemskie z czasów Rzeczypospolitej polskiej z archiwum tak zwanego bernardyńskiego we Lwowie [Stadt- und Landgerichtsakten aus der Zeit der Alten Republik aus dem sog. Bernhardiner-Archiv in Lemberg], Bd. 5, hg. v. Ksawery Liske, L'viv 1875.

Akta grodzkie i ziemskie 7 Akta grodzkie i ziemskie z czasów Rzeczypospolitej polskiej z archiwum tak zwanego bernardyńskiego we Lwowie [Burg- und Landgerichtsakten aus der Zeit der Alten Republik aus dem sog. Bernhardiner-Archiv in Lemberg], Bd. 7, hg. v. Alexandra Stadnickiego, L'viv 1878.

Akta Stanów Prus Królewskich 1 Akta Stanów Prus Królewskich/Acta statuum terrarum Prussiae regalis (= Fontes Towarzystwo Naukowe w Toruniu 41), Bd. 1, hg. v. Karol Górski u. Marian Biskup, Toruń 1955.

Akty 1893 Akty, izdavaemyje Vilenskoju archeografitscheskoju komissijeju [Die von der Archäografischen Kommission herausgegebene Akten], Bd. 20: Akty, kasajuschtschijesia goroda Vil'ni [Die Geschichte von Vilnius betreffende Akten], Vil'na 1893.

Baliulis/Meilus 2001 Lietuvos Didžiosios Kunigaikštystės kasdienis gyvenimas [Alltag des Großfürstentums Litauen], hg. v. Algirdas Baliulis u. Elmantas Meilus, Vilnius 2001.

Balzer 1906 Corpus iuris Polonici, Bd. 3: Annos 1506–1522, hg. v. Oswald Balzer, Krakau 1906.

Bandtkie 1814 Jus culmense cum appendice privilegiorum et jurium selectorum municipalium et dissertatione historicojuridica exhibitum, hg. v. Jan Wincenty Bandtkie, Warschau 1814.

Bedos 1980 Les sceaux des villes (= Corpus des sceaux français du Moyen Âge 1), hg. v. Brigitte M. Bedos, Paris 1980.

Behrend 1865 Die Magdeburger Fragen, hg. v. Jacob Friedrich Behrend, Berlin 1865.

Behrend 1868 Ein Stendaler Urtheilsbuch aus dem vierzehnten Jahrhundert als Beitrag zur Kenntniss des Magdeburger Rechts, hg. v. Jakob Friedrich Behrend, Berlin 1868.

Birch 1887 Catalogue of seals in the department of manuscripts in the British Museum, Bd. 1, hg. v. Walter de Gray Birch, London 1887.

Blazovich/Schmidt 2001 Buda város jogkönyve [Gesetzbuch der Stadt Buda] (= Szegedi Középkortörténeti Könyvtár 7), 2 Bde., hg. v. László Blazovich u. József Schmidt, Szeged 2001.

Böhme 1775 Diplomatische Beyträge zur Untersuchung der schlesischen Rechte und Geschichte, hg. v. Johann Ehrenfried Böhme, Berlin 1775.

Braun/Hogenberg 1572 Georg Braun u. Franz Hogenberg: Civitates orbis Terrarum, Köln 1572.

Brehmer 1884 Zusammenstellung der erhaltenen Eintragungen in das älteste Oberstadtbuch, bearb. v. Wilhelm Brehmer, in: Zeitschrift des Vereins für Lübeckische Geschichte und Altertumskunde 4 (1884), S. 222–260.

Bunge 1853 Liv-, est- und kurländisches Urkundenbuch nebst Regesten, Bd. 1/1, hg. v. Friedrich Georg Bunge, Reval 1853.

Buschmann 1998 Textbuch zur Strafrechtsgeschichte der Neuzeit. Die klassischen Gesetze, hg. v. Arno Buschmann, München 1998.

Čelakovský 1895 Codex juris municipalis regni Bohemiae, Bd. II: Privilegia královských měst venkovských z let 1225–1419 [Die Privilegien königlicher Landstädte aus den Jahren 1225–1419], hg. v. Jaromír Čelakovský, Prag 1895.

Chaloupecký 1934 Kniha Žilinská: O právu magdeburském německým jazykem v Knize Žilinské z roku 1378 pojednává Rudolf Rauscher [Das Silleiner Stadtbuch. Über das Magdeburger Recht, auf Deutsch verfasst, aus dem Jahre 1378, berichtet Rudolf Rauscher] (= Prameny Učené společnosti Šafaříkovy v Bratislavě 5), hg. v. Václav Chaloupecký, Bratislava 1934.

Chronecken der Sassen Konrad Bothe: Chronecken der Sassen, Mainz 1492 (GW 4963).

Clericus 1884 Ludwig August Clericus: Das Wappen der Stadt Magdeburg, Magdeburg 1884.

Cod. dipl. Anhaltinus 1/2 Codex diplomaticus Anhaltinus, Bd. 1, Abt. 2: 1123–1170, bearb. v. Otto von Heinemann, Dessau 1869.

Cod. dipl. Hungariae Codex diplomaticus Hungariae ecclesiasticus ac civilis, 11 Bde., hg. v. György Fejér, Buda 1829–1844.

Cod. Dipl. Pruss. 3 Codex Diplomaticus Prussicus, Bd. 3, hg. v. Johannes Voigt, Königsberg 1848.

Cod. Dipl. Warm. 1 Codex Diplomaticus Warmiensis oder Regesten und Urkunden zur Geschichte Ermlands, Bd. 1: Urkunden der Jahre 1231–1340 (= Monumenta Historiae Warmiensis 1), hg. v. Carl Peter Woelky, Mainz 1860.

Cod. Dipl. Warm. 2 Codex Diplomaticus Warmiensis oder Regesten und Urkunden zur Geschichte Ermlands, Bd. 2: Urkunden der Jahre 1341–1375 nebst Nachträgen, hg. v. Carl Peter Woelky u. Johann Martin Saage, Mainz 1864.

Cod. Dipl. Warm. 3 Codex Diplomaticus Warmiensis oder Regesten und Urkunden zur Geschichte Ermlands, Bd. 3: Urkunden der Jahre 1376–1424 nebst Nachträgen, hg. v. Carl Peter Woelky u. Johann Martin Saage, Braunsberg/Leipzig 1874.

Czołowski 1892 Pomniki dziejowe Lwowa z archiwum miasta [Lemberger Geschichtsdenkmäler aus dem Stadtarchiv], Bd. 1: Najstarsza księga miejska [Das älteste Stadtbuch], hg. v. Aleksander Czołowski, L'viv 1892.

Czołowski 1896a Pomniki dziejowe Lwowa z archiwum miasta [Lemberger Geschichtsdenkmäler aus dem Stadtarchiv], Bd. 2: Księga przychodów i rozchodów miasta, 1404–1414 [Das Buch der Einnahmen und Ausgaben der Stadt, 1404–1414], hg. v. Aleksander Czołowski, L'viv 1896.

Czołowski 1905 Pomniki dziejowe Lwowa z archiwum miasta [Lemberger Geschichtsdenkmäler aus dem Stadtarchiv], Bd. 3: Księga przychodów i rozchodów miasta, 1414–1426 [Das Buch der Einnahmen und Ausgaben der Stadt, 1414–1426], hg. v. Aleksander Czołowski, L'viv 1905.

Czołowski/Jaworski 1921 Pomniki dziejowe Lwowa z archiwum miasta [Lemberger Geschichtsdenkmäler aus dem Stadtarchiv], Bd. 4: Księga ławnicza miejska, 1441–1448 [Das städtische Schöffenbuch Lembergs, 1441–1448], hg. v. Aleksander Czołowski u. Franciszek Jaworski, L'viv 1921.

von Daniels/von Gruben 1858 Das saechsische Weichbild. Jus municipale Saxonicum (= Rechtsdenkmäler des deutschen Mittelalters 1: Weltchronik und Weichbildrecht in 136 Artikeln mit der Glosse), hg. v. Alexander von Daniels u. Franz von Gruben, Berlin 1858.

Distel 1887b Urkunden über den Streit der Rechtsgelehrten mit den Laien im Schöppenstuhle zu Leipzig (1574), in: Neues Archiv für Sächsische Geschichte und Altertumskunde 8 (1887), bearb. v. Theodor Distel, S. 104–128.

Diestelkamp 1967 Quellensammlung zur Frühgeschichte der deutschen Stadt, bearb. v. Bernhard Diestelkamp, in: Elenchus Fontium Historiae Urbanae, Bd. 1, hg. v. Gerrit van Herwijnen, Piet Henri Leupen u. Wilhelm Rausch, Leiden 1967.

Douët d'Arcq 1868 Collection des sceaux, Bd. 3 (= Archives de l'Empire. Inventaires et documents publiés par ordre de l'empereur 3), hg. v. Louis Claude Douët d'Arcq, Paris 1868.

Dounar 2003 Statut Vialikaga Kniastva Litouskaga 1566 [Statut des Großfürstentums Litauen 1566], hg. v. Taisija Iwanauna Dounar, Minsk 2003.

Dragendorff 1900 Stadtbuchblatt von 1257–1258. Mit Registern, bearb. v. Ernst Dragendorff, in: Beiträge zur Geschichte der Stadt Rostock 3/1 (1900), S. 1–28.

Dragendorff 1904 Stadtbuchblatt von ca. 1262. Mit Registern, bearb. v. Ernst Dragendorff, in: Beiträge zur Geschichte der Stadt Rostock 4/1 (1904), S. 1–18.

Dubiński 1788 Zbiór praw y przywilejów miastu stołecznomu W.X.L. Wilnowi nadanych [Sammlung der Rechte und Privilegien für die Hauptstadt des Großfürstentums Litauen Vilnius], hg. v. Piotr Dubiński, Wilno 1788.

Dybaś/Tandecki 2000 Księga cechowa złotników krakowskich 1462–1566 [Das Zunftbuch der Krakauer Goldschmiede 1462–1566] (= Złotnicy krakowscy XIV–XVI wieku i ich księga cechowa [Die Krakauer Goldschmiede im 14.–16. Jh. und ihr Zunftbuch] 2), hg. v. Bogusław Dybaś u. Janusz Tandecki, Warszawa 2000.

Ebel 1983a Magdeburger Recht, Bd. 1: Die Rechtssprüche für Niedersachsen (= Mitteldeutsche Forschungen 89/1), hg. v. Friedrich Ebel, Köln/Wien 1983.

Ebel 1989 Magdeburger Recht, Bd. 2: Die Rechtsmitteilungen und Rechtssprüche für Breslau, Teil 1: Die Quellen von 1261 bis 1452 (= Mitteldeutsche Forschungen 89/2,1), hg. v. Friedrich Ebel, Köln/Wien 1989.

Ebel 1995 Magdeburger Recht, Bd. 2: Die Rechtsmitteilungen und Rechtssprüche für Breslau, Teil 2: Die Quellen von 1453 bis zum Ende des 16. Jahrhunderts (= Mitteldeutsche Forschungen 89/2,2), hg. v. Friedrich Ebel, Köln/Wien 1995.

Ebel 2000 Der Rechte Weg. Ein Breslauer Rechtsbuch des 15. Jahrhunderts, hg. v. Friedrich Ebel, 2 Bde., Köln/Weimar/Wien 2000.

Ehlers/Schilling/Blaese 1937 Lettlands Zivilgesetzbuch vom 28. Januar 1937, bearb. v. Herbert Ehlers, Carl Schilling u. Hermann Blaese, Riga 1937.

Engelke 1995 Eyn grosz alts Statpuech. Das ›Gelbe Stadtbuch‹ der Stadt Regensburg. Forschungen und Edition (= Regensburger Studien und Quellen zur Kulturgeschichte 2), hg. v. Thomas Engelke, Regensburg 1995.

Entscheidungen des Reichsgerichts in Zivilsachen 1932 Entscheidungen des Reichsgerichts in Zivilsachen, hg. v. den Mitgliedern des Gerichtshofes und der Reichsanwaltschaft, Bd. 137, Berlin 1932.

Ermisch 1889a Das Freiberger Stadtrecht, hg. v. Hubert Ermisch, Leipzig 1889.

Ewald 1931 Rheinische Siegel, Bd. 3: Die Siegel der rheinischen Städte und Gerichte (= Publikationen der Gesellschaft für Rheinische Geschichtskunde 27/3), hg. v. Wilhelm Ewald, Bonn 1931.

Ewald 1933 Rheinische Siegel, Bd. 4: Siegel der Stifte, Klöster und geistlichen Dignitäre (= Publikationen der Gesellschaft für Rheinische Geschichtskunde 27/4), hg. v. Wilhelm Ewald, Bonn 1933.

Fabricius 1872 Das älteste stralsundische Stadtbuch (1270–1310), hg. v. Karl Wilhelm Ferdinand Fabricius, Berlin 1872.

Freytag 1899 Die Wachstafelbücher des Leipziger Rates, bearb. v. Hermann Freytag, in: Neues Archiv für Sächsische Geschichte 20 (1899), S. 209–245.

Friese/Liesegang 1901 Die Magdeburger Schöffensprüche für Gross-Salze, Zerbst und Anhalt, Naumburg und aus dem Codex Harzgerodanus (= Magdeburger Schöffensprüche 1, Abt. I–IV), hg. v. Victor Friese u. Erich Liesegang, Berlin 1901.

Gar/Cresseri 1859 Statuti della città di Rovereto 1425–1610 [Statuten der Stadt Rovereto 1425–1610] (= Biblioteca trentina, o sia raccolta di documenti inediti o rari relativi alla storia di Trento. Dispensa 7–11: Municipii e Comunità), hg. v. Tommaso Gar u. Simone Cresseri, Trento 1859.

Gárdonyi 1936 Budapest történetének okleveles emlékei [Charters aus der Geschichte Budapests] (= Monumenta diplomatica civitatis Budapest, Bd. 1: 1148–1301), hg. v. Albert Gárdonyi, Budapest 1936.

Gengenbach 1678 Gottfried Gengenbach: Stadt Magdeburg, das ist kurtze Beschreibung der Stadt Magdeburg wie dieselbe anjetzo zu sehen sampt wer darinnen sich denckwürdig von 47–1672 p. chr. begeben [...], Magdeburg 1678, online abrufbar unter: http://www.mdz-nbn-resolving.de/urn/resolver.pl?urn=urn:nbn:de:bvb:12-bsb11211643-1 [letzter Zugriff am 13.8.2018].

Gersdorf 1856 Stadtbuch von Leipzig vom Jahre 1359. Aus der Originalhandschrift, bearb. v. Ernst Gotthelf Gersdorf, in: Mitteilungen der Deutschen Gesellschaft zur Erforschung vaterländischer Sprache und Altertümer 1/1 (1856), S. 107–124.
Goerlitz/Gantzer 1939 Rechtsdenkmäler der Stadt Schweidnitz. Einschließlich der Magdeburger Rechtsmitteilungen und der Magdeburger und Leipziger Schöffensprüche für Schweidnitz (= Veröffentlichungen der Historischen Kommission für Schlesien. 1), bearb. v. Theodor Goerlitz u. Paul Gantzer, Stuttgart/Berlin 1939.
Goerlitz/Gantzer 1940 Die Magdeburger Schöffensprüche und Rechtsmitteilungen für Schweidnitz (= Die Magdeburger Schöffensprüche und Rechtsmitteilungen, Reihe VII: Schlesien 1), bearb. v. Theodor Goerlitz u. Paul Gantzer, Stuttgart/Berlin 1940.
Goerlitz/Gantzer 1944 Magdeburger Schöffensprüche für die Hansestadt Posen und andere Städte des Warthelandes (= Die Magdeburger Schöffensprüche und Rechtsmitteilungen. Reihe 8: Wartheland 1), bearb. v. Theodor Goerlitz u. Paul Gantzer, Stuttgart/Berlin 1944.
Grimm/Grimm 1818 Deutsche Sagen, Teil 2, hg. v. Jacob Grimm u. Wilhelm Grimm, Berlin 1818.
Gryphiander 1625 Johannes Gryphiander: De Weichbildis Saxonicis sive colossis Rvlandinis urbium quarundam Saxonicarum commentarius historico-juridicus, Frankfurt (Main) 1625.
Hänselmann 1872 LXIII. Ordinarius, bearb. v. Ludwig Hänselmann, in: Urkundenbuch der Stadt Braunschweig. Bd. 1: Statute und Rechtebriefe 1227–1671 (= Veröffentlichungen der Historischen Kommission für Niedersachsen und Bremen 37), hg. v Ludwig Hänselmann u. Heinrich Mack, Braunschweig 1872, S. 145–184.
Hansisches Urkundenbuch 2 Hansisches Urkundenbuch, Bd. 2, bearb. v. Konstantin Höhlbaum, Halle (Saale) 1879.
Haraszti/Szabó/Kelényi/Szögi 2017 Magyarországi diákok a prágai és a krakkói egyetemeken. 1348–1525/ Students from Hungary at the Universities of Prague and Krakow 1346–1525, Bd. 2, bearb. v. Péter Haraszti Szabó, Borbála Kelényi u. László Szögi, Budapest 2017.
Hasse 1875 Das Kieler Stadtbuch aus den Jahren 1264–1289, hg. v. Paul Hasse, Kiel 1875.
von Heinemann 1874 a Goslarer Wachstafeln aus den Jahren 1341 bis 1361, bearb. v. Otto von Heinemann, in: Zeitschrift des Harzvereins für Geschichte und Alterthumskunde 12 (1879), S. 72–77.
von Heinemann 1874 b Nordhäuser Wachstafeln aus dem Jahre 1358, bearb. v. Otto von Heinemann, in: Zeitschrift des Harzvereins für Geschichte und Alterthumskunde 7 (1874), S. 59–85.
Helbig/Weinrich 1970 Urkunden und erzählende Quellen zur deutschen Ostsiedlung im Mittelalter, Teil 2: Schlesien, Polen, Böhmen-Mähren, Österreich, Ungarn-Siebenbürgen (= Ausgewählte Quellen zur deutschen Geschichte des Mittelalters 26 b), hg. v. Herbert Helbig u. Lorenz Weinrich, Darmstadt 1970.
Hertel 1882 Die Hallischen Schöffenbücher, Teil 1: 1266 bis 1400 (= Geschichtsquellen der Provinz Sachsen und angrenzender Gebiete 14/1), bearb. v. Gustav Hertel, Halle (Saale) 1882.
Hildebrand 1872 Das Rigische Schuldbuch (1286–1352), hg. v. Hermann Hildebrand, Petersburg 1872.
Hirsch 1870 Die Danziger Chroniken, hg. v. Theodor Hirsch, in: Scriptores rerum Prussicarum. Die Geschichtsquellen der preußischen Vorzeit bis zum Untergange der Ordensherrschaft, Bd. 4, hg. v. Theodor Hirsch, Max Toeppen u. Ernst Strehlke, Leipzig 1870, S. 299–800.
Hirsch 1874 Die jüngere Hochmeisterchronik, hg. v. Theodor Hirsch, in: Scriptores Rerum Prussicarum. Die Geschichtsquellen der preußischen Vorzeit bis zum Untergange der Ordensherrschaft, Bd. 5, Leipzig 1874, S. 1–172.
Hoeniger 1884 Der Rotulus der Stadt Andernach 1173–1256, bearb. v. Robert Hoeniger, in: Annalen des Historischen Vereins für den Niederrhein 42 (1884), S. 1–60.
Hoeniger 1884–1894 Kölner Schreinsurkunden des zwölften Jahrhunderts. Quellen zur Rechts- und Wirtschaftsgeschichte der Stadt Köln (= Publikationen der Gesellschaft für Rheinische Geschichtskunde 1), hg. v. Robert Hoeniger, Bonn 1884–1894.
Hoffmann 1860 Geschichte der Belagerung, Eroberung und Zerstörung Magdeburgs von Otto von Guericke. Aus der Handschrift zum Erstenmale veröffentlicht, hg. v. Friedrich Wilhelm Max Hoffmann, Magdeburg 1860.
Homeyer 1861 Der Sachsenspiegel, Bd. 1. Des Sachsenspiegels Erster Theil oder das Sächsische Landrecht nach der Berliner Handschrift vom Jahre 1369, hg. v. Carl Gustav Homeyer, Gütersloh 1861³.
Irgang 1996 Das spätmittelalterliche Stadtbuch von Löwenberg in Schlesien, bearb. v. Winfried Irgang, in: Zeitschrift für Ostmitteleuropa-Forschung 45 (1996), S. 317–363.
Janeczek 2005 Album Civium Leopoliensium. Rejestry przyjęć do prawa miejskiego we Lwowie, 1388–1783 [A.C.L. Register der Aufnahmen ins Stadtrecht in Lemberg, 1388–1783], hg. v. Andrzej Janeczek, Poznań 2005.
Janicke 1869 Die Magdeburger Schöppenchronik (= Die Chroniken der deutschen Städte 7), hg. v. Karl Janicke, Leipzig 1869.
Jaskier 1535 Mikołaj [Nikolaus] Jaskier: Ius municipale Magdeburgense liber vulgo Weichbild nuncupatus, Krakau 1535.
Kaczmarczyk 1913 Księgi przyjęć do prawa miejskiego w Krakowie: 1392–1506. Libri iuris civilis Cracoviensis 1392–1506, hg. v. Kazimierz Kaczmarczyk, Kraków 1913.
Kapral' 1998 Privileji mista L'vova XIV–XVIII st. [Privilegien der Stadt Lemberg, 14.–18. Jh.], hg. v. Myron Kapral', L'viv 1998.
Kapral' 2000 Pryvileji nacional'nych hromad mista L'vova = Privilegia Nationum Civitatis Leopoliensis (XIV–XVIII saec.) [Privilegien der nationalen Gruppen der Stadt Lemberg, 14.–18. Jh.], hg. v. Myron Kapral', L'viv 2000.
Kapral' 2007 Ekonomitschni prywileji mista Lwowa XV–XVIII st.: prywileji ta statuty = Oekonomica privilegia civitatis Leopoliensis XV–XVIII saec.: privilegia et statuta contuberniorum et gildiarum. [Wirtschaftliche Privilegien der Stadt Lemberg: Privilegien und Statuten 15.–18. Jh.], hg. v. Myron Kapral', L'viv 2007.
Kapral' 2014 Atlas ukrajinskych istorytschnych mist, Bd. 1: Lwiw [Atlas der ukrainischen historischen Städte. Bd. 1: Lemberg], hg. v. Myron Kapral u. a., Kraków, 2014.

Kiełbicka/Wojas 1993 Księgi przyjęć do prawa miejskiego w Krakowie 1507–1572 [Bürgerbücher in Krakau 1507–1572], Libri iuris civilis Cracoviensis 1507–1572, hg. v. Aniela Kiełbicka u. Zbigniew Wojas, Kraków 1993.
Kiełbicka/Wojas 1994 Księgi przyjęć do prawa miejskiego w Krakowie 1573–1611 [Bürgerbücher in Kraukau 1573–1611], Libri iuris civilis Cracoviensis 1573–1611, hg. v. Aniela Kiełbicka u. Zbigniew Wojas, Kraków 1994.
Kiryk 1979 Księga przyjęć do prawa miejskiego w Bochni 1531–1656 [Das Buch der Bürgerrechtsverleihungen in Bochnia in den Jahren 1531–1656], hg. v. Feliks Kiryk, Wrocław 1979.
Kisch 1919 Leipziger Schöffenspruchsammlung (= Quellen zur Geschichte der Rezeption 5), hg. v. Guido Kisch, Leipzig 1919.
Kisch 1978 Die Kulmer Handfeste (= Schriften des Kopernikuskreises Freiburg im Breisgau 8–10; Forschungen und Quellen zur Rechts- und Sozialgeschichte des Deutschordenslandes 2), bearb. v. Guido Kisch, Sigmaringen 1978.
Klein 1803 Annalen der Gesetzgebung und Rechtsgelehrsamkeit in den preußischen Staaten, Bd. 22, hg. v. Ernst Ferdinand Klein, Berlin/Stettin 1803.
Klingner/Mund 2008 Das vierte und fünfte Stadtbuch Dresdens (1477–1505), bearb. v. Jens Klingner u. Robert Mund (= Die Stadtbücher Dresdens und Altendresdens 2), hg. v. Thomas Kübler u. Jörg Oberste, Leipzig 2008.
Kłodziński 1936 Najstarsza księga sądu najwyższego prawa niemieckiego na zamku krakowskim [Das älteste Buch des Obersten Gerichts deutschen Rechts auf der Burg Krakau] (= Archiwum Komisji Prawniczej X), hg. v. Abdon Kłodziński, Kraków 1936.
Knütel 2013 Corpus Iuris Civilis. Die Institutionen. Text und Übersetzung, hg. v. Rolf Knütel u. a., Heidelberg u. a. 2013[4].
Kötzschke 1938 Quellen zur Geschichte der ostdeutschen Kolonisation (= Quellensammlung zur deutschen Geschichte), hg. v. Rudolf Kötzschke, Leipzig/Berlin 1938[2].
Kowalski 2011 Paweł Szczerbic: Ius Municipale, to jest prawo miejskie majdeburskie nowo z łacińskiego i z niemieckiego na polski język z pilnością i wiernie przełożone [Das Ius Municipale aus dem Lateinischen übersetzt ins Polnische] (= Bibliotheca Iagiellonica. Fontes et Studia 20), hg. v. Grzegorz Maria Kowalski, Kraków 2011.
Krause 1856 Beiträge zur Geschichte Stades 1286–1315. Die 41 ersten Folien des ältesten Stadterbebuches. Programm des Gymnasiums zu Stade für Ostern 1856, hg. v. Karl Ernst Hermann Krause, Stade 1856.
Kuchar 2009 Žilinská právna kniha. Preklad Magdeburského práva. Zápisy právnych úkonov Žilinských mešťanov [Silleiner Stadtrechtsbuch. Übersetzung des Magdeburger Rechts. Einträge von Rechtsakten der Silleiner Bürger], hg. v. Rudolf Kuchar, Bratislava 2009.
Kuraś 1962 Zbiór dokumentów małopolskich [Sammlung von Dokumenten aus Kleinpolen], Bd. 1, Wrocław 1962.
Kuraś 1975 Zbiór dokumentów małopolskich [Sammlung von Dokumenten aus Kleinpolen], Bd. 7, Wrocław 1975.
Laband 1863 Das Magdeburg-Breslauer systematische Schöffenrecht aus der Mitte des 14. Jahrhunderts, hg. v. Paul Laband, Berlin 1863.
Laband 1869 Magdeburger Rechtsquellen, hg. v. Paul Laband, Königsberg 1869.
Laurent 1866 Aachener Stadtrechnungen aus dem XIV. Jahrhundert. Nach den Stadtarchiv-Urkunden, hg. v. Josef Laurent, Aachen 1866.
Lehe 1956 Das Hamburgische Schuldbuch von 1288 (= Veröffentlichungen aus dem Staatsarchiv der Freien und Hansestadt Hamburg 4), bearb. v. Erich von Lehe, Hamburg 1956.
Lietuvos magdeburginių miestų privilegijos 1 Lietuvos magdeburginių miestų privilegijos ir aktai [Privilegien und Akten der magdeburgischen Städte Litauens], Bd. 1: Joniškis ir Jurbarkas, hg. v. Antanas Tyla, Vilnius 1991.
Lietuvos magdeburginių miestų privilegijos 2 Lietuvos magdeburginių miestų privilegijos ir aktai [Privilegien und Akten der magdeburgischen Städte Litauens], Bd. 2: Kretinga, Skuodas, Šiauliai, Šventoji, Varniai, Veliuona, Viekšniai, Virbalis, Vladislavovas, hg. v. Antanas Tyla u. Dainius Žygelis, Vilnius 1997.
Lietuvos magdeburginių miestų privilegijos 3 Lietuvos magdeburginių miestų privilegijos ir aktai [Privilegien und Akten der magdeburgischen Städte Litauens], Bd. 3: Kėdainiai, hg. v. Antanas Tyla, Vilnius 2002.
Lietuvos magdeburginių miestų privilegijos 4 Lietuvos magdeburginių miestų privilegijos ir aktai [Privilegien und Akten der magdeburgischen Städte Litauens], Bd. 4: Alytus, hg. v. Antanas Tyla, Vilnius 2006.
Lietuvos magdeburginių miestų privilegijos 5 Lietuvos magdeburginių miestų privilegijos ir aktai [Privilegien und Akten der magdeburgischen Städte Litauens], Bd. 5: Merkinė, hg. v. Algirdas Baliulis, Vilnius 2007.
Lietuvos magdeburginių miestų privilegijos 6 Lietuvos magdeburginių miestų privilegijos ir aktai [Privilegien und Akten der magdeburgischen Städte Litauens], Bd. 6: Trakai, hg. v. Algirdas Baliulis, Vilnius 2008.
Lietuvos magdeburginių miestų privilegijos 8 Lietuvos magdeburginių miestų privilegijos ir aktai [Privilegien und Akten der magdeburgischen Städte Litauens], Bd. 8: Lazdijai, Simnas, hg. v. Jonas Drungilas, Vilnius 2013.
Lietuvos Metrika 4 Lietuvos Metrika (1522–1530). 4-oji Teismų bylų knyga [Metrik Litauens (1522–1530). Gerichtsverhandlungsbuch 4], hg. v. Stanislovas Lazutka u. a., Vilnius 1997.
Lietuvos Metrika 8 Lietuvos Metrika (1533–1535). 8-oji Teismų bylų knyga [Metrik Litauens (1533–1535). Gerichtsverhandlungsbuch 8], hg. v. Irena Valikonytė, Vilnius 1999.
Lietuvos Metrika 9 Lietuvos Metrika (1511–1518). 9-oji Užrašymų knyga [Metrik Litauens (1511–1518). Aufnahmebuch 9], hg. v. Krzysztof Pietkiewicz, Vilnius 2002.
Lietuvos Metrika 11 Lietuvos Metrika (1518–1523). 11-oji Įrašų knyga [Metrik Litauens (1518–1523). Aufnahmebuch 11], hg. v. Artūras Dubonis, Vilnius 1997.
Lietuvos Metrika 27 Lietuvos Metrika (1541–1542). 27-oji Užrašymų knyga [Metrik Litauens (1541–1542). Aufnahmebuch 27], hg. v. Irena Valikonytė, Tomas Čelkis u. Lirija Steponavičienė, Vilnius 2016.

Lietuvos Metrika 35 Lietuvos Metrika (1791–1792). Viešųjų reikalų knyga 35 [Metrik Litauens (1791–1792). Buch der Öffentlichen Sachen 35], hg. v. Algirdas Baliulis, Romualdas Firkovičius u. Edmundas Rimša, Vilnius 2005.
Lietuvos Metrika 37 Lietuvos Metrika (1555–1558). 37-oji Teismų bylų knyga [Metrik Litauens (1555–1558). Gerichtsverhandlungsbuch 37], hg. v. Irena Valikonytė u. a., Vilnius 2010.
Lindner 1868 Aus dem Archive der Stadt Jauer, bearb. v. Theodor Lindner, in: Zeitschrift des Vereins für Geschichte und Alterthum Schlesiens 9/1 (1868), S. 84–106.
Lindner 1885 Az Altenbergerféle Codex/Der Codex Altenberger. Nagy-szebeni kéziratának szövegkinyomatása/ Textabdruck der Hermannstädter Handschrift, hg. v. Gustav Lindner, Klausenburg 1885, Neudruck Aalen 1973.
Ludovici 1720 Sachsen=Spiegel oder das Sächsische Landrecht, hg. v. Jacob Friedrich Ludovici, Halle (Saale) 1720.
Ludovici 1721a Das Sächsische Lehn-Recht, hg. v. Jacob Friedrich Ludovici, Halle (Saale) 1721.
Ludovici 1721b Das Sächsische Weichbild, hg. v. Jacob Friedrich Ludovici, Halle (Saale) 1721.
Łysiak 1997 Decreta iuris supremi Magdeburgensis castri Cracoviensis. Die Rechtssprüche des Oberhofs des deutschen Rechts auf der Burg Krakau, Bd. 2: 1481–1511 (= Ius commune. Sonderhefte 104), hg. v. Ludwik Łysiak, Frankfurt (Main) 1997.
Łysiak/Nehlsen-von Stryk 1995 Decreta iuris supremi Magdeburgensis castri Cracoviensis. Die Rechtssprüche des Oberhofs des deutschen Rechts auf der Burg Krakau, Bd. 1: 1456–1481 (= Ius commune. Sonderhefte 68), hg. v. Ludwik Łysiak u. Karin Nehlsen-von Stryk, Frankfurt (Main) 1995.
Maisel 1964 Poznańska księga Prawa Magdeburskiego i Miśnieńskiego. [Das Posener Buch des Magdeburger und Meißner Rechts], bearb. v. Witold Maisel, Wrocław/ Warszawa/Kraków 1964.
Maisel/Zdrójkowski 1985 Prawo starochełmińskie 1584 (1394) [Der Alte Kulm 1584 (1394)], übers. v. Andrzej Bzdęga u. Alicja Gaca, hg. v. Witold Maisel u. Zbigniew Zdrójkowski, Toruń 1985.
Malý 2013 Práva městská Královstvi českého. Edice s komentářem [Stadtrechte im Königreich Böhmen. Edition mit Kommentar], hg. v. Karel Malý u. a., Praha 2013.
McEwan 2016 Seals in medieval London 1050–1300. A catalogue (= London Record Society Publications. Extra series 1), hg. v. John A. McEwan, London/Woodbridge 2016.
MGH Const. II Constitutiones et acta publica imperatorum et regum inde ab a. MCXCVIII usque ad a. MCCLXXII (= Monumenta Germaniae Historica, Const. II), hg. v. Ludwig Weiland, Hannover 1896.
MGH DD H III Diplomata regum et imperatorum Germaniae, Bd. 5: Heinrici III. Diplomata (= Monumenta Germaniae Historica, DD H III), hg. v. Harry Bresslau u. Paul Kehr, Berlin 1931.
MGH DD O III Diplomata regum et imperatorum Germaniae, Bd. 2/2: Ottonis III. Diplomata [Die Urkunden Otto III.] (= Monumenta Germaniae Historica, DD O III), hg. v. Theodor Sickel, Hannover 1893.
MGH Fontes iuris N. S. 1/1 Sachsenspiegel. Landrecht (= Monumenta Germaniae Historica, Font. Iur. Germ. ant. N.S. 1/1), hg. v. Karl August Eckhardt, Göttingen/Frankfurt (Main) 1973[3].
MGH Fontes iuris N. S. 7/1-3 Glossen zum Sachsenspiegel-Landrecht. Buch'sche Glosse, 3 Bde. (= Monumenta Germaniae Historica, Font. Iur. Germ. ant. N.S. 7/1–3), hg. v. Frank-Michael Kaufmann, Hannover 2002.
MGH SS 12 Vita Norberti archiepiscopi Magdeburgensis, hg. v. Roger Wilmans, in: Historiae aevi Salici (= Monumenta Germaniae Historica, SS 12), hg. v. Georg Heinrich Pertz, Hannover 1856, S. 663–703.
MGH SS 14 Gesta archiepiscoporum Magdeburgensium, hg. v. Wilhelm Schum, in: Supplementa tomorum I–XII, pars II. Supplementum tomi XIII (= Monumenta Germaniae Historica, SS 14), hg. v. Georg Waitz u. a., Hannover 1883, S. 361–486.
MGH SS 16 Annales Palidenses, in: Monumenta Germaniae Historica, SS 16 (1859), hg. v. Georg Heinrich Pertz, Hannover 1859, S. 48–96.
MGH SS rer. Germ. 60 Widukind von Corvey, Res gestae Saxonicae, (= Monumenta Germaniae Historica, SS rer. Germ 60), hg. v. Hans-Eberhard Lohmann u. Paul Hirsch, Hannover 1935[5].
Michnay/Lichner 1845 Ofner Stadtrecht von 1244–1421, hg. v. Andreas Michnay u. Paul Lichner, Preßburg 1845.
Mihm/Mihm 2007 Mittelalterliche Stadtrechnungen im historischen Prozess. Die älteste Duisburger Überlieferung (1348–1449), Bd. 1: Untersuchungen und Texte, bearb. v. Margret Mihm u. Arend Mihm, Köln 2007.
Mironenko 1997 Prawa sa jakimi suditsja malorossijski narod 1743 [Rechte, nach denen das kleinrussische Volk zu Gericht sitzt 1743], bearb. v. Oleksandr Mikolajovič Mironenko, Kyiv 1997.
Mollay 1959 Das Ofner Stadtrecht. Eine deutschsprachige Rechtssammlung des 15. Jahrhunderts aus Ungarn, hg. v. Karl Mollay, Budapest 1959.
Neubauer 1895 Die Schöffenbücher der Stadt Aken, Teil 1, bearb. v. Ernst Neubauer, in: Geschichts-Blätter für Stadt und Land Magdeburg 30 (1895), S. 251–328.
Novák 1903 Formulář Biskupa Tobiáše z Bechyně (1279–1296) [Das Formelbuch des Bischofs Tobias von Bechin (1279–1296)], bearb. v. Jan Bedřich Novák, Prag 1903.
Ohryzko 1859/1860 Volumina Legum: przedruk zbioru praw staraniem XX. Pijarów w Warszawie [Nachdruck der Rechtssammlung durch die Bemühungen der XX. Piaristen in Warschau], 8 Bde., hg. v. Jozafat Ohryzko, Petersburg 1859/1860.
Oprawko/Schuster 1962 Lustracja województwa lubelskiego 1661 [Lustration der Wojewodschaft Lublin 1661], hg. v. Henryk Oprawko u. Kamil Schuster, Warszawa 1962.
Overmann 1901 Lippstadt, Die Stadtrechte der Grafschaft Mark 1 (= Veröffentlichungen der historischen Kommission für Westfalen Abt. 1/1), bearb. v. Alfred Overmann, Münster 1901.
Patterson 1599 Ius Terrestre Nobilitatis Prussiae: Correctum Anno Domini M.D.XCVIII, bearb. v. Daniel Patterson, Thorn 1599.

Patterson 1685 Jus Terrestre Nobilitatis et Jura Municipalia Terrarum Prussiae. Neuedition, bearb. v. Daniel Patterson, Danzig 1685.
Perlbach 1878 Quellenbeiträge zur Geschichte der Stadt Königsberg im Mittelalter, hg. v. Max Perlbach, Göttingen 1878.
Peters 2006 Magdeburger Bischofschronik, übers. v. Hermann Michaëlis, hg. v. Eckhart W. Peters, Dößel 2006.
Piekosiński 1885 Prawa, przywileje i statuta miasta Krakowa [Die Rechte, Privilegien und Statuten der Stadt Krakau], Bd. 1/1: 1507–1586, hg. v. Franciszek Piekosiński, Kraków 1885.
Piirainen 1972 Das Stadtrechtsbuch von Sillein. Einleitung, Edition und Glossar (= Quellen und Forschungen zur Sprach- und Kulturgeschichte der germanischen Völker. N.F. 46/170), bearb. v. Ilpo Tapani Piirainen, Berlin (West)/ New York 1972.
Piirainen/Papsonová 1992 Das Recht der Zips. Texte und Untersuchungen zum Frühneuhochdeutschen in der Slowakei (= Veröffentlichungen des Germanistischen Instituts Oulu 8), 2 Bde., bearb. v. Ilpo Tapani Piirainen u. Mariá Papsonová, Oulu 1992.
Piirainen/Waßer 1996 Der Sachsenspiegel aus Oppeln und Krakau (= Schriften der Stiftung Haus Oberschlesien, landeskundliche Reihe 10), bearb. v. Ilpo Tapani Piirainen u. Winfried. Waßer, Berlin 1996.
Piirainen/Ziegler 1995 Collectanea allerlay nutzlicher vnnd nothwendiger Regeln des Rechtens. Ein deutsches Rechtsbuch aus dem Jahre 1628 aus der Slowakei, hg. v. Ilpo Tapani Piirainen u. Arne Ziegler, Levoča 1995.
Pomarius 1589 Johannes Pomarius: Chronica Der Sachsen vnd Nidersachsen. In welchem fleissig beschrieben wird, was sich von anbeginn der Welt bis anhero in Geistlichen vnd Weltlichen Hendeln vnd Sachen [...] zugetragen, von jaren zu jaren, Wittenberg 1589.
Pommersches Urkundenbuch 1/1 Pommersches Urkundenbuch, Bd. 1/1: 786–1253, Urkunden (= Veröffentlichungen der Historischen Kommission für Pommern, Reihe 2), bearb. v. Klaus Conrad, Köln/Wien 1970[2].
Práwa saszká Práwa saszká [Sächsische Rechte], 1469–1470, Parlamentní knihovna [Parlamentsbibliothek Prag], o. S., online abrufbar unter: http:///www.psp.cz/kpo/knih/prawa/prawa.htm [letzter Zugriff am 6.11.2017].
Preußisches Urkundenbuch 1/1 Preußisches Urkundenbuch, Politische Abteilung, Bd. 1/1: Die Bildung des Ordensstaats, bearb. v. Rudolph Philippi, Königsberg 1882.
Preußisches Urkundenbuch 1/2 Preußisches Urkundenbuch, Politische Abteilung, Bd. 1/2, bearb. v. August Seraphim, Königsberg 1909.
Preußisches Urkundenbuch 2 Preußisches Urkundenbuch, Bd. 2: 1309–1335, hg. v. Max Hein u. Erich Maschke, Königsberg 1939.
Preußisches Urkundenbuch 3/1 Preußisches Urkundenbuch, Politische Abteilung, Bd. 3/1, hg. v. Max Hein, Königsberg 1944.
Preußisches Urkundenbuch 5/3 Preußisches Urkundenbuch, Politische Abteilung, Bd. 5/3, hg. v. Klaus Conrad, Marburg 1975.
Reinecke 1903 Lüneburgs ältestes Stadtbuch und Verfestungsregister (= Quellen und Darstellungen zur Geschichte Niedersachsens 8), hg. v. Wilhelm Reinecke, Hannover/Leipzig 1903.
Riedel 1833 Auszug aus dem Schöppenbuche der Stadt Treuenbrietzen, bearb. v. Adolph Friedrich Riedel, in: Jahrbücher für die preußische Gesetzgebung, Rechtswissenschaft und Rechtsverwaltung 42 (1833), 259–278.
Rössler 1845 Das altprager Stadtrecht aus dem XIV. Jahrhunderte nach den vorhandenen Handschriften zum ersten Mal herausgegeben und erläutert. Mit einer Vorrede von Jacob Grimm (= Deutsche Rechtsdenkmäler aus Böhmen und Mähren 1), hg. v. Emil Franz Rössler, Prag 1845.
Rössler 1852 Die Stadtrechte von Brünn aus dem XIII. u. XIV. Jahrhundert, nach bisher ungedruckten Handschriften herausgegeben und erläutert (= Deutsche Rechtsdenkmäler aus Böhmen und Mähren 2), hg. v. Emil Franz Rössler, Prag 1852.
Rüxner 1530 Georg Rüxner: Anfang vrsprung vnnd herkommen des Thurnirs in Teutscher nation. Wieuil Thurnier biß yff den letsten zu Worms, auch wie, vnd an welchen ortten die gehalten (etc.), Simmern 1530.
Sandow 1940 Das älteste Kolberger Stadtbuch von 1277–1373, bearb. v. Erich Sandow, in: Baltische Studien, N. F. 42 (1940), S. 90–137.
Schäfer 1854 Die auf Wachstafeln verzeichneten Leipziger Raths-Kämmerei-Register vom Jahre 1426 in der königlichen Bibliothek zu Dresden, bearb. v. Wilhelm Schäfer, in: Sachsen-Chronik für Vergangenheit und Gegenwart (1854), 1. Serie, S. 38–46.
Schedel 1493 Hartmann Schedel: Register des Buchs der Croniken und geschichten mit figuren und pildnussen von anbeginn der welt bis auf dise unnsere Zeit (Durch Georgium Alten [...] in diss Teutsch gebracht), Nürnberg 1493.
Schlesinger 1949 Quellen zur älteren Geschichte des Städtewesens in Mitteldeutschland, 2 Bde., hg. v. Walter Schlesinger, Weimar 1949.
Scholz 1984 Peter von Dusburg, Chronik des Preußenlandes (Chronicon terrae Prussiae), übers. u. erläutert v. Dieter Wojtecki (= Ausgewählte Quellen zur deutschen Geschichte des Mittelalters 25), bearb. v. Klaus Scholz, Darmstadt 1984.
Schott 1996 Eike von Repgow. Der Sachsenspiegel, hg. v. Clausdieter Schott, Zürich 1996[3].
Šebánek/Dušková 1974 Codex diplomaticus et epistolaris Regni Bohemiae, Bd. V/1: 1253–1264, hg. v. Jindřich Šebánek u. Saša Dušková, Praha 1974.
Seibertz 1854 Urkundenbuch zur Landes- und Rechtsgeschichte des Herzogthums Westfalen, Bd. 3: 1400–1800 (= Landes- und Rechtsgeschichte des Herzogthums Westfalen 4), bearb. v. Johann Suibert Seibertz, Arnsberg 1854.
Sello 1884 Brandenburgische Stadtrechtsquellen, bearb. v. Georg Sello, in: Märkische Forschungen 18 (1884), S. 1–108.
Shamiakin 1989 Statut Vialikaga Kniastva Litouskaga 1588. Teksty. Davednik. Kamentaryi [Statut des Großfürstentums Litauen 1588. Texte. Wörterbuch. Kommentare], hg. v. Ivan P. Shamiakin u. a., Minsk 1989.

Simson 1918 Geschichte der Stadt Danzig, Bd. 4: Urkunden bis 1626, bearb. v. Paul Simson, Danzig 1918.
Sorgenfrey/Pahncke 1923 Die Stadtbücher von Neuhaldensleben (ca. 1255–1463) (= Geschichtsquellen der Provinz Sachsen und angrenzender Gebiete 49), bearb. v. Theodor Sorgenfrey u. Max Pahncke, Berlin 1923.
Sörös 1903 A Pannonhalmi Főapátság története. Második korszak. A pápák és zsinatok reformáló törekvései 1243–1404. [Geschichte der Abtei zu Pannonhalma. Zweite Epoche: Die Revormversuche der Päpste und Synoden], hg. v. Pongrácz Sörös, Budapest 1903.
Spáčil/Spáčilová 2010 Mišeňska právni kniha. Historický kontext, jazkový rozbor, edice [Das Meißner Rechtsbuch. Historischer Kontext, linguistische Analyse, Edition], bearb. v. Vladimir Spáčil u. Libuše Spáčilová, Olomouc 2010.
Speer/Fokt/Mikuła 2017 Liber Vetustissimus Gorlicensis. Das älteste Görlitzer Stadtbuch/Najstarsza księga miejska zgorzelecka. 1305–1416 (1423). Edition und Kommentar, Teil 1/Edycja i komentarz, część 1: 1305–1343, Nr. 1–1768 (= Fontes Iuris Polonici. Prawo Miejskie 5), hg. v. Christian Speer, Krzysztof Fokt u. Maciej Mikuła, Kraków/Görlitz 2017.
SS rer. Pruss. 1 Scriptores rerum Prussicarum. Die Geschichtsquellen der preußischen Vorzeit bis zum Untergange der Ordensherrschaft, Bd. 1, hg. v. Theodor Hirsch, Max Töppen u. Erich Strehlke, Leipzig 1861.
SS rer. Pruss. 2 Scriptores rerum Prussicarum. Die Geschichtsquellen der preußischen Vorzeit bis zum Untergange der Ordensherrschaft, Bd. 2, hg. v. Theodor Hirsch, Max Töppen u. Erich Strehlke, Leipzig 1863.
Statut Velikogo Kniaz'stva Litovskogo 1566 goda 1855 Statut Velikogo Kniaz'stva Litovskogo 1566 goda [Statut des Großfürstentums Litauen 1566], in: Vremennik imperatorskogo Moskovskogo obszczestva istorii i drevnostei Rossijskich, Bd. 23, Moskva 1855.
Techen 1912 Das älteste Wismarsche Stadtbuch von etwa 1250 bis 1272, hg. v. Friedrich Techen, Wismar 1912.
Techen 1919 Die Wachstafeln des Wismarschen Ratsarchivs, bearb. v. Friedrich Techen, in: Jahrbücher des Vereins für Mecklenburgische Geschichte und Altertumskunde 83 (1919), S. 75–104.
Thierfelder 1967 Das älteste Rostocker Stadtbuch (etwa 1254–1273). Mit Beiträgen zur Geschichte Rostocks im 13. Jahrhundert, hg. v. Hildegard Thierfelder, Göttingen 1967.
Tomaschek 1861 Die ältesten Statuten der Stadt und des Bisthums Trient in deutscher Sprache, bearb. v. Johann Adolf Tomaschek, in: Archiv für Kunde österreichischer Geschichts-Quellen 26 (1861), S. 67–228.
Tomaschek 1868 Der Oberhof Iglau in Mähren und seine Schöffensprüche aus dem 13.–16. Jahrhundert, hg. v. Johann Adolf Tomaschek, Innsbruck 1868.
Töppen 1861 Petrus de Dusburg: Chronicon terrae Prussiae, hg. von Max Töppen, in: Scriptores rerum Prussicarum. Die Geschichtsquellen der preußischen Vorzeit bis zum Untergange der Ordensherrschaft, Bd. 1, hg. v Theodor Hirsch, Max Töppen u. Ernst Strehlke, Leipzig 1861, S. 3–269.
Töppen 1886 Acten der Ständetage Preußens unter der Herrschaft des Deutschen Ordens, Bd. 5: 1458–1525, hg. v. Max Töppen, Leipzig 1886.
Trelińska 2001 Album armorum nobilium Regni Poloniae XV–XVIII saec., hg. v. Barbara Trelińska, Lublin 2001.
Turnierbuch Turnierbuch aus der Kraichgauer Ritterschaft: Cod. Ross. 711; entstanden um 1615, Faksimileband (= Codices e Vaticanis selecti, Seria maior 57), Zürich 1983.
Tzschoppe/Stenzel 1832 Urkundensammlung zur Geschichte des Ursprungs der Städte und der Einführung und Verbreitung Deutscher Kolonisten und Rechte in Schlesien und der Ober-Lausitz, hg. v. Gustav Adolf Tzschoppe u. Gustav Adolf Stenzel, Hamburg 1832.
UB Chemnitz Urkundenbuch der Stadt Chemnitz und ihrer Klöster (= Codex Diplomaticus Saxoniae Regiae 2/6), hg. v. Hubert Ermisch, Leipzig 1879.
UB Dortmund 1 Dortmunder Urkundenbuch, Bd. 1: Erste Hälfte (Nr. 1–547), 899–1340 (= Dortmunder Urkundenbuch 1/1), hg. v. Karl Rübel, Dortmund 1881.
UB Erzstift Magdeburg Urkundenbuch des Erzstifts Magdeburg, Bd. 1: 937–1192 (= Geschichtsquellen der Provinz Sachsen und des Freistaates Anhalt N. R. 18), bearb. v. Friedrich Israël u. Walter Möllenberg, Magdeburg 1937.
UB Halle 3/1 Urkundenbuch der Stadt Halle, ihrer Stifter und Klöster, Bd. 3: 1351–1403, Teil 1: 1351–1380 (= Quellen zur Geschichte Sachsen-Anhalts 2), hg. v. Arthur Bierbach, Halle (Saale) 1954.
UB Königsberg Urkundenbuch der Stadt Königsberg in Preußen, Bd. 1: 1256–1410 (= Mitteilungen aus der Stadtbibliothek zu Königsberg in Preußen 3), hg. v. Hans Mendthal, Königsberg 1910.
UB Leipzig 1 Codex diplomaticus Saxoniae regiae, Hauptteil II/8: Urkundenbuch der Stadt Leipzig, Bd. 1, bearb. v. Karl Friedrich von Posern-Klett, Leipzig 1868.
UB Leipzig 2 Urkundenbuch der Stadt Leipzig, Bd. 2 (= Codex Diplomaticus Saxoniae Regiae 2/9), hg. v. Ernst Gotthelf Gersdorf u. Carl Friedrich von Posern-Klett, Leipzig 1870.
UB Magdeburg 1 Urkundenbuch der Stadt Magdeburg, Bd. 1: Bis 1403 (= Geschichtsquellen der Provinz Sachsen und angrenzender Gebiete 26), bearb. v. Gustav Hertel, Halle (Saale) 1892.
UB Magdeburg 2 Urkundenbuch der Stadt Magdeburg, Bd. 2: 1403 bis 1464 (= Geschichtsquellen der Provinz Sachsen und angrenzender Gebiete 27), bearb. v. Gustav Hertel, Halle (Saale) 1894.
UB Magdeburg 3 Urkundenbuch der Stadt Magdeburg, Bd. 3: 1465 bis 1513 (= Geschichtsquellen der Provinz Sachsen und angrenzender Gebiete 28), bearb. v. Gustav Hertel, Halle (Saale) 1896.
Ulenspiegel Hermann Bote: Ein kurtzweilig Lesen von Dil Ulenspiegel, nach dem Druck von 1515 mit 87 Holzschnitten, bearb. v. Michael Holzinger, Berlin 2014[3].
Ullrich/Planitz 1941 Das Zwickauer Rechtsbuch (= Germanenrechte, N. F. Abteilung Stadtrechtsbücher 2), hg. v. Günther Ullrich u. Hans Planitz, Weimar 1941.
Voltelini/Durigs 1973 Die Südtiroler Notariats-Imbreviaturen des dreizehnten Jahrhunderts, Teil 1 (=Acta tirolensia 4), Neudruck der Ausgabe Innsbruck 1899, hg. v. Hans von Voltelini u. Josef Durigs, Aalen 1973.

Vozár 2002 Kodex des Stadt- und Bergrechts von Schemnitz/Kódex mestského a banského práva Banskej. Fassung nach der prachtvoll gefertigten Handschrift aus dem Jahre 1572/Znenie podľa skvostne vynotoveného rukopisu, z roku 1572, hg. v. Jozef Vozár, Košice 2002.
Vulpius 1702 Johannes Vulpius: Magnificentia Parthenopolitana: Das ist der Ur-alten Welt-beruehmten Haupt- und Handel-Stadt Magdeburg Sonderbare Herrlichkeit/ Nach ihrer Alten und jetzigen Beschaffenheit [...] vorgestellet, Magdeburg 1702.
Ware Beschreibung 1551 Ware beschreibung der schlacht/sampt belegerung der alten Statt Magdeburg [...], o. O. 1551.
Weinrich 2001 Quellen zur Reichsreform im Spätmittelalter (= Ausgewählte Quellen zur Geschichte des Mittelalters 39), hg. v. Lorenz Weinrich, Darmstadt 2001.
Weizsäcker 1943 Magdeburger Schöffensprüche und Rechtsmitteilungen für den Oberhof Leitmeritz (= Die Magdeburger Schöffensprüche und Rechtsmitteilungen, Reihe 9: Sudetenland. 1), bearb. v. Wilhelm Weizsäcker, Stuttgart/Berlin 1943.
Wichmann 1908 Die Metzer Bannrollen des dreizehnten Jahrhunderts. Teil 1 (= Quellen zur lothringischen Geschichte 5), hg. v. Karl Wichmann, Metz 1908.
zum Winkel 1918/1919 Bitschens Geschoßbuch der Stadt Liegnitz vom Jahre 1451, bearb. v. Arnold zum Winkel, in: Mitteilungen des Geschichts- und Altertums-Vereins zu Liegnitz 7 (1918/1919), S. 194–235.
Woelky 1884 Urkundenbuch des Bisthums Culm, Bd. 1: Das Bisthum Culm unter dem Deutschen Orden 1243–1466, hg. v. Carl Peter Woelky, Danzig 1884.
Wolf 1969 Die Gesetze der Stadt Frankfurt am Main im Mittelalter (= Veröffentlichungen der Historischen Kommission der Stadt Frankfurt am Main 13), hg. v. Armin Wolf, Frankfurt (Main) 1969.
Wunderlich 2011 Das Protokollbuch von Mathias Alber. Zur Praxis des Reichskammergerichts im frühen 16. Jahrhundert (= Quellen und Forschungen zur höchsten Gerichtsbarkeit im Alten Reich 58), bearb. v. Steffen Wunderlich, Köln/Weimar/Wien 2011.
Wyrozumska 2003 Ormianie w średniowiecznym Krakowie. Wypisy źródłowe [Armenier im mittelalterlichen Krakau. Quellenexzerpte], hg. v. Bożena Wyrozumska, Kraków 2003.
Zalaszowski 1702 Mikołaj Zalaszowski: Tomus Secundus Iuris Regni Poloniae Ex Statutis Et Constitutionibus Eiusdem Regni et M. D. L. Collecti et Additionibus ex Jure Civili Romano, Canonico, Saxonico, Posen 1702.
Zeiller 1653 Martin Zeiller [Matthaeus Merian u. Caspar Merian]: Topographia Saxoniae Inferioris, Das ist Beschreibung der Vornehmsten Stätte vnnd Plätz in dem hochl. Nider Sachß. Crayß, Frankfurt (Main) 1653.
Zimmermann/Werner 1892 Urkundenbuch zur Geschichte der Deutschen in Siebenbürgen, Bd. 1: 1191–1342, hg. v. Franz Zimmermann u. Carl Werner, Hermanstadt 1892.
Zobel 1561 Christoff Zobel: Sachsenspiegel, auffs newe ubersehen, mit Summarijs und newen Additionen, Leipzig 1561.

ARCHIVALISCHE QUELLEN

Berlin, Geheimes Staatsarchiv Preußischer Kulturbesitz Berlin
XX. HA, Ordensfoliant Nr. 3, 83.
GStA PK, XX. HA, Ordensbriefarchiv, Nr. 8665, 8658.
Berlin, Staatsbibliothek Berlin Preußischer Kulturbesitz
Sächsisches Landrecht mit Stendaler Glosse – Schöffensprüche, Ms. germ. fol. 284.
Cod. Theol. Lat. Quart. 113.
mgf 389, Weichbildrecht mit Glosse in 136 Artikeln, 15. Jh., online abrufbar unter: http://digital.staatsbibliothek-berlin.de/werkansicht?PPN=PPN644055421&PHYSID=PHYS_0001&DMDID= [letzter Zugriff am 6. 12. 2018].
Görlitz, Ratsarchiv Görlitz
Nr. 1., 9, 12, 16, 156, 164, 486, 487, 488.
Kraków, Biblioteka Jagiellońska [Jagiellonische Bibliothek Krakau]
Krakauer Handschrift (Stadtrat Krakau), Sig. 169.
Breslauer Handschrift (Sądu Wyższyzego Prawa Niemieckiego na Zamku Królewskim na Wawelu), Sig. 168.
Sig. 170 a.
Sig. 12607 III.
Praha, Parlament České republiky, Parlamentní knihovna [Bibliothek des tschechischen Parlaments]
Práwa saszká, 1469–1470, o. Sign., online abrufbar unter: www.psp.cz/kps/knih/prawa/prawa.htm [letzter Zugriff am 6. 12. 2018].
Toruń, Arichwum Państwowe w Toruniu [Staatsarchiv Thorn]
Akta miasta Torunia [Akten der Stadt Thorn], Kat. II, VIII, Nr. 2.
Wrocław, Archivum Państwowe we Wrocławiu [Staatsarchiv Breslau]
Rep. 2 »Magdeburger Schöppensprüche«, Nr. 16.
a. m. Wrocławia J 5, cap. 47.
Wrocław, Biblioteka Uniwersytecka we Wrocławiu [Universitätsbibliothek Breslau]
Saganer Handschrift, Sig. II Q 4.
Žilina, Štátny archív v Žiline [Staatsarchiv Sillein]
Žilinská právna kniha [Silleiner Rechtsbuch], 1378–1561, o. Sig.

Literatur

Abraham 1904 Władysław Abraham: Powstanie organizacyi kościoła łacińskiego na Rusi [Die Entstehung der Organisation der lateinischen Kirche in der Rus'], Bd. 1, L'viv 1904.

von Achenbach 1983 Heinrich von Achenbach: Geschichte der Stadt Siegen in zwei Bänden, Bd. 1, Kreuztal 1983 [zuerst veröffentlicht Siegen 1894].

Achremczyk 2000 Stanisław Achremczyk: Historia Warmii i Mazur [Die Geschichte Ermlands und Masurens], Olsztyn 1997.

Adamska 2013 Anna Adamska: Od łaciny do języków wernakularnych – i z powrotem. Język dokumentu średniowiecznego w świetle nowszych badań [Vom Lateinischen zu den Vernakularsprachen – und zurück. Die Urkundensprache des mittelalterlichen Dokuments im Lichte neuester Forschungen], in: Kultura pisma w średniowieczu. Znane problemy, nowe metody [Schriftkultur im Mittelalter. Bekannte Probleme, neue Methoden] (= Colloquia Mediaevalia Lublinensia 2), hg. v. Anna Adamska u. Paweł Kras, Lublin 2013, S. 51–100.

Albrecht 2004 Stephan Albrecht: Mittelalterliche Rathäuser in Deutschland. Architektur und Funktion, Darmstadt 2004.

Alexandrowicz 2001 Stanisław Alexandrowicz: Städte in den weißrussischen Gebieten des Großfürstentums Litauen (15. bis 18. Jahrhundert), in: Handbuch der Geschichte Weißrußlands, hg. v. Dietrich Beyrau u. Rainer Linder, Göttingen 2001, S. 276–290.

Alexandrowicz 2011 Stanisław Alexandrowicz: Gospodarcze, prawne i etniczne osobliwości sieci miejskiej ziem Wielkiego Księstwa Litewskiego w XVI–XVII w. [Wirtschaftliche, rechtliche und ethnische Besonderheiten des Städtenetzes im Großfürstentum Litauen im 16.–18. Jahrhundert], in: Stanisław Alexandrowicz: Studia z dziejów miasteczek Wielkiego Księstwa Litewskiego [Studien zur Geschichte der Städtchen des Großfürstentums Litauen im 16.–18. Jh.], Toruń 2011, S. 267–291.

Althoff 2003 Gerd Althoff: Die Macht der Rituale. Symbolik und Herrschaft im Mittelalter, Darmstadt 2003.

Ameisenowa 1958 Zofia Ameisenowa: Rękopisy i pierwodruki iluminowane Biblioteki Jagiellońskiej [Illuminierte Handschriften und Wiegendrucke in der Biblioteka Jagiellońska], Wrocław/Kraków 1958.

Andermann 1999 Ulrich Andermann: Albert Krantz: Wissenschaft und Historiographie um 1500 (= Forschungen zur mittelalterlichen Geschichte 38), Weimar 1999.

Andrejtsev/Ulianovskyj/Korotkyj 2000 Volodymyr Andrejtsev, Vasyl Ulanovskyi u. Viktor Korotkyj: Korpus magdeburzkich hramot ukrainskym mistam: dva proekty wydan' 20-40-x rokiw XX st. [Korpus der Magdeburger Rechtsprivilegien für ukrainische Städte: Zwei redaktionelle Projekte in den 20er bis 40er Jahren des 20. Jahrhunderts], Kyjiw 2000.

Andriulis 2002 Vytautas Andriulis u. a.: Šenavičius: Lietuvos teisės istorija [Litauische Rechtsgeschichte], Vilnius 2002.

Antonowytsch 1885 Wolodymyr Antonowytsch: Issledovaniye o gorodach Juho-Zapadnogo kraja [Studien zur Stadtgeschichte in der südwestlichen Region] (= Monografii po istorii Zapadnoy i Yugozapadnoy Rossii 1), Kyjiw 1885.

Arlinghaus 2008 Franz-Josef Arlinghaus: Point of Reference: Trust and the Function of Written Agreements in a Late Medieval Town, in: Strategies of Writing. Studies on Text and Trust in the Middle Ages. Papers from »Trust in Writing in the Middle Ages«. Utrecht, 28–29 November 2002. (= Utrecht Studies in Medieval Literacy 13), hg. v. Petra Schulte u. Marco Mostert, Turnhout 2008, S. 277–299.

Armgart 2012 Martin Armgart: Art. »Handfeste«, in: Handwörterbuch zur deutschen Rechtsgeschichte, hg. v. Albrecht Cordes u. a., Bd. 2, Berlin 2012², Sp. 735–736.

Arnecke 1913 Friedrich Arnecke: Die Hildesheimer Stadtschreiber bis zu den ersten Anfängen des Syndikats und Sekretariats 1217 bis 1443, phil. Diss., Marburg (Lahn) 1913.

Asmus 1975 Helmut Asmus: Geschichte der Stadt Magdeburg, Berlin (Ost) 1975.

Asmus 1977 Helmut Asmus (Bearb.): Geschichte der Stadt Magdeburg, hg. v. Rat der Stadt Magdeburg, Berlin (Ost) 1977².

Asmus/Wille 2000 Helmut Asmus u. Manfred Wille: 1200 Jahre Magdeburg. Von der Kaiserpfalz zur Landeshauptstadt. Eine Stadtgeschichte, 3 Bde., Magdeburg 2000.

Auer 2017 Leopold Auer: Wolfgang Sellert und das Projekt zur Erschließung der Prozessakten des Reichshofrats, in: Justiz und Verfahren im Wandel der Zeit. Gelehrte Literatur, gerichtliche Praxis und bildliche Symbolik. Festgabe für Wolfgang Sellert zum 80. Geburtstag (= Abhandlungen der Akademie der Wissenschaften in Göttingen. Philologisch-Historische Klasse N. F. 44), hg. v. Eva Schumann, Berlin/Boston 2017, S. 21–30.

Ausst.-Kat Braunschweig 1985 Stadt im Wandel. Kunst und Kultur des Bürgertums in Norddeutschland 1150–1650. Ausstellungskatalog Landesausstellung Niedersachsen 1985, hg. v. Cord Meckseper, (Ausstellung im Braunschweigischen Landesmuseum), 4 Bde., Stuttgart/Bad Cannstatt 1985.

Ausst.-Kat. Braunschweig 1995 Heinrich der Löwe und seine Zeit. Herrschaft und Repräsentation der Welfen 1125–1235. Ausstellungskatalog Landesausstellung Niedersachsen 1995, hg. v. Jochen Luckhardt u. Franz Niehoff (Ausstellung im Herzog Anton Ulrich-Museum), 2 Bde., München 1995.

Ausst.-Kat. Krakau 2007 Kraków europejskie miasto prawa magdeburskiego 1257–1791. Katalog wystawy [Krakau als europäische Stadt Magdeburger Rechts 1257–1791. Katalog zur Ausstellung], hg. v. Muzeum Historyczne Miasta Krakowa (Ausstellung im Städtischen Museum Krakau), Kraków 2007.

Ausst.-Kat. Magdeburg 1992 Erzbischof Wichmann (1152–1192) und Magdeburg im hohen Mittelalter. Stadt – Erzbistum – Reich. Ausstellung zum 800. Todestag Erzbischof Wichmanns vom 29. Oktober 1992 bis 21. März 1993, hg. v. Matthias Puhle (Ausstellung im Kulturhistorischen Museum Magdeburg), Magdeburg 1992.
Ausst.-Kat. Magdeburg 1996 Hanse – Städte – Bünde. Die sächsischen Städte zwischen Elbe und Weser um 1500, hg. v. Matthias Puhle (Ausstellung im Kulturhistorischen Museum Magdeburg und im Braunschweigischen Landesmuseum Braunschweig), Magdeburg 1996.
Ausst.-Kat. Magdeburg 1997 Magdeburg in Bildern von 1492 bis ins 20. Jahrhundert, hg. v. Matthias Puhle, (Ausstellung im Kulturhistorischen Museum Magdeburg; Magdeburger Museumsschriften 5), Magdeburg 1997.
Ausst.-Kat. Magdeburg 2001 Otto der Große, Magdeburg und Europa, hg. v. Matthias Puhle (Ausstellung im Kulturhistorischen Museum Magdeburg), 2 Bde., Mainz 2001.
Ausst.-Kat. Magdeburg 2005 Magdeburg 1200. Mittelalterliche Metropole, Preußische Festung, Landeshauptstadt. Die Geschichte der Stadt von 805 bis 2005, hg. v. Matthias Puhle (Ausstellung im Kulturhistorischen Museum Magdeburg), Stuttgart 2005.
Ausst.-Kat. Magdeburg 2009 Aufbruch in die Gotik. Der Magdeburger Dom und die späte Stauferzeit, 2 Bde., hg. v. Matthias Puhle (Ausstellung im Kulturhistorischen Museum Magdeburg), Mainz 2009.
Ausst.-Kat. Wolfenbüttel 1992 Gott ist selber Recht. Die vier Bilderhandschriften des Sachsenspiegels. Oldenburg. Heidelberg. Wolfenbüttel. Dresden (= Ausstellungskataloge der Herzog August Bibliothek 67), hg. v. Ruth Schmidt-Wiegand u. Wolfgang Milde (Ausstellung in der Schatzkammer der Bibliotheca Augusta Wolfenbüttel), Wolfenbüttel 1992.
Bader/Dilcher 1999 Karl S. Bader u. Gerhard Dilcher: Deutsche Rechtsgeschichte. Land und Stadt, Bürger und Bauer im Alten Europa (= Enzyklopädie der Rechts- und Staatswissenschaft, Abteilung Rechtswissenschaft), Berlin 1999.
Bahaliy 1904 Dmytro Bahaliy: Magdeburzke pravo na Livoberezhniy Ukraini [Das Magdeburger Recht in der linksufrigen Ukraine], L'viv 1904.
Bak 1989 János M. Bak: Art. »Gespan«, in: Lexikon des Mittelalters, hg. v. Robert-Henri Bautier u. a., Bd. 4, München 1989, Sp. 1404.
Bak 1993 János M. Bak: Art. »Ofen, Stadtrecht«, in: Lexikon des Mittelalters, hg. v. Robert-Henri Bautier u. a., Bd. 6, München 1993, Sp. 1366.
Ballerstedt 2006 Maren Ballerstedt: Die wechselvolle Geschichte des Alten Rathauses, in: Das Alte und das Neue Rathaus zu Magdeburg im Wandel der Zeit, hg. v. Landeshauptstadt Magdeburg, Stadtarchiv u. Amt für Öffentlichkeitsarbeit und Sitzungsmanagement, Magdeburg 2006, S. 10–71.
Balogh 2015 Schwabenspiegel-Forschung im Donaugebiet. Konferenzbeiträge in Szeged zum mittelalterlichen Rechtstransfer deutscher Spiegel (= IVS SAXONICO-MAIDEBVRGENSE IN ORIENTE 4), hg. v. Elemér Balogh, Berlin/Boston 2015.
Balzer 1909 Oswald Balzer: Sądownictwo ormiańskie w średniowiecznym Lwowie [Die armenische Gerichtsbarkeit im mittelalterlichen Lemberg], L'viv 1909.
Bär 1904 Max Bär: Über die Gerichte in Preußen zur Zeit der polnischen Herrschaft, in: Zeitschrift des Westpreußischen Geschichtsvereins 48 (1904), S. 65–95.
Barański 1998 Marek Barański: Fremde Siedlungsunternehmer im Ermland im 13. und 14. Jahrhundert, in: Questiones medii aevi novae 3 (1998), S. 105–135.
Bardach 1988 Juliusz Bardach: Ustrój miast na prawie magdeburskim w Wielkim Księstwie Litewskim do połowy XVII wieku [Verfassung der mit dem Magdeburger Recht ausgestatteten Städte im Großfürstentum Litauen bis zur Mitte des 17. Jahrhunderts], in: O dawnej i niedawnej Litwie [Über das alte und nicht alte Litauen], hg. v. Juliusz Bardach, Poznań 1988, S. 72–119.
Bardach/Leśnodorski/Pietrzak 1998 Juliusz Bardach, Bogusław Leśnodorski u. Michał Pietrzak: Historia ustroju i prawa polskiego [Verfassungs- und Rechtsgeschichte Polens], Warszawa 1998[4].
Bärmann 1968 Johannes Bärmann: Freiwillige Gerichtsbarkeit und Notarrecht (= Enzyklopädie der Rechts- und Staatswissenschaft, Abt. Rechtswissenschaft), Berlin (West)/Heidelberg 1968.
Baronas/Dubonis/Petrauskas 2011 Darius Baronas, Artūras Dubonis u. Rimvydas Petrauskas: Lietuvos istorija [Geschichte Litauens], Bd. 3: XIII a. – 1385 m. Valstybės iškilimas tarp Rytų ir Vakarų [13. Jahrhundert bis 1385. Entstehung des Staates zwischen Osten und Westen], Vilnius 2011.
Battenberg 1990 Friedrich Battenberg: Art. »Schöffenstuhl«, in: Handwörterbuch zur deutschen Rechtsgeschichte, hg. v. Adalbert Erler u. a., Bd. 4, Berlin (West) 1990, Sp. 1474–1478.
Bauer 2006 Andreas Bauer: Das Recht im Bild. Bildquellen des Mittelalters als Informationsträger für die Rechtsgeschichte, in: Kloster und Bildung im Mittelalter (= Veröffentlichungen des Max-Planck-Instituts für Geschichte 218; Studien zur Germania Sacra 28), hg. v. Nathalie Kruppam u. Jürgen Wilke, Göttingen 2006, S. 263–300.
Becker 1931 Walter Becker: Magdeburger Recht in der Lausitz. Sein Geltungsbereich und seine Denkmäler (= Deutschrechtliche Forschungen 3), Stuttgart 1931.
Becker 2008 Christoph Becker: Die Akten des Augsburger Notars Johann Spreng (1524–1601) – Ein Einblick in das Rechtsleben eines frühneuzeitlichen europäischen Wirtschaftszentrums, in: Von den Leges Barbarorum bis zum Ius Barbarorum des Nationalsozialismus. Festschrift für Hermann Nehlsen zum 70. Geburtstag, hg. Hans-Georg Hermann u. a., Köln/Weimar/Wien 2008, S. 477–491.
Beiersdorf/Krasnowolski 2015 Zbigniew Beiersdorf u. Bogusław Krasnowolski: Spatial development from the granting of the town's charter up to the present day, in: Historical atlas of Polish Towns, Bd. 5: Lesser Poland, H. 3: Wieliczka, hg. v. Zdzisław Noga, Toruń/Kraków 2015, S. 14–18.
Belzyt 1997 Leszek Belzyt: Die Deutschen um 1500 in den Metropolen Prag, Ofen, Krakau. Versuch eines Vergleiches, in: Zeitschrift für Ostforschung 46 (1997), S. 45–62.

Belzyt 1999 Leszek Belzyt: Kraków i Praga około 1600 roku. Porównanie topograficznych i demograficznych aspektów struktury społecznej i etnicznej dwóch metropolii Europy Środkowo-Wschodniej [Krakau und Prag um 1600. Vergleich topografischer und demografischer Aspekte der sozialen und ethnischen Struktur zweier Metropolen Ostmitteleuropas], Toruń 1999.
Belzyt 2003 Leszek Belzyt: Demographische Entwicklung und ethnische Pluralität in den größten Städten Ostmitteleuropas 1400–1600, in: Krakau und Prag zwischen 14. und 17. Jahrhundert. Vergleichende Studien zur Sozial-, Kultur- und Wirtschaftsgeschichte ostmitteleuropäischer Metropolen, hg. v. Leszek Belzyt, Toruń 2003, S. 31–41.
Benda 2016 Judit Benda: Merchants, Markets and Shops in Late Medieval Buda, Pest and Óbuda, in: Medieval Buda in Context (= Brill's compansions to European history 10), hg. v. Balázs Nagy u. a., Leiden/Boston 2016, S. 255–277.
Benevolo 2000 Leonardo Benevolo: Die Geschichte der Stadt, Frankfurt (Main) 2000[8].
Berger 1996 Klaus Peter Berger: Formalisierte oder »schleichende« Kodifizierung des transnationalen Wirtschaftsrechts. Zu den methodischen und praktischen Grundlagen der lex mercatoria (= Schriften des Rechtszentrums für europäische und internationale Zusammenarbeit 1), Berlin/New York 1996.
Berghaus 1995 Peter Berghaus: Art. »Schilling«, in: Lexikon des Mittelalters, hg. v. Robert-Henri Bautier u. a., Bd. 7, München 1995, Sp. 1465.
Bertelmeier-Kierst 2016 Christa Bertelmeier-Kierst: Art. »Magdeburger Schöppenchronik«, in: Handwörterbuch zur deutschen Rechtsgeschichte, hg. v. Albrecht Cordes u. a., Bd. 3, Berlin 2016[2], Sp. 1136–1139.
Beyerle 1910 Konrad Beyerle: Die deutschen Stadtbücher, in: Deutsche Geschichtsblätter 11 (1910), S. 145–200.
Bie/Małłek 1969 Fredrik Bie u. Janusz Małłek: Materiały do projektu »Korektury pruskiej« Mikołaja Niewieścińskiego z roku 1596 [Materialien für das Projekt »Preußische Korrekturen« des Nicholas Niewieściński von 1596], in: Czasopismo Prawno-Historyczne 21, 1 (1969), S. 177–181.
Biedrzycka 2007 Europejskie miasta prawa Magdeburskiego. Tradycja, dziedzictwo, identyfikacja. Sesja komparatystyczna, Kraków, 13–15 października 2006. Materiały konferencyjne [Europäische Städte magdeburgischen Rechts. Tradition, Erbe, Identität. Eine vergleichende Tagung in Krakau, 13.–15. Oktober 2006. Tagungsbericht], hg. v. Anna Biedrzycka, Kraków 2007.
Bielecka 1975 Janina Bielecka: Organizacja i działalność sądów ziemskich w Prusach Królewskich od wieku XV do XVIII włącznie [Organisation und Tätigkeit der weltlichen Gerichte in Preußen vom 15. bis ins 18. Jh.], in: Archeion 63 (1975), S. 145–164.
Bielecka 1977 Janina Bielecka: Organizacja i działalność sądów grodzkich w Prusach Królewskich w XV–XVIII wieku [Organisation und Wirkungsweise der Amtsgerichte in Preußen vom 15. bis ins 18. Jh.], in: Archeion 65 (1977), S. 255–274.
Bieniarzówna/Małecki 1984 Janina Bieniarzówna u. Jan M. Małecki: Dzieje Krakowa [Geschichte der Stadt Krakau], Bd. 2: Kraków w wiekach XVI–XVIII [Krakau im 16.–18. Jh.], Kraków 1984.
Biermann 2010 Felix Biermann: Archäologische Studien zum Dorf der Ostsiedlungszeit. Die Wüstungen Miltendorf und Damsdorf in Brandenburg und das ländliche Siedlungswesen des 12. bis 15. Jahrhunderts in Ostmitteleuropa (= Forschungen zur Archäologie im Land Brandenburg 12), Wünsdorf 2010.
Biermann/Schenk 2014 Felix Biermann u. Thomas Schenk: Neue Einsichten zur Gründung der Stadt Freyenstein (Prignitz), in: Mitteilungen der Deutschen Gesellschaft für Archäologie des Mittelalters und der Neuzeit 27 (2014), S. 69–76.
Biermann/Herrmann/Koperkiewicz 2016 Felix Biermann, Christofer Herrmann u. Arkadiusz Koperkiewicz: Alt-Wartenburg/Barczewko – Interdisziplinäre Erforschung einer spätmittelalterlichen Stadtwüstung im Ermland (Nordostpolen), in: Zeitschrift für Archäologie des Mittelalters 44 (2016), S. 115–148.
Bilous 2007 Natalia Bilous: Vidnosyny kyivskoi miskoyi vlady z woiewodamy w 1559–1648 rr. Sproby obmezhennia awtonomiji miskoji hromady [Die Beziehungen zwischen der Kiewer Stadtregierung und den Wojewoden zwischen 1559 und 1648. Verstöße gegen die Autonomie der Stadtgemeinde], in: СОЦІУМ. Альманах соціиальної історії, Bd. 7, Kyiw 2007, S. 67–82.
Bilous 2008 Natalia Bilous: Київ наприкinzi XV – у першій половині XVIIст. Міська влада і самоврядування. [Kiew am Ende des 15. bis in die erste Hälfte des 17. Jahrhunderts. Stadtverwaltung und Selbstverwaltung], Kyiw 2008.
Bilous 2012 Natalia Bilous: Art. »Kiew«, in: Handwörterbuch zur deutschen Rechtsgeschichte, hg. v. Albrecht Cordes u. a., Bd. 2, Berlin 2012[2], Sp. 1734–1736.
Bily 2011 Inge Bily: Deutsch-polnisches Wörterverzeichnis der Rechtstermini, in: Inge Bily, Wieland Carls u. Katalin Gönczi: Sächsisch-magdeburgisches Recht in Polen. Untersuchungen zur Geschichte des Rechts und seiner Sprache (= IVS SAXONICO-MAIDEBVRGENSE IN ORIENTE 2), Berlin/Boston 2011, S. 341–394.
Bily/Carls/Gönczi 2011 Inge Bily, Wieland Carls u. Katalin Gönczi: Sächsisch-magdeburgisches Recht in Polen. Untersuchungen zur Geschichte des Rechts und seiner Sprache (= IVS SAXONICO-MAIDEBVRGENSE IN ORIENTE 2), Berlin/Boston 2011.
Bischoff 1865 Ferdinand Bischoff: Beiträge zur Geschichte des Magdeburger Rechts, in: Sitzungsberichte der kaiserlichen Akademie der Wissenschaften in Wien, philosophisch-historische Klasse 50 (1865), S. 333–370.
Bischoff 1877 Ferdinand Bischoff: Über das älteste Olmützer Stadtbuch, in: Sitzungsberichte der kaiserlichen Akademie der Wissenschaften in Wien, philosophisch-historische Klasse 85 (1877), S. 281–350.
Biskup 1961 Marian Biskup: Prusy Królewskie w drugiej połowie XVI wieku [Das Königliche Preußen in der zweiten Hälfte des 16. Jahrhunderts], Warszawa 1961.

Bláhová 2012 Marie Bláhová: Die Formelbücher im přemyslidischen Böhmen, in: Les formulaires. Compilation et circulation des modèles d'actes dans l'Europe médiévale et moderne. XIIIe congrès de la Commission internationale de diplomatique (Paris, 3–4 septembre 2012), Organisé par l'École nationale des chartes et l'École pratique des hautes études, avec le concours du GDR 3177 «Diplomatique» (Cnrs) et des Archives nationales, bearb. v. Olivier Guyotjeannin, Laurent Morelle, Silio P. P. Scalfati u. Marie Bláhová, Paris 2012, online abrufbar unter: http://elec.enc.sorbonne.fr/cid2012/part17 [letzter Zugriff am 28.9.2018].
Błaszczyk 2002 Grzegorz Błaszczyk: Litwa na przełomie średniowiecza i nowożytności (1492–1569) [Litauen an der Wende vom Mittelalter zur Neuzeit (1492–1569)], Poznań 2002.
Blazovich 2005a László Blazovich: Das Ofner Stadtrecht und die Rechtsbücher von Ungarn, in: Eike von Repgow: A Szász tükör [Der Sachsenspiegel], hg. v. László Blazovich u. József Schmidt, Szeged 2005, S. 91–101.
Blazovich 2005b László Blazovich: A Szász tükör és a Szepesség joga [Der Sachsenspiegel und das Recht der Zips], in: Eike von Repgow, A Szász tükör [Der Sachsenspiegel], hg. v. László Blazovich u. József Schmidt, Szeged 2005, S. 43–70.
Blickle 1997 The Urban Belt and the Emerging Modern State, in: Resistance, Representation and Community (= The Origins of the Modern State in Europe E), hg. v. Peter Blickle, Oxford 1997.
Blickle 2000 Peter Blickle: Kommunalismus: Skizzen einer gesellschaftlichen Organisationsform, 2 Bde., München 2000.
Böckenförde 1976 Ernst-Wolfgang Böckenförde: Staat, Gesellschaft, Freiheit. Studien zur Staatstheorie und zum Verfassungsrecht (= Suhrkamp Taschenbuch Wissenschaft 163), Frankfurt (Main) 1976.
Böckenförde 1995 Ernst-Wolfgang Böckenförde: Die deutsche verfassungsgeschichtliche Forschung im 19. Jahrhundert. Zeitgebundene Fragestellungen und Leitbilder (= Schriften zur Verfassungsgeschichte 1), Berlin 1995².
Boehm 1940–1942 Ernst Boehm: Der Schöppenstuhl zu Leipzig und der sächsische Inquisitionsprozeß im Barockzeitalter. Wichtige rechtskundliche Quellen in der Leipziger Universitäts-Bibliothek, T. 1–4, in: Zeitschrift für die gesamte Strafrechtswissenschaft 59 (1940), S. 371–410 [Teil 1], ebd., S. 620–639 [Teil 2], ebd. 60 (1941), S. 155–249 [Teil 3], ebd. 61 (1942), S. 300–403 [Teil 4].
Bogucka/Samsonowicz 1986 Maria Bogucka u. Henryk Samsonowicz: Dzieje miast i mieszczaństwa w Polsce przedrozbiorowej [Geschichte der Städte und des Bürgertums in Polen vor den Teilungen], Wrocław 1986.
Boockmann 1981 Hartmut Boockmann: Der deutsche Orden. Zwölf Kapitel aus seiner Geschichte, München 1981.
Borgolte 2014 Michael Borgolte: Mittelalter in der größeren Welt. Essays zur Geschichtsschreibung und Beiträge zur Forschung, hg. von Tillmann Lohse u. Benjamin Scheller (= Europa im Mittelalter 24), Berlin 2014.
Borzestowski 1964 Marian Borzestowski: Korektura pruska (Jus terrestre nobilitatis Prussiae correctum a. 1598), jej geneza, dzieje, źródła oraz wpływ na dawne polskie prawo na tle rozwoju prawa sądowego Polski i krajów ościennych [Die Preußische Korrektur. Ihre Entstehung, Geschichte, Quellen und Wirkungsweisen in Bezug auf das polnische Landgesetz vor dem Hintergrund der Entwicklung des polnischen Justizrechts und der Nachbarländer], Masch. jur. Diss. Toruń 1964.
Borzestowski 1988 Marian Borzestowski: Sprawa uchwalenia korektury pruskiej w obradach sejmiku generalnego Prus Królewskich (1580–1599) [Das Problem der preußischen Korrektur auf dem Generallandtag Königlich-Preußens (1580–1599)], in: Studia Culmensia Historico-Juridica. Czyli Księga pamiątkowa 750-lecia prawa chełmińskiego [Gedenkband zum 750. Jubiläum des Kulmer Rechts], Bd. 2, hg. v. Zbigniew Zdrójkowski, Toruń 1988, S. 235–270 [enthält eine ausführliche deutsche Zusammenfassung].
Bourgin 1908 George Bourgin: La commune de Soissons et le groupe communal soissonais (= Bibliothèque de l'École practique des Hautes-Études 167), Paris 1908.
Brachmann/Klápště 1996 Hausbau und Raumstruktur früher Städte in Ostmitteleuropa (= Památky archeologické [Archäologische Stätten], Supplementum 6), hg. v. Hansjürgen Brachmann u. Jan Klápště, Praha 1996.
Brademann 2005 Jan Brademann: Autonomie und Herrscherkult. Adventus und Huldigung in Halle (Saale) in Spätmittelalter und Früher Neuzeit (Studien zur Landesgeschichte 14), Halle (Saale) 2005.
Bresslau 1889 Harry Bresslau: Handbuch der Urkundenlehre für Deutschland und Italien, Bd. 1, Leipzig 1889.
Brom 2010 Vlastimil Brom: Aus der offiziellen böhmischen Historiographie Karls IV. Die Pulkava-Chronik in drei Sprachversionen, in: Brünner Beiträge zur Germanistik und Nordistik 15 (2010), S. 5–19.
Bruhns/Nippel 2000 Max Weber und die Stadt im Kulturvergleich (= Kritische Studien zur Geschichtswissenschaft 140), hg. v. Hinnerk Bruhns u. Wilfried Nippel, Göttingen 2000.
von Brünneck 1913 Wilhelm von Brünneck: Zur Geschichte des Kulmer Oberhofes, in: Zeitschrift der Savigny-Stiftung für Rechtsgeschichte. Germanistische Abteilung 34 (1913), S. 1–48.
von Brünneck 1915 Wilhelm von Brünneck: Zur Geschichte der Gerichtsverfassung Elbings (Alt- und Neustadt), in: Zeitschrift der Savigny-Stiftung für Rechtsgeschichte. Germanistische Abteilung 36 (1915), S. 24–136.
Buchda 1941 Gerhard Buchda: Schöffenstuhlsiegel I: 1. Magdeburg, in: Zeitschrift der Savigny-Stiftung für Rechtsgeschichte. Germanistische Abteilung 61 (1941), S. 257–265.
Buchda 1950 Gerhard Buchda: Zur Geschichte des hallischen Schöppenstuhls, in: Zeitschrift der Savigny-Stiftung für Rechtsgeschichte. Germanistische Abteilung 67 (1950), S. 416–440.

Buchda 1954 Gerhard Buchda: Rezension zu: Gottfried Baumgärtel: Die Gutachter- und Urteilstätigkeit der Erlanger Juristenfakultät, jur. Diss. Erlangen 1951 und Engelbert Klugkist: Die Göttinger Juristenfakultät als Spruchkollegium (= Göttinger Rechtswissenschaftliche Studien 5), Göttingen 1952, in: Zeitschrift der Savigny-Stiftung für Rechtsgeschichte. Germanistische Abteilung 71 (1954), S. 484–491.

Buchda/Lück 2016 Gerhard Buchda u. Heiner Lück: Art. »Kursächsische Konstitutionen«, in: Handwörterbuch zur deutschen Rechtsgeschichte, hg. v. Albrecht Cordes u. a., Bd. 3, Berlin 2016², Sp. 354–361.

Buchholz 1903 Joseph Buchholz: Abriß einer Geschichte Ermlands, Braunsberg 1903.

Buchholz 1978 Stephan Buchholz: Abstraktionsprinzip und Immobiliarrecht. Zur Geschichte der Auflassung und der Grundschuld (= Ius commune Sonderhefte 8), Frankfurt (Main) 1978.

Bühring 1901 Johannes Bühring: Die Bedeutung der Wachstafeln, in: Alt-Arnstadt 1 (1901), S. 82–89.

Bühring/Schmidt 1901 Johannes Bühring u. Hermann Schmidt: Die Arnstädter Wachstafeln, in: Alt-Arnstadt 1 (1901), S. 36–81.

Bulst 2015 Neithard Bulst: Recht, Raum und Politik. Von der spätmittelalterlichen Stadt zur Europäischen Union (= Das Politische als Kommunikation 6), Göttingen 2015.

Bumblauskas 2005 Alfredas Bumblauskas: Senosios Lietuvos istorija (1009–1795) [Geschichte des alten Litauen (1009–1795)], Vilnius 2005.

Buňatová 2013 Marie Buňatová: Pražšti kupci na cestách. Předbělohorská Praha a středoevropskě trhy [Die Prager Kaufleute unterwegs. Prag vor der Schlacht am Weißen Berg und die mitteleuropäischen Märkte], Praha 2013.

Bünz 1995 Enno Bünz: Hugo von Hildesheim. Ein frühhansischer Fernhändler im Ostseeraum und der holsteinische Volksadel um 1200, in: Hansische Geschichtsblätter 113 (1995), S. 7–25.

Bünz 2015 a Enno Bünz: Entstehung und Entwicklung der Stadt im 12. und 13. Jahrhundert, in: Geschichte der Stadt Leipzig, Bd. 1: Von den Anfängen bis zur Reformation, hg. v. Enno Bünz, Leipzig 2015, S. 123–155.

Bünz 2015 b Geschichte der Stadt Leipzig, Bd. 1: Von den Anfängen bis zur Reformation, hg. v. Enno Bünz, Leipzig 2015.

Burmeister 1838 Carl Christoph Heinrich Burmeister: Über die Wachstafeln im Raths-Archive der Stadt Wismar, in: Jahrbücher des Vereins für Mecklenburgische Geschichte und Altertumskunde 3 (1838), S. 50–54.

Buśko 1997 Cezary Buśko: Nawierzchnie ulic średniowiecznego Wrocławia [Straßendecken im mittelalterlichen Breslau], in: Archaeologia Historica Polona 5 (1997), S. 117–132.

Bütow 1935 Hans Bütow: Zur Lebensgeschichte des Augustinermönchs Johannes Klenkok, Bekämpfer des Sachsenspiegels, in: Zeitschrift für Geschichtswissenschaft und lateinische Philologie des Mittelalters 29 (1935), S. 541–575.

Buyken/Conrad 1939 Thea Buyken u. Hermann Conrad: Die ältesten Stadtbücher von Koblenz, in: Zeitschrift der Savigny-Stiftung für Rechtsgeschichte. Germanistische Abteilung 59 (1939), S. 165–193.

Caproş 2010 Iulia Caproş : Students from Kosice at foreign universities before and during the Reformation period in the town, phil. Diss. Budapest 2010, online abrufbar unter: http://goya.ceu.hu/record=b1142737 [letzter Zugriff am 24. 9. 2018].

Carls 2010 Wieland Carls: »Hy hebit sich an magdburgisch recht«. Wege eines europäischen Rechts und seiner Erforschung, in: Denkströme. Journal der Sächsischen Akademie der Wissenschaften zu Leipzig 5 (2010), S. 139–155, online abrufbar unter: http://www.denkstroeme.de/heft-5/s_139-155_carls [letzter Zugriff am 11. 12. 2017].

Carls 2011 Wieland Carls: Rechtsquellen sächsisch-magdeburgischen Rechts im Untersuchungsgebiet Polen, in: Inge Bily, Wieland Carls u. Katalin Gönczi: Sächsisch-magdeburgisches Recht in Polen. Untersuchungen zur Geschichte des Rechts und seiner Sprache (= IVS SAXONICO-MAIDEBVRGENSE IN ORIENTE 2), Berlin/Boston 2011, S. 69–109.

Carls 2012 Wieland Carls: Zur Verbreitung des Halle-Neumarkter Rechts in Schlesien, in: Halle im Licht und Schatten Magdeburgs. Eine Rechtsmetropole im Mittelalter (= Forschungen zur hallischen Stadtgeschichte 19), hg. v. Heiner Lück, Halle (Saale) 2012, S. 184–205.

Carls 2013 Wieland Carls: Rechtsquellen sächsisch-magdeburgischen Rechts im Untersuchungsgebiet, in: Wieland Carls u. Katalin Gönczi: Sächsisch-magdeburgisches Recht in Ungarn und Rumänien. Autonomie und Rechtstransfer im Donau- und Karpatenraum (= IVS SAXONICO-MAIDEBVRGENSE IN ORIENTE 3), Berlin/Boston 2013, S. 117–134.

Carls 2018 Wieland Carls: Art. »Popplau, Kaspar (um 1475–1499)«, in: Handwörterbuch zur deutschen Rechtsgeschichte, hg. v. Albrecht Cordes u. a., Bd. 4, Lieferung 27, Berlin 2018², Sp. 681–682.

Carstenn 1937 Edward Carstenn: Elbings Kampf um das lübische Recht, in: Hansische Geschichtsblätter 62 (1937), S. 73–88.

Černá-Willi 2012 Rahel Černá-Willi: Polnisches Deutsch – Deutsches Polnisch. Edition und Analyse einer Sammlung von Paralleltexten des 18. Jahrhunderts aus Teschen/Oberschlesien (= Slavica Helvetica 82), Bern u. a. 2012.

Chittolini 1992 Giorgio Chittolini: Statuten und städtische Autonomien. Einleitung, in: Statuten, Städte und Territorien zwischen Mittelalter und Neuzeit in Italien und Deutschland (= Schriften des Italienisch-Deutschen Historischen Instituts in Trient 3), hg. v. Giorgio Chittolini u. Dietmar Willoweit, Berlin 1992, S. 7–37.

Chorowska 2010 Małgorzata Chorowska: Regularna sieć ulic. Powstanie i przemiana do początku XIV w. [Das regelmäßige Straßennetz. Seine Entstehung und Transformation zu Beginn des 14. Jahrhunderts], in: Ulice średniowiecznego Wrocławia [Die mittelalterlichen Straßen von Breslau] (= Wratislavia Antiqua 11), hg. v. Jerzy Piekalski u. Krzysztof Wachowski, Wrocław 2010, S. 67–89.

Chrząszczewski 2001 Jacek Chrząszczewski: Historia katedry ormiańskiej we Lwowie [Geschichte des armenischen Doms im Lemberg], in: Biuletyn Ormiańskiego Towarzystwa Kulturalnego [Bulletin des armenischen Kulturvereins] 26/27 (2001), S. 3–54.
Coing 1977 Helmut Coing: Zur Vorgeschichte der Kodifikation: die Diskussion um die Kodifikation im 17. und 18. Jahrhundert, in: La formazione storica del diritto moderno in Europa [Die historische Entwicklung des modernen Rechts in Europa], Bd. 2, hg. v. Bruno Paradisi, Firenze 1977, S. 797–818.
Conrad 1907 Georg Conrad: Geschichte der Königsberger Obergerichte, Leipzig 1907.
Copeland 1991 Rita Copeland: Rhetoric, Hermeneutics and Translation in the Middle Ages. Academic Traditions and Vernacular Texts (= Cambridge Studies in Medieval Literature 11), Cambridge 1991.
Cordes 2003 Albrecht Cordes: A la recherche d'une Lex mercatoria au Moyen Âge, in: Stadt und Recht/La ville et le droit au Moyen Âge (= Veröffentlichungen des Max-Planck-Instituts für Geschichte 174), hg. v. Pierre Monnet u. Otto Gerhard Oexle, Göttingen 2003, S. 117–132.
Cordes 2016 Albrecht Cordes: Art. »Lübisches Recht«, in: Handwörterbuch zur deutschen Rechtsgeschichte, hg. v. Albrecht Cordes u. a., Bd. 3, Berlin 2016², Sp. 1072–1079.
Cordes 2017 Albrecht Cordes: Lex maritima? Local, regional and universal maritime law in the Middle Ages, in: The Routledge Handbook of Maritime Trade around Europe 1300–1600, hg. v. Wim Blockmans, Mikhail Krom u. Justyna Wubs-Mrozewicz, London/New York 2017, S. 69–84.
Corssen 1864 Wilhelm Corssen: Pförtner Wachstafeln aus dem vierzehnten Jahrhundert. Ein Beitrag zur Geschichte der Stadt Leipzig, in: Neue Mittheilungen aus dem Gebiet historisch-antiquarischer Forschungen 10 (1864), S. 145–200.
Csendes 1989 Peter Csendes: Art. »Erzkanzler«, in: Lexikon des Mittelalters, Bd. 4, hg. v. Robert-Henri Bautier u. a., München/Zürich 1989, Sp. 1–2.
Czacharowski 1990 Antoni Czacharowski: Prawo chełmińskie w życiu stanów państwa krzyżackiego w Prusach (1233-1454) ze szczególnym uwzględnieniem ziemi chełmińskiej [Das kulmische Recht im ständischen Leben des Deutschordensstaates in Preußen (1233–1454) unter besonderer Berücksichtigung des Kulmerlandes], in: Studia Culmensia Historico-Juridica, czyli Księga Pamiątkowa 750-lecie Prawa Chełmińskiego [Festschrift zum 750. Jahrestag des Kulmer Rechts], Bd. 1, hg. v. Zbigniew Zdrójkowski, Toruń 1990, S. 157–191.
Czaja 2000 Roman Czaja: Preußische Hansestädte und der Deutsche Orden. Ein Beitrag zu den Beziehungen zwischen Stadt- und Landesherrschaft im späten Mittelalter, in: Hansische Geschichtsblätter 118 (2000), S. 57–76.
Czaja 2009 Roman Czaja: Die Kulmer Handfeste, das kulmische Recht und die Stadt Kulm, ihre Rolle in der Gestaltung der Städtelandschaft im Ordensland Preußen, in: Die Städtelandschaften im Ostseeraum in Mittelalter und Früher Neuzeit, hg. v. Roman Czaja u. Carsten Jahnke, Toruń 2009, S. 69–86.
Czaja 2014 Roman Czaja: Das soziale und wirtschaftliche Leben der preußischen Städte im Lichte der normativen Quellen, in: Gelebte Normen im urbanen Raum. Zur sozial- und kulturgeschichtlichen Interpretation rechtlicher Quellen in mitteleuropäischen Städten des Mittelalters (13. bis 16. Jahrhundert) (= Groninger Hanze studies 5; Fryske Akademy 1082), hg. v. Hanno Brand, Sven Rabeler u. Harm von Seggern, Hilversum 2014, S. 15–27.
Czaja 2015 Roman Czaja: Towns and Urban Space in the State of the Teutonic Order in Prussia, in: The Teutonic Order in Prussia and Livonia. The Political and Ecclesiastical Structures 13th–16th century, hg. v. Roman Czaja u. Andrzej Radzimiński, Toruń 2015, S. 79–108.
Czołowski 1896 b Pogląd na organizację działalność dawnych władz miejskich do 1848 r. [Betrachtungen über die Organisation und Tätigkeiten der alten Stadtverwaltung bis zum Jahr 1848], L'viv 1896.
Czopek 1995 Barbara Czopek: Das frühmittelalterliche Kraków als städtisches Zentrum der Fürstenmacht – im Lichte der Ortsnamen, in: Burg – Burgstadt – Stadt. Zur Genese mittelalterlicher nichtagrarischer Zentren in Ostmitteleuropa, hg. v. Hansjürgen Brachmann, Berlin 1995, S. 176–182.
Dartmann 2011 Christoph Dartmann: Zur Einführung: Dimensionen mittelalterlicher Schriftkultur zwischen Pragmatik und Performanz, in: Zwischen Pragmatik und Performanz. Dimensionen mittelalterlicher Schriftkultur (= Utrecht studies in medieval literacy 18), hg. v. Christoph Dartmann, Thomas Scharff u. Christoph Friedrich Weber, Turnhout 2011, S. 1–24.
Dashkevich 2001 Yaroslav Dashkevich [Jaroslav Daškevič]: Armenia and Ukraine/Virmenija i Ukrajina, L'viv/New York 2001.
Dashkevich 2012 Yaroslav Dashkevich [Jaroslav Daškevič]: Virmeni v Ukrajiny. Dorogami tisjačolit'. Zbyrnik naukovich prac' [Armenien und Ukraine. Auf den Spuren eines Jahrtausends. Eine Sammlung wissenschaftlicher Arbeiten], L'viv 2012.
Deutsch 2007 Christina Deutsch: Vom Zettel zum Gerichtsurteil. Aufzeichnungspraxis und mediale Transformation gerichtlicher Kommunikation im Spätmittelalter, in: Frühmittelalterliche Studien 40 (2007), S. 283–296.
Deutsch 2014 Andreas Deutsch: Der Klagspiegel und sein Autor Conrad Heyden. Ein Rechtsbuch des 15. Jahrhunderts als Wegbereiter der Rezeption (= Forschungen zur deutschen Rechtsgeschichte 23), Köln/Weimar/Wien 2014.
Deutsches Rechtswörterbuch 1914–2017 Deutsches Rechtswörterbuch. Wörterbuch der älteren deutschen Rechtssprache, 13 Bde., bearb. v. Rudolf Schröder u. a., Weimar u. a. 1914–2017.
Diestelkamp 1983 Bernhard Diestelkamp: Einige Beobachtungen zur Geschichte des Gesetzes in vorkonstitutioneller Zeit, in: Zeitschrift für Historische Forschung 10 (1983), S. 385–420.
Diestelkamp 2014 Bernhard Diestelkamp: Gelehrtes Recht im Umkreis des Magdeburger Oberhofes, in: Recht im Wandel – Wandel des Rechts. Festschrift für Jürgen Weitzel zum 70. Geburtstag, hg. v. Ignacio Czeguhn, Köln/Weimar/Wien 2014, S. 225–243.

Dietmann 2017 Andreas Dietmann: Der Einfluss der Reformation auf das spätmittelalterliche Schulwesen in Thüringen (1300–1600), phil. Diss. Jena 2017.

Dilcher 1964 Gerhard Dilcher: Bischof und Stadtverfassung in Oberitalien, in: Zeitschrift der Savigny-Stiftung für Rechtsgeschichte, Germanistische Abteilung 81 (1964), S. 223–266.

Dilcher 1967 Gerhard Dilcher: Die Entstehung der lombardischen Stadtkommune. Eine rechtsgeschichtliche Untersuchung (= Untersuchungen zur deutschen Staats- und Rechtsgeschichte N. F. 7), Aalen 1967.

Dilcher 1985 Gerhard Dilcher: Marktrecht und Kaufmannsrecht im Frühmittelalter, in: Untersuchungen zu Handel und Verkehr der vor- und frühgeschichtlichen Zeit in Mittel- und Nordeuropa, T. 3: Der Handel des frühen Mittelalters (= Abhandlungen der Akademie der Wissenschaften in Göttingen. Philologisch-Historische Klasse 150), hg. v. Klaus Düwel, Göttingen 1985, S. 392–417.

Dilcher 1992 a Gerhard Dilcher: Landrecht – Stadtrecht – Territoriales Recht, in: Statuten, Städte und Territorien zwischen Mittelalter und Neuzeit in Italien und Deutschland (= Schriften des Italienisch-Deutschen Historischen Instituts in Trient 3), hg. v. Gerhard Dilcher u. Dietmar Willoweit, Berlin 1992, S. 47–52.

Dilcher 1992 b Gerhard Dilcher: Mittelalterliche Rechtsgewohnheit als methodisch-theoretisches Problem, in: Gewohnheitsrecht und Rechtsgewohnheiten im Mittelalter (= Schriften zur europäischen Rechts- und Verfassungsgeschichte 6), hg. v. Gerhard Dilcher u. a., Berlin 1992, S. 21–65.

Dilcher 1992 c Gerhard Dilcher: Oralität, Verschriftlichung und Wandlungen der Normstruktur in den Stadtrechten des 12. und 13. Jahrhunderts, in: Pragmatische Schriftlichkeit im Mittelalter. Erscheinungsformen und Entwicklungsstufen (Akten des internationalen Kolloquiums, 17.–19. Mai 1989) (= Münstersche Mittelalter-Schriften 65), hg. v. Hagen Keller, Klaus Grubmüller u. Nikolaus Staubach, München 1992, S. 9–19.

Dilcher 1993 Gerhard Dilcher: Kommune und Bürgerschaft als politische Idee der mittelalterlichen Stadt, in: Pipers Handbuch der politischen Ideen, Bd. 2: Mittelalter: Von den Anfängen des Islam bis zur Reformation, hg. v. Iring Fetscher u. Herfried Münkler, München/Zürich 1993, S. 311–350.

Dilcher 1996 a Gerhard Dilcher: Bürgerrecht und Stadtverfassung im europäischen Mittelalter, Köln/Weimar/ Wien 1996.

Dilcher 1996 b Gerhard Dilcher: The City Community as an Instance in the European Process of Individualization, in: The Individual in Political Theory and Practice (= The Origins of the Modern State in Europe F), hg. v. Janet Coleman, Oxford 1996, S. 281–301 [auf Deutsch auch in: Gerhard Dilcher: Bürgerrecht und Stadtverfassung im europäischen Mittelalter, Köln/Weimar/Wien 1996, S. 301–334].

Dilcher 1996 c Gerhard Dilcher: Marktrecht und Kaufmannsrecht im Frühmittelalter, in: Gerhard Dilcher: Bürgerrecht und Stadtverfassung im europäischen Mittelalter, Köln/Weimar/Wien 1996, S. 1–40 [zuerst veröffentlicht in: Untersuchungen zu Handel und Verkehr der vor- und frühgeschichtlichen Zeit in Mittel- und Nordeuropa, T. 3: Der Handel des frühen Mittelalters: Bericht über die Kolloquien der Kommission für die Altertumskunde Mittel- und Nordeuropas in den Jahren 1980 bis 1983 (= Abhandlungen der Akademie der Wissenschaften in Göttingen, philologisch-historische Klasse, Folge 3/150), hg. v. Klaus Düwel u. a., Göttingen 1985, S. 392–417].

Dilcher 1999 Gerhard Dilcher: Die Rechtsgeschichte der Stadt, in: Karl S. Bader u. Gerhard Dilcher: Land und Stadt, Bürger und Bauer im Alten Europa (= Enzyklopädie der Rechts- und Staatswissenschaft, Abteilung Rechtswissenschaft), Berlin u. a. 1999, S. 248–827.

Dilcher 2002 Gerhard Dilcher: Die Bischofsstadt. Zur Kulturbedeutung eines Rechts- und Verfassungstypus, in: Das Mittelalter 7/1 (2002), S. 13–38.

Dilcher 2005 Gerhard Dilcher: Zum historischen Hintergrund der Freien Hansestadt Bremen als Stadt, Kommune, res publica, in: Der Stadtstaat – Bremen als Paradigma (Jahrbuch der Wittheit zu Bremen 2005), S. 21–40.

Dilcher 2011 Gerhard Dilcher: Lega lombarda und Rheinischer Städtebund. Ein Vergleich von Form und Funktion mittelalterlicher Städtebünde südlich und nördlich der Alpen, in: Europa e Italia. Studi in onore di Giorgio Chittolini [Europa and Italien. Studien zu Ehren Giorgio Chittolinis], hg. v. Paola Gugliemotti, Gian Maria Varanini u. Isabella Lazzarini, Florenz 2011, S. 155–180.

Dilcher 2019 Gerhard Dilcher: Art. »Ratsverfassung«, in: Handwörterbuch zur deutschen Rechtsgeschichte, hg. v. Albrecht Cordes u. a., Berlin 2019[2][im Druck].

Dilcher/Quaglioni 2007 Gli inizi del diritto pubblico. L'età de Federico Barbarossa: legislazione e scienza del diritto. Die Anfänge des öffentlichen Rechts. Gesetzgebung im Zeitalter Friedrich Barbarossas und das Gelehrte Recht, hg. v. Gerhard Dilcher u. Diego Quaglioni, Bologna/ Berlin 2007.

Dilcher/Lepsius 2008 Max Weber: Zur Geschichte der Handelsgesellschaften im Mittelalter. Schriften 1889–1894 (= Max Weber Gesamtausgabe. Abt. 1: Schriften und Reden 1), hg. v. Gerhard Dilcher u. Susanne Lepsius, Tübingen 2008.

Distel 1887 a Beiträge zur älteren Verfassungsgeschichte des Schöppenstuhls zu Leipzig, bearb. v. Theodor Distel, in: Zeitschrift der Savigny-Stiftung für Rechtsgeschichte. Germanistische Abteilung 7/1 (1887), S. 89–115.

Distler 2006 Eva-Marie Distler: Städtebünde im deutschen Spätmittelalter. Eine rechtshistorische Untersuchung zu Begriff, Verfassung und Funktion (= Studien zur europäischen Rechtsgeschichte 207), Frankfurt (Main) 2006.

Dölemeyer/Klippel 1998 Gesetz und Gesetzgebung in Europa der Frühen Neuzeit (= Zeitschrift für Historische Forschung Beihefte 22), hg. v. Barbara Dölemeyer u. Dithelm Klippel, Berlin 1998.

Dollinger 1997 Philippe Dollinger: Dzieje Hanzy [Die Hanse], Warszawa 1997.

Dörfler-Dierken 1992 Angelika Dörfler-Dierken: Die Verehrung der heiligen Anna in Spätmittelalter und früher Neuzeit (= Forschungen zur Kirchen- und Dogmengeschichte 50), Göttingen 1992.

Dragoun/Škabrada/Tryml 2003 Zdeněk Dragoun, Jiři Škabrada u. Michal Tryml: Romanesque Houses in Prague, Praha 2003.
Draskóczy 2016 István Draskóczy: Commercial Contacts of Buda along the Danube and beyond, in: Medieval Buda in Context (= Brill's compansions to European history 10), hg. v. Balázs Nagy u. a., Leiden/Boston 2016, S. 278–301.
Drüppel 1981 Hubert Drüppel: Iudex civitatis. Zur Stellung des Richters in der hoch- und spätmittelalterlichen Stadt deutschen Rechts (= Forschungen zur deutschen Rechtsgeschichte 12), Köln/Wien 1981.
Dryer 2013 Matthew S. Dryer: Indefinite Articles, in: The World Atlas of Language Structures Online, Leipzig 2013, online abrufbar unter: http://wals.info/chapter/38 [letzter Zugriff am 2. 11. 2017].
Dusil 2005 Stephan Dusil: Stadtrecht und Rechtsraum. Historiographischer Wandel im früheren 20. Jahrhundert am Beispiel der Erforschung von Stadtrechtsfamilien, in: Hansische Geschichtsblätter 123 (2005), S. 85–108.
Dusil 2007 Stephan Dusil: Die Soester Stadtrechtsfamilie. Mittelalterliche Quellen und neuzeitliche Historiographie (= Forschungen zur deutschen Rechtsgeschichte 24), Köln/Weimar/Wien 2007.
Dusil 2008 Stephan Dusil: Verborgene kanonistische Pfade – Zum Einfluß der Kölner Rechtsschule auf hochmittelalterliche Stadtrechte, in: Zeitschrift der Savigny-Stiftung für Rechtsgeschichte. Kanonistische Abteilung 94 (2008), S. 255–271.
Dusil 2016 Stephan Dusil: Art. »Lippe«, in: Handwörterbuch zur deutschen Rechtsgeschichte, hg. v. Albrecht Cordes u. a., Bd. 3, Berlin 2016², Sp. 1005–1008.
Dutour 1998 Thierry Dutour: Une société de l'honneur. Les notables et leur monde à Dijon à la fin du Moyen Âge (= Études d'Histoire Médiévales 2), Paris 1998.
Dygo 1992 Marian Dygo: Studia nad początkami władztwa zakonu krzyżackiego w Prusach (1226–1259) [Studien über den Beginn der Herrschaft des Deutschen Ordens in Preußen, 1226–1259], Warszawa 1992.
Ebel 1952 Wilhelm Ebel: Deutsches Recht im Osten (Sachsenspiegel, Lübisches und Magdeburgisches Recht) (= Schriftenreihe des Göttinger Arbeitskreises 21), Kitzingen/Main 1952.
Ebel 1953 Wilhelm Ebel: Die Willkür. Eine Studie zu den Denkformen des älteren deutschen Rechts (= Göttinger rechtswissenschaftliche Studien 6), Göttingen 1953.
Ebel 1958 a Wilhelm Ebel: Der Bürgereid als Geltungsgrund und Gestaltungsprinzip des deutschen mittelalterlichen Stadtrechts, Weimar 1958.
Ebel 1958 b Wilhelm Ebel: Geschichte der Gesetzgebung in Deutschland, Göttingen 1958².
Ebel 1971 Wilhelm Ebel: Lübisches Recht, Bd. 1, Lübeck 1971.
Ebel 1976 Friedrich Ebel: Statutum und ius fori im deutschen Spätmittelalter, in: Zeitschrift der Savigny-Stiftung für Rechtsgeschichte. Germanistische Abteilung 93 (1976), S. 100–153 [wieder abgedruckt in: Friedrich Ebel: Unseren fruntlichen grus zuvor. Deutsches Recht des Mittelalters im mittel- und osteuropäischen Raum. Kleine Schriften, hg. v. Andreas Fijal, Hans-Jörg Leuchte u. Hans-Jochen Schiewer, Köln/Weimar/Wien 2004, S. 15–69].
Ebel 1983 b Friedrich Ebel: Kulmer Recht – Probleme und Erkenntnisse, in: 750 Jahre Kulm und Marienwerder (= Beiträge zur Geschichte Westpreußens 8), hg. v. Bernhart Jähnig u. Peter Letkemann, Münster 1983, S. 9–26 [wieder abgedruckt in: Friedrich Ebel: Unseren fruntlichen grus zuvor. Deutsches Recht des Mittelalters im mittel- und osteuropäischen Raum. Kleine Schriften, hg. v. Andreas Fijal, Hans-Jörg Leuchte u. Hans-Jochen Schiewer, Köln/Weimar/Wien 2004, S. 135–150].
Ebel 1992 Friedrich Ebel: Magdeburger Recht, in: Erzbischof Wichmann (1152–1192) und Magdeburg im hohen Mittelalter. Stadt – Erzbistum – Reich. Ausstellung zum 800. Todestag Erzbischof Wichmanns vom 29. Oktober 1992 bis 21. März 1993, hg. v. Matthias Puhle (Ausstellung im Kulturhistorischen Museum Magdeburg), Magdeburg 1992, S. 42–55.
Ebel 1993 Friedrich Ebel: Brandenburg und das Magdeburger Recht, in: Beiträge zur Entstehung und Entwicklung der Stadt Brandenburg im Mittelalter (= Veröffentlichungen der Historischen Kommission zu Berlin 84), hg. v. Winfried Schich, Berlin/New York 1993, S. 157–173 [wieder abgedruckt in: Friedrich Ebel: »Unseren fruntlichen grus zuvor«. Deutsches Recht des Mittelalters im mittel- und osteuropäischen Raum. Kleine Schriften, hg. v. Andreas Fijal, Hans-Jörg Leuchte u. Hans-Jochen Schiewer, Köln/Weimar/Wien 2004, S. 237–252].
Ebel 1998 Friedrich Ebel: Der Brandenburger Schöffenstuhl, in: Justiz in Stadt und Land Brandenburg im Wandel der Jahrhunderte, hg. v. Klaus-Christoph Claveé (Ausstellung im Brandenburgischen Oberlandesgericht), Brandenburg 1998, S. 44–54.
Ebel 2004 a Friedrich Ebel: »Unseren fruntlichen grus zuvor«. Deutsches Recht des Mittelalters im mittel- und osteuropäischen Raum. Kleine Schriften, hg. v. Andreas Fijal, Hans-Jörg Leuchte u. Hans-Jochen Schiewer, Köln/Weimar/Wien 2004.
Ebel 2004 b Friedrich Ebel: »Des spreke wy vor eyn recht…«. Versuch über das Recht der Magdeburger Schöppen, in: Friedrich Ebel: »Unseren fruntlichen grus zuvor«. Deutsches Recht des Mittelalters im mittel- und osteuropäischen Raum. Kleine Schriften, hg. v. Andreas Fijal, Hans-Jörg Leuchte u. Hans-Jochen Schiewer, Köln/Weimar/Wien 2004, S. 423–511.
Ebel 2004 c Friedrich Ebel: Magdeburger Recht, in: Friedrich Ebel, »Unseren fruntlichen grus zuvor«. Deutsches Recht des Mittelalters im mittel- und osteuropäischen Raum. Kleine Schriften, hg. v. Andreas Fijal, Hans-Jörg Leuchte u. Hans-Jochen Schiewer, Köln/Weimar/Wien 2004, S. 217–236 [zuerst veröffentlicht in: Erzbischof Wichmann (1152–1192) und Magdeburg im hohen Mittelalter. Stadt – Erzbistum – Reich. Ausstellung zum 800. Todestag Erzbischof Wichmanns vom 29. Oktober 1992 bis 21. März 1993, hg. v. Matthias Puhle (Ausstellung im Kulturhistorischen Museum Magdeburg), Magdeburg 1992, S. 42–55].
Ebel 2004 d Friedrich Ebel: Die Magdeburger Schöppen und das Kirchenrecht, in: Friedrich Ebel: »Unseren fruntlichen grus zuvor«. Deutsches Recht des Mittelalters im mittel- und osteuropäischen Raum. Kleine Schriften, hg. v. Andreas Fijal, Hans-Jörg Leuchte u. Hans-Jochen

Schiewer, Köln/Weimar/Wien 2004, S. 183–197 [zuerst veröffentlicht in: Wege europäischer Rechtsgeschichte. Karl Kroeschell zum 60. Geburtstag dargelegt von Freunden, Schülern und Kollegen (= Rechtshistorische Reihe 60), hg. v. Gerhard Köbler, Frankfurt (Main) 1987, S. 64–74].

Ebel 2004 e Friedrich Ebel: Aufzeichnung von Ratsurteilen und Schöffensprüchen im Lübecker und Magdeburger Rechtskreis, in: Friedrich Ebel: »Unseren fruntlichen grus zuvor«. Deutsches Recht des Mittelalters im mittel- und osteuropäischen Raum. Kleine Schriften, hg. v. Andreas Fijal, Hans-Jörg Leuchte u. Hans-Jochen Schiewer, Köln/Weimar/Wien 2004, S.151–175 [zuerst veröffentlicht in: Judicial Records, Law Reports and the Growth of Case Law, hg. v. John H. Baker, Berlin 1989, S. 123–141.]

Ebel 2008 Friedrich Ebel: Hansestädte magdeburgischen Rechts, in: Hansisches und hansestädtisches Recht (= Hansische Studien 17), hg. v. Albrecht Cordes, Trier 2008, S. 113–126.

Ebel 2009 Friedrich Ebel: Rechtsentstehung und Rechtstransfer im Spiegel der Überlieferung (Magdeburger und Lübecker Recht), in: Grundlagen für ein neues Europa. Das Magdeburger und Lübecker Recht in Spätmittelalter und Früher Neuzeit (= Quellen und Forschungen zur Geschichte Sachsen-Anhalts 6), hg. v. Heiner Lück, Matthias Puhle u. Andreas Ranft, Köln/Weimar/Wien 2009, S. 37–47.

Ebel/Thielmann 1998 Friedrich Ebel u. Georg Thielmann: Rechtsgeschichte. Ein Lehrbuch, Bd.1: Antike und Mittelalter, Heidelberg 1998[2].

Ebel/Thielmann 2003 Friedrich Ebel u. Georg Thielmann: Rechtsgeschichte von der Römischen Antike bis zur Neuzeit, Heidelberg 2003[3].

Eckhardt 2005 Wilhelm A. Eckhardt: Das Stadtgericht als Oberhof. Ein Beitrag zur Rechtsgeschichte der Stadt Biedenkopf, in: Zeitschrift des Vereins für hessische Geschichte und Landeskunde 110 (2005), S. 21–48.

Ehbrecht 1989 Wilfried Ehbrecht: Stadtrechte und Geschichtslandschaften in Westfalen, in: Der Raum Westfalen, Bd. VI/1: Fortschritte der Forschung und Schlußbilanz, hg. v. Franz Petri, Peter Schöller u. Alfred Hartlieb von Wallthor, Münster 1989, S. 215–250.

Ehbrecht 1995 Wilfried Ehbrecht: Die Stadt und ihre Heiligen. Aspekte und Probleme nach Beispielen west- und norddeutscher Städte, in: Vestigia Monasteriensa. Westfalen – Rheinland – Niederlande (= Studien zur Regionalgeschichte 5), hg. v. Ellen Widder u. a., Bielefeld 1995, S. 197–271.

Ehlers 2016 Caspar Ehlers: Rechtsräume. Ordnungsmuster im Europa des frühen Mittelalters (methodica – Einführungen in die rechtshistorische Forschung 3), München 2016.

Ehm-Schnocks 2003 Petra Ehm-Schnocks: Praxis, Form und Inhalt. Diplomatie und Völkerrecht im Spätmittelalter, in: Autorität der Form – Autorisierung – Institutionelle Autorität, hg. v. Wulf Oesterreicher, Gerhard Regn u. Winfried Schulze (= Pluralisierung und Autorität 1), Münster 2003, S. 257–276.

Eichler/Lück 2008 Rechts- und Sprachtransfer in Mittel- und Osteuropa. Sachsenspiegel und Magdeburger Recht (= IVS SAXONICO-MAIDEBVRGENSE IN ORIENTE 1), hg. v. Ernst Eichler u. Heiner Lück, Berlin 2008.

Eisenhart 1900 Johann August Ritter von Eisenhart: Art. »Zobel, Christoph«, in: Allgemeine Deutsche Biographie, hg. v. d. Historischen Commission bei der königlichen Akademie der Wissenschaften, Bd. 45, Berlin 1900, Sp. 382 –383.

Elsener 1962 Ferdinand Elsener: Notare und Stadtschreiber. Zur Geschichte des Schweizerischen Notariats (= Veröffentlichungen der Arbeitsgemeinschaft für Forschung des Landes Nordrhein-Westfalen 100), Köln/Opladen 1962.

Elsner 2016 Tobias von Elsner: Art. »Magdeburg«, in: Handwörterbuch zur deutschen Rechtsgeschichte, hg. v. Albrecht Cordes u. a., Bd. 3, Berlin 2016[2], Sp. 1123–1127.

Emmerich-Fritsche 2011 Angelika Emmerich-Fritsche: Die lex mercatoria als durchsetzbares transnationales Handelsrecht und Weltgesellschaftsrecht, in: Versicherungsrecht, Finanzmarkt und Freiberufsrecht im Wandel wirtschaftsrechtlicher und rechtsökonomischer Analysen. Festschrift für Harald Herrmann, hg. v. Alfred Holzer u. Stefan Roth, Nürnberg 2011, S. 303–322.

Ennen 1953 Edith Ennen: Frühgeschichte der europäischen Stadt (= Veröffentlichungen des Instituts für geschichtliche Landeskunde der Rheinlande an der Universität Bonn), Bonn 1953.

Ennen 1977 Edith Ennen: Erzbischof und Stadtgemeinde in Köln bis zur Schlacht von Worringen, in: Edith Ennen: Gesammelte Abhandlungen zum europäischen Städtewesen und zur rheinischen Geschichte, hg. v. Georg Droege, Bonn 1977.

Engel 1993 Evamaria Engel: Die deutsche Stadt des Mittelalters, München 1993.

Engel 1995 Evamaria Engel: Wege zur mittelalterlichen Stadt, in: Burg – Burgstadt – Stadt. Zur Genese mittelalterlicher nichtagrarischer Zentren in Ostmitteleuropa (= Forschungen zur Geschichte und Kultur des östlichen Mitteleuropa 1), hg. v. Hansjürgen Brachmann, Berlin 1995, S. 9–26.

Eötvös 1847 József Eötvös: Magyarország 1514-ben [Ungarn im Jahre 1514], Pest 1847.

Erkens 2008 Franz-Reiner Erkens: Art. »Erzämter«, in: Handwörterbuch zur deutschen Rechtsgeschichte, hg. v. Albrecht Cordes u. a., Bd. 1, Berlin 2008[2], Sp. 1420–1425.

Ermisch 1889 b Hubert Ermisch: Die sächsischen Stadtbücher des Mittelalters, in: Neues Archiv für Sächsische Geschichte 10 (1889), S. 83–143, 177–215.

Ermisch 1898 Hubert Ermisch: Die Wachstafeln des Pfarrers Hermann Westfal im Stadtarchiv zu Delitzsch, in: Neue Mittheilungen aus dem Gebiet historisch-antiquarischer Forschungen 19 (1898), S. 203–224.

Esch 1985 Arnold Esch: Überlieferungs-Chance und Überlieferungs-Zufall als methodisches Problem des Historikers, in: Historische Zeitschrift 240 (1985), S. 529–570.

Esch 2016 Claudia Esch: Zwischen Institution und Individuum. Bürgerliche Handlungsspielräume im mittelalterlichen Bamberg (= Stadt und Region in der Vormoderne 4; Veröffentlichungen des Stadtarchivs Bamberg 23), Würzburg 2016.

Estreicher 1901 Karol J. T. Estreicher: Bibliografia staropolska [Altpolnische Bibliographie], T. 18, Kraków 1901.
Estreicher 1911 Stanisław Estreicher: Kraków i Magdeburg w przywileju fundacyjnym krakowskim [Krakau und Magdeburg im Krakauer Gründungsprivileg], Kraków 1911.
Estreicher 1928 Stanisław Estreicher: Nieznane teksty ortyli magdeburskich [Unbekannte Texte der Magdeburger Urteile], in: Studia staropolskie. Księga ku czci Aleksandra Brücknera [Altpolnische Studien. Festschrift zu Ehren von Alexander Brückner], Kraków 1928, S. 112–126.
Ewald 1914 Wilhelm Ewald: Siegelkunde (= Handbuch der mittelalterlichen und neuen Geschichte 4), München 1914.
Fees 2002 Irmgard Fees: Eine Stadt lernt schreiben. Venedig vom 10. bis zum 12. Jahrhundert (= Bibliothek des Deutschen Historischen Instituts in Rom 103), Tübingen 2002.
Feigl 1977 Helmut Feigl: Von der mündlichen Rechtsweisung zur Aufzeichnung. Die Entstehung der Weistümer und verwandter Quellen, in: Recht und Schrift im Mittelalter, hg. v. Peter Classen (= Vorträge und Forschungen 23), Sigmaringen 1977, S. 425–448.
Fischer 1897 Richard Fischer: Achatius von Zehmen, Woywoda von Marienburg, in: Zeitschrift des Westpreußischen Geschichtsvereins 36 (1897), S. 1–167.
Flüchter/Schöttli 2015 Antje Flüchter u. Jivanta Schöttli: The Dynamics of Transculturality. Concepts and Institutions in Motion, Cham u. a. 2015.
Foronda 2011 Avant le contrat social. Le contrat politique dans l'Occident médiéval, XIIIe-XVe siècle [Vor dem Gesellschaftsvertrag. Der politische Vertrag im mittelalterlichen Westen, 13.–15. Jh.], hg. v. François Foronda (= Histoire ancienne et médiévale 107), Paris 2011.
Franz 2009 Leonie Franz: Im Anfang war das Tier. Zur Funktion und Bedeutung des Hirsches in mittelalterlichen Gründungslegenden, in: Tiere und Fabelwesen im Mittelalter, hg. v. Sabine Obermaier, Berlin/New York 2009, S. 261–280.
Franz 2011 Leonie Franz: Wahre Wunder. Tiere als Funktions- und Bedeutungsträger in mittelalterlichen Gründungslegenden, Heidelberg 2011.
Freiwald 1961 Helmut Freiwald: Markgraf Albrecht von Ansbach-Kulmbach und seine Politik als Deutschordens-Hochmeister und Herzog in Preußen während der Entscheidungsjahre 1521–1528 (Die Plassenburg 15), Kulmbach 1961.
Freund 2012 Stephan Freund: Die Gesta archiepiscoporum Magdeburgensium, in: Literatur in der Stadt. Magdeburg in Mittelalter und Früher Neuzeit (= Beihefte zum Euphorion 70), hg. v. Michael Schilling, Heidelberg 2012, S. 11–32.
Fried 2001 Johannes Fried: Otto III. und Boleslaw Chrobry. Das Widmungsbild des Aachener Evangeliars, der »Akt von Gnesen« und das frühe polnische und ungarische Königtum (= Frankfurter historische Abhandlungen 30), Stuttgart 2001[2].
Friedrich 2000 Karin Friedrich: The Other Prussia: Royal Prussia, Poland and Liberty, 1569–1772, Cambridge 2000.
Fröschl 1988 Thomas Fröschl: Selbstdarstellung und Staatssymbolik in den europäischen Republiken der frühen Neuzeit an Beispielen der Architektur und bildenden Kunst, in: Republiken und Republikanismus im Europa der Frühen Neuzeit (Schriften des Historischen Kollegs, Kolloquien 11), hg. v. Helmut G. Koenigsberger, München 1988, S. 239–271.
Fügedi 1961 Erik Fügedi: Középkori magyar városprivilégiumok [Ungarische Stadtprivilegien im Mittelalter], in: Tanulmányok Budapest múltjából 14 (1961), S. 17–107.
Fügedi 1969 Erik Fügedi: Die Entstehung des Städtewesens in Ungarn, in: Alba Regia. A Szent István Király Múzeum évkönyve 10 (1969), S. 101–118.
Funke 2001 Brigitte Funke: Cronecken der sassen. Entwurf und Erfolg einer sächsischen Geschichtskonzeption am Übergang vom Mittelalter zur Neuzeit (= Braunschweiger Werkstücke 104), Braunschweig 2001.
Ganzert 2014 Das Lüneburger Rathaus. Ergebnisse der Untersuchungen 2008 bis 2011, 3 Bde. (= Beiträge zur Architektur- und Kulturgeschichte der Leibniz Universität Hannover 10/1–10/3), hg. v. Joachim Ganzert, Petersberg 2014.
Garnier/Champeaux 1867 Les chartes de communes et d'affranchissments en Bourgogne, 3 Bde., hg. v. Joseph Garnier u. Ernest Champeaux, Dijon 1867–1918.
Gathen 1960 Antonius David Gathen: Rolande als Rechtssymbole. Der archäologische Bestand und seine rechtshistorische Deutung (= Neue Kölner rechtswissenschaftliche Abhandlungen 14), Berlin 1960.
Gaupp 1826 Ernst Theodor Gaupp: Das alte Magdeburgische und Hallische Recht. Ein Beitrag zur deutschen Rechtsgeschichte, Breslau 1826.
Gaupp 1828 Ernst Theodor Gaupp: Das schlesische Landrecht oder eigentlich Landrecht des Fürstentums Breslau von 1356, an sich und in seinem Verhältnis zum Sachsenspiegel dargestellt, Leipzig 1828, Neudruck Aalen 1966.
Gaupp 1851/1852 Ernst Theodor Gaupp: Deutsche Stadtrechte des Mittelalters, Bd. 2: Breslau 1851/1852, Neudruck Aalen 1966.
Gause 1965 Friedrich Gause: Die Geschichte der Stadt Königsberg in Preußen, Bd. 1 (= Ostmitteleuropa in Vergangenheit und Gegenwart 10/1), Köln/Graz 1965.
Gawlas 2011 Slawomir Gawlas: Fürstenherrschaft, Geldwirtschaft und Landesausbau. Zum mittelalterlichen Modernisierungsprozess im piastischen Polen, in: Rechtsstadtgründungen im mittelalterlichen Polen (= Städteforschung A/81), hg. v. Eduard Mühle, Köln/Weimar/Wien 2011, S. 13–76.
Génicot 2008 Léopold Génicot: On the Evidence of Growth of Population in the West from the Eleventh to the Thirteenth Century, in: Internal Colonisation in Medieval Europe, hg. v. Felipe Fernández-Armesto u. James Muldoon, London 2008, S. 29–44.
Gerlach 1965 Peter Gerlach: Ein Lüneburger Wachstafelbuch aus dem 14. Jahrhundert, in: Lüneburger Blätter 15/16 (1965), S. 21–70.
Gierke 1954 a Otto von Gierke: Das deutsche Genossenschaftsrecht, Bd. 2: Geschichte des deutschen Körperschaftsbegriffs, fotomechanischer Nachdruck [der Ausgabe Berlin 1873], Darmstadt 1954 [= 1873].

Gierke 1954 b Otto von Gierke: Das deutsche Genossenschaftsrecht, Bd. 3: Die Staats- und Korporationslehre des Altertums und des Mittelalters und ihre Aufnahme in Deutschland, fotomechanischer Nachdruck [der Ausgabe Berlin 1881], Darmstadt 1954 [= 1881].

Gläser 2001 Lübecker Kolloquium zur Stadtarchäologie im Hanseraum. Der Hausbau (= Lübecker Kolloquium zur Stadtarchäologie im Hanseraum 3), hg. v. Manfred Gläser, Lübeck 2001.

Gleba 1989 Gudrun Gleba: Die Gemeinde als alternatives Ordnungsmodell. Zur sozialen und politischen Differenzierung des Gemeindebegriffs in den innerstädtischen Auseinandersetzungen des Spätmittelalters, Mainz, Magdeburg, München, Lübeck (= Dissertationen zur mittelalterlichen Geschichte 7), Köln/Wien 1989.

Gleba 1998 Gudrun Gleba: Repräsentation, Kommunikation und öffentlicher Raum: Innerstädtische Herrschaftsbildung und Selbstdarstellung im Hoch- und Spätmittelalter, in: Bremisches Jahrbuch 77 (1998), S. 125–152.

Glemža 2010 Liudas Glemža: Lietuvos Didžiosios Kunigaikštystės miestų sąjūdis 1789–1792 m. [Die Bewegung der Städte des Großfürstentums Litauen in den Jahren 1789–1792], Kaunas 2010.

Goerlitz 1934. Theodor Goerlitz: Der Ursprung und die Bedeutung der Rolandsbilder, Weimar 1934.

Goerlitz 1943 Theodor Goerlitz: Die Magdeburger Schöffensiegel (Hängesiegel, aufgedrückte Siegel und Sekrete) sowie ihre verschiedenartige Verwendung, in: Zeitschrift der Savigny-Stiftung für Rechtsgeschichte. Germanistische Abteilung 63 (1943), S. 327–333.

Goerlitz 1947 Theodor Goerlitz: Die Anfänge der Schöffen, Bürgermeister und Ratmannen in Magdeburg, in: Zeitschrift der Savigny-Stiftung für Rechtsgeschichte. Germanistische Abteilung 65 (1947), S. 70–85.

Goerlitz 1962 Theodor Goerlitz: Verfassung, Verwaltung und Recht der Stadt Breslau, Teil 1: Mittelalter (= Quellen und Darstellungen zur schlesischen Geschichte 7), hg. v. Ludwig Petry, Würzburg 1962.

Gołembiowski 1990 Maciej Gołembiowski: Lokacje miast na prawie chełmińskim [Stadtlokationen nach kulmischem Recht], in: Studia Culmensia HistÏorico-Juridica, czyli Księga Pamiątkowa 750-lecie Prawa Chełmińskiego [Festschrift zum 750. Jahrestag des Kulmer Rechts], Bd. 1, hg. v. Zbigniew Zdrójkowski, Toruń 1990, S. 229–234.

Goliński 2012 Mateusz Goliński: Wokół problematyki formowania się stanu mieszczańskiego w Polsce [Zur Herausbildung des bürgerlichen Standes in Polen], in: Studia z Historii Społecznej (= Scripta Historia Medievalia 2), hg. v. Mateusz Goliński u. Stanisław Rosik, Wrocław 2012, S. 7–76.

Goliński/Żerelik 2011 Mateusz Goliński u. Rościsław Żerelik: Die Kontroverse um die Lokation von Liegnitz, in: Rechtsstadtgründungen im mittelalterlichen Polen (= Städteforschung A/83), hg. v. Eduard Mühle, Köln/Weimar/Wien 2011, S. 181–204.

Gönczi 2009 Katalin Gönczi: Städte des Magdeburger Rechts in Osteuropa, in: Städtische Räume im Mittelalter (= Forum Mittelalter Studien 5), hg. v. Susanne Ehrich u. Jörg Oberste, Regensburg 2009, S. 181–193.

Gönczi 2010 Katalin Gönczi: Forschungen zu deutschen Stadtrechten im Osten Europas – neue Forschungsansätze zu einem Begegnungsraum, in: Deutsch im interkulturellen Begegnungsraum Ostmitteleuropa (= Cross Cultural Communication 19), hg. v. Ernest W. B. Hess-Lüttich, Anita Czeglédy u. Ulrich H. Langanke, Frankfurt (Main) 2010, S. 559–569.

Gönczi 2011 Katalin Gönczi: Geschichtlicher Überblick zum Untersuchungsgebiet unter besonderer Berücksichtigung der Rechtsentwicklung, in: Inge Bily, Wieland Carls u. Katalin Gönczi: Sächsisch-magdeburgisches Recht in Polen. Untersuchungen zur Geschichte des Rechts und seiner Sprache (= IVS SAXONICO-MAIDEBVRGENSE IN ORIENTE 2), Berlin/Boston 2011, S. 13–37.

Gönczi 2014 Katalin Gönczi: A városi béke és a vagyon védelme a középkori budai jog rendszerében [Stadtfrieden und Vermögensschutz im System des mittelalterlichen Ofner Stadtrechts], in: Urbs – Magyar Várostörténeti Évkönyv 9 (2014), S. 9–28.

Gönczi 2015 Katalin Gönczi: Vom ungarischen »Volksgeist« bis zum europäischen Kontext. Zur Geschichte der Rechtsbücherforschung im Donau-Gebiet, in: Schwabenspiegel-Forschung im Donaugebiet. Konferenzbeiträge in Szeged zum mittelalterlichen Rechtstransfer deutscher Spiegel (= IVS SAXONICO-MAIDEBVRGENSE IN ORIENTE 4), hg. v. Elemér Balogh, Berlin/Boston 2015, S. 169–178.

Gönczi 2017 a Katalin Gönczi: Die mittelalterliche Stadtrechtsentwicklung in Ostmitteleuropa im Kontext des Rechtstransfers, in: Rechtskultur 6 (2017), S. 3–8.

Gönczi 2017 b Katalin Gönczi: Art. »Ofner Stadtrechtsbuch«, in: Handwörterbuch zur deutschen Rechtsgeschichte, hg. v. Albrecht Cordes u. a., 25. Lieferung, Berlin 2017^2, Sp. 128–130.

Gönczi 2017 c Katalin Gönczi: Elemente der Magdeburger Stadtverfassung und ihr Transfer in die ostmitteleuropäische Rechtskultur, in: Annales Universitatis Marie Curie-Skłodowska Lublin – Polonia, Sectio F: Historia 72 (2017), S. 69–79.

Gönczi/Carls 2013 Katalin Gönczi u. Wieland Carls: Sächsisch-magdeburgisches Recht in Ungarn und Rumänien. Autonomie und Rechtstransfer im Donau- und Karpatenraum, unter Mitarbeit von Inge Bily (= IVS SAXONICO-MAIDEBVRGENSE IN ORIENTE 3), Berlin 2013.

Górski 1963 Karol Górski: Problematyka dziejowa Prus Królewskich 1566–1772 [Historische Probleme des Königlichen Preußens zwischen 1566 und 1772], in: Zapiski Historyczne, 28,2 (1963) [enthält eine kurze deutsche Zusammenfassung].

Goschko 2002 Tetjana Goschko: Narisi z istorii Magdeburzkogo prawa w Ukraini XVI – poczatok XVII st. [Grundzüge der Geschichte des Magdeburger Rechts in der Ukraine im 16. und am Anfang des 17. Jahrhunderts], L'viv 2002.

Graf 2009 Klaus Graf: Herold mit vielen Namen: Neues zu Georg Rüxner alias Rugen alias Jerusalem alias Brandenburg alias [...], in: Ritterwelten im Spätmittelalter. Höfisch-ritterliche Kultur der Reichen Herzöge von Bayern-Landshut (Ausstellung in der Spitalkirche Heiliggeist in Landshut) (= Schriften aus den Museen der Stadt Landshut 29), hg. v. Franz Niehoff, Landshut 2009, S. 115–125.

Graf 2018 Klaus Graf: Die Magdeburger Schöppenchronik. Anregungen für die künftige Forschung, in: Sachsen und Anhalt, Bd. 30, Halle (Saale) 2018, S. 131–172.
Grigorjan 2005 Vartan Rubenovič Grigorjan: Istorija Armjanskich kolonii Ukraini i Pol'ši (Armjane v Podolii) [Geschichte der armenischen Kolonien der Ukraine und Polens (Armenier in Podolien)], Erevan 2005.
Grossi 2010 Paolo Grossi: Das Recht in der europäischen Geschichte. Aus dem Italienischen von Gerhard Kuck (= Europa bauen), München 2010.
Gudavičius 1991 Edvardas Gudavičius: Miestų atsiradimas Lietuvoje [Entstehung der Städte in Litauen], Vilnius 1991.
Gudavičius 1999 Edvardas Gudavičius: Lietuvos istorija. Nuo seniausių laikų iki 1569 metų [Geschichte Litauens. Von den ältesten Zeiten bis zum Jahre 1569.], Vilnius 1999.
Gulczyński 2016 Andrzej Gulczyński: Art. »Łaski, Jan (1455–1531)«, in: Handwörterbuch zur deutschen Rechtsgeschichte, hg. v. Albrecht Cordes u. a., Bd. 3, Berlin 2016[2], Sp. 646–647.
Guldon 1991 Zenon Guldon: Ludność żydowska w miastach małopolskich w drugiej połowie XVII wieku [Die jüdische Bevölkerung in den kleinpolnischen Städten in der 2. Hälfte des 17. Jahrhunderts], in: Żydzi w Małopolsce. Studia z dziejów osadnictwa i życia społecznego [Juden in Kleinpolen. Studien zur Siedlungsgeschichte und zum sozialen Leben], hg. v. Feliks Kiryk, Przemyśl 1991, S. 85–97.
Guldon 1993 Zenon Guldon: Terytorium, zabudowa, zaludnienie [Territorium, Bebauung, Bevölkerung], in: Dzieje Sandomierza XVI – XVIII w. [Geschichte der Stadt Sandomierz im 16.–18 Jh.], Bd. 2/2, hg. v. Feliks Kiryk, Warszawa 1993, S. 19–20.
Guldon/Wijaczka 1995 Zenon Guldon u. Jacek Wijaczka: Procesy o mordy rytualne w Polsce w XVI–XVIII wieku [Die Prozesse um die Ritualmorde in Polen im 16.–18. Jh.], Kielce 1995.
Guldon/Wijaczka 2008 Zenon Guldon u. Jacek Wijaczka: Skupiska żydowskie w Polsce do końca XVI wieku, [Die jüdischen Zentren in Polen bis Ende des 16. Jahrhunderts], in: Czasy Nowożytne 21 (2008), S. 149–191.
Gündisch 1999 Konrad G. Gündisch: Ungarn im Mittelalter (896–1526), in: Eine kleine Geschichte Ungarns (= Edition Suhrkamp 2114), hg. v. Holger Fischer. Frankfurt (Main) 1999, S. 20–51.
Gündisch 2005 Konrad G. Gündisch: Siebenbürgen und die Siebenbürger Sachsen (= Vertreibungsgebiete und vertriebene Deutsche 8), München 2005[2].
Haase 1943–1952 Carl Haase: Gegenwärtiger Stand und neue Probleme der Stadtrechtsforschung, in: Westfälische Forschungen 6 (1943–1952), S. 129–144.
Haase 1955 Carl Haase: Probleme der vergleichenden Stadtrechtsforschung in landesgeschichtlicher Sicht, in: Hessisches Jahrbuch für Landesgeschichte 5 (1955), S. 101–123.
Haase 1978 Carl Haase: Die mittelalterliche Stadt als Festung. Wehrpolitisch-militärische Einflußbedingungen im Werdegang der mittelalterlichen Stadt, in: Die Stadt des Mittelalters 1: Begriff, Entstehung und Ausbreitung (= Wege der Forschung 245), hg. v. Carl Haase, Darmstadt 1978. S. 282–414.
Halaga 1989 Ondrej R. Halaga: Verbindungen ostslowakischer Städte mit dem europäischen Markt über Polen und die Ostsee und die »Pacta mutua« Krakau-Kaschau, in: Hansische Stadtgeschichte – Brandenburgische Landesgeschichte. Eckhard Müller-Mertens zum 65. Geburtstag (= Abhandlungen zur Handels- und Sozialgeschichte 26 u. Hansische Studien 8), hg. v. Evamaria Engel, Konrad Fritze u. Johannes Schildhauer, Berlin (Ost) 1989, S. 132–143.
Hammel-Kiesow 2016 Rolf Hammel-Kiesow: Art. »Lübeck«, in: Handwörterbuch zur deutschen Rechtsgeschichte, hg. v. Albrecht Cordes u. a., Bd. 3, Berlin 2016[2], Sp. 1070–1072.
Handle 2006 Elisabeth Handle: Fragment einer Putzzeichnung, in: Heiliges Römisches Reich Deutscher Nation 962 bis 1806. Von Otto dem Großen bis zum Ausgang des Mittelalters, Bd. 1: Katalog, hg. v. Matthias Puhle u. Claus-Peter Hasse, Dresden/Magdeburg 2000, S. 316.
Hansen 2000 Björn Hansen: The German Modal Verb *müssen* and the Slavonic Languages. The Reconstruction of a Success Story, in: Scando-Slavica 46 (2000), S. 77–92.
Hardt 2000 Matthias Hardt: Linien und Säume, Zonen und Räume an der Ostgrenze des Reiches im frühen und hohen Mittelalter, in: Grenze und Differenz im frühen Mittelalter (= Österreichische Akademie der Wissenschaften, philosophisch-historische Klasse, Denkschriften 287; Forschungen zur Geschichte des Mittelalters 1), hg. v. Walter Pohl u. Helmut Reimitz, Wien 2000, S. 39–56.
Hardt 2017 Matthias Hardt: Westliche Zuwanderer im hochmittelalterlichen Landesausbau Ostmitteleuropas, in: Migration und Integration von der Urgeschichte bis zum Mittelalter: 9. Mitteldeutscher Archäologentag vom 20. bis 22. Oktober 2016 in Halle (Saale), hg. v. Harald Meller u. a., Halle (Saale) 2017, S. 335–343.
Härtel 1999 Helmar Härtel (Bearb.): Handschriften des Kestner-Museums zu Hannover (= Mittelalterliche Handschriften in Niedersachsen 11), Wiesbaden 1999.
Härtel 2014 Akkulturation im Mittelalter (= Vorträge und Forschungen 78), hg. v. Reinhard Härtel, Ostfildern 2014.
Hartmann 2013 Florian Hartmann: Ars dictaminis. Briefsteller und verbale Kommunikation in den italienischen Stadtkommunen des 11. bis 13. Jahrhunderts (= Mittelalter-Forschungen 44), Ostfildern 2013.
Hasse 2001 Claus-Peter Hasse: Otto der Große und Magdeburg. Das Nachleben eines Kaisers in seiner Stadt, in: Otto der Große, Magdeburg und Europa, Bd. 1: Essays, hg. v. Matthias Puhle, Magdeburg/Mainz 2001, S. 427–443.
Hasse 2005 a Claus-Peter Hasse: Die Stadt Magdeburg von den Anfängen eines städtischen Rates um 1240 bis zur Ermordung Erzbischofs Burchard von Schraplau 1325, in: Magdeburg. Die Geschichte der Stadt 805–2005, hg. v. Matthias Puhle u. Peter Petsch, Dößel 2005, S. 113–122.
Hasse 2005 b Claus-Peter Hasse: Rund um den Alten Markt: Handel, Handwerk und Geschäftigkeit, in: Magdeburg 1200. Mittelalterliche Metropole – Preußische Festung – Landeshauptstadt. Die Geschichte der Stadt von 805 bis 2005, hg. v. Matthias Puhle, Stuttgart/Magdeburg 2005, S. 98–99.

Hasse 2005 c Claus-Peter Hasse: Könige an der Johanniskirche, in: Magdeburg 1200. Mittelalterliche Metropole – Preußische Festung – Landeshauptstadt. Die Geschichte der Stadt von 805 bis 2005, hg. v. Matthias Puhle, Stuttgart u. Magdeburg 2005, S. 111.

Hasse 2005 d Claus-Peter Hasse: Ein Turnier der Magdeburger Patriziersöhne 1279, in: Magdeburg 1200. Mittelalterliche Metropole – Preußische Festung – Landeshauptstadt. Die Geschichte der Stadt von 805 bis 2005, hg. v. Matthias Puhle, Stuttgart/Magdeburg 2005, S. 106–107.

Hasse 2008 Claus-Peter Hasse: Senatus Populusque Magdeburgensis – Zur Herausbildung des Rates der Alten Stadt Magdeburg vom 12. bis 14. Jahrhundert, in: Monumenta Guerickiana 16/17 (2008), S. 3–14.

Hasse 2014 Claus-Peter Hasse: Das Magdeburger Recht und der Sachsenspiegel. Fortschritt und Tradition des Mittelalters, in: Geschichte und Kulturelles Erbe des Mittelalters. Umgang mit Geschichte in Sachsen-Anhalt und andernorts (= Schriftenreihe des Zentrums für Mittelalterausstellungen Magdeburg 1), hg. v. Gabriele Köster, Regensburg 2014, S. 122–136.

Hasse 2017 Claus-Peter Hasse: Der Name des Magdeburger Reiters, in: Der Magdeburger Reiter. Bestandsaufnahme – Restaurierung – Forschung (Schriftenreihe des Zentrums für Mittelalterausstellungen Magdeburg 3), hg. v. Gabriele Köster, Regensburg 2017, S. 294–323.

Hasse/Schubert 2005 Claus-Peter Hasse u. Alexander Schubert: Könige an der Johanniskirche, in: Magdeburg 1200. Mittelalterliche Metropole – Preußische Festung – Landeshauptstadt. Die Geschichte der Stadt von 805 bis 2005, hg. v. Matthias Puhle, Stuttgart/Magdeburg 2005, S. 111.

Hattenhauer 1992 Hans Hattenhauer: Europäische Rechtsgeschichte, Heidelberg 1992.

Haucap-Nass 1995 Annette Haucap-Nass: Der Braunschweiger Stadtschreiber Gerwin von Hameln und seine Bibliothek (= Wolfenbütteler Mittelalter-Studien 8), Wiesbaden 1995.

Hauschke 2005 Sven Hauschke: Die Grablege von Erzbischof Ernst von Wettin im Magdeburger Dom. Baupolitik im Zeichen der Memoria, in: Kontinuität und Zäsur. Ernst von Wettin und Albrecht von Brandenburg (= Schriftenreihe der Stiftung Moritzburg, Kunstmuseum des Landes Sachsen-Anhalt 1), hg. v. Andreas Tacke, Göttingen 2005, S. 232–245.

Haverkamp 1998 Alfred Haverkamp: Information, Kommunikation und Selbstdarstellung in mittelalterlichen Gemeinden (= Schriften des Historischen Kollegs 40), hg. v. Elisabeth Müller-Luckner, München 1998.

Hawicks 2007 Heike Hawicks: Xanten im späten Mittelalter. Stift und Stadt im Spannungsfeld zwischen Köln und Kleve (= Rheinisches Archiv 150), Köln/Weimar/Wien 2007.

Heckert 1996 Uwe Heckert: Die Ausstattung des Großen Saales im alten Erfurter Rathaus. Ein Beitrag zum politischen Selbstverständnis eines Stadtrats im späten Mittelalter, in: Mundus in imagine. Bildersprache und Lebenswelten im Mittelalter. Festgabe für Karl Schreiner, München 1996, S. 303–318.

Heirbaut/Lück 2008 Dirk Heirbaut u. Heiner Lück: Art. »Flämisches Recht«, in: Handwörterbuch zur deutschen Rechtsgeschichte, hg. v. Albrecht Cordes u. a., Bd. 1, Berlin 2008², Sp. 1590–1592.

Hellmann 1996 Manfred Hellmann: Grundzüge der Geschichte Litauens, Darmstadt 1996⁴.

Henning 2002 Europa im 10. Jahrhundert. Archäologie einer Aufbruchszeit. Internationale Tagung zur Vorbereitung der Ausstellung »Otto der Große, Magdeburg und Europa«, hg. v. Joachim Henning, Mainz 2002.

Herda 2007 Mareike Herda: Zentralisierungsgrad der Rechtsdurchsetzung am Beispiel der Lex mercatoria. Kliometrische Studie zur Rechtsentwicklung, Hamburg 2007.

Herren/Rüesch/Sibille 2012 Madeleine Herren, Martin Rüesch u. Christiane Sibille: Transcultural History. Theories, Methods, Sources, Berlin/Heidelberg 2012.

Herrmann 2007 Christofer Herrmann: Mittelalterliche Architektur im Preußenland. Untersuchungen zur Frage der Kunstlandschaft und -geographie (= Studien zur internationalen Architektur- und Kunstgeschichte 56), Petersberg 2007.

Hertel 1881 Gustav Hertel: Altertumsfund in Magdeburg (Wandmalerei), in: Geschichts-Blätter für Stadt und Land Magdeburg 16 (1881), S. 300–308.

Hertel 1887 Gustav Hertel: Die Ermordung des Erzbischofs Burchard III. von Magdeburg, in: Geschichts-Blätter für Stadt und Land Magdeburg 22 (1887), S. 53–72.

Hertel/Hülße 1885 Gustav Hertel u. Friedrich Hülße (Bearb.): Friedrich Wilhelm Hoffmann's Geschichte der Stadt Magdeburg, Bd. 1, Magdeburg 1885.

Herzig/Kurkchiyan 2005 The Armenians. Past and Present in the Making of National Identity, hg. v. Edmund Herzig u. Marina Kurkchiyan, London 2005.

Heyde 2011 Jürgen Heyde: Ethnische Gruppenbildung in der spätmittelalterlichen Gesellschaft. Die Armeni in Lemberg und das Armenische Statut von 1519, in: Historia społeczna późnego średniowiecza. Nowe badania [Sozialgeschichte des Spätmittelalters. Neue Forschungen], hg. v. Sławomir Gawlas u. Michał T. Szczepański, Warszawa 2011, S. 387–403.

Heyde 2014 Jürgen Heyde: Transkulturelle Kommunikation und Verflechtung. Die jüdischen Wirtschaftseliten in Polen vom 14. bis zum 16. Jahrhundert (= Quellen und Studien des Deutschen Historischen Instituts Warschau 29), Wiesbaden 2014.

Heyde 2015 a Jürgen Heyde: Lemberg 1440. Ethnizität in der Vormoderne, in: Dekonstruieren und doch erzählen. Polnische und andere Geschichten (= Polen. Kultur – Geschichte – Gesellschaft 2), hg. v. Jürgen Heyde u. a., Göttingen 2015, S. 32–38.

Heyde 2015 b Jürgen Heyde: Polityka Rady miejskiej Lwowa wobec Żydów i Ormian w XV/XVI wieku. Heterogeniczność etniczno-religijna w mieście jako wyzwanie ustrojowe [Die Politik des Lemberger Rates gegenüber Juden und Armeniern im 15./16. Jahrhundert. Ethnisch-religiöse Heterogenität in der Stadt als verfassungsmäßige Herausforderung], in: Kwartalnik Historii Kultury Materialnej 63/2 (2015), S. 283–292.

Heyde 2017 a Jürgen Heyde: Migration and Ethnicity in Medieval Poland: »Ethnic Markers« in Historical Perspective, in: Imaginations and Configurations of Polish Society. From the Middle Ages through the Twentieth Century (= Polen: Kultur – Geschichte – Gesellschaft 3), hg. v. Yvonne Kleinmann u. a., Göttingen 2017, S. 85 – 108.
Heyde 2017 b Jürgen Heyde: Multiethnizität, Stadtrecht, Stadt. Lemberg im späten Mittelalter, in: Annales UMCS sectio F. Historia 72 (2017), S. 95 – 119.
Hillebrand 2011 Daniel Hillebrand: Rationalisierung durch Kollektivierung. Die Überwindung des Gefangenendilemmas als Code moderner Staatlichkeit (= Beiträge zur Politischen Wissenschaft 167), Berlin 2011.
Hirsch 1860 Theodor Hirsch: Herr Georg Kleefeld und seine Zeit, in: Neue preußische Provinzial-Blätter 5 (1860), S. 161 – 185.
Historický slovník slovenského jazyka 1991 Historický slovník slovenského jazyka [Historisches Wörterbuch der slowakischen Sprache], 7 Bde., hg. v. Milan Majtán, Bratislava 1991.
Hlaváček 1989 Ivan Hlaváček: Das öffentliche Notariat in den böhmischen Ländern von den Anfängen bis zu der hussitischen Revolution, in: Notariado público y documento privado: de los orígenes al siglo XIV [Öffentliches Notariat und privates Dokument: von den Anfängen bis zum 14. Jh.], hg. v. José Trenchs, València 1989, S. 1175 – 1193.
Hoffmann 1980 František Hoffmann: Mincmistr Eberhard [Der Münzmeister Eberhard], in: Pražský sborník historický 12 (1980), S. 70 – 84.
Holenstein 1991 André Holenstein: Die Huldigung der Untertanen: Rechtskultur und Herrschaftsordnung (800-1800) (= Quellen und Forschungen zur Agrargeschichte. 36), Stuttgart/New York 1991.
Homeyer 1855 Carl Gustav Homeyer: Johannes Klenkok wider den Sachsenspiegel ([Separatdruck] aus den Abhandlungen der Königlichen Akademie der Wissenschaften zu Berlin 1855), Berlin 1855, S. 377 – 432.
Homeyer 1856 Carl Gustav Homeyer: Die deutschen Rechtsbücher des Mittelalters und ihre Handschriften, Berlin 1856.
Homeyer 1859 Carl Gustav Homeyer: Die Genealogie der Handschriften des Sachsenspiegels, in: Abhandlungen der Königlichen Akademie der Wissenschaften zu Berlin 2 (1859), S. 84 – 204.
Homeyer 1860 Carl Gustav Homeyer: Die Stadtbücher des Mittelalters, insbesondere das Stadtbuch von Quedlinburg (= Abhandlungen der Königlichen Preußischen Akademie der Wissenschaften zu Berlin), Berlin 1860.
Horn 2015 Hauke Horn: Die Tradition des Ortes. Ein formbestimmendes Moment in der deutschen Sakralarchitektur des Mittelalters (= Kunstwissenschaftliche Studien 171), Berlin 2015.
Hoschko 2002 Tetiana Hoschko: Narysy z istoriji magdeburskoho prawa w Ukrajini XIV – poch. XVI st. [Aufsätze zur Geschichte des Magdeburger Rechts in der Ukraine 14. – Anfang 16. Jh.], L'viv 2002.
Hoschko 2011 Tetiana Hoschko: Штрихи до сучасної української історіографії історї міст на магдебурзькому праві в Україні [Beitrag zur modernen ukrainischen Historiografie über die Geschichte der Städte mit dem Magdeburger Recht in der Ukraine], in: Історіографічні дослідження в країні 21 (2011). S. 123 – 165.
Houtte 1989 Jan A. van Houtte: Art. »Handel. A. Westlicher Bereich«, in: Lexikon des Mittelalters, Bd. 4, hg. v. Robert-Henri Bautier u. a., München/Zürich 1989, Sp. 1895 – 1898.
Hruševs'kyj 1905 Mychajlo Serhijovyč Hruševs'kyj: Istorija Ukraïny-Rusy [Geschichte des Ukrainischen Russlands], Bd. 5: Suspil'no-polïtyčnyj i cerkovnyj ustrij i vidnosyny v ukraïns'ko-rus'kych zemljach XIV – XVII w. [Soziale, politische und kirchliche Ordnung und Beziehungen in den ukrainischen-ruthenischen Ländern im 14. – 17. Jh.], Kyjiw 1905.
Hübner 2012 Klara Hübner: Im Dienste ihrer Stadt. Boten- und Nachrichtenorganisationen in den schweizerisch-oberdeutschen Städten des späten Mittelalters (= Mittelalter-Forschungen 30), Ostfildern 2012.
Hucker 1996 Bernd Ulrich Hucker: Eulenspiegel im Magdeburgischen und im Anhaltinischen. Raubritter, Hofnarren und Kobolde als sozialgeschichtlicher Hintergrund mittelalterlicher Traditionsbildung, in: Mitteldeutsches Jahrbuch 2 (1996), S. 59 – 73.
Hülße 1886 Friedrich Hülße: Sagen der Stadt Magdeburg, Magdeburg o. J. [1886].
Huml/Dragoun/Nový 1990/1991 Vaclav Huml, Zdeněk Dragoun u. Rostislav Nový: Der archäologische Beitrag zur Problematik der Entwicklung Prags in der Zeit vom 9. bis zur Mitte des 13. Jahrhunderts und die Erfassung der Ergebnisse der historisch-archäologischen Erforschung Prags, in: Zeitschrift für Archäologie des Mittelalters 18/19 (1990/1991), S. 33 – 69.
Hundert 1991 Gershon David Hundert: Kahał i samorząd miejski w miastach prywatnych w XVII i XVIII w. [Kahal und städtische Selbstverwaltung in den privaten Städten im 17. und 18. Jh.], in: Żydzi w dawnej Rzeczypospolitej [Die Juden in der alten Republik Polen], hg. v. Andrzej K. Link-Lenczowski u. Tomasz Polański, Wrocław 1991, S. 66 – 74.
Huneke 2014 Maike Huneke: Iurisprudentia romano-saxonica. Die Glosse zum Sachsenspiegel-Lehnrecht und die Anfänge deutscher Rechtswissenschaft (= Monumenta Germaniae Historica Schriften 68), Wiesbaden 2014.
Hurbyk 2000 Andrij Hurbyk: Vichevi tradycіyi i samoupravlinnia mist seredniovichnoyi Ukrainy [Traditionen der Veche und Selbstverwaltung in den mittelalterlich ukrainischen Städten], in: Samovriaduvannia v Kyievi: istoria ta suchasnist'. Materialy mizhnarodnoi konferentsii, prysviachenoi 500-richchiu nadannia Kyievu magdeburzkoho prava. Kyjiw, 26 – 27 lystopada, 1999 [Selbstverwaltung in Kiew: Geschichte und Gegenwart. Beiträge der internationalen Konferenz aus Anlass des 500. Jahrestag der Bewidmung Kiews mit Magdeburger Recht], hg. v. Nataliia Bilous, Kyjiw 2000, S. 13 – 15.
Isenmann 2003 Eberhard Isenmann: Ratsliteratur und städtische Ratsordnungen des späten Mittelalters und der frühen Neuzeit. Soziologie des Rats – Amt und Willensbildung – politische Kultur, in: Stadt und Recht/La ville et

le droit au Moyen Âge (= Veröffentlichungen des Max-Planck-Instituts für Geschichte 174), hg. v. Pierre Monnet u. Otto Gerhard Oexle, Göttingen 2003, S. 215–479.

Isenmann 2012 Eberhard Isenmann: Die deutsche Stadt im Mittelalter. 1150–1550. Stadtgestalt, Recht, Verfassung, Stadtregiment, Kirche, Gesellschaft, Wirtschaft, Köln/Weimar/Wien 2012.

Isenmann 2014 Eberhard Isenmann: Die deutsche Stadt im Mittelalter. 1150–1550. Stadtgestalt, Recht, Verfassung, Stadtregiment, Kirche, Gesellschaft, Wirtschaft, Köln/Weimar/Wien 2014².

Ivanov/Toporov 1978 Vjačeslav Vsevolodovič Ivanov u. Vladimir Nikolajevič Toporov: O jazyke drevnego slavjanskogo prava (k analizu neskol'kich ključevych terminov) [Zur Sprache des altslawischen Rechts (zur Analyse einiger zentraler Termini)], in: Slavjanskoe jazykoznanie. VIII meždunarodnyj s''ezd slavistov. Zagreb, Ljubljana, sentjabr' 1978 g. Doklady sovetskoj delegacii [Slawische Sprachwissenschaft. 8. Internationaler Slawistenkongress. Vorträge der sowjetischen Delegation], Moskva 1978, S. 221–240.

Iványi 1911 Béla Iványi: Az írás és könyvek Eperjesen a XV–XVI. században [Das Schrifttum und die Bücher in Eperies im 15.–16. Jh.], in: Magyar Könyvszemle. N. F. 19 (1911), S. 132–146, 215–226 u. 301–318.

Iványi 1931 Béla Iványi: Eperjes szabad királyi város levéltára. 1245–1526 [Das Archiv der königlichen Freistadt Eperies. 1245–1526], Szeged 1931.

Jahnke 2008 Carsten Jahnke: Handelsstrukturen im Ostseeraum im 12. und beginnenden 13. Jahrhundert. Ansätze einer Neubewertung, in: Hansische Geschichtsblätter 126 (2008), S. 145–186.

Jakowliw 1942 Andrij Jakowliw: Das deutsche Recht in der Ukraine und seine Einflüsse auf das ukrainische Recht im 16.–18. Jahrhundert, Leipzig 1942.

Jakowliw 1944 Adrij Jakowliw: Das deutsche Recht in Weißruthenien, Berlin 1944.

Janeczek 1993/1994 Andrzej Janeczek: Studia nad początkami Lwowa. Bilans osiągnięć i potrzeb badawczych [Studien zu dem Anfängen Lembergs. Bilanz des Erreichten und der Forschungsdesiderate], in: Rocznik Lwowski (1993/1994), S. 7–36.

Janeczek 1995 Andrzej Janeczek: Miasta Rusi Czerwonej w nurcie modernisacji. Kontext reform XIV–XVI w. [Städte Rotreußens in den Modernisierungsprozessen. Reformkontext im 14.–16. Jh.], in: Kwartalnik Historii Kultury Materialnej 1 (1995), S. 55–66.

Janeczek 2003 Andrzej Janeczek: Ethnische Gruppenbildungen im spätmittelalterlichen Polen, in: Das Reich und Polen. Parallelen, Interaktionen und Formen der Akkulturation im hohen und späten Mittelalter, hg. v. Thomas Wünsch u. Alexander Patschovsky, Ostfildern 2003, S. 401–446.

Janeczek 2004 Andrzej Janeczek: Ethnicity, Religious Disparity and the Formation of the Multicultural Society of Red Ruthenia in the Late Middle Ages, in: On the Frontier of Latin Europe. Integration and Segregation in Red Ruthenia, 1350–1600/An der Grenze des lateinischen Europa: Integration und Segregation in Rotreußen, 1350–1600, hg. v. Thomas Wünsch u. Andrzej Janeczek, Warszawa 2004, S. 15–45.

Janeczek 2006 Andrzej Janeczek: Faktorie, powiaty i dwory. Trzy sfery miejskie [Faktoreien, Kreise und Höfe. Drei städtische Sphären], in: Procesy lokacyjne miast w Europie środkowo-Wschodniej. Materialy z konferencji międzynarodowej w Lądku Zdroju 28–29 października 2002 roku [Lokationsprozesse von Städten in Ostmitteleuropa. Materialien einer Konferenz in Lądek-Zdrój, 28.–29. Oktober 2002], hg. v. Cezary Buśko, Wrocław 2006, S. 421–445.

Janeczek 2011 a Andrzej Janeczek: Wie oft wurde Przemyśl gegründet? Zur Genese städtischer Gemeinden in der Haličer Rus' im 13.–14. Jahrhundert, in: Rechtsstadtgründungen im mittelalterlichen Polen (= Städteforschung A/83), hg. v. Eduard Mühle, Köln/Weimar/Wien 2011, S. 339–354.

Janeczek 2011 b Andrzej Janeczek: Die Modernisierung der Städte Rutheniens. Die Reformen des 14.–16. Jahrhunderts, in: Rechtsstadtgründungen im mittelalterlichen Polen (= Städteforschung A/83), hg. v. Eduard Mühle, Köln/Weimar/Wien 2011, S. 355–371.

Janeczek 2014 Andrzej Janeczek: Urban Communes, Ethnic Communities, and Language Use in Late Medieval Red Ruthenian Towns, in: Medieval urban literacy, Vol. 2: Uses of the written word in medieval towns, hg. v. Marco Mostert u. Anna Adamska, Turnhout 2014, S. 19–35.

Janeczek 2015 Andrzej Janeczek: Segregacja wyznaniowa i podział przestrzeni w miastach Rusi Koronnej (XIV–XVI w.) [Religiöse Segregation und Raumaufteilung in den Städten Rotreußens (14.–16. Jh.)], in: Kwartalnik Historii Kultury Materialnej 63/2 (2015), S. 259–281.

Janicka 1992 Danuta Janicka: Prawo karne w trzech rewizjach prawa chełmińskiego z XVI wieku [Das Strafrecht innerhalb dreier Revisionen des Kulmer Rechts im 16. Jh.], Toruń 1992 [enthält eine deutsche Zusammenfassung].

Janicka 2008 Danuta Janicka: Die Rezeption des Sachsenspiegels und des Magdeburger Rechts am Beispiel von Thorn im Kulmer Land, in: Rechts- und Sprachtransfer in Mittel- und Osteuropa. Sachsenspiegel und Magdeburger Recht (= IVS SAXONICO-MAIDEBVRGENSE IN ORIENTE 1), hg. v. Ernst Eichler u. Heiner Lück, Berlin 2008, S. 61–74.

Janicka 2009 Danuta Janicka: Zur Topographie der Städte des Magdeburger Rechts in Polen: das Beispiel Kulm und Thorn, in: Grundlagen für ein neues Europa. Das Magdeburger und Lübecker Recht in Spätmittelalter und Früher Neuzeit (= Quellen und Forschungen zur Geschichte Sachsen-Anhalts 6), hg. v. Heiner Lück, Matthias Puhle u. Andreas Ranft, Köln/Weimar/Wien 2009, S. 67–82.

Janicka 2012 Danuta Janicka: Art. »Groicki, Bartolomaeus (um 1534–1605)«, in: Handwörterbuch zur deutschen Rechtsgeschichte, hg. v. Albrecht Cordes u. a., Bd. 2, Berlin 2012², Sp. 561–562.

Janicka 2016 a Danuta Janicka: Art. »Kulm«, in: Handwörterbuch zur deutschen Rechtsgeschichte, hg. v. Albrecht Cordes u. a., Bd. 3, Berlin 2016², Sp. 305–307.

Janicka 2016 b Danuta Janicka: Art. »Kulmer Handfeste«, in: Handwörterbuch zur deutschen Rechtsgeschichte, hg. v. Albrecht Cordes u. a., Bd. 3, Berlin 2016², Sp. 307–309.

Jankuhn 1973–1975 Vor- und Frühformen der europäischen Stadt im Mittelalter. Bericht über ein Symposium in Reinhausen bei Göttingen in der Zeit vom 18. bis 24. April 1972. 2 Teile (= Abhandlungen der Akademie der Wissenschaften in Göttingen. Philologisch-Historische Klasse, 3. Folge, 83/84), hg. v. Herbert Jankuhn, Göttingen 1973–1975.

Janssen 1984 Wilhelm Janssen: »… na gesetze unser lande…«. Zur territorialen Gesetzgebung im späten Mittelalter, in: Gesetzgebung als Faktor der Staatsentwicklung. Tagung der Vereinigung für Verfassungsgeschichte in Hofgeismar am 21./22. März 1983 (= Der Staat, Beiheft 7), bearb. v. Dietmar Willoweit, Berlin (West) 1984, S. 7–40.

Jarmolik 1982 Włodzimierz Jarmolik: Rozwój niemieckiego prawa miejskiego na Podlasiu do Unii Lubelskiej 1569 roku [Entwicklung des deutschen Stadtrechts in Podlachien bis zur Lubliner Union im Jahr 1569], in: Przegląd Historyczny 73/1–2 (1982), S. 23–46.

Jasiński 1993 Tomasz Jasiński: Die Rolle des Deutschen Ordens bei der Stadtgründung in Preußen im 13. Jahrhundert, in: Stadt und Orden. Das Verhältnis des Deutschen Ordens zu den Städten in Livland, Preußen und im Deutschen Reich (= Quellen und Studien zur Geschichte des Deutschen Ordens 44; Veröffentlichungen der Internationalen Historischen Kommission zur Erforschung des Deutschen Ordens 4), hg. v. Udo Arnold, Marburg 1993, S. 94–111.

Ježek 2011 Martin Ježek: Mass for the Slaves: from Early Medieval Prague, in: Frühgeschichtliche Zentralorte in Mitteleuropa. Internationale Konferenz und Kolleg der Alexander-von-Humboldt-Stiftung zum 50. Jahrestag des Beginns archäologischer Ausgrabungen in Pohansko bei Breclav vom 5. bis zum 9. Oktober 2009 in Breclav, Tschechische Republik (= Studien zur Archäologie Europas 14), hg. v. Jiři Machaček u. Šimon Ungerman, Bonn 2011, S. 623–642.

Johanek 1985 Peter Johanek: Art. »Magdeburger Fragen«, in: Die deutsche Literatur des Mittelalters. Verfasserlexikon, hg. v. Kurt Ruh u. a., Bd. 5, Berlin (West)/New York 1985², Sp. 1128–1130.

Johanek 1989 Peter Johanek: Art. »Ofener Stadtrechtsbuch«, in: Die deutsche Literatur des Mittelalters. Verfasserlexikon, hg. v. Kurt Ruh, Bd. 7, Berlin (West)/New York 1989, Sp. 19–21.

Johanek 1996 Peter Johanek: Geschichtsbild und Geschichtsschreibung in den sächsischen Städten im 15. und 16. Jahrhundert, in: Hanse – Städte – Bünde. Die sächsischen Städte zwischen Elbe und Weser um 1500, Bd. 1: Aufsätze (Magdeburger Museumsschriften. 4/1), hg. v. Matthias Puhle (Ausstellung im Kulturhistorischen Museum Magdeburg und im Braunschweigischen Landesmuseum Braunschweig), Magdeburg 1996, S. 557–574.

Johanek 1999 a Peter Johanek: Historiographie, Bild und Denkmal in der Geschichtsüberlieferung des Mittelalters, in: Die Geschichtsschreibung in Mitteleuropa. Projekte und Forschungsprobleme (Subsidia historiographica 1), hg. v. Jaroslaw Wenta, Torún 1999, S. 87–109.

Johanek 1999 b Peter Johanek: Stadtkultur und historische Dimension, in: Lebensraum Stadt. Eine Vortragsreihe der Westfälischen Wilhelms-Universität zur Ausstellung »Skulptur. Projekte in Münster 1997«, hg. v. Ernst Helmstädte u. Ruth-Elisabeth Mohrmann, Münster 1999, S. 27–38.

Johanek 2004 Peter Johanek: Art. »Magdeburger Rechtsbücher«, in: Die deutsche Literatur des Mittelalters. Verfasserlexikon, hg. v. Kurt Ruh u. a., Bd. 11, Berlin/New York 2004², Sp. 945–953.

Jörn 2000 Nils Jörn: »With money and bloode«. Der Londoner Stalhof im Spannungsfeld der englisch-hansischen Beziehungen im 15. und 16. Jahrhundert (= Quellen und Darstellungen zur hansischen Geschichte N. F. 50), Köln/Weimar/Wien 2000.

Jurek 2011 Tomasz Jurek: Der Posener Lokationsprozess, in: Rechtsstadtgründungen im mittelalterlichen Polen (= Städteforschung A/83), hg. v. Eduard Mühle, Köln/Weimar/Wien 2011, S. 223–244.

Kałużniacki 1886 Emil Kałużniacki: Die polnische Recension der Magdeburger Urtheile und die einschlägigen deutschen, lateinischen und czechischen Sammlungen, in: Sitzungsberichte der kaiserlichen Akademie der Wissenschaften in Wien, philosophisch-historische Klasse 111 (1886), S. 113–330.

Kamińska 1990 Krystyna Kamińska: Lokacje miast na prawie magdeburskim na ziemiach polskich do 1370 r. (Studium historycznoprawne) [Lokation der Städte nach Magdeburger Recht in den polnischen Ländern bis zum Jahr 1370 (Rechtshistorisches Studium)], Toruń 1990.

Kannowski 2001 Bernd Kannowski: Bürgerkämpfe und Friedebriefe (= Forschungen zur deutschen Rechtsgeschichte 19), Köln/Weimar/Wien 2001.

Kannowski 2006 Bernd Kannowski: Der Sachsenspiegel im Kontext europäischer Rechtsgeschichte. »Teutsche« und überregionale Aspekte anhand von Bilderhandschriften und Glossen, in: Kultur- und rechtshistorische Wurzeln Europas. Arbeitsbuch (= Studien zur Kultur- und Rechtsgeschichte 1), hg. v. Jörg Wolff, Mönchengladbach 2006, S. 139–154.

Kannowski 2007 Bernd Kannowski: Die Umgestaltung des Sachsenspiegelrechts durch die Buch'sche Glosse (= Monumenta Germaniae Historica Schriften 56), Hannover 2007.

Kannowski 2008 Bernd Kannowski: Art. »Aufzeichnung des Rechts«, in: Handwörterbuch zur deutschen Rechtsgeschichte, hg. v. Albrecht Cordes u. a., Bd. 1, Berlin 2008², Sp. 347–355.

Kannowski 2012 Bernd Kannowski: »ius civile inscripsimus a nostris senioribus observatum«. Der hallische Schöffenbrief für Neumarkt von 1235, in: Halle im Licht und Schatten Magdeburgs. Eine Rechtsmetropole im Mittelalter (= Forschungen zur hallischen Stadtgeschichte 19), hg. v. Heiner Lück, Halle (Saale) 2012, S. 151–183.

Kannowski 2019 Bernd Kannowski: Die dritte Säule und das Dach. Bemerkungen zur Sächsischen Weichbildvulgata mit Glosse und zum Remissorium des Dietrich von Bocksdorf, in: Deutsches Archiv für Erforschung des Mittelalters 75 (2019), S. 143–176 [im Druck].

Kannowski/Kaufmann 2007 Bernd Kannowski u. Frank-Michael Kaufmann: De glosen les mit vlite. Über neu aufgefundene Rechtsbücherfragmente aus Kopenhagen, in: Zeitschrift der Savigny-Stiftung für Rechtsgeschichte. Germanistische Abteilung 124 (2007), S. 82–119.

Kannowski/Kaufmann 2008 Bernd Kannowski u. Frank-Michael Kaufmann: De glose vornim unde dude mit vlite – Zu neu aufgefundenen Kopenhagener Fragmenten einer glossierten Sachsenspiegelhandschrift, in: Zeitschrift der Savigny-Stiftung für Rechtsgeschichte. Germanistische Abteilung 125 (2008), S. 50–81.

Kapral' 2003 Myron Kapral': Nacional'ni hromady L'vova XVI–XVIII st. (social'no-pravovi vzajemyny) [Nationale Gruppen Lembergs im 16.–18. Jh. (soziale und rechtliche Beziehungen)], L'viv 2003.

Kapral' 2006 Myron Kapral': Funkzionuwannia orhaniw wlady Lwowa u XIII–XVIII st. (narys isroriji instytutiw magdeburzkoho prawa). [Die Funktionen der städtischen Regierungsinstitutionen 13.–18. Jh. (Ein Aufsatz zur Geschichte der Institutionen des Magdeburger Rechts), in: Ukrainskyj istorytschnyj zhurnal 5 (2006), S. 111–130.

Karpavičienė 2008 Jolanta Karpavičienė: Das sächsisch-magdeburgische Recht in Litauen: Forschungsstand, Forschungsfelder und Perspektiven, in: Rechts- und Sprachtransfer in Mittel- und Osteuropa. Sachsenspiegel und Magdeburger Recht (= IVS SAXONICO-MAIDEBVRGENSE IN ORIENTE 1), hg. v. Ernst Eichler u. Heiner Lück, Berlin 2008, S. 75–101.

Karpavičienė 2009 Jolanta Karpavičienė: Das sächsisch-magdeburgische Recht in den Kleinstädten Litauens, in: Grundlagen für ein neues Europa. Das Magdeburger und Lübecker Recht in Spätmittelalter und Früher Neuzeit (= Quellen und Forschungen zur Geschichte Sachsen-Anhalts 6), hg. v. Heiner Lück, Matthias Puhle u. Andreas Ranft, Köln/Weimar/Wien 2009, S. 83–116.

Karpavičienė 2015 Jolanta Karpavičienė: Der Sachsenspiegel in Litauen, in: Von Sachsen-Anhalt in die Welt. Der Sachsenspiegel als europäische Rechtsquelle (= Signa Ivris 14), hg. v. Heiner Lück, Halle (Saale) 2015, S. 81–103.

Kašička 1992 František Kašička: Půdorysné změny struktury Starého Města pražského ve fázi gotiky [Grundrissänderungen der Prager Altstadt in der Gotikzeit], in: Archaeologia Historica 93 (1992), S. 255–262.

Katalynas 2006 Kęstutis Katalynas: Vilniaus plėtra XIV–XVII a. [Die Ausdehnung von Vilnius im 14.–17. Jh.], Vilnius 2006.

Kaufmann 2003 Thomas Kaufmann: Das Ende der Reformation: Magdeburgs »Herrgotts Kanzlei« (1548–1551/2) (= Beiträge zur historischen Theologie 123), Tübingen 2003.

Kaźmierczyk 2016 Adam Kaźmierczyk: Żydzi w miastach prywatnych. Wybrane aspekty [Die Juden in den privaten Städten. Ausgewählte Aspekte], in: Roczniki Dziejów Społecznych i Gospodarczych 27 (2016), 357–378.

Keipert 1982 Helmut Keipert: Russische Sprachgeschichte als Übersetzungsgeschichte, in: Slavistische Linguistik 1981. Referate des 7. Konstanzer Slavistischen Arbeitstreffens, Mainz 30.9.–2.10.1981 (= Slavistische Beiträge 160), hg. v. Wolfang Girke, München 1982, S. 67–101.

Kejř 1975 Jiři Kejř: K interpretaci práv měštánů svatohavelského města pražského [Interpretationen zu den Rechten der Einwohner in der St. Gallus-Stadt zu Prag], in: Pražský sborník historický 9 (1975), S. 5–17.

Kejř 2010 Jiři Kejř: Die mittelalterlichen Städte in den böhmischen Ländern. Gründung – Verfassung – Entwicklung (= Städteforschung A/78), Köln/Weimar/Wien 2010.

Kellenbenz 1971 Hermann Kellenbenz: Art. »Handelsrecht«, in: Handwörterbuch zur deutschen Rechtsgeschichte, Bd. 1, hg. v. Adalbert Erler u. Ekkehard Kaufmann, Berlin (West) 1971, Sp. 1942–1953.

Keller 1992 Hagen Keller: Vom »heiligen Buch« zur »Buchführung«. Lebensfunktionen der Schrift im Mittelalter, in: Frühmittelalterliche Studien 26 (1992), S. 1–31.

Keller 1999 Hagen Keller: Vorschrift, Mitschrift, Nachschrift: Instrumente des Willens zu vernunftgemäßem Handeln und guter Regierung in den italienischen Kommunen des Duecento, in: Schriftlichkeit und Lebenspraxis im Mittelalter. Erfassen, Bewahren, Verändern. Akten des internationalen Kolloquiums 8.–10. Juni 1995 (= Münstersche Mittelalter-Schriften 76), hg. v. Hagen Keller, Christel Meier u. Thomas Scharff, München 1999, S. 25–41.

Keller 2008 Olga Keller: Geschichte, Quellen und Literatur des Magdeburger Rechts in weißrussischen Ortschaften des Großfürstentums Litauen, in: Rechts- und Sprachtransfer in Mittel- und Osteuropa. Sachsenspiegel und Magdeburger Recht (= IVS SAXONICO-MAIDEBVRGENSE IN ORIENTE 1), hg. v. Ernst Eichler u. Heiner Lück, Berlin 2008, S. 103–140.

Keller 2012 Olga Keller: Srednevekovoe nemeckoe pravo na zemljach Central'noj i Vostocnoj Evropy v XIII–XVIII vekach [Das mittelalterliche deutsche Recht in Mittel- und Osteuropa im 13.–18. Jh.], Minsk 2012.

Keller 2017 Olga Keller: Трансферт средневекового немецкого права на земли к востоку от Германии [Der Transfer des mittelalterlichen deutschen Rechts auf die Länder östlich von Deutschland], Minsk 2017.

Kersken 2007 Norbert Kersken: Das öffentliche Notariat in Schlesien – Lokale und regionale Bindungen und Beziehungen, in: Zeitschrift für Ostmitteleuropa-Forschung 56 (2007), S. 163–201.

Keussen 1904 Hermann Keussen: Verzeichnis der Schreinskarten und Schreinsbücher (= Mitteilungen aus dem Stadtarchiv von Köln 32), Köln 1904.

Kiaupa 1996 Zigmantas Kiaupa: Die litauischen Städte im Spätmittelalter – zwischen eigener Herkunft und dem Einfluss ausländischer Nachbarn, in: Zwischen Lübeck und Nowgorod. Wirtschaft, Politik und Kultur im Ostseeraum vom frühen Mittelalter bis ins 20. Jahrhundert. Norbert Angermann zum 60. Geburtstag, hg. v. Ortwin Pelc und Gertrud Pickhan, Lüneburg 1996, S. 167–177.

Kiaupa 1998 Zigmantas Kiaupa: Autonomy of Lithuanian Cities from the XIVth to XVIIIth c., in: The Heraldry of Lithuania Bd. 1, hg. v. Edmundas Rimša, Vilnius 1998, S. 163–183.
Kiaupa 2004 Zigmantas Kiaupa: Dwuczłonowe miasto Troki w XV–XVI wieku [Zweigliedrige Stadt Traken im 15.–16. Jh.], in: Z dziejów kultury prawnej. Studia ofiarowane Profesorowi Juliuszowi Bardachowi w dziewięćdziesięciolecie urodzin [Aus der Geschichte der Rechtskultur. Festschrift zum 90. Jubiläum von Prof. Juliusz Bardach], hg. v. Marek Wąsowicz, Warszawa 2004, S. 345–352.
Kiaupa 2007 Zigmantas Kiaupa: Some Characteristics of the Municipal System of Lithuanian Towns under Magdeburg Law, in: Europejskie miasta prawa Magdeburskiego. Tradycja, dziedzictwo, identyfikacja/European cities of Magdeburg Law. Tradition, Heritage, Identity, hg. v. Anna Biedrzycka, Kraków 2007, S. 129–135.
Kiaupa 2010 Zigmantas Kiaupa: Kauno istorija [Geschichte von Kaunas], Bd. 1: Kauno istorija nuo seniausių laikų iki 1655 metų [Geschichte von Kaunas seit den ältesten Zeiten bis zum Jahr 1655], Vilnius 2010.
Kiaupa 2012 Zigmantas Kiaupa: Lietuvos istorija [Geschichte Litauens], Bd. 7, T. 1: Trumpasis XVIII a amžius (1733–1795 m.) [Das kurze Jahrhundert (1733–1795)], Vilnius 2012.
Kiaupa/Kiaupienė/Kuncevičius 2000 Zigmantas Kiaupa, Jūratė Kiaupienė u. Albinas Kuncevičius: The history of Lithuania before 1795, Vilnius 2000.
Kiaupienė 2006 Jūratė Kiaupienė: Das Großfürstentum Litauen und Nordosteuropa, in: Nordosteuropa als Geschichtsregion. Beiträge des III. Internationalen Symposiums zur deutschen Kultur und Geschichte im europäischen Nordosten vom 20.–22. September 2001 (= Veröffentlichungen der Aue-Stiftung 17), hg. v. Jörg Hackmann u. Robert Schweitzer, Lübeck 2006, S. 297–307.
Kiaupienė/Petrauskas 2009 Jūratė Kiaupienė u. Rimvydas Petrauskas: Lietuvos istorija [Geschichte Litauens], Bd. 4: Nauji horizontai: dinastija, visuomenė, valstybė. Lietuvos Didžioji Kunigaikštystė 1386–1529 m. [Neue Horizonte: Dynastie, Gesellschaft, Staat. Großfürstentum Litauen 1386–1529], Vilnius 2009.
Kiełbik 2007 Jerzy Kiełbik: Miasta warmińskie w latach 1466–1772 [Die ermländischen Städte in den Jahren 1466–1772] (= Rozprawy i materiały Ośrodka Badań Naukowych Im. Wojciecha Kętrzyńskiego w Olsztynie 237), Olsztyn 2007.
Kintzinger 1990 Martin Kintzinger: Das Bildungswesen in der Stadt Braunschweig im hohen und späten Mittelalter. Verfassungs- und institutionengeschichtliche Studien zu Schulpolitik und Bildungsförderung (= Beihefte zum Archiv für Kulturgeschichte 32), Köln/Wien 1990.
Kintzinger 1993 Martin Kintzinger: Art. »Magdeburg, Erzbistum«, in: Lexikon des Mittelalters, hg. v. Robert-Henri Bautier u. a., Bd. 6, München 1993, Sp. 76–77.
Kintzinger 2007 Martin Kintzinger: Superioritas. Rechtlichkeit als Problem bei internationalen Konflikten, in: Rechtsverständnis und Konfliktbewältigung. Gerichtliche und außergerichtliche Strategien im Mittelalter, hg. v. Stefan Esders, Köln/Weimar/Wien 2007, S. 363–378.
Kintzinger 2012 Martin Kintzinger: From the Late Middle Ages to the Peace of Westphalia, in: The Oxford Handbook of the History of International Law, hg. v. Bardo Fassbender u. Anne Peters, Oxford 2012, S. 607–627.
Kiryk 1971 Feliks Kiryk: Cechowe rzemiosło metalowe. Zarys dziejów do 1939 r. [Das Zunftmetallhandwerk in Krakau. Grundriss der Geschichte bis 1939], Kraków 1971.
Kiryk 1980 Feliks Kiryk: Bochnia do połowy XVII wieku [Bochnia bis Mitte des 17. Jahrhunderts.], in: Bochnia. Dzieje miasta i regionu [Bochnia. Geschichte der Stadt und Region], hg. v. Feliks Kiryk u. Zygmunt Ruta, Kraków 1980, S. 78–140.
Kiryk 1992 Feliks Kiryk: Życie gospodarcze [Wirtschaftsleben], in: Dzieje miasta Nowego Sącza [Geschichte der Stadt Nowy Sącz], Bd. 1, hg. v. Feliks Kiryk, Warszawa/Kraków 1992, S. 141–168.
Kiryk 2011 Feliks Kiryk: Migracje z miast małopolskich do elity władzy Krakowa w XIV-XVI wieku [Die Migrationen aus den Städten Kleinpolens in die Krakauer Herrschaftselite im 14.–16. Jh.], in: Elita władzy miasta Krakowa i jej związki z miastami Europy w średniowieczu i epoce nowożytnej (do połowy XVII wieku) [Die Machtelite der Stadt Krakau und ihre Verbindungen mit den europäischen Städten im Mittelalter und in der Neuzeit (bis zur Mitte des 17. Jh.)], hg. v. Zdzisław Noga, Kraków 2011, S. 191–200.
Kiryk/Leśniak 1991 Feliks Kiryk u. Franciszek Leśniak: Skupiska żydowskie w miastach małopolskich do końca XVI wieku [Die jüdischen Zentren in den kleinpolnischen Städten bis Ende des 16. Jh.], in: Żydzi w Małopolsce [Die Juden in Kleinpolen], hg. v. Feliks Kiryk, Przemyśl 1991, S. 13–36.
Kiryk/Leśniak 1993 Feliks Kiryk u. Franciszek Leśniak: Mieszkańcy [Die Einwohner], in: Dzieje Sandomierza XVI – XVIII w. [Geschichte der Stadt Sandomierz im 16.–18. Jh.], hg. v. Henryk Samsonowicz, Bd. 2/1: W okresie świetności [Die Blütezeit], hg. v. Feliks Kiryk, Warszawa 1993.
Kisch 1973 Guido Kisch: Studien zur Rechts- und Sozialgeschichte des Deutschordenslandes (= Forschungen und Quellen zur Rechts- und Sozialgeschichte des Deutschordenslandes 1), Sigmaringen 1978.
Kisch 1978 Guido Kisch: Die Kulmer Handfeste. Text, rechtshistorische und textkritische Untersuchungen nebst Studien zur Kulmer Handfeste, dem Elbinger Privilegium von 1246 und einem Beitrag zur Geschichte des Begriffes »ius teutonicum«, »Deutsches Recht« im Deutschordensgebiet (= Forschungen und Quellen zur Rechts- und Sozialgeschichte des Deutschordenslandes 2; Schriften des Kopernikuskreises Freiburg im Breisgau 8–10), Sigmaringen 1978.
Kiselytschnyk 2011 Wasyl Kiselytschnyk: Lwiwske miske prawo (druha polowyna XIII – potschatok XX st.) [Lemberger Stadtrecht (zweite Hälfte 13. – Anfang 20. Jh.], L'viv 2011.
Kistiakiwsky 1879 Olexandr Kistiakiwsky: Prava, po kotorym syditsia malorossiyskiy narod [Gesetze, nach denen sich das Volk in Klein-Russland selbst richtet], Kyjiw 1879.

Kizik 2012 Edmund Kizik: Prawo w Prusach Królewskich [Das Gesetz im Königlichen Preußen], in: Prusy Królewskie. Społeczeństwo, kultura, gospodarka 1454–1772: szkice z dziejów [Das Königliche Preußen. Gesellschaft, Kultur, Wirtschaft 1454–1772: geschichtliche Skizzen], hg. v. Edmund Kizik, Gdańsk 2012.

Kjær 1991 Anne Lise Kjær: Phraseologische Wortverbindungen in der Rechtssprache?, in: Europhras 90. Akten der Internationalen Tagung zur germanistischen Phraseologieforschung. Aske/Schweden, 12.–15. Juni 1990 (= Acta Universitatis Upsaliensis. Studia Germanistica Upsaliensia 32), hg. v. Christine Palm, Stockholm 1991, S. 115–122.

Kjær 1995 Anne Lise Kjær: Vergleich von Unvergleichbarem. Zur kontrastiven Analyse unbestimmter Rechtsbegriffe, in: Von der Allgegenwart der Lexikologie. Kontrastive Lexikologie als Vorstufe zur zweisprachigen Lexikographie. Akten des Internationalen Werkstattgesprächs zur Kontrastiven Lexikologie, 29.–30. 10. 1994 in Kopenhagen (= Lexicographica. Series maior 66), hg. v. Hans-Peder Kromann u. Anne Lise Kjær, Tübingen 1995, S. 39–56.

Kjær 2007 Anne Lise Kjær: Phrasemes in Legal Texts, in: Phraseologie/Phraseology. Ein internationales Handbuch zeitgenössischer Forschung/An International Handbook of Contemporary Research, Bd. 1/1 (= Handbücher zur Sprach- und Kommunikationswissenschaft/Handbooks of Linguistics and Communication Science 28/1), hg. v. Harald Burger u. a., Berlin 2007, S. 506–516.

Klápště 2016 Jan Klápště: The Archaeology of Prague and the Medieval Czech Lands, 1100–1600, Sheffield 2016.

Klein/Kramarz-Bein/Lück 2001 Dorothea Klein, Susanne Kramarz-Bein u. Heiner Lück: Art. »Roland«, in: Reallexikon der Germanischen Altertumskunde begründet von Johannes Hoops, Bd. 25, hg. v. Klaus Düwel u. a. 2003[2], S. 184–197.

Klein-Bruckschwaiger 1948 Franz Klein-Bruckschwaiger: Das Buch der Magdeburgischen Urteile im Breslauer Stadtarchiv, in: Zeitschrift der Savigny-Stiftung für Rechtsgeschichte. Germanistische Abteilung 66 (1948), S. 261–293.

Kleinheyer/Schröder 1996 Gerd Kleinheyer u. Jan Schröder: Deutsche und europäische Juristen aus neun Jahrhunderten. Eine biographische Einführung in die Geschichte der Rechtswissenschaft (= Uni-Taschenbücher 578), Heidelberg 1996.

Klimek 2008 Robert Klimek: Terra Gunelauke. Przewodnik archeologiczny [Terra Gunelauken: Ein archäologischer Führer], Barczewo/Gady 2008.

Klimek 2013 Robert Klimek: Zaginione zamki i strażnice poświadczone w źródłach z pierwszej połowy XIV wieku z obszaru Warmii biskupiej oraz propozycje ustalenia ich lokalizacji [Untergegangene Burgen und Wachtürme in Schriftquellen aus der ersten Hälfte des 14. Jahrhunderts im Gebiet des bischöflichen Ermlandes. Vorschläge zu deren Lokalisierung], in: Grodziska Warmii i Mazur 1. Stan wiedzy i perspektywy badawcze [Burgen Ermlands und Masurens. 1. Stand der Erkenntnisse und Forschungsperspektiven] (= Archeologia hereditas 2), hg. v. Zbigniew Kobyliński, Warszawa/Zielona Góra 2013, S. 205–224.

Kluge 1988 Reinhard Kluge: Stadtbücher im Archivwesen der DDR, in: Archivmitteilungen 38 (1988), S. 90–95.

Kobylec'kyj 2008 a Mykola Kobylec'kyj: Magdeburske prawo w Ukraijini (XIV – perscha polowyna XIX st.): istoryko-prawowe doslidzennia [Das Magdeburger Recht in der Ukraine (14. – erste Hälfte 20. Jh.): historische und juristische Untersuchung], L'viv 2008.

Kobylec'kyj 2008 b Mikola Kobylec'kyj: Das magdeburgische Recht als Quelle des Kodex von 1743, in: Rechts- und Sprachtransfer in Mittel- und Osteuropa. Sachsenspiegel und Magdeburger Recht (= IVS SAXONICO-MAIDEBVRGENSE IN ORIENTE 1), hg. v. Ernst Eichler u. Heiner Lück, Berlin 2008, S. 141–155.

Kobylec'kyj 2015 Mykola Kobylec'kyj: Der Sachsenspiegel und seine Anwendung in der Ukraine, in: Von Sachsen-Anhalt in die Welt. Der Sachsenspiegel als europäische Rechtsquelle (= Signa Ivris 14), hg. v. Heiner Lück, Halle (Saale) 2015, S. 211–222.

Koch 1996 Petra Koch: Kommunale Bücher in Italien und die Anfänge ihrer Archivierung, in: Der Codex im Gebrauch. Akten des Internationalen Kolloquiums 11.–13. Juni 1992 (= Münstersche Mittelalter-Schriften 70), hg. v. Christel Meier, Dagmar Hüpper u. Hagen Keller, München 1996, S. 87–100.

Kocher/Lück/Schott 2008 Signa Juris, Bd. 2: Beiträge zur Rechtsikonographie, Rechtsarchäologie und Rechtlichen Volkskunde, hg. v. Gernot Kocher, Heiner Lück u. Clausdieter Schott, Halle (Saale) 2008.

Koenigsberger 1988 Republiken und Republikanismus im Europa der Frühen Neuzeit (= Schriften des historischen Kollegs, Kolloquien 11), hg. v. Helmut G. Koenigsberger, München 1988.

Kolańczyk 1939 Kazimierz Kolańczyk: Najdawniejsze polskie prawo spadkowe [Das älteste polnische Erbrecht], Poznań 1939.

Kompan 1963 Olena Kompan: Mista Ukrajiny v druhij polowyni 17 st. [Städte der Ukraine in der zweiten Hälfte des 17. Jh.], Kyjiw, 1963.

Konczewski/Piekalski 2011 Paweł Konczewski u. Jerzy Piekalski: The streets of medieval Wrocław. Methods of construction and functions, in: Ulica, plac i cmentarz w publicznej przestrzeni średniowiecznego i nowożytnego miasta Europy środkowej [Straße, Platz und Friedhof im öffentlichen Raum der mittelalterlichen und frühneuzeitlichen Stadt Mitteleuropas] (= Wratislavia Antiqua 13), hg. v. Stefan Krabath, Jerzy Piekalski u. Krzysztof Wachowski, Wrocław 2011, S. 155–162.

König 2013 Valériane König: Präzedenzwirkung internationaler Schiedssprüche. Dogmatisch-empirische Analysen zur Handels- und Investitionsschiedsgerichtsbarkeit (= Schriften zum europäischen und internationalen Privat-, Bank- und Wirtschaftsrecht 48), Berlin/Boston 2013.

Konopczyński 1927 Władysław Konopczyński: Prusy Królewskie w unii z Polską [Das Königliche Preußen in der Union mit Polen], in: Roczniki Historyczne 3 (1927), S. 111–141.

Koperkiewicz 2013 Arkadiusz Koperkiewicz: Cmentarzysko w Bezławkach (stanowisko XV). Badania w latach 2010–2011 [Der Friedhof in Bäslack (Standort 15). Forschung in den Jahren 2010–2011], in: Bezławki – ocalić od zniszczenia. Wyniki prac interdyscyplinarnych prowadzonych w latach 2008–2011 [Bäslack vor der Zerstörung retten. Die Ergebnisse der interdisziplinären Arbeiten im Zeitraum 2008–2011] (= Gdańskie Studia Archeologiczne. Seria Monografie 3), hg. v. Arkadiusz Koperkiewicz, Gdańsk 2013, S. 137–159.

Kopysskij 1972 Zinovij J. Kopysskij: Magdeburgskoe pravo v gorodach Belorussii (konec XV – pervaja polovina XVII w.) [Magdeburger Recht in den Städten Weißrusslands (Ende 15. – erste Hälfte 17. Jh.)], in: Sovetskoe slavjanovedenie 5 (1972), S. 26–41.

Kopysskij 1982 Zinovij J. Kopysskij: Goroda Velikogo Kniazestva Litovskogo v gosudarstvennom zakonodatel'stve XVI – pervoj poloviny XVII veka [Städte des Großfürstentums Litauen in der Staatsgesetzgebung im 16. – erste Hälfte 17. Jh.], in: 1529 metų Pirmasis Lietuvos statutas (Respublikines mokslines konferencijos, skirtos Pirmojo Statuto 450 metinems pazymeti, medžiaga) [Das Erste Litauische Statut vom Jahr 1529 (Materialien einer republikweiten wissenschaftlichen Konferenz aus Anlass des 450. Jahrestags des Ersten Statuts)], Vilnius 1982, S. 20–27.

Korf 1966 Winfried Korf: Das Rathaus von Magdeburg im Mittelalter. Masch. phil. Dipl.-Arbeit, Berlin (Ost) 1966.

Körmendy 1995 Adrienne Körmendy: Melioratio terrae. Vergleichende Untersuchungen über die Siedlungsbewegung im östlichen Mitteleuropa im 13.–14. Jahrhundert (= Prace Komisji Historycznej Poznan 48), Posen 1995.

Köster 2017 Der Magdeburger Reiter. Bestandsaufnahme – Restaurierung – Forschung (= Schriftenreihe des Zentrums für Mittelalterausstellungen Magdeburg 3), hg. v. Gabriele Köster, Regensburg 2017.

Kotliar 2000 Mykola Kotliar: Davniorus'ki tradyciyi kyivskoho samovriaduvannia [Die Traditionen der alten Rus in der Kiewer Selbstverwaltung], in: Samovriaduvannia v Kyievi: istoria ta suchasnist'. Materialy mizhnarodnoi konferentsii, prysviachenoi 500-richchiu nadannia Kyievu magdeburzkoho prava. Kyjiw, 26–27 lystopada, 1999 [Selbstverwaltung in Kiew: Geschichte und Gegenwart. Beiträge der internationalen Konferenz aus Anlass des 500. Jahrestag der Bewidmung Kiews mit Magdeburger Recht], hg. v. Natalia Bilous, Kyjiw 2000.

Kowalskyj 1983 Mykola Kowalskyj: Локационные и магдебургские грамоты городам Украины в составе коронных книг записей Литовской метрики второй половины XVI – первой половинны XVII века [Die Magdeburger Privilegien für die Städte der Ukraine in den Kronenbüchern der Aufzeichnungen über die litauische Metrik aus der zweiten Hälfte des 16. Jh. – erste Hälfte 17. Jh.] (= Историографические и источниковедческие проблемы отечественной истории), Dnipropetrowsk 1983.

Kozubska-Andrusiv 2016 Olga Kozubska-Andrusiv: Art. »Lemberg«, in: Handwörterbuch zur deutschen Rechtsgeschichte, hg. v. Albrecht Cordes u. a., Bd. 3, Berlin 2016², Sp. 837–838.

Kramer 1984 Karl-Sigismund Kramer: Art. »Mahl und Trunk«, in: Handwörterbuch zur deutschen Rechtsgeschichte, hg. v. Adalbert Erler u. a., Bd. 3, Berlin (West) 1984, Sp. 154–156.

Krasnowolski 2004 Bogusław Krasnowolski: Lokacyjne układy urbanistyczne na obszarze ziemi krakowskiej w XIII i XIV w., T. 1: Miasta ziemi krakowskiej – chronologia procesów osadniczych i typologia układów urbanistycznych [Städtebauliche Anlagen der Lokationszeit in der Region Krakau im 13. und 14. Jh., Bd. 1: Die Städte der Region Krakau – Chronologie der Siedlungsprozesse und Typologie der städtebaulichen Anlagen], Kraków 2004.

Krasnowolski 2016 Bogusław Krasnowolski: The city's golden age. Transformation of the centre, suburban development (fifteen century – first hald of the seventeenth century), in: Historical atlas of Polish Towns, Bd. 5: Lesser Poland, H. 4: Bochnia, hg. v. Zdzisław Noga, Toruń/Kraków 2016, S. 21–22.

Krause 1939 Paul Krause: Magdeburger Stadtbücher, in: Zur Geschichte und Kultur des Elb-Saale-Raumes. Festschrift für Walter Möllenberg, hg. v. Otto Korn, Burg bei Magdeburg 1939, S. 136–151.

Kretz 1972 Hans-Joachim Kretz: Der Schöppenstuhl zu Coburg, jur. Diss. Würzburg 1972.

Krey 2015 Alexander Krey: Die Praxis der spätmittelalterlichen Laiengerichtsbarkeit. Gerichts- und Rechtslandschaften des Rhein-Main-Gebietes im 15. Jahrhundert im Vergleich (= Forschungen zur deutschen Rechtsgeschichte 30), Köln/Weimar/Wien 2015.

Krey 2017 Alexander Krey: Art. »Oberhof«, in: Handwörterbuch zur deutschen Rechtsgeschichte, hg. v. Albrecht Cordes u. a., 25. Lieferung, Berlin 2017², Sp. 44–56.

Kriebisch 2008 Angela Kriebisch: Die Spruchkörper Juristenfakultät und Schöppenstuhl zu Jena. Strukturen, Tätigkeit, Bedeutung und eine Analyse ausgewählter Spruchakten (= Rechtshistorische Reihe 381), Frankfurt (Main) 2008.

Kristó 2008 Gyula Kristó: Nichtungarische Völker im mittelalterlichen Ungarn (= Studien zur Geschichte Ungarns 13), Herne 2008.

Krollmann 1912 Christian Krollmann: Die Herkunft der deutschen Ansiedler in Preußen, in: Zeitschrift des Westpreußischen Geschichtsvereins 54 (1912), S. 1–103.

Kroos 1984 Renate Kroos: Grabbräuche – Grabbilder, in: Memoria. Der geschichtliche Zeugniswert des liturgischen Gedenkens im Mittelalter (= Münstersche Mittelalter-Schriften 48), hg. von Karl Schmid u. Joachim Wollasch, München 1984, S. 285–353.

Kroos 1989 Renate Kroos: Quellen zur liturgischen Benutzung des Domes und zu seiner Ausstattung, in: Der Magdeburger Dom. Ottonische Gründung und staufischer Neubau. Bericht über ein wissenschaftliches Symposion in Magdeburg vom 7.10. bis 11.10.1986 (= Schriftenreihe der Kommission für Niedersächsische Bau- und Kunstgeschichte bei der Braunschweigischen Wissenschaftlichen Gesellschaft 5), hg. v. Ernst Ullmann, Leipzig 1989, S. 88–97.

Krypiakewytch 1994 Ivan Krypiakewych: Lvivska Rus' v pershiy polovyni XVI st.: doslidzennia i materially [Lviv Rus' in der ersten Hälfte des 16 Jh.: Studien und Quellen], L'viv 1994.
Kubinyi 1971 András Kubinyi: A budai német patríciátus társadalmi helyzete családi összeköttetéseinek tükrében a XIII. századtól a XV. század második feléig [Der Sozialstatus des deutschen Patriziats in Ofen im Spiegel seiner Familienverbindungen vom 13. Jahrhundert bis zur zweiten Hälfte des 15. Jahrhunderts], in: Levéltári Közlemények 42 (1971), S. 203–269.
Kubinyi 1975 András Kubinyi: Zur Frage der deutschen Siedlungen im mittleren Teil des Königreichs Ungarn (1200–1541), in: Die deutsche Ostsiedlung des Mittelalters als Problem der europäischen Geschichte. Reichenau-Vorträge 1970–1972 (= Vorträge und Forschungen 18), hg. v. Walter Schlesinger, Sigmaringen 1975, S. 527–566.
Kubinyi 1994 a András Kubinyi: Art. »Hospes«, in: Korai magyar történeti lexikon (9–14. század) [Lexikon zur ungarischen Frühgeschichte (9.–14. Jh.)], hg. v. Gyula Kristó, Budapest 1994, S. 273.
Kubinyi 1994 b András Kubinyi: Art. »Hospesjog [Das Hospesrecht]«, in: Korai magyar történeti lexikon (9–14. század) [Lexikon zur ungarischen Frühgeschichte (9.–14. Jh.)], hg. v. Gyula Kristó, Budapest 1994, S. 273.
Kubinyi 1994 c András Kubinyi: Art. »Város [Die Stadt]«, in: Korai magyar történeti lexikon (9–14. század) [Lexikon zur ungarischen Frühgeschichte (9.–14. Jh.)], hg. v. Gyula Kristó, Budapest 1994, S. 716–718.
Kubinyi 1994 d András Kubinyi: Art. »Székesfehérvári jog [Das Stuhlweißenburger Recht]«, in: Korai magyar történeti lexikon (9– 14. század) [Lexikon zur ungarischen Frühgeschichte (9.–14. Jh.)], hg. v. Gyula Kristó, Budapest 1994, S. 628–629.
Kuhn 1971 Walter Kuhn: Die Stadtdörfer der mittelalterlichen Ostsiedlung, in: Zeitschrift für Ostforschung 20 (1971), S. 1–69.
Kuhn 1982 Walter Kuhn: Die ländliche prussische Kolonisation in den polnischen Teilungsgebiete, in: Deutsche Ostkunde 28 (1982), S. 25–31.
Kühne 2009 a Hartmut Kühne: Reliquien und Reliquiare des Magdeburger Domes im 13. Jahrhundert. Versuch einer Bestandsaufnahme, in: Aufbruch in die Gotik. Der Magdeburger Dom und die späte Stauferzeit, Bd. 1: Essays, hg. v. Matthias Puhle, Mainz 2009, S. 180–191.
Kühne 2009 b Hartmut Kühne: Liber ordinarius ecclesiae Magdeburgensis, in: Aufbruch in die Gotik. Der Magdeburger Dom und die späte Stauferzeit, Bd. 2: Katalog, hg. v. Matthias Puhle, Mainz 2009, S. 151–154.
von Künßberg 1926/1927 Eberhard Freiherr von Künßberg: Rechtssprachgeographie (= Sitzungsberichte der Heidelberger Akademie der Wissenschaften, philosophisch-historische Klasse 1926/1927, 1. Abh.), Heidelberg 1926/1927.
Kurras 1983 Lotte Kurras: Turnierbuch aus der Kraichgauer Ritterschaft, entstanden um 1615; Kommentarband zur Faksimileausgabe des Cod. Ross. 711, Zürich 1983.
Kutrzeba 1926 Stanisław Kutrzeba: Historia źródeł dawnego prawa polskiego [Geschichte der Quellen des alten polnischen Rechts], Bd. 2, L'viv 1926.
Labuda 1976 Historia Pomorza [Geschichte Pommerns], Bd. 2: Do roku 1815 [bis 1815], T. 1, hg. v. Gerard Labuda, Poznań 1976.
Landwehr 1976 Götz Landwehr: »Urteilfragen« und »Urteilfinden« nach spätmittelalterlichen, insbesondere sächsischen Rechtsquellen, in: Zeitschrift der Savigny-Stiftung für Rechtsgeschichte. Germanistische Abteilung 96 (1976), S. 1–37.
Lazar 2016 Marija Lazar: Transfer des Rechts und Transfer der Rechtssprache. Sächsisch-magdeburgisches Recht und seine Verbreitung im Ostmitteleuropa nach den Hussitenkriegen, in: Persönlichkeiten in der tschechischen Sprach- und Kulturgeschichte. Beiträge zum 8. Bohemicum Dresdense: Tomáš Garrigue Masarik (1850–1937), 7. 11. 2014, und 9. Bohemicum Dresdense: Jan Hus (um 1370–1415) – Erbe und Bedeutung, 30. 10. 2015 (= Specimina Philologiae Slavicae 191), hg. v. Holger Kuße u. Hana Kosourová, Leipzig 2016, S. 177–202.
Le Goff 1980 Jacques Le Goff: L'apogée de la France urbaine médiévale 1150–1330, in: La ville médiévale des Carolingiens à la Renaissance (= Histoire de la France urbaine 2), hg. v. Georges Duby, Paris 1980, S. 189–407.
Lehmberg 2017 Maik Lehmberg: Das Recht der Handwerker im Goslarer Ratskodex, in: Stadtrechte, Willküren und Polizeiordnungen, T. 1: Goslar und Wernigerode (Harz-Forschungen 32), hg. v. Dieter Pötschke, Wilhelm Brauneder u. Gerhard Lingelbach, Berlin/Wernigerode 2017, S. 139–162.
Lengnich 1722–1755 Gotfried Lengnich: Geschichte der preußischen Lande königlich-polnischen Antheils seit dem Jahr 1526, 9 Bde., Danzig 1722–1755.
Les chartes 1982 Les chartes et le mouvement communal. Colloque regional (Octobre 1980) organisé en commémoration du neuvième centenaire de la commune de Saint-Quentin, Saint-Quentin 1982.
Lerch 1967 Christoph Lerch: Alte Duderstädter Wachstafeln in der Schloßbibliothek Pommersfelden, in: Die Goldene Mark 21 (1967), S. 33–38.
Lermer 2009 Andrea Lermer: Besiegelung des Rathauses. Der Veneçia-Tondo am Dogenpalast in Venedig, in: Die Bildlichkeit korporativer Siegel im Mittelalter. Kunstgeschichte und Geschichte im Gespräch (= Sensus. Studien zur mittelalterlichen Kunst 1), hg. v. Markus Späth, Köln 2009, S. 131–148.
Leszczyńska 1980 Zofia Leszczyńska: Art. »Skrętowa, Bochnia«, in: Słownik historyczno-geograficzny województwa krakowskiego w średniowieczu [Historisch-geografisches Lexikon der Wojewodschaft Krakau im Mittelalter], Bd. 1/1, hg. v. Jerzy Wiśniewski, Wrocław 1980, S. 150–157.
Levý 1957 Jiří Levý: české teorie překladu [Tschechische Übersetzungstheorien] (= český překlad 1), Praha 1957.
Líbal/Muk 1996 Dobroslav Líbal u. Jan Muk: Staré Město pražské. Architektonický a urbanistický vývoj [Die Prager Altstadt. Archithektonische und städtische Entwicklung], Praha 1996.

Libor 2017 Jan Libor: Wer war Meister Heinrich der Walch? Ein fiktiver Notar in einer realen Königskanzlei, in: Deutsches Archiv für Erforschung des Mittelalters 73 (2017), S. 203–214.
Lieberwirth 1986 Rolf Lieberwirth: Das sächsisch-magdeburgische Recht als Quelle osteuropäischer Rechtsordnungen (= Sitzungsberichte der Sächsischen Akademie der Wissenschaften zu Leipzig, philologisch-historische Klasse 127/1), Berlin (Ost) 1986.
Lieberwirth 1990 Rolf Lieberwirth: Das Privileg des Erzbischofs Wichmann und das Magdeburger Recht (= Sitzungsberichte der Sächsischen Akademie der Wissenschaften zu Leipzig, philologisch-historische Klasse 130/3), Berlin 1990.
Lieberwirth 1996 Rolf Lieberwirth: Magdeburger Recht, in: Hanse – Städte – Bünde. Die sächsischen Städte zwischen Elbe und Weser um 1500, Bd. 1: Aufsätze (= Magdeburger Museumsschriften. 4/1), hg. v. Matthias Puhle (Ausstellung im Kulturhistorischen Museum Magdeburg und im Braunschweigischen Landesmuseum Braunschweig), Magdeburg 1996, S. 114–117.
Lieberwirth 2008 Rolf Lieberwirth: Einführung oder Rezeption? Mittelalterlich deutsches Recht in slawischen Herrschaftsgebieten. Das Beispiel: Polen, in: Rechts- und Sprachtransfer in Mittel- und Osteuropa. Sachsenspiegel und Magdeburger Recht (= IVS SAXONICO-MAIDEBVRGENSE IN ORIENTE 1), hg. v. Ernst Eichler u. Heiner Lück, Berlin 2008, S. 167–179.
Liesegang 1895 Erich Liesegang: Bericht über eine zur Herstellung eines Verzeichnisses der Magdeburger Schöffensprüche im Auftrage der Königlich Bayrischen Akademie der Wissenschaften im Jahre 1889 unternommenen Reise, in: Zeitschrift der Savigny-Stiftung für Rechtsgeschichte. Germanistische Abteilung 16 (1895), S. 281–300.
Lilge 1940 Harald Lilge: Der Schöppenstuhl zu Dohna, jur. Diss. Breslau 1940.
Lindner 1885 Gustav Lindner: Der Schwabenspiegel bei den Siebenbürger Sachsen, in: Zeitschrift der Savigny-Stiftung für Rechtsgeschichte. Germanistische Abteilung 6 (1885), S. 86–141.
Lisowski 1954 Zygmunt Lisowski: O prawie rzymskim w korekturze pruskiej uwagi krytyczne [Das Römische Recht in der Kritik der Preußischen Korrektur], in: Czasopismo Prawno-Historyczne 6,2 (1954), S. 194–220 [enthält eine französische Zusammenfassung].
Litewski 1982–1987 Wiesław Litewski: Landrecht des Herzogtums Preussen von 1620 (= Zeszyty Naukowe Uniwersytetu Jagiellońskiego DCCXXXIV Prace prawnicze 111), 5 Bde., Warszawa/Kraków 1982–1987.
Lohse 2018 Tillmann Lohse: Gedruckte Gottesdienstordnungen im Mittelalter. Die Libri ordinarii der Kirchenprovinz Magdeburg und der Medienwandel im 15. Jahrhundert, in: Archiv für Liturgiewissenschaft 60 (2018) [im Druck].
Lortz 2013 Katarzyna Lortz: Das Magdeburger Recht in den »Magdeburger Fragen«, jur. Diss. Halle (Saale) 2013.
Löwener 1998 Marc Löwener: Die Einrichtung von Verwaltungsstrukturen in Preußen durch den Deutschen Orden bis zur Mitte des 13. Jahrhunderts (= Deutsches Historisches Institut Warschau. Quellen und Studien 7), Wiesbaden 1998.
Lübke 1995 Christian Lübke: Multiethnizität und Stadt als Faktoren gesellschaftlicher und staatlicher Entwicklung im östlichen Europa, in: Burg, Burgstadt, Stadt. Zur Genese mittelalterlicher nichtagrarischer Zentren in Ostmitteleuropa (= Forschungen zur Geschichte und Kultur des östlichen Mitteleuropa 1), hg. v. Hansjürgen Brachmann, Berlin 1995, S. 36–50.
Luciński 1990 Jerzy Luciński: Przywilej chełmiński z 1233 r. jego treść oraz dzieje jego postanowień [Die Kulmer Handfeste von 1233. Ihr Inhalt und die Geschichte ihrer Bestimmungen], in: Studia Culmensia Historico-Juridica, czyli Księga Pamiątkowa 750-lecie Prawa Chełmińskiego [Festschrift zum 750. Jahrestag des Kulmer Rechts], Bd. 1, hg. v. Zbigniew Zdrójkowski, Toruń 1990, S. 81–144.
Lück 1990 a Heiner Lück: Das Denkmal des Magdeburger Rechts in Kiew, in: Forschungen zur Rechtsarchäologie und Rechtlichen Volkskunde 12 (1990), S. 109–119.
Lück 1990 b Heiner Lück: Magdeburger Recht in der Ukraine, in: Zeitschrift für Neuere Rechtsgeschichte 12 (1990), S. 113–126.
Lück 1995 Heiner Lück: Das Gericht des Burggrafen von Magdeburg zu Halle an der Saale. Eine Skizze nach vorwiegend sächsischen Quellen, in: Vertrauen in den Rechtsstaat. Beiträge zur deutschen Einheit im Recht. Festschrift für Walter Remmers, hg. v. Jürgen Goydke u. a., Köln u. a. 1995, S. 687–701.
Lück 1996 Heiner Lück: Der Magdeburger Schöffenstuhl als Teil der Magdeburger Stadtverfassung, in: Hanse – Städte – Bünde. Die sächsischen Städte zwischen Elbe und Weser um 1500, Bd. 1: Aufsätze (= Magdeburger Museumsschriften. 4/1), hg. v. Matthias Puhle (Ausstellung im Kulturhistorischen Museum Magdeburg und im Braunschweigischen Landesmuseum Braunschweig), Magdeburg 1996, S. 138–151.
Lück 1997 Heiner Lück: Die kursächsische Gerichtsverfassung 1423–1550 (= Forschungen zur deutschen Rechtsgeschichte 17), Köln/Weimar/Wien 1997.
Lück 1998 a Heiner Lück: Sachsenspiegel und Magdeburger Recht. Europäische Dimensionen zweier mitteldeutscher Rechtsquellen (= Adiuvat in itinere 5), Hamburg 1998.
Lück 1998 b Heiner Lück: Die Spruchtätigkeit der Wittenberger Juristenfakultät. Organisation – Verfahren – Ausstrahlung, Köln/Weimar/Wien 1998.
Lück 1999 Heiner Lück: »Der Deutsche kommt also im Osten in kein Neuland ...«. Das Institut zur Erforschung des Magdeburger Stadtrechts (1940–1945), in: Historische Forschung in Sachsen-Anhalt. Ein Kolloquium aus Anlaß des 65. Geburtstages von Walter Zöllner, hg. v. Heiner Lück u. Werner Freitag, Leipzig/Stuttgart 1999, S. 125–145.
Lück 1999/2000 Heiner Lück: Dr. iur. Fritz Markmann (1899–1949) als Erforscher und Editor des Magdeburger Rechts, in: Sachsen und Anhalt 22 (1999/2000), S. 289–314.

Lück 2001 Heiner Lück: Zur Rezeption des sächsisch-magdeburgischen Rechts in Osteuropa. Das Beispiel Ungarn, in: Grenzen überschreiten. Beiträge zur deutsch-ungarischen Kulturwissenschaft (= Colloquium halense 2), hg. v. Thomas Bremer, Halle (Saale) 2001, S. 9–28.

Lück 2002/2003 Heiner Lück: Archivar im Dienst der Landesgeschichte: Walter Möllenberg (1879–1951), in: Sachsen und Anhalt 24 (2002/2003), S. 37–55.

Lück 2005 Heiner Lück: Magdeburger Forschungen zum Magdeburger Recht (1933–1945), in: Geschichte als Beruf. Demokratie und Diktatur. Protestantismus und politische Kultur. Festschrift zum 65. Geburtstag von Klaus Erich Pollmann, hg. v. Ramona Myrrhe, Halle (Saale) 2005, S. 367–381.

Lück 2006 a Heiner Lück: Der Sachsenspiegel als Kaiserrecht. Vom universalen Geltungsanspruch eines partikularen Rechtsbuchs, in: Heiliges Römisches Reich Deutscher Nation 962 bis 1806. Von Otto dem Großen bis zum Ausgang des Mittelalters, Bd. 2: Essays, hg. v. Matthias Puhle u. Claus-Peter Hasse, Dresden 2006, S. 262–275.

Lück 2006 b Heiner Lück: Berg und Tal – Gericht und Recht in Halle während des Mittelalters und der Frühen Neuzeit, in: Geschichte der Stadt Halle, Bd. 1: Halle im Mittelalter und in der Frühen Neuzeit, hg. v. Werner Freitag u. Andreas Ranft, Halle (Saale) 2006, S. 239–257.

Lück 2007 a Heiner Lück: Magdeburg Law as a Defining Factor of the Identity of the European Family of Cities, in: Europejskie miasta prawa Magdeburskiego. Tradycja, dziedzictwo, identyfikacja/European cities of Magdeburg Law. Tradition, Heritage, Identity, hg. v. Anna Biedrzycka, Kraków 2007, S. 136–146.

Lück 2007 b Heiner Lück: Strafe und Sühne im Spiegel kursächsischer Rechtspraxis auf der Grundlage des Sachsenspiegels und seiner gelehrten Bearbeitungen, in: Kriminalität in Mittelalter und Früher Neuzeit. Soziale, rechtliche, philosophische und literarische Aspekte (= Wolfenbütteler Forschungen 114), hg. v. Sylvia Kesper-Biermann u. Diethelm Klippel, Wiesbaden 2007, S. 33–55.

Lück 2008 a Heiner Lück: Einführung. Das sächsisch-magdeburgische Recht als kulturelles Bindeglied zwischen den Rechtsordnungen Ost- und Mitteleuropas, in: Rechts- und Sprachtransfer in Mittel- und Osteuropa. Sachsenspiegel und Magdeburger Recht (= IVS SAXONICO-MAIDEBVRGENSE IN ORIENTE 1), hg. v. Ernst Eichler u. Heiner Lück, Berlin 2008, S. 1–28.

Lück 2008 b Heiner Lück: Art. »Bergrecht, Bergregal«, in: Handwörterbuch zur deutschen Rechtsgeschichte, hg. v. Albrecht Cordes u. a., Bd. 1, Berlin 2008[2], Sp. 527–533.

Lück 2008 c Heiner Lück: »... gott behut vns vor bosem gerichte ...«. Eine Unterweisung für Gerichtsherren und Richter aus dem Jahr 1532, in: Christlicher Glaube und weltliche Herrschaft (= Arbeiten zur Kirchen- und Religionsgeschichte 24), hg. v. Michael Beyer, Jonas Flöter u. Markus Hein, Leipzig 2008, S. 95–105.

Lück 2009 a Heiner Lück: Anfänge der Stadtverfassung nach Magdeburger Recht in Ostmitteleuropa: Kulm (1233), Thorn (1233), Krakau (1257), Lemberg (1356), in: Landesherrschaft – Region – Identität. Der Mittelelberaum im historischen Wandel (= Studien zur Landesgeschichte 20), hg. v. Thomas Großbölting u. Roswitha Willenius, Halle (Saale) 2009, S. 18–37.

Lück 2009 b Heiner Lück: Art. »Gerichtslaube«, in: Handwörterbuch zur deutschen Rechtsgeschichte, hg. v. Albrecht Cordes u. a., Bd. 2, Berlin 2012[2], Sp. 162–165.

Lück 2009 c Heiner Lück: Eine europäische Rechtsmetropole des Mittelalters und der frühen Neuzeit, in: Grundlagen für ein neues Europa. Das Magdeburger und Lübecker Recht in Spätmittelalter und Früher Neuzeit (= Quellen und Forschungen zur Geschichte Sachsen-Anhalts 6), hg. v. Heiner Lück, Mathias Puhle u. Andreas Ranft, Köln/Weimar/Wien 2009, S. 271–286.

Lück 2009 d Heiner Lück: Zur Gerichtsverfassung in den Mutterstädten des Magdeburger und Lübecker Rechts, in: Grundlagen für ein neues Europa. Das Magdeburger und Lübecker Recht in Spätmittelalter und Früher Neuzeit (= Quellen und Forschungen zur Geschichte Sachsen-Anhalts 6), hg. v. Heiner Lück, Matthias Puhle u. Andreas Ranft, Köln/Weimar/Wien 2009, S. 163–182.

Lück 2009 e Heiner Lück: »Deutsches Recht im Osten« – Strukturen, Kontexte und Wirkungen eines sensiblen Forschungsthemas (19. Jh. bis 1990), in: Zeitschrift der Savigny-Stiftung für Rechtsgeschichte. Germanistische Abteilung 126 (2009), S. 175–206.

Lück 2009 f Heiner Lück: Zur Verbreitung des Sachsenspiegels und des Magdeburger Rechts in den baltischen Ländern, in: Baltisch-Europäische Rechtsgeschichte und Lexikographie (= Akademiekonferenzen 3), hg. v. Ulrich Kronauer u. Thomas Taterka, Heidelberg 2009, S. 17–36.

Lück 2010 a Heiner Lück: Art. »Schöffenstuhl«, in: Enzyklopädie der Neuzeit, hg. v. Friedrich Jaeger, Bd. 11: Renaissance – Signatur, Stuttgart/Weimar 2010, Sp. 527–529.

Lück 2010 b Heiner Lück: Art. »Sächsisches Recht«, in: Enzyklopädie der Neuzeit, hg. v. Friedrich Jaeger, Bd. 11: Renaissance – Signatur, Stuttgart/Weimar 2010, Sp. 493–495.

Lück 2010 c Heiner Lück: Spuren des Rechts in der Heimat Eikes von Repgow (= Kulturreisen in Sachsen-Anhalt 10), Dößel 2010.

Lück 2012 a Heiner Lück: Art. »Jaskier, Mikołaj (1504 – um 1560)«, in: Handwörterbuch zur deutschen Rechtsgeschichte, hg. v. Albrecht Cordes u. a., Bd. 2, Berlin 2012[2], Sp. 1355–1356.

Lück 2012 b Heiner Lück: »sollen alle dy von Polen unde die von Behemen ... ir recht zu Halle holen«. Zeugnisse und Erwägungen für Halles Standort in der Magdeburger Stadtrechtsfamilie, in: Halle im Licht und Schatten Magdeburgs. Eine Rechtsmetropole im Mittelalter (= Forschungen zur hallischen Stadtgeschichte 19), hg. v. Heiner Lück, Halle (Saale) 2012, S. 9–36.

Lück 2012 c Heiner Lück: Art. »Halle-Neumarkter Recht«, in: Handwörterbuch zur deutschen Rechtsgeschichte, hg, v. Albrecht Cordes u. a., Bd. 2, Berlin 2012[2], Sp. 671–673.

Lück 2012 d Heiner Lück: Art. »Gerichtsverfassung«, in: Handwörterbuch zur deutschen Rechtsgeschichte, hg. v. Albrecht Cordes u. a., Bd. 2, Berlin 2012[2], Sp. 192–219.

Lück 2012e Heiner Lück: Art. »Gericht«, in: Handwörterbuch zur deutschen Rechtsgeschichte, hg. v. Albrecht Cordes u. a., Bd. 2, Berlin 2012², Sp. 131–143.
Lück 2012f Heiner Lück: Art. »Gemeines Sachsenrecht«, in: Handwörterbuch zur deutschen Rechtsgeschichte, hg. v. Albrecht Cordes u. a., Bd. 2, Berlin 2012², Sp. 77–84.
Lück 2012g Heiner Lück: Was ist und was kann Rechtsarchäologie?, in: Denkströme. Journal der Sächsischen Akademie der Wissenschaften Heft 8 (2012), S. 35–55.
Lück 2013a Heiner Lück: Über den Sachsenspiegel. Entstehung, Inhalt und Wirkung des Rechtsbuches. Mit einem Beitrag zu den Grafen von Falkenstein im Mittelalter von Joachim Schymalla (= Veröffentlichungen der Stiftung Dome und Schlösser in Sachsen-Anhalt 1), Wettin-Löbejün 2013³.
Lück 2013b Heiner Lück: Woher kommt das Lehnrecht des Sachsenspiegels? Überlegungen zu Genesis, Charakter und Struktur, in: Ausbildung und Verbreitung des Lehnswesens im Reich und in Italien im 12. und 13. Jahrhundert (= Vorträge und Forschungen 76), hg. v. Karl-Heinz Spieß, Ostfildern 2013, S. 239–268.
Lück 2013c Heiner Lück: Rechtstransfer und Rechtsverwandtschaft. Zum Einfluss des Magdeburger Stadtrechts im Königreich Böhmen, in: Městské právo ve středni Evropě. Sbornik přispěvků z mezinárodni pravnické konference »Práva městská Královstvi českého« z 19.–21. září 2011, Prag [Kommunalrecht in Mitteleuropa. Sammlung von Beiträgen der internationalen Rechtskonferenz »Die Rechte der Stadt des Königreichs Böhmen« vom 19.–21. September 2011 in Prag], hg. v. Karel Malý u. Jiři Šouša jr., Praha 2013, S. 298–317.
Lück 2014 Heiner Lück: Aspects of the Transfer of the Saxon-Magdeburg Law to Central and Eastern Europe, in: Rechtsgeschichte 22 (2014), S. 79–89.
Lück 2015a Heiner Lück: Die Anfänge des Magdeburger Stadtrechts und seine Verbreitung in Europa. Strukturen, Mechanismen, Dimensionen, in: Sachsen und Anhalt 27 (2015), S. 179–200.
Lück 2015b Von Sachsen-Anhalt in die Welt. Der Sachsenspiegel als europäische Rechtsquelle (= Signa Ivris 14), hg. v. Heiner Lück, Halle (Saale) 2015.
Lück 2015c Heiner Lück: Magdeburger Recht als verbindendes europäisches Kulturphänomen, in: Denkströme 14 (2015), S. 215–221, online abrufbar unter: http://www.denkstroeme.de/heft-14/ [letzter Zugriff am 23.4.2018].
Lück 2015d Heiner Lück: Magdeburgo miesto teisės ištakos ir sklaida Europoje: struktūros, mechanizmai, matmenys [Die Anfänge des Magdeburger Stadtrechts und seine Verbreitung in Europa: Strukturen, Mechanismen, Dimensionen], in: Lietuvos istorijos studijos [Studien zur Geschichte Litauens] 36 (2015), S. 9–26.
Lück 2016a Heiner Lück: Art. »Magdeburger Recht«, in: Handwörterbuch zur deutschen Rechtsgeschichte, hg. v. Albrecht Cordes u. a., Bd. 3, Berlin 2016², Sp. 1127–1136.
Lück 2016b Heiner Lück: Art. »Königsbann«, in: Handwörterbuch zur deutschen Rechtsgeschichte, hg. v. Albrecht Cordes u. a., Bd. 3, Berlin 2016², Sp. 25–27.
Lück 2016c Heiner Lück: Art. »Marktkreuz«, in: Handwörterbuch zur deutschen Rechtsgeschichte, hg. v. Albrecht Cordes u. a., Bd. 3, Berlin 2016², Sp. 1324–1327.
Lück 2016d Heiner Lück: Benedict Carpzov (1595–1666) und das »römisch-sächsische Recht«. Zu seinem 350. Todestag am 31. August 2016, in: Zeitschrift für europäisches Privatrecht 24 (2016), S. 888–927.
Lück 2017a Heiner Lück: Der Sachsenspiegel. Das berühmteste deutsche Rechtsbuch des Mittelalters, Darmstadt 2017.
Lück 2017b Heiner Lück: The Codification of Law in Europe during the 16th century – conceptions, results, effects, in: Lietvos Statutas: Temidės ir klėjos teritorijos. Straipsnių rinkinys [Das Litauische Statut: Die Territorien Temidė und Klejai. Gesammelte Beiträge], hg. v. Irena Valikonytė u. Neringa Šlimienė, Vilnius 2017, S. 17–32.
Lück 2018 Heiner Lück: Urban Law. The Law of Saxony and Magdeburg, in: The Oxford Handbook of European Legal History, hg. v. Heikki Pihlajamäki, Markus D. Dubber u. Mark Godfrey, Oxford 2018, S. 474–508.
Lück/Abašnik 2017 Heiner Lück: Magdeburger Recht als verbindendes europäisches Kulturphänomen [Übersetzung in das Ukrainische von Wolodomir Abašnik: Magdeburs'ke prawo jak s'ednujučij ewropejs'kij kul'turnij fenomen], in: Naukowi Sapiski. Prawo, Ekonomika, Gumanitarni Nauki, 19/1 (2017), S. 80–90.
Lück/Hasse 2005 Heiner Lück u. Claus-Peter Hasse: Hoffnung im Untergang: Das Magdeburger Recht lebt weiter, in: Magdeburg 1200. Mittelalterliche Metropole – Preußische Festung – Landeshauptstadt. Die Geschichte der Stadt von 805 bis 2005, hg. v. Matthias Puhle, Stuttgart/Magdeburg 2005, S. 145.
Lück/Porada 2010 Heiner Lück u. Haik Thomas Porada: Von Huren, Gold und Bernstein. Ein Kriminalfall aus Altdamm. Mit Edition der Akte von 1611, in: Regna firmat pietas. Staat und Staatlichkeit im Ostseeraum. Festgabe zum 60. Geburtstag von Jens E. Oleson, hg. v. Martin Krieger u. Joachim Krüger, Greifswald 2010, S. 241–284.
Lück/Puhle/Ranft 2009 Grundlagen für ein neues Europa. Das Magdeburger und Lübecker Recht in Spätmittelalter und früher Neuzeit (= Quellen und Forschungen zur Geschichte Sachsen-Anhalts 6), hg. v. Heiner Lück, Matthias Puhle u. Andreas Ranft, Köln/Weimar/Wien 2009.
Luschek 1940 Fritz Luschek: Notariatsurkunde und Notariat in Schlesien von den Anfängen (1282) bis zum Ende des 16. Jahrhunderts (= Historisch-Diplomatische Forschungen 5), Weimar 1940.
Łysiak 1990 Ludwik Łysiak: Ius supremum Maydeburgense castri Cracoviensis 1356 –1794. Organisation, Tätigkeit und Stellung des Krakauer Oberhofs in der Rechtsprechung Altpolens (= Ius commune. Sonderhefte 49), Frankfurt (Main) 1990.
Magin 1999 Christine Magin: »Wie es umb der iuden recht stet«. Der Status der Juden in spätmittelalterlichen deutschen Rechtsbüchern (= Göttinger Philosophische Dissertationen D/7), Göttingen 1999.
Maksoudian 1997 Krikor Maksoudian: Armenian Communities in Eastern Europe, in: The Armenian people from ancient to modern times, Vol. 2: Foreign dominion to statehood. The fifteenth century to the twentieth century, hg. v. Richard G. Hovannisian, Basingstoke/Hampshire 1997, S. 51–79.

Maƚƚek 1979 Janusz Małłek: Königliches Preußen, Ordensstaat und Herzogtum Preußen im 15. und 16. Jahrhundert. Entfremdung oder wirtschaftliche und politische Annäherung?, in: Blätter für deutsche Landesgeschichte 115 (1979), S. 1–14.
Małłek 1983 Janusz Małłek: Die Stände des Königlichen Preußen in den Jahren 1525–1660, in: Ständetum und Staatsbildung in Brandenburg-Preußen. Ergebnisse einer internationalen Fachtagung (= Veröffentlichungen der Historischen Kommission zu Berlin 55), hg. v. Peter Baumgart, Berlin (West)/New York 1983, S. 108–128.
Małłek 1988 Janusz Małłek: Prawo chełmińskie w Prusach Krzyżackich (1486–1525) i Prusach Książęcych (1525–1620) [Das Kulmer Recht im Königlichen Preußen (1486–1525) und im Herzogtum Preußen (1525–1620)], in: Studia Culmensia Historico-Juridica. Czyli Księga pamiątkowa 750-lecia prawa chełmińskiego [Gedenkband zum 750 Jubiläum des Kulmer Rechts], Bd. 2, hg v. Zbigniew Zdrójkowski, Toruń 1988, S. 131–148 [enthält eine deutsche Zusammenfassung].
Małłek 2014 Janusz Małłek: Dwie części Prus. Studia z dziejów Prus Książęcych i Prus Królewskich w XVI i XVII wieku [Die zwei Teile Preußens. Studien zum Herzoglichen und Königlichen Preußen im 16. und 17. Jh.], Toruń 2014[2].
Mankowski 2016 Peter Mankowski: Rechtskultur (= Beiträge zum ausländischen und internationalen Privatrecht 115), Tübingen 2016.
Markmann 1936 Fritz Markmann: Zur Geschichte des Magdeburger Rechtes, in: Magdeburg in der Politik der deutschen Kaiser. Beiträge zur Geopolitik und Geschichte des ostfälischen Raums. Anläßlich der 1000jährigen Wiederkehr der Thronbesteigung Ottos des Großen, hg. v. d. Stadt Magdeburg, Heidelberg/Berlin 1936, S. 81–128.
Markmann 1938 Fritz Markmann: Zur Geschichte des Magdeburger Rechts, Stuttgart/Berlin 1938.
von Martitz 1873 Ferdinand von Martitz: Die Magdeburger Fragen, in: Zeitschrift der Savigny-Stiftung für Rechtsgeschichte. Germanistische Abteilung 11 (1873), S. 401–431.
Märtl 1987 Claudia Märtl: Zum »Traum« des Hans von Hermansgrün, in: Zeitschrift für Historische Forschung 14 (1987), S. 257–264.
Matchauzerova 1976 Svetla Matchauzerova: Drevnerusskie teorii iskusstva slova [Altrussische Theorien der Wortkunst], Praha 1976.
Maurer 2012 Andreas Maurer: Lex Maritima. Grundzüge eines transnationalen Seehandelsrechts (= Studien zum ausländischen und internationalen Privatrecht 272), Tübingen 2012.
Meier 1994 a Die okzidentale Stadt nach Max Weber (= Historische Zeitschrift Beihefte 17), hg. v. Christian Meier, München 1994.
Meier 1994 b Ulrich Meier: Mensch und Bürger. Die Stadt im Denken spätmittelalterlicher Theologen, Philosophen und Juristen, München 1994.
Meier 1996 Ulrich Meier: Vom Mythos der Republik. Formen und Funktionen spätmittelalterlicher Rathausikonographie in Deutschland und Italien, in: Mundus in inmagine, Festgabe für Klaus Schreiner, hg. v. Andrea Löther u. Gabriela Signori, München 1996, S. 345–387.
Meier 2003 Ulrich Meier: Freiheit und Recht, Rat und Tat. Zur Selbstdarstellung des Stadtbürgertums in den Bildprogrammen niederdeutscher Rathäuser des späten Mittelalter und der frühen Neuzeit, in: Mittelalterliche Rathäuser in Niedersachsen und Bremen. Geschichte – Kunst – Erhaltung (= Schriften des Hornemann Instituts 6), hg. von Ursula Schädler-Saub u. Angela Weyer, Petersberg 2003, S. 35–48.
Meller/Schenkluhn/Schmuhl 2012 Königin Editha und ihre Grablegen in Magdeburg (= Archäologie in Sachsen-Anhalt. Sonderband 18), hg. v. Harald Meller, Wolfgang Schenkluhn u. Boje Schmuhl, Halle (Saale) 2012.
Merkel 1973 Gottfried Felix Merkel: Das Aufkommen der deutschen Sprache in den städtischen Kanzleien des ausgehenden Mittelalters (= Beiträge zur Kulturgeschichte des Mittelalters und der Renaissance 45), fotomechanischer Nachdruck [der Ausgabe Leipzig/Berlin 1930], Hildesheim 1973.
Methner 1933 Arthur Methner: Die kulmische Handfeste in ihren Beziehungen zu Schlesien, in: Zeitschrift des Vereins für Geschichte Schlesiens 67 (1933), S. 32–45.
Metzger 2009 Axel Metzger: Extra legem, intra ius: Allgemeine Rechtsgrundsätze im europäischen Privatrecht (= Beiträge zum ausländischen und internationalen Privatrecht 89), Tübingen 2009.
Meyer 1994 Rudolf Meyer: Bona fides und lex mercatoria in der europäischen Rechtstradition (= Quellen und Forschungen zum Recht und seiner Geschichte 5), Göttingen 1994.
Meyer 2009 Tim Meyer: Gefahr vor Gericht. Die Formstrenge im sächsisch-magdeburgischen Recht (= Forschungen zur deutschen Rechtsgeschichte 26), Köln/Weimar/Wien 2009.
Meyer/Suntrup 1987 Heinz Meyer u. Rudolf Suntrup: Lexikon der mittelalterlichen Zahlenbedeutungen (= Münstersche Mittelalter-Schriften 56), München 1987.
Mikuła 2018 Maciej Mikuła: Prawo miejskie magdeburskie (Ius municipale Magdeburgense) w Polsce XIV – pocz. XVI w. Studium o ewolucji i adaptacji prawa [Das Ius municipale Magdeburgense in Polen, 14. – frühes 16. Jh. Eine Studie über die Entwicklung und Anpassung des Rechts], Kraków 2018.
Militzer 1989 Klaus Militzer: Schreinseintragungen und Notariatsinstrumente in Köln, in: Notariado público y documento privado: de los orígenes al siglo XIV [Öffentliches Notariat und privates Dokument: Von den Anfängen bis zum 14. Jh.], hg. v. José Trenchs, València 1989, S. 1195–1224.
Mincer 1968 Franciszek Mincer: Rezension zu: Charlotte-Anna Schierling: Der Westpreußische Ständestaat 1570–1586 (= Wissenschaftliche Beiträge zur Geschichte und Landeskunde Ost-Mitteleuropas 77), Marburg/Lahn 1966, in: Zapiski Historyczne 33/3 (1968), S. 265–269.
Mitkowski 1978 Józef Mitkowski: Nationality Problems and Patterns in Medieval Polish Towns. The Exemple of Cracow, in: Zeszyty Naukowe Uniwersytetu Jagiellońskiego. Prace Historyczne 59 (1978), S. 31–42.

Mittermeier 1842 Carl Joseph Anton Mittermeier: Grundsätze des gemeinen deutschen Privatrechts mit Einschluß des Handels-, Wechsel- und Seerechts, I. Abt., Regensburg 1842.
Młynarska-Kaletynowa 1986 Marta Młynarska-Kaletynowa: Wrocław w XII-XIII wieku. Przemiany społeczne i osadnicze [Breslau im 12. und 13. Jh. Siedlungs- und Sozialwandel], Wrocław 1986.
Mnacakanian 2011 Piruza Mnacakanian: Ormianie w Krakowie do końca XV wieku [Armenier in Krakau bis zum Ende des 15. Jh.], in: Kultura religijna i społeczna Małopolski od XIII do XVI wieku [Religiöse und gesellschaftliche Kultur Kleinpolens vom 13. bis zum 16. Jh.], hg. v. Wiktor Szymborski u. Janusz Kozioł, Tarnów 2011, S. 167–177.
Mock 2007 Markus Leo Mock: Kunst unter Erzbischof Ernst von Magdeburg, Berlin 2007.
Moeglin/Péquignot 2017 Jean-Marie Moeglin u. Stéphane Péquignot: Diplomatie et »relations internationals« au Moyen Age (IXe – XVe siècle) (= Nouvelle Clio), Paris 2017.
Moeller 1977 Bernd Moeller: Deutschland im Zeitalter der Reformation (= Deutsche Geschichte 4), Göttingen 1977.
Moeller 1987 Bernd Moeller: Reichsstadt und Reformation, Neuausgabe Berlin 1987.
Moldt 2009 Dirk Moldt: Deutsche Stadtrechte im mittelalterlichen Siebenbürgen. Korporationsrechte – Sachsenspiegelrecht – Bergrecht (= Studia Transylvanica 37), Köln/Weimar/Wien 2009.
Moldt 2015 Dirk Moldt: Sächsisch-magdeburgisches Recht bei den Siebenbürger Sachsen, in: Von Sachsen-Anhalt in die Welt. Der Sachsenspiegel als europäische Rechtsquelle (= Signa Ivris 14), hg. v. Heiner Lück, Halle (Saale) 2015, S. 233–252.
Molenda 1978 Danuta Molenda: Dzieje Olkusza do 1795 roku [Geschichte der Stadt Olkusz bis 1795], in: Dzieje Olkusza i regionu olkuskiego [Geschichte der Stadt und Region Olkusz], Bd. 1, hg. v. Feliks Kiryk u. Ryszard Kołodziejczyk, Warszawa 1978, S. 147–340.
Montgomery 2000 Scott Lyons Montgomery: Science in Translation. Movements of Knowledge through Cultures and Time, Chicago 2000.
Moraw 1989 Peter Moraw: Von offener Verfassung zu gestalteter Verdichtung. Das Reich im späten Mittelalter 1250 bis 1490, Frankfurt (Main)/Berlin (West) 1989.
Moraw 2001 Akkulturation und Selbstbehauptung. Studien zur Entwicklungsgeschichte der Lande zwischen Elbe/Saale und Oder im späten Mittelalter (= Berichte und Abhandlungen. Sonderband 6), hg. v. Peter Moraw, Berlin 2001.
Mühle 2011 Eduard Mühle: Einleitung, in: Rechtsstadtgründungen im mittelalterlichen Polen (= Städteforschung A/83), hg. v. Eduard Mühle, Köln/Weimar/Wien 2011, S. 1–11.
Müller 2017 Jan-Dirk Müller: »Episches« Erzählen. Erzählformen früher volkssprachiger Schriftlichkeit (= Philologische Studien und Quellen 259), Berlin 2017.
Müller/Reiche 2017 Zentrum oder Peripherie? Kulturtransfer in Hildesheim und im Raum Niedersachsen (12.–15. Jahrhundert) (= Wolfenbütteler Mittelalter-Studien 32), hg. v. Monika E. Müller u. Jens Reiche, Wiesbaden 2017.
von Münch 2011 Ingo von Münch: Rechtspolitik und Rechtskultur. Kommentare zum Zustand der Bundesrepublik Deutschland, Berlin 2011.
Munzel 1984 Dietlinde Munzel: Art. »Ofener Stadtrechtsbuch«, in: Handwörterbuch zur deutschen Rechtsgeschichte, hg. v. Adalbert Erler u. a., Bd. 3, Berlin (West) 1984, Sp. 1184–1186.
Munzel-Everling 2005 Dietlinde Munzel-Everling: Rolande, die europäischen Rolanddarstellungen und Rolandfiguren, Dößel 2005.
Musílek 2012 Havelské město ve středověku. Historie, archeologie, stavební historie [Die St. Gallus-Stadt im Mittelalter. Geschichte, Archäologie, Baugeschichte], hg. v. Martin Musílek, Praha 2012.
Muszyńska 1998 Jadwiga Muszyńska: Żydzi w miastach województwa sandomierskiego i lubelskiego w XVIII wieku [Die Juden in den Städten der Wojewodschaften Sandomierz und Lublin im 18. Jh.], Kielce 1998.
Müßig 2012 Ulrike Müßig: Verfügungen von Todes wegen in den Hallischen Schöffenbüchern, in: Halle im Licht und Schatten Magdeburgs. Eine Rechtsmetropole im Mittelalter (= Forschungen zur hallischen Stadtgeschichte 19), hg. v. Heiner Lück, Halle (Saale) 2012, S. 130–150.
Mynarska-Kaletynowa/Eysymontt 2001 Atlas Historyczny Miast Polskich [Historischer Atlas polnischer Städte], T. VI., śląsk [Schlesien], H. 1, bearb. v. Marta Mynarska-Kaletynowa u. Rafał Eysymontt, Wrocław 2001.
Naworski 1988 Zbigniew Naworski: Uwagi o roli prowincji Pruskiej w strukturze federacyjnej Rzeczypospolitej w XVII wieku [Anmerkungen zur Rolle der preußischen Provinz in der föderalen Struktur der Republik im 17. Jh.], in: Zapiski Historyczne 53 (1988), S. 131–142.
Naworski 1992 Zbigniew Naworski: Sejmik generalny Prus Królewskich 1569–1772. Organizacja i funkcjonowanie na tle systemu zgromadzeń stanowych prowincji [Die Generalversammlungen im Königlichen Preußen 1569–1772. Organisation und Funktion vor dem Hintergrund des landesstaatlichen Versammlungssystems], Toruń 1992 [enthält eine deutsche Zusammenfassung].
Naworski 2004 Zbigniew Naworski: Szlachecki wymiar sprawiedliwości w Prusach Królewskich 1454–1772. Organizacja i funkcjonowanie [Die Adelige Gerechtigkeit im Königlichen Preußen 1454–1772. Organisation und Funktionsweise], Toruń 2004 [enthält eine deutsche Zusammenfassung].
Nehlsen 2004 Hermann Nehlsen: WS 2004/2005: Quellen zur Vorlesung Deutsche Rechtsgeschichte – Teil 3, Ludwig-Maximilians-Universität München, München 2004.
Nehlsen-von Stryk 1997 Karin Nehlsen-von Stryk: Das sächsisch-magdeburgische Recht in der Spruchtätigkeit des Oberhofs des deutschen Rechts auf der Burg zu Krakau, in: Wirkungen europäischer Rechtskultur. Festschrift für Karl Kroeschell zum 70. Geburtstag, hg. v. Gerhard Köbler u. Hermann Nehlsen, München 1997, S. 829–850.

Netzwerk Transkulturelle Verflechtungen 2016 Transkulturelle Verflechtungen. Mediävistische Perspektiven, hg. v. Netzwerk Transkulturelle Verflechtungen, Göttingen 2016.

Neubauer 1916 Ernst Neubauer: Magdeburgs Roland, in: Geschichtsblätter für Stadt und Land Magdeburg 49/50 (1914/15), Magdeburg 1916, S. 403–450.

Neubauer 1931 Ernst Neubauer: Häuserbuch der Stadt Magdeburg 1631–1720, Teil 1 (= Geschichtsquellen der Provinz Sachsen und des Freistaates Anhalt. Neue Reihe Bd. 12), Magdeburg 1931.

Neugebauer/Brandl 2012 Anke Neugebauer u. Heiko Brandl: ubi sancta requiescit Aedith – Das Grabmal der Königin Editha im Magdeburger Dom, in: Königin Editha und ihre Grablegen in Magdeburg (= Archäologie in Sachsen-Anhalt. Sonderband 18), hg. v. Harald Meller, Wolfgang Schenkluhn u. Boje Schmuhl, Halle (Saale) 2012, S. 33–54.

Neuhaus 2001 Helmut Neuhaus: Art. »Pappenheim, Gottfried Heinrich Freiherr zu, Graf«, in: Neue Deutsche Biographie, hg. v. Hans Günter Hockerts, Bd. 20, Berlin 2001, S. 51–52, online abrufbar unter: www.deutsche-biographie.de/artikelNDB_pnd119020572.html [letzter Zugriff am 11. 12. 2017].

New 2008 Elizabeth A. New: Seals and Status in Medieval English Towns. A Case-study of London, Newcastle and Durham, in: Good impressions. Image and authority in Medieval Seals (= British Museum Research Publication 168), hg. v. Noel Adams u. a., London 2008, S. 35–41.

Nickel 1964 Ernst Nickel: Der »Alte Markt« in Magdeburg, in: Deutsche Akademie der Wissenschaften zu Berlin, Schriften der Sektion für Vor- und Frühgeschichte, Ergebnisse der archäologischen Stadtkernforschung in Magdeburg T. 2, hg. v. Wilhelm Unverzagt, Berlin (Ost) 1964.

Niendorf 2006 Mathias Niendorf: Das Großfürstentum Litauen. Studien zur Nationalbildung in der Frühen Neuzeit (1569–1795) (= Veröffentlichungen des Nordost-Instituts 3), Wiesbaden 2006.

Nikolicza 2012 Erika Nikolicza: Boroszló és Görlitz lehetséges szerepe a budaiak magdeburgi joggal való megismerkedésében [Die mögliche Rolle von Breslau und Görlitz bei der Einführung des Magdeburger Rechts in Ofen], in: Tiszteletkör. Történeti tanulmányok Draskóczy István egyetemi tanár 60. születésnapjára [Ehrenkreis. Sammlung historischer Beiträge anlässlich des 60. Geburtstags von Prof. István Draskóczy], hg. v. Gábor Mikó, Bence Péterfi u. András Vadas, Budapest 2012, S. 155–163.

Nippel 1999 Die Stadt (= Max Weber Gesamtausgabe, Abt. 1: Schriften und Reden, Bd. 22. Wirtschaft und Gesellschaft; Tbd. 5), hg. v. Wilfried Nippel, Tübingen 1999.

Noga 1992 Zdzisław Noga: Władze miejskie [Die Stadtbehörden], in: Dzieje miasta Nowego Sącza [Geschichte der Stadt Nowy Sącz], Bd. 1, hg. v. Feliks Kiryk, Warszawa 1992, S. 122–137.

Noga 2007 a Historical atlas of Polish Towns, Bd. 5: Lesser Poland, H. 1: Kraków, hg. v. Zdzisław Noga, Kraków 2007.

Noga 2007 b Zdzisław Noga: Krakowska rada miejska w XVI wieku. Studium o elicie władzy [Der Krakauer Rat im 16. Jh. Studien über die Herrschaftselite], Kraków 2007.

Noga 2011 Elita władzy i jej związki z miastami Europy w średniowieczu i epoce nowożytnej (do połowy XVII wieku) [Die Krakauer Herrschaftselite und ihre Kontakte mit den Städten Europas im Mittelalter und in der Frühen Neuzeit (bis zur Mitte des 17. Jh.)], hg. v. Zdzisław Noga, Kraków 2011.

Noga 2014 Historical atlas of Polish Towns, Bd. 5: Lesser Poland, H. 2: Sandomierz, hg. v. Zdzisław Noga, Sandomierz/Kraków 2014.

Nový 1984 Rostislav Nový: K počátkům středověké Prahy [Zu den Anfängen des mittelalterlichen Prags], in: Documenta pragensia 4 (1984), S. 27–42.

Obert 2014 Katarina Obert: Rathaus-Katalog, in: Das Lüneburger Rathaus. Ergebnisse der Untersuchungen 2008 bis 2011, Bd. 2 (= Beiträge zur Architektur- und Kulturgeschichte der Leibniz Universität Hannover 10), hg. v. Joachim Ganzert, Petersberg 2014, S. 354–385.

Ochmański 1990 Jerzy Ochmański: Historia Litwy [Geschichte Litauens], Wrocław/Warszawa/Kraków 1990.

Oestmann 2008 Peter Oestmann: Art. »Aktenversendung«, in: Handwörterbuch zur deutschen Rechtsgeschichte, hg. v. Albrecht Cordes u. a., Bd. 1, Berlin 2008², Sp. 128–132.

Oestmann 2009 Peter Oestmann: Lübisches und sächsisch-magdeburgisches Recht in der Rechtspraxis des spätmittelalterlichen Reiches, in: Grundlagen für ein neues Europa. Das Magdeburger und Lübecker Recht in Spätmittelalter und Früher Neuzeit (= Quellen und Forschungen zur Geschichte Sachsen-Anhalts 6), hg. v. Heiner Lück, Matthias Puhle u. Andreas Ranft, Köln/Weimar/Wien 2009, S. 183–222.

Oestmann 2015 a Peter Oestmann: Wege zur Rechtsgeschichte: Gerichtsbarkeit und Verfahren (= UTB Rechtsgeschichte, Rechtswissenschaft 4295), Köln/Weimar/Wien 2015.

Oestmann 2015 b Peter Oestmann: Gemeines Recht und Rechtseinheit. Zum Umgang mit Rechtszersplitterung und Rechtsvielfalt in Mittelalter und Neuzeit, in: Hierarchie, Kooperation und Integration im europäischen Rechtsraum (= Abhandlungen der Akademie der Wissenschaften in Göttingen, philologisch-historische Klasse N. F. 38), hg. v. Eva Schumann, Berlin/Boston 2015, S. 1–49.

Ohler Norbert Ohler: Reisen im Mittelalter, Düsseldorf/Zürich 2004⁴.

Ohm 2002 Matthias Ohm: Das Braunschweiger Altstadtrathaus (=Braunschweiger Werkstücke, Reihe A/49), Braunschweig 2002.

Olbrich/Strauß 2004 Harald Olbrich u. Gerhard Strauß: Lexikon der Kunst: Architektur, bildende Kunst, angewandte Kunst, Industrieformgestaltung, Kunsttheorie, Bd. 2: Cin – Gree, Leipzig 2004².

Oltrogge 2017 Doris Oltrogge: »… tibi quaterniones, corium, colorem et sericum transmisi …«. Überlegungen zur Verfügbarkeit von Materialien für die Handschriftenherstellung in Hoch- und Spätmittelalter, in: Zentrum oder Peripherie? Kulturtransfer in Hildesheim und im

Raum Niedersachsen (12.–15. Jahrhundert) (= Wolfenbütteler Mittelalter-Studien 32), hg. v. Monika E. Müller u. Jens Reiche, Wiesbaden 2017, S. 75–92.

Oppitz 1990 a Ulrich-Dieter Oppitz: Deutsche Rechtsbücher des Mittelalters, Bd. 1: Beschreibung der Rechtsbücher, Köln/Wien 1990.

Oppitz 1990 b Ulrich-Dieter Oppitz: Deutsche Rechtsbücher des Mittelalters, Bd. 2: Beschreibung der Handschriften, Köln/Wien 1990.

Oppitz 1996 Ulrich-Dieter Oppitz: Ergänzungen zu »Deutsche Rechtsbücher des Mittelalters und ihre Handschriften«, in: Zeitschrift der Savigny-Stiftung für Rechtsgeschichte. Germanistische Abteilung 113 (1996), S. 345–361.

Oppitz 1997 Ulrich-Dieter Oppitz: Ergänzungen zu »Deutsche Rechtsbücher des Mittelalters und ihre Handschriften«, in: Zeitschrift der Savigny-Stiftung für Rechtsgeschichte. Germanistische Abteilung 114 (1997), S. 444–453.

Oppitz 2000 Ulrich-Dieter Oppitz: Ergänzungen zu »Deutsche Rechtsbücher des Mittelalters und ihre Handschriften«, in: Zeitschrift der Savigny-Stiftung für Rechtsgeschichte. Germanistische Abteilung 117 (2000), S. 640–651.

Oppitz 2003 Ulrich-Dieter Oppitz: Ergänzungen zu »Deutsche Rechtsbücher des Mittelalters und ihre Handschriften«, in: Zeitschrift der Savigny-Stiftung für Rechtsgeschichte. Germanistische Abteilung 120 (2003), S. 371–375.

Oppitz 2011 Ulrich-Dieter Oppitz: Ergänzungen zu »Deutsche Rechtsbücher des Mittelalters und ihre Handschriften«, in: Zeitschrift der Savigny-Stiftung für Rechtsgeschichte. Germanistische Abteilung 128 (2011), S. 440–454.

Oppitz 2014 Ulrich-Dieter Oppitz: Ergänzungen zu »Deutsche Rechtsbücher des Mittelalters und ihre Handschriften«, in: Zeitschrift der Savigny-Stiftung für Rechtsgeschichte. Germanistische Abteilung 131 (2014), S. 400–417.

Oppitz 2015 Ulrich-Dieter Oppitz: Ergänzungen zu »Deutsche Rechtsbücher des Mittelalters und ihre Handschriften«, in: Zeitschrift der Savigny-Stiftung für Rechtsgeschichte. Germanistische Abteilung 132 (2015), S. 463–478.

Oppitz 2016 a Ulrich-Dieter Oppitz: Ergänzungen zu »Deutsche Rechtsbücher des Mittelalters und ihre Handschriften«, in: Zeitschrift der Savigny-Stiftung für Rechtsgeschichte. Germanistische Abteilung 133 (2016), S. 484–487.

Oppitz 2016 b Ulrich Dieter Oppitz: Art. »Meißner Rechtsbuch«, in: Handwörterbuch zur deutschen Rechtsgeschichte, hg. v. Albrecht Cordes u. a., Bd. 3, Berlin 2016[2], Sp. 1431–1433.

Otamanowskyj 1958 Valentyna Dmyprovich Otamanowsky: Razvitiye gorodskogo stroya na Ukraine v XIV–XVIII vekakh i Magdebrgskoye pravo [Entwicklung der städtischen Ordnungen in der Ukraine im 14.–18. Jh. und das Magdeburger Recht], in: Voprosy Istorii 3 (1958), S. 122–135.

Palmer 1989 Nigel F. Palmer: Kapitel und Buch. Zu den Gliederungsprinzipien mittelalterlicher Bücher, in: Frühmittelalterliche Studien 23 (1989), S. 43–88.

Papsonová 2014 Mária Papsonová: Sasko-magdeburské právo na Slovensku. Krajinské právo v Žilinské knihe [Sächsisch-magdeburgisches Recht in der Slowakei. Landrecht im Silleiner Rechtsbuch], Bratislava/Žilina 2014.

Paravicini 1989–1995 Werner Paravicini: Die Preußenreisen des europäischen Adels (= Beihefte Francia 17), 2. Bde, Sigmaringen 1989–1995.

Päsler 2003 Ralf G. Päsler: Deutschsprachige Sachliteratur im Preußenland bis 1500. Untersuchungen zu ihrer Überlieferung (= Aus Archiven, Bibliotheken und Museen Mittel- und Osteuropas 2), Köln 2003.

Pätzold 2004 Stefan Pätzold: Streit in der Stadt: Konflikte zwischen den Erzbischöfen und den Bewohnern Magdeburgs im hohen und späten Mittelalter, in: Bischof und Bürger: Herrschaftsbeziehungen in den Kathedralstädten des Hoch- und Spätmittelalters (= Veröffentlichungen des Max-Planck-Instituts für Geschichte 206; Studien zur Germania Sacra 26), hg. v. Uwe Grieme, Nathalie Kruppa u. Stefan Pätzold, Göttingen 2004.

Paul 1985 Jürgen Paul: Rathaus und Markt, in: Stadt im Wandel. Kunst und Kultur des Bürgertums in Norddeutschland 1150–1650. Ausstellungskatalog Landesausstellung Niedersachsen 1985, hg. v. Cord Meckseper, (Ausstellung im Braunschweigischen Landesmuseum), Bd. 4, Stuttgart/Bad Cannstatt 1985, S. 89–118.

Pauli 1841 Carl Wilhelm Pauli: Abhandlungen aus dem lübischen Rechte. Größtentheils nach ungedruckten Quellen, T. 3, Lübeck 1841.

Pauli 1865 Carl Wilhelm Pauli: Abhandlungen aus dem lübischen Rechte. Größtentheils nach ungedruckten Quellen, T. 4, Lübeck 1865.

Pennington 2015 Kenneth Pennington: Protestant Ecclesiastical Law and the Ius Commune, in: Rivista Internazionale di Diritto Comune 26 (2015), S. 9–35, online abrufbar unter: http://scholarship.law.edu/cgi/viewcontent.cgi?article=1959&context=scholar [letzter Zugriff am 30.9.2017].

Perrin 2009 Marion Perrin: Fotokopierte und transliterierte Magdeburger Schöffensprüche (1940–1945). Zu den Beständen im Magdeburger Stadtarchiv, in: Grundlagen für ein neues Europa. Das Magdeburger und Lübecker Recht in Spätmittelalter und Früher Neuzeit (= Quellen und Forschungen zur Geschichte Sachsen-Anhalts 6), hg. v. Heiner Lück, Matthias Puhle u. Andreas Ranft, Köln/Weimar/Wien 2009, S. 223–237.

Peters 1902 Otto Peters: Magdeburg und seine Baudenkmäler. Eine baugeschichtliche Studie, zugleich Führer zu Magdeburgs alten Bauten, Magdeburg 1902.

Peters 1983 Ursula Peters: Literatur in der Stadt. Studien zu den sozialen Voraussetzungen und kulturellen Organisationsformen städtischer Literatur im 13. und 14. Jahrhundert (= Studien und Texte zur Sozialgeschichte der Literatur 7), Tübingen 1983.

Peters 2004 Ursula Peters: Stadt, »Bürgertum« und Literatur im 13. Jahrhundert. Probleme einer sozialgeschichtlichen Deutung des »Pfaffen Amîs«, in: Ursula Peters: Von der Sozialgeschichte zur Kulturwissenschaft. Aufsätze 1973–2000, hg. v. Susanne Bürkle, Lorenz Deutsch u. Timo Reuvekamp-Felber, Tübingen/Basel 2004, S. 19–35.

Petersen 2003 Heidemarie Petersen: Judengemeinde und Stadtgemeinde in Polen. Lemberg 1356–1581 (= Forschungen zur osteuropäischen Geschichte 61), Wiesbaden 2003.

Petrowicz 1971 Gregorio Petrowicz: La chiesa Armena in Polonia [Die armenische Kirche in Polen], Bd. 1: 1350–1624, Roma 1971.

Petter 2002 Andreas Petter: Mittelalterliche Stadtbücher und ihre Erschließung. Grundlagen und Gestaltung quellenkundlicher Arbeiten zur mitteldeutschen Überlieferung, in: Sachsen und Anhalt 24 (2002), S. 189–245.

Petter 2006 Andreas Petter: Schriftorganisation, Kulturtransfer und Überformung. Drei Gesichtspunkte zur Entstehung, Funktion und Struktur städtischer Amtsbuchüberlieferung aus dem Mittelalter, in: Verwaltung und Schriftlichkeit in den Hansestädten (= Hansische Studien 16), hg. v. Jürgen Sarnowsky, Trier 2006, S. 17–63.

Pettinger 2007 Silke Pettinger: Vermögenserhaltung und Sicherung der Unternehmensfortführung durch Verfügungen von Todes wegen. Eine Studie der Frühen Augsburger Neuzeit (= Augsburger Schriften zur Rechtsgeschichte 5), Berlin/Münster 2007.

Pfitzner 1926 Josef Pfitzner: Die Tabula proscriptorum Nizensium et provincie. Ein Beitrag zur Entstehung des Stadtbuch- und öffentlichen Bücherwesens, in: Jahrbuch des Vereins für Geschichte der Deutschen in Böhmen 1 (1926), S. 33–42.

Piechotka 2008 Maria Piechotka: Kazimierz Piechotka, Krajobraz z menorą. Żydzi w miastach i miesteczkach dawnej Rzeczypospolitej [Die Landschaft mit Menora. Die Juden in den Städten und Städtchen der alten Republik Polen], Wrocław 2008.

Piekalski 2014 Jerzy Piekalski: Prague, Wrocław and Krakow: Public and Private Space at the Time of the Medieval Transition (= Wratislavia Antiqua 19), Wrocław 2014.

Pieradzka 1958 Krystyna Pieradzka: Przedsiębiorstwa kopalniane mieszczan krakowskich w Olkuszu od XV do początków XVII wieku [Die Bergwerkunternehmen der Krakauer Stadtbürger in Olkusz vom 15. bis Anfang 17. Jh.], in: Zeszyty Naukowe Uniwersytetu Jagiellońskiego 16, Historia 3 (1958), S. 35–77.

Pietkiewicz 1995 Krzysztof Pietkiewicz: Wielkie Księstwo Litewskie pod rządami Alexandra Jagiełłończyka. Studia nad dziejami państwa i społeczeństwa na przelomie XV i XVI wieku [Das Großfürstentum Litauen unter der Herrschaft von Alexander Jagiełło. Studie über die Staats- und Gesellschaftsgeschichte an der Wende vom 15. zum 16. Jh.], Poznań 1995.

Piirainen 1986 Ilpo Tapani Piirainen: Das Stadt- und Bergrecht von Banská Štiavnica/Schemnitz. Untersuchungen zum Frühneuhochdeutschen in der Slowakei (= Veröffentlichungen des Germanistischen Instituts der Universität Oulu 6), Oulu 1986.

Pilch 2009 Martin Pilch: Der Rahmen der Rechtsgewohnheiten. Kritik des Normensystemdenkens entwickelt am Rechtsbegriff der mittelalterlichen Rechtsgeschichte, Wien/Köln/Weimar 2009.

Piotrowicz 1990 a Józef Piotrowicz: Dzieje miasta Wieliczki w wiekach średnich [Die Geschichte der Stadt Wieliczka im Mittelalter], in: Wieliczka. Dzieje miasta (do roku 1980) [Wieliczka. Geschichte der Stadt (bis 1980)], hg. v. Stanisław Gawęda, Kraków 1990, S. 65–113.

Piotrowicz 1990 b Józef Piotrowicz: Wieliczka w latach 1520–1657 [Wieliczka in den Jahren 1520–1657], in: Wieliczka. Dzieje miasta (do roku 1980) [Wieliczka. Geschichte der Stadt (bis 1980)], hg. v. Stanisław Gawęda, Kraków 1990, S. 125–173.

Pitz 1959 Ernst Pitz: Schrift- und Aktenwesen der städtischen Verwaltung im Spätmittelalter, Köln, Nürnberg, Lübeck. Beitrag zur vergleichenden Städteforschung und zur spätmittelalterlichen Aktenkunde (= Mitteilungen aus dem Stadtarchiv von Köln 45), Köln 1959.

von Planck 1879 Johann Julius Wilhelm von Planck: Das Deutsche Gerichtsverfahren im Mittelalter. Nach dem Sachsenspiegel und den verwandten Rechtsquellen, Bd. 2, Braunschweig 1879.

Planitz 1935 Hans Planitz: Das Kölner Recht und seine Verbreitung in der späteren Kaiserzeit, in: Zeitschrift der Savigny-Stiftung für Rechtsgeschichte. Germanistische Abteilung 55 (1935), S. 131–168.

Planitz 1954 Hans Planitz: Die deutsche Stadt im Mittelalter. Von der Römerzeit bis zu den Zunftkämpfen, Graz 1954.

Popovič 2011 Orest S. Popovič: Organy samovrjaduvannja i pravo virmens'kich hromad v Ukraïni (XIV–XVIII st.) [Selbstverwaltungsorgane und Recht der armenischen Gemeinschaften in der Ukraine (14.–18. Jh.)], Drohobyč 2011.

Pötschke 1999 Dieter Pötschke: Einführung, in: Rolande, Kaiser und Recht. Zur Rechtsgeschichte des Harzraums und seiner Umgebung (Harz-Forschungen 11), hg. v. Dieter Pötschke, Berlin 1999, S. 11–27.

Pötschke 2014 a Dieter Pötschke: Rezension zu: Halle im Licht und Schatten Magdeburgs (= Forschungen zur hallischen Stadtgeschichte 19), hg. v. Heiner Lück, Halle (Saale) 2012, in: Harz-Zeitschrift 66 (2014), 198–199.

Pötschke 2014 b Dieter Pötschke: Textfragment eines Stadt- oder Schöffenrechts von Burg, in: Das Burger Landrecht und sein rechtshistorisches Umfeld. Zur Geschichte der Landrechte und ihrer Symbolik im Mittelalter von Rügen bis Niederösterreich (= Harz-Forschungen 30), hg. v. Dieter Pötschke, Gerhard Lingelbach u. Bernd Feicke, Berlin 2014, S. 194–217.

Pötschke 2017 Dieter Pötschke: Zur Ausstrahlung des Goslarer Rechts auf andere Städte, in: Stadtrechte, Willküren und Polizeiordnungen, T. 1: Goslar und Wernigerode (= Harz-Forschungen 32), hg. v. Dieter Pötschke, Wilhelm Brauneder u. Gerhard Lingelbach, Berlin/Wernigerode 2017, S. 27–51.

Priegnitz 1962 Werner Priegnitz: Magdeburg um 1600. Ein Führer zum Stadtmodell (Kulturhistorisches Museum Magdeburg, Kleine Schriftenreihe H. 1), Magdeburg o. J. [1962].

Prodi 1997 Paolo Prodi: Das Sakrament der Herrschaft (= Schriften des Italienisch-Deutschen Historischen Instituts in Trient 11), Berlin 1997.
Pröhle 1856 Heinrich Pröhle: Unterharzische Sagen. Mit Anmerkungen und Abhandlungen, Aschersleben 1856.
Prowe 1868 Leopold Prowe: Westpreußen in seiner geschichtlichen Stellung zu Deutschland und Polen, Toruń 1868.
Przeszkodziński 1851 Antoni Przeszkodziński: Zasady praw dawnych polskich o spadkach [Grundsätze der altpolnischen Erbrechtsangelegenheiten], in: Biblioteka Warszawska 3 (1851), S. 211–253.
Pugačiauskas 2001 Virgilijus Pugačiauskas: Vilniaus savivaldos institucijos XIX a. I pusėje: istorinis-teisinis aspektas [Selbstverwaltungsinstitutionen von Vilnius in der 1. Hälfte des 19. Jh.: historisch-rechtlicher Aspekt], in: Lietuvos istorijos metraštis. 2000 metai, 2001, S. 147–163.
Puhle 2005 a Matthias Puhle: Geschichte Magdeburgs von 1330 bis zum Ende des 15. Jahrhunderts, in: Magdeburg. Die Geschichte der Stadt 805–2005, hg. v. Matthias Puhle u. Peter Petsch, Dößel 2005, S. 123–135.
Puhle 2005 b Matthias Puhle: Magdeburg im Mittelalter. Der Weg von der Pfalz Ottos des Großen bis zur Hansestadt um 1500, Halle (Saale) 2005.
Puhle 2007 Matthias Puhle: Magdeburg – Medieval Metropolis and the Cradle of Magdeburg Law, in: Europejskie miasta prawa Magdeburskiego. Tradycja, dziedzictwo, identyfikacja/European cities of Magdeburg Law. Tradition, Heritage, Identity, hg. v. Anna Biedrzycka, Kraków 2007, S. 105–112.
Puhle 2009 Matthias Puhle: Die Stadt im frühen 13. Jahrhundert, in: Aufbruch in die Gotik. Der Magdeburger Dom und die späte Stauferzeit, Bd. 1: Essays, hg. v. Matthias Puhle, Mainz 2009, S. 460–469.
Puhle 2016 Matthias Puhle: Die Hansestadt Stendal und das Magdeburger Recht, in: Ad laudem et gloriam. Festschrift für Rudolf Holbach, hg. v. Sarah Neumann, Ines Weber u. David Weiss, Trier 2016, S. 173–181.
Rady 1985 Martyn C. Rady: Medieval Buda. A Study of Municipal Government and Jurisdiction in the Kingdom of Hungary (= East European Monographs 182), New York 1985.
Rady 2012 Martyn C. Rady: The German Settlement in Central and Eastern Europe during the High Middle Ages, in: The Expansion of Central Europe in the Middle Ages (= The expansion of Latin Europe, 1000–1500, 5), hg. v. Nóra Berend, Farnham 2012, S. 177–213.
Ragauskas 2002 Aivas Ragauskas: Vilniaus miesto valdantysis elitas XVII a. antrojoje pusėje (1662–1702) [Die herrschende Elite der Stadt Vilnius in der zweiten Hälfte des 17. Jh. (1662–1702)], Vilnius 2002.
Rajman 2004 Jerzy Rajman: Kraków. Zespół osadniczy, proces lokacji, mieszczanie do roku 1333 [Krakau. Siedlungszentrum, Lokationsprozess, Stadtbürger bis 1333], Kraków 2004.
Rathmann 1801 Heinrich Rathmann: Geschichte der Stadt Magdeburg von ihrer ersten Entstehung an bis auf gegenwärtige Zeiten, Bd. 2, Magdeburg 1801.
Redlich 1911 Oswald Redlich: Die ältesten Nachrichten über die Prager Stadtbücher und die böhmische Landtafel, in: Mitteilungen des Instituts für Österreichische Geschichtsforschung 32 (1911), S. 165–170.
Redlich 1967 Oswald Redlich: Die Privaturkunden des Mittelalters (= Handbuch der mittelalterlichen und neueren Geschichte, Abt. 4, T. 3), fotomechanischer Nachdruck [der Ausgabe Berlin/München 1911], Oldenburg 1967.
Reetz 1958 Jürgen Reetz: Hamburgs mittelalterliche Stadtbücher, in: Zeitschrift des Vereins für Hamburgische Geschichte 44 (1958), S. 95–139.
Rehme 1910 Paul Rehme: Schöffen als ›Boten‹ bei gerichtlichen Vorgängen im magdeburgischen Rechtskreise, in: Festschrift Heinrich Brunner zum siebzigsten Geburtstag, hg. v. Arthur B. Schmidt, Weimar 1910, S. 79–137.
Rehme 1927 Paul Rehme: Stadtbücher des Mittelalters, in: Festschrift der Leipziger Juristenfakultät für Dr. Victor Ehrenberg zum 30. März 1926 (= Leipziger rechtswissenschaftliche Studien 21), hg. v. Theodor Weicher, Leipzig 1927, S. 171–396.
Reincke 1950 Heinrich Reincke: Kölner, Soester, Lübecker und Hamburger Recht in ihren gegenseitigen Beziehungen, in: Hansische Geschichtsblätter 69 (1950), S. 14–45 [wieder abgedruckt in: Die Stadt des Mittelalters, Bd. 2: Recht und Verfassung (= Wege der Forschung 244), hg. v. Carl Haase, Darmstadt 1972, S. 135–181].
Reinhard 2002 Wolfgang Reinhard: Geschichte der Staatsgewalt. Eine vergleichende Verfassungsgeschichte Europas von den Anfängen bis zur Gegenwart, München 2002[3].
Rentmeister 2016 Lars Rentmeister: Staat und Kirche im späten Mittelalter. Der Schriftwechsel zwischen Johannes Klenkok und Herbord von Spangenberg über den Sachsenspiegel, München 2016.
di Renzo Villata 2009 Maria Gigliola di Renzo Villata: Per una storia del notariato nell'Italia centro-settentrionale [Zur Geschichte des Notariats in Ober- und Mittelitalien], in: Handbuch zur Geschichte des Notariats der europäischen Traditionen (= Rheinische Schriften zur Rechtsgeschichte 12), hg. v. Mathias Schmoeckel u. Werner Schubert, Baden-Baden 2009, S. 15–64.
Reynolds 2011 Susan Reynolds: Fiefs and Vassals after Twelve Years, in: Feudalism. New Landscapes of Debate (= The medieval countryside 5), hg. v. Sverre Bagge, Michael H. Gelting u. Thomas Lindkvist, Turnhout 2011, S. 15–26.
Rhode 1982 Gotthold Rhode: Vom Königlichen Preußen zur preußischen Provinz Westpreußen 1466–1772, in: Die Rolle Schlesiens und Pommerns in der Geschichte der deutsch-polnischen Beziehungen im Mittelalter. Dokumentation der XII. deutschpolnischen Schulbuchkonferenz der Historiker vom 5. bis 10. Juni 1979 in Allenstein/Olsztyn (Polen) (= Schriftenreihe des Georg-Eckert-Instituts für internationale Schulbuchforschung 22/3), hg. v. Reiner Riemenschneider, Braunschweig 1982, S. 44–65.
Richter 1885 Otto Richter: Verfassungs- und Verwaltungsgeschichte der Stadt Dresden, Bd. 1: Verfassungsgeschichte, Dresden 1885.

Riemann 1965 Erhard Riemann: Wortgeographie und Besiedlungsgeschichte Altpreußens, in: Jahrbuch des Vereins für niederdeutsche Sprachforschung 88 (1965), S. 72–106.

Rimša 1988 Edmundas Rimša: 1791–1792 m. Lietuvos miestų savivaldos privilegijos kaip heraldikos šaltinis [Selbstverwaltungsprivilegien von 1791–1792 als Quellen der Wappenkunde], in: Lietuvos miestų istorijos šaltiniai [Quellen zur Geschichte der litauischen Städte], Bd. 1, hg. v. Edmundas Rimša u. Antanas Tyla, Vilnius 1988, S. 105–139.

Rimša 1999 Edmundas Rimša: Lietuvos Didžiosios Kunigaikštystės miestų antspaudai [Die Städtesiegel des Großfürstentums Litauen], Vilnius 1999.

Robinson 1998 Douglas Robinson: Literal Translation, in: Routledge Encyclopedia of Translation Studies, hg. v. Mona Baker, London/New York 1998, S. 125–127.

Roeder 2015 Tobias Roeder: Das Notariat, sein Recht und seine Geschichte im »Land Hannover« (= Beiträge zu Grundfragen des Rechts 14), Göttingen 2015.

Rogacki-Thiemann 2007 Birte Rogacki-Thiemann: Der Magdeburger Dom St. Mauritius et St. Katharina. Beiträge zu seiner Baugeschichte 1207 bis 1567 (= Berliner Beiträge zur Bauforschung und Denkmalpflege 6), Petersberg 2007.

Rogers 1896 John D. Rogers: Art. »Law Merchant«, in: Dictionary of Political Economy, Bd. 2, hg. v. Robert Harry Inglis Palgrave, Cambridge 1896, Neudruck Cambridge 2015, S. 577–582.

Rogge 2002 Jörg Rogge: Ernst von Sachsen, Erzbischof von Magdeburg und Administrator von Halberstadt (1476–1513), in: Mitteldeutsche Lebensbilder. Menschen im späten Mittelalter, hg. v. Werner Freitag, Köln/Weimar/Wien 2002, S. 27–68.

Rogge 2005 Jörg Rogge: Zum Amts- und Herrschaftsverständnis von geistlichen Fürsten am Beispiel der Magdeburger Erzbischöfe Ernst von Wettin und Albrecht von Brandenburg (1480–1540), in: Kontinuität und Zäsur. Ernst von Wettin und Albrecht von Brandenburg (= Schriftenreihe der Stiftung Moritzburg, Kunstmuseum des Landes Sachsen-Anhalt 1), hg. v. Andreas Tacke, Göttingen 2005, S. 54–70.

Röhrich 1899–1926 Victor Röhrich: Die Kolonisation des Ermlands, in: Zeitschrift für Geschichte und Altertumskunde des Ermlands 12 (1899), S. 601–724; 14 (1903), S. 131–355 u. 611–708; 18 (1913), S. 243–394; 19 (1914), S. 173–306; 20 (1917), S. 1–227; 21 (1923), S. 277–337; 22 (1926), S. 1–38.

Röhrich 1925 Victor Röhrich: Geschichte des Fürstbistums Ermland, Braunsberg 1925.

Rost 2007 Birgit Rost: Die Herausbildung transnationalen Wirtschaftsrechts auf dem Gebiet der internationalen Finanz- und Kapitalmärkte. Konsequenzen für die normative Struktur (= Schriften zum transnationalen Wirtschaftsrecht), Berlin 2007.

Roth 2009 Gunhild Roth: Das »Rechtsbuch des Johannes Purgoldt« und seine Reimvorreden, in: Dichtung und Didaxe. Lehrhaftes Sprechen in der deutschen Literatur des Mittelalters, hg. v. Henrike Lähnemann u. Sandra Linden, Berlin/New York 2009, S. 451–468.

Rozenkranz 1967 Edwin Rozenkranz: Recepcja prawa lubeckiego w miastach nadbałtyckich [Die Rezeption des lübischen Rechts in den Ostseestädten], Gdańsk 1967.

Rozpędowski 2011 Jerzy Rozpędowski: Breslau zur Zeit der ersten Lokation, in: Rechtsstadtgründungen im mittelalterlichen Polen (= Städteforschung A/83), hg. v. Eduard Mühle, Köln/Weimar/Wien 2011, S. 127–138.

Rüther 2010 Andreas Rüther: Region und Identität. Schlesien und das Reich im späten Mittelalter (= Neue Forschungen zur schlesischen Geschichte 20), Köln/Weimar/Wien 2010.

Rybakow 1948 Boris Rybakow: Remeslo drevnej Rusi [Handwerk der alt Rus'], Moskwa 1948.

Rychterová 2013 Pavlína Rychterová: Theology Goes to the Vernaculars. Jan Hus, »On Simony« and the Practice of Translation in Fifteenth-Century Bohemia, in: Religious Controversy in Europe, 1378–1536: Textual Transmission and Networks of Readership (= Medieval church studies 27), hg. v. Michael Van Dusen u. Pavel Soukup, Turnhout 2013, S. 231–250.

Rymaszewski 1975 Zygfryd Rymaszewski: Łacińskie teksty Landrechtu Zwierciadła Saskiego w Polsce. Versio Vratislaviensis, versio Sandomiriensis, Łaski [Die lateinischen Texte des Landrechts des Sachsenspiegels in Polen. Die Versio Vratislaviensis und die Versio Sandomiriensis, Laski], Wrocław u. a. 1975.

Rymaszewski 1985 Zygfryd Rymaszewski: Łacinskie teksty Landrechtu Zwierciadła Saskiego w Polsce. Jaskier – tekst główny i noty marginesowe [Die lateinischen Texte des Landrechts des Sachsenspiegels in Polen. Jaskier – Haupttext und Anmerkungen], Łódź 1985.

Ryšánek 1954 František Ryšánek: Slovník k Žilinské knize [Wörterbuch zum Silleiner Rechtsbuch], Bratislava 1954.

Saint-Denis 2000 Alain Saint-Denis: L'apparition d'une identité urbaine dans les villes de commune de France du Nord aux XIIe et XIIIe siècles, in: Shaping urban identity in late Medieval Europe/L'apparition d'une identité urbaine dans l'Europe du bas moyen âge (= Studies in Urban Social, Economic, Political History of Medieval and Early Modern Low Countries 11), hg. v. Marc Boone u. a., Löwen 2000, S. 65–87.

Salmonowicz 1977 Stanisław Salmonowicz: Narodziny nowożytnej myśli kodyfikacyjnej w Europie [Die Geburt des modernen Kodifizierungsgedankens in Europa], in: Czasopismo Prawno-Historyczne 29, 1 (1977), S. 77–104 [enthält eine französische Zusammenfassung].

Salmonowicz 1982 Stanisław Salmonowicz: Preußen Königlichen Anteils und das Herzogtum Preußen als Gebiet der Begegnung zweier Kulturen vom 16. bis 18. Jahrhundert, in: Die Rolle Schlesiens und Pommerns in der Geschichte der deutsch-polnischen Beziehungen im Mittelalter. Dokumentation der XII. deutschpolnischen Schulbuchkonferenz der Historiker vom 5. bis 10. Juni 1979 in Allenstein/Olsztyn (Polen) (= Schriftenreihe des Georg-Eckert-Instituts für internationale Schulbuchforschung 22/3), hg. v. Reiner Riemenschneider, Braunschweig 1982, S. 66–86.

Salmonowicz 1983 Stanisław Salmonowicz: Ostpreußische Kodifikationen. Probe eines allgemeinen Grundrisses, in: Archivum Iuridicum Cracoviense 14 (1983), S. 39–64.
Salmonowicz 1987 Stanisław Salmonowicz: Das Königliche Preußen im öffentlichen Recht der polnisch-litauischen Republik (1569–1772), in: Studia Maritima 6 (1987), S. 41–61.
Salmonowicz 1988 Stanisław Salmonowicz: Prusy Królewskie w ustroju Rzeczypospolitej szlacheckiej (1569–1772) [Die Stellung des Königlichen Preußens innerhalb der polnischen Adelsrepublik], in: Studia z dziejów Rzeczypospolitej szlacheckiej [Studien zur Geschichte der polnischen Adelsrepublik], Wrocław 1988, S. 45–58 [enthält eine englische Zusammenfassung].
Salmonowicz 1992 Stanisław Salmonowicz: Od Prus książęcych do Królestwa Pruskiego. Studia z dziejów prusko-pomorskich [Vom herzoglichen Preußen zum preußischen Königreich. Studien zur Geschichte Preußisch-Pommerns] (= Rozprawy i Materiały Ośrodka Badań Naukowych im. Wojciecha Kętrzyńskiego w Olsztynie 128), Olsztyn 1992.
Salmonowicz 1997 La codification européenne du Moyen Age au Siécle des Lumieres [Die europäische Kodifizierung im Mittelalter bis ins Jahrhundert der Aufklärung], hg. v. Stanisław Salmonowicz, Warszawa 1997.
Salmonowicz 2007 Stanisław Salmonowicz: Prusy Królewskie w strukturach Rzeczypospolitej (1569–1772) [Das Königliche Preußen innerhalb des Gefüges der polnischen Republik (1569–1772)], in: Rzeczpospolita w XVI–XVIII w. Państwo czy wspólnota? [Die polnische Republik vom 16.–18. Jh. Staat oder Gemeinwesen?], hg. v. Bogusław Dybaś, Toruń 2007, S. 159–168.
Samsonowicz 1989 Henryk Samsonowicz: The Jewish Population in Poland during the Middle Ages, in: Dialectica and Humanism 1 (1989), S. 35–42.
Sander-Berke 1995 Antje Sander-Berke: Zettelwirtschaft. Vorrechnungen, Quittungen und Lieferscheine in der spätmittelalterlichen Rechnungslegung norddeutscher Städte, in: Vestigia Monasteriensia. Westfalen – Rheinland – Niederlande (= Studien zur Regionalgeschichte 5), hg. v. Ellen Widder, Mark Mersiowsky u. Peter Johanek, Bielefeld 1995, S. 351–364.
Sarnowsky 1995 Jürgen Sarnowsky: Zölle und Steuern im Ordensland Preußen (1403–1454), in: Zakon krzyżacki a społeczeństwo państwa w Prusach [Der Deutsche Orden und die Gesellschaft in Preußen, hg. v. Zenon H. Nowak, Toruń 1995, S. 67–82.
Sas 1984 Petr M. Sas: O kharaktere samoupravlenia po magdeburzkomu pravu v horodakh Ukrainy (XV–60 gody XVI) [Über den Charakter der Selbstverwaltung nach Magdeburger Recht in Städten der Ukraine vom 15.–60er Jahre des 16. Jh.] (= Aktualnyie voprosy istoricheskoi nauki), Kyjiw 1984.
Sas 1989 Petr M. Sas: Feodal'nyje goroda Ukrainy v konce XV–60-ch godach XVI v. [Feudalstädte der Ukraine am Ende des 15. – 60er Jahre des 16. Jh.], Kyjiw 1989.
von Savigny 1834 Friedrich Carl von Savigny: Geschichte des Römischen Rechts im Mittelalter Bd. 1, Heidelberg/Berlin 1834².
Sawicki 1972–1974 Iura masoviae terrestria: pomniki dawnego prawa mazowieckiego ziemskiego [Iura Masoviae terrestria: Denkmäler des ehemaligen masowischen Landrechts] (= Fontes historiae masoviensis 1–3), 3 Bde., hg. v. Jakub Sawicki, Warszawa 1972–1974.
Schaefer 1999 Ursula Schaefer: Zum Problem der Mündlichkeit, in: Modernes Mittelalter. Neue Bilder einer populären Epoche (= Insel-Taschenbuch Geschichte 2513), hg. v. Joachim Heinzle, Frankfurt (Main) 1999, S. 357–375.
Schaube 1933 Adolf Schaube: Die Rathaussprüche von Magdeburg, Leipzig 1933.
Schauerte 2006 Thomas Schauerte: Die Ehrenpforte Kaiser Maximilians I., in: Heiliges Römisches Reich Deutscher Nation 962 bis 1806. Von Otto dem Großen bis zum Ausgang des Mittelalters, Bd. 1: Katalog, hg. v. Matthias Puhle u. Claus-Peter Hasse, Dresden/Magdeburg 2006, S. 549–550.
Schelling 1995 Renate Schelling: Vom Schöffenspruch zum »Rechten Weg«, in: Anfänge und Entwicklung der deutschen Sprache im mittelalterlichen Schlesien. Verhandlungen des VIII. Symposions vom 2. bis 4. November in Würzburg 1989 (= Schlesische Forschungen. 6), hg. v. Gundolf Keil u. Josef Joachim Menzel, Sigmaringen 1995, S. 87–94.
Schelling-Schiewer 1989 Renate Schelling-Schiewer: Art. »Popplau, Kaspar«, in: Die deutsche Literatur des Mittelalters. Verfasserlexikon, Bd. 7, hg. v. Kurt Ruh u. a., Berlin (West)/New York 1989², Sp. 785–789.
Scherner 2013 Karl-Otto Scherner: Formen der Konfliktlösung im Handels- und Seerecht in Nürnberg, Hamburg und Leipzig zwischen 1500 und 1800, in: Eine Grenze in Bewegung. Private und öffentliche Konfliktlösung im Handels- und Seerecht/Une frontière mouvante: Justice privée et justice publique en matières commerciales et maritimes, hg. v. Albrecht Cordes u. Serge Dauchy (= Schriften des Historischen Kollegs. Kollquien 81), München 2013, S. 117–140.
Schich 2009 Winfried Schich: Redende Siegel brandenburgischer und anderer deutscher Städte im 13. und 14. Jahrhundert, in: Die Bildlichkeit korporativer Siegel im Mittelalter. Kunstgeschichte und Geschichte im Gespräch (= Sensus. Studien zur mittelalterlichen Kunst 1), hg. v. Markus Späth, Köln 2009, S. 113–130.
Schich 2016 Winfried Schich: Strukturelle Veränderungen in Schlesien durch den mittelalterlichen Landesausbau am Beispiel des Breslauer Bistumslandes Neisse--Ottmachau: Einführung und Quellengrundlage, in: Jahrbuch für die Geschichte Mittel- und Ostdeutschlands 62 (2016), S. 25–95.
Schieder 1940 Theodor Schieder: Deutscher Geist und ständische Freiheit im Weichsellande. Politische Ideen und politisches Schrifttum in Westpreußen von der Lubliner Union bis zu den polnischen Teilungen (1569–1772, 1793) (= Einzelschriften der Historischen Kommission für ost- und westpreußische Landesforschung 8), Königsberg 1940.
Schierling 1966 Charlotte-Anna Schierling: Der Westpreußische Ständestaat 1570–1586 (= Wissenschaftliche Beiträge zur Geschichte und Landeskunde Ost-Mitteleuropas 77), Marburg/Lahn 1966.

Schild 1998 Wolfgang Schild: Art. »Wergeld«, in: Handwörterbuch zur deutschen Rechtsgeschichte, hg. v. Adalbert Erler u. a., Bd. 5, Berlin 1998, Sp. 1268–1271.

Schild 2007 Wolfgang Schild: »Ungerichte« oder »Verbrechen«. Mutmaßungen zur Rechtswelt des Sachsenspiegels, in: Worte des Rechts – Wörter zur Rechtsgeschichte. Festschrift für Dieter Werkmüller zum 70. Geburtstag, hg. v. Stephan Buchholz u. Heiner Lück, Berlin 2007, S. 297–321.

Schilling 2005 Michael Schilling: Literaturgeschichte Magdeburgs bis zur Zerstörung 1631, in: Magdeburg. Die Geschichte der Stadt 805–2005, hg. v. Matthias Puhle u. Peter Petsch, Dößel 2005, S. 283–310.

Schiper 1937 Ignacy Schiper: Dzieje handlu żydowskiego na ziemiach polskich [Die Geschichte des jüdischen Handels auf dem Gebiet Polens], Warszawa 1937.

Schlauch 1905 Georg Schlauch: Der Schöppenstuhl zu Dohna, in: Neues Archiv für sächsische Geschichte 26 (1905), S. 209–239.

Schlesinger 1960 Walter Schlesinger: Forum, Villa Fori, Ius Fori. Einige Bemerkungen zu Marktgründungsurkunden des 12. Jahrhunderts aus Mitteldeutschland, in: Aus Geschichte und Landeskunde. Forschungen und Darstellungen. Franz Steinbach zum 65. Geburtstag gewidmet von seinen Freunden und Schülern, Bonn 1960, S. 408–440 [wieder abgedruckt in: Walter Schlesinger: Mitteldeutsche Beiträge zur deutschen Verfassungsgeschichte des Mittelalters, Göttingen 1961, S. 275–305, sowie in: Altständisches Bürgertum, Bd. 1 (= Wege der Forschung 352), hg. v. Heinz Stoob, Darmstadt 1978, S. 304–345].

Schlesinger 1962 Walter Schlesinger: Kirchengeschichte Sachsens im Mittelalter, 2 Bde. (= Mitteldeutsche Forschungen 27/1 u. 2), Münster/Köln/Graz 1962.

Schlinker 2017 Steffen Schlinker: Rechtstransfer in die Republik Estland seit den neunziger Jahren des 20. Jahrhunderts, in: Rechtskultur 6 (2017), S. 34–43.

Schlotterose 1953 Bruno Schlotterose: Die Ratswahl in den deutschen Städten des Mittelalters, masch. phil. Diss. Münster 1953.

Schmidt 2017 Frieder Schmidt: Papier – ein neuartiges Medium der Speicherung und Zirkulation, in: Zentrum oder Peripherie? Kulturtransfer in Hildesheim und im Raum Niedersachsen (12.–15. Jahrhundert) (= Wolfenbütteler Mittelalter-Studien 32), hg. v. Monika E. Müller u. Jens Reiche, Wiesbaden 2017, S. 93–112.

Schmidt-Wiegand 1975 Ruth Schmidt-Wiegand: Historische Onomasiologie und Mittelalterforschung, in: Frühmittelalterliche Studien 9 (1975), S. 49–78.

Schmidt-Wiegand 1992 Ruth Schmidt-Wiegand: Die Bilderhandschriften des Sachsenspiegels im Vergleich, in: Gott ist selber Recht. Die vier Bilderhandschriften des Sachsenspiegels. Oldenburg, Heidelberg, Wolfenbüttel, Dresden (= Ausstellungskataloge der Herzog August Bibliothek 67), hg. v. Ruth Schmidt-Wiegand u. Wolfgang Milde (Ausstellung in der Schatzkammer der Bibliotheca Augusta Wolfenbüttel), Wolfenbüttel 1992, S. 9–30.

Schneidmüller 1992 Bernd Schneidmüller: Reichsnähe – Königsferne. Goslar, Braunschweig und das Reich im späten Mittelalter, in: Niedersächsisches Jahrbuch für Landesgeschichte 64 (1992), S. 1–52.

Schneidmüller 1996 Bernd Schneidmüller: »Dem Heiligen Römischen Reich zu Ehren«. Sächsische Städte und das Reich im späten Mittelalter, in: Hanse – Städte – Bünde. Die sächsischen Städte zwischen Elbe und Weser um 1500, Bd. 1: Aufsätze (Magdeburger Museumsschriften. 4/1), hg. v. Matthias Puhle (Ausstellung im Kulturhistorischen Museum Magdeburg und im Braunschweigischen Landesmuseum Braunschweig), Magdeburg 1996, S. 45–61.

Schneidmüller 2006 Bernd Schneidmüller: Magdeburg und das geträumte Reich des Mittelalters, in: Heilig – Römisch – Deutsch. Das Reich im mittelalterlichen Europa, hg. v. Bernd Schneidmüller u. Stefan Weinfurter, Dresden 2006, S. 10–43.

Schneidmüller/Weinfurter 2001 Ottonische Neuanfänge. Symposion zur Ausstellung »Otto der Große, Magdeburg und Europa«, hg. v. Bernd Schneidmüller u. Stefan Weinfurter, Mainz 2001.

Schofield/Steuer 2007 John Schofield u. Heiko Steuer: Urban settlement, in: The Archaeology of Medieval Europe. Bd. 1: Eighth to Tenth Centuries AD, hg. v. James Graham-Campbell u. Magdalena Valor, Aarhus 2007, S. 111–153.

Schranil 1915 Rudolf Schranil: Stadtverfassung nach Magdeburger Recht. Magdeburg und Halle (= Untersuchungen zur deutschen Staats- und Rechtsgeschichte 125), Breslau 1915.

Schröder 2010 Die Bestände des Archivs der Hansestadt Rostock. Eine kommentierte Übersicht (= Kleine Schriften des Archivs der Hansestadt Rostock 17), hg. v. Karsten Schröder, Rostock 2010.

Schroeder 1990 Klaus-Peter Schroeder: Art. »Ratsverfassung«, in: Handwörterbuch zur deutschen Rechtsgeschichte, hg. v. Adalbert Erler u. a., Bd. 4, Berlin 1990, Sp. 171–182.

Schubart-Fikentscher 1942 Gertrud Schubart-Fikentscher: Die Verbreitung der deutschen Stadtrechte in Osteuropa (= Forschungen zum deutschen Recht, Bd. 4/3), Weimar 1942.

Schubert 1974 Dietrich Schubert: Von Halberstadt nach Meißen. Bildwerke des 13. Jahrhunderts in Thüringen, Sachsen und Anhalt, Köln 1974.

Schubert 2003: Ernst Schubert: Magdeburg und der Magdeburger Reiter, in: Dies diem docet. Ausgewählte Aufsätze zur mittelalterlichen Kunst und Geschichte in Mitteldeutschland. Festgabe zum 75. Geburtstag von Ernst Schubert (= Quellen und Forschungen zur Geschichte Sachsen-Anhalts 3), hg. v. Hans-Joachim Krause, Köln/Weimar/Wien 2003, S. 146–157.

Schubert 2009 Werner Schubert: Geschichte des Notariats und Notariatsrechts in Deutschland, in: Handbuch zur Geschichte des Notariats der europäischen Traditionen (= Rheinische Schriften zur Rechtsgeschichte 12), hg. v. Mathias Schmoeckel u. Werner Schubert, Baden-Baden 2009, S. 203–239.

Schubert/Lobbedey 2001 Ernst Schubert u. Uwe Lobbedey: Das Grab Ottos des Großen im Magdeburger Dom, in: Otto der Große, Magdeburg und Europa, hg. v. Matthias Puhle (Ausstellung im Kulturhistorischen Museum Magdeburg), Bd. 1, Mainz 2001, S. 381–390.

von Schuckmann 2006 FGG Gesetz über die Angelegenheiten der freiwilligen Gerichtsbarkeit, Bd. 1: Einleitung, §§ 1–34 FFG (= Großkommentare der Praxis), hg. v. Hans-Joachim von Schuckmann, Berlin 2006.
Schuler 1989 Peter-Johannes Schuler: Fortleben des Notariats in Verwaltung und Urkundenwesen im spätmittelalterlichen Deutschland, in: Notariado público y documento privado: de los orígenes al siglo XIV [Öffentliches Notariat und privates Dokument: Von den Anfängen bis zum 14. Jh.], hg. v. José Trenchs, València 1989, S. 1225–1258.
Schulte 2003 Petra Schulte: Scripturae publicae creditur. Das Vertrauen in Notariatsurkunden im kommunalen Italien des 12. und 13. Jahrhunderts (= Bibliothek des Deutschen Historischen Instituts in Rom 101), Tübingen 2003.
Schulte 2008 Petra Schulte: Fides publica. Die Dekonstruktion eines Forschungsbegriffs, in: Strategies of Writing. Studies on Text and Trust in the Middle Ages. Papers from »Trust in Writing in the Middle Ages«. Utrecht, 28–29 November 2002 (= Utrecht Studies in Medieval Literacy 13), hg. v. Petra Schulte u. Marco Mostert, Turnhout 2008, S. 15–36.
Schulte/Mostert 2008 Strategies of Writing. Studies on Text and Trust in the Middle Ages. Papers from »Trust in Writing in the Middle Ages«. Utrecht, 28–29 November 2002 (= Utrecht Studies in Medieval Literacy 13), hg. v. Petra Schulte u. Marco Mostert, Turnhout 2008.
Schulz 1995 Knut Schulz: »Denn sie lieben die Freiheit so sehr …«. Kommunale Aufstände und Entstehung des europäischen Bürgertums im Hochmittelalter, Darmstadt 1995².
Schulze 1965 Hans K. Schulze: Die Brandenburgischen Stadtrechte im Mittelalter. Bemerkungen zu einer Karte im Historischen Handatlas von Brandenburg, in: Jahrbuch für die Geschichte Mittel- und Ostdeutschlands 13/14 (1965), S. 348–369 [wieder abgedruckt in: Hans K. Schulze: Siedlung, Wirtschaft und Verfassung im Mittelalter. Ausgewählte Aufsätze zur Geschichte Mittel- und Ostdeutschlands (= Quellen und Forschungen zur Geschichte Sachsen-Anhalts 5), Köln/Weimar/Wien 2006, S. 177–199].
Schulze 1985 Hans K. Schulze: Kaufmannsgilden und Stadtentwicklung im mitteldeutschen Raum (Stendal, Halberstadt, Magdeburg), in: Gilden und Zünfte. Kaufmännische und gewerbliche Genossenschaften im frühen und hohen Mittelalter (Vorträge und Forschungen 29), hg. von Berent Schwineköper, Sigmaringen 1985, S. 376–412.
Schulze 2006 Hans K. Schulze: Die brandenburgischen Stadtrechte im Mittelalter, in: Hans K. Schulze: Siedlung, Wirtschaft und Verfassung im Mittelalter. Ausgewählte Aufsätze zur Geschichte Mittel- und Ostdeutschlands (= Quellen und Forschungen zur Geschichte Sachsen-Anhalts 5), Köln/Weimar/Wien 2006, S. 177–200 [zuerst veröffentlicht in: Jahrbuch für die Geschichte Mittel- und Ostdeutschlands 13/14 (1965), S. 348–369].
Schumann 2012 Eva Schumann: Art. »Gewette«, in: Handwörterbuch zur deutschen Rechtsgeschichte, hg. v. Albrecht Cordes u. a., Bd. 2, Berlin 2012², Sp. 360–362.
Schütt 1985 Hans-Friedrich Schütt: Die dänischen Knudsgilden – mit besonderer Berücksichtigung der Gilden in Schleswig und Flensburg, in: Gilden und Zünfte. Kaufmännische und gewerbliche Genossenschaften im frühen und hohen Mittelalter (= Vorträge und Forschungen 29), hg. v. Berent Schwineköper, Sigmaringen 1985, S. 231–280.
Schwydko 1986 Hanna Schwydko: Источники по истории городских поселений Левобережной Украины в отечественных архивохранилищах (вторая половина XVII – середина XVIII вв.) [Quellen zur Geschichte der städtischen Siedlungen der linksufrigen Ukraine in hiesigen Archivdepots (zweite Hälfte 17. – Mitte 18. Jh.], Dnipropetrowsk 1986.
Seelbach 2018 Ulrich Seelbach: Wrocław, Universitätsbibliothek, 400346 [Magdeburger Prophetenreime], in: Repertorium der mittelalterlichen Autoritäten, Universität Bielefeld, online abrufbar unter: http://www.uni-bielefeld.de/lili/forschung/projekte/bra/Mg.html [letzter Zugriff am 8. 8. 2018].
Seewann 2012 Gerhard Seewann: Geschichte der Deutschen in Ungarn. Bd. 1: Vom Frühmittelalter bis 1860 (= Studien zur Ostmitteleuropaforschung. 24/1), Marburg 2012.
Seif 2005 Ulrike Seif: Römisch-kanonisches Erbrecht in mittelalterlichen deutschen Rechtsaufzeichnungen, in: Zeitschrift der Savigny-Stiftung für Rechtsgeschichte. Germanistische Abteilung 122 (2005), S. 87–112.
Sello 1891 Dom-Altertümer, bearb. v. Georg Sello, in: Geschichts-Blätter für Stadt und Land Magdeburg 26 (1891), S. 108–200.
Semrau 1921 Arthur Semrau: Die Organe der Stadtgemeinde nach kulmischem Rechte im 13. Jahrhundert, in: Mitteilungen des Coppernicus Vereins für Wissenschaft und Kunst 29 (1921), S. 16–22.
Serdiuk 2014 Jurij Serdiuk: Полкові міста Гетьманщини и другій половині 18 ст.: економіка і демографія [Regimentsstädte in der zweiten Hälfte des 18. Jh.: Wirtschaft und Demografie], in: Українська держава другої половини XVII – XVIII ст.: політика, суспільство, культура [Der Ukrainische Staat in der zweiten Hälfte des 17. und im 18. Jh.: Politik, Gesellschaft, Kultur], bearb. v. Valery Andrejewitsch Smoly u. a., Kyjiw 2014, S. 231–270.
Simson 1897 Paul Simson: Westpreußens und Danzigs Kampf gegen die polnischen Unionsbestrebungen in den letzten Jahren des Königs Sigismund August (1568–1572), in: Zeitschrift des Westpreußischen Geschichtsvereins 37 (1897), S. 1–176.
Skorka 2016 Renáta Skorka: A budai jogkönyv lerakatra vonatkozó artikulusainak keletkezési története [Die Entstehungsgeschichte der Artikel zum Niederlagsrecht des Ofner Stadtrechtsbuches], in: Pénz, posztó, piac. Gazdaságtörténeti tanulmányok a magyar középkorról [Geld, Tuch, Markt. Wirtschaftsgeschichtliche Studien zum mittelalterlich Ungarn], hg. v. Borlárka Weisz, Budapest 2016, S. 360–371.

Slavičkova 2013 Pavla Slavičkova: Der Prozess des Untergangs des sächsisch-magdeburgischen Rechts im Leitmeritzer und Olmützer Rechtskreis in Böhmen und Mähren, in: Zeitschrift für Neuere Rechtsgeschichte 35 (2013), S. 41–54.

Sliesoriūnas 2015 Gintautas Sliesoriūnas: Lietuvos istorija [Geschichte Litauens], Bd. 6: Lietuvos Didžioji Kunigaikštystė XVI a. pabaigoje – XVIII a. pradžioje (1588–1733 m.) [Großfürstentum Litauen am Ende des 16.–Anfang des 18. Jh. (1588–1733)], Vilnius 2015.

Smital 1911 Oskar Smital: Das Institut der Stadtbücher in Mähren, in: Zeitschrift des Deutschen Vereins für die Geschichte Mährens und Schlesiens 15 (1911), S. 256–311.

Snell-Hornby/Schopp 2012 Mary Snell-Hornby u. Jürgen Franz Schopp: Übersetzung, in: Europäische Geschichte Online, hg. v. Leibniz-Institut für Europäische Geschichte, Mainz 2012, online abrufbar unter: http://ieg-ego.eu/de/threads/hintergruende/uebersetzung [letzter Zugriff am 1. 11. 2017].

Sondel 1984 Janusz Sondel: Studia nad prawem rzymskim w Jus culmense [Studien zum Römischen Recht im ius Culmense], Kraków 1984 [enthält eine englische Zusammenfassung].

Sondel 1986 Janusz Sondel: Z rozważań o wpływach prawa rzymskiego w Korekturze pruskiej [Aus den Reflexionen über den Einfluss des römischen Rechts auf die Preußische Korrektur], in: Czasopismo Prawno-Historyczne 38,1 (1986), S. 27–47 [enthält eine französische Zusammenfassung].

Šouša 2015 Jiři Šouša: Zu einigen Aspekten des Magdeburg-Leitmeritzer Rechts in Böhmen, in: Von Sachsen-Anhalt in die Welt. Der Sachsenspiegel als europäische Rechtsquelle (= Signa Ivris 14), hg. v. Heiner Lück, Halle (Saale) 2015, S. 23–40.

Spáčilová 2017 Libuše Spáčilová: Art. »Olmütz«, in: Handwörterbuch zur deutschen Rechtsgeschichte, hg. v. Albrecht Cordes u. a., 25. Lieferung, Berlin 2017[2], Sp. 148–150.

Späth 2009 a Die Bildlichkeit korporativer Siegel im Mittelalter. Kunstgeschichte und Geschichte im Gespräch (= Sensus. Studien zur mittelalterlichen Kunst 1), hg. v. Markus Späth, Köln 2009.

Späth 2009 b Markus Späth: Die Bildlichkeit korporativer Siegel im Mittelalter. Perspektiven eines interdisziplinären Austauschs; in: Die Bildlichkeit korporativer Siegel im Mittelalter. Kunstgeschichte und Geschichte im Gespräch (= Sensus. Studien zur mittelalterlichen Kunst 1), hg. v. Markus Späth, Köln 2009, S. 9–29.

Späth 2009 c Markus Späth: Individuum und Gruppe. Zu einem Bildkonzept nord- und ostfranzösischer Stadtsiegel des 12. und 13. Jahrhunderts, in: Francia. Zeitschrift für westeuropäische Geschichte 36 (2009), S. 67–90.

Späth 2015 Markus Späth: Zeichen bürgerschaftlicher Repräsentation – Reichsstädtische Siegel und ihre künstlerischen Kontexte, in: Reichszeichen. Darstellungen und Symbole des Reichs in Reichsstädten (= Studien zur Reichsstadtgeschichte 2), hg. v. Helge Wittmann, Petersberg 2015, S. 137–166.

Späth 2017 Markus Späth: Offen und verborgen. Zur Ansichtigkeit mittelalterlicher Siegel, in: Archiv für Diplomatik 63 (2017), S. 273–304.

Speer 2008 Heino Speer: Art. »Deutsches Rechtswörterbuch«, in: Handwörterbuch zur deutschen Rechtsgeschichte, hg. v. Albrecht Cordes u. a., Bd. 1, Berlin 2008[2], Sp. 1007–1011.

Speer 2015 Christian Speer: Mitteldeutsche Stadtbücher als Quellen der Frömmigkeitsgeschichte um 1500, in: Alltag und Frömmigkeit am Vorabend der Reformation in Mitteldeutschland. Wissenschaftlicher Begleitband zur Ausstellung »Umsonst ist der Tod« (= Schriften zur sächsischen Geschichte und Volkskunde 50), hg. v. Enno Bünz u. Hartmut Kühne, Leipzig 2015, S. 191–200.

Speer 2017 Christian Speer: Einleitung, in: Liber Vetustissimus Gorlicensis. Das älteste Görlitzer Stadtbuch/Najstarsza księga miejska zgorzelecka. 1305–1416 (1423), Edition und Kommentar, Teil 1/Edycja i komentarz, część 1: 1305–1343, Nr. 1–1768 (= Fontes Iuris Polonici. Prawo Miejskie 5), hg. v. Christian Speer, Krzysztof Fokt u. Maciej Mikuła, Krakau/Görlitz 2017, S. 11–34.

Srodecki 2015 Paul Srodecki: Antemurale Christianitatis. Zur Genese der Bollwerksrhetorik im östlichen Mitteleuropa an der Schwelle vom Mittelalter zur Frühen Neuzeit, Husum 2015.

Stadt Magdeburg 1936 Magdeburg in der Politik der deutschen Kaiser. Beiträge zur Geopolitik und Geschichte des ostfälischen Raumes. Mit 88 Abbildungen und einer farbigen Karte. Anläßlich der 1000jährigen Wiederkehr der Thronbesteigung Ottos des Großen, hg. v. d. Stadt Magdeburg, Heidelberg/Berlin 1936.

Staročeský slovník 1970 Staročeský slovník [Alttschechisches Wörterbuch], 3 Bde., hg. v. Jan Gebauer, Praha 1970[2].

Starzyński 2014 Marcin Starzyński: Das mittelalterliche Krakau. Der Stadtrat im Herrschaftsgefüge der polnischen Metropole (= Städteforschung A/92), Köln 2014.

Starzyński 2016 Marcin Starzyński: Urzędnicy miejscy Kazimierza do 1550. Spisy [Stadtbeamte der Stadt Kazimierz. Verzeichnis], Kraków 2016.

Steffenhagen 1875 Emil Steffenhagen: Deutsche Rechtsquellen in Preußen vom 13. zum 16. Jahrhundert, Leipzig 1875.

Steinführer 2012 Henning Steinführer: »... sub Hallensi et Magdeburgensi iure«. Der Leipziger Stadtbrief – eine Quelle früher Rezeption hallischen Rechts?, in: Halle im Licht und Schatten Magdeburgs. Eine Rechtsmetropole im Mittelalter (= Forschungen zur hallischen Stadtgeschichte 19), hg. v. Heiner Lück, Halle (Saale) 2012, S. 61–71.

Stephan 2004 Hans-Georg Stephan: Die Stadtwüstungen Landsberg, Stoppelberg und andere Beispiele früher dynastischer Städtegründungen und Zentralorte des 13. Jahrhunderts im Herzen Zentraleuropas, in: Archaeologia et historia urbana. Gedenkschrift für Tadeusz Nawrolski, hg. v. Roman Czaja u. a., Elbląg 2004, S. 59–80.

Steuer 2004 Heiko Steuer: Überlegungen zum Stadtbegriff aus der Sicht der Archäologie des Mittelalters, in: Vielerlei Städte. Der Stadtbegriff (= Städteforschung A/61), hg. v. Peter Johanek u. Franz-Josef Post, Köln/Weimar/Wien 2004, S. 31–51.

Stobbe 1865 Otto Stobbe: Beiträge zur Geschichte des deutschen Rechts, Braunschweig 1865.

Stolleis 2017 Michael Stolleis: Rezension zu: Heiner Lück: Der Sachsenspiegel. Das berühmteste deutsche Rechtsbuch des Mittelalters, Darmstadt 2017, in: Frankfurter Allgemeine Zeitung vom 12. August 2017, S. 10.

Stolleis 2012 Michael Stolleis: Transfer normativer Ordnungen – Baumaterial für junge Nationalstaaten. Forschungsbericht über ein Südosteuropa-Projekt, in: Legal History 20 (2012), S. 72–84.

Stölzel 1901 Adolf Stölzel: Der Brandenburger Schöppenstuhl (= Die Entwicklung der gelehrten Rechtsprechung, untersucht auf Grund der Akten des Brandenburger Schöppenstuhls 1), Berlin 1901.

Stölzel 1910 Adolf Stölzel: Billigkeits- und Rechtspflege der Rezeptionszeit in Jülich-Berg, Bayern, Sachsen und Brandenburg (= Die Entwicklung der gelehrten Rechtsprechung, untersucht auf Grund der Akten des Brandenburger Schöppenstuhls 2), Berlin 1910.

Stopka 2000 Krzysztof Stopka: Ormianie w Polsce dawnej i dzisiejszej [Die Armenier im früheren und heutigen Polen], Kraków 2000.

Stopka 2002 Krzysztof Stopka: Armenia christiana. Unionistyczna polityka Konstantynopola i Rzymu a tożsamość chrześcijaństwa ormiańskiego (IV–XV w.) [Armenia christiana. Die unionistische Politik Konstantinopels und Roms und die Identität des armenischen Christentums (4.–15. Jh.)], Kraków 2002.

Stopka 2008 Krzysztof Stopka: Kultura religijna Ormian polskich (struktury i stosunki kościelno-publiczne) [Die religiöse Kultur der polnischen Armenier (kirchlich-öffentliche Strukturen und Beziehungen)], in: Animarum cultura. Studia nad kulturą religijną na ziemiach polskich w średniowieczu, T 1: Struktury koscielno-publiczne [Animarum cultura. Studien zur religösen Kultur in den polnischen Landen im Mittelalter, Bd. 1: Kirchlich-öffentliche Strukturen], hg. v. Halina Manikowska u. Wojciech Brojer, Warszawa 2008, S. 229–270.

Stopka 2009 Krzysztof Stopka: Armenier im Königreich Polen zur Zeit von Martin Gruneweg, in: Martin Gruneweg (1562–nach 1615). Ein europäischer Lebensweg, hg. v. Almut Bues, Wiesbaden 2009, S. 137–166.

Suckale 1977 Robert Suckale: Arma Christi. Überlegungen zur Zeichenhaftigkeit mittelalterlicher Andachtsbilder, in: Städel-Jahrbuch. N. F. 6 (1977), S. 177–208.

Supiot 2005 Alain Supiot: Homo juridicus. Essai sur la fonction anthropologique du Droit, Paris 2005.

Švecová 2016 Adriana Švecová: Die Stadtrechtsbücher in der mittelalterlichen Slowakei und Ungarn als Beispiel des eigenen Selbstbewusstseins im Rahmen der europäischen Rechtskultur, in: Krakowskie Studia z Historii Państwa i Prawa 9 (2016), S. 327–343.

Szabó 2009 Béla Szabó: Juristischer Buchbesitz bei den Siebenbürger Sachsen in der Frühen Neuzeit, in: Deutsche Sprache und Kultur in Siebenbürgen (= Presse und Geschichte 41), hg. v. Wynfried Kriegleder, Andrea Seidler u. Jozef Tancer, Bremen 2009, S. 105–121.

Szczuczko 2001 Witold Szczuczko: Edition der Wachstafeln aus dem Ostseeraum. Probleme und Perspektiven, in: Edition deutschsprachiger Quellen aus dem Ostseeraum (14.–16. Jahrhundert) (= Publikationen des Deutsch-Polnischen Gesprächskreises für Quellenedition 1), hg. v. Matthias Thumser, Janusz Tandecki u. Dieter Heckmann, Toruń 2001, S. 121–130.

Szczygieł 2016 Ryszard Szczygieł: Miasta prywatne w Polsce od XIV wieku do 1772 roku – chronologia lokacji, właściciele, pełnione funkcje [Die privaten Städte in Polen vom 14. Jh. bis 1772 – Chronologie der Lokation, Besitzer, Funktionen], in: Roczniki Dziejów Społecznych i Gospodarczych 77 (2016), S. 13–45.

Szczygieł 2017 Ryszard Szczygieł: Lokacja Lublina na prawie magdeburskim i jego dzieje w XIV i XV w. [Die Lokation der Stadt Lublin nach der Magdeburger Recht und ihre Geschichte im 14. und 15. Jh.], in: Lublin. 700 lat dziejów miasta [Lublin. 700 Jahre der Geschichte der Stadt], hg. v. Grzegorz Figiel, Ryszard Szczygieł u. Wiesław śladkowski, Lublin 2017, S. 37–60.

Szende 2014 Katalin Szende: Rezension zu: Dirk Moldt: Deutsche Stadtrechte im mittelalterlichen Siebenbürgen. Korporationsrechte – Sachsenspiegelrecht – Bergrecht (= Studia Transylvanica 37), Köln/Weimar/Wien 2009, in: Mitteilungen des Instituts für Österreichische Geschichtsforschung, 122 (2014), S. 211–213.

Szende 2015 Katalin Szende: Power and Identity. Royal Privileges to the Towns of Medieval Hungary in the Thirteenth Century, in: Urban Liberties and Citizenship from the Middle Ages up to now (= Beiträge zur Landes- und Kulturgeschichte 9; Publications du Cludem 41), hg. v. Michel Pauly u. Alexander Lee, Trier 2015, S. 27–68.

Szorc 1990 Alojzy Szorc: Dominium warminskie 1243–1772. Przywilej i prawo ehelmiirskie na tle ustroju Warrnii [Das Dominium Ermland 1243–1772. Handfeste und Kulmisches Recht vor dem Hintergrund des Rechtssystems von Ermland], Olsztyn 1990.

Tabor 2008 Dariusz Tabor: Malarstwo książkowe na Śląsku w XIV wieku [Buchmalerei in Schlesien im 14. Jh.], Kraków 2008.

Tammen 2012 Silke Tammen: Rot sehen – Blut berühren. Blutige Seiten und Passionsmemoria in einem spätmittelalterlichen Andachtsbüchlein (Brit. Libr., Ms. Egerton 1821), in: Die Farben imaginierter Welten. Zur Kulturgeschichte ihrer Codierung in Literatur und Kunst vom Mittelalter bis zur Gegenwart (= Literatur – Theorie – Geschichte 1), hg. v. Monika Schausten, Berlin 2012, S. 303–322.

Taubenschlag 1962 Rafael Taubenschlag: Einflüsse des römischen Rechts in Polen, in: Ius Romanum medii aevi, V, 7–9 (1962), S. 3–26.

Thüring 1941 Ludwig Thüring: Für und wider den Sachsenspiegel von seiner Entstehung bis zum 19. Jahrhundert, masch. jur. Diss. Erlangen 1941.

Tichomirow 1956 Michail Tichomirow: Drewnerusskije goroda [Altrussische Städte], Moskwa 1956[2].
Tocqueville 1956 Alexis de Tocqueville: Über die Demokratie in Amerika (= Fischer Taschenbuch 138), eingl. u. hg. v. Jacob P. Mayer, Frankfurt (Main)/Hamburg 1956.
Tollet 1977 Daniel Tollet: La Litterature antisemite polonaise de 1588 a 1668, in: Revue Francaise d'histoire du livre 14 (1977), S. 3–35.
Tomaschek 1859 Johann Adolf Tomaschek: Deutsches Recht in Oesterreich im dreizehnten Jahrhundert. Auf Grundlage des Stadtrechtes von Iglau, Wien 1859.
Tönnies 2011 Sybille Tönnies: Die Menschenrechtsidee. Ein abendländisches Exportgut, Wiesbaden 2011.
Troescher 1939 Georg Troescher: Weltgerichtsbilder in Rathäusern und Gerichtsstätten, in: Wallraf-Richartz-Jahrbuch 11 (1939), S. 139–214.
Trusen 1985 Winfried Trusen: Die Rechtsspiegel und das Kaiserrecht, in: Zeitschrift der Savigny-Stiftung für Rechtsgeschichte. Germanistische Abteilung 115 (1985), S. 12–59.
Trusen 1986 Winfried Trusen: Der »heilige« Roland und das Kaiserrecht, in: Festschrift Nikolaus Grass zum 70. Geburtstag, hg. v. Kurt Ebert, Innsbruck 1986, S. 395–406.
Trusen 1997 Winfried Trusen: Das Notariat und die Anfänge der rechtlichen Urkundenlehre in Deutschland, in: Gelehrtes Recht im Mittelalter und in der frühen Neuzeit (= Bibliotheca eruditorum 23), hg. v. Winfried Trusen, Goldbach 1997, S. 583–593.
Tullner 2001 Mathias Tullner: Geschichte des Landes Sachsen-Anhalt, Opladen 2001[3].
Turowski 1937 Edward Turowski: Die innenpolitische Entwicklung Polnisch-Preußens und seine staatsrechtliche Stellung zu Polen vom 2. Thorner Frieden bis zum Reichstag von Lublin (1466–1569), phil. Diss. Berlin 1937.
Tyla 1991 b Antanas Tyla: Įvadas [Einführung], in: Lietuvos magdeburginių miestų privilegijos ir aktai [Privilegien und Akten der magdeburgischen Städte Litauens], Bd. 1: Joniškis ir Jurbarkas, hg. v. Antanas Tyla, Vilnius 1991, S. 4–14.
Tyla 2000 Antanas Tyla: Decemviratas, arba Tertio ordo communitatis Kėdainių savivaldoje (XVII–XVIII a.) [Decemviratus oder Tertio ordo communitatis in der Selbstverwaltung von Kėdainiai (im 17. und im 18. Jh.)], in: Lietuvos istorijos metraštis: 1999 metai (2000), S. 64–76.
Tyla 2002 a Antanas Tyla: Kėdainių magdeburginio miesto teisių ir valdymo raida [Entwicklung der Vorrechte und der Verwaltung der magdeburgischen Stadt Kėdainiai], in: Lietuvos magdeburginių miestų privilegijos ir aktai [Privilegien und Akten der magdeburgischen Städte Litauens], Bd. 3: Kėdainiai, hg. v. Antanas Tyla, Vilnius 2002, S. 6–32.
Uitz 1976 Erika Uitz: Der Kampf um Kommunale Autonomie in Magdeburg bis zur Stadtverfassung von 1330, in: Stadt und Städtebürgertum in der deutschen Geschichte des 13. Jahrhunderts (= Forschungen zur mittelalterlichen Geschichte 24), hg. v. Bernhard Töpfer, Berlin (Ost) 1976, S. 288–323.
Uppenkamp 2014 Barbara Uppenkamp: Politische Ikonographie im Rathaus zu Lüneburg, in: Das Lüneburger Rathaus. Ergebnisse der Untersuchungen 2008 bis 2011, Bd. 2 (= Beiträge zur Architektur- und Kulturgeschichte der Leibniz Universität Hannover 10), hg. v. Joachim Ganzert, Petersberg 2014, S. 247–353.
Uruszczak 1990/1991 Wacław Uruszczak: Korektura praw z 1532 roku: studium historycznoprawne [Korrektur der Rechte von 1532. Eine rechtshistorische Studie], 2 Bde., Kraków 1990/1991 [enthält eine französische Zusammenfassung].
Uruszczak 2015 Wacław Uruszczak: Historia państwa i prawa polskiego [Geschichte des Staates und polnischen Rechts], Bd. 1: 966–1795, Warszawa 2015[3].
Varsackytė 2004 Rasa Varsackytė: Kauno miesto valdžios žmonės XVII–XVIII a. sandūroje [Leute der Stadtmacht von Kaunas an der Wende vom 17. zum 18. Jh.], in: Kauno istorijos metraštis 5 (2004), S. 7–81.
Végh 2009 András Végh: Buda – The Multi-ethnic Capital of Medieval Hungary, in: Segregation, Integration, Assimilation. Religious and Ethnic Groups in the Medieval Towns of Central and Eastern Europe (= Historical urban studies series), hg. v. Derek Keene, Balázs Nagy u. Katalin Szende, Farnham 2009, S. 89–100.
Verkholantsev 2008 Julia Verkholantsev: Ruthenica Bohemica. Ruthenian Translations from Czech in the Grand Duchy of Lithuania and Poland (= Slavische Sprachgeschichte 3), Berlin 2008.
Veselý 2002 Jindřich Veselý: český překlad od středověku do národního obrození [Tschechische Übersetzungen vom Mittelalter bis zum Beginn der nationalen Wiedergeburt], in: Kapitoly z dějin českého překladu [Kapitel aus der Geschichte der Übersetzungen ins Tschechische], hg. v. Milan Hrala, Praha 2002, S. 11–29.
Vogtherr 1989 Thomas Vogtherr: Die frühe Entwicklung des Notariats im Bistum Hildesheim, in: Notariado público y documento privado: de los orígenes al siglo XIV [Öffentliches Notariat und privates Dokument: Von den Anfängen bis zum 14. Jh.], hg. v. José Trenchs, València 1989, S. 1259–1271.
Voigt 1834 Johannes Voigt: Geschichte Preußens von den ältesten Zeiten bis zum Untergange der Herrschaft des Deutschen Ordens, Bd. 6: Die Zeit des Hochmeisters Konrad von Jungingen, von 1393 bis 1407. Verfassung des Ordens und des Landes, Königsberg 1834.
Voigt 1838 Johannes Voigt: Geschichte Preußens von den ältesten Zeiten bis zum Untergange der Herrschaft des Deutschen Ordens, Bd. 8: Die Zeit vom Hochmeister Konrad von Erlichshausen 1441 bis zum Tode des Hochmeisters Ludwig von Erlichshausen 1467, Königsberg 1838.
Völkel 2006 Markus Völkel: Geschichtsschreibung. Eine Einführung in globaler Perspektive, Köln/Weimar/Wien 2006.
Vollert 1929 Max Vollert: Der Schöppenstuhl zu Jena 1588–1882, in: Zeitschrift des Vereins für Thüringische Geschichte und Altertumskunde N.F 28 (1929), S. 189–219.
Waldmann 1908 Emil Waldmann: Die gotischen Skulpturen am Rathaus zu Bremen und ihr Zusammenhang mit kölnischer Kunst (= Studien zur deutschen Kunstgeschichte 96), Straßburg 1908.

Wallentin 2009 Stefan Wallentin: Fürstliche Normen und akademische »Observanzen«. Die Verfassung der Universität Jena 1630–1730 (= Veröffentlichungen der Historischen Kommission für Thüringen, Kleine Reihe 27), Köln/Weimar/Wien 2009.

Wattenbach 1896 Wilhelm Wattenbach: Das Schriftwesen im Mittelalter, Leipzig 1896[3].

Weber 1921/1922 Max Weber: Wirtschaft und Gesellschaft (= Grundriss der Sozioökonomik Abt. 3), Tübingen 1921/1922.

Weber 1972 Max Weber: Wirtschaft und Gesellschaft, Studienausgabe, hg. v. Johannes Winckelmann, Tübingen 1972[5].

Weber 1980 Max Weber: Wirtschaft und Gesellschaft. Grundriss der verstehenden Soziologie, Tübingen 1980[5].

Weber 1999 Max Weber: Die Stadt. Max Weber Gesamtausgabe, Bd. 1/22,5, Die Wirtschaft und die gesellschaftlichen Ordnungen und Mächte. Nachlass, Tübingen 1999.

Weczerka 1955 Hugo Weczerka: Herkunft und Volkszugehörigkeit der Lemberger Neubürger im 15. Jahrhundert, in: Zeitschrift für Ostforschung 4/4 (1955), S. 506–530.

Wegener 1990 Wilhelm Wegener: Art. »Schlesisches Landrecht«, in: Handwörterbuch zur deutschen Rechtsgeschichte, hg. v. Adalbert Erler u. a., Bd. 4, Berlin 1990, Sp. 1426–1429.

Weick/Basse 2013 Günter Weick u. Alexander Basse: Recht des internationalen Handels- und Wirtschaftsverkehrs, Berlin/Boston 2013.

Weinert 2007 Jörn Weinert: Die Dresdner Handschrift des Sachsenspiegels. Studien zur Schreibsprache, Köln/Weimar/Wien 2007.

Weinryb 1982 Bernard Weinryb: The Jews of Poland. A Social Economic History of the Jewish Community in Poland from 1100–1800, Philadelphia 1982.

Weitzel 1980 Jürgen Weitzel: Zum Rechtsbegriff der Magdeburger Schöffen, in: Studien zur Geschichte des sächsisch-magdeburgischen Rechts in Deutschland und Polen (= Rechtshistorische Reihe 10), hg. v. Dietmar Willoweit u. Winfried Schich, Frankfurt (Main) 1980, S. 62–93.

Weitzel 1981 Jürgen Weitzel: Über Oberhöfe, Recht und Rechtszug (= Göttinger Studien zur Rechtsgeschichte 15), Göttingen 1981.

Weitzel 1985 Jürgen Weitzel: Dinggenossenschaft und Recht. Untersuchungen zum Rechtsverständnis im fränkisch-deutschen Mittelalter (= Quellen und Forschungen zur höchsten Gerichtsbarkeit im alten Reich 15), 2 Bde., Köln/Wien 1985.

Weitzel 1990 Jürgen Weitzel: Art. »Rechtszug«, in: Handwörterbuch zur deutschen Rechtsgeschichte, hg. v. Adalbert Erler u. a., Bd. 4, Berlin 1990, Sp. 433–443.

Weltecke 2008 Dorothea Weltecke: Trust: Some Methodological Reflections, in: Strategies of Writing. Studies on Text and Trust in the Middle Ages. Papers from »Trust in Writing in the Middle Ages«, Utrecht, 28–29 November 2002, (= Utrecht Studies in Medieval Literacy 13), hg. v. Petra Schulte u. Marco Mostert, Turnhout 2008, S. 379–392.

Weizsäcker 1942 Wilhelm Weizsäcker: Der Stand der rechtsgeschichtlichen Forschung im deutschen Osten, in: Deutsche Ostforschung – Ergebnisse und Aufgaben seit dem ersten Weltkrieg, Bd. 1 (= Deutschland und der Osten 20), hg. v. Hermann Aubin u. a., Leipzig 1942, S. 391–419.

Weizsäcker 1942/1943 Wilhelm Weizsäcker: Die Verbreitung des deutschen Stadtrechtes in der Slowakei, in: Karpatenland 13, 1/2 (1942/1943), S. 17–23.

Wejwoda 2012 Marek Wejwoda: Spätmittelalterliche Jurisprudenz zwischen Rechtspraxis, Universität und kirchlicher Karriere. Der Leipziger Jurist und Naumburger Bischof Dietrich von Bocksdorf (ca. 1410–1466) (= Education and Society in the Middle Ages and Renaissance 42), Leiden/Boston 2012.

Wendehorst 1986 Alfred Wendehorst: Wer konnte im Mittelalter lesen und schreiben?, in: Schulen und Studium im sozialen Wandel des hohen und späten Mittelalters (= Vorträge und Forschungen 30), hg. v. Johannes Fried, Sigmaringen 1986, S. 9–33.

Wenskus 1954 Reinhard Wenskus: Probleme einer kartographischen Darstellung der Ausbreitung deutscher Stadtrechte in den Städten des Ostens, in: Blätter für deutsche Landesgeschichte 91 (1954), S. 258–276.

Wenzel 1877 Gusztáv Wenzel: Magyarország városai és városjogai a múltban és jelenben [Die Städte und die Stadtrechte Ungarns in der Vergangenheit und der Gegenwart], Budapest 1877.

Werkmüller 1990 a Dieter Werkmüller: Art. »Rechtsweisung«, in: Handwörterbuch zur deutschen Rechtsgeschichte, hg. v. Adalbert Erler u. a., Bd. 4, Berlin 1990, Sp. 417–419.

Werkmüller 1990 b Dieter Werkmüller: Art. »Rechtsmitteilung«, in: Handwörterbuch zur deutschen Rechtsgeschichte, hg. v. Adalbert Erler u. a., Bd. 4, Berlin 1990, Sp. 313–315.

Werkmüller 2003 Dieter Werkmüller: Art. »Rechtsaltertümer«, in: Reallexikon der Germanischen Altertumskunde, Bd. 24, Berlin/New York 2003[2], S. 237–240.

Widawski 1973 Jarosław Widawski: Miejskie mury obronne w państwie polskim do początku XV w [Städtische Wehrmauern im polnischen Reich bis zum Beginn des 15. Jh.], Warszawa 1973.

Wieacker 1967 Franz Wieacker: Privatrechtsgeschichte der Neuzeit: unter besonderer Berücksichtigung der deutschen Entwicklung, Göttingen 1967[2].

Wieczorek/Hinz 2000 Europas Mitte um 1000. Handbuch zur 27. Europaratsausstellung in Budapest, 2 Bde., hg. v. Alfried Wieczorek u. Hans-Martin Hinz, Stuttgart 2000.

Wienker-Piepho 2000 Sabine Wienker-Piepho: »Je gelehrter, desto verkehrter«? Volkskundlich-Kulturgeschichtliches zur Schriftbeherrschung, Münster u. a. 2000.

Wijaczka 2012 Jacek Wijaczka: Prusy Królewskie. Dzieje polityczne do 1660 r. [Königliches Preußen: Politische Geschichte bis 1660], in: Prusy Królewskie. Społeczeństwo, kultura, gospodarka 1454–1772. Szkice z dziejów [Königliches Preußen: Gesellschaft, Kultur, Wirtschaft 1454–1772. Geschichtliche Skizzen], hg. v. Edmund Kizik, Gdańsk 2012, S. 34–70.

Wille 2002 Manfred Wille: Art. »Markmann, Fritz-August Wilhelm, Dr. jur.«, in: Magdeburger Biographisches Lexikon, hg. v. Guido Heinrich u. Gunter Schandera, Magdeburg 2002, S. 448–449.
Willich 1994 Thomas Willich: Der Rangstreit zwischen den Erzbischöfen von Magdeburg und Salzburg sowie den Erzherzogen von Österreich. Ein Beitrag zur Verfassungsgeschichte des Heiligen Römischen Reichs Deutscher Nation (ca. 1460–1535), in: Mitteilungen der Gesellschaft für Salzburger Landeskunde 134 (1994), S. 7–166.
Willich 2001 Thomas Willich: Magdeburger Primatskonstruktionen vom 10. bis zum 14. Jahrhundert, in: Tradition und Wandel. Beiträge zur Kirchen-, Gesellschafts- und Kulturgeschichte. Festschrift für Heinz Dopsch, hg. v. Gerhard Ammerer, Christian Rohr u. Alfred Stefan Weiß, Wien/München 2001, S. 97–119.
Willoweit 1987 Dietmar Willoweit: Rezeption und Staatsbildung im Mittelalter, in: Akten des 26. Deutschen Rechtshistorikertages (= Ius commune, Sonderhefte, Studien zur Europäischen Rechtsgeschichte 30), hg. v. Dieter Simon, Frankfurt (Main) 1987, S. 19–44.
Willoweit 1992 Dietmar Willoweit: Stadt und Territorium im Heiligen Römischen Reich. Eine Einführung, in: Statuten, Städte und Territorien zwischen Mittelalter und Neuzeit in Italien und Deutschland (= Schriften des Italienisch-Deutschen Historischen Instituts in Trient 3), hg. v. Giorgio Chittolini u. Dietmar Willoweit, Berlin 1992, S. 39–48.
Willoweit 2000 Dietmar Willoweit: Anmerkungen zum Verhältnis von Rechtsgeschichte und Rechtssoziologie, in: Rechtssoziologie am Ende des 20. Jahrhunderts. Gedächtnissymposium für Edgar Michael Wenz, hg. v. Horst Dreier, Tübingen 2000, S. 342–346.
Willoweit 2017 Dietmar Willoweit: Das litauische Statut von 1529 vor dem Hintergrund der Gesetzgebung und Jurisprudenz seiner Epoche, in: Rechtskultur 6 (2017), S. 8–18.
Willoweit/Schich 1980 Studien zur Geschichte des sächsisch-magdeburgischen Rechts in Deutschland und Polen (= Rechtshistorische Reihe 10), hg. v. Dietmar Willoweit u. Winfried Schich, Frankfurt (Main) 1980.
Winiarz 1897 Alojzy Winiarz: Polskie prawo dziedziczenia kobiet w wiekach średnich [Polnisches Erbrecht der Frauen im Mittelalter], Lewin Brzeski 1897.
Winiarz 1899 Alojzy Winiarz: Polskie prawo majątkowe-małżeńskie w wiekach średnich [Polnisches Ehegüterrecht im Mittelalter] (= Wydział Historyczny-Filozoficzny, Seria 2, t. 12), phil. Diss. Kraków 1899.
Winter 2012 Die Manuscripta Magdeburgica der Staatsbibliothek zu Berlin – Preußischer Kulturbesitz, T. 4, Ergänzungsband: Die Codices electorales Magdeburgenses (= Kataloge der Handschriftenabteilung der Staatsbibliothek zu Berlin 1), bearb. v. Ursula Winter, Wiesbaden 2012.
von Winterfeld 1955 Luise von Winterfeld: Die stadtrechtlichen Verflechtungen in Westfalen, in: Der Raum Westfalen, Bd. 2/1: Untersuchungen zu seiner Geschichte und Kultur, hg. v. Hermann Aubin u. Franz Petri, Münster 1955, S. 171–254.
Wisłocki 1874 Władysław Wisłocki: Kodeks pilzneński ortylów magdeburskich [Magdeburger Schöffensprüche für die Hansestadt Posen und andere Städte des Warthelandes], in: Rozprawy Akademii Umiejętności 2 (1874), S. 125–205.
Wittek 1997 Gudrun Wittek: Ein Mord als folgenschwere Störung des Stadtfriedens. Das gewaltsame Ende des Magdeburger Erzbischofs Burchard III. im Jahr 1325, in: Sachsen und Anhalt 20 (1997), S. 365–403.
Wittich 1894 Karl Wittich: Art. »Tilly, Johann Tserclaes Graf von«, in: Allgemeine Deutsche Biographie, Bd. 38, hg. v. d. Historischen Kommission bei der Königlichen Akademie der Wissenschaften, Leipzig 1894, S. 314–350, online abrufbar unter: http://www.deutsche-biographie.de/artikelADB_pnd117384224.html [letzter Zugriff am 11. 12. 2017].
Włodek 1980 Catalogus Codicum Manuscriptorum Medii Aevi Latinorum qui in Bibliotheca Jagellonica Cracoviae asservantur, Bd. 1, bearb. v. Zofia Włodek, Wrocław 1980.
Wolf 1990 Armin Wolf: Von den Königswählern zum Kurfürstenkolleg. Bilddenkmale als unerkannte Dokumente der Verfassungsgeschichte, in: Wahlen und Wählen im Mittelalter (= Vorträge und Forschungen 37), hg. v. Reinhard Schneider u. Harald Zimmermann, Sigmaringen 1990, S. 15–78.
Wolter 1901 Ferdinand Wolter: Geschichte der Stadt Magdeburg von ihrem Ursprung bis auf die Gegenwart, Magdeburg 1901[3].
Wünsch 2003 Das Reich und Polen. Parallelen, Interaktionen und Formen der Akkulturation im hohen und späten Mittelalter (= Vorträge und Forschungen 59), hg. v. Thomas Wünsch, Ostfildern 2003.
Wyrozumska 1992 Bożena Wyrozumska: Did King Jan Olbracht Banish the Jews from Cracow?, in: The Jews in Poland, Bd. 1, hg. v. Andrzej Paluch, Kraków 1992, S. 27–37.
Wyrozumski 1991 Jery Wyrozumski: Żydzi w Polsce średniowiecznej [Die Juden im mittelalterlichen Polen], in: Żydzi w dawnej Rzeczypospolitej [Die Juden in der alten Republik Polen], hg. v. Andrzej K. Link-Lenczowski u. Tomasz Polański, Wrocław 1991, S. 129–135.
Wyrozumski 1992 Jerzy Wyrozumski: Dzieje Krakowa, T 1: Do schyłku wieków średnich [Geschichte Krakaus, Bd. 1: Bis zum Ende des Mittelalters], hg. v. Janina Bieniarzówna, Kraków 1992.
Wyrozumski 2007 Jerzy Wyrozumski: Lokacja czy lokacje Krakowa na prawie niemieckim [Gründung oder Gründungen der Stadt Krakau nach deutschem Recht], in: Nowe studia nad rozwojem miasta [Krakau. Neue Studien zur Entwicklung der Stadt], hg. v. Jerzy Wyrozumski, Kraków 2007, S. 121–152.
Wyrozumski 2011 Jerzy Wyrozumski: Eine Lokation oder mehrere Lokationen Krakaus nach deutschem Recht?, in: Rechtsstadtgründungen im mittelalterlichen Polen (= Städteforschung A/83), hg. v. Eduard Mühle, Köln/Weimar/Wien 2011, S. 245–274.
Zakrzewska-Dubasowa 1982 Mirosława Zakrzewska-Dubasowa: Ormianie w dawnej Polsce [Armenier im alten Polen], Lublin 1982.

Zaremska 2011 Hanna Zaremska: Żydzi w średniowiecznej Polsce. Gmina krakowska [Juden im mittelalterlichen Polen. Die Gemeinde Krakau], Warszawa 2011.
Zaremska 2013 Hanna Zaremska: Juden im mittelalterlichen Polen und die Krakauer Judengemeinde (= Klio in Polen 17), Osnabrück 2013.
Zayaz 1999 Andriy Zayaz: Retsepzija magdeburzkoho prava na Wolyni do kinzia XV stolittia [Die Rezeption des Magdeburger Rechts in Volhynien bis zum Ende des 15. Jh.], in: Osiahnennia istorii: Zbirnyk na poshanu profesora Mykoly Pavlovycha Koval's'koho znahody 70-richchia [Die Geschichte von Ostrih: Sammelband anlässlich des 70. Geburtsstags von Prof. Nikolai Pavlovich Kovalsky], hg. v. Liubomyr Vynar u. Ihor Pasichnyk, Ostrih/New York 1999, S. 272–278.
Zdrójkowski 1961 Zbigniew Zdrójkowski: Korektura pruska – jej powstanie, dzieje oraz jej rola w historii polskiej jurysdykcji i myśli prawniczej (1598–1830) [Preußische Korrektur – ihr Ursprung, ihre Geschichte und ihre Rolle in der Geschichte der polnischen Gerichtsbarkeit und des Rechtsdenkens (1598–1830)], in: Czasopismo Prawno-Historyczne 13/2 (1961), S. 109–157 [enthält eine französische Zusammenfassung].
Zedler 1750 Johann Heinrich Zedler: Universal-Lexicon, Bd. 63, Halle (Saale)/Leipzig 1750.
Zemenová 2011 Markéta Zemenová: Nástin překladatelských postupů a metod v období raného novověku v kontaktu německo-českém/A Study on the Techniques and Methods in German-Czech Translations at the Time of the Renaissance and the Reformation. Diplomová práce, Praha 2011.
Zięba 2017 Andrzej A. Zięba: Ormianie w Krakowie od wieku XIV do schyłku XVIII [Armenier in Krakau vom 14. bis zum Ende des 18. Jh.], in: Kraków międzynarodowy [Krakau international], hg. v. Zdzislaw Noga, Kraków 2017, S. 109–152.
Zielińska-Melkowska 1986 Krystyna Zielińska-Melkowska: Przywilej chełmiński 1233 i 1251 [Kulmer Handfeste 1233 und 1251], Toruń 1986.
Zielińska-Melkowska 1996 Krystyna Zielińska-Melkowska: Zagadnienie proweniencji elit mieszczańskich w ziemiach: chełmińskiej, lubawskiej i michałowskiej w XIII i XIV wieku [Die Frage nach der Herkunft der städtischen Führungsgruppen im Kulmer-, Michelauer- und Dobrinerland im 13. und 14. Jh.], in: Genealogia: rola związków rodzinnych i rodowych w życiu publicznym w Polsce średniowiecznej na tle porównawczym [Genealogie. Die Rolle der Familien- und Geschlechterbeziehungen im öffentlichen Leben im mittelalterlichen Polen in einer vergleichenden Betrachtung], hg. v. Andrzej Radzimiński u. Jan Wroniszewski, Toruń 1996, S. 281–310.
Živov 2008 Viktor Markovič Živov: Juridičeskie kodeksy i režim interpretacii [Rechtskodizes und Interpretationsmodus], in: Dinamičeskie modeli: Slovo. Predloženie. Tekst. Sbornik statej v čest' E.V. Padučevoj [Dynamische Modelle: Wort. Satz. Text. Festschrift für E. V. Padučeva], hg. v. Aleksandr V. Bondarko, Galina I. Kustova u. Raisa I. Rozina, Moskva 2008, S. 309–328.
Zotz 1991 Thomas Zotz: Die Stadtgesellschaft und ihre Feste, in: Feste und Feiern im Mittelalter. Paderborner Symposion des Mediävistenverbandes, hg. v. Detlef Altenburg, Jörg Jarnut u. Hans-Hugo Steinhoff, Sigmaringen 1991, S. 101–213.
Zsoldos/Neumann 2010 Attila Zsoldos u. Tibor Neumann: Székesfehérvár középkori kiváltságai [Stuhlweißenburgs Privilegien im Mittelalter], Székesfehérvár 2010.
Zubrzycki 1844 Denys Zubrzycki: Kronika miasta Lwowa [Die Chronik der Stadt Lemberg], L'viv 1844.
Žulkus 1995 Vladas Žulkus: Zur Frühgeschichte der baltischen Stadt, in: Burg – Burgstadt – Stadt. Zur Genese mittelalterlicher nichtagrarischer Zentren in Ostmitteleuropa (= Forschungen zur Geschichte und Kultur des östlichen Mitteleuropa 1), hg. v. Hansjürgen Brachmann, Berlin 1995, S. 190–206.

Personenregister

G

H

I

J

K

Ortsregister

In den Texten wurde jeweils dem im deutschen Sprachraum geläufigen Namen der Vorzug gegeben. Bei Ersterwähnung wird auch der Ortsname in der Landessprache genannt. Die Angaben der landessprachlichen Bezeichnungen folgen der ISO-Norm 639-2.

T

U

V

W

X

Z

Autoren

Felix Biermann
Studium der Ur- und Frühgeschichte, Mittelalterarchäologie, Kunstgeschichte und Geschichte an den Universitäten Berlin (HU), Bamberg, Marburg und Münster. 1997 folgte die Promotion zu dem Thema »Slawische Besiedlung zwischen Elbe, Neiße und Lubsza. Archäologische Untersuchungen zum Siedlungswesen und zur Sachkultur im frühen und hohen Mittelalter«. 2005/2006 vertrat Felix Biermann den Lehrstuhl für Archäologische Wissenschaften der Universität Frankfurt (Main). 2007 folgte die Habilitation an der Universität Greifswald, von 2007 bis 2011 war er Vertretungsprofessor am Lehrstuhl für Ur- und Frühgeschichte an der HU Berlin. Seit 2011 ist er Heisenberg-Stipendiat der deutschen Forschungsgemeinschaft in Göttingen.

Wieland Carls
Studium der Germanistik, Publizistik sowie Theaterwissenschaft an der FU Berlin, es folgte die Promotion. Seit dem Jahr 2004 ist Wieland Carls an der Sächsischen Akademie der Wissenschaften zu Leipzig im Projekt »Das sächsisch-magdeburgische Recht als kulturelles Bindeglied zwischen den Rechtsordnungen Mittel- und Osteuropas« als Arbeitsstellenleiter beschäftigt. Er ist Mitglied in der Kommission für Interkulturelle Grundwissenschaften (IHG), für die Reihe »Ivs Saxonico Maideburgense in Oriente« tritt Wieland Carls wiederholt als Herausgeber auf, zusätzlich fungiert er in der Reihe als Autor.

Roman Czaja
Studium der Geschichte an den Universitäten Münster und Toruń (Polen). 1991 Promotion mit einer Arbeit über die Sozialtopografie der Stadt Elbing im Mittelalter. 1999 folgte die Habilitation, in der er das Verhältnis zwischen preußischen Städten und dem Deutschen Orden im Mittelalter untersuchte. Seit 2000 ist er Inhaber des Lehrstuhls für Mittelalterliche Geschichte an der Universität Toruń. Roman Czaja ist Generalsekretär der Wissenschaftlichen Gesellschaft Toruń und Mitglied in verschiedenen historischen Kommissionen. Darüber hinaus ist er Organisator der Tagungsreihe »Ordines Militares«.

Gerhard Dilcher
Studium der Rechtswissenschaft an der Universität Frankfurt (Main). 1960 folgte die Promotion, 1966 schloss sich die Habilitation zu Fragen der lombardischen Stadtkommune an. Die Fächer Deutsche Rechtsgeschichte und Bürgerliches Recht vertrat er von 1967 bis 1972 an der FU Berlin, 1972 folgte er dem Ruf der Universität Frankfurt (Main) und war bis zu seiner Emeritierung 2002 Lehrstuhlinhaber. Gastprofessuren nahm und nimmt Gerhard Dilcher an der Universität von Florida (1986, 1996) und der Universität Trient (seit 2002) wahr. Seit 2007 ist er korrespondierendes Mitglied der Akademie der Wissenschaften zu Göttingen.

Stephan Dusil
Studium der Geschichte und der Rechtswissenschaften. 2007 folgte die Promotion über die Verbreitung von Stadtrechten im Mittelalter an der Universität Frankfurt (Main). 2016 habilitierte er sich an der Universität Zürich (Schweiz) und erwarb die venia legendi für Rechtsgeschichte, Privatrecht, Kirchenrecht und Rechtsvergleich. Seit 2015 ist er Mitglied im Beirat des »Stephan Kuttner Instituts für mittelalterlich-kanonisches Recht« an der Yale University (USA) sowie »professeur invité« an der Katholischen Universität Louvain-la-Neuve (Belgien). Stephan Dusil ist als Privatdozent an der Universität Leuven (Belgien) tätig.

Katalin Gönczi
Studium der Staats- und Rechtswissenschaften an der Universität Miskolc (Ungarn), 1996 Promotion. Es folgte die Habilitation an der Universität Frankfurt (Main) zu dem Thema »Die europäischen Fundamente der ungarischen Rechtskultur. Juristischer Wissenstransfer und nationale Rechtswissenschaft in Ungarn zur Zeit der Aufklärung und im Vormärz«. Katalin Gönczi ist Wissenschaftliche Mitarbeiterin an der Sächsischen Akademie der Wissenschaften zu Leipzig im Projekt »Das sächsisch-magdeburgische Recht als kulturelles Bindeglied zwischen den Rechtsordnungen Ost- und Mitteleuropas«.

Claus-Peter Hasse
Studium der Geschichte, Rechtswissenschaften und Philosophie an den Universitäten Berlin (FU) und Braunschweig, wo er sich 1993/1994 zu dem Thema »Die welfischen Hofämter und die welfische Ministerialität in Sachsen« promovieren ließ. Claus-Peter Hasse war anschließend am Herzog Anton Ulrich-Museum in Braunschweig tätig. Er wechselte 1997 an das Kulturhistorische Museum Magdeburg und ist seitdem Kurator der Abteilung Mittelalter. Er wirkt als Projektleiter für weit über Magdeburg hinausstrahlende Ausstellungen. Neben der Kuratortätigkeit ist er zusätzlich Projektleiter des Dommuseums Ottonianum Magdeburg, das 2018 eröffnete.

Christofer Herrmann
Studium der Kunstgeschichte, Deutschen Volkskunde, Slawistik und Politikwissenschaft an der Universität Mainz. Im Jahr 1993 folgte die Promotion zu dem Thema »Wohntürme des späten Mittelalters auf Burgen im Rhein-Mosel-Gebiet«. Von 1995 bis 2005 war Christofer Herrmann außerordentlicher Professor am Lehrstuhl für Germanistik an der Universität Olsztyn (Polen). Im Jahr 2005 wurde er an der Universität Greifswald habilitiert, seit 2006 ist Christofer Herrmann außerordentlicher Professor für Kunstgeschichte an der Universität Gdańsk (Polen).

Jürgen Heyde
Studium der mittleren und osteuropäischen Geschichte sowie Slawistik an den Universitäten Berlin (FU), Gießen, Mainz und Warszawa (Polen). Promotion 1998 an der FU Berlin, 2009 folgte die Habilitation an der Universität Halle-Wittenberg. Seit 2014 ist Jürgen Heyde am GWZO in Leipzig angestellt, seit Oktober 2015 als Wissenschaftlicher Mitarbeiter und Projektleiter. 2016 wurde Jürgen Heyde zum außerplanmäßigen Professor an der Universität Halle-Wittenberg ernannt. Lehrstuhlvertretungen nahm er dort (2017/2018) sowie zuvor an der LMU München/Universität Regensburg (2015) wahr.

Danuta Janicka
Studium der Rechtswissenschaften an der Universität Toruń (Polen). 1990 Promotion, 1998 folgte die Habilitation im Bereich der Europäischen Staats- und Rechtsgeschichte. 2001 wurde Danuta Janicka zur außerordentlichen Universitätsprofessorin berufen, seit 2004 ist sie Leiterin des Lehrstuhls für Geschichte des deutschen Rechts in Polen an der Toruńer Fakultät für Rechtswissenschaften. Sie ist externes Kommissionsmitglied an der Sächsischen Akademie der Wissenschaften zu Leipzig im Projekt »Das sächsisch-magdeburgische Recht als kulturelles Bindeglied zwischen den Rechtsordnungen Ost- und Mitteleuropas«.

Bernd Kannowski
Studium der Rechtswissenschaften in Frankfurt (Main) und Keele (England). 1999 Promotion, 2004/2005 schloss sich die Habilitation zum Thema »Umgestaltung des Sachsenspiegelrechts durch die Buch'sche Glosse« in Frankfurt (Main) an, es folgten Lehrstuhlvertretungen in Frankfurt (Main) und an der FU Berlin. 2007 folgte er dem Ruf der Universität Freiburg (Breisgau) auf den Lehrstuhl für Deutsche Rechtsgeschichte und Bürgerliches Recht. Bernd Kannowski wechselte 2012 auf den Lehrstuhl für Bürgerliches Recht und Rechtsgeschichte an die Universität Bayreuth.

Jolanta Karpavičienė
Studium der Geschichte an der Universität Vilnius (Litauen). 2002 folgte die Promotion. Seitdem ist sie als Dozentin am Lehrstuhl für Geschichte des Altertums und des Mittelalters an der Fakultät für Geschichte der Universität Vilnius tätig. Seit 2009 ist sie stellvertretende Direktorin des Litauischen Nationalmuseums. Hinzu kommt ihre Mitgliedschaft in der international besetzten Kommission des Projekts »Das sächsisch-magdeburgische Recht als kulturelles Bindeglied zwischen den Rechtsordnungen Ost- und Mitteleuropas« an der Sächsischen Akademie der Wissenschaften zu Leipzig.

Martin Kintzinger
Studium der Germanistik und Geschichte an der TU Braunschweig, dort erfolgte auch die Promotion 1987/1988. In Berlin folgte 1997 die Habilitation zu dem Thema »Westbindungen im spätmittelalterlichen Europa. Auswärtige Politik zwischen dem Reich, Frankreich, Burgund und England in der Regierungszeit Kaiser Sigmunds«. Nach der Vertretung der Professur für die Geschichte des Spätmittelalters an der Universität Köln folgte Martin Kintzinger im Jahr 1999 dem Ruf an die Universität München und vertrat die Universitäts- und Wissenschaftsgeschichte. Seit 2002 ist Martin Kintzinger Professor für hoch- und spätmittelalterliche Geschichte an der Universität Münster.

Arkadiusz Koperkiewicz
Studium der Archäologie an der Universität Toruń (Polen). 2005 folgte die Promotion über »Bestattungsübungen um die Wende des ersten Jahrtausends n. Chr. an der nordöstlichen Grenze westslawischer Länder«. Von 1999 bis 2005 war Arkadiusz Koperkiewicz Mitarbeiter am Institut für Archäologie und Ethnologie an der Universität Toruń. Anschließend wechselte er nach Olsztyn (Polen) an das Landesamt für Denkmalschutz, dort war er zuständig für archäologische Funde. Seit 2007 ist Arkadiusz Koperkiewicz am Institut für Archäologie an der Universität Gdańsk (Polen) angestellt und an verschiedenen Ausgrabungen beteiligt.

Olga Kozubska-Andrusiv
Studium der Mittelalterlichen Geschichte in Budapest (Ungarn), Lemberg (Ukraine) und Leuven (Belgien). In Budapest erfolgte 2005 die Promotion zu dem Thema »Städtische Entwicklung in Galician Rus' (Rotreußen) vom 13. bis zum Ende des 15. Jahrhunderts«. In den Jahren von 2004 bis 2012 war sie als Dozentin in der Abteilung für Studien zu Byzanz, der Antike und dem Mittelalter an der Ukrainisch-Katholischen Universität in Lemberg tätig. Seit 2015 arbeitet Olga Kozubska in dem Projekt »Investing in the Past: Medieval Europe in the Globalized 21st Century« der Fernuniversität Hagen, einer Kooperation mit der Universität York (England).

Marija Lazar
Studium der Slawistik an den Universitäten Riga (Lettland) und Prag (Tschechien). 2011 Promotion an der Universität Hamburg mit dem Thema »Entwicklung des russischen Geschäftsbriefes als Textsorte«. Marija Lazar war in der Landesexzellenzinitiative »Linguistic Diversity in Urban Areas«, angesiedelt an der Universität Hamburg, im Teilprojekt über den tertiären Spracherwerb tätig. Seit 2014 ist sie Wissenschaftliche Mitarbeiterin an der Sächsischen Akademie der Wissenschaften zu Leipzig im Projekt »Das sächsisch-magdeburgische Recht als kulturelles Bindeglied zwischen den Rechtsordnungen Ost- und Mitteleuropas«.

Heiner Lück
Studium der Rechtswissenschaften an der Universität Halle-Wittenberg. 1983 Promotion, 1988 folgte die Habilitation zur kursächsischen Gerichtsverfassung in der Frühen Neuzeit. Nach Stationen an den Universitäten Gießen, Greifswald und Zürich (Schweiz) sowie der Universität von Wisconsin (USA) erfolgte der Ruf der Universität Halle-Wittenberg. Dort hat Heiner Lück seit 1994 den Lehrstuhl für Bürgerliches Recht, Europäische und Deutsche Rechtsgeschichte inne. An der Sächsischen Akademie der Wissenschaften zu Leipzig leitet er das Projekt »Das sächsisch-magdeburgische Recht als kulturelles Bindeglied zwischen den Rechtsordnungen Ost- und Mitteleuropas«.

Maciej Mikuła
Studium der Geschichte und Rechtswissenschaft an der Universität Kraków (Polen). 2012 wurde er promoviert. Im Jahr 2018 folgte schließlich die Habilitation zu dem Thema »Magdeburger Stadtrecht (Ius municipale Magdeburgense) im Polen des 14. bis frühen 16. Jahrhunderts. Eine Studie über die Entwicklung und Übernahme von Recht.« An seiner Alma Mater wirkt er als Junior-Professor, zusätzlich war er an mehreren Forschungsprojekten beteiligt, die durch den Visegrad Fund International, das Nationale Zentrum für Wissenschaft sowie das Nationale Programm für die Förderung der Geisteswissenschaften in Polen ermöglicht wurden.

Zdzisław Noga
Studium an der Pädagogischen Hochschule Kraków (Polen) mit Schwerpunkt auf der Geschichte Polens im Mittelalter und der Frühen Neuzeit. 1993 Promotion, 2003 erfolgte die Habilitation. Seit 2010 ist Zdzisław Noga Professor an der Pädagogischen Hochschule in Kraków. Am Institut für Geschichte und Archivkunde der Pädagogischen Hochschule war er Leiter der Abteilung für Archivkunde und Historische Hilfswissenschaften. Von 2003 bis 2009 leitete er stellvertretend dieses Institut und war im Anschluss bis 2012 dessen Direktor. Seit 2017 ist Zdzisław Noga Mitglied des Wissenschaftlichen Rates der Polnischen Historischen Mission.

Jerzy Piekalski
Studium der Archäologie an der Universität Wrocław (Polen). 1991 folgte die Promotion zu dem Thema »Wroclaw-Ołbin im Frühen Mittelalter«. Im Anschluss nahm er eine Stelle am Institut für Archäologie wahr. Verschiedene Stipendien ermöglichten ihm in der Folge Forschungspraktika in Tübingen (1995), Göttingen (1996–1998, 2000) und Wien (Österreich, 2000). Im Jahr 2000 folgte die Habilitation, 2002 wurde er Associate Professor und 2005 Professor. Darüber hinaus war Jerzy Piekalski bis zum Jahr 2012 Direktor des Instituts für Archäologie der Universität Wrocław.

Matthias Puhle
Studium der Geschichte, Germanistik, Philosophie und Pädagogik an der TU Braunschweig. 1984 Promotion zu dem Thema »Die Politik der Stadt Braunschweig innerhalb des sächsischen Städtebundes und der Hanse im späten Mittelalter«. Ab 1980 war er am Städtischen Museum Braunschweig tätig. 1991 wechselte er an die Magdeburger Museen und verantwortete als Direktor Landes- und Europaratsausstellungen. 2014 folgte die Wahl zum Beigeordneten für Kultur, Schule und Sport der Landeshauptstadt Magdeburg. 2002 erhielt er für seine wissenschaftliche Ausstellungstätigkeit das Bundesverdienstkreuz am Bande. 2004 wurde er zum Honorarprofessor der Universität Magdeburg ernannt.

Bernd Schneidmüller
Studium der Fächer Geschichte, Germanistik, Evangelische Theologie und Deutsche Rechtsgeschichte an den Universitäten Frankfurt (Main) und Zürich (Schweiz). Promotion 1977 in Frankfurt (Main). 1985 folgte die Habilitation mit einer Arbeit über »Die Entstehung Frankreichs in der politisch-geographischen Terminologie (10. bis 13. Jahrhundert)«. 1987 nahm Bernd Schneidmüller den Ruf auf den Lehrstuhl für Mittelalterliche Geschichte an die Universität Oldenburg an, 1990 erfolgte zuerst ein Wechsel nach Braunschweig, 1994 ein weiterer an die Universität Bamberg. Nach weiteren Rufen an verschiedene Universitäten ist Bernd Schneidmüller seit 2003 Professor an der Universität Heidelberg.

Markus Späth
Studium der Kunstgeschichte sowie Mittleren und Neueren Geschichte an den Universitäten Hamburg, London (England) und Wien (Österreich). 2002 Promotion, seine Habilitation mit dem Titel »Identitätsstiftung und Repräsentation. Korporative Siegelbilder im spätmittelalterlichen Nordwesten Europas« erfolgte 2017 mit Unterstützung der Volkswagen-Stiftung. Markus Späth war mehrfach Gastwissenschaftler, u. a. an der Cornell University (USA, 2013), den Universitäten Heidelberg (2014) und Stockholm (Schweden, 2017) sowie dem Merton College in Oxford (England, 2018). In Gießen vertritt Markus Späth den Lehrstuhl für Kunstgeschichte (2018/2019).

Christian Speer
Studium der Alten und Mittelalterlichen Geschichte sowie Kunstgeschichte an der TU Dresden und der Università degli Studi (III) in Rom (Italien). Im Jahr 2009 erfolgte die Promotion an der Universität Regensburg mit dem Thema »Frömmigkeit und Politik. Städtische Eliten in Görlitz zwischen 1300 und 1550«. Nach der Mitarbeit an zwei DFG-Projekten an der Universität Halle-Wittenberg und der Herzog August Bibliothek in Wolfenbüttel wechselte er 2016 erneut an die Universität Halle-Wittenberg in das Projekt »Index Librorum Civitatum«.

Abbildungsverzeichnis

Vilnius Lietuvos mokslų akademijos Vrublevskių biblioteka | S. 246; 250 (rechts); 251; 258

Vilnius Vilniaus universiteto biblioteka | S. 250 (links); 257

Warschau Biblioteka Narodowa w Warszawie | S. 182; 284

Wien Österreichische Nationalbibliothek | S. 50; 52

Wolfenbüttel Herzog August Bibliothek | S. 31; 42; 43

Zwickau Stadtarchiv / Foto: Christian Speer | S. 335

GRAFIKEN

Entwurf Ch. Herrmann, Grafik Th. Kinkeldey auf Grundlage von Erwin Gatz (Hg.), Atlas zur Kirche in Geschichte und Gegenwart. Heiliges Römisches Reich, deutschsprachige Länder, Regensburg 2009. | S. 405

Jerzy Miałdun, Arkadiusz Koperkiewicz | S. 411

Jerzy Miałdun, Piotr Wroniecki | S. 412

Maciej Mikuła | S. 150–152; 155–158; 161; 163

Marija Lazar | S. 196; 201–202; 205; 208–209

Stephan Dusil | S. 64; 66–68

Zdzisław Noga | S. 302; 304

Zentrum für Mittelalterausstellungen / Sandstein | S. 271; 288; 294

BILDREPRODUKTIONEN AUS VORHANDENER LITERATUR

Till Eulenspiegels lustige Streiche. Eine Auswahl für Kinder, Mannheim 1969. | S. 446

Chorowska 2010 / Piekalski 2014, Zeichnung N. Lenkow | S. 395

Dragoun / Škabrada / Tryml 2003 | S. 392

Huml / Dragoun / Nový 1990/1991 | S. 390

Janicke 1869 | S. 429

Krasnowolski 2004 | S. 398

Libal / Muk 1996 | S. 393

Mynarska-Kaletynowa / Eysymontt 2001 | S. 396

Piekalski 2014 | S. 388

von Winterfeld 1955 | S. 60

Widawski 1973 | S. 399

UMSCHLAGMOTIV

atelier 42, Halle (Saale)

Kapitelauftaktbilder

Kap. 1
Rechtsräume und Rechtstransfer
Luzern, Korporation

Umhegte Gerichsstätte vor der Stadt, die einen eigenen Rechtsraum im Freien markierte, wie es für das Mittelalter an einem heiligen Ort oder unter einem Baum durchaus typisch war, aus der Eidgenössischen Chronik des Luzerners Dietbold Schilling. Luzern, Korporation, Sig. S 23 fol., f. 142.

Kap. 2
Rechtsaneignung und Rechtsbearbeitung
Görlitz, Ratsarchiv/Foto: Christian Speer

Mit Stadtbüchern bestückte Regale im Ratsarchiv Görlitz, die von intensiver Rechtsbearbeitung zeugen. Görlitz, Ratsarchiv.

Kap. 3
Stadtverfassungen
Heidelberg, Universitätsbibliothek

Siedler roden und legen eine Siedlung an. Rechts steht der Grundherr und übergibt dem Schulzen eine Urkunde, die das für die künftige Siedlung geltende Recht enthält. Heidelberg, Universitätsbibliothek, Cod. Pal. Germ. 164, f. 26v.

Kap. 4
Soziale Gruppen der Stadtgesellschaft
Linz, Stift St. Florian

Städtisches Leben im Mittelalter war geprägt von Vielheit und unterschiedlichen Bevölkerungsgruppen, die häufig über eigene Rechte verfügten. Linz, Stift St. Florian.

Kap. 5
Bildung und Stadtkultur
Haldensleben, Kreis- und Stadtarchiv/
Foto: Christian Speer

Das 1277 begonnene Stadtbuch von Haldensleben, ein anschauliches Beispiel städtischer Schriftkultur im Mittelalter. Haldensleben, Stadtarchiv, Bestand 01.01.02 Akten- und Amtsbücher, D-9, Vol. I, Stadtbücher.

Kap. 6
Stadträume
Löbau, Stadtarchiv

Ausschnitt aus der Straßenkarte des Erhard Etzlaub, Nürnberg 1501. Die Punktelinien stellen Straßen dar, die unterschiedliche Städte verbinden und damit verschiedene Rechtsräume überwinden. Löbau, Stadtarchiv.

Impressum

Herausgeber
Dr. Gabriele Köster, Dr. Christina Link,
Prof. Dr. Heiner Lück

Redaktion
Dr. Sascha Bütow, Dr. Christina Link

Bildredaktion
Marianne Wenzel, M.A.

Lektorat
Sina Volk, Sandstein Verlag

Gestaltung
Michaela Klaus, Lisa Wüllner,
Karten: Simone Antonia Deutsch,
Sandstein Verlag

Umschlaggestaltung
atelier42

Satz und Reprografie
Gudrun Diesel, Katharina Stark,
Christian Werner, Sandstein Verlag

Druck und Verarbeitung
Grafisches Centrum Cuno
GmbH & Co. KG

Die Deutsche Nationalbibliothek verzeichnet diese Publikation in der Deutschen Nationalbibliografie; detaillierte bibliografische Daten sind im Internet über http://dnb.dnb.de abrufbar.

www.sandstein-verlag.de
ISBN 978-3-95498-452-7